Fabian Klinck

Die Grundlagen der besonderen Insolvenzanfechtung

Fabian Klinck

Die Grundlagen der besonderen Insolvenzanfechtung

Gläubiger- und Vertrauensschutz im Übergang vom Prioritäts- zum Gleichbehandlungsgrundsatz

De Gruyter

Professor Dr. iur. *Fabian Klinck*, Ruhr-Universität Bochum

Gedruckt mit Unterstützung der Deutschen Forschungsgemeinschaft

ISBN 978-3-89949-803-5
e-ISBN 978-3-89949-804-2

Bibliografische Information der Deutschen Nationalbibliothek

Die Deutsche Nationalbibliothek verzeichnet diese Publikation in der Deutschen Nationalbibliografie; detaillierte bibliografische Daten sind im Internet über http://dnb.d-nb.de abrufbar.

Druck: Hubert & Co. GmbH & Co. KG, Göttingen
♾ Gedruckt auf säurefreiem Papier

Printed in Germany

www.degruyter.com

Vorwort

Diese Arbeit wurde im Sommersemester 2009 von der Juristischen Fakultät der Universität Passau als Habilitationsschrift angenommen. Das Manuskript wurde im März 2009 abgeschlossen und für die Veröffentlichung aktualisiert. Bis Anfang März 2011 veröffentlichte Rechtsprechung und Literatur konnte dabei berücksichtigt werden.

Die Arbeit entstand in meiner Zeit als Assistent am Lehrstuhl von Herrn Professor Dr. Wolfgang Hau. Ihm gilt in erster Linie mein Dank: für seine ständige Diskussionsbereitschaft, auch in besonders arbeitsreichen Zeiten; für die weiten Freiräume, die er mir gelassen hat; für seinen stets herzlichen, offenen Umgang. Den weiteren Mitgliedern meines Habilitationsmentorats, den Herren Professoren Dr. Ulrich Manthe und Dr. Markus Stoffels, danke ich dafür, daß sie das Verfahren wohlwollend begleitet haben.

Dank schulde ich ferner Herrn Professor Dr. Florian Jacoby, Universität Bielefeld, für die Übernahme und ausgesprochen schnelle Anfertigung des Zweitgutachtens, welches nach der seinerzeitigen Habilitationsordnung der Passauer Fakultät ein externes sein mußte. Herr Professor Dr. Thomas Finkenauer, M.A. hat Teile des Manuskripts gelesen, Frau Dr. Claudia Mayer im letzten Abschnitt des Habilitationsverfahrens gar das gesamte Manuskript korrekturgelesen; beiden schulde ich hierfür Dank. Schließlich danke ich meiner Frau Silke Klinck: Auch sie hat das Manuskript gründlich korrekturgelesen und mir in jeder Phase der Habilitation hilfreich zur Seite gestanden.

Der Deutschen Forschungsgemeinschaft gilt mein Dank für die Gewährung eines großzügigen Druckkostenzuschusses.

Bochum, im März 2011 *Fabian Klinck*

Inhaltsübersicht

Inhaltsverzeichnis

Einleitung

Das Recht der besonderen Insolvenzanfechtung scheint nur ein unbedeutend kleiner Ausschnitt aus der ohnehin speziellen Materie des Insolvenzrechts und damit der Mühe einer dogmatischen Durchdringung kaum wert zu sein. Wer dies glaubt, wird von der praktischen Relevanz der §§ 130, 131 InsO überrascht sein: Nach juris haben diese Normen die Rechtsprechung seit ihrem Inkrafttreten im Jahr 1999 so häufig beschäftigt wie etwa § 433 BGB. Dies läßt sich leicht erklären: Insolvenzen sind nach wie vor ein Massenphänomen,[1] und gerade die besondere Insolvenzanfechtung gibt dem Insolvenzverwalter die Möglichkeit, eine die Kosten des Verfahrens deckende – und für die Höhe seiner Vergütung entscheidende – Masse zu generieren.

Ihre praktische Relevanz allein macht die besondere Insolvenzanfechtung nicht zu einem geeigneten Thema für eine dogmatische Arbeit. Daß die besondere Insolvenzanfechtung wissenschaftliche Aufmerksamkeit verdient, wird jedoch klar, wenn man sich ihre Funktion verdeutlicht. Sie bildet die Nahtstelle zwischen den beiden gegensätzlichen Verteilungsgrundsätzen, die das Zivilrecht regieren: dem Prioritätsgrundsatz, der die Güterzuteilung der Privatautonomie, „dem Markt" überläßt, und dem Gleichbehandlungsgrundsatz, nach dem die Gläubiger eines insolventen Schuldners auf ihre Forderung jeweils die gleiche Quote erhalten. Gerade in der Insolvenz des Verfügenden zeigen sich Wert und Bedeutung des Prioritätsgrundsatzes, denn eine unter allgemeinem Insolvenzvorbehalt des Verfügenden stehende Güterzuteilung würde ihren Namen nicht verdienen. Wie so oft ist das Insolvenzverfahren also auch insoweit der Prüfstand für allgemeine zivilrechtliche Regeln: Dabei erweist sich das Recht der besonderen Insolvenzanfechtung, das dem Gleichbehandlungsgrundsatz schon vor Verfahrenseröffnung Geltung verschaffen soll,[2] als eigentliche Belastungsprobe.

Indem das Recht der besonderen Insolvenzanfechtung den Anwendungsbereich der beiden das Zivilrecht regierenden Verteilungsgrundsätze voneinander abgrenzt, entscheidet es auch über die Kollision der hinter diesen Grundsätzen stehenden privaten Interessen. Zugunsten der Insolvenzgläubiger, die nur Aussicht auf quotale Befriedigung ihrer Forderungen haben, soll es die – wirklichen oder

---

[1] Seit Inkrafttreten der InsO schwankt die Zahl der Unternehmensinsolvenzen zwischen 26.476 (1999) und 39.320 (2003), vgl. *Angele*, Wirtschaft und Statistik 2008, 304 Tabelle 1. Auch 2009 wurde mit 32.687 Unternehmensinsolvenzen der Höchststand von 2003 nicht wieder erreicht, Statistisches Bundesamt, Statistisches Jahrbuch 2010, 489.

[2] Vgl. unten § 2 I, § 7 I.

vermeintlichen[3] – Härten der auf Grundlage des Prioritätsgrundsatzes zuvor privatautonom erfolgten Masseverteilung korrigieren. Allerdings hat das Privatrecht „nichts zu verschenken; es kann dem einen nur geben, was es einem anderen nimmt“.[4] Diese von Dieter Medicus stammende Feststellung muß man sich besonders in Fällen wie den vorliegenden immer wieder in Erinnerung rufen, denn auch hier geht die Besserstellung der einen, nämlich der Insolvenzgläubiger, notwendigerweise zu Lasten eines anderen, des Anfechtungsgegners. Diese Kollision grundlegender Prinzipien und der hinter ihnen stehenden Interessen lassen eine dogmatische Beschäftigung mit der besonderen Insolvenzanfechtung reizvoll erscheinen. Bislang fehlt eine umfassende Untersuchung ihrer einzelnen Tatbestände auf einheitlicher dogmatischer Grundlage.[5] Sie soll hier versucht werden.

Überwiegend legt man den Tatbeständen der besonderen Insolvenzanfechtung eine einheitliche, insolvenzspezifische Wertung zugrunde: Sie sollen den Geltungsbereich des insolvenzrechtlichen Grundsatzes, daß alle Gläubiger grundsätzlich gleichmäßig zu befriedigen seien, die *par condicio creditorum*, vom Zeitpunkt der Verfahrenseröffnung auf den des Eintritts der materiellen Krise vorverlegen, die zur Eröffnung des Insolvenzverfahrens führte. Dieser Gedanke tritt – wie ein Blick auf die historische Genese des Rechts der besonderen Insolvenzanfechtung zeigen wird (§ 1) – in dieser Schärfe erstmals in den Materialien zur KO für das Deutsche Reich hervor.

Die Aussage, die besondere Insolvenzanfechtung verlege den Wirkungszeitraum des Gleichbehandlungsgrundsatzes auf den Eintritt der materiellen Krise vor, wiederholt freilich nur, was die besondere Insolvenzanfechtung bewirkt, nennt aber nicht den Grund, der sie rechtfertigt. In der kritischen Würdigung der bislang hierzu vorgebrachten Thesen und dem Versuch, eine neue, dogmatisch tragfähigere Wertungsgrundlage auszuarbeiten, liegt der erste Schwerpunkt dieser Untersuchung (§ 2). Welcher Wertungsgrund die besondere Insolvenzanfechtung trägt, wird bereits entscheidend, wenn es um die verfassungsrechtliche Rechtfertigung des mit der Anfechtung einhergehenden Eingriffs in das durch Art. 14 GG geschützte Eigentum des Anfechtungsgegners geht (§§ 3–6). Eines sicher gebauten Wertungsfundaments bedarf es auch, um die einzelnen Tatbestandsmerkmale zu analysieren, welche die besondere Insolvenzanfechtung prägen (§§ 7–14). Hier wird sich erweisen, daß die Tatbestände §§ 130 I, 131 I InsO keineswegs, wie Wolfram Henckel meint,[6] klar sind und wenig Auslegungsprobleme bieten.

---

[3] *Mokal*, OJLS 22 (2002), 689, spricht in Bezug auf die Diskussion um die Insolvenzfestigkeit dinglicher Sicherheiten von einer „search for someone to save“.

[4] *Medicus*, AcP 192 (1992), 57. Vgl. mit Blick gerade auf das Anfechtungsrecht bereits *Cosack*, Anfechtungsrecht, 3f.

[5] Vgl. aber namentlich schon *Eichberger*, Die besondere Konkursanfechtung, 1990, *Bruski*, Die Voraussetzungen der Konkursanfechtung, 1990, sowie *v. Wiedersperg*, Die besondere Anfechtung in der Insolvenz, 2001, und nun auch *Thole*, Gläubigerschutz, 279ff.

[6] *Henckel*, FS Gerhardt, 362.

Erster Abschnitt: Geschichte und Wertungsgrundlagen

§ 1 Historische Entwicklung von insolvenzbedingter Verfügungsbeschränkung und Anfechtung

Die lateinische Wendung *par condicio creditorum* verleitet zu der Annahme, daß der Gleichbehandlungsgrundsatz, auf dem jedenfalls die besondere Insolvenzanfechtung beruhen soll, schon dem klassischen römischen Recht bekannt gewesen sei und dort auch zur Legitimierung der rechtshistorischen Vorgänger der Anfechtung gedient habe. Betrachtet man das römische Recht und die nachfolgende Rechtsentwicklung genauer, zeigt sich indes, daß sich hier grundlegende Wertungen verschoben haben und der Gleichbehandlungsgrundsatz, jedenfalls soweit er die Anfechtung begründen soll, keineswegs auf das römische Recht zurückgeht.

I. Römisches Recht

Das klassische römische Recht kannte keine allgemeine Einzelzwangsvollstreckung. Zahlte der verurteilte oder die Schuld anerkennende Schuldner nicht, konnte der Gläubiger nur wie folgt[1] in das Vermögen[2] des Schuldners vollstrecken: Er beantragte beim zuständigen Beamten, dem Prätor, ein Dekret, mit dem dieser den Gläubiger in das Vermögen des Schuldners einweist (*missio in bona*). Der Gläubiger darf das Vermögen zunächst nur erhalten und verwalten, was oftmals durch einen besonderen Vermögenspfleger, den *curator bonorum*, geschieht. Die Einleitung des Verfahrens wird öffentlich bekannt gemacht; die übrigen Gläubiger haben 30, bei Nachlaßkonkursen 15 Tage Zeit, um ihre Forderungen anzumelden. Nach Ablauf dieser Frist ruft der Prätor die Gläubiger zusammen, die aus ihrer Mitte einen Geschäftsführer, den *magister bonorum* wählen. Dieser verwertet das

---

[1] Von der Pfändung mittel *legis actio per pignoris capionem* abgesehen, die nur ausnahmsweise und für wenige Ansprüche offenstand, Gai. 4, 26–29.

[2] Daneben stand dem Gläubiger die Personalexekution offen, die zur Schuldknechtschaft führte. Die Darstellung bei *Gerhardt*, Gläubigeranfechtung, 50ff., erweckt den Eindruck, als habe die Vermögensvollstreckung die Personalexekution schon in klassischer Zeit verdrängt; dies ist freilich nicht richtig, vgl. nur *Kaser/Knütel*, § 85 Rn. 1, 5; *Spann*, Haftungszugriff, 30, 32.

Schuldnervermögen durch Verkauf (*venditio bonorum*) an denjenigen, der den Gläubigern die höchste Quote auf ihre Forderung verspricht.[3]

Obwohl der Schuldner mit Ablauf der Anmeldungsfrist ehrlos (*infamis*) wurde, was man in Rom verbreitet für ein schlimmeres Übel als den Tod hielt, und obwohl dem Schuldner bei Nichterfüllung seiner Verbindlichkeiten auch die Personalexekution, also die Schuldknechtschaft drohen konnte,[4] kam es offenkundig vor, daß der Schuldner sein Vermögen vor der Vollstreckung gezielt schmälerte. Solche Vermögensschmälerungen wurden unter bestimmten Umständen als verwerfliches Verhalten (*fraus*) angesehen und sanktioniert. So erklärte die *lex Aelia Sentia* aus dem Jahr 4 nach Chr. – als erste *lex perfecta* – die Freilassung von Sklaven *in fraudem* für nichtig; bei testamentarischer Erbfolge konnte der pflichtteilsberechtigte[5] ehemalige Eigentümer eines Freigelassenen mit der *actio Fabiana* dasjenige herausverlangen, was der Freigelassene *in fraudem* an einen Dritten veräußert hatte; fehlte ein Testament, war im entsprechenden Fall die *actio Calvisiana* statthaft. Bei Ulpian ist ferner zweimal[6] allgemein von einem Rechtsbehelf gegen denjenigen die Rede, dem der Schuldner in betrügerischer Absicht einen Vermögensvorteil verschafft hatte und der die *fraus* kannte. Paulus D. 22, 1, 38, 4 schließlich berichtet neben der *actio Fabiana* von einer *actio Pauliana* genannten *actio in personam*,[7] mittels derer zurückgefordert werden konnte, was der Schuldner *in fraudem* gegenüber seinen Gläubigern veräußert hatte.[8]

Für diese rechtshistorischen Keimzellen der Anfechtung war also *fraus* der zentrale Begriff: Revidiert wurde nur eine solche Verfügung des Schuldners, über die ein negatives Werturteil zu fällen war. Da der Schuldner in allen Stadien des Vollstreckungsverfahrens bis zum Verkauf seiner Güter die Verfügungsmacht behielt,[9] fragt sich, nach welchen Maßstäben Verfügungen als verwerflich anzusehen waren. Die Gesamtvollstreckung kam in Rom nicht nur bei Insolvenz zum Zuge, sondern schon bei Zahlungsunwilligkeit; doch wird der Schuldner die Forderungen regelmäßig beglichen haben, wenn er konnte, schon um die Sanktionen der Ehrlosigkeit und der Schuldknechtschaft zu vermeiden. Es wird also der Regelfall

---

[3] Zum klassischen Vollstreckungsverfahren *Kaser/Hackl*, Zivilprozeßrecht, §§ 57ff., *Spann*, Haftungszugriff, 31ff., *Vollmershausen*, Konkursprozess, 10ff., und der knappe Überblick bei *Gerhardt*, Gläubigeranfechtung, 50ff., und *Grevesmühl*, Gläubigeranfechtung nach klassischem römischen Recht, 14ff.

[4] Vgl. Fn. 2.

[5] Ein Erbrecht des freilassenden Patrons nach dem Freigelassenen sahen schon die XII Tafeln vor, Gai. 3, 40; *Kaser/Knütel*, Römisches Privatrecht, § 66 Rn. 17. Das Pflichtteilsrecht wurde durch das prätorische Edikt eingeführt; nur neben leiblichen Kindern konnte das Erbrecht des Patrons wirksam ausgeschlossen werden; Gai. 3, 41; *Kaser/Knütel*, a. a. O., § 69 Rn. 10.

[6] In D. 42, 8, 1 pr. und in D. 42, 8, 10 pr., wo es, wie zuletzt *Grevesmühl*, Gläubigeranfechtung nach klassischem römischen Recht, 36f. wahrscheinlich macht, wohl um ein Interdikt geht.

[7] Erhebliche Unsicherheiten löst es aus, daß Theophilus in seiner Paraphrase zu I. 4, 6, 6 die (selbige?) *actio Pauliana* als eine *actio in rem* bezeichnet.

[8] Über die Fragen, ob und wie man diese Rechtsbehelfe voneinander unterscheiden kann und welchen Inhalt sie hatten, besteht seit jeher Streit; vgl. dazu mit Nachweis des Streitstandes *Klinck*, Symp. Wieling, 87f. mit Fn. 15.

[9] Vgl. etwa *Bayer*, Theorie, 68 Fn. 3.

gewesen sein, daß der Käufer der Güter des Schuldners nicht die volle Befriedigung der Gläubiger, sondern nur eine Quote versprach. So könnte man, vom geltenden Recht geprägt, meinen, daß sich das negative Werturteil über vorherige Verfügungen des Schuldners auf folgende Erwägungen stützt: Die Gläubiger seien in ihrem Ausfall gleichzubehandeln; der Schuldner, der seine Zahlungsunfähigkeit voraussieht, darf nicht willkürlich darüber entscheiden, wer noch vollständig befriedigt wird und wer nur die Quote erhält. Das würde voraussetzen, daß das römische Recht oder wenigstens die römische Moralvorstellung einen Grundsatz der Gläubigergleichbehandlung gekannt hätte, der nicht erst nach der *missio in bona*, sondern schon bei absehbarer Zahlungsunfähigkeit des Schuldners gilt. Das ist indes nicht der Fall.

Dem Namen nach entstammt der Gleichbehandlungsgrundsatz[10] folgender Quelle:

> D. 42, 8, 6, 7 Ulpian im 66. Buch seines Ediktskommentars. „Man muß wissen, daß Julian schreibt und es geltendem Recht entspricht, daß, wer geschuldetes Geld annimmt, bevor die Güter des Schuldners in Besitz genommen wurden, obwohl er es in dem Wissen annahm, daß der Schuldner nicht zahlen können würde, dieses Edikt nicht zu fürchten hat: Er hat nämlich nur seine Interessen gewahrt. Wer aber nach Inbesitznahme der Güter eine Forderung einzieht, muß auf seinen Teil verwiesen und den anderen Gläubigern gleichgestellt werden. Er darf nämlich nicht den anderen zuvorkommen, da schon die Gleichheit der Gläubiger hergestellt ist.“[11]

Hier zeigt sich bereits deutlich, daß die klassischen Juristen dem Satz von der *par condicio omnium creditorum* einen sehr viel engeren Geltungsraum zugewiesen haben, als wir dies heute tun. Gleichzubehandeln waren die Gläubiger nicht schon mit Eintritt der materiellen Krise, sondern erst nachdem das klassische Vollstreckungsverfahren angelaufen ist. Hatte der Gläubiger zuvor noch das Geschuldete erhalten, mußte er es nicht zurückgeben, und zwar selbst dann nicht, wenn der Schuldner bereits zahlungsunfähig war und der Gläubiger dies wußte. Der Gläubiger darf seinen Vorteil behalten, weil er wachsam war: *sibi enim vigilavit.* Dieser Satz erinnert an einen zur Parömie gewordenen Ausspruch des Scaevola, der offenkundig schon für die klassischen Juristen ein feststehender Argumentationstopos war. Er ist in der folgenden Quelle enthalten:

> D. 42, 8, 24 Scaevola in seiner Einzelschrift über öffentlich behandelte Fragen. „Ein unmündiges Kind, Erbe des Vaters, zahlt an einen Gläubiger, schlägt bald darauf die väterliche Erbschaft aus, und der Nachlaß wird verkauft. Muß der Gläubiger das Erhaltene zurückgeben, damit er nicht besser gestellt wird als die übrigen Gläubiger? Wir müssen danach unterscheiden, ob er das Geleistete durch Begünstigung erhielt oder nicht, so daß, wenn er es durch Begünstigung seitens der Tutoren erhielt, er es zu dem Anteil zurückgegeben muß, mit dem die

---

[10] Die Worte „Grundsatz“ oder „Prinzip“ werden hier noch nicht im Sinne eines technischen Begriffs gebraucht, vgl. noch unten § 3 Fn. 73.

[11] Sciendum Iulianum scribere eoque iure nos uti, ut, qui debitam pecuniam recepit ante, quam bona debitoris possideantur, quamvis sciens prudensque solvendo non esse recipiat, non timere hoc edictum: sibi enim vigilavit. Qui vero post bona possessa debitum suum recepit, hunc in portionem vocandum exaequandumque ceteris creditoribus: neque enim debuit praeripere ceteris post bona possessa, cum iam par condicio omnium creditorum facta esset.

übrigen Gläubiger ausgefallen sind. Wenn er es aber zu Recht forderte, die übrigen Gläubiger es versäumten zu fordern, wenn die Sache sich später verschlechterte, sei es durch Sterblichkeit, durch Abhandenkommen beweglicher Sachen oder Vernichtung unbeweglicher, so kann das, was der Gläubiger erhalten hat, nicht zurückgefordert werden, da die anderen Gläubiger ihren Nachteil ihrer Nachlässigkeit zuzuschreiben haben. Was aber, wenn mein Schuldner an mich leistet, wenn es dazu gekommen ist, daß die Güter verkauft werden: Kann das Geleistete dann mit dieser Klage von mir herausverlangt werden? Es fragt sich, ob danach zu unterscheiden ist, ob der Schuldner mir die Leistung angeboten oder ich sie ihm gegen seinen Willen abgenommen habe, mit der Folge, daß sie zurückgefordert wird, wenn ich sie ihm abnahm, und nicht zurückgefordert wird, wenn ich sie ihm nicht abnahm. Aber ich habe darüber gewacht, daß sich meine Position verbessere, das *ius civile* ist für die Wachsamen geschrieben: Und daher ist nicht zurückzufordern, was ich erhalten habe."[12]

Diese Aussage ist weniger abstrakt als die vorige; sie zeigt zugleich, daß es den klassischen Juristen auch nicht völlig selbstverständlich war, dem in der Krise befriedigten Gläubiger seinen Vorteil zu belassen. Scaevola behandelt in diesem keineswegs einfachen und womöglich nicht unversehrt überlieferten Text[13] den Fall, daß ein unmündiges Kind seinen Vater beerbt, einen der Nachlaßgläubiger befriedigt, sodann die Erbschaft ausschlägt und der Nachlaß im Wege des Gesamtvollstreckungsverfahrens verkauft wird. Es fragt sich nun, ob der befriedigte Gläubiger das Erlangte herausgeben muß. Scaevola beantwortet diese Frage nicht sofort, sondern erwägt, danach zu differenzieren, ob der Gläubiger *per gratificationem* der Tutoren befriedigt wurde. Ohne daß deutlich würde, ob er selbst dieser Differenzierung folgt, hält Scaevola fest, daß der Gläubiger jedenfalls nichts zurückgeben muß, wenn er rechtmäßig eingefordert hat, während die anderen Gläubiger die Einziehung vernachlässigten. Wiederum unklar ist, ob der dabei von Scaevola angesprochene zufällige Untergang der erhaltenen Leistung eine weitere Voraussetzung dafür ist, daß der rechtmäßig Einfordernde nichts zurückzugewähren hat, oder ob es sich hier um einen daneben stehenden, selbständigen Fall handelt. Scaevola wirft sodann den Fall auf, den auch Ulpian-Julian im eingangs genannten Text behandelt haben, daß nämlich die Gesamtvollstreckung unmittelbar bevorsteht, und fragt, ob es einen Unterschied mache, wenn der Gläubiger dem Schuldner die Leistung re-

---

[12] Pupillus patri heres extitit et uni creditorum solvit: mox abstinuit hereditate paterna: bona patris veneunt: an id quod accepit creditor revocandum sit, ne melioris condicionis sit quam ceteri creditores? An distinguimus, per gratificationem acceperit an non, ut, si per gratificationem tutorum, revocetur ad eandem portionem, quam ceteri creditores fuerint laturi: sin vero iuste exegerit, ceteri creditores neglexerint exactionem, interea res deterior facta sit, vel mortalitate vel subductis rebus mobilibus vel rebus soli ad irritum perducitis, id quod acceperit creditor revocari nullo pacto potest, quoniam alii creditores suae negligentiae expensum ferre debeant. Quid ergo, si, cum in eo essent, ut bona debitoris mei venirent, solverit mihi pecuniam, an actione revocare ea possit a me? An distinguendum est, is optulerit mihi an ego illi extorserim invito, ut, si extorserim invito, revocetur, si non extorserim, non revocetur? Sed vigilavi, meliorem meam condicionem feci, ius civile vigilantibus scriptum est: ideoque non revocatur id quod percepi.

[13] Sehr weitgehend *David Johnston*, On a singular book, 47 ff., der meint, der zweite Teil des Textes sei von Glossen überlagert, 60: „Very little of this second part of the text seems worthy of retention. Extortion, vigilance and the *actio in factum* must all go".

gelrecht abgepreßt hat. Scaevola entscheidet, daß der Gläubiger keinesfalls etwas herauszugeben hat, denn er war wachsam, und das Zivilrecht ist für die Wachsamen geschrieben!

Die bloße Bevorzugung eines Gläubigers gegenüber den anderen kann also nicht Anknüpfungspunkt einer Sanktionierung von Verfügungen des Schuldners im Vorfeld der Gesamtvollstreckung gewesen sein: Vor der *missio in bona* war der Schuldner nicht gehalten, seine Gläubiger gleichzubehandeln, wie aus den beiden dargestellten Quellen deutlich folgt.[14] Aus demselben Grund kann aber auch die objektive Benachteiligung der übrigen Gläubiger nicht ausschlaggebend gewesen sein: Sie ist die notwendige Kehrseite der Bevorzugung eines der Gläubiger, weil diese das verwertbare Vermögen schmälert, den Erlös aus seinem Verkauf und damit die Quote mindert.

Dennoch herrscht heute im romanistischen Schrifttum die Meinung vor, *fraus* setze neben dem objektiven Tatbestand der Gläubigerbenachteiligung subjektiv nur das Bewußtsein des Schuldners voraus, daß seine Handlung die übrigen Gläubiger schädigen werde.[15] Es müßte allerdings erstaunen, hätten die klassischen Juristen die Kenntnis des Schuldners von einer Folge sanktioniert, die selbst sie nicht für verwerflich hielten. Träfe die herrschende Meinung zu, bliebe kaum ein Geltungsraum für den in den eingangs wiedergegebenen Quellen deutlich hervortretenden Grundsatz, daß der wachsame Gläubiger auch Leistungen eines zahlungsunfähigen Schuldners behalten darf. Denn ein Benachteiligungsbewußtsein des Schuldners liegt immer vor, wenn er seine (drohende) Zahlungsunfähigkeit kennt. Träfe die herrschende Meinung zu und hätte die Bewertung als *fraus* subjektiv nur Benachteiligungsbewußtsein des Schuldners vorausgesetzt, wäre also jede Vermögensschmälerung durch einen Schuldner angreifbar gewesen, der seine Zahlungsunfähigkeit kennt. Aus Ulpian-Julian D. 42, 8, 6, 7[16] folgt aber, daß der bevorzugte Gläubiger die auf Sanktionierung der *fraus* gerichteten Rechtsbehelfe des Edikts selbst dann nicht fürchten muß, wenn er die Zahlungsunfähigkeit seines Schuldners kennt. Da man unterstellen muß, daß auch dem Schuldner seine Zahlungsunfähigkeit bekannt war, wenn schon der Gläubiger sie kannte, steht diese Stelle der herrschenden Meinung von der klassischen Bedeutung der *fraus* entgegen.

Die klassischen Juristen haben die Benachteiligung der Gläubiger als Kehrseite der Belohnung des Wachsamen nicht als verwerflich angesehen; auch die bloße Kenntnis des Schuldners von dieser Tatsache nicht. Sie allein erfüllte daher noch

---

[14] So etwa auch bereits *Struckmann*, JherJahrB 12 (1873), 182f., *Brinz*, Pandekten[1] II, § 354, und jüngst wieder *Thole*, ZZP 121 (2008), 70; *ders.*, Gläubigerschutz, 61; *Guski*, Sittenwidrigkeit, 110.

[15] *Dernburg*, Pandekten II, § 400 Anm. 5, anders aber wohl noch *ders.*, Pfandrecht II, 199. Ferner *Förster/Eccius*, Pr. Privatrecht I, § 114 (S. 772); *Grützmann*, Anfechtungsrecht, 35ff.; *Otto*, Anfechtung, 107; *Windscheid/Kipp*, Pandektenrecht II, § 463 Anm. 9; *Talamanca*, ED s.v. Azione revocatoria, Nr. 7; *Solazzi*, revoca, 116; *Guarneri Citati*, Mel. Cornil I, 458; *Ankum*, Actio Pauliana, 70f.; *Impallomeni*, Revoca, 122ff., 124; *ders.*, Scritti, 34ff.; *Grevesmühl*, Gläubigeranfechtung, 112.

[16] Oben § 1 Fn. 11.

nicht den subjektiven Tatbestand der *fraus*.[17] Dieser liegt vielmehr in einer unredlichen Motivation des Schuldners: Nur wenn seine Handlung gerade auf die Schädigung der übrigen Gläubiger abzielte,[18] es dem Schuldner gerade auf eine Benachteiligung der übrigen Gläubiger ankam und diese nicht bloße notwendige Nebenfolge der Bevorzugung eines Gläubigers war, war diese als *fraus* verwerflich und angreifbar. Entsprechend begriff man (nur) die Kenntnis des Begünstigten von dieser unredlichen Motivation des Schuldners als Teilnahme an der *fraus*.[19]

Der Unterschied zwischen dem verdienten Lohn des Wachsamen und der Teilnahme an einem verwerflichen Handeln des Schuldners lag also in dessen Motivation, die sich – als subjektiver Tatbestand – nicht leicht beweisen lies. Es liegt auf der Hand, daß eine Leistung des Schuldners im Zweifel nicht unredlich motiviert ist, wenn der Gläubiger sie einfordern konnte, und umgekehrt Schenkungen oder andere unentgeltliche Leistungen eines Zahlungsunfähigen dem Verdacht ausgesetzt waren, sie erfolgten mit dem Ziel, die übrigen Gläubiger zu schädigen. Folglich sah man Schenkungen eines Zahlungsunfähigen, aber etwa auch Sklavenfreilassungen[20] im Zweifel als fraudatorisch an. Solche Vermutungen waren freilich widerleglich.[21]

Die Vorläufer der Anfechtung im klassischen römischen Recht dienten also nicht der Herstellung der Gläubigergleichbehandlung schon mit Eintritt der Zahlungsunfähigkeit, sondern der Sanktionierung eines unredlichen Handelns des Schuldners und der Teilnahme des Begünstigten hieran, also wie wir heute sagen würden: eines vorsätzlich begangenen Delikts.[22]

In manchen Fällen konnten die Gläubiger freilich auch gegen einen Begünstigten vorgehen, der von der *fraus* des Schuldners nichts gewußt hatte.[23] Man gab hier eine *actio in factum*, wandte also die genannten Grundsätze gewissermaßen analog an: wenn ein Kind, auf dessen Kenntnis ohnehin nichts ankommen konnte,

---

17 Näher *Klinck*, Symp. Wieling, 83 ff.

18 Vielleicht mußte die Benachteiligung nicht das alleinige Ziel der Handlung gewesen sein, vgl. Ulp. D. 42, 4, 7, 6: Der Prätor verkündete im Edikt, er werde den Verkauf der Güter desjenigen verfügen, der sich versteckt halte, um seine Gläubiger zu benachteiligen. Ulpian meint, ein Verkauf könne danach auch stattfinden, wenn die Gläubigerbenachteiligung nicht der einzige Grund für das Versteckthalten sei. Diese Stelle behandelt ein anderes, allerdings ebenfalls *fraus* voraussetzendes Rechtsinstitut; jedenfalls belegt sie nicht, wie aber *Gaugler*, Anfechtung, 20, meint, daß bloße Kenntnis des Schuldners von der benachteiligenden Wirkung seiner Handlung für *fraus* genügt hätte.

19 Ulpian D. 42, 8, 10, 2: Quod ait praetor ‚sciente', sic accipimus ‚te conscio et fraudem participante': non enim si simpliciter scio illum creditores habere, hoc sufficit ad contendendum teneri eum in factum actione, sed si particeps fraudis est. – „Wenn der Prätor ‚wissentlich' sagt, so verstehen wir das als ‚in Mitwisserschaft und Teilnahme an der Benachteiligung': Denn für eine Haftung mit der actio in factum genügt nicht die Kenntnis, daß er Gläubiger hat, sondern nur, wenn er an der Benachteiligung teilnimmt".

20 Zur Vermutung der *fraus* in solchen Fällen ausführlich *Klinck*, Symp. Wieling, 83 ff.

21 Vgl. hierzu ebenfalls *Klinck*, Symp. Wieling, 83 ff.

22 So auch *Gaugler*, Anfechtung, 21; ähnlich *Bruski*, Voraussetzungen, 21 f.

23 Ulp. D. 42, 8, 6, 10–13.

begünstigt worden war;[24] wenn der Schuldner unentgeltlich verfügt hatte – dann war freilich nur die Bereicherung herauszugeben;[25] wenn der Sklave die Benachteiligungsabsicht kannte, sein Eigentümer, der durch ihn erwarb, jedoch nicht;[26] schließlich dann, wenn die benachteiligende Handlung in der Bestellung einer Mitgift lag.[27] Hier handelt es sich offenkundig um unselbständige Erweiterungen der eigentlich deliktischen Haftung des Begünstigten auf Fälle, in denen kein Delikt vorliegt, der Erwerb sich aber aus anderen Gründen als nicht schutzwürdig darstellt: weil er unentgeltlich erfolgte oder weil der Begünstigte keine eigene subjektive Einstellung zum Erwerb ausbildete und so auf seine Kenntnis nicht abgestellt werden kann.

II. Deutsche Partikularrechte

Im mittelalterlichen Recht der deutschen Städte[28] konnte der Gläubiger das Vermögen seines nicht zahlenden Schuldners in pfandrechtsähnlichen Beschlag (Besatzung; *besate*) nehmen;[29] in der Konkurrenz mehrerer Gläubiger hatte die erste Besatzung Vorrang.[30] Mithin führte nicht einmal die Einleitung einer Liquidation des gesamten Vermögens zur Gleichbehandlung der Gläubiger, geschweige denn die bloße Zahlungsunfähigkeit des Schuldners. Im Ausgangspunkt ist das deutsche Recht damit weiter von einer Gläubigergleichbehandlung entfernt als das römische.[31]

---

[24] Ulp. D. 42, 8, 6, 10; D. 41, 8, 6, 10, 5.

[25] Ulp. D. 42, 8, 6, 11; Ven. D. 42, 8, 6, pr.

[26] Ulp. D. 42, 8, 6, 12.

[27] Ulp. D. 42, 8, 14; Ven. D. 42, 8, 6, 1.2.

[28] Um Sammlung, Sichtung und Ordnung einschlägiger Quellen haben sich besonders *Stobbe*, Konkursprozeß, 4ff., *Planitz*, ZRG (Germ. Abt.) 34 (1913), 49ff., und *Schultze*, ZRG (Germ. Abt.) 41 (1920), 210ff., verdient gemacht. Auf die von ihnen zusammengetragenen Quellen wird hier zurückgegriffen. – Zum altösterreichischen Recht etwa *Wesener*, FS Baltl, 535ff.; zum Konkursrecht der Stadt Ulm *Hellmann*, Geschichte, zu demjenigen der Stadt Augsburg *ders.*, Konkursrecht; zu demjenigen der Stadt Nürnberg *Schorr*, Zwangsvollstreckung und Konkurs.

[29] Zur Beschlagnahme des Vermögens eines flüchtigen Schuldners etwa *Planitz*, ZRG (Germ. Abt.) 34 (1913), 93ff.

[30] *Meibom*, Pfandrecht, 455f.; *Stobbe*, Konkursprozeß, 4ff.; *Planitz*, ZRG (Germ. Abt.) 34 (1913), 95f., 101f. mit zahlreichen Quellen. Weiter allgemein *Hellmann*, Lehrbuch, 53f., für Ulm *ders.*, Geschichte, 3f.; für Augsburg *ders.*, Konkursrecht, 29ff.; für Nürnberg *Schorr*, Zwangsvollstreckung und Konkurs, 48ff. Zum Vorrang der Satzung vor späterer Verpfändung *Meibom*, Pfandrecht, 446ff. Vgl. auch schon *Dabelow*, Entwickelung, 491.

[31] Vgl. *Meibom*, Pfandrecht, 449ff., zu dem Fall, daß keiner die in Anspruch genommene Sache besaß, sondern alle nur Forderungen gegen den Schuldner geltend machen konnten: Diese waren in der Regel gleichrangig, doch setzte das deutsche Recht manche Forderungen zurück (vor allem solche Ortsfremder), anderen gewährte es Vorrang (Lohnforderungen des Gesindes; Miet- und Bodenzinsforderungen; Forderungen desjenigen, der Vermögen des vorflüchtigen Schuldners aufgefunden hat). Zu den Privilegien, die die Gläubigergleichbehandlung in zunehmendem Maße untergruben, auch *Stobbe*, Konkursprozeß, 82ff. Teilweise – so in

Die Geltung eines gewissen Gleichbehandlungsprinzips aber läßt sich schon vergleichsweise früh – nämlich im Recht der Hansestädte bereits für das 13. Jahrhundert – in den Fällen nachweisen, in denen sich der Schuldner durch Flucht dem Zugriff seiner Gläubiger entzogen hatte oder überschuldet gestorben war.[32] In solchen Fällen wurde das mit gerichtlichem Beschlag belegte[33] Vermögen des Schuldners oder sein Nachlaß unter allen nicht dinglich berechtigten oder sonst privilegierten Gläubigern, die den Beschlag binnen bestimmter Frist[34] erwirkt hatten, *pro rata* verteilt.[35] Die Motivation hierfür lag wohl weniger in der Umsetzung moralischer Anschauungen als im Schutz auswärtiger Kaufleute, mit denen man weiter Handel treiben wollte.[36] Der Gedanke, daß es sittlich angebracht sei, die Gläubiger in Abkehr vom Prioritätsgrundsatz quotal zu befriedigen, wenn „der Debitor nicht solvendo und derentwegen entweder bonis cediret, oder sonst zu

---

Augsburg – waren manche Forderungen schon zu einer Zeit privilegiert, als noch der erste Kläger vollen Zugriff auf das Vermögen des zahlungsunfähigen Schuldners hatte, vgl. dazu *Hellmann*, Konkursrecht, 101 ff.

32 Vgl. dazu *Kohler*, Lehrbuch, 32 ff.; *Hellmann*, Lehrbuch, 56; *Gerhardt*, Gläubigeranfechtung, 72; *Meibom*, Pfandrecht, 454 f., 457 ff.; *Wesener*, FS Baltl, 536 ff.; *Gassert-Schumacher*, Privilegien, 41 f. Eine Ratsverordnung der Stadt Augsburg aus dem Jahr 1439, wiedergegeben bei *Hellmann*, Konkursrecht, 42 f., und *Gaugler*, Anfechtung, 34, ordnete die Gläubigergleichbehandlung aus praktischen Gründen an: wegen der *irsalin* und *zwayunge*, die aus dem häufigen Streit der Gläubiger darüber entstanden, welcher den anderen im Rechte vorgehen sollte – allerdings für den Fall, daß der Schuldner „vallig oder dingkfluchtig" geworden war, und nur zugunsten derjenigen Gläubiger, die ihre Forderungen am gleichen Tag geltend gemacht hatten; vgl. dazu und zum allmählichen Übergang zu einer allgemeineren Gläubigergleichbehandlung im Augsburger Stadtrecht *Hellmann*, Konkursrecht, 42 ff. Entsprechend ein Ratserlaß der Stadt Nürnberg von 1431, wiedergegeben bei *Schorr*, Zwangsvollstreckung und Konkurs, 50; dort auch zum hier vergleichsweise schnellen Übergang zu einer allgemeinen Gläubigergleichbehandlung.

33 Vgl. zur Umgestaltung der Form der Beschlagnahme im Spätmittelalter *Planitz*, ZRG (Germ. Abt.) 34 (1913), 108 ff.: Während zuvor der Gläubiger die Beschlagnahme selbst, „durch Hand und Mund" vollzog, geschah die Beschlagnahme später durch den Richter; nicht nur ein einzelner Gläubiger konnte so Begünstigter der Beschlagnahme sein, sondern diese konnte mehreren dienen – eine Grundvoraussetzung für ein ranggleiches Verteilungsverfahren.

34 Nach lübischem Recht waren dies zunächst vier Wochen, vgl. *Kohler*, Lehrbuch, 33, mit Quellen.

35 *Stobbe*, Konkursprozeß, 14 ff.; *Kohler*, Lehrbuch, 33; *Meyer*, Geschichte, 40. – In Süddeutschland galt das reine Prioritätsprinzip noch bis in das 15., im ländlichen Raum bis in das 16. Jahrhundert hinein fort, *Planitz*, ZRG (Germ. Abt.) 34 (1913), 102; vgl. auch *Puchta*, Concursprozeß, 29 ff. Die Gantordnung der Stadt Ulm aus dem Jahr 1565 enthielt eine neunstufige Prioritätsordnung, vgl. *Hellmann*, Geschichte, 9 ff. mit Anhang 8 IX.

36 Diese Motivation vermutet schon *Meibom*, Pfandrecht, 457 f., und auch *Schultze*, ZRG (Germ. Abt.) 41 (1920), 232 Fn. 1, für die frühe, sicher schon für das Jahr 1402 nachweisbare Kölner Praxis, das Vermögen des Schuldners nach Markzahl, also quotal an seine Gläubiger aufzuteilen. Umgekehrt gewährte freilich das Ulmer Stadtrecht in der Insolvenz des Schuldners Bürgern den Vorrang vor Gästen, *Hellmann*, Geschichte, 4 f. (mit Anhang 7); vgl. auch § 1 Fn. 31.

rechte concursum erreget",[37] setzte sich allgemein erst in der Neuzeit durch, unter schon sprachlich deutlichem romanistischem Einfluß.[38]

Schon das frühere, nicht allgemein auf Gleichbehandlung der Gläubiger im Konkurs des Schuldners zielende Recht kannte Rechtsbehelfe, die es dem Gläubiger ermöglichten, auf vom Schuldner zuvor veräußertes Gut zuzugreifen. Solche Rechtsbehelfe nützten nur oder jedenfalls in erster Linie dem vorrangig zu befriedigenden Gläubiger, waren also nicht durch eine Gleichbehandlung aller Gläubiger motiviert, sondern stellten eine Sanktion für die Mitwirkung an betrügerischem Verhalten des Schuldners dar.[39] So verhielt es sich zunächst wohl auch mit der *fluchtsal*:[40] Hatte der Schuldner in der Absicht, sich seinen Gläubigern durch

---

[37] So als beredtes Beispiel das Recht von Neu-Brandenburg aus dem Jahr 1589 (ZRG [Germ. Abt.] 10 [1872], 158), das *Stobbe*, Konkursprozeß, 18, in einen mir nicht erkennbaren Zusammenhang mit Vorflucht und Tod des Schuldners stellt. Vgl. auch die bei *Stobbe*, a.a.O., 19, wiedergegebenen Freiburger Statuten von 1520, Fol. 30b, 31b: Gälte das Prioritätsprinzip, „wird einer allein bezalt und müssten die andern mangeln, das uns nit beducht der billicheit gemess sin".

[38] Wie hier *Wesener*, FS Baltl, 538f. Anders namentlich *Meibom*, Pfandrecht, 454f.: „Vielmehr erscheint die Befriedigung der Gläubiger nach Prävention als der ursprüngliche gemeinrechtliche Grundsatz, welcher erst im späteren Mittelalter und nicht überall durch die Vertheilung nach Markzahl verdrängt worden ist". – *Meibom*, 457, schließt schon wegen der „Beschaffenheit der Quellen die Annahme aus, daß der neue Grundsatz einer Einwirkung des römischen Rechts beizumessen sei". „Eine einfache Reception aus dem Justinianischen Gesetzbuch" ist auch nach *Stobbe*, Konkursprozeß, 20f., „in hohem Grade unwahrscheinlich". Gleichsinnig und zum Fall des flüchtigen Schuldners *Planitz*, ZRG (Germ. Abt.) 34 (1913), 105, und *Oertel*, Gläubigerbefriedigung, 29ff., der die Möglichkeit aufzeigt, daß sich der Gedanke der Verlustgemeinschaft aus den Seerechten entwickelt haben könnte (vgl. noch unten § 2 Fn. 91), und den Gläubigergleichbehandlungsgrundsatz in altskandinavischen Rechten nachweist.

[39] Dezidiert *Schultze*, ZRG (Germ. Abt.) 41 (1920), 236f., gegen *Laband*, Vermögensrechtliche Klagen, 275 Fn. 39, der einen *dolus* des Erwerbers nicht für erheblich hält.

[40] Zu den möglichen Bedeutungen des Wortes *fluchtsal* vgl. das Deutsche Rechtswörterbuch und auch *Schultze*, ZRG (Germ. Abt.) 41 (1920), 222ff. Das Suffix „*-sal*" ist recht bedeutungsoffen. Von den zahlreichen Möglichkeiten, die *Lexner*, Mittelhochdeutsches Handwörterbuch, s.v. *sal*, nachweist (u.a. auch „welk, dunkel"), kommen hier vor allem „Halle, Saal" und „Übergabe" in Betracht, eventuell mit der Konnotation „von Treugut", denn *sal* kann auch das aufgrund Testaments zu übergebende Vermächtnis sein. Neben Quellen, in denen *vluchtsal* auch die Flucht als solche bezeichnet und das Suffix bedeutungslos ist (so in den Goslarischen und wohl auch den Göttinger Statuten, vgl. deren Wiedergabe insoweit bei *Gaugler*, Actio Pauliana, 259 und 262f.), existieren auch solche, in denen das Wort eine Zufluchtstätte (Saal) bezeichnet (so das Münchener Stadtrecht von 1320, Ausgabe *Auer*, 288f.). Nach Art. 314 des Schwabenspiegels aber ist *fluchtsal*, „was ein Schuldner in eines anderen Mannes Hand satzet, dem er das nicht schulde". Die Ausgabe *Laßberg* läßt das „nicht" in diesem Satz zu Unrecht aus, vgl. *Stobbe*, Konkursprozeß, 60; *Schultze*, ZRG (Germ. Abt.) 41 (1920), 226 Fn. 1; *Gerhardt*, Gläubigeranfechtung, 64 Fn. 127; nun auch die Ausgabe von *Derschka*. Vgl. auch Art. 105 des Schwabenspiegels: *vluhtsal* heißt das Lehen, das der Lehnsmann einem anderen auf dem Sterbebette lieh, um es diesem nach seinem Tode unter Umgehung des Lehnsherrn zukommen zu lassen, das er aber zurückhaben wollte, sollte er doch überleben. Vgl. zur Entwicklung des Sprachgebrauchs vor allem *Schultze*, ZRG (Germ. Abt.) 41 (1920), 222ff.

Flucht zu entziehen, einem Dritten als Treuhänder oder unter Preis[41] Vermögen übertragen, so wurde diese Übertragung als unwirksam angesehen.[42] Seitdem in der Liquidation des Vermögens des geflohenen Schuldners das Gleichbehandlungsprinzip galt, diente auch das Institut der *fluchtsal* – zunächst womöglich reflexartig – der Gläubigergleichbehandlung. Hier wie in den italienischen Stadtrechten wurde den Gläubigern in zunehmendem Maße der Nachweis erleichtert, daß der Schuldner zu *fluchtsal*, also letztlich nur zum Schein, verfügt hatte.[43] Schon früh wurde bestimmt, daß alle unentgeltlichen[44] oder schlechthin alle Verfügungen des Schuldners, die dieser in bestimmter Frist vor seiner Flucht getätigt hatte,[45] unwirksam sein sollten.[46] Andernorts entwickelten sich Rechtsinstitute, die von vornherein ausschließlich die Gleichbehandlung schon vor der Beschlagnahme des Vermögens des Schuldners durchsetzen sollten. So erklärte das lübische Recht Verfügungen des sterbenden Schuldners auf dem Siechbett, die einen Gläubiger gegenüber den anderen bevorzugten, ohne Rücksicht auf deren Motivierung

---

41 Etwa wenn er vor seiner Flucht einen Gegenstand auf einen Gläubiger übertrug, der in seinem Wert die Höhe der dadurch zu tilgenden Schuld überstieg, vgl. die Quellen bei *Schultze*, ZRG (Germ. Abt.) 41 (1920), 232f. und 234f.

42 *Stobbe*, Konkursprozeß, 59f. Zu den Rechtsfolgen eingehend *Schultze*, ZRG (Germ. Abt.) 41 (1920), 238ff., und *Gerhardt*, Gläubigeranfechtung, 67ff. – Die Flucht des Schuldners wurde als Verbrechen angesehen, weil er sich durch sie der Erfüllung seiner Schulden entzog, vgl. ausführlich *Planitz*, ZRG (Germ. Abt.) 34 (1913), 62ff. Wer dem Schuldner bei seiner Flucht half, nahm an diesem Verbrechen teil und haftete deshalb, vgl. *Gerhardt*, Gläubigeranfechtung, 65f., *Schultze*, ZRG (Germ. Abt.) 41 (1920), 213ff., und – mit zahlreichen Quellen – *Planitz*, ZRG (Germ. Abt.) 34 (1913), 86ff. Die Frage, ob diese Haftung in einem Zusammenhang mit der Nichtigkeit der Verfügungen des Schuldners zu *fluchtsal* stand, ob etwa der Begünstigte das Erlangte deswegen herauszugeben hatte, weil er aufgrund seiner Mitwirkung an der Flucht des Schuldners persönlich haftete, scheint nicht gänzlich geklärt, vgl. dazu *Gerhardt*, Gläubigeranfechtung, 65ff.

43 Vgl. eine aus dem Jahr 1446 stammende Göttinger Satzung (Nr. 177 der Göttinger Statuten) und weitere Quellen bei *Schultze*, ZRG (Germ. Abt.) 41 (1920), 236f.: Der Empfänger muß nachweisen oder beschwören, daß er das streitgegenständliche Gut nicht zu *fluchtsal* empfangen hat; Schweigen führt zu seiner Verurteilung. Das Recht der Stadt Augsburg sah eine Anfechtung bei *fluchtsal* zunächst nur bei Veräußerung unter Preis und nur für den Fall vor, daß die Gläubiger einen Dritten Käufer benennen konnten, der einen höheren Preis bot; dann hatte der Erstkäufer entweder die Differenz zum höheren Gebot zu zahlen oder die Sache gegen Erstattung des von ihm geleisteten Kaufpreises herauszugeben, *Hellmann*, Konkursrecht, 90f. Zum insoweit weitergehenden Recht Nürnbergs *Schorr*, Zwangsvollstreckung und Konkurs, 62ff.

44 Vgl. dazu mit Quellen *Schultze*, ZRG (Germ. Abt.) 41 (1920), 229ff. Entgeltliche Geschäfte, vor allem den Kauf nimmt etwa der Schwabenspiegel noch von der Anfechtbarkeit aus, Art. 314; dazu und zu weiteren Quellen *Schultze*, ZRG (Germ. Abt.) 41 (1920), 234.

45 *Stobbe*, Konkursprozeß, 61; *Gerhardt*, Gläubigeranfechtung, 74f. Zum „Stehen zu allermanns Recht" als einer von der Redlichkeit der Beteiligten unabhängigen Rückwirkung der Vorflucht nach Lübecker Recht *Schultze*, ZRG (Germ. Abt.) 41 (1920), 253ff.

46 Gleichsinnig zur Rechtsfolge des Empfangs zu *fluchtsal* *Gerhardt*, Gläubigeranfechtung, 69, der dies als Schlußpunkt einer Rechtsentwicklung begreift, die von der persönlichen Haftung des Gläubigers ausgeht. Ebenda, 74f., auch zur Verobjektivierung der Anfechtungsvoraussetzungen.

für unwirksam.[47] Hier gebot offenbar schon allein die absehbare Beschlagnahme des Nachlasses im Interesse aller Gläubiger, deren Wirkungen vorzuverlegen, vielleicht, weil man dem aus dem Leben scheidenden Schuldner, der sich im Diesseits für sein Wirtschaften nicht mehr verantworten muß, nicht willkürlich über die Befriedigung seiner Gläubiger entscheiden lassen wollte; womöglich aber auch, weil man ihn davor schützen wollte, noch in der Sterbestunde von seinen Gläubigern bedrängt zu werden.

Nach alledem finden sich im deutschen Rechtskreis zwei unabhängige Entstehungsgründe für die Vorstellung, die materielle Krise des Schuldners verlange eine Gleichbehandlung seiner Gläubiger. Zum einen sollte – wie im romanischen Rechtskreis – betrügerisches Verhalten des Schuldners und eine Teilnahme des Begünstigten hieran, die *fluchtsal* sanktioniert werden. Zum andern ging es aber schon recht früh um hiervon offenbar unabhängige, selbständige moralische Bewertungen, die nicht offengelegt werden. Ob hier allerdings die Gläubigergleichbehandlung um ihrer selbst willen geschützt werden sollte, ist durchaus zweifelhaft.

III. Die italienisch-französische Entwicklungslinie bis zur französischen Kodifikation

Über die Entwicklung der *actio Pauliana* in der romanistischen Rechtswissenschaft von den Glossatoren bis zum *usus modernus pandectarum* informiert ausführlich die Habilitationsschrift von Hans Ankum.[48] Man stritt sich um die Auslegung der im *Corpus Iuris* enthaltenen Quellen, doch eine über deren Stand wesentlich hinausführende Rechtsentwicklung fand – jedenfalls bezüglich der hier interessierenden Fragen[49] – nicht statt.

Anders verhält es sich mit den mittel- und norditalienischen Stadtrechten aus der Zeit zwischen Hochmittelalter und früher Neuzeit. Dort ist von den klassischen Prinzipien nicht mehr viel zu erkennen. Nach den von Hans Viktor Gaugler[50] zusammengetragenen Quellen beschritten die Statuten verschiedene Wege, um Gläubiger vor Nachteilen aus der Zahlungsunfähigkeit oder Flucht ihres Schuldners zu schützen. So hafteten Dritte für Schulden eines Flüchtigen, wenn sie mit ihm „vom selben Wein und selben Brot gelebt",[51] also in einer nicht notwendigerweise verwandt-

---

[47] Vgl. die Quellen bei *Stobbe*, Konkursprozeß, 59.

[48] *Ankum*, Actio Pauliana, 104–263; französische Zusammenfassung: 398–412.

[49] Freilich gaben viele etwa das Erfordernis der *bonorum venditio* auf, die aus der Praxis weitenteils verschwunden war, vgl. zusammenfassend *Ankum*, Actio Pauliana, 401 f.; allgemein zur Entwicklung des Konkursrechts in dieser Zeit etwa *Hellmann*, Lehrbuch, 11 ff.

[50] *Gaugler*, Anfechtung, 64 ff. Vgl. auch bereits *Kohler*, Lehrbuch, 195 ff., und vor allem *Hellmann*, Lehrbuch, 18 ff.

[51] Vgl. etwa die Marktstatuten von Piacenza, um 1200, zitiert nach Baumgart, Entwicklung der Schuldhaft, 365: Jtem quod patres, fratres et filii et uxorestalium fugitivorum et factores et socii et omnes ascendentes qui cum eis stant ad unum panem et vinum, teneantur et obligati sint

schaftlich begründeten Haushaltsgemeinschaft gewohnt hatten.[52] Hatte der spätere Schuldner in einem bestimmten Zeitrahmen vor Eröffnung des Konkurses oder Flucht an nahe Familienangehörige verfügt, wurde verbreitet die Vermutung aufgestellt, daß diese Verfügungen nur zum Schein vorgenommen worden seien; man bestimmte, sie seien *ipso iure* nichtig.[53] In der Bestimmung des relevanten Zeitraumes freilich wichen die Stadtrechte stark voneinander ab.

Diese Bestimmungen sind von den klassischen Rechtsbehelfen so weit entfernt, daß man sich fragen muß, ob es sich hier um deren Fortentwicklung oder um andere, womöglich germanisch beeinflußte Rechtsinstitute handelt. Feststellbar ist jedenfalls, daß die Rückabwicklung bestimmter Verfügungen nach wie vor mit verwerflichem Verhalten des Schuldners begründet wird, das in den Quellen noch verbreitet *fraus* genannt wird. *Fraus* wurde allerdings in bestimmten Fällen unwiderleglich vermutet. Für das Eingreifen solcher Vermutungen waren drei Aspekte entscheidend: die persönliche Nähe zum Schuldner, die zeitliche Nähe zum Konkurs oder zur Flucht des Schuldners und der Charakter des Geschäfts selbst, wobei unentgeltliche Verfügungen naturgemäß besonders verdächtig waren. Diese Vermutungen drangen so tief in das Rechtsbewußtsein ein, daß viele Quellen das Erfordernis einer *fraus* nicht mehr nennen. Dennoch kann auch hier von einer von der Einstellung des Schuldners unabhängigen Vorverlegung der Wirkungen des Konkurses, namentlich des Verlusts der Verfügungsbefugnis des Schuldners keine Rede sein:[54] Daß auch die scheinbar auf böse Absicht des Schuldners nicht mehr abhebenden Regelungen diese berücksichtigen, folgt daraus, daß sie den Zeitpunkt, ab dem Verfügungen des Schuldners vor Konkurseröffnung nichtig sein sollen, variabel danach festsetzen, wie „verdächtig" des Geschäft nach Inhalt und Person des Begünstigten ist – wie nahe also die Vermutung liegt, der Schuldner habe durch seine Verfügung die anderen Gläubiger schädigen wollen.

Im Laufe der Zeit ließ man für die Verdächtigkeit des Geschäfts seine bloße zeitliche Nähe zum Konkurs oder zur Flucht des Schuldners ausreichen; es kam weder auf die Person des Begünstigten noch auf die Art des Geschäfts an.[55] Daß

---

in solidum creditoribus eorum fugitivorum. Et contra eis et quemlibet eorum possint et debeant procedere quem ad modum contra fugitivos posset procedi." Vergleichbare Regelungen enthielten die Statuta Mediolani (Mailand) aus dem Jahr 1396; die Statuta civitatis Mutinae (Modena) von 1327; das Statuto del capitaneo del popolo aus Florenz (1322); weiter die Cremoneser (1388), Brixener (1429) und Bologneser (1509 und 1550) Statuta mercatorum, die Statuta magnificae civitatis Bergomi (Bergamo, 1494) und die Statuta civitatis Rhegii (Reggio d'Emilia, 1480), alle wiedergegeben bei Gaugler, Anfechtung, 65 f.

52 Zur Bedeutung dieser Wendung *Weber*, Geschichte der Handelsgesellschaften, 48 f.

53 So Nr. 166/67 der *Statuta communis Vercellarum* aus dem Jahr 1241 und besonders deutlich das Statuarrecht von Bergamo aus dem 13. Jahrhundert, zitiert nach *Gaugler*, Anfechtung, 68: *... presumatur ipsa alienatio sive contractus fictitia et simulatus et ipso jure pro nullo habeatur.* Ferner die insoweit ebenfalls bei *Gaugler*, Anfechtung, 70 f. Fn. 203 wiedergegebenen *Statuta civitatis* von Rom aus dem Jahr 1363.

54 So aber *Gerhardt*, Gläubigeranfechtung, 77, der zwischen *dolus*-Vermutungen und einer Vorverlagerung der Konkurswirkungen trennen will.

55 Diese Entwicklung beginnt wohl mit der Regelung der *Statuta mercatorum* von Monza aus dem Jahr 1331, wonach alles, was sich zur Zeit seiner Flucht noch im Vermögen des Schuld-

sich die Vernichtung der Verfügungen des Schuldners dennoch auf dessen (vermuteter) Unredlichkeit gegenüber den anderen Gläubigern gründete, scheint noch in denjenigen Stadtrechten auf, die, wie die Mailänder Marktstatuten aus den Jahren 1341 und 1396, die Gläubiger zwar in alle Güter des Schuldners einwiesen, die dieser sechs Monate vor seiner Flucht noch besessen hatte, aber späteren urkundlich beweisbaren Erwerb unangetastet ließen, wenn er dem Gericht nach Beweiserhebung unverdächtig schien. Wo allerdings die Unredlichkeitsvermutung unwiderleglich war, trat die *fraus* des Schuldners als Begründung für die Nichtigkeit seiner Verfügungen langsam gänzlich zurück. Hier liegt der rechtshistorische Scheideweg, an dem sich das, was man heute besondere Insolvenzanfechtung nennen würde, von der klassischen Anfechtung verselbständigte; prozessuale Beweisregelungen hatten sich zu einem neuen materiellen Rechtsinstitut entwickelt. Neue Anfechtungstatbestände waren geboren, die den ursprünglichen Charakter als Sanktion der Teilnahme an schändlichem Schuldnerverhalten abgestreift hatten. Für die Fälle, in denen die Motivation des Schuldners und die Kenntnis des Begünstigten irrelevant geworden waren, mußte dessen Sanktionierung auf eine andere Wertung gestützt werden: Hier liegt der Ursprung der – dem römischen Recht wie gezeigt noch fremden – Idee, schon mit Eintritt der materiellen Insolvenz seien alle Gläubiger gleichzubehandeln und der Verstoß gegen dieses Gleichbehandlungsgebot allein rechtfertige die Anfechtbarkeit der Verfügung.

Der letzte, verfestigende Schritt von der Sanktionierung einer Teilnahme an unredlichem Verhalten zur Durchsetzung des Gläubigergleichbehandlungsgrundsatzes vor Konkurseröffnung vollzieht sich in Frankreich. Dort hatte sich spätestens im Laufe des 15./16. Jahrhunderts der Gedanke durchgesetzt, im Falle des wirtschaftlichen Zusammenbruchs (*déconfiture*) des Schuldners sei dessen Vermögen gleichmäßig an seine Gläubiger zu verteilen.[56] Bald stellte sich die Frage, ob kraft dieses Gleichbehandlungsgrundsatzes auch Verfügungen des Schuldners revidiert werden sollten, die vor dem Offenbarwerden der Krise vorgenommen worden waren. Insoweit knüpft etwa das Reglement der Lyoner Kaufmannschaft aus dem Jahr 1667 an das spätere italienische Städterecht an und bestimmt: „Toutes cessions et transports sur les effets des faillis seront nuls, s'ils ne sont faits dix jours au moins avant la fallite publiquement connue".[57] Ludwig XIV. schaffte diese Regelung durch eine *ordonnance* aus dem Jahr 1673 wieder ab; man kehrte zu der Voraussetzung fraudulöser Absicht des Schuldners zurück. Eine königliche *déclaration* aus dem Jahr 1702 aber führte die Vorschrift aus dem Lyoner Reglement wieder ein, und zwar für ganz Frankreich.[58]

ners befand, als noch immer zu seinem Vermögen gehörig angesehen wurde. Zur Parallelentwicklung im deutschen Recht soeben unter II. Die *Statuta civitatis* von Genua (1498) verlegten den Zeitpunkt, ab dem Verfügungen des Schuldners unwirksam sein sollten, auf 15 Tage vor seiner Flucht vor.

[56] *Kohler*, Lehrbuch, 15 ff. mit zahlreichen Quellenangaben.

[57] Zitiert nach *Gerhardt*, Gläubigeranfechtung, 83.

[58] Vgl. *Kohler*, Lehrbuch, 199; *Hellmann*, Lehrbuch, 98; *Gerhardt*, Gläubigeranfechtung, 83.

Eine nur scheinbare Renaissance fand der Gedanke der Sanktionierung einer verwerflichen Gläubigerschädigung in der komplizierten Regelung des Code de Commerce von 1807. Er enthielt zwar in Art. 443ff. zahlreiche Anfechtungsvorschriften, die sämtlich auf eine *fraude de créanciers* abhoben, freilich mit nach Art des Geschäfts und zurückliegender Zeit abgestuften Beweiserleichterungen und Vermutungen.[59] Der Code sah daneben aber noch eine erhebliche Erweiterung des Gläubigerschutzes vor: Nicht erst die Eröffnung des Konkursverfahrens nahm dem Schuldner seine Verfügungsbefugnis, vielmehr waren nach Art. 442 alle Verfügungen nichtig, die der Schuldner nach Eintritt der Zahlungsunfähigkeit vorgenommen hatte. Ab diesem Zeitpunkt nämlich soll sich der Schuldner im Konkurs befunden haben; die spätere Verfahrenseröffnung durch das Gericht war nur deklaratorisch, Art. 437, 441. Hier wird die durch Vermutungen erleichterte Absichtsanfechtung erstmals klar von der völlig verobjektivierten Vorverlegung der Verfügungssperre auf den Zeitpunkt des materiellen Konkurses getrennt.[60] Die Novelle des Code de Commerce aus dem Jahr 1838 schwächte diese Regelungen zwar ab: Der Schuldner verlor seine Verfügungsbefugnis erst mit dem *jugement déclaratif de la faillite* (Art. 443), und davor liegende Verfügungen konnten nur angefochten werden, wenn der Anfechtende die Bösgläubigkeit des Anfechtungsgegners nachwies, auch hier nach Zeit und Art des Geschäfts durch Vermutungen unterstützt. Der Bezugspunkt dieser Bösgläubigkeit belegt jedoch einen Anschauungswandel: Bösgläubig ist der Gläubiger, der von der Zahlungseinstellung des Schuldners weiß; Kenntnis von einer Benachteiligungsabsicht des Schuldners ist so wenig notwendig wie diese selbst. Nach diesen Kodifikationen also macht allein die Krise des Schuldners, unabhängig von seinen weiteren Absichten, die Befriedigung eines einzelnen Gläubigers illegitim – der Bruch mit der romanistischen Tradition[61] ist vollzogen.

IV. Preußische Kodifikation

Die preußische Allgemeine Gerichtsordnung von 1822[62] ist der römischen Tradition noch stärker verhaftet. I, 50, § 42 AGO bestimmt zunächst, daß die vom Schuldner bis zur Konkurseröffnung vorgenommenen Handlungen ihre Gültigkeit

---

[59] Vgl. die Darstellung der Rechtslage bei *Kohler*, Lehrbuch, 231f; *Gerhardt*, Gläubigeranfechtung, 85.

[60] Vgl. entsprechend die Definition der *fraus* in § 30 der Lübecker Konkursordnung von 1862 und die dort (§ 32) und in der Bremer Debitverordnung von 1843 (§ 42) aufgestellten Rechtsvermutungen, ferner § 100 der preußischen Konkursordnung von 1855, dazu sogleich.

[61] In dieser stand übrigens noch vollständig das sächsische BGB von 1863; nach § 1513 ist die Kenntnis des Begünstigten von der Benachteiligungsabsicht des Schuldners nur dann nicht erforderlich, wenn die Verfügung unentgeltlich oder der Schuldner handlungsunfähig oder nur beschränkt handlungsfähig war. Vgl. dazu *Gerhardt*, Gläubigeranfechtung, 93f.

[62] Zwar enthielt auch das ALR Anfechtungsvorschriften, doch bezogen sich diese nur auf Sonderfälle: I, 11, §§ 1129ff., II, 1, §§ 310ff. ALR auf unentgeltliche Verfügungen, I, 10, §§ 640ff. ALR auf Leibrentenverträge; vgl. knapp *Förster/Eccius*, Pr. Privatrecht, §114 (S. 773).

behalten – insoweit abweichend vom Code de Commerce 1807 und entsprechend der Novelle von 1838. Dieser Grundsatz wird jedoch sogleich eingeschränkt, und zwar laut I, 50, § 43 AGO „[d]amit … inzwischen diese Verordnung von boshaften Gemeinschuldnern zum Betruge ihrer Gläubiger nicht gemissbraucht werden könne“. Die nachfolgenden Anfechtungsregeln differenzieren nach drei Kriterien: ob der Begünstige bei Eintritt der Zahlungsunfähigkeit bereits Gläubiger war oder es erst danach wurde (in der Diktion der AGO mithin „Dritter“ ist); ferner ob der Begünstigte etwas durch Schenkung erhält oder aufgrund eines entgeltlichen („lästigen“) Vertrags; schließlich ob der „Dritte“ bei Vertragsschluß die Zahlungsunfähigkeit des Schuldners kannte oder nicht. Wer bei Eintritt der Zahlungsunfähigkeit des Schuldners bereits dessen Gläubiger war, konnte gemäß I, 50, §§ 44, 45 AGO selbst dann noch wirksam befriedigt werden, wenn er bei Erhalt der geschuldeten Leistung die Zahlungsunfähigkeit kannte, und nach I, 50, §§ 20, 21 AGO konnten die Gläubiger noch unmittelbar vor Konkurseröffnung ihre bevorzugte Befriedigung durch Arrestbeschläge und Ähnliches sicherstellen. Eine Deckungsanfechtung im Sinne der heutigen §§ 130f. InsO kannte das ältere preußische Recht folglich nicht. Schenkungen dagegen konnten nach den allgemeinen Vorschriften widerrufen werden (I, 50, § 49 AGO). Wer mit dem Schuldner einen Vertrag schloß, nachdem dessen Zahlungsunfähigkeit eingetreten war, hatte das in Erfüllung dieses Vertrages Erhaltene nur dann zurückzugewähren, wenn er die Zahlungsunfähigkeit des Schuldners kannte. Auch hier scheint freilich nicht der Gedanke einer Gläubigergleichbehandlung nach Eintritt der Zahlungsunfähigkeit auf, wie man meinen könnte; vielmehr geht es auch hier um die Sanktion eines (vermuteten) Betrugs an den übrigen Gläubigern,[63] wie schon der gewissermaßen als Präambel des Anfechtungsrechts zu lesende I, 50, § 43 AGO hervorhebt, aber auch aus I, 50, § 57 AGO erhellt. Danach soll der Richter für die Frage, ob der Dritte die Zahlungsunfähigkeit des Schuldners kannte, unter anderem nach „dem offenbar unproportionierten Preise … beurtheilen“.[64]

Im Hinblick auf den seinerzeitigen Rechtszustand in Frankreich und Italien, aber auch in den meisten deutschen Staaten erscheint es bemerkenswert, daß das preußische Recht folglich keinen Grundsatz aufstellte, wonach die Gläubiger bereits eine gewisse Zeit vor Eröffnung des Konkursverfahrens, etwa ab Eintritt des Eröffnungsgrundes, an bevorzugter Befriedigung zu hindern seien. Das preußische Anfechtungsrecht verharrte insoweit zunächst bei dem Gedanken, daß die Anfechtung einzig die Teilnahme an einem gläubigerschädigenden Betrug des Schuldners sanktioniere. Gleiches gilt für das Gesetz vom 26. April 1835, dessen § 1 auch außerhalb des Konkursverfahrens den Gläubigern die Befugnis zum Widerruf von Schenkungen des Schuldners und in § 2 weitere Anfechtungsbefugnisse einräumt sowie anordnet, dem Gläubiger solle bei Geschäften des Schuldners mit dessen Ehegatten „die Vermutung zu Seiten stehen, daß die Kontrahenten den

[63] Entsprechende Einordnung bei *Meischeider*, Anfechtungsrecht, 37ff., 41f.

[64] Zur Rechtslage nach dem „älteren Preußischen Recht“ knapp und im vorstehenden Sinne auch ROHGE 10, 249, 252; ausführlicherer Vergleich des Anfechtungsrechts der pr. KO mit dem durch sie abgelösten bei *Consbruch*, Anfechtung, passim.

Vertrag in der unredlichen Absicht, die Gläubiger des Schuldners zu bevortheilen, geschlossen haben". Das Gesetz diente vor allem dazu, Interventionsrechte der Angehörigen des Schuldners gegen eine Vollstreckung des Gläubigers auszuschalten, die auf kollusive, wenn auch unterhalb der Schwelle zur Ungültigkeit führender Arglist bleibende Veräußerungen zurückgingen.[65] Von einer Geltung des Gleichbehandlungsgrundsatzes vor Verfahrenseröffnung ist hier also noch keine Spur, folglich auch nicht von einer besonderen Konkursanfechtung.

Die preußische Konkursordnung vom 8. Mai 1855 änderte dies. Sie erklärt in § 5 zwar (nur) solche Verfügungen des Schuldners für nichtig, dic nach Verfahrenseröffnung vorgenommen wurden. § 100 pr. KO erlaubt jedoch den Gläubigern, nach Zahlungseinstellung vorgenommene Verfügungen anzufechten, wenn dem Begünstigten die Zahlungseinstellung oder die Stellung eines Konkurseröffnungsantrags bekannt war. Der Konkurs sollte sich entweder in der Zahlungseinstellung, der Stellung des Eröffnungsantrags durch einen Gläubiger oder der Anzeige des Schuldners an das Gericht manifestieren, daß sein Vermögen unzulänglich sei. Nach § 101 pr. KO konnten bestimmte weitere Verfügungen angefochten werden, wenn sie binnen zehn Tagen vor Eintritt dieser Ereignisse vorgenommen worden waren: nachträgliche Besicherungen, Leistungen auf nicht fällige Forderungen oder unbare Leistung auf fällige Forderungen. Neben der Unentgeltlichkeitsanfechtung (§ 102 Nr. 1–2 pr. KO) war in § 103 pr. KO[66] ferner die Absichtsanfechtung vorgesehen, nämlich von „Rechtshandlungen, welche der Gemeinschuldner in der dem anderen Theil bekannten Absicht vorgenommen hat, sie nur zum Schein vorzunehmen, oder die Gläubiger auf andere Weise zu bevortheilen".

§§ 100f. pr. KO sind die Keimzelle der heutigen Regelungen der besonderen Insolvenzanfechtung.[67] In gewissem Maße lehnen sich diese Normen an diejenigen Regelungen an, die schon die AGO enthalten hatte, allerdings mit dem wesentlichen Unterschied, daß nun auch solche Begünstigte der Anfechtung ausgesetzt sind, die bei Eintritt der Zahlungsunfähigkeit des Schuldners schon dessen Gläubiger waren.[68] In den Materialien ist sogar ausschließlich von einer gegen Gläubiger gerichteten Anfechtung,[69] also einer Deckungsanfechtung im heutigen Sinne die Rede, die die AGO noch nicht gekannt hatte. Mit dieser erheblichen Erweiterung des Anwendungsbereichs ging auch ein Paradigmenwechsel in der zugrundeliegenden Wertung einher, denn die Anfechtung der Leistung an einen Gläubiger läßt sich nach den aus dem römischen Recht stammenden Maßstäben eben nicht mit der Sanktion unredlichen Verhaltens erklären, sondern nur mit einer Vorverlagerung des Gleichbehandlungsgrundsatzes auf die Zeit vor Verfahrenseröffnung. Dies aber

---

[65] *Loewenberg*, Beiträge, 674, 677.

[66] Hierher gehört wohl auch die Anfechtbarkeit von entgeltlichen Geschäften mit Ehegatten oder nahen Verwandten nach § 102 Nr. 3 pr. KO.

[67] Entsprechende Anfechtungsgründe enthielt das Gesetz vom 9. Mai 1855, das die Anfechtung außerhalb des Konkurses regelte, naturgemäß nicht.

[68] Zum Zusammenhang mit der gemeinrechtlichen Gratifikationslehre (sogleich V.) vgl. *Beisert*, GruchotBeitr 10 (1866), 51 ff.

[69] Wiedergegeben etwa bei *Goltdammer*, KO, 256ff.

scheint den Schöpfern der pr. KO nicht völlig klargeworden zu sein, worüber insbesondere die Erläuterungen von Wentzel und Klose Auskunft geben – Erstgenannter war als berichterstattendes Mitglied der Beratungskommission der Zweiten Kammer des preußischen Abgeordnetenhauses am Gesetzgebungsverfahren beteiligt.[70] Durch die Anfechtungsvorschriften solle verhindert werden, „daß die Gemeinschuldner vor der Konkurseröffnung die Masse verschleudern, bei Seite schaffen und für solche einzelne Gläubiger verwenden, auf deren Dankbarkeit für diese Begünstigung sie rechnen können".[71] Man wolle verhindern, daß der Gemeinschuldner „die Masse vorweg, nicht nach den Gesetzen, sondern nach seinem Belieben" verteile, daß er – „sei es aus Unredlichkeit, sei es aus Willkür" – einem der Gläubiger einen Gegenstand zuwende, um ihn der Gläubigergesamtheit zu entziehen. Hier vermengen sich also zwei Motive:[72] die Sanktion der gezielten Gläubigerschädigung durch unredliches Schuldnerverhalten und der Schutz der gesetzlichen Verteilungsordnung gegen schuldnerische Willkür. Diese Verteilungsordnung bestand im übrigen noch – trotz Vereinfachungen gegenüber der AGO – aus einem recht komplexen Rangsystem (vgl. §§ 72ff. pr. KO), so daß man jedenfalls von einer formalen Gläubigergleichbehandlung kaum sprechen kann.[73] Der Schutz dieser Verteilungsordnung ist für § 101 pr. KO sogar allein ausschlaggebend, auf eine Sanktion unredlichen Verhaltens wird nicht abgestellt: Die Norm erfasse „Rechtsgeschäfte, die zu einer Zeit, wo der Gemeinschuldner die Konkurseröffnung schon voraussieht, gewöhnlich nur vorgenommen werden, um einzelne Gläubiger zu begünstigen ...".[74]

Wenn nicht die Schädigung aller Gläubiger, sondern die Begünstigung einzelner Gläubiger verhindert werden soll, geht es nicht um die Sanktion einer *fraus* im klassischen Sinne, sondern um Schutz der Verteilungsordnung schon vor der Verfahrenseröffnung.[75] Aus der Perspektive des begünstigten Gläubigers erhellt diese

---

[70] Vgl. *Goltdammer*, KO, S. 9 Anm. 1 und 4.

[71] *Wentzel/Klose*, Die Preußische Konkursordnung, 56.

[72] Deutlich auch der Satz, es seien Anordnungen zu treffen, „um der betrüglichen sowohl als auch der bewußten willkürlichen Bevorzugung einzelner Gläubiger entgegenzutreten, dieselbe abzuschneiden, und zwar um so mehr, als im Großen und Ganzen angenommen werden kann, daß meistens die Gewißheit oder doch die Hoffnung auf ungesetzliche Vortheile den Gemeinschuldner zu solchen Geschäften veranlaßt", *Wentzel/Klose*, Die Preußische Konkursordnung, 60. Ebenso schwankend die Motive und der Kommissionsbericht der Zweiten Kammer bei *Goltdammer*, KO, 261 f., sowie, auf deren Grundlage, ROHGE 7, 333, 334.

[73] Dennoch ist in den Motiven davon die Rede, § 101 pr. KO schütze den „Grundsatz der gleichmäßigen Befriedigung aller Gläubiger", wiedergegeben bei *Goltdammer*, KO, 261, und *Meischeider*, Anfechtungsrecht, 58.

[74] *Wentzel/Klose*, Die Preußische Konkursordnung, 58. Vgl. auch den Kommentar von *Rasch*, KO, § 101: Dies seien „Rechtshandlungen ..., bei denen die Unlauterkeit des Geschäfts schon aus der Natur des Geschäfts, oder der Zeit, wo es vorgenommen ist, erhellt".

[75] Anders aber *Meischeider*, Anfechtungsrecht, 48f., 57ff., der meint, § 101 pr. KO fuße auf der Vermutung einer betrüglichen Absicht des Gemeinschuldners. Entsprechend *Beisert*, GruchotBeitr 10 (1866), 12f.: §§ 100, 101 pr. KO lägen in der Rechtsfiktion begründet, daß der Schuldner die bezeichneten Rechtshandlungen in fraudulöser Absicht vorgenommen und der Anfechtungsgegner die Absicht gekannt habe; dabei bemüht sich *Beisert*, a.a.O., 52f., vergeblich um

Motivation des Gesetzgebers auch aus den Bemerkungen der Kommission der zweiten Kammer zu § 100 pr. KO: Zwar könne man es dem Gläubiger nicht verübeln, gerade dann, wenn er wisse, daß die Vermögenslage seines Schuldners schlecht sei, mit allen erlaubten Mitteln noch Befriedigung zu suchen, ohne auf die anderen Gläubiger Rücksicht zu nehmen; man könne aber andererseits von ihm verlangen, „daß er die zufällige Wissenschaft des eingetretenen Umstands und die unerläßliche Zwischenzeit zwischen dem Fallitwerden und der Eröffnung des Konkurses nicht benutzt, um den anderen Gläubigern vorzugehen".[76] Mit Eintritt des materiellen Konkurses also darf kein Gläubiger mehr seinen Vorteil suchen, alle Gläubiger haben aufeinander und auf die gesetzliche Verteilungsordnung der KO Rücksicht zu nehmen.[77] Der gutgläubige Begünstigte wird nicht deshalb bevorzugt, weil er am „Betrug" des Schuldners nicht teilnahm, sondern um im Dienste der Verkehrssicherheit die als potentiell ungerechte Härte empfundene allgemeine Vorverlegung der Konkurswirkungen einzuschränken.[78]

Daß die Anfechtung also mit zwei verschiedenen Wertungen begründet wurde, scheint man sich wenig bewußtgemacht zu haben. Die Motive zu § 101 pr. KO stellen fest, bei dieser Norm handele es sich um eine Ausnahme von dem „Grundsatz ..., daß die Anfechtung nur da stattfinden darf, wo besondere Umstände vorliegen, welche eine Vereinigung der Kontrahenten zur Bevortheilung der Gläubiger annehmen lassen, und daß es in der Regel Sache der Gläubigerschaft ist, derartige Umstände nachzuweisen".[79] Dieser „Rückfall" in die dem klassischen römischen Recht zugrundeliegenden Anschauungen stehen nicht nur zu den bereits wiedergegebenen allgemeinen Erwägungen von Wentzel und Klose im eklatanten Widerspruch, sondern auch zu ihrer dort getroffenen – freilich ihrerseits nicht das Gesetz

---

den Nachweis, die Begünstigung der Gläubiger sei nur eine andere Bezeichnung für die Benachteiligung der anderen Gläubiger. Auch *Consbruch*, Anfechtung, 7ff., will die Anfechtungsvorschriften der pr. KO zwar allein auf die Sanktion von freigebigem und betrüglichem Handeln zurückführen und schlägt §§ 100f. pr. KO letzterer zu (a. a. O., 12ff.). Allerdings soll Betrug in diesem Sinne schon bei Unlauterkeit der Gesinnung vorliegen (a. a. O., 8), und diese nimmt *Consbruch* bei einem Schuldner an, der weiß, daß er nicht mehr alle Gläubiger wird befriedigen können, und dennoch an einzelne leistet (a. a. O., 17).

[76] Wiedergegeben bei *Wentzel/Klose*, Die Preußische Konkursordnung, 212f., und bei *Goltdammer*, KO, 258f.; dort auch die Wiedergabe der gleichsinnigen Bemerkungen der Kommission der Ersten Kammer, wo festgestellt wird, man wolle der willkürlichen Bevorzugung vorbeugen, möge dieselbe auch kein Betrug sein.

[77] Als Grund für diese drastische Änderung der rechtlich-moralischen Gläubigerpflichten gibt die Kommission an: Andernfalls würden die nicht ortsansässigen Gläubiger gegenüber den ansässigen benachteiligt, *Wentzel/Klose*, Die Preußische Konkursordnung, 213.

[78] *Wentzel/Klose*, Die Preußische Konkursordnung, 212 Anm.*. – Nicht vereinbar damit *Meischeider*, Anfechtungsrecht, 50f., der auch § 100 pr. KO auf die römisch-rechtlichen Grundsätze der *actio Pauliana* zurückführen, also als Sanktion einer Teilnahme am vom Gemeinschuldner an den anderen Gläubigern verübten Betrug verstanden wissen will.

[79] Wiedergegeben bei *Wentzel/Klose*, Die Preußische Konkursordnung, 216; *Goltdammer*, KO, 261. Entsprechend auch die Erwägungen der Kommission der zweiten Kammer, ebd., 217: Für die in § 101 genannten Geschäfte sei die Vermutung gerechtfertigt, daß sie zur Benachteiligung der Gläubiger kurz vor der Konkurseröffnung vorgenommen werden.

widerspiegelnden – Feststellung, die Anfechtbarkeit hänge nicht von Mitwisserschaft oder sonstigen Bösgläubigkeit des Begünstigten ab, zu dessen Lasten sie ja letztlich gehe.[80] Die Schöpfer der preußischen Konkursordnung erkannten also zwar, daß sich mit dem Schutz der Verteilungsordnung eine zweite Wertungsgrundlage der Anfechtung neben der Sanktionierung absichtlicher Gläubigerschädigung entwickelt hatte, vermochten diese beiden Aspekte aber nicht konsequent voneinander zu trennen.

Ebenso verhielt es sich mit der höchstgerichtlichen Praxis. Das Reichs-Oberhandelsgericht und das preußische königliche Ober-Tribunal betonten zwar verschiedentlich, daß §§ 100f. pr. KO letztlich Ausformungen der *actio Pauliana* seien und unredliches Verhalten sanktionierten.[81] Das Reichs-Oberhandelsgericht ging dabei sogar so weit, daß es erwog, eine Anfechtung wegen offenbarer Redlichkeit des Schuldners zu verneinen[82] – obwohl §§ 100f. pr. KO ihrem Wortlaut nach Unredlichkeit nicht voraussetzen. An anderer Stelle aber heißt es: „... während sonst jedem Gläubiger freisteht, seine Befriedigung in jeder gesetzlich zulässigen Weise ohne Rücksicht auf das entgegenlaufende Interesse anderer Gläubiger herbeizuführen, ist hier als leitendes Princip geltend gemacht, daß jeder Gläubiger des Gemeinschuldners (abgesehen von den seiner Forderung etwa gesetzlich beigelegten Vorzugsrechten) gleiches Recht auf Befriedigung aus der überschuldeten Vermögensmasse des Cridars hat, und daß der Verkümmerung dieses Rechts durch Operationen eines, sein besonderes Interesse verfolgenden einzelnen Gläubigers dadurch vorgebeugt werden muß, daß gewisse von demselben mit dem Cridar abgeschlossene Rechtsgeschäfte für anfechtbar erklärt werden ...“.[83] Hier wird als *ratio legis* offenkundig eine vorwirkende, hinter die Verfahrenseröffnung zurückreichende Gläubigergleichbehandlung angesehen. Wie wenig das Gericht dies aber als selbständige Wertung erkannt hat, erhellt daraus, daß als Beispiel für die so begründeten Anfechtungsvorschriften ausgerechnet die Absichtsanfechtung nach § 103 pr. KO genannt wird. Was diese betrifft, so hielt man übrigens unter Berufung auf den Satz *vigilantibus jura sunt scripta*[84] an der – mit §§ 100f. pr. KO kaum zu vereinbarenden – Wertung fest, es sei grundsätzlich nicht im Sinne des § 103 pr. KO fraudulös, wenn der Schuldner noch nach Eintritt der Insolvenz an einen Gläubiger leiste.[85]

---

[80] *Wentzel/Klose*, Die Preußische Konkursordnung, 59.

[81] ROHGE 7, 333, 334; ROHGE 10, 249, 250; PrOTE 73, 121, 124; tendenziell auch PrOTE 38, 427, 432.

[82] ROHGE 7, 333, 334; vgl. auch ROHGE 10, 249, 250. Dafür tatsächlich *Meischeider*, Anfechtungsrecht, 50, 60; gegen diesen wiederum *Beisert*, GruchotBeitr 10 (1866), 44ff.

[83] ROHGE 10, 209, 211.

[84] Vgl. § 1 Fn. 12.

[85] PrOTE 38, 423, 425f. Kritisch dazu *Beisert*, GruchotBeitr 10 (1866), 38ff.; *Meischeider*, Anfechtungsrecht, 71 ff.

V. Die Gratifikationslehre des gemeinen Rechts

Wissenschaft und Praxis des gemeinen Rechts hielten, was die Frage der Wirksamkeit und Anfechtbarkeit von Verfügungen des Schuldners betraf, im wesentlichen an den römischrechtlichen Vorgaben fest.[86] Auch nach gemeinem Recht konnte der Schuldner grundsätzlich noch nach Eintritt der Krise wirksam über Gegenstände aus seinem Vermögen verfügen.[87]

Es zeigt sich allerdings die Tendenz, die Anforderungen an die *fraus* als die zentrale Voraussetzung der *actio Pauliana* abzusenken.[88] Die für das klassische Recht richtige Ansicht, *fraus* liege nur vor, wenn es dem Schuldner gerade auf eine Benachteiligung seiner (übrigen) Gläubiger ankommt,[89] wurde weitgehend zugunsten der wesentlich weniger restriktiven Meinung aufgegeben, es genüge, wenn dem Schuldner seine Zahlungsunfähigkeit und damit auch bewußt sei, daß weitere Vermögensschmälerungen zu einem Ausfall der Gläubiger führen.[90]

Dabei näherte man sich sogar dem Gedanken eines auf die Zeit vor Eröffnung des Konkurses zurückwirkenden Gläubigergleichbehandlungsgrundsatzes an, indem man auf Grundlage der für die vorliegenden Zwecke besonders interessanten Gratifikationslehre die römisch-rechtliche Wertung des *ius civile vigilantibus scriptum* aufweichte. Auch die Vertreter dieser Lehre gingen zwar von dem Grundsatz aus, daß die *actio Pauliana* nur gegen Dritte angestellt werden konnte, nicht gegen Gläubiger, denen der Schuldner vor der *missio in bona* noch das ihnen Zustehende geleistet oder für seine Schuld ein Pfandrecht bestellt hatte. Denn in diesen Fällen könne eben nicht angenommen werden, daß die Voraussetzungen der *actio Pauliana* vorliegen: Der Schuldner wolle im Zweifel nicht seine anderen Gläubiger hintergehen, sondern nur eine Schuld begleichen, und auch der befriedigte Gläubiger müsse keine betrügerische Absicht des Schuldners annehmen.[91] Aus dem ersten Fall in Scaevola D. 42, 8, 24[92] folgerte man aber, daß der vor der *missio in bona*[93]

---

[86] Gleiches konstatiert *Dabelow*, Entwickelung, 648. – Zur allmählichen Rezeption römischrechtlicher Grundsätze der *actio Pauliana* in die Stadtrechte am Beispiel desjenigen Augsburgs *Hellmann*, Konkursrecht, 91f.

[87] Umstritten war, ob seine Verfügungsmacht bereits mit der *cessio bonorum* oder der *missio in bona* endete oder aber erst mit einem entsprechenden richterlichen Beschluß, spätestens also dem *decretum de aperiundo concursu* (so wohl *Puchta*, Concursprozeß, 16, und etwa *Bayer*, Theorie, 68f., dort, 53ff., auch ausführlich zur Unschärfe der in diesem Zusammenhang gebrauchten Begriffe des imminenten, materiellen und formellen Konkurses).

[88] Dies konstatiert etwa auch *Gerhardt*, Gläubigeranfechtung, 80.

[89] Vgl. oben § 1 I bei und nach Fn. 15.

[90] Vgl. aus der Spätzeit etwa *Dernburg*, Pandekten II, § 400 Anm. 5, anders aber wohl noch *ders.*, Pfandrecht II, 199. Ferner *Grützmann*, Anfechtungsrecht, 35ff.; *Otto*, Anfechtung, 107; *Windscheid/Kipp*, Pandektenrecht II, § 463 Anm. 9.

[91] *Dabelow*, Entwickelung, 422f. Für das preußische Recht dezidiert anders *Beisert*, GruchotBeitr 10 (1866), 44f.

[92] Oben § 1 vor Fn. 12. Vgl. auch Paul.-Iul. D. 42, 5, 6, 1.2.

[93] Diese kannte der gemeine Konkursprozeß nicht mehr. Wann der Konkurs begann und damit die Befugnis des Schuldners entfiel, über sein Vermögen zu verfügen, war umstritten, vgl. dazu vor allem *Dabelow*, Entwickelung, 673ff.

befriedigte Gläubiger das über seine Quote Hinausgehende zurückzugewähren hat, wenn der Schuldner aus „besonderer Begünstigung" (*per gratificationem*) geleistet und die anderen Gläubiger hintan gesetzt hatte.[94] Auch unter denen, die dieser Gratifikationslehre folgten, war umstritten, in welchen Fällen nun anzunehmen war, daß der Schuldner einen seiner Gläubiger unter Hintansetzung der anderen aus besonderer Begünstigung befriedigt hatte.[95] Weil man nach Scaevola D. 42, 8, 24 den Gratifikationsfall von demjenigen abzugrenzen hatte, daß der Gläubiger aus Wachsamkeit noch vor der *missio in bona* das ihm Zustehende erhalten hatte, und sei es gegen den Willen des Schuldners, stellte man vor allem darauf ab, wie sehr der befriedigte Gläubiger im Verhältnis zu den anderen auf die Leistung gedrängt hatte. Nur dann, wenn mehrere Gläubiger wachsam gewesen waren und auf Leistung gedrängt hatten, hatte nach der Gratifikationslehre eine *actio Pauliana* gegen denjenigen Gläubiger Erfolg, dessen Forderung bedient worden war, obwohl er weniger als die anderen oder überhaupt nicht auf Zahlung gedrängt hatte.

Bis Anfang des 19. Jahrhunderts erfreute sich die Gratifikationslehre breiter Gefolgschaft.[96] Man könnte meinen, die Vertreter dieser Lehre seien damit ihrem Judiz gefolgt, das ihnen gebot, die Verteilungsordnung des Konkursverfahrens schon vor dessen Beginn zu schützen. Das allerdings ist jedenfalls nicht durchgehend der Fall. Auch Vertreter der Gratifikationslehre betonen: Vor der *missio in bona* stehe es im Belieben des Schuldners, welchen seiner Gläubiger er befriedigen will – solange diese eben im gleichen Maße auf Zahlung drängen; eine Prioritätsordnung zwischen den Gläubigern sei vor Beginn des Konkurses nicht denkbar.[97] Um eine Vorverlegung der *par condicio creditorum* ging es also auch den Anhängern der Gratifikationslehre nicht. Im Ergebnis aber näherte man sich – sicher nicht zufällig – an das dargestellte französische und von Preußen übernommene Rechtsdenken an.

Bis Ende des 19. Jahrhunderts wurde die Gratifikationslehre in Rückbesinnung auf den Quellenstand fast völlig aufgegeben;[98] einen derartig vollständigen Sieg konnte die historische Schule auf kaum einem anderen Gebiet für sich verbuchen. Man betonte das in den Quellen genannte Wertungsargument, der bevorzugte Gläubiger sei für seine Wachsamkeit zu belohnen,[99] und entfernte sich für das ge-

---

94 So *Dabelow*, Entwickelung, 427. Die Gratifikationslehre vertraten ferner etwa, mit Abweichungen im Detail, *Stryk*, de cautelis contractuum, sect. IV cap. I § X mit weiteren Literaturangaben; *Lauterbach*, colleg. theoretico-practico ad pandectas, lib. 42 tit. 8 § 18; *Struve*, Syntagma, exerc. XLIV th. LXXX; vgl. auch noch *Puchta*, Concursprozeß, 8ff.

95 Ausführliche Darstellung bei *Dabelow*, Entwickelung, 428ff.

96 Vgl. die Literatur bei *Franke*, AcP 16 (1833), 135 Fn. 20, und *Dabelow*, Entwickelung, 427 Fn. n. *Laspeyres*, AcP 21 (1838), 77ff., verteidigt die Gratifikationslehre zwar noch, schränkt sie dabei jedoch stark ein (97ff.).

97 *Dabelow*, Entwickelung, 428, ferner 676.

98 *Franke*, AcP 16 (1833), 141; *Consbruch*, Anfechtung, 17 Fn. 1; *Meischeider*, Anfechtungsrecht, 69; ausf. *Vangerow*, Pandekten III, § 697; *Baron*, Pandekten, § 235 II 3; *Arndts*, Pandekten, § 228 mit Anm. 3; *Dernburg*, Pandekten II, § 145.2; *Struckmann*, JherJahrB 12 (1873), 277ff.; *Schweppe*, System, § 82a, b; *Bayer*, Theorie, 70 mit Fn. 9, 77 Fn. 2. Vgl. auch die Motive des Entwurfs einer Deutschen Gemeinschuldordnung, 131f.

99 Besonders deutlich in diesem Sinne etwa *Struckmann*, JherJahrB 12 (1873), 280ff.

meine Recht wieder denkbar weit von der Annahme einer schon durch die Zahlungsunfähigkeit ausgelösten *par condicio creditorum* vor Verfahrensbeginn.[100]

VI. Rezeption der historischen Entwicklung in der KO 1879

Das Anfechtungsrecht der KO 1879 ist inhaltlich weitestgehend und unter den hier zunächst interessierenden Aspekten nahezu vollständig mit demjenigen des „Entwurfs einer Deutschen Gemeinschuldordnung“ identisch. Dieser Entwurf wurde 1870–1873 im Auftrag des Bundesrates im preußischen Justizministerium erarbeitet, unter maßgeblicher Mitwirkung von Franz Förster, dem Carl Hagens als Hilfsarbeiter zugeordnet war.[101] Förster war ursprünglich auch für den Vorsitz der 1873 vom Bundesrat eingesetzten Sachverständigenkommission vorgesehen gewesen, die über den Entwurf beraten sollte. Statt seiner wurde jedoch – aus Gründen föderaler Machtpolitik[102] – der Bayer v. Neumayr gewählt.[103] Hagens dagegen nahm an den Beratungen des Entwurfs jedenfalls als passives Mitglied teil, war erster Schriftführer der Kommission und wurde nach Abschluß der Beratungen mit der Abfassung der Motive betraut.[104] Daß er dabei bereitwillig auf das schon zur Gemeinschuldordnung Erarbeitete zurückgriff, ist leicht nachvollziehbar; dadurch behielten wohl auch die Gedanken Försters einen, wenn auch mittelbaren, so doch nicht zu unterschätzenden Einfluß auf das spätere Gesetz.[105]

Die Schöpfer der Konkursordnung für das Deutsche Reich sahen sich vor die Aufgabe gestellt, „zum Schutz der Gläubiger betrüglichen und willkürlichen Handlungen ihres Schuldners rechtliche Wirkung zu versagen“, dabei aber „die Rechtssicherheit des Verkehrs und den allgemeinen Kredit zu schützen, und diese gebieten, daß die Handlungen eines nicht, wenigstens nicht erkennbar, in seiner Verfügung Beschränkten aufrecht erhalten bleiben“.[106] Drei mögliche „Rechtsgründe“ der Anfechtung wurden erkannt: neben der Freigebigkeit des Schuldners dessen betrügerische Handlung und die Teilnahme des Begünstigten daran, schließlich die Verletzung eines „Konkursanspruchs“ aller Gläubiger.[107]

---

[100] Erhellend zur Bedeutung des Satzes von der *par condicio creditorum* für den gemeinen Konkursprozeß etwa *Schweppe*, System, 27f., der sich dagegen wendet, aus ihr, „deren Sinn nur dahin geht, daß alle Gläubiger an dem Concurse Theil nehmen ... und keine Prävention unter den Gläubigern gilt“, weitere Schlüsse etwa auf die fortlaufende Verzinsung von Insolvenzforderungen oder die Fortgeltung von Zurückbehaltungsrechten zu ziehen.

[101] *Meier*, Geschichte des deutschen Konkursrechts, 135f.; *Thieme*, 100 Jahre KO, 54.

[102] Näher zu den Hintergründen *Thieme*, 100 Jahre KO, 58ff.

[103] Zum gleichwohl geringen Einfluß „Bayerns“ auf die KO *Bornhorst*, Das bayerische Insolvenzrecht, 69ff.

[104] *Thieme*, 100 Jahre KO, 56, 62ff.; *Hullmann*, KO, 2.

[105] Vgl. auch *Thieme*, 100 Jahre KO, 65ff.

[106] *Hahn*, Materialien IV, 109; gleichlautend schon die Motive des „Entwurfs einer Deutschen Gemeinschuldordnung“, S. 123f.

[107] Deutlich die Zusammenfassung bei *Hahn*, Materialien IV, 121; Motive des Entwurfs einer Deutschen Gemeinschuldordnung, 161. Vgl. auch die Ausführungen *Goldschmidts* in den Beratungen der Kommission (Erste Lesung), *Hahn*, Materialien IV, 532.

Die von Freigebigkeit und Betrug unabhängige Anfechtung begriff man unter dem Einfluß des französischen Rechts als Entzug der Verfügungsfreiheit des Schuldners. So wurde für die Gesetzesväter zur entscheidenden Frage, „durch welchen Umstand und mit welcher Wirkung die Verfügungsfähigkeit des Schuldners Einbuße erleidet, oder mit anderen Worten: ob, wann und inwieweit die materiellen Wirkungen des Konkurses – der Konkursanspruch – schon vor der formellen Eröffnung des Verfahrens eintreten".[108] Dabei sah man sich vor die Wahl gestellt zwischen dem System des römischen und gemeinen Rechts, das dem Schuldner bis zur Konkurseröffnung grundsätzlich die Verfügungsfähigkeit beließ, dem „älteren französischen (altenglischen) System", wonach alle Verfügungen des Schuldners seit seiner Zahlungseinstellung nichtig waren, und dem „neufranzösischen (neuenglischen) System", wonach Verfügungen nach Zahlungseinstellung nur unwirksam waren, wenn der andere Teil die Zahlungseinstellung kannte.[109] Dieses dritte System erschien dem Gesetzgeber vorzugswürdig:[110] Das zweite System gehe zu weit, das römische und gemeinrechtliche System dagegen schütze die übrigen Gläubiger nicht ausreichend vor schädlichen Verfügungen des zahlungsunfähigen Schuldners.

Anders als die Schöpfer der pr. KO grenzten diejenigen der KO 1879 die besondere Konkursanfechtung kongruenter Handlungen nach § 23 Nr. 1 KO 1879 deutlich von der Betrugsanfechtung ab: Der Schuldner wolle durch in der Krise vorgenommene Handlungen nicht stets sich oder bestimmte Gläubiger unlauter begünstigen. Vielmehr unternehme der Schuldner nach allgemeiner Erfahrung verzweifelte Anstrengungen, den Konkurs abzuwenden, er werde „Zahlungen leisten, Gelder erheben, die bedenklichsten Geschäfte unternehmen ... Alle diese Rechtsgeschäfte, diese Zahlungen und Sicherstellungen, enthalten keinen Betrug, aber sie verletzen nicht blos juristisch einen Rechtsanspruch aller Gläubiger, sie gefährden auch, indem sie einen Kampf Aller gegen Alle verursachen und indem hierbei der Wohnort, die nahen Beziehungen, der Charakter der Einzelnen u.s.w. eine ungleiche Rolle spielen, den allgemeinen Kredit".[111] Insoweit sollte also weder verwerfliches Verhalten sanktioniert noch die von der Konkursordnung vorgesehene Verteilungsordnung geschützt werden; es ging allein um den Schutz des allgemeinen Personalkredits. Von der Anordnung eines auf den Eintritt der Zahlungsunfähigkeit zurückwirkenden allgemeinen Verfügungsverbots sah man ab, um den redlichen Verkehr zu schützen.[112] Dabei stand man freilich vor der schwierigen Frage, worauf

---

[108] *Hahn*, Materialien IV, 115; mit nur redaktionell bedingten Abweichungen ebenso die Motive des Entwurfs einer Deutschen Gemeinschuldordnung, 130.

[109] Ausführlicher als in den von Motiven zur KO ist der Ertrag der umfangreichen historisch-vergleichenden und rechtsvergleichenden Vorarbeiten wiedergegeben in den Motiven des Entwurfs einer Deutschen Gemeinschuldordnung, 125ff., wo auch die seinerzeit geltenden deutschen Partikularrechtsordnungen recht umfangreich dargestellt sind.

[110] *Hahn*, Materialien IV, 117; wesentlich ausführlicher die Motive des Entwurfs einer Deutschen Gemeinschuldordnung, 130ff.

[111] *Hahn*, Materialien IV, 115; Motive des Entwurfs einer Deutschen Gemeinschuldordnung, 133f.

[112] *Hahn*, Materialien IV, 116f.; Motive des Entwurfs einer Deutschen Gemeinschuldordnung, 134f.

man diese Redlichkeit beziehen konnte, ging es doch nicht um die Sanktionierung verwerflichen Verhaltens des Schuldners und eine Teilnahme des Begünstigten. Man verfiel auf den Kunstgriff, den Schutz des allgemeinen Personalkredits dadurch zur Angelegenheit aller Gläubiger zu machen, daß man einen mit der Vermögenskrise des Schuldners entstehenden Anspruch aller Gläubiger „auf Verwendung des gesammten Vermögens zu ihrer gemeinschaftlichen Befriedigung“[113] behauptete. Obwohl dies ein persönlicher Anspruch des jeweiligen Gläubigers gegen den Schuldner sein sollte, sollten ihn doch auch die anderen Gläubiger verletzen können.[114] Damit ließ sich über nach Eintritt der Krise vorgenommene Verfügungen des Schuldners wieder das Verdikt der Unredlichkeit fällen und ihre Revidierung legitimieren: „Der Gemeinschuldner konnte nicht mehr ... verfügen, ohne den Konkursanspruch der Gläubiger[115] zu verletzen. Unbedingt stand dieser der an sich nachtheiligen Veräußerung, Auflassung, Belastung, Verpfändung u.s.w. entgegen. Wußte das der Kontrahent oder mußte er es wissen, ... so wußte er, daß der Abschluß des Geschäfts, welches sein Recht ihm übertrug, die Rechtsverletzung der Konkursgläubiger enthielt, und indem er trotzdem das Geschäft einging, machte er sich zum Theilnehmer an der Rechtsverletzung. Das ist eine Schlechtgläubigkeit, welche ihm den Verletzten gegenüber nicht nützen darf.“[116] Hier also, in der Verletzung eines „Anspruchs aller Gläubiger auf gemeinschaftliche Befriedigung“, ist die moderne Ansicht begründet, das nach klassisch-römischem und gemeinem Recht nur im Verfahren wirkende Gleichbehandlungsgebot wirke auf den Eintritt der zum Konkurs führenden Vermögenskrise zurück. Dieser Gedanke wird in den Motiven zur KO 1879 auch erstmals deutlich formuliert: „Nach der Zahlungseinstellung oder dem Antrag auf Konkurseröffnung ist jeder Akt der Befriedigung eines Konkursgläubigers eine Verletzung der *par conditio*“.[117] Hierauf stützte man auch die Anfechtung nach § 23 Nr. 1 Alt. 1 KO 1879 (= § 30 Nr. 1 Alt. 1 KO, Vorläufer des § 132 InsO), obwohl diese auch Rechtsgeschäfte erfassen konnte, die gegenüber einer Person vorgenommen worden waren, die bei Vornahme des Rechtsgeschäfts noch gar nicht Gläubiger war. Auch diese Person sollte also den gedachten „Konkursanspruch“ der Gläubiger verletzen können, indem sie an einer Schmälerung der Masse mitwirkte.[118]

---

[113] *Hahn*, Materialien IV, 115, vgl. auch 121; Motive des Entwurfs einer Deutschen Gemeinschuldordnung, 132f.

[114] *Hahn*, Materialien IV, 116, 119. Hiervon wird unten (§ 2 II 1) noch zu handeln sein.

[115] Zum hier aufscheinenden Gedanken eines einheitlichen Anspruchs aller Gläubiger vgl. ebenfalls eingehend unten (§ 2 II 2).

[116] *Hahn*, Materialien IV, 128; Motive des Entwurfs einer Deutschen Gemeinschuldordnung, 151.

[117] *Hahn*, Materialien IV, 133; Motive des Entwurfs einer Deutschen Gemeinschuldordnung, 159 (zur auch heute noch oft zu beobachtenden, falschen Schreibung „*conditio*“ vgl. *Berges*, 100 Jahre Konkursordnung, 373, und *Finkenauer*, JZ 1990, 482). Deutlich *Hahn*, Materialien IV, 128f., und Motive des Entwurfs einer Deutschen Gemeinschuldordnung, 153, wo das Umschwenken des zu belohnenden *sibi vigilare* auf die Herstellung und Bewahrung der *par condicio omnium creditorum* in D. 42, 8, 6, 7 (oben § 1 vor Fn. 11) von der Verfahrenseröffnung (*missio in bona*) auf die Zahlungseinstellung vorverlegt wird.

[118] *Hahn*, Materialien IV, 127.

Da der „Konkursanspruch“ erst mit der Zahlungseinstellung entstehen sollte, konnte man eine Anfechtung von davor vorgenommenen Handlungen nicht auf seine Verletzung stützen. Die Anfechtung inkongruenter – also so nicht geschuldeter – Deckungen, die vor der Zahlungseinstellung oder Stellung eines Konkursantrags gewährt worden waren (§ 23 Nr. 2 Alt. 2 KO 1879 = § 30 Nr. 2 Alt. 2 KO), sah man als Sonderfall der Anfechtung wegen Betrugs an, der selbst und dessen Teilnahme an ihm wegen der Art des Geschäfts und der zeitlichen Nähe zur Offenbarung der Krise (widerleglich!) vermutet wurde.[119] Für die Inkongruenzanfechtung nach Zahlungseinstellung erfolgter Deckungen sollten dieser Wertungsgrund und der Gedanke der Verletzung eines „Konkursanspruchs“ konkurrieren;[120] auch die Anfechtung nach § 23 Nr. 2 Alt. 1 KO 1879 = § 30 Nr. 2 Alt. 1 KO war also ein Sonderfall der Absichtsanfechtung, sofern der Anfechtungsgegner seine Unkenntnis von einer Begünstigungsabsicht nicht beweisen konnte.[121]

VII. Anfechtungsrecht in Schrifttum und Praxis zur KO und der Entstehung der InsO

In ersten Reaktionen des Schrifttums auf das Inkrafttreten der KO wurden die in den Motiven enthaltenen Begründungsansätze kritisch erörtert. Die dort geäußerte Idee, daß der Schuldner einen Konkursanspruch aller Gläubiger verletze und der Begünstigte an dieser Rechtsverletzung teilnehme, wurde in zunehmendem Maße verworfen.[122] Manche versuchten, diesen Begründungsansatz zu einer allgemei-

---

[119] *Hahn*, Materialien IV, 133; Motive des Entwurfs einer Deutschen Gemeinschuldordnung, 158 ff.; zu dieser entsprechend *Voigtel*, GruchotBeitr. 18 (1874), 648 („... anfechtbar, weil präsumtiv betrügerisch ...“). Zweifel sät freilich die Behauptung *Hagens* in der Ersten Lesung der Kommission (*Hahn*, Materialien IV, 533): „Man habe scharf ersichtlich machen wollen, daß die Vorschriften in § 23 Nr. 1 und 2 kein Ausfluß der gemeinrechtlichen Anfechtungsklage seien, keine Art Betrugs, sondern einen selbstständigen, lediglich aus dem Konkursverhältniß entnommenen Anfechtungsgrund enthalten sollten“.

[120] So ausdrücklich *Hahn*, Materialien IV, 134; Motive des Entwurfs einer Deutschen Gemeinschuldordnung, 161.

[121] Dies verkennt *Henckel*, ZIP 1982, 394 f., wenn er feststellt: Soweit § 23 Nr. 2 KO 1879 nach Zahlungseinstellung vorgenommene Handlungen der Anfechtung unterworfen habe, habe die Norm Mittel zur Herstellung der Gläubigergleichbehandlung sein sollen; ebenso Jaeger/*ders.*, Konkursordnung^9, § 30 Rn. 190, und auch schon *Hüper*, Zwangsvollstreckung, 68 ff. Dem folgen etwa noch *Thole*, ZZP 121 (2008), 78 f., und auch schon BGH NJW 1995, 1090, 1091 f. In gegenläufigem Sinne zu pauschal *Guski*, Sittenwidrigkeit, 144 f., der meint, „§ 30 Nr. 2 KO“, also offenbar beide Alternativen, seien als Tatbestand der Absichtsanfechtung konzipiert gewesen.

[122] Ablehnend *Cosack*, Anfechtungsrecht, 18; *Endemann*, Konkursverfahren, § 14 II, S. 53; *Hellmann*, Lehrbuch, 624; *Fitting*, Reichs-Konkursrecht, § 4 Fn. 9, § 16 Fn. 21; *Mandry*, Reichsgeseze, 381 Anm. 14; *Otto*, Anfechtung, 19 ff.; *Menzel*, Anfechtungsrecht, 176; *Linsmayer*, Haftung, 51 ff. Dem Gedanken der Verletzung eines Konkursanspruchs folgen aber etwa noch *Hullmann*, KO, Vorbemerkungen zu §§ 22 ff. (S. 129 f.) und § 23 Anm. 4, 6, sowie *Köbel*, Anfechtung, 7, 13 und Anm. 2 (S. 44).

neren Deliktstheorie umzuwandeln,[123] die allerdings in bezug auf das durch den Anfechtungsgegner verletzte Recht diffus blieb und von vornherein schwerlich diejenigen Anfechtungsvorschriften erklären konnte, die kein Verschulden voraussetzten.[124] Nach der schrittweise erfolgten und im französischen Recht des 19. Jahrhunderts abgeschlossenen Abspaltung der besonderen Konkursanfechtung von der ursprünglichen, materiell *fraus* voraussetzenden *actio Pauliana* (vgl. oben III.) war diese Rückbesinnung auf die historischen Grundlagen des Anfechtungsrechts nun auch durch das deutsche positive Recht versperrt. Nicht wenige meinten daher, das Anfechtungsrecht könne nicht auf eine einheitliche Grundlage gestellt werden; vielmehr beruhten „die einzelnen Fälle, in welchen Benachtheiligungen zu Gunsten Anderer für ungerechtfertigt erklärt sind, auf verschiedenen gesetzgeberischen Zweckmäßigkeitsgründen ohne einheitlichen Charakter".[125]

Das RG hatte sich mit der theoretisch anmutenden Frage, ob eine anfechtbare Handlung ein Delikt sei, im Hinblick auf den Deliktsgerichtsstand nach § 32 CPO auseinanderzusetzen. Gerade im Hinblick auf die besondere Konkursanfechtung nach § 23 KO fiel ihm die Antwort schwer. Zuerst entschied der I. Civilsenat:[126] Im Gegensatz zur gemeinrechtlichen *actio Pauliana*, die auf einem Delikt beruhe, stelle die Grundlage des § 23 KO weder ein Delikt noch ein Quasi-Delikt dar, insbesondere weil die Anfechtung kein Verschulden des Begünstigten voraussetze. Die in den Motiven geäußerte Theorie von einem Konkursanspruch solle nach

---

[123] *Mandry*, Reichsgeseze, 375ff., und *ders./Geib*, Reichsgesetze, 540ff., insbesondere Fn. 7 (mit Ausnahme der Unentgeltlichkeitsanfechtung); *Otto*, Anfechtung, 22ff., 117f.; wohl auch *Wengler*, Konkursordnung, 178ff.

[124] Vgl. auch für das österreichische Recht *Stubenrauch*, Commentar zum ABGB, §§ 1331, 1332 Anm. III pr.: „Jede Verletzung des gedachten (!) Anspruches der Gläubiger auf gleichmäßige Befriedigung ist objectives Unrecht; insoferne der Theilnehmer an derartigen Vorgängen von diesem objektiven Unrechte weiß oder wissen soll, fällt ihm daher böse Absicht (dolus) oder Versehen (culpa) zur Last, und ist daher dann die Klage auf Gutmachung des geschaffenen rechtswidrigen Zustandes ihrem Wesen nach eine Delictsklage (Schadensersatzklage) ..."; Ansprüche aber, die wegen Benachteiligung der übrigen Gläubiger gegeben werden und kein Verschulden voraussetzen, seien streng genommen keine Delikts-, sondern bereicherungsrechtliche Ansprüche. – Gegen die Deliktstheorie bereits ausführlich *Menzel*, Anfechtungsrecht, 16ff.; ferner *Cosack*, Anfechtungsrecht, 15ff.; *Linsmayer*, Haftung, 4ff.; *Schulz*, AcP 105 (1909), 243f.; *Jaeger*, KO[1], § 29 Anm. 4; *Petersen/Kleinfeller*, § 29 Anm. 13f.

[125] So in Abkehr von seiner in früheren Auflagen geäußerten Ansicht *v. Wilmowski*, KO[4], vor § 22 Anm. 1 (S. 117), unter Berufung auf *Cosack*, Anfechtungsrecht, 16ff. (24ff.), und *Endemann*, Konkursverfahren, § 41 I, S. 232. Neben *Seuffert*, Konkursprozeßrecht, 226, und *Menzel*, Anfechtungsrecht, 177; in der Sache ebenso *Cosack*, Anfechtungsrecht, 24ff., *Förster/Eccius*, Pr. Privatrecht, §114 (S. 774f.), und *Jaeger*, KO[5], § 29 Anm. 7 (*obligatio ex lege*, die „aus Tatbeständen [erwächst], die als solche eine Forderung nur kraft besonderer Rechtssätze erzeugen", die wiederum ausschließlich auf Erwägungen der Zweckmäßigkeit und Billigkeit beruhen); vgl. auch bereits *dens.*, Konkursordnung[1], § 29 Anm. 6. Für eine *obligatio ex lege* im Hinblick auf § 23 KO auch RGZ 10, 325, 329 (I. Civilsenat); anders aber bezüglich § 23 Nr. 2 KO noch RGZ 10, 334, 335 („*obligatio ex lege* ... höchstens in dem Sinne ..., als eben die positive Vorschrift des Gesetzes es ist, welche eine solche Begünstigung ... und die Entgegennahme des Vorteiles ... für unerlaubte und deshalb anfechtbare Rechtshandlungen erklärt").

[126] RGZ 10, 325, 328ff.

dem RG nur „bezwecken ..., die vorgeschlagenen Bestimmungen vom legislatorischen Standpunkt aus zu rechtfertigen". Bedeutung für die dogmatische Verortung des Anfechtungsrechts (zumindest im Hinblick auf § 32 CPO) komme ihr nicht zu. Anders entschied aber ein Dreivierteljahr später der II. Civilsenat:[127] § 32 CPO greife für § 23 Nr. 2 KO „jedenfalls dann ..., wenn nicht bloß ein einseitiges Vorgehen des Gläubigers, sondern ein gemeinsames Handeln dieses und des Gemeinschuldners in Frage steht". Nachdem Jahre später der III. Civilsenat § 32 CPO auch für die Anfechtung solcher Handlungen nach § 23 Nr. 2 KO für einschlägig halten wollte, an denen der Gemeinschuldner nicht mitgewirkt hatte (Pfändung im Wege des Arrests), sich daran aber wegen der vorgehenden Entscheidung des I. Civilsenats gehindert sah, rief er die Vereinigten Civilsenate an. Diese entschieden, daß § 32 CPO in solchen Fällen nicht einschlägig sei.[128] Es sei weder richtig, daß die anfechtbaren Handlungen stets im Sinne des § 32 CPO unerlaubt seien, noch, daß dies niemals der Fall sei. Während die Unentgeltlichkeitsanfechtung nach § 25 KO kondiktionsartiger Natur sei, beruhe die Absichtsanfechtung nach § 24 Nr. 1 KO auf einem Betrug und einer Teilnahme daran. Verschiedenartig seien die Gründe für die Anfechtbarkeit auch innerhalb des § 23 KO. Diese Norm verlange jedoch in keiner ihrer Alternativen einen *dolus* auf Seiten des Anfechtungsgegners, und folglich könne nicht eine unerlaubte Handlung den Grund für die Anfechtbarkeit bilden.

Die in der besonderen Konkursanfechtung liegende Rückwirkung des Gleichbehandlungsgrundsatzes von der Verfahrenseröffnung auf den Eintritt des materiellen Konkurses hatte man *de lege lata* hinzunehmen, auch wenn man die in den Motiven enthaltene dogmatische Begründung für fehlerhaft hielt und teils offen zugab, keine bessere geben zu können. Um so erstaunlicher ist es, daß man den „gesetzgeberischen Zweckmäßigkeitsgrund" selbst, also das Bedürfnis nach einer Rückwirkung des Gleichbehandlungsgrundsatzes, nicht in Frage stellte, obwohl die Vorgaben des gemeinen Rechts – wie unter V. dargestellt – andere waren und die Emanzipation der besonderen Konkursanfechtung zu einem eigenständigen Rechtsinstitut dogmengeschichtlich – allemal auf deutschem Boden! – nicht lang zurücklag.[129] Dennoch wurden gegen dessen grundsätzliche Berechtigung keine Einwände erhoben, die Rückwirkung des Gleichbehandlungsgrundsatzes auf die Zeit ab Eintritt der Krise war sogleich zur Selbstverständlichkeit geworden, als die sie heute allgemein empfunden wird.[130] So führten bereits die Richter der Vereinigten Civilsenate des RG in der genannten Entscheidung aus dem Jahr 1888 aus: Es widerspreche dem

[127] RGZ 10, 334, 335ff.

[128] RGZ 21, 420ff.

[129] Vgl. auch noch den knappen Überblick über die vor Inkrafttreten der KO geltenden Partikularrechte in dieser Hinsicht bei *Hullmann*, KO, Vorbemerkungen zu §§ 22ff. (S. 127f.).

[130] *v. Wilmowski*, KO^4, Einleitung § 3 (S. 8f.), spricht von der „gerechten Erwartung" der Konkursgläubiger, gleichmäßig befriedigt zu werden, als einem „*jus paris conditionis*", das allerdings keinen wirklichen Anspruch erzeuge und nur nach Maßgabe der einzelnen Vorschriften der KO durchsetzbar sei. Daß dieses „*jus*" aufgrund der besonderen Konkursanfechtung auf die Zeit vor Verfahrenseröffnung zurückwirkt, nämlich mit der Zahlungsunfähigkeit des Schuldners entsteht, wird festgestellt, aber nicht näher erörtert.

allgemeinen Rechtsbewußtsein, daß ein Gläubiger in bösem Glauben handele oder eine unerlaubte Handlung begehe, wenn er zur Sicherung oder Befriedigung seines Anspruchs gegen einen Schuldner vollstrecke, von dem er bezweifeln müsse, ob dieser noch alle gegen ihn gerichteten Forderungen werde erfüllen können; denn nach der allgemeinen Rechtsansicht könne ihm nicht zugemutet werden, im Interesse anderer auf wohlbegründete Rechte zu verzichten.[131] Wenige Zeilen zuvor aber ist ausgeführt, daß der Zweck des Gesetzes in einer möglichst gleichmäßigen Befriedigung der Konkursgläubiger liege, die durch Vorverlegung des anfechtungsrelevanten Zeitraums vom Tage der Verfahrenseröffnung auf den Zeitpunkt der Zahlungseinstellung oder des Eröffnungsantrags verfolgt werde. Offenkundig verträgt sich das von § 23 KO dem einzelnen Gläubiger zugunsten der Gläubigergemeinschaft abverlangte Opfer nicht mit der „allgemeinen Rechtsansicht“, auch in der Krise des Schuldners könne man vom Gläubiger den Verzicht auf die Durchsetzung seiner Rechte nicht verlangen. Offengelegt oder gar erörtert wird diese Wertungsfriktion im Urteil freilich nicht.

Fast ein Jahrhundert später gingen auch die Mitglieder der 1978 vom Bundesminister der Justiz eingesetzten Kommission für Insolvenzrecht davon aus, die besondere Insolvenzanfechtung – auch die inkongruenter Handlungen – diene dem „Zweck, dem Prinzip der gleichmäßigen Befriedigung aller Insolvenzgläubiger grundsätzlich schon drei Monate vor dem – zulässigen und begründeten – Antrag auf Eröffnung des Insolvenzverfahrens Geltung zu verschaffen, sobald die Zahlungsunfähigkeit eingetreten ist“.[132] Daß der Gleichbehandlungsgrundsatz schon vor Verfahrenseröffnung, nämlich ab Eintritt der Krise gilt, wird hier schon vorausgesetzt; nicht etwa will man ihn zu diesem Zeitpunkt konstitutiv in Geltung setzen. Die Mitglieder der Kommission stellen fest: Während ein Gläubiger grundsätzlich darauf vertrauen darf, die geschuldete Leistung behalten zu dürfen, verdient „dieses Vertrauen … keinen Schutz, wenn er wußte, daß die Krise eingetreten war“.[133] Dieselbe Erwägung liegt der Inkongruenzanfechtung (Leitsatz 5.2.2) zugrunde: „Ein Gläubiger, der eine ihm nicht zustehende Leistung erhält, muß Verdacht schöpfen, daß die Krise eingetreten ist oder unmittelbar bevorsteht“.[134] Am deutlichsten wurde man schließlich hinsichtlich der Inkongruenzanfechtung von Vollstreckungshandlungen: „Die Inkongruenz des Vollstreckungserwerbs ergibt sich daraus, daß ein Gläubiger vom Eintritt der Krise an kein Recht darauf hat, sich mit Hilfe des Prioritätsgrundsatzes der Einzelzwangsvollstreckung einen Vorteil gegenüber den anderen Gläubigern zu verschaffen, weil der Prioritätsgrundsatz von jenem Zeitpunkt an dem Grundsatz der gleichmäßigen Befriedigung aller Gläubiger weichen muß.“[135] Die Kommission hielt es, anders als die Schöpfer der KO, nicht mehr für

---

[131] RGZ 21, 420, 428.

[132] Erster Bericht der Kommission für Insolvenzrecht, S. 403.

[133] Erster Bericht der Kommission für Insolvenzrecht, S. 405, übernommen in die Begr. des RegE, BT-Drucks. 12/2443, S. 158.

[134] Erster Bericht der Kommission für Insolvenzrecht, S. 407.

[135] Erster Bericht der Kommission für Insolvenzrecht, S. 408. – Bemerkenswerterweise wird hier die Inkongruenz nicht im Verhältnis zwischen Gläubiger und Schuldner, sondern im Verhältnis

notwendig, diesen „Grundsatz, daß der Prioritätsgrundsatz der Einzelzwangsvollstreckung vom Eintritt der Krise an durch den Gleichbehandlungsgrundsatz ersetzt wird", seinerseits zu begründen. Die Rückwirkung des Gleichbehandlungsgrundsatzes auf den Eintritt der Krise ist selbstverständlich geworden.

VIII. Zusammenfassung

Die Anfechtung findet ihren historischen Ursprung im Deliktsrecht: Sie soll die Teilnahme des Begünstigten an unredlichem Schuldnerverhalten sanktionieren. Den Kern des Anfechtungstatbestandes bildet die *fraus*, die gezielte Benachteiligung der Gläubiger durch den Schuldner. Schon im klassischen römischen Recht wird die Anfechtung jedoch zum einen unabhängig von deliktischem Handeln auf unentgeltliche Geschäfte erstreckt, zum anderen wird der Nachweis der Anfechtungsvoraussetzungen dadurch erleichtert, daß man den bei Schuldner und Begünstigtem erforderlichen subjektiven Tatbestand bei bestimmten Geschäften vermutet.

Auch im Mittelalter bleibt die *fraus* des Schuldners der Grund der Anfechtung; allerdings werden die schon im römischen Recht angelegten Vermutungen ausgedehnt, vor allem für die Zeit nach Eintritt der Vermögenskrise des Schuldners. Spiegelbildlich verlieren die subjektiven Tatbestandsvoraussetzungen der Anfechtung an Bedeutung, von der widerleglichen zur unwiderleglichen Vermutung bis zur konsequenten Streichung aus dem Anfechtungstatbestand. Die damit neu entstandene objektive Anfechtung kann nicht mehr mit einer *fraus* des Schuldners und einer Teilnahme des Begünstigten hieran begründet werden. Damit war es auch möglich, von der römisch-rechtlichen Wertung des *ius civile vigilantibus scriptum est* abzugehen und auch die Leistung auf eine ihrerseits unanfechtbar begründete Forderung der Anfechtung zu unterwerfen. Es entsteht ein von der Sanktion verwerflichen Verhaltens unabhängiger Anfechtungsgrund: der Schutz der für das jeweilige Gesamtvollstreckungsverfahren vorgesehenen Verteilungsordnung.[136] Sobald diese von einer differenzierten Rangordnung zur möglichst konsequenten Gleichbehandlung der Gläubiger übergeht, läßt sich von einer Vorverlegung des Gleichbehandlungsgrundsatzes sprechen, die zugleich die Materialisierung eines Verfahrensgrundsatzes bedeutet: Während dieser im klassischen römischen Recht allenfalls nach Einleitung des Vollstreckungsverfahrens galt, wirkt er nun bei Verfahrenseröffnung auf den Eintritt der Vermögenskrise zurück.

Das Nebeneinander zweier unabhängiger Anfechtungsgründe – der Sanktion einer Teilnahme an unredlichem Schuldnerverhalten und der Schutz der konkurs-

des bevorzugten Gläubigers gegenüber den anderen Gläubigern begründet; in dieser Hinsicht ähnlich BGHZ 136, 309, 312ff.: Der Einsatz staatlicher Zwangsmittel zur Umgehung der *par condicio creditorum* mache den Vollstreckungserwerb inkongruent. Vgl. hierzu noch eingehend § 12 III.

[136] In einem gewissen Zwischenstadium befindet sich das schweizerische Anfechtungsrecht, das mit Art. 227 SchKG eine Art Inkongruenzanfechtung kennt, die Anfechtung kongruenter Deckungshandlungen aber allenfalls über eine besonders gestaltete und gehandhabte (vgl. zum alten Recht *Bruski*, Voraussetzungen, 102f.) Absichtsanfechtung ermöglicht.

rechtlichen Verteilungsordnung – tritt erstmals[137] in den Motiven zur preußischen KO und zur KO 1879 deutlich hervor, ohne daß sie dabei immer klar voneinander getrennt worden wären. In Schrifttum und Praxis zur KO und auch dem modernen Gesetzgeber der InsO ist es zur Selbstverständlichkeit geworden, daß der Gleichbehandlungsgrundsatz auf die Zeit vor Verfahrenseröffnung zurückwirkt; der Grundsatz selbst wurde zu einer material eigenständigen, vermeintlich grundlegenden Wertung.

[137] Von einer „zähen Behauptung der Konkursanfechtung" – wohl im Sinne rechtshistorischer Kontinuität – spricht dagegen *Häsemeyer*, Gleichbehandlung, 81.

§ 2 Rechtfertigung der besonderen Insolvenzanfechtung

I. Problemstellung – Gefahr einer petitio principii

Die heute in §§ 130–132 InsO[1] geregelte besondere Insolvenzanfechtung hatte sich, nach jahrhundertelanger Vorentwicklung, erst mit der KO 1879 völlig von der Betrugsanfechtung verselbständigt. Damit war es zugleich notwendig geworden, diese Anfechtung, genauer: den mit ihr verbundenen Zugriff auf das Vermögen des Anfechtungsgegners, anders als mit dem Hinweis auf eine Teilnahme des Anfechtungsgegners an einem durch den Schuldner verübten Betrug zulasten der anderen Gläubigern zu rechtfertigen. Zugleich mit der besonderen Insolvenzanfechtung kam der Gedanke einer Vorverlagerung des Gleichbehandlungsgrundsatzes, der *par condicio creditorum*, auf einen bestimmten Zeitraum vor Eröffnung des Insolvenzverfahrens auf – während jedenfalls das gemeine wie das klassisch-römische Recht eine *par condicio creditorum* erst mit der wirklichen Eröffnung des Konkursverfahrens über eine Beschränkung der Verfügungsmacht des Schuldners eintreten ließen. Die ihrer grundsätzlichen Konzeption nach mit der KO 1879 eingeführte besondere Insolvenzanfechtung aber soll der Durchsetzung des Gleichbehandlungsgrundsatzes vor der Eröffnung des Insolvenzverfahrens dienen und den Beginn seiner Geltung auf den Zeitpunkt des Eintritts der wirtschaftlichen Krise vorverlegen, die zur Verfahrenseröffnung führte.[2] Zeichne sich nämlich ab, daß der

---

[1] Vgl. näher noch unten § 7 II.

[2] Vgl. etwa Jaeger/*Henckel*, § 130 Rn. 7f.; *ders.*, ZIP 1982, 393 (zur Deckungsanfechtung nach § 30 Nr. 1 (2), Nr. 2 KO); Kübler/Prütting/Bork/*Schoppmeyer*, § 130 Rn. 3; *ders.*, ZIP 2009, 603; Uhlenbruck/*Hirte*, § 130 Rn. 1 f.; MünchKommInsO/*Kirchhof*, § 130 Rn. 1; Andres/*Leithaus*, § 129 Rn. 2; FK/*Dauernheim*, § 130 Rn. 2; *Gerhardt*, ZIP 1985, 584f.; *Piekenbrock*, WM 2007, 144; *Bork*, FS Schäfer, 595; *Wegener*, NJW 2010, 3607; *Canaris*, 100 Jahre KO, 78; *Schoppmeyer*, NZI 2005, 186; *Berges*, KTS 1957, 55; *Häsemeyer*, KTS 1982, 526f., 55; *ders.*, Insolvenzrecht, Rn. 21.01; *Bruski*, Voraussetzungen, 153; *Biehl*, Insider, Rn. 201; *v. Campe*, Insolvenzanfechtung, 59; *Bauer*, Ungleichbehandlung, 76; *Baur/Stürner*, Insolvenzrecht, Rn. 19.21. Weitergehend (§§ 129 ff. dienen insgesamt der Gläubigergleichbehandlung) BGH NZI 2009. 67, 69; Nerlich/Römermann/*Nerlich*, § 129 Rn. 5; *Füßmann*, Gläubigergleichbehandlung, 48; *Kohn-Löffelmann*, Insolvenzanfechtung in Europa, 37 f.; *Breutigam/Tanz*, ZIP 1998, 717. Zur besonderen Konkursanfechtung in aller Deutlichkeit BGH NJW 1972, 870, 871: „Die ‚besondere Konkursanfechtung' des § 30 KO beruht auf dem Gedanken, daß vom Offenbarwerden der Krise (Zahlungseinstellung oder Konkursantrag) ab das Vermögen des Schuldners der Allgemeinheit

Schuldner nicht mehr alle Gläubiger werde befriedigen können, sei es nicht mehr gerechtfertigt, das schuldnerische Vermögen nach dem Prioritätsgrundsatz zu verteilen, dem schnellsten Gläubiger also volle Befriedigung zu gewähren und die langsameren entsprechend ausfallen zu lassen. Ob dem abgesicherten oder befriedigten Gläubiger durch besondere Insolvenzanfechtung seine Vorzugsstellung wieder genommen wird oder nicht, soll sich also danach richten, ob sich der Schuldner in einer materiellen, letztlich zur Eröffnung des Insolvenzverfahrens führenden Krise befindet. Ist dies der Fall, wird nur der gutgläubige Empfänger geschützt. Die Krise soll also eine Ablösung des Prioritätsgrundsatzes durch den Gleichbehandlungsgrundsatz rechtfertigen.[3]

Den Materialien zur InsO ist keine wertende Rechtfertigung für einen solchen radikalen Paradigmenwechsel zu entnehmen, sondern nur die *petitio principii*, daß der Gläubiger mit Eintritt der Krise auf die übrigen Gläubiger Rücksicht nehmen müsse, weil die Krise des Schuldners es rechtfertige, daß an die Stelle des Prioritätsgrundsatzes der Gleichbehandlungsgrundsatz trete.[4] Auch das Schrifttum beschränkt sich oftmals auf die Feststellung, daß die Verdrängung des Prioritätsgrundsatzes durch den Gleichbehandlungsgrundsatz in der Krise des Schuldners ein Ausdruck gleichsam apriorischer Billigkeit sei.[5] Der Prioritätsgedanke solle dem-

---

seiner persönlichen Gläubiger verfangen ist (vgl. Jaeger/*Lent*, Konkursordnung[8], § 30 Einl.). Verschafft sich ein einzelner Gläubiger nach diesem Zeitpunkt Deckung (Sicherung oder Befriedigung), so ist diese nach § 30 Nr. 1 Fall 2 (kongruente Deckung) bzw. § 30 Nr. 2 (inkongruente Deckung) anfechtbar, falls dem Gläubiger beim Erwerb der Deckung der Eintritt der Krise bekannt war, wofür das Gesetz die Beweislast je nach der Kongruenz oder Inkongruenz der Deckung unterschiedlich verteilt. Der Zweck des Gesetzes ist zu verhindern, daß noch nach Offenbarwerden der Krise einzelne Gläubiger sich Deckung verschaffen und dadurch das Prinzip der gleichen Behandlung aller Konkursgläubiger durchlöchert wird." Entsprechend *Weber*, KTS 1959, 85: „Der Gedanke, daß die Entstehung der Verlustgemeinschaft nicht an den mehr oder minder zufälligen Moment der Eröffnung des Konkurses zu knüpfen ist, ... trägt wohl seine Rechtfertigung in sich selbst"; so auch schon *Cosack*, Anfechtungsrecht, 175. Vgl. ferner etwa *Hueck*, Grundsatz der gleichmäßigen Behandlung, 75.

[3] *Jacoby*, KTS 2009, 20f. möchte diese Unterscheidung auch für die Frage nutzbar machen, inwieweit Deckungshandlungen nach § 133 I InsO anfechtbar sein sollen.

[4] Erster Bericht der Kommission für Insolvenzrecht, S. 408. – Ähnlich dem hier Gesagten Kübler/Prütting/*Paulus*, § 129 Rn. 4 („tendenziell Wirkung mit Ursache vertauscht"); *Thole*, ZZP 121 (2008), 74 („läßt sich ohne Zirkelschluss ... kaum friktionslos erklären"); *Guski*, Sittenwidrigkeit, 116.

[5] Vgl. etwa *Zeuner*, Anfechtung, § 1 Rn. 1; *Gassert-Schumacher*, Privilegien, 325; *Kohn-Löffelmann*, Insolvenzanfechtung in Europa, 36f. Weiter etwa *Seuffert*, ZIP 1986, 1158: „Als am Gemeinwohl orientierter Schutzzweck kann sicher, wie schon immer, der Grundsatz der Gleichbehandlung der Gläubiger im Insolvenzfall – bzw. der sachgerechten Differenzierung zwischen Gläubigerrechten – akzeptiert werden. Gerechtfertigt sind dadurch der Ausschluß von Einzelvollstreckungen und das konkursrechtliche Anfechtungsrecht [...]." Vgl. ferner *Füßmann*, Prinzip der Gläubigergleichbehandlung, 45: „Da es nicht gelingt, den Grundsatz der par condicio creditorum in das Gefüge des materiellen Rechts einzuordnen, muß man ihn als Element eines reinen Billigkeitsdenkens begreifen". – Gegen „die par conditio creditorum als höchste Form der Insolvenzgerechtigkeit" aber schon *Stürner*, ZZP 94 (1981), 271. Sehr kritisch zum *pari passu principle* auch *Mokal*, CLJ 60 (2001), 581 ff.

gegenüber zurücktreten, weil er zu einem Zeitpunkt, in dem die Krise bereits eingetreten ist, „extrem ungerecht“ werde.[6] Daß einer Verteilung des haftenden Vermögens durch den in eine Krise geratenen Schuldner und der Teilnahme des begünstigten späteren Anfechtungsgegners hieran schon ein regelrechter moralischer Makel anhaften soll, weil die Krise letztlich zum Insolvenzantrag führt und der Schuldner den Gleichbehandlungsgrundsatz nicht beachtet hat, wird zwar selten offen ausgesprochen,[7] aber auch ohne dies deutlich, wenn bei Beschreibung der Tatbestände der §§ 130f. InsO im Anschluß an die Materialien zur InsO von einer „Verdächtigkeit“ der Handlung des Schuldners die Rede ist[8] oder aber von gutem oder bösem Glauben, also letztlich von Redlichkeit des Anfechtungsgegners.[9]

Die Leichtfertigkeit, mit der man den Prioritätsgrundsatz moralisch verwirft, erstaunt, handelt es sich doch um einen Grundsatz, ohne den eine entwickelte Rechtsordnung kaum auskommen kann. Ginge die frühere Verfügung der späteren nicht grundsätzlich vor, müßte das Vertrauen in den Bestand von Verfügungen völlig erlöschen. Ein geordneter Wirtschaftsverkehr, sogar jede privatautonome Gestaltung der Rechtslage durch die Parteien würde unmöglich, denn keine Verfügung der Parteien hätte mehr Bestand.

Der Prioritätsgrundsatz ist nicht nur Voraussetzung für einen geordneten Rechtsverkehr, er wird sonst auch für evident gerecht und billig gehalten:[10] Kaufen A und B von C dieselbe Sache, ist es uns geradezu selbstverständlich, daß nur derjenige ihr Eigentümer wird, dem C sie zuerst übereignet.[11] Dabei handelt es

---

[6] So *Henckel*, Verh. 51. DJT (1976) II, O 9; weniger scharf („ungerecht“) *ders.*, ZIP 1982, 396; *ders.*, Kölner Schrift^2, S. 813 ff. Rn. 37; *Pilgram*, Ökonomische Analyse, 144. Ähnlich *Thole*, ZZP 121 (2008), 74, unter Hinweis auf BGHZ 139, 309, 312; *ders.*, WM 2010, 688; *Schoppmeyer*, NZI 2005, 190 („Ist der Schuldner in Wahrheit schon konkursreif, passt das Prioritätsprinzip nicht“); Uhlenbruck/*Hirte*, § 130 Rn. 2.

[7] Vgl. zur KO in aller Deutlichkeit immerhin *Kohler*, Lehrbuch, 235 („antisoziales, gesellschaftswidriges, dem gesunden Kreditverhältnisse widersprechendes“ Handeln des Anfechtungsgegners); ferner etwa *Gerhardt*, ZZP 99 (1986), 409; *Wieringer-Seiler*, Anfechtungsrecht, 196. Ganz anders aber *Canaris*, 100 Jahre KO, 77 f.: Es sei nicht verständlich, inwiefern jemand unredlich handeln solle, der von seinem Schuldner eine kongruente Deckung eintreibe.

[8] Besonders im Hinblick auf inkongruente Deckungen, vgl. etwa *Gerhardt*, ZIP 1985, 585; Jaeger/*Henckel*, § 130 Rn. 8; HmbK/*Rogge*, § 131 Rn. 1. Ähnlich etwa Kübler/Prütting/*Paulus*, § 130 Rn. 1 („Verdacht einer Bevorzugung des Gläubigers“), vgl. aber auch § 129 Rn. 4 (kein Arglist- oder Schuldvorwurf). Von einer „suspect period“ ist auch in Absätzen 150, 157, 188 ff. und Vorschlag 89 der UNCITRAL „Legislative Guide on Insolvency Law“ die Rede.

[9] Deutlich etwa bei *Henckel*, ZIP 1982, 396.

[10] *Wacke*, JA 1981, 94: „Der Vorzug des Zuerstkommenden ist ein evident gerechtes Ordnungsprinzip, das jedem Kind einleuchtet“; *Fuchs-Wissemann*, DRiZ 1982, 373 („objektives Merkmal mit Gerechtigkeitsgehalt“); vgl. auch – differenzierend – *Gaul*, ZZP 112 (1999), 156 ff. Sehr kritisch *Schlosser*, ZZP 97 (1984), 122 f. („das grobe Prioritätsprinzip“; „fürwahr kein akzeptables Gerechtigkeitsprinzip“), gegen diesen *Stürner*, ZZP 99 (1986), 327 f. – Zur (überragenden) Bedeutung des Prioritätsgrundsatzes in der hoheitlichen Verteilungslenkung *Martini*, Verteilungslenkung, 102 ff.

[11] Vgl. dazu eingehend *Dubischar*, JuS 1970, 6 ff., aber auch *Löwisch*, Deliktsschutz, 109 ff. – *Schlosser*, ZZP 97 (1984), 137 f., will – trotz seiner Ablehnung des Prioritätsgrundsatzes in der Zwangsvollstreckung (sogleich Fn. 13) – dem Käufer unter Hinweis auf § 885 BGB die Mög-

sich auch hier um eine Art „materieller Krise“ des Schuldners: Er kann nicht alle übernommenen Pflichten erfüllen. Hier aber spricht sich – jedenfalls im Schrifttum zum deutschen Recht[12] – niemand für eine ohnehin schwerlich durchsetzbare strikte Gleichbehandlung von A und B aus. Man hält es für gerecht, den Schnelleren zu belohnen: „Wer zuerst kommt, mahlt zuerst!“. Vor allem aber gilt der Prioritätsgrundsatz im Bereich der Einzelzwangsvollstreckung wegen Geldforderungen.[13] Die Verfasser des Entwurfs der CPO 1877 hielten eine Gleichbehandlung nicht für angebracht: „Wer ohne vorsichtige Prüfung Kredit gewährt oder die Einziehung einer fälligen Schuld versäumt, versetzt sich selbst in eine wesentlich andere Lage, als derjenige, welcher aufmerksam die Solvenz seines Schuldners prüft oder überwacht und sich um Einziehung seiner Forderung rechtzeitig bemüht. Werden beide gleich behandelt, so hat der letztere für den ersteren gearbeitet und dieser entzieht jenem die Früchte seiner Wachsamkeit ...“.[14]

---

lichkeit einräumen, sich seinen Übereignungsanspruch im Wege des Eilrechtsschutzes durch einstweilig angeordnetes Verfügungsverbot dinglich zu sichern. Dieser Schutz reichte allerdings nicht weit, denn erwirkt der zweite Käufer ebenfalls eine entsprechende Verfügung gegen den Verkäufer, kann dieser auch an den Erstkäufer nicht mehr wirksam übereignen. Um dieses Patt aufzuheben, wird man die Verfügungen im Verhältnis der Antragsteller zueinander für unwirksam halten müssen, so überzeugend *Wieling*, JZ 1982, 839ff.; gegen diesen *Kohler*, JZ 1983, 586ff., und dagegen wieder *Wieling*, JZ 1983, 592f. Sinnvollerweise sollte man die bloße Tatsache des Doppelverkaufs überhaupt nicht als Verfügungsgrund im Sinne der §§ 935, 940 ZPO genügen lassen. Tatsächlich sind die bloße Gläubigerkonkurrenz und die schlechte finanzielle Verfassung des Schuldners auch nach herrschender Ansicht keine hinreichenden Arrest- oder Verfügungsgründe: BGHZ 131, 95, 105f.; *Schlosser*, ZZP 97 (1984), 132; *Gaul*, ZZP 112 (1999), 162; *Schilken*, FS Leipold, 159ff, 173; anders aber etwa *Stein/Jonas/Grunsky*, § 917 Rn. 1. Selbst wenn man Eilrechtsschutz gewährte, führte dies über eine Verdinglichung des Erfüllungsanspruchs nur zu einer zeitlich vorgelagerten Geltung des Prioritätsgrundsatzes. Daß diese hier unbedenklich sein soll, läßt sich schwerlich allein damit begründen, daß eine gleichmäßige Befriedigung aller Gläubiger in diesen Fällen nicht möglich ist; so aber *Schlosser*, ZZP 97 (1984), 138, und *Koziol*, Grundlagen, 20 (im Hinblick auf §§ 430, 440 ABGB).

[12] Interessanterweise wird im französischen Recht erwogen, dem Käufer mit dem älteren Kaufvertrag gegen den zweiten Käufer die *action paulienne* zu gewähren, mit der Erwägung, der Verkäufer sei in bezug auf den verkauften Gegenstand zahlungsunfähig („insolvabilité pro subiecte materia“), vgl. dazu (ablehnend) *Krasser*, Schutz vertraglicher Rechte, 43f.

[13] Kritisch *Schlosser*, ZZP 97 (1984), 121ff. (verfassungs-, nämlich gleichheitssatzwidrig). Vgl. dagegen die Verteidigung von *Stamm*, Prinzipien und Grundstrukturen, 172ff., gegen *Schlosser* etwa auch *Stürner*, ZZP 99 (1986), 326ff.; *Wacke*, ZZP 105 (1992), 439f.; *Grunsky*, Grundzüge, Rn. 11.

[14] *Hahn*, Materialien I, 449. In der ersten Lesung setzte sich diese Regelung mit nur einer Gegenstimme durch, *Hahn*, Materialien I, 825ff. Nachdrücklicher, aber gleichwohl in der Minderheit war die Opposition in der zweiten Lesung, *Hahn*, Materialien II, 1022ff. Die Kommission zur Vorbereitung der Zivilrechtsreform 1931 dagegen lehnte das reine Prioritätsprinzip der heutigen Einzelzwangsvollstreckung ab und sah in §§ 882f. ihres Entwurfs vor, daß solche Gläubiger, die binnen zehn Tagen nach der Pfändung einen Vollstreckungsantrag stellten, durch diesen Antrag ein Pfandrecht erhalten sollten, das dem des Erstpfändenden gleichrangig war, vgl. dazu etwa *Schmidt*, FS Lehmann, 332ff. Hiervon ist die heutige Rechtspraxis wegen § 168 Nr. 1 GVGA nicht weit entfernt, wonach der Gerichtsvollzieher bei gleichzeitiger Ausführung mehrerer Aufträge gleichzeitig und somit ranggleich pfänden soll, nicht etwa den zuerst einge-

Es stellt sich mithin nachdrücklich die Frage, warum das Gesetz vergleichbare Konfliktlagen grundsätzlich verschieden auflöst, nämlich in der allgemeinen Vermögenskrise des Schuldners alle Gläubiger grundsätzlich gleich behandelt, im Zugriff auf einen konkreten Vermögensgegenstand aber dem schnelleren Gläubiger den Vorzug einräumt. Diese Friktion zwischen den gegenläufigen Lösungen der Gesamt- und der Einzelvollstreckung tritt dann besonders deutlich hervor, wenn ein Gläubiger vollstreckt, kurz bevor der Schuldner die Eröffnung des Insolvenzverfahrens beantragt. Symptomatisch für den bislang recht gedankenlosen Umgang mit diesem Konflikt zweier grundlegender Rechtssätze ist eine jüngere Entscheidung des BGH, in der dieser ausführte:[15] Drei Monate vor der Stellung des Insolvenzantrags verdränge der Gleichbehandlungs- den Prioritätsgrundsatz, so daß sich der Gläubiger auch durch Zwangsvollstreckung aus einem zuvor erwirkten Titel keine Befriedigung oder Sicherung mehr verschaffen dürfe. Bevor die besondere Insolvenzanfechtung eingreift, also früher als drei Monate vor Antragstellung, soll der Gläubiger dagegen die Belange der Gläubigergesamtheit nicht beachten müssen und seine Ansprüche gegen den Schuldner selbst dann zwangsweise durchsetzen dürfen, wenn er weiß, daß dessen Vermögen nicht ausreicht, um alle Gläubiger zu befriedigen.

Damit liegt der IX. Senat nicht exakt auf der Argumentationslinie der Insolvenzrechtskommission, die die Geltungsbereiche von Prioritäts- und Gleichbehandlungsgrundsatz nicht nach der starren Dreimonatsfrist abgegrenzt hatte, son-

---

gangenen Antrag zuerst ausführen und auf die übrigen Anträge rangniederere Anschlußpfändungen ausbringen soll; kritisch dazu *Wacke*, ZZP 105 (1992), 441; *Gaul*, ZZP 112 (1999), 160f.; *Stamm*, Prinzipien und Grundstrukturen, 162. Es fehlt freilich an der Bestimmung einer „Anschlußfrist", worauf *Berger*, ZZP 121 (2008), 409, zutreffend hinweist. – Die Rechtsvergleichung (dazu *Kerameus*, Enforcement, 84ff.; *Stamm*, Prinzipien und Grundstrukturen, 161ff.) liefert keine eindeutige empirische Aussage über den Gerechtigkeitswert des einzelvollstreckungsrechtlichen Prioritätsprinzips (vgl. aber die recht präzisen Angaben von prozentualen „Gerechtigkeitswerten" bei *Meier*, ZZP 121 (2008), 463ff.): In Frankreich – „dem modernen Mutterland des Gleichheitsprinzips" (*Stürner*, ZZP 99 [1986], 325) – wird der Versteigerungserlös unter den Gläubigern zwar anteilig verteilt, jedoch nur unter solchen, die ihre Forderungen innerhalb eines Monats nach Versteigerung geltend gemacht haben, und auch nur bei der Vollstreckung in bewegliche Sachen und in das Arbeitseinkommen, während die Vollstreckung in unbewegliches Vermögen und Forderungen von gesetzlichen Vorrechtsordnungen und dem Prioritätsprinzip geprägt ist, vgl. *Kerameus*, Enforcement, 85f.; *Stamm*, Prinzipien und Grundstrukturen, 165f. Dem Ausgleichsprinzip folgen (bei der Vollstreckung in bewegliche Sachen) zwar viele Staaten, deren Zivilverfahrensrecht sonst dem deutschen nahesteht: etwa Japan, Italien, Griechenland und – eingeschränkt – die Schweiz und die Türkei; vgl. *Schlosser*, ZZP 97 [1984], 122; *Gaul*, ZZP 112 [1999], 154ff.; *Kerameus*, Enforcement, 86ff.; *Stamm*, Prinzipien und Grundstrukturen, 163ff.; zur Schweiz *Meier*, ZZP 121 (2008), 456ff.; zur Türkei *Deren-Yıldırım*, FS Gaul, 114ff. Das aber mag damit zusammenhängen, daß in diesen Ländern natürliche Personen allenfalls dann insolvenzfähig sind, wenn es sich um Kaufleute handelt, worauf schon *v. Amsberg* in den Beratungen der ersten Lesung der CPO 1877 hinweist, *Hahn*, Materialien I, 826; vgl. ferner *Stürner*, ZZP 99 (1986), 325, dort, 323f., auch konzise zur Geschichte; *Gaul*, ZZP 112 (1999), 157f.; *Kerameus*, Enforcement, 84.

[15] BGHZ 162, 143, 149f. Vgl. auch schon BGH WM 2002, 1193, 1194, nun aber auch BGH ZIP 2009, 1434, 1435. Eingehend hierzu unten § 12 III.

dern nach dem Eintritt der Krise des Schuldners. Die Materialien zur InsO, an die sich das Gericht gebunden sieht, schweigen in dieser Frage: Die Erwägungen der Insolvenzrechtskommission zu Leitsatz 5.2.2, auf die das Gericht nicht ausdrücklich, aber offenbar in der Sache abstellt, wurden in die Begründung des Regierungsentwurfes zu § 145 RegE (= § 131 InsO) nicht übernommen. Für eine aus wertenden Erwägungen folgende Überlegenheit des Gleichbehandlungsgrundsatzes gegenüber dem Prioritätsgrundsatz bleibt in den nur an den Fristen des positiven Rechts orientierten Ausführungen des Urteils kein Raum: Die bloße – bei Vornahme der fraglichen Handlung noch gar nicht bekannte – zeitliche Relation zwischen Antragstellung und Rechtserwerb entscheidet über dessen Wirksamkeit. Das kann nicht befriedigen, wenn man die Rechtslage wertend begründen will.

Ob man das Umschwenken von einer Verteilung nach Prioritätsgesichtspunkten auf eine möglichst gleiche Behandlung der Gläubiger mit der Krise des Schuldners wertend rechtfertigen kann, wird noch fragwürdiger, wenn man die Wirkungsfelder von Gleichbehandlungs- und Prioritätsgrundsatz genauer gegeneinander abgrenzt. Denn entgegen einer verbreiteten Behauptung wird der Prioritätsgrundsatz auch in der allgemeinen Vermögenskrise des Schuldners nicht vom angeblich gerechteren Gleichbehandlungsgrundsatz verdrängt, sondern allenfalls eingeschränkt:[16] Aussonderungsberechtigte Gläubiger nehmen am insolvenzrechtlichen Verteilungsverfahren überhaupt nicht teil, sondern können ihr Recht ungemindert der haftenden Masse, zu der es nicht gehören soll, entnehmen.[17] Gläubiger mit Rechten auf abgesonderte Befriedigung können geltend machen, daß der betroffene Vermögensgegenstand nur ihrer Forderung, nicht auch allen anderen Forderungen hafte. Vor der materiellen Krise begründete Sicherheiten sind regelmäßig auch der Anfechtung, je

---

[16] Prägnant spricht *Mokal* daher von einem „*pari passu* myth", CLJ 60 (2001), 581, 589: „The *pari passu* rule is supposed to govern distributions. It should be obvious, however, that distribution in accordance with this rule is virtually non-existent". Vgl. auch *MacCormack*, Secured Credit, 12: „The hallowed principle of *pari passu* distribution is fundamentally hollow [...]". Vgl. etwa auch *Gottwald*, FS Giger, 205 („Konkursvorrechte und ‚stille' Sicherheiten haben vom Ideal einer Gleichbehandlung der Gläubiger wenig übrig gelassen"), und, mit Blick auf die Geschichte, auch *Häsemeyer*, KTS 1982, 512.

[17] Auch nach Art. 5 I EuInsVO bleiben dingliche Rechte an Gegenständen, die sich auf dem Gebiet eines anderen Mitgliedsstaates befinden, von der Eröffnung eines Insolvenzverfahrens unberührt, und zwar selbst solche an Sachgesamtheiten mit wechselndem Bestand, die zwar nicht das deutsche, wohl aber – mit den „floating charges" – etwa das englische Recht kennt; dies freilich *cum grano salis*: Bevor die *charge* „kristallisiert", ist umstritten, ob es sich bei ihr überhaupt um ein dingliches Recht handelt; vgl. dazu *Jungmann*, Grundpfandgläubiger und Unternehmensinsolvenz, Rn. 537 ff.; jedenfalls erfaßt sie nur die zum Zeitpunkt der *crystallisation* vorhandenen Vermögenswerte, vgl. *Drobnig*, Verh. 51. DJT I, F 83 f.; *MacCormack*, Secured Credit, 47, 125 f.; *Jungmann*, Grundpfandgläubiger und Unternehmensinsolvenz, Rn. 551. Vor der *crystallisation* können an den von der *floating charge* betroffenen Gegenständen Sicherheiten bestellt werden, die ihr vorgehen, vgl. etwa *Finch*, MLR 62 (1999), 659 mit Fn. 157; *Jungmann*, Grundpfandgläubiger und Unternehmensinsolvenz, Rn. 494, 501. Bestimmte Forderungen gehen ihr ohnedies vor, vgl. etwa *Mokal*, OJLS 22 (2002), 688 mit Fn. 9; *Bridge* in: Armour/Bennett, Vulnerable Transactions, 6.

nach Zeitpunkt (§ 140 InsO) ihrer Bestellung jedenfalls der besonderen Insolvenzanfechtung entzogen. Hier setzt sich der Prioritätsgrundsatz gegen die Gleichbehandlungsbestrebung fast vollständig[18] durch.

Die Behauptung, daß durch den Eintritt der Krise die Befriedigung einzelner Gläubiger illegitim werde, ist also nicht nur eine *petitio principii*, sondern auch unvereinbar mit der Tatsache, daß die Rechtsordnung die Stellung von Kreditsicherheiten nicht nur anerkennt, sondern geradezu fördert;[19] insbesondere von den Hypothekenbanken etwa verlangt sie sogar die sorgsame Besicherung, um Anleger vor Ausfällen zu schützen.[20] Zwar dienen Kreditsicherheiten mehreren Zwecken. So liegt ein Vorteil der Stellung von Sicherheiten darin, daß diese die Befriedigung der Forderung auch gegen den Willen des Schuldners erleichtern und beschleunigen, wenn der Kredit notleidend wird, denn dem Gläubiger steht ein Verwertungsgegenstand zur Verfügung, er muß sich diesen nicht erst im Wege der Zwangsvollstreckung beschaffen.[21] Weit reicht diese Effektivierung des Gläubigerzugriffs allerdings nicht,[22] denn in aller Regel bedarf es einer Mitwirkungshandlung des Schuldners, wenn der Gläubiger die Sicherheit verwerten will: So muß der Schuldner das Sicherungs- oder Vorbehaltseigentum herausgeben[23] oder Auskunft über Bestand und Schuldner der sicherungsabgetretenen Forderungen geben, zumindest die Unterlagen zur Verfügung stellen, aus denen sich diese Angaben ergeben. Der Hauptzweck der Sicherung liegt also in aller Regel nicht in der Beschleunigung der Befriedigung des Gläubigers, sondern darin, diese überhaupt sicherzustellen. Könnte der Gläubiger vorhersehen, daß sein Schuldner stets liquide sein werde, er also notfalls mit Erfolg in pfändbares Vermögen des

---

18 Eine verdeckte Einschränkung liegt darin, daß der Insolvenzverwalter jedenfalls eine Feststellungskostenpauschale von 4% und gegebenenfalls eine Verwertungskostenpauschale von 5% zur Masse ziehen kann, §§ 170f. InsO.

19 Deutlich und treffend schon der Diskussionsbeitrag von *Ehmann*, Verh. 51. DJT (1976) II, O 76, der nach Hinweis auf die besondere Bedeutung eines effektiven Kreditsicherungsrechts für die notorisch eigenkapitalschwache deutsche Wirtschaft ausführt: „Und wenn man im Konkurs mit dem prinzipiellen dogmatischen Unterschied zwischen dinglicher Rechtszuordnung und obligatorischer Forderung nicht mehr Ernst machen will, so ist das ein prinzipieller Angriff auf unser Zivilrechtssystem, der weit über den Bereich des hier behandelten Themas hinausgeht und sehr sorgfältig auf seine Folgen hin durchdacht werden sollte." Zum positiven „international consensus on secured credit" vgl. *MacCormack*, Secured Credit, 18ff. Auf dieser Linie liegt schließlich die Feststellung der Schöpfer der InsO, auch im Insolvenzverfahren und auch im Verhältnis der gesicherten zu den ungesicherten Gläubigern sei die private Güterordnung zu beachten, Begr. RegE, BT-Drucks. 12/2443, S. 78.

20 Vgl. §§ 6ff. HypoBankG. Allgemeiner zur Besicherungspflicht der Banken in diesem Zusammenhang *Engelken*, Verh. 51. DJT (1976) II, O 65.

21 *Henckel*, Verh. 51. DJT (1976) II, O 10; vgl. auch *Häsemeyer*, Insolvenzrecht, Rn. 2.22; *MacCormack*, Secured Credit, 8; *Mokal*, OJLS 22 (2002), 687.

22 Vgl. schon *Paulus*, ZIP 1985, 1455. – Eine Ausnahme, also ein in diesem Sinne wirklich effektives Sicherungsmittel, bieten das Faustpfand und das mit einer Vollstreckungsunterwerfung verbundene Grundpfandrecht.

23 Auf eine Übereignung der noch beim Schuldner befindlichen Sache nach §§ 929, 931 BGB wird der Verwertungserwerber sich vernünftigerweise nicht einlassen.

Schuldners vollstrecken könnte, würde er regelmäßig[24] auf die Stellung von Sicherheiten verzichten, denn sie brächten ihm letztlich keinen Nutzen, der den Aufwand und die Kosten ihrer Bestellung rechtfertigen könnte. Der Gläubiger läßt sich Sicherheiten vor allem deshalb bestellen, um sich – im Vertrauen auf den Vorrang des früheren Zugriffs auf haftende Vermögensgegenstände – gegen andere Gläubiger in dem Fall durchzusetzen, daß der Schuldner nicht mehr alle Forderungen begleichen kann und einige Gläubiger zwangsläufig ausfallen werden. Es ist Sinn eines jeden Sicherungsrechts, seinen Inhaber gerade in der Vermögenskrise des Schuldners besserzustellen als die übrigen Gläubiger und ihm – zwangsläufig zu deren Nachteil[25] – die Möglichkeit zu verschaffen, Vermögen des Schuldners zum eigenen Nutzen zu verwerten. Anders ausgedrückt: Sicherheiten dienen vorrangig dem Zweck, zugunsten des Sicherungsnehmers den insolvenzrechtlichen Gleichbehandlungsgrundsatz auszuschalten.[26]

Für den historischen Gesetzgeber der KO drängte sich der offene Widerspruch zwischen der Anerkennung insolvenzfester Sicherheiten und der Vorverlegung der Geltung des Gleichbehandlungsgrundsatzes auf den Eintritt der materiellen Krise des Schuldners nicht auf, denn die publizitätslosen Globalsicherheiten, auf Grundlage von Sicherungsübereignung und Sicherungsabtretung, die in aller Regel zur Massearmut und damit zur Schlechterstellung ungesicherter Gläubiger führen,[27]

---

[24] Mit der nicht unerheblichen Ausnahme eines mit Vollstreckungsunterwerfung verbundenen Grundpfandrechts, das dem Gläubiger einen erheblich vereinfachten Haftungszugriff ermöglicht, indem es die Klagelast völlig auf den Schuldner verlagert.

[25] Diesen Zusammenhang betont zu Recht etwa auch *Förster*, System einer Insolvenzauslösung, 167, unter Berufung auf *R. Schmidt*, ZfB 1984, 728 f. Vgl. auch schon *Häsemeyer*, ZIP 1994, 419.

[26] Entsprechend etwa *Brinkmann*, in: Eidenmüller/Kieninger, Future of Secured Credit, 249, 250; *Eidenmüller*, in: Eidenmüller/Kieninger, Future of Secured Credit, 274, unter Hinweis auf *LoPucki*, VLR 80 (1994), 1897, 1899 („Security is an agreement between A and B that C take nothing"); *Guski*, Sittenwidrigkeit, 250 f.; *Förster*, System einer Insolvenzauslösung, 166, *Habersack*, Vertragsfreiheit, 78 f., und *Becker*, Maßvolle Kreditsicherung, 530 f.; deutlich auch bereits *Kilger*, Verh. 51. DJT (1976) II, O 36, *Flessner*, ZIP 1981, 117, und *Stürner*, ZZP 94 (1981), 270: „Das gesamte Sicherungssystem unseres BGB lebt gerade davon, daß einzelne Gläubiger die übrigen Gläubiger bei der Kreditsicherung überholen können". Anders *Smid*, BB 1992, 505: In erster Linie dienten Sicherheiten dazu, den Sicherungsnehmer vor Zwangsvollstreckungsmaßnahmen anderer Gläubiger zu schützen. Vgl. auch BGH NJW 1998, 315, wo zwar festgestellt wird, „daß die Verpfändung als Sicherheit vor allem bei Zahlungsschwierigkeiten des Verpfänders wirtschaftlich bedeutsam wird", Benachteiligungsabsicht im Sinne des § 31 KO aber nur vorliegen solle, wenn „eine Sicherheit gezielt für den Insolvenzfall bestellt wurde" – für welchen sonst? Zu den wirtschaftlichen Funktionen dinglicher Sicherheiten vgl. etwa die genaue Analyse von *Duttle*, Ökonomische Analyse, besonders 85 ff.; weiter etwa *MacCormack*, Secured Credit, 4 ff., 22 ff.

[27] Damit ist allerdings die von *Ehmann*, Verh. 51. DJT (1976) II, O 134, aufgeworfene Frage nicht beantwortet, warum man nur Mobiliarsicherheiten und nicht auch Immobiliarsicherheiten beschneiden wollte, um der Massearmut Herr zu werden. Vgl. dazu auch *Stürner*, ZZP 94 (1981), 269: Wer den Ausfall ungesicherter Gläubiger im Konkurs wegen fehlender Sicherungsmöglichkeit für ungerecht halte, müsse sich gegen alle Sicherheiten wenden, seien diese „publik oder nicht publik, speziell oder nicht speziell".

entwickelten sich – nicht nur in Deutschland[28] – erst später und in für die Schöpfer der KO 1879 nicht vorhersehbarer Weise zu einem „lückenlosen Netz dinglicher Vorzugsrechte".[29] Dabei setzten die höchstrichterliche Anerkennung der Vorausverfügung[30] und des Sicherungseigentums die „Glanzpunkte":[31] Sie ermöglichen es dem Schuldner, nicht nur das gesamte Vermögen, mit dem er wirtschaftet, zur Sicherung einem einzigen Gläubiger zu übertragen und damit dem Haftungszugriff aller anderen Gläubiger zu entziehen; sogar zukünftig Erworbenes kann diesem Zugriff durch Vorausverfügung entzogen werden. Der Gesetzgeber der KO 1879 dagegen war noch davon ausgegangen, daß die Publizität unerläßliche Voraussetzung eines konkursfesten Sicherungsrechts sei,[32] „ein Vorzugsrecht und damit im Konkurse ein Absonderungsrecht kann aber nach den Eingangs entwickelten Prinzipien der Entwurf nur den Ansprüchen einräumen, deren unmittelbares und ausschließliches Verhältniß zur Sache Jedermann und insbesondere den übrigen Gläubigern erkennbar ist. Bei dem völligen Mangel dieses Erfordernisses muß der Entwurf den Pfandrechten ohne Besitz ... die Anerkennung versagen."[33] Wer nun meint, der Übergang vom Prioritäts- zum Gleichbehandlungsgrundsatz in der Krise des Schuldners sei schlicht deshalb geboten, weil andernfalls viele Gläubiger gänzlich auszufallen drohen,[34] muß konsequenterweise

---

[28] Einen knappen Überblick über – auch publizitätslose – insolvenzfeste Sicherheiten verschiedener Rechtsordnungen gibt *Drobnig*, Texas International Law Journal 33 (1998), 53ff.; vgl. auch den Überblick über Reformen des Mobiliarkreditsicherungsrechts im europäischen Ausland bei *Kieninger*, AcP 208 (2008), 199ff., derzufolge die allgemeine Tendenz dahin geht, die Möglichkeit der Besicherung von Mobilien auszuweiten, unter größtmöglicher Beibehaltung der Publizität, namentlich durch Registrierungserfordernisse. Zu diesen im Recht des Vereinigten Königreichs gerade im Hinblick auf Unternehmensinsolvenzen *Bennett*, in: Armour/Bennett, Vulnerable Transactions, 217ff.

[29] *Häsemeyer*, KTS 1982, 514.

[30] Schon RGZ 55, 334f. Zustimmung bei *v. Tuhr*, DJZ 1904, Sp. 426ff., unter Hinwies auf § 185 II BGB; Ablehnung bei *Eccius*, GruchotBeitr 48 (1904), 465ff. (Verfügungen über ein Nichts sind nicht denkbar). Die formularmäßige Vorausabtretung von Forderungen ist in der Praxis anerkannt seit BGHZ 7, 365, 367ff.

[31] Vgl. unter dieser Apostrophierung den Überblick bei *Serick*, 100 Jahre KO, 275ff. Vgl. aus entsprechender Perspektive den knappen Überblick über die Entwicklung der Rechtsprechung zum Kreditsicherungsrecht bei *Obermüller*, NZI 2010, 202ff.

[32] *Henckel*, Verh. 51. DJT (1976) II, O 18, der hier zudem die Spezialität nennt. Dem das deutsche Sachenrecht nach wie vor beherrschenden Spezialitätsgrundsatz freilich genügt auch die Sicherungsübertragung einer Vielzahl von Rechten, wenn diese im einzelnen bestimmbar sind.

[33] *Hahn*, Materialien IV, 191; in der Sache entsprechend schon die Motive des Entwurfs einer Deutschen Gemeinschuldordnung, 248. – Die fiduziarische Sicherungsübereignung war freilich nicht nur dem klassisch-römischen, sondern auch dem mittelalterlichen deutschen Recht bekannt, vgl. die Übertragung von Grundeigentum gegen Rückleihe „um Zins und Gewer" im Recht von Memmingen von 1396, Art. 18 (Bd. V, 178f. der Ausgabe Freyberg). Vgl. auch schon *Wentzel/Klose*, Preußische Konkursordnung, 12f.: „Als bei den Römern dem einfachen Hypothekenvertrage die Wirkung eines dinglichen Rechts, ohne alle äußere Erkennbarkeit desselben beigelegt wurde, ging der Kredit seinem Untergange entgegen".

[34] So etwa *Gaul*, ZZP 112 (1999), 157. – Dagegen pointiert *Stürner*, ZZP 94 (1981), 270 mit Fn. 32: „Ein funktionierendes Kreditsystem ist wichtiger als die verteilende Gerechtigkeit in

jeder Sicherung, insbesondere aber revolvierenden Globalsicherheiten die Legitimität absprechen.[35]

Tatsächlich ist die Forderung nach einer Beschränkung publizitätsloser Sicherheiten oder der Schaffung effektiver Publikationstatbestände alt.[36] Man hat gemeint, der Konkurs verliere seinen Zweck, wenn die Masse durch Sicherungsverträge vorweg verteilt wird.[37] Den in der „Auszehrung" der Masse durch insolvenzfeste Si-

---

der Katastrophe!"; vgl. auch *Schäfer/Ott*, Ökonomische Analyse, 595: Die Tatsache, daß die Haftungsmasse ganz überwiegend besicherten Gläubigern zukomme, sei zu begrüßen, weil diese Verteilung im Gegensatz zur *par condicio* effizient sei.

[35] Einen Zwiespalt konstatieren etwa auch *Eckardt*, ZIP 1999, 1417, *Häsemeyer*, Insolvenzrecht, Rn. 2.20, *Pape*, NJW 1999, 32 („grundsätzliche[r] Widerspruch zwischen der gleichmäßigen Gläubigerbefriedigung und den Vorrechten der aus- und absonderungsberechtigten Gläubiger"); vgl. auch schon *Henckel*, Wandlungen, 185 ff., 188. Besonders deutlich tritt dieser bei *Drobnig*, Verh. 51. DJT I, F 86f. hervor, wo einerseits einer zeitlichen Ausdehnung und Erleichterung der Anfechtung von Sicherheitenbestellungen durch Objektivierung der Voraussetzungen das Wort geredet, andererseits aber betont wird, dingliche Sicherheiten müßten insolvenzfest bleiben, weil sie andernfalls ihren Wert verlören. Vgl. kritisch auch *Dorndorf/Frank*, ZIP 1985, 70f. Anders dagegen *Bauer*, DZWIR 2007, 190, und *ders.*, Ungleichbehandlung, 86f.: Auch im Insolvenzverfahren seien zuvor wirksam bestellte Sicherheiten zu beachten, weil sich das Insolvenzrecht als Teil des Privatrechts in dieses fügen müsse.

[36] So plädierte schon *Salinger*, Verh. 31. DJT I, 409 ff., für ein gesetzliches Verbot der Sicherungsübereignung und ihre Ersetzung durch ein Registerpfandrecht; vgl. auch die Beschlüsse des 32. DJT (1914) II, 185 ff., 226 mit 203f.: Anstelle der Sicherungsübereignung solle eine eintragungspflichtige Mobiliarhypothek eingeführt werden. Vgl. ferner *Münzel*, MDR 1951, 129 ff.; *Kilger*, ZRP 1976, 193; *Hanisch*, ZZP 90 (1977), 1 ff. *Henckel* (FS Weber, 249f.; Verh. 51 DJT (1976) II, O 22 ff.) spricht sich dafür aus, dem Sicherungseigentümer und -zessionar das Recht auf abgesonderte Befriedigung zu versagen, will ihnen aber einen besseren Befriedigungsrang einräumen als den ungesicherten Gläubigern. Weitergehend *Häsemeyer*, KTS 1982, 523, der im Ergebnis den Befriedigungsvorrang aussonderungsberechtigter Gläubiger zwar *de lege lata* (KO) anerkennt, 544, *de lege ferenda* aber die Abschaffung oder jedenfalls wesentliche Einschränkung der Insolvenzfestigkeit dinglicher Sicherungsrechte fordert, 567 ff. *Berges* (KTS 1959, 53f.; KTS 1965, 255) wiederum tritt für einen auf Quoten beschränkten Vorrang des dinglich gesicherten Gläubigers ein. Vgl. zu diesen Ansätzen *Drobnig*, Verh. 51. DJT I, F 88 ff., der ebenfalls der Schaffung effektiverer Publikationstatbestände das Wort redet (a. a. O., 54 ff.). Hiergegen aus Gründen fehlender Praktikabilität *Henckel*, Verh. 51. DJT (1976) II, O 19 ff. Ausführliche Übersicht über die Reformvorschläge bei *Wiringer-Seiler*, Anfechtungsrecht, 30–86; ferner *Dorndorf/Frank*, ZIP 1985, 68 ff. – Eine gründliche ökonomische Analyse der Mobiliarsicherheiten gerade im Hinblick auf das Insolvenzverfahren unternehmen etwa *Duttle*, Ökonomische Analyse (vgl. auch die dortigen Reformvorschläge, 259 ff.: Abschaffung der Sicherungsübereignung von Sachgesamtheiten; Briefpublizität von Sicherungsübereignungen im übrigen; konstitutive Eintragung von Sicherungszessionen in ein Sicherungsbuch), *Drukarczyk*, KTS 1983, 183 ff., sowie – knapper – auch *Dorndorf/Frank*, ZIP 1985, 71 ff. Zu jüngsten Reformansätzen im Ausland und zur internationalen Rechtsvereinheitlichung des Mobiliarsicherungsrechts vgl. *Kieninger*, WM 2005, 2305 ff. und 2353 ff.; *dies.*, AcP 208 (2008), 199 ff., die selbst für die Einführung von Mobiliarsicherheitenregistern eintritt (210 ff., 226). Zu einem ganz anderen Ansatz, dem Gläubigerschutz durch Offenlegung der Unternehmensdaten, vgl. *Merkt*, EBOR 7 (2006), 95 ff.

[37] *Henckel*, Verh. 51 DJT (1976) II, O 8; *Hanisch*, ZZP 90 (1977), 1 ff.

cherheiten erblickten „Konkurs des Konkurses“[38] begriff man vor der Insolvenzrechtsreform als zu beseitigendes strukturelles Defizit.[39] Der Konkurs sollte nicht nur dazu dienen, nach wirtschaftlichem Zusammenbruch vorhandenes Vermögen geordnet und gerecht zu verteilen. Man wollte es überhaupt nicht dabei belassen, daß der „tüchtigere“, besser und mit größerem Einfluß auf den Schuldner planende Gläubiger gegenüber demjenigen bevorzugt würde, der dem Schuldner keine Sicherheiten abringen konnte oder daran nicht gedacht hatte. Die Lösung sollte in einer stärkeren Einbeziehung publizitätsloser Mobiliarsicherheiten in die Verwertungsmasse liegen, aber auch in einer deutlichen Verschärfung des Anfechtungsrechts.[40] Nach Gerhardt Henckel etwa soll ein Gläubiger, der freiwillig ohne Besicherung Kredit gebe, zwar außerhalb der Insolvenzsituation nicht schutzwürdig sein,[41] wohl aber im Fall der Insolvenz des Schuldners; denn die Frage, ob man ungesicherten Gläubigern bei Solvenz des Schuldners die Beschwerlichkeit auferlegen kann, nach unbelasteten Verwertungsobjekten zu suchen, sei eine andere als die, ob man ihnen in der Insolvenz einen Ausfall mit ihrer Forderung zumuten kann.[42] In beiden Fällen aber läßt sich sagen, daß der Gläubiger den – wenn auch unterschiedlich schweren – Nachteil deshalb tragen muß, weil er eben freiwillig unbesicherten Kredit gewährt hat,[43] während die gesicherten Gläubiger deshalb bevorzugt werden, weil sie für den Insolvenzfall vorgesorgt haben. Auch die Publizitätslosigkeit der Besicherung kann der ungesicherte Gläubiger gegen seine Benachteiligung nicht einwenden:[44] Jedenfalls in heutiger Zeit, in der eine umfassende publizitätslose Belastung des Anlage- und Umlaufvermögens die Regel ist, wird kein Gläubiger mehr behaupten können, er habe sein Risiko, mangels allgemein haftender Masse in der Insolvenz auszufallen, nicht erkennen können und deshalb nicht auf Besicherung

---

[38] Das Wort wurde geprägt durch den Titel eines Vortrags von *Kilger*, veröffentlicht in KTS 1975, 142ff., und gekürzt in DB 1975, 1445. *Hanisch* spricht in seinem Diskussionsbeitrag, Verh. 51. DJT (1976) II, O 104, gar von einem „Bankrott der Zivilrechtsordnung in diesem Bereich“.

[39] Erster Bericht der Kommission für Insolvenzrecht, S. 399.

[40] Erster Bericht der Kommission für Insolvenzrecht, S. 399.

[41] *Henckel*, Verh. 51 DJT (1976) II, O 12 Fn. 2.

[42] *Henckel*, Verh. 51 DJT (1976) II, O 17.

[43] Mit dieser Tendenz *Serick*, 100 Jahre KO, 274 („aus Mangel an Sorgfalt unzulänglich gesicherte Gläubiger“). Entsprechend für eine vorrangige Befriedigung solcher Gläubiger, die zur unbesicherten Kreditierung gezwungen waren, *Henckel*, Verh. 51 DJT (1976) II, O 24f. Kritisch zum Vorschlag *Henckels* aber etwa *Hanisch*, ZZP 90 (1977), 4.

[44] So aber dezidiert *Henckel*, Verh. 51 DJT (1976) II, O 17ff., der meint, daß nur dem Spezialitäts- und Publizitätsgrundsatz genügende Sicherungsrechte im Konkurs zur abgesonderten Befriedigung berechtigen sollten, Sicherungseigentümer und -zessionare dagegen nur rangbesser als (freiwillig) ungesicherte Gläubiger befriedigt werden sollten. Vgl. auch *Häsemeyer*, KTS 1982, 518f.; *Hanisch*, ZZP 90 (1977), 7ff.; ferner – worauf *Dorndorf/Frank*, ZIP 1985, 66, 70, und *Drobnig*, Verh. 51. DJT (1976) II, F 56ff., hinweisen – auch die Argumentation, mit der der BGH die „Vertragsbruchtheorie“ begründet: Die Globalzession sei dem Dritten nicht erkennbar, die Verlängerung des Eigentumsvorbehalts dagegen üblich, BGHZ 30, 149; 32, 365; 72, 310.

bestanden.[45] Und ohnehin wird man der Ungleichbehandlung der Gläubiger in der Insolvenz ihres Schuldners schon aus praktischen Gründen nicht dadurch Herr werden können, daß man dinglichen Sicherheiten im Insolvenzfall ihre Wirkung nimmt oder diese einschränkt: Jedenfalls diejenigen Gläubiger, die heute die Marktmacht besitzen, sich die effektivsten Sicherheiten zu verschaffen, könnten auf andere Gestaltungsmöglichkeiten ausweichen, am naheliegendsten wohl auf das *sale-and-lease-back*-Verfahren.[46] Vor allem aber wird hier wiederum unterstellt, was zunächst zu beweisen wäre, daß nämlich der Zweck des Gesamtvollstreckungsverfahrens nicht allein in der geordneten Verteilung des Restvermögens liegt, sondern in einer möglichst gleichen Befriedigung aller Gläubiger.[47]

Dem Gesetzgeber, der im ausgehenden 20. Jahrhundert die InsO schuf, muß vor dem Hintergrund dieser Diskussion bewußt gewesen sein, daß er mit der Gleichbehandlung aller Gläubiger nur um den Preis einer weitestgehenden Aufgabe des Kreditsicherungsrechts ernst machen konnte. Er wählte diesen Weg nicht; im Gegenteil: Ein marktkonformes Verfahren müsse darauf verzichten, den Beteiligten Vermögensopfer abzunötigen; auch im Verhältnis der gesicherten zu den ungesicherten Gläubigern sei die private Güterordnung zu beachten.[48] So beteiligten die Schöpfer der InsO die Inhaber fiduziarischer Sicherungsrechte lediglich pauschal an den Verfahrenskosten (§§ 170f. InsO) und ließen ihnen im übrigen zum Nachteil der ungesicherten Gläubiger den kraft zeitlicher Priorität erlangten Vorrang. Dabei wurde allerdings die Entscheidung des Gesetzgebers der KO beibehalten, den Geltungsbereich des Gleichbehandlungsgrundsatzes vom Zeitpunkt der Verfahrenseröffnung auf den des Eintritts der materiellen Krise des Schuldners vorzuverlagern. Ein Wertungswiderspruch, der sich dem Gesetzgeber der KO vor Ausbildung und praktischer Anwendung eines umfassenden Systems der Kreditsicherung noch nicht aufdrängen mußte, tritt nun in den Vordergrund: Wie ist es zu rechtfertigen, einem Gläubiger den Vorzug zu belassen, der sich vor Eintritt der Krise absichern ließ, jedoch dem Gläubiger seinen Vorzug zu nehmen, der sich seine Sicherheit erst nach Eintritt der Krise verschaffte, wenn ohnehin jede Sicherung – unabhängig vom Zeitpunkt ihrer Bestellung – ihre Wirkung erst in der Krise entfaltet?[49]

---

[45] *Schildbach*, BB 1983, 2135; *Dorndorf/Frank*, ZIP 1985, 69f., 79; *Hromadka*, JuS 1980, 94; *Stürner*, ZZP 94 (1981), 269f. In der Tendenz offenbar auch kritisch gegenüber diesem Argument *Serick*, 100 Jahre KO, 273f.

[46] Vgl. *Finch*, MLJ 62 (1999), 651f., und auch schon *Ehmann*, Verh. 51 DJT (1976) II, O 76, 94f.: Wenn man grundsätzlich an einer insolvenzfesten, abstrakten Übertragung von Rechten festhalten wolle, wäre für die Insolvenzfestigkeit der Verfügung entscheidend, ob dieser ein Sicherungszweck zugrunde liege, was sich allzuleicht verdecken lasse.

[47] Dagegen schon *Steppler*, Verh. 51. DJT (1976) II, O 120; zweifelnd auch *Dorndorf/Frank*, ZIP 1985, 66. Dezidiert anders etwa *Hanisch*, ZZP 90 (1977), 1: Die Gläubigergleichbehandlung sei das den Konkurs tragende Prinzip; so etwa auch *Drobnig*, Texas Journal of International Law 33 (1998), 54 („supreme guideline"). Vgl. weitere Stimmen bei *Bauer*, Ungleichbehandlung, 63f.

[48] Begr. RegE, BT-Drucks. 12/2443, S. 78.

[49] Diesen letzten Aspekt, daß Sicherheiten ihre wesentliche Wirkung erst in der Insolvenz des Schuldners entfalten, läßt *Guski*, Sittenwidrigkeit, 132ff., außer Acht, wenn er meint, daß in-

Der Satz, in der Krise des Schuldners werde die Bevorzugung einzelner Gläubiger evident ungerecht, ist nicht *a priori* richtig; im Gegenteil steht er in Widerspruch mit der Rechtsordnung im übrigen. Es bleibt also zu untersuchen, auf welche Wertungen man das Umschwenken auf die Gläubigergleichbehandlung in der Krise des Schuldners gründen kann. Hierfür muß bestimmend sein, welche Wertungen den konfligierenden Prinzipien, dem Prioritäts- und dem Gleichbehandlungsgrundsatz, zugrunde liegen. Diese im Folgenden zu lösende Aufgabe reicht wegen der Positivierung des Rechts der besonderen Insolvenzanfechtung nicht so weit, zu beweisen, daß grundlegende Wertungen ein Recht der besonderen Insolvenzanfechtung schlechthin einfordern, die Rechtsordnung ohne sie also unvollständig wäre.[50] Andererseits bedeutet die Existenz einer entsprechenden gesetzlichen Regelung nicht, daß der Versuch, diese auf eine in sich und im Verhältnis zur Rechtsordnung im übrigen schlüssige, insoweit dogmatisch tragfähige Grundlage zu stellen, *art pour l'art* und von rein akademischem Interesse wäre. Bedeutung können die hierbei gewonnenen Erkenntnisse nicht nur für die Frage gewinnen, ob das Anfechtungsrecht verfassungsgemäß ist (dazu unten §§ 3ff.), sondern namentlich auch für die Auslegung der einzelnen Anfechtungstatbestände (dazu unten, §§ 7ff.).

Eine wertende Begründung des Rechts der besonderen Insolvenzanfechtung darf sich nicht auf Wertungen stützen, die sich ihrerseits nur aus dem Recht der besonderen Insolvenzanfechtung selbst ableiten lassen. Es stellt sich die Frage, ob die bisher vorgebrachten Begründungsansätze, welche die besondere Insolvenzanfechtung aus einem Rechtsverhältnis der Gläubigern zueinander abzuleiten versuchten, diesen Zirkel verlassen konnten. Ihr wird zunächst nachgegangen (sogleich II.), bevor eine eigene Begründung versucht wird (unten III.).

II. Begründung aus einem Rechtsverhältnis zwischen den Gläubigern

1. Befriedigungsanspruch

Während sich die Schöpfer der InsO nicht zu einer tiefergehenden Begründung der Vorverlegung des Gleichbehandlungsgrundsatzes veranlaßt sahen und ihre rechtshistorischen Vorgänger diese allenfalls auf Billigkeitserwägungen stützten, findet sich in den Motiven des Entwurfs einer Deutschen Gemeinschuldordnung und den Materialien zur KO der Versuch einer juristischen Begründung, der hier (§ 1 VI) bereits gestreift wurde: Schon die Zahlungsunfähigkeit des Schuldners mache seine

---

solvenzfeste Sicherheiten und der Gleichbehandlungsgrundsatz wegen dessen auf die Krise beschränkten zeitlichen Geltungsbereichs mit der Existenz nicht „in einem prinzipiell antagonistischen Verhältnis zueinander stünden".

[50] Vgl. aber *Pawlowski*, Rechtsgeschäftliche Folgen, 229: Positive Rechtssätze und Entscheidungen seien nicht schon deshalb Recht, weil sie der Gesetzgeber erlassen oder ein Gericht sie gefällt habe, sondern nur, wenn sie als Konkretisierung eines sinnvollen und angemessenen Prinzips verstanden werden können.

Gläubiger schutzbedürftig, denn zu diesem Zeitpunkt „erlangen alle Gläubiger des Schuldners ... einen Anspruch auf Verwendung des gesammten Vermögens zu ihrer gemeinschaftlichen Befriedigung. ... Von dem Augenblick an, wo der Rechtsanspruch seiner Gläubiger besteht, darf der Schuldner nicht mehr frei schalten und walten, er muß sich so zu sagen als Verwalter seines Guts betrachten".[51] Dieser Gedanke eines Rechtsanspruchs der Gläubiger auf gemeinschaftliche Befriedigung ist die dogmengeschichtliche Grundlage der These von der Rückwirkung des Gleichbehandlungsgebots auf den Eintritt der Vermögenskrise des Schuldners, wie sie das geltende deutsche Insolvenzrecht beherrscht. Er wirkt noch im Ersten Bericht der Kommission für Insolvenzrecht nach, wenn dort die Inkongruenz einer durch Zwangsvollstreckung erwirkten Befriedigung damit begründet wird, „daß ein Gläubiger vom Eintritt der Krise an kein Recht darauf hat, sich mit Hilfe der Einzelzwangsvollstreckung einen Vorteil gegenüber den anderen Gläubigern zu verschaffen".[52]

Um die Gleichbehandlung der Gläubiger zu rechtfertigen, müßte der Anspruch nicht zwischen Gläubiger und Schuldner, sondern auch zwischen den Gläubigern, also *erga omnes* und nicht bloß relativ zwischen Gläubiger und Schuldner wirken. Die Schöpfer der KO haben eine solche Wirkung offenbar – unter bestimmten Umständen – der Forderung jedes Gläubigers zugeschrieben. Sie stellen fest: „Das Verbot an den Schuldner, nicht mehr zu verfügen, sobald das den Konkurs begründende Verhältniß eingetreten, muß zwar ein allgemeines sein; aber es entspringt doch nur einem obligatorischen Rechtsanspruch seiner Gläubiger und hat an sich nur obligatorische Kraft. Indem das Gesetz (scil.: der Code de Commerce) ihm dingliche Kraft beilegt, begeht es einen Fehltritt. Gegen den Dritten kann die Verletzung eines Anspruchs der Konkursgläubiger nur dann Wirkung haben, wenn er von dem Eintritt desselben unterrichtet war."[53]

Jedenfalls mit der heutigen Auffassung von der Wirkung der Schuldverhältnisse ist diese Idee nicht vereinbar. Ein relatives Schuldverhältnis entfaltet demjenigen gegenüber, der an ihm nicht beteiligt ist, keine Wirkung, und zwar auch dann nicht, wenn er es kennt.[54] Forderungen sind zwar nach § 816 II BGB auch vor Eingriffen Dritter geschützt, aber nur bereicherungsrechtlich und auch nur vor gezielt die Inhaberschaft betreffenden Eingriffen, nämlich vor unberechtigter Einziehung. Insoweit will zwar eine prominent vertretene Ansicht Forderungen auch als sonstige Rechte nach § 823 I BGB vor deliktischen Eingriffen schützen.[55] Hier

---

[51] *Hahn*, Materialien IV, 115; Motive des Entwurfs einer Deutschen Gemeinschuldordnung, 133.

[52] Erster Bericht der Kommission für Insolvenzrecht, S. 408.

[53] *Hahn*, Materialien IV, 116; Motive des Entwurfs einer Deutschen Gemeinschuldordnung, 135. Vgl. auch *Hahn*, Materialien IV, 128 f.; Motive des Entwurfs einer Deutschen Gemeinschuldordnung, 152 f.

[54] Vgl. im Hinblick auf die *actio Pauliana* schon *Francke*, AcP 69 (1879), 479 f.: „Der Schuldner ist kraft der Obligation verpflichtet, soweit an ihm ist, so viel in seinem Vermögen zu belassen, als es zur Befriedigung seiner Gläubiger bedarf; dem Dritten liegen derartige Pflichten gegen diese Gläubiger nicht ob".

[55] So schon *Raape*, JherJahrB 74 (1924), 246, der *Cosack*, in: *Cosack/Mitteis*, Lehrbuch I, § 19 II 3 b (Beispiel I), deutlicher und weitergehend § 229 I 1 a γ, folgt; ferner *Hellwig*, Anspruch und

allerdings geht es nicht um solche Eingriffe in die Forderungszuständigkeit. Nur auf dem Umweg über das Strafrecht oder vorrechtliche sittliche Wertungen kommt in den hier interessierenden Fällen eine deliktsrechtliche Haftung des sich in der Krise des Schuldners befriedigenden Gläubigers in Frage. Der erstgenannte Weg scheidet hier aus: Eine teilnahmefähige Untreue nach § 266 StGB begeht der Schuldner nur dann, wenn er wesentliche Treuepflichten verletzt. Immerhin kommt eine Haftung für die Verletzung fremder Schuldverhältnisse nach § 826 BGB in Betracht, wofür aber die vorrechtliche Wertung ausschlaggebend ist, ob sich das Verhalten des in der Krise des Schuldners Befriedigung suchenden Gläubigers als sittenwidrig darstellt. Gerade im Hinblick auf das Anfechtungsrecht[56] stellt die Rechtsprechung hieran erhöhte Anforderungen: § 826 BGB solle nur eingreifen, wenn im Vergleich zu den Anfechtungstatbeständen erschwerte Umstände vorlägen.[57] Nach heute herrschender Anschauung handelt ein Gläubiger nicht schon deshalb sittenwidrig, weil er weiß, daß der Schuldner durch Leistung an ihn seine vertraglichen Pflichten Dritten gegenüber verletzt.[58] Nach gefestigter Rechtsprechung des BGH,[59] die insoweit die Rechtsprechung des RG[60] aufnimmt, soll grundsätzlich niemand verpflichtet sein, eigene Belange den Interessen Dritter

---

Klagrecht, 42f. *Stammler*, Schuldverhältnisse, 10f., stellt fest, der obligatorisch Berechtigte sei gegen Eingriffe Dritter in die Forderung nur nach § 826 BGB und durch die *actio Pauliana* sowie wegen der heutigen §§ 546 II und 566ff. BGB im Mietrecht geschützt, wird von *Otte*, JZ 1969, 253 Fn. 2, also zu Unrecht diesem Lager zugeordnet. Bei *v. Caemmerer*, FS Rabel I, S. 355, tritt die Beschränkung der Haftung auf den Eingriff in die Zuordnung nicht klar hervor. Für einen deliktischen Schutz der Forderung in dem im Text genannten Sinne heute vor allem *Canaris*, FS Steffen, 85ff.; *Larenz/Canaris*, Schuldrecht II/1, § 76 II 4g, S. 397f.; *Picker*, FS Canaris, 1016ff.; *Löwisch*, Deliktsschutz, 77ff.; vgl. auch *Costede/Kaehler*, ZZP 84 (1971), 404f. Diese noch in der Vorauflage von *Planck* selbst vertretene Auffassung lehnt bereits *Flad* in der 4. Auflage des Planck'schen Kommentars ab, dort § 823 Anm. B II 1 f ε. Ablehnend auch bereits *Heck*, Grundriß des Schuldrechts, § 150, S. 458f.; ferner etwa *Otte*, JZ 1969, 253ff., 255; *Medicus*, FS Steffen, 333ff.; *Hammen*, AcP 199 (1999), 591ff.; *Krasser*, Schutz vertraglicher Rechte, 119ff., unter ausführlicher Darstellung des Streitstandes; zu diesem heute auch *Becker*, AcP 196 (1996), 439ff., und *Picker*, FS Canaris, 1001f. mit Fn. 4 und 5. Zum bereicherungsrechtlichen Schutz relativer Rechte vgl. mit ausführlicher Darstellung des Meinungsstands *Ellger*, Bereicherung durch Eingriff, 851ff.

[56] Vgl. zur Konkurrenz zwischen Anfechtungsrecht und § 826 BGB nun *Thole*, WM 2010, 687ff., zum Konkurrenzverhältnis zwischen Anfechtbarkeit nach § 3 AnfG, § 133 InsO und Nichtigkeit nach § 138 BGB aus jüngerer Zeit etwa *Armbrüster*, FS Canaris, 23ff.; Jaeger/*Henckel*, § 129 Rn. 253ff.

[57] BGH NJW 1995, 2846, 2849f.; NJW 1972, 720f. Vgl. (zu § 138 BGB) auch BGH NJW 1998, 2592, 2594f. Zur Konkurrenz zwischen Gläubigeranfechtungsrecht und §§ 138, 826 BGB nun eingehend *Guski*, Sittenwidrigkeit, 198ff., 312ff.

[58] Vgl. aus jüngerer Zeit etwa *Köhler*, FS Canaris, 592, und die Darstellung der h.M. bei *Staudinger/Oechsler*, § 826 Rn. 224ff., und deutlich auch die Erste Kommission bei *Mugdan*, Materialien II, 406; weiter etwa *Dubischar*, JuS 1970, 8 (Haftung erst bei „besonderer Verwerflichkeit", nämlich arglistiger Täuschung; es muß dem Gläubiger nicht auf die Leistung des Schuldners, sondern in erster Linie auf die Schädigung des anderen Gläubigers ankommen).

[59] Vgl. etwa BGH WM 1983, 1406; BGH NJW 1988, 703.

[60] Vgl. schon RGZ 57, 353ff.

unterzuordnen. Sittenwidrig soll die egoistische Rechtsdurchsetzung nur dann werden, wenn der Gläubiger sie mit unlauteren Mitteln verfolgt – wodurch jedoch nur zwei Blankettbegriffe gegeneinander ausgetauscht werden.[61] Folgerichtig hat sich hier eine breite Einzelfallrechtsprechung entwickelt. Von den mit „Gläubigerbenachteiligung“ oder „Gläubigergefährdung“ verschlagworteten Fällen sind hier zunächst diejenigen auszuscheiden, in denen der Gläubiger auf die Vermögenslage des Schuldners über die Annahme der geschuldeten Leistung hinaus gezielt Einfluß nimmt, etwa durch Gewährung eines Kredits, um dem Schuldner vorübergehend ein Weiterwirtschaften zu ermöglichen, um sich in der Zwischenzeit möglichst abzusichern oder zu befriedigen.[62] Ferner ist zwar das kollusive Zusammenwirken zwischen Gläubiger und Schuldner zum Zwecke der Vereitelung von Rechten Dritter sittenwidrig;[63] diese Fälle gehören freilich ebenfalls nicht hierher, sondern in den Kernbereich der Absichtsanfechtung. Es verbleiben letztlich die nur vage allgemein zu beschreibenden Fälle, in denen sich die Sittenwidrigkeit aus dem Maß der eigennützigen Mißachtung fremder Interessen ergeben soll.[64] Für den Gedanken eines deliktsrechtlich geschützten „Konkursanspruchs“ gibt all dies ohnehin nichts her. Denn die Haftung wird gerade nicht auf die Verletzung eines bestimmten Rechts der konkurrierenden Gläubiger gestützt,[65] sondern auf die Verletzung einer bestimmten sittlichen Verhaltenspflicht.

2. Befriedigungsrecht und Eingriff in die haftungsrechtliche Zuordnung

Man kann sich den „Konkursanspruch“ freilich auch anders, nämlich nicht als den Schuld-, sondern den Haftungsaspekt der Forderung denken.[66] Fritz Schulz hat die-

---

[61] *Thole*, WM 2010, 689f., will nun jedoch aus dem insolvenzrechtlichen Gleichbehandlungsprinzip, das er gerade aus §§ 130, 131 InsO folgert, gesteigerte wechselseitige Rücksichtnahmepflichten der Gläubiger folgern, aus deren Verletzung sich die Sittenwidrigkeit iSd § 826 BGB ergeben könne.

[62] Vgl. die Darstellung der einschlägigen Rechtsprechung bei *Koller*, JZ 1985, 1013ff., und etwa BGHZ 10, 233; BGH WM 1964, 673f.; WM 1971, 442f.; WM 1979, 878; dazu *Coing*, WM 1980, 1026ff. Vgl. auch BGH NJW 1998, 2592, 2594f.

[63] RGZ 74, 224, 227; BGH NJW 1988, 702; NJW 2000, 1263.

[64] BGH NJW 1988, 703, und auch BGH WM 1985, 868 (ausnahmsweise Pflicht des Gläubigers, den Sicherungsgeber über die mangelnde Kreditwürdigkeit des Schuldners aufzuklären).

[65] Die Deliktstheorie, nach der die Anfechtung in einer deliktischen Handlung des Anfechtungsgegners begründet ist, krankte gerade an der Schwierigkeit, das verletzte Recht zu bestimmen, vgl. § 1 Fn. 130.

[66] Die Differenzierung wird dem heutigen Juristen wohl am schnellsten durch einen Blick auf die Grundpfandrechte klar: Der Eigentümer schuldet nach zutreffender Ansicht nicht etwa die gesicherte Leistung, sondern nach § 1147 BGB nur die Duldung der Zwangsvollstreckung in das Grundstück, er haftet also mit seinem Grundstück, ohne zu schulden; vgl. etwa *Wieling*, Sachenrecht, § 26 I 1. Die um die vorletzte Jahrhundertwende sehr grundsätzliche Diskussion um Schuld und Haftung spiegeln etwa wieder der Beitrag von *Brinz*, GrünhutsZ 1 (1874), 11ff. (vgl. auch *dens.*, Pandekten[2] II/1, §§ 206ff.), mit Entgegnung von *Rümelin*, AcP 68 (1885), 152ff., und Duplik von *Brinz*, AcP 70 (1886), 371ff. *Brinz* lehnt die Existenz einer Haftung ohne Schuld ab und meint, im eingangs der Fußnote geschilderten Fall liege eine dingliche

sen Haftungsaspekt als Befriedigungsrecht bezeichnet und versteht hierunter „ein Recht, sich aus den der Haftung unterworfenen Gegenständen zu befriedigen, also ein Recht, nicht gegen die Person des Schuldners, sondern gegen die zu seinem Vermögen gehörenden Gegenstände".[67] Die Drittwirkung der Anfechtung kann ein solches Befriedigungsrecht nur begründen, wenn man ihm entweder – jedenfalls in gewisser Hinsicht – dingliche Wirkung beimißt oder annimmt, daß es kraft gemeinschaftlicher Teilhabe ein besonderes Rechtsverhältnis zwischen den Gläubigern hervorbringt. Beide Möglichkeiten sollen hier nacheinander erörtert werden.

Es läßt sich tatsächlich denken, daß die Gläubiger mit der Konkurseröffnung am verbliebenen Vermögen des Schuldners ein als eine Art Pfandrecht vorgestelltes, dinglich wirkendes Befriedigungsrecht oder – mit Josef Kohler[68] – „Beschlagsrecht" erlangen. Diese Lehre hat ihre Wurzeln im römischen Recht[69] und wurde für das gemeine Konkursrecht[70] und vor allem um die Wende zum 20. Jahrhundert auch für das Recht der KO vielfach vertreten.[71] Nach heftigem Widerspruch von Ernst Jaeger[72] verlor diese Lehre, die sich auch in der Praxis nicht durchzusetzen vermochte,[73] zunächst ihre Anhängerschaft,[74] doch führte unter anderem ein Bei-

---

Schuld des Eigentümers des belasteten Grundstücks vor; so etwa auch *v. Gierke*, Deutsches Privatrecht II, § 158 II 2, dem wiederum etwa *Schulz*, AcP 105 (1909), 228, folgt. – Zur Differenzierung zwischen Schuld und Haftung jüngst ausführlich *Nunner-Krautgasser*, Vermögenshaftung, passim; *dies.*, ÖJZ 2007, 714 ff.

67 *Schulz*, AcP 105 (1909), 227 f. Der Terminologie folgen etwa *Koziol*, Beeinträchtigung, 168, und *Berges*, KTS 1957, 49 ff.

68 Grundlegung im Lehrbuch, §§ 22 ff. Verteidigung dieser Lehre in AcP 81 (1893), 329 ff. Für *Schulz*, AcP 105 (1909), 286, ist das Konkursbeschlagsrecht „eine Phase in der Entwicklung des Befriedigungsrechts, ... ein verstärktes Befriedigungsrecht".

69 Vgl. *Kohler*, Lehrbuch, § 25; *Hellmann*, Lehrbuch, 4; *Seuffert*, Geschichte, 20 ff.

70 Zahlreiche Nachweise insbesondere aus der älteren Literatur bei *Seuffert*, Geschichte, 71 Fn. 6. Aus späterer Zeit etwa *Bayer*, Theorie, 83; *Puchta*, Concursprozeß, 17 f., 285 Fn. b.

71 Vgl. neben *Kohler* (soeben Fn. 68) namentlich *Hellmann*, Lehrbuch, 625 ff.; *Seuffert*, Geschichte, 81 ff.; *ders.*, Konkursprozeßrecht, 151 ff.; ferner etwa *v. Canstein*, GrünhutsZ 9 (1882), 471 f., 481 f.; *Grützmann*, Anfechtungsrecht, 210 ff. (vgl. aber noch unten bei Fn. 79). *Schulz* will hier die strikte Trennung zwischen dinglichem und persönlichem Recht aufgeben, AcP 105 (1909), 239 ff., und faßt das Beschlagsrecht zwar unter die „nicht sachenrechtlichen Wertrechte" (226), doch soll dieses Recht nicht nur gegen Eingriffe Dritter geschützt sein (281 ff.), sondern auch einen Rang haben, namentlich später entstandenen Pfandrechten im Range vorgehen können (399). Dabei kann er in gewissem Umfang auf *Hellwig*, Anspruch und Klagrecht, 44, und *Riehl*, GruchotBeitr 53 (1909), 501 f. („quasidingliche Rechtswirkungen des Forderungsrechts"), verweisen. – In einer – soweit ersichtlich – vereinzelt gebliebenen Entscheidung führte auch das preußische Ober-Tribunal das Anfechtungsrecht des Gläubigers auf ein aus dem Vollstreckungsantrag folgendes bzw. mit der Konkurseröffnung entstehendes prätorisches Pfandrecht zurück, prOTE 21, 250, 254. Ausdrücklich gegen den Gedanken eines dinglichen Rechts der einzelnen Gläubiger an der Masse wenden sich die Motive des Entwurfs einer Deutschen Gemeinschuldordnung, 15.

72 *Jaeger*, KO^1, § 3 Anm. 42 ff. (entsprechend, mit wachsender Ausführlichkeit in den Folgeauflagen).

73 Ablehnend schon RGZ 46, 165, 167.

74 Gleiches konstatieren etwa *Henckel*, FS Weber, 238; *Nunner-Krautgasser*, Vermögenshaftung, 307. Ausführlich ablehnend – anläßlich einer Rezension von *Seufferts* „Geschichte" – bereits *Petersen*, GruchotBeitr 4 (1890), 779 ff.

trag von Wolfram Henckel[75] zu einer gewissen, bis in die jüngste Zeit anhaltenden Renaissance.[76] Manche sehen gerade in den Anfechtungsregelungen den Ausdruck eines solchen *erga omnes* wirkenden Befriedigungsrechts der Gläubiger.[77]

In der Tat wird mit der Insolvenzmasse insoweit ähnlich wie mit einem Pfand verfahren, als das verbliebene Schuldnervermögen verwertet und der Erlös an die Gläubiger ausgekehrt wird. Diese Ähnlichkeit der Rechtsfolgen allein belegt freilich nicht, daß der Verwertung der Masse ein pfandrechtsähnliches Recht der Gläubiger auch zugrunde liegt. Und die Existenz und Dinglichkeit eines solchen pfandrechtsähnlichen Verwertungsrechts gerade mit der Existenz der Anfechtungsregeln beweisen zu wollen,[78] bedeutete einen glatten Zirkelschluß, wenn die Pfandrechtsthese umgekehrt auch die Existenz der Anfechtungsregeln erklären soll.

Ob die Annahme eines dinglichen Verwertungsrechts der Gläubiger an der Masse überzeugend begründbar ist, kann hier freilich dahinstehen. Denn ohnehin könnte ein solches „Beschlagsrecht" die besondere Insolvenzanfechtung nur erklären, wenn es bei Vornahme der anzufechtenden Handlung schon bestünde; nur dann könnte davon die Rede sein, daß es durch die mit dieser Handlung einhergehende Schmälerung des Schuldnervermögens verletzt werde und diese Verletzung die Anfechtbarkeit auslöse.[79] Die Anhänger der These von einem Beschlags- oder ähnlichem dinglichen Recht der Gläubiger an der Insolvenzmasse gehen aber davon aus, dieses entstehe erst mit der Verfahrenseröffnung,[80] und in der Tat scheint auch nur dies vertretbar. Denn bevor das Insolvenzverfahren eröffnet ist, steht schon gar nicht fest, ob es überhaupt zu einer Verwertung der Masse als solcher kommt; auch die übrigen mit dem Beschlagsrecht begründeten Wirkungen können erst nach der Verfahrenseröffnung eintreten.[81] Vor allem aber kann ohne die zumindest einge-

---

[75] *Henckel*, FS Weber, 237ff.

[76] Ausführlich jüngst etwa *Nunner-Krautgasser*, Vermögenshaftung, 305ff., dort auch zum Verhältnis der Lehre vom Beschlagsrecht zur Frage der rechtlichen Stellung des Konkurs-/Insolvenzverwalters. Ablehnend aber aus jüngster Zeit etwa *Jensen*, Grundfragen, 195ff.

[77] So bereits *Schulz*, AcP 105 (1909), 232f., 237f., 242f., und heute *Koziol*, Grundlagen, 4f.; allgemeiner, im Hinblick auf den deliktischen Schutz von Forderungen *ders.*, Beeinträchtigung, 168ff.

[78] Vgl. die Nachweise in der vorigen Fn.

[79] So auch *Grützmann*, Anfechtungsrecht, 214f. Im Ansatz bereits ebenso, aber noch ohne Schlußfolgerung für die Begründung der besonderen Konkursanfechtung *v. Canstein*, GrünhutsZ 9 (1882), 485f. – Entsprechend will auch *Kohler*, Lehrbuch, 208, die Anfechtung nicht mit einer Verletzung des Beschlagsrechts erklären, sondern meint umgekehrt, es sei Ziel der Anfechtung, das anfechtbar Veräußerte dem Beschlagsrecht auszuliefern.

[80] *v. Canstein*, GrünhutsZ 9 (1882), 481; *Kohler*, Lehrbuch, 115 und passim; *Hellmann*, Lehrbuch, 625, 631; Seuffert, Konkursprozessrecht, 151ff.; *Henckel*, FS Weber, 238; *Eckardt*, Kölner Schrift, Kap. 17 Rn. 3; vgl. auch *Schulz*, AcP 105 (1909), 280ff. Ebenso *Nunner-Krautgasser*, Vermögenshaftung, 312f., 315, 335.

[81] In eindrucksvoller Weise hat *Kohler*, Lehrbuch, §§ 22ff., fast alle Aspekte des Konkursverfahrens auf das von ihm angenommene Beschlagsrecht der Gläubigerschaft zurückgeführt. Vgl. auch schon *v. Canstein*, GrünhutsZ 9 (1882), 481ff., und später *Henckel*, FS Weber, 239ff. Jüngst ausführlich *Nunner-Krautgasser*, Vermögenshaftung, 312ff., vor allem im Hinblick auf den Verlust des Verwaltungs- und Verfügungsrechts des Schuldners und die inhaltli-

schränkt[82] fixierende Wirkung des zugleich einen Publizitätstatbestand schaffenden Eröffnungsbeschlusses von einer Einhaltung des sachenrechtlichen Publizitäts- und Bestimmtheitsgrundsatzes keine Rede sein,[83] deren Verletzung hier besonders schwer wöge, wollte man dem Anfechtungsgegner die Verletzung eines angeblichen dinglichen Rechts der Gläubigerschaft vorhalten, dessen Existenz und Reichweite er nicht erkennen konnte. Der Gedanke, schon mit Eintritt der materiellen Krise erlangten die Gläubiger ohne weiteres ein dingliches Verwertungsrecht am Vermögen des Schuldners, ist also allemal zu verwerfen.

Mit der Lehre von einem in gewisser Weise dinglichen Befriedigungsrecht der Gläubiger verwandt ist die maßgeblich von Walter Gerhardt geprägte Lehre, daß das Vermögen des Schuldners „haftungsrechtlich" den Gläubigern zugewiesen sei und sich die Bevorzugung Einzelner als Eingriff in diesen Zuweisungsgehalt darstelle, die Anfechtung also als Unterfall der Eingriffskondiktion einzuordnen sei.[84] Der Ausgangspunkt dieser Lehre kann kaum bestritten werden: Leistet der Schuldner nicht freiwillig, können die Gläubiger auf sein Vermögen Zugriff nehmen, in diesem Sinne ist es ihnen haftungsrechtlich zugewiesen. Unbestreitbar ist auch, daß diese Zuweisung eine gewisse Drittwirkung entfalten kann. Dies belegen gerade die Anfechtungsregeln: Vermögensverschiebungen bewirken keine Enthaftung des fraglichen Gegenstands, wenn sie anfechtbar sind; da die Gläubiger des Schuldners aufgrund der Anfechtbarkeit weiterhin auch aus einem solchen, im übrigen in das Vermögen des Dritten übergegangenen Gegenstand Befriedigung suchen können, läßt sich sagen, der Anfechtungsgegner hafte mit diesem Gegenstand für die Schuld des Schuldners.[85] Diese Feststellung einer haftungsrechtlichen Unwirksamkeit anfechtbarer Vermögensverschiebungen beschreibt freilich nur das positive Recht, erklärt es aber nicht. Erst recht ist damit nicht bewiesen, daß die haftungsrechtliche Unwirksamkeit der Vermögensverschiebung auf den Eingriff des Begünstigten in eine – damit ihrer Wirkung nach dingliche – Zuweisung des Schuldnervermögens an die Gläubiger zurückzuführen ist,[86] die erst noch zu begründen wäre. Die bloße Tatsache, daß die Gläubiger auf

---

che Umwandlung der anzumeldenden Forderungen. Die Anfechtung aber qualifiziert *Nunner-Krautgasser*, a. a. O., 336, im Anschluß an *Schulz*, AcP 105 (1909), 286, als Folge eines „Vorbeschlags", der auch zwischen den Gläubigern wirke.

[82] Der Massebestand ist immer noch veränderlich, weil Gegenstände durch Freigabe des Insolvenzverwalters ausscheiden und etwa durch Zuerwerb nach § 35 I a. E. InsO neue hinzukommen können, was freilich etwa *Nunner-Krautgasser*, Vermögenshaftung, 313, als unproblematisch erachtet.

[83] Aufschlußreich ist insofern auch ein Blick auf das englische Recht, dessen *floating charge* ebenfalls erst dann unstreitig als dingliches Recht einzuordnen ist, wenn sie „kristallisiert", vgl. o. § 2 Fn. 17.

[84] *Gerhardt*, Gläubigeranfechtung, 177 ff.; vgl. aber auch schon *Schulz*, AcP 105 (1909), 245 f. Als besondere Art der Kondiktionen sehen die Anfechtungsvorschriften bereits *Petersen/Kleinfeller*, § 29 Anm. 13 f. *Gerhardt* folgen etwa weitgehend *Costede/Kaehler*, ZZP 84 (1971), 395 ff.

[85] So etwa schon *Menzel*, Anfechtungsrecht, im Vorwort; dazu näher *Paulus*, AcP 155 (1956), 294 ff., 299.

[86] Gegen eine solche auch *Wacke*, ZZP 83 (1970), 426.

das haftende Vermögen des Schuldners zugreifen können, belegt noch nicht, daß diese Zugriffsmöglichkeit auch Dritten gegenüber zu schützen wäre.[87] Und auch aus der Existenz der Anfechtungsregeln kann eine solche Zuweisung nicht gefolgert werden:[88] Da diese Lehre die Anfechtungsregeln gerade umgekehrt mit einem Eingriff in die haftungsrechtliche Zuweisung begründet, wäre eine solche Argumentation zirkulär. Eine Lehre von der haftungsrechtlichen Zuweisung, die diese aus nichts anderem als den Anfechtungsregeln herleiten kann, unterscheidet sich von derjenigen eines dinglichen Beschlagsrechts für die vorliegend interessierenden Zwecke nur dadurch, daß sie darauf verzichtet, das auch von ihr postulierte und letztlich mit dinglicher Wirkung, nämlich Zuweisungsgehalt, ausgestattete Recht der Gläubiger beim Namen zu nennen.[89] Die Bedenken dagegen, ein in seiner Wirkung dingliches Verwertungsrecht zuzulassen, das den Anforderungen des Bestimmtheits- und des Publizitätsgrundsatzes nicht genügt, werden nicht dadurch zerstreut, daß man darauf verzichtet, diese Wirkungen auf ein bestimmtes dingliches Recht zurückzuführen. Eine wertende Begründung dafür, daß nach Eintritt der zur Eröffnung eines Insolvenzverfahrens führenden Krise vorgenommene Vermögensverschiebungen grundsätzlich der Anfechtung unterliegen, liefert also auch diese Lehre nicht.[90]

---

[87] So aber offenkundig *Gerhardt*, Gläubigeranfechtung, 181, 189, 220 und passim.

[88] So aber ausdrücklich *Costede/Kaehler*, ZZP 84 (1971), 402ff. Auch *Gerhardt*, Gläubigeranfechtung, 189, meint, die Anfechtungsregelungen bestimmten den Umfang der haftungsrechtlichen Zuweisung, versucht a.a.O. (189f.) aber eine materiale Erklärung dieser „positivistisch-konstruktiven Erwägungen", die jedoch die besondere Insolvenzanfechtung nicht mit einbezieht.

[89] Ausdrücklich *Gerhardt*, Gläubigeranfechtung, 181: „Bei Anfechtungserwerb ist allerdings grundsätzlich zu beachten, daß hier kein Eingriff in ein bestimmtes Vermögensrecht infrage kommt ...". Ferner a.a.O., 185: Der Konstruktion eines Befriedigungsrechts bedürfe es nicht, da auch die Vorstellung eines Eingriffs in die Haftungsfunktion genügend scharfe Konturen aufweise, um hinreichende Parallelen zur Eingriffskondiktion erkennen zu lassen.

[90] Ablehnend nun auch *Thole*, Gläubigerschutz, 284ff. – Über die Wirkung der Anfechtung (bzw. der Anfechtbarkeit) soll mit der These vom Eingriff in die haftungsrechtliche Zuweisung keine Aussage getroffen, namentlich im Streit zwischen schuldrechtlicher und haftungsrechtlicher Theorie keine Stellung bezogen sein, vgl. *Costede/Kaehler*, ZZP 84 (1971), 406 Fn. 46, und *Gerhardt*, a.a.O., 179, der der haftungsrechtlichen Theorie folgt (262ff., 273). Zu dieser paßt die Einordnung als Eingriffskondiktion freilich schon deshalb schlecht, weil diese voraussetzt, daß der Anspruchsgegner das Zurückzugewährende erlangt hat. Und geht man davon aus, daß der anfechtbare Erwerb haftungsrechtlich unwirksam ist, hat der Anfechtungsgegner durch seinen angeblichen Eingriff in die Haftungszuweisung den fraglichen Gegenstand gerade unter dem zu restituierenden Haftungsaspekt (vgl. *Gerhardt*, a.a.O., 233) nicht erlangt – der „Eingriff" hat an der haftungsrechtlichen Zuweisung ja nichts geändert. *Gerhardt* weist diesen Einwand als „zu formal" zurück (235; näher 262ff.). Tatsächlich aber dürfte eine Anlehnung an die Vindikation näherliegen, für eine solche in Bezug auf die Absichtsanfechtung in der Tat *Costede/Kaehler*, ZZP 84 (1971), 410ff. Auch dies setzt freilich eine schon zur Zeit des anfechtbaren Vorgangs bestehende dingliche Berechtigung der Gläubiger am fraglichen Gegenstand voraus, sie ist daher denselben, soeben im Text genannten Einwänden ausgesetzt wie die Lehre *Gerhardts*.

3. Gemeinschaftsverhältnis zwischen den Gläubigern

Das Recht aller Gläubiger, wegen ihrer Forderungen aus dem Vermögen des Schuldners befriedigt zu werden, kann man sich nicht nur als dingliche Berechtigung am Schuldnervermögen, sondern auch als zwischen den Gläubigern wirkendes Rechtsverhältnis denken: Daraus, daß allen Gläubigern der Zugriff auf das haftende Vermögen des Schuldners offensteht, könnte man ein Gemeinschaftsverhältnis und aus diesem wiederum eine wechselseitige Beschränkung der gegen den Schuldner gerichteten Ansprüche sowie die Befugnis ableiten wollen, Vermögensverschiebungen, die diese Beschränkungen nicht einhielten, durch Anfechtung zu revidieren. Auch dieser Gedanke ist sehr alt. Er liegt vermutlich schon der *lex Rhodia de iactu* zugrunde: Wirft der in Seenot geratene Schiffer Ladung über Bord, um das Schiff zu retten, hat er deren Eigentümer im Verhältnis zum Wert der geretteten Ware Ersatz zu leisten und kann bei den Eigentümern der geretteten Ware entsprechenden Rückgriff nehmen.[91] Schon in der älteren Literatur zum gemeinen Konkursrecht wurden entsprechende Anschauungen mit der Gläubigergleichbehandlung in Verbindung gebracht.[92] Sie finden auch in den Motiven zur KO 1879 Ausdruck. Man nahm an, daß die Gläubiger durch den Konkurs ihres gemeinsamen Schuldners kraft Gesetzes in eine solche Gemeinschaft (*communio incidens*) träten. „Die Gemeinschaft hat zum Grund und Gegenstand: das Befriedigungsrecht eines jeden Gläubigers auf das gesammte, unzureichende Vermögen des Gemeinschuldners, zum Zweck und Inhalt: die gemeinschaftliche Befriedigung aller aus diesem Vermögen. Darum darf kein Gläubiger rücksichtslos gegen die anderen sein einzelnes Befriedigungsrecht gegen den Schuldner verfolgen, darum dürfen Zwangsvollstreckungen zugunsten Einzelner nicht vorgenommen werden; das gleiche Recht aller verlangt, daß keiner seinen Anspruch anders als im gemeinschaftlichen Verfahren ausübe.“[93] An diese Thesen hat August Maria Berges in den 50er Jahren des letzten Jahrhunderts erinnert[94] und dabei hervorgehoben, daß der „Schöpfer unserer Konkursordnung, der

---

[91] Vgl. etwa *Kaser*, RP I, § 133.2 V 4, S. 572. Zur See- als Verlustgemeinschaft ausführlich *Heck*, Haverei, §§ 56ff.

[92] Vgl. etwa *Dabelow*, Entwickelung, 679f. („durch die Insolvenz des Schuldners hervor gebrachte Connexität der verschiedenen Anforderungen der Gläubiger“).

[93] *Hahn*, Materialien IV, 47; vgl. auch schon die Motive des Entwurfs einer Deutschen Gemeinschuldordnung, 17. Die Ursprünge des Gedankens einer Rechtsgemeinschaft zwischen den Konkursgläubigern vermutet *Knütel*, FS Kreft, 11f., und liber amicorum Végh, 58f., im klassisch-römischen Recht, weil dort in Ansehung der Tätigkeit des *magister bonorum* (vgl. o. nach § 1 Fn. 11) von einem *negotium commune* die Rede ist (vgl. Ulp. D. 42, 5, 9, 4). Über den Weg dieses Gedankens in der Neuzeit geben die Motive des Entwurfs einer Deutschen Gemeinschuldordnung Aufschluß, dort S. 15.

[94] *Berges*, KTS 1957, 49–58. Vgl. auch *dens.*, 100 Jahre Konkursordnung, 373f., 387f.: Das Fremdkapital werde zunächst treuhänderisch vom mit seinem Eigenkapital vorverhafteten Unternehmer verwaltet. Diese Geschäftsführung ende mit dem Fremdkapitalzustrom in der Insolvenz und falle den Gläubigern zu, die daraufhin ein „Treuhand-Konsortium“ bilden. Der Leistung von Fremdkapital sei eine Haftungszusage, eine konkludente Verteilungsabrede für den Fall des schuldlosen Geschäftsfehlschlags eigen, dazu noch unten Fn. 102.

geniale Carl Hagens",[95] hier nicht etwa an ein selbständig neben der Forderung stehendes Befriedigungsrecht gedacht habe und auch nicht daran, daß sich die Forderungsrechte der Gläubiger im Konkurs gegenseitig beschränkten – wozu sie aufgrund ihres relativen Charakters nicht in der Lage seien. Gemeinsam sei den Gläubigern vielmehr das Recht, sich aus dem nach Vermögensverfall verbliebenen, nun festliegenden Vermögen zu befriedigen. An dem so vorgestellten Befriedigungsrecht entstehe eine Bruchteilsgemeinschaft nach §§ 741 ff. BGB, und durch die Vergemeinschaftung der Haftung werde diese – nicht aber die Forderung – anteilsmäßig beschränkt. So erkläre sich auch die Gläubigeranfechtung: Sie richte sich als „haftungsrechtliche Inanspruchnahme" gegen solche Verfügungen, die dem (vergemeinschafteten) Befriedigungsrecht der Gläubiger zuwiderliefen.

Der dogmatische Sprung von der nur zwischen Schuldner und jeweiligem Gläubiger wirkenden Forderung zu einem absolut, nämlich zwischen den Gläubigern wirkenden Rechtsverhältnis kann freilich auch auf diesem Umweg nicht gelingen. Denn auch wenn man die Figur des Befriedigungsrechts als „Haftungsseite"[96] der Forderung begreift, bleibt sie – da es ja eine „Seite" der Forderung sein soll, jedenfalls aber aus ihr folgt – wie diese ein relatives Recht, und zwar sowohl auf der Passiv- als auch auf der Aktivseite. Zwar nicht die Relativität auf der Passivseite, wohl aber die auf der Aktivseite hindert die Entstehung einer Bruchteilsgemeinschaft: Denn so wenig, wie sich die Gläubiger eine gemeinsame Forderung gegen den Schuldner teilen, teilen sie sich ein gemeinsames Befriedigungsrecht.

Läßt sich ein Rechtsverhältnis zwischen den Gläubigern auch nicht aus gemeinsamer Teilhabe an einem Recht ableiten, so doch womöglich aus einer – mit rechtlicher Wirkung ausgestatteten – Interessengemeinschaft. Auf eine solche Annahme hat Horst Eidenmüller seine These von einer gesellschaftsähnlichen Verbindung zwischen den Gläubigern eines insolventen Unternehmensträgers gestützt, aus dieser wiederum bestimmte Kooperationspflichten der Gläubiger abgeleitet.[97] Es erscheint durchaus erörterungswürdig, ob die Pflicht, das anfechtbar Erworbene der Gläubigergemeinschaft zuzuführen, ebenfalls aus einem solchen gesellschaftsähn-

---

[95] *Berges*, KTS 1957, 52. Zum Einfluß *Hagens* auf den Inhalt der KO vgl. oben § 1 Fn. 106.

[96] *Berges*, KTS 1957, 55.

[97] *Eidenmüller*, Unternehmenssanierung, insbes. 594ff.; *ders.*, ZHR 160 (1996), 368ff. Grundlegend zur mit rechtlichen Wirkungen ausgestatteten Interessengemeinschaft kraft „Pathologie paralleler Interessen verschiedener Gläubiger" *Würdinger*, Theorie der schlichten Interessengemeinschaften, 63ff., der für eine analoge Anwendung der die Bruchteilsgemeinschaft betreffenden §§ 741 ff. BGB plädiert (dagegen *Eidenmüller*, a. a. O., 603ff.); vgl. aber im Hinblick auf die See- als Verlustgemeinschaft auch schon *Heck*, Havarei, §§ 56ff., mit Nachweis noch älterer Literatur. Zur Interessengemeinschaft mit (gewisser) rechtlicher Wirkung vgl. weiter *Wüst*, Interessengemeinschaft, 23; *dens.*, FS Wilburg I, 270f.; *dens.*, JZ 1961, 78ff.; *Habscheid*, GS Bruns, 261f.; *Behmer*, Sanierungsvergleich, 34ff.; Soergel/*Hadding*, vor § 741 Rn. 11ff.; *Gottwald*, FS Giger, 197f. Zur Diskussion um Gläubigerkooperationspflichten mit Blick auf vorinsolvenzliche Sanierungsverfahren vgl. *Westpfahl*, ZGR 2010, 395f., 427ff., und insbesondere *Bitter*, ZGR 2010, 167ff., 180f., der für eine Aufopferungspflicht der Gläubiger kraft Einwirkungsmacht eintritt: Der Gläubiger müsse dem mehrheitlich geschlossen Mehrheitsvergleich beitreten oder seine Forderung gegen angemessenen Ausgleich aufgeben.

lichen Verhältnis abgeleitet werden kann,[98] gewissermaßen als Beitragspflicht. Wirkmächtig zeigt sich ein solcher Gedanke immerhin auch in einem Urteil des Reichsgerichts,[99] das eine gewisse Berühmtheit erlangt hat und noch heute die Rechtslage bestimmt: Der Beklagte hatte im Jahre 1909 an die Klägerin für die Jahre 1910, 1911 und 1912 je 200 Zentner eines speziell vom Beklagten gezüchteten Zuckerrübensamens verkauft, lieferte im Jahr 1912 aber nur 92 Zentner, denn infolge einer Dürre hatte er 1911 statt der durchschnittlichen 4908 Zentner nur 993,35 Zentner Samen produzieren können. Da er von der Ernte 1911 aber bereits 2160 Zentner verkauft hatte, entschied er sich, die Käufer anteilig, also zu je 46% zu beliefern. Das Berufungsgericht hatte ein Unvermögen des Beklagten noch abgelehnt, da zur Zeit der Lieferung an die Klägerin noch mehr als 200 Zentner des Samens vorhanden gewesen waren. Das Reichsgericht dagegen hielt dafür, die Leistungspflicht des Beklagten sei kraft § 242 BGB auf den gelieferten Anteil begrenzt. Die Klägerin habe gewußt, daß der Beklagte nur einen Teil der witterungsabhängigen Jahresernte verkaufen wollte. Sie „mußte sich aber sagen, daß sie alleinige Käuferin der Ernte 1911 nicht sein werde, daß neben ihr vielmehr weitere Abnehmer des Beklagten stehen würden, deren Rechte an sich nicht schlechter waren, als die ihrigen, und mangels anderweitiger Abmachung nicht etwa dadurch bestimmt werden konnten, wer zuerst gekauft hatte oder wer künftig von dem Verkäufer zuerst die Leistung verlangen werde. Zwischen den mehreren Käufern ergab sich, für jeden von ihnen voraussehbar, eine Interessengemeinschaft, deren Folge sich zeigen mußte, wenn die Ernte zwar genügte, einen einzelnen oder mehrere zu befriedigen, nicht aber hinreichte zur Befriedigung aller. Dem Verkäufer durfte auch jetzt die Gefahr nicht aufgebürdet werden. Er konnte nicht mehr tun, als die gesamte Ernte der Gesamtheit seiner Käufer zur Verfügung zu stellen. Ging er darüber hinaus und gab er einem der Käufer mehr als seinen Anteil, so belastete er sich mit den Ansprüchen der anderen, die von ihm fordern konnten, daß er bei der Verteilung nach Recht und Billigkeit verfuhr, also gleichmäßig“.[100]

Auch dieser Ansatz beruht auf einem Zirkelschluß.[101] Die Annahme einer Interessengemeinschaft setzt voraus, was durch die mit ihr begründeten Anfechtung erst herbeigeführt werden soll: strukturelle Gleichheit der Beteiligten. Von einer Interessengemeinschaft läßt sich nur sprechen, wenn die inhaltlich gleichen Interessen nicht in Konkurrenz zueinander treten. Ein wirklich gemeinschaftliches Interesse

---

[98] Den Gedanken, die ungesicherten Gläubiger eines Unternehmensträgers, über dessen Vermögen später ein Insolvenzverfahren eröffnet wird, hätten bereits in der davorliegenden „twilight period“ einen „proprietary interest of sorts in the assets of the company“, bringt auch *Bridge* in: Armour/Bennett, Vulnerably Transactions, 5, in Verbindung mit der Insolvenzanfechtung.

[99] RGZ 84, 125 ff. Vgl. dazu etwa *Hedemann*, Reichsgericht und Wirtschaftsrecht, 307 ff.

[100] RGZ 84, 125, 128 f. – Der Entscheidung stimmt die heute hM zu, *Hueck*, Grundsatz der gleichmäßigen Behandlung, 138 ff.; Staudinger/*Löwisch/Caspers*, § 275 Rn. 20. Im Ergebnis, nicht aber in der Begründung, auch *de Boor*, Kollision, 135 ff.

[101] So auch die Einschätzung von *Thole*, Gläubigerschutz, 293, der aber außer einer angeblichen Präventivfunktion der besonderen Insolvenzanfechtung (dazu unten § 5 II 2) keine weitere wertende Rechtsfertigung anbietet.

haben alle Gläubiger daran, daß ein zur Befriedigung aller ausreichendes Vermögen vorhanden ist. So sind die Gläubiger im Falle des Reichsgerichts an einer möglichst reichen Ernte, im von Eidenmüller behandelten Fall der Unternehmensträgerinsolvenz an einer möglichst effizienten Verwertung des Unternehmens interessiert. Diesem Interesse liegt jedoch ein übergeordnetes, egoistisches Interesse zugrunde: das des einzelnen Gläubigers, trotz möglicher Krise des Schuldners vollständige Befriedigung zu erhalten. Dieses Interesse, das im vorliegenden Zusammenhang mit der Anfechtbarkeit oder Bestandskraft einer in der Krise des Schuldners erfolgten Vermögensverschiebung entscheidend ist, teilen die Gläubiger zwar in dem Sinne, daß sie alle es verfolgen; es ist jedoch gerade kein gemeinschaftliches Interesse aller, sondern die Einzelinteressen richten sich gegeneinander: Setzt ein Gläubiger sein Interesse durch, geht die damit verbundene Masseschmälerung notwendig zu Lasten der anderen. Mithin läßt sich nicht von einer Interessengemeinschaft sprechen, vielmehr liegt ein klarer Interessengegensatz vor.[102]

Dieser Interessengegensatz läßt sich auch nicht mit dem spieltheoretischen Gefangenendilemma[103] oder John Rawls' Figur des „Schleiers der Unwissenheit"[104]

---

[102] So auch schon *de Boor*, Kollision, 23, und diesem folgend *Bydlinski*, Gleichheitsgrundsatz, 36, *Haarmeyer*, KTS 1982, 523f., sowie *Windel*, JURA 2002, 232, *Koziol*, FS Wesener, 268f., *ders.*, Grundlagen, 15, *Füßmann*, Gläubigergleichbehandlung, 39, *Guski*, Sittenwidrigkeit, 123 Fn. 75, und *Eichberger*, Konkursanfechtung, 13: Statt Interessengemeinschaft besteht zwischen den Gläubigern ein Interessengegensatz. Entsprechend Begr. RegE, BT-Drucks. 12/2443, S. 134: Der – aufgrund redaktionellen Eingriffs des Rechtsausschusses nun gleichwohl in § 78 InsO enthaltene – Begriff des gemeinsamen Interesses der Gläubiger sei irreführend, weil es ein solches in Wahrheit nicht gebe; dazu mit weiteren Nachweisen etwa *Klinck*, KTS 2009, 225. Vgl. zum Ganzen auch Nerlich/Römermann/*Becker*, § 1 Rn. 22; *Müller*, Verband, 272ff. – Anders für den Zuckerrübensamenfall *Wüst*, Interessengemeinschaft, 100, und allgemeiner *Hueck*, Grundsatz der gleichmäßigen Behandlung, 138 mit Nachweis der von ihm als allgemein bezeichneten Ansicht: Die bei einzelnen Egoisten anzutreffende Bestrebung nach bevorzugter Befriedigung ändere an der gemeinsamen Grundeinstellung der Gläubiger nichts, die auf gleichmäßige Verteilung des beschränkten Vorrats gerichtet sei (142). Dieser Idealvorstellung hängt auch *Berges*, 100 Jahre Konkursordnung, 373f. an, der sogar eine entsprechende konkludente Verteilungsabrede (zwischen den Gläubigern?) annimmt. Die Verteidigung des Interessengemeinschaftsgedankens bei *Eidenmüller*, Unternehmenssanierung, 600, und *ders.*, ZHR 160 (1996), 370 Fn. 73, überzeugt nicht: Das gemeinschaftliche Interesse der Gläubiger liege darin, das Risiko zu minimieren, daß ein Gläubiger den anderen zuvorkomme. Auch dieses Interesse hat der einzelne Gläubiger nur unter dem Vorbehalt, daß nicht gerade er derjenige ist, der den anderen zuvorkommt; wirklich gemeinschaftlich ist es also nicht.

[103] Vgl. etwa *Osborne*, Game Theory, 14ff.; *Schäfer/Ott*, Ökonomische Analyse, 92ff.: Zwei gefangene Mittäter werden getrennt verhört und stehen vor der Wahl, zu schweigen oder zu gestehen und sich damit gegenseitig zu belasten. Schweigen beide, können sie nur mit vergleichsweise kurzem Freiheitsentzug bestraft werden; gesteht einer von ihnen, wird er nicht, der schweigende andere dagegen schwerer bestraft; gestehen dagegen beide, erwartet sie eine Strafe mittlerer Schwere. Das Dilemma besteht darin, daß ein Geständnis für die Gefangenen nur dann die ideale Handlungsweise darstellt, wenn der jeweils andere diesem Handlungsanreiz nicht folgt.

[104] *Rawls*, Justice, insbes. 136ff.; *ders.*, Political Liberalism, insbes. 22ff., 304ff. Zu *Rawls* etwa *Braun*, Rechtsphilosophie im 20. Jhd., §§ 12ff.; *ders.*, Einführung, § 21. Auf *Rawls* verwies in diesem Zusammenhang schon *Schmidt*, Ökonomische Analyse, 19ff., 44ff.; zustimmend

überspielen. Aus dem Gefangenendilemma könnte man für die vorliegenden Zwecke allenfalls ableiten, daß ein Wettlauf der Gläubiger um die letzten Ressourcen des Schuldners gesamtwirtschaftlich schädlich ist.[105] Und in Anlehnung an Rawls läßt sich womöglich belegen, daß das Gleichbehandlungsprinzip theoretisch gerecht ist, weil die Gläubiger seine Geltung vernünftigerweise vereinbart hätten, wüßte keiner von ihnen, ob er bei Geltung des Prioritätsgrundsatzes gänzlich ausfallen oder voll befriedigt werden würde.[106] An der tatsächlichen, egoistisch geprägten Interessenlage ändern makroökonomische oder gerechtigkeitstheoretische Erwägungen freilich nichts.[107]

Wenn die Gegensätzlichkeit der tatsächlichen Interessen in Bezug auf die Frage nach der Anfechtbarkeit oder Bestandskraft in der Krise erfolgter Vermögensverschiebungen die Annahme eines gesellschaftsähnlichen Verhältnisses ausschließt,[108] bliebe nur der Weg, die egoistischen Gläubigerinteressen kraft gesetzlicher Anordnung zu übergehen, die Gläubiger also in eine Gemeinschaft hineinzupressen, obwohl deren Eingehung ihrem Willen nicht entspricht: Man könnte die Anfechtungs-

---

Eidenmüller, Unternehmenssanierung, 21 Fn. 9, vgl. auch *dens.*, a. a. O., 610f. Auch *v. Wilmowsky*, NZG 1998, 483, nimmt an, die ungesicherten Gläubiger würden in einer Welt ohne Transaktionskosten die Geltung des Gleichbehandlungsgrundsatzes vereinbaren. Ähnlich *Thole*, Gläubigerschutz, 64, doch vgl. auch seine Ausführungen zu den Grenzen eines solchen „*bargain*-Modells", a. a. O., 123 ff. Zu diesem im vorliegenden Zusammenhang *Schmid*, KTS 2010, 313 ff.

[105] *Eidenmüller*, Unternehmenssanierung, 17 ff., nimmt das Gefangenendilemma zum Beleg dafür, daß eine kollektive Verwertung des Schuldnervermögens, das er dem beiderseitigen Schweigen gleichstellt, günstiger sei als eine Fortgeltung des Prioritätsgrundsatzes, das dem beiderseitigen Geständnis entsprechen soll; vgl. auch *dens.*, ZHR 160 (1996), 351 f., 369. Ob diese Übertragung sachgerecht ist und sich aus dem Gefangenendilemma für die Frage nach Gesamt- oder Einzelvollstreckung in der Insolvenz des Schuldners überhaupt etwas ableiten läßt, ist durchaus zweifelhaft. Diese Frage kann hier aber offenbleiben (vgl. sogleich im Text).

[106] Das ist freilich keineswegs sicher. *Rawls* Theorien beziehen sich nicht auf eine Bewertung oder gar Lösung konkreter Rechtsprobleme, sondern sollen in Fortentwicklung des kategorischen Imperativs der Bestimmung einer gerechten gesellschaftlichen Grundstruktur dienen. *Rawls* selbst folgert aus seinen Grundannahmen nicht, daß eine auch nur im Ausgangspunkt gleiche Güterverteilung die gerechteste sei, sondern berücksichtigt etwa, inwieweit eine Bevorzugung bestimmter Gesellschaftsmitglieder auch den anderen nützt. Übertragen auf das vorliegende Problem ist damit wieder die Frage eröffnet, ob die Bevorzugung bestimmter Gläubiger auch den anderen Gläubigern nutzen kann, sei es im konkreten durch eine damit einhergehende Massemehrung – man denke an eine sonst nicht mögliche Unternehmensfortführung –, sei es allgemein aufgrund damit einhergehender, die Gesamtwirtschaft fördernder Handlungsanreize.

[107] So auch schon *Servatius*, Gläubigereinfluss, 193 ff.

[108] Entsprechend das „Akkordstörer"-Urteil, BGHZ 116, 319 ff.: Hat sich die Mehrheit der Gläubiger außergerichtlich geeinigt, hindert dies die Vollstreckung eines an diesem Vergleich nicht beteiligten Gläubigers auch dann nicht, wenn diese sachwidrig und egoistisch ist; ein gesellschaftsähnliches Verhältnis zwischen den Gläubigern entstehe frühestens mit Eröffnung eines Insolvenzverfahrens oder dem Abschluß eines außergerichtlichen Sanierungsvergleichs. Ausführliche Analyse bei *Eidenmüller*, Unternehmenssanierung, 584 ff.; *dems.*, ZHR 160 (1996), 343 ff. Vgl. nun auch *Servatius*, Gläubigereinfluss, 185 ff.

regeln als Ausfluß eines gesetzlichen Schuldverhältnisses begreifen.[109] Einen Erklärungswert hätte freilich auch diese Annahme nicht, denn auch sie setzte voraus, daß sich die Gläubiger in ein solches Gemeinschaftsverhältnis hineinzwingen lassen müssen, was hier gerade in Frage steht.[110] In den Formulierungen des RG zeigt sich dieser Zirkelschluß am deutlichsten, nämlich in der abschließenden Gleichsetzung: „Verteilung nach Recht und Billigkeit ..., also gleichmäßig".[111] Die Annahme eines Gemeinschaftsverhältnisses ließe sich aus nichts anderem als vermeintlicher Billigkeit herleiten,[112] welche die entscheidende Wertung nicht liefert, sondern voraussetzt. Und nicht anders muß im übrigen auch Berges die gleiche Berechtigung der Gläubiger am Gegenstand der von ihm angenommenen Bruchteilsgemeinschaft, dem „Befriedigungsrecht" voraussetzen; warum sie gleich ist, begründet er nicht.[113]

4. Theorie der Ausgleichshaftung

Jedenfalls in Deutschland[114] hat sich Ludwig Häsemeyer bislang wohl am intensivsten um eine materielle Begründung des Gleichbehandlungsgebots bemüht. Sei-

---

[109] So in der Tendenz BGHZ 162, 143, 149: „Im Rahmen" der besonderen Insolvenzanfechtung werde den Gläubigern die Pflicht zu wechselseitiger Rücksichtnahme auferlegt. Ähnlich für § 826 BGB nun *Thole*, WM 2010, 690.

[110] Treffend *Bydlinski*, Gleichheitsgrundsatz, 36: „Das Streben nach gleichmäßiger Behandlung ist also primär, die Verbindung der Gläubiger ist lediglich das Mittel zum Zweck. Dann kann aber die Verbindung der Gläubiger, ihre Gemeinschaft, welche die Folge der Gleichbehandlung ist, nicht deren Rechtsgrund darstellen".

[111] RGZ 84, 125, 128f. – Der entsprechende Vorwurf eines Zirkelschlusses trifft den Ansatz von *Wiringer-Seiler*, Anfechtungsrecht, 95ff., die die Gläubiger als nach § 242 BGB verpflichtet ansieht, ihrer Gleichbehandlung zuzustimmen. Wer mit *Füßmann*, Gläubigergleichbehandlung, 45, und ähnlich *Wiórek*, Gläubigergleichbehandlung, 88, annimmt, beim Gleichbehandlungsgrundsatz handele es sich um „ein bloßes Billigkeitsprinzip, das seine Rechtfertigung daraus zieht, dass es ungerechtfertigt ist, einen egoistischen Gläubigerzugriff zuzulassen, wenn das Vermögen zur vollständigen Befriedigung sämtlicher Gläubiger nicht mehr genügt", bekennt sich immerhin offen zu einem solchen Schluß; so denn letztlich auch *Guski*, Sittenwidrigkeit, 126ff., der die Argumentationslast verschiebt, indem der die Gläubigergleichbehandlung neben ihrer vermeintlichen Billigkeit damit begründet, daß es an rechtlich begründbaren Differenzierungsparametern fehle.

[112] Kritisch insoweit in bezug auf das genannte Urteil des RG schon *Enneccerus/Lehmann*, Recht der Schuldverhältnisse, § 1 V: „Die Interessengemeinschaft ist nicht der Grund der Verteilungspflicht, sondern ergibt sich aus der Verteilungspflicht, die ihre Rechtfertigung in § 242 [BGB] findet". Hiergegen wiederum scharfe Kritik von *Berges*, KTS 1957, 54: Löste man Forderungskollisionen unter Rückgriff auf § 242 BGB durch Einschränkung der Forderungsrechte selbst auf, entfalteten diese letztlich systemwidrig absolute Wirkung. Diese Systemwidrigkeit läßt sich freilich auch auf dem von *Berges* vorgeschlagenen Umweg über eine Rechtsgemeinschaft zwischen den Gläubigern nicht vermeiden, denen ein *gemeinsames* Recht – wie ausgeführt – eben nicht zusteht.

[113] Kritisch insoweit auch *Schmidt*, Ökonomische Analyse, 43; *Thole*, Gläubigerschutz, 63f.

[114] Zur intensiven, schwerpunktmäßig wirtschaftswissenschaftlich geprägten Diskussion des *pari passu* principle im englischsprachigen Raum vgl. etwa *Mokal*, CLJ 60 (2001), 581ff.;

ner Ansicht nach zwingt nicht erst die in der Krise des Schuldners bestehende Forderungskonkurrenz zur Gleichbehandlung der Gläubiger, sondern die „mit der Begründung, Verfolgung, Durchsetzung jeder einzelnen Forderung notwendig verbundene Einflußnahme auf das Vermögen des Gemeinschuldners und dessen Haftung."[115] Die Konkursgläubiger seien einander dafür verantwortlich, daß die vollständige Tilgung ihrer Forderungen nicht möglich sei, da sie einerseits das Vermögen des Schuldners mehrten und dadurch andere Gläubiger zu Kreditgewährung veranlaßten, andererseits ihre Forderungen den Schuldner schließlich in die Krise trieben. Nach dem Prinzip der ausgleichenden Gerechtigkeit haben sie die Folgen ihrer anteiligen Verantwortlichkeit entsprechend anteilig zu tragen. Während die Konkursmasse den Konkursgläubigern für die Erfüllung ihrer Forderungen hafte, seien „die Konkursforderungen ihrerseits ... im Verhältnis der Gläubiger untereinander einer sekundären gegenständlichen Haftung dafür unterworfen, daß alle Konkursgläubiger aus der Konkursmasse befriedigt werden".[116] Diese „Haftung" setze sich im Wege der Surrogation am zur Erfüllung der Forderung empfangenen Gegenstand fort, so daß dieser auf Anfechtung gegebenenfalls zurückgewährt werden müsse.[117] Die Haftung der Gläubiger untereinander begründet Häsemeyer allein mit dem Einfluß ihrer Forderungen auf das haftende Vermögen des Schuldners; es geht ihm nicht um eine Einflußnahme der Gläubiger auf die Handlungen des Schuldners, die zur Krise führten: „Eine Rückrechnung auf nutzen- oder schadensstiftende Wirkungen der einzelnen Rechtsverhältnisse erscheint schon deshalb als ausgeschlossen, weil dafür allein die Entscheidungen des späteren Schuldners maßgebend waren."[118]

Ein wesentlicher Vorzug des Modells Häsemeyers gegenüber den bisher dargestellten liegt darin, daß es das Gleichbehandlungsgebot nicht voraussetzt, sondern eigenständig zu begründen versucht: mit dem Einfluß der einzelnen Forderungen, die letztlich zur Insolvenz führten, auf das schuldnerische Vermögen. Das Modell kommt aber nicht ohne die Einführung eines echten Novums aus, nämlich einer pauschalen Haftung, die weder an eine vertragliche Abrede noch an eine rechtswidrige Handlung anknüpft, sondern an die bloße, nur theoretisch anzunehmende und im

---

dens., OJLS 22 (2002), 687 ff.; *Finch*, MLR 62 (1999), 633 ff., jeweils mit umfangreichem Nachweis auch der US-amerikanischen Literatur. Diesen bietet auch *MacCormack*, Secured Credit, 3 f. Fn. 10, dort, 22 ff., auch eine konzise Zusammenfassung der wesentlichen vorgebrachten Thesen. Hierauf wird unten (§ 2 III 3) noch näher einzugehen sein.

[115] *Häsemeyer*, KTS 1982, 517; *ders.*, Gleichbehandlung, 83 f.; *ders.*, Insolvenzrecht, Rn. 226. Ihm folgen *Smid*, BB 1992, 503, *Windel*, JURA 2002, 232, sowie *ders.*, in: Riesenhuber, Selbstverantwortung, 478 f., und auch *Bauer*, DZWIR 2007, 189, und *ders.*, Ungleichbehandlung, 71; ferner wohl auch *Weiland*, Par condicio, 11.

[116] *Häsemeyer*, KTS 1982, 528; *ders.*, Insolvenzrecht, Rn. 226. – Von einer Gefahrengemeinschaft zwischen gesicherten und ungesicherten Gläubigern spricht schon *Drobnig*, Verh. 51. DJT I, F 87, doch soll diese nicht zu einer „Haftung" im Sinne *Häsemeyers* führen, sondern zu gegenseitigen Rücksichtnahmepflichten, konkret zur Pflicht absonderungsberechtigter Gläubiger, die Unternehmensfortführung unter Verwendung ihres Sicherungsgutes zu erlauben.

[117] *Häsemeyer*, KTS 1982, 554 f., 536.

[118] *Häsemeyer*, KTS 1982, 517; *ders.*, Insolvenzrecht, Rn. 226.

einzelnen weder nachweisbare[119] noch widerlegliche Verursachung eines schädigenden Ereignisses. So wenig diese Haftung dogmatisch faßbar ist, so vage bleiben ihre Wirkungen. Darin liegen die Einwendungen gegen dieses Modell begründet.[120]

Da Häsemeyer eine „Rückrechnung" auf konkrete Verursachungsbeiträge ablehnt – die in der Praxis wohl auch kaum durchzuführen wäre –, muß das Ergebnis holzschnitthaft bleiben: Entweder haften die Forderungen voll, was zu ihrer bloß quotalen Berücksichtigung führt, oder sie haften überhaupt nicht, sind also voll zu befriedigen. Dieser letzte Fall, also die „Enthaftung" der Forderung, soll eintreten, wenn der „Einfluß auf das Vermögen des Gemeinschuldners und damit auf die Rechtsstellung der Gläubiger deutlich hinter dem der übrigen Konkursgläubiger zurückbleibt. Dieses nivellierende „Alles-oder-nichts-Prinzip" entspricht keineswegs dem Prinzip der ausgleichenden Gerechtigkeit, auf das Häsemeyer sich wiederholt beruft. Dieses nämlich gebietet nicht etwa Gleichheit im Ergebnis, sondern Behandlung der Objekte, hier also der Gläubiger, als Gleiche.[121] Es gebietet die Gleichbehandlung nach einem bestimmten Maßstab[122] – der hier im Ausmaß des Einflusses der jeweiligen Forderung liegen müßte[123] – und damit gerade keine Nivellierung, sondern genaue Differenzierung.[124]

---

119 Nicht zwingend scheint die Annahme *Häsemeyers*, Insolvenzrecht, Rn. 2.20, wer Kredite gebe, könne daraus nur Gewinn ziehen, wenn sein Schuldner mit dem Kredit wirtschafte, also auch Schulden gegenüber anderen begründe. Wirtschaften mit Fremdkapital setzt nicht notwendig die Eingehung weiterer Verbindlichkeiten voraus.

120 In diese Richtung geht auch bereits die Kritik von *Dorndorf*, Kreditsicherungsrecht, 44; ähnlich auch *Berger*, ZZP 121 (2008), 414, und *Guski*, Sittenwidrigkeit, 122 f.

121 Vgl. etwa *Mokal*, CLJ 60 (2001), 606 ff. 607, unter Hinweis auf *Dworkin*, Sovereign Virtue, 11 ff. (dieser allerdings im Hinblick auf „distributional equality"), und im vorliegenden Zusammenhang auch *Häsemeyer* selbst, KTS 1982, 516. Zum Verhältnis zwischen Gleichheit und Gerechtigkeit in der Ethik der griechischen Philosophie *Manthe*, SZ 113 (1996), 1 ff., und Arist. eth. Nic. 5, 7 p. 1132 a 2–3, 4–5, 9–10. Vgl. vor ganz anderem, nämlich wirtschaftlichem Hintergrund auch *Dorndorf/Frank*, ZIP 1985, 70: Gleichbehandlung widerspreche dem Konkurrenz- und Leistungsprinzip und damit maßgeblichen Grundsätzen des Wirtschaftsrechts; dazu noch unten § 2 III 1 a.

122 Vgl. zur – offenen – Unvollständigkeit des aristotelischen Systems schon *Trude*, Begriff der Gerechtigkeit, 98 ff. Auf sie weist in seiner Auseinandersetzung mit *Häsemeyer* auch *Wiórek*, Gläubigergleichbehandlung, 84 Fn. 222, hin.

123 Dies kritisieren auch *Brehm*, FS Jelinek, 25, sowie *Dorndorf*, Kreditsicherungsrecht, 43 f. – Nach der Nikomachischen Ethik des Aristoteles hat das Prinzip der ausgleichenden Gerechtigkeit (oder korrigierenden Gerechtigkeit), das *Häsemeyer* hier angewandt wissen will, seinen Platz beim Güteraustausch und dient dort der Bewahrung des Äquivalenzprinzips, also des von den Parteien gewählten Austauschmaßstabs, nicht aber dessen Korrektur, wenn er sich als „ungerecht" erweist, *Manthe*, SZ 113 (1996), 4 ff., vgl. auch 18 f. zu den älteren Pythagoräern; aus heutiger volkswirtschaftswissenschaftlicher Sicht *Fritsch/Wein/Ewers*, Marktversagen, 15; vgl. nun auch *Martini*, Verteilungslenkung, 55 f.

124 Vgl. schon *Koziol*, FS Wesener, 269 ff., der auch Wertungskriterien vorschlägt; *Eichberger*, Konkursanfechtung, 10 f.; *Baur/Stürner*, Insolvenzrecht, Rn. 5.37; *Stürner*, ZZP 94 (1981), 269; *ders.*, Neuordnung, 56; *Förster*, System einer Insolvenzauslösung, 97 f.; *Grothe*, KTS 2001, 218; *Pape*, in: *Pape/Uhlenbruck/Voigt-Salus*, Insolvenzrecht, Kap. 12 Rn. 126. – Will

Ferner ist die auch von Häsemeyer akzeptierte Insolvenzfestigkeit bestimmter Vermögensverschiebungen mit seinem Modell nicht schlüssig zu erklären.[125] So dürfte die schuldnerseitige Erfüllung niemals zur „Enthaftung" der erfüllten Forderung oder des auf diese erhaltenen Gegenstands führen, denn in dessen Abfluß aus dem Vermögen des Schuldners manifestiert sich gerade der haftungsauslösende Einfluß der Forderung. Das gesteht zwar auch Häsemeyer ein,[126] meint aber, der befriedigte Gläubiger genieße Vertrauensschutz durch Zeitablauf. Bleibt man konsequent im Model Häsemeyers, konnte der Gläubiger freilich kein schutzwürdiges Vertrauen in den *status quo*, also das Behaltendürfen des Erlangten, ausbilden, denn er mußte sich des Einflusses seiner Forderung auf das Vermögen des Schuldners bewußt sein, das ja die Haftung auslösen soll. Im Hinblick auf diese ist er also, nach den Kriterien Häsemeyers, bösgläubig, und einem Bösgläubigen ist schwerlich Vertrauensschutz zu gewähren. Ähnlich systemwidrig erscheint es, wenn Häsemeyer sich zwar gegen eine prinzipielle „Enthaftung" der Forderung des Gläubigers durch Absicherung ausspricht,[127] konkursfeste Sicherheiten aber

---

man Gleichbehandlungs- und Prioritätsgrundsatz am – im Detail freilich konturlosen – aristotelischen Prinzip der ausgleichenden Gerechtigkeit messen, so ergäbe sich nach dem Gesagten Folgendes. Der Prioritätsgrundsatz behandelt im Gegensatz zum Gleichbehandlungsgrundsatz alle Marktteilnehmer als Gleiche, indem es jedem im Ausgangspunkt theoretisch die gleichen Zugriffschancen einräumt und alle Rechtsprätendenten an einem einheitlichen Maßstab mißt. Auf die Gleichheit der Zugriffschancen stellt nach *Welbers*, Prioritätsprinzip, insbes. 119ff., unter Hinweis auf *Rosenberg/Gaul/Schilken*, § 5 VI 5 (S. 67), § 50 III 3 e (S. 788), auch *Gaul* ab, ZZP 112 (1999), 157, in seiner Verteidigung des einzelzwangsvollstreckungsrechtlichen Prioritätsprinzips gegen den Angriff *Schlossers*, ZZP 97 (1984), 121ff., dieses möge gegen Art. 3 GG verstoßen. Dem verfassungsrechtlichen Gleichbehandlungsgebot, auf das *Schlosser* sich beruft, liegt ebenfalls eine Differenzierung zugrunde, die derjenigen der „Behandlung als Gleiche" entspricht, vgl. etwa *Huth*, Kreditsicherungsrecht, 36ff.; *Grothe*, KTS 2001, 218: Ob dieser Verfassungssatz nämlich Gleichbehandlung oder sogar Ungleichbehandlung gebietet, hängt davon ab, ob die Handlungsobjekte wesentlich gleich oder ungleich sind, vgl. aus der verfassungsrechtlichen Literatur etwa nur Schmidt-Bleibtreu/Hofmann/Hopfauf/*Kannengießer*, Art. 3 Rn. 14, und Jarass/Pieroth/*Jarass*, Art. 3 Rn. 6f., jeweils mit weiteren Nachweisen. So ließe sich sagen, daß der Prioritätsgrundsatz dem Ideal der ausgleichenden Gerechtigkeit besser entspricht als der Gleichbehandlungsgrundsatz. Vor diesem Hintergrund ist es durchaus nachvollziehbar, daß in England das im dortigen Recht der Einzelzwangsvollstreckung geltende Prioritätsprinzip als „system of equal treatment" angesehen wird, *Kerameus*, Enforcement, 90, 92. Gegen eine Gleichsetzung von Gleichheit und Gerechtigkeit im vorliegenden Zusammenhang bereits *Stürner*, ZZP 94 (1981), 269; für eine Begründung der *par condicio creditorum* mit Art. 3 GG aber *Eichberger*, Konkursanfechtung, 15f., *Gassert-Schumacher*, Privilegien, 325f., *Grothe*, KTS 2001, 218, und wohl auch Jaeger/*Henckel*, Konkursordnung[9], § 30 Rn. 1 und Jaeger/*ders.*, § 130 Rn. 7 (Der insolvenzrechtliche Grundsatz der Gleichbehandlung der Gläubiger sei durch Art. 3 I GG „abgedeckt"). Dagegen bereits *Bauer*, Ungleichbehandlung, 66f., der aber für eine Herleitung aus Art. 14 GG in Verbindung mit dem Gebot effektiven Rechtsschutzes plädiert (72ff.).

125 Kritisch diesbezüglich auch *Wiórek*, Gläubigergleichbehandlung, 89; *Koziol*, Grundlagen, 16. Vgl. auch *Bauer*, Ungleichbehandlung, 85f.

126 *Häsemeyer*, KTS 1982, 560.

127 *Häsemeyer*, KTS 1982, 518, 570ff.

insoweit akzeptieren will, als sie offenkundig sind, also „den Einfluß des Kreditgebers" offenbaren.[128] Offenkundig besicherte Forderungen haben auf die Haftungsverhältnisse des Schuldners einen ebenso großen Einfluß wie publizitätslos besicherte oder unbesicherte, denn es wird haftendes Vermögen des Schuldners gebunden und dem Zugriff der anderen Gläubiger entzogen. Häsemeyer meint jedoch: „Soweit Sicherheiten ... mit Publizität verbunden sind, wird wenigstens die Einflußnahme des Kreditgebers und die Belastung des Schuldnervermögens offengelegt. ... eine mit Publizität ausgestattete Sicherheit gibt den Gläubigern doch wenigstens gewisse Orientierungspunkte, so daß man zu Lasten solcher Forderungen, die aus Rechtsgeschäften mit dem Gemeinschuldner erwachsen sind, den Gleichbehandlungsgrundsatz abschwächen darf". Wie Vertrauens- oder Verkehrsschutzaspekte in einem Haftungskonzept eine Rolle spielen können, nach dem die Gläubiger einander für ihre Einflußnahme haften sollen, bleibt offen.[129] Außerhalb der Vertrauenshaftung, um die es hier nicht geht, existiert kein Rechtssatz, wonach ein Umstand dann keine Haftung auslöst, wenn er erkennbar ist.

Das Haftungsmodell Häsemeyers läßt also die gebotene Differenzierung nach dem Ausmaß des Einflusses der einzelnen Forderungen nicht zu, von Häsemeyer selbst akzeptierte Enthaftungen lassen sich nicht systemimmanent erklären. Vor allem aber ist letztlich nicht einsichtig, warum der „Einfluß" der Gläubiger im negativen Sinne sanktioniert werden, also die Haftung auf Quotenausgleich herbeiführen soll. Häsemeyer rechtfertigt dies mit einer pauschalen Kausalitätsvermutung: Die Investitionen in das Unternehmen des Schuldners ermöglichten Vermögensumsetzungen, die zum Scheitern der Unternehmung führten; also sollen diejenigen die Verantwortung und damit den Verlust tragen, die diese Umsetzungen durch Investitionen ermöglichten.[130] Der Einfluß durch Investition läßt sich freilich auch als etwas Positives begreifen: Geld- und Warenkredit ermöglicht erst die unternehmerische Tätigkeit – jedenfalls in der notorisch eigenkapitalarmen deutschen Wirtschaft.[131] Der Gedanke des – positiven – Einflusses durch Investition könnte sogar

---

[128] *Häsemeyer*, KTS 1982, 519, 570ff.

[129] Vgl. schon *Stürner*, ZZP 94 (1981), 269: Wer den Ausfall ungesicherter Gläubiger im Konkurs für ungerecht halte, müsse sich auch gegen Immobiliarsicherheiten wenden, denn Spezialität und Publizität könnten eine Bevorzugung nur dann rechtfertigen, „wenn für den wegen versteckter Sicherheiten ausfallenden Gläubiger der fehlende Überblick und die falsche Entscheidungsgrundlage die Ursachen sind, welche ihn zu ungesicherter Kreditierung veranlaßten". Es sei aber gerade nicht der fehlende Überblick, sondern wirtschaftliche Notwendigkeit, die die Gläubiger zu sicherungsloser Kreditierung veranlaßten.

[130] Dieser Gedanke erinnert an die „Finanzierungs(folgen)verantwortung", die die eigenkapitalersatzrechtliche Verstrickung von Gesellschafterdarlehen begründen sollte, vgl. dazu hier nur BGH NJW 1995, 326, 329; *Wilhelm*, Kapitalgesellschaftsrecht, Rn. 444f. Er wird hier allerdings gerade auf Fremdkapitalgeber bezogen.

[131] Zwischen 1997 und 2004 hat sich die Eigenmittelausstattung besonders der mittelständischen Unternehmen wieder erhöht, nämlich im Mittel von sechs auf im internationalen Vergleich noch immer niedrige 15 Prozent (13,5 auf 23,5 Prozent bei Kapital-, acht auf neun Prozent bei Personengesellschaften), vgl. FAZ v. 19. 12. 2006, S. 12. Bei mittelständischen Unter-

herangezogen werden, um das gegenwärtige Kreditsicherungssystem mit seiner Privilegierung der regelmäßig effektiv besicherten Waren- oder Geldkreditgeber zu rechtfertigen, wie schon Rolf Stürner dargelegt hat. Dieses System benachteiligt „Gläubiger, die – ohne eigenes Geld- oder Warenkapital einzubringen – überwiegend als Dienstleister am Ertrag des eingebrachten Kapitals partizipieren. Dieses kapitalistische Kreditsicherungssystem ... setzt ‚trittbrettfahrende' Gläubiger im Falle des Zusammenbruchs hintan, die allerdings ohne die Kapitalvorgabe überhaupt nie Gelegenheit zum Geschäft gehabt hätten".[132] Der Einfluß der Kreditgewährung auf das Unternehmen des Schuldners liegt nur darin, daß sie den anderen Gläubigern Geschäfte mit dem Schuldner ermöglicht hat. So wie die übrigen Gläubiger die Gewinnchancen aus diesen Geschäften für sich nutzen können, müssen sie auch die Ausfallrisiken tragen. Und so wenig der Kreditgeber an den Gewinnchancen der anderen Gläubiger zu beteiligen ist, nur weil er sie mit seiner Investition in das Unternehmen des Schuldners ermöglicht hat, sollte er für ihren ebenfalls durch diese Investition ermöglichten Ausfall durch Reduzierung seiner Forderung auf die Quote haften.[133]

Die dem Modell Häsemeyers zugrundeliegende Haftung ist dogmatisch diffus; der Anknüpfungspunkt der Haftung, der Einfluß auf das Unternehmen durch Kredit, ist allenfalls wertneutral und vermag daher eine Kürzung des Befriedigungsrechts der Gläubiger nicht zu rechtfertigen.

III. Verteilung unzureichender Haftungsmasse als Problem der Privatautonomie

Die vorstehend behandelten Ansätze zielen darauf ab, die Anfechtung auf ein materielles Rechtsverhältnis zwischen den Beteiligten zurückzuführen. Mit Ausnahme des Häsemeyer'schen Modells der Ausgleichshaftung kranken diese Versuche daran, daß sie den Zirkel des positiven Rechts nicht verlassen und keine wertende Rechtfertigung dafür anbieten konnten, warum mit Eintritt der materiellen Insolvenz vom Prioritäts- auf den Gleichbehandlungsgrundsatz umzuschwenken und dieser Prinzipienwechsel nötigenfalls mit der besonderen Insolvenzanfechtung durchzusetzen ist. Insoweit belegen sie, daß die Auflösung des Konflikts zwischen Prioritäts- und Gleichbehandlungsprinzip durch die besondere Insolvenzanfechtung nur mit Rücksicht auf die materialen Wertungen begründet werden kann, die diesen Prinzipien zugrunde liegen.

---

nehmen betrug die Eigenkapitalquote 2005 immerhin 23,9%, vgl. FAZ v. 12. 6. 2008, S. 12; weitere Zahlen bei *Gude*, KSI 2008, 124ff.

[132] *Stürner*, ZZP 94 (1981), 270. Zu den in eine ähnliche Richtung gehenden Erwägungen *Dorndorfs*, Kreditsicherungsrecht, 47ff., demzufolge die Bevorzugung besicherter Forderungen im Konkurs durch das Leistungsprinzip gerechtfertigt sein soll, sogleich unter § 2 III 1a.

[133] Mit gleicher Tendenz bereits *Brehm*, FS Jelinek, 25.

In einer Rechtsordnung, in welcher der Prioritätsgrundsatz nicht gilt, ist privatautonome Rechtsgestaltung nicht denkbar.[134] Indem der Prioritätsgrundsatz verhindert, daß die von den Parteien einvernehmlich begründeten Rechte an einem Gegenstand ohne Mitwirkung des danach Berechtigten wieder aufgehoben werden können, ist dieser Grundsatz Voraussetzung für jeden Vertrauensschutz, ohne den das Wirtschafts- und Rechtsleben letztlich zum Erliegen käme; denn niemand wird auf seine Vermögensposition verzichten, wenn er auf den Bestand der im Tausch dafür erlangten Rechtsposition nicht vertrauen kann.[135] Der Prioritätsgrundsatz ist insofern für unsere Rechtsordnung unverzichtbar, jede Einschränkung bedarf einer besonderen Rechtfertigung.

1. Gleichbehandlung im Verhältnis zur privatautonomen Masseverteilung

Die Suche nach materiellen Wertungen, die einen Geltungsvorrang des Gleichbehandlungsgrundsatzes vor dem Prioritätsgrundsatz begründen könnten, scheint zunächst schwierig, allemal, da im Insolvenzverfahren eine rein formal gleiche Verteilung der freien Masse stattfindet,[136] ohne Rücksicht auf materielle Unterschiede in der Person des Gläubigers oder der Art der Forderung. Gleichbehandlung ohne Rücksicht auf die Wesensgleichheit des Handlungsobjekts ist, wie bereits ausgeführt, vor der geltenden Rechtsordnung bestenfalls wertneutral. Gerade in der Ungleichbehandlung, nämlich in einer Rangordnung einzelner Forderungsklassen, wie sie aus der Geschichte[137] und noch heute im Ausland[138] bekannt ist, fände eine Wertung Ausdruck, nicht aber in differenzierungsloser Gleichbehandlung.

Daher scheint es zunächst, als müßte man von einem Wertungsvorrang des Prioritätsgrundsatzes ausgehen: Weil er privatautonome Entscheidungen der Parteien validiert, bestimmt er, was für die vorliegenden Zwecke gleich und daher insolvenzrechtlich auch gleichzubehandeln ist und was sich als ungleich darstellt und daher einer anderen Behandlung zu unterliegen hat. Jedenfalls bei oberflächlicher Betrachtung, namentlich unter Ausblendung der Anfechtungsproblematik, spiegelt die Rechtslage dies auch wider: Da der Gleichbehandlungsgrundsatz sich nur auf die freie Masse bezieht, gilt er gewissermaßen unter materiell-rechtlichem Vorbe-

---

134 Vgl. dazu auch *Häsemeyer*, Insolvenzrecht, Rn. 2.21 f.; *Stamm*, Prinzipien und Grundstrukturen, 174f.

135 Vgl. dazu auch *Dorndorf/Frank*, ZIP 1985, 71 f.

136 Ebenso im Ansatz *Bauer*, Ungleichbehandlung, 65.

137 So galten im gemeinen Konkursrecht gerade Rangklassen als Ausdruck wertender Gerechtigkeit, vgl. dazu *Hahn*, Materialien IV, 235f.

138 Vgl. etwa die bei *Wiórek*, Gläubigergleichbehandlung, dargestellte Rechtslage in Belgien (100f.), Frankreich (117f.), Griechenland (121), Irland (122), Italien (126; zur Reform *Costa*, ZInsO 2006, 1071ff.), Luxemburg (128) und Spanien (138). Bevorzugt werden in der Regel Forderungen des Fiskus, der Sozialversicherungsträger und der Arbeitnehmer. Zur Lage im Vereinigten Königreich nach dem Enterprise Act 2002 vgl. knapp *MacCormack*, Secured Credit, 6 (Fiskusprivilegien abgeschafft, Arbeitnehmerprivilegien erhalten). – In Deutschland ist das Insolvenzgeld nach §§ 183ff. SGB III an die Stelle einer Rangprivilegierung getreten.

halt. Der Grundsatz gleicher Verteilung ist damit ein „*default*"-Grundsatz,[139] der nur eingreift, wenn nach präinsolvenzrechtlichen Wertungen, nämlich denen des Prioritätsgrundsatzes, keine andere Verteilung geboten ist.[140] Bei einer solchen Sehweise scheint es ausgeschlossen, daß der Gleichbehandlungsgrundsatz selbst bestimmt, was – unter Durchbrechung des Prioritätsgrundsatzes – gleich zu behandeln ist.[141]

2. Heteronome Belastung durch privatautonome Masseverteilung

Gerade die Privatautonomie, für deren Umsetzung der Prioritätsgrundsatz unverzichtbar ist, sät allerdings auch Zweifel daran, ob bei einem solchen Vorrang des Prioritätsgrundsatzes stehengeblieben werden kann. Denn zwar bedeutet Privatautonomie zunächst nur positiv die Befugnis der Rechtssubjekte, ihre privatrechtlichen Angelegenheiten selbständig und eigenverantwortlich nach ihrem eigenen Willen zu gestalten.[142] Daraus folgt jedoch unmittelbar, daß die Rechtslage Dritter gegen deren Willen nicht beeinflußt, jedenfalls nicht beeinträchtigt werden darf:

---

139 Vgl. *Mokal*, CLJ 60 (2001), 611; ebenso ("default setting") *Bridge*, in: Armour/Bennett, Vulnerable Transactions, 4.

140 Ähnlich bereits *Wilburg*, JBl 1949, 30 ("Verlegenheitsregel"), und ihm folgend *Koziol*, FS Wesener, 269, und *Behr*, Wertverfolgung, 517ff. Weiter *Brehm*, FS Jelinek, 24 ("Auffangregel"); *Meyer/Rein*, NZI 2004, 369. Prägnant House of Lords in *Re Smith, Knight & Co., ex parte Ashbury* (1868) LR 5 Eq. 223, 226 *per* Lord Romilly MR: „The Act of Parliament unquestionably says that everybody shall be paid *pari passu*, but that means everybody after the winding up has commenced. It does not mean that the Court shall look into past transactions, and equalise all the creditors. ... It takes them exactly as it finds them." Dazu *Mokal*, CLJ 60 (2001), 598: „[The *pari passu* principle] requires 'equals' to be treated equally. And the determination of 'equality' is generally left to non-insolvency law"; entsprechend *Bridge*, in: Armour/Bennett, Vulnerable Transactions, 2. – Anders aber *Nunner-Krautgasser*, Vermögenshaftung, 334f.: Die Konkurseröffnung fixiere nur die schon zuvor bestehende Gleichrangigkeit der persönlichen Haftungsrechte der Gläubiger.

141 *Berger*, ZZP 121 (2008), 413ff., fordert zwar plakativ: „Legitimiert werden muß Gleichbehandlung, nicht Priorität"; die in der besonderen Insolvenzanfechtung liegende Außerkraftsetzung des Prioritätsgrundsatzes durch den Gleichbehandlungsgrundsatz problematisiert er dennoch nicht hinreichend. Diesen erklärt er zum „verfahrensrechtlichen Verteilungsprinzip", das nur gelte, weil der „grundrechtsgebundene Staat" bei der Verteilung des Restvermögens im Insolvenzverfahren alle Gläubiger gleichbehandeln muß. Damit kann die in der besonderen Insolvenzanfechtung liegende Rückgängigmachung einer *vor* der Verfahrenseröffnung erfolgten privatautonomen Masseverteilung nicht gerechtfertigt werden, weil sich hier gerade die Frage stellt, ob der Anfechtungsgegner den ungesicherten Insolvenzgläubigern gleicht oder dagegen allen anderen vor Verfahrenseröffnung befriedigten oder besicherten Gläubigern. Die These, vom Eintritt der Krise an hätten alle Gläubiger Aussicht darauf, gleichmäßig befriedigt zu werden (a.a.O., 415), ist ihrerseits begründungsbedürftig; die Rückwirkung eines angeblich „verfahrensrechtlichen Verteilungsprinzips" auf die Zeit *vor* Verfahrenseröffnung rechtfertigt sie jedenfalls ebensowenig wie der Hinweis, ohne (spätere!) Verfahrenseröffnung scheide die Anfechtung aus (a.a.O., 415 Fn. 24).

142 Vgl. nur *Flume*, Allgemeiner Teil II, § 1.1; *Bork*, Allgemeiner Teil, Rn. 99; *Larenz/Wolff*, Allgemeiner Teil, § 2 Rn. 17; *Medicus*, Allgemeiner Teil, Rn. 174.

Verträge zu Lasten Dritter sind wegen Verstoßes gegen deren Privatautonomie grundsätzlich unzulässig.[143] Das Selbstbestimmungsrecht des einzelnen, dessen Ausfluß die Privatautonomie ist,[144] wird notwendigerweise durch das Selbstbestimmungsrecht derjenigen begrenzt, welche von den entsprechenden Handlungen ebenfalls betroffen sind.

Die Verteilung der Haftungsmasse nach dem Prioritätsgrundsatz, sei es durch Anerkennung insolvenzfester Sicherheiten oder die Validierung vor Verfahrenseröffnung vorgenommener Befriedigungshandlungen, bedeutet für diejenigen, die dadurch ausfallen, eine Beeinträchtigung.[145] Durch die Gewährung von Sicherheiten oder die bevorzugte Befriedigung einzelner wird auf die Verteilungsordnung in einer potentiellen Insolvenz Einfluß genommen und vom „*default*-Grundsatz" der Gleichbehandlung abgewichen – zum Nachteil der anderen Gläubiger, denn die Verminderung der allgemein haftenden Masse erhöht das Ausfallrisiko und mindert damit den wirtschaftlichen Wert der jeweiligen Forderungen. Dies gilt, wie noch zu zeigen sein wird, jedenfalls dann, wenn keine Aussicht mehr besteht, daß der Schuldner den Vermögensabfluß durch Gewinne kompensieren können wird.

Dieser Nachteil beruht keineswegs auf autonomen Entscheidungen der ausfallenden Gläubiger. Denn diejenigen, deren Ausfallrisiko sich durch den Abfluß schuldnerischen Vermögens erhöht, können auf die Verschlechterung ihrer Rechtsstellung nicht ohne weiteres Einfluß nehmen. Insbesondere läßt sich nicht behaupten, daß die ungesicherten Gläubiger ihr Ausfallrisiko freiwillig in Kauf nehmen oder daß sie es sich durch Verwehrung von Skonti oder höhere Zinsen bezahlen lassen.[146] Dafür dürfte zwar nicht entscheidend sein, daß die Gläubiger wegen der vie-

---

[143] Vgl. etwa *Flume*, Allgemeiner Teil II, § 1 Fn. 20; *Gernhuber*, Schuldverhältnis, § 23 I 2; *Larenz*, Schuldrecht I, § 17 IV; *Guski*, Sittenwidrigkeit, 234f.; *Martens*, AcP 177 (1977), 139; MünchKomm-BGB/*Gottwald*, § 328 Rn. 188; MünchKomm-BGB/*Kramer*, Einl. vor § 241 Rn. 22; *Roth*, FS Hadding, 253.

[144] Vgl. nur *Flume*, Allgemeiner Teil II, § 1; *Bydlinski*, Privatautonomie, 56; *Fastrich*, Richterliche Inhaltskontrolle, 36 mit umfangreichen weiteren Nachweisen.

[145] Zur „Wirkung privatvertraglich vereinbarter Kreditsicherheiten auf dritte, nicht gesicherte Gläubiger" aus wirtschaftswissenschaftlicher Sicht ausführlich und differenzierend *Drukarczyk*, Unternehmen und Insolvenz, 119–161. Zu einseitig ist daher die bei *MacCormack*, Secured Credit, 12ff., dargestellte englische Rechtsprechung, die die *floating charge* mit der Privatautonomie rechtfertigt; vgl. dazu im Hinblick auf die Diskussion um *automatic crystallisation* auch knapp *Jungmann*, Grundpfandgläubiger und Unternehmensinsolvenz, Rn. 517ff.

[146] Vgl. aber etwa *Schäfer/Ott*, Ökonomische Analyse, 595, und vor allem *Buckley*, VLR 72 (1983), 1404ff., 1410: „If ... everyone knows that unsecured claims are worthless in bankruptcy then no consensual claimant will be harmed by secured lending". *Buckleys* Modell (Ausgleich des Ausfallrisikos durch höheren Preis) trifft allenfalls auf einen perfekten Markt zu, an dem die Gläubiger den höheren Preis für das höhere Ausfallrisiko auch durchsetzen können. Von der Wirklichkeit dürfte dies weit entfernt sein, vgl. schon *Stürner*, ZZP 94 (1981), 269f., und ausführlich *Duttle*, Ökonomische Analyse, 168ff., 246ff. Dies übergeht auch *Schildbach*, BB 1983, 2134f., wenn er meint, von einer Schädigung der ungesicherten Gläubiger durch die gesicherten Gläubiger könne nur die Rede sein, wenn die ungesicherten Gläubiger im Zeitpunkt der Kreditvergabe nicht wüßten, in welchem Umfang am haftenden

len publizitätslosen Sicherheiten des deutschen Rechts den Umfang des noch frei haftenden Vermögens nicht kennen, denn vorsichtige Gläubiger werden angesichts der tatsächlichen Verhältnisse davon ausgehen müssen, daß der Schuldner über kein nennenswertes im Insolvenzfall ungesicherten Gläubigern haftendes Vermögen verfügt.[147] Wenig überzeugend ist heute daher auch das Argument der Schöpfer der KO 1879, noch in der Krise vom Schuldner vorgenommene Verfügungen gefährdeten, „indem sie einen Kampf Aller gegen Alle verursachen und indem hierbei der Wohnort, die nahen Beziehungen, der Charakter der Einzelnen u.s.w. eine ungleiche Rolle spielen, den allgemeinen Kredit".[148] Das Vertrauen in die Existenz haftenden Vermögens des Schuldners kann heute angesichts des umfassenden Systems dinglicher Sicherheiten und der daraus folgenden notorischen Massearmut der Insolvenzverfahren keine nennenswerte volkswirtschaftliche Rolle mehr spielen; um den Schutz des „allgemeinen Kredits" kann es bei der besonderen Insolvenzanfechtung also nicht mehr gehen. Ausschlaggebend ist vielmehr, daß die Entscheidung, dem Schuldner ungesicherten Kredit zu gewähren, nicht immer frei ist.[149] Das gilt vor allem für Gläubiger, die sich schon ihren Schuldner nicht aussuchen konnten, weil ihre Forderung nicht auf einem Rechtsgeschäft beruht.[150] Aber auch anderen Gläubigern mag angesichts wirtschaftlicher oder tatsächlicher Zwänge keine Wahl geblieben sein, als mit einem Schuldner, dessen gesamtes Vermögen ausschließlich den Forderungen gesicherter Gläubiger haftet, Verträge zu schließen, ohne auf sofortiger Erfüllung zu bestehen.[151]

Vermögen des Schuldners bereits Sicherheiten bestellt seien, und sich gegen nachträgliche Absicherungen anderer Gläubiger nicht schützen könnten.

[147] Schon *Lord Macnaghten* stellte in Salomon v. A. Salomon & Co., 1897 App. Cas. 22, 53, fest: „Everybody knows when there is a winding-up debenture-holders generally step in and sweep off everything; and a great scandal it is". Gegen die Annahme, Gläubiger vergäben Kredit nach dem äußeren Erscheinungsbild des Schuldnervermögens, etwa auch *Wilburg*, JBl 1949, 30, *Dorndorf*, Kreditsicherungsrecht, 33, und *Becker*, Maßvolle Kreditsicherung, 533f.; beiläufig auch *Kieninger*, AcP 208 (2008), 217.

[148] *Hahn*, Materialien IV, 115; Motive des Entwurfs einer Deutschen Gemeinschuldordnung, 123f.

[149] Vgl. schon *Cosack*, Anfechtungsrecht, 3; aus jüngerer Zeit etwa *Thole*, Gläubigerschutz, 21ff.; *Stürner*, ZZP 94 (1981), 269; *Henckel*, FS Weber, 248; *ders.*, Wandlungen, 188f.; *Brinkmann*, in: Eidenmüller/Kieninger, Future of Secured Credit, 259f.; *Eidenmüller*, in: Eidenmüller/Kieninger, Future of Secured Credit, 276f. Vor allem auf dieses Argument stützt sich die im anglo-amerikanischen Schrifttum immer häufiger geäußerte Skepsis gegenüber insolvenzfesten dinglichen Sicherheiten, vgl. etwa *LoPucki*, VLR 80 (1994), 1897ff.; *Bebchuk/Fried*, YLR 105 (1996), 859ff., 880ff.; *dies.*, CLR 82 (1997), 1293ff.; *Finch*, MLR 62 (1999), 644ff.; gegen diese aber *Mokal*, OJLS 22 (2002), 690ff.

[150] So erwägt etwa *Buckley*, VLR 72 (1983), 1415ff., Deliktsgläubigern (*nonconsensual tort claimants*) Supervorzugsrechte (*superpriority rights*) einzuräumen; ebenso nun *Wagner*, FS Gerhardt, 1067ff.

[151] *Dorndorf*, Kreditsicherungsrecht, 28, meint allerdings, das Wirtschaftsrecht müsse solche faktischen Beschränkungen der Vertragsfreiheit, wenn sie nicht auf wirtschaftlicher Macht beruhen, ignorieren, wenn die marktwirtschaftliche Orientierung der Wirtschaft nicht aufgegeben werden soll. Warum aber eine marktwirtschaftliche Orientierung nur vorliegen soll, wenn faktische Beschränkungen der Vertragsfreiheit ausgenutzt werden können, erschließt sich mir nicht.

3. Versagen des Instituts der Vertragsfreiheit bei privatautonomer Masseverteilung

Gleichwohl ist zweifelhaft, ob hier die Privatautonomie der ausfallenden Gläubiger berührt ist. Denn als mit dem Grundsatz der Privatautonomie schlechthin unvereinbare Verträge zu Lasten Dritter werden herkömmlich nur solche Verträge erfaßt, die dem Dritten unmittelbar Rechtspflichten auferlegen.[152] Die hier vorliegende Schlechterstellung ist jedoch nicht rechtlicher, sondern faktischer, wirtschaftlicher Natur. Auf die Rechtsverhältnisse der betroffenen Gläubiger als solche wirkt sie sich nicht aus: Ihre Forderungen bestehen ungemindert fort, vermindert werden „nur" die Befriedigungschancen.

Es liegt zwar auf der Hand, daß nicht jede faktisch-wirtschaftliche Beeinträchtigung Dritter durch Rechtsgeschäfte, auf die sie keinen Einfluß nehmen können, als zu sanktionierender Verstoß gegen die Privatautonomie gewertet werden kann. In einer auf Konkurrenz basierenden, marktwirtschaftlichen Ordnung sind belastende faktische Drittwirkungen von Rechtsgeschäften geradezu typisch; die Rechtsordnung kann sie nicht völlig unterbinden, ohne ihren freiheitlichen Charakter aufzugeben.[153] Wie unbefriedigend es wäre, das Selbstbestimmungsrecht nur vor rechtlichen und niemals auch vor faktischen Beeinträchtigungen zu schützen,[154] zeigen aber gerade die hier interessierenden Fälle: Für die Interessen des ungesicherten Gläubigers und ihre Schutzwürdigkeit macht es keinen ersichtlichen Unterschied, ob seine Forderung – ohne sein Zutun – (teilweise) genommen oder ob sie ihm zwar rechtlich belassen, aber der Zugriff auf das haftende Vermögen seines Schuldners (teilweise) vereitelt wird.

Zwar gehen die Vertreter der herrschenden Meinung davon aus, daß nur solche Verträge als Verträge zu Lasten Dritter ohne weiteres unwirksam sind, die auf die Auferlegung einer vertraglichen Verpflichtung des Dritten zielen.[155] Anerkannt ist jedoch, daß vertraglichen Regelungen auch aufgrund anderer Drittbelastungswirkungen, für die der Wille der Parteien nicht die alleinige Ursache ist und die man daher als Reflexwirkungen bezeichnen mag, die Wirksamkeit zu versagen sein kann, ohne daß es darauf ankäme, ob diese Belastungen rechtlicher oder tatsächli-

---

[152] So neben den oben in Fn. 143 Genannten etwa auch *Schmalzbauer*, Drittwirkung, 119f., und *Habersack*, Vertragsfreiheit, 28ff. Weithin anerkannt ist auch die Kategorie der Verträge mit Lastwirkung für Dritte, bei denen die Drittbenachteiligung nicht auf dem Willen der Parteien beruht, sondern reflexartige Folge der Vereinbarung ist, vgl. etwa *Habersack*, Vertragsfreiheit, 29f.; *Martens*, AcP 177 (1977), 136ff.; *Schmalzbauer*, Drittwirkung, 116ff.; *Roth*, FS Hadding, 254; zur Zulässigkeit solcher Verträge *Schmalzbauer*, Drittwirkung, 128ff.; *Habersack*, Vertragsfreiheit, 55ff. Aber auch unter diese Kategorie werden nur solche Verträge gefaßt, die eine nachteilige Änderung der *Rechts*lage des Dritten herbeiführen.

[153] So etwa auch *Dorndorf*, Kreditsicherungsrecht, 26f. Für grundsätzliche Zulässigkeit von Verträgen mit Lastwirkung gegenüber Dritten MünchKommBGB/*Gottwald*, § 328 Rn. 194; *Gernhuber*, Schuldverhältnis, § 23 I 1.

[154] Dafür aber letztlich *Dorndorf*, Kreditsicherungsrecht, 28ff.

[155] Vgl. soeben Fn. 152.

cher Natur sind. Allerdings nähert man sich diesem Problemkreis gemeinhin unter dem Aspekt der Sittenwidrigkeit nach § 138 BGB.[156]

Dabei ist der Gedanke, daß der Grundsatz der Privatautonomie den Schutz vor faktisch belastenden Drittwirkungen auch diesseits der durch § 138 BGB gesetzten Grenzen gebieten kann, durchaus nicht neu. Mathias Habersack hat hierfür die Lehre vom Institutsmißbrauch fruchtbar gemacht,[157] in deren Boden etwa auch das Recht der Inhaltskontrolle von Allgemeinen Geschäftsbedingungen,[158] manche Regelungen zum Schutz des Wettbewerbs[159] sowie – jedenfalls nach verbreiteter Ansicht – die Figur der Durchgriffshaftung im Kapitalgesellschaftsrecht[160] wur-

---

[156] Zur unter § 138 BGB gefaßten Fallgruppe der Rechtsgeschäfte zu Lasten Dritter etwa Staudinger/*Sack*, § 138 Rn. 354; MünchKommBGB/*Armbrüster*, § 138 Rn. 96, jeweils mit Nachweis der Rechtsprechung; Staudinger/*Jagmann*, Vorbem zu §§ 328ff. Rn. 45; auch *Schmalzbauer*, Drittwirkung, 133ff., und gerade mit Blick auf Kreditsicherheiten *Guski*, Sittenwidrigkeit, 233ff.

[157] *Habersack*, Vertragsfreiheit, 36ff., 77ff. Ihm folgen *Förster*, System einer Insolvenzauslösung, 382ff., und grundsätzlich auch *Schumacher*, Rechtsgeschäfte, 48ff. Vgl. auch schon *Martens*, AcP 177 (1977), 171ff.; sowie die Äußerungen von *Biedenkopf* und *Coester-Waltjen*, unten Fn. 161. Ablehnend *Oechsler*, Gerechtigkeit, 131f. (dazu unten Fn. 166). – Grundlegend zu vorteilhaften und nachteiligen Reflexwirkungen rechtlicher Tatsachen auf Dritte bereits *v. Jhering*, JherJahrB 10 (1871), 245ff. Allerdings hielt *v. Jhering* die faktischen Reflexwirkungen (vgl. seine Abgrenzung von den juristischen a.a.O. 265f.) ohne weitere Begründung noch für „juristisch völlig bedeutungslose Thatsachen" (a.a.O., 293) und wollte auch von den juristischen Reflexwirkungen nur die vorteilhaften näher behandeln (a.a.O., 293ff.): „Nicht als ob ich damit den nachtheiligen [scil.: juristischen] Reflexwirkungen ein praktisches Interesse absprechen wollte, sondern weil es mir nicht gelungen ist, für sie eine Theorie aufzustellen, d.h. die Entscheidungsnormen, welche für die einzelnen Fälle zur Anwendung zu gelangen haben, in den Brennpunkt eines höheren praktisch anwendbaren Gedankens zu sammeln …". Die Sicherung eines Gläubigers gegen Handlungen seines Schuldners, die dessen Vermögen mindern, hielt *v. Jhering*, a.a.O., 313, noch für einen „völlig abenteuerlichen Gedanken"; „die bei der betreffenden Handlung unmittelbar betheiligte Person, der eigentliche Berechtigte, würde aufhören der Berechtigte zu sein, und das Werkzeug, der Sklave fremder Interessen werden". Vgl. zur Haltung *v. Jherings*, der sich unter dem Gesichtspunkt der von ihm sogenannten „Rechtsvereitelung" durchaus noch mit belastenden faktischen Reflexwirkungen beschäftigte, die die Ausübungen eines Rechts auf Dritte äußern kann, (a.a.O., 312ff.), aber noch unten Fn. 209.

[158] Vgl. namentlich *Raiser*, JZ 1972, 732, und schon *dens.*, Recht der AGB, 279, 282f.; *Kramer*, Krise, 55ff.; *Kliege*, Rechtsprobleme der AGB, 104ff. Aus jüngerer Zeit etwa *Stoffels*, AGB-Recht, Rn. 84; *Becker*, WM 1999, 711. Kritisch jedoch *Fastrich*, Richterliche Inhaltskontrolle, 48ff.

[159] *Biedenkopf*, Vertragliche Wettbewerbsbeschränkung, 130ff. und passim; *Kramer*, Krise, 53ff. – Auf „Normenmißbrauch" im Sinne mißbräuchlichen Verhaltens unter den Aspekten des „Rechtsformenmißbrauchs" und des „Machtmißbrauchs" will hier *Baur*, Mißbrauch, 94ff., abheben; kritisch dazu *Raiser*, JZ 1972, 733.

[160] Deutlich etwa BGHZ 20, 4, 13. In einem wesentlichen Teil des früheren Anwendungsbereichs der Durchgriffshaftungslehren (vgl. etwa den Überblick bei *K. Schmidt*, Gesellschaftsrecht, § 9 IV; *Wilhelm*, Kapitalgesellschaftsrecht, Rn. 497ff.) stützt der BGH die Gesellschafterhaftung nun freilich auf § 826 BGB, vgl. BGH NJW 2007, 2689ff. („Trihotel", dazu etwa *Altmeppen*, NJW 2007, 2657ff.; *Wilhelm*, EWiR 2007, 558) und NJW 2008, 2437ff. („GAMMA", dazu etwa *Altmeppen*, ZIP 2008, 1201ff.); vgl. aber noch OLG Naumburg GmbHR 2008, 1149ff.

zeln. Diese Lehre setzt bei der Beobachtung an, daß Rechtsinstitute wie Ehe, Eigentum oder Vertrag in einer Rechtsordnung bestimmte Funktionen erfüllen. Soweit sie zu einem diesen Funktionen widersprechenden Zweck eingesetzt werden, muß die Rechtsordnung ihnen die Wirkung unter Umständen versagen, um selbst funktionsfähig zu bleiben.[161] Anders als das Wort „Mißbrauch" suggeriert, kann es hierfür auf die subjektive Einstellung der Beteiligten nicht ankommen,[162] so daß die Bezeichnung als „Institutsversagen" treffender sein dürfte.

Es ist oft betont worden, daß diese Lehre dazu verleitet, einem Rechtsinstitut bestimmte Funktionen beizulegen, die der Rechtsordnung nicht oder nicht mit der notwendigen Bestimmtheit zu entnehmen sind, und aus diesen Funktionen wiederum konkrete Wirkungsgrenzen im Einzelfall abzuleiten.[163] Hiergegen bestehen nicht nur wegen der naheliegenden Gefahr von Zirkelschlüssen methodische Bedenken.[164] Gegen eine Fruchtbarmachung der Institutionenlehre als „Erklärungs-

---

Grundlegend zum „Mißbrauch der Rechtsform der juristischen Person" *Serick*, Rechtsform und Realität, 5ff., der diesen allerdings in die Fälle der Gesetzesumgehung (5ff.), Vertragsumgehung (32ff.) und fraudulösen Schädigung Dritter (42ff.) unterteilte und nur erstere mit der Lehre vom Institutsmißbrauch im vorliegenden Sinne in nähere Verbindung brachte (23ff.). Vgl. nun etwa den Überblick bei *K. Schmidt*, Gesellschaftsrecht, § 9 II pr. und 1, und *Bitter*, Konzernrechtliche Durchgriffshaftung, 90ff.; ablehnend aus jüngerer Zeit *Ehricke*, AcP 199 (1999), 301ff.

161 *Raiser*, Summum ius, 163f.; *ders.*, FS DJT, 133f.; *Esser/Schmidt*, Schuldrecht I/1, § 10 III 1; *M. Wolf*, Entscheidungsfreiheit, 40f., 59ff.; *Kramer*, Krise, 51ff.; *Rebe*, Privatrecht und Wirtschaftsordnung, 201ff., 207ff.; Soergel/*Teichmann*, § 242 Rn. 14; *Kliege*, Rechtsprobleme der AGB, 104ff.; *Habersack*, Vertragsfreiheit, 36f.; *Förster*, System einer Insolvenzauslösung, 382f.; tendenziell auch *Fastrich*, Richterliche Inhaltskontrolle, 48, 50, sowie bereits *Siegwart*, Zweckwidrige Verwendung, 31ff. In der Sache auch *Biedenkopf*, Wettbewerbsbeschränkung, 107 (Die Grenze der Privatautonomie als Ordnungsprinzip sei in unmittelbarer Wechselbeziehung zu ihrer Funktion als Ordnungsinstrument zu suchen), *Coester-Waltjen*, AcP 190 (1990), 14 („Die Legitimation für die Grenzen der Vertragsfreiheit ergibt sich aus dem Sinn und Zweck der Vertragsfreiheit selbst"), und *Martens*, AcP 177 (1977), 171ff. Zu der Rechtsordnung immanenten (im Gegensatz zu aus einzelnen Normen folgenden) Schranken der Verpflichtungsmöglichkeiten auch bereits *v. Tuhr*, AT II/1, § 51 I (S. 183f.). Mittels der Lehre vom Institutsmißbrauch werden nicht etwa durch das jeweilige Institut gewährte Freiheiten beschränkt, sondern nur die dem Rechtsinstitut von vornherein – aufgrund der Beschränktheit der ihm zugrunde liegenden Zwecke – innewohnenden Grenzen aufgezeigt, vgl. schon *Raiser*, JZ 1972, 732.

162 Dies hebt *Habersack*, Vertragsfreiheit, 37, unter Berufung etwa auf *Esser/Schmidt*, Schuldrecht I/1, § 10 III 1, und *Rebe*, Privatrecht und Wirtschaftsordnung, 201 Fn. 562, hervor. Entsprechend *Raiser*, Summum ius, 164; vgl. – jeweils in konkreteren Zusammenhängen – auch *Baur*, Mißbrauch, 101, und *Martens*, AcP 177 (1977), 183. – Für die Frage, inwieweit die rechtliche Selbständigkeit einer juristischen Person außer Acht gelassen werden darf, stark einschränkend und auf den Wert der durch das Vorschieben der juristischen Person jeweils umgangenen Norm abstellend *Serick*, Rechtsform und Realität, 23ff.; 104ff. zusammenfassend 208ff.

163 Vgl. etwa *Fastrich*, Richterliche Inhaltskontrolle, 50, und eine Kritik der Institutionenbegriffe bei *Rüthers*, Institutionelles Rechtsdenken, 32ff.

164 Vgl. näher *Fastrich*, Richterliche Inhaltskontrolle, 50, der für die Unzulässigkeit des in dieser Anwendung der Institutionenlehre liegenden „Durchgriffs" von der rechtstheoretischen auf die

muster oder rechtstheoretischen Rahmen für erfolgte Entwicklungen“[165] – und nur darum handelt es sich hier – richten sich diese Bedenken freilich nicht. Voraussetzung hierfür ist jedoch, daß es gelingt, die Funktionen des fraglichen Rechtsinstituts, hier der Vertragsfreiheit, hinreichend klar zu benennen.[166]

a) Vertragsfunktionen

Privatautonomie gewährt die Rechtsordnung, indem sie ihren Subjekten das Institut des Vertrages zur Verfügung stellt, genauer: indem sie solche Regelungen, auf die sich die Beteiligten in gesetzlich näher geregelter Weise geeinigt haben, als verbindlich anerkennt und nötigenfalls Mittel zu ihrer zwangsweisen Durchsetzung zur Verfügung stellt. Es fragt sich nun, ob dem der Privatautonomie zur Wirkung verhelfenden Institut des Vertrages eine Funktion zukommt, die über die Verwirklichung des Selbstbestimmungsrechts der Beteiligten hinausgeht, anders gewendet: Ob die Rechtsordnung die von den Parteien getroffene Regelung schon deshalb anerkennt, weil sie von den Parteien gewollt ist, oder deshalb, weil die Regelung in einem bestimmten Sinne „richtig“ ist, gerade weil sie vertraglich getroffen wurde.

aa) Angemessenheitsvermutung aufgrund des Vertragsschlußmechanismus’

Namentlich Werner Flume vertritt den soeben zuerst genannten Standpunkt: Die Frage nach der „Richtigkeit“ der vertraglich getroffenen Regelung verbiete sich – *stat pro ratione voluntas*.[167] Damit wendet er sich explizit gegen eine von Walter Schmidt-Rimpler vorgetragene, scheinbar entgegengesetzte Lehre. Als Kriterien der Richtigkeit einer Regelung nennt dieser „die ethisch bestimmte Gerechtigkeit im engeren Sinne“ und, dieser freilich untergeordnet, „die von der Gemeinschaft ausgesehene Zweckmäßigkeit, also das, was erforderlich ist, um das Gemeinschaftsdasein

---

Rechtsanwendungsebene etwa auf *Esser*, Grundsatz und Norm, 50f. (näher jedoch 141ff.), verweist.

[165] *Fastrich*, Richterliche Inhaltskontrolle, 50.

[166] *Fastrich*, Richterliche Inhaltskontrolle, 49, meint im Anschluß an Soergel/*Teichmann*, § 242 Rn. 17, freilich, es lasse sich keine zur Ableitung verwendbare „Funktion der Vertragsfreiheit“ beschreiben. Das wird im Folgenden zu widerlegen sein. – Grundsätzlich skeptisch auch *Oechsler*, Gerechtigkeit, 131ff., der meint, den einzelnen Institutionen der Rechtsordnung lasse sich kaum jemals nur *eine* materiale Funktion zuordnen. Daß dies richtig ist und auch für den Vertrag gilt, werden die folgenden Ausführungen zeigen. Unbestreitbar ist auch, daß den einzelnen Funktionen als Vorverständnis bestimmte Wertvorstellungen zugrunde liegen, die ihrerseits der rationalen Begründung bedürfen. All dies ändert freilich nichts daran, daß sich durchaus bestimmen läßt, welche Funktionen dem Vertrag in der Rechtsordnung zukommen, und daß diese, entgegen *Oechslers* Annahme, trotz ihrer Abstraktion noch hinreichend konkret bestimmbar sind, um einen Maßstab für die Überprüfung bestimmter vertraglicher Regelungen zu bilden.

[167] *Flume*, FS DJT, 141ff.; *ders.*, Allgemeiner Teil II, § 16a. Entsprechend auch *Raiser*, FS DJT, 119. Zutreffend weist allerdings *Habersack*, Vertragsfreiheit, 50, darauf hin, daß auch *Flume* die Vertragsfreiheit nicht um ihrer selbst willen schützen will, sondern unter den Vorbehalt der Gerechtigkeit stellt, vgl. *Flume*, FS DJT, 139.

und das Gemeinschaftsleben zu verwirklichen und in seiner konkreten Gestalt durchzuführen, einschließlich dessen, was notwendig ist, um bestimmte konkrete Gemeinschaftszwecke zu erreichen".[168] Gerade der Vertragsschlußmechanismus fördere, daß eine in diesem Sinne richtige, namentlich ausgeglichene Regelung zustande komme, weil ihr die von der Regelung Betroffenen und auf ihren jeweiligen Vorteil Bedachten zustimmen müssten.[169]

Der Begriff der Richtigkeit ist in diesem Zusammenhang nicht glücklich gewählt,[170] insbesondere deshalb, weil sich Schmidt-Rimpler bei Bestimmung der Richtigkeit mit dem Verweis auf die „von der Gemeinschaft aus gesehene Zweckmäßigkeit" scheinbar in die Nähe faschistischen Gedankenguts begibt. Selbstverständlich ist die Freiheit der Einzelnen nicht ohne weiteres Gemeinschaftszwecken unterzuordnen, was aber auch Schmidt-Rimpler nicht fordert. Daß es Schmidt-Rimpler hier in der Sache gerade nicht um die Umsetzung nationalsozialistischer Ideologien ging, folgt daraus, daß er die Gerechtigkeit zum beherrschenden Prinzip erhebt, „so daß das [scil: der Gemeinschaft] Zweckmäßige nur richtig ist, wenn es der Gerechtigkeit nicht widerspricht";[171] ferner daraus, daß er die Überprüfung von Verträgen durch Richter oder Verwaltungsbehörden auf ihre Gemeinschaftszweckmäßigkeit hin dezidiert ablehnt.[172]

Die Selbstbestimmung des Einzelnen hat in der freiheitlichen Gesellschaft hohen, schützenswerten Eigenwert.[173] Das schließt aber nicht aus, daß sich gerade aus dem vertragstypischen selbstbestimmten Zusammenwirken mehrerer eine besondere Legitimation dafür ergibt, vertraglich getroffene Regelungen anzuerkennen und

---

[168] *Schmidt-Rimpler*, AcP 147 (1941), 132f.

[169] *Schmidt-Rimpler*, AcP 147 (1941), 149ff.; *ders.*, FS Nipperdey, 5f.; *ders.*, FS Raiser, 4ff. Jedenfalls insoweit zustimmend statt vieler *Brox*, JZ 1966, 762; *A. Blomeyer*, AcP 154 (1955), 529; *Fastrich*, Richterliche Inhaltskontrolle, 53; *M. Wolf*, Entscheidungsfreiheit, 67ff.; *Pawlowski*, Rechtsgeschäftliche Folgen, 228f.; *Bydlinski*, Privatautonomie, 62ff.; *ders.*, System, 151 Fn. 149; *Rebe*, Privatrecht und Wirtschaftsordnung, 222ff.; *Biedenkopf*, Wettbewerbsbeschränkung, 108; *Coester-Waltjen*, AcP 190 (1990), 14ff.; *Stoffels*, AGB-Recht, Rn. 82; *Mayer-Maly*, FS Merkl, 250f.; *ders.*, FS Korinek, 154; *Habersack*, Vertragsfreiheit, 42ff. (mit weiteren Nachweisen in Fn. 20); Staudinger/*Looschelders/Olzen*, § 242 Rn. 460. In der Sache auch das BVerfG, vgl. etwa BVerfGE 114, 73, 89f.: Im Vertrag fänden Freiheitsausübung und wechselseitige Bindung ihre Konkretisierung; der zum Ausdruck gebrachte übereinstimmende Wille der Vertragsparteien lasse deshalb in der Regel auf einen sachgerechten Interessenausgleich schließen. Anklänge auch bei *Becker*, WM 1999, 710; offen *Mestmäcker*, JZ 1964, 441. – Mit der Legitimierung des Vertragsinhalts, in gewissem Sinne auch einer Entscheidung, durch das Vertragsschlußverfahren setzt sich *Luhmann* in „Legitimation durch Verfahren" nicht auseinander.

[170] Kritisch namentlich *Flume*, FS DJT, 142f., und *Oechsler*, Gerechtigkeit, 125ff. Relativierend später auch *Schmidt-Rimpler*, FS Raiser, 10f.

[171] *Schmidt-Rimpler*, AcP 147 (1941), 133.

[172] *Schmidt-Rimpler*, AcP 147 (1941), 165ff. (namentlich gegen *Larenz*) und noch FS Raiser, 4f. Fn. 9. Zu seinem Streben, „den Vertrag vor dem Zugriff des autoritären Staates [zu] bewahren", *Schmidt-Rimpler*, FS Raiser, 8f.

[173] Dies betont auch *Schmidt-Rimpler*, FS Raiser, 8, einschränkend aber a.a.O., 17ff.; einschränkend etwa auch *Raiser*, FS DJT, 127ff. Zum Verhältnis zwischen Selbstbestimmung und Vertragsgerechtigkeit etwa *M. Wolf*, Entscheidungsfreiheit, 35f.

nötigenfalls mit staatlichen Zwangsmitteln durchzusetzen.[174] *Idealiter* stellt das Institut „Vertrag“ durch das Erfordernis der allseitigen Zustimmung eine Regelung sicher, die deswegen von allen Beteiligten gewollt ist, weil sie von ihnen als – wenn auch womöglich nur eben noch – angemessen empfunden wird. Daß der Vertragsschlußmechanismus die Angemessenheit der getroffenen Regelung nicht schlechthin garantiert, ist selbstverständlich, weil die Parteien keineswegs immer annähernd über die gleiche Verhandlungsmacht verfügen. In solchen Fällen ist allerdings auch bei vorbehaltloser Anerkennung des Satzes *„stat pro ratione voluntas“* ein korrigierender staatlicher Eingriff geboten, weil es an der Selbstbestimmungsfähigkeit des in der Verhandlungssituation Unterlegenen fehlte, dessen *voluntas* daher nicht oder nur in geringerem Maße als die der Gegenseite berücksichtigt wurde. Hierin zeigt sich auch, daß selbst eine gedachte allgemeine staatliche Angemessenheitskontrolle die Selbstbestimmungsrechte der Beteiligten nicht schlechthin beschneiden, sondern nur das Selbstbestimmungsrecht des einen gegen Beeinträchtigungen durch den anderen schützen würde[175] – worin viele folgerichtig eines der Hauptanliegen namentlich des Rechts der allgemeinen Geschäftsbedingungen sehen.[176] Denn so, wie aus der Vereinigung der Selbstbestimmungsrechte der Beteiligten im Vertragsschlußprozeß eine Angemessenheitsvermutung folgt, ist bei einer Regelung, die einen Betroffenen unangemessen benachteiligt, zu vermuten, daß diese nicht in freier Selbstbestimmung auch dieses Betroffenen gesetzt wurde.

Daß der Vertragsschlußmechanismus die Angemessenheit der getroffenen Regelung nicht garantieren kann, von einer „Richtigkeitsgewähr“[177] also keine Rede sein

---

174 *Coester-Waltjen*, AcP 190 (1990), 14. Für „Komplementarität“ zwischen Richtigkeits- und Selbstbestimmungslehre auch *Habersack*, Vertragsfreiheit, 47 ff.

175 Der namentlich von *Flume* (vgl. Fn. 167, aber etwa auch *Fastrich*, Richterliche Inhaltskontrolle, 37) unterstellte Gegensatz zwischen Selbstbestimmungsrecht und „Richtigkeitskontrolle“ des Vereinbarten besteht also in Wahrheit nicht, wenn man „Richtigkeit“ im Sinne eines angemessenen Interessenausgleichs begreift und das Selbstbestimmungsrecht aller Betroffenen berücksichtigt, so auch schon *Fastrich*, Richterliche Inhaltskontrolle, 54 f. Dies verkennt etwa *Becker*, WM 1999, 710, der meint: Die Selbstbestimmung der Parteien sei kein Wert an sich, bei dem die Betrachtung über die Geltungskraft des Vertragsprinzips enden dürfe; hinzutreten müsse vielmehr die interessenausgleichende Wirkung des Vereinbarten. Der Interessenausgleich folgt aber gerade aus dem gleichmäßigen Wirken der Selbstbestimmungsrechte aller Beteiligten. – Vgl. zur verfassungsrechtlichen Notwendigkeit des Schutzes des Selbstbestimmungsrechts der einen gegen eine Verhandlungsübermacht der anderen Partei grundlegend BVerfGE 81, 254 ff. (Handelsvertreter); weiter BVerfGE 89, 232 ff. (Bürgschaft); BVerfGE 103, 100 ff. (Ehevertrag); BVerfGE 114, 73, 89 (Überschußbeteiligung bei Kapitallebensversicherung).

176 Vgl. *Stoffels*, AGB-Recht, Rn. 80; *Becker*, WM 1999, 711 f.; Ulmer/Brandner/Hensen/*Ulmer /Habersack*, Einl. Rn. 47 ff.; *Kramer*, Krise, 12 ff. Ablehnend MünchKommBGB/*Basedow*, Vorbemerkung zu § 305 Rn. 4 f., der meint, daß der wirkliche Grund für die Notwendigkeit einer AGB-Kontrolle in partiellem Marktversagen (Informations- und Motivationsgefälle zwischen Verwender und Kunden) liege; ähnlich *Wackerbarth*, AcP 200 (2000), 64 f., 69 ff.

177 So *Schmidt-Rimpler*, zuletzt in FS Raiser, 6; allerdings hat *Schmidt-Rimpler* von Anfang an erkannt, daß „die Richtigkeitsgewähr des V[ertrags] ... eine sehr begrenzte“ ist, AcP 147 (1941), 165, vgl. weiter etwa 169 und auch noch FS Raiser, 6 f., 12 f.

sollte,[178] bedeutet nur, daß die Rechtsordnung nicht alle Verträge unbesehen sanktionieren kann, sondern in bestimmten Fällen korrigierend eingreifen muß. Daran, daß das allseitige Zustimmungserfordernis wenigstens für den Regelfall die Vermutung für eine Angemessenheit der Regelung begründet, ändert dies jedoch nichts.[179] Daß sich die Parteien in freier Selbstbestimmung auch auf Regelungen einigen können, die einen der Beteiligten objektiv benachteiligen, und daß die Rechtsordnung grundsätzlich auch solche Regelungen anerkennt, belegt zwar, daß sie dem Parteiwillen den Vorrang vor Angemessenheitsaspekten einräumt. Jedoch zeigen schon die oftmals höheren Wirksamkeitsvoraussetzungen, denen die Rechtsordnung solche Regelungen unterwirft – vor allem Formerfordernisse wie im Falle der Schenkung –, daß diese als tendenziell suspekte Ausnahmefälle zu begreifen sind.[180] Auch sie stellen die regelmäßige Angemessenheitsvermutung und damit die Tatsache nicht in Frage, daß gerade sie den Vertrag als besonders geeignetes Instrument zur autonomen Gestaltung von Rechtsverhältnissen ausweist.[181] Funktion des Rechtsinstituts „Vertrag" ist es also nicht, den Willen der Beteiligten als solchen zu sanktionieren, sondern sicherzustellen, daß die Rechtsordnung solche und nur solche privatautonomen Regelungen schützt, die im Zweifel alle Betroffenen als angemessen empfinden.

bb) Förderung der Allokationseffizienz

Die aus dem Vertragsschlußmechanismus folgende Angemessenheitsvermutung hat auch volkswirtschaftliche Relevanz, weist also weit über den Kreis der Beteiligten hinaus. Wenn im Folgenden auch dies berücksichtigt wird und Mittel der ökonomischen Analyse angewandt werden, so geschieht dies im Bewußtsein der Defizite dieser Methode.[182] Trotz aller Unschärfe der gebräuchlichen Begriffe und obwohl bei der ökonomischen Analyse des Rechts von Modellwelten ausgegangen wird, hat sie doch jedenfalls für die zu vermutende Wirkung eines Rechtsinstituts

---

[178] *M. Wolf*, Entscheidungsfreiheit, 73f., schlägt „Richtigkeitschance" vor; *Bydlinski*, System, 149 Fn. 149, spricht von einer „Tendenz zur ‚Richtigkeit'".

[179] Vgl. bereits *Brox*, JZ 1966, 762. Anders aber *Raiser*, FS DJT, 118f. Gegen ihn *Schmidt-Rimpler*, FS Raiser, 12f. – Darüber, welches Vertrauen die Rechtsordnung darin setzt, daß die Parteien Leistung und Gegenleistung in ein angemessenes Verhältnis bringen, gibt die auch die Einführung des § 284 BGB n.F. überdauernde schadensrechtliche Rentabilitätsvermutung Aufschluß; vgl. zu ihr hier nur *Klinck*, JURA 2006, 483ff., mit umfangreichen Nachweisen.

[180] Vgl. auch *Coester-Waltjen*, AcP 190 (1990), 15.

[181] Vgl. im Hinblick auf das Vorstehende auch schon *Schmidt-Rimplers* Verteidigung der vertraglichen gegen die Alternative einer hoheitlichen Rechtsgestaltung, AcP 147 (1941), 159ff.

[182] Hier ist nicht der Ort, um im Streit um die Bedeutung der ökonomischen Analyse des Rechts grundsätzlich Stellung zu beziehen. Ausgesprochen ablehnend steht *Fezer*, JZ 1986, 821ff., der ökonomischen Analyse des Rechts gegenüber; vgl. jedoch auch die Erwiderung von *Ott/Schäfer*, JZ 1988, 213ff., die Duplik von *Fezer*, JZ 1988, 223ff., sowie *Kirchgässner*, JZ 1991, 104ff., und *Eidenmüller*, Effizienz als Rechtsprinzip, 7ff.; sowie die in eine andere Richtung gehende Kritik von *Kirchner*, in: Ott/Schäfer, Effiziente Verhaltenssteuerung, 44ff.

einen Erkenntniswert.[183] Dieser bezieht sich allerdings nur auf die wirtschaftliche Effizienz einer Regelung, der nicht *per se* der Vorrang vor anderen wertenden Gesichtspunkten eingeräumt werden kann.[184] Darüber, welchen Zielen eine Regelung dienen soll, entscheidet im deutschen Rechtssystem der Gesetzgeber, und – dies ist der etwa von Jürgen Oechsler formulierten Kritik[185] zuzugeben – er ist dabei keineswegs auf die Verfolgung wirtschaftlicher Effizienz festgelegt. Einem marktwirtschaftlich orientierten Gesetzgeber wird es freilich regelmäßig gerade um wirtschaftliche Effizienz zu tun sein, so daß diese für die Frage, inwieweit die wirtschaftsrechtlichen Rechtsinstitute ihre Funktionen erfüllen, durchaus Berücksichtigung finden muß.[186]

Volkswirtschaftlich wünschenswert ist größtmögliche Allokationseffizienz; diese wiederum wird herkömmlich nach dem Pareto-Kriterium bestimmt.[187] Danach ist der Zustand x dem Zustand y vorzuziehen, wenn wenigstens ein Individuum Zustand x und keines Zustand y bevorzugt. Pareto-optimal ist ein Zustand, wenn es keinen anderen Zustand gibt, den wenigstens ein Individuum bevorzugt und keines ablehnt. Da damit die Frage der Effizienz einer Zustandsveränderung vom Veto eines Einzelnen abhinge, wird das Pareto-Kriterium durch das Kaldor/Hicks-Kriterium ergänzt und korrigiert: Zustand x ist dem Zustand y auch dann vorzuziehen, wenn in ihm zwar Einzelne schlechter stehen, andere aus der Zustandsveränderung aber Vorteile solchen Umfangs ziehen, daß sie aus diesen alle Schlechtergestellten entschädigen könnten und ihnen noch immer ein Restvorteil verbliebe.

Unter der Prämisse, daß sich die Parteien im Wettbewerb durch Aushandeln auf den Austausch gleichwertiger Leistungen einigen, führt Vertragsfreiheit dazu, daß Leistungen an den gesamtwirtschaftlich gesehen „richtigen" Ort gelangen – dorthin nämlich, wo der höchste Preis für sie bezahlt wird, sie also am meisten wert sind: Denn zu einer Rechtsübertragung wird es idealiter nur kommen, wenn beide Seiten von ihr profitieren.[188] In einer Wirtschaftsordnung ohne hoheitliche Gesamtplanung fördert Vertragsfreiheit also die Allokationseffizienz. Insofern läßt sich also auch eine Koordinierungs- oder Planfunktion der Vertragsfreiheit ausmachen.[189]

---

183 Vgl. dazu schon *Sohmen*, Allokationstheorie, 8 ff.

184 Entsprechend etwa auch *Brinkmann*, in: Eidenmüller/Kieninger, Future of Secured Credit, 252.

185 *Oechsler*, Gerechtigkeit, 136.

186 Vgl. gerade in Bezug auf das Insolvenzanfechtungsrecht auch *Bork*, FS Schäfer, 594; zum allgemeinen Stellenwert ökonomischer Argumente für Gesetzgebung und Gesetzesauslegung ausführlich *Eidenmüller*, Effizienz als Rechtsprinzip, 414 ff.; weiter etwa *Ahrens*, Geldschuldner, 246 ff.; knapp *Martini*, Verteilungslenkung, 251.

187 Zum Nachfolgenden aus dem deutschsprachigen, sich an das rechtswissenschaftlich interessierte Publikum wendenden Schrifttum etwa *Martini*, Verteilungslenkung, 190 ff.; *Schäfer*, Allokationseffizienz, 2 ff.; *Schäfer/Ott*, Ökonomische Analyse, 24 ff. (speziell zur Vertragsfreiheit 25 und insbesondere 394 ff.); *Kirchgässner*, JZ 1991, 109 f.; *Eidenmüller*, Effizienz als Rechtsprinzip, 47 ff.; *Pilgram*, Ökonomische Analyse, 5 ff.

188 Vgl. auch *Esser/Schmidt*, Schuldrecht I/1, § 2 IV 3.4; *Schäfer/Ott*, Ökonomische Analyse, 421 f. Andeutungsweise schon *Habersack*, Vertragsfreiheit, 51 ff., 170 ff.; diesem folgend *Förster*, System einer Insolvenzauslösung, 384.

189 *Rebe*, Privatrecht und Wirtschaftsordnung, 165; *Brandner/Ulmer*, BB 1991, 704. *Kliege*, Rechtsprobleme der AGB, 106 ff., spricht von Konsum- und Produktionslenkungsfunktionen.

b) Potentielle Funktionsfremdheit privatautonomer Verteilung einer unzureichenden Haftungsmasse

Die privatautonome Verteilung einer begrenzten Haftungsmasse wirkt sich nicht nur auf die Parteien aus, die über sie entscheiden, also den Schuldner und den Sicherungsnehmer oder befriedigten Gläubiger, sondern auch auf die anderen Gläubiger. Es fragt sich, ob diese Drittwirkung den beschriebenen Funktionen der Vertragsfreiheit fremd ist, ob also die privatautonome Verteilung einer begrenzten Haftungsmasse außerhalb des Funktionskreises der Vertragsfreiheit liegt, diese mithin insoweit versagt.

Die Antwort scheint auf der Hand zu liegen: In bezug auf die Interessen Dritter, die von den Vertragswirkungen betroffen sind, aber an den Vertragsverhandlungen nicht beteiligt wurden, fehlt dem Vertrag die gerade auf dem Abschlußmechanismus beruhende Angemessenheitsgewähr; denn die Parteien werden die Regelung typischerweise nur daraufhin kontrollieren, ob die ihnen entstehenden Nachteile angemessen sind.[190] Auch die ökonomische Planfunktion des Vertrages ist beeinträchtigt, sofern dieser Dritteffekte äußert: Da die Parteien drittbelastende Wirkungen in aller Regel außer acht lassen, kann die Belastung des Dritten den beiderseitigen Nutzen durchaus übersteigen; die Allokationseffizienz ist also in bezug auf Drittbelastungen gefährdet.[191]

Dies kann allerdings nicht bedeuten, daß die Rechtsordnung allen Verträgen, die drittbelastende Wirkungen äußern, die Wirksamkeit versagen müßte. Denn solche drittbelastenden Wirkungen zeitigt – wenn auch womöglich nicht jeder Vertrag, so doch jedenfalls – die große Mehrzahl der Verträge. Offen zutage liegt die Drittwirkung von Verfügungsverträgen, die das betroffene Recht einer Partei zuordnen und andere vom Zugriff ausschließen.[192] Drittwirkung kann aber auch Verpflichtungsverträgen zukommen, jedenfalls in bezug auf die Parteiwahl: Die Entscheidung zugunsten der einen Partei schließt andere Interessenten unter Umständen aus. Selbstverständlich kann die Rechtsordnung nicht all solchen Verträgen die Wirkung versagen, weil sie Interessen Dritter berühren, die auf die gesetzten Rechtsfolgen keinen Einfluß ausüben konnten.

Zu untersuchen ist also, wo die Grenze zwischen noch funktionsimmanenter, zulässiger und funktionsfremder, nicht mehr zulässiger Drittwirkung zu ziehen ist (unten 4.). Hierzu wird zunächst genauer herauszuarbeiten sein, inwiefern gerade

---

Anklänge schon bei *Schmidt-Rimpler*, FS Raiser, 10 („gesamtwirtschaftliche Richtigkeitsfunktion").

[190] *Schmidt-Rimpler*, AcP 147 (1941), 151; *ders.*, FS Raiser, 11; *Rebe*, Privatrecht und Wirtschaftsordnung, 208; *Habersack*, Vertragsfreiheit, 66ff.; *Biedenkopf*, Vertragliche Wettbewerbsbeschränkungen, 125f.

[191] Konzise *Behrens*, Ökonomische Grundlagen, 85ff., 87: „Externe Effekte vereiteln das Allokationsoptimum". Vgl. näher etwa *Endres*, Internalisierung, 10ff.; *Sohmen*, Allokationstheorie, 221ff. Ebenso gerade in Bezug auf Kreditsicherheiten *Bebchuk/Fried*, YLJ 105 (1996), 870f.

[192] Dies feststellend, lehnt *Henssler*, AcP 196 (1996), 60ff., es ab, die Außenwirkungen des Treuhandverhältnisses an der Lehre von den Verträgen mit Lastwirkung für Dritte zu messen.

die privatautonome Verteilung einer unzureichenden Haftungsmasse unter den genannten Aspekten der Planfunktion (sogleich aa) und der Angemessenheitsvermutung (unten bb) außerhalb des Funktionskreises der Vertragsfreiheit liegt.

aa) Allokationseffizienz

Daß nicht jede Drittbelastung der Funktion der Vertragsfreiheit zuwiderläuft, vermag ihre ökonomische Analyse zu zeigen. Nach ihr wird die Frage, ob Dritteffekte tendenziell durch hoheitlichen Eingriff zu unterbinden sind, grundsätzlich danach gezogen, ob sich diese Effekte als effizienzschädlich erweisen. Solche Dritteffekte, die Einfluß auf die Preisbildung haben, mindern die Pareto-Effizienz nicht, weil sie aufgrund dieses Einflusses von den Parteien berücksichtigt, „internalisiert" werden. Zu diesen sogenannten pekuniären Effekten[193] ist namentlich der Nachteil zu zählen, der dem vorherigen Anbieter dadurch entsteht, daß der Bedarf bei einem Konkurrenten gedeckt wird. In einem idealen Markt wird dies nur geschehen, wenn der neue Anbieter den Preis des ursprünglichen Anbieters unterbietet. Solche Effekte sind kein Hemmnis, sondern Voraussetzung effektiver Ressourcennutzung.[194]

Die Benachteiligung der ungesicherten Gläubiger durch bevorzugte Befriedigung anderer Gläubiger ist also nur dann ein aus volkswirtschaftlicher Sicht tendenziell zu unterbindender externer Effekt, wenn er nicht im vorgenannten Sinne internalisiert, also etwa bei der Stellung von Sicherheiten zugunsten bestimmter Gläubiger berücksichtigt wurde. Zu fragen ist also, ob sich der in der Bestellung von Sicherheiten liegende zusätzliche „Preis" für die Kreditgewährung unter Einfluß der Konkurrenz gerade mit den ungesicherten Gläubigern gebildet hat und ob diese ihr höheres Ausfallrisiko ihrerseits durch entsprechend höhere Preise, also höhere Kreditzinsen kompensieren konnten.

Dies zu bejahen läge in der Konsequenz der Ausführungen Eberhard Dorndorfs, der im vorliegenden Zusammenhang die Bedeutung des Leistungsprinzips betont,[195] des für das Wirtschaftsrecht „wichtigsten Kriteriums (ausgleichender) Gerechtigkeit",[196] das in dem Satz bestehe: jedem nach seinem produktiven Beitrag. Auf seiner Grundlage seien auch Forderungen in der Insolvenz grundsätzlich nach dem Wert zu bedienen, den die Leistung des Gläubigers für das Unternehmen gehabt habe. Und über den Wert wiederum entscheide „das unter Marktbedingungen vereinbarte Äquivalenzverhältnis", also die vom Schuldner im Gegenzug versprochene Leistung. Gehöre zu dieser aber die Stellung von Sicherheiten, sei eben

---

[193] Zum Begriff etwa HdWW-*Schlieper*, 524; *Fritsch/Wein/Ewers*, Marktversagen, 91; *Endres*, Internalisierung, 6.

[194] *Schäfer/Ott*, Ökonomische Analyse, 394 f.; *Fritsch/Wein/Ewers*, Marktversagen, 91; *Endres*, Internalisierung, 6.

[195] *Dorndorf*, Kreditsicherungsrecht, 47 ff. Ihm folgt *Gassert-Schumacher*, Privilegien, 330 f.; kritisch aber auch bereits *Wiórek*, Gläubigergleichbehandlung, 150.

[196] *Dorndorf*, Kreditsicherungsrecht, 42. Ebenso *Behrens*, Ökonomische Grundlagen, 102, dort, 97 ff., auch zum Leistungs- als Verteilungsprinzip und seinem Zusammenhang mit der Allokationseffizienz.

auch die Leistung des gesicherten Gläubigers mehr wert gewesen als diejenige eines Gläubigers, dem keine Sicherheit bestellt wurde. Trifft dies zu, handelt es sich jedenfalls bei der insolvenzfesten Besicherung und dem damit verbundenen Ausfall ungesicherter Gläubiger bei unzureichender Haftungsmasse also um einen pekuniären Effekt, der die Allokationseffizienz nicht beeinträchtigt.

Man scheint hiergegen schon grundsätzlich einwenden zu müssen, daß der Wert, den eine Leistung für den Schuldner hat, kaum über eine Rangfolge zwischen den Gläubigern entscheiden kann; denn die Entlohnung des Gläubigers für diesen Mehrwert darf im Hinblick auf das beschriebene[197] Pareto-Optimum nicht zu Lasten der anderen Gläubiger gehen, wenn diese von seinem „produktiven Beitrag" nicht profitieren. Dies griffe freilich zu kurz, denn je höher der Wert ist, der dem Unternehmen zugeführt wurde, desto stärker erhöhen sich *ex ante* auch die Chancen für die anderen Gläubiger, Befriedigung aus dem mit diesem Wert Erwirtschafteten zu erhalten.[198] Wäre also tatsächlich davon auszugehen, daß der Wert der Leistung des gesicherten Gläubigers grundsätzlich höher war als derjenige der ungesicherten Gläubiger, so wäre eine privatautonome Masseverteilung durch Bestellung insolvenzfester Sicherheiten durchaus effizient, weil diese – zunächst – alle Beteiligten besserstellt. Tatsächlich aber sagt die Tatsache, daß für eine Forderung Sicherheiten bestellt wurden, nichts darüber aus, welchen Wert die dafür erbrachte Leistung des gesicherten Gläubigers für den Schuldner und damit mittelbar für die anderen Gläubiger hatte. Vielmehr entscheiden vor allem äußere Umstände darüber, ob der Gläubiger ungesicherten Kredit geben muß. Schon die Asymmetrie des Informationsflusses verhindert hier regelmäßig die Entstehung eines funktionierenden Marktes, denn tendenziell haben Großgläubiger nicht nur bessere Möglichkeiten, sich über den Vermögensstand ihres Schuldners zu informieren, sondern auch im Verhältnis zur Kreditsumme niedrigere Informationskosten; da sie somit typischerweise besser informiert sind als Gläubiger mit geringerem Forderungsvolumen, können sie diesen im Zugriff zuvorkommen.[199] Großkreditgeber, auf die der Schuldner schlechthin angewiesen ist, haben diesem gegenüber auch größere Marktmacht, um ihm effektive Besicherungen abzuringen. Auch andere Kreditgeber können dem Schuldner die Sicherheit geradezu abzwingen: etwa Lieferanten, die ihre Kaufpreisansprüche durch Eigentumsvorbehalt sichern. Angesichts des geltenden Kreditsicherungsrechts wird also nicht (mehr) notwendigerweise der schnellere oder tüchtigere Gläubiger den bevorzugten Zugriff auf das haftende Vermögen des Schuldners erhalten[200] und auch nicht derjenige, dessen Leistung objektiv am wertvollsten für das Unternehmen des

---

197 Vgl. oben bei Fn. 187.

198 So sind wohl auch die Ausführungen von *Dorndorf*, Kreditsicherungsrecht, 43ff., zu verstehen; *Mokal*, OJLS 22 (2002), 717ff. stellt dies in seiner Argumentation für den Befriedigungsvorrang eines besicherten Kredits ganz in den Vordergrund.

199 Entsprechende Bedenken erhob der Reichstagsabgeordnete *Grimm* schon im Gesetzgebungsverfahren der CPO, *Hahn*, Materialien I, 825; vgl. auch bereits *Kohler*, Lehrbuch, § 1, und heute etwa *Gaul*, ZZP 112 (1999), 160; *Eger*, EJLE 11 (2001), 35f.; *Duttle*, Ökonomische Analyse, 247f.

200 So aber offenkundig noch *Habersack*, Vertragsfreiheit, 79.

Schuldners ist.[201] Daß die ungesicherten Gläubiger keineswegs immer und womöglich nicht einmal regelmäßig an der „Preisbildung" teilnehmen, indem sie sich freiwillig entscheiden, ungesicherten Kredit zu geben, wurde bereits ausgeführt (oben § 2 III 2).

Einen externen Effekt privatautonomer Masseverteilung würde der Ausfall ungesicherter Gläubiger gleichwohl nicht darstellen, wenn diese ihrerseits die Möglichkeit hatten, ihr entsprechend erhöhtes Ausfallrisiko durch höhere Zinsen[202] zu kompensieren. Auch dies aber ist nicht allen Gläubigern in gleicher Weise möglich:[203] Gänzlich verwehrt ist diese Reaktion denjenigen Gläubigern, deren Forderung nicht aufgrund deren Willensakts entstanden ist; andere Gläubiger mögen sich nur unter unverhältnismäßig hohen Kosten die für eine richtige Kalkulation des Risikos notwendigen Informationen beschaffen können; wieder anderen mag es an der Marktmacht fehlen, risikoangemessene Zinsen durchzusetzen.[204]

Mit dem Wert der vom Gläubiger erbrachten Leistung steht seine Besicherung oder bevorzugte Befriedigung also nicht in notwendigem Zusammenhang. Die Internalisierung des Ausfalls ungesicherter Gläubiger durch die Preisbildung ist zwar denkbar und in einer idealen Welt auch anzunehmen. An deren Voraussetzungen aber, nämlich an einem funktionierenden Markt ohne Transaktions- und vor allem Informationskosten, fehlt es jedoch. Dies legt es nahe, den Ausfall der

---

201 *Dorndorf*, Kreditsicherungsrecht, 50ff., streitet nicht ab, daß auch die Marktmacht des Gläubigers darauf Einfluß haben kann, ob er die Bestellung einer Sicherheit durchsetzen kann, meint aber, dies fechte seine dargestellte These nicht grundsätzlich an.

202 Für Bankkredite bezweifelt *Mokal*, OJLS 22 (2002), 711ff., einen notwendigen Zusammenhang zwischen Kreditsicherung und Zinshöhe. Dafür, daß „bekanntlich teure" ungesicherte Lieferantenkredite im Effektivzinssatz eine Risikoprämie enthalten, aber *R. Schmidt*, ZfB 1984, 730.

203 Vgl. schon oben bei Fn. 146, insbesondere zur entsprechenden These von *Buckley*, VLR 72 (1983), 1404ff., der externe Effekte nur in Bezug auf unfreiwillige (Delikts-)Gläubiger annimmt und dabei Informations- und Marktmachtdefizite bei „freiwilligen" Gläubigern nicht hinreichend gewichtet.

204 Vgl. zum Vorstehenden etwa auch *Eger*, EJLE 11 (2001), 35f.; *Grunsky*, Grundzüge, Rn. 133; *Häsemeyer*, Gleichbehandlung, 81; *Finch*, MLR 62 (1999), 660ff.; *LoPucki*, VLR 89 (1994), 1898ff.; *Bebchuk/Fried*, YLJ 105 (1996), 882ff.; *dies.*, CLR 82 (1997), 1295ff. Zu weiteren Erwägungen über die Effizienz von Kreditsicherheiten *Bebchuk/Fried*, YLJ 105 (1996), 895ff.; *Finch*, MLR 62 (1999), 644ff.; gegen diese *Mokal*, OJLS 22 (2002), 690ff., 709ff. – Wegen des regelmäßigen Macht-, Informations- und Kostenungleichgewichts kann es hier auch auf Grundlage des „*Coase*-Theorems" nicht zu einer „Internalisierung" des externen Effekts „Ausfall der ungesicherten Gläubiger" kommen, weil vollständiger Wettbewerb und vollständige Information Grundannahmen des *Coase*-Theorems sind; vgl. zu diesem *Siemer*, Das Coase-Theorem, insbes. 82ff.; *Schäfer/Ott*, Ökonomische Analyse, 100ff. (die in Bezug auf das vorliegende Problem aber anderer Ansicht sind, 595); *Behrens*, Ökonomische Grundlagen, 118ff.; *Eidenmüller*, Effizienz als Rechtsprinzip, 58ff.; *Fritsch/Wein/Ewers*, Marktversagen, 134ff.; *Endres*, Internalisierung, 26ff.; *Fezer*, JZ 1986, 820. Weiterführend zur Frage, ob bei asymmetrischer Informationsverteilung eine dezentrale Internalisierung externer Effekte nach *Coase* (durch Verhandlung zwischen den Beteiligten) oder eine zentral-hoheitliche Internalisierung durch Auferlegung von Steuern (nach einem von *Pigou* entwickelten Ansatz) größere Allokationseffizienz erwarten läßt, *Haslbeck*, Internalisierung.

ungesicherten Gläubiger für einen wirklichen externen Effekt der privatautonomen Masseverteilung zu halten,[205] der deren Pareto-Effizienz mindert und aus volkswirtschaftlicher Sicht daher tendenziell zu unterbinden ist.[206]

bb) Vertragliche Angemessenheitsvermutung

Wie bereits angedeutet, läuft eine drittbelastende Wirkung tendenziell auch der auf dem Vertragsschlußmechanismus beruhenden Angemessenheitsvermutung zuwider. Interessen des von der vertraglichen Regelung betroffenen Dritten sind gefährdet, wenn keine der am Vertrag beteiligten Parteien sie teilt. In den vorliegenden Fällen besteht das Interesse des Dritten, nämlich des ungesicherten Gläubigers, darin, auch im Fall der Insolvenz möglichst vollständig befriedigt zu werden. Dieses Interesse an einer möglichst ausreichenden Insolvenzmasse teilt weder der ausreichend gesicherte oder befriedigte Gläubiger noch der Schuldner, dessen wirtschaftlicher Totalverlust im Falle der Insolvenz ohnehin feststeht.[207] In der Tat liegt auf der Hand, daß die Verschiebung haftenden Vermögens des Schuldners zugunsten eines Gläubigers als solche keine Gewähr dafür bietet, daß diese Masseaufteilung auch die Interessen der an ihr unbeteiligten Gläubiger angemessen berücksichtigt.

Gleichwohl kann nicht jede Drittbelastungswirkung bedeuten, daß dem Vertrag die Wirksamkeit schlechthin zu versagen oder diese unter den Vorbehalt eines Vetos des betroffenen Dritten zu stellen ist. Auch unter diesem Aspekt sind also Dif-

---

[205] Mangels Internalisierung des Ausfallrisikos handelt es sich – gewissermaßen spiegelbildlich – um einen negativen externen Effekt der weiteren Kreditaufnahme durch den Schuldner, daß sich hierdurch das Ausfallrisiko ungesicherter Gläubiger erhöht bzw. deren hypothetische Insolvenzquote vermindert; aus diesem Grunde wird der Gleichbehandlungsgrundsatz verbreitet als effizienzschädlich kritisiert, vgl. etwa *Eger*, EJLE 11 (2001), 32 f.; *Schäfer/Ott*, Ökonomische Analyse, 592 ff.

[206] Ebenso *Bebchuk/Fried*, YLR 105 (1996), 891 ff.; *dies.*, CLR 82 (1997), 1282, 1385 ff. Im Hinblick auf die Verteilung von Mobiliarsicherheiten zwischen Geld- und Lieferantenkreditgebern auch *Duttle*, Ökonomische Analyse, 245 ff., 250, 258, und vor dem Hintergrund gerade des Anfechtungsrechts auch bereits *Schmidt*, Ökonomische Analyse, 48; beide aber halten die Möglichkeit der Kreditsicherung insgesamt gleichwohl für wohlfahrtssteigernd: *Duttle*, Ökonomische Analyse, zusammenfassend 126 f., 306, 387 und passim; *Schmidt*, Ökonomische Analyse, 94 f. Von diesen Ausnahmen abgesehen, wird die Bestellung von Kreditsicherungsrechten im Schrifttum meist nicht auf ihre Allokationseffizienz hin untersucht. So beschränkt sich *Schildbach*, BB 1983, 2129 ff., auf eine betriebswirtschaftliche Analyse insolvenzrechtlicher Verteilungsprobleme, während *Pilgram*, Ökonomische Analyse, 159 ff., im Anschluß an *Drukarczyk*, Unternehmen, 151 ff., untersucht, ob die Existenz insolvenzfester Kreditsicherheiten dazu führt, daß die Gläubiger eine ineffiziente Verwertungsentscheidung (zwischen Fortführung oder Liquidation) treffen. *Drukarczyk*, Unternehmen, 111 f., untersucht ferner die Auswirkungen von Kreditsicherheiten auf Informations-, Kontroll- und Durchsetzungskosten, das strategische Verhalten des Schuldners und die Neigung der Gläubiger, das Insolvenzverfahren auszulösen; vgl. hierzu auch ausführlich *Duttle*, Ökonomische Analyse, 69 ff.; auf diese Fragen konzentriert sich auch die umfangreiche, etwa bei *Bebchuk/Fried*, CLR 82 (1997), 1281 Fn. 5 nachgewiesene englischsprachige Literatur.

[207] *Förster*, System einer Insolvenzauslösung, 386.

ferenzierungskriterien herauszuarbeiten. Dabei bietet es sich allerdings nicht an, zwischen faktischen und rechtlichen Reflexwirkungen zu unterscheiden. Denn daß der Vertragsschlußmechanismus keine Gewähr für eine angemessene Berücksichtigung der Interessen Dritter bietet, hängt nicht damit zusammen, ob diese Interessen rechtlicher oder rein wirtschaftlicher Natur sind; auch das Maß der Belastung hängt von ihrer Einstufung als rechtlich oder tatsächlich nicht ab.[208]

Habersack hebt zu Recht die Notwendigkeit hervor, das Regelungsinteresse der Parteien gegen das Interesse des Dritten abzuwägen, von belastenden Wirkungen der Regelung verschont zu bleiben.[209] Es kollidieren hier die Selbstbestimmungsrechte der Vertragsparteien mit demjenigen des belasteten Dritten. Um diese Rechtskollision für beide Seiten möglichst schonend aufzulösen, bietet es sich an, dem öffentlichen Recht den dort für solche Kollisionsfälle entwickelten Verhältnismäßigkeitsgrundsatz zu entlehnen.[210] Mit der Flexibilität einer solchen Abwägungsentscheidung korreliert allerdings die Gefahr einer gewissen Beliebigkeit, die durch Habersacks Hinweis auf „Vorgaben der Rechtsordnung" und „Wertigkeit der jeweils betroffenen Interessen"[211] als mögliche Leitkriterien nicht wesentlich gemindert wird. Das gilt namentlich im hier zu untersuchenden Fall der privatautonomen Verteilung der Haftungsmasse. Denn die Rechtsordnung gibt mit der Möglichkeit der Bestellung insolvenzfester Sicherheiten einerseits und der Existenz eines auf gemeinschaftliche Befriedigung der Insolvenzforderungen andererseits gerichteten Gesamtvollstreckungsverfahrens tendenziell Widersprüchliches vor, und die betroffenen Interessen jedenfalls des bevorzugten und der ausfallenden Gläubiger sind identisch. Entsprechend läßt sich über die Ergebnisse solcher Abwägungen streiten.

So hält Habersack Sicherungsgeschäfte, deren spezifischen Drittbezug er durchaus anerkennt, für grundsätzlich unbedenklich, weil „das Streben des Kreditgebers nach Sicherung seiner Forderung als solches nicht zu beanstanden" sei. „Gewährt ein anderer Gläubiger ein ungesichertes Darlehen, so geschieht dies auf eigenes Risiko, das ihm nicht nachträglich durch die Beschneidung des Vorzugsrechts des vorsichtigeren Gläubigers abgenommen werden kann".[212] Daß diese Berufung auf den Satz des *ius civile vigilantibus scriptum* wesentlich zu kurz greift, wurde bereits dargelegt (oben III 2).

---

208 Entsprechend im Ergebnis *Habersack*, Vertragsfreiheit, 86f.

209 *Habersack*, Vertragsfreiheit, 69ff. Ihm folgt *Förster*, System einer Insolvenzauslösung, 385f. Vgl. aber auch bereits *Martens*, AcP 177 (1977), 175ff., sowie *Schmalzbauer*, Drittwirkung, 140, und schon *v. Jhering*, JherJahrB 10 (1871), 315ff.: Das römische Recht habe die Frage, inwieweit die (nach *v. Jherings* Beispielen: auch faktische!) Beeinträchtigung des Rechts des einen durch die Ausübung des Rechts des anderen zulässig sei, beantwortet durch Abwägung nach „Verschiedenheit der Verhältnisse, der rechtlichen Stellung, in der beide Theile sich gegenüberstehen, der Natur und dem Gewicht der Interessen, welche beide in die Wagschale zu werfen haben". In diesen Zusammenhang stellt *v. Jhering* auch die *actio Pauliana*, a. a. O., 326.

210 *Habersack*, Vertragsfreiheit, 70f.; ihm folgend *Förster*, System einer Insolvenzauslösung, 385f., und *Guski*, Sittenwidrigkeit, 237f.

211 *Habersack*, Vertragsfreiheit, 71.

212 *Habersack*, Vertragsfreiheit, 79.

Andreas Förster hat sich bemüht, die Thesen Habersacks gerade im Hinblick auf den vorliegenden Problemkreis zu präzisieren, und führt aus: Die Abwägung der betroffenen Interessen gebiete, danach zu differenzieren, ob der Vertragsmechanismus lediglich im Einzelfall oder unter bestimmten Voraussetzungen typischerweise versage. Denn nur im letzten Fall bestehe die Gefahr, daß das Rechtsinstitut als solches und damit die Rechtsordnung Schaden nehme; die Typizität der Fälle markiere zudem eine deutliche Grenze, was im Hinblick auf die Rechtssicherheit unverzichtbar sei.[213] Auf Grundlage dieser Annahmen meint zwar auch Förster, in der Sicherheitengewährung sei die Beeinträchtigung von Interessen Dritter, nämlich der ungesicherten Gläubiger, von vornherein, also „strukturell" angelegt; ein Versagen des Rechtsinstituts „Vertrag" will Förster jedoch nur insoweit annehmen, als die Sicherheitengewährung zur Masselosigkeit des Insolvenzverfahrens führt. Soweit hingegen eine für die Durchführung des Insolvenzverfahrens ausreichende Masse verbleibe, lehnt Förster ein Institutsversagen mit zwei Argumenten ab, die kaum überzeugen: daß erstens die Rechtsordnung die Möglichkeit anerkenne, Kredite zu besichern – was jedenfalls über die hier fraglichen Grenzen dieser Möglichkeit nichts aussagt; daß zweitens die anderen Gläubiger ihren Ausfall durch rechtzeitigen Antrag auf Eröffnung eines Insolvenzverfahrens hätten verhindern können – was unrealistisch ist.

Zu folgen ist Förster allerdings in dem Ausgangspunkt, daß für die gebotene Abwägung zwischen dem Regelungsinteresse der Parteien und dem Verschonungsinteresse der betroffenen Dritten entscheidend sein muß, ob sich die Belastung des Dritten als nicht notwendiger und in diesem Sinne zufälliger Reflex darstellt oder ob sie mit der angestrebten Hauptwirkung als deren Kehrseite notwendig und unmittelbar verbunden ist. Denn in der Tat kann nur im letzten Fall davon die Rede sein, daß die funktionswidrige Drittbelastung dem Vorgang als solchem innewohnt, das darin liegende Institutsversagen für diesen Bereich typisch ist und sich daher auf die Reibungslosigkeit der Funktion der Rechtsordnung insgesamt auswirkt. Gerade die Unmittelbarkeit der Drittbelastungswirkung grenzt den Fall der privatautonomen Verteilung unzureichender Haftungsmasse auch überzeugend vom bereits erwähnten Paradigma einer zu erlaubenden faktischen Drittbelastung ab, nämlich dem der Bedarfsdeckung bei einem Konkurrenten. Diese nämlich führt nicht unmittelbar selbst zur Belastung des früheren Lieferanten, dem in aller Regel noch die Möglichkeit bleibt, auf dem Markt nach anderen Abnehmern zu suchen. Die Verteilung unzureichender Haftungsmasse an den einen Gläubiger dagegen trägt die Benachteiligung der anderen unmittelbar in sich, da deren Zugriff auf das begrenzte Haftungsvermögen des Schuldners beschränkt ist. Auch unter dem Aspekt der durch Drittbelastungen gestörten Angemessenheitsvermutung liegt es daher nahe, im Falle der privatautonomen Verteilung unzureichender Haftungsmasse ein tendenziell zu korrigierendes strukturelles Versagen des Instituts der Vertragsfreiheit zu sehen.

---

[213] *Förster*, System einer Insolvenzauslösung, 386. Darauf, daß eine inhaltliche Überprüfung von AGB nicht allein, aber auch deshalb veranlaßt ist, weil sie nicht nur vereinzelt, sondern typischerweise verwendet werden, wies schon *Raiser*, Recht der AGB, 285 f., hin.

4. Besondere Insolvenzanfechtung als Instrument zur Korrektur des Funktionsversagens

Nach dem unter 3. Ausgeführten ist eine gesetzliche Korrektur privatautonomer Masseverteilung geboten, weil das Institut der Vertragsfreiheit hier strukturell zu versagen droht. Eine solche Korrektur kann sich entweder auf die Ursachen oder die Folgen des Funktionsversagens der Vertragsfreiheit beziehen, also entweder sicherstellen, daß alle Betroffenen privatautonom an der Verteilung der unzureichenden Haftungsmasse mitwirken können – was freilich kaum vorstellbar ist –, oder die Wirkungen des Rechtsinstituts Vertrag in diesem Bereich einschränken. Das Anfechtungsrecht – und nicht nur dieses[214] – bewirkt offenbar eine solche Folgeneinschränkung.

Damit kommt grundsätzlich in Betracht, das Recht der besonderen Insolvenzanfechtung als Instrument zur Korrektur des beschriebenen Funktionsversagens zu rechtfertigen. Das ist jedoch nur möglich, wenn es sich als solches schlüssig in die Rechtsordnung im übrigen einfügen läßt, wofür nach dem unter § 2 I Ausgeführten wiederum maßgeblich ist, ob eine Rückführung auf diese Funktion die Wertungsfriktion zwischen der Validierung für den Fall der Krise bestellter Sicherheiten und in der Krise geltender *par condicio creditorum* aufzulösen vermag. Näher zu untersuchen ist hier also, ob sich aus dem unter 3. Ausgeführten unter dem Gesichtspunkt des Funktionsversagens der Vertragsfreiheit Kriterien ableiten lassen, nach denen es schlüssig erscheint, eine vor Eintritt der Krise, aber gerade für den Fall der Krise vorgenommene privatautonome Verteilung der künftigen Haftungsmasse durch Bestellung insolvenzfester Sicherheiten grundsätzlich unangetastet zu lassen, eine nach Eintritt der Krise erfolgende Verteilung der Haftungsmasse durch Befriedigung oder Besicherung potentieller Insolvenzforderungen aber durch das besondere Insolvenzanfechtungsrecht zu revidieren.

a) Besondere Insolvenzanfechtung als Korrektur der potentiellen Fehlallokation

Als Korrektur der ineffizienten Ressourcenallokation durch privatautonome Masseverteilung läßt sich die besondere Insolvenzanfechtung nur begreifen, wenn ein sachlicher Zusammenhang zwischen den Ursachen oder den Folgen der Fehlallokation und dem Eintritt des Schuldners in die Krise besteht, nach der sich dem Recht der besonderen Insolvenzanfechtung zufolge die Bestandskraft von Sicherungs- oder Befriedigungshandlungen maßgeblich richtet. Das ist der Fall, wenn entweder Kreditsicherungen oder Befriedigungshandlungen erst bei Eintritt des Schuldners in die Krise negative externe Effekte zeitigen oder die Ursachen ihrer fehlenden Internalisierung mit der Krise des Schuldners zusammenhängen.

Der letztgenannte Ursachenzusammenhang ist offenkundig nicht gegeben: Wie gezeigt, hängen die fehlenden Internalisierungsmöglichkeiten mit Informationsdefiziten, Marktungleichgewichtslagen oder schlicht damit zusammen, daß die Kreditvergabe nicht auf einer gewillkürten Handlung der Parteien beruht.

---

[214] Hierher gehört namentlich auch die „Vertragsbruchtheorie", zu ihr noch unten bei Fn. 222.

Näher liegt allerdings die Annahme, daß negative externe Effekte privatautonomer Masseverteilung nur deshalb eintreten, weil der Schuldner in eine wirtschaftliche Krise gerät. Denn Sicherungs- oder Befriedigungshandlungen benachteiligen die ungesicherten Gläubiger nur dann, wenn feststeht, daß die Masse des haftenden Vermögens des Schuldners nicht ausreicht, alle Gläubiger zu befriedigen. Solange das Unternehmen des Schuldners wirtschaftlich gesund ist, stellen sich die Vermögensabflüsse nur als Teil eines wirtschaftlichen Gesamtvorgangs dar, in dessen Zuge sie durch entsprechende Zuflüsse ausgeglichen werden: Der Schuldner sorgt aus wirtschaftlichem Eigeninteresse dafür, daß er für die Bevorzugung eines Gläubigers Vorteile erhält, die den Vermögensabfluß mindestens kompensieren und die erforderliche liquide Haftungsmasse wiederherstellen.[215] Im Gesamtbild gleicht sich damit auch die mit der Bevorzugung eines Gläubigers einhergehende Belastung der anderen Gläubiger durch die dadurch erwirtschafteten Vorteile wieder aus, der Zuwachs an haftendem Vermögen stellt die Möglichkeit der anderen wieder her, auf haftendes Vermögen des Schuldners zuzugreifen.

Es besteht also ein notwendiger Zusammenhang zwischen dem Eintritt der Krise, die die besondere Insolvenzanfechtung auslöst, und dem potentiellen Eintritt negativer externer Effekte durch privatautonome Masseverteilung. Denn solche Effekte können von vornherein so lange nicht eintreten, wie der Schuldner eine freie Haftungsmasse generiert, die zur Bedienung seiner fälligen Verbindlichkeiten ausreicht.[216] Erst in der Krise, genauer: mit Eintritt der Zahlungsunfähigkeit des Schuldners, funktioniert der Ausgleich „zufälliger" Bevorzugungen bestimmter Gläubiger nicht mehr, weil dem Schuldner mit der Liquidität die Wirtschaftsgrundlage genommen ist; ein zuvor herbeigeführter Vermögensabfluß kann daher nicht mehr durch künftige Gewinne wieder ausgeglichen werden.[217] Erst ein in

---

[215] Vgl. schon *Fitting*, Reichs-Konkursrecht, 14f.: Selbst Überschuldung rechtfertige es – solange der Schuldner zahlungsfähig ist – noch nicht, den Schuldner in seiner Dispositionsfreiheit einzuschränken; dies liege auch nicht im Interesse der Gläubiger, da andernfalls dem Schuldner die Möglichkeit genommen wäre, die Überschuldung zu überwinden. S. ferner *Häsemeyer*, Insolvenzrecht, Rn. 2.22.

[216] Entgegen *Eidenmüller*, in: Eidenmüller/Kieninger, Future of Secured Credit, 275f., spielt es also auch keine Rolle, wofür der Schuldner das neu zugeflossene Kapital einsetzt, solange der Schuldner nur tatsächlich zahlungsfähig bleibt.

[217] So auch bereits *Häsemeyer*, Insolvenzrecht, Rn. 2.23. Für die Frage, wie lange es noch möglich sein soll, wirksam Kreditsicherheiten zu bestellen, hebt *Förster*, System einer Insolvenzauslösung, 374ff., dagegen darauf ab, ob „der finanzwirtschaftliche Erstickungsprozess bereits soweit fortgeschritten war, daß die Bestellung dieser Kreditsicherheiten (mit-)ursächlich für die Massearmut eines Insolvenzverfahrens ist." Es sollen diejenigen Kreditsicherungen unwirksam sein, „die das Faß zum Überlaufen bringen, die nämlich aus einem (potentiell) massehaltigen Insolvenzverfahren ein massearmes werden lassen ... Kurz: Soweit das Insolvenzverfahren massearm ist, sind Kreditsicherungsgeschäfte retrograd zur Gewährung verliehener Liquidität unwirksam". *Förster* hält ein Insolvenzverfahren offenbar dann für „massearm", wenn es mangels Masse nicht zu eröffnen oder einzustellen ist, wenn also die „Masseverbindlichkeiten", mit denen er wohl vor allem die Verfahrenskosten meint, nicht gedeckt sind, vgl. etwa a.a.O., 365ff., 392.

dieser Zeit erfolgter Vermögensabfluß kann negative externe Effekte äußern, die die Pareto-Effizienz mindern und aus wirtschaftlicher Sicht zu unterbinden sind.[218] Die besondere Insolvenzanfechtung läßt sich also in der Tat als Instrument zur Wahrung der Allokationseffizienz, nämlich zur Unterbindung negativer externer Effekte einordnen, weil sie solche und nur solche Handlungen erfaßt, die potentiell diese Effekte zeitigen.[219]

Diese These trifft nicht nur für Befriedigungshandlungen, sondern auch für die Bestellung von Kreditsicherheiten zu. Hier darf nicht verwirren, daß solche Kreditsicherungen erst in der Krise des Schuldners wirken und daher gerade im Hinblick auf diese bestellt werden. Denn für die Frage einer Neutralisierung des darin liegenden negativen Effekts spielt es keine Rolle, ob der Gläubiger sofort die volle Gegenleistung erhält, also sogleich voll befriedigt wird, oder deren Wert zunächst im Unternehmen des Schuldners beläßt, aber für den – *ex ante* vorübergehenden – Sicherungszeck rechtlich in Beschlag nimmt. Denn auch im Falle der Bestellung einer Sicherheit findet der Abfluß allgemein haftender Masse sofort statt und wird auch bereits in diesem Zeitpunkt durch entsprechenden Kapitalzufluß, des zu besichernden Kredits nämlich, kompensiert, indem dem Schuldner die Möglichkeit gegeben wird, wieder freie Haftungsmasse zu generieren, und ihm dies bis zum Eintritt der Krise auch gelingt. Erst und nur dann, wenn der Schuldner die mit der Sicherheitenbestellung verbundene Minderung der allgemein haftenden Masse bereits nicht mehr kompensieren kann, weil er in eine das Weiterwirtschaften ausschließende Krise geraten ist, kann die Sicherheitenbestellung negative externe Effekte zeitigen.

Selbst revolvierende Globalsicherheiten, die vor Eintritt der zum wirtschaftlichen Zusammenbruch führenden Krise bestellt wurden, bringen nicht *per se* negati-

---

[218] Dieser Gedanke klingt entfernt an bei *Berges*, 100 Jahre Konkursordnung, 388 f.: Mit der Zahlungs- und Betriebseinstellung schrumpfe der Geschäftsbetrieb des Schuldners auf die Rückabwicklung des Fremdkapitals zusammen, werbende Tätigkeit sei damit unverträglich. Die besondere Konkursanfechtung wende sich gegen insoweit unkaufmännisches Verhalten, indem sie sich der Verschleuderung unternehmerischen Fremdkapitals in jeder Form entgegenstelle. Vgl. auch bereits *Brinkmann*, in: Eidenmüller/Kieninger, Future of Secured Credit, 255 ff.: Im Ausgangspunkt sei die Insolvenzfestigkeit einer Kreditsicherheit als Ausdruck des Prioritätsprinzips gegenüber dem insolvenzrechtlichen Gleichbehandlungsgrundsatz nur zu rechtfertigen, wenn dem Schuldner im Gegenzug frisches Kapital zugeflossen sei, weil dieses den in der Besicherung liegenden Vermögensabfluß und damit den Nachteil der anderen Gläubiger neutralisiere. Da dies bei revolvierenden Globalsicherheiten nicht der Fall sei, will *Brinkmann* für deren Rechtfertigung auf die Zustimmung der ungesicherten Gläubiger abstellen. Vgl. zur Frage, inwieweit die Übernahme eines Ausfallrisikos durch Vergabe ungesicherten Kredits auf freiwilliger Entscheidung beruht, oben § 2 III 2; zum Zusammenhang der Argumentation *Brinkmanns* mit den Pareto-Kriterien *Eidenmüller*, in: Eidenmüller/Kieninger, Future of Secured Credit, 275.

[219] Zu den für das us-amerikanische *fraudulent transfer law* vertretenen Begründungsansätzen, nach denen dieses gewissemaßen aus umgekehrter Perspektive als außervertragliche Regelung zu verstehen ist, welche die Kredtiaufnahmechancen des Schuldners *ex ante* dadurch erhöht, daß sie in Aussicht stellen, bestimmte Transaktionen *ex post* zu revidieren, vgl. nun *Thole*, Gläubigerschutz, 126 ff.

ve externe Effekte für die ungesicherten Gläubiger mit sich.[220] Sie bedürfen allerdings eingehenderer Betrachtung, scheinen solche Sicherheiten doch die Balance zwischen Vermögensverlust durch Erfüllung und Sicherung von Kreditgebern einerseits und Generierung frischer Haftungsmasse zugunsten unbesicherter Gläubiger andererseits gründlich zu stören: Immerhin steht die durch Vermögensumsatz erzeugte Haftungsmasse eben nicht wieder in vollem Umfang dem Zugriff aller offen, sondern nur dem Zugriff bestimmter, besicherter Gläubiger. Im Konflikt konkreter Gläubigergruppen hat dieses Ungleichgewicht eine mittlerweile ausgesprochen detaillierte Übersicherungsrechtsprechung hervorgerufen.[221] Die Praxis sah sich veranlaßt, vermeintlichen Mißständen mittels der Generalklausel des § 138 BGB zu wehren. Daß dies mit großer Konsequenz geschah, liegt wohl nicht zuletzt darin begründet, daß tendenziell bestimmte Gläubigergruppen Nutznießer der Entwicklung publizitätsloser Globalsicherheiten sind: solche nämlich, die entweder einen so starken Einfluß auf ihren potentiellen Schuldner haben, daß er ihnen seinen Vermögensbestand offenlegt – namentlich Banken als besonders stark engagierten Geldkreditgebern. Die Nachteile der beschriebenen Rechtsentwicklung tragen die übrigen Gläubigergruppen, die zu spät, nämlich nach den globalgesicherten Kreditgebern kommen. Hier scheint ein strukturelles Marktversagen vorzuliegen, das in Versuchung führt, durch Einschränkung des Prioritätsgrundsatzes in die Privatautonomie der Handelnden einzugreifen. Jedoch schafft die „Vertragsbruchtheorie" des BGH, die zum Nachrang vorangehender Sicherungszessionen gegenüber der in der Vereinbarung eines verlängerten Eigentumsvorbehalts liegenden Sicherungszession an den Vorbehaltsverkäufer führt und damit die autonome Verfügungsgewalt des Schuldners über sein Vermögen einschränkt,[222] insoweit keine Abhilfe, als keine freie Haftungsmasse entsteht. Vielmehr verschiebt sich der Sicherheitenbestand infolge dieser Rechtsprechung lediglich. Freie Masse zugunsten der ungesicherten Gläubiger schafft der BGH bemerkenswerterweise gerade dort, wo er sich nicht deren Schutz, sondern den Schutz der Handlungsfreiheit des Schuldners auf die Fahnen geschrieben hat: wo übermäßige Besicherungen nach § 138 BGB unter Hinweis darauf kassiert werden, sie schränkten den Schuldner in seiner wirtschaftlichen Bewegungsfreiheit übermäßig ein, „knebelten" ihn also.[223] Denn über die Frage der Wirksamkeit von Sicherungen wird regelmäßig erst gestritten, wenn diese geltend gemacht werden, in der Krise des Schuldners also. Und ist über dessen Vermögen ein Insolvenzverfahren eröffnet, erweitert die Unwirksamkeit der Sicherheitenbestellung nach § 138 BGB nicht etwa die Bewegungsfreiheit des

---

220 Kritisch namentlich insoweit aber *Finch*, MLR 62 (1999), 662f. (zur *floating charge*).

221 Vgl. zu diesem Problemkreis detailliert *Becker*, Maßvolle Kreditsicherung, 209–582.

222 BGH NJW 1959, 1533, 1535ff.; NJW 1999, 940 mit umfangreichem Nachweis der st. Rspr. Vgl. dazu *Drobnig*, Verh. 51. DJT I, F 41ff.

223 Vgl. die Übersicherungsrechtsprechung, die nicht auf Sittenwidrigkeit kollusiven Zusammenwirkens von Schuldner und Gläubiger zu Lasten Dritter, sondern auf die wirtschaftliche Knebelung des Schuldners durch den Gläubiger abhebt, also autonome Entscheidungen beider Teile nicht behindern, sondern die Autonomie des Schuldners fördern soll: BGH WM 1966, 13, 15; NJW 1998, 2047ff. S. auch die Einordnung der Übersicherung als Fall der Knebelung bei *Soergel/Hefermehl*, § 138 Rn. 124ff.

Schuldners, der seine Verfügungsbefugnisse mit der Verfahrenseröffnung verloren hat, sondern mehrt die freie Masse.[224]

Auch diese Rechtsprechung hat letztlich nur zu Randkorrekturen geführt, aber nichts daran geändert, daß gerade Globalsicherungen zur Masselosigkeit vieler Insolvenzverfahren und damit zum Ausfall ungesicherter Gläubiger führen. Auch insoweit aber gilt: Wer nur auf die Krise und den Ausfall der ungesicherten Gläubiger blickt, übersieht leicht, daß gerade die technisch perfektionierte Absicherung der Hauptkreditgeber dem Schuldner vor der Krise eine letztlich unbeeinflußte und effektive Bewirtschaftung seines Vermögens erlaubt hat, die den negativen Effekt der in der Sicherheitenbestellung liegenden Belastung der ungesicherten Gläubiger bis zum Kriseneintritt effektiv ausgeglichen hat. So hat die umfassende Besicherung zu einer Senkung der Kreditkosten, einer Erweiterung des Kreditrahmens und damit einer Mehrung der zur Schaffung neuen Vermögens bewirtschafteten Masse geführt.[225] Nach dem soeben dargestellten Modell führt gerade dies wieder zur Schöpfung freien, ungesicherten Gläubigern haftenden Vermögens: solchem, das dem Zugriff des gesicherten Gläubigers im Regelfall, daß es nicht zur Krise kommt, entwächst. Denn dieser Zugriff ist trotz des scheinbar umfassenden Sicherungsgegenstandes zum einen deshalb möglich, weil dem Schuldner die Verfügung über die Sicherungsgegenstände nach der Sicherungsabrede zunächst erlaubt bleibt, zum anderen nach dem Recht der Übersicherung ohnehin genau begrenzt. Die Bestellung von Globalsicherheiten unterscheidet sich von anderen Verfügungen nur durch das Maß des betroffenen Vermögens, aber nicht strukturell; der in ihr liegende negative Effekt auf die ungesicherten Gläubiger wird aus denselben Gründen wieder ausgeglichen, seine allokationseffizienzmindernde Wirkung folglich im Ansatz neutralisiert, wie im Fall der Bestellung anderer Sicherheiten: Der durch sie bedingte Zufluß von Kapital ermöglicht die Erwirtschaftung offenen, allen Gläubigern haftenden Vermögens. Erst in der Krise, in der das Kapital zur Erwirtschaftung frei haftenden Vermögens nicht mehr ausreicht, erweist sich diese Grundannahme des Modells als falsch, und es können negative externe Effekte auftreten.

Die privatautonome Verteilung haftender Masse, sei es durch Befriedigung von Forderungen oder durch Bestellung von Sicherheiten, belastet die ungesicherten Gläubiger nicht, solange es dem Schuldner gelingt, durch Weiterwirtschaften neue, freie Haftungsmasse zu generieren, die zur Erfüllung der fälligen Forderungen ausreicht. Erst wenn dies nicht mehr gelingt, der Schuldner also in eine zur Insolvenzreife führende Krise geraten ist, kann die Befriedigung oder Absicherung einzelner Gläubiger einen die Allokationseffizienz beeinträchtigenden negativen Effekt mit sich bringen. Erst ab diesem Zeitpunkt kann es aus wirtschaftlicher Sicht geboten sein, Sicherungs- und Befriedigungshandlungen zu unterbinden. Das für die Auslösung der besonderen Insolvenzanfechtung zentrale Merkmal des Kriseneintritts läßt sich also auf Erwägungen zurückführen, mit denen auch das Versagen der Vertragsfreiheit in diesem Bereich aus ökonomischer Sicht zu begründen ist. Die besondere

---

[224] Vgl. Jaeger/*Henckel*, § 129 Rn. 256.

[225] Vgl. dazu – mit Belegen aus der englischen Praxis – *Mokal*, OJLS 22 (2002), 718ff.

Insolvenzanfechtung läßt sich aus ökonomischer Perspektive als ein Instrument begreifen, das dazu dient, potentielles Versagen des Instituts der Vertragsfreiheit auf dem Gebiet der Verteilung haftender Masse zu korrigieren.

b) Besondere Insolvenzanfechtung als Korrektur der potentiellen Angemessenheitsverfehlung

Weniger konkret sind die aus den Thesen Habersacks zu entwickelnden Vorgaben, wonach die Regelungsinteressen von Schuldner und bevorzugtem Gläubiger gegen das Interesse des ungesicherten Gläubigers abzuwägen sind, von der Bevorzugung des anderen Gläubigers nicht negativ betroffen zu werden. Es fragt sich, ob sich der Eintritt der zur Insolvenzreife führenden Krise des Schuldners als entscheidender Faktor dieser Abwägung sehen läßt.

Diese Frage ist dem Grunde nach bereits durch das soeben zur Allokationseffizienz Gesagte beantwortet. Auf die fehlende Angemessenheitsvermutung im Falle von Drittbelastungen gemünzt, ergibt sich danach folgendes: Solange der Schuldner sich nicht in einer das Weiterwirtschaften ausschließenden Krise befindet, wird die in der Verteilung seines haftenden Vermögens liegende Drittbelastung reflexartig dadurch neutralisiert, daß das im Gegenzug zufließende Kapital es dem Schuldner ermöglicht, Masse zu erwirtschaften, die eine Befriedigung auch der anderen Gläubiger sicherstellt. Außerhalb der Krise wird also die mit dem Kapitalabfluß einhergehende Erhöhung des Ausfallrisikos der anderen Gläubiger durch eine in der Ermöglichung weiteren Wirtschaftens durch den Schuldner liegende Erhöhung der Befriedigungschancen ausgeglichen. Und solange keine die wirtschaftliche Existenz des Schuldners vernichtende Krise eintritt, er also fällige Forderungen auch ungesicherter Gläubiger bedienen kann, verwirklichen sich tatsächlich nur diese Chancen, nicht die Risiken. Erst mit der Krise wird die tendenziell drittbelastende Wirkung der Masseverteilung relevant. Erst jetzt wirkt sich aus, daß der Vertragsschlußmechanismus eine angemessene Berücksichtigung der Interessen der anderen Gläubiger nicht erwarten läßt, der vertraglichen Verteilung der Haftungsmasse also die Angemessenheitsvermutung fehlt, welche die Geltung vertraglicher Regelungen erst legitimiert. Indem die Insolvenzanfechtung hier ansetzt und (nur) nach Eintritt der Krise erfolgende Verteilungen der Haftungsmasse revidiert, läßt sie sich also auch unter diesem Aspekt als Korrektur des diesbezüglichen Funktionsversagens der Vertragsfreiheit, als Instrument zum Schutz der Privatautonomie der übrigen Gläubiger begreifen.

c) Ohne unmittelbare Mitwirkung des Schuldners erlangte Deckungen

Während § 132 InsO nur Rechtshandlungen des Schuldners der Anfechtbarkeit unterwirft, können §§ 130, 131 InsO auch solche Rechtshandlungen erfassen, an denen der Schuldner nicht unmittelbar beteiligt war, die womöglich gar gegen seinen Willen erfolgten: Zu denken ist hier etwa an das besonders praxisrelevante Beispiel einer im Zuge der Zwangsvollstreckung erlangten Deckung.[226] Da das so-

[226] Zu deren Anfechtbarkeit noch eingehend unter § 12 III.

eben entworfene Modell die besondere Insolvenzanfechtung als Korrektur eines Funktionsversagens des Instituts der Vertragsfreiheit erklären will, scheint es sich für solche Fälle als ungeeignet zu erweisen, weil die anfechtbare Deckung nicht unmittelbar auf einer privatautonomen Entscheidung des Schuldners beruht.

Ein solcher Einwand ginge indes fehl. Ein Gläubiger kann auf das ihm haftende Vermögen des Schuldners nur dann einseitig zugreifen, wenn der Staat ihm dies ermöglicht; geschieht dies – sei es im Vollstreckungs-, sei es auf anderem Wege –, wird damit nur die ausbleibende freiwillige Erfüllungs- oder Sicherungshandlung des Schuldners, genauer: der Wille des Schuldners, die geschuldete Handlung vorzunehmen, ersetzt. Wenn aber der einseitige Haftungszugriff des Gläubigers eine zu entsprechenden Ergebnissen führende, freiwillige Handlung des Schuldners nur ersetzt, ist er mit dieser funktionsäquivalent. Ein ohne Beteiligung des Schuldners erfolgender Zugriff des Gläubigers auf das haftende Vermögen, namentlich im Rahmen der Einzelzwangsvollstreckung, ist daher genauso Ausdruck einer privatautonomen Masseverteilung, wie es eine freiwillige Deckungshandlung des Schuldners gewesen wäre, an deren Stelle dieser Zugriff tritt. Auch für solche Zugriffsakte also paßt das hier entwickelte Erklärungsmodell der besonderen Insolvenzanfechtung.

IV. Ergebnis

Die historisch recht junge, mit der besonderen Insolvenzanfechtung durchgesetzte Rückwirkung des Grundsatzes der *par condicio creditorum* auf die Zeit ab Eintritt der zur Verfahrenseröffnung führenden Krise steht in einem gewissen Widerspruch damit, daß die Rechtsordnung zugleich Kreditsicherungsmittel zur Verfügung stellt, die eine bevorzugte Befriedigung des Gläubigers gerade in der Insolvenz des Schuldners ermöglichen sollen. Mit einem materiellen Rechtsverhältnis zwischen den Gläubigern läßt sich die Rückwirkung der *par condicio creditorum* nicht erklären, geschweige denn der Widerspruch mit dem Kreditsicherungsrecht auflösen.

Am ehesten läßt sich die besondere Insolvenzanfechtung als Instrument zum Schutz des Selbstbestimmungsrechts der durch bevorzugte Befriedigungen oder Sicherungen benachteiligten Gläubiger deuten. Sofern sich die privatautonome Verteilung der Haftungsmasse auf die anderen Gläubiger negativ auswirkt, was erst ab Eintritt der zur Insolvenzverfahrenseröffnung führenden Krise des Schuldners der Fall ist, liegt dies außerhalb des Funktionskreises der Vertragsfreiheit, und zwar sowohl im Hinblick auf die aus dem Vertragsschlußmechanismus folgende Vermutung zugunsten der Angemessenheit vertraglicher Regelungen als auch im Hinblick auf die gesamtwirtschaftliche Ordnungs- und Planungsfunktion der Vertragsfreiheit. Dieses strukturelle Versagen des Instituts der Vertragsfreiheit korrigiert die besondere Insolvenzanfechtung.

Zweiter Abschnitt: Verfassungsrechtliche Vorgaben

§ 3 Die Grundrechte als Maßstab für das Anfechtungsrecht

Da die Anfechtung Vermögenspositionen nicht schafft, sondern umverteilt, steht der durch die Anfechtung herbeigeführten Vermehrung des haftenden Vermögens des Schuldners notwendigerweise die Verminderung des Vermögens eines Dritten gegenüber. Es stellt sich die Frage, ob sich diese – gegebenenfalls mit staatlichen Zwangsmitteln durchgesetzte – Vermögensverschiebung einer Überprüfung anhand der Verfassung stellen muß und ob sie ihr gegebenenfalls – kraft der ihr zugrundeliegenden, bereits herausgearbeiteten Wertentscheidungen – standzuhalten vermag.

Der Frage, ob das Anfechtungsrecht in Grundrechte der Beteiligten eingreift, sie möglicherweise sogar verletzt, ist die Frage vorgelagert, ob sich das Anfechtungsrecht überhaupt an den Grundrechten der Beteiligten messen lassen muß, genauer: ob der Gesetzgeber bei Setzung des Anfechtungsrechts (dazu sogleich I.) und der Richter bei Anwendung des Anfechtungsrechts (dazu II.) die Grundrechte der Beteiligten zu beachten hat.

I. Die Bindung des anfechtungsrechtlichen Gesetzgebers an die Grundrechte

Der Wortlaut des Art. 1 III GG legt die vorbehaltlose Bejahung der Frage nach der Bindung von Gesetzgeber und Richter als Teilen der öffentlichen Gewalt an die Grundrechte nahe. Bekanntlich liegen die Dinge indes komplizierter. Im Folgenden ist daher zunächst die Frage zu erörtern, ob der Gesetzgeber bei der Setzung von Anfechtungsrecht überhaupt an die Grundrechte gebunden ist (sogleich unter 1.), sodann ist herauszuarbeiten, wie weit eine solche Bindung reicht (unten 2.).

1. Begründung einer Grundrechtsbindung

a) Problemstellung

Das Anfechtungsrecht regelt in erster Linie einen privaten Interessenkonflikt. Außerhalb des Insolvenzverfahrens nämlich ist die Anfechtung Mittel zur Erweiterung des Vollstreckungszugriffs des Anfechtenden, zielt also auf Befriedigung dessen privater Ansprüche und geht auf Kosten der privaten Vermögensinteressen des Anfechtungsgegners. Für die Anfechtung im Insolvenzverfahren gilt nichts anderes: Die Anfechtung führt zu einer Mehrung der Verwertungsmasse, aus der wiederum, auch im Falle einer nach § 1 InsO anzustrebenden Unternehmenssanierung, die Insolvenzgläubiger bestmöglich zu befriedigen sind.[1]

Wenn man nun die Setzung und Auslegung des Anfechtungsrechts den Grundrechten der Beteiligten unterstellt, beeinflussen diese den Ausgleich privater Interessen. Anders gesagt: Auch wenn man von einer *Geltung* der Grundrechte nur gegenüber dem Staat ausgeht, also annimmt, ihre Normge- und -verbote richteten sich nur an die staatliche Gewalt, würden die Grundrechte also auch im beidseitig privaten Rechtsverhältnis *wirken*, sich nämlich auf die Rechtslage zwischen Privatrechtssubjekten auswirken: Haben Legislative und Judikative bei Setzung und Anwendung des Anfechtungsrechts etwa das Grundrecht des Anfechtungsgegners aus Art. 14 GG einschränkend zu berücksichtigen, so hat dies unmittelbaren Einfluß auf die Rechte des Anfechtenden, auch wenn sich das Normgebot nicht an ihn, sondern nur an den Staat richtet.[2]

---

1 Zum Vorrang des Befriedigungszwecks gegenüber den übrigen Insolvenzzwecken, vor allem der Unternehmenssanierung, MünchKommInsO/*Stürner*, Einleitung Rn. 1, und MünchKomm-InsO/*Ganter*, § 1 Rn. 20; *Prütting*, Kölner Schrift, Kap. 1 Rn. 61.

2 Das Vokabular ist, sofern zwischen Geltung und Wirkung überhaupt unterschieden wird, seit *H. P. Ipsen*, Gleichheit, 143, umgekehrt geprägt. Vgl. etwa *Canaris*, JZ 1988, 495, und Grundrechte, 35f.: „Sieht man genauer hin, so stellt man indessen fest, daß [*J. Hager*] sich mit der Frage nach dem *Adressaten* der Grundrechte gar nicht befaßt und nur die Unmittelbarkeit der *Geltung* meint" (Hervorhebungen im Original); später spricht *Canaris* freilich von einer „Wirkung" der Grundrechte gegenüber Privaten trotz ihrer Adressierung an den Staat, ebd., 38. Auch *Hirsch*, *Niebler* und *Steinberger* in ihrem abweichenden Votum BVerfGE 52, 171, 173, sowie *Hermes*, NJW 1990, 1764, *Diederichsen*, AcP 198 (1998), 202, *Schnapp/Kaltenborn*, JuS 2000, 939, *Ruffert*, Vorrang der Verfassung, 91, *G. Hager*, JuS 2006, 770, *Th. Koch*, Grundrechtsschutz des Drittbetroffenen, 449 (sehr pointiert: „... bewirkt eine solche Einwirkung der Grundrechte auf das Zivilrecht folglich nichts anderes als deren *Geltung*: ..."), und Maunz/Dürig/Herzog/Scholz/*Herdegen*, Art. 1 Abs. 3 Rn. 59, setzen eine direkte Bindung der Privatrechtssubjekte mit einer unmittelbaren Drittwirkung gleich. Nach *Windel*, Der Staat 37 (1998), 386, sollen die Grundrechte wegen ihrer Staatsgerichtetheit nicht zwischen Privaten wirken können. Wie hier dagegen *Maurer*, Staatsrecht I, § 9 Rn. 38 a.E.; *Alexy*, Theorie der Grundrechte, 490f., und *Classen*, AöR 122 (1997), 66 (Drittwirkung als Frage der *Beeinflussung* rechtlicher Beziehungen zwischen Privaten), sowie *Leuschner*, Verkehrsinteresse und Verfassungsrecht, 76f.; *Oldiges*, FS Friauf, 282; *Isensee*, Grundrecht auf Sicherheit, 35f. Viele trennen nicht zwischen Wirkung und Geltung, so neben *Lücke*, JZ 1999, 377 („Die horizontale Geltung (Drittwirkung) der Grundrechte ...") etwa *Stein*, StaatsR III/1, § 76 I 1, für den die Frage nach einer Wirkung der Grundrechte im Bürger-Bürger-Verhältnis vor allem eine Frage danach ist, ob auch Privat-

Heute wird nicht mehr vertreten, daß die Grundrechte zwischen Privaten im vorstehenden Sinne Geltung entfalten, ihre Normbefehle sich also an Private richten.[3] Andererseits wird nicht mehr bestritten, daß die Grundrechte zwischen Privatrechtssubjekten Wirkung im vorgenannten Sinne entfalten.[4] Zu den nach wie vor umstrittensten Fragen des Verfassungsrechts aber gehört diejenige nach Grund, Art und Intensität dieser Wirkung.[5] Der Streit wird nicht zuletzt deshalb mit nicht erlahmender Verve geführt, weil er eine Stellungnahme im Spannungsfeld zwischen zwei Polen verlangt:[6] einerseits der möglichst effektiven Umsetzung der von den Grundrechten aufgerichteten objektiven Werteordnung,[7] andererseits der weitestmöglichen Bewahrung autonomer, von staatlicher Einflußnahme freier Privatrechtsverhältnisse – und eines vom Gängelband[8] des Verfassungsrechts möglichst weitgehend verschonten Zivilrechts.[9]

---

personen die Grundrechte zu beachten haben, und der meint, daß hier von Geltung besser keine Rede sein solle, weil Grundrechte als Rechtsnorm entweder schlicht gälten oder nicht, vgl. dort auch Fn. 1 und 7. Geltende Normen können freilich einen begrenzten Adressatenkreis haben, also etwa gegenüber dem Staat gelten, gegenüber Privaten jedoch nicht.

[3] So noch die, nach hier vertretener Ansicht ungenau bezeichnete, ursprüngliche Lehre von der unmittelbaren Drittwirkung *Nipperdeys*, Grundrechte und Privatrecht, 24, 26, der in der Tat meinte, aus den Grundrechten flössen subjektive private Rechte; vgl. noch die Verteidigung dieser Lehre bei *Leisner*, Grundrechte und Privatrecht, 356ff. Auch der erste Senat des BAG ging lange Zeit von einer unmittelbaren Geltung der Grundrechte zwischen Personen des Privatrechts aus, BAGE 1, 185, 191ff.; BAGE 4, 274, 276ff. (Grundrechte als Verbotsnormen iSd § 134 BGB); aufgegeben in BAGE 47, 363, 373. Hier geht es weder um Dritt- oder Dreiecksverhältnisse noch um faktische Wirkung, sondern um eine unmittelbare Geltung der Grundrechte zwischen Privaten. In diese Richtung gehen wohl auch die Ausführungen *Lückes*, JZ 1999, 377ff., der aus Art. 19 III GG eine grundsätzliche Grundrechtsverpflichtung Privater ableiten will.

[4] *Alexy*, Theorie der Grundrechte, 480; *Stern*, StaatsR III/1, § 76 I 4 e β.

[5] Zur ungebrochenen Aktualität der Frage etwa *Canaris*, Grundrechte, 9f.

[6] Vgl. nun auch *G. Hager*, JuS 2006, 769ff.

[7] Grundlegend für die Lehre von einer objektiven verfassungsrechtlichen Werteordnung in diesem Zusammenhang *Dürig*, AöR 81 (1956), 117ff.

[8] *Enders*, Der Staat 35 (1996), 351, spricht davon, daß die grundrechtlichen Schutzpflichten den Gesetzgeber verstärkt an die „kurze Leine des Verfassungsrechts" nähmen.

[9] So großes Lob man dem Bonner Grundgesetz insgesamt und besonders dem Grundrechtsabschnitt spendet, so sehr sind viele über verfassungsrechtliche Einflüsse auf das Zivilrecht besorgt. Schon *Dürig*, FS Nawiasky, 175, befürchtete, eines schwarzen Tages würden die Vindikation und die *actio negatoria* auf Art. 14 GG gestützt. Für *Diederichsen*, AcP 198 (1998), 220, ist die vom BVerfG verfolgte Einwirkung der Grundrechte besonders auf das Mietrecht gar „Wurmfraß im Möbel der Zivilrechtsdogmatik"; andernorts spricht er von einer bewußten „Usurpation" des Zivilrechts durch das BVerfG, JURA 1997, 57. *Medicus*, AcP 192 (1992), 60, erhöht – gleichsam als Verteidigungsmaßnahme – die Privatrechtsdogmatik zu einem eigenständigen Verfassungswert. *Ossenbühl*, DVBl 1995, 910, spricht von einer „gefährlichen Radioaktivität", zu der sich die Ausstrahlungswirkung der Grundrechte auf das Privatrecht ausgewachsen habe. Vielsagend sind auch die Ausführungen von *Großfeld*, NJW 1995, 1719ff., der Goethes Faust I bemüht: „Vernunft wird Unsinn; Wohltat Plage/Weh dir, daß du ein Enkel bist!/Vom Rechte, das mit uns geboren ist,/Von dem ist, leider! nie die Frage." Das Zitat richtet sich freilich gegen seinen Verwender, wenn man bedenkt, daß hier Mephistophe-

b) Öffentlich-rechtlicher Charakter des Anfechtungsrechts als Begründung der Grundrechtsbindung

Es griffe zu kurz, wollte man sich für die Zwecke der vorliegenden Untersuchung darauf zurückziehen, daß das Anfechtungs- als Teil des Vollstreckungsrechts dem öffentlichen Recht angehöre,[10] und daß der Gesetzgeber jedenfalls dann unstreitig an die Grundrechte gebunden sei, wenn er öffentliches Recht setze.[11] Man begäbe sich damit in die Gefahr zirkulärer Argumentation, denn die Grundrechtsunterworfenheit spielt jedenfalls mittelbar auch eine Rolle bei der Unterscheidung zwischen öffentlichem und Privatrecht.[12] Zudem ist durchaus zweifelhaft, ob man wirklich alle dem Vollstreckungsrecht zugeschlagenen Normen für öffentliches Recht halten kann.[13] Vor allem aber überdeckte man mit dieser formalen Argu-

---

les spricht, der einen jungen, unbedarften Schüler verwirren will. Zur „Hyperkonstitutionalisierung" des Verfahrensrechts mit zahlreichen weiteren Nachweisen *Fischer*, Zivilverfahrens- und Verfassungsrecht, 5ff.; *ders.*, Vollstreckungszugriff, 2ff.

[10] Die These vom öffentlich-rechtlichen Charakter des Vollstreckungsrechts herrscht spätestens seit *Stein*, Grundfragen, 7 und passim. Vgl. heute statt vieler *Lepa*, Insolvenzordnung und Verfassungsrecht, 28f. (die aber gerade das Insolvenzverfahrensrecht nicht einheitlich dem öffentlichen Recht zuordnen will), *Rosenberg/Gaul/Schilken*, Zwangsvollstreckungsrecht, § 1 III, sowie das Sondervotum *Böhmers* in BVerfGE 49, 220, 231. Weiter *Stamm*, Prinzipien und Grundstrukturen, 22f., der diese Einordnung allerdings auf „die staatliche Gewaltanwendung im Verhältnis zwischen Staat und Schuldner beschränkt" und nicht auf das Verhältnis zwischen Gläubiger und Schuldner erstreckt wissen will. Ob diese Kriterien eine randscharfe Abgrenzung erlauben, ist zweifelhaft, weil die staatliche Gewaltanwendung oder -drohung zur Vollstreckung zivilrechtlicher Titel sich in Umfang und Inhalt nach diesen und daher letztlich nach dem Verhältnis zwischen Gläubiger und Schuldner richtet.

[11] In der Literatur werden gesamt- und einzelzwangsvollstreckungsrechtliche Regelungen freilich ohne weitere Überprüfung der Grundrechtsgebundenheit des Gesetzgebers auf diesem Feld an den Grundrechten gemessen, vgl. etwa *Gerhardt*, ZZP 95 (1982), 467ff.; *Schlosser*, ZZP 97 (1984), 121ff.; *Stürner*, ZZP 99 (1986), 295f.; *Seuffert*, ZIP 1986, 1157ff.; *Serick*, Eigentumsvorbehalt VI, 854ff.; *Welbers*, Prioritätsprinzip, 119ff.; zur Behandlung publizitätsloser Sicherheiten in der Insolvenz *Baum*, KTS 50 (1989), 563ff.; zum gesamtvollstreckungsrechtlichen Gleichbehandlungsgrundsatz MünchKommInsO/*Stürner*, Einleitung Rn. 95. Vgl. auch *Böhmer*, abw. M. in BVerfGE 49, 228ff. Zum (konkreten) „Vollstreckungszugriff als Grundrechtseingriff" nun umfassend die gleichnamige Habilitationsschrift von *Fischer*.

[12] Zu weit geht allerdings *Schwabe*, AöR 100 (1975), 442 Fn. 1: An grundrechtlichen Freiheitssphären zu messendes Recht lasse sich nicht als Privatrecht qualifizieren.

[13] Gerade das Anfechtungsrecht zeigt, wie problematisch solche Pauschalierungen sind. Nach der überkommenen Interessentheorie liegt eine privatrechtliche Einordnung des gesamten Vollstreckungsrechts näher, da es in erster Linie der Verwirklichung privater Rechte dient, erst in zweiter Linie dem öffentlichen Interesse an einem funktionierenden Rechtsverkehr. Nach der Subordinationstheorie können zwar solche Normen des Vollstreckungsrechts als öffentlich-rechtlich eingeordnet werden, die den Vollstreckungsorganen hoheitliche Befugnisse zuweisen (vgl. auch *Stamm*, Prinzipien und Grundstrukturen, 22f., 169f.), nicht aber notwendigerweise auch Normen, die über die inhaltliche Reichweite des Vollstreckungszugriffs entscheiden, und zu diesen muß man das Anfechtungsrecht zählen. Da an den zu verteilenden Positionen die öffentliche Hand nicht beteiligt ist, gelangte auch die (modifizierte) Subjektstheorie zur privatrechtlichen Einordnung der entsprechenden Normen. Allgemein zur Abgren-

mentation nur das eigentliche Bedenken gegen eine Überprüfung des Anfechtungsrechts anhand der Grundrechte, welches eben darin liegt, daß das Anfechtungsrecht in erster Linie dem Ausgleich konkreter privater Interessen dient und öffentliche Belange allenfalls mittelbar berührt. Ungeachtet der Frage, ob es sich beim Anfechtungsrecht um öffentliches oder um Privatrecht handelt:[14] Mißt man es an den Grundrechten, beeinflussen diese den Ausgleich privater Interessen und entfalten damit Wirkung zwischen Privaten.

c) Relevanz der Drittwirkungslehre

Die Diskussion um die Grundrechtswirkungen zwischen Privaten ist durch das Lüth-Urteil des BVerfG in den Fokus wissenschaftlicher Auseinandersetzung geraten; dort ging es freilich – jedenfalls vordergründig – nicht um die Grundrechtsbindung des Gesetzgebers, sondern diejenige des Richters bei der Beurteilung privater Interessenkonflikte. Das Gericht stellte fest, daß der Richter hierbei Grundrechte nur verletzen könne, wenn die Grundrechte auch hier gälten, was nicht schon deshalb der Fall sei, weil der Richter hoheitliche Gewalt ausübe.[15] Grundrechte wirkten auch im Privatrecht, jedoch entfalteten sie hier nicht ihre primäre Abwehrfunktion, sondern gälten nur als „objektive Werteordnung“, wie sie in allen Bereichen des Rechts zu berücksichtigen sei.[16] Diesem „Einfluß“ der Grundrechte auf das bürgerliche Recht könne und müsse die Rechtsprechung „vor allem“ durch entsprechende Auslegung der Generalklauseln zum Durchbruch verhelfen.[17]

Diese Rechtsprechung ist der Ausgangspunkt des Streits um die „(mittelbare) Drittwirkung“[18] der Grundrechte. Dieser, den Streit bis heute trotz aller Kritik[19]

---

zung des Privatrechts vom öffentlichen Recht vgl. etwa *Bydlinski*, AcP 194 (1994), 319ff., und *Leisner*, JZ 2006, 869ff.

[14] Zur Geeignetheit öffentlichen wie Privatrechts zur Regelung von Grundrechtskonflikten *Bethge*, Grundrechtskollisionen, 366ff. – Derselbe Gedanke liegt der Folgerung von *Canaris*, AcP 184 (1984), 212, zugrunde, gewissermaßen in umgekehrter Richtung: Da auch öffentliches Recht, etwa Baurecht und Strafrecht, der Lösung privater Konflikte dienen könne, nehme eine Grundrechtswirkung im Privatrecht keine Sonderstellung ein. Vgl. auch *dens.*, JuS 1989, 162, sowie noch Grundrechte, 12ff. und unten § 3 bei und nach Fn. 41. – Daß es für die Grundrechtsgeltung auf die Zuordnung der fraglichen Norm zum Privat- oder zum öffentlichen Recht allein nicht ankommen kann, zeigt anschaulich das Beispiel von *Schwabe*, AcP 185 (1985), 1f.; weitergehend *ders.*, Drittwirkung, 26ff.

[15] BVerfGE 7, 198, 203.

[16] BVerfGE 7, 198, 204f. Dazu scharfe Kritik von *Diederichsen*, JURA 1997, 60ff.

[17] BVerfGE 7, 198, 206. In späterer Zeit bis heute bezieht sich das BVerfG zur Begründung einer Einwirkung der Grundrechte auch auf Rechtsverhältnisse zwischen Privaten immer wieder auf eine grundrechtswirkungsvermittelnde Funktion des Privatrechts, insbesondere der Generalklauseln, vgl. etwa BVerfGE 42, 143, 148; BVerfGE 73, 261, 269; BVerfGE 89, 214 (LS), 229; BVerfGE 103, 89, 100.

[18] Das Wort „Drittwirkung“ wurde geprägt von *H.P. Ipsen*, Gleichheit, 143. *Nipperdey*, RdA 1950, 121ff., sprach noch – genauer – von einer *Geltung* der Grundrechte zwischen „Rechtsgenossen“, von deren Bindung an die Grundrechte.

[19] *Stern*, StaatsR III/1, § 76 I 2; *H.-J. Koch*, GS Jeand'Heur, 153; *Rüfner*, HBdStR V, § 117 Rn. 58; *Jarass*, HBdGR II, § 38 Rn. 65. Vgl. insbesondere die neue, weiterführende Deutung

beherrschende Ausdruck ist diffus und kein dogmatischer Begriff, der die Erfassung des Problems und seine Lösung förderte.[20] Die Unklarheit, ob und wie zwischen einer Wirkung der Grundrechte und ihrer Geltung differenziert wird,[21] fördert Mißverständnisse bei der Verortung der Standpunkte.[22] Der Drittbezug überdeckt, daß es dem im Streit Stellung Nehmenden zuweilen letztlich doch um die Geltung der Grundrechte zwischen Bürger und Staat geht, aus der sich Grundrechtswirkungen auch zwischen Privaten ableiten.[23] Das „Mittelbare" der Grundrechtswirkung schließlich verleitet zur Vagheit[24] in zweierlei Hinsicht: Einerseits werden das Medium der Grundrechtswirkung[25] und die Wirkungsweise der Vermittlung nicht eindeutig bezeichnet; vor allem aber wird die Intensität der Grundrechtswirkung einer Bestimmung entzogen, was auch von einer klaren Positionierung im eingangs beschriebenen Spannungsfeld enthebt.[26]

Über die Grundrechtsbindung des Gesetzgebers bei Regelung privater Konfliktlagen kann die „mittelbare Drittwirkung" jedenfalls dann nichts aussagen, wenn man sie mit dem BVerfG im Sinne der dogmatischen Grundlegungen Günter Dürigs[27] versteht. Danach bedeutet die „Mittelbarkeit" der „Wirkung" der Grundrechte zwischen Privaten in Abgrenzung zur von Hans Carl Nipperdey propagierten unmittelbaren Drittwirkung,[28] daß die Grundrechte nicht unmittelbar zwischen

---

Alexy, Theorie der Grundrechte, 130 ff., 475 ff. – Anders *Ruffert*, Vorrang der Verfassung, 10: Der Begriff „Drittwirkung" beschreibe anschaulich Inhalt und Grenzen der dogmatischen Erörterung.

20 S. bereits oben Fn. 3. Zum Streitstand vgl. *Ruffert*, Vorrang der Verfassung, 8 ff.

21 Vgl. schon oben Fn. 2. *Zöllner*, AcP 196 (1996), 6, 11, meint, die Verpflichtung des Richters, den Grundrechten mit den Mitteln des Zivilrechts Geltung zu verschaffen, komme ihrer unmittelbaren Geltung zwischen Privaten gleich; vgl. nun auch *Pestalozza*, Die echte Verfassungsbeschwerde, Rn. 23 ff. Richtiger sollte hier von unmittelbarer *Wirkung* die Rede sein, gegen die sich jedenfalls mit begrifflichen Gegenschlüssen aus Art. 1 III und 9 III GG nicht argumentieren läßt. Dagegen spricht *Schwabe*, AöR 100 (1975), 442, gar von einer „Geltung" des Art. 3 GG „gegenüber Privatrechtsgesetzen".

22 Symptomatisch die Vorwürfe *Diederichsens*, AcP 198 (1998), 201, *Canaris* alterniere flexibel zwischen mittelbarer und unmittelbarer Drittwirkung, was auf einem terminologischen Mißverständnis beruht; *Canaris*, Grundrechte, 35 mit Fn. 82 („terminologische Verwirrung").

23 *Schwabe*, Drittwirkung, zusammenfassend 45 ff., 155, 157, hält den Streit um die Drittwirkung daher für ein Scheinproblem.

24 Davon spricht auch *Lerche*, FS Odersky, 230 f.

25 Ins Dunkle führt es, wenn das BVerfG in Anlehnung an *Dürig* (etwa: FS Nawiasky, 176 ff.) wiederholt davon spricht, „insbesondere" oder „vor allem" die Generalklauseln vermittelten eine Grundrechtswirkung; vgl. die Nachweise in Fn. 17. Wie und warum soll sich die grundrechtsvermittelnde Wirkung anderer Normen des Privatrechts davon unterscheiden? Kann sich die (gebotene) Grundrechtswirkung tatsächlich mit der (faktischen) Auslegungsfähigkeit der diese vermittelnden Norm verringern? Kritisch schon *Stern*, StaatsR III/1, § 76 III 3 b.

26 *Diederichsen*, AcP 198 (1998), 175, spricht von einer scheinbaren Absicherung des Selbstverständnisses der Zivilrechtler durch die „Lehre bloß mittelbarer Drittwirkung".

27 *Dürig*, AöR 81 (1956), 117 ff.; *ders.*, FS Nawiasky, 157 ff.

28 *Nipperdey*, RdA 1950, 124 ff.

Privaten gelten, weil diese nicht Adressaten dieser Normen sind.[29] Positiv bedeutet sie, daß die Grundrechte auf Rechtsverhältnisse zwischen Privaten einwirken, und zwar vermittelt durch das gesetzte Recht, das die Rechtsverhältnisse jeweils regiert: „Der Rechtsgehalt der Grundrechte entfaltet sich im Privatrecht durch das Medium der dieses Rechtsgebiet unmittelbar beherrschenden Rechtsvorschriften."[30] Wenn die Vermittlung der Grundrechtswirkung danach durch bereits gesetztes Recht geschieht, kann die Grundrechtseinwirkung auf die Rechtssetzung ihrerseits nicht mit „mittelbarer Drittwirkung" in diesem Sinne beschrieben werden.[31] Zum einen stellt sich das praktische Problem, wie man etwa anhand der „grundrechtsdurchwirkten" Generalklausel des § 242 BGB anderes Privatrecht auf seine Verfassungsmäßigkeit prüfen soll: § 242 BGB böte dafür, selbst bei grundrechtsförderndster Auslegung, keinen Maßstab.[32] Ferner stehen gesetztes und zu setzendes Privatrecht auf derselben Stufe der Normenpyramide; das eine hat keinen Geltungsvorrang vor dem anderen.[33] Stellte man sich vor, das Privatrecht wäre noch völlig unkodifiziert, könnte der Gesetzgeber in verfassungskonformer Weise Privatrecht setzen, das keiner grundrechtsvermittelnden Auslegung zugänglich ist. Dadurch könnte sich der Privatrechtsgesetzgeber gänzlich und auf Dauer systematisch der Grundrechtsbindung entziehen; der Anwendungsvorrang des Privatrechts wüchse sich endgültig zum Geltungsvorrang aus. Diese Hypothese verdeutlicht, daß man anhand grundrechtsvermittelnden Privatrechts nicht die Vereinbarkeit einer gesetzten Norm mit den Grundrechten kontrollieren kann, sondern nur, ob sich die Norm in das System des gesetzten Rechts einfügt.

---

[29] Die Mittelbarkeit bezieht sich also auf die Geltung als Ursache, nicht auf die Wirkung als Ergebnis. Die Wirkungen der Grundrechte treffen den Privaten selbst, sind also, soweit vorhanden, in diesem Sinne stets unmittelbar. Nach *Alexy*, Theorie der Grundrechte, 490, besteht die „[u]nmittelbare Drittwirkung ... darin, daß aus grundrechtlichen Gründen bestimmte Rechte ..., Freiheiten und ... Kompetenzen ... in der Bürger/Bürger-Relation bestehen, die ohne diese Gründe nicht bestehen würden". Eine solche auf die faktische Wirkung bezogene Definition hebt den Gegensatz zwischen mittelbarer und unmittelbarerer Drittwirkung auf, *Alexy*, ebenda; kritisch daher *Canaris*, Grundrechte, S. 35f. Fn. 83. Auch insoweit führt die fehlende Differenzierung zwischen Geltung und Wirkung zu Mißverständnissen, vgl. bereits Fn. 2 und 26.

[30] BVerfGE 7, 198, 205 (Lüth); nahezu gleichlautend noch BVerfGE 89, 214, 229f. (Bürgschaft). *Dürig*, FS Nawiasky, 158 mit Fn. 2.

[31] So bereits deutlich *Rupp*, AöR 101 (1976), 170, und *Stern*, StaatsR III/1, § 76 IV 2 a. Dennoch wird die Drittwirkung verbreitet auch mit der Grundrechtsbindung des Gesetzgebers in Verbindung gebracht: etwa von *J. Hager*, Verkehrsschutz, 10, 19ff., aber auch von *Rüfner*, HbdStR V, § 117 Rn. 75, und *Oeter*, AöR 119 (1994), 535; ferner *Looschelders/Roth*, JZ 1995, 1037, die von einer Grundrechtsbindung des Gesetzgebers handeln und dazu in Fn. 34 das Lüth-Urteil zitieren. Das BVerfG spricht dagegen von einer grundrechtsgeleiteten Interpretation *verfassungsgemäßen* (und vom Gericht zuvor auf seine Grundrechtskonformität überprüften) Zivilrechts, BVerfGE 101, 361, 388.

[32] Zur Unmöglichkeit, die Grundrechtskonformität des § 564b BGB a.F. (§ 573 BGB n.F.) anhand von § 903 BGB zu prüfen, *Canaris*, Grundrechte, S. 17f.

[33] *Singer*, JZ 1995, 1136; *Cremer*, Freiheitsgrundrechte, 439, und *Canaris*, Grundrechte, 17, gegen *Diederichsen*, AcP 198 (1998), 213, 234ff.

Die Lehre von der mittelbaren Drittwirkung kann also bestenfalls erklären, warum gesetztes Privatrecht grundrechtskonform auszulegen ist. Sie postuliert dabei die grundrechtsvermittelnde Wirkung eines Mediums, dessen eigene Grundrechtsgebundenheit sie nicht zu erklären vermag, sondern voraussetzen muß. Die Lehre von der mittelbaren Drittwirkung führt also zur Ausgangsfrage zurück: Ist der Gesetzgeber bei Regelung privater Interessenkonflikte, hier bei Schaffung des Anfechtungsrechts, an die Grundrechte der Beteiligten gebunden?

d) Argumente für die Grundrechtsgebundenheit des anfechtungsrechtlichen Gesetzgebers

Das BVerfG mißt die gesetzliche Auflösung privater Interessenkonflikte, sei es durch Privat- oder öffentliches Recht, an den Grundrechten, ohne dabei auf die Drittwirkungslehre Bezug zu nehmen, geht also von einer umfassenden Grundrechtsbindung des Gesetzgebers aus.[34] Daß diese besteht, wird freilich bestritten.[35]

Wer eine grundsätzlich differenzierungslose unmittelbare Bindung des Gesetzgebers an die Grundrechte postuliert, hat den Wortlaut der Verfassung auf seiner Seite: Nach Art. 1 III GG sollen die Grundrechte „die Gesetzgebung" schlechthin binden. Dem Wortlaut dieser Norm läßt sich keine Differenzierung nach Rechtsgebieten entnehmen, schon gar keine Differenzierung danach, ob die Gesetzgebung öffentlichen oder privaten Interessen dient.[36] Dennoch ist von prominenter Seite bestritten worden, daß Art. 1 III GG eine Bindung auch des Privatrechtsgesetzgebers an die Grundrechte anordne. Uwe Diederichsen gründet seine Bedenken auf eine subjektiv-historische Auslegung der Norm: Die Schöpfer des Grundgesetzes hätten nur eine Geltungsverstärkung der Grundrechte gegenüber der Weimarer Reichsverfassung im Auge gehabt, keinen Inhaltswandel in dem Sinn, daß die Grundrechte nun auch – anders als unter der Weimarer Reichsverfassung – den Pri-

---

[34] BVerfGE 14, 263, 275 (Umwandlung einer AG durch Mehrheitsbeschluß); BVerfGE 53, 257, 293ff. (Versorgungsausgleich); BVerfGE 57, 361, 378ff. (Ehegattenunterhalt); BVerfGE 68, 361, 369ff. (Eigenbedarfskündigung); BVerfGE 81, 242, 260ff. (Wettbewerbsverbot des Handelsvertreters); BVerfGE 84, 133, 146f. (arbeitsrechtlicher Kündigungsschutz); BVerfGE 101, 361, 387f. (§§ 22, 23 KUG). Vgl. aber auch einschränkend BVerfGE 97, 169, 176: „Es handelt sich [bei der Kleinbetriebsklausel des KSchG] um eine das Privatrecht ausgestaltende Norm, die allein am objektiven Gehalt der Grundrechte zu messen ist." Zur Rechtsprechung des BVerfG zu den grundrechtlichen Schutzpflichten vgl. unten 2.a.

[35] *Diederichsen*, AcP 198 (1998), 229; *Doehring*, Staatsrecht, 207ff.; *F. O. Kopp*, FS Wilburg, 149; *Windel*, Der Staat 37 (1998), 387. Diesem Standpunkt steht auch *Pietzcker*, FS Dürig, 351ff., nicht fern. Vgl. ferner *Rupp*, AöR 101 (1976), 169: Der zivilrechtliche Gesetzgeber muß sich nicht an den Grundrechten in ihrer subjektivrechtlichen, sondern nur in ihrer objektiv-rechtlichen Eigenschaft messen lassen. Konsequenterweise müßte dies bedeuten, daß keine Verfassungsbeschwerde gegen zivilrechtliche Gesetze zulässig wäre.

[36] *Ruffert*, Vorrang der Verfassung, 90; *Cremer*, Freiheitsgrundrechte, 431; *J. Hager*, JZ 1994, 374f.; *Stern*, StaatsR III/1, § 76 IV 6 a; *Th. Koch*, Grundrechtsschutz des Drittbetroffenen, 456; *Lepa*, Insolvenzordnung und Verfassungsrecht, 53. Anders *Pietzcker*, FS Dürig, 352.

vatrechtsgesetzgeber bänden.[37] Claus-Wilhelm Canaris verweist demgegenüber mit Recht auf Art. 93 I Nr. 4a GG:[38] Danach kann sich jeder, der sich „durch die öffentliche Gewalt“ in seinen Grundrechte verletzt sieht, mit einer Verfassungsbeschwerde an das BVerfG wenden. Diese Norm wurde 1969 in das GG eingefügt, als das BVerfG längst auch den Privatrechtsgesetzgeber an den Grundrechten maß. Wäre dies nicht im Sinne des Verfassungsgebers gewesen, hätte er den Privatrechtsgesetzgeber ausdrücklich von der „öffentlichen Gewalt“, die Grundrechte verletzen kann, ausnehmen müssen. Selbst wenn die Grundrechtsbindung des auf privatrechtlichem Gebiet tätigen Gesetzgebers also eine Bedeutungsänderung, nicht nur eine Geltungsverstärkung der Grundrechte des GG gegenüber denen der Weimarer Reichsverfassung bedeuten sollte und die Schöpfer des GG diese nicht gewollt hätten, so ist sie doch nun vom Verfassungsgeber gebilligte Praxis geworden. Ein womöglich noch deutlicherer Beleg, und zwar für die Vorstellungen des ursprünglichen Verfassungsgebers über die Grundrechtsbindung auch des Privatrechtsgesetzgebers, ist Art. 14 I S. 2 GG: Es ist in erster Linie Aufgabe des privatrechtlichen Gesetzgebers, jedenfalls den Inhalt des Eigentums- und des Erbrechts zu bestimmen,[39] zweier genuin privatrechtlicher Institute. Art. 14 GG also richtet sich gerade an den Privatrecht setzenden Gesetzgeber.[40] Subjektiv-historische und systematische Auslegungen führen damit zu keiner anderen Auslegung als die grammatische: Der Gesetzgeber ist ohne Rücksicht auf den Gegenstand seiner Tätigkeit an die Grundrechte gebunden.

Das wohl gewichtigste Argument für eine differenzierungslose Grundrechtsbindung des Gesetzgebers liegt freilich in der *ratio* der Norm: Eine Differenzierung ließe sich nicht rechtfertigen. Indiz hierfür ist bereits, daß die Gegner die Grenzziehung zwischen grundrechtsgebundener und vermeintlich grundrechtsungebundener Gesetzgebung nicht konsequent aus den Gründen entwickeln, die sie gegen eine unterschiedslose Grundrechtsbindung des Gesetzgebers ins Feld führen. Diese Gründe sehen sie vor allem darin, daß Privatrecht nicht zur Förderung des Allgemeinwohls, sondern nur zum Schutz privater Interessen in die Rechtsstellung Privater eingreife[41] und die Grundrechte nicht auf dem Umweg der Gesetzgebung zwischen Privatpersonen Wirkung entfalten sollen.[42] Was den ersten Grund betrifft: Es läßt

---

37 *Diederichsen*, AcP 198 (1998), 225 ff.; *ders.*, in: *Starck*, Rangordnung, 48 f. Die Materialien sind in dieser Frage freilich unergiebig, vgl. *Stern*, Staatsrecht III/1, § 76 I 4 a; *Ruffert*, Vorrang der Verfassung, 10.

38 *Canaris*, Grundrechte, 14 f. Kritisch *Cremer*, Freiheitsgrundrechte, 442 f.: Art. 93 I Nr. 4a GG sage als prozessuale Norm nichts über den materiellen Geltungsbereich der Grundrechte aus, und für die nachfolgende historisch-subjektive Argumentation fehle es an Anhaltspunkten für einen entsprechenden Willen des Gesetzgebers.

39 Schrankennormen wird dagegen teils pauschal öffentlich-rechtlicher Charakter zugewiesen, vgl. *Chlosta*, Wesensgehalt, 32, aber auch noch § 4 Fn. 3.

40 Zur Ansicht, die eine Bindung des Gesetzgebers an Grundrechte mit normgeprägten Schutzgütern ablehnt, und ihrer Widerlegung *Ruffert*, Vorrang der Verfassung, 187 ff.

41 Vor allem *Windel*, Der Staat 37 (1998), 387. Mit gleicher Tendenz schon *F. O. Kopp*, FS Wilburg, 149, und noch *Oldiges*, FS Friauf, 282 f.

42 Vor allem *Herzog*, JR 1969, 443.

sich bezweifeln, ob nicht auch das (umverteilende, also notwendigerweise Rechte eines Beteiligten verkürzende) Privatrecht dem Allgemeinwohl dient. Im Hintergrund letztlich wohl jeder privatrechtlichen Regelung steht das Bestreben, den Rechtsverkehr zu ordnen, zu sichern und zu erleichtern, was sich besonders deutlich etwa bei den Regelungen des gutgläubigen Erwerbs zeigt. Private Interessen des Einzelnen im konkreten Einzelfall werden durch die bei Normierung notwendigerweise abstrakte Betrachtung zu Allgemeinwohlinteressen: § 932 BGB schützt das Interesse des Einzelnen, eine Sache gutgläubig vom Nichtberechtigten zu erwerben, und damit aus anderer Perspektive zugleich das allgemeine Interesse an einem erleichterten und möglichst rechtssicheren Güterverkehr.[43] Der Schutz privater Interessen dient mithin, abstrakt betrachtet, stets dem Allgemeinwohl.

Was den zweiten Grund betrifft: Hier rächt sich die verbreitete terminologische Ungenauigkeit, die in der differenzierungslosen Verwendung der Worte „Geltung" und „Wirkung" der Grundrechte zwischen Privaten liegt.[44] Während von einer Geltung der Grundrechte zwischen Privaten im Sinne eines aus den Grundrechten entspringenden Rechtsverhältnisses unmittelbar zwischen zwei Privatpersonen keine Rede sein kann, weil sich die Normbefehle der Grundrechte eben nur an den Staat richten, läßt sich nicht verhindern, daß sich die Grundrechte des einen Privaten auf den anderen auswirken, überall dort, wo der Staat mittelbar oder unmittelbar Interessenkonflikte zwischen Privaten löst. Dies aber geschieht nicht nur durch Privat-, sondern oftmals auch durch öffentliches Recht.[45] Wer ausschließen will, daß Grundrechte auf Rechtsverhältnisse zwischen Privaten einwirken, darf die Grundrechtsbindung des Gesetzgebers also nicht lediglich bei der Schaffung von Privatrecht ablehnen, sondern darüber hinaus stets dann, wenn der Gesetzgeber private Interessenkonflikte regelt.[46] So entstünde ein weiter grundrechtsfreier Raum. Von den vielen bekannten Beispielen sei hier zur Verdeutlichung dasjenige des Immissionsschutzrechts genannt.[47] Der Gesetzgeber kann dem Nachbarn einen Unterlas-

---

[43] Zum bemerkenswerten Zusammenhang zwischen („privater") *bona fides* und („öffentlichem") Verkehrsschutz *Behrends*, SZ 95 (1978), 190 mit Fn. 6 (gegen *Canaris*, Vertrauensschutz, 6, 266f., 526). Zu Sicherheit und Leichtigkeit des Verkehrs als Belangen des Allgemeinwohls nun *Leuschner*, Verkehrsinteresse und Verfassungsrecht, 50ff., aber auch bereits *Krause*, JZ 1984, 658, 662, und *Ruffert*, Vorrang der Verfassung, 383f. Anders wohl *Canaris*, Grundrechte, 22. Vgl. zum Gemeinwohlbezug des Rechts der besonderen Insolvenzanfechtung noch unten, § 5 II 3b.

[44] Vgl. oben Fn. 2.

[45] Vgl. hierzu etwa *Ruffert*, Vorrang der Verfassung, 93f., und vor allem – in bezug auf die Schlichtung privater Interessenkonflikte durch öffentliches Recht – *Schmidt-Preuß*, Kollidierende Privatinteressen, 37ff. Aufschlußreich ist in diesem Zusammenhang die Diskussion um den Drittschutz im öffentlichen Recht, die man gewissermaßen als Pendant zum Streit um die Drittwirkung im Privatrecht sehen kann; zu jenem Problemkreis vor dem Hintergrund grundrechtlicher Schutzpflichten etwa *Enders*, Der Staat 35 (1996), 351ff., und nun *Calliess*, JZ 2006, 321ff., mit Erwiderungen von *Schwabe*, JZ 2007, 135ff., und *Eckardt*, JZ 2007, 137ff., und Schlußwort wiederum von *Calliess*, JZ 2007, 140ff.

[46] Vgl. *Rüfner*, HbdStR V, § 117 Rn. 65, und zum Ganzen auch *Cremer*, Freiheitsgrundrechte, 431ff.

[47] Vgl. schon *Pietzcker*, FS Dürig, 350; *Cremer*, Freiheitsgrundrechte, 437; *J. Hager*, JZ 1994, 375.

sungsanspruch einräumen, wenn die Immissionsbelastung einen bestimmten Wert überschreitet. Er kann auch eine Ermächtigungsgrundlage schaffen, nach der eine Behörde eine Unterlassungsverfügung erlassen darf, wenn auf privat genutzten Nachbargrundstücken bestimmte Immissionswerte überschritten werden. Im ersten Fall setzte er nach herkömmlicher Einordnung Privat-, im zweiten öffentliches Recht. Wenn nun der Emittent gegen das Einschreiten der Behörde Verfassungsbeschwerde erhebt und das BVerfG das Gesetz wegen Verletzung von Art. 14 GG kassiert, dann würde dieses Grundrecht des Emittenten gegenüber dem Immissionsgeplagten unmittelbare Wirkung entfalten, ihm nämlich den Immissionsschutz nehmen. Für die Grundrechtswirkung zwischen Privaten spielt es keine Rolle, ob der kassierte Immissionsschutz privat- oder öffentlich-rechtlich vermittelt war.[48] Wer also Grundrechtswirkungen zwischen Privaten verhindern will, muß nicht nur den Privatrechtsgesetzgeber von der Grundrechtsbindung befreien; er müßte jedes staatliche Handeln von der Grundrechtsbindung ausnehmen, das sich auf Rechtsverhältnisse zwischen Privaten auswirkt.

Die Grundrechtswirkung entscheidet sich nicht danach, ob der Gesetzgeber das Rechtsverhältnis zwischen Bürger und Staat oder die Rechtsverhältnisse der Bürger untereinander regelt.[49] Entscheidend ist, ob die Regelung selbst einen Eingriff in das betroffene Grundrecht darstellt. Das ist der Fall, wenn sich die gesetzliche Regelung selbst negativ auf die grundrechtlich geschützte Position auswirkt. Daran ändert sich nichts, wenn die negative Einwirkung nicht zum Schutz öffentlicher, sondern zum Schutz privater Interessen geschieht. Ein Eingriff in die Meinungsfreiheit etwa liegt vor, wenn der Gesetzgeber Äußerungen verbietet, ohne daß es darauf ankäme, ob das Verbot im (öffentlichen) Interesse etwa des Ansehens der Bundesrepublik im Ausland oder zum Schutz der Ehre Privater aufgestellt wird. Ein Eingriff in Art. 14 GG – wenn auch womöglich keine Enteignung[50] – liegt vor, wenn der Staat durch Gesetz in den Schutzbereich dieses Grundrechts fallende Rechtspositionen entzieht, ohne daß es darauf ankäme, ob der Staat sich die entzogene Position einverleiben oder sie im Interesse eines anderen Bürgers an diesen umverteilen will.

2. Grenzen der Grundrechtsbindung

Ist der Gesetzgeber bei der Setzung von Privatrecht an die Grundrechte der Beteiligten gebunden, führt dies zur Überlagerung des Privatrechts mit grundrechtli-

---

[48] Vgl. neben *Ruffert*, Vorrang der Verfassung, 94, auch *Canaris*, Grundrechte, 19, und – allerdings im Rahmen der verfassungsrechtlichen Überprüfung eines Urteils – in aller Deutlichkeit BVerfGE 42, 143, 149: „Ein solches Verbot [scil.: der Kundgabe einer Meinung] ist stets, gleichgültig, ob es im staatlichen Interesse oder zugunsten Privater erfolgt, ein empfindlicher Eingriff, an dessen Verfassungsmäßigkeit strenge Anforderungen zu stellen sind".

[49] Deutlich bereits *Stern*, StaatsR III/1, § 76 IV 6 a; Maunz/Dürig/Herzog/Scholz/*Herdegen*, Art. 1 Abs. 3 Rn. 61. Dezidiert anders aber etwa *Pestalozza*, Die echte Verfassungsbeschwerde, Rn. 22, 57.

[50] Zur Abgrenzung zwischen Enteignung und Inhalts- und Schrankenbestimmung unten, § 4 III.

chen Wertungen. Um diese jedenfalls zu minimieren, wird zur Verteidigung der „Eigenständigkeit des Privatrechts" dessen „Grundrechtsfreiheit" das Wort geredet.[51] In Wahrheit ist man wohl um den Verlust zweier Freiheiten besorgt: der dogmatischen Freiheit des Zivilrechts und der – ihrerseits durch Art. 2 I GG geschützten – Gestaltungsfreiheit der unter ihm handelnden Subjekte. Solche Sorgen sind indes unbegründet. Die Grundrechtseinwirkung auf das Privatrecht ist nicht derart intensiv, daß die eigenständige Zivilrechtsdogmatik und mit ihr die Autonomie der unter ihr handelnden Subjekte stranguliert würden. Im Gegenteil schafft gerade die zivilrechtstypische Kollisionslage gestalterische Freiräume für den Privatrecht setzenden Gesetzgeber.

a) Betroffene Grundrechtsfunktion

Für die Frage nach der Intensität der Grundrechtsbindung des Gesetzgebers, der private Interessenkonflikte regelt, ist von entscheidender Bedeutung, in welcher Funktion die Grundrechte auf ihn einwirken: ob als subjektive Abwehr- und Schutzrechte[52] oder als „objektive Werteordnung".[53]

Die Erkenntnis, daß die Grundrechte nicht nur subjektive Rechte sind, sondern auch eine objektive Werteordnung aufrichten, ist wenig älter als das Lüth-Urteil.[54] Das Verhältnis dieser Grundrechtsbedeutung zur subjektiv-rechtlichen Abwehrfunktion der Grundrechte ist nach wie vor wenig geklärt, ebenso die Frage, wie ein Grundrecht als Pfeiler einer *objektiven* Werteordnung dem Einzelnen ein *subjektives* Recht geben kann, das seine Verfassungsbeschwerde zum Erfolg führt – immerhin soll der Richter, der die Bedeutung eines Grundrechts für die objektive Werteordnung verkennt, damit zugleich dieses (subjektive) Grundrecht (des Einzelnen) verletzen.[55] Das Verständnis der Grundrechte als objektive Werteordnung

---

[51] So faßt *V. Schmidt*, Verh. D. 61. DJT (1996), O 44, die Beiträge von *Zöllner*, AcP 196 (1996), 1 ff., und *Diederichsen*, in: *Starck*, Rangordnung, 39 ff., zusammen, gegen die er sich wendet. Vgl. im übrigen bereits oben Fn. 9.

[52] Ausführlich nun *Leuschner*, Verkehrsinteresse und Verfassungsrecht, 78 ff. Zuvor bereits *Stern*, StaatsR III/1, § 76 IV 3; *Oldiges*, FS Friauf, 300 ff.; *Bleckmann*, DVBl. 1988, 942; *Rüfner*, HbdStR V, § 117 Rn. 60 (vgl. die dortige Randbemerkung); *Hermes*, NJW 1990, 1764 ff.; *H.-J. Koch*, GS Jeand'Heur, 155; *Langner*, Geltung der Grundrechte, zusammenfassend 244 ff.; modifiziert durch seine These von der staatlichen Mitverantwortlichkeit für Beeinträchtigungen eines Dritten infolge zulässigen Verhaltens *Th. Koch*, Grundrechtsschutz des Drittbetroffenen, 459.

[53] *Dürig*, AöR 81 (1956), 117 ff.; unentschieden *Medicus*, AcP 192 (1992), 45 f. Auch in BVerfGE 97, 169, 176, ist vom „objektiven Gehalt" der Grundrechte die Rede, gleichzeitig aber von grundrechtlichen Schutzpflichten. – Kritisch etwa *H.-J. Koch*, GS Jeand'Heur, 154 (unklarer und eigentlich überflüssiger Begriff), und *Th. Koch*, Grundrechtsschutz des Drittbetroffenen, 451 f.

[54] Oben Fn. 7.

[55] *Hermes*, NJW 1990, 1765; *Ruffert*, Vorrang der Verfassung, 18 ff.; 67 ff.; *Oldiges*, FS Friauf, 288. Deutlich tritt dies etwa in BVerfGE 97, 169, 175 ff., zutage, wo das Gericht eine Norm „allein am objektiven Gehalt der Grundrechte" mißt, und zwar daraufhin, ob der Gesetzgeber seiner aus den Grundrechten abgeleiteten Schutzpflicht genügte. Es fragt sich, ob das Gericht eine solche Prüfung auch hätte vornehmen dürfen, wäre ihm die fragliche Norm nicht im

hängt eng mit der Drittwirkungslehre zusammen und kann wie diese keine Aussage über die Grundrechtsbindung des Gesetzgebers treffen: Sie trüge – wie gezeigt – nur eine Kontrolle der Systemimmanenz einer Norm, nicht ihrer Grundrechtskonformität. Es drängt sich der Verdacht auf, daß der Rückzug auf eine Bindung des Gesetzgebers nur an die objektive Werteordnung der Grundrechte auf verdecktem Weg den Grundrechtseinfluß auf das Privatrecht abschwächen soll.[56]

Die Grundrechtsbindung des Gesetzgebers läßt sich unter subjektiv-rechtlichen Aspekten besser erfassen. Daß aus den Grundrechten das subjektive Recht des Einzelnen gegen den Staat folgt, Eingriffe in den geschützten Freiheitsraum abzuwehren, ist seit jeher anerkannt. Die Erkenntnis, daß aus den Grundrechten daneben auch Schutzpflichten des Staates folgen, deren Erfüllung der Einzelne gegebenenfalls auch im Wege der Verfassungsbeschwerde einfordern kann, hat sich dagegen erst in jüngerer Zeit im Schrifttum durchgesetzt[57] und auch Eingang in die Rechtsprechung des BVerfG gefunden.[58] Auf grundrechtliche Schutzpflichten hat das BVerfG – je nach Auslegung der dortigen Ausführungen – womöglich bereits im Handelsvertreterbeschluß,[59] jedenfalls aber im Beschluß über die kündigungsrecht-

---

Rahmen einer konkreten Normenkontrolle, sondern einer Verfassungsbeschwerde vorgelegt worden, vgl. *Böckenförde*, Der Staat 31 (1990), 14f.; zum entsprechenden Problem im Lüth-Urteil (Verletzung eines subjektiven Grundrechts durch Verkennung der objektiven Werteordnung) etwa *Alexy*, Theorie der Grundrechte, 485f.; allgemeiner *Jarass*, HBdGR II, § 38 Rn. 34ff.

[56] Zurückhaltender *Canaris*, Grundrechte, 19.

[57] Monographisch zur Dogmatik der Schutzpflichtfunktion der Grundrechte: *Dietlein*, Grundrechtliche Schutzpflichten; *Hermes*, Grundrecht auf Schutz; *Isensee*, Grundrecht auf Sicherheit; *Robbers*, Sicherheit als Menschenrecht; *Unruh*, Dogmatik der grundrechtlichen Schutzpflichten. Zur Funktion der grundrechtlichen Schutzpflichten gerade im Privatrecht grundlegend *Canaris*, AcP 184 (1984), 225ff.; *ders.*, Grundrechte, 47ff. Ferner *Papier*, HBdGR II, § 44 Rn. 10; *Höfling*, Vertragsfreiheit, 52ff.; *Stern*, Staatsrecht III/1, § 76 IV 5 mit umfangreichen Nachweisen; *Oldiges*, FS Friauf, 299ff., *Badura*, Staatsrecht, Rn. C 23, und nun ausführlich *Ruffert*, Vorrang der Verfassung, 141ff., *Cremer*, Freiheitsgrundrechte, 413ff., sowie *Lepa*, Insolvenzordnung und Verfassungsrecht, 56ff. – Kritisch *Zöllner*, AcP 196 (1996), 11: Von der Schutzgebotsfunktion der Grundrechte sei allgemein „nicht viel zu halten". Ablehnend auch *Enders*, Der Staat 35 (1996), 351ff., *Windel*, Der Staat 37 (1998), 390ff., *Schwabe*, JZ 2007, 135ff., und *Pestalozza*, Die echte Verfassungsbeschwerde, Rn. 26 mit Fn. 18. Einschränkend *Schmidt-Preuß*, Kollidierende Privatinteressen, 69ff., und *Isensee*, Grundrecht auf Sicherheit, 49f.: In ihrer Schutzpflichtfunktion seien Grundrechte rein objektives Recht und vermittelten keine Ansprüche des Bürgers gegen den Staat. Zum Streitstand *Calliess*, HBdGR II, § 44 Rn. 4ff.; vgl. auch *Stern*, DÖV 2010, 241ff.

[58] BVerfGE 39, 1, 41 ff (Schwangerschaftsabbruch I); 46, 160, 164 (Schleyer); 49, 89, 142 (Kalkar); 53, 30, 57 (Mühlheim-Kärlich); 56, 54, 78 (Fluglärm); 77, 170, 214 (C-Waffen); 79, 174, 201ff. (Kfz-Lärm); 88, 203, 254 (Schwangerschaftsabbruch II); für das allgemeine Persönlichkeitsrecht in aller Deutlichkeit BVerfG NJW 2006, 207, 208: „Der grundrechtliche Schutz des Persönlichkeitsrechts in Art. 2 I i.V. mit Art. 1 I GG bewirkt, dass der Staat gehalten ist, den Einzelnen vor Gefährdungen dieses Rechts durch Dritte zu schützen". Ausführlich zur Rechtsprechung des BVerfG zu den grundrechtlichen Schutzpflichten *Szczekalla*, Schutzpflichten, 92–238.

[59] BVerfGE 81, 242, 255. *Ruffert*, Vorrang der Verfassung, 150f., hegt freilich Zweifel daran, daß hier auf die Schutzpflichtfunktion der Grundrechte abgehoben wurde.

liche Kleinbetriebsklausel[60] und im Urteil über die verfassungsmäßig gebotene Auslegung eines Ehevertrags[61] abgehoben; im ersten Fall hat es dem Gesetzgeber, in den beiden anderen der Rechtsprechung aufgegeben, unter Begrenzung der Vertragsfreiheit die grundrechtlichen Freiheiten des unter- gegen den überlegenen Privaten zu schützen.[62] Im Bereich des Interessenausgleichs zwischen Privaten wirken beide Grundrechtsfunktionen notwendigerweise zusammen. Wenn der Staat in Erfüllung seiner Schutzpflichten Vorkehrungen zum Schutz des strukturell oder situativ Unterlegenen trifft, beschneidet er damit zugleich die Freiheitsrechte des die Grundrechtsgüter des anderen beeinträchtigenden Privaten.[63] Jedenfalls auf dem Gebiet des Privatrechts kann der Staat die Belange des einen Grundrechtsträgers nur durch Eingriff in die Freiheit eines anderen Grundrechtsträgers schützen.[64]

b) Praktische Konkordanz

Beim Ausgleich privater Interessen, sei es durch Setzung öffentlichen oder privaten Rechts,[65] begibt sich der Staat also in das Spannungsfeld zweier gegen ihn

---

[60] BVerfGE 97, 169, 175 ff., allerdings als Teil eines „objektiven Gehalts der Grundrechte".

[61] BVerfGE 103, 89, 100 ff. – Es hätte nahegelegen, auch im Bürgschaftsbeschluß auf die Schutzpflichtfunktion der Grundrechte zu rekurrieren; vgl. *Ruffert*, Vorrang der Verfassung, 344 ff. Das BVerfG hob dort darauf ab, daß der BGH die in Art. 2 I GG verbürgte Privatautonomie der Beschwerdeführerin dadurch verletzt habe, daß er den Bürgschaftsvertrag nicht anhand §§ 138, 242 BGB überprüft habe, BVerfGE 89, 214, 234 f. Das deutet auf einen Eingriff in die Abwehrfunktion des Grundrechts durch Unterlassen des Gerichts hin. Dieser aber setzte eine Pflicht des Gerichts zum Schutz der Privatautonomie voraus, und diese Pflicht wiederum dürfte in der Sache keine andere sein können als die grundrechtliche Schutzpflicht, die allerdings in dem Urteil nicht einmal andeutungsweise Erwähnung findet.

[62] Ein klarer Paradigmenwechsel in dem Sinne, daß das BVerfG in konsistenter Rechtsprechung eine Grundrechtswirkung zwischen Privaten nun nicht mehr auf die „Ausstrahlungswirkung", sondern die Schutzpflichtenfunktion der Grundrechte stützen würde, läßt sich allerdings nicht feststellen; vgl. *Ruffert*, Vorrang der Verfassung, 146 ff., 150 f. Optimistischer *H.-J. Koch*, GS Jeand'Heur, resümierend 166, der eine terminologische Richtigstellung für ausreichend zu halten scheint: Das „Wertordnungs-Vokabular" solle zugunsten des Schutzpflichtenkonzepts aufgegeben werden.

[63] Vereinbar ist damit auch BVerfGE 97, 169, 176: „Es handelt sich [scil.: bei der Kleinbetriebsklausel des KSchG] um eine das Privatrecht ausgestaltende Norm, die allein am objektiven Gehalt der Grundrechte zu messen ist. Art. 12 Abs. 1 GG kann durch sie nur verletzt sein, wenn der Gesetzgeber damit seiner aus dem Grundrecht abzuleitenden Pflicht zum Schutz der Arbeitnehmer vor Arbeitgeberkündigungen nicht hinreichend nachgekommen ist." Man muß lediglich hinzufügen, daß die Kleinbetriebsklausel das Grundrecht des Arbeitgebers aus Art. 2 I GG verletzt, wenn der Kündigungsschutz weiter geht, als der Arbeitnehmerschutz dies zu rechtfertigen vermöchte.

[64] Deutlich bereits *H.-J. Koch*, GS Jeand'Heur, 156, und BVerfGE 89, 214, 232: „Mit der Pflicht zur Ausgestaltung der Privatrechtsordnung stellt sich dem Gesetzgeber ein Problem praktischer Konkordanz"; vgl. ferner etwa *Leuschner*, AcP 205 (2005), 219. Zum „Schutz durch Eingriff" ausführlich *Wahl/Masing*, JZ 1990, 553 ff. – Anders *Oldiges*, FS Friauf, 302, der meint, auf beiden Seiten gehe es um grundrechtliche Schutzgebote, auf sie allein sei die Grundrechtswirkung auf Zivilgesetzgebung und -gerichtsbarkeit zurückzuführen.

[65] *Canaris*, Grundrechte, 52.

gerichteter Schutzsphären.[66] Dieses Spannungsfeld hat er bestmöglich im Sinne praktischer Konkordanz aufzulösen,[67] wobei ihn das Verhältnismäßigkeitsprinzip leitet.[68] Dieses kommt hier je nach betroffener Grundrechtsfunktion in zweierlei Gestalt zur Anwendung: als Übermaßverbot gegenüber dem Eingriff in die Abwehrfunktion[69] und als – demgegenüber schwächer wirkendes[70] – „Untermaßverbot"[71] bei Erfüllung der grundrechtlichen Schutzpflicht.[72] Das hier herrschende

---

[66] Daher läßt sich, entgegen *Starck*, JuS 1981, 245, und wohl auch *Isensee*, Grundrecht auf Sicherheit, 35f., durchaus von einer Grundrechtskollision im Privatrecht sprechen.

[67] BVerfGE 89, 214, 232 (vgl. soeben Fn. 64). Bezogen auf gesetzliche Beschränkungen der Vertragsfreiheit auch BVerfGE 97, 169, 176. Ferner etwa *Rupp*, AöR 101 (1976), 171, und diesem folgend *Hesse*, Verfassungsrecht und Privatrecht, 28f.: „Damit erfüllt das Gesetz seine klassische Aufgabe, die Freiheit der einen gegenüber der Freiheit der anderen abzugrenzen".

[68] Zur Geltung des Verhältnismäßigkeitsprinzips bei der Privatrechtssetzung etwa *Ruffert*, Vorrang der Verfassung, 99ff. (Übermaßverbot) und 208ff. (Untermaßverbot), sowie *Medicus*, AcP 192 (1992), 35ff., und *Leuschner*, Verkehrsinteresse und Verfassungsrecht, 100ff.

[69] Anders *Oldiges*, FS Friauf, 289, der meint, das Übermaßverbot komme nur im Staat-Bürger-Verhältnis zur Anwendung, wo es den Sinn habe, unnötige Grundrechtsschmälerungen zu unterbinden, nicht im Privatrechtsverhältnis, wo es um eine Optimierung der grundrechtlichen Werteordnung gehe. Der von *Oldiges* angenommene Gegensatz läßt sich bezweifeln: Bei dem Verhältnismäßigkeitsgrundsatz handelt es sich um ein Optimierungsgebot, das dem Staat befiehlt, seine Ziele möglichst grundrechtsschonend zu verwirklichen, mögen diese im Schutz des einen vor dem anderen Privaten liegen oder in der Verwirklichung (rein) öffentlicher Interessen.

[70] Gegen eine Differenzierung der Reichweite von Abwehr- und Schutzpflichtfunktion in diesem Zusammenhang *J. Hager*, JZ 1994, 381f.; gegen diesen wiederum treffend *Canaris*, Grundrechte, 46f. Grenzfälle zwischen Abwehr- und Schutzpflichtfunktion stellen deren grundsätzliche Unterscheidbarkeit nicht in Frage: „Schließlich leugnet ja auch niemand den Unterschied zwischen Tag und Nacht unter Hinweis auf die Dämmerung" (*Canaris*, ebenda). Die je nach aktivierter Funktion unterschiedlich starke, „asymmetrische" Grundrechtswirkung spiegelt nach *Canaris* das Prinzip vom Vorrang der Gesellschaft gegenüber dem Staat wieder. Dem ist zuzustimmen: Die Schutzpflicht des einen wirkt zu dessen Ungunsten schwächer als die Abwehrfunktion der Grundrechte des anderen, weil der Grundsatz „*in dubio pro libertate*" auch und gerade die praktische Konkordanz beherrscht (anders *Isensee*, FS Kriele, 31f.; *ders.*, Grundrecht auf Sicherheit, 47f.); ferner, weil dem Gesetzgeber hier nicht nur bei der Frage nach dem „Wie", sondern auch bei der Frage nach dem „Ob" seines Handelns, nämlich des konkreten Schutzbedürfnisses des Grundrechtsträgers, ein Bewertungsspielraum zusteht, *Oeter*, AöR 119 (1994), 537f.; *Classen*, AöR 122 (1997), 82f.; *Wahl/Masing*, JZ 1995, 558f.

[71] Dieser Begriff stammt von *Schuppert*, Verfassungsinterpretation, 15, (vgl. auch bereits *Canaris*, AcP 184 (1984), 228), und hat Eingang in die verfassungsrechtliche Rechtsprechung gefunden, BVerfGE 88, 203, 254. Kritisch zum Begriff *Gellermann*, Grundrechte, 347ff.

[72] Kritisch zur Anwendung des Verhältnismäßigkeitsgrundsatzes in diesem Zusammenhang vor allem *Medicus*, AcP 192 (1992), 50ff., und ihm folgend *Windel*, Der Staat 37 (1998), 386f., aus der Erwägung, dies führe zu einem Verlust an dogmatischer Stringenz. Freilich dürfte es nicht ausgeschlossen sein, daß auch ein dogmatisch stringentes Privatrechtssystem die Grundrechte wahrt: So wird man auch nicht behaupten können, der Verhältnismäßigkeitsgrundsatz habe die dogmatische Stringenz des Verwaltungsrechts zerstört oder auch nur gemindert. „Radikale Zivilrechtsverwerfungen" befürchtet dagegen *Diederichsen*, in: *Starck*, Rangordnung, 66ff.

Optimierungsgebot[73] führt freilich im Privatrecht ebensowenig wie auf verwaltungsrechtlichem Gebiet[74] dazu, daß die Grundrechte dem Gesetzgeber geradezu die Hand führen.[75] Im Gegenteil: „Durch Aufträge zur Interessen-, Rechtsgüter-

---

[73] Grundlegend *Alexy*, Theorie der Grundrechte, 75 ff., der Normen unterteilt in Regeln, die erfüllt sein können oder nicht, und in Prinzipien, die sich als Optimierungsgebote darstellen. Die grundrechtlichen Güterabwägungen durch das BVerfG hält er für Fälle einer Lösung von Prinzipienkollisionen, nicht von Regelkonflikten (79 ff.). Die Grundrechtsnormen hätten sowohl Regel- als auch Prinzipcharakter, die auf verschiedenen „Ebenen" angesiedelt sind, 117 ff. Auf der Prinzipienebene unterliegen Grundrechte damit im Konfliktfall dem Optimierungsgebot. Kritisch etwa *Jestaedt*, Grundrechtsentfaltung, 222 ff.; *Lerche*, FS Stern, 197 ff.; vgl. zur Kritik auch *Cornils*, Ausgestaltung der Grundrechte, 47 ff. *Oldiges*, FS Friauf, 290, meint, die Grundrechte seien auf Maximierung des Freiheitsschutzes angelegt und daher einer privatrechtlichen Optimierungsfunktion als „zu grob und holzschnitthaft" nicht gewachsen. Wie hier dagegen bereits *Leuschner*, Verkehrsinteresse und Verfassungsrecht, 101.

[74] Man denke an die mehrpoligen Verwaltungsrechtsverhältnisse des Verwaltungs-, besonders des Polizeirechts, in denen der Exekutive trotz möglicher Ermessensreduktion grundsätzlich ein substantieller Handlungsspielraum verbleibt. Eine stärkere Verengung der Handlungsmöglichkeiten aufgrund grundrechtlicher Schutzpflichten konstatiert freilich *Enders*, Der Staat 35 (1996), 351 ff.

[75] So aber die Einschätzung von *Enders*, Der Staat 35 (1996), 351: Die Anerkennung verfassungsrechtlicher Handlungsgebote aus den Schutzpflichten führe dazu, daß Rechtsetzung und Rechtsanwendung „weithin zu einer Angelegenheit des rechtlich überprüfbaren Verfassungsvollzugs degradiert" werde. – *Leuschner*, Verkehrsinteresse und Verfassungsrecht, 103, meint: Da Unter- und Übermaßverbot Optimierungsgebote darstellten, die keinen suboptimalen Zustand duldeten, sei ein Gleichgewicht zwar nur in einem bestimmten Punkt herzustellen; ebenso in der Sache schon *Hain*, DVBl. 1993, 983, demzufolge „der Staat im Hinblick auf das tangierte Grundrecht gerade noch tun darf, was er als ‚erforderlich' im Hinblick auf das zu schützende Gut tun muß", und diesem folgend *Starck*, JZ 1993, 817. Wie *Hain*, DVBl. 1993, 984, geht aber auch *Leuschner*, Verkehrsinteresse und Verfassungsrecht, 113 ff. dennoch davon aus, daß ein Handlungsspielraum des Privatrechtsgebers bestehe, und zwar folge er daraus, daß die Herstellung praktischer Konkordanz Wertentscheidungen verlange und einzig der Gesetzgeber und nicht das BVerfG berufen sei, die verfassungsimmanenten Wertungen zu konkretisieren. Dies hat man wohl so zu verstehen, daß zwar theoretisch immer nur eine Entscheidung verfassungskonform ist, dem Gesetzgeber aber gegenüber dem BVerfG der Primat bei der Verfassungsauslegung zukommt. Ob man dem Staatsorgan, dessen Handeln verfassungsrechtlich gebunden ist, die inhaltliche Konkretisierung dieser Bindung überlassen kann, ohne sie entscheidend zu schwächen, ist eine heikle Frage. Wer mit *Leuschner*, a. a. O., 115, vom BVerfG „judicial self restraint" verlangt, neigt ihrer Bejahung zu. Wo einer solchen Selbstbeschränkung des BVerfG das Wort geredet wird, bleibt meist dunkel, ob man sich diesen als eine Verminderung der materiellen Verfassungsbindung des Gesetzgebers oder lediglich als eine – rein prozessuale – Auflockerung der verfassungsgerichtlichen Kontrolldichte zu denken hat, als deren Folge materielle Grundrechtsverletzungen des Gesetzgebers denkbar wären, die mit der Verfassungsbeschwerde nicht erfolgreich angegriffen werden können. In diese letzte Richtung tendiert offenbar *Rüfner*, HbdStR V, § 117 Rn. 75, der in unmittelbarem Zusammenhang mit einer „prozessuale[n] Bedeutung der ‚Drittwirkung'" den Abwägungsspielraum des Gesetzgebers behandelt; vgl. auch *Pestalozza*, Die echte Verfassungsbeschwerde, Rn. 54 (zur Verfassungsbeschwerde gegen Urteile). Vgl. zum Ganzen *Ruffert*, Vorrang der Verfassung, 208 ff., *Alleweldt*, Bundesverfassungsgericht und Fachgerichtsbarkeit, 139 ff. (dazu *Zuck*, JZ 2007, 1040 ff.), und *Raabe*, Grundrechte und Erkenntnis, 147 ff. Dieser entwirft ein höchst komplexes „Zwei-Ebenen-Modell" zwischen einer „Divergenzlösung" auf der

und Grundrechtsabwägung gibt die Verfassung Entscheidungen und Strukturen nicht vor, sondern delegiert sie an die konstituierten Staatsgewalten".[76] Gerade die Grundrechtskollision eröffnet dem Gesetzgeber Spielräume,[77] die nicht lediglich verfassungsrechtlich geprägt und folglich verfassungsrechtlich nicht zur Gänze, sondern nur in ihren Grenzen determiniert sind.[78] So läßt sich in der Tat sagen, daß die These von der Einwirkung der Grundrechte als subjektiver Abwehr- und Schutzrechte auf den Gesetzgeber zu keinen anderen Ergebnissen führt als die These, wonach der Gesetzgeber die Grundrechte nur als objektive Werteordnung zu beachten hat:[79] Sie geben dem Gesetzgeber keine Entscheidungen, sondern nur Leitlinien eines im übrigen eigenständig zu erarbeitenden Interessenausgleichs vor.

3. Zwischenergebnis

Mit der ganz h.M.[80] ist eine Grundrechtsbindung des Gesetzgebers auch bei der Regelung privater Interessenkonflikte zu bejahen. Für die Grundrechtsgebundenheit des Gesetzgebers bei Schaffung des Anfechtungsrechts bedeutet dies: Die Anfechtung dient dem – potentiell grundrechtlich gebotenen – Schutz privater Vermögensinteressen, stellt aber zugleich einen staatlichen Eingriff in grundrechtlich

„idealen Ebene" (Einschätzungsprärogative schränkt Prüfungsumfang des BVerfG ein) und einer „Konvergenzlösung" auf der „realen Ebene" (Einschätzungsprärogative beschränkt materiell-verfassungsrechtliche Anforderungen; materieller und prozessualer Kontrollmaßstab konvergieren). Zum Komplexitätsgrad, den die Diskussion hier erreicht hat, süffisant *Schwabe*, JZ 2007, 137, im Anschluß an *Sendler*, DÖV 2006, 441 f.

[76] *Ruffert*, Vorrang der Verfassung, 73, ferner 203 ff.

[77] BVerfGE 81, 242, 255: „weite Gestaltungsfreiheit". Die mit der Zahl der betroffenen Grundrechtspositionen wachsende Gestaltungsfreiheit nennt *Jestaedt*, Grundrechtsentfaltung, 52 f, ein sich zum Abwägungsparadox steigerndes Dilemma.

[78] Vgl. neben BVerfGE 97, 169, 176, nur *Alexy*, Theorie der Grundrechte, 492 (zur Grundrechtsbindung des Zivilrichters); *Canaris*, Grundrechte, 20; *Stern*, StaatsR III/1, § 76 IV 5 c α; *Isensee*, Grundrecht auf Sicherheit, 39 ff.; *Calliess*, HBdGR II, § 44 Rn. 29 ff. Schon bei der Rechtsetzung wirkt sich zudem der Erkenntnisvorrang des einfachen vor dem Verfassungsrecht aus, vgl. *Ruffert*, Vorrang der Verfassung, 49 ff. – Daß das BVerfG sich nicht immer an diese Vorgaben hält und die gesetzgeberischen Konfliktlösungen teils bis ins kleinste Detail überprüft, zeigt sich deutlich etwa im Mietrecht, vgl. dazu *Sonnenschein*, NJW 1993, 161 ff., sowie, freilich überaus polemisch, *Diederichsen*, AcP 198 (1998), 218 ff. Das ist jedoch kein Fehler in der Struktur des hier gezeichneten Systems, sondern in seiner praktischen Umsetzung; anders wohl *Oldiges*, FS Friauf, 290.

[79] So *Stern*, StaatsR III/1, § 76 II 4.

[80] Neben der in Fn. 34 nachgewiesenen Rspr. des BVerfG schon *Nipperdey*, RdA 1950, 123; nun: *Krause*, JZ 1984, 657; *Canaris*, AcP 184 (1984), 212; *ders.*, Grundrechte, zusammenfassend 91 ff.; zustimmend *Hesse*, Verfassungsrecht und Privatrecht, 27 Fn. 42; *H.-J. Koch*, GS Jeand'Heur, 154; *Peters*, Entzug, 17, 21; *Lerche*, FS Odersky, 231; *ders.*, HbdStR V, § 121 Rn. 42; *Pietzcker*, FS Dürig, 350 ff.; *Stern*, Staatsrecht III/1, § 76 III 1, IV 2 a, 3; *Badura*, Staatsrecht, Rn. C 23; *Isensee*, FS Kriele, 32; *J. Hager*, JZ 1994, 375; *Looschelders/Roth*, JZ 1995, 1038; *Singer*, JZ 1995, 1136; *Ramm*, JZ 1988, 489; Maunz/Dürig/Herzog/Scholz/*Herdegen*, Art. 1 Abs. 3 Rn. 61 f.

geschützte Rechtssphären jedenfalls des Anfechtungsgegners[81] dar. Die Grundrechte der Nutznießer der Anfechtung[82] sind dabei – potentiell – in ihrer Schutzpflichtfunktion betroffen, die Grundrechte des Anfechtungsgegners dagegen, auf den sich das staatliche Handeln unmittelbar rechtsmindernd auswirkt, in ihrer Abwehrfunktion. Der Gesetzgeber hat diese Grundrechtskollision zu einem möglichst schonenden Ausgleich zu bringen, wobei ihm grundsätzlich ein Gestaltungsspielraum zusteht.

II. Grundrechtseinfluß auf Auslegung und Anwendung des Anfechtungsrechts

Art. 1 III und 93 I Nr. 4a GG scheinen nicht nur für die differenzierungslose Bindung des Gesetzgebers, sondern auch für eine solche des Richters an die Grundrechte zu sprechen. Es fragt sich jedoch, ob der Richter schon deshalb die Grundrechte zu beachten hat, weil er als staatliches Organ hoheitlich handelt, oder ob ihn die Grundrechte nur binden, wenn sie in dem Rechtsverhältnis gelten, über das er zu urteilen hat. Das BVerfG hat sich bereits im Lüth-Urteil auf den letztgenannten Standpunkt gestellt,[83] der heute fast allgemein geteilt wird:[84] Die Bindung des Richters an die Grundrechte soll deren Geltung im konkreten Fall voraussetzen, aber nicht begründen.[85] Auch das Argument, daß die Grundrechtsbindung des Ge-

---

[81] Zur Betroffenheit grundrechtlich geschützter Interessen des Schuldners durch das Anfechtungsrecht noch unten, § 5 IV 2.

[82] Welche Grundrechte konkret betroffen sind, kann hier zunächst dahinstehen; näher aber unten § 5 IV 1.

[83] BVerfGE 7, 198, 203. So schon *Dürig*, FS Nawiasky, 157f.

[84] *Canaris*, Grundrechte, 24; *Starck*, JuS 1981, 244; *Maurer*, Staatsrecht I, Rn. 37; *Stern*, Staatsrecht III/1, § 76 III 1; *Rüfner*, HbdStR V, § 117 Rn. 60; *Ruffert*, Vorrang der Verfassung, 18 mit weiteren Nachweisen in Fn. 79; *Th. Koch*, Grundrechtsschutz des Drittbetroffenen, 442f. Vgl. auch *Lerche*, FS Odersky, 231 Fn. 38. Anders etwa *Schwabe*, Drittwirkung, 154; für unmittelbare Bindung der Zivilgerichtsbarkeit an die Grundrechte eingehend und an zahlreichen Beispielen veranschaulichend *Cremer*, Freiheitsgrundrechte, 448ff.

[85] Folgt man dem, muß man sich freilich fragen lassen, ob nicht auch die Bindung des Gesetzgebers an die Grundrechte deren Geltung im konkreten Rechtsbereich voraussetzt und nicht begründet, so etwa *Diederichsen*, in: *Starck*, Rangordnung, 46ff.; *Lerche*, FS Odersky, 231; *Pietzcker*, FS Dürig, 352; relativierend *Ruffert*, Vorrang der Verfassung, 34, zur Übertragbarkeit der Argumente gegen eine Grundrechtsbindung des Richters auf die des Gesetzgebers 124ff. Es liegt nicht fern, die Grundrechtsbindung des Richters wie die des Gesetzgebers mit dem hoheitlichen Eingriffscharakter seiner Handlungen zu begründen, der nicht davon abhängt, ob er auf öffentlich-rechtlichem oder privatrechtlichem Feld tätig wird: Der Leistungs- oder Unterlassungsbefehl eines zivilgerichtlichen Urteils ist ebenso geeignet, in die Freiheitsrechte des Unterlegenen einzugreifen, wie der eines verwaltungsgerichtlichen Urteils, vgl. *Oeter*, AöR 119 (1994), 534f.; vgl. auch BVerfGE 42, 143, 149 (o. Fn. 46); dezidiert anders *Oldiges*, FS Friauf, 287; anders wohl auch *Cremer*, Freiheitsgrundrechte, 485. Das gängige Gegenargument, dem Staat könne eigenverantwortliches Privathandeln nicht zugerechnet werden (stellvertretend *Ruffert*, Vorrang der Verfassung, 18), betrifft nur einen Teilbereich des Problems, nämlich die Verurteilung zur Erfüllung privatautonom begründeter Pflichten.

setzgebers ohne Grundrechtsbindung des Richters kaum Wirkung entfaltete,[86] kann jedenfalls in dogmatischer Hinsicht nicht ausschlaggebend sein.

Ob der Zivilrichter auch Grundrechte verletzen kann, indem er eine Norm grundrechtswidrig auslegt oder eine schlechthin grundrechtswidrige, also nichtige Norm anwendet,[87] kann für die Zwecke der vorliegenden Untersuchung freilich dahinstehen, denn auf eine verfassungsprozessuale Überprüfbarkeit richterlicher Akte kommt es hier nicht an. Ausreichend ist die Erkenntnis, daß der Zivilrichter bei Anwendung der Gesetze die Grundrechte jedenfalls auslegungsbestimmend zu beachten hat, und dies folgt schon aus seiner Aufgabe, die Rechtslage zu erkennen, zu der eben auch der Einfluß der Verfassung auf das einfache Recht gehört. Wenn der Gesetzgeber bei Schaffung des Rechts an die Grundrechte gebunden ist, hat der Richter dieses schon deshalb grundrechtskonform auszulegen, weil eine solche Auslegung dem Willen des – im Zweifel verfassungstreuen – Gesetzgebers entspricht.[88] Die Grundrechte kommen also schon bei subjektiv-historischer Auslegung zum Zuge, und auf eine besondere „verfassungskonforme Auslegung“[89] wird man nur zurückgreifen müssen, wenn sich ein gesetzgeberischer Wille feststellen läßt, der mit grundgesetzlichen Wertungen nicht vereinbar ist.

III. Ergebnis

Damit ist nicht nur die Ausgangsfrage bejaht, ob das Anfechtungsrecht an den Grundrechten zu messen ist, sondern auch das Programm der folgenden Untersuchung bestimmt: Im Hinblick auf die Grundrechtsbindung des Gesetzgebers ist zu

---

Es überzeugt auch dort nicht völlig, denn letztlich führt erst die zwangsweise Durchsetzung solcher Pflichten durch den Staat zu einer Beeinträchtigung der privaten Rechtssphäre (auf diesen Gedanken gründen sich die Thesen von *Schwabe*, Drittwirkung, zusammenfassend 45ff., 154ff., und dazu etwa *Cremer*, Freiheitsgrundrechte, 171ff.). Die „Belastungsproblematik“ (*Ruffert*, a.a.O.) dürfte sich in derjenigen der Herstellung praktischer Konkordanz erschöpfen.

86 *Canaris*, Grundrechte, 24f.

87 Bejahend *Medicus*, AcP 192 (1992), 48. Weitergehend *Ossenbühl*, Freiheit, Verantwortung, Kompetenz, 208, und diesem folgend *H.-J. Koch*, GS Jeand'Heur, 136f.: Jedes rechtswidrige Urteil, das ein Grundrecht beeinträchtigt, stelle eine Grundrechtsverletzung dar.

88 In diese Richtung geht es, wenn das BVerfG die richterliche Anwendung der Vorschriften über die Eigenbedarfskündigung daraufhin überprüft, ob der dem Gesetzgeber durch Art. 14 GG gezogene verfassungsrechtliche Rahmen eingehalten wäre: BVerfGE 79, 292, 303; BVerfGE 81, 29, 32f.; vgl. zur richterlichen Rechtsfortbildung auch BVerfGE 82, 6, 16; *Canaris*, Grundrechte, 32. Von prozessualer Seite bewirkt die – vom BVerfG freilich in reiner Form nicht mehr zugrunde gelegte – „Schumann'sche Formel“ einen Gleichlauf der Überprüfung gesetzgeberischer und richterlicher Akte: Eine Verfassungsbeschwerde gegen eine Gerichtsentscheidung ist erfolgreich, „wenn der angefochtene Richterspruch eine Rechtsfolge annimmt, die der einfache Gesetzgeber nicht als Norm erlassen dürfte“, *Schumann*, Verfassungs- und Menschenrechtsbeschwerde, 207.

89 Dazu etwa *Stern*, StaatsR III/1, § 76 IV 7 b. Das BVerfG spricht von „grundrechtsgeleiteter Interpretation“, BVerfGE 101, 361, 388 (Caroline v. Monaco).

fragen, ob das Anfechtungsrecht die Grundrechte der Beteiligten verletzt; ferner fragt sich, welchen Rahmen die Grundrechte der Auslegung des Anfechtungsrechts setzen. Dabei ist eine doppelte Perspektive geboten: Aus dem Blickwinkel der Nutznießer der Anfechtung ist zu fragen, ob das Anfechtungsrecht bzw. seine Auslegung den womöglich aus ihren Grundrechten fließenden Schutzauftrag an den Gesetzgeber bzw. den Richter genügt; aus dem Blickwinkel des Anfechtungsgegners ist zu prüfen, ob dessen Grundrechte in ihrer Abwehrfunktion verletzt sind, weil das Anfechtungsrecht bzw. seine Anwendung über das verfassungsrechtlich zu rechtfertigende Maß hinausgeht.

§ 4 Anfechtungsrecht als Eingriff in das Eigentumsgrundrecht

I. Bindung des Gesetzgebers an Grundrechte mit normgeprägtem Schutzbereich

Die Verfassung findet keinen apriorischen Begriff von „Eigentum“ oder „Erbrecht“ vor:[1] Beides sind, wenn auch althergebrachte, Rechtsinstitute, die durch einfachgesetzliche Normen geprägt werden, anders etwa als andere grundrechtlich geschützte Rechtsgüter wie Würde, Leben, körperliche Unversehrtheit, Meinungs-, Bewegungs-, Glaubens-, Gewissens- und Versammlungsfreiheit. Während der Bürger diese Freiheiten unabhängig von Staat und Gesetz nutzen kann,[2] setzt sein Eigentumsrecht eine bestehende Rechtsordnung voraus: Diese muß die Grundlagen, nämlich Inhalt und damit zugleich auch Schranken[3] des Eigentums bestimmen, Art. 14 I 2 GG. Die Schutzgüter des Grundrechts aus Art. 14 GG existieren ohne rechtliche Vorordnung nicht;[4] umgekehrt aber ist es der Zweck des Grundrechts, Eigentum

---

[1] Es gibt keinen „natürlichen“ oder „absoluten“ Eigentumsbegriff: BVerfGE 20, 351, 355; 58, 300, 339; *Rozek*, Eigentumsbindung und Enteignung, 26f.; *Berg*, JuS 2005, 962.

[2] *Herzog*, FS Zeidler II, 1416f. Vgl. aber auch *Bethge*, Der Staat 24 (1985), 363ff.: Die Freiheit bedarf keiner Ausführungsgesetze, doch ist es Aufgabe des einfachen Gesetzgebers, die abstrakten Freiheitsverbürgungen der Grundrechte alltagsfähig umzusetzen.

[3] Manche wollen zwischen Inhalts- und Schrankenbestimmung differenzieren, vgl. etwa *Ramsauer*, Faktische Beeinträchtigungen, 73ff.; *Wendt*, Eigentum und Gesetzgebung, 147ff.; *Ibler*, AcP 197 (1997), 571; *Leisner*, HBdStR VI, § 149 Rn. 63; *Chlosta*, Wesensgehalt, 31f.; *Raue*, Zwangsvollstreckung, 152ff. Doch läßt sich eine solche Differenzierung kaum konsequent durchhalten, und ihr Ertrag ist wohl gering, *Ruffert*, Vorrang der Verfassung, 113; die Differenzierung ablehnend auch Maunz/Dürig/Herzog/Scholz/*Papier*, Art. 14 Rn. 307; *Cremer*, Freiheitsgrundrechte, 122f. Auch das BVerfG differenziert nicht zwischen Inhalts- und Schrankenbestimmung, vgl. etwa BVerfGE 52, 1, 27; 72, 66, 76; *Schmidt-Aßmann*, FS 600 Jahre Universität Heidelberg, 115; *Ruffert*, Vorrang der Verfassung, 111.

[4] *Schoch*, JURA 1989, 116; *Rozek*, Eigentumsbindung und Enteignung, 26. Vgl. auch *Schmidt-Aßmann*, FS 600 Jahre Universität Heidelberg, 111f. Anders aber etwa bereits *Stern*, VerwArch 49 (1958), 123 (in Parallele zum Vertrag), und jüngst noch *Cornils*, Ausgestaltung der Grundrechte, 299ff., sowie *Lindner*, Theorie der Grundrechtsdogmatik, 303ff.: „Menschen können unabhängig von Staat und Rechtsordnung übereinkommen, dass Zuordnungsverhältnisse durch Arbeit oder sonstige Leistungen stabilisiert und dauerhaft legitimiert sein können“. Zwar ist diese Feststellung richtig, doch kann man diese Zuordnung wohl nur Eigentum nennen, wenn man solche abstrakten Legitimitätserwägungen als Recht begreift. Deutlich

und Erbrecht vor Beeinträchtigungen auch durch die Rechtsetzung zu schützen.[5] Hierin liegt das Dilemma[6] normgeprägter Schutzgüter: „Entsteht das Grundrecht in seiner konkreten Gestalt erst durch gesetzgeberisches Tun, erscheint es widersprüchlich, hieraus wiederum Bindungen des Gesetzgebers abzuleiten“.[7] Ob das BVerfG in seiner umfangreichen Rechtsprechung zu Art. 14 GG den drohenden Zirkel[8] gänzlich auflösen konnte, erscheint fraglich: Einerseits definiert es das von Art. 14 GG geschützte Eigentum als Summe der vom Gesetzgeber gewährten vermögenswerten Rechte[9] und unterstellt den Schutzbereich des Art. 14 GG damit der Definitionsmacht dessen, vor dem das Grundrecht schützen soll.[10] Andererseits betont das Gericht aber: „Aus Normen des einfachen Rechts, die im Rang unter der Verfassung stehen, kann weder der Begriff des Eigentums im verfassungsrechtlichen Sinn abgeleitet noch kann aus der privatrechtlichen Rechtsstellung der Umfang der Gewährleistung des konkreten Eigentums bestimmt werden.“[11] Existiert also ein dem einfachen Gesetzgeber entzogener, ihm vorgeordneter und genuin ver-

---

zwischen vorrechtlicher, faktischer Sachherrschaft und normgeprägter Sachherrschaft differenziert *Lepsius*, Sachherrschaft, 15ff.: „Das grundrechtlich geschützte Eigentum wird konstitutiv erst durch seine Normprägung erzeugt, Art. 14 Abs. 1 Satz 2 GG“, doch liege der Schutzbereichsbestimmung das genuin verfassungsrechtliche Schutzgut des Art. 14 I 1 GG voraus, nämlich die faktische Sachherrschaft.

[5] Vgl. nur *Cornils*, Ausgestaltung der Grundrechte, 253f., unter Hinweis auf *Nierhaus*, AöR 116 (1991), 102ff.: „Eine Grundrechtsnorm, die ihren Tatbestand ausschließlich durch Verweisung auf den Gesetzgeber gewinnt, darf es wegen Art. 1 Abs. 3 GG nicht geben“.

[6] *Herzog*, FS Zeidler II, 1420; *Ruffert*, Vorrang der Verfassung, 105.

[7] *Ruffert*, Vorrang der Verfassung, 105, unter Hinweis auf *Nierhaus*, AöR 116 (1991), 74f., dort weitere Nachweise

[8] Allgemein für die „dialektische Spannungslage für einen zwar grundrechts*konkretisierenden*, aber nichtsdestoweniger grundrechts*gebundenen* Gesetzgeber“ *Bethge*, Der Staat 24 (1985), 365. Speziell für Art. 14 GG *Baur*, NJW 1982, 1735, *Leisner*, DVBl 1983, 63f., *ders.*, HbdStR VI, § 149 Rn. 61f., *Wendt*, Eigentum und Gesetzgebung, 12ff., und nun *Lindner*, Theorie der Grundrechtsdogmatik, 307ff., sowie ausführlich *Cornils*, Ausgestaltung der Grundrechte, 249ff., 264ff.

[9] BVerfGE 20, 351, 355f.; 24, 367, 396 („Nur das durch die Gesetze ausgeformte Eigentum bildet den Gegenstand der Eigentumsgarantie und ist verfassungsrechtlich geschützt.“); 58, 81, 109 („Gegenstand des Schutzes des Art. 14 GG sind der Anspruch oder die Anwartschaft, wie sie sich insgesamt aus der jeweiligen Gesetzeslage ergeben.“); 58, 300, 336; 83, 201, 208f.; 101, 239, 258. *Rozek*, Eigentumsbindung und Enteignung, 27.

[10] Vgl. Darstellung der Rechtsprechung und Kritik bei *Rozek*, Eigentumsbindung und Enteignung, 42, und *Engel*, AöR 118 (1993), 194f. Maunz/Dürig/Herzog/Scholz/*Papier*, Art. 14 Rn. 35, spricht insoweit von einer zunehmenden Relativierung, der die Eigentumsgewährleistung des Art. 14 ausgesetzt sei: Für das BVerfG werde der Eigentumsbegriff – entgegen allen Beteuerungen – zu einem Begriff nach Maßgabe des einfachen Gesetzgebers, a.a.O., Rn. 38.

[11] BVerfGE 58, 300, 335. Vgl. ferner BVerfGE 42, 263, 292f.; *Rozek*, Eigentumsbindung und Enteignung, 42f. – Weiterführend, den angedeuteten Zirkel überwindend, *Schoch*, JURA 1989, 115ff., 118: Der gesetzesunabhängige Eigentumsbegriff beziehe sich auf die Instituts-, der gesetzesakzessorische auf die individuelle Bestandsgarantie; ähnlich, aber offenbar mit anderem Verständnis der Bestandsgarantie *Schmidt-Aßmann*, FS 600 Jahre Universität Heidelberg, 113f. Diese sinnstiftende Differenzierung freilich tritt in der Rechtsprechung des BVerfG als solche nicht, jedenfalls nicht offen zutage.

fassungsrechtlicher Eigentumsbegriff, oder hat es der einfache Gesetzgeber in der Hand, Vermögensrechte dem Schutzbereich des Art. 14 GG zu entziehen?[12] Kann sich etwa auf die Rechtsprechung des BVerfG berufen, wer annimmt, der gutgläubige Erwerb nach §§ 932ff. BGB stelle deswegen keinen Eingriff in das Eigentum dar, weil der Gesetzgeber das Eigentum als Position definiert, die unter dem Vorbehalt gutgläubigen Erwerbs steht?[13]

Diese Fragen können hier offen bleiben. Denn der Kernbereich des Eigentums ist unabhängig von ihrer Beantwortung geschützt. Diesem läßt das BVerfG dadurch effektiven Schutz angedeihen, daß es Art. 14 GG eine „Institutsgarantie" entnimmt: Der Gesetzgeber hat einen Grundbestand von Normen unangetastet zu lassen, die für die Ausformung eines Rechtsinstituts notwendig sind, das den Namen „Eigentum" verdient.[14] Außerhalb dieses Kernbereichs verschafft Art. 14 GG allen vom

---

[12] *Rozek*, Eigentumsbindung und Enteignung, 54f., zieht folgendes Fazit: „... so bleibt es schließlich dabei, daß Positionen und Vorteile, die in verfassungsrechtlich unbedenklicher Weise nicht in das Eigentum einbezogen werden, dann auch nicht in den Schutzbereich des Art. 14 Abs. 1 Satz 1 GG fallen können. Der Kreis schließt sich – ganz ohne Zirkelschluß". Vgl. auch ebd., 143. Die Frage nach der Reichweite des Schutzbereichs von Art. 14 I 1 GG geht jedoch logisch der Frage vor, ob bestimmte Positionen in verfassungsrechtlich unbedenklicher Weise „nicht in das Eigentum einbezogen werden" können. Gleichwohl betont *Rozek*, a.a.O., 142: „Bezugspunkt darf jedenfalls nicht ein aus verfassungsrechtlicher Sicht gar nicht existierendes, unbeschränktes Recht des Eigentümers sein, mit seinem Eigentum nach Belieben umzugehen", und bewegt sich damit vollends auf den Boden der in der Pandektistik verbreitet und prominent vertretenen Immanenztheorie, gegen die er sich jedoch selbst wendet, a.a.O., 60 Fn. 207. Zu dieser Theorie im vorliegenden Zusammenhang schon *Böhmer*, NJW 1988, 2570ff.; gegen die mit ihr verbundenen Vorstellungen jüngst *Cornils*, Ausgestaltung der Grundrechte, 292ff. Eine Reminiszenz an sie ist auch das Argument, mit dem das BVerfG begründet, daß der Zwang zur Abgabe eines Pflichtexemplars keine Enteignung darstelle, BVerfGE 58, 137, 144: Das Eigentum am Druckerzeugnis sei schon bei dessen Entstehung mit der Verpflichtung zur Ablieferung eines Exemplars belastet. Aber auch diese vermeintlich *a priori* bestehende Belastung hat das BVerfG – zu Recht! – an Art. 14 GG gemessen. Ähnlich behandelt das BVerfG die Gefahrenabwehr: Diese hat das Gericht in BVerfGE 20, 351, 361, zwar als eine dem Eigentum immanente Sozialbindung bezeichnet, selbst wenn die Gefahrenabwehr die Vernichtung des Eigentums erfordert. In BVerfGE 102, 1, 14f., aber betont das Gericht, die Verpflichtung des Eigentümers zur Störungsbeseitigung berühre seine durch Art. 14 I 1 GG geschützte Rechtsposition. Zu Recht berücksichtigt das BVerfG die vermeintliche Immanenz der Rechtsbegrenzung also nicht schon bei Bestimmung des Schutzbereichs. – Wenig weiter führt in diesem Zusammenhang die insbesondere von *Cremer*, Freiheitsgrundrechte, 115ff., vorgeschlagene Deutung, das BVerfG unterscheide implizit zwischen zukunftsbezogenen Neudefinitionen des Eigentums einerseits und Verkürzung bestehender Eigentumspositionen als Eingriffen andererseits. Denn auch die zukunftsbezogenen Neudefinitionen werden an Art. 14 I 1 GG gemessen, so daß hier Schutzgegenstand und -maßstab wiederum zusammenfallen.

[13] Mit diesem Argument lehnt *Leuschner*, AcP 205 (2005), 211, ab, daß es sich bei der gesetzlichen Regelung des gutgläubigen Erwerbs nach §§ 932ff. BGB um eine Enteignung handele. Für eine dem Eingriff vorgelagerte gesetzliche Prägung besonders des Eigentumsgrundrechts auch *Lerche*, HbdStR V, § 121 Rn. 37ff.

[14] Vgl. etwa BVerfGE 24, 367, 389. Jedenfalls insoweit scheint auch das BVerfG anzunehmen, daß die Verfassung jedenfalls einen „Rumpfbegriff" vom Eigentum voraussetzt. Gegen eine solche Institutsgarantie *Cremer*, Freiheitsgrundrechte, zusammenfassend 134f.

einfachen Gesetzgeber einmal eingeräumten vermögenswerten Rechtspositionen nur insoweit Bestandsschutz, als ihre Verkürzung der verfassungsrechtlichen Rechtfertigung bedarf. Denn auch wenn der Gesetzgeber durch gesetzliche Umgestaltung vermögensrechtliche Positionen aus dem Schutzbereich des Art. 14 GG herausnehmen kann, so kann der auf diese Weise neu definierte Schutzbereich des Art. 14 GG für die verfassungsrechtliche Beurteilung des Umgestaltungsakts noch nicht maßgeblich sein: Erst wenn dessen Verfassungsmäßigkeit und damit Wirksamkeit feststeht, fallen die betroffenen Vermögenswerte aus dem Eigentumsbegriff des Art. 14 GG heraus. Für eine verfassungsrechtliche Überprüfung des Umgestaltungsaktes an Art. 14 GG ist also die mit ihm womöglich einhergehende Verkürzung des Schutzbereichs noch nicht maßgeblich, sie wirkt erst für die Zukunft.[15] Die Verkürzung vermögenswerter Positionen berührt also in jedem Fall den Schutzbereich von Art. 14 GG, mögen die entzogenen oder beschränkten Vermögenspositionen auch lediglich auf einer Einräumung durch den Gesetzgeber beruhen.[16]

II. Schutzbereich

Der Begriff des Eigentums, das dem Schutzbereich des Art. 14 GG unterfällt, ist nicht mit dem bürgerlich-rechtlichen Eigentumsbegriff identisch. Als Eigentum wird von Art. 14 GG nicht nur das Sacheigentum im bürgerlich-rechtlichen Sinne geschützt; vielmehr fallen hierunter alle vermögenswerten Rechte,[17] vor allem die dinglichen,[18] aber etwa auch Forderungen,[19] Unternehmensbeteiligungen[20] und der Rechtsprechung des BVerfG zufolge auch der Besitz des Mieters.[21] Dagegen schützt Art. 14 GG nach hergebrachter und herrschender Auslegung weder bloße Erwerbschancen[22] noch das Vermögen als Ganzes,[23] wenn der Eingriff nicht besonders schwerwiegend und geradezu konfiskatorischer Natur ist.[24]

---

[15] Deutlich etwa BVerfGE 52, 1, 27 (Kleingarten).

[16] So stellt auch das BVerfG fest, daß das sich aus der Gesamtheit der verfassungsgemäßen Gesetze ergebende Eigentumsrecht nach Art. 14 I 1 GG Bestandsschutz genieße, BVerfGE 58, 300, 336.

[17] *Ruffert*, Vorrang der Verfassung, 361.

[18] BVerfGE 11, 64, 79; 28, 119, 142; 79, 174, 191.

[19] BVerfGE 42, 263, 293; 45, 142, 179; 70, 278, 285. *Krause*, JZ 1984, 714.

[20] BVerfGE 100, 289, 301 f. (Aktien).

[21] BVerfGE 89, 1 ff. (1. LS), dazu aus zivilistischer und romanistischer Sicht *Möller*, AcP 197 (1997), 537–564; zustimmend *Ibler*, AcP 197 (1997), 565 ff.; Maunz/Dürig/Herzog/Scholz/*Papier*, Art. 14 Rn. 202. Kritik daran bei *Emmerich*, FS Gitter, 242 ff.; *Depenheuer*, NJW 1993, 2561 ff.; *Rüthers*, NJW 1993, 2587 ff.; *Sendler*, NJW 1994, 709 ff.; *Roellecke*, JZ 1995, 74; *Schmidt-Preuß*, AG 1996, 2 f.; *Diederichsen*, JURA 1997, 62; *Canaris*, Grundrechte, 85; *V. Schmidt*, Verh. D. 61. DJT (1996), O 47; differenzierend *Ruffert*, Vorrang der Verfassung, 366.

[22] BVerfGE 28, 119, 142; 78, 205, 211 f.; 105, 202, 277.

[23] BVerfGE 95, 267, 300; 4, 7, 17. *Ruffert*, Vorrang der Verfassung, 361. Offener nun aber BVerfGE 115, 97, 112; kritisch dazu *Wernsmann*, NJW 2006, 1170 ff.

[24] Vgl. aber BVerfGE 93, 121, 137 f. (Vermögenssteuer) und die abweichende Ansicht von *Böckenförde*, BVerfGE 93, 149, 154 f., 157. Dazu etwa *Pieroth/Schlink*, Grundrechte, Rn. 985.

In den Schutzbereich von Art. 14 GG fallen mithin Vermögensgegenstände, deren Übergang vom Schuldnervermögen in das des Anfechtungsgegners mit der Anfechtung revidiert werden kann. Insoweit greift das Anfechtungsrecht also in den Schutzbereich des Grundrechts des Anfechtungsgegners aus Art. 14 GG ein, ohne daß es bereits hier darauf ankäme, wie die Anfechtung genau wirkt.

Durch Anfechtung können jedoch nicht nur Übertragungen von Aktiva aus dem Vermögen des Schuldners in dasjenige des Anfechtungsgegners rückgängig gemacht werden, sondern auch solche Handlungen oder Unterlassungen des Schuldners, welche die Durchsetzung von Rechten des Schuldners gegen den Anfechtungsgegner unmöglich machen: vor allem der Erlaß von Forderungen, der Verzicht auf Rechte, aber auch das bloße Verjährenlassen von Forderungen.[25] Die Anfechtung solcher Handlungen oder Unterlassungen führt nicht zur Schmälerung des Vermögens des Anfechtungsgegners um einen Aktivposten, sondern zur Belastung des Vermögens mit einer gegen dieses gerichteten Forderung oder einem Recht. In solchen Fällen wird das Vermögen des Anfechtungsgegners als Ganzes per Saldo verkürzt, ohne daß bestimmte Vermögenspositionen entzogen würden. Das Vermögen insgesamt aber ist durch Art. 14 GG nur vor konfiskatorischem Zugriff geschützt, nicht vor in der Intensität dahinter zurückbleibenden Schmälerungen,[26] wie sie hier in Rede stehen. Solche Belastungen bedeuten freilich Eingriffe in die allgemeine Handlungsfreiheit (Art. 2 I GG), die nur durch oder aufgrund verfassungsgemäßer, insbesondere verhältnismäßiger Gesetze erfolgen dürfen.[27]

Es bleibt als Zwischenergebnis festzuhalten: Soweit es um das Wiederauflebenlassen von solchen Forderungen und Rechten geht, die aufgrund einer anfechtbaren Handlung oder Unterlassung nicht (mehr) durchsetzbar waren, ist das Grundrecht des Anfechtungsgegners aus Art. 14 GG nicht berührt. Im übrigen bedeuten die mit der Anfechtung einhergehenden Schmälerungen des Vermögens des Anfechtungsgegners Eingriffe in dessen Grundrecht aus Art. 14 GG.

III. Enteignung oder Inhalts- und Schrankenbestimmung?

Soweit aufgrund des Anfechtungsrechts Vermögenswerte entzogen werden können, ist der Schutzbereich des Eigentumsrechts des Anfechtungsgegners aus Art. 14

[25] Gerade darauf zielt § 132 II InsO, vgl. BT-Drucks. 12/2443, 160; HK-InsO/Kreft, § 132 Rn. 8; MünchKommInsO/Kirchhof, § 129 Rn. 24f. Vgl. zu diesem Fall auch bereits Ulpian D. 42, 8, 3, 1.

[26] BVerfGE 4, 7, 17; 65, 196, 209; 70, 219, 230; 74, 129, 148; 75, 108, 154; 77, 84, 118; 78, 232, 243; 81, 108, 122; zweifelhaft 87, 153, 169 („Dabei ist indes zu berücksichtigen, daß Steuergesetze in die allgemeine Handlungsfreiheit gerade in deren Ausprägung als persönliche Entfaltung im vermögensrechtlichen und im beruflichen Bereich (Art. 14 Abs. 1, Art. 12 Abs. 1 GG) eingreifen."); in BVerfGE 93, 121, 137f., erkennen *Böckenförde*, abw. Meinung in BVerfGE 93, 149, 153f., und auch *Leisner*, NJW 1995, 2594, ein Bekenntnis zum Schutz des Vermögens durch Art. 14 GG, so auch relativierend *Bull*, NJW 1996, 282f.

[27] Vgl. zum Versorgungsausgleich BVerfGE 57, 361, 378; ferner etwa *Leuschner*, Verkehrsinteresse und Verfassungsrecht, 119ff.

GG berührt. Art. 14 GG unterscheidet zwischen zwei verschiedenen Eingriffsarten:[28] der Inhalts- und Schrankenbestimmung[29] einerseits und der Enteignung andererseits. Beide Eingriffsarten sind vor dem Hintergrund der strengen verfassungsrechtlichen Anforderungen an eine Enteignung scharf voneinander zu trennen. Die Frage aber, was eine Enteignung von einer Inhalts- und Schrankenbestimmung unterscheidet, gehört nach wie vor zu den schwierigsten und umstrittensten des Verfassungsrechts. Seit der Naßauskiesungsentscheidung des BVerfG besteht allenfalls insoweit Klarheit, als die beiden Eingriffsarten nicht nach materiellen Aspekten, sondern typologisch voneinander zu trennen sind:[30] Eine Inhalts- und Schrankenbestimmung wird also nicht deshalb zur Enteignung, weil sie besonders schwerwiegende Folgen hat[31] oder dem Betroffenen ein Sonderopfer auferlegt.[32] Nach welchen Kriterien die Abgrenzung aber zu erfolgen hat, ist heftig umstritten, und auch die Rechtsprechung des BVerfG schwankt in dieser Frage. Sie bedarf für die vorliegenden Zwecke freilich keiner abschließenden Klärung: Wie im Folgenden zu zeigen sein wird, lassen sich die Anfechtungsregelungen unter keinem Gesichtspunkt als Enteignung auffassen; sie stellen Inhalts- und Schrankenbestimmungen dar.

Wohl auch vor dem Hintergrund der strengen verfassungsrechtlichen Anforderungen an eine Enteignung und der notwendigen Entschädigung tritt das BVerfG für einen formal typisierten Enteignungsbegriff ein: Danach liegt eine Enteignung nur vor, wenn der Staat oder ein von ihm mit Zwangsrechten Beliehener Eigentum im Sinne des Art. 14 GG gezielt entzieht.[33] Im Gegensatz zum klassischen Enteignungsbegriff aber verzichtete das BVerfG bei Definition der Enteignung jedenfalls

---

[28] Der Begriff „Eingriff" paßt nach verbreiteter Ansicht nicht für die Inhalts- und Schrankenbestimmung, etwa *Schoch*, JURA 1989, 115; *Seiler*, JuS 2002, 680. Auch das BVerfG stellt fest, eine verfassungsmäßige Inhalts- und Schrankenbestimmung stelle keine Einschränkung des Eigentumsgrundrechts dar, BVerfGE 24, 367, 396, unter Hinweis auf BVerfGE 21, 92, 93. Es ist zwar nicht von der Hand zu weisen, daß nicht jede Inhaltsbestimmung das Eigentumsrecht zwangsläufig beschränkt; ebenso eindeutig ist aber, daß eine Inhalts- und Schrankenbestimmung das Eigentumsrecht beschränken kann: Sonst wäre jede solche Bestimmung materiell verfassungsgemäß, denn Grundrechtsverletzungen setzen eine Beschränkung voraus. Behält man dies im Blick, scheint die Verwendung des vertrauten Begriffes „Eingriff" unschädlich (vgl. auch *Pieroth/Schlink*, Grundrechte, Rn. 998; *Ibler*, AcP 197 [1997], 573; *Rozek*, Eigentumsbindung und Enteignung, 61), auch wenn er nicht immer trifft. Wer ihn vermeiden will, muß zu Umschreibungen greifen, die zur Klarheit der Ausführungen nichts beitragen.

[29] Vgl. oben Fn. 3.

[30] BVerfGE 58, 300ff. Vgl. schon BVerfGE 58, 137, 145 („Inhaltsbestimmung und Enteignung unterscheiden sich … grundlegend voneinander"), und 52, 1, 28 („Eine verfassungswidrige Inhaltsbestimmung kann auch nicht in eine Enteignung umgedeutet […] werden."). Eine andere Auslegung der Naßauskiesungsentscheidung vertritt etwa noch *Schwabe*, JZ 1983, 274: Ein gleitender Übergang zwischen Inhaltsbestimmung und Enteignung sei möglich; das BVerfG beschwöre Mißverständnisse herauf, wenn es den Eindruck einer totalen Trennung erwecke. Gegen *Schwabe* ausführlich *Rozek*, Eigentumsbindung und Enteignung, 164ff.

[31] So noch die „Schweretheorie": BVerwGE 5, 143, 145; 7, 297, 299; 32, 173, 179.

[32] So noch die „Sonderopfertheorie": grundlegend BGHZ 6, 270, 279f. Vgl. dazu *Rozek*, Eigentumsbindung und Enteignung, 62ff., und zum Einschwenken des BGH und des BVerwG auf die Linie des BVerfG *Lege*, JZ 1994, 431ff.

[33] St. Rspr.: Etwa BVerfGE 14, 263, 277; 74, 264, 281; 100, 226, 240; 101, 239, 259.

zwischenzeitlich[34] ausdrücklich auf das Erfordernis, daß mit dem Entzug des Eigentums dessen Übertragung auf den Staat oder ein anderes Rechtssubjekt einhergeht: „Das Vorliegen einer Enteignung hängt ... nicht davon ab, daß es sich um einen Güterbeschaffungsvorgang handelt."[35] In jüngerer Zeit hat das Merkmal der Güterbeschaffung allerdings wieder Eingang in die Enteignungsdefinition des BVerfG gefunden,[36] ohne daß klargestellt worden wäre, ob damit tatsächlich eine Rechtsprechungsänderung beabsichtigt ist.[37] Zweifel daran sät etwa die jüngst getroffene Feststellung des Gerichts, der Enteignungsbegriff sei „beschränkt ... auf die Entziehung konkreter Rechtspositionen zur Erfüllung öffentlicher Aufgaben, also weitgehend [!] zurückgeführt ... auf Vorgänge der Güterbeschaffung".[38]

Danach ist eher davon auszugehen, daß – entgegen einer in der Literatur prominent vertretenen Ansicht[39] – auch auf Grundlage der Rechtsprechung des BVerfG eine nicht auf Güterbeschaffung zielende „Aufopferungsenteignung"[40] eine Enteignung im Sinne des Art. 14 III GG darstellen kann. Dem Ziel der streng formalen Abgrenzung zwischen Enteignung und Inhalts- und Schrankenbestimmung, besonders im Hinblick auf die Junktimklausel (Art. 14 III 2 GG) Rechtsklarheit zu schaffen, dient dieser weite Enteignungsbegriff allerdings nicht: Im Gegenteil ginge mit einer Rückkehr zum klassischen Enteignungsbegriff eine schärfere Abgrenzung zur Inhalts- und Schrankenbestimmung einher, besonders im Hinblick auf gesetzliche Neugestaltungen,[41] deren Einordnung als Inhalts- und Schrankenbestimmungen nur unter dem Regime des klassischen Enteignungsbegriffs über jeden Zweifel erhaben wäre. Würde also die Rückkehr zum klassischen Enteignungsbegriff auch die Rechtsanwendung erleichtern, so dürfte das folgende Wertungsargument dennoch entscheidend für einen offeneren Enteignungsbegriff sprechen:[42] Der Verfassungsgeber gewährte vor der Enteignung als dem vermeintlich tieferen Eingriff in das

---

[34] Vgl. aber BVerfGE 20, 351, 359: Die Tötung eines (vermeintlich) seuchenkranken Tieres sei keine Enteignung, weil der Staat das Eigentum am Tier nicht brauche und es nicht wirtschaftlich oder sonstwie nutzen wolle, sondern nur defensiv vorgehe, um Gefahren für die Allgemeinheit abzuwehren.

[35] BVerfGE 83, 201, 211, sowie bereits BVerfGE 24, 367, 394; vgl. dazu *Jarass*, NJW 2000, 2843 f.

[36] Vgl. etwa BVerfGE 104, 1, 10 (wiedergegeben unten vor Fn. 63); BVerfG NVwZ 2009, 1158, 1159.

[37] Diese aber nimmt Maunz/Dürig/Herzog/Scholz/*Papier*, Art. 14 GG, Rn. 361, 527, an; ebenso etwa auch v. Mangoldt/Klein/Starck/*Depenheuer*, Art. 14 Rn. 204, 407; *Raue*, Zwangsvollstreckung, 187 ff. Anders *H.-J. Koch*, NJW 2000, 1531.

[38] BVerfGE 115, 97, 112.

[39] Vgl. die Nachweise in Fn. 37. Einen Übertragungsakt halten etwa noch *Schulze-Osterloh*, Eigentumsopferentschädigung, 267, *Lege*, JZ 1994, 438, *Deutsch*, DVBl. 1995, 549, und AK-GG/*Rittstieg*, Art. 14/15 Rn. 193, für begriffsnotwendig. Zum Streit etwa *Hendler*, DVBl. 1983, 878.

[40] Kritisch zur Terminologie *Schwabe*, JZ 1983, 273 f., 278.

[41] *Schoch*, JURA 1989, 121 („'offene Flanke' der Eigentumsdogmatik des BVerfG"); *Rozek*, Eigentumsbindung und Enteignung, 151 ff., 230 ff.

[42] Gegen die Rückkehr zum klassischen Enteignungsbegriff mit dem konstitutiven Merkmal der Güterbeschaffung mit recht formaler Argumentation auch *Rozek*, Eigentumsbindung und Enteignung, 201.

zu schützende Rechtsgut stärkeren Schutz, wie nicht zuletzt die Junktimklausel zeigt.[43] Dieser läßt sich dem Betroffenen nicht mit der Begründung nehmen, daß der Staat mit dem entzogenen Recht nichts anfangen will, weil dies aus Sicht des Betroffenen auf die Schwere des Eingriffs keinen Einfluß hat.[44]

Obwohl das formale Kriterium des Eigentumsentzugs durch den Staat oder einen Beliehenen für eine Einordnung als Enteignung entscheidend sein soll, ist allenfalls die Administrativenteignung einfach und eindeutig von der Inhalts- und Schrankenbestimmung abgrenzbar; die Grenzen zwischen Legalenteignung oder Ermächtigung zur Administrativenteignung einerseits und Inhalts- und Schrankenbestimmung andererseits dagegen verschwimmen regelmäßig. In der Rechtsprechung des BVerfG wird zwar immer wieder der abstrakt-generelle, zukunftsgerichtete Charakter der Inhalts- und Schrankenbestimmungen hervorgehoben und der Enteignung als Entziehung *konkreter* subjektiver Rechte gegenübergestellt.[45] Diese Gegenüberstellung ist allerdings trügerisch. Sieht man mit dem BVerfG nicht nur das Recht, aus dem sich einzelne Befugnisse ableiten, als „Eigentum" im Sinne des Art. 14 GG an, sondern hält auch die aus ihm fließenden einzelnen Befugnisse für enteignungsfähig,[46] und akzeptiert man den um die Aufopferungsent-

---

[43] In der Verfassungswirklichkeit mag mittlerweile nahezu gleichwertiger Schutz vor Enteignung und Inhalts- und Schrankenbestimmung gewährt werden; auf die subjektiv-historische Auslegung des Art. 14 GG freilich kann sich dies nicht auswirken. Auch das BVerfGE sieht die Enteignung offenkundig als schwereren Eingriff an, vgl. unten Fn. 52.

[44] Gegen eine Unterscheidung der Eingriffsqualität nach ihrer Wirkung auf den Betroffenen und für eine Unterscheidung nach dem mit ihr verfolgten Zweck *Schulte*, Zur Dogmatik des Art. 14 GG, 38ff.

[45] Vgl. die Rechtsprechungsanalyse bei *H.-J. Koch*, NJW 2000, 1531. Angelegt ist diese Einordnung bereits in BVerfGE 24, 367, 401: Die Legalenteignung sei „wesensmäßig ‚Verwaltung' durch Gesetz"; vgl. auch BVerfGE 52, 1, 27; BVerfG NVwZ 2009, 1158, 1159. Für eine Differenzierung nach diesen Kriterien v. Münch/Kunig/*Bryde*, Art. 14 GG Rn. 74; *Pieroth/Schlink*, Grundrechte, Rn. 1001; *Leuschner*, AcP 205 (2005), 210, und *ders.*, Verkehrsinteresse und Verfassungsrecht, 160f., der aber Schwierigkeiten bei der Abgrenzung zwischen Inhalts- und Schrankenbestimmung und (Ermächtigung zur?) Administrativenteignung eingesteht. Ablehnend *Schwabe*, JURA 1994, 530; *ders.*, JZ 1991, 777; *Rozek*, Eigentumsbindung und Enteignung, 157ff.

[46] Vgl. BVerfGE 58, 300, 332: „... eine Legalenteignung bewirkt, weil und soweit sie subjektive Rechte entzieht, die der Einzelne aufgrund des alten Rechts ausgeübt hat ..."; *Hendler*, DVBl. 1983, 877f. Ferner *Pietzcker*, JuS 1991, 371; *Schwabe*, JURA 1994, 531. – Differenzierend *Leisner*, DVBl. 1983, 62f.: Eigentum sei immer die Rechtsgesamtheit als Einheit, nicht ein Bündel von Rechten; Beschränkungen eines Rechts aus dem Eigentum richten sich immer gegen das Eigentum insgesamt. – Einschränkend *Maurer*, Allgemeines Verwaltungsrecht, § 27 Rn. 47, *Pieroth/Schlink*, Grundrechte, Rn. 1001, und *Rozek*, Eigentumsbindung und Enteignung, 201ff., 207f.: Nur rechtlich abtrennbare Teile seien taugliche Objekte einer Enteignung. Das führt jedenfalls dann nicht zu größerer Klarheit, wenn Grundstücke betroffen sind, denn hier läßt sich nahezu jede Nutzungsmöglichkeit mittels Dienstbarkeit rechtlich verselbständigen (vgl. schon die Polemik von *Schwabe*, JURA 1994, 532 Fn. 15), und die Belastung mit einem dinglichen Recht stellt auch nach *Pieroth/Schlink*, Grundrechte, Rn. 1002 (mit Nachweisen aus der Rspr. des BVerfG) eine Enteignung dar. Ähnlich auch *Jarass*, NJW 2000, 2844: Eine Enteignung liege nur vor, wenn eine konkrete Person die entzogene Position nun

eignung erweiterten Enteignungsbegriff, wird aus der vermeintlich eindeutigen typologischen Abgrenzung eine Frage des Blickwinkels.[47] Denn wird der Inhalt des Eigentums abstrakt neu bestimmt, so daß einzelne Befugnisse aus ihm herausfallen, bedeutet dies im konkreten Einzelfall den Entzug vermögenswerter Rechtspositionen. Die abstrakt-generelle Regelung von Rechten und Pflichten durch Inhalts- und Schrankenbestimmung bedeutet dann zugleich einen Entzug konkreter Vermögenspositionen.

Das Dilemma zeigt sich deutlich etwa im Streit um die verfassungsrechtliche Qualifizierung des „Atomausstiegs“, den man unter dem Blickwinkel des Entzugs konkreter, bestandskräftig gewordener Betriebsgenehmigungen der Kraftwerkbetreiber als Enteignung zu qualifizieren hätte,[48] unter dem Aspekt der generell-abstrakten Neuordnung des Atomrechts aber als Inhalts- und Schrankenbestimmung,[49] dann bezogen auf das Eigentum an den Anlagen. Wie beliebig es scheint, gesetzliche Einschränkungen der Eigentümerbefugnisse allein aufgrund ihres abstrakt-generellen Charakters als Inhalts- und Schrankenbestimmungen einzuordnen, mögen auch die folgenden Beispiele aus der Rechtsprechung des BVerfG verdeutlichen. Das Gericht sah in einer Regelung, nach welcher der Verleger von Druckerzeugnissen Belegstücke an staatliche Stellen abzuliefern hat, keine Enteignung, sondern die Begründung einer generellen und abstrakten Naturalleistungspflicht in Form einer Abgabe.[50] Da hier das bürgerlich-rechtliche Eigentum an einer Sache entzogen wird, ist eine solche Einordnung nur möglich, wenn man ausschließlich die Vermögensgesamtheit „Druckerzeugnisauflage“ in den Blick nimmt und die Abgabepflicht als Regelung des Inhalts des Eigentums an dieser Sachgesamtheit sieht. Blickt man dagegen auf das konkret abzugebende Pflichtexemplar, liegt ohne Zweifel ein gezielter Eigentumsentzug, mithin aus materiellem Blickwinkel eine Enteignung vor.[51]

---

nutzen könne. Dies nimmt die Aufopferungsenteignung wieder aus dem Enteignungsbegriff aus. Noch weiter einschränkend *Osterloh*, DVBl. 1991, 912. – Einen Schritt in Richtung einer klareren Abgrenzung der Enteignung von der Inhalts- und Schrankenbestimmung bedeutet dagegen die konsequente Eingrenzung von *Deutsch*, DVBl. 1995, 547ff.: Nur Sachen und selbständige Rechte könnten Gegenstand einer Enteignung sein, nicht daraus fließende Nutzungsrechte. Würden diese ohne Entziehung der Rechtsposition beschränkt, läge eine Inhalts- und Schrankenbestimmung vor.

47 Vgl. auch die prägnante Darstellung des Problems bei *Rozek*, Eigentumsbindung und Enteignung, 148ff.

48 So *Schmidt-Preuß*, NJW 2000, 1524ff.

49 So *H.-J. Koch*, NJW 2000, 1529ff. Zum Ausscheiden eigentumsordnender gesetzgeberischer Reformregelungen aus dem Enteignungsbegriff auch bereits *Rozek*, Eigentumsbindung und Enteignung, 230ff.

50 BVerfGE 58, 137, 144.

51 Eine Enteignung scheidet hier nicht deshalb aus, wie das Gericht behauptet, weil das Eigentum am Druckwerk schon bei seiner Entstehung mit der Verpflichtung zur Abgabe eines Exemplars belastet gewesen sei (BVerfGE 58, 137, 144). Es ist gerade die Frage, ob diese Belastung verfassungsgemäß ist, also überhaupt bestand. Der Gesetzgeber kann sich der Entschädigungspflicht aus Art. 14 III 2 GG wohl kaum schon dadurch entziehen, daß er die Wirkung des eigentumsbeschränkenden Akts willkürlich vorverlegt.

Gleiches gilt in einem weiteren Fall aus jüngerer Zeit: Das Gericht hatte eine denkmalschutzrechtliche Regelung zu überprüfen, die eine Genehmigungspflicht für die Beseitigung denkmalgeschützter Baudenkmäler anordnete, und stellte fest, daß diese keine konkrete Eigentumsposition entziehe, sondern generell und abstrakt die Nutzungsmöglichkeiten eines mit einem Denkmal bebauten Grundstücks beschränke.[52] Auch diese Ausführungen sind nur aus dem Blickwinkel aller denkbaren, nicht notwendigerweise konkret betroffenen Normadressaten unmittelbar einleuchtend. Dem konkret von der Regelung Betroffenen aber wird eine bestimmte, dem Schutzbereich des Art. 14 GG unterfallende Rechtsposition genommen, nämlich aus dem Befugnisbündel des § 903 BGB das vermögenswerte Recht entzogen, ein auf seinem Grundstück befindliches Gebäude abzureißen, und auch diese einzelne Entscheidungsbefugnis, nicht nur das dingliche Rechte, auf das sie sich gründet, ist „Eigentum" im Sinne des Art. 14 GG.[53] Schließlich hat das Gericht die gesetzliche Ermächtigung, Tiere bei Verdacht einer Tollwuterkrankung zu töten, für eine Inhalts- und Schrankenbestimmung gehalten. Auch das ist nur möglich, wenn man ausschließlich abstrakt das „Eigentum an Tieren" im Blick hat,[54] nicht aber, wenn man auf das Eigentum am konkret getöteten Tier sieht, das zweifellos gezielt durch staatlichen Akt entzogen wurde.

Die Beliebigkeit einer rein typologischen Differenzierung zwischen Enteignung und Inhalts- und Schrankenbestimmung nach dem abstrakt-generellen oder individuellen Charakter der Maßnahme wird auch im Hinblick auf das Anfechtungsrecht deutlich. Aus der Perspektive der Allgemeinheit betrachtet, regelt das Anfechtungsrecht gewissermaßen eine der Eigentumsposition von vornherein anhaftende, abstrakte Vermögensbelastung, die sich unter bestimmten Umständen verwirklicht, es bestimmt nämlich für die Zukunft, unter welchen Umständen der Erwerb einer Art. 14 GG unterfallenden Position seine Bestandskraft verliert. Aus dieser Perspektive scheint das Anfechtungsrecht geradezu zwingend als Regelung des Eigentumsinhalts verstanden werden zu müssen. Im konkreten Fall aber wird einem bestimmten Anfechtungsgegner durch die Anfechtung, zu der das Anfechtungsrecht ermächtigt, eine Vermögensposition zielgerichtet entzogen. Dies deutet auf eine Enteignung hin, auch wenn sich hier „nur" eine von vornherein latent vorhandene Belastung des Eigentums verwirklicht; denn dies ist auch in den klas-

---

[52] BVerfGE 100, 226, 241. Auch dem Gericht wurde angesichts so formaler Argumentation offenbar unbehaglich. In einem *obiter dictum* stellt es fest: Wolle der Gesetzgeber durch (abstrakt-generelle) Bestimmung die Privatnützigkeit des Eigentums nahezu beseitigen und dieses zu einer im öffentlichen Interesse zu tragenden Last machen, könne er dieses Ziel nur durch Enteignung erreichen, a. a. O., 243. *Roller*, NJW 2001, 1007, sieht hierin freilich eine bedenkliche Aufweichung der formalen Abgrenzung durch materielle Kriterien.

[53] Vgl. oben Fn. 46.

[54] Sieht man in notwendigerweise abstrakt-generell gefaßten Ermächtigungen zum Entzug vermögenswerter Rechtspositionen stets Inhalts- und Schrankenbestimmungen, wäre eine Administrativenteignung nicht mehr denkbar, es sei denn, man nähme an, die Umsetzung einer Inhalts- und Schrankenbestimmung im Einzelfall könne eine Enteignung darstelle; so – jedenfalls tendenziell – BVerwGE 84, 361, ablehnend *Rozek*, Eigentumsbindung und Enteignung, 215, 234.

sischen Fällen der Administrativenteignung nicht anders. Die Qualifizierung des Eingriffs nach formalen Kriterien erscheint beliebig.

Zu klareren Ergebnissen führt es, wenn man die Rechtsprechung des BVerfG dahin auslegt und präzisiert, daß eine Enteignung nur vorliegt, „wenn unter Aufrechterhaltung der abstrakt-generellen Eigentumsrechtsordnung in konkreten Fällen unter Durchbrechung dieser Eigentumsordnung konkrete Rechte ganz oder teilweise entzogen werden“.[55] Unter dieser Prämisse lassen sich alle Beispielsfälle als Inhalts- und Schrankenbestimmungen einordnen, denn für den konkret betroffenen Betreiber von Atomkraftwerken, den Verleger von Druckerzeugnissen, den Eigentümer eines denkmalgeschützen Hauses oder eines an Tollwut erkrankten Tieres verwirklichen sich nur Pflichten, die im vorhinein abstrakt mit Geltung für alle festgelegt worden waren; er wird nicht von einer ausnahmsweisen Durchbrechung der Eigentumsordnung, sondern von ihr selbst betroffen. Auch das Anfechtungsrecht ließe sich demnach als Inhalts- und Schrankenbestimmung einordnen: Die Pflicht zur Rückgewähr des fraglichen Vermögensvorteils hängt von im vorhinein abstrakt-generell bestimmten Umständen ab, wohnt der Eigentumsordnung von vornherein inne und durchbricht sie nicht.

Die genannte Präzisierung hat also den Reiz größerer Klarheit und Vorhersehbarkeit der mit ihr zu erzielenden Ergebnisse. Ob sie allerdings die Ansicht des BVerfG in der Sache tatsächlich trifft, ist fraglich. So ließe eine solche Definition der Enteignung kaum Raum für eine verfassungsgemäße Legalenteignung, deren Existenz Art. 14 II 2 (1) GG jedoch vorgibt. Denn eine Enteignung durch Gesetz läge nur vor, wenn sich das Gesetz nur an einen im vorhinein konkret bestimmten Adressatenkreis richtete, und es könnte daher vor Art. 19 I 1 GG nur bestehen, wenn man Art. 14 III 2 GG als *lex specialis* ansieht.[56] Vor allem bedeutete die Zurückdrängung der Enteignung auf konkrete „Durchbrechungen“ der abstrakten Eigentumsordnung letztlich eine Rückkehr zu materiellen Kriterien; namentlich klingt hier deutlich die vom BVerfG ausdrücklich verworfene Sonderopfertheorie an.

Dem BVerfG ist nicht verborgen geblieben, daß sich wohl alle abstrakten, Vermögenspositionen beschränkenden Regelungen materiell als Entzug durch Art. 14 GG geschützter Positionen deuten lassen. Es hat daher weitere Hilfskriterien verwendet, meist, um das Vorliegen einer Enteignung im konkreten Fall abzulehnen. So hat es das Vorliegen einer Enteignung für solche Fälle ausgeschlossen, in denen der Entzug der Vermögensposition deren Umschaffung zugunsten des Betroffenen dient.[57] Ob dies überzeugen kann, mag hier dahinstehen: Der Entzug von

---

[55] So *H.-J. Koch*, NJW 2000, 1531f., im Anschluß an *Rozek*, Eigentumsbindung und Enteignung, 246.

[56] So in der Sache BVerfGE 95, 1ff. = JZ 1997, 300ff. m. Anm. *Hufeld*.

[57] Etwa BVerfGE 42, 263, 299f.: Die Umwandlung von Ansprüchen aus einem privatrechtlichen Vergleich in Ansprüche gegen eine staatlich begründete Stiftung, auf welche die zur Erfüllung des Vergleichs bereitgestellten Mittel übertragen werden, stelle eine einheitlich zu betrachtende Surrogation dar, die sich nicht in einen (enteignenden) Entzug der Ansprüche gegen den Privaten und die (entschädigende) Gewährung neuer Ansprüche gegen die Stiftung aufspalten lasse. Eine solche Aufspaltung aber nimmt das Gericht in BVerfGE 74, 264, 280f.,

Vermögenswerten durch Anfechtung dient nicht den Interessen des Anfechtungsgegners, sondern denen der übrigen Gläubiger.

Für die vorliegenden Zwecke führt auch die Annahme nicht weiter, daß sich eine Enteignung im Sinne des Art. 14 III GG nur in Form eines hoheitlichen Rechtsaktes vollziehen könne.[58] Dies bedeutet nur, daß private Realakte keine Enteignung darstellen können; doch ist nicht ausgeschlossen, daß jedenfalls die privatrechtlichen Gesetze, die privaten Rechtsakten rechtliche Wirkung verleihen, Enteignungen darstellen. Es kann nicht entscheidend darauf ankommen, ob der Tatbestand des Gesetzes, das den Eigentumsentzug anordnet, den Akt einer Privatperson voraussetzt oder das Eigentum unabhängig von einem solchen Akt entzieht: In beiden Fällen wird die grundrechtlich geschützte Rechtsposition nicht durch privates Handeln, sondern erst durch das Gesetz entzogen, das diesem Handeln seine Wirkung beilegt, also durch einen grundrechtsunterworfenen staatlichen Akt.[59]

Hier zeigen sich freilich die Schwierigkeiten, privatrechtliches Handeln, dem der Gesetzgeber rechtliche Wirkung beilegt, in die Systematik des Art. 14 III 2 GG einzuordnen. Um eine Enteignung durch Gesetz (Legalenteignung) handelt es sich nicht, da sie nicht *ipso iure* eintritt, sondern von autonomen Entscheidungen eines Dritten, hier des Insolvenzverwalters, abhängt. Aber es fällt auch schwer, einen Eigentumsentzug in der Form des Privatrechts als Enteignung aufgrund eines Gesetzes anzusehen; man ist geneigt, diese Enteignungsform auf die Administrativenteignung zu beschränken,[60] von ihr also nur exekutives Handeln auf öffent-

---

selbst vor, wenn es die städtebauliche Unternehmensflurbereinigung als Enteignung einordnet, ohne daß es darauf ankommen solle, ob die betroffenen Eigentümer eine Landabfindung ohne Flächenabzug erhalten. Das Argument, aufgrund des Surrogationsgedankens des Flurbereinigungsrechts bleibe das Eigentum der Betroffenen unangetastet, verwirft das Gericht hier ausdrücklich, 283f. Die Fälle unterscheiden sich zwar wesentlich darin, daß die Umschaffung dort den Betroffenen, hier einem privaten Dritten dient, doch fragt sich, ob der Nutzen der Maßnahme ihre Qualität beeinflussen kann.

[58] *Schwabe*, JURA 1994, 531; *Deutsch*, DVBl. 1995, 547; *Rozek*, Eigentumsbindung und Enteignung, 144; Maunz/Dürig/Herzog/Scholz/*Papier*, Art. 14 Rn. 535 mit zahlreichen Nachweisen; enger noch *Jarass*, NJW 2000, 2843 (hoheitlicher Akt).

[59] Vgl. bereits *Leuschner*, AcP 205 (2005), 210, *Pietzcker*, FS Dürig, 354, *Th. Koch*, Grundrechtsschutz des Drittbetroffenen, 455f., und *Schwabe*, Drittwirkung, 56, 118ff.; allerdings bedarf dessen Hinweis, erst die staatliche Durchsetzung privater Ansprüche stelle einen grundrechtsrelevanten Eingriff dar, einer Präzisierung: Nicht jede privatrechtlich zu duldende Freiheitsbeschränkung bedeutet einen staatlichen Grundrechtseingriff, *Stern*, StaatsR III/1, § 76 III 1, und *Pietzcker*, FS Dürig, 355f.; anders etwa *Murswiek*, WiVerw 1986, 179, 182, gegen diesen *Dietlein*, Grundrechtliche Schutzpflichten, III f., 48f. Hier aber, beim Anfechtungsrecht wie etwa beim gutgläubigen Erwerb, kann der Private grundrechtsrelevante Sphären erst kraft staatlichen Akts beeinträchtigen, der also mehr als eine Pflicht zur Duldung des Handelns Dritter durchsetzt, vgl. *Schwabe*, a. a. O., 124f. Anders beurteilt dies freilich das BVerfG in BVerfGE 14, 263ff.: § 15 UmwG a. F. ermöglichte es dem Mehrheitsaktionär, der mindestens 75% der Aktien hält, durch Umwandlungsbeschluß die anderen Aktionäre auszuschließen. Obwohl der Beschluß des Mehrheitsaktionärs nur aufgrund dieser Norm seine rechtlichen Wirkungen äußern kann, sah das Gericht in ihr keinen vom Staat oder einem Beliehenen ausgehenden enteignenden Akt, a. a. O., 277.

[60] Deutlich etwa BVerfGE 101, 1, 15f.

lich-rechtlicher Ermächtigungsgrundlage erfaßt zu sehen. Folgt man dem Ausschlußverfahren, das Art. 14 III 2 GG vorzugeben scheint, fällt privates Handeln mit eigentumsmindernder Wirkung aus Art. 14 III GG heraus. Diesen Weg beschreitet das BVerfG. In einer Entscheidung, in der es die kleingartenrechtlichen Kündigungsregelungen auf ihre Vereinbarkeit mit Art. 14 GG zu überprüfen hatte, führte es aus: „Eine Enteignung durch Verwaltungsakt auf Grund eines Gesetzes kann in der gesetzlichen Beschränkung nicht gesehen werden. Aber auch eine Enteignung durch Gesetz scheidet aus: Die Legalenteignung ist dadurch gekennzeichnet, daß das Gesetz selbst und unmittelbar mit seinem Inkrafttreten ohne weiteren Vollzugsakt unmittelbar individuelle Rechte entzieht oder beschneidet, die einem bestimmten Kreis von Personen oder Personengruppen nach dem bis dahin geltenden Recht zustehen."[61]

Dieses Ausschlußverfahren wirkt zweifellos begrifflich. Der rein begrifflich-formalen Abgrenzung der Enteignung von anderen Eingriffsmodalitäten aber kommt im Bereich des Art. 14 GG immerhin ein gewisser Selbstwert zu: Sie stellt im Hinblick auf die Junktimklausel Rechtsklarheit her und dient damit dem erklärten und anerkennenswerten Ziel der typologischen Differenzierung des BVerfG, auf dessen Linie sie liegt. Vor allem aber kann sich der formal begründete Ausschluß einer Enteignung auch auf materielle Erwägungen stützen. Sie klingen in den folgenden Ausführungen des BVerfG an, wenn man diese im rechten Lichte betrachtet: „Die Enteignung setzt den Entzug konkreter Rechtspositionen voraus, aber nicht jeder Entzug ist eine Enteignung im Sinne von Art. 14 Abs. 3 GG. Diese ist beschränkt auf solche Fälle, in denen Güter hoheitlich beschafft[62] werden, mit denen ein konkretes, der Erfüllung öffentlicher Aufgaben dienendes Vorhaben durchgeführt werden soll (vgl. BVerfGE 38, 175 [179f.]). Ist mit dem Entzug bestehender Rechtspositionen der Ausgleich privater Interessen beabsichtigt, kann es sich nur um eine Inhalts- und Schrankenbestimmung handeln (vgl. dazu BVerfGE 101, 239 [259])."[63] Schon in der früheren Rechtsprechung des BVerfG findet sich die Aussage, daß keine Enteignung vorliege, wenn durch Gesetz einem Bürger die Möglichkeit gegeben wird, einen anderen Bürger im privaten Interesse aus dem Eigentum zu verdrängen.[64]

Damit ist klar, daß es sich beim Anfechtungsrecht nach den Maßstäben des BVerfG nicht um eine Enteignung handeln kann: Die Anfechtung, ob im Zuge der Einzel- oder der Gesamtvollstreckung, dient – jedenfalls in erster Linie – dem Ausgleich privater Interessen; es kann sich beim Anfechtungsrecht nach den Kriterien des BVerfG folglich nur um eine Inhalts- und Schrankenbestimmung handeln. Die

---

61 BVerfGE 52, 1, 27.

62 Zur Verwendung dieses Verbs oben bei Fn. 36.

63 BVerfGE 104, 1, 10; jedenfalls implizit auch BVerfGE 101, 239, 259.

64 BVerfGE 14, 263, 277; vgl. auch BVerfGE 42, 64, 76; offen BVerfGE 46, 325, 333; 49, 252, 256 (Zwangsversteigerung ist Eingriff in das Eigentum). Vgl. dazu *Krause*, JZ 1984, 715, und in aller Deutlichkeit *Böhmer*, abw. Meinung in BVerfGE 56, 266, 284ff., 290: Überhaupt sei die Enteignung kein Instrument, um innerhalb der Privatrechtsordnung auftretende Probleme zu lösen.

Begründung des BVerfG bedarf indes einer etwas veränderten Akzentuierung, um vollends überzeugen zu können. So begegnet der formale Ansatz, den Zweck der Enteignung, öffentlichen Aufgaben zu dienen, zum Begriffsmerkmal zu erheben,[65] zwar erheblichen Bedenken:[66] Diente jede Enteignung *per definitionem* öffentlichen Aufgaben, wäre das von Art. 14 III 1 GG aufgestellte Gemeinwohlerfordernis funktionslos, denn es dürften schwerlich öffentliche Aufgaben existieren, deren Erfüllung kein Allgemeinwohlbelang ist. Art. 14 III 1 GG belegt im Gegenteil, daß es auch Enteignungen gibt, die nicht dem Wohl der Allgemeinheit dienen, es kann also nicht jede Enteignung begriffsnotwendig die Erfüllung öffentlicher Aufgaben bezwecken.[67] Ferner kann kaum maßgeblich sein, ob eine Enteignung zur Lösung privater Interessenkonflikte taugt.[68] Denn mangelnde Tauglichkeit der Enteignung zur Lösung privater Interessenkonflikte bedeutet nicht, daß diesbezügliche Regelungen keine Enteignung darstellen. Es hieße nur, daß sie gegebenenfalls mangels Geeignetheit unverhältnismäßig und daher verfassungswidrig wären.

Diese Erwägungen des BVerfG aber führen unmittelbar zum entscheidenden Punkt: Stellte eine gesetzliche Regelung, welche es einem Privaten ermöglicht, einen anderen Privaten aus dessen Vermögensposition zu verdrängen, eine Enteignung dar, so verstieße diese Regelung in aller Regel gegen Art. 14 GG und wäre folglich nichtig: Zwar liegt in der Sicherung von Verkehrsinteressen, die privatrechtliche Regelungen zumeist motiviert, ein Allgemeinwohlbelang; doch fragt sich, ob dieser ohne weiteres den Anforderungen des Art. 14 III 1 GG genügt.[69]

---

[65] So neben BVerfGE 104, 1, 9, die st. Rspr. des BVerfGE, aus jüngerer Zeit: BVerfG NVwZ 2009, 1158, 1159; BVerfGE 102, 1, 15f.; 101, 239, 259; zuvor etwa BVerfGE 42, 263, 299, und besonders *Schulte*, Eigentum, 94 und passim. Ebenso etwa Stern/Becker/*Becker*, Art. 14 Rn. 144; *Seiler*, JuS 2002, 680, *Jarass*, NJW 2000, 2845, und wohl auch *Schwabe*, JURA 1994, 530, der meint, man könne zur Rechtfertigung des § 904 BGB nicht mit Art. 14 III GG operieren, weil Enteignungen an das hier nicht berührte Wohl der Allgemeinheit gebunden seien; vgl. aber andererseits dessen Kritik an *Schulte* in Drittwirkung, 139 Fn. 383. Für eine Einordnung der Zweckbindung als Rechtmäßigkeitserfordernis *Rozek*, Eigentumsbindung und Enteignung, 145: Nur die Finalität des Eingriffs als solche, nicht ein bestimmter Zweck sei Begriffsmerkmal, aber auch 257: „Begriffsbestimmend ist aber auch der spezifische Zweck der Enteignung".

[66] Vgl. auch *Finkenauer*, dominium sine re, 123 Fn. 163, und, freilich relativierend, *Schulze-Osterloh*, Eigentumsopferentschädigung, 63ff., in ihrer Kritik an den Thesen von *Schulte*.

[67] Noch weitergehend verteidigt dagegen *Schulte*, Zur Dogmatik des Art. 14 GG, 30ff., mit großer Verve die These, die Rechtmäßigkeit der Enteignung sei für diese begriffsnotwendig. Wie aber Art. 14 III GG Zulässigkeitsvoraussetzungen für einen begriffsnotwendig rechtmäßigen Eingriff aufstellen kann, erklärt *Schulte* nicht.

[68] Vor anderem Hintergrund kritisch zu der Ansicht, privatrechtliche Regelungen seien stets Inhalts- und Schrankenbestimmungen nach Art. 14 I S. 2 GG, *Schulze-Osterloh*, Eigentumsopferentschädigung, 53ff.

[69] Zu der Frage, ob der Schutz von Individualinteressen dem Erfordernis des Gemeinwohlbezugs nach Art. 14 III 1 GG genügt, sehr restriktiv *Schwabe*, JZ 1983, 275; *ders.*, JURA 1994, 530; im Hinblick auf den gutgläubigen Erwerb auch *J. Hager*, Verkehrsschutz, 59ff. Ausgesprochen weitgehend im Hinblick auf den Eigentumsentzug durch Versteigerung nach § 817 II ZPO *Raue*, Zwangsvollstreckung, 31, 42: Die Befriedigung des Gläubigers als solche sei eine

Jedenfalls müßten alle solche Regelungen die Entschädigung des enteigneten Privaten vorsehen, Art. 14 III 2 GG. Alle privatrechtlichen Regelungen, die die entschädigungslose einseitige Veränderung von Vermögenspositionen ermöglichen, wären nach diesen Maßstäben nichtig, wenn man sie als Enteignungen ansähe. Das gilt nicht nur für die Regelungen des gutgläubigen Erwerbs, sondern etwa auch für die mietrechtlichen Kündigungsregelungen und überhaupt alle bürgerlich-rechtlichen Regelungen, die einem Privaten die Rechtsmacht verleihen, durch einseitigen Akt auf das Vermögen eines anderen einzuwirken.[70] Das privatrechtliche Prinzip, daß solche Einwirkungen nur dann Entschädigungs- oder Schadensersatzpflichten auslösen, wenn sie rechtswidrig sind,[71] verstieße gegen Art. 14 III GG, wenn man diese Einwirkungen als Enteignungen ansähe. In diesem Fall hätte der Verfassungsgeber dem einfachen Gesetzgeber mit der Schaffung des Art. 14 III GG aufgegeben, wesentliche Teile des Privatrechts grundlegend umzugestalten. Daß er dies tat, ist nicht logisch ausgeschlossen, so daß die vorstehenden Ausführungen zwar kein *argumentum ad absurdum* darstellen.[72] Hätte ein so weitreichender Reformauftrag aber dem Willen des Verfassungsgebers entsprochen, so hätte sich dies jedenfalls in den Beratungen niedergeschlagen. Da dies indes nicht der Fall ist, gewinnen die vorstehenden Erwägungen für eine subjektiv-historische Auslegung des Art. 14 GG Bedeutung: Der Verfassungsgeber wollte offenbar nicht die wesentlichen Grundprinzipien des Privatrechts umstürzen, und daher muß er sich eine Enteignung im Sinne des Art. 14 III GG als einen Entzug von Hoher Hand gedacht haben,[73] unmittelbar durch Gesetz oder durch die gesetzlich ermächtigte Verwaltung.

In den anfechtungsrechtlichen Regelungen liegt somit keine Enteignung: Weder ermächtigen sie zum Entzug vermögenswerter Rechte durch Verwaltungsakt, noch entziehen sie unmittelbar ohne Vollzugsakt selbst vermögensrechtliche Positionen.

---

im öffentlichen Interesse liegende Staatsaufgabe, deren Erfüllung offenbar einen Art. 14 III 1 GG genügenden Gemeinwohlbezug herstellen soll. Zum erforderlichen Gemeinwohlbezug eines Eingriffs durch Inhalts- und Schrankenbestimmung im Hinblick auf das Recht der besonderen Insolvenzanfechtung näher unten § 5 II 3b.

[70] Im Hinblick auf § 817 II ZPO nimmt *Raue*, Zwangsvollstreckung, 51ff., an, die Entschädigung des Schuldners liege darin, daß er kraft Surrogation Eigentümer des Erlöses und durch dessen Aushändigung an den Vollstreckungsgläubiger von der Verbindlichkeit, die dem vollstreckten Titel zugrunde liegt, frei wird bzw. einen Bereicherungsanspruch erhält. Ob eine solche „Entschädigung" tatsächlich den Vorgaben des Art. 14 III GG und namentlich dessen Satz 2 genügt, wie *Raue* annimmt, ist durchaus zweifelhaft.

[71] Wie etwa das Beispiel der nach §§ 932ff., 892f. BGB wirksamen Verfügung durch einen Nichtberechtigten zeigt, sind nicht alle rechtswirksamen Einwirkungen auf fremdes Vermögen auch rechtmäßig. Umgekehrt aber kennt auch das bürgerliche Recht Entschädigungspflichten, die aus rechtmäßigem Verhalten entstehen: etwa der Aufopferungsanspruch aus oder analog § 906 II 2 BGB. Zu den verfassungsrechtlichen Implikationen der „Eigentumsopferentschädigung" grundlegend *Schulze-Osterloh*, Eigentumsopferentschädigung.

[72] Zu kurz greift daher etwa die Behauptung *Rozeks*, Eigentumsbindung und Enteignung, 167: „Das Normprogramm des Art. 14 Abs. 3 GG paßt auf privatrechtliche Eigentumsregeln ersichtlich nicht".

[73] Dezidiert anderer Ansicht *Schwabe*, Drittwirkung, 120.

Denn ohne daß es hier darauf ankäme, wie die Anfechtung rechtlich wirkt,[74] knüpft sie ihre Wirkung an die Handlung eines Privaten, des Anfechtenden. Damit steht fest: Das Anfechtungsrecht stellt eine Inhalts- und Schrankenbestimmung im Sinne des Art. 14 I 2 GG dar.[75]

---

[74] Vgl. hier nur den Überblick über die verschiedenen Theorien bei Jaeger/*Henckel*, § 143 Rn. 3ff.; MünchKommInsO/*Kirchhof*, Vor §§ 129 bis 147 Rn. 11ff.; *Häsemeyer*, Insolvenzrecht, Rn. 21.11ff.; *Eckardt*, KTS 2005, 15ff.

[75] Ebenso ordnet *Böhmer* in seinem Sondervotum in BVerfGE 49, 220, 232, die Vorschriften ein, aus denen sich die Pflicht des Schuldners ergibt, den Vollstreckungszugriff des Gläubigers zu dulden. – Etwas anderes ließe sich nur annehmen, wenn Art. 14 GG noch eine dritte Art grundrechtsrelevanten Handelns kennte. In diese Richtung geht die These *J. Hagers*, Verkehrsschutz, 75ff., 77., bei der privatrechtlichen Regelung des gutgläubigen Erwerbs handele es sich um eine Kollisionsregelung, die keine Enteignung darstelle und die man zwar als Inhalts- und Schrankenbestimmung bezeichnen könne, aber nicht müsse. Ihm geht es dabei vor allem um eine Eliminierung des Gemeinwohlbezugs als notwendigen Elements der verfassungsrechtlichen Rechtfertigung. Auch in der Rechtsprechung des BGH klingt die Ansicht an, es existiere neben Enteignung und Inhalts- und Schrankenbestimmung noch ein Drittes, BGHZ 99, 24, 27: „[...] nicht als Inhalts- und Schrankenbestimmung (Art. 14 Abs. 1 S. 2 GG) oder als sonstige Konkretisierung der Sozialpflichtigkeit (Art. 14 Abs. 2 GG) zu rechtfertigen". Im Hinblick auf faktische Beeinträchtigungen ohne Rechtsgrundlage geht auch *Lege*, JZ 1994, 435, von der Existenz einer „Beeinträchtigung sonstiger Art" neben Enteignung und Inhalts- und Schrankenbestimmung aus; *Jarass*, NJW 2000, 2841, zählt hierzu ferner nicht enteignende Verwaltungsakte, die nach der Definition des BVerfG keine Inhalts- und Schrankenbestimmung sein könnten, da sie keine abstrakt-generellen Regelungen seien. Der gegensätzliche, zutreffende Standpunkt des BVerfG tritt in der Naßauskiesungsentscheidung klar hervor, BVerfGE 58, 300, 330f.; implizit etwa auch BVerfGE 52, 1, 29, wo das Gericht nach Ablehnung einer Enteignung ohne weiteres vom Vorliegen einer „Regelung im Sinne des Art. 14 Abs. 1 Satz 2 GG" ausgeht. Art. 14 GG kennt als Beschränkungen nur Inhalts- und Schrankenbestimmung oder Enteignung. Ob der beschränkende staatliche Akt kollidierenden Verfassungsgütern Rechnung trägt, ist hier wie überall keine Frage seiner typologischen Einordnung, sondern wird erst für seine verfassungsrechtliche Rechtfertigung relevant.

§ 5 Verfassungsrechtliche Rechtfertigung

Als Inhalts- und Schrankenregelung ist das Anfechtungsrecht materiell verfassungsgemäß, wenn es weder die Institutsgarantie noch den Verhältnismäßigkeitsgrundsatz (II.) noch den Gleichheitssatz verletzt (III.) und die schutzwürdigen Interessen der Beteiligten in einen gerechten Ausgleich und ein ausgewogenes Verhältnis bringt (IV.). Während sich die Frage, ob das Anfechtungsrecht die Institutsgarantie verletzt, noch allgemein beantworten läßt (sogleich I.), können die weiteren Punkte letztlich immer nur im Hinblick auf einen konkreten gedachten Fall beurteilt werden. Da hier aber zunächst nur die verfassungsrechtlichen Parameter, denen das Anfechtungsrecht in jedem konkreten Fall genügen muß, allgemein beschrieben werden sollen, können auch zunächst nur allgemein gehaltene Maßstäbe entwickelt werden, an denen das Anfechtungsrecht im konkreten Fall zu messen ist. Diese werden im besonderen Teil bei der näheren Bestimmung der einzelnen Tatbestandsmerkmale (§§ 8ff.) maßgeblich; doch werden sich schon in diesem Abschnitt konkrete Ergebnisse aus ihnen ableiten lassen (§ 5 II 4).

I. Institutsgarantie

Der Gesetzgeber darf den Kernbereich der Eigentumsgarantie nicht aushöhlen, also die grundsätzliche Privatnützigkeit, die Zuordnung des Eigentumsobjekts zu einem Rechtsträger, dem es als Grundlage privater Initiative nutzt, und die grundsätzliche Verfügungsbefugnis über den Eigentumsgegenstand nicht aufheben.[1] Im Hinblick auf den Schutzzweck der Institutsgarantie ist eindeutig, daß hier eine abstrakte Sicht geboten ist:[2] Die Institutsgarantie soll einer Substanzentleerung des Eigentums als eines Rechtsinstituts wehren.[3] Aus diesem Blickwinkel betrachtet, verletzen die Regelungen des Anfechtungsrechts die eigentumsrechtliche Institutsgarantie nicht. Zwar begrenzen sie die Möglichkeit, bestandskräftig Vermögenspositionen zu erwerben, dies jedoch nur in punktuell bestimmten Fällen. Das Anfechtungsrecht läßt ein Rechtsinstitut zurück, das den Namen Eigentum noch verdient; es läßt den elementaren Bestand grundrechtlich geschützter Betätigung im vermögensrechtlichen Bereich unangetastet.

---

[1] BVerfGE 100, 226, 241 unter Hinweis auf 70, 191, 200; 79, 174, 198; 87, 114, 138; 91, 294, 308. *Schoch*, JURA 1989, 116.

[2] Vgl. BVerfGE 24, 367, 389; 58, 300, 339.

[3] *Hendler*, DVBl. 1983, 876.

II. Verhältnismäßigkeit

Die durch das Anfechtungsrecht erfolgte Regelung von Inhalt und Schranken des Eigentums muß verhältnismäßig sein,[4] also einem verfassungsrechtlich legitimen Zweck dienen und für dessen Erreichung geeignet, erforderlich und angemessen sein.

Im Rahmen der Verhältnismäßigkeitsprüfung von Inhalts- und Schrankenbestimmungen hebt das BVerfG in ständiger Rechtsprechung hervor: „Das Wohl der Allgemeinheit, an dem sich der Gesetzgeber bei der Bestimmung von Inhalt und Schranken des Eigentums zu orientieren hat, ist nicht nur Grund, sondern auch Grenze für die Beschränkung des Eigentümers".[5] Damit ist der Kreis der verfassungsrechtlich legitimen Zwecke einer Inhalts- und Schrankenbestimmung eng gezogen: Sie muß dem Gemeinwohl dienen.

Gemeinhin wird hervorgehoben, das Anfechtungsrecht diene dem Zweck der Masseanreicherung.[6] Diese Aussage ist insofern inhaltslos, als die Massemehrung ihrerseits nicht um ihrer selbst willen stattfindet. Relevant können nur die Ziele sein, die mit der Masse ihrerseits verfolgt werden. Insofern erscheint das Anfechtungsrecht problematisch, denn die durch Anfechtung gemehrte Masse ist zugunsten der Insolvenzgläubiger zu verwerten, was allein deren Wohl, nicht dem Wohle der Allgemeinheit zu dienen scheint.

1. Deckung der Verfahrenskosten als legitimer Zweck

Nach dem Willen der geistigen Väter der InsO zielt die mit dieser einhergehende Erweiterung der Anfechtungsmöglichkeiten namentlich im Rahmen der besonderen Insolvenzanfechtung gerade auch darauf, die Generierung einer Masse zu ermöglichen, die die Kosten eines Insolvenzverfahrens deckt.[7]

a) Grundsätzliche Legitimität des Ziels der Verfahrenskostendeckung

Die Durchführung von Insolvenzverfahren dient in der Tat schon für sich genommen dem Wohl der Allgemeinheit,[8] denn ihnen kommt eine wichtige Kontrollfunk-

---

[4] BVerfGE 58, 137, 148; 83, 201, 213; 100, 226, 240f.; 102, 1, 17.

[5] BVerfGE 102, 1, 17, unter Hinweis auf BVerfGE 25, 112, 118; 50, 290, 340f.; 100, 226, 241. Ebenso etwa auch BVerfGE 52, 1, 29; vgl. auch *Seuffert*, ZIP 1986, 1158.

[6] Vgl. etwa *Gerhardt*, ZIP 1985, 582; Gottwald/*Huber*, § 46 Rn. 3; MünchKommInsO/*Kirchhoff*, Vor §§ 129 bis 147 Rn. 3; Kübler/Prütting/*Paulus*, § 129 Rn. 2f.; HmbK/*Rogge*, Vorbemerkung zu §§ 129ff. Rn. 1.

[7] Erster Bericht der Kommission für Insolvenzrecht, S. 399; RegE-InsO, BT-Drucks. 12/2443, S. 85; *Bork*, FS Schäfer, 599. Vgl. auch schon *Gerhardt*, ZIP 1985, 582. *Haarmeyer* (ZInsO 2009, 1276 und Kölner Schrift, Kap. 9 Rn. 18) spricht ebenfalls von einer „Finanzierungsfunktion" der §§ 130–132 InsO, allerdings mit Blick auf das in § 1 InsO niedergelegte Befriedigungsziel des Insolvenzverfahrens.

[8] Anders offenbar *Brückl/Kersten*, NZI 2004, 424, welche die Durchführung eines Insolvenzverfahrens „um seiner selbst Willen" und ohne Aussicht darauf, daß es zur Ausschüttung einer noch so geringen Quote an die Insolvenzgläubiger kommt, für nicht erstrebenswert halten.

tion zu. Daß am Ende des wirtschaftlichen Lebens eines Unternehmens oder am Kulminationspunkt der Krise eines persönlich haftenden Rechtssubjekts die Vermögensverhältnisse und namentlich auch die vergangenen Vermögensentwicklungen im Rahmen eines justizförmigen Verfahrens von Unparteiischen überprüft werden, äußert generalpräventive Wirkungen.[9] Denn muß der Schuldner, sein Geschäftsführer, Vorstand oder Gesellschafter keine externe Kontrolle fürchten, schwindet seine Motivation, gerade für die Krise aufgestellte und daher für den ausfallbedrohten Rechtsverkehr besonders wichtige Verhaltensregeln einzuhalten, seien dies gesellschaftsrechtliche Kapitalaufbringungs-, -erhaltungs- oder -ersatzregeln, die Pflicht, unter bestimmten Umständen Insolvenzantrag zu stellen, oder auch Verhaltensregeln, an deren Verletzung die Anfechtungstatbestände jenseits der besonderen Insolvenzanfechtung anknüpfen. Ein Insolvenzverwalter, der regelmäßig Zugriff auf interne Unterlagen des Schuldners hat, kann die Einhaltung solcher Pflichten wesentlich effektiver überprüfen als ein einzelner Gläubiger. Und auch im allemal durchzuführenden Eröffnungsverfahren wird die Kontrolle, ob die gläubigerschützenden Vorschriften eingehalten wurden, jedenfalls in der wünschenswerten Genauigkeit kaum jemals stattfinden können: Dem vorläufigen Insolvenzverwalter wird neben der Erfüllung seiner sonstigen Pflichten, namentlich der Begleitung einer eventuellen Unternehmensfortführung, kaum die dazu erforderliche Zeit bleiben, sofern er sein Nachforschungsrecht gemäß § 22 III InsO überhaupt effektiv ausüben kann, solange der Schuldner bzw. die Unternehmensführung sich noch im Besitz der relevanten Unterlagen befindet.[10] Sicherzustellen,

---

[9] Vgl. zum Folgenden die Begr. des RegE-InsO, BT-Drucks. 12/2443, 80, 82; *Kilger*, AnwBl 1987, 425 („Das funktionslose Insolvenzrecht ist die Einladung zu wirtschaftskriminellem Handeln"); *K. Schmidt*, Wege zum Insolvenzrecht, 178f. (mit Blick auf „unseriöse Unternehmensgründungen und Unternehmensfinanzierungen"); *ders.*, KTS 1988, 18; *ders.*, FS Koren, 300f.; *Burgard/Gundlach*, ZIP 2006, 1569; *Haas*, GmbHR 2006, 505f.; *Hirte*, Verh. 66. DJT, P 14f.; *Förster*, System einer Insolvenzauslösung, 369; *Servatius*, Gläubigereinfluss, 173. Zu den Problemfeldern einer „rechtsmißbräuchlichen Verwendung der GmbH in der Krise", der nun das MoMiG („Gesetz zur Modernisierung des GmbH-Rechts und zur Bekämpfung von Missbräuchen" vom 23. 10 2008 – BGBl. 2008 I, 2026ff.) wehren soll, jedenfalls andeutungsweise bereits *Schulz*, Masselose Liquidation, 10ff., und ausführlich *Stobbe*, Durchsetzung, Rn. 1ff., 290ff.; vgl. weiter etwa namentlich *Seibert*, FS Röhricht, 585ff.; *ders.*, ZIP 2006, 1164ff. Speziell zum Problem der sogenannten „Firmenbestattung" *Hirte*, ZInsO 2003, 833ff.; *Haas*, GmbHR 2006, 729ff.; *Pape*, ZIP 2006, 878f. Kritisch zum Gedanken des „Insolvenz- als Polizei und Ordnungsrechts" *Windel*, in: Riesenhuber, Selbstverantwortung, 457f. – Es geht hier also nicht um den Schutz des persönlichen Kredits, auf den noch *Berges*, KTS 1957, 57, verwiesen hatte. Nur an diesen, nicht an die auch präventiv wirksame Kontrollfunktion eines Insolvenzverfahrens aber denkt offenbar *Seuffert*, ZIP 1986, 1160, wenn er ausführt, Masseanreicherung als solche sei kein verfassungsrechtlich legitimes Ziel für eine Inhalts- und Schrankenbestimmung, weil dafür, daß es aus allgemeinwirtschaftlichen Gründen erforderlich wäre, die Versorgung der Unternehmen gerade mit ungesicherten Krediten und die Bedienung solcher Kredite im Insolvenzfall zu verbessern, nichts dargetan und nichts ersichtlich sei.

[10] Im Ergebnis ebenso *Schulz*, Masselose Liquidation, 11 (allerdings noch zum Konkurseröffnungsverfahren), und *Stobbe*, Durchsetzung, Rn. 171ff., 341, der seine Erwartung, der vorläufige Insolvenzverwalter würde keine nennenswerte Ermittlungstätigkeit entfalten, allerdings

daß möglichst wenige Eröffnungsanträge mangels Masse abgewiesen werden, ist daher durchaus ein verfassungsrechtlich legitimer Zweck.

Die Verfolgung dieses Zwecks mit Ansprüchen aus der besonderen Insolvenzanfechtung zu finanzieren, also durch Inanspruchnahme derjenigen potentiellen Insolvenzgläubiger, die in der Krise noch Befriedigung oder Sicherungen erlangt haben, scheint einseitig diese zu belasten, denn nur sie werden verpflichtet, aktiv in die Masse einzuzahlen. Dies weckt zunächst Zweifel daran, ob die unter III. näher darzustellenden Anforderungen des Gleichheitssatzes eingehalten werden. Schon hier aber ist festzustellen, daß es sich um ein Scheinproblem handelt. Der Umstand, daß der Anfechtungsgegner etwas an die Masse zahlen muß, verschleiert nur den Blick darauf, wer die Kosten des Verfahrens tatsächlich trägt. Dieser wird klarer, wenn man sich den Fall vorstellt, daß eine die Verfahrenskosten deckende Masse auch ohne Anfechtung vorhanden ist. Deutlich wird dann, daß alle Insolvenzgläubiger das Verfahren – quotal, im Verhältnis zu ihrer jeweiligen Forderung – dadurch finanzieren, daß sich ihr Forderungsausfall aufgrund der Verkleinerung der Verteilungsmasse durch die Verfahrenskosten erhöht.[11] Die besondere Insolvenzanfechtung führt nur dazu, daß der Anfechtungsgegner in den Kreis der finanzierungspflichtigen Insolvenzgläubiger einbezogen wird; insoweit bürdet sie keine besondere Finanzierungslast auf, sondern stellt die Gleichheit der Finanzierungslast her: Der Anfechtungsgegner wird an dem Forderungsausfall beteiligt, der das Verfahren finanziert. Unter welchen Umständen diese Ungleichbehandlung gegenüber solchen potentiellen Insolvenzgläubigern, die vor Eintritt der Krise Befriedigung oder Kreditsicherheiten erhielten, gerechtfertigt ist, wird unter III. näher darzustellen sein.

b) Geeignetheit der besonderen Insolvenzanfechtung zur Erreichung des Zwecks

Durchaus fraglich ist allerdings, ob es sich bei der besonderen Insolvenzanfechtung um ein geeignetes Mittel handelt, sicherzustellen, daß im Insolvenzfall eine die Verfahrenskosten deckende Masse vorhanden ist. Denn zwar mag der Schuldner bei Verfahrenseröffnung oftmals gerade deshalb kein die Verfahrenskosten deckendes Vermögen mehr haben, weil er es vor Verfahrenseröffnung noch in nach §§ 130ff. InsO anfechtbarer Weise an seine Gläubiger ausgekehrt hat. Zwingend ist der Zusammenhang zwischen völliger Vermögenslosigkeit und anfechtbarem

---

vor allem darauf gründet, daß die Vergütung des vorläufigen Insolvenzverwalters unsicher sei.

[11] *Seuffert*, ZIP 1986, 1163. – Zwar haben auch die Inhaber von Rechten auf abgesonderte Befriedigung einen Verfahrenskostenbeitrag zu leisten, doch bezieht sich dieser nur auf die gerade durch ihre Bevorzugung verursachten Kosten, nämlich diejenigen, die die Feststellung ihres Vorzugsrechts und die Verwertung des damit belasteten Gegenstandes verursachen, vgl. § 170 I 1 InsO. Einen Beitrag zur Finanzierung des Verfahrens als solchen, den noch Leitsatz 3.3.2 des Ersten Berichts der Kommission für Insolvenzrecht vorsah, leisten diese Gläubiger also nicht. Die pauschale Bemessung des Kostenbeitrags nach einem Prozentsatz des Verwertungserlöses hält *Seuffert*, ZIP 1986, 1163f., für grob sach- und daher verfassungswidrig.

Vermögensabfluß allerdings nicht; es sind durchaus Fälle denkbar (und angesichts der Tatsache, daß noch immer Verfahrenseröffnungen mangels Masse abgelehnt werden,[12] auch wahrscheinlich), in denen keine anfechtbaren Vermögensverschiebungen feststellbar sind, deren Revidierung eine die Verfahrenskosten deckende Masse schaffen könnte. Vor allem aber ist die Durchsetzung solcher Ansprüche problematisch. Weigert sich der Anfechtungsgegner, das anfechtbar Erhaltene zurückzugewähren, muß der Insolvenzverwalter zunächst (erfolgreich) prozessieren und unter Umständen die Zwangsvollstreckung betreiben. Aus einer zunächst nicht vorhandenen Masse können solche Prozesse nicht finanziert werden. Abhilfe kann hier zwar das Institut der Prozeßkostenhilfe nach § 116 S. 1 Nr. 1 ZPO schaffen, doch handhaben manche Instanzgerichte dieses gerade in den hier interessierenden Fällen recht restriktiv.[13] Trotz dieser Bedenken läßt sich immerhin sagen, daß das Recht der besonderen Insolvenzanfechtung wenigstens die Chancen erhöht, eine verfahrenskostendeckende Masse zu generieren; es fördert den vorliegenden Zweck also immerhin, was – auch angesichts der Einschätzungsprärogative des Gesetzgebers – ausreicht, um die Geeignetheit einer Maßnahme im Rahmen der Verhältnismäßigkeitsprüfung zu bejahen.[14]

c) Erforderlichkeit der besonderen Insolvenzanfechtung zur Erreichung des Zwecks

Fraglich ist allerdings, ob das Anfechtungsrecht erforderlich ist, um das angestrebte Ziel zu erreichen. Das ist zu verneinen, wenn dem Staat mindestens gleich

---

[12] Nach den vom Statistischen Bundesamt vorgelegten Zahlen liegen die Eröffnungsraten seit Inkrafttreten der InsO 1999 erheblich über denen unter Geltung der KO und steigerten sich bis 2009 sogar kontinuierlich; sie liegen mittlerweile auf einem beachtlichen Niveau: bei Personengesellschaften zwischen 57,9% (2001) und 72,0% (2009), bei Kapitalgesellschaften zwischen 48,4% (2001) und 64,5% (2009); vgl. Zahlen und erste Analyse bei *Angele*, Wirtschaft und Statistik 2008, 305f. mit Tabelle 4, sowie für die Zahlen für das Jahr 2009 das Statistische Bundesamt, Statistisches Jahrbuch 2010, 501 Tabelle 19.4.1. Die Hoffnung des Gesetzgebers, es würden mehr als die Hälfte der Anträge auch zur Eröffnung eines Insolvenzverfahrens führen (Begr. RegE, BT-Drucks. 12/2443, S. 107), hat sich damit immerhin erfüllt.

[13] Vgl. die kritische Darstellung von *Stobbe*, Durchsetzung, Rn. 263ff., *Gundlach/Frenzel/Schmidt*, NJW 2003, 2412ff., sowie *Haas*, GmbHR 2006, 510ff., aber auch die für die vorliegenden Fälle prozeßkostenhilfefreundlichere Rechtsprechung des BGH: NZI 2004, 26f. (Insolvenzverwalter ist auch dann nicht im Sinne des § 116 S. 1 Nr. 1 ZPO wirtschaftlich beteiligt, wenn er mit seinem Vergütungsanspruch der rangbeste Gläubiger ist); NJW-RR 2005, 1640f. (auch bei Unternehmensfortführung gilt nicht § 116 S. 1 Nr. 2, sondern Nr. 1 ZPO); NJW-RR 2006, 1064f.; NZI 2007, 348f.; andererseits BGH NJW-RR 2009, 1346f. (keine Prozeßkostenhilfe für Anfechtungsprozeß, wenn nicht einmal Massekostenarmut beseitigt werden kann). Immerhin hat aber noch der 66. Deutsche Juristentag gefordert, die „Möglichkeiten zur Prozessführung durch den Insolvenzverwalter zugunsten der Masse sowie der Gläubiger bei Masselosigkeit ... zu verbessern", Teil P, Beschluß I. 5.

[14] Vgl. etwa BVerfGE 16, 147, 183; 19, 119, 126f.; 57, 139, 159; 96, 10, 23. Allgemein zu den Anforderungen des Merkmals der Geeignetheit im Rahmen der Verhältnismäßigkeitsprüfung etwa *Stern*, Staatsrecht I, § 20 IV 7 e; Dreier/*Dreier*; Vorb. Rn. 147; *v. Münch*, Staatsrecht II, Rn. 265.

geeignete und dabei mildere Mittel zur Verfügung stehen. Das ist in der Tat der Fall.

aa) Vorverlegung der Insolvenzantragspflicht als gleich geeignetes, milderes Mittel

Theoretisch müßte schon durch Statuierung einer früh genug eingreifenden und effektiv sanktionierten Insolvenzantragspflicht sicherzustellen sein, daß noch eine die Kosten eines Insolvenzverfahrens deckende Masse vorhanden ist.

Die Tatsache, daß auch unter Geltung der InsO eine erhebliche Zahl von Verfahren mangels Masse nicht eröffnet wird,[15] für die vorliegenden Zwecke also offenbar zu spät Insolvenzantrag gestellt wurde, zeigt allerdings, daß die Formulierung eines die Antragspflicht insofern rechtzeitig auslösenden Krisenmerkmals bislang nicht gelungen ist. In aller Regel zu spät greift für diese Zwecke eine an die (fehlende) Liquidität des Schuldners anknüpfende Antragspflicht. Denn kann der Schuldner schon nicht mehr genügend Vermögen liquidieren, um seine fälligen Verbindlichkeiten im wesentlichen zu erfüllen,[16] wird im Zweifel auch kein die Verfahrenskosten deckendes Vermögen mehr vorhanden sein. Die Antragspflicht muß für die vorliegenden Zwecke einsetzen, wenn der Schuldner noch ein Mindestmaß an Liquidität aufweist.

Hier zeigt sich freilich das Dilemma, dessen Auflösung den Kern der Diskussion um den Eröffnungsgrund der Überschuldung gebildet hat.[17] Denn solange der Schuldner noch über liquides oder liquidierbares Vermögen verfügt, kann er damit noch weiter am Markt teilnehmen. Solange für das schuldnerische Unternehmen aber eine realistische Chance besteht, sich auf absehbare Zeit am Markt zu behaupten, darf es von diesem nicht ausgeschlossen werden, und zwar nicht nur im Hinblick auf den Schutz des Unternehmensträgers durch Art. 14 GG,[18] sondern auch, um volkswirtschaftlich relevante Werte möglichst zu erhalten.[19] Die Antragspflicht würde also zu früh ausgelöst, stellte man in jedem Falle darauf ab, ob das noch vorhandene Vermögen des Schuldners nach seiner Verwertung, also zu Liquidationswerten, die Verbindlichkeiten decken würde; denn dies würde zahlreiche Unter-

---

15 Vgl. soeben Fn. 12.

16 Zum herrschenden Konzept der Zahlungsunfähigkeit eingehend unten § 9 III.

17 Ausführliche Übersicht etwa bei *Drukarczyk/Schüler*, Kölner Schrift, Kap. 2 Rn. 74ff., Hachenburg/*Ulmer*, § 63 Rn. 23ff., *Höffner*, BB 1999, 198ff.; *Greil/Herden*, ZInsO 2010, 834ff; knapper etwa *Ulmer*, KTS 1981, 473ff.; *Fromm*, GmbHR 2004, 942. Näher namentlich die zahlreichen Beiträge von *K. Schmidt* (AG 1978, 334ff.; ZIP 1980, 233ff.; JZ 1982, 165ff.; ZIP 1985, 719ff.; Wege zum Insolvenzrecht, 46ff.); ferner etwa *Förster*, System einer Insolvenzauslösung, 211ff. Aus ökonomischer Sicht vgl. namentlich die Untersuchungen von *Schmidt*, Ökonomische Analyse, 101ff., *Drukarczyk*, Unternehmen und Insolvenz, 67ff., und *Pilgram*, Ökonomische Analyse, 63ff.

18 Gottwald/*Uhlenbruck*, § 6 Rn.1; *Förster*, System einer Insolvenzauslösung, 163f. Vgl. auch *Servatius*, Gläubigereinfluss, 169.

19 Vgl. schon *Jaeger*, Lehrbuch, 9, und aus jüngerer Zeit insbesondere *Fischer*, ZIP 2004, 1482; *Haas*, Verh. 66. DJT, S. E 19ff.; ferner etwa *K. Schmidt*, AG 1978, 336.

nehmen vom Markt ausschließen, die an diesem ohne weiteres aus eigener Kraft bestehen könnten.[20]

Um die skizzierten Interessen zu einem optimalen Ausgleich zu bringen, müßte die Pflicht, Insolvenzantrag zu stellen, also vielmehr genau dann einsetzen, wenn eine Fortführung des schuldnerischen Unternehmens absehbar ausgeschlossen und dennoch genügend liquidierbares Vermögen vorhanden ist, um wenigstens die Kosten der Durchführung eines Insolvenzverfahrens zu decken. Daß dieses Ideal selbst dann nicht immer zu erreichen wäre, wenn alle Beteiligten umfassend informiert wären und sich optimal verhielten,[21] liegt auf der Hand;[22] es ist schon aus theoretischen Gründen kein Eröffnungsgrund denkbar, der die Wahrung aller skizzierten Interessen zugleich sicherstellt. Denn das für die Wahrung der Interessen des Schuldners und auch der Volkswirtschaft nötige Prognoseelement, auf das auch der Gesetzgeber bei Normierung des Eröffnungstatbestands der Überschuldung in § 19 InsO nicht verzichten wollte, birgt notwendigerweise die Gefahr in sich, daß Insolvenzverfahren für die vorliegenden Zwecke zu spät ausgelöst werden.

Dies zeigt sich deutlich in der Diskussion darum, welche Bedeutung der Fortführungsprognose für den Eröffnungsgrund der Überschuldung zukommen soll.[23] Auf Grundlage der in den 90er Jahren herrschend gewordenen Ansicht[24] hatte der Erste Bericht der Kommission für Insolvenzrecht[25] noch eine selbständige Bedeutung der Fortführungsprognose in dem Sinne vorgesehen, daß allein die positive Fortführungsprognose eine Überschuldung ausschließen sollte. Der Gesetzgeber lehnte dies jedoch zunächst ab; denn „wenn eine positive [Fortführungs-]Prognose stets zu einer Verneinung der Überschuldung führen würde, könnte eine Gesellschaft trotz fehlender persönlicher Haftung weiterwirtschaften, ohne daß ein die

---

[20] Aus diesem Grunde wird – mittlerweile fast ausnahmslos – auch rechtspolitisch der Ansatz abgelehnt, für die Frage der Überschuldung immer nur darauf abzustellen, ob die mit Liquidationswerten angesetzten Aktiva die Passiva übersteigen; vgl. dazu etwa *Förster*, System einer Insolvenzauslösung, 215 ff.; *Drukarczyk/Schüler*, Kölner Schrift, Kap. 2 Rn. 77 ff.; *Schlosser*, Insolvenzrecht im Umbruch, 15; *Ulmer*, KTS 1981, 473 f.

[21] Selbst wenn sich die tatsächlichen Umstände, die den für die Stellung eines Insolvenzantrags optimalen Zeitpunkt kennzeichnen, begrifflich fassen ließen, wäre damit nicht sichergestellt, daß der Schuldner eine rechtzeitig ausgelöste Insolvenzantragspflicht auch rechtzeitig erfüllen würde; erhellend zum „Insolvenzantragsverhalten in Krisenzeiten" die auf einen umfangreichen Datenfundus gestützte rechtstatsächliche Untersuchung von *Bitter/Röder*, ZInsO 2009, 1286 f.

[22] Vgl. bereits *K. Schmidt*, Wege zum Insolvenzrecht, 38.

[23] Vgl. nun den knappen Überblick über die Entwicklung dieser Diskussion bei *Hirte/Knof/Mock*, ZInsO 2008, 1219 f.; *Holzer*, ZIP 2008, 2109 f.; *K. Schmidt*, DB 2008, 2467 ff.

[24] Vgl. auf Grundlage der Arbeiten *K. Schmidts* (oben Fn. 17) etwa BGHZ 119, 201, 213 f. (zu § 63 GmbHG); BGHZ 126, 181, 199 (zu § 64 GmbHG); Hachenburg/*Ulmer*, § 63 Rn. 30 ff.; zur Rechtsprechung des österreichischen OGH *Vodrazka*, FS Koren, 309 ff.

[25] Leitsatz 1.2.6; Begründung S. 111 ff. – Vgl. aber auch *Drukarczyk/Schüler*, Kölner Schrift, Kap. 2 Rn. 16 mit Fn. 14: Die von der Kommission für Insolvenzrecht vorgelegte Konzeption der Überschuldung unterschied sich von derjenigen *K. Schmidts* in den genauen Anforderungen an die positive Fortführungsprognose.

Schulden deckendes Kapital zur Verfügung steht. Dies würde sich erheblich zum Nachteil der Gläubiger auswirken, wenn sich die Prognose ... als falsch erweist."[26] Im Rahmen der Gesetzgebung zur Eindämmung der Finanzmarktkrise 2008[27] ist der Gesetzgeber freilich kurzerhand und mit einseitiger Begründung[28] – wenn auch zeitlich beschränkt[29] – zum ursprünglichen Konzept zurückgekehrt, nach dem allein die positive Fortführungsprognose – selbst bei einer rechnerischen Überschuldung zu Fortführungswerten! – rechtliche Überschuldung im Sinne des § 19 InsO ausschließt.[30]

Wegen des dargelegten strukturellen Regelungsproblems der Überschuldung hätte freilich auch die zwischenzeitlich geltende, insofern gemäßigtere Fassung des § 19 II 2 InsO nicht sicherstellen können, daß ein Insolvenzverfahren so früh ausgelöst wird, daß die Existenz einer die Verfahrenskosten deckenden Masse sichergestellt ist. Nach der ursprünglichen Fassung wurden die Fortführungschancen gemäß § 19 II 2 InsO zwar nur bei der Frage berücksichtigt, ob das den Verbindlichkeiten gegenüberzustellende Aktivvermögen des Schuldners nach Fortführungs- oder den

---

[26] Stellungnahme des Rechtsausschusses, BT-Drucks. 12/7302, S. 157. Vgl. auch schon die Begründung des Referentenentwurfs, S. 20, und des RegE, BT-Drucks. 12/2443, S. 115, bei allerdings noch offener Formulierung des Entwurfstextes („Überschuldung liegt vor, wenn das Vermögen des Schuldners die bestehenden Verbindlichkeiten nicht mehr deckt"). Daß der zuvor herrschende zweistufige Überschuldungsbegriff wegen § 19 InsO nicht mehr vertretbar ist, hat nunmehr auch der BGH ausdrücklich und sogar in einem Leitsatz festgestellt: BGHZ 171, 46, 54. Die Unterschiede in der Sache relativiert *K. Schmidt*, ZGR 1998, 653f.; kritisch zur Abkehr vom Kommissionsentwurf in diesem Punkt etwa *Schlosser*, Insolvenzrecht im Umbruch, 13 („Flucht in die begriffliche Unverbindlichkeit").

[27] Art. 5 des Gesetzes zur Umsetzung eines Maßnahmenpaketes zur Stabilisierung des Finanzmarktes (FMStG).

[28] Vgl. Begr. RegE BT-Drucks. 16/10600, S. 21: Es gelte, das „ökonomisch völlig unbefriedigende Ergebnis [zu] vermeiden, dass auch Unternehmen, bei denen die überwiegende Wahrscheinlichkeit besteht, dass sie weiter erfolgreich am Markt operieren können, zwingend ein Insolvenzverfahren zu durchlaufen haben". Das Problem der Masselosigkeit von Insolvenzen wird nicht einmal erwähnt, eine Auseinandersetzung mit den in der Diskussion um die Bedeutung der Fortführungsprognose vorgebrachten Argumenten findet nicht statt.

[29] Gemäß Art. 7 II FMStG sollte am 1. Januar 2011 Art. 6 III FMStG in Kraft treten, der die Rückänderung des § 19 II InsO in seine vor dem 1. November 2008 (und erst aufgrund Art. 4 FMStErgG auch § 19 II 2 InsO in der Fassung des MoMiG [Fn. 9] berücksichtigende, dazu zusammenfassend *Hecker/Glozbach*, BB 2009, 1547f.) Fassung vorsieht. Daß der neue, alte Überschuldungsbegriff des § 19 II InsO also nur kurzlebig sein soll, wird bezeichnenderweise damit begründet, daß der damit verbundene Rechtszustand „im Allgemeinen unerwünscht" sei, Stellungnahme des Rechtsausschusses in BT-Drucks. 16/10651, S. 10; vgl. hierzu kritisch auch *Bitter*, ZInsO 2008, 1097; *Körnert/Wagner*, ZInsO 2009, 2133; *Lauscher/Wirtz*, JURA 2009, 888. Mit dem „Gesetz zur Erleichterung der Sanierung von Unternehmen" vom 24. September 2009 (BGBl. 2009 I, 3151) wurde das Inkrafttreten des Art. 6 III FMStG und damit die Rückkehr zur ursprünglichen Fassung des § 19 II InsO vorerst auf den 1. Januar 2014 verschoben, weil sich der modifizierte zweistufige Überschuldungsbegriff" des neugefaßten § 19 II InsO in der Finanzkrise bewährt habe (Begr. RegE, BT-Drucks. 16/13927, S. 4). Vgl. zu alledem noch unten § 9 IV 1 a aa.

[30] Im europäischen Vergleich steht Deutschland (mit Österreich) damit allein, *Steffek*, KTS 2009, 337.

in aller Regel wesentlich niedriger anzusetzenden Liquidationswerten anzusetzen ist. Schon dies aber genügte, um das gegenläufige Ziel, das Insolvenzverfahren spätestens dann auszulösen, wenn das noch vorhandene Vermögen wenigstens die Verfahrenskosten deckt, entscheidend zu gefährden. Denn liegen die Fortführungswerte entsprechend über den Liquidationswerten, was nicht nur bei Dienstleistungsunternehmen mit geringem Anlagevermögen ohne weiteres der Fall sein kann,[31] muß der Schuldner auch dann keinen Insolvenzantrag stellen, wenn die bei einem hypothetischen Insolvenzverfahren in aller Regel erfolgende Verwertung des Unternehmens zu Liquidationswerten nicht einmal die Kosten eines Insolvenzverfahrens decken würde.[32]

Wie hieraus deutlich wird, führt die aus anderen Gründen bei Statuierung der Insolvenzantragspflicht notwendige Berücksichtigung der Fortführungschancen zwangsläufig dazu, daß der Insolvenzantrag wegen Überschuldung nicht auf einen Zeitpunkt vorverlegt werden kann, zu dem zuverlässig und auf jeden Fall noch ein die Verfahrenskosten deckendes Vermögen des Schuldners vorhanden ist. Ohne Rücksicht auf die konkrete gesetzliche Fassung des Eröffnungsgrundes der Überschuldung also scheidet eine Vorverlegung der Insolvenzantragspflicht von vornherein als Mittel aus, das Vorhandensein einer verfahrenskostendeckenden Masse sicherzustellen.[33]

bb) Einführung einer Insolvenzkostenpflichtversicherung als milderes Mittel

Will der Gesetzgeber sicherstellen, daß im Insolvenzfall die Kosten eines Insolvenzverfahrens gedeckt sind, steht ihm allerdings ein relativ einfaches und dabei überaus effektives Mittel zur Verfügung: die schon von Ulrich Burgard und Ulf Gundlach vorgeschlagene Einführung einer Insolvenzkostenpflichtversicherung.[34]

---

[31] Sehr weitgehend allerdings *Schlosser*, Insolvenzrecht im Umbruch, 19: „Die ungedeckten Gläubiger erhalten auch dann nichts, wenn unverzüglich nach der Umkippung der Fortsetzungsprognose Konkursantrag gestellt wird. Denn zu diesem Zeitpunkt sind die Liquidationswerte so gut wie immer weit unter den kritischen Punkt gesunken."

[32] Daß für die vorliegenden Zwecke oftmals zu spät Insolvenzantrag gestellt wird, muß also nicht zwingend damit zusammenhängen, daß die Insolvenzantragspflicht verletzt wurde, wie jedoch *Burgard/Gundlach*, ZIP 2006, 1570, *Angele*, Wirtschaft und Statistik 2006, 306, und *Haarmeyer*, ZInsO 2009, 1273, *ders.*, Kölner Schrift, Kap. 9 Rn. 2 („Der offene und nachhaltige Rechtsbruch ist die Regel"), suggerieren.

[33] Entsprechend für den Eröffnungstatbestand der Überschuldung das Fazit bei *Förster*, System einer Insolvenzauslösung, 232f.

[34] Dazu ausführlich *Burgard/Gundlach*, ZIP 2006, 1571ff.; ihnen folgt *Hirte*, Verh. 66. DJT, P 15, doch lehnte der 66. Deutsche Juristentag ab, die Einführung einer solchen Pflichtversicherung zu empfehlen, Teil P, Beschluß I. 5. Dabei stellen *Burgard/Gundlach* mit Recht fest, daß der von ihnen vorgeschlagene Weg, die Finanzierung eines Insolvenzverfahrens sicherzustellen, auch den übrigen in diesem Zusammenhang gemachten Vorschlägen überlegen ist. Eine gesetzliche Verpflichtung der Geschäftsführer und Gesellschafter, nötigenfalls einen Massekostenvorschuß zu leisten (in diese Richtung deuten bereits § 26 II 2, III InsO), wäre wegen des damit verbundenen Risikos, daß auch diese insolvent sind, jedenfalls weniger effizient. Die Anordnung einer subsidiären staatlichen Haftung für die Verfahrenskosten (für ein kombiniertes Insolvenz- und Liquidationsverfahren vorgeschlagen von *Schulz*, Masselose Li-

Sie müßte die Kosten eines Insolvenzverfahrens insoweit decken, als die Masse hierzu nicht ausreicht; daß sie auch die Masseverbindlichkeiten nach § 55 InsO abdeckt und so verhindert, daß das Verfahren gemäß § 211 I InsO mangels Masse wieder eingestellt wird, wäre zur Erreichung des angestrebten Ziels, Insolvenzverwalter und -gericht die Überprüfung des Verhaltens der Beteiligten in der Krise zu ermöglichen, nicht einmal notwendig.[35] Dem Problem, daß kleine, besonders insolvenzanfällige Unternehmen unter freien Marktbedingungen womöglich unerschwinglich hohe Prämien zahlen müßten, ließe sich mit einem gesetzlich angeordneten Umlagefaktor zu Lasten leistungsfähigerer Unternehmen begegnen.[36] Auch unter Berücksichtigung der Einschätzungsprärogative des Gesetzgebers erweist sich die Einführung einer solchen Pflichtversicherung als wesentlich effektiveres Mittel, um die Verfahrenseröffnung finanziell abzusichern, als die besondere Insolvenzanfechtung. Daß es aus Sicht des potentiellen Anfechtungsgegners zudem milder ist, liegt auf der Hand, denn die Durchführung eines Insolvenzverfahrens wird nicht unmittelbar auf seine Kosten sichergestellt, sondern die Kosten treffen diejenigen, die dem zu lösenden Problem am nächsten stehen: die (potentiellen) Insolvenzschuldner.

Um das für sich genommen verfassungsrechtlich legitime Ziel, die Finanzierung eines Insolvenzverfahrens sicherzustellen, zu erreichen, ist die besondere Insolvenzanfechtung nicht erforderlich. Mit diesem Zweck also läßt sich der mit dem Recht der besonderen Insolvenzanfechtung verbundene Eingriff in das Grundrecht des Anfechtungsgegners aus Art. 14 GG nicht legitimieren.

2. Setzung erwünschter Handlungsanreize als legitimer Zweck

Als weiterer verfassungsrechtlich legitimer Zweck der besonderen Insolvenzanfechtung kommt die Setzung von Anreizen für ein aus volkswirtschaftlichen Gründen erwünschtes Verhalten der Beteiligten in Betracht. So wird im Schrifttum behauptet, das Recht der besonderen Insolvenzanfechtung diene auch dem Zweck, die Beteiligten zu einer möglichst frühzeitigen Auslösung des Insolvenzverfahrens anzuhalten.[37] Eine frühzeitige Verfahrenseröffnung ist zwar nicht um ihrer selbst willen wünschenswert, aber doch jedenfalls deshalb, weil mit einer die Verfahrenskos-

---

quidation, 247f.; vgl. auch bereits den Hinweis *Kilgers*, 100 Jahre KO, 216, auf Vorschläge des BMJ aus dem Jahr 1976) würde unnötigerweise die Allgemeinheit mit Kosten belasten, die letztlich der Schuldner verursacht hat. Da es hier nur darum geht, *ein* für die vorliegenden Zwecke geeigneteres und milderes Mittel (von möglicherweise vielen) aufzuzeigen, bedarf es an dieser Stelle keiner eingehenderen Diskussion dieser Ansätze.

35 *Burgard/Gundlach*, ZIP 2006, 1572.

36 Vgl. auch insoweit bereits *Burgard/Gundlach*, ZIP 2006, 1572.

37 So für § 31 öKO (nun öIO) *König*, JBl 1981, 144; *ders.*, Anfechtung, Rn. 11/65; allgemein für das Recht der besonderen Insolvenzanfechtung tendenziell auch *Thole*, ZZP 121 (2008), 75, *ders.*, Gläubigerschutz, 294f.; vgl. auch *Kohn-Löffelmann*, Insolvenzanfechtung in Europa, 39f., und schon *Drukarczyk*, Unternehmen, 229; sowie diesem folgend *Bruski*, Voraussetzungen, 138. Kritisch bereits *Koziol*, Grundlagen, 40f.; zu Art. 285ff. schKG *Schmid*, KTS 2010, 321ff.

ten deckenden Masse um so eher zu rechnen ist, je früher das Verfahren eröffnet wird. Und daß darin, das Vorhandensein einer die Kosten eines Insolvenzverfahrens deckenden Masse möglichst sicherzustellen, ein verfassungsrechtlich legitimer Zweck liegt, wurde soeben unter 1. ausgeführt.

Das Recht der besonderen Insolvenzanfechtung ist jedoch von vornherein ungeeignet, entsprechende Handlungsanreize zu setzen. Namentlich führt es nicht dazu, daß Insolvenzgläubiger, die von der Krise des Schuldners Kenntnis erlangen, Insolvenzantrag stellen werden, anstatt zu versuchen, für ihre Forderungen noch Sicherheiten oder Befriedigung zu erlangen. Die Gefahr, die in kritischer Zeit erlangte Sicherung oder Befriedigung an die Masse auskehren zu müssen, hat keine abschreckende Wirkung.[38] Denn verwirklicht sie sich, steht der Insolvenzgläubiger – von eventuellen nutzlos aufgewendeten Transaktionskosten abgesehen – in aller Regel[39] nicht schlechter, als er stünde, wäre er untätig geblieben. Solange ihm daraus also keine wirtschaftlich relevanten Risiken drohen, wird er auch in der Krise des Schuldners noch sein Glück versuchen und erst dann Insolvenzantrag stellen, wenn der Schuldner über kein Vermögen mehr verfügt, auf das er zugreifen kann.[40] In diesem Fall mag die Aussicht, daß andere, schnellere Gläubiger ihren in der Krise erlangten Vorteil nach §§ 130ff. InsO wieder abgeben müssen, für den zu spät Gekommenen zwar eine zusätzliche Motivation sein, Mühe und Kosten eines Insolvenzantrags auf sich zu nehmen.[41] Dieser Handlungsanreiz, sofern er tatsächlich relevant sein sollte, setzt aber jedenfalls zu spät ein: Wenn nämlich keine nennenswerte Masse mehr beim Schuldner vorhanden ist, sind eben auch die Verfahrenskosten in aller Regel nicht mehr gedeckt.

Auch der Schuldner wird durch das Recht der besonderen Insolvenzanfechtung nicht dazu veranlaßt, zu einem Zeitpunkt Insolvenzantrag zu stellen, in dem noch eine die Verfahrenskosten deckende Masse vorhanden ist. Zwar wäre theoretisch denkbar, daß es den Schuldner zur Stellung eines Insolvenzantrags triebe, würde das Recht der besonderen Insolvenzanfechtung dazu führen, daß er völlig vom Markt ausgeschlossen wäre. Und ein solcher Ausschluß würde eintreten, weigerten sich die anderen Marktteilnehmer, selbst Bar- oder Zug-um-Zug-Geschäfte mit dem Schuldner zu tätigen, weil sie wegen der besonderen Insolvenzanfechtung befürchten müssen, die erhaltene Gegenleistung wieder an die Masse auskehren zu müssen. Diese Befürchtung wäre für das deutsche Recht jedoch unbegründet,[42]

---

38 Von einem „deterrent effect“ von Anfechtungsvorschriften auf die Gläubiger geht aber auch Par. 151 der UNCITRAL „Legislative Guide on Insolvency Law“ aus.

39 Eine Schlechterstellung kann sich letztlich wohl nur dann ergeben, wenn der vom Anfechtungsgegner empfangene Gegenstand zwischenzeitlich untergegangen ist, denn dann hat der Anfechtungsgegner der Masse gemäß § 143 I 2 InsO i.V.m. §§ 819 I, 818 IV, 292 I, 989 BGB gegebenenfalls den Wert der Sache zu ersetzen und bleibt seinerseits auf eine bloße Insolvenzforderung verwiesen.

40 Vgl. schon *McCoid II*, VLR 67 (1981), 264f.; weiter etwa *Steffek*, ZRP 2007, 228ff.; *ders.*, KTS 2007, 480ff.; *Bork*, FS Schäfer, 597f.; *Schmid*, KTS 2010, 323f.

41 So *Thole*, ZZP 121 (2008), 75; *ders.*, Gläubigerschutz, 294f.

42 Anders stellt sich die Rechtslage wegen der herrschenden Auslegung des § 31 I Nr. 2 (2) öKO (vgl. nun § 31 I Nr. 2 (2) und Nr. 3 öIO) freilich in Österreich dar, vgl. die kritischen Darstel-

denn gerade, um den Schuldner auch in der Krise nicht völlig vom Markt auszuschließen,[43] nimmt das Bargeschäftsprivileg nach § 142 InsO den unmittelbaren Austausch gleichwertiger Leistungen grundsätzlich zumindest von der besonderen Insolvenzanfechtung aus. Jedenfalls in ihrer gegenwärtigen Fassung bewirkt diese also keinen mittelbaren Druck auf den Schuldner, schon mit Eintritt der Krise Insolvenzantrag zu stellen.

Das Recht der besonderen Insolvenzanfechtung ist mithin nicht geeignet, Anreize zu erwünschtem Handeln der Beteiligten zu setzen; der mit ihm verbundene Eingriff in das Eigentumsgrundrecht potentieller Anfechtungsgegner läßt sich also auch unter diesem Aspekt verfassungsrechtlich nicht legitimieren.

3. Ausgleich der betroffenen Individualinteressen und Wohlfahrtssteigerung als legitimer Zweck

Walter Seuffert hat sich bisher – soweit ersichtlich – als einziger speziell zu der verfassungsrechtlichen Legitimität der mit dem Insolvenzrecht verfolgten Ziele und namentlich der Gläubigergleichbehandlung geäußert, die die besondere Insolvenzanfechtung durchsetzen soll. Er begnügt sich insoweit freilich mit der Feststellung: „Als ein am Gemeinwohl orientierter Schutzzweck kann sicher, wie schon immer, der Grundsatz der Gleichbehandlung der Gläubiger im Insolvenzfall – bzw. der sachgerechten Differenzierung zwischen Gläubigerrechten – akzeptiert werden. Gerechtfertigt ist dadurch … das konkursrechtliche Anfechtungsrecht …“.[44]

Diese Feststellung weist zwar den richtigen Weg. Sie greift indes insoweit zu kurz, als die entscheidende Begründung dafür fehlt, warum gerade die Gleichbehandlung der Gläubiger im Insolvenzfall ein Ziel sein soll, das den Entzug eigentumsrechtlicher Positionen durch staatlichen Eingriff rechtfertigt. In der Tat ist es nicht die Gleichbehandlung als solche, die den Eingriff legitimiert, sondern die Gleichbehandlung ist nur ihrerseits Mittel zum eigentlichen verfassungsrechtlich legitimierenden Zweck des Anfechtungsrechts: der sachgerechten Auflösung eines Konflikts grundrechtlich geschützter Interessen. Daß sich im Regelungsbereich des besonderen Anfechtungsrechts – wie im gesamten Zivilrecht – ausgleichsbedürftige Interessen privater Grundrechtsträger gegenüberstehen, wurde bereits bei der Frage der Grundrechtsgebundenheit des das Anfechtungsrecht normierenden Gesetzgebers angesprochen. Damit ist freilich noch nicht gesagt, daß der Ausgleich privater Interessen Grundrechtseingriffe allgemein und speziell Eingriffe in Positionen legitimieren kann, die dem Schutz des Art. 14 GG unterliegen.

---

lungen bei *Koziol*, JBl. 1981, 58 („Eine deutlichere Aufforderung durch die Rechtsordnung, möglicherweise Zahlungsunfähigen tunlichst keine Lebensmittel, keine Brennstoffe und sonstige lebensnotwendige Güter zu verkaufen, ist kaum vorstellbar“); *Honsell*, WBl 1987, 170; *Hoyer*, ÖJZ 1982, 384. *König*, JBl 1981, 141, und Anfechtung, Rn. 11/65, rechtfertigt den drohenden Ausschluß des Schuldners vom Rechtsverkehr freilich gerade damit, daß ihn dies dazu zwinge, möglichst frühzeitig die Eröffnung eines Konkursverfahrens zu beantragen.

[43] Näher unten § 7 II 3 und § 13.

[44] *Seuffert*, ZIP 1986, 1158.

a) Legitimität des Schutzes nur bei grundrechtlicher Schutzpflicht?

Es ist bereits festgestellt worden, daß der Lehre von den grundrechtlichen Schutzpflichten die Rolle der Vermittlerin einer Grundrechtswirkung im privatrechtlichen Bereich zukommt. Dabei wurde ausgeführt, daß der Gesetzgeber, der insoweit das Untermaßverbot zu beachten hat, trotz seiner Einschätzungsprärogative unter Umständen sogar einschreiten *muß*, um ein Grundrechtssubjekt vor Beeinträchtigungen der grundrechtlichen Freiheitssphäre durch ein anderes Grundrechtssubjekt zu schützen, daß der Gesetzgeber diesen Schutz auch durch privatrechtliche Regelungen gewährleisten kann und daß er im Hinblick auf damit verbundene Eingriffe in Grundrechte des „störenden"[45] Grundrechtssubjekts das Übermaßverbot zu berücksichtigen hat.[46]

Damit ist klar, daß der Schutz privater Interessen immer dann ein verfassungsrechtlich legitimer Zweck privatrechtlicher Regelungen ist, wenn ihnen eine Beeinträchtigung droht, die eine grundrechtliche Schutzpflicht auslöst. Fraglich ist aber, ob man auch den weitergehenden Schluß ziehen muß, der Schutz privater Interessen sei *nur* dann ein verfassungsrechtlich legitimer Zweck privatrechtlicher Regelungen, wenn er grundrechtlich geboten ist.[47] Vorausgesetzt, es wäre ein Fall denkbar, in dem der angemessene Ausgleich kollidierender privater Interessen durch eine privatrechtliche Regelung nicht wenigstens reflexartig auch Gemeinwohlinteressen wie der Sicherheit und Leichtigkeit des Privatrechtsverkehrs dient,[48] würde dies bedeuten, daß eine in Grundrechtspositionen der „Störer" eingreifende Regelung zum Schutz privater Interessen, die entweder überhaupt nicht grundrechtlich geschützt sind oder deren Beeinträchtigung noch keine grundrechtliche Schutzpflicht auslöst, keinen verfassungsrechtlich legitimen Zweck verfolgte und damit ohne weiteres unverhältnismäßig und verfassungswidrig wäre. In letzter Konsequenz und im Zusammenwirken mit dem Gebot der verfassungskonformen Auslegung müßte diese Annahme zur Ablösung der privatrechtlichen Interessenjurisprudenz durch eine Grundrechtsjurisprudenz führen.

Für die vorliegenden Zwecke würde dies bedeuten, daß das Recht der besonderen Insolvenzanfechtung mit dem Schutz der Insolvenzgläubiger nur zu legitimieren ist, wenn sich dieser Schutz auf eine grundrechtlich geschützte Position bezieht und der Gesetzgeber unter Berücksichtigung seiner Einschätzungsprärogative annehmen durfte, die abzuwehrende Beeinträchtigung dieser Position durch den Anfechtungsgegner sei so stark, daß ihn die einschlägigen Grundrechte der In-

---

[45] Vgl. zur Störer-Opfer-Terminologie in diesem Zusammenhang *Leuschner*, AcP 205 (2005), 216.

[46] § 3 I 2.

[47] So im Rahmen einer Untersuchung der Verfassungsmäßigkeit der Regelungen des gutgläubigen Erwerbs nach §§ 932ff. BGB in der Tat *Leuschner*, AcP 205 (2005), 215ff.: „Verfassungsrechtlich setzt die individuelle Rechtfertigung einer privatrechtlichen Schutzpflicht voraus, dass diese der Erfüllung einer staatlichen Schutzpflicht dient"; vgl. auch bereits *dens.*, Verkehrsinteresse und Verfassungsrecht, 107. Zur „Kongruenzthese" schon oben § 3 Fn. 75.

[48] Vgl. zum Verkehrsinteresse eingehend *Leuschner*, Verkehrsinteresse und Verfassungsrecht, 51ff. Zur Verquickung privater und gemeinschaftlicher Interessen noch unten b.

solvenzgläubiger zum Einschreiten verpflichteten. Dabei wäre die vorrangige Frage nach der Betroffenheit einer grundrechtlich geschützten Position der Insolvenzgläubiger unproblematisch zu bejahen: Art. 14 GG schützt die Forderungen der Gläubiger auch in der Zwangsvollstreckung,[49] und die Erfüllung dieser Forderungen wird durch nach §§ 130ff. InsO anfechtbare Handlungen beeinträchtigt. Wesentlich schwieriger zu beantworten wäre freilich die Frage, ob diese Beeinträchtigung so stark ist, daß der Gesetzgeber sich zum Schutz grundrechtlich verpflichtet fühlen durfte.[50]

Diese Frage bedarf hier keiner Beantwortung. Denn jedenfalls für normgeprägte Grundrechte und damit auch für den hier allein interessierenden Bereich der Bestimmung von Inhalt und Schranken des Eigentums geht die Annahme, der Gesetzgeber dürfe private Interessen durch den Eingriff in Grundrechtssphären eines anderen Privaten nur dann schützen, wenn er hierzu grundrechtlich verpflichtet sei, zu weit.[51] Art. 14 I 2 GG erteilt dem Gesetzgeber ausdrücklich den Auftrag, Inhalt und Schranken des Eigentums zu regeln.[52] Da Eigentum ein genuin privatrechtliches Rechtsinstitut ist – mögen sich auch öffentlich-rechtlich zu qualifizierende Rechte und Pflichten aus ihm ergeben –, ist dieser Auftrag in erster Linie darauf gerichtet, die privatrechtlichen Interessen des Eigentümers gegen kollidierende privatrechtliche Interessen anderer abzugrenzen. Der in Art. 14 I GG enthaltene Regelungsauftrag zielt dabei offenkundig auf mehr als die Schaffung einer Regelung, die einerseits den grundrechtlichen Kernbereich des Eigentümers vor Beeinträchtigungen durch Dritte und umgekehrt den Kernbereich der Grundrechte Dritter vor Beeinträchtigungen durch fremdes Eigentum schützt:[53] Eine inhaltlich derart beschränkte Eigentumsordnung würde schon der Institutsgarantie nach Art. 14 I 1 GG nicht gerecht, die den Gesetzgeber verpflichtet, ein Rechtsinstitut „Eigentum" zur Verfügung zu stellen, das seinen Namen verdient.[54] Für die vorliegenden Zwecke genügt freilich die Feststellung, daß jedenfalls der Ausgleich solcher miteinander in Konflikt tretender Positionen, die dem Schutzbereich des

49 BVerfGE 116, 1, 13; *Fischer*, Vollstreckungszugriff, 55f.

50 Folgt man der hier vertretenen Ansicht, daß dem Gesetzgeber bei der Regelung privater Interessenkonflikte stets ein Gestaltungsspielraum zukommt (oben § 3 Fn. 75), ihn also keine grundsätzliche „Neutralitätspflicht" trifft, ist mit der Frage nach einer aus dem grundrechtlichen Schutzgebot folgenden Eingriffs*befugnis* des Gesetzgebers noch nicht die unten (IV 1) zu beantwortende Frage beantwortet, ob der Gesetzgeber zur Schaffung bestimmter schützender (und drittbelastender) Regelungen schlechthin *verpflichtet* ist.

51 So auch *Leuschner*, Verkehrsinteresse und Verfassungsrecht, 108ff., der diesen Aspekt aber in AcP 205 (2005), 215ff., bei seiner verfassungsrechtlichen Überprüfung der Regelung des Erwerbs vom Nichtberechtigten nach §§ 932ff. BGB – Paradigma einer eigentumsrechtlichen Inhalts- und Schrankenbestimmung (vgl. auch *Peters*, Entzug, 32ff.; offen aber *J. Hager*, Verkehrsschutz, 77) – unberücksichtigt läßt.

52 Von einem Regelungsauftrag aus Art. 14 I GG sprechen auch etwa Schmidt-Bleibtreu/Hofmann/Hopfauf/*Hofmann*, Art. 14 Rn. 36; BK/*Kimminich*, Art. 14 Rn. 133; Maunz/Dürig/Herzog/Scholz/*Papier*, Art. 14 Rn. 306.

53 Vgl. auch *Leuschner*, Verkehrsinteresse und Verfassungsrecht, 109f.

54 Vgl. etwa BVerfGE 31, 229, 240f.; 58, 300, 335; 89, 1, 5; Maunz/Dürig/Herzog/Scholz/*Papier*, Art. 14 Rn. 11; *Raue*, Zwangsvollstreckung, 101.

Art. 14 GG unterfallen, ein Zweck ist, der den hier in Rede stehenden Eingriff in das Grundrecht des Anfechtungsgegners aus Art. 14 GG verfassungsrechtlich zu legitimieren vermag – auch wenn der Konflikt keine Beeinträchtigungen mit sich bringt, die grundrechtliche Schutzpflichten auslösen würden.[55] Und der Auflösung eines Konflikts gerade zwischen solchen Positionen dient das Recht der besonderen Insolvenzanfechtung: Der Eingriff in das Grundrecht des Anfechtungsgegners aus Art. 14 GG soll die weitere Entwertung einer ebenfalls Art. 14 GG unterfallenden Position der Insolvenzgläubiger, nämlich deren gegen den Schuldner gerichteter Forderungen, verhindern.[56]

b) Gemeinwohlbezug

Art. 14 GG hebt nicht nur für den Fall der Enteignung (Art. 14 III 1 GG), sondern auch allgemein (Art. 14 II 2 GG) die Bedeutung des Gemeinwohlbezugs hervor. Es fragt sich, ob dies bedeutet, daß auch privatrechtliche Inhalts- und Schrankenbestimmungen verfassungsrechtlich nur dann zulässig sind, wenn sie dem Gemeinwohl dienen. Das BVerfG scheint dies zu bejahen, wenn es im Zusammenhang mit Inhalts- und Schrankenbestimmungen immer wieder betont, das Wohl der Allgemeinheit sei Grund und Grenze für die Beschränkung des Eigentümers.[57] Daß diesem Satz jedoch nicht die Allgemeingültigkeit zukommen kann, die seine Formulierung nahelegt, hat das BVerfG in der Contergan-Entscheidung festge-

---

[55] Zum – hier folglich nicht relevanten – Streit um die Frage, ob aus normgeprägten Grundrechten wie Art. 14 GG überhaupt Schutzpflichten folgen können, noch unten IV 1.

[56] Daß dabei auch Art. 14 GG unterfallende Positionen des Schuldners berührt werden, nämlich die Befugnis, über die einzelnen Gegenstände seines Vermögens (endgültig) wirksam zu verfügen, sei hier der Vollständigkeit halber erwähnt; für die vorliegenden Zwecke hat diese Feststellung freilich keine weitere Relevanz.

[57] Vgl. etwa BVerfGE 25, 112, 118; 50, 290, 340f.; 52, 1, 29; 102, 1, 17; 100, 226, 241; BVerfG NVwZ 2005, 1412, 1413; NVwZ 2007, 808, 809. Ebenso etwa BVerwG NVwZ 2008, 430, 433; Maunz/Dürig/Herzog/Scholz/*Papier*, Art. 14 Rn. 306; Dreier/*Wieland*, Art. 14 Rn. 87; v. Mangold/Klein/Starck/*Depenheuer*, Art. 14 Rn. 225; BeckOKGG/*Axer*, Art. 14 Rn. 84; ebenso wohl auch *Finkenauer*, dominium sine re, 124. In BVerfGE 21, 73, 83, hatte das Gericht in Art. 14 II GG noch (lediglich?) die Absage des Verfassungsgebers an eine Eigentumsordnung gesehen, in der das Individualinteresse den unbedingten Vorrang vor den Interessen der Gemeinschaft hat. – Für den Privatrechtsgesetzgeber radikal anders *Wolf*, JZ 1997, 1090: Mit dem Allgemeinwohlgedanken lasse sich nur operieren, wenn die mit der Beschaffung der im Interesse des Allgemeinwohls zu verteilenden Mittel verbundene Belastung den Grundsätzen der *iustitia distributiva* entsprechend verteilt werden könne; das sei im Privatrecht nicht der Fall, weil über die Voraussetzungen des Gebens und diejenigen des Nehmens nach jeweils eigenen Gerechtigkeitsvorstellungen entschieden werde. Hiergegen treffend *Leuschner*, AcP 205 (2005), 232f.; *ders.*, Verkehrsinteresse und Verfassungsrecht, 154ff.: Mit dem Hinweis auf die *iustitia distributiva* ist lediglich die Beachtung des Verhältnismäßigkeitsgrundsatzes, namentlich unter dem Aspekt des Gleichheitssatzes, angemahnt. In dieselbe Richtung wie die These *Wolfs* weist aber auch die Behauptung von *Häsemeyer*, Insolvenzrecht, Rn. 2.19, und *ders.*, Gleichbehandlung, 79f.: Wer öffentliche Zwecke fördern wolle, müsse öffentliche Mittel einsetzen; das Schuldnervermögen stehe nicht zur Disposition des Gemeinwohls.

stellt.[58] Dabei hatte das Gericht unter anderem darüber zu befinden, ob die durch Gesetz angeordnete Übertragung privat ausgehandelter Vergleichsansprüche Einzelner in einen allen Opfern des Schlaf- und Beruhigungsmittels „Contergan" zur Verfügung stehenden Fonds verfassungsrechtlich zu legitimieren war. Es stellte fest, es könne nicht ernsthaft erwogen werden, daß die fraglichen Vergleichsansprüche zugleich dem Wohl der Allgemeinheit dienen.[59] Daraus zog es freilich nicht die Konsequenz, daß der in ihrer Überführung in einen Fonds liegende Eingriff in das Eigentum der Gläubiger verfassungsrechtlich illegitim sei,[60] sondern daß „[d]ie in anderen Bereichen sich aus Art. 14 Abs. 2 GG ergebende Richtschnur" für solche Fälle ausscheide. Die folgende Argumentation offenbart, wie wenig sich das Gericht mit dem Problem auseinandersetzte, ob tatsächlich alle Inhalts- und Schrankenbestimmungen dem Wohl der Allgemeinheit dienen müssen. Denn zwar betonte es – trotz seiner eben wiedergegebenen Ausführungen und in engstem Zusammenhang mit diesen –, der sich aus Art. 14 GG ergebende Freiheitsanspruch des Bürgers dürfe nur aus „Gründen des gemeinen Wohls" eingeschränkt werden, denen der Vorrang vor diesem Freiheitsanspruch zukomme.[61] Solche Gründe des gemeinen Wohls sah das Gericht jedoch – ohne daß diese Wendung in der näheren Argumentation nochmals aufgegriffen worden wäre – offenbar darin, daß ohne eine Einbeziehung der Vergleichssumme in den Fonds die nicht am Vergleich beteiligten, gleichfalls von dem Mittel Betroffenen mit ihren Schadensersatzforderungen auszufallen drohten.[62] In der Sache setzte das Gericht damit das „gemeine" Wohl mit dem Wohl einer begrenzten Vielzahl von Individuen gleich.

Ein solches Schwanken der Argumentation wäre zu vermeiden gewesen, hätte das Gericht erkannt, daß schon die Frage, ob auch die Kollision privater Interessen auflösende Inhalts- und Schrankenbestimmungen dem Wohl der Allgemeinheit dienen müssen, falsch gestellt ist. Denn eine abstrakt-generelle Regelung des Ausgleichs konkret-individueller Privatinteressen weist notwendigerweise einen Gemeinwohlbezug auf: Ein gerechtes, funktionierendes Privatrechtssystem, das aus Einzelregelungen zum Ausgleich typischer privater Interessenkonflikte besteht, dient schon deshalb dem Wohl der Allgemeinheit, weil erst ein solches Privatrechtssystem einen effizienten Rechtsverkehr erlaubt, der seinerseits – dies ist die Grundannahme marktwirtschaftlich orientierter Staatsordnungen – die allgemeine Wohlfahrt steigert.[63] Diese Verwebung von Individual- mit Gemeinschaftsinte-

---

58 BVerfGE 42, 263 ff.

59 BVerfGE 42, 263, 294.

60 In BVerfGE 83, 201, 213 f., allerdings, wo es um die verfassungsrechtliche Zulässigkeit der Abschaffung eines Vorkaufsrechts im Zuge der Ablösung des Allgemeinen Berggesetzes durch das Bundesberggesetz ging, hat das Gericht ausdrücklich ein öffentliches Interesse an der Beseitigung des Vorkaufsrechts gefordert und das „nur" private Interesse des Eigentümers, das Grundstück an einen von ihm ausgewählten Käufer veräußern zu können, sowie dessen Erwerbsinteresse für irrelevant gehalten.

61 BVerfGE 42, 263, 295.

62 BVerfGE 42, 263, 295 ff.

63 Vgl. auch bereits *Leuschner*, Verkehrsinteresse und Verfassungsrecht, 55 ff. Zur Tabularersitzung nach § 900 I BGB in der Sache wie hier *Finkenauer*, dominium sine re, 124. Grundsätzlich

ressen wurde bereits in anderem Zusammenhang deutlich (vgl. § 2 III 4a); dort wurde auch bereits gezeigt, daß sich die besondere Insolvenzanfechtung als Instrument zur Korrektur potentieller Fehlallokationen der Haftungsmasse begreifen läßt. Jedenfalls die damit einhergehende Steigerung der allgemeinen Wohlfahrt stellt den Bezug dieser privatrechtlichen Regelung zum Gemeinwohl her.

c) Ergebnis

Das Recht der besonderen Insolvenzanfechtung verfolgt also insoweit einen verfassungsrechtlich legitimen Zweck, als es dem Ausgleich der beteiligten Interessen Privater und damit – aus volkswirtschaftlicher Perspektive – zugleich der Steigerung der allgemeinen Wohlfahrt dient. Die Frage aber, ob es hierzu in seiner konkreten Ausgestaltung im einzelnen geeignet und erforderlich ist und ob es einen angemessenen Interessenausgleich bewirkt, betrifft die Regelungsdetails und sprengt den Rahmen der Darstellung der verfassungsrechtlichen Parameter; sie wird jedoch bei der Analyse der einzelnen Anfechtungstatbestände im dritten Abschnitt jeweils zu berücksichtigen sein. Welchen Anforderungen der Interessenausgleich als solcher genügen muß, um angemessen zu sein, ist nach der Rechtsprechung des BVerfG zwar ebenfalls eine Frage der verfassungsmäßigen Rechtfertigung eines Eingriffs in Art. 14 GG, jedoch keine der Verhältnismäßigkeit. Die bei der näheren Ausgestaltung des Rechts der besonderen Insolvenzanfechtung zu berücksichtigenden Interessen werden sogleich unter IV. näher dargestellt.

4. Verfassungswidrigkeit einer Anfechtung ohne Gläubigernutzen

Schon aus der allgemeinen Feststellung, daß der einzig verfassungsrechtlich legitime Zweck des besonderen Insolvenzanfechtungsrechts der Ausgleich der kollidierenden Interessen der Beteiligten ist, lassen sich konkrete Rückschlüsse auf eine verfassungsrechtliche Beschränkung des Anwendungsbereichs der besonderen Insolvenzanfechtung ziehen. Denn wenn nur der Interessenausgleich das Anfechtungsrecht zu legitimieren vermag, muß die Anfechtung auch im konkreten Fall diesem Ausgleich dienen, um verfassungsrechtlich legitim zu sein, konkreter: Sie muß denjenigen zugute kommen, deren Interessen gegenüber denjenigen des Anfechtungsgegners geschützt werden, den übrigen Insolvenzgläubigern also. Dasselbe folgt aus einer Betrachtung aus wirtschaftlicher Perspektive: Soll die besondere Insolvenzanfechtung potentielle Fehlallokationen korrigieren, dient sie diesem Zweck nur dann, wenn die fragliche Ressource, hier also der Anfechtungsgegenstand, dorthin fließt, wo sie sich ohne Fehlallokation befände, nach den unter § 2 III angestellten Erwägungen also an die Insolvenzgläubiger. Aus diesen Erwägungen folgt im

---

hält auch *Peters*, Entzug, 35ff., 75ff., das Verkehrsinteresse für einen Gemeinwohlaspekt, der Inhalts- und Schrankenbestimmungen legitimieren kann (zu §§ 932ff. BGB). Vgl. aber auch *Schwabe*, JZ 1983, 275, dort, Fn. 19, unter Hinweis auf *Böhmers* Sondervotum in BVerfGE 56, 276, 278, auch zur Frage, ob der von Art. 14 III S. 1 GG geforderte Gemeinwohlbezug mit demjenigen des Art. 14 II S. 2 GG identisch sein kann; dazu etwa auch *J. Hager*, Verkehrsschutz, 53f.

Umkehrschluß, daß der mit der besonderen Insolvenzanfechtung verbundene Eingriff in die Grundrechtssphäre des Anfechtungsgegners keinem verfassungsrechtlich legitimen Zweck dient und daher unverhältnismäßig ist, wenn und soweit das durch Anfechtung zur Masse Gezogene nicht den übrigen Insolvenzgläubigern zugute kommt.

Auf den ersten Blick scheint hier der Fall problematisch, daß es nach erfolgreicher Anfechtung[64] zu einer Sanierung des Unternehmens des Schuldners kommt, der Anfechtungsgegenstand als solcher also nicht verwertet und der Erlös nicht an die Insolvenzgläubiger ausgekehrt wird, sondern im Unternehmen verbleibt. Erfolgt die Sanierung freilich im Regelinsolvenzverfahren durch Veräußerung an und Übertragung auf einen neuen Unternehmensträger, tritt der dabei erzielte Veräußerungserlös an die Stelle des Unternehmens samt dem darin wieder integrierten Anfechtungsgegenstand. Anders gesagt, handelt es sich bei einer solchen Sanierung aus Sicht der Insolvenzgläubiger nur um eine Form der Verwertung des Unternehmens – und damit auch des wieder in das Unternehmen integrierten Anfechtungsgegenstandes – zu ihren Gunsten; der Erlös fließt quotal an sie.[65] Dies gilt auch für den Fall, daß der Schuldner, etwa im Rahmen eines Insolvenzplanverfahrens, Träger des zu sanierenden Unternehmens bleibt, denn die Insolvenzgläubiger werden ihre zur Annahme des Plans nach Maßgabe der §§ 244 ff. InsO erforderliche Zustimmung nur geben, wenn Gewinne aus dem zu sanierenden Unternehmen – und damit auch aus dem darin wieder integrierten Anfechtungsgegenstand – zur Tilgung wenigstens eines Teils ihrer Forderungen eingesetzt werden.[66] Das Recht der besonderen Insolvenzanfechtung dient seinen verfassungsrechtlich legitimen Zwecken also auch dann, wenn der Anfechtungsgegenstand im Falle einer Sanierung seiner Substanz nach im Unternehmen verbleibt: Der Anfechtungsgegenstand ist richtiger alloziert, nämlich dort, wo er zur Produktion einer der Verteilung an alle Insolvenzgläubiger dienenden Masse eingesetzt wird.

Unschädlich ist ferner, daß die durch die Anfechtung und hierbei eventuell notwendig werdende Prozesse verursachten Kosten der Masse, zu welcher der Anfechtungsgegenstand gezogen wird, vor ihrer Auskehrung an die Gläubiger entnommen wird, sei es, weil sich infolge der Prüfung und Durchsetzung von Anfechtungsansprüchen die nach § 54 Nr. 2 InsO unter die Verfahrenskosten fallende Vergütung des Insolvenzverwalters erhöht,[67] sei es, weil durch Beauftragung eines Dritten mit der Anfechtung und ihrer Durchsetzung Masseverbindlichkeiten nach § 55 I Nr. 1 InsO entstanden sind. Denn sofern wenigstens ein Teil der durch Anfechtung generierten Masse auch den Gläubigern zugute kommt, ist dem Zweck, den Interessengegensatz zwischen noch in der Krise befriedigten und den übrigen Insolvenzgläubigern auszugleichen, gedient.

Hat der Insolvenzverwalter aber gemäß § 208 I 1 InsO die Masseunzulänglichkeit angezeigt, werden nach Maßgabe des § 209 InsO nur noch Massekosten und

---

[64] Vgl. noch unten § 9 IV 1 a aa.

[65] Dies betont in entsprechendem Zusammenhang auch *Thole*, Gläubigerschutz, 305 f.

[66] Vgl. auch schon *Henckel*, Kölner Schrift², S. 813 ff. Rn. 4.

[67] Namentlich nach § 3 Nr. 1 lit. c InsVV, näher etwa *Haarmeyer/Wutzke/Förster*, § 3 Rn. 25.

Masseverbindlichkeiten bedient; daß durch einen Anfechtungsprozeß zur Masse Gezogene fließt also nicht einmal mehr zum Teil an die bloßen Insolvenzgläubiger. In diesem Fall ist eine Anfechtung unverhältnismäßig, weil ihre einzig verfassungsrechtlich legitimen Ziele, die Korrektur von Fehlallokationen und der Schutz der Art. 14 GG unterfallenden Forderungen der Insolvenzgläubiger, nicht im mindesten gefördert werden. Die besondere Insolvenzanfechtung läßt sich auch nicht etwa auch als Instrument begreifen, das die Fehlallokation haftender Masse auch im Verhältnis zu den Massegläubigern korrigiert. Denn nach dem unter § 2 III Gesagten ist die Fehlallokation ausgeglichen, wenn die bei Eintritt der Krise noch vorhandene Masse gleichmäßig auf die vorhandenen Gläubiger verteilt wird, während Massegläubiger gemäß § 53 InsO und im Falle der Masseunzulänglichkeit nach Maßgabe des § 209 InsO möglichst vollständig befriedigt, gegenüber den bloßen Insolvenzgläubigern – und damit letztlich auch gegenüber dem Anfechtungsgegner – also privilegiert werden. Kommt die Anfechtung nur den Massegläubigern zugute, führt sie nicht zum Ausgleich einer vor Kriseneintritt geschehenen Fehlallokation, sondern zu einer gezielten Neuverteilung, die wiederum im Dienste der Verfahrensdurchführung als solcher steht.[68] Daß sich die besondere Insolvenzanfechtung aber nicht als Mittel legitimieren läßt, die Durchführung von Insolvenzverfahren zu finanzieren, wurde bereits ausgeführt.[69] All dies gilt erst recht im Falle der Massedürftigkeit[70] im Sinne des § 207 InsO, wenn die Masse also nicht einmal mehr die Verfahrenskosten deckt; denn dann würde das durch Anfechtung zur Masse Gezogene von diesen Kosten vollständig aufgezehrt und nichts davon an die Massegläubiger, geschweige denn an die Insolvenzgläubiger fließen. Die besondere Insolvenzanfechtung ist folglich als Eingriff in das Grundrecht des Anfechtungsgegners aus Art. 14 GG nicht zu rechtfertigen, wenn bereits Masseunzulänglichkeit eingetreten ist und von dem mittels Anfechtung zur Masse Gezogenen nichts zur Verteilung an die Insolvenzgläubiger verbleibt.

Daß §§ 130, 131 InsO aber auch in solchen Fällen greifen, kann freilich nicht im Wege ihrer Auslegung verhindert werden, und zwar nicht nur wegen des Wortlauts, der von einer solchen Einschränkung nichts weiß, sondern vor allem wegen des eindeutig entgegenstehenden Willens des Gesetzgebers, der die Möglichkeiten der besonderen Insolvenzanfechtung gerade auch zu dem Zweck erweitern wollte, eine (auch: nur) die Verfahrenskosten deckende Masse zu generieren.[71] Dieser Wille schließt auch eine verfassungskonforme Reduktion aus.[72] Wenn aber eine verfassungskonforme Auslegung oder Reduktion ausscheidet, bleibt nur ein Ergebnis: Soweit die Vorschriften der besonderen Insolvenzanfechtung eine Anfechtung auch bei Masseunzulänglichkeit oder gar Massedürftigkeit vorsehen, wenn

---

[68] Zu diesem Zweck der Privilegierung der Massegläubiger: MünchKommInsO/*Kirchhof*, § 53 Rn. 1; *Henckel*, 100 Jahre KO, 171ff.

[69] Vgl. oben § 5 II 1.

[70] Vgl. zu diesem treffenden Begriff Jaeger/*Windel*, § 207 Rn. 4.

[71] BT-Drucks. 12/2443, S. 85.

[72] Nämlich mangels planwidriger (verdeckter) Regelungslücke, vgl. *Larenz*, Methodenlehre, 370ff.

also keine Aussicht besteht, daß diese die Teilungsmasse und damit die Quote der einfachen Insolvenzgläubiger erhöht, sind sie verfassungswidrig.[73]

III. Gleichheitssatz

Jede Inhalts- und Schrankenbestimmung hat den Gleichheitssatz (Art. 3 GG) zu beachten.[74] Der Gesetzgeber darf auch Rechtsverhältnisse zwischen Privaten nicht ohne sachlichen Grund verschieden ausgestalten.[75] Er verletzt den Gleichheitssatz, „wenn eine Gruppe von Normadressaten im Vergleich zu anderen Normadressaten anders behandelt wird, obwohl zwischen beiden Gruppen keine Unterschiede von solcher Art und solchem Gewicht bestehen, daß sie die ungleiche Behandlung rechtfertigen könnten".[76]

Die besondere Insolvenzanfechtung führt insoweit zu einer Ungleichbehandlung, als die Bevorzugung einzelner Gläubiger ab Eintritt der zur Eröffnung eines Insolvenzverfahrens führenden wirtschaftlichen Krise des Schuldners grundsätzlich unterbunden wird, während vor Eintritt der Krise vorgenommene Vermögensverschiebungen unangetastet bleiben: Das in der Krise zur Erfüllung oder Absicherung einer (potentiellen) Insolvenzforderung Erhaltene ist der Masse zurückzugewähren, während etwa eine vor Eintritt, aber gerade für den Fall der Krise bestellte Kreditsicherheit insolvenzfest ist. Für die sachliche Rechtfertigung dieser an anderer Stelle

---

[73] Das Problem wurde bislang beim Erfordernis der Gläubigerbenachteiligung verortet. Die herrschende Meinung bejaht die nach § 129 InsO erforderliche Benachteiligung der Insolvenzgläubiger auch dann, wenn die Anfechtung wegen Masseunzulänglichkeit nur den Massegläubigern zugute käme: BGH NJW-RR 2009, 1346ff. (Anfechtung selbst bei Massedürftigkeit im Sinne des § 207 InsO möglich!); BGH NJW-RR 2001, 1699, 1701; OLG Hamburg ZIP 2002, 1360, 1361f.; OLG Brandenburg ZIP 2002, 1698, 1699; LG Hamburg ZIP 2001, 711, 713; MünchKommInsO/*Kirchhof*, § 129 Rn. 105a; HmbK/*Rogge*, § 129 Rn. 39; Gottwald/*Huber*, § 46 Rn. 66; *Gundlach/Frenzel/Schmidt*, NZI 2004, 186f.; *Pape*, ZIP 2001, 901ff.; *Ahrendt/Struck*, ZInsO 2000, 266; *Busch*, Überwindung der Massearmut, 166ff., 185f. Anders OLG Dresden NZI 2001, 259, 260; LG Strahlsund ZIP 2001, 936, 940f.; Jaeger/*Henckel*, § 129 Rn. 142; *ders.*, Kölner Schrift^2, S. 813ff. Rn. 20; Jaeger/*Windel*, § 207 Rn. 96, § 208 Rn. 101; Nerlich/Römermann/*Nerlich*, § 129 Rn. 89; *Häsemeyer*, Insolvenzrecht, Rn. 21.25; *ders.*, KTS 1982, 541; *ders.*, FS Gerhardt, 358; *Dinstühler*, ZIP 1998, 1705f.; tendenziell auch *Brückl/Kersten*, NZI 2004, 424.

[74] BVerfGE 34, 139, 146; 37, 132, 143; 42, 263, 305; 49, 382, 396; 52, 1, 30; 58, 137, 148, 150f.; 58, 300, 345; 70, 191, 200; 87, 114, 139; 100, 226, 240f.; 101, 239, 269; 102, 1, 17. Ebenso auch *Böhmer* in BVerfGE 49, 220, 233. *Rozek*, Eigentumsbindung und Enteignung, 40f.

[75] *Krause*, JZ 1984, 718. Vgl. aus der verfassungsgerichtlichen Rechtsprechung BVerfGE 20, 31, 33; 31, 255, 266f.; 37, 121, 130; 49, 220, 228ff.; 49, 382, 395ff.; 51, 50, 159f.; zur privatrechtlichen Gleichstellung von Mann und Frau bereits BVerfGE 3, 225, 241; 6, 55, 82; 22, 93, 96.

[76] BVerfGE 101, 239, 269, unter Hinweis auf die st. Rspr.: BVerfGE 55, 72, 88; 88, 87, 96f. – Wenn *Leuschner*, AcP 205 (2005), 218f., im Anschluß an *Bydlinski*, System, 94, im Zusammenhang mit Eingriffen durch privatrechtliche Regelungen die Notwendigkeit von Zurechnungskriterien betont, welche die mit der Begünstigung des einen einhergehende Belastung des anderen Privatrechtssubjekts rechtfertigen, so verweist auch dies in der Sache auf die Anforderungen des Gleichheitssatzes.

(§ 2 I) näher dargelegten Ungleichbehandlung kann auf die Ergebnisse der Untersuchung im ersten Abschnitt (§ 2 III) verwiesen werden: Vermögensverschiebungen verkürzen den Zugriff der (anderen) Gläubiger auf haftendes Vermögen des Schuldners; diese Belastung erfolgt aufgrund von Entscheidungen, an denen die durch sie benachteiligten Gläubiger nicht beteiligt sind, und ist daher vor dem Hintergrund des Grundsatzes der Privatautonomie nur zu rechtfertigen, solange zu erwarten ist, daß der Schuldner aus dem im Gegenzug zum weggegebenen Vermögen erhaltenen Kapital neues, den anderen Gläubigern haftendes Vermögen erwirtschaftet. Gerät der Schuldner in eine wirtschaftliche Krise, die letztlich zur Stellung eines Antrags auf Eröffnung des Insolvenzverfahrens führt, besteht keine solche Erwartung mehr; der Vermögensverlust wäre endgültig und ist daher zu revidieren, um heteronom veranlaßte Vermögensschädigungen und gesamtwirtschaftlich unerwünschte Fehlallokationen möglichst zu vermeiden.

Nicht nur die in der besonderen Insolvenzanfechtung insgesamt liegende Ungleichbehandlung von innerhalb und außerhalb der Krise erfolgten Vermögensverschiebungen insgesamt, sondern auch die aus der Gestaltung der einzelnen Tatbestandsmerkmale der §§ 130ff. InsO[77] folgende Ungleichbehandlung konkreter Sachverhalte muß sich auf in diesen liegende sachliche Unterschiede zurückführen lassen. Dies freilich wird sich erst im Zusammenhang mit der näheren Darstellung der einzelnen Tatbestandsmerkmale im besonderen Teil (§§ 8ff.) untersuchen lassen.

IV. Angemessener Interessenausgleich

Schließlich muß das Anfechtungsrecht als Inhalts- und Schrankenbestimmung die schutzwürdigen Interessen der Beteiligten in einen gerechten Ausgleich und ein angemessenes Verhältnis bringen.[78] Hier soll nur dargestellt werden, welche Interessen der anderen Beteiligten, nämlich der anderen Insolvenzgläubiger (sogleich 1.) und des Schuldners (unten 2.), neben denjenigen des Anfechtungsgegners an der Bestandskraft seines Erwerbs zu berücksichtigen sind. Ob das Recht der besonderen Insolvenzanfechtung diese Interessen jeweils zu einem angemessenen Ausgleich bringt, ist wiederum eine Frage der Regelungsdetails, deren Beantwortung dem besonderen Teil (§§ 7ff.) vorbehalten bleiben muß.

1. (Grundrechtsrelevante) Interessen der anderen Gläubiger

Die besondere Insolvenzanfechtung betrifft das Interesse der übrigen Insolvenzgläubiger, auf ihre Forderungen eine möglichst hohe Quote zu erhalten. Forderun-

---

[77] Zur Frage, ob auch § 132 InsO nicht nur in einem formellen (weil das AnfG einen entsprechenden Anfechtungstatbestand nicht kennt), sondern auch in einem materiellen Sinne zur besonderen Insolvenzanfechtung zu zählen ist, unten § 7 II 3.

[78] St. Rspr., etwa BVerfG NVwZ 2009, 1158, 1159; BVerfGE 102, 1, 17; 101, 230, 259; 100, 226, 240; 52, 1, 29. *Seuffert*, ZIP 1986, 1158.

gen unterfallen dem Schutzbereich des Art. 14 GG, und zwar auch unter dem Aspekt ihrer – möglichst effektiven – Durchsetzung im Wege der Einzel- oder Gesamtvollstreckung.[79] Unter diesem Aspekt ist auch das hier aus dem Rechtsstaatsprinzip folgende Gebot berührt, effektiven Rechtsschutz zu gewähren.[80] Das Interesse der Insolvenzgläubiger an einer möglichst vollständigen Befriedigung ihrer Insolvenzforderungen ist bei der näheren Ausgestaltung des besonderen Insolvenzanfechtungsrechts also von Verfassungs wegen zu beachten.

Auch wenn die besondere Insolvenzanfechtung schon vor Verfahrenseröffnung, ab Eintritt der Krise die Gleichbehandlung der Insolvenzgläubiger sicherstellen soll, ist damit nicht etwa Art. 3 GG auf den Plan gerufen.[81] Denn hierbei geht es nicht um die Herstellung von Gleichheit um ihrer selbst willen, sondern, wie herausgearbeitet wurde (§ 2 III), um die Korrektur heteronomer Vermögensbeeinträchtigungen und damit um den Schutz der Privatautonomie. Damit ist grundsätzlich der Schutzbereich des Art. 2 I GG berührt.[82] Da die heteronome Belastung hier jedoch Rechtspositionen betrifft, die ihrerseits dem Schutz des Art. 14 GG unterfallen, verdrängt das speziellere Eigentumsgrundrecht insoweit den Schutz der – allgemeineren – Privatautonomie durch Art. 2 I GG.[83]

Eine regelrechte Pflicht des Gesetzgebers zum Schutz des verfassungsrechtlich gewährleisteten Eigentums der Insolvenzgläubiger an ihren Forderungen kommt hier dagegen nicht in Betracht. Dabei kann offenbleiben, ob sich aus normgeprägten Grundrechten wie Art. 14 GG überhaupt Schutzpflichten ableiten lassen;[84] je-

---

79 Vgl. nur BVerfGE 116, 1, 13; *Fischer*, Vollstreckungszugriff, 55f.; *Raue*, Zwangsvollstreckung, 31; *Bauer*, Ungleichbehandlung, 72f.

80 BVerfGE 61, 126, 136. MünchKommInsO/*Stürner*, Einleitung Rn. 77; *Rosenberg/Gaul/Schilken*, Zwangsvollstreckungsrecht, § 3 III 4; *Baur/Stürner/Bruns*, Zwangsvollstreckungsrecht, Rn. 7.1; *Bauer*, Ungleichbehandlung, 72f.

81 So aber wohl MünchKommInsO/*Stürner*, Einleitung Rn. 77: Gleichheitssatz (Art. 3 Abs. 1 GG) und Sozialstaatsprinzip verlangten in der Insolvenz des Schuldners „ein geordnetes Gesamtverfahren, das neben formaler Gleichheit nur sachlich begründete Differenzierungen kennt, die sich nicht allein aus rascher Beschlagnahme des Schuldnervermögens legitimieren“. Vgl. auch schon § 2 Fn. 124.

82 Vgl. etwa BVerfGE 114, 73, 89; BVerfGE 89, 214, 231 unter Hinweis auf die ständige Rechtsprechung (BVerfGE 8, 274, 328; 72, 155, 170). Zum grundrechtlichen Schutz der Vertragsfreiheit ausführlich *Höfling*, Vertragsfreiheit, 6ff. Zur Frage, ob die Privatautonomie als Institut verfassungsrechtlich verbürgt ist, knapp *Windel*, Der Staat 37 (1998), 402.

83 Anders aber BVerfGE 114, 1, 37ff., und BVerfGE 73, 89: Beziehe sich das durch gesetzgeberisches Handeln auszugleichende Defizit privatautonomer Interessendurchsetzung auf eine Position, die auch vom Schutz der Eigentumsgarantie erfaßt sei, folge die gesetzgeberische Schutzpflicht zugleich aus Art. 2 I und Art. 14 Abs. 1 GG. – Zum Verhältnis zwischen Art. 2 I GG und spezielleren Grundrechten im Hinblick auf den Schutz der Privatautonomie näher *Höfling*, Vertragsfreiheit, 6ff.

84 Zu Art. 14 GG offen gelassen von BVerfG NJW 1998, 3264. In BVerfGE 114, 73, 89ff., meint das Gericht freilich: „Die in Art. 2 Abs. 1 und Art. 14 Abs. 1 GG enthaltenen objektiven Schutzaufträge verpflichten den Gesetzgeber, Vorkehrungen dafür zu treffen, dass die Versicherten einer kapitalbildenden Lebensversicherung mit Überschussbeteiligung an durch die Prämienzahlung geschaffenen Vermögenswerten bei der Ermittlung des Schlussüberschusses angemessen beteiligt werden“. Grundsätzlich skeptisch gegenüber einer Ableitbarkeit von

denfalls ließen sich diese wegen des Gestaltungsspielraums des Gesetzgebers[85] nicht auf einen Schutz gerade durch bestimmte Regelungen der besonderen Insolvenzanfechtung konkretisieren.[86] Für die an das Recht der besonderen Insolvenzanfechtung anzulegenden verfassungsrechtlichen Maßstäbe bedeutet dies: Aus den grundrechtlich geschützten Interessen des Anfechtungsgegners, gegen den sich der mit dem Recht der besonderen Insolvenzanfechtung verbundene Eingriff richtet, ergeben sich weitaus strengere und konkretere verfassungsrechtliche Vorgaben als aus den grundrechtlich geschützten Interessen der anderen Gläubiger, deren Schutz es dient. Der Gesetzgeber hat also vergleichsweise freiere Hand, wenn er bei der näheren Ausgestaltung dieses Rechts zulasten der Interessen der anderen Gläubiger diejenigen des Anfechtungsgegners berücksichtigen will, etwa unter Verkehrsschutzgesichtspunkten, auf die noch zurückzukommen sein wird.[87]

2. (Grundrechtsrelevante) Interessen des Schuldners

Weil die besondere Insolvenzanfechtung letztlich dazu führt, daß Gegenstände, über die der Schuldner noch in der Krise zugunsten einzelner Gläubiger verfügte, zur Masse zurückzugewähren sind, steht sie im Ergebnis einem Veräußerungsverbot gleich. Art. 14 GG schützt auch die Befugnis, über dem Schutzbereich dieser Norm unterfallende Vermögenspositionen wirksam verfügen zu können;[88] das Recht der besonderen Insolvenzanfechtung bringt also auch einen Eingriff in das durch Art. 14 GG geschützte Eigentum des Schuldners mit sich.[89] Auch dies ist bei der näheren Ausgestaltung des Rechts der besonderen Insolvenzanfechtung zu berücksichtigen.

Schutzpflichten aus normgeprägten Grundrechten *Classen*, AöR 122 (1997), 78; *Erichsen*, JURA 1997, 86f.; gegen diesen aber *Ruffert*, Vorrang der Verfassung, 187ff.

85 Vgl. oben § 3, insbesondere bei und in Fn. 75.

86 Dies selbst dann nicht, wenn man mit *Förster*, System einer Insolvenzauslösung, 98, annehmen wollte, der Gesetzgeber habe jedem Gläubiger – in der Konkurrenz zu den anderen – wenigstens eine Befriedigungschance zu gewähren, denn auch dies muß nicht gerade durch anfechtungsrechtliche Regelungen geschehen.

87 Vgl. insbesondere § 8 I 3 b.

88 Vgl. etwa BVerfGE 26, 215, 222. *Krause*, JZ 1984, 717; *Höfling*, Vertragsfreiheit, 14f.

89 Auch insoweit verdrängt Art. 14 GG den hier subsidiär einschlägigen Art. 2 I GG; vgl. – gerade auch zum grundrechtlichen Schutz der Verfügungsbefugnis – *Höfling*, Vertragsfreiheit, 14f., 18f. Zur Begrenzung der Privatautonomie durch das Anfechtungsrecht namentlich *Paulus*, FS Uhlenbruck, 41ff.; *ders.*, ZInsO 1999, 242ff.; *ders./Zenker*, JuS 2001, 8f.; anders aber *Jensen*, Grundfragen, 179ff.

§ 6 Ergebnisse des zweiten Abschnitts

Auch bei der Regelung von Interessenkonflikten zwischen Privatpersonen, wie sie das Recht der besonderen Insolvenzanfechtung darstellt, hat der Gesetzgeber die Grundrechte der von der Regelung Betroffenen zu beachten, und zwar in ihrer Abwehr- und in ihrer Schutzpflichtenfunktion. Ihm steht dabei jedoch grundsätzlich ein Gestaltungsspielraum zu.

Die Regelung der besonderen Insolvenzanfechtung bedeutet einen Eingriff in das Grundrecht des Anfechtungsgegners aus Art. 14 GG in Gestalt einer Inhalts- und Schrankenregelung. Dieser Eingriff ist im Hinblick auf die Institutsgarantie unbedenklich, grundsätzlich auch im Hinblick auf den Gleichheitssatz. Fragen wirft der Grundsatz der Verhältnismäßigkeit auf: Einziges verfassungsrechtlich legitimes Ziel der besonderen Insolvenzanfechtung ist der Schutz der anderen Insolvenzgläubiger vor heteronomen Belastungen und damit auch der allgemeinen Wohlfahrt vor Fehlallokationen von Vermögenswerten. Im Hinblick hierauf wird die Regelung der besonderen Insolvenzanfechtung im besonderen Teil näher auf Geeignetheit, Erforderlichkeit und Angemessenheit zu untersuchen sein. Als erstes Ergebnis läßt sich aus dieser Feststellung jedoch schon ohne näheren Blick auf die Regelungsdetails ableiten, daß die besondere Insolvenzanfechtung von Verfassungs wegen unzulässig ist, wenn von den durch sie zur Masse gezogenen Vermögenswerten wegen Aufzehrung durch Massekosten oder -verbindlichkeiten nichts zur Verteilung an die Insolvenzgläubiger verbleibt.

Bei der näheren Ausgestaltung (und Auslegung) des Rechts der besonderen Insolvenzanfechtung ist ferner zu beachten, daß zwischen den Betroffenen ein tripolares verfassungsrechtliches Spannungsfeld besteht: Eigentum (Art. 14 GG) und – subsidiär – Privatautonomie (Art. 2 I GG) sind nicht nur auf Seiten des Anfechtungsgegners, sondern auch auf Seiten der anderen Insolvenzgläubiger und des Schuldners betroffen. Dem angemessenen Ausgleich dieser Interessen muß das Recht der besonderen Insolvenzanfechtung dienen.

Dritter Abschnitt: Voraussetzungen und Einschränkungen der besonderen Insolvenzanfechtung im einzelnen

§ 7 Grundsätzliche Systemimmanenz der §§ 130–132 InsO

Unter § 2 III wurde ausgeführt, wie sich die Idee einer durch den Eintritt der wirtschaftlichen Krise des Schuldners ausgelösten besonderen Insolvenzanfechtung rechtfertigen läßt, ohne mit der Rechtsordnung im übrigen in Wertungskonflikte zu treten. Damit ist noch keine Aussage darüber getroffen, ob sich die besondere Insolvenzanfechtung in ihrer konkreten Gestalt auch auf diese Wertungen zurückführen läßt. Und hierbei wiederum ist die Konzeption des Anfechtungsrechts durch den Gesetzgeber das eine (sogleich I.), ein anderes aber, ob ihre Umsetzung auch systemgerecht gelungen ist (unten II).

Bislang wurde der Begriff der „besonderen Insolvenzanfechtung" nur in einem formellen Sinne verwendet; erfaßt sind damit §§ 130–132 InsO, weil diese Vorschriften im außerhalb des Insolvenzverfahrens anwendbaren AnfG keine Entsprechung finden. Dem Recht der besonderen Insolvenzanfechtung in einem materiellen Sinne aber lassen sich nur solche Vorschriften zurechnen, die auch gemeinsame materielle Wertungen umsetzen sollen, nämlich die unter § 2 III herausgearbeiteten. Mit Beantwortung der Frage, welche Vorschriften zur besonderen Insolvenzanfechtung in diesem materiellen Sinne zählen, ist also zugleich der Bereich der weiteren Untersuchung abgesteckt, in dem die einzelnen Voraussetzungen der besonderen Insolvenzanfechtung auf Grundlage dieser Wertungen näher untersucht werden sollen (§§ 8–14).

I. Die gesetzgeberische Konzeption der einzelnen Tatbestandselemente

Die besondere Insolvenzanfechtung im formellen Sinne, also die im AnfG nicht enthaltenen Anfechtungstatbestände der §§ 130–132 InsO, sollen nach dem Willen ihrer Urheber „dem Prinzip der gleichmäßigen Befriedigung aller Insolvenzgläubiger grundsätzlich schon drei Monate vor dem – zulässigen und begründeten – Antrag auf Eröffnung des Insolvenzverfahrens Geltung verschaffen, sobald die Zahlungsunfähigkeit eingetreten ist".[1] Entsprechend wollte man die Anfechtungstatbestände so konzipieren, daß sie stets voraussetzen, daß sich der Schuldner im Zeitpunkt der fraglichen Vermögensverschiebung in einer wirtschaftlichen, zur Eröffnung des Insolvenzverfahrens führenden Krise des Schuldners befindet; als „Krisentatsachen" sollen dabei „Zahlungsunfähigkeit innerhalb des Dreimonatszeitraums" und „Eröffnungsantrag" selbständig nebeneinanderstehen.[2]

Diese „Krisentatsachen" sind – teils alternativ – objektive Voraussetzung aller Tatbestände der besonderen Insolvenzanfechtung, ausgenommen den in § 131 I Nr. 1 Alt. 1 InsO normierten. Dieser Tatbestand soll nach dem Willen des Gesetzgebers dennoch keine Ausnahme bilden: Die „Verdächtigkeit" der inkongruenten, mithin so nicht geschuldeten Besserstellung eines Gläubigers in Kombination mit der zeitlichen Nähe zum Eröffnungsantrag rechtfertige die Vermutung, daß sich der Schuldner in einer materiellen Krise befinde; gerechtfertigt sei sogar eine unwiderlegliche Vermutung des Kriseneintritts, so daß ein entsprechendes Tatbestandsmerkmal nicht in die Norm aufgenommen werden müsse.[3]

Alle Tatbestände der besonderen Insolvenzanfechtung sollen also den Eintritt der zur Eröffnung eines Insolvenzverfahrens führenden wirtschaftlichen Krise voraussetzen; umgekehrt soll grundsätzlich jede in der Krise erfolgte Deckung und jedes in der Krise vorgenommene Rechtsgeschäft des Schuldners, das die Gläubiger unmittelbar benachteiligt, anfechtbar sein. Die Geltung dieses Grundsatzes soll von zwei Seiten Einschränkungen erfahren: Zum einen sollen Deckungen und Rechtsgeschäfte unantastbar bleiben, die länger als drei Monate vor Antragstellung vorgenommen wurden, selbst wenn sich der Schuldner zum fraglichen Zeitpunkt bereits in einer Krise befand; zum anderen soll das Vertrauen desjenigen, der von der Krise des Schuldners nichts weiß, in den Bestand der ihm gewährten Deckung oder des ihm gegenüber vorgenommenen Rechtsgeschäfts geschützt werden – und dieser letztgenannten Begrenzung ist die Komplexität der einzelnen Anfechtungstatbestände geschuldet. Die Kenntnis des Anfechtungsgegners vom Vorliegen der jeweiligen Krisentatsache wird in den Tatbeständen der §§ 130 I und 132 I InsO ausdrücklich zur Anfechtungsvoraussetzung erhoben, in denen des § 131 InsO nur deshalb nicht, weil der Gesetzgeber meinte, daß die Inkongruenz den Empfänger bösgläubig machen müsse: Zu inkongruenten Verfügungen sei regelmäßig nur ein in der Krise befindlicher Schuldner bereit, so daß man unwiderleglich vermuten

---

[1] Vorbemerkung zu Leitsätzen 5.2.1 ff. der Kommission für Insolvenzrecht, Erster Bericht der Kommission für Insolvenzrecht, S. 403.

[2] Vorbemerkung zu Leitsätzen 5.2.1 ff. der Kommission für Insolvenzrecht, Erster Bericht der Kommission für Insolvenzrecht, S. 403. Ausführlich zur von der besonderen Insolvenzanfechtung vorausgesetzten Krise unten § 9.

[3] Vgl. die Begründung zu Leitsatz 5.2.2 der Kommission für Insolvenzrecht, Erster Bericht der Kommission für Insolvenzrecht, S. 407; insoweit fast wörtlich in die Begründung des RegE übernommen, vgl. BT-Drucks. 12/2443, 158; *Kübler/Prütting*, Das neue Insolvenzrecht, 344.

könne, dem Empfänger sei die Krise bekannt, wenn er die Inkongruenz oder die Benachteiligung erkenne.[4]

II. Einheitlichkeit der Wertungsgrundlage der §§ 130–132 InsO

Als besondere Insolvenzanfechtung wurden hier bislang diejenigen Anfechtungstatbestände verstanden, die sich nur in der InsO, nicht auch im AnfG finden, deren Anwendbarkeit also voraussetzt, daß ein Insolvenzverfahren eröffnet wurde. Diese rein formale Einordnung belegt freilich nicht, daß diese Anfechtungstatbestände auch auf demselben materiellen Wertungsgrund beruhen. Nach dem unter § 2 III Ausgeführten läßt sich nur eine solche Norm der besonderen Insolvenzanfechtung im materiellen Sinne zuordnen, die der Vorverlegung der Gläubigergleichbehandlung auf den Zeitpunkt dient, ab dem sich der Schuldner in einer wirtschaftlichen Krise befand, die letztlich zur Eröffnung des Insolvenzverfahrens führte. Das bedeutet: Zum einen muß die fragliche Norm die Anfechtbarkeit tatbestandlich daran anknüpfen, daß die fragliche Vermögensverschiebung in der Krise vorgenommen wurde; zum anderen muß sich die Anfechtung gerade gegen die konkurrierenden Gläubiger als solche richten. Ersteres ist bei der Anfechtung nach § 131 I Nr. 1 (dazu sogleich) und Nr. 3 (unten 2.) problematisch, letzteres bei der Anfechtung nach § 132 InsO (unten 3.).

1. § 131 I Nr. 1 Alt. 1 InsO

Zu § 131 I Nr. 1 Alt. 1 InsO ist bereits gesagt worden, daß der Tatbestand der Norm zwar kein Merkmal enthält, das die Anfechtbarkeit auf die Krise begrenzt, diese nach Ansicht des Gesetzgebers unter den Umständen des § 131 I Nr. 1 InsO aber unwiderleglich zu vermuten sei und man nur aufgrund der Unwiderleglichkeit der Vermutung auf ein entsprechendes Tatbestandsmerkmal verzichten könne. Nach dieser Konzeption ist die Krise des Schuldners damit auch für diesen Tatbestand das entscheidende Element.[5] Ob eine solche unwiderlegliche Vermutung zu-

---

[4] Erster Bericht der Kommission für Insolvenzrecht, Begründung zu Leitsatz 5.2.2, S. 406: „Ein Gläubiger, der eine ihm nicht zustehende Leistung erhält, muß Verdacht schöpfen, daß die Krise eingetreten ist oder unmittelbar bevorsteht“. Begr. RegE, BT-Drucks. 12/2443, 158, bezüglich § 131 I Nr. 1 InsO: „Wegen der besonderen Verdächtigkeit inkongruenten Erwerbs ist es gerechtfertigt, für einen Zeitraum von bis zu einem Monat vor dem Eröffnungsantrag auf subjektive Voraussetzungen in der Person des Anfechtungsgegners ganz zu verzichten“. Bezüglich § 131 I Nr. 2 InsO (a. a. O., 159): „... die subjektiven Voraussetzungen (Kenntnis oder grob fahrlässige Unkenntnis von der Zahlungsunfähigkeit) werden dagegen wegen der besonderen Verdächtigkeit inkongruenten Erwerbs unwiderleglich vermutet“. Bezüglich § 131 I Nr. 3 InsO (a. a. O., 159): „Bei [scil: gläubigerbenachteiligenden] Rechtshandlungen des Schuldners wird unwiderleglich vermutet, daß er die anderen Gläubiger benachteiligen wollte und daß dem Anfechtungsgegner dieser Wille bewußt war“.

[5] *Schoppmeyer*, NZI 2005, 187.

lässig, sachgerecht und sinnvoll ist, steht auf einem anderen Blatt und wird noch näher zu untersuchen sein (§ 9 VI).

2. § 131 I Nr. 3 InsO

Nach der Ansicht des Gesetzgebers ist § 131 I Nr. 3 InsO nicht der besonderen Insolvenzanfechtung zuzuordnen; bei diesem Tatbestand soll es sich trotz seiner systematischen Stellung um einen Sonderfall der Absichtsanfechtung handeln.[6] Diese setzt – nach § 133 InsO wie nach dessen Vorläufer, § 31 KO – zum einen voraus, daß der Schuldner die anzufechtende Handlung mit dem Vorsatz vornimmt, die anderen Gläubiger zu benachteiligen, wofür man jedenfalls grundsätzlich genügen ließ und läßt, wenn der Schuldner eine solche Benachteiligung billigend in Kauf nimmt, und sei es nur als unerwünschte, aber sichere Nebenfolge seines Handelns;[7] zum anderen muß dem Anfechtungsgegner diese subjektive Einstellung des Schuldners bekannt gewesen sein. Schon zu § 31 KO hatte die höchstrichterliche Rechtsprechung auf inkongruente, also „nicht oder nicht in der Art oder nicht in der Zeit" zu beanspruchende Deckungen bezogene Beweiserleichterungen entwickelt: Die Inkongruenz der Deckung ist sowohl „wesentlicher Anhaltspunkt" dafür, daß dem Schuldner die Benachteiligung der übrigen Gläubiger bewußt gewesen ist, als auch „starkes Beweisanzeichen" dafür, daß der Anfechtungsgegner dieses Bewußtsein des Schuldners kannte und damit auf dessen Benachteiligungsvorsatz schließen mußte.[8] Die Erste Kommission für Insolvenzrecht wollte mit Leitsatz 5.2.2 Abs. 1 Nr. 3, dem § 131 I Nr. 3 InsO weitgehend entspricht, diesen Weg konsequent weitergehen und die genannten Beweiserleichterungen für den Fall einer in engem zeitlichen Zusammenhang mit der Insolvenzantragstellung gewährten inkongruenten Deckung zu unwiderleglichen Vermutungen ausbauen.[9] Sie verzichtete darauf, subjektive Tatbestandsmerkmale, welche die Vorsatzanfechtung eigentlich prägen, in die Norm aufzunehmen. Anders als durch die besondere Insolvenzanfechtung im übrigen soll mit § 131 I Nr. 3 InsO nach Ansicht seiner Urheber also nicht das objektive Gerechtigkeitsprinzip der Gläubigergleichbehandlung umgesetzt, sondern die Teilnahme des Begünstigten an einer verwerflichen Handlung des Schuldners sanktioniert werden, nämlich der vorsätzlichen Gläubigerbenachteiligung. Dieser Einschätzung wird verbreitet gefolgt.[10] Die Dinge liegen indes komplizierter.

---

6 Zum Folgenden Erster Bericht der Kommission für Insolvenzrecht, S. 407; übernommen in die Begr. des RegE, BT-Drucks. 12/2443, S. 159; vgl. auch *Gerhardt* (Vorsitzender der zuständigen Arbeitsgruppe), ZIP 1985, 586. Entsprechend zu § 23 Nr. 2 (2) KO 1879. Vgl. zur Ansicht der Schöpfer der KO schon oben § 1 VI a.E.

7 Zu § 133 InsO etwa BGH ZIP 2008, 420, 421; Kübler/Prütting/Bork/*Bork*, § 133 Rn. 24; MünchKommInsO/*Kirchhof*, § 133 Rn. 13. Zu § 31 KO vgl. Jaeger/*Henckel*, Konkursordnung[9], § 31 Rn. 10; *Kuhn/Uhlenbruck*, § 31 Rn. 7.

8 Vgl. etwa BGHZ 138, 291, 308, und BGHZ 123, 320, 326, jeweils mit Nachweis der st. Rspr.

9 Erster Bericht der Kommission für Insolvenzrecht, S. 407f.

10 Vgl. etwa *Schoppmeyer*, NZI 2005, 187; Kübler/Prütting/Bork/*dens.*, § 131 Rn. 1, 7, 146; Hess/*Hess*, § 131 Rn. 215; FK/*Dauernheim*, § 131 Rn. 2; Nerlich/Römermann/*Nerlich*, § 131 Rn. 61;

Daß die historischen Ursprünge des § 131 I Nr. 3 InsO in der Vorsatzanfechtung liegen und die Norm entwickelt wurde, indem man fortschreitende Beweiserleichterungen der Praxis hinsichtlich der subjektiven Tatbestandsvoraussetzungen zu einer unwiderleglichen Vermutung verdichtete, belegt für sich genommen nicht, daß sie noch immer der Vorsatz- und nicht der besonderen Insolvenzanfechtung zuzurechnen wäre. Denn wie gezeigt wurde,[11] gilt diese historische Genese für alle Tatbestände der besonderen Insolvenzanfechtung. Daß diese Entwicklung bei § 131 I Nr. 3 InsO derart jung ist, daß sie den Verfassern der Norm noch deutlich bewußt war und sie in den Materialien festgehalten wurde, macht keinen entscheidenden Unterschied. Entscheidend ist letztlich die Fassung des Tatbestands selbst.

Eine Einordnung als Tatbestand der besonderen Insolvenzanfechtung ist nur möglich, wenn die Norm den Eintritt der zur Verfahrenseröffnung führenden Krise voraussetzt oder diese – wie im Fall des § 131 I Nr. 1 InsO – unwiderleglich vermutet sein soll. Erstgenanntes scheint aus dem kargen Tatbestand auf den ersten Blick nicht ableitbar zu sein; für Letztgenanntes enthalten die Materialien keine Anhaltspunkte. Bei näherem Hinsehen erscheint allerdings durchaus fraglich, ob der Tatbestand des § 131 I Nr. 3 InsO – wie es sein Wortlaut nahelegt – erfüllt sein kann, wenn sich der Schuldner zur Zeit der fraglichen Vermögensverschiebung nicht bereits in einer wirtschaftlichen Krise befand. Denn immerhin verlangt § 131 I Nr. 3 InsO, daß der Anfechtungsgegner gerade zur Zeit der anzufechtenden Handlung von deren gläubigerbenachteiligenden Wirkung gewußt hat. Eine Vermögensverschiebung hat grundsätzlich nur dann gläubigerbenachteiligende Wirkung, wenn das haftende Vermögen des Schuldners nicht ausreicht, um alle Forderungen voll zu befriedigen;[12] denn solange der Schuldner noch über ausreichendes liquidierbares Vermögen verfügt, haben die Gläubiger aus einer Masseverkürzung regelmäßig keinen Nachteil.[13] Für die Frage nach dem Vorliegen einer Gläubigerbenachteiligung als allgemeiner Anfechtungsvoraussetzung nach § 129 InsO ergeben sich daraus regelmäßig keine Probleme, denn diese wird aus der *ex-post*-Perspektive des

---

Zeuner, Anfechtung, Rn. 124 (offener nun Leonhardt/Smid/Zeuner/*ders.*, § 131 Rn. 12f.); *v. Campe*, Insolvenzanfechtung, 60; *v. Wiedersperg*, Anfechtung, 116f. Anders *Thole*, ZZP 121 (2008), 78ff., *ders*, Gläubigerschutz, 361ff.,. und Jaeger/*Henckel*, § 131 Rn. 75; *ders.*, Kölner Schrift², S. 813ff. Rn. 40; MünchKommInsO/*Kirchhof*, § 131 Rn. 49.

[11] § 1, zusammenfassend unter VIII.

[12] BGH NJW 1988, 3148; BGH NJW-RR 1986, 991; Jaeger/*Henckel*, § 129 Rn. 85; *ders.*, Kölner Schrift², S. 813ff. Rn. 40; MünchKommInsO/*Kirchhof*, § 129 Rn. 107; Kübler/Prütting/*Paulus*, § 129 Rn. 22; Kübler/Prütting/Bork/*Ehricke*, § 129 Rn. 68; *Jensen*, Grundfragen, 172; *Bork/Gehrlein*, Insolvenzanfechtung, Rn. 440. – § 131 I Nr. 3 InsO ist daher falsch formuliert, weil das Wort „benachteiligte" Gleichzeitigkeit der anzufechtenden Handlung mit dem Eintritt der Benachteiligung bedeutet; richtig dagegen der Formulierungsvorschlag von *Henckel*, Insolvenzrecht im Umbruch, 244f.: „benachteiligen würde", nämlich im zur Zeit der Vornahme der anfechtbaren Handlung noch hypothetischen Fall der Eröffnung eines Insolvenzverfahrens.

[13] Allerdings soll sich nach ganz h.M. die Gläubigerbenachteiligung auch daraus ergeben können, daß sich die Befriedigung der übrigen Gläubiger bloß erschwert oder verzögert, vgl. nur BGH v. 20. 1. 2011 – IX ZR 58/10, Tz. 12; BGH NJW 2010, 3578, 3580; BGH WM 2008, 173, 175; Kübler/Prütting/Bork/*Ehricke*, § 131 Rn. 81 mit weiteren Nachweisen aus der Rspr.

eröffneten Insolvenzverfahrens geprüft, wenn also in aller Regel feststeht, daß die Masse zur vollen Befriedigung aller Gläubiger nicht ausreicht. § 131 I Nr. 3 InsO dagegen verlangt, daß der Gläubiger die Gläubigerbenachteiligung gerade zu der Zeit kannte, als er die anzufechtende Deckung erhielt. Daraus scheint man folgern zu müssen, daß der Gläubiger nicht nur die masseschmälernde Wirkung der Deckung erkennen muß, sondern auch, daß das Vermögen nicht ausreichen wird, alle Gläubiger zu befriedigen. Dies entspricht in der Tat herrschender Meinung,[14] der letztlich zuzustimmen ist. Zwar führt eine solche Interpretation dazu, daß für § 131 I Nr. 3 InsO neben Nr. 2, die für denselben Zeitraum den Fall abdeckt, daß der Schuldner bereits zahlungsunfähig ist, nur ein schmaler Anwendungsbereich verbleibt: der Fall nämlich, daß der Schuldner noch nicht zahlungsunfähig ist, ihm aber in absehbarer Zeit eine Vermögensentwicklung droht, die dazu führt, daß er nicht mehr alle Forderungen wird vollständig erfüllen können.[15] Dieser Tatbestandseinschränkung aber steht als einzige Alternative gegenüber, genügen zu lassen, daß der Gläubiger die in der Deckung liegende Vermögensschmälerung und die damit einhergehende *potentielle* Gläubigerbenachteiligung im – *ex ante* noch hypothetischen! – Insolvenzfall erkennt. Damit wäre dem Tatbestand jede Konkretisierung genommen, denn jede (wirtschaftlich sinnvolle) Deckung führt für sich genommen zu einer Schmälerung der Aktivmasse und jede solche Masseschmälerung wiederum dazu, daß sich die Befriedigungsaussichten der anderen Gläubiger in einer hypothetischen Insolvenz des Schuldners verschlechtern würden. Mit der Kenntnis des Gläubigers von der gläubigerbenachteiligenden Wirkung der anzufechtenden Deckung setzt § 131 I Nr. 3 InsO also zugleich voraus, daß zur Zeit ihrer Gewährung die zur Verfahrenseröffnung führende Krise des Schuldners zwar noch nicht eingetreten, aber bereits absehbar war – und zwar objektiv, denn Kenntnis kann sich nur auf Umstände beziehen, die tatsächlich vorliegen. Auch die An-

---

[14] BGH WM 2009, 274, 275; BGH NJW-RR 2004, 1563, 1565: „Der Gläubiger hat … Kenntnis [von der Gläubigerbenachteiligung], wenn er weiß, dass der Schuldner nicht mehr in der Lage ist, sämtliche Gläubiger zu befriedigen"; entsprechend BGH NJW 2004, 1385, 1386f. Daß hier nicht eine hinreichende, sondern eine notwendige Bedingung für die Kenntnis von der gläubigerbenachteiligenden Wirkung der Deckung definiert sein soll, ergibt sich daraus, daß der BGH die allgemeinen Anforderungen an Darlegung und Feststellung der Tatbestandsvoraussetzungen des § 131 I Nr. 3 InsO beschreibt. In aller Deutlichkeit MünchKommInsO/*Kirchhof*, § 131 Rn. 53, 55; *Thole*, ZZP 121 (2008), 79; *Fischer*, FS Kirchhof, 83; vgl. weiter etwa Kübler/Prütting/Bork/*Schoppmeyer*, § 131 Rn. 151, 154; HmbK/*Rogge*, § 131 Rn. 38; Leonhardt/Smid/Zeuner/*Zeuner*, § 131 Rn. 34; *Hölzle*, ZIP 2006, 106. Etwas anders *Henckel*, Kölner Schrift², S. 813ff. Rn. 40: Kenntnis von der Benachteiligung bedeute, daß der Gläubiger „damit rechnet und in Kauf nimmt, daß der Schuldner in absehbarer Zeit seine Gläubiger nicht mehr wird befriedigen können". Ist aber, wie auch *Henckel* a.a.O. festhält, eine Gläubigerbenachteiligung bei ausreichender Haftungsmasse nicht denkbar, dann weiß der Anfechtungsgegner nur dann von der Benachteiligung, wenn er auch weiß, daß der Schuldner nicht alle Gläubiger wird befriedigen können. Billigende Inkaufnahme ist der Kenntnis auch insoweit nicht gleichzusetzen. – Gegen den umgekehrten Schluß von der Kenntnis der Krise auf einen Benachteiligungsvorsatz nun *Schoppmeyer*, ZIP 2009, 600ff., 605, 607.

[15] Näher zum „voraussehbaren Kriseneintritt", den § 131 I Nr. 3 InsO damit voraussetzt, unten § 9 V.

fechtung nach § 131 I Nr. 3 InsO ist mithin von einem objektiven Kriseneintritt abhängig.[16]

Daß § 131 I Nr. 3 InsO die Anfechtbarkeit also ebenfalls an den (bereits absehbaren) Eintritt der zur Verfahrenseröffnung führenden Krise des Schuldners anknüpft, ermöglicht eine Einordnung als Tatbestand der besonderen Insolvenzanfechtung, erzwingt sie aber nicht. Denn die Absehbarkeit einer Vermögenskrise ist etwa auch eine wesentliche Voraussetzung für einen Gläubigerbenachteiligungsvorsatz des Schuldners im Sinne des § 133 I 1 InsO.[17] Immerhin scheint § 131 I Nr. 3 InsO der Vorsatzanfechtung insofern noch stark verhaftet, als die Norm verlangt, daß der Anfechtungsgegner weiß, daß die anzufechtende Handlung die Gläubiger benachteiligt – eine deutliche Reminiszenz an die ursprüngliche *ratio*, die Teilnahme an einer auf Gläubigerschädigung gerichteten Handlung zu sanktionieren.[18] Ausweislich der dargestellten Materialien wurde das Erfordernis eines Gläubigerbenachteiligungsvorsatzes des Schuldners nur deshalb nicht in den Tatbestand des § 131 I Nr. 3 InsO aufgenommen, weil dessen Vorliegen unter den in § 131 I Nr. 3 InsO genannten Umständen ohnehin unwiderleglich zu vermuten sei. Man könnte also meinen: So, wie das in § 131 I Nr. 1 InsO nicht enthaltene, aber unter den dort genannten Voraussetzungen unwiderleglich zu vermutende Merkmal der Krise diesen Tatbestand als einen der besonderen Insolvenzanfechtung entlarvt, macht der vermutete Gläubigerbenachteiligungsvorsatz des Schuldners § 131 I Nr. 3 InsO zu einem Tatbestand der Vorsatzanfechtung. Im Falle des § 131 I Nr. 1 InsO kann ein nicht in den Tatbestand aufgenommenes Merkmal freilich nur deshalb prägend wirken, weil die Einordnung als Tatbestand der besonderen Insolvenzanfechtung dort alternativlos ist. Im Falle des § 131 I Nr. 3 InsO dagegen deuten manche Merkmale auf eine systematische Zuordnung zur besonderen Insolvenzanfechtung hin, was nicht durch einen Hinweis auf eine der Norm zugrundeliegende Vermutung übergangen werden kann. Vor allem aber setzt der Tatbestand des § 131 I Nr. 3 InsO nicht einmal eine Handlung des Schuldners voraus, kann also etwa auch auf Vollstreckungshandlungen des Gläubigers anwendbar sein[19] – vorausgesetzt, der damit einhergehende Rechtserwerb ist inkongruent.[20] Jedenfalls in diesen Fällen wäre ein Gläubigerbenachteiligungsvorsatz des Schuldners gänzlich irrelevant. Da § 131 I Nr. 3 InsO auch sie erfaßt, kann keine Rede davon sein, die Norm sanktioniere die Teilnahme des Anfechtungsgegners an einer vom Schuldner betriebenen Gläubigerschädigung.

---

[16] Unzutreffend daher etwa *v. Wiedersperg*, Anfechtung, 101, 116; richtig dagegen *Thole*, Gläubigerschutz, 364.

[17] Vgl. nur Kübler/Prütting/Bork/*Bork*, § 133 Rn. 24.

[18] Zu Bedeutung und Funktion der subjektiven Tatbestandsvoraussetzung noch unten § 11 I 2, II 3.

[19] Umgekehrt folgert Nerlich/Römermann/*Nerlich*, § 131 Rn. 64, aus der systematischen Einordnung des § 131 I Nr. 3 InsO als *lex specialis* zu § 133 InsO, die Norm müsse konsequenterweise teleologisch auf Handlungen des Schuldners reduziert werden. Ablehnend MünchKommInsO/*Kirchhof*, § 131 Rn. 49; HK/*Kreft*, § 131 Rn. 23. Kritisch zur Argumentation *Nerlichs* auch Kübler/Prütting/Bork/*Schoppmeyer*, § 131 Rn. 148.

[20] Zum Begriff der Inkongruenz § 12, dort (§ 12 III) auch zur Anfechtung von Vollstreckungsakten und „Druckzahlungen“ in der Krise.

Einziges Merkmal, aus dem man eine Zugehörigkeit zur Vorsatzanfechtung ableiten könnte, bleibt also das der Kenntnis des Gläubigers von der benachteiligenden Wirkung der Deckung. Man könnte erwägen, dieses subjektive Element als einen Teilnahmevorsatz zu deuten, wie er – jedenfalls historisch – die Vorsatzanfechtung prägt. Auch dies ist aber nicht möglich. Wie dargestellt, zerfällt die von § 131 I Nr. 3 InsO verlangte Benachteiligungskenntnis in zwei Elemente: die Kenntnis von der masseschmälernden Wirkung der Deckung und diejenige, daß der Schuldner in absehbarer Zeit nicht mehr alle Forderungen wird bedienen können. Da jede (wirtschaftlich sinnvolle) Deckung eine Masseschmälerung bedeutet, erschöpft sich das subjektive Tatbestandsmerkmal des § 131 I Nr. 3 InsO also letztlich in der Kenntnis einer bevorstehenden Krise des Schuldners.[21] Damit hat dieses Tatbestandselement keine andere Funktion als die subjektiven Merkmale des § 130 I 1, II InsO; es handelt sich um typische Elemente der besonderen Insolvenzanfechtung. Dieser ist § 131 I Nr. 3 InsO nach alledem auch materiell zuzuordnen.

3. § 132 InsO

Wenn die besondere Insolvenzanfechtung auf die insolvenzspezifische Gläubigerkonkurrenz zurückzuführen ist und dazu dienen soll, den Wirkungsbereich des Gleichbehandlungsgrundsatzes auf den Eintritt der materiellen Krise vorzuverlegen, muß auch ihre Wirkung dahin gehen, in der Krise des Schuldners auf Kosten der anderen Gläubiger erlangte Rangvorteile des Anfechtungsgegners zu revidieren. Das ist bei der Deckungsanfechtung nach §§ 130f. InsO zweifellos der Fall: Der Anfechtungsgegner hat eine Befriedigung oder Sicherung auszukehren, die über seine Quote hinausgeht. Als problematisch erscheint unter diesem Aspekt jedoch die Einordnung des § 132 InsO.

Die hier geregelte Anfechtung richtet sich nicht gegen Insolvenzgläubiger als solche, sondern auch und gerade gegen solche Personen, die vor Vornahme der anzufechtenden Handlung noch keine Insolvenzgläubiger waren, an einer Konkurrenz um das haftende Vermögen des Schuldners also noch nicht teilgenommen hatten. Das gilt in besonderem Maße für § 132 II InsO: Hier ist der Anfechtungsgegner überhaupt nicht als Gläubiger, sondern als Schuldner des Insolvenzschuldners angesprochen. Nach der gesetzgeberischen Konzeption,[22] der allgemein gefolgt wird,[23] gilt die Norm zudem nur subsidiär für solche Handlungen, die nicht nach

[21] In der Sache ebenso HmbK/*Rogge*, § 131 Rn. 39; MünchKommInsO/*Kirchhof*, § 131 Rn. 54.

[22] Erster Bericht der Kommission für Insolvenzrecht, S. 411; Begr. RegE, BT-Drucks. 12/2443, 159.

[23] Vgl. nur Jaeger/*Henckel*, § 130 Rn. 9, § 132 Rn. 8; *ders.*, Kölner Schrift², S. 813ff. Rn. 47; Gottwald/*Huber*, § 47 Rn. 65, 67; MünchKommInsO/*Kirchhof*, § 132 Rn. 5; *Voigt-Salus*, in: *Pape/Uhlenbruck/Voigt-Salus*, Insolvenzrecht, Kap. 33 Rn. 86; *Zeuner*, Anfechtung, Rn. 6; Kübler/Prütting/Bork/*Schoppmeyer*, § 131 Rn. 20, § 132 Rn. 4; *Kohn-Löffelmann*, Insolvenzanfechtung, 185; *Schlie*, Unterlassungen, 23; *Häsemeyer*, Insolvenzrecht, Rn. 21.67 (zur „Vorteilsabschöpfung" nach § 132 Abs. 1 InsO); im Ergebnis ebenso *Thole*, Gläubigerschutz, 431 ff. – Dazu paßt freilich nicht recht, daß der BGH in zwei bislang vereinzelt gebliebenen Urteilen

§§ 130, 131 InsO anfechtbar sind. Insgesamt unterfallen § 132 InsO daher grundsätzlich nur solche Handlungen, die auf schuldrechtlicher Ebene wirken, und Verfügungen allenfalls dann, wenn der Begünstigte kein Insolvenzgläubiger war.[24] Die Norm kann die Befriedigungsrangfolge der Insolvenzgläubiger als solcher mithin von vornherein nicht betreffen. Sie hat auch nicht insoweit einen „gleichbehandlungsspezifischen Kern", als danach Kausalgeschäfte anfechtbar sind, die zu einem für den Schuldner bzw. die spätere Masse nachteiligen Leistungsaustausch verpflichten.[25] Denn damit soll dem Anfechtungsgegner zwar verwehrt sein, sich zu Lasten der Insolvenzgläubiger einen Vorteil zu verschaffen, und es läßt sich insoweit auch von einer Einschränkung der Privatautonomie sprechen.[26] Dies kennzeichnet freilich nicht gerade solche Anfechtungstatbestände, die eine Gleichbehandlung der Gläubiger ab Eintritt der Krise sicherstellen sollen, sondern läßt sich von allen Anfechtungstatbeständen sagen. § 132 InsO zielt also in keinem denkbaren Fall auf eine Gläubigergleichbehandlung ab Eintritt der Krise. Damit können dieser Norm auch nicht die speziell dieses Ziel rechtfertigenden Wertungen zugrunde liegen.[27]

Angesichts dieses klaren Befunds fragt sich allerdings, warum § 132 InsO ganz überwiegend dennoch – wenn auch zumeist ohne weitergehende Erörterung – der besonderen Insolvenzanfechtung zugeordnet wird[28] und warum die Norm in deren systematischen Zusammenhang steht. Besteht ein starker funktioneller Bezug des § 132 InsO zu §§ 130, 131 InsO, könnte dies womöglich trotz des eben Gesagten eine Einordnung als Tatbestand der besonderen Insolvenzanfechtung auch im materiellen Sinne rechtfertigen. Das komplexe Zusammenspiel des § 132 InsO mit

vom selben Tag die Anfechtbarkeit nach § 130 InsO dahinstehen ließ und diejenige nach § 132 InsO bejahte, BGH NJW 2003, 1865 ff., und BGH ZIP 2003, 855 f.

[24] Jaeger/*Henckel*, § 142 Rn. 2.

[25] So aber *Häsemeyer*, Insolvenzrecht, Rn. 21.09, 21.37, 21.66, 21.73.

[26] So die Argumentation von *Häsemeyer*, Insolvenzrecht, insbesondere Rn. 21.66.

[27] Kübler/Prütting/*Paulus*, § 132 Rn. 1 („[D]ie par condicio [ist] bestenfalls Folge, nicht aber Ursache für § 132" InsO). Da nur Rechtshandlungen des Schuldners erfaßt werden, meint *Thole*, Gläubigerschutz, 423 ff. und *ders.*, ZZP 121 (2008), 80 ff., die Norm sanktioniere dessen Fehlverhalten; vgl. zu § 31 Abs. 1 Nr. 2 Alt. 2 öKO (nun öIO) auch *Nunner-Krautgasser*, Vermögenshaftung, 337; *Koziol*, Grundlagen, 21 f.; *König*, Anfechtung, Rn. 11/1. Entsprechend zur in England und Wales geltenden section 238 des Insolvency Act, wo „transactions at an undervalue" behandelt werden, *Kamlah*, Anfechtung, 139, *Armour*, in: Armour/Bennett, Vulnerable Transactions, 43 ff., und wohl auch *Steffek*, KTS 2007, 456, der aber zugleich (461) feststellt, auf der Rechtsfolgenseite weise die Norm ein Element der Gläubigergleichbehandlung auf, da der Verwalter bei der Verteilung des Anfechtungserlöses der par conditio (sic!) creditorum folge. Ob sect. 238 allerdings überhaupt § 132 InsO funktionell entspricht, wovon offenkundig *Thole*, ZZP 121 (2008), 80 Fn. 67, ausgeht, scheint durchaus zweifelhaft; vgl. *Steffek*, KTS 2007, 476. *Kohn-Löffelmann*, Insolvenzanfechtung, 185 ff., bringt § 132 InsO, gleichfalls mit zweifelhaftem Recht, mit Art. 286 II Nr. 1 schw. SchKG und Art. 107 I Nr. 2 franz. Loi 85/98 in Verbindung.

[28] Kübler/Prütting/Bork/*Schoppmeyer*, § 132 Rn. 2; *ders.*, NZI 2005, 186; *ders.*, ZIP 2009, 603; Jaeger/*Henckel*, § 130 Rn. 7; MünchKommInsO/*Kirchhof*, § 132 Rn. 1; Graf-Schlicker/*Huber*, § 132 Rn. 1; *Raschke*, Bargeschäftstatbestand, 63; *Paulus*, in: Lutter, Kapital, 438; *Gehrlein*, WM 32/2009 (Sonderbeilage), 6.

§§ 130, 131 InsO einerseits und § 142 InsO andererseits ist letztlich nur nach einem kurzen Blick auf die Genese dieser Normen verständlich. Sie gehen allesamt auf § 30 KO zurück, der § 23 KO 1879 entspricht und lautete:

> „Anfechtbar sind:
> 1. die nach der Zahlungseinstellung oder dem Antrage auf Eröffnung des Verfahrens von dem Gemeinschuldner eingegangenen Rechtsgeschäfte, durch deren Eingehung die Konkursgläubiger benachteiligt werden, wenn dem anderen Teile zu der Zeit, als er das Geschäft einging, die Zahlungseinstellung oder der Eröffnungsantrag bekannt war; sowie die nach der Zahlungseinstellung oder dem Eröffnungsantrage erfolgten Rechtshandlungen, welche einem Konkursgläubiger Sicherung oder Befriedigung gewähren, wenn dem Gläubiger zu der Zeit, als die Handlung erfolgte, die Zahlungseinstellung oder der Eröffnungsantrag bekannt war;
> 2. die nach der Zahlungseinstellung oder dem Antrage auf Eröffnung des Verfahrens oder in den letzten zehn Tagen vor der Zahlungseinstellung oder dem Eröffnungsantrage erfolgten Rechtshandlungen, welche einem Konkursgläubiger eine Sicherung oder Befriedigung gewähren, die er nicht oder nicht in der Art oder nicht zu der Zeit zu beanspruchen hatte, sofern er nicht beweist, daß ihm zur Zeit der Handlung weder die Zahlungseinstellung und der Eröffnungsantrag, noch eine Absicht des Gemeinschuldners, ihn vor den übrigen Gläubigern zu begünstigen, bekannt war."

Wegen des Wortlauts „durch deren Eingehung" ging man von Anfang an davon aus, § 30 Nr. 1 Alt. 1 KO, der Vorläufer des § 132 InsO, setze eine unmittelbare Benachteiligung der Gläubiger voraus.[29] Ferner bildete sich bald eine gefestigte Praxis aus, nach der solche Leistungen des in der Krise befindlichen Schuldners, die im Rahmen eines „Bargeschäfts", also eines unmittelbaren Leistungsaustauschs, erbracht wurden, einer Deckungsanfechtung nach § 30 Nr. 1 Alt. 2 oder Nr. 2 KO nicht unterliegen sollten.[30] Die Grenze dieses Bargeschäftsprivilegs markierte § 30 Nr. 1 Alt. 1 KO: Ein Leistungsaustausch, der nach dem zugrundeliegenden Verpflichtungsgeschäft als ungleichgewichtig konzipiert war, sollte nach dieser Norm anfechtbar sein. Man konnte durchaus erwägen, § 30 Nr. 1 Alt. 1 KO in dieser Funktion, also als Begrenzung des Bargeschäftsprivilegs, der materiellen Konkursanfechtung im materiellen Sinne zuzuschlagen: § 30 Nr. 1 Alt. 1 KO war insoweit darauf gerichtet, die im Bargeschäftsprivileg liegende Besserstellung der in oder kurz vor Eintritt der Krise entstandenen Forderungen gegenüber Altforderungen einzugrenzen. Da bei Anfechtung des Kausalgeschäfts aber nicht einmal eine Insolvenzforderung des Anfechtungsgegners nach § 143 II InsO verbleibt, läßt sich dennoch kaum davon sprechen, die Anfechtung wegen unmittelbarerer Gläubigerbenachteiligung ziele auf eine Gleichbehandlung des Anfechtungsgegners mit den Insolvenzgläubigern – zu denen er bei erfolgreicher Anfechtung eben nicht gehört. Immerhin aber läßt sich ein gewisser funktionaler Zusammenhang zwischen der

[29] So schon RGZ 29, 77, 79. – Anders bemerkenswerterweise Rspr. und herrschende Lehre zur jeweiligen zweiten Alternative von § 31 I Nr. 1, 2 öKO (vgl. nun § 31 I Nr. 1–3 öIO), vgl. dazu, jeweils mit weiteren Nachweisen, etwa *Koziol*, JBl. 1981, 57ff.; *Honsell*, WBl 1987, 170f.; *Hoyer*, ÖJZ 1982, 383f.; *König*, Anfechtung, Rn. 11/60ff., 68ff.

[30] Vgl. näher unten § 13 I 1 und vorerst die Darstellung der Rechtsprechung bei *Raschke*, Bargeschäftstatbestand, 13ff.

Anfechtung wegen unmittelbarer Gläubigerbenachteiligung und der Deckungsanfechtung feststellen: Jene begrenzt deren Einschränkung durch das Bargeschäftsprivileg.

Entsprechend verhielt es sich mit Leitsatz 5.2.5 des Ersten Berichts der Kommission für Insolvenzrecht, dem Vorläufer des § 132 InsO. Denn Leitsatz 5.2.4 des von der Kommission erarbeiteten Entwurfs, Vorläufer des § 142 InsO, hatte jede im unmittelbaren Gegenzug zur Leistung des Anfechtungsgegners erbrachte Leistung des Schuldners erfaßt, ohne Rücksicht also auf eine Gleichwertigkeit, dabei aber nur die Deckungsanfechtung ausgeschlossen.[31] Danach wäre also auch der unmittelbare Austausch nicht gleichwertiger Leistungen von der Deckungsanfechtung ausgeschlossen gewesen, aber eben nur von dieser, nicht auch von der Anfechtung wegen unmittelbarer Benachteiligung – deren prägende Tatbestandsvoraussetzung eben wegen der Ungleichwertigkeit der Leistungen in diesen Fällen regelmäßig erfüllt gewesen wäre. Es wäre also dabei geblieben, daß die Anfechtung wegen unmittelbarer Benachteiligung gewissermaßen eine Rückausnahme vom Bargeschäftsprivileg markiert, und so ist wohl auch die in der Begründung zu Leitsatz 5.2.4 enthaltene Erwägung zu verstehen, daß (nur) *wertäquivalente* Bargeschäfte des Schuldners auch in der Krise möglich bleiben sollen.[32]

Die Gesetz gewordene Fassung der InsO weist § 132 InsO diese Funktion jedoch nicht mehr zu. Das in § 142 InsO geregelte Bargeschäftsprivileg begrenzt sich vielmehr selbst, weil in den Tatbestand des § 142 InsO das Merkmal der Gleichwertigkeit von Leistung und Gegenleistung aufgenommen wurde. Der Austausch ungleichwertiger Leistungen ist damit nicht wegen der Wertung des § 132 InsO anfechtbar, sondern weil das Bargeschäftsprivileg schon tatbestandlich nicht greift; die Anfechtung der ausgetauschten Leistungen erfolgt dann nicht nach § 132 InsO, sondern nach §§ 130f. InsO, die den subsidiären § 132 InsO insoweit verdrängen.[33] Und andererseits entzieht § 142 InsO seinen Tatbestand erfüllende Austauschgeschäfte selbst dann einer Anfechtung nach § 132 InsO, wenn sie die Gläubiger trotz Gleichwertigkeit der ausgetauschten Leistungen unmittelbar benachteiligen, etwa weil der an den Schuldner geleistete Gegenstand unpfändbar ist oder aus sonstigen Gründen einer Befriedigung der Gläubiger von vornherein nicht zur Verfügung

[31] Leitsatz 5.2.4 lautete: „Ist für eine Sicherung oder Befriedigung eines Insolvenzgläubigers unmittelbar eine Gegenleistung in das Vermögen des Schuldners gelangt, so ist die sichernde oder befriedigende Rechtshandlung nicht nach den Leitsätzen 5.2.1 [entspricht § 130 InsO] und 5.2.2 [entspricht § 131 InsO] anfechtbar".

[32] Vgl. den Ersten Bericht der Kommission für Insolvenzrecht, Begründung zu Leitsatz 5.2.4, 410.

[33] Möglich bleibt eine Anfechtung des zugrunde liegenden Verpflichtungsgeschäfts nach § 132 InsO, was für den Insolvenzverwalter aber in aller Regel nicht sinnvoll ist, da der Anfechtungsgegner (nur) in diesem Fall nach § 144 II InsO die Rückgewähr der von ihm erbrachten Leistung verlangen kann, vgl. *Eckardt*, ZInsO 2004, 895. – Für die verbliebene praktische Relevanz des § 132 InsO ist es bezeichnend, daß der BGH, den das Anfechtungsrecht der InsO im übrigen ausgesprochen häufig beschäftigt, die Anwendbarkeit dieser Norm bislang nur in einem einzigen Fall bejaht hat, in dem es um eine im Eröffnungsverfahren mit Zustimmung des vorläufigen Insolvenzverwalters erbrachte Leistung ging, BGH NJW 2003, 1866f.

stehen konnte.[34] § 132 InsO hat mit einer Korrektur des Bargeschäftsprivilegs nichts mehr zu tun.[35]

Die Anfechtung wegen unmittelbarer Gläubigerbenachteiligung hat damit ihren funktionellen Bezug zur besonderen Insolvenzanfechtung im materiellen Sinne, die die Gleichbehandlung der Gläubiger ab Eintritt der zur Insolvenzverfahrenseröffnung führenden wirtschaftlichen Krise des Schuldners sicherstellen soll, verloren. § 132 InsO ist mithin nicht zur besonderen Insolvenzanfechtung im materiellen Sinne zu rechnen. Zu dieser zählen nur, aber auch geschlossen, die in §§ 130, 131 InsO normierten Anfechtungstatbestände.

---

[34] Vgl. zu solchen Fällen unmittelbarer Benachteiligung etwa Jaeger/*Henckel*, § 132 Rn. 95.

[35] Aus den Materialien erhellt nicht, daß man sich der damit einhergehenden Funktionsverarmung des § 132 InsO bewußt gewesen wäre: Da schon § 151 DiskE-InsO und § 161 RegE-InsO das Gleichwertigkeitserfordernis enthalten, vermutet *Eckardt*, ZInsO 2004, 893, die soeben wiedergegebene Erwägung der Kommission für Insolvenzrecht sei dahingehend mißverstanden worden, daß das Bargeschäftsprivileg selbst sich nur auf den Austausch gleichwertiger Leistungen beziehen sollte.

§ 8 Anfechtungsrelevanter Zeitpunkt

Die einzelnen Tatbestandsvoraussetzungen der besonderen Insolvenzanfechtung können nur sinnvoll erörtert werden, nachdem geklärt wurde, zu welchem Zeitpunkt sie vorliegen müssen, welches also in diesem Sinne der anfechtungsrelevante Zeitpunkt ist. Im Zuge dessen ist auch ein Überblick über die möglichen Gegenstände einer Anfechtung nach §§ 130, 131 InsO zu geben.

Gegenstand der Anfechtung ist gemäß § 129 I InsO stets eine Rechtshandlung. Nach §§ 130, 131 InsO sind nur Rechtshandlungen anfechtbar, die einem Insolvenzgläubiger eine Sicherung oder Befriedigung gewährt oder ermöglicht haben. Ob der Schuldner, ein Dritter oder der Insolvenzgläubiger selbst die fragliche Rechtshandlung vorgenommen hat, ist dagegen irrelevant.[1]

§§ 130, 131 InsO sind so formuliert, daß die Anfechtungsvoraussetzungen jeweils „zur Zeit der Handlung“ vorliegen müssen, womit offenkundig die Vornahme der anzufechtenden Handlung gemeint ist. § 140 I InsO stellt jedoch klar, daß eine Rechtshandlung als in dem Zeitpunkt vorgenommen „gilt“, in dem ihre rechtlichen Wirkungen eintreten.

I. Grundlagen

1. Entstehungsgeschichte des § 140 InsO

Der Erste Bericht der Kommission für Insolvenzrecht hatte noch keinen dem heutigen § 140 InsO inhaltlich entsprechenden Leitsatz enthalten; lediglich in Leitsatz 5.1, dem Vorgänger des heutigen § 129 InsO, war klargestellt, daß eine Unterlassung als in dem Zeitpunkt vorgenommen gelte, in dem die durch sie bewirkte Rechtsfolge durch eine Handlung noch hätte abgewendet werden können.[2] § 140 InsO geht auf § 149 des Diskussionsentwurfs zurück, der – jeweils mit scheinbar geringfügigen Veränderungen des zweiten Absatzes (dazu unten III.) – in den Referenten- und den Regierungsentwurf übernommen wurde, dessen § 159 dem heutigen § 140 InsO wörtlich entspricht.

---

[1] Vgl. nur MünchKommInsO/*Kirchhof*, § 130 Rn. 11; Jaeger/*Henckel*, § 130 Rn. 11; jedoch auch § 7 Fn. 19.

[2] Erster Bericht der Kommission für Insolvenzrecht, S. 74, 402.

Der Norm liegt ausweislich der Materialien der Gedanke zugrunde, daß der Zeitpunkt entscheidend sein soll, in dem durch die Rechtshandlung eine Rechtsposition begründet worden ist, die im Falle der Eröffnung eines Insolvenzverfahrens beachtet werden müßte.[3] Damit wollte der Gesetzgeber offenkundig die entsprechende, für die KO herrschende Ansicht kodifizieren. Diese hatte sich ursprünglich für den Fall ausgebildet, daß der Schuldner dem Gläubiger ein Grundstück übereignet hatte und die Voraussetzungen des § 30 Nr. 1 Alt. 1, Nr. 2 KO erst zu dem Zeitpunkt eingetreten waren, als die Eintragung im Grundbuch erfolgte – dies ließen das RG und die Mehrheit des Schrifttums für eine Anfechtung genügen.[4] Schon bald stellte man den allgemeinen Grundsatz auf, daß insbesondere für die Frage, in welchem Zeitpunkt die nach § 30 Nr. 1 Alt. 2 KO erforderlichen und nach § 30 Nr. 2 KO für den Entlastungsbeweis relevanten Kenntnisse des Anfechtungsgegners gegeben sein mußten, entscheidend sein solle, wann die anzufechtende Rechtshandlung wirksam wurde.[5] Diese Ansicht herrschte bis zum Inkrafttreten der InsO.

2. Zusammenhang von Gegenstand, Ziel und Wirkung der Insolvenzanfechtung

Wolfram Henckel hat diese Ansicht und die Regelung des heutigen § 140 I InsO mit den Rechtsfolgen der Anfechtung in Verbindung bringen wollen. § 134 I RefE-InsO, der § 129 I InsO entspricht, sei insofern falsch formuliert, als es nicht darum gehe, die Handlung selbst unwirksam oder rückgängig zu machen. Vielmehr bezögen sich die Rechtsfolgen der Anfechtung nach allen hierzu noch vertretenen Ansichten auf die Wirkung der fraglichen Handlung. § 149 RefE-InsO, also der heutige § 140 InsO, wolle mithilfe einer Fiktion („gilt“) nur diese falsche Formulierung zurücknehmen.[6] Es folge jedoch schon aus der begrenzten Funktion der Anfechtung, die nicht die gesamte Handlung unwirksam machen, sondern nur ihre gläubigerbenachteiligenden Wirkungen beseitigen solle, daß es nicht auf den Zeitpunkt der Handlung, sondern auf den Eintritt der Wirkungen ankomme.[7]

Diese Argumentation hat im Schrifttum ausschließlich Zustimmung erfahren.[8] Allerdings ist schon ihr Ausgangspunkt, § 129 I InsO sei falsch formuliert,

---

[3] Begr. RegE, BT-Drucks. 12/2443, S. 166. Insoweit übereinstimmend bereits die Begründungen des Diskussionsentwurfs (S. B142) und des Referentenentwurfs (S. 180f.).

[4] Zunächst zum AnfG: RGZ 9, 66, 70f.; RGZ 88, 216, 217; RG GruchotBeitr 38 (1894), 1200f.; JW 1896, 150 Nr. 24. Zu §§ 29ff. KO RGZ 51, 284, 287; *Jaeger*, KO[1], § 30 Anm. 19; *Cosack*, Anfechtungsrecht, 179. Anders etwa noch *Petersen/Kleinfeller*, § 30 Anm. 15.

[5] Vgl. etwa BGH NJW 1959, 1539; NJW 1964, 1277, 1278; NJW 1983, 1123, 1125; NJW 1999, 3046, 3047. Jaeger/*Henckel*, Konkursordnung[9], § 30 Rn. 75 und § 33 Rn. 3; Kuhn/-*Uhlenbruck*, § 30 Rn. 29; *Kilger/K. Schmidt*, § 30 Anm. 7b. Zur GesO etwa noch BGH BB 1997, 436, 437; ZIP 1997, 423, 424, 426; NJW 1998, 2592, 2596.

[6] *Henckel*, Insolvenzrecht im Umbruch, 240f., 242, 250.

[7] *Henckel*, Kölner Schrift[2], S. 813ff. Rn. 76; entsprechend Jaeger/*Henckel*, § 140 Rn. 2.

[8] Wie *Henckel* etwa MünchKommInsO/*Kirchhof*, § 140 Rn. 1; Kübler/Prütting/Bork/*Ehricke*, § 140 Rn. 3; Leonhardt/Smid/Zeuner/*Zeuner*, § 140 Rn. 1; *ders.*, Anfechtung, Rn. 30; *Beiner/Luppe*, NZI 2005, 18; ähnlich *Gehrlein*, WM 32/2009 (Sonderbeilage), 58. Von der Regelung

wenig überzeugend.[9] In der Tat ist der Satz verbreitet, Gegenstand der Insolvenzanfechtung sei nicht die Handlung selbst, sondern ihre Wirkung.[10] Dies ist allerdings irreführend. Ganz unabhängig davon, welche der Theorien über die „Natur" der Anfechtung[11] man für vorzugswürdig hält, ist selbstverständlich, daß die Anfechtung die anfechtbare Handlung als solche nicht ungeschehen machen und sich daher nur auf tatsächliche Folgen oder rechtliche Wirkungen der fraglichen Handlung beziehen kann. Das ist indes keine Besonderheit der Insolvenz- oder der Gläubigeranfechtung: Auch die Anfechtung einer Willenserklärung kann an deren tatsächlicher Abgabe nichts ändern, sondern nur ihre Rechtsfolgen vernichten, und dennoch würde niemand sagen, es seien nur die Rechtsfolgen, nicht aber die Willenserklärung selbst Gegenstand der Anfechtung im Sinne der §§ 142f. BGB. Wenn also betont wird, daß sich die insolvenzrechtliche Anfechtung nicht auf die Handlung selbst, sondern auf ihre Wirkungen bezieht, so ist das sinnvollerweise so zu verstehen, daß anders als im Falle der Anfechtung einer Willenserklärung nicht alle Rechtsfolgen beseitigt werden sollen, sondern nur die gläubigerbenachteiligenden.[12] Dennoch richtet sich die Anfechtung gegen die Rechtshandlung als den Ursprung dieser Wirkungen; Einwände gegen die Formulierung des § 129 InsO ergeben sich aus diesen Überlegungen also nicht.

Aus der Feststellung, daß die Anfechtung „nicht Handlungen unwirksam machen, sondern gläubigerbenachteiligende Wirkungen beseitigen" soll, folgt mithin keineswegs zwingend, daß es für die Frage, wann die Voraussetzungen der einzelnen Anfechtungstatbestände vorliegen müssen, auf den Eintritt der zu beseitigenden Wirkungen ankommen muß und nicht darauf abgestellt werden kann, wann der Schuldner oder der potentielle Anfechtungsgegner ihre gegebenenfalls erforderlichen Mitwirkungshandlungen vollzogen und damit die fraglichen Wirkungen herbeigeführt haben.

---

des § 140 I InsO auf den Gegenstand der Anfechtung schließt Graf-Schlicker/*Huber*, § 140 Rn. 2.

[9] Zuzugeben ist *Henckel* freilich, daß der Regelungsgehalt des § 140 InsO auch in die einzelnen Anfechtungstatbestände hätte implementiert werden können, vgl. etwa den Formulierungsvorschlag für den heutigen § 130 InsO bei *Henckel*, Insolvenzrecht im Umbruch, 242.

[10] Vgl. etwa BGH WM 2010, 772, 773 (zum AnfG); BGH NJW 2001, 1940, 1941; BGH NJW 1995, 1668, 1670f.; HK/*Kreft*, § 129 Rn. 6; MünchKommInsO/*Kirchhof*, § 129 Rn. 6; *Eckardt*, FS Gerhardt, 166 ; *ders.*, ZIP 1999, 1739; *v. Olshausen*, KTS 2001, 55; *Beiner/Luppe*, NZI 2005, 18; *Häsemeyer*, Insolvenzrecht, Rn. 21.29; *Wessels*, ZIP 2004, 1237. – Vgl. aber auch noch BGH NJW 1999, 359: „Es geht nicht an, das Rechtsgeschäft [scil.: hier den Abschluß eines Kaufvertrags] unangefochten zu lassen und lediglich seine gesetzlichen Wirkungen – die Herbeiführung einer Aufrechnungslage – anfechten zu wollen".

[11] Vgl. hier nur die Übersichten über den Streitstand und die praktische Relevanz des Theorienstreits bei Jaeger/*Henckel*, § 143 Rn. 3ff.; MünchKommInsO/*Kirchhof*, Vor §§ 129 bis 147 Rn. 11ff. Instruktiv *Eckardt*, KTS 2005, 15ff.

[12] Vgl. deutlich etwa *Eckardt*, FS Gerhardt, 166, und *Gerhardt*, Gläubigeranfechtung, 124ff., auf den der BGH (NJW 2001, 1940, 1941) für die Aussage verweist, daß die durch die Handlung verursachte gläubigerbenachteiligende Wirkung angefochten werde.

3. Verkehrsschutz

a) Anfechtbarkeit als Vorverlagerung des Verlusts der Verfügungsbefugnis

Welcher Zeitpunkt der für die Anfechtbarkeit entscheidende ist, ist freilich dennoch von der Funktion der Anfechtung nicht ganz unabhängig. Insofern hatte Henckel selbst zuvor schon eine andere, überzeugendere Begründung dafür angeboten, daß es für den anfechtungsrelevanten Zeitpunkt auf den Eintritt der Wirkungen der fraglichen Rechtshandlungen ankommen muß. Er stellte mit Blick auf eine Anfechtung von Verfügungen nach § 30 KO auf einen Vergleich mit dem Verlust der Verfügungsbefugnis des Schuldners ab, der mit der Verfahrenseröffnung eintritt: So wenig eine vor Verfahrenseröffnung vorgenommene Rechtshandlung des Schuldners den Verfügungserfolg noch herbeiführen könne, wenn dieser erst nach Verfahrenseröffnung eintreten würde, bleibe „eine Rechtshandlung ... deshalb der Anfechtung entzogen, weil sie vor der kritischen Zeit vorgenommen worden ist, wenn die Verfügungswirkung erst in der kritischen Zeit eingetreten ist."[13] So, nämlich im Zusammenhang mit dem mit Verfahrenseröffnung nach § 80 InsO eintretenden Verlust der Verfügungsbefugnisse des Schuldners, ist wohl auch die recht apodiktische Feststellung der Gesetzesverfasser zu verstehen: Gemeinsamer Grundgedanke der Regelung der verschiedenen Absätze sei, daß der Zeitpunkt entscheide, „in dem durch die Rechtshandlung eine Rechtsposition begründet worden ist, die im Falle der Eröffnung eines Insolvenzverfahrens beachtet werden müßte".[14] Damit ist offenkundig nicht das tatsächlich eröffnete, sondern ein gedachtes, bereits im fraglichen Zeitpunkt eröffnetes Insolvenzverfahren gemeint.[15] Ausschlaggebend soll also auch nach den Vorstellungen der Gesetzesverfasser letztlich der Zeitpunkt sein, von dem ab sich der Erwerb des potentiellen Anfechtungsgegners auch dann noch hätte vollenden können, wenn der Schuldner die Verfügungsbefugnis durch (bereits in diesem Zeitpunkt erfolgte) Eröffnung eines Insolvenzverfahrens verloren hätte.

Diese Analogiebildung zwischen Anfechtung und mit Eröffnung des Insolvenzverfahrens einhergehender Verfügungsbeschränkung trägt dem historisch – nämlich durch die entsprechenden Regelungen des älteren französischen Rechts[16] – vorgeprägten Verständnis der Schöpfer der KO gerade im Hinblick auf die hier

---

[13] Jaeger/*Henckel*, Konkursordnung⁹, § 30 Rn. 75.

[14] Begr. RegE-InsO, BT-Drucks. 12/2443, S. 166; wortgleich Begr. DiskE-InsO, S. B142. Der Satz wird allenthalben übernommen, vgl. BGH NZI 2010, 190; BGH NZI 2008, 563, 564; BGH NZI 2007, 452, 454; BGHZ 167, 11, 16f.; OLG Rostock ZIP 2003, 1007, 1008; *Fischer*, ZIP 2004, 1680; HK/*Kreft*, § 140 Rn. 2; MünchKommInsO/*Kirchhof*, § 140 Rn. 1; HmbK/*Rogge*, § 140 Rn. 1. Vgl. auch schon den Ersten Bericht der Kommission für Insolvenzrecht, S. 406: „Maßgebend für die subjektiven Voraussetzungen des Leitsatzes 5.2.1 ist der Zeitpunkt, in dem der Erwerber eine Rechtsposition erlangt hat, die nach der Eröffnung des Verfahrens insolvenzfest wäre".

[15] Daß es bei diesem Insolvenzfestigkeitstest nicht auf eine – gerade in Frage stehende! – Anfechtung ankommen kann, versteht sich von selbst; vgl. auch BGH NZI 2008, 563, 564; BGH NJW 2004, 1444, 1445; HmbK/*Rogge*, § 140 Rn. 1; *Fischer*, ZIP 2004, 1680.

[16] § 1 III.

allein interessierenden Regelungen der besonderen Insolvenzanfechtung Rechnung: Denn bei diesen sollte es sich um nichts anderes als eine Verfügungsbeschränkung des Schuldners handeln, die „der rechtlichen Konsequenz nach" mit Eintritt der Zahlungsunfähigkeit greifen sollte.[17] Danach erscheint jedenfalls konsequent, daß ein Erwerbsvorgang der Anfechtung entzogen ist, wenn im fraglichen Zeitpunkt auch die Eröffnung des Insolvenzverfahrens den Erwerb nicht verhindert hätte. Daß aber darüber hinaus und gewissermaßen umgekehrt auch alle Tatbestandsvoraussetzungen auf diesen Zeitpunkt zu beziehen sind, wird erst deutlich, wenn man sich ihre allgemeine Funktion in Erinnerung ruft.

b) Relevanz und allgemeine Legitimität von Verkehrsschutzerwägungen bei der Anfechtung

Verfügungssperren rufen naturgemäß Verkehrsschutzerwägungen auf den Plan. Wo das Gesetz Verfügungsbeschränkungen aufstellt, entfalten diese gegenüber dem redlichen Rechtsverkehr im allgemeinen nur dann Wirkungen, wenn sie öffentlich bekannt gemacht wurden.[18] Das Vorliegen eines besonderen Rechtscheinsträgers ist dabei keine Voraussetzung; vielmehr wird die Verfügungsbefugnis des Rechtsinhabers ohne weiteres vermutet. Das redliche Vertrauen, das von ihm Erworbene behalten zu dürfen, setzt sich gegen die hinter der Verfügungssperre stehenden Interessen regelmäßig auch dann durch, wenn es in diesem Sinne „blind" ist.[19]

Einen entsprechenden Schutz wollten die Urheber der besonderen Insolvenzanfechtung auch vor der in dieser liegenden Verfügungsbeschränkung gewähren.[20] Zwar hatten sich vor der Insolvenzrechtsreform die Stimmen gemehrt, welche die subjektiven Tatbestandsmerkmale der besonderen Konkursanfechtung – wohl mit Blick auf die römisch-rechtlichen Ursprünge dieser Regelungen – als historischen

---

[17] *Hahn*, Materialien IV, 118; vgl. hierzu bereits § 1 VI und noch unten § 8 I 3. Aus neuerer Zeit verweist hierauf namentlich *Biehl*, Insider, Rn. 197; vgl. aber auch schon *Canaris*, 100 Jahre KO, 78f., und BGH NJW 1972, 870, 871: Die besondere Konkursanfechtung beruhe auf dem Gedanken, daß das Vermögen des Schuldners vom Offenbarwerden der Krise an der Allgemeinheit seiner persönlichen Gläubiger „verfangen" sei; vgl. auch BGHZ 162, 143, 148 (Vorverlegung der materiellen Wirkung der Verfahrenseröffnung). Entsprechend schon *Förster/Eccius*, Pr. Privatrecht I, § 114.3 (S. 779).– Diese Argumentation mit dem Ziel der Anfechtung steht wiederum in keinem logisch zwingenden Zusammenhang mit ihren (umstrittenen) rechtlichen Wirkungen, vgl. soeben bei und in Fn. 11.

[18] Vgl. gerade vor dem Hintergrund der Anfechtungsregelungen *Biehl*, Insider, Rn. 197, und *Henckel*, ZIP 1982, 394, letzterer unter Hinweis auf § 135 II BGB einerseits und die §§ 1983f. BGB, § 7 KO (entsprechend nun §§ 80f. InsO) andererseits. Hinzuweisen wäre hier etwa noch auf die zu § 1365 BGB entwickelte „subjektive Theorie", vgl. nur Staudinger/*Thiele*, § 1365 Rn. 20ff.

[19] Schief daher *Pfefferle*, Rückschlagsperre, 117ff., und ZIP 1984, 153, der meint, daß eine in der Krise vorgenommene Verfügung des Schuldners nur dann Bestand haben könne, wenn ihr Empfänger aufgrund objektiver Umstände auf die Leistungsfähigkeit des Schuldners habe vertrauen dürfen. Irrig daher auch die Fragestellung von *Nowack*, KTS 1992, 173, worin der Rechtsschein für die Zahlungsfähigkeit des Schuldners liege.

[20] Vgl. auch bereits ausführlich die Materialien zur KO, *Hahn*, Materialien IV, 115ff.

Ballast bezeichneten und für deren Abschaffung plädierten.[21] In Kenntnis dieser Kritik hielt man jedoch an dem Grundsatz fest, daß der redliche Verkehrsteilnehmer in seinem Vertrauen darauf, das vom Schuldner Erworbene behalten zu dürfen, auch in dessen Krise zu schützen sei. Daher fügte man subjektive Tatbestandsvoraussetzungen in die Kongruenzanfechtung ein[22] und sah solche für die Inkongruenzanfechtung nur deshalb nicht durchgehend vor, weil inkongruenter Erwerb schon von sich aus verdächtig sei, der Gläubiger also Verdacht schöpfen müsse[23] und daher – so muß man folgern – in einem weiteren Sinne nicht redlich sei.[24] Wie für die einzelnen Tatbestandsvoraussetzungen noch zu zeigen sein wird,[25] dient die nähere tatbestandliche Ausgestaltung der besonderen Insolvenzanfechtung insgesamt – nämliche jede Einschränkung des Grundsatzes, daß der Schuldner schon mit Eintritt der zur Verfahrenseröffnung führenden Krise seine Verfügungsbefugnis verliert – dem Schutz des Verkehrs in seinem redlichen Vertrauen, daß die Verfügungen des Schuldners Bestand haben.

Diese aus Gesetz und Materialien klar hervorgehende Vorgabe, daß dem redlichen Verkehr die in der besonderen Insolvenzanfechtung liegende Verfügungsbeschränkung des Schuldners nicht entgegengehalten werden kann, ist für den Rechtsanwender verbindlich. Namentlich stehen weder wertungsimmanente noch verfassungsrechtliche Erwägungen der vom Gesetzgeber angeordneten Berücksichtigung des Verkehrsschutzaspekts entgegen. Was zunächst die der besonderen Insolvenzanfechtung zugrundeliegenden Wertungen angeht, so wurde bereits mehrfach betont, daß die unter § 2 III angestellten Erwägungen nur das positive Recht erklären sollen und daher auch bei der Klärung von Auslegungsfragen dienen können, daß aus ihnen aber nicht ohne weiteres zwingende Vorgaben an den gestaltenden Gesetzgeber folgen. Die Berücksichtigung von Verkehrsschutzaspekten wäre vor diesem Hintergrund allenfalls dann zu beanstanden, wenn sie sich nicht ohne logische Brüche in das beschriebene Wertungskonzept einfügen ließen.[26] Das ist jedoch nicht der Fall. Zwar setzt die Figur des Institutsversagens, auf das die beson-

---

[21] Namentlich *Weber*, KTS 1959, 85 („historische Restbestände"); *ders.*, 100 Jahre KO, 348f.; *Hanisch*, ZZP 90 (1977), 21f.; *Drobnig*, Verh. 51. DJT I, F 85f.; *Häsemeyer*, KTS 1982, 560f. Hiergegen jedoch bereits *Gerhardt*, 100 Jahre KO, 130f., 134; *ders.*, ZZP 99 (1986), 413; *Henckel*, ZIP 1982, 393f.; *Pfefferle*, Rückschlagsperre, 115ff.; *ders.*, ZIP 1984, 152; *Canaris*, 100 Jahre KO, 78 mit Fn. 14; vgl. auch schon *Jaeger*, Lehrbuch, 141. Vor rechtsvergleichendem Hintergrund differenzierend *Bruski*, Voraussetzungen, 161, 162. – Vgl. hierzu noch unten § 11 I 1.

[22] Erster Bericht der Kommission für Insolvenzrecht, S. 405; Begr. RegE BT-Drucks. 12/2443, S. 158.

[23] Erster Bericht der Kommission für Insolvenzrecht, S. 406; Begr. RegE BT-Drucks. 12/2443, S. 158.

[24] Ausführlich zu den subjektiven Tatbestandsvoraussetzungen der besonderen Insolvenzanfechtung unten § 11, zur Inkongruenz § 12.

[25] Vgl. noch näher § 9 I (zur „Krisentatsache"), § 10 I 2 (zur Beschränkung des anfechtungsrelevanten Zeitraums), § 11 I 1 (zu den subjektiven Tatbestandsvoraussetzungen) § 12 I (zur Inkongruenz).

[26] Auch dies würde allerdings eher umgekehrt die Überzeugungskraft des dem positiven Recht zugrunde gelegten Wertungskonzepts schwächen.

dere Insolvenzanfechtung letztlich zurückgeführt wurde, nach richtiger Ansicht keine Unredlichkeit der Beteiligten voraus (§ 2 III 3 pr.). Damit ist jedoch nur gesagt, daß Redlichkeitserwägungen nicht schon deshalb eine Rolle spielen *müssen*. Dagegen folgt hieraus nicht, daß der Gesetzgeber den Schutz des redlichen Verkehrs nicht als einen Aspekt berücksichtigen kann, der von den Erwägungen, die das Anfechtungsrecht tragen, unabhängig ist, nämlich als ein gegenläufiges Interesse, zu dessen Schutz der Anwendungsbereich der besonderen Insolvenzanfechtung zu beschränken ist. Nach dem unter § 2 III Gesagten bleibt es dem Gesetzgeber unbenommen, den Verkehrsschutz insoweit höher zu bewerten als den Schutz der Wirtschaftsordnung vor potentiellen Fehlallokationen[27] und den Schutz der anderen Gläubiger vor potentiell heteronomen Belastungen.

Auch vor verfassungsrechtlichem Hintergrund ist dies nicht zu beanstanden. Die Frage, ob Verkehrsschutzerwägungen aus verfassungsrechtlicher Sicht eine Rolle spielen können, betrifft letztlich den Ausgleich zwischen den Interessen des Anfechtungsgegners und denen der anderen Insolvenzgläubiger, der aus dem Blickwinkel des Eingriffs in das Eigentumsgrundrecht des Anfechtungsgegners im Rahmen der Verhältnismäßigkeit relevant wird.[28] Es fragt sich also, ob der Gesetzgeber seine insoweit bestehende Einschätzungsprärogative überschreitet, wenn er das Ergebnis dieses Interessenausgleichs auch davon abhängig macht, ob der Anfechtungsgegner hinsichtlich der Krise des Schuldners gutgläubig ist. Das ist zu verneinen, denn es erscheint nicht sachwidrig, die Schutzwürdigkeit des Interesses des Anfechtungsgegners am Bestand seines Erwerbs davon abhängig zu machen, ob er in Bezug auf die Krise des Schuldners redlich ist, aufgrund derer der Konflikt mit den Schutzinteressen der anderen Gläubiger überhaupt erst auftritt.

c) Zusammenhang zwischen Verkehrsschutz und anfechtungsrelevantem Zeitpunkt

Daß die Tatbestandsvoraussetzungen der besonderen Insolvenzanfechtung dem Schutz des Vertrauens in den Bestand der Verfügungen des Schuldners dienen, muß schon bei der Bestimmung des anfechtungsrelevanten Zeitpunkts berücksichtigt werden.

Solchen Vertrauensschutzerwägungen scheint es zu widersprechen, wenn man den anfechtungsrelevanten Zeitpunkt nicht nach der Vornahme der anzufechtenden Handlung, sondern dem Eintritt ihrer Wirkung bestimmt. Denn kommt es auf die Wirkung an, die logischerweise immer erst nach einer gegebenenfalls erforderlichen Handlung des Anfechtungsgegners eintritt, kann dieser sein Handeln nicht mehr entsprechend einstellen: Der Vorwurf unredlichen Handelns kann ihm nur gemacht werden, wenn er schon bei Vornahme der Handlung Kenntnis von der Krise oder den auf diese hindeutenden Krisentatsachen erlangte.[29] Bei der besonderen

---

[27] Daß aus einer ökonomischen Analyse des Rechts keine zwingenden Vorgaben an den Gesetzgeber abgeleitet werden können, wurde bereits betont, vgl. § 2 III 3 a bb.

[28] Vgl. oben § 5 II 3, IV 1.

[29] So argumentiert *Canaris*, 100 Jahre KO, 78, gegen eine angebliche „Unredlichkeitstheorie"; vgl. dazu noch unten § 11 I 1.

Insolvenzanfechtung jedoch geht es seit ihrer Verselbständigung von der Absichtsanfechtung[30] gerade nicht mehr darum, ein von verwerflicher Absicht getragenes Verhalten des Schuldners und die Teilnahme des Gläubigers daran zu sanktionieren; es ist nicht etwa unredliches Verhalten des Gläubigers Anknüpfungspunkt für eine in der Anfechtung enthaltene Sanktion. Vielmehr stellt die mit den Tatbestandsvoraussetzungen der besonderen Insolvenzanfechtung einhergehende Beschränkung des Grundsatzes, daß der Schuldner schon mit Eintritt der Krise nicht mehr wirksam über sein Vermögen verfügen kann, eine Privilegierung des redlichen Verkehrs dar; und mit dieser wird nicht redliches Handeln belohnt, sondern das redliche Vertrauen geschützt, die vom Schuldner erlangte Deckung behalten zu dürfen. Ein solches Vertrauen aber kann überhaupt erst ausbilden, wer bereits etwas erworben oder wenigstens eine sichere Erwerbsaussicht im Sinne einer Anwartschaft hat.

d) Fazit

Gerade unter dem die Ausgestaltung der Tatbestände der §§ 130f. InsO beherrschenden Aspekt des Verkehrsschutzes ist es daher sachgerecht und konsequent, den anfechtungsrelevanten Zeitpunkt grundsätzlich nicht nach der Vornahme der Deckungshandlung, sondern dem Eintritt ihrer Wirkung, genauer: dem Erwerb der Rechtsposition zu bestimmen, welche die anderen Gläubiger benachteiligt und um deren Anfechtbarkeit es geht.[31] Wer dieser Erklärung des in § 140 I InsO enthaltenen Grundsatzes folgt, muß § 140 II, III InsO nicht als Ausnahmen zu diesem begreifen,[32] sondern wird in ihnen – den Normverfassern folgend – Bestätigungen sehen: Kommt es gemäß § 140 I InsO deshalb auf den Eintritt der Wirkung der anzufechtenden Rechtshandlung, für die Zwecke der §§ 130, 131 InsO den Erwerb der fraglichen Deckung durch den Insolvenzgläubiger oder deren Ermöglichung an, weil erst dieser Zeitpunkt für die Frage entscheidend ist, ob das Vertrauen in den Bestand des Erwerbs schutzwürdig ist, ist die Vorverlegung dieses Zeitpunktes durch § 140 II, III InsO nur konsequent, weil der Gläubiger in dem Zeitpunkt, auf den es nach diesen Regelungen jeweils ankommt, bereits eine gesicherte Erwerbsaussicht hatte, die tauglicher Gegenstand seines Vertrauens sein konnte (dazu näher III., IV.).

Eine Rechtshandlung gilt im anfechtungsrechtlichen Sinne demnach als in dem Zeitpunkt vorgenommen, in dem der Anfechtungsgegner durch sie eine im übri-

---

[30] Vgl. zusammenfassend § 1 VIII.

[31] Entsprechend *Koziol*, Grundlagen, 101 f. Ob aber, wie *Koziol* meint, dieselben Grundsätze wie beim gutgläubigen Eigentumserwerb gelten müssen, weil es hier wie dort um die Schutzwürdigkeit des Erwerbes gehe, ist zweifelhaft. Denn der gutgläubige Erwerb stützt sich auf einen Rechtsschein, der folglich noch im Erwerbszeitpunkt vorliegen muß (bei beweglichen Sachen der Besitz des Veräußerers, § 1006 BGB; bei unbeweglichen Gegenständen die Eintragung des Veräußerers im Grundbuch, § 891 BGB). Im Falle der Anfechtung ist der Erwerb umgekehrt grundsätzlich dann schutzwürdig, sofern im fraglichen Zeitpunkt bestimmte, negativ wirkende Rechtscheinsträger, nämlich die „Krisentatsachen" (vgl. noch § 9 I 3), *nicht* vorgelegen haben.

[32] So aber *Zeuner*, Anfechtung, Rn. 30.

gen insolvenzfeste Position erlangt hatte. Mittelbar werden damit diejenigen Normen und Wertungen entscheidend, nach welchen sich die Wirksamkeit von Erwerbsvorgängen bestimmt, die bei Verfahrenseröffnung in der Schwebe waren. Auch sie werden im Folgenden mithin zu berücksichtigen sein.[33]

4. Ziel der Anfechtung und Bestimmung der maßgeblichen Rechtshandlung

Unter 2. wurde ausgeführt, daß Zweck und Ziel der Insolvenzanfechtung nichts daran ändern, daß Gegenstand der Insolvenzanfechtung eine Rechtshandlung ist, nach deren Wirkungen sich gemäß § 140 I InsO der anfechtungsrelevante Zeitpunkt bestimmt. Dies darf jedoch nicht umgekehrt den Blick darauf verstellen, daß die Anfechtung einer Rechtshandlung nur das vom Gesetz zur Verfügung gestellte Mittel zu dem Ziel ist, eine Gläubigerbenachteiligung zu beseitigen: Die gläubigerbenachteiligenden Wirkungen einer Rechtshandlung sind zwar nicht Gegenstand, ihre Beseitigung ist jedoch der Zweck der Anfechtung. Für die hier interessierenden Fälle der §§ 130, 131 InsO läßt sich noch genauer sagen: Die Anfechtung dient dazu, die Vorrangstellung eines Insolvenzgläubigers zu beseitigen, deren Kehrseite die Benachteiligung der anderen Insolvenzgläubiger ist.

Dieser Zweck hat auf die Bestimmung des anfechtungsrelevanten Zeitpunkts schon deshalb Einfluß, weil es dafür nach dem soeben unter 3. Gesagten nicht auf beliebige rechtliche Wirkungen der angefochtenen Rechtshandlung ankommt, sondern gerade auf den Erwerb der Rechtsposition des Anfechtungsgegners, in dem die Benachteiligung der anderen Gläubiger begründet ist. Mittelbaren, wenn auch mindestens ebenso erheblichen Einfluß auf die Bestimmung des anfechtungsrelevanten Zeitpunkts hat das Ziel der Anfechtung unter einem allen anderen vorgelagerten Aspekt: dem der Bestimmung der anfechtbaren Rechtshandlung.

Auch dieser Zusammenhang zwischen Gegenstand und Ziel der Insolvenzanfechtung wird nicht immer deutlich gemacht. Das zeigt sich schon darin, daß in Schrifttum und Rechtsprechung nicht selten davon die Rede ist, daß es für den anfechtungsrelevanten Zeitpunkt auf den Eintritt gerade der gläubigerbenachteiligenden Wirkungen der fraglichen Rechtshandlung ankomme. Freilich wird dabei nicht deutlich, ob tatsächlich ein Unterschied zwischen rechtlichen und gläubigerbenachteiligenden Wirkungen gemacht werden soll; der BGH stellt auf einen „gläubigerbenachteiligenden Rechtserfolg" ab.[34]

---

[33] „Systematische Unterschiede" zwischen § 91 und § 140 InsO betont jedoch, allerdings ohne nähere Ausführungen, BGH NJW-RR 2008, 1007, 1008.

[34] Vgl. etwa BGH BB 1997, 436, 437, und auch BGH NJW 2004, 214, 215, sowie etwa noch BGH NZI 2008, 563; NJW 2007, 1588, 1590; NJW-RR 2007, 1275, 1277; BGHZ 167, 11, 16. Ebenso *v. Olshausen*, KTS 2009, 482; Kübler/Prütting/Bork/*Schoppmeyer*, § 130 Rn. 107; entsprechend HK/*Kreft*, § 140 Rn. 3: „Die rechtlichen Wirkungen einer Rechtshandlung treten ein, sobald die gesamten Erfordernisse vorliegen, an welche die Rechtsordnung die Entstehung, Aufhebung oder Veränderung eines Rechtsverhältnisses knüpft, mit anderen Worten sobald die Rechtshandlung die Gläubigerbenachteiligung bewirkt"; *Eckert*, Zeitpunkt, 43 (mit dem den Rechtserwerb vollendenden Rechtsakt trete automatisch die Masseschmälerung ein).

Der Zeitpunkt des Erwerbs der Rechtsposition, aus der letztlich eine Benachteiligung der anderen Gläubiger folgt, kann von demjenigen, in dem die gläubigerbenachteiligenden Wirkungen eintreten, durchaus verschieden sein. Man denke etwa an folgenden Fall: Eine dem Gläubiger gewährte Sicherheit war zunächst wertlos, weil das Sicherungsobjekt im Zeitpunkt der Bestellung bereits mit einem vorrangigen Recht wertausschöpfend belastet war; dieses entfiel jedoch kurz vor Eröffnung des Insolvenzverfahrens.[35] Die Rechtshandlung, mit der dem Gläubiger die Sicherheit gewährt wurde, entfaltete ihre rechtlichen Wirkungen, als der Gläubiger die Sicherheit erwarb; die Gläubiger benachteiligte sie aber erst, als das vorrangige, ohnehin wertausschöpfende Sicherungsrecht erlosch. Es fragt sich nun, ob mit der eben zitierten Feststellung, der Eintritt der gläubigerbenachteiligenden Wirkung sei entscheidend, tatsächlich gemeint ist, die Voraussetzungen für eine Anfechtung der Sicherheitenbestellung müßten nicht bei Entstehung der Sicherheit, sondern erst im letztgenannten, späteren Zeitpunkt vorliegen.

Wenn hier die Gläubigerbenachteiligung mit Fragen der Bestimmung des anfechtungsrelevanten Zeitpunkts in Verbindung gebracht wird, geschieht dies offenbar wiederum mit Blick darauf, daß die Anfechtung gerade die gläubigerbenachteiligenden Wirkungen der fraglichen Rechtshandlungen beseitigen soll. Daß aus diesem Ziel der Anfechtung aber nicht unmittelbar folgt, wie der anfechtungsrelevante Zeitpunkt bestimmt werden muß, wurde bereits unter 2. dargelegt. Auch wenn, wie im soeben geschilderten Fall, der Erwerb des Gläubigers und die gläubigerbenachteiligende Wirkung zeitlich auseinanderfallen, ist jener, im Beispielsfall also der Erwerb des Sicherungsrechts durch den Gläubiger entscheidend. Nicht nur ist der Wortlaut des § 140 I InsO insoweit eindeutig, denn er stellt nicht auf die gläubigerbenachteiligenden, sondern die rechtlichen Wirkungen ab. Auch die von den Normverfassern angestellten Erwägungen lassen nur diese Ansicht zu: Danach kommt es darauf an, wann der Anfechtungsgegner eine im übrigen insolvenzfeste Position erworben hat, was von den entsprechenden rechtlichen Voraussetzungen abhängt; gläubigerbenachteiligend muß diese Position zunächst nicht gewesen sein. Dies ist nach dem soeben unter 3. Dargelegten auch in der Sache überzeugend: Für die Frage, wann sich Vertrauen des Anfechtungsgegners in den Erwerb ausbilden kann, ist dieser entscheidend, nicht eine womöglich erst später eintretende gläubigerbenachteiligende Wirkung. Die Frage nach dem anfechtungsrelevanten Zeitpunkt ist von derjenigen, wann die gemäß § 129 InsO allgemein erforderliche Gläubigerbenachteiligung vorliegen muß,[36] mithin scharf zu trennen.[37]

Jaeger/*Henckel*, § 140 Rn. 3, betont, daß entscheidend sei, wann die letzte Voraussetzung der gläubigerbenachteiligenden Wirkung erfüllt sei. Als Beispiel gibt er zwar nur den Fall der Pfändung einer künftigen Forderung an, die auch rechtlich erst mit Entstehung der Forderung wirksam werden kann; allerdings verweist *Henckel* in diesem Zusammenhang auf seine Ausführungen zum für die Gläubigerbenachteiligung relevanten Zeitpunkt und stellt namentlich bei Anfechtung wegen unmittelbarer Benachteiligung auf deren Eintritt ab, a. a. O., Rn. 39.

[35] Beispiel nach Jaeger/*Henckel*, § 129 Rn. 141.

[36] Vgl. dazu etwa Jaeger/*Henckel*, § 129 Rn. 141; *Zeuner*, Anfechtung, Rn. 45; BGH NZI 2009, 512, 513f. (zum AnfG).

[37] Ebenso schon MünchKommInsO/*Kirchhof*, § 140 Rn. 5.

Daß das Ziel der Anfechtung in der Beseitigung einer Benachteiligung der Gläubiger liegt, zwingt mithin keineswegs zu der Annahme, daß es für die Bestimmung des anfechtbaren Zeitpunkts darauf ankomme, wann die gläubigerbenachteiligenden Wirkungen der anfechtbaren Rechtshandlung eingetreten sind. Entscheidende Bedeutung hat das Ziel der Anfechtung aber für die vorgelagerte Frage, welche Rechtshandlung zu der gläubigerbenachteiligenden Position des Anfechtungsgegners geführt hat; es ist also für die Ermittlung des Anfechtungsgegenstandes entscheidend. Benachteiligt eine durch eine frühere Rechtshandlung erworbene Position des Anfechtungsgegners die Gläubiger erst dadurch, daß eine weitere Rechtshandlung vorgenommen wird, ist nicht nur an die Anfechtbarkeit der ersten, sondern auch an die der zweiten Rechtshandlung zu denken. Dabei ist in Erinnerung zu rufen, daß nach §§ 130, 131 InsO auch Ermöglichungshandlungen anfechtbar sein können. Hierauf wird zurückzukommen sein.[38] Im soeben geschilderten Fall wäre also auch zu prüfen, ob die Rechtshandlung, durch welche das vorrangige Recht erlosch, anfechtbar ist,[39] was unter dem Gesichtspunkt des „Ermöglichens" zu erwägen ist.

II. Die Grundregel des § 140 I InsO

Für die Bestimmung des anfechtungsrelevanten Zeitpunkts nach § 140 InsO kommt es nach dem bisher Gesagten mithin grundsätzlich darauf an, wann der Anfechtungsgegner durch die fragliche Rechtshandlung eine – von der in Rede stehenden Anfechtung abgesehen – insolvenzfeste Rechtsposition erworben hat.

Für die hier allein interessierende besondere Insolvenzanfechtung ist dies zunächst jedenfalls insoweit unproblematisch, als sie sich gegen eine Rechtshandlung richtet, die einem Insolvenzgläubiger eine Sicherung oder Befriedigung gewährt hat (dazu sogleich 1.). Da die genannte Grundregel ohne weiteres nur auf den Fall paßt, daß die fragliche Rechtshandlung dem Anfechtungsgegner eine Rechtsposition verschaffte, so daß von einem Erwerb die Rede sein kann, scheint problematischer, daß nach §§ 130, 131 InsO auch eine Rechtshandlung anfechtbar ist, die eine Sicherung oder Befriedigung nur ermöglicht hat (dazu unten 2).

Allemal ist stets genau zu klären, welche Rechtshandlung angefochten sein soll, um mit dem Eintritt ihrer Wirkungen den anfechtungsrelevanten Zeitpunkt festzulegen. Dies werden die folgenden Ausführungen verdeutlichen.

1. Gewährung einer Sicherung oder Befriedigung

a) Allgemeines

Wird die Gewährung einer Sicherung oder Befriedigung angefochten, ist derjenige Zeitpunkt anfechtungsrelevant, in dem der Anfechtungsgegner den Gegenstand,

---

[38] Vgl. dazu unten § 8 II 2 c und d.

[39] Nicht erwogen in BGH NZI 2009, 512, 513 f. (zum AnfG).

der ihm zur Sicherung oder Befriedigung verschafft wurde, im Rechtssinne insolvenzfest erworben hat. Die Anwendung dieses Grundsatzes führt in aller Regel zu klaren Ergebnissen. Setzt der Erwerb des Anfechtungsgegners eine mehraktige Rechtshandlung voraus, ist nach dem unter § 8 I Gesagten auf den letzten Akt abzustellen, der den Erwerb vollendet.[40] Hängt der Erwerb von der Zustimmung eines Dritten oder des Schuldners ab, kommt es auf deren Erteilung an, wenn der Erwerbstatbestand im übrigen bereits vollständig ist.[41] Für die Anfechtung der Pfändung einer Forderung des Schuldners im Wege der Zwangsvollstreckung kommt es auf den Zeitpunkt an, in dem die Pfändung wirksam wurde; im Falle der Forderungspfändung ist wegen § 829 III ZPO regelmäßig die Zustellung des Pfändungsbeschlusses an den Drittschuldner entscheidend.[42] Nicht insolvenzfest ist die Rechtsposition auch dann, wenn sie zwar vor Verfahrenseröffnung erworben wurde, der Insolvenzverwalter sie aber ohne weiteres wieder beseitigen kann: Daher wird etwa die Bestimmung über das Bezugsrecht aus einer Lebensversicherung frühestens dann im Sinne der §§ 130, 131 InsO vorgenommen, wenn sie unwiderruflich wird.[43]

b) Vorausverfügung über künftige und bedingte Gegenstände

Die Bestimmung des anfechtungsrelevanten Zeitpunkts bereitet besondere Probleme, wenn der Anfechtungsgegner durch die Rechtshandlung, deren Anfechtbarkeit in Frage steht, erst aufgrund weiterer Umstände etwas erwirbt. Dies sei hier an Vorausverfügungen über künftige Gegenstände verdeutlicht, insbesondere der Abtretung von Forderungen, die zur Zeit der Abtretung noch nicht bestanden. Nach ganz herrschender Meinung soll in diesen Fällen nicht der Zeitpunkt anfechtungsrelevant sein, in dem das Verfügungsgeschäft abgeschlossen wurde, sondern derjenige, in dem der Verfügungsgegenstand entstand.[44] Dies ist auch die Auffas-

---

[40] BGH ZInsO 2010, 710, 711; BGH NJW 2007, 1588, 1590; NJW-RR 2004, 1563, 1565; MünchKommInsO/*Kirchhof*, § 140 Rn. 7; HK/*Kreft*, § 140 Rn. 4; *Gerhardt*, FS Greiner, 32. Vgl. auch Begr. RegE-InsO, BT-Drucks. 12/2443, S. 166.

[41] Vgl. etwa BGH NZI 2011, 18, 19; BGH NZI 2010, 981, 982; *Eckert*, Zeitpunkt, 64ff.; BKInsO/*Haas*, § 140 Rn. 16; Kübler/Prütting/Bork/*Ehricke*, § 140 Rn. 5; MünchKommInsO/*Kirchhof*, § 140 Rn. 8. Zum maßgeblichen Zeitpunkt einer Lastschriftbuchung auf Grundlage der „Genehmigungstheorie" (zu dieser mit Blick auf das SEPA-Verfahren aber nun BGH NZI 2010, 723ff.) BGH WM 2003, 524, 525f.; OLG Köln ZInsO 2009, 93, 94.

[42] BGH NJW 2010, 444; BGH NZI 2008, 563, 564; BGH NJW 2004, 1444. Jaeger/*Henckel*, § 140 Rn. 19.

[43] BGH NJW 2004, 214, 215.

[44] BGH ZInsO 2010, 710, 711; BGH NJW 2010, 444; BGH ZIP 2010, 138, 140; BGH NZI 2009, 888, 889; BGH WM 2009, 1475, 1477 (zum AnfG); BGHZ 174, 297, 300, 308; BGH DZWIR 2009, 34; BGH NZI 2008, 563, 564; BGH NZI 2008, 551, 553; BGH NJW 2007, 2324, 2325; BGH NJW 2004, 1444; BGH NJW-RR 2004, 1563, 1565; BGH NJW 2003, 2171; OLG Frankfurt/M. ZInsO 2008, 977, 978f.; OLG Karlsruhe NZI 2006, 103f.; OLG München NZI 2006, 530, 531; OLG Dresden WM 2006, 2095f.; LG Berlin WM 2007, 396; Uhlenbruck/*Hirte*, § 140 Rn. 8; Jaeger/*Henckel*, § 140 Rn. 6; HmbK/*Rogge*, § 140 Rn. 14a; Kübler/Prütting/Bork/*Ehricke*, § 140 Rn. 5; MünchKommInsO/*Kirchhof*, § 140 Rn. 14f.; *ders.*, ZInsO 2004, 468; Nerlich/Römermann/*Nerlich*, § 140 Rn. 8; HK/*Kreft*, § 140 Rn. 4; FK/*Dauernheim*, § 140 Rn. 6;

sung der Normverfasser: „Die Abtretung einer künftigen Forderung ist erst mit der Entstehung dieser Forderung vorgenommen“.[45]

Diese Ansicht scheint auf den ersten Blick zutreffend. Denn ihre rechtliche Wirkung, dem Zessionar die Forderung zu verschaffen, kann die Abtretung im Sinne des § 140 I InsO erst mit Entstehung der Forderung entfalten. Nach dem unter § 8 I Gesagten ist § 140 I InsO indes so zu verstehen, daß es auf den Zeitpunkt ankommt, in dem der Anfechtungsgegner durch die Handlung, deren Anfechtbarkeit in Frage steht, im übrigen eine Position erlangt hat, die er auch in einem Insolvenzverfahren geltend machen könnte. Berücksichtigt man dies, liegen die Dinge erheblich komplizierter.

Den Einfluß der Eröffnung eines Insolvenzverfahrens auf die Wirksamkeit von Verfügungen des Schuldners regeln §§ 80f. und 91 InsO. Danach ist der Erwerb eines Gegenstandes aus der Masse nach Verfahrenseröffnung grundsätzlich ausgeschlossen. Wird jedoch vor Verfahrenseröffnung über künftige Gegenstände verfügt, scheitert diese Verfügung nicht an §§ 80f. InsO, da es für diese darauf ankommt, wann sich der rechtsgeschäftliche Verfügungstatbestand vollendete.[46] § 91 I InsO unterbindet nur den Erwerb von Rechten „an den Gegenständen der Insolvenzmasse“. Es scheint also darauf anzukommen, ob die nach Verfahrenseröffnung entstehende Forderung wenigstens für eine logische Sekunde in das Vermögen des Schuldners und damit in die Masse fällt – so die Lehre vom „Durchgangserwerb“[47] – oder ob sie mit der Lehre vom Direkterwerb[48] unmittelbar in der Hand des Zessionars entsteht. Nach herrschender Meinung soll ein Direkterwerb nur stattfinden, wenn der Rechtsgrund der abgetretenen Forderung zur Zeit der Abtretung bereits gelegt war.[49]

Zu Recht wird freilich betont, daß die Frage der Insolvenzfestigkeit der Vorausabtretung nicht von solchen begrifflichen Erwägungen abhängig gemacht werden kann.[50] Nach herrschender Ansicht ist daher unabhängig von der Frage eines

---

Christiansen, ZInsO 2010, 656; *Stamm*, KTS 2009, 112; *Jacoby*, ZIP 2008, 386; *Mitlehner*, ZIP 2007, 1926; *Molitor*, ZInsO 2006, 23; *Dobmeier*, NZI 2006, 145; *Zeuner*, ZVI 2006, 327; *Berger*, NZI 2007, 570f.; *Fischer*, ZIP 2004, 1680; *Eckardt*, ZIP 1999, 1419f.; *Eckert*, Zeitpunkt, 102. – Anders, nämlich auf den Abschluß des (Global-)Abtretungsvertrags abstellend LG Chemnitz WM 2007, 397, 398; *Eßbauer*, ZInsO 2008, 601 (unter irriger Berufung auf BGHZ 174, 297, 308); *Himmelsbach/Achsnick*, NZI 2006, 105. Auf das Entstehen „des während des Anfechtungszeitraums abgetretenen Forderungsbestands“ abhebend *Blum*, ZInsO 2007, 530.

45 Begr. RegE-InsO, BT-Drucks. 12/2443, S. 166.

46 Vgl. nur MünchKommInsO/*Ott/Vuia*, § 81 Rn. 9; HmbK/*Kuleisa*, § 81 Rn. 8; *Voß*, Vorausabtretung, 55. Vgl. allgemein zur Frage, bis zu welchem Zeitpunkt die Verfügungsbefugnis des Veräußerers gegeben sein muß, *Wieling*, Sachenrecht I, § 1 III 3.

47 So im vorliegenden Zusammenhang Kübler/Prütting/Bork/*Lüke*, § 91 Rn. 29.

48 Vgl. etwa Nörr/Scheyhing/*Pöggeler*, § 9 II.

49 Vgl. etwa Staudinger/*Busche*, § 398 Rn. 73ff. mit weiteren Nachweisen.

50 Vgl. jüngst ausführlich *Voß*, Vorausabtretung, 60ff.; weiter etwa *Marotzke*, AcP 191 (1991), 188f., 196ff., *dens.*, KTS 1979, 48f., Nörr/Scheyhing/*Pöggeler*, § 9 IV, Jaeger/*Windel*, § 91 Rn. 63, und MünchKommBGB/*Roth*, § 398 Rn. 85, der aber im Ergebnis doch darauf abstellen will, ob der Rechtsgrund der Forderung bei Verfahrenseröffnung bereits gelegt; ebenso Bamberger/Roth/*Rohe*, § 398 Rn. 70; Erman/*Westermann*, § 398 Rn. 12.

Durchgangs- oder Direkterwerbs zu entscheiden: Der Zessionar soll die Forderung nicht erwerben können, wenn sie erst nach Verfahrenseröffnung entsteht.[51] Anderes soll nur gelten, wenn die Forderung bei Verfahrenseröffnung dem Grunde nach schon entstanden, jedoch noch nicht fällig oder aufschiebend bedingt war; in diesem Fall soll der Zessionar die Forderung auch dann erwerben, wenn die Fälligkeit oder die fragliche Bedingung erst nach Verfahrenseröffnung eintrat.[52]

Für eine solche Unterscheidung zwischen einer Verfügung über künftige und bedingte Rechte kann nicht schlicht mit der Behauptung argumentiert werden, daß im ersten Fall anders als im zweiten noch keine schützenswerte Rechtsposition oder „Anwartschaft" des Erwerbers bestehe;[53] denn ob dies der Fall ist, hängt maßgeblich von der Frage der Insolvenzfestigkeit der Erwerbsaussicht ab, und um diese geht es gerade. Ebensowenig kann ausschlaggebend sein, daß bedingte Forderungen für die Zwecke der Anmeldung als bestehend behandelt werden, denn dies ist der Gesamtbereinigungsfunktion des Insolvenzverfahrens geschuldet, die mit der vorliegenden Frage nichts zu tun hat.[54] § 161 I 2 BGB, auf dem wiederum § 140 III InsO beruht, ist in der vorliegenden Frage nicht unmittelbar einschlägig, und auch der diffuse Hinweis auf den Rechtsgedanken des § 161 I 2 BGB führt nicht weiter.[55]

---

[51] BGH ZInsO 2010, 1001, 1002; BGH NZI 2010, 682, 683; BGH ZIP 2010, 335, 338; BGH NJW 2009, 2677, 2678; BGH WM 2009, 416, 417; BGH NJW 2006, 2485f. Ebenso schon zu § 15 KO BGH NJW 1955, 544; Jaeger/*Henckel*, Konkursordnung[9], § 15 Rn. 44; kritisch *Serick*, 100 Jahre KO, 283ff. Anders zum Veräußerungsverbot nach § 106 I 3 KO noch BGH NJW 1997, 1857, 1858. Vgl. weiter Nörr/Scheyhing/*Pöggeler*, § 9 IV; HK/*Eickmann*, § 91 Rn. 14; Uhlenbruck/*Uhlenbruck*, § 91 Rn. 17; MünchKommInsO/*Ganter*, Vor §§ 49–52 Rn. 23; FK/*App*, § 91 Rn. 14; *Häsemeyer*, Insolvenzrecht, Rn. 10.26; Kübler/Prütting/Bork/*Bork*, Anh. I § 147 Rn. 4; *ders.*, Einführung, Rn. 147a; *Gehrlein*, ZIP 2011, 9. – Unklar Begr. RegE-InsO, BT-Drucks. 12/2443, S. 138: „Hat der Schuldner z.B. einem Gläubiger vor Verfahrenseröffnung eine künftige Forderung zur Sicherung abgetreten und entsteht die Forderung nach der Verfahrenseröffnung für die Masse, so erwirbt der Gläubiger kein Absonderungsrecht". Es ist gerade fraglich, ob die Forderung in diesem Fall „für die Masse" entsteht. – Die Anordnung von Verfügungsbeschränkungen im Eröffnungsverfahren soll den Erwerb einer zuvor vom Schuldner abgetretenen, aber erst danach entstehenden Forderung dagegen nicht hindern, BGH ZIP 2010, 138, 140f.; BGH NZI 2009, 888, 889 (§ 24 InsO verweise nicht auf § 91 InsO; insoweit zustimmend *Jacoby*, EWiR 2010, 123f.).

[52] BGH ZIP 2010, 335, 338; BGH NJW-RR 2008, 1007, 1008; BGH NJW 2003, 2744, 2746 (noch zu § 15 KO). Uhlenbruck/*Uhlenbruck*, § 91 Rn. 18; HmbK/*Kuleisa*, § 91 Rn. 9; MünchKommInsO/*Breuer*, § 91 Rn. 23; Kübler/Prütting/Bork/*Lüke*, § 91 Rn. 23; FK/*App*, § 91 Rn. 14; *Bork*, Einführung, Rn. 147a. Etwas anders *obiter* nun BGH WM 2009, 416, 418 (Erwerb einer im voraus abgetretenen, nach Verfahrenseröffnung entstehenden Forderung durch den Zessionar nur dann, wenn die Forderung ohne weiteres Zutun der Parteien entsteht). Kritisch *Flöther/Bräuer*, NZI 2006, 138; ablehnend Jaeger/*Windel*, § 91 Rn. 57, und *Christiansen*, KTS 2003, 549ff. – Aufschiebend befristete Rechte sollen dagegen wie künftige zu behandeln sein: Entstehen sie nach Verfahrenseröffnung, ist eine Vorausverfügung des Schuldners über sie unwirksam, BGH ZIP 2010, 335, 338; BGH NJW 2006, 2485; BGH ZIP 1997, 513, 514.

[53] So aber Kübler/Prütting/Bork/*Lüke*, § 91 Rn. 27, unter Hinweis auf BGH NJW 1955, 544.

[54] Wie hier schon *Christiansen*, KTS 2003, 551ff.

[55] Ihn bemühen aber namentlich Kübler/Prütting/Bork/*Lüke*, § 91 Rn. 23; Kübler/Prütting/Bork/*Ehricke*, § 140 Rn. 19; *Bork*, Einführung, Rn. 147a; *Zenker*, ZVI 2008, 327f. Ablehnend auch

Denn § 161 I 2 BGB betrifft bedingte und wegen § 163 BGB auch befristete Verfügungen: Hängt der Eintritt der Verfügungswirkung nur noch von dem Eintritt der aufschiebenden Bedingung oder des Termins ab, ist die Erwerbsaussicht des Erwerbers auch gegen Verfügungen des Insolvenzverwalters geschützt. Sie ist insolvenzfest; daher ist in diesen Fällen schon der Abschluß des Verfügungstatbestandes gemäß § 140 III InsO der anfechtungsrelevante Zeitpunkt (vgl. noch unten § 8 IV). In den vorliegenden Fällen wurde jedoch nicht aufschiebend bedingt, sondern unbedingt über einen Gegenstand verfügt, dessen Entstehung aufschiebend bedingt ist. In diesem Fall schützt § 161 I 2 BGB allenfalls den Erwerb des Schuldners und auch dies nur, sofern er auf einer Verfügung beruht. Auf die Begründung von Forderungen findet § 161 BGB dagegen von vornherein keine Anwendung.

Entscheidend für die herrschende Meinung spricht letztlich folgende Erwägung: Eine bei Verfahrenseröffnung schon bestehende, wenn auch bedingte Forderung hat ihren Rechtsgrund in aller Regel in einem noch vom Schuldner abgeschlossenen, gegenseitigen Vertrag. Die mit diesem verbundene Investitionsentscheidung hat der Schuldner selbst getroffen und den wirtschaftlichen Gegenwert, der in der bedingten Forderung bereits verkörpert gewesen ist, mit deren Abtretung schon vor Verfahrenseröffnung aus seinem Vermögen weggegeben.[56] Der Zweck der §§ 80f., 91 InsO, das bei Verfahrenseröffnung noch vorhandene Vermögen des Schuldners zu schützen, greift für sie also nicht mehr ein. Forderungen dagegen, deren Rechtsgrund bei Eröffnung des Insolvenzverfahrens noch nicht gelegt war und die in diesem Sinne „künftig" sind, beruhen in aller Regel auf Investitionsentscheidungen des Insolvenzverwalters. Dessen Gestaltungsfreiheit, die namentlich §§ 103ff. InsO schützen sollen, wäre gefährdet, ermöglichte man dem Schuldner eine insolvenzfeste Vorausverfügung auch über solche Forderungen.[57] Dieser Gedanke führt auch zu einer weiteren Einschränkung der Insolvenzfestigkeit einer Vorausverfügung über bedingte Forderungen: War ein Vertrag bei Verfahrenseröffnung von beiden Seiten noch nicht vollständig erfüllt und unterliegt er der Erfüllungswahl nach § 103 InsO, führt diese nach ständiger Rechtsprechung des BGH dazu, daß die Forderungen aus dem Vertrag auch dann der Masse zustehen, wenn sie zuvor abgetreten worden waren.[58] Auch die Vorausverfügung über be-

---

bereits Jaeger/*Windel*, § 91 Rn. 57; MünchKommInsO/*Kirchhof*, § 140 Rn. 50b; Jaeger/*Henckel*, § 140 Rn. 9; *Christiansen*, KTS 2003, 554.

56 Ähnlich argumentiert BGH NJW 2003, 2744, 2746; als bloße Bildersprache abgetan von *Christiansen*, KTS 2003, 554ff.

57 Ähnlich zur Wirksamkeit einer Abtretung bei Verfahrenseröffnung bereits bestehender Forderungen aus einem bei Verfahrenseröffnung beiderseitig noch nicht vollständig erfüllten Vertrag, BGH NJW 1989, 1282, 1284. Vgl. nun auch ausführlich *Voß*, Vorausabtretung, 68 ff., 124 ff.

58 Vgl. schon BGH NJW 1989, 1282, 1283f.; NJW 1992, 507, 508. Auf Grundlage seiner neuen Ansicht über die Wirkungen der Erfüllungswahl ebenso BGH NJW-RR 2006, 990, 991; NJW 2002, 2783, 2784f. Zustimmend etwa MünchKommInsO/*Kreft*, § 103 Rn. 13; HmbK/*Ahrendt*, § 103 Rn. 36; FK/*Wegener*, § 103 Rn. 89. Im Ergebnis (Unwirksamkeit einer vorherigen Zession) zustimmend *Henckel*, FS Kirchhof, 206f.; *Jauernig/Berger*, Zwangsvollstreckungs- und Insolvenzrecht, § 49 Rn. 8; wohl auch HK/*Marotzke*, § 103 Rn. 20. Ablehnend etwa Kübler/Prütting/Bork/*Tintelnot*, § 103 Rn. 12; *Bork*, FS Zeuner, 312f.

dingte Forderungen ist also nur insoweit[59] insolvenzfest, als der Vertrag, aus dem die Forderung folgt, nicht der Erfüllungswahl des Insolvenzverwalters nach § 103 InsO unterliegt, der Schuldner also entweder schon die Gegenleistung erbracht hatte oder es sich um einen seinerseits insolvenzfesten Vertrag, namentlich einen Mietvertrag nach § 108 I InsO handelt.

Entgegen der herrschenden Meinung[60] nicht als künftige, sondern wie bedingte Forderungen sind nach diesen Erwägungen aufschiebend befristete Forderungen zu behandeln. Daß Bedingungen und Befristungen gleichzubehandeln sind, belegen § 163 BGB[61] und im vorliegenden Zusammenhang der Bestimmung des anfechtungsrelevanten Zeitpunkts namentlich § 140 III InsO. Sieht man Forderungen, die sich auf die Zahlung von Mietzins oder Bezüge aus einem Dienstvertrag richten, als befristet an,[62] sprechen auch §§ 110 und 114 InsO für diese Ansicht. Denn scheiterte eine Vorausverfügung über Forderungen aus dem Miet- oder Dienstverhältnis stets an § 91 II InsO, bedürfte es der §§ 110, 114 InsO nicht mehr, um eine solche Verfügung zu beschränken. Die Vertreter der herrschenden Ansicht müssen folglich davon ausgehen, daß §§ 110, 114 InsO eine solche Vorausverfügung überhaupt erst ermöglichen sollen,[63] was schon ihrem insoweit eindeutigen Wortlaut widerspricht.

---

[59] Bei teilbaren Leistungen wird die Abtretung nur insoweit unwirksam, als die Forderung auf die Gegenleistung für den nach Verfahrenseröffnung erbrachten Teil gerichtet ist: BGH NJW 2002, 2783, 2786; NJW 2001, 3704; MünchKommInsO/*Kreft*, § 103 Rn. 54; HmbK/*Ahrendt*, § 103 Rn. 50.

[60] Vgl. oben Fn. 52 a.E. Für eine Gleichsetzung von Bedingung und Befristung im vorliegenden Sinne aber auch bereits *Zenker*, ZVI 2008, 327f. (die von diesem genannten Nachweise beziehen sich aber nur auf die Zession bedingter Forderungen). Für Gleichstellung von betagten und aufschiebend befristeten Ansprüchen *Christiansen*, KTS 2003, 375f. Für die Anfechtung einer Abtretung künftiger Rentenansprüche des bereits in Rente befindlichen Schuldners will der BGH (WM 2009, 1475, 1477f., zum AnfG) ebenfalls auf den Zeitpunkt der Abtretung, nicht den der einzelnen späteren Bezugszeitpunkte abstellen.

[61] Mit Hinweis auf diese Norm begründet der BGH, daß befristete Forderungen den bedingten für die Zwecke des § 95 I InsO gleichzustellen seien: BGH NJW 2007, 2640, 2642, und NZI 2007, 164.

[62] BGH NJW 2010, 444, 445; BGH ZIP 2010, 335, 338; BGH ZIP 2010, 332, 333 (zum Mietzins, mit Abgrenzung zu einem Sonderfall); BGH WM 2009, 1475, 1477 (zum Mietzins); BGH NJW 2007, 2640, 2642; BGH NJW 2007, 1588, 1590; NZI 2005, 553; NJW 1990, 1785, 1787; NJW 1965, 1373, 1374. Ausführlich *Ehricke*, ZInsO 2008, 1058ff. Ebenso etwa *Dobmeier*, NZI 2006, 146; MünchKommInsO/*Kirchhof*, § 140 Rn. 9b; Staudinger/*Bork*, § 163 Rn. 2. Eingehende Kritik bei *Christiansen*, ZInsO 2010, 653ff.

[63] So in der Tat BGH NJW 2010, 444, 445; BGH NJW 2006, 2485, 2486 (zu § 114 InsO), und wie dieser *Beiner/Luppe*, NZI 2005, 16, Jaeger/*Henckel*, § 140 Rn. 10, und nun auch MünchKommInsO/*Löwisch/Caspers*, § 114 Rn. 1f.; Ebenso wohl HK/*Marotzke*, § 110 Rn. 4 (§ 91 InsO werde durch § 110 InsO verdrängt). Abweichend aber *Bork*, Einführung, Rn. 147a; *Dobmeier*, NZI 2006, 148; *Flöther/Bräuer*, NZI 2006, 141f.; wohl auch OLG Hamburg ZIP 2010, 744, 745f Konsequent *Jacoby*, LMK 2010, 299366: §§ 110, 114 InsO seien Sondervorschriften auch im Verhältnis zu § 140 InsO; im Anwendungsbereich dieser Vorschriften sei für die Frage der Anfechtbarkeit einer Pfändung daher nicht der Zeitpunkt der Forderungsentstehung, sondern derjenige der Pfändung maßgeblich.

Daraus folgt: Der Zessionar einer künftigen Forderung erlangt erst mit deren Entstehung eine insolvenzfeste Position; daher ist dieser Zeitpunkt auch gemäß § 140 I InsO anfechtungsrelevant. War die Forderung dagegen aufschiebend befristet oder bedingt, kommt es darauf an, ob sie aus einem gegenseitigen Vertrag stammt, der bei Verfahrenseröffnung der Erfüllungswahl des Insolvenzverwalters unterläge.[64] Ist dies nicht der Fall, war die Position des Zessionars schon mit der Abtretung insolvenzfest, und für die Frage der Anfechtbarkeit ist folglich auf diesen Zeitpunkt abzustellen. Im übrigen wird die Position des Zessionars erst insolvenzfest, wenn der Schuldner die Gegenleistung für die abgetretene Forderung vollständig erbringt, was den Vertrag im Falle der Verfahrenseröffnung einer Erfüllungswahl nach § 103 InsO entzöge; anfechtungsrelevant ist dann dieser Zeitpunkt.

c) Insbesondere: Revolvierende Globalzession

Die soeben dargestellte Ansicht scheint ein wichtiges Kreditsicherungsmittel, nämlich die – mit einer Einziehungsbefugnis des Schuldners verbundene – revolvierende[65] Globalabtretung, erheblich einzuschränken. Obwohl sie lange vor Eintritt der Krise vereinbart worden sein mag, kann sie nach dem Gesagten insoweit anfechtbar sein, als die von ihr erfaßten künftigen Forderungen im anfechtungsrelevanten Zeitraum entstanden. Der Globalzessionar droht also, einen womöglich nicht unerheblichen Teil seiner Sicherheit zu verlieren. Dies benachteiligt ihn jedoch nicht etwa unangemessen im Vergleich zu anderen Sicherungsnehmern.[66] Denn dieses Risiko ist nur die Kehrseite der in ihrer Flexibilität liegenden großen Effektivität der revolvierenden Globalsicherheit, die sie zugleich, wie schon unter § 2 III dargestellt, für die anderen Gläubiger besonders gefährlich macht: Gerade weil sie, anders als statische Sicherheiten, neu generierte Haftungsmasse dem Zugriff der anderen Gläubiger zunächst automatisch entzieht, muß dieser Entzug grundsätzlich unterbunden werden, sobald die Krise des Schuldners eintritt. Auch daraus, daß der Globalzessionar dem Schuldner eine Einziehungsbefugnis erteilte,

---

[64] Nach herrschender Meinung ist für die Anfechtbarkeit der Abtretung einer bedingten Forderung ohne weitere Differenzierung stets der Abschluß des Zessionsvertrags der anfechtungsrelevante Zeitpunkt: MünchKommInsO/*Kirchhof*, 140 Rn. 13; HmbK/*Rogge*, § 140 Rn. 14; *Beiner/Luppe*, NZI 2005, 17; *Zenker*, ZVI 2008, 327f. Ebenso zur KO RGZ 67, 425, 430; Jaeger/*Henckel*, Konkursordnung[9], § 30 Rn. 76 a.E. (zur Abtretung des Anspruchs des Sicherungsgebers auf Rückübertragung des Sicherungseigentums). Anders aber, nämlich (stets) auf den Eintritt der Bedingung oder des Termins abstellend, FK/*Dauernheim*, § 140 Rn. 6, der sich zu Unrecht auf BGH NJW 2004, 1444, 1445 beruft. Dort hatte der BGH entschieden, daß es für die Anfechtung der Pfändung von Ansprüchen des Schuldners aus „offener Kreditlinie" auf den Zeitpunkt ankomme, in dem der Schuldner den Kredit abrufe. Der BGH nimmt freilich nicht an, daß der Anspruch des Schuldners durch den Abruf bedingt sei; vielmehr soll es sich um ein einseitiges Gestaltungsrecht des Schuldners handeln, dessen Ausübung den Anspruch auf Auszahlung des Kredits begründe.

[65] Zu dieser allerdings allgemein üblichen Bezeichnung kritisch *Wieling*, Sachenrecht, § 18 3c (*revolvere* bedeutet „zurückrollen").

[66] So aber *Blum*, ZInsO 2007, 530.

erwächst ihm kein unangemessener Nachteil. Geht man mit der mittlerweile herrschenden Meinung davon aus, daß der Forderungserwerb aufgrund einer Globalzession grundsätzlich kongruent ist,[67] droht ihm eine Anfechtung bezüglich der im anfechtungsrelevanten Zeitraum entstandenen Forderungen nur nach § 130 I 1 InsO, also nur dann, wenn er die Zahlungsunfähigkeit des Schuldners (Nr. 1) oder gar den Eröffnungsantrag (Nr. 2) bereits kannte, als die jeweilige Forderung entstand. Können diese Forderungen seinen Sicherheitenbestand also nicht mehr auffüllen, muß der Globalzessionar dessen Schmälerung unterbinden, indem er zu diesem Zeitpunkt die Einziehungsbefugnis des Schuldners widerruft.[68] Ihm bleiben damit die vor dem anfechtungsrelevanten Zeitraum entstandenen, noch offenen Forderungen als anfechtungsfeste Sicherheit, und damit steht er genauso, als hätte er sich diese als statische Sicherheiten abtreten lassen. Es ist also nicht anzunehmen, daß Globalzessionen besonders anfechtungsgefährdet wären und nicht mehr als ausreichende Sicherheit akzeptiert würden, wenn man davon ausgeht, daß derjenige Zeitpunkt anfechtungsrelevant ist, in dem die jeweiligen Forderungen entstehen.[69]

2. Ermöglichung einer Sicherung oder Befriedigung

Nicht erst die Handlung, die dem Gläubiger eine Sicherheit oder Befriedigung gewährt, ist nach §§ 130, 131 InsO anfechtbar, sondern schon eine Handlung, die dies erst ermöglicht. Die rechtliche Wirkung, um die es hier geht, ist nicht, wie bei den Gewährungshandlungen, der Erwerb der Sicherung oder der Befriedigung, sondern deren Ermöglichung. Es ist also darauf abzustellen, wann die Rechtshandlung, um deren Anfechtbarkeit es geht, die Sicherung oder Befriedigung rechtlich ermöglicht hat.

Aus der Vielzahl denkbarer Ermöglichungshandlungen[70] seien hier wiederum nur einige herausgegriffen, um zu verdeutlichen, wie die für die Anfechtung von Gewährungshandlungen geltenden Grundsätze auf sie übertragen werden können.

a) Prozeßhandlungen

Bei Rechtshandlungen, die eine Sicherung oder Befriedigung ermöglichen, dachten die Verfasser der §§ 130, 131 InsO namentlich an prozessuale Handlungen des Schuldners, „die – wie z.B. ein Anerkenntnis – selbst zwar keine Deckung gewähren, jedoch zu einer solchen geführt haben".[71] Bleibt man zunächst bei dem in

---

[67] Grundlegend BGHZ 174, 297, 300ff. Anders noch OLG Karlsruhe NZI 2006, 103, 104; OLG Dresden WM 2006, 2095, 2096; OLG München NZI 2006, 530f. Vgl. hierzu noch unten, § 12 II 5c bb.

[68] Vgl. aber einschränkend *Kuder*, ZIP 2008, 292f.

[69] So aber LG Chemnitz WM 2007, 397, 398.

[70] Vgl. die Zusammenstellung bei Kübler/Prütting/Bork/*Schoppmeyer*, § 130 Rn. 34ff.; Jaeger/*Henckel*, § 130 Rn. 16f. (vgl. jedoch auch Rn. 15).

[71] Erster Bericht der Kommission für Insolvenzrecht, S. 405; Begr. RegE-InsO, BT-Drucks. 12/2443, S. 157.

den Materialien genannten Beispiel des prozessualen Anerkenntnisses, so ist die selbständige Bedeutung der Anfechtung einer Ermöglichungshandlung gegenüber derjenigen einer Gewährungshandlung nicht leicht erkennbar. Denn hat der Anfechtungsgegner auf das Anerkenntnis des Schuldners hin ein Anerkenntnisurteil erwirkt und aus diesem vollstreckt, ist die damit erlangte Sicherheit oder Befriedigung „gewährt" und in aller Regel ebenfalls anfechtbar, wenn das Anerkenntnis als Ermöglichung anfechtbar ist. Denn diese geht der Gewährung zeitlich voran; fällt die Ermöglichungshandlung in den anfechtungsrelevanten Zeitraum, gilt dies also erst Recht für die Gewährungshandlung. Lagen die übrigen Anfechtungsvoraussetzungen der §§ 130, 131 InsO zur Zeit der Ermöglichungshandlung vor, waren zu diesem Zeitpunkt namentlich eine Krisentatsache und die eventuell erforderliche Kenntnis des Anfechtungsgegners von ihr gegeben, werden diese bis zur Gewährungshandlung in den seltensten Fällen entfallen sein.[72] Relevant wird die Anfechtung des Anerkenntnisses als Ermöglichungshandlung also letztlich nur dann, wenn der Anfechtungsgegner noch nicht vollstreckt hat. In diesem Fall ist eine Gläubigerbenachteiligung freilich nur unter dem Aspekt denkbar, daß § 179 II InsO aufgrund der Titulierung die Widerspruchsführungslast im Bestreitensfall umkehrt und dem Bestreitenden auferlegt.[73]

Kommt nach alledem wirklich einmal die Anfechtung eines Anerkenntnisses in Betracht, soll nach der herrschenden Literatur zu differenzieren sein: Bei einem materiell-rechtlichen Anerkenntnis im Sinne des § 781 BGB sei entscheidend, wann dieses wirksam geworden ist; bei einem prozessualen Anerkenntnis im Sinne des § 307 ZPO dagegen soll es auf den Erlaß des Anerkenntnisurteils ankommen.[74] Dies ist im Ergebnis richtig, jedoch wiederum nicht deshalb, weil die gläubigerbenachteiligende Wirkung erst in diesen Zeitpunkten eintritt.[75] Vielmehr kommt es auch hier darauf an, wann der Anfechtungsgegner die fragliche Rechtsposition erworben hat, auf deren Bestand er möglicherweise vertraut und die ihm mit der Anfechtung genommen werden soll. Bei dieser Rechtsposition handelt es sich in den vorliegenden Fällen allerdings nicht notwendigerweise um ein Recht an einem Gegenstand. Vielmehr hat der Anfechtungsgegner durch das materiell-rechtliche Anerkenntnis – je nach seiner Einordnung – einen neuen Anspruch oder eine günstigere Beweisposition erworben,[76] im Falle des prozessualen Anerkenntnisses dagegen einen Vollstreckungstitel, der ihm eine Sicherung oder Befriedigung im Wege der Zwangsvollstreckung ermöglicht; dies aber nicht schon mit

[72] Vgl. etwa zur Überwindung einer einmal eingetretenen Zahlungsunfähigkeit § 9 III 6; zum Entfallen einer von der Krise einmal erlangten Kenntnis § 11 II 1 c.

[73] Kübler/Prütting/Bork/*Schoppmeyer*, § 130 Rn. 37; Jaeger/*Henckel*, § 140 Rn. 31; *ders.*, Kölner Schrift², S. 813ff. Rn. 23, 77.

[74] *Henckel*, Kölner Schrift², S. 813ff. Rn. 77; Jaeger/*Henckel*, § 140 Rn. 31; MünchKommInsO/*Kirchhof*, § 140 Rn. 20; HK/*Kreft*, § 140 Rn. 6; Uhlenbruck/*Hirte*, § 140 Rn. 2. Anders aber *Zeuner*, Anfechtung, Rn. 32; *Eckert*, Zeitpunkt, 90: Abgabe des Anerkenntnisses sei entscheidend.

[75] So aber die in der vorigen Fn. Genannten.

[76] Vgl. eingehend Staudinger/*Marburger*, § 781 Rn. 1ff. zum abstrakten und Rn. 8ff. zum kausalen Schuldanerkenntnis.

Wirksamwerden des Anerkenntnisses, sondern erst mit dem des Anerkenntnisurteils.

b) Unterlassen

§ 129 II InsO stellt ein Unterlassen für die Zwecke der Anfechtung nunmehr ausdrücklich einer Handlung gleich. Wie diese kann ein Unterlassen jedoch nur dann angefochten werden, wenn es sich als ein Verhalten darstellt, also wissentlich und willentlich geschieht, so daß bloßes Vergessen nicht genügt.[77]

Was die Bestimmung des anfechtungsrelevanten Zeitpunkts angeht, enthält das Gesetz keine Sonderbestimmung. Leitsatz 5.1 des Ersten Berichts der Kommission für Insolvenzrecht hatte noch festgelegt, daß es auf den Zeitpunkt ankomme, in dem die durch das Unterlassen bewirkte Rechtsfolge durch eine Handlung noch hätte abgewendet werden können.[78] Ob mit dieser Regel das Richtige getroffen ist, erscheint zweifelhaft. Die unter § 8 I angestellten Erwägungen greifen auch hier. Nach ihnen muß entscheidend sein, wann die rechtlichen Wirkungen des Unterlassens eingetreten sind, genauer: wann der Anfechtungsgegner durch das Unterlassen eine im übrigen insolvenzfeste Position erlangt hat. Daß der Schuldner den Eintritt der Rechtswirkung nicht mehr abwenden kann, indem er die unterlassene Rechtshandlung vornimmt, ist dafür nur eine notwendige, aber keine hinreichende Bedingung, wenn der Erwerb des Anfechtungsgegners noch von weiteren Voraussetzungen abhängt.[79]

Genau zu diesem Zeitpunkt müssen auch im Falle der Anfechtung eines Unterlassens die Anfechtungsvoraussetzungen gegeben sein, namentlich die entsprechende „Krisentatsache" vorliegen und der Anfechtungsgegner von ihr – sofern erforderlich – Kenntnis haben. Es genügt nicht, wenn die Anfechtungsvoraussetzungen nur zu irgendeinem Zeitpunkt vorlagen, zu dem noch eine Handlungsmöglichkeit bestand:[80] Entscheidend ist, ob der Anfechtungsgegner im Zeitpunkt des endgültigen Erwerbs der Rechtsposition darauf vertrauen durfte, sie behalten zu können.

---

77 Vgl. etwa BGH BB 1997, 436, 437 (zur GesO); Kübler/Prütting/Bork/*Schoppmeyer*, § 130 Rn. 39; HK/*Kreft*, § 129 Rn. 24; Jaeger/*Henckel*, § 129 Rn. 12; *Kirchhof*, FS Uhlenbruck, 269; *Gehrlein*, WM 32/2009 (Sonderbeilage), 11. Abweichend *Jensen*, Grundfragen, 21ff., 168: Es komme darauf an, ob der Schuldner den gläubigerbenachteiligenden Rechtserfolg willentlich herbeigeführt hat. Weitergehend *Schlie*, Unterlassungen, 61ff., 85: Als Unterlassen sei jede Nichtvornahme einer Handlung anfechtbar, durch welche gläubigerbenachteiligende Wirkungen hätten vermieden werden können.

78 Erster Bericht der Kommission für Insolvenzrecht, S. 74.

79 Vgl. etwa zur Anfechtung des Unterlassens der Rücknahme eines Antrags auf Eintragung des Anfechtungsgegners im Grundbuch unten bei Fn. 122. – In der Begr. RegE-InsO, BT-Drucks. 12/2443, S. 166, ist daher richtigerweise davon die Rede, daß die Rechtswirkungen einer Unterlassung „frühestens" in dem Zeitpunkt eintreten, in dem sie nicht mehr durch eine Handlung abgewendet werden können; ebenso etwa HK/*Kreft*, § 140 Rn. 5; HmbK/*Rogge*, § 140 Rn. 18; Kübler/Prütting/Bork/*Ehricke*, § 140 Rn. 8; Uhlenbruck/*Hirte*, § 140 Rn. 4; *Zeuner*, Anfechtung, Rn. 31; *Gehrlein*, WM 32/2009 (Sonderbeilage), 58. Ohne diese Einschränkung aber Jaeger/*Henckel*, § 140 Rn. 32. *Schlie*, Unterlassungen, 96f., will auf den Zeitpunkt der Vornahme (?) der Unterlassung abstellen (vgl. aber auch ebd., 432).

80 So aber für eine zum Tatbestand der Anfechtung gehörende Kenntnis von der Krise Jaeger/*Henckel*, § 129 Rn. 13.

c) „Werthaltigmachen" abgetretener Forderungen

Nach herrschender Ansicht soll eine ermöglichende Rechtshandlung im Sinne der §§ 130, 131 InsO auch darin liegen können, daß eine Sicherheit im Wert gesteigert wird.[81] Dabei hat man namentlich gegen einen Drittschuldner gerichtete Ansprüche auf Werklohn im Blick, die der Schuldner dem Gläubiger zur Sicherheit abgetreten hat.

In der Tat liegt eine selbständige Anfechtbarkeit des „Werthaltigmachens" unter dem Gesichtspunkt des Ermöglichens nicht fern. Denn für den Gläubiger hat die ihm abgetretene Forderung erst dann einen Wert, wenn er sie gegen den Drittschuldner durchsetzen kann, was wegen § 320 BGB allemal voraussetzt, daß der Schuldner seine Gegenleistung erbracht hat. Erst dies ermöglicht es dem Gläubiger, seine Sicherheit zu nutzen.

Die Frage, ob das „Werthaltigmachen" anfechtbar ist, wird allerdings letztlich nur interessant, wenn die Abtretung selbst der Anfechtung entzogen ist, namentlich weil der hierfür anfechtungsrelevante Zeitpunkt außerhalb des anfechtungsrelevanten Zeitraums liegt, und es für die Anfechtung eines „Werthaltigmachens" auf einen anderen, späteren Zeitpunkt ankommt.[82] Das bleibt hier zu prüfen.

Für die Anfechtung des „Werthaltigmachens" stellt der BGH auf den Zeitpunkt der „Bewirkung der Werthaltigkeit" ab, also darauf, wann das rechtliche Hindernis, das den Wert der Forderung für den Anfechtungsgegner zuvor gemindert hatte, entfallen ist.[83] Ist keine Teilvergütung vereinbart, ist damit derjenige Zeitpunkt

---

[81] BGH ZIP 2008, 1435, 1436; BGH ZInsO 2008, 375, 377; BGHZ 174, 297, 309; BGH ZIP 2008, 1435, 1436; BGH NZI 2008, 551, 553; BGH NZI 2008, 236; OLG Köln NZI 2008, 373, 376; OLG Dresden WM 2006, 2095 ff. Kübler/Prütting/Bork/*Schoppmeyer*, § 130 Rn. 40; Kübler/Prütting/Bork/*Bork*, Anh. I § 147 Rn. 5; *Gerhardt*, GS Knobbe-Keuk, 179 f.; *Kirchhof*, FS Uhlenbruck, 277; *ders.*, FS Gerhardt, 448; *ders.*, ZInsO 2004, 468; *Beiner/Luppe*, NZI 2005, 20 f.; *Jacoby*, ZIP 2008, 386 f.; *Schneider/Güther*, DB 2008, 283; *Mitlehner*, ZIP 2008, 190; *ders.*, ZIP 2007, 1927; *Piekenbrock*, WM 2007, 150; *Streit/Jordan*, DZWIR 2004, 447; *Stapper/Jacobi*, BB 2007, 2019; *Leiner*, ZInsO 2006, 463; *Psaroudakis*, ZInsO 2009, 1044; *Gehrlein*, ZInsO 2010, 1858 ff. – Kritisch aber *Cranshaw*, DZWIR 2008, 227, und ablehnend *Furche*, WM 2007, 1313 f.; *Stamm*, KTS 2009, 110 ff. *Heinze*, DZWIR 2008, 186, plädiert dafür, das „Werthaltigmachen" als letzten Teilakt der Abtretung anzusehen; ähnlich *Voß*, Vorausabtretung, 148 ff., 166. Ablehnend auch Jaeger/*Henckel*, § 130 Rn. 17: Das „Werthaltigmachen" durch Leistung an den Drittschuldner sei wegen der Abtretung der gegen den Drittschuldner gerichteten Forderung an den Anfechtungsgegner eine mittelbare Leistung an diesen und folglich als solche anfechtbar. Nach BGH ZIP 2008, 1435, 1437; BGH NZI 2008, 236 f., kann in einem solchen Fall gegenüber dem Empfänger der Leistung und dem Zessionar, dessen Forderung dadurch werthaltig wurde, zugleich angefochten werden; beide haften als Gesamtschuldner; vgl. dazu *Cranshaw*, DZWIR 2008, 229 f.; *Psaroudakis*, ZInsO 2009, 1044 ff. Anders womöglich BGH NZI 2008, 551, 553: Der Insolvenzverwalter habe die Wahl, welchen Leistungsempfänger er in Anspruch nimmt.

[82] Vgl. die anschaulichen Fallbeispiele bei *Beiner/Luppe*, NZI 2005, 20.

[83] BGH ZIP 2008, 1435, 1436 f.; BGHZ 174, 297, 310; wohl auch BGH NZI 2008, 236, 237 (Auslieferung von Merchandise-Artikeln). Ebenso OLG Köln NZI 2008, 373, 376 (Stellung der Schlußrechnung durch den Schuldner und Anerkenntnis der Schlußrechnung durch den Drittschuldner). Näher und mit Rücksicht auf die einzelnen Vertragstypen, aus denen die abgetretenen Forderungen stammen mögen, *Cranshaw*, DZWIR 2008, 228 f.

anfechtungsrelevant, in dem der Schuldner vollständig erfüllt hat. Dem ist zu folgen: Es besteht kein Grund, den Gläubiger im Falle des nachträglichen „Werthaltigmachens" der Forderung anders zu behandeln als in dem Fall, daß ihm die Forderung erst zu diesem Zeitpunkt abgetreten wurde; denn in beiden Fällen kann er auf die Möglichkeit, sich aus der Forderung zu befriedigen, erst dann vertrauen, wenn sie tatsächlich entstanden ist.

Nach dem unter § 8 II 1 b a.E. Gesagten ist der Zeitpunkt, in dem der Schuldner die Gegenleistung erbracht hat, in den meisten Fällen freilich auch für die Anfechtung einer Forderungsabtretung maßgeblich. Denn auch insoweit kommt es darauf an, wann der Zessionar eine – hier: in rechtlicher Hinsicht – insolvenzfeste Position erlangt hat. Stammt die Forderung aus einem gegenseitigen Vertrag, der im Falle der Eröffnung des Insolvenzverfahrens der Erfüllungswahl des Insolvenzverwalters unterläge, ist dies wegen der Rechtsprechung des BGH zu den Auswirkungen einer solchen Erfüllungswahl erst der Fall, wenn der Schuldner die ihm obliegende Gegenleistung vollständig erbracht hat: Denn danach soll eine vor Verfahrenseröffnung erfolgte Abtretung insoweit unwirksam sein, als sie sich auf Gegenleistungsansprüche für eine erst nach Verfahrenseröffnung erbrachte Leistung der Masse bezieht.[84] Nach hier vertretener Ansicht fallen die relevanten Zeitpunkte für die Anfechtbarkeit des „Werthaltigmachens" und der Forderungsabtretung nur auseinander, wenn die Forderung aus einem insolvenzfesten, der Erfüllungswahl des Insolvenzverwalters nicht unterliegenden Vertrag stammt. Denn in diesen Fällen ist für eine Anfechtbarkeit der Abtretung deren Vornahme maßgeblich, während es nach dem Gesagten für die Anfechtbarkeit des „Werthaltigmachens" auch hier auf die Erbringung der Gegenleistung durch den Schuldner ankommt. Nur in diesen Fällen kommt einer solchen Anfechtung nach hier vertretender Ansicht also selbständige Bedeutung zu.

Bejaht man die Anfechtbarkeit des „Werthaltigmachens", fragt sich, ob das gesamte „Werthaltigmachen" anfechtbar ist, obwohl womöglich nur ein Teil dieses Realakts des Schuldners, der letztlich Anfechtungsgegenstand ist, im anfechtungsrelevanten Zeitraum vollzogen wurde. Dies ist zu verneinen: Bei teilbaren Leistungen ist nur der Teil des „Werthaltigmachens" der Anfechtung unterworfen, der in den Zeitraum fällt, zu dem die Anfechtungsvoraussetzungen vorlagen.[85] Auch insoweit ist die entsprechende Rechtsprechung des BGH zu der Frage zu berücksichtigen, inwieweit die Erfüllungswahl nach § 103 InsO zur Unwirksamkeit der vor Verfahrenseröffnung erfolgten Abtretung der Ansprüche des Schuldners aus diesem Vertrag führt:[86] Den Regeln zur Berechnung einer Minderung entsprechend, ist der objektive Wert der im anfechtungsrelevanten Zeitraum erbrachten Leistung des

---

[84] Vgl. oben bei und in Fn. 58.

[85] OLG Dresden WM 2006, 2095, 2097f.; Kübler/Prütting/Bork/*Schoppmeyer*, § 130 Rn. 42; *Beiner/Luppe*, NZI 2005, 23; *Streit/Jordan*, DZWIR 2004, 447. Vgl. auch *Kirchhof*, FS Uhlenbruck, 278; Jaeger/*Henckel*, § 140 Rn. 6. Nicht eindeutig insoweit *Gerhardt*, GS Knobbe-Keuk, 180f.

[86] BGH NJW 2002, 2783, 2786; NJW 2001, 3704. MünchKommInsO/*Kreft*, § 103 Rn. 54; HmbK/*Ahrendt*, § 103 Rn. 50.

Schuldners zu ihrem Gesamtwert und dieser wiederum zur vereinbarten Gegenleistung in Bezug zu setzen.[87]

d) Nachträgliche Valutierung bestehender Sicherheiten

Um das bislang unterschätzte Potential der Anfechtung von Ermöglichungshandlungen zu verdeutlichen, soll abschließend nochmals der Fall aufgegriffen werden, daß der Inhaber einer zuvor nicht voll valutierenden, nichtakzessorischen Sicherheit im anfechtungsrelevanten Zeitraum Forderungen erwirbt, die dem Deckungsbereich der Sicherheit unterfallen. Hier ist nicht nur daran zu denken, daß dem Sicherungsnehmer Forderungen anderer Gläubiger abgetreten wurden, sondern auch an den viel alltäglicheren Fall, daß der gegen den Schuldner gerichtete Forderungsbestand des Sicherungsnehmers selbst im anfechtungsrelevanten Zeitraum angewachsen ist.

Beide Fälle scheinen gleich entschieden werden zu müssen,[88] und doch hat sie der BGH, noch zur KO, unterschiedlich entschieden. Im erstgenannten Fall stellte das Gericht nicht auf die Bestellung der Sicherheit, sondern die nachfolgenden Abtretungen der Forderungen ab, die deren Deckungsbereich unterfielen. Anfechtungsrelevant sei der Zeitpunkt, in dem die Abtretungen wirksam wurden.[89] In Fällen aber, in denen nach Bestellung der Sicherheit Forderungen des Sicherungsnehmers gegen den Schuldner entstanden, die dem Deckungsbereich der Sicherheit unterfielen, prüfte der BGH stets nur eine Anfechtbarkeit der Bestellung der Sicherheit: Hierfür seien nicht die Umstände entscheidend, die zur Zeit der Entstehung der Forderungen gegeben waren; anfechtungsrelevanter Zeitpunkt sei vielmehr die Bestellung der Sicherheit, auch soweit diese erst später entstandene Forderungen abdecke.[90] Diese Ansicht ist in der Literatur zwar auch auf Ablehnung gestoßen,[91] herrscht dort aber gleichwohl, und zwar auch zur Rechtslage nach der InsO.[92]

---

[87] Vgl. soeben Fn. 85.

[88] *Obermüller/Kuder*, FS Fischer, 392, meinen indes, im Falle der nachträglichen Abtretung handele die Bank anders als im Falle des nachträglichen Entstehens eigener Forderungen rechtsmißbräuchlich, daher könne die Entscheidung des BGH in jenem Fall nicht auf diesen übertragen werden. Im Rahmen der besonderen Insolvenzanfechtung geht es freilich nicht um die Sanktion von Rechtsmißbrauch; hierauf hat der BGH folglich mit Recht nicht abgestellt.

[89] BGH NJW 1972, 2084; entsprechend zum umgekehrten Fall, daß dem Gläubiger zuvor nicht valutierende Sicherungsgrundschulden abgetreten werden, BGH WM 1974, 1218f. Da es nicht um die Anfechtung der Grundschuldbestellung ging, ist es irreführend, wenn *Gerhardt*, GS Knobbe-Keuk, 180, das erstgenannte Urteil für die Aussage zitiert, anfechtungsrechtlich maßgeblich sei nicht der Erwerb der Grundschuld, sondern die Beseitigung der Einrede der Nichtvalutierung.

[90] BGH NJW 1983, 1120, 1122f.; NJW 1983, 1619, 1620; NZI 1999, 116, 117. Zum Zeitpunkt des Entstehens eines Pfandrechts wegen künftiger Forderungen in anderem Zusammenhang ebenso BGH NJW 1985, 863ff.

[91] Jaeger/*Henckel*, Konkursordnung[9], § 30 Rn. 78, will für den Fall der nachträglichen Valutierung einer Sicherungsgrundschuld auf den Fortfall der Einrede der Nichtvalutierung und daher auf den des Forderungserwerbs abstellen; entsprechend zum Fahrnispfand a.a.O., Rn. 79f. Ebenso nun für die InsO Jaeger/*Henckel*, § 140 Rn. 17f.; entsprechend MünchKommInsO/*Kirchhof*, § 140 Rn. 15f.; *Berger*, NZI 2007, 569.

[92] MünchKommInsO/*Ganter*, Vor §§ 49–52 Rn. 35, 35a; Uhlenbruck/*Hirte*, § 140 Rn. 7; HmbK/*Rogge*, § 140 Rn. 12a, 14a; Kübler/Prütting/Bork/*Ehricke*, § 140 Rn. 5; Nerlich/Römermann/

In einer Entscheidung aus jüngerer Zeit hat der BGH nun offengelassen, ob er an dieser Rechtsprechung für die InsO festhalten wird. Der Fall ist für die vorliegende Frage durchaus lehrreich, obwohl dort die Anfechtung eines Vermieterpfandrechts in Rede stand. Bei diesem handelt es sich zwar um eine akzessorische Sicherheit. Der BGH geht jedoch davon aus, daß das Vermieterpfandrecht an den Sachen des Mieters auch wegen künftiger Forderungen bereits zu dem Zeitpunkt entstehe, in denen der Mieter die Sache in die gemieteten Räume einbringt.[93] Folgt man dieser Ansicht, steht das Vermieterpfandrecht einem nichtakzessorischen Sicherungsrecht gleich, das bereits besteht, aber zunächst nicht oder nicht in vollem Umfang valutiert, so daß der Sicherungsnehmer abgesonderte Befriedigung aus ihm auch wegen solcher Forderungen verlangen kann, die erst im anfechtungsrelevanten Zeitraum entstanden sind.

In dem vom BGH zu entscheidenden Fall waren der Schuldnerin Büroräume vermietet worden. Nach Stellung des Antrags auf Eröffnung des Insolvenzverfahrens hatte die Schuldnerin keine Miete mehr gezahlt; der Vermieter machte wegen dieser Forderungen sein Vermieterpfandrecht an den zuvor eingebrachten Sachen der Schuldnerin geltend. Gegen den Widerspruch des Vermieters aber entfernte der Insolvenzverwalter diese Sachen aus den Räumen und verwertete sie.

Im Rahmen der Frage, ob dem Vermieter kraft seines Vermieterpfandrechts ein Teil des Erlöses aus dieser Verwertung zustehe, prüft der BGH, ob „das Vermieterpfandrecht" anfechtbar ist.[94] Da nach § 129 InsO aber nur Rechtshandlungen anfechtbar sind, erörtert das Gericht zunächst, auf welcher Rechtshandlung „das Vermieterpfandrecht" „beruht", und führt aus, daß es – auch soweit es erst künftig entstehende Forderungen sichert – durch das Einbringen der fraglichen Sachen in die vermieteten Räume entstehe.

Nicht nur hat das Gericht damit seine Perspektive auf die Frage verengt, ob das Vermieterpfandrecht wegen der Anfechtbarkeit gerade des Einbringens unbeachtlich ist. Durch diese Bestimmung der anfechtbaren Rechtshandlung hat es implizit auch schon die Frage beantwortet, wann diese im Sinne des § 140 I InsO vorgenommen wurde, in welchem Zeitpunkt also die Anfechtungsvoraussetzungen vorliegen müssen. Denn das Einbringen der Sachen soll die maßgebliche anzufechtende Rechtshandlung sein, weil durch sie das zu beseitigende Pfandrecht entsteht, und der Eintritt dieser Rechtswirkung wiederum ist nach § 140 I InsO für die Er-

---

Nerlich, § 140 Rn. 9; *Obermüller/Kuder*, FS Fischer, 387; *Eckardt*, ZIP 1999, 1420. Entsprechend wird mehrheitlich angenommen, ein Absonderungsrecht könne auch Forderungen abdecken, die nach Verfahrenseröffnung entstanden sind: BGH NJW-RR 2008, 1007, 1008 (zu bedingten Forderungen); HmbK/*Büchler*, Vorbemerkungen zu §§ 49–51 Rn. 17; MünchKomm-InsO/*Ganter*, vor §§ 49–52 Rn. 35 (anders aber für eine Sicherungsgrundschuld, Rn. 39); *Obermüller/Kuder*, FS Fischer, 390ff.; Uhlenbruck/*Uhlenbruck*, § 91 Rn. 10f.; *Proske*, ZIP 2006, 1038; *Vogel*, ZIP 2007, 2201; *Habersack*, BKR 2007, 78. Anders aber Jaeger/*Windel*, § 91 Rn. 31; Kübler/Prütting/Bork/*Prütting*, § 50 Rn. 8; *Bork*, Einführung, Rn. 151; *Häsemeyer*, Insolvenzrecht, Rn. 10.28.

[93] BGH NJW 2007, 1588, 1589. Ebenso bereits BGH NJW 1986, 2426, 2427, und etwa MünchKommBGB/*Artz*, § 562 Rn. 6.

[94] BGH NJW 2007, 1588, 1589.

mittlung des anfechtungsrelevanten Zeitpunkts maßgeblich. Es nimmt daher nicht Wunder, wenn das Gericht die Voraussetzungen des § 140 I InsO selbst nicht weiter erörtert, sondern das schon zuvor feststehende Ergebnis, daß der Zeitpunkt des Einbringens maßgeblich ist, am Rechtsgedanken des § 140 III InsO überprüft. Diese Norm sei zwar auf das Einbringen nicht anwendbar, weil nur Rechtsgeschäfte bedingt oder befristet sein könnten. „Dennoch kann die Tatsache, dass die Zahlung des Mietzinses unter den vorstehend genannten Voraussetzungen insolvenzfest ist, für die Frage der Anfechtbarkeit des Vermieterpfandrechts nicht unberücksichtigt bleiben. Das der Sicherung des Mietzinsanspruchs dienende Vermieterpfandrecht kann nicht in weiterem Umfang der Insolvenzanfechtung unterliegen als die Erfüllung der Mietzinsforderungen durch den Mieter."

Diese Argumentation verwirrt. § 140 III InsO hat nichts mit der Frage zu tun, ob die *Zahlung* des Mietzinses anfechtbar ist, denn bei der Zahlung handelt es sich nicht um eine befristete oder bedingte Rechtshandlung.[95] Was „die vorstehend genannten Voraussetzungen" sein sollen, ist vollends unklar, weil die Anfechtbarkeit von Zahlungen zuvor nicht erörtert wurde. Und hätte der Schuldner im anfechtungsrelevanten Zeitraum den Mietzins gezahlt, wäre dies als Deckungshandlung einer Anfechtung nach §§ 130, 131 InsO nur dann grundsätzlich entzogen gewesen, wenn es sich bei der Mietschuld um eine Masseverbindlichkeit nach § 55 II 2 InsO gehandelt hätte; dessen Voraussetzungen lagen im zu entscheidenden Fall aber offenbar nicht vor.[96] Da also eine Zahlung des Mietzinses durchaus der Anfechtung unterlegen hätte, fragt sich, warum die Besicherung des entsprechenden Anspruchs der Anfechtung entzogen sein soll.

Hier zeigt sich wiederum, wie wichtig es ist, klar zwischen Ziel und Gegenstand der Anfechtung zu unterscheiden und damit die Fragen abzuschichten, welche Rechtshandlung die anfechtungsrechtlich entscheidende und wann diese im anfechtungsrechtlichen Sinne des § 140 I InsO vorgenommen worden ist. In dem vom BGH zu entscheidenden Fall ging es – wirtschaftlich gesehen – nicht etwa um den Bestand „des Vermieterpfandrechts" insgesamt, sondern darum, ob der Vermieter sich auf dieses gerade wegen solcher Forderungen berufen konnte, die im anfechtungsrelevanten Zeitraum entstanden waren. Insoweit ist die gläubigerbenachteiligende Wirkung, deren Beseitigung die Anfechtung dient, nicht schon mit dem Entstehen des Pfandrechts eingetreten. Denn die Gläubigerbenachteiligung liegt darin, daß der Vermieter nach §§ 50 I, 166ff. InsO abgesonderte Befriedigung aus dem Erlös aus der Verwertung der dem Pfandrecht unterliegenden Sachen verlangen kann, aber eben nur wegen seiner Forderungen. Ohne diese besteht kein Absonderungsrecht; nur im Verbund mit Forderungen äußert das Pfandrecht gläubiger-

---

[95] Entsprechend die Kritik bei *v. Olshausen*, KTS 2009, 492. In anderer Hinsicht klarstellend mittlerweile BGH NJW 2010, 444, 445: „In den Fällen einer Vorausabtretung einer künftigen Forderung, deren Verpfändung oder Pfändung ist § 140 Abs. 3 InsO nicht einschlägig".

[96] *Neuenhahn*, NZI 2007, 161, meint, es sei hier richtigerweise auf die Anfechtbarkeit der Mietzinsforderungen abzustellen gewesen. Auch dann hat die Argumentation des BGH allerdings keinen Sinn, denn daraus, daß die Mietzinsforderungen nicht anfechtbar sind, folgt nicht, daß auch ihre Deckung nicht der Anfechtung unterliegen darf.

benachteiligende Wirkung.[97] Aus diesem Grunde läßt sich auch nicht sagen, der Gegenstand der Sicherheit sei schon mit deren Bestellung aus dem allgemein haftenden Vermögen des Schuldners ausgeschieden.[98] Denn dem Sicherungsnehmer haftet der Gegenstand nur für die im jeweiligen Zeitpunkt wirklich bestehenden, der Sicherheit unterfallenden Forderungen; auf einen über deren Deckung hinausgehenden Verwertungserlös können inner- und außerhalb des Insolvenzverfahrens noch die anderen Gläubiger haftungsrechtlichen Zugriff nehmen.

Da also das Sicherungsrecht erst im Verbund mit der gesicherten Forderung eine gläubigerbenachteiligende Wirkung entfalten kann, ist nicht nur an eine Anfechtung der Rechtshandlung zu denken, die zum Erwerb des dinglichen Sicherungsrechts geführt hat,[99] sondern auch an eine Anfechtung der Rechtshandlung, durch welche der Sicherungsnehmer die gesicherte Forderung erworben hat, die ihm die Ausübung der Sicherheit erst ermöglichte. Da ihre Anfechtbarkeit hier aber unter dem Aspekt des Ermöglichens in Rede steht, ist dies auch die rechtliche Wirkung, nach deren Eintritt sich gemäß § 140 I InsO der anfechtungsrelevante Zeitpunkt bestimmt. Es kommt also nicht darauf an, wann der Sicherungsnehmer im anfechtungsrechtlichen Sinne die Forderung selbst erworben hat, sondern darauf, wann er die rechtliche Möglichkeit erworben hat, ihretwegen aus der Sicherheit vorzugehen.[100]

Genau auf dieser Linie liegt die Entscheidung des BGH in dem Fall, daß dem Inhaber einer nicht (voll) valutierenden Grundschuld im anfechtungsrelevanten Zeitraum Forderungen abgetreten werden, die deren Sicherungsbereich unterfallen. Der Forderungserwerb ermöglichte es dem Grundschuldinhaber, aus dieser zum Nachteil der anderen Gläubiger gegen den Schuldner vorzugehen. Die Abtretung ist daher unter dem Aspekt des „Ermöglichens" selbständig anfechtbar,[101] und zwar mit dem Ziel zu unterbinden, daß der Anfechtungsgegner wegen dieser Forderungen aus der Grundschuld vorgeht. Der anfechtungsrelevante Zeitpunkt des rechtlichen „Ermöglichens" fällt hier mit dem des Erwerbs der Forderungen zusammen.[102]

---

[97] So letztlich auch der BGH (NJW 2007, 1588, 1590): Nach wirtschaftlicher Betrachtungsweise bewirke die Begründung eines Pfandrechts für künftige Forderungen erst im Entstehungszeitpunkt der gesicherten Forderungen die Schmälerung des Schuldnervermögens.

[98] Damit hatte der BGH in seiner früheren Rechtsprechung begründen wollen, daß es für die Frage der Anfechtbarkeit auch dann auf den Zeitpunkt der Bestellung der Sicherheit ankomme, wenn die gesicherte Forderung erst später entstand: BGH NJW 1983, 1120, 1122f.; NJW 1983, 1619, 1620. Ebenso argumentieren noch *Obermüller/Kuder*, FS Fischer, 387.

[99] Diese lehnt Jaeger/*Henckel*, § 131 Rn. 44, mit der beachtlichen Erwägung ab, der Anfechtungsgegner sei in dem Zeitpunkt, als die Deckung erfolgte, noch überhaupt nicht Insolvenzgläubiger gewesen; vgl. hierzu auch *Eckardt*, ZIP 1999, 1425. *Henckel* (a.a.O., Rn. 45) plädiert für eine Anfechtung nach § 132 InsO, derer es nach den hier folgenden Ausführungen aber nicht bedarf.

[100] Vgl. auch *v. Olshausen*, KTS 2009, 488, und allgemein bereits Jaeger/*Henckel*, § 140 Rn. 31: „Hat das Ermöglichen zu einem anfechtbaren gläubigerbenachteiligenden Erfolg geführt, ist der Zeitpunkt maßgebend, in dem der Erfolg eingetreten ist".

[101] Nach BGH NJW 1972, 2084, 2085, waren die Abtretungen gemäß § 30 Nr. 2 KO als Gewährung einer Sicherheit anfechtbar.

[102] Ebenso im Ergebnis *Mitlehner*, ZIP 2007, 1926; Jaeger/*Henckel*, § 131 Rn. 45.

Nichts anderes gilt grundsätzlich in den Fällen, in denen der Bestand des Sicherungsnehmers an eigenen, dem Sicherungsrecht unterfallenden Forderungen im anfechtungsrelevanten Zeitraum anwächst. Auch hier ist nicht nur an die Anfechtbarkeit der Rechtshandlung zu denken, die dem Sicherungsnehmer die Sicherheit gewährte, sondern auch an die Rechtshandlungen, durch welche ihm die Ausübung der Sicherheit erst ermöglicht wurde, durch die er nämlich die der Sicherheit unterfallenden Forderungen erwarb oder durch die diese durchsetzbar wurden. Schon der vom BGH entschiedene Fall des Vermieterpfandrechts zeigt, daß insoweit eine ganze Reihe von Rechtshandlungen in Betracht kommen können: In diesem ist nämlich nicht nur an den Abschluß des Mietvertrags zu denken, sondern etwa auch das Unterlassen einer Kündigung oder andere, Bestand und Fälligkeit der Forderungen des Vermieters beeinflussende Rechtshandlungen. Zwar ist der anfechtungsrelevante Zeitpunkt für jede dieser potentiell anfechtbaren Rechtshandlungen gesondert zu ermitteln. Die rechtliche Wirkung, nach deren Eintritt sich gemäß § 140 I InsO der anfechtungsrelevante Zeitpunkt bestimmt, ist dabei stets die, daß dem Sicherungsnehmer aufgrund der Forderung ein Vorgehen aus der Sicherheit ermöglicht wird.

Da es nicht um den Erwerb der Forderungen als solchen geht, ist auch im vom BGH entschiedenen Fall des in der Krise mit Forderungen „aufgeladenen" Vermieterpfandrechts nicht auf den Abschluß des Mietvertrages abzustellen. Wäre dies so, hätte der BGH den Fall im Ergebnis richtig entschieden. Denn dann wäre der anfechtungsrelevante Zeitpunkt gemäß § 140 I InsO grundsätzlich danach zu bestimmen, wann der Forderungserwerb des Vermieters eingetreten ist. Dabei ist zu beachten, daß die auf Zahlung von Mietzins gerichteten Forderungen nach herrschender Meinung nicht betagt, sondern aufschiebend befristet sind, also erst zu Beginn des Überlassungszeitraums entstehen, für den die jeweilige Rate zu zahlen ist.[103] Folgt man dieser Ansicht auch in der impliziten Grundannahme, daß Rechtsgeschäfte auch nur im Hinblick auf einzelne Wirkungen befristet (und dann wohl auch bedingt) sein können,[104] wäre hier freilich § 140 III InsO (unmittelbar!) anwendbar: Die Befristung wäre außer Betracht zu lassen und auf den Zeitpunkt abzustellen, in dem der Mietvertrag geschlossen wurde.

Die für die Bestimmung des anfechtungsrelevanten Zeitpunkts maßgebliche rechtliche Wirkung des Mietvertragsschlusses ist jedoch nicht der Erwerb der Mietzinsforderungen, sondern daß die Forderungen aus dem Mietvertrag dem Vermieter rechtlich die – von der Anfechtung abgesehen – insolvenzfeste Möglichkeit verschafft haben, ihretwegen aus dem Pfandrecht bevorzugte Befriedigung zu verlangen. Diese rechtliche Wirkung zeitigte der Mietvertrag erst, als die Forderungen wirklich entstanden.[105] Lagen in diesem Zeitpunkt die Voraussetzungen der §§ 130, 131 InsO vor, ist der Abschluß des Mietvertrags mit der Folge anfechtbar, daß der Vermieter wegen der im anfechtungsrelevanten Zeitraum entstandenen Forderungen keine abgesonderte Befriedigung aus den seinem Vermieterpfandrecht unterliegenden Sachen verlangen kann.

---

[103] Vgl. oben Fn. 62.

[104] Vgl. Staudinger/*Bork*, Vorbemerkungen zu §§ 158–163, Rn. 6.

[105] Im Ergebnis wie hier *Berger*, NZI 2007, 570.

Daß dieses Ergebnis sachgerechter ist als das gegenteilige des BGH, hat dieser in seiner Argumentation unfreiwillig selbst belegt, indem er von der vermeintlichen Anfechtungsfestigkeit einer Zahlung auf die Anfechtungsfestigkeit der Besicherung schloß. Wenn der Anfechtungsgegner in Bezug auf die im anfechtungsrelevanten Zeitraum entstehenden Forderungen mit den anderen Insolvenzgläubigern gleichzubehandeln, eine Bevorzugung also durch Anfechtbarkeit zu unterbinden ist, macht es keinen Unterschied, ob diese Bevorzugung in einer Zahlung, der Bestellung einer neuen Sicherheit oder darin liegt, daß er erst aufgrund dieser Forderungen den Erlös aus der Verwertung einer bereits bestehenden, für ihn bis dahin aber insoweit wirtschaftlich wertlosen Sicherheit verlangen kann.

Für die Fälle, in denen der Anfechtungsgegner im anfechtungsrelevanten Zeitraum Forderungen erlangt, derentwegen er aus einer zuvor bestellten, aber zunächst nicht voll valutierenden Sicherheit vorgehen kann, gilt also: Die Ermöglichung des Vorgehens aus der Sicherheit ist selbständig anfechtbar; anfechtungsrelevant ist gemäß § 140 I InsO der Zeitpunkt, in dem es dem Anfechtungsgegner rechtlich möglich wird, wegen der durch die anzufechtende Rechtshandlung erworbenen Forderungen aus der Sicherheit vorzugehen.[106]

III. Zu buchende Verfügungen, § 140 II InsO

Bedarf es für die Wirksamkeit einer Verfügung der Eintragung in ein Register, wird der anfechtungsrelevante Zeitpunkt gemäß § 140 II 1 InsO präzisiert: Liegen alle weiteren Wirksamkeitsvoraussetzungen vor und ist die Willenserklärung des Schuldners für ihn bindend geworden, kommt es nicht erst auf den Zeitpunkt der Eintragung an, sondern schon auf denjenigen, in dem der „andere Teil“, also der Anfechtungsgegner, den Eintragungsantrag gestellt hat. Wurde der Anspruch auf Eintragung durch eine Vormerkung gesichert, kommt es gemäß § 140 II 2 InsO auf den Zeitpunkt an, in dem der Antrag auf Eintragung der Vormerkung gestellt wurde.

1. Entstehung des § 140 II InsO

Schon früh hatte sich in der Rechtsprechung zu KO und AnfG die Ansicht durchgesetzt, daß für die Frage der Anfechtbarkeit des Erwerbs eines Rechts an einem Grundstück die Umstände entscheidend seien, die bei Vollendung des Rechtserwerbs vorlagen.[107] Von jeher wurde an dieser Ansicht Kritik geübt,[108] die sich jedoch bis zum Inkrafttreten der InsO nicht durchsetzen konnte.[109]

---

[106] Zur Frage, ob inwieweit diesen Fällen das Bargeschäftsprivileg greift, unten § 13.

[107] Vgl. die Nachweise in Fn. 4.

[108] Vgl. aus vergleichsweise jüngerer Zeit – jeweils mit umfangreichen Nachweisen – *Wacke*, ZZP 82 (1969), 396 ff.; Jaeger/*Henckel*, Konkursordnung[9], § 30 Rz. 97, 99; Kuhn/*Uhlenbruck*, § 29 Rn. 10 a, § 30 Rn. 29; *Städtler*, Grundpfandrechte, 85 ff. Vgl. auch *Gerhardt*, ZIP 1985, 590.

[109] Vgl. – jeweils zum AnfG, mit weiteren Nachweisen zur ständigen Rechtsprechung – noch BGH NJW 1999, 643, 644; NJW 1993, 663, 665; NJW 1995, 659, 660.

Dieser Rechtsprechung schiebt § 140 II InsO nun einen Riegel vor. Die Norm geht auf § 149 II DiskE-InsO zurück.[110] Man wollte damit den Widerspruch der bisherigen Rechtsprechung zu dem schon für die KO geltenden Grundsatz auflösen, daß die Eröffnung des Insolvenzverfahrens den Erwerb nicht hindert, wenn dieser nur noch von der Eintragung des Erwerbers im Grundbuch abhängt und der Eintragungsantrag gestellt war: Dieser Zeitpunkt müsse auch für die Frage der Anfechtbarkeit entscheidend sein.[111] § 149 II DiskE-InsO enthielt, anders als § 149 II 2 RefE-InsO, noch keine Vorschriften über die Vormerkung. Vor allem aber kam es nach beiden Entwürfen noch nicht darauf an, wer den Eintragungsantrag gestellt hatte. Die Einschränkung, daß der Eintragung vom anderen Teil gestellt sein müsse, führte erst der Regierungsentwurf in die Norm ein: Nur in diesem Fall könne der Schuldner oder der Insolvenzverwalter den Antrag nicht zurücknehmen und so doch noch einen Erwerb des Anfechtungsgegners verhindern.[112]

2. Übereinstimmung mit den allgemeinen Grundsätzen

§ 140 II InsO führt den Gedanken, daß es für die Bestimmung des anfechtungsrelevanten Zeitpunkts darauf ankommt, wann die durch die Rechtshandlung erworbene Rechtsposition insolvenzfest wurde, konsequent fort. Wäre ein Insolvenzverfahren schon eröffnet worden, unmittelbar nachdem die Voraussetzungen des § 140 II 1 InsO eingetreten waren, hätte dies den Erwerb des Anfechtungsgegners nicht mehr verhindert. Denn der mit Verfahrenseröffnung eintretende Verlust der Verfügungsbefugnis des Schuldners ist gemäß § 91 II InsO, § 878 BGB unschädlich. Da, wie in § 140 II 1 InsO vorausgesetzt, der Anfechtungsgegner den Eintragungsantrag gestellt hatte, konnte der Insolvenzverwalter seine Eintragung und damit den Eigentumserwerb auch nicht mehr durch Rücknahme des Antrags verhindern – anders, wenn der Schuldner den Antrag gestellt hätte,[113] weshalb die Aufnahme dieses Regelungsdetails in den Regierungsentwurf ebenfalls sachgerecht ist.

---

[110] Der Erste Bericht der Kommission für Insolvenzrecht hatte noch keinen entsprechenden Leitsatz enthalten, obwohl er von der zuständigen Arbeitsgruppe vorgeschlagen und von der Kommission auch akzeptiert worden war, vgl. dazu *Gerhard*, FS Leipold, 386f.

[111] Begr. DiskE-InsO, S. B143; Begr. RefE-InsO, S. 171f.; Begr. RegE-InsO, BT-Drucks. 12/2443, S. 166f.

[112] Begr. RegE-InsO, BT-Drucks. 12/2443, S. 166.

[113] Dazu, daß (nur) der Antragsteller den Eintragungsantrag bis zur Eintragung mit der Wirkung zurücknehmen kann, daß diese nicht erfolgen darf, vgl. nur BGH NJW-RR 1988, 1274, 1275; Staudinger/*Gursky*, § 878 Rn. 50 mit weiteren Nachweisen; anders aber *Oepen/Rettmann*, KTS 1995, 619f. Für den Übergang der Rücknahmebefugnis auf den Insolvenzverwalter etwa BGH WM 1997, 436, 437; *Scholtz*, ZIP 1999, 1697f.; MünchKommInsO/*Ganter*, Vor §§ 49–52 Rn. 48; MünchKommBGB/*Wacke*, § 878 Rn. 8; Staudinger/*Gursky*, § 878 Rn. 51; ausführlich *Kesseler*, ZfIR 2006, 121f. – Nach BGH MittBayNot 2009, 61f., genügt es für eine Anwendung des § 140 II 1 InsO nicht, wenn auf Grundlage des § 15 GBO der Notar den Eintragungsantrag stellte, denn der Notar könne den Antrag auch ohne Zustimmung „des Berechtigten" – womit hier wohl der Antragsberechtigte im Sinne des § 15 GBO und daher ge-

Entsprechendes gilt für die in § 140 II 2 InsO geregelte Vormerkung. Auch deren Erwerb steht die Verfahrenseröffnung unter den genannten Umständen gemäß § 91 II InsO, § 878 BGB nicht entgegen, und hat der Anfechtungsgegner die Vormerkung erworben, kann der Anfechtungsgegner wegen § 106 InsO auch vom Insolvenzverwalter verlangen, daß dieser die weiteren für den Erwerb des vorgemerkten Rechts erforderlichen Handlungen vornimmt.[114] Der Anfechtungsgegner hat also auch in bezug auf das vorgemerkte Recht genau in dem von § 140 II 2 InsO beschriebenen Zeitpunkt eine insolvenzfeste Erwerbsaussicht erlangt.

3. Das Problem eines nach Verfahrenseröffnung wirksam gewordenen Erwerbs

Blickt man nur auf den praktisch wohl relevantesten Fall des Erwerbs eines Rechts an einem Grundstück, so gilt die Veräußerung eines solchen Rechts gemäß § 140 II 1 InsO als vorgenommen, wenn alle sonstigen Erwerbsvoraussetzungen gegeben sind und „der andere Teil", also der Anfechtungsgegner, den Antrag auf Eintragung gestellt hat. Hatte noch der Schuldner den Eintragungsantrag gestellt, greift § 140 II InsO seinem Wortlaut nach nicht. Das führt in Fällen wie dem folgenden zu Problemen: A hatte dem B sein Grundstück formwirksam verkauft, aufgelassen und selbst einen Antrag auf Umschreibung des Eigentums auf B gestellt, der am 1. 2. beim Grundbuchamt eingegangen war. Am 1. 3. wurde über das Vermögen des A das Insolvenzverfahren eröffnet, am 2. 3. wurde B als Eigentümer des Grundstücks eingetragen.

Daß zwischenzeitlich das Insolvenzverfahren eröffnet worden war, hindert den Erwerb des B nicht, denn nach § 91 II InsO bleibt die Regelung des § 878 BGB unberührt: Der gemäß §§ 80f. InsO mit Verfahrenseröffnung eingetretene Verlust der Verfügungsbefugnis des A ist danach unschädlich, weil der Eintragungsantrag zu diesem Zeitpunkt bereits gestellt war: Der Verlust der Verfügungsbefugnis macht den zuvor gestellten Eintragungsantrag nicht unwirksam, und daher kommt es für die Anwendbarkeit des § 878 BGB, anders als für die Zwecke des § 140 II 1 InsO, nach herrschender Ansicht auch nicht darauf an, wer den Eintragungsantrag stellte.[115]

Es fragt sich nun, ob die Veräußerung an B anfechtbar ist. § 140 II 1 InsO ist in diesem Fall seinem Wortlaut nach nicht anwendbar, weil nicht der „andere Teil", sondern der Schuldner selbst den Eintragungsantrag gestellt hatte. Es bleibt danach also bei der Grundregel des § 140 I InsO: Da die rechtlichen Wirkungen der

---

mäß § 13 I 2 Alt. 2 GBO auch der Erwerber gemeint ist – zurücknehmen; ebenso *Wazlawik*, NZI 2009, 515.

[114] Vgl. eingehend *Assmann*, Vormerkung, 237ff.

[115] Staudinger/*Gursky*, § 878 Rn. 48ff.; MünchKommBGB/*Wacke*, § 878 Rn. 8; *Scherer*, ZIP 2002, 343f.; *Breutigam/Tanz*, ZIP 1998, 722; *Raebel*, ZInsO 2002, 954; *Scholtz*, ZIP 1999, 1696f.; *Christiansen*, KTS 2003, 357; im Ergebnis auch *Oepen/Rettmann*, KTS 1995, 615ff. Anders etwa *Venjakob*, Rpfleger 1991, 284ff.; *Kesseler*, ZfIR 2006, 122ff.; *Demharter*, GBO, § 13 Rn. 9.

Veräußerung des Grundeigentums an B mit dessen Erwerb eintraten, dieser wiederum gemäß § 873 BGB erst mit Eintragung im Grundbuch erfolgte, gilt die Veräußerung als in diesem Zeitpunkt, also nach Verfahrenseröffnung vorgenommen. Gemäß § 129 InsO sind jedoch nur vor Verfahrenseröffnung erfolgte Rechtshandlungen anfechtbar. § 147 S. 1 InsO läßt von diesem Grundsatz Ausnahmen zu, jedoch gerade nicht für den Fall, daß ein in die Masse fallender Gegenstand wegen § 91 II InsO, § 878 BGB noch nach Verfahrenseröffnung erworben werden konnte. Es scheint also, als könne eine Veräußerung gerade deshalb der Anfechtbarkeit entzogen sein, weil die Eintragung – aus Sicht der Beteiligten zufälligerweise – nach Verfahrenseröffnung erfolgte.

Die Frage, ob dieses Ergebnis zu korrigieren ist, stellte sich bereits unter Geltung der KO, sogar in weiterem Umfang. Denn in der KO war eine § 140 II 1 InsO entsprechende Vorschrift noch nicht enthalten gewesen, und nach der seinerzeit herrschenden Ansicht galt die Verfügung über ein Recht an einem Grundstück immer als erst mit der Vollendung des Verfügungstatbestandes, meist also mit der Eintragung im Grundbuch als vorgenommen (vgl. oben 1.). Die Veräußerung galt also in allen Fällen, in denen sich der Verfügungstatbestand erst nach Verfahrenseröffnung vollendete und die Verfügung wegen § 878 BGB dennoch wirksam war, als nach der Verfahrenseröffnung vorgenommen. Damit war sie einer Anfechtung, die sich nach § 29 KO nur gegen vor Verfahrenseröffnung vorgenommene Rechtshandlungen richten konnte, eigentlich entzogen. Nach seinerzeit herrschender Ansicht war dieses Ergebnis nicht hinzunehmen und § 878 BGB in § 42 KO, der Vorgängernorm des § 147 S. 1 InsO, hineinzulesen,[116] und folglich doch der Anfechtung zu unterwerfen.

Hiergegen wandte sich schon die Kommission für Insolvenzrecht. Sie weigerte sich, § 878 BGB in Leitsatz 5.16 ihres Ersten Berichts, den Vorgänger des § 147 InsO, aufzunehmen. „Damit soll zum Ausdruck gebracht werden, daß ein Rechtserwerb, der auf Grund des § 15 Satz 2 KO [heute entsprechend § 91 II InsO] i.V.m. §§ 878, 873 Abs. 2 BGB wirksam vollendet wird, nicht nach Leitsatz 5.16 anfechtbar ist."[117] Die gegenteilige, zur KO herrschende Praxis und Lehre überzeuge nicht, weil der Erwerber unter den Voraussetzungen des § 878 BGB eine insolvenzfeste Erwerbsaussicht erlangt habe, und es einen Wertungswiderspruch hierzu bedeutete, den Rechtserwerb der Anfechtung zu unterwerfen.[118]

Diese Argumentation ist ungenau. Denn daß eine Erwerbsaussicht wegen § 878 BGB insolvenzfest ist, bedeutet nur, daß die zwischenzeitliche Eröffnung eines Insolvenzverfahrens den Erwerb nicht hindert. Damit ist aber nicht gesagt, daß der Erwerb auch einer vom Vorliegen weiterer Voraussetzungen abhängigen Anfech-

[116] Vgl. nur RGZ 81, 424, 426; in der Sache auch BGH NJW 1964, 1277, 1288; *Kilger/K. Schmidt*, § 42 Anm. 2. Ablehnend etwa Jaeger/*Henckel*, Konkursordnung[9], § 42 Rn. 11; Kuhn/*Uhlenbruck*, § 42 Rn. 1. Zum Meinungsstand am Vorabend des Inkrafttretens der InsO *Ganter*, DNotZ 1995, 517ff.

[117] Begr. RegE-InsO, BT-Drucks. 12/2443, S. 169.

[118] Erster Bericht der Kommission für Insolvenzrecht, S. 433; vgl. auch den Vorsitzenden der zuständigen Arbeitsgruppe *Gerhardt*, ZIP 1985, 590.

tung nicht unterliegen darf. Ein Widerspruch bestand nur insoweit, als es nach der zur KO herrschenden Meinung für das Vorliegen der Anfechtungsvoraussetzungen auf den Zeitpunkt der Vollendung des Erwerbs ankommen sollte, obwohl die Erwerbsausschicht schon vorher insolvenzfest geworden war. Entsprechend war es Anliegen der Vertreter der unter der KO unterlegenen Ansicht, den für das Vorliegen der Voraussetzungen einer solchen Anfechtung maßgeblichen Zeitpunkt auf denjenigen der Entstehung der insolvenzfesten Erwerbsanwartschaft vorzuverlegen, nicht aber, eine nach § 878 BGB nach Verfahrenseröffnung wirksam werdende Verfügung der Anfechtung völlig zu entziehen.[119]

Daß dem geschilderten und nach dem unter 2. Gesagten auch sachlich berechtigten Anliegen besser durch eine entsprechende Bestimmung über den anfechtungsrelevanten Zeitpunkt gedient war, erkannten schon die Verfasser des Diskussionsentwurfs, der erstmals einen Vorgänger des § 140 II InsO enthalten hatte. Dennoch wurden die eben wiedergegebenen Ausführungen der Kommission für Insolvenzrecht zum heutigen § 147 InsO nahezu wörtlich übernommen,[120] und zwar auch in die Begründung des wenig später folgenden Referentenentwurfs, obwohl dort klarstellend hinzugefügt ist: „Der Entwurf gewährleistet dies dadurch, daß ein Grundstücksgeschäft, zu dessen Wirksamwerden im Zeitpunkt der Verfahrenseröffnung nur noch die Eintragung fehlt, als vor der Verfahrenseröffnung vorgenommen gilt"![121] Daß die § 878 BGB betreffenden Ausführungen aus der Begründung zum Vorläufer des heutigen § 147 InsO nicht gestrichen wurden, verwundert umso mehr, als sie gerade nach dem Referentenentwurf keinesfalls mehr dorthin gehörten. Denn dessen Fassung des heutigen § 140 II 1 InsO hatte das Erfordernis, daß der Anfechtungsgegner den Eintragungsantrag gestellt hatte, noch nicht enthalten, so daß die Verfügung des Schuldners in allen Fällen des § 878 BGB als vor Verfahrenseröffnung erfolgt galt. Die Frage einer Aufnahme des § 878 BGB in den heutigen § 147 S. 1 InsO stellte sich für den Referentenentwurf also von vornherein nicht. Daß sich dies mit der dem heutigen § 140 II 1 InsO auch insoweit entsprechenden Neufassung durch den Regierungsentwurf – wie gezeigt – änderte, haben dessen Verfasser offenkundig ebensowenig erkannt. Als bewußte Entscheidung gegen eine Anfechtbarkeit des Grunderwerbs in den Fällen, in denen der anfechtungsrelevante Zeitpunkt trotz § 140 II InsO nach der Verfahrenseröffnung liegt, kann ihre unbedacht aus den früheren Entwürfen übernommene Begründung daher nicht gewertet werden.

Die sich aus dem Wortlaut der §§ 140 II 1, 147 S. 1 InsO ergebende Rechtslage, daß ausgerechnet die zwischenzeitliche Verfahrenseröffnung zur Bestandskraft des Erwerbs führen kann, der andernfalls anfechtbar wäre, ist mithin zu korrigieren. Dabei hilft allerdings der Vorschlag, die Unterlassung der Rücknahme des Eintragungsantrags durch den Schuldner anzufechten,[122] nicht weiter. Denn nach

---

[119] Ausführlich und deutlich namentlich Jaeger/*Henckel*, Konkursordnung[9], § 42 Rn. 11 ff.; vgl. aber auch schon *Wacke*, ZZP 82 (1969), 407 ff.

[120] Begr. DiskE-InsO, S. B 151.

[121] Begr. RefE, S. 180; ebenso noch Begr. RegE, BT-Drucks. 12/2443, S. 169.

[122] Dafür plädiert Jaeger/*Henckel*, § 140 Rn. 46.

dem oben unter § 8 II 2 b zum maßgeblichen Zeitpunkt für die Anfechtbarkeit eines Unterlassens Gesagten kommt es auch insoweit darauf an, wann der Anfechtungsgegner aufgrund des Unterlassens eine insolvenzfeste Position erlangt hat. Auch das Unterlassen der Rücknahme des Eintragungsantrags durch den Schuldner gilt demnach als erst im Zeitpunkt der Eintragung des Anfechtungsgegners „vorgenommen".

Nicht sachgerecht ist ferner eine analoge Anwendung des § 140 II 1 InsO auf den Fall, daß der Schuldner den Eintragungsantrag gestellt hatte.[123] Denn auf diesen paßt die § 140 II 1 InsO zugrundeliegende und als solche zutreffende Erwägung, der Anfechtungsgegner habe bereits mit Antragstellung eine insolvenzfeste Erwerbsaussicht erhalten, gerade nicht: Der Insolvenzverwalter hätte den Antrag noch zurücknehmen und so Eintragung und Erwerb des Anfechtungsgegners einseitig verhindern können. Auch mit Rechtsgedanken und Schutzzweck des § 878 BGB kann daher nicht argumentiert werden:[124] § 878 BGB schützt vor den Folgen einer Verzögerung der Eintragung bei fortbestehendem Antrag, nicht aber vor dem Risiko, daß dieser zurückgenommen wird, und gerade wegen dieses Risikos verlangt § 140 II 1 InsO, daß der Anfechtungsgegner den Eintragungsantrag gestellt hat. Nach den unter § 8 I angestellten Erwägungen, die auch hier Geltung beanspruchen, muß es also bei der Grundregel des § 140 I InsO bleiben: Anfechtungsrelevanter Zeitpunkt ist die Eintragung des Anfechtungsgegners im Grundbuch.

Die Lösung liegt in einer analogen Anwendung des § 147 S. 1 InsO auf den Fall, daß eine nach § 878 BGB nach Verfahrenseröffnung wirksam werdende Verfügung trotz § 140 II InsO auch als nach Verfahrenseröffnung vorgenommen gilt.[125] Denn die *ratio* des § 147 S. 1 InsO gilt auch hier: Wie §§ 892, 893 BGB soll auch § 878 BGB nur den mit Verfahrenseröffnung eintretenden Verlust der Verfügungsbefugnis überwinden, den Erwerbsvorgang deswegen aber nicht schlechthin der Anfechtung entziehen. Liegen deren Voraussetzungen vor, ist mit-

---

[123] Dafür aber *Oepen/Rettmann*, KTS 1995, 630; *Bork*, Einführung, Rn. 211; *Jauernig*, FS Uhlenbruck, 15; *ders./Berger*, Zwangsvollstreckungsrecht, § 51 Rn. 33; *Scherer*, ZIP 2002, 346; *Raebel*, ZInsO 2002, 956 (für den Fall, daß der Insolvenzverwalter faktisch an einer Rücknahme des Eintragungsantrags gehindert war); Gottwald/*Huber*, § 46 Rn. 40; *Eckert*, Zeitpunkt, 121. Gegen eine analoge Anwendung des dem § 140 II InsO entsprechenden § 10 III GesO auf den Fall, daß allein der Schuldner den Eintragungsantrag gestellt hatte, BGH ZIP 1997, 423, 424f.; NJW 1999, 645.

[124] So aber die soeben in Fn. 123 Genannten. Auch die Begr. RegE-InsO, BT-Drucks. 12/2443, 166f., verweist für § 140 II InsO darauf, daß Verzögerungen bei der Eintragung dem Erwerber auch anfechtungsrechtlich nicht zum Nachteil gereichen dürften, dem folgend BGH NJW 2006, 1800, 1802; dann aber hätte es für § 140 II InsO wie für §§ 878, 892 II BGB unbeachtlich sein müssen, wer den Eintragungsantrag stellt!

[125] So auch schon *Breutigam/Tanz*, ZIP 1998, 723; Staudinger/*Gursky*, § 878 Rn. 71; Soergel/*Stürner*, § 878 Rn. 8; BKInsO/*Haas*, § 140 Rn. 66; FK/*Dauernheim*, § 140 Rn. 15, § 147 Rn. 2; HK/*Kreft*, § 147 Rn. 5; MünchKommInsO/*Kirchhof*, § 147 Rn. 7; Nerlich/Römermann/*Nerlich*, § 147 Rn. 7; HmbK/*Rogge*, § 147 Rn. 6; Uhlenbruck/*Hirte*, § 147 Rn. 10. Anders *Gerhardt*, FS Greiner, 40, der meint, für das vorliegende Problem böten sich keine rechtlich und methodisch überzeugenden Lösungsansätze.

hin auch eine gemäß § 140 II 1, I InsO nach Verfahrenseröffnung vorgenommene Verfügung über Rechte an einem Grundstück anfechtbar.

IV. Bedingungen und Befristungen, § 140 III InsO

1. Allgemeines

Gemäß § 140 III InsO bleiben Bedingungen und Befristungen für die Bestimmung des Zeitpunkts der Vornahme der Rechtshandlung außer Betracht. Jedenfalls für den Fall aufschiebender Bedingungen oder Befristungen wird damit zwar formal vom Grundsatz des § 140 I InsO abgewichen, wonach auf den Eintritt der rechtlichen Wirkungen der jeweiligen Rechtshandlung abzustellen ist. § 140 I und III InsO stimmen aber insoweit überein, als es in der Sache darauf ankommen soll, wann der Anfechtungsgegner eine im übrigen insolvenzfeste Position erlangt hat (vgl. eingehend § 8 I).[126]

§ 140 III InsO unterfällt auch die bedingte oder befristete Begründung von Forderungen, die im Bereich der §§ 130, 131 InsO freilich weniger interessiert: Ausschlaggebend ist hier die Erwägung, daß aufschiebend bedingte Forderungen im Insolvenzverfahren gemäß § 191 InsO auch vor Eintritt der Bedingung berücksichtigt werden; entsprechendes gilt gemäß § 41 InsO für auflösend bedingte Forderungen, solange die Bedingung nicht eingetreten ist.[127]

---

[126] Als gemeinsamer Grundgedanke aller Absätze des § 140 InsO bezeichnet in Begr. RegE-InsO, BT-Drucks. 12/2443, S. 166.

[127] Vgl. Begr. RegE-InsO, BT-Drucks. 12/2443, S. 166; dem folgend der BGH (NZI 2008, 563, 564; NJW 2004, 1444), der hier auch § 41 InsO zitiert, obwohl die Norm für aufschiebend befristete Forderungen nach Ansicht des BGH nicht gelten soll, vgl. BGH NJW-RR 2007, 50, 53, und kritisch dazu etwa MünchKommInsO/*Bitter*, § 41 Rn. 10. Allgemein kritisch zu dieser Begründung unter Hinweis darauf, daß §§ 41 f., 191 InsO der Gesamtbereinigungsfunktion des Insolvenzverfahrens dienten und diese im vorliegenden Zusammenhang keine Rolle spiele, *Christiansen*, KTS 2003, 356. In eine andere Richtung geht die Kritik von *v. Olshausen*, KTS 2009, 483 ff., der bemängelt, daß in § 140 III InsO nur von bedingten und befristeten Verfügungen, nicht aber von noch nicht fälligen Forderungen die Rede sei; daher scheine die Norm dem Gläubiger einer noch nicht fälligen Forderung die Wohltat der Vorverlegung des anfechtungsrelevanten Zeitpunkts (doch wohl: auf den Zeitpunkt, in dem der Schuldgrund gelegt wurde) zu verweigern, den sie dem Gläubiger einer aufschiebend bedingten Forderung gewähre. *v. Olshausen* will § 140 III InsO – auch mit Blick auf den Regelungsbereich der §§ 161 I 2, 163 BGB – nur auf Verfügungen anwenden (KTS 2009, 507). Seine Kritik trifft indes nicht zu. Es geht niemals um eine Anfechtbarkeit der Forderung selbst, sondern allenfalls der Rechtshandlung, welche sie begründet (vgl. *v. Olshausen* selbst, KTS 2009, 498 Fn. 75 und 505). Anfechtungsrelevant ist also der Zeitpunkt, in dem die forderungsbegründende Rechtshandlung vorgenommen wurde, und zwar auch dann, wenn die Forderung erst später fällig wird. Die von *v. Olshausen* behauptete Ungleichbehandlung besteht also nicht. Nunmehr hebt *v. Ohlshausen* denn auch allein auf den Zusammenhang zwischen § 140 III InsO und dem Schutz der Anwartschaft des Empfängers einer bedingten Verfügung nach §§ 161 I 2, 163 BGB ab: Dieser bestehe bei bedingten Forderungen gerade nicht. Im vorliegenden Zusammenhang geht es freilich

Relevant wird im Rahmen der §§ 130, 131 InsO vor allem die Frage, wann aufschiebend bedingte Verfügungen zugunsten des Anfechtungsgegners als vorgenommen gelten; denn nur durch Verfügung kann für eine Insolvenzforderung Sicherung oder Befriedigung gewährt werden.[128] Gerade hier scheint die Regelung des § 140 III InsO mit dem Grundgedanken, daß es auf den Erwerb einer insolvenzfesten Position ankommen soll, ohne weiteres übereinzustimmen: Denn in der Schwebezeit vorgenommene, weitere Verfügungen des Schuldners als des Veräußerers können einen Erwerb des Anfechtungsgegners bei Eintritt der Bedingung oder Befristung nicht mehr verhindern. Dies gilt ausweislich § 161 I 2 BGB auch für Verfügungen des Insolvenzverwalters. Daß die bedingte Verfügung nicht schon deshalb unwirksam wird, weil vor Eintritt der Bedingung über das Vermögen des Veräußerers ein Insolvenzverfahren eröffnet wird, setzt § 161 I 2 BGB offenkundig voraus.[129]

Wesentliches Merkmal der Bedingung, das diese von der Befristung unterscheidet, ist indes, daß der Eintritt des fraglichen Ereignisses, von dem die Wirksamkeit des Rechtsgeschäfts abhängig gemacht wird, ungewiß ist.[130] Die Aussicht des Anfechtungsgegners darauf, durch die unter aufschiebender Bedingung stehende Verfügung des Schuldners etwas zu erwerben, ist damit ebenso unsicher wie der Eintritt des Ereignisses, von dem die Wirksamkeit abhängig gemacht wurde. Es fragt sich daher, ob in diesen Fällen wirklich die Rede davon sein kann, der Anfechtungsgegner habe schon mit Vollendung des rechtsgeschäftlichen Verfügungstatbestandes eine insolvenzfeste Rechtsposition erlangt.

Grundsätzlich wird man davon ausgehen müssen, daß die Verfasser des § 140 InsO mit „Rechtsposition ..., die im Falle der Eröffnung eines Insolvenzverfahrens beachtet werden müßte“,[131] gemeint haben, daß der Erwerb nicht mehr an dem mit der Verfahrenseröffnung einhergehenden Verlust der Verfügungsbefugnis des Schuldners oder Handlungen des Insolvenzverwalters scheitern darf, der insoweit an die Stelle des Schuldners tritt.[132] Dies entspricht auch der Auffassung von der besonderen Insolvenzanfechtung als Vorverlagerung dieser Wirkungen

---

nicht um den Schutz der bloßen Forderungsinhabung, sondern um den Schutz der Möglichkeit, mit der bedingten Forderung oder gegen sie aufzurechnen (näher unten § 14 II 3), und dieser Schutz ist, wie etwa §§ 392, 406 BGB belegen, in gewissem Maße durchaus verdinglicht.

128 Daß die unbedingte Verfügung über bedingte oder befristete Rechte nicht hierher gehört, ist bereits klargestellt worden, vgl. oben § 8 II 1 b.

129 Dies übersieht offenbar *Christiansen*, KTS 2003, 361 f. Daß die Eröffnung eines Insolvenzverfahrens dem Erwerb eines Massegegenstandes aufgrund aufschiebend bedingter Verfügung entgegensteht, ist ganz herrschende Meinung: MünchKommInsO/*Breuer*, § 91 Rn. 19; Kübler/Prütting/Bork/*Lüke*, § 91 Rn. 19; FK/*App*, § 91 Rn. 15; HmbK/*Kuleisa*, § 91 Rn. 5.

130 Vgl. HKK/*Finkenauer*, §§ 158–163 Rn. 2; Staudinger/*Bork*, Vorbemerkungen zu §§ 158–163 BGB Rn. 4; MünchKommBGB/*Westermann*, § 158 Rn. 8; MünchKommInsO/*Kirchhof*, § 140 Rn. 51, 53.

131 RegE-InsO, BT-Drucks. 12/2443, S. 166, und schon Begr. DiskE, S. B170f.

132 Nicht eindeutig insoweit der BGH, der in jüngerer Zeit mehrfach betont hat, daß es für eine Anwendbarkeit des § 140 III InsO darauf ankomme, ob die fragliche Rechtshandlung des Schuldners dem Gläubiger bereits eine „gesicherte Rechtsstellung“ verschafft habe: BGH NZI 2008, 563, 564; NJW 2007, 2640, 2642.

der Verfahrenseröffnung (§ 8 I 3). Der Annahme einer in diesem Sinne insolvenzfesten Rechtsposition steht also nicht schon entgegen, daß der Eintritt des Ereignisses, von dem die Wirksamkeit der fraglichen Verfügung abhängt, ungewiß ist.

Bedingung im Sinne der §§ 158ff. BGB kann allerdings auch ein Ereignis sein, dessen Eintritt allein vom Willen einer der Parteien abhängt; man bezeichnet solche Bedingungen als Potestativbedingungen.[133] Liegt es in der Hand des Schuldners, das Ereignis eintreten zu lassen oder zu verhindern, ohne daß die Bedingung gemäß § 161 I BGB als eingetreten gelten würde, und ginge diese Herrschaft über den Bedingungseintritt mit Verfahrenseröffnung auf den Insolvenzverwalter über, ist die Erwerbsaussicht des Anfechtungsgegners auch im gerade geschilderte Sinne erst insolvenzfest, wenn das Ereignis eingetreten ist. Nach den § 140 InsO zugrundeliegenden Erwägungen seiner Verfasser kann § 140 III InsO in diesem Fall keine Anwendung finden; es muß bei der Grundregel des § 140 I InsO verbleiben.[134]

2. Eröffnung des Insolvenzverfahrens als Bedingung

Als problematisch erweist sich in diesem Zusammenhang ferner der Fall, daß die Parteien den Rechtserwerb des Anfechtungsgegners gerade mit der Eröffnung des Insolvenzverfahrens über das Vermögen des Veräußerers bedingt haben. Eine solche Vereinbarung bezweckt, den Verfügungsgegenstand gerade dann dem Vermögen des Schuldners zu entziehen, wenn dieses ohnehin nicht mehr zur Befriedigung aller Gläubiger ausreicht, und ist daher – jedenfalls in aller Regel – nach § 133 I InsO anfechtbar.[135] Auch bei Anwendung des § 140 III InsO sind solche Verfügungen einer Anfechtung daher nur dann nicht unterworfen, wenn sie länger

---

[133] Vgl. Staudinger/*Bork*, Vorbemerkungen zu §§ 158–163 BGB Rn. 16; Soergel/*Wolf*, Vor § 158 Rn. 23; MünchKommBGB/*Westermann*, § 158 Rn. 19; *Flume*, Allgemeiner Teil II, § 38.2 d. Heftig umstritten ist allerdings, ob auch eine reine Wollensbedingung zulässig ist, welche die Wirksamkeit des Geschäfts von der bloßen Erklärung einer der Parteien abhängig macht, daß sie dieses Geschäft wolle; dazu HKK/*Finkenauer*, §§ 158–153 Rn. 40f.; Staudinger/*Bork*, Vorbemerkungen zu §§ 158–163 BGB Rn. 17f.

[134] Im Ergebnis ebenso, aber ohne Differenzierung danach, ob die Herrschaft über den Eintritt der Bedingung mit Verfahrenseröffnung auf den Insolvenzverwalter überginge, *Christiansen*, KTS 2003, 366f.; MünchKommInsO/*Kirchhof*, § 140 Rn. 51; *Wessels*, ZIP 2004, 1239f. *Christiansen*, KTS 2003, 362ff., plädiert ferner für eine Nichtanwendung des § 140 III InsO auf den Fall, daß die Parteien die Wirksamkeit des Geschäfts von der Zustimmung eines Dritten abhängig gemacht haben (sogenannte Zufallsbedingung, vgl. etwa Staudinger/*Bork*, Vorbemerkungen zu §§ 158–163 BGB Rn. 20). In der Tat soll ein solches Rechtsgeschäft nach der Ansicht der Gesetzesverfasser erst dann vorgenommen sein, wenn die Zustimmung des Dritten erteilt wurde, RegE-InsO, BT-Drucks. 12/2443, S. 166. Diese Aussage bezieht sich allerdings auf den heutigen § 140 I InsO; daß in diesen Fällen eine Bedingung vorliegt, hat man möglicherweise überhaupt nicht erkannt. Zu denken bleibt freilich an die Möglichkeit, die Zustimmung des Dritten als ermöglichende Rechtshandlung anzufechten, deren Vornahmezeitpunkt allemal nach § 140 I InsO zu bestimmen wäre.

[135] HmbK/*Rogge*, § 140 Rn. 34, § 133 Rn. 39; Gottwald/*Huber*, § 46 Rn. 22; *Huhn/Bayer*, ZIP 2003, 1969f.

als zehn Jahre vor Stellung des nach § 139 InsO für die Berechnung der Anfechtungsfrist maßgeblichen Eröffnungsantrags[136] vorgenommen wurden. Natürlich kann man solche Vereinbarungen nicht schon deshalb für unproblematisch halten, weil die Parteien zum gleichen Zeitpunkt auch schon unbedingt und damit allemal anfechtungsfest hätten verfügen können.[137] Denn die Parteien wollten die Verfügung gerade nur für den Insolvenzfall. Da sie die Verfügung nicht in dessen unmittelbarem Vorfeld, sondern schon früher und bedingt vornahmen, liegt nahe, daß sie die Anfechtungsvorschriften umgehen wollten. Es entspricht nicht dem Zweck des § 140 III InsO, solche Absichten zu fördern. Die Norm ist insoweit teleologisch zu reduzieren, als es für Rechtsgeschäfte, deren Wirksamkeit unter der Bedingung steht, daß über das Vermögen des Veräußerers ein Insolvenzverfahren eröffnet wird, bei der Regel des § 140 I InsO bleibt.[138]

[136] Vgl. dazu ausführlich § 10 II 2.

[137] So aber HmbK/*Rogge*, § 140 Rn. 34; *Huhn/Bayer*, ZIP 2003, 1967 f.

[138] So im Ergebnis auch schon Jaeger/*Henckel*, § 140 Rn. 51; MünchKommInsO/*Kirchhof*, § 140 Rn. 52; Gottwald/*Huber*, § 46 Rn. 22. Anders neben den soeben in Fn. 137 Genannten auch FK/*Dauernheim*, § 140 Rn. 16.

§ 9 Die Krisentatsachen

Die Kommission für Insolvenzrecht, auf deren Leitsätze die heutige Insolvenzanfechtung im wesentlichen zurückgeht, wollte diese an den Eintritt der wirtschaftlichen Krise des Schuldners knüpfen, die letztlich zur Eröffnung des Insolvenzverfahrens führte. Dabei sollten die Zahlungsunfähigkeit des Schuldners und die Stellung eines zulässigen und begründeten Antrags auf Eröffnung eines Insolvenzverfahrens jeweils selbständig die Anfechtbarkeit auslösende „Krisentatsachen" sein.[1] Diese Krisentatsachen und auch die Frage, ob § 131 I Nr. 1 und Nr. 3 InsO, die ihrem Wortlaut nach unabhängig von einer Krise des Schuldners greifen, problematisch sind, sollen hier vor dem Hintergrund der in § 2 III entwickelten Wertungskriterien näher erörtert werden.[2]

I. Funktion der objektiven, krisenbezogenen Tatbestandsmerkmale

1. Auslösungs- und Begrenzungsfunktion der Krisentatsache

Seit die besondere Insolvenzanfechtung sich von der Absichtsanfechtung verselbständigt hat, ist es ihr Ziel, die Ablösung des Prioritätsgrundsatzes durch den Gleichbehandlungsgrundsatz und in diesem Sinne die Wirkungen der Eröffnung eines Konkurs- oder Insolvenzverfahrens auf den Zeitpunkt vorzuverlegen, in dem die Voraussetzungen für eine Eröffnung des Insolvenzverfahrens eingetreten sind.[3] Jedenfalls eine Funktion der Krisentatsache liegt also darin, die besondere Insolvenzanfechtung genau zu diesem Zeitpunkt auszulösen.

Daß eine solche Begrenzung auch notwendig ist, läßt sich aus den unter § 2 III erarbeiteten Thesen ableiten. Denn nach den dort angestellten Erwägungen ist die besondere Insolvenzanfechtung als ein Instrument zu verstehen, das die mit gewillkürter Verteilung einer unzureichenden Haftungsmasse einhergehenden, potentiell heteronomen Belastungen und effizienzschädlichen Fehlallokationen ver-

---

[1] Erster Bericht der Kommission für Insolvenzrecht, S. 403.

[2] Zu den Anforderungen an ein das Insolvenzverfahren auslösendes Kriterium aus wirtschaftswissenschaftlicher Sicht namentlich *Drukarczyk*, Unternehmen und Insolvenz, 72 ff.; *Rausch*, Gläubigerschutz, 96 ff.

[3] Vgl. die Nachweise in § 2 Fn. 2.

hindern soll. Der von der besonderen Insolvenzanfechtung zu verwirklichende Übergang vom Prioritäts- zum Gleichbehandlungsgrundsatz ist danach genau dann geboten, wenn der Schuldner in eine Lage gerät, in der er Vermögensabflüsse nicht mehr so kompensieren kann, daß rechtzeitig wieder genügend Vermögen vorhanden ist, um auch die Forderungen der ungesicherten Gläubiger zu befriedigen. Die Krisentatsache kann vor diesem Hintergrund als dasjenige Tatbestandsmerkmal begriffen werden, welches die besondere Insolvenzanfechtung erst und genau zu diesem Zeitpunkt auslöst.

Es fragt sich allerdings, ob es neben den allgemeinen Anfechtungsvoraussetzungen eines solchen begrenzenden Tatbestandsmerkmals überhaupt bedarf. Denn die besondere Insolvenzanfechtung ist mangels entsprechender Vorschriften im AnfG nur nach Eröffnung eines Insolvenzverfahrens anwendbar, wenn also – in aller Regel – die wirtschaftliche Betätigung des Schuldners zum Erliegen gekommen und daher mit der Erwirtschaftung neuen, für eine Verteilung an die ungesicherten Gläubiger zur Verfügung stehenden Vermögens nicht mehr zu rechnen ist. Und daß die besondere Insolvenzanfechtung nur eingreift, wenn das noch vorhandene Vermögen des Schuldners nicht zur Befriedigung aller Gläubiger ausreicht, ist allemal durch das aus § 129 InsO folgende, allgemeine Anfechtungserfordernis der Gläubigerbenachteiligung sichergestellt: Sie scheidet jedenfalls dann aus, wenn die vorhandene Masse zur Befriedigung aller Insolvenzgläubiger ausreicht.[4] Aus der *ex-post*-Perspektive, aus der über einen Anfechtungsstreit zu entscheiden ist, scheint der Anwendungsbereich der besonderen Insolvenzanfechtung also von vornherein auf diejenigen Vermögensverschiebungen begrenzt zu sein, die sie nach dem unter § 2 III Gesagten erfassen soll, ohne daß es eines den Anwendungsbereich der besonderen Insolvenzanfechtung schon *ex ante* markierenden Krisenmerkmals bedürfte.[5]

Insofern scheint ein die besondere Insolvenzanfechtung auslösendes Krisenmerkmal obsolet. Man könnte sogar meinen, daß den unter § 2 III dargestellten Wertungen am besten entsprochen wäre, wenn man von der Verfahrenseröffnung in der Zeit zurückgehend jede Vermögensschmälerung der Anfechtung unterwürfe, bis eine zur Befriedigung aller Insolvenzgläubiger ausreichende Masse generiert ist.[6] Dies wäre freilich aussichtslos; denn der Schuldner wird mit dem weggegebenen Vermögensgegenstand in der Regel eine entsprechende Forderung erfüllt haben, die

---

[4] BGH NJW 1988, 3148; BGH NJW-RR 1986, 991; Jaeger/*Henckel*, § 129 Rn. 85; *ders.*, Kölner Schrift², S. 813ff. Rn. 40; MünchKommInsO/*Kirchhof*, § 129 Rn. 107; Kübler/Prütting/*Paulus*, § 129 Rn. 22; Kübler/Prütting/Bork/*Ehricke*, § 129 Rn. 68; HmbK/*Rogge*, § 129 Rn. 39; *Jensen*, Grundfragen, 172.

[5] Diesem Gedanken entspricht es, wenn der IX. Senat des BGH für die Ablösung des Prioritätsgrundsatzes durch den Gleichbehandlungsgrundsatz wiederholt nicht darauf abstellt, ob zur Zeit des fraglichen Erwerbs schon ein Eröffnungsgrund vorlag, sondern – *ex post* – darauf, ob er binnen dreier Monate vor Verfahrenseröffnung stattfand, vgl. etwa BGHZ 162, 143, 149f.; BGH WM 2002, 1193, 1194.

[6] Die Idee einer solchen „retrograden Unwirksamkeit" formulierte bereits *Förster*, System einer Insolvenzauslösung, 389ff., freilich nur mit dem Ziel, eine verfahrenskostendeckende Masse zu generieren, vgl. oben § 2 Fn. 360.

mit der Anfechtung wiederauflebte (§ 144 I InsO), so daß Vergrößerung der Masse und Vermehrung der Insolvenzforderungen einander die Waage hielten.

Daß die besondere Insolvenzanfechtung schon aufgrund der dargestellten allgemeinen Anfechtungsvoraussetzungen der Gläubigerbenachteiligung und der Eröffnung eines Insolvenzverfahrens auf die Fälle begrenzt wäre, die sie nach dem unter § 2 III Gesagten erfassen soll und – nach dem unter § 5 II Ausgeführten – aus verfassungsrechtlichen Gründen auch nur erfassen darf, ist indes ein Trugschluß. Denn daß irgendwann kein Vermögen mehr erwirtschaftet wird und das in diesem Zeitpunkt vorhandene Vermögen nicht zur Befriedigung aller Gläubiger ausreicht, bedeutet nicht, daß schon die fragliche Vermögensverschiebung nicht mehr kompensiert werden konnte und sich daher belastend auf die anderen Gläubiger ausgewirkt hat. Wie unter § 2 III 3, 4 eingehend dargelegt, ist dies nur der Fall, wenn sich der Schuldner bereits bei ihrer Vornahme in einer wirtschaftlichen Krise befand, von der er sich nicht mehr erholt hat, oder wenn deren Eintritt wenigstens so unmittelbar bevorstand, daß eine Kompensierung gerade des in der Deckung liegenden Vermögensabflusses ausgeschlossen scheinen mußte.[7]

Es bedarf also auch vor dem Hintergrund des unter § 2 III, § 5 II Erörterten durchaus einer Krisentatsache als derjenigen Tatbestandsvoraussetzung der besonderen Insolvenzanfechtung, welche diese auf Vermögensverschiebungen begrenzt, die in der zur Verfahrenseröffnung führenden Krise vorgenommen wurden und daher durch nachträgliches Weiterwirtschaften des Schuldners nicht mehr kompensiert werden konnten.

2. Signalfunktion der Krisentatsache

Daß sich die Funktion der Krisentatsache hierin nicht erschöpft, wird schon dadurch deutlich, daß die Gesetzesverfasser das Eingreifen der besonderen Insolvenzanfechtung nicht schlicht davon abhängig gemacht haben, ob im anfechtungsrelevanten Zeitpunkt ein Eröffnungsgrund vorlag, sondern eben von dem Vorliegen einer Krisen*tatsache*. Im Falle der Zahlungsunfähigkeit sind Krise und Krisentatsache freilich identisch; deutlicher war der Unterschied insoweit noch in der Konkursanfechtung, da diese nicht dem Eintritt der Zahlungsunfähigkeit Relevanz beimaß, sondern der Zahlungseinstellung als deren äußerlich hervortretendem Symptom.

Der Grund dafür, daß es statt auf die Krise auf eine Krisentatsache ankommt, die sich äußerlich manifestiert oder wenigstens manifestieren kann, hat seinen Grund wiederum in Verkehrsschutzerwägungen, genauer: dem Anliegen, den Verkehr in seinem redlichen Vertrauen zu schützen, das vom Schuldner Erworbene behalten zu dürfen.[8] Der Zusammenhang zwischen diesem Anliegen und der objektiven Krisentatsache ist nicht auf den ersten Blick erkennbar, denn man könnte meinen, dieses

---

[7] Dazu, ob und inwieweit eine solche Kompensation darin liegen kann, daß der Anfechtungsgegner für den Erhalt der Deckung unmittelbar eine gleichwertige Gegenleistung hingegeben hat, unter dem Aspekt des Bargeschäftsprivilegs nach § 142 InsO eingehend unten, § 13.

[8] Vgl. dazu oben § 8 I 3 b.

Anliegen sei schon durch die Aufnahme von subjektiven Tatbestandsvoraussetzungen erfüllt, die in der Person des Anfechtungsgegners vorliegen müssen. Solche Tatbestandsvoraussetzungen müssen sich indes auf objektive Umstände beziehen, deren Vorliegen wenigstens potentiell äußerlich erkennbar ist, und bei diesen Umständen muß es sich hier konsequenterweise um die Krisentatsachen handeln, welche die besondere Insolvenzanfechtung objektiv auslösen. Dabei müssen die objektiven Tatbestandsmerkmale, auf welche sich die subjektiven beziehen, zwar nicht so beschaffen sein, daß für den Anfechtungsgegner jederzeit erkennbar ist, ob sie vorliegen. Da aber der Grundsatz, daß in der Krise des Schuldners gewährte Deckungen zurückzugewähren sind, gerade zum Schutze des Vertrauens des Anfechtungsgegners in den Bestand des Erwerbs eingeschränkt werden soll,[9] können dieser Grundsatz und mit ihm die besondere Insolvenzanfechtung umgekehrt nur eingreifen, wenn der Anfechtungsgegner im anfechtungsrelevanten Zeitpunkt (§ 8) die anfechtungsauslösenden Momente, also das Vorliegen der Krisentatsachen erkannte. Diese müssen also äußerlich erkennbar machen, wann nach den unter § 2 III angestellten Erwägungen ein Umschwenken vom Prioritäts- auf den Gleichbehandlungsgrundsatz geboten ist und der potentielle Anfechtungsgegner damit rechnen muß, das Erworbene im Falle der späteren Eröffnung eines Insolvenzverfahrens an die Masse auskehren zu müssen.[10]

3. Maßgeblichkeit der *ex-ante*-Perspektive

Die Frage nach dem richtigen Auslösungszeitpunkt der besonderen Insolvenzanfechtung, den die Krisentatsache anzeigen soll, läßt sich nach dem unter § 2 III Gesagten nur mit Blick auf die künftigen Entwicklungen des Vermögens des Schuldners beantworten, denn sie soll schon Vermögensabflüsse erfassen, die *künftig* nicht mehr kompensiert werden können. Die Krisentatsache muß demnach zwar bereits zum anfechtungsrelevanten Zeitpunkt vorliegen, wenn sie den Beginn des zeitlichen Anwendungsbereichs der besonderen Insolvenzanfechtung markieren soll; zugleich aber muß sie von künftigen Entwicklungen abhängig sein, also auch prognostische Elemente enthalten.

Hier könnte freilich wiederum die Perspektive relevant werden, aus der im Streitfall über das Vorliegen der Anfechtungsvoraussetzungen zu entscheiden ist. Insoweit besteht ein wesentlicher Unterschied zwischen der Entscheidung über das Vorliegen einer Krise im Sinne eines Verfahrenseröffnungsgrundes und einer Entscheidung über das Vorliegen einer Krisentatsache als Auslöser der besonderen Insolvenzanfechtung. Geht es um die Frage der Verfahrenseröffnung, muß der Eröffnungsgrund im Zeitpunkt der Entscheidung des Insolvenzgerichts vorliegen; ist ein vom Schuldner eventuell betriebenes Unternehmen zu diesem Zeitpunkt noch nicht endgültig zum Erliegen gekommen und kann sich das Vermögen des Schuldners

[9] So deutlich der Erste Bericht der Kommission für Insolvenzrecht, 405, 406; Begr. RegE, BT-Drucks. 12/2443, S. 158.

[10] Vgl. hierzu vor allem noch § 9 III 3.

folglich noch wesentlich verändern, muß diese – im Zeitpunkt der Entscheidung über die Verfahrenseröffnung noch künftige – Entwicklung in die Entscheidung miteinbezogen werden, was sich nur durch eine Prognose bewerkstelligen läßt. Aus der *ex-post*-Perspektive des mit einem Anfechtungsrechtsstreit befaßten Prozeßgerichts dagegen stehen die im anfechtungsrelevanten Zeitpunkt noch künftigen Vermögensentwicklungen bereits fest. Daß es Vorteile hätte, schlicht auf die tatsächlich eingetretene Vermögensentwicklung abzustellen, liegt auf der Hand: Kommt es für den Eintritt der Krise allein darauf an, wie sich das Vermögen des Schuldners nach der fraglichen Deckung tatsächlich entwickelt hat, ist kein Raum für Einschätzungs- oder Wertungsspielräume, die zulasten der Rechtssicherheit gehen. Das Merkmal der Krise ist nur von äußeren Umständen abhängig und damit relativ einfach justiziabel. Auch im Hinblick auf ihre Funktion, die besondere Insolvenzanfechtung auf solche Vermögensverschiebungen zu begrenzen, die sie nach dem unter § 2 III Gesagten erfassen soll, böte es sich danach durchaus an, über das Vorliegen der Krisentatsache allein aus einer *ex-post*-Perspektive zu entscheiden; denn es kommt nur darauf an, ob der mit der fraglichen Vermögensverschiebung verbundene Abfluß allgemein haftenden Vermögens letztlich noch kompensiert werden konnte oder nicht. Mit der Funktion, dem Rechtsverkehr das Umschwenken vom Prioritäts- auf den Gleichbehandlungsgrundsatz anzuzeigen, wäre eine solche *ex-post*-Perspektive jedoch unvereinbar. Denn eine entsprechende Signalfunktion kann die Krisentatsache nur erfüllen, wenn schon im anfechtungsrelevanten Zeitpunkt, also in diesem Sinne *ex ante*, beurteilt werden kann, ob die Krisentatsache gegeben ist oder nicht: Zu diesem Zeitpunkt muß für den Anfechtungsgegner potentiell erkennbar sein, ob sein Erwerb der besonderen Insolvenzanfechtung unterliegt, damit ein Urteil darüber gefällt werden kann, ob das Vertrauen in den Erwerb redlich ist oder nicht.

4. Fazit

Für die nachfolgende Überprüfung der einzelnen für die besondere Insolvenzanfechtung relevanten Krisentatsachen ist also zu bedenken: Die Krisentatsache dient dazu, die besondere Insolvenzanfechtung zum richtigen Zeitpunkt auszulösen und dem Rechtsverkehr die damit verbundene Geltung des Gleichbehandlungsgrundsatzes anzuzeigen. Dazu muß sie die künftige Entwicklung des Vermögens des Schuldners miteinbeziehen, um den Zeitpunkt, in dem nach den unter § 2 III erarbeiteten Kriterien der Gleichbehandlungs- den Prioritätsgrundsatz verdrängen soll, möglichst genau zu treffen. Zwar ließe sich theoretisch auf die aus der Entscheidungsperspektive des Anfechtungsrechtsstreits bekannte, tatsächlich eingetretene Vermögensentwicklung abstellen, was der Justiziabilität des Krisenmerkmals diente. Da bei dem mit der besonderen Insolvenzanfechtung verbundenen Eingriff in die Verfügungsmacht des Schuldners nach dem Willen des Gesetzgebers und der entsprechenden Konzeption des Gesetzes aber auch das redliche Vertrauen des Verkehrs geschützt werden soll, das vom Schuldner Erworbene behalten zu dürfen, ist auf den Erkenntnishorizont zur Zeit der fraglichen Deckung abzustellen. Die Krisentatsache muß mithin prognostische Elemente enthalten, mögen diese wegen der mit einer Prognose notwendigerweise einhergehenden Wertungs- und Entscheidungsspielräume auch seine Justiziabilität erschweren.

Im Folgenden wird also nicht nur zu untersuchen sein, ob die vom Gesetzgeber gewählten Krisentatsachen wenigstens annäherungsweise den richtigen Zeitpunkt anzeigen, in dem der Gleichbehandlungsgrundsatz nach dem unter § 2 III Gesagten eingreifen muß, sondern auch, ob sich mit ihnen das beschriebene Spannungsfeld zwischen Justiziabilität *ex post* und Schutz redlichen Vertrauens *ex ante* adäquat auflösen läßt. Diese letzte Frage wird sich allerdings erst im Zusammenhang mit den subjektiven Tatbestandsvoraussetzungen (§ 11) und für die Tatbestände, die solche nicht enthalten, im Zusammenhang mit dem die subjektiven Tatbestandsvoraussetzungen teilweise ersetzenden Merkmal der Inkongruenz (§ 12) vollständig beantworten lassen.

II. Relevanz einer zwischenzeitlichen Beseitigung der Krise

1. Fragestellung

Da die Krisentatsache eine künftige Vermögensentwicklung berücksichtigen muß, um den richtigen Zeitpunkt des Übergangs vom Prioritätsgrundsatz zur Gleichbehandlung äußerlich erkennbar zu markieren, muß sie auf einer *ex-ante*-Bewertung künftiger Umstände beruhen, die notwendigerweise falsch sein kann. Lag im anfechtungsrelevanten Zeitpunkt noch keine Krisentatsache in diesem Sinne vor, greift die besondere Insolvenzanfechtung auch dann nicht ein, wenn über das Vermögen des Schuldner kurze Zeit später ein Insolvenzverfahren eröffnet wird. Schwieriger ist der umgekehrte Fall, daß im anfechtungsrelevanten Zeitpunkt zwar eine Krisentatsache vorlag, der Schuldner sich aber zwischenzeitlich wieder erholte.

Die Frage, wie bei einer solchen Fehlprognose zu verfahren ist, stellt sich jedoch praktisch äußerst selten. Denn bessert sich die Lage des Schuldners tatsächlich so nachhaltig, daß er die Krise wider Erwarten überwindet, seine Ertragslage also die Erwirtschaftung ausreichenden neuen, allgemein haftenden Vermögens erwarten läßt, und erfüllt sich diese Erwartung, scheidet eine Anfechtung nach §§ 130, 131 InsO mangels Insolvenzverfahrens oder jedenfalls deshalb aus, weil ausreichend Masse vorhanden ist und daher keine Gläubigerbenachteiligung vorliegt.[11]

Die vorliegende Frage stellt sich also nur, wenn im anfechtungsrelevanten Zeitpunkt eine Krisentatsache vorlag, namentlich bereits ein Eröffnungsantrag gestellt worden oder der Schuldner zahlungsunfähig war, der Schuldner die durch diese Krisentatsache angezeigte Krise jedoch überwunden hatte und in eine neue Krise geraten war, die zur Eröffnung des Insolvenzverfahrens führte. Hier ist der Unterschied zwischen der Krisentatsache und der sich in dieser äußernden wirtschaftli-

---

[11] Vgl. die oben in Fn. 4 angeführten Nachweise.

chen Krise im Blick zu behalten. Es geht nicht um die Frage, ob die Krisentatsache, auf welche die Anfechtung gestützt wird, mit derjenigen identisch sein muß, die zur Verfahrenseröffnung führte. Es geht hier also nicht darum, ob die Anfechtung auch dann darauf gestützt werden kann, daß der Schuldner im anfechtungsrelevanten Zeitpunkt zahlungsunfähig war, wenn das Verfahren später wegen Überschuldung eröffnet wird, oder entsprechend darum, ob der nach §§ 130 I 1 Nr. 2, 131 I Nr. 1 Alt. 2 InsO die Anfechtung auslösende Eröffnungsantrag derjenige sein muß, auf den hin das Verfahren eröffnet wird.[12] Vielmehr soll zunächst nur die Frage erörtert werden, ob der Anfechtung entgegensteht, daß der Schuldner die Krise, die sich in der im anfechtungsrelevanten Zeitpunkt vorliegenden Krisentatsache manifestierte, zwischenzeitlich überwunden hat und das Insolvenzverfahren aufgrund einer später eingetretenen, erneuten Krise eröffnet wird.

2. Meinungsstand

Da es für die Anfechtung nach §§ 130 I 1 Nr. 2, 131 I Nr. 1 Alt. 2 InsO nach herrschender Meinung nicht darauf ankommt, ob im anfechtungsrelevanten Zeitpunkt ein Eröffnungsgrund vorliegt,[13] stellt sich für sie auch nicht die Frage, ob dem Eröffnungsantrag bereits die Krise zugrunde gelegen haben muß, die zur Eröffnung des Insolvenzverfahrens führte. Folglich wird nur dazu Stellung genommen, ob das Verfahren gerade aufgrund der Zahlungsunfähigkeit eröffnet worden sein muß, die im anfechtungsrelevanten Zeitpunkt vorlag und auf welche die Anfechtung gestützt wird. Dies wird – wie schon für die besondere Konkursanfechtung[14] – allgemein bejaht. Manche begründen dies schlicht damit, die Zahlungsunfähigkeit müsse für die Verfahrenseröffnung ursächlich gewesen sein.[15] Nur wenig weiter führt es, wenn vorgebracht wird, daß die Anfechtung nur die Wirkungen des tatsächlich eröffneten Insolvenzverfahrens auf den Zeitpunkt zurückerstrecken solle, zu dem die Eröffnungsvoraussetzungen bereits vorgelegen haben.[16] Andere meinen schließlich, daß derjenige, der während der später behobenen Zahlungsunfähigkeit begünstigt wurde, nicht schlechter stehen dürfe als ein anderer, der nach Wiederherstellung der Zahlungsfähigkeit und daher anfechtungsfrei erworben habe.[17]

---

[12] Zu dieser Frage eingehend unten § 9 IV 3.

[13] Dazu ausführlich unten § 9 IV 2.

[14] RGZ 69, 254, 257; 100, 62, 65; 129, 390, 393f.; RG JW 1916, 118 Nr. 8. *Kilger/K. Schmidt*, § 30 Anm. 6; Jaeger/*Henckel*, Konkursordnung[9], § 30 Rn. 31f. (auch schon *Jaeger*, KO[1], § 30 Anm. 13, und *ders.*, Lehrbuch, 144f.); *Kuhn/Uhlenbruck*, § 30 Rn. 10.

[15] MünchKommInsO/*Kirchhof*, § 130 Rn. 30; Nerlich/Römermann/*Nerlich*, § 130 Rn. 22; Uhlenbruck/*Hirte*, § 130 Rn. 35; HK/*Kreft*, § 130 Rn. 17; HmbK/*Rogge*, § 130 Rn. 13; FK/*Dauernheim*, § 130 Rn. 45. Für das Erfordernis einer „einheitlichen Insolvenz“ auch BGH NZI 2008, 184f.; zustimmend *Freudenberg*, EWiR 2008, 630, und entsprechend schon die Vorinstanz, OLG Schleswig, ZInsO 2006, 1224, 1227.

[16] Kübler/Prütting/Bork/*Schoppmeyer*, § 130 Rn. 94.

[17] Jaeger/*Henckel*, § 130 Rn. 112.

3. Stellungnahme

Der herrschenden Ansicht ist zuzustimmen. Allerdings greifen die für sie angebotenen Argumente zu kurz, weil sie sich in Thesen erschöpfen, die ihrerseits der Begründung bedürfen. Diese läßt sich aus den unter § 2 III angestellten Beobachtungen ableiten. Danach ist die privatautonome Verteilung des haftenden Vermögens des Schuldners nur dann problematisch und unter Umständen durch die besondere Insolvenzanfechtung zu korrigieren, wenn die danach verbleibende Haftungsmasse nicht ausreicht, um alle gegen den Schuldner gerichteten Forderungen zu decken, und der mit der fraglichen Deckung verbundene Verlust an allgemein haftender Masse auch durch ein weiteres Wirtschaften des Schuldners nicht mehr ausgeglichen wird. Denn nur in diesem Fall werden die anderen Gläubiger durch die privatautonome Masseverteilung überhaupt belastet. Wenn aber der Schuldner die Krise überwindet und – wenn auch nur vorübergehend – wieder eine für die Befriedigung aller Gläubiger hinreichende Haftungsmasse erwirtschaftet, ist die in der zuvor erfolgten Deckung liegende, potentiell heteronome und einen effizienzschädlichen externen Effekt bedeutende Belastung der anderen Gläubiger neutralisiert. Wurde der mit der Deckung verbundene Vermögensabfluß kompensiert – und dies muß der Fall gewesen sein, wenn der Schuldner die im anfechtungsrelevanten Zeitpunkt bestehende Krise überwunden hat[18] –, zeitigt sie auch keine die anderen Gläubiger belastende Wirkung mehr; ihre Anfechtung ist daher nach dem unter § 2 III Gesagten nicht gerechtfertigt. Aus diesem Grunde trifft die These zu, daß derjenige, der von einem in diesem Zeitpunkt zahlungsunfähigen, zwischenzeitlich aber wieder liquiden Schuldner begünstigt wurde, genauso stehen muß wie ein Gläubiger, der in der zwischenzeitlichen Phase der Zahlungsfähigkeit und daher anfechtungsfrei erworben hat. Die Krise legitimiert eine Anfechtung also nur, wenn sie vom anfechtungsrelevanten Zeitpunkt an ununterbrochen fortbestanden und letztlich zur Eröffnung des Insolvenzverfahrens geführt hat.

III. Zahlungsunfähigkeit (§ 130 I 1 Nr. 1, § 131 I Nr. 2 InsO)

Zahlungsunfähigkeit des Schuldners zum anfechtungsrelevanten Zeitpunkt (§ 8) ist notwendige Bedingung für eine Anfechtung nach § 130 I 1 Nr. 1 und § 131 I Nr. 2 InsO.

---

[18] Einmal eingetretene Zahlungsunfähigkeit wird nur durch die Wiederaufnahme der Zahlungen an alle Gläubiger wieder beseitigt, vgl. BGH NJW 2002, 512, 514; BGHZ 149, 178, 188. Überschuldung wird nach der zunächst bis 2014 geltenden Neufassung des § 19 II InsO (vgl. oben § 5 II 1 c) nur beseitigt, wenn entweder wieder eine positive Fortführungsprognose zu stellen ist – was jedenfalls voraussetzt, daß der Schuldner in absehbarer Zeit zahlungsfähig bleiben wird (vgl. noch unten Fn. 77) – oder das Vermögen des Schuldners die bestehenden Verbindlichkeiten wieder deckt.

1. Das herrschende Konzept der Zahlungsunfähigkeit

Zahlungsunfähigkeit liegt gemäß § 17 II 1 InsO vor, wenn der Schuldner nicht mehr in der Lage ist, die fälligen Zahlungspflichten zu erfüllen. Nach dieser Legaldefinition[19] scheint auch ein Schuldner zahlungsunfähig zu sein, der nur einen unwesentlichen Teil der fälligen Zahlungspflichten und diesen auch nur vorübergehend nicht erfüllen kann. Unter Geltung der KO hatte indes die Meinung geherrscht, daß Zahlungsunfähigkeit im Sinne des § 102 KO nur dann vorliege, wenn der Schuldner dauerhaft außer Stande sei, einen wesentlichen Teil seiner fälligen Zahlungspflichten zu erfüllen.[20] Die Verfasser der InsO haben bewußt darauf verzichtet, entsprechende Merkmale der Dauerhaftigkeit und der Wesentlichkeit in die Legaldefinition des § 17 II 1 InsO aufzunehmen, denn man wollte einer allzu großzügigen Annahme bloßer Zahlungsstockungen wehren, und es verstehe sich von selbst, daß ein Schuldner, dem zu einem bestimmten Zeitpunkt liquide Mittel fehlen, der sich aber kurzfristig wieder Liquidität beschaffen könne, in der Lage sei, die fälligen Zahlungspflichten zu erfüllen.[21] Trotz des strikten Wortlauts des § 17 II 1 InsO sollte Zahlungsunfähigkeit nach dem Willen des Gesetzgebers bei bloßen „Liquiditätslücken" also nicht vorliegen; nach wie vor sollte diese von einer unschädlichen „Zahlungsstockung" abzugrenzen sein.

In den auf das Inkrafttreten der InsO folgenden Stellungnahmen des Schrifttums wurde dennoch verbreitet dafür plädiert, im Dienste klarer Verhältnisse jedenfalls auf das Merkmal der „Wesentlichkeit" zu verzichten, quantitativ also jede noch so kleine Liquiditätslücke genügen zu lassen,[22] und auch das Erfordernis der Dauerhaftigkeit stark einzuschränken.[23] Die Praxis behielt beide Erfordernisse zwar bei, legte an sie aber wesentlich weniger strenge Maßstäbe an als unter Geltung der KO, so daß etwa nach einer vielbeachteten Entscheidung des AG Köln Zahlungsunfähigkeit schon dann vorliegen sollte, wenn der Schuldner 5% seiner fälligen Verbindlichkeiten über einen Zeitraum von zwei Wochen nicht erfüllen kann.[24]

---

[19] *Henckel*, FS Gerhardt, 363, meint, es handele sich bei § 17 II 1 InsO nicht um eine Legaldefinition, weil der legaldefinierte Begriff nicht in Klammern gesetzt sei. Dies dürfte allerdings eher redaktionellen Gründen geschuldet sein.

[20] Vgl., jeweils mit weiteren Nachweisen, *Kuhn/Uhlenbruck*, § 102 Rn. 2ff., *Kilger/K. Schmidt*, § 102 Anm. 2a, und den Nachweis der st. Rspr. in BGHZ 163, 134, 137.

[21] Begr. RegE, BT-Drucks. 12/2443, S. 114.

[22] So etwa *Temme*, Eröffnungsgründe, 32ff., 37; *Niesert*, ZInsO 2001, 738f.; Uhlenbruck[12]/*Uhlenbruck*, § 17 Rn. 10; Kübler/Prütting/Bork/*Pape*, § 17 Rn. 13; *Burger/Schellberg*, BB 1995, 263f. Vgl. ferner die Übersicht über das Meinungsbild, wie es vor Ergehen dieses sogleich im Text dargestellten Grundsatzurteils bestand, in BGHZ 163, 134, 138, und bei *Harz*, ZInsO 2001, 194, *Harz/Baumgartner/Conrad*, ZInsO 2005, 1304f., sowie *Penzlin*, NZG 1999, 1205f., und *Bork*, KTS 2005, 8f.

[23] Vgl. etwa den Überblick über den seinerzeitigen Streitstand bei *Harz*, ZInsO 2001, 193f.; *Harz/Baumgartner/Conrad*, ZInsO 2005, 1304, sowie *Penzlin*, NZG 1999, 1204f.

[24] AG Köln NZI 2000, 89, 91; vgl. dazu etwa *Himmelsbach/Thonfeld*, NZI 2001, 11ff.; *Niesert*, ZInsO 2001, 737f.; *Haas*, DStR 2000, 1705f.

Mit einem Grundsatzurteil vom 24. 5. 2005 hat der IX. Senat des BGH diese Fragen für die Praxis geklärt. Danach soll regelmäßig von Zahlungsunfähigkeit auszugehen sein, wenn der Schuldner über einen Zeitraum von drei Wochen allenfalls 90% seiner fälligen Verbindlichkeiten erfüllen kann,[25] wobei nur solche Forderungen als „fällig" in diesem Sinne Berücksichtigung finden, die nicht nur durchsetzbar sind, sondern auch tatsächlich eingefordert werden (vgl. näher unten 5.).[26] Auf dieser Grundlage ist die Zahlungsunfähigkeit also dadurch zu ermitteln, daß der Summe aus den gegenwärtigen liquiden Mitteln und den binnen drei Wochen zu liquidierenden Aktiva die Summe aus den gegenwärtig im genannten Sinne fälligen und den in den nächsten drei Wochen fällig werdenden[27] Verbindlichkeiten gegenübergestellt wird.[28] Den sich daraus ergebenden Quotienten bezeichnet man als Liquidi-

---

[25] BGHZ 163, 134, 139ff. Entsprechend BGH WM 2009, 2229, 2230; BGH NZI 2009, 768, 769; BGH WM 2006, 2314; KG ZInsO 2008, 330; OLG Karlsruhe NZI 2008, 739, 740; OLG Rostock, ZInsO 2006, 1110; AG Gera ZIP 2007, 2231, 2232.

[26] BGH ZIP 2008, 420, 422 mit Nachweis der st. Rspr.: „Forderungen, die rechtlich oder nur tatsächlich – also ohne rechtlichen Bindungswillen oder erkennbare Erklärung – gestundet sind, [dürfen] bei der Feststellung der Zahlungseinstellung und Zahlungsunfähigkeit nicht berücksichtigt werden"; entsprechend etwa auch noch BGH ZIP 2008, 706, 708, BGH WM 2007, 1796, 1797ff., und schon BGH WM 2001, 689, 690 (zu § 10 I Nr. 4 GesO); BGH WM 2001, 1225, 1226 und BGH WM 2003, 524, 525 (jeweils zu § 30 Nr. 1 KO). Ebenso auch *Staufenbiel/Hoffmann*, ZInsO 2008, 788f. Anders dagegen *Knolle/Tetzlaff*, ZInsO 2005, 899; *Hölzle*, ZIP 2006, 101, 103: Bloß faktisches Stillhalten des Gläubigers ändere an der Fälligkeit der Forderung auch in diesem Sinne nichts.

[27] Angesichts insoweit unklarer Formulierungen des BGH wird vereinzelt in Zweifel gezogen, ob auch die im Dreiwochenzeitraum fällig werdenden Verbindlichkeiten (wegen ihrer Bezeichnung in der Liquiditätsbilanz sogenannte „Passiva II") Berücksichtigung finden müssen; die meisten nehmen dies, freilich in der Regel ohne Begründung, zu Recht an, vgl. etwa MünchKommInsO/*Eilenberger*, § 17 Rn. 20, FK/*Schmerbach*, § 17 Rn. 36, Gottwald/*Uhlenbruck*, § 6 Rn. 13, *Knolle/Tetzlaff*, ZInsO 2005, 900, *Harz*, ZInsO 2001, 196f, *Harz/Baumgartner/Conrad*, ZInsO 2005, 1306f., *Hölzle*, ZIP 2007, 615, *Staufenbiel/Hoffmann*, ZInsO 2008, 893, *Pape*, WM 2008, 1952, und auch den IDW-Prüfungsstandard EPS 800, WPg Suppl. 2/2009, Rn. 45, und vor dessen Hintergrund *Frystatzki*, NZI 2010, 390f., sowie mit umfassender und überzeugender Begründung *Bork*, ZIP 2008, 1749ff. In der Sache auch OLG Rostock ZInsO 2006, 1110f. Anders aber Nickert/Lamberti/*Kriegel*, Überschuldungs- und Zahlungsunfähigkeitsprüfung, Rn. 50; *Bruns*, WuB VI A. § 130 InsO 1.07, und noch die Begründung zu Leitsatz 1.2.5 des Ersten Berichts der Kommission für Insolvenzrecht, 110, im Hinblick auf die in Leitsatz 1.2.5 enthaltene Differenzierung zwischen eingetretener und bevorstehender Zahlungsunfähigkeit. Unklar HK/*Kirchhof*, § 17 Rn. 24: Nur „den am selben Stichtag fälligen und eingeforderten ... Verbindlichkeiten" seien die im maßgeblichen Zeitpunkt verfügbaren und innerhalb von drei Wochen flüssig zu machenden Mittel gegenüberzustellen.

[28] Hinsichtlich des Bestands und der Fälligkeit trifft die Darlegungs- und Beweislast den anfechtenden Insolvenzverwalter. Wegen § 178 III InsO kann der Anfechtungsgegner als (potentieller) Insolvenzgläubiger das Bestehen solcher Forderungen nicht erfolgreich bestreiten, die im Insolvenzverfahren zur Tabelle festgestellt wurden. Im übrigen sollen an den Vortrag des Insolvenzverwalters wegen seiner besonderen Situation zwar keine übertriebenen Anforderungen zu stellen sein; insbesondere soll Vortrag ausreichen, „der zwar in bestimmten Punkten lückenhaft ist, eine Ergänzung fehlender Tatsachen aber auf der Grundlage allgemeiner Erfahrungen und Gebräuche im Geschäftsverkehr zulässt", BGH WM 2007, 1668f. Auch dies aber

tätskennzahl.[29] Je nachdem, ob diese größer oder kleiner als 0,9 ist, soll laut BGH „regelmäßig" von Zahlungsfähigkeit oder Zahlungsunfähigkeit auszugehen sein. Dies bedeutet, daß sich die Frage der Zahlungsfähigkeit nach Ansicht des BGH nicht allein nach der Liquiditätskennzahl beantwortet; vielmehr folgt aus dieser – je nach ihrer Größe – nur eine jeweils widerlegliche Vermutung für oder gegen Zahlungsunfähigkeit. Insoweit sieht sich der BGH an die Begründung des Regierungsentwurfs zu § 21 InsO-RegE (= § 17 InsO) gebunden, wonach es nicht gerechtfertigt erscheine, „Zahlungsunfähigkeit erst anzunehmen, wenn der Schuldner einen bestimmten Bruchteil der Gesamtsumme seiner Verbindlichkeiten nicht mehr erfüllen kann".[30] Die aus einer höheren Liquiditätskennzahl als 0,9 abzuleitende Vermutung zugunsten der Zahlungsfähigkeit soll nach dem zweiten Leitsatz des genannten Urteils widerlegt, also Zahlungsunfähigkeit anzunehmen sein, wenn „bereits absehbar [ist], daß die Lücke demnächst mehr als 10% erreichen wird"; ausweislich der Gründe soll freilich auch „die auf Tatsachen gegründete Erwartung ..., daß sich der Niedergang des Schuldner-Unternehmens fortsetzen wird", genügen, um trotz einer geringeren Unterdeckung Zahlungsunfähigkeit anzunehmen.[31] Ist die Liquiditätskennzahl kleiner als 0,9, ist nach dem dritten Leitsatz „regelmäßig von Zahlungsunfähigkeit auszugehen, sofern nicht ausnahmsweise mit an Sicherheit grenzender Wahrscheinlichkeit zu erwarten ist, daß die Liquiditätslücke demnächst" – das heißt ausweislich der Gründe zwar nicht in drei Wochen, aber „immerhin in überschaubarer Zeit"[32] – „vollständig oder fast vollständig beseitigt werden wird und den Gläubigern ein Zuwarten nach den besonderen Umständen des Einzelfalles zuzumuten ist."[33]

2. Reine Geldilliquidität

Setzt man diese Handhabung des Zahlungsunfähigkeitsmerkmals zu dem unter § 2 III Ausgeführten in Bezug, könnte sich die Zahlungsunfähigkeit als Krisenmerkmal schon deshalb als strukturell ungeeignet erweisen, weil sie sich grundsätzlich allein nach der Geldliquidität richtet, also nicht nach dem vorhandenen, sondern nur nach dem zu einem bestimmten Zeitpunkt liquiden Aktivvermögen.[34] Abstrakt

---

entbindet den Insolvenzverwalter nicht von der Obliegenheit, zu den einzelnen Forderungen samt ihres Rechtsgrundes und ihrer Fälligkeit substantiiert vorzutragen und sie im Bestreitensfall zu beweisen, BGH WM 2007, 1668f.; OLG Köln, ZIP 2005, 225f.

[29] Vgl. etwa MünchKommInsO/*Eilenberger*, § 17 Rn. 17, 20; HmbK/*Schröder*, § 17 Rn. 18.

[30] Begr. RegE, BT-Drucks. 12/2443, S. 114.

[31] BGHZ 163, 134, 145. Ebenso BGH WM 2006, 2314; BGH NZI 2006, 591, 592. Das OLG Rostock ZInsO 2006, 1110, ließ dementsprechend genügen, daß der Schuldner seine Liquiditätslücke über 15 Monate hinweg nicht zu schließen vermochte.

[32] BGHZ 163, 134, 145. *Neumaier*, NJW 2005, 3043, plädiert hier für eine absolute Grenze von drei Monaten, *Krüger/Wigand*, ZInsO 2011, 317, dagegen offenbar für insgesamt sechs Wochen.

[33] BGHZ 163, 134f. Ebenso BGH WM 2006, 2314; BGH WM 2007, 1796, 1799f.

[34] BGH WM 2007, 1796, 1799 (keine Berücksichtigungsfähigkeit der Geschäftseinrichtung). Vgl. weiter *Pape*, WM 2008, 1952; Gottwald/*Uhlenbruck*, § 6 Rn. 7 (und auch schon *Kuhn/*

betrachtet, scheint es also so, als könne das Kriterium der Zahlungsunfähigkeit die Anfechtbarkeit auch dann auslösen, wenn die Befriedigung der anderen Gläubiger nicht gefährdet und auch die Prognose nicht gerechtfertigt ist, es werde kein auch für die Befriedigung der ungesicherten Gläubiger ausreichendes haftendes Vermögen mehr erwirtschaftet werden können, weil zwar noch insgesamt ausreichendes Aktivvermögen vorhanden ist, dieses aber nicht rechtzeitig liquidiert werden kann.

Hierbei handelt es sich indes um ein Scheinproblem. Denn schon bei der Ermittlung der für die Frage der Zahlungsunfähigkeit zunächst ausschlaggebenden Liquiditätskennzahl ist nicht nur das gegenwärtig liquide Aktivvermögen zu berücksichtigen, sondern auch das binnen des relevanten Dreiwochenzeitraums zu liquidierende Aktivvermögen.[35] Selbst Aktivvermögen, das in diesem Zeitraum nicht einmal dadurch zur Gewinnung liquider Mittel eingesetzt werden kann, daß es als Sicherheit für weitere Darlehen verwendet wird, ist für die Frage der Zahlungsfähigkeit von Bedeutung; denn die begründete Aussicht, die Liquiditätslücke durch Liquidierung auch dieses Vermögens in wenigstens absehbarer Zukunft zu schließen, kann die aus einer den Wert von 0,9 unterschreitenden Liquiditätskennzahl folgende Vermutung der Zahlungsunfähigkeit widerlegen. Daher ändert es im Ergebnis nichts, wenn man die Frage nach der Liquiditätslücke streng von der Frage trennen will, ob diese gegebenenfalls eine bloße Zahlungsstockung darstellt, und das noch nicht liquide, aber kurzfristig liquidierbare Aktivvermögen nicht schon bei Ermittlung der Liquiditätslücke berücksichtigt, sondern erst bei der nachgelagerten Frage, ob es sich um eine bloße Zahlungsstockung handelt.[36] Denn jedenfalls liegt keine Zahlungsunfähigkeit vor, wenn das Aktivvermögen schnell genug liquidiert werden kann.

Ein Fall von Zahlungsunfähigkeit aufgrund reiner Geldilliquidität, in dem zwar noch ausreichendes (zugunsten der potentiellen Insolvenzgläubiger verwertbares!) Vermögen vorhanden ist, dieses aber in absehbarer Zeit nicht einmal durch Beleihung liquidiert werden kann, ist nur in Ausnahmefällen denkbar.[37] Daher

---

Uhlenbruck, § 102 Rn. 2); K. Schmidt/Uhlenbruck/*Uhlenbruck*, Rn. 5.20; Graf-Schlicker/*Bremen*, § 17 Rn. 12; Kübler/Prütting/Bork/*Schoppmeyer*, § 130 Rn. 79; BKInsO/*Goetsch*, § 17 Rn. 8, 27; FK/*Schmerbach*, § 17 Rn. 31 f.; *Staufenbiel/Hoffmann*, ZInsO 2008, 787; *Knolle/Tetzlaff*, ZInsO 2005, 898; *Temme*, Eröffnungsgründe, 12 ff.

[35] Vgl. BGH WM 2007, 1796, 1799; BGH WM 2006, 2314; MünchKommInsO/*Eilenberger*, § 17 Rn. 20; HK/*Kirchhof*, § 17 Rn. 24; Gottwald/*Uhlenbruck*, § 6 Rn. 7; K. Schmidt/Uhlenbruck/*Uhlenbruck*, Rn. 5.20; *Harz*, ZInsO 2001, 195; *Harz/Baumgartner/Conrad*, ZInsO 2005, 1307; *Bork*, ZIP 2008, 1749; *Staufenbiel/Hoffmann*, ZInsO 2008, 892 f.

[36] So *Knolle/Tetzlaff*, ZInsO 2005, 898 f. Vgl. zur Trennung zwischen dem die stichtagsbezogene Liquiditätslücke ausweisenden Liquiditätsstatus und dem über die Frage einer vorübergehenden Zahlungsstockung Aufschluß gebenden Liquiditätsplan etwa auch MünchKommInsO/*Eilenberger*, § 17 Rn. 10 ff.; *Hölzle*, ZIP 2007, 615; *Harz/Baumgartner/Conrad*, ZInsO 2005, 1306 f.; FK/*Schmerbach*, § 17 Rn. 22; *Pape*, WM 2008, 1951 f. mit Fn. 19.

[37] Als Beispiel nennen *Knolle/Tetzlaff*, ZInsO 2005, 898, die Situation ostdeutscher Konsum- und Landwirtschaftlicher Produktionsgenossenschaften in der 1990er Jahren, die wegen seinerzeit unklarer Rechtsverhältnisse ihre Immobilien nicht hinreichend beleihen konnten.

sollte die Bedeutung der Aussage, Zahlungsunfähigkeit sei reine Geldilliquidität,[38] nicht überschätzt werden. Aber selbst dann, wenn ein Fall reiner Geldilliquidität tatsächlich auftreten sollte, löst das Kriterium der Zahlungsunfähigkeit die Anfechtbarkeit nicht zu früh aus. Denn nach den unter § 2 III erarbeiteten Grundsätzen und dem unter § 9 I 3 Gesagten ist die zu prognostizierende Entwicklung des Schuldnervermögens entscheidend: Es kommt darauf an, ob noch die Erwartung gerechtfertigt ist, daß der Schuldner in der Lage sein wird, den in Rede stehenden Vermögensabfluß zugunsten der ungesicherten Gläubiger zu kompensieren und rechtzeitig ein auch zur Bedienung ihrer Forderungen hinreichendes Vermögen zu erwirtschaften. Befindet sich der Schuldner aber in einer Lage, in der er über keine ausreichenden liquiden Mittel mehr verfügt und das noch vorhandene Vermögen auch nicht einsetzen kann, um sich Fremdkapital zu beschaffen, kann er auch dann nicht mehr am Markt teilnehmen, wenn der Erlös aus einer Verwertung des nicht schnell genug liquidierbaren Vermögens alle gegenwärtig bestehenden Forderungen decken würde. Da die Erwirtschaftung neuen, allgemein haftenden Vermögens mithin nicht mehr zu erwarten ist, ist der Übergang vom Prioritätsgrundsatz zur Gläubigergleichbehandlung jedenfalls dann gerechtfertigt, wenn letztlich nicht genügend haftendes Vermögen vorhanden ist, um alle Insolvenzforderungen einschließlich der bis Verfahrenseröffnung entstehenden zu decken – und daß die besondere Insolvenzanfechtung tatsächlich nur in diesem Fall eingreift, stellt das gemäß § 129 InsO für alle Anfechtungstatbestände geltende Erfordernis einer wenigstens mittelbaren Gläubigerbenachteiligung sicher.

3. Dauerhaftigkeit – Zeitraumilliquidität und Liquiditätsprognose

Da auch für den Begriff der Zahlungsunfähigkeit nach § 17 II InsO am Erfordernis der Dauerhaftigkeit der Liquiditätsunterdeckung festzuhalten ist, um Zahlungsunfähigkeit von insoweit irrelevanter Zahlungsstockung zu unterscheiden, ist für die Frage der Zahlungsunfähigkeit nicht allein die Liquiditätslage zu einem bestimmten Zeitpunkt entscheidend, sondern es ist auf die Entwicklung der Liquiditätslage in einem bestimmten Zeitraum abzustellen. Zahlungsunfähigkeit im Sinne des § 17 II InsO ist also nicht als Zeit*punkt*-, sondern als Zeit*raum*illiquidität zu verstehen.[39]

---

[38] Vgl. das soeben in Fn. 34 genannte Schrifttum.

[39] MünchKommInsO/*Eilenberger*, § 17 Rn. 20; *Baumgartner/Conrad*, ZInsO 2005, 1304; *Kamm/Köchling*, ZInsO 2006, 733; Kübler/Prütting/Bork/*Pape*, § 17 Rn. 9; Uhlenbruck/*Uhlenbruck*, § 17 Rn. 19; FK/*Schmerbach*, § 17 Rn. 23; *Neumaier*, NJW 2005, 3041; *Steffek*, KTS 2009, 326 auch mit Blick auf ausländische Rechtsordnungen). Dagegen gehen etwa *Breutigam/Tanz*, ZIP 1998, 718, *Zeuner*, Anfechtung, Rn. 98, Nerlich/Römermann/*Mönning*, § 17 Rn. 14, BKInsO/*Goetsch*, § 18 Rn. 9, und *Servatius*, Gläubigereinfluss, 219, noch davon aus, der Gesetzgeber habe das Konzept der Zeitraumilliquidität abgelehnt. Sie alle heben freilich hervor, daß auch der Gesetzgeber an Unbeachtlichkeit bloßer Zahlungsstockungen festhalten wollte, *Zeuner*, Anfechtung, Rn. 98, Nerlich/Römermann/*Mönning*, § 17 Rn. 20ff., und *Servatius*, Gläubigereinfluss, 222ff., der mit ausführlicher Begründung für eine entsprechende „teleologische Reduktion" des § 17 II 1 InsO ausspricht.

Hiergegen ist auch im Hinblick auf die unter § 2 III erarbeiteten Wertungen nichts zu erinnern. Diese verlangen ein Umschwenken von der gewillkürten auf eine alle Insolvenzgläubiger berücksichtigende Masseverteilung und damit ein Eingreifen der besonderen Insolvenzanfechtung, sobald nicht mehr zu erwarten ist, daß der Schuldner genügend Vermögen erwirtschaften wird, um alle Gläubiger zu befriedigen. Diese Erwartung kann auch dann noch gerechtfertigt sein, wenn bereits eine Liquiditätslücke eingetreten ist, sofern diese nur – voraussichtlich – vorübergehend ist. Eine nur vorübergehende Liquiditätslücke führt letztlich nicht zum Ausfall der ungesicherten Gläubiger und damit als solche weder zu heteronomer Belastung noch zu externen Effekten und der Fehlallokation von Ressourcen.

Obwohl die Zahlungsunfähigkeit zeitraumbezogen zu ermitteln ist, muß sich die Entscheidung darüber, ob Zahlungsunfähigkeit vorliegt, namentlich im Rahmen der besonderen Insolvenzanfechtung auf einen bestimmten Zeitpunkt beziehen, und zwar grundsätzlich denjenigen, zu dem die fragliche Deckung erfolgte (§ 8).[40] Für die Frage, ob zu einem bestimmten Zeitpunkt Zahlungsunfähigkeit vorlag, ist nach dem soeben unter 1. Gesagten auf die diesem Zeitpunkt nachfolgende Liquiditätsentwicklung abzustellen. Da über die Frage der Anfechtbarkeit zu einem Zeitpunkt entschieden wird, zu dem die nachfolgende Liquiditätsentwicklung des Schuldners feststeht, wird hier die oben (§ 9 I 3) beschriebene Frage relevant, ob auf die tatsächliche Liquiditätsentwicklung abzustellen ist oder aber auf diejenige, die nach damaligem Erkenntnishorizont zu prognostizieren war.

Obwohl dem Merkmal der Zahlungsunfähigkeit als Eröffnungsgrund nach § 17 InsO eine gänzlich andere Funktion zukommt als dann, wenn es als Tatbestandsmerkmal der besonderen Insolvenzanfechtung in Rede steht, hält der BGH weitestgehend an der These fest, daß der Begriff einheitlich auszulegen sei[41] – allerdings mit einer bedeutenden Ausnahme: Eine Liquiditätsbilanz sei nur nötig, wenn eine Prognose erforderlich sei, namentlich im Rahmen der Frage, ob ein Insolvenzantrag zu stellen oder ein Insolvenzverfahren zu eröffnen sei.[42] „Im Anfechtungsprozess lässt sich auch auf andere Weise feststellen, ob und was der Schuldner zahlen konnte. Haben im fraglichen Zeitpunkt fällige Verbindlichkeiten bestanden, die bis zur Verfahrenseröffnung nicht mehr beglichen worden sind, ist regelmäßig von der Zahlungsunfähigkeit zu diesem Zeitpunkt auszugehen. Etwas anderes gilt nur dann, wenn auf Grund konkreter Umstände, die sich nachträglich geändert haben, damals angenommen werden konnte, der Schuldner werde rechtzeitig in der Lage sein, die Verbindlichkeiten zu erfüllen. Dass nicht lediglich eine

---

[40] Gelingt der Nachweis, daß der Schuldner schon zu einem davor liegenden Zeitpunkt zahlungsunfähig war, muß der Anfechtungsgegner die zwischenzeitliche Beseitigung der Zahlungsunfähigkeit beweisen, die jedoch nur dann anzunehmen ist, wenn der Schuldner *alle* Verbindlichkeiten wieder bedient, vgl. noch unten 6.

[41] Ausdrücklich für § 64 GmbHG und § 17 InsO BGHZ 163, 134, 137; allgemein zu „§§ 17, 129 ff. InsO, § 64 GmbHG" BGH NZI 2006, 591, 592.

[42] Interessanterweise plädiert HK/*Kirchhof*, § 17 Rn. 19, gerade für den Fall der Entscheidung des Insolvenzgerichts über die Verfahrenseröffnung für eine Beurteilung „rückblickend aus der Sicht des Insolvenzgerichts im Zeitpunkt der Entscheidung über die Verfahrenseröffnung".

Zahlungsstockung vorlag, ist im Nachhinein ohne weiteres feststellbar. Es bedarf insoweit keiner Prognose."[43]

Es ist nicht leicht zu entscheiden, ob dies bedeuten soll, daß jedenfalls im Anfechtungsrechtsstreit über die Frage der Zahlungsunfähigkeit einschließlich der Frage, ob sich nach dem relevanten Stichtag hinreichend Aktivvermögen liquidieren oder generieren ließ und also nur eine Zahlungsstockung vorlag, rückblickend aus der Warte des entscheidenden Gerichts und folglich mit dem überlegenen Wissen des Späterkommenden zu entscheiden ist.[44] Denn zwar soll sich das Vorliegen einer bloßen Zahlungsstockung offenbar nicht nach den seinerzeit zu erwartenden, sondern den tatsächlich eingetretenen Zahlungsflüssen beurteilen, also aus einer *ex-post*-Perspektive. Andererseits aber soll Zahlungsunfähigkeit auch dann, wenn fällige Verbindlichkeiten bis zur Verfahrenseröffnung nicht mehr bedient wurden, ausscheiden können, wenn „auf Grund konkreter Umstände, die sich nachträglich geändert haben, damals" – also *ex ante*! – „angenommen werden konnte, der Schuldner werde rechtzeitig in der Lage sein, die Verbindlichkeiten zu erfüllen".[45]

---

[43] BGH WM 2006, 2314. In der Sache wohl auch schon BGHZ 163, 134, 140f., wo betont wird, für die Abgrenzung der Zahlungsstockung von der Zahlungsunfähigkeit komme es allein auf die objektiven Umstände an, und wo auf eine Prognose künftiger Entwicklungen nur im Rahmen der Prüfung eines Verschuldens nach § 64 II 2 GmbHG a.F. (nun § 64 S. 2 GmbHG) abgestellt wird; jedoch ließ der BGH die Entscheidung des Berufungsgerichts unbeanstandet, das im Rahmen der Prüfung eines Anspruchs aus § 64 GmbHG die objektive Zahlungsunfähigkeit aus der Kombination einer mindestens 9,2%igen Liquiditätsunterdeckung und einer auf unstreitige Tatsachen gegründeten, schlechten Zukunftsprognose abgeleitet hatte.

[44] So aber offenbar OLG Frankfurt ZInsO 2010, 1328, 1329, und die große Mehrheit in der Literatur: *Krüger/Wigand*, ZInsO 2011, 318; *Sander*, ZInsO 2009, 705; *Pape*, WM 2008, 1951; Nickert/Lamberti/*Kriegel*, Überschuldungs- und Zahlungsunfähigkeitsprüfung, Rz. 77, Kübler/Prütting/Bork/*Schoppmeyer*, § 130 Rn. 84, HmbK/*Schröder*, § 17 Rn. 16, und *Harz/Baumgartner/Conrad*, ZInsO 2005, 1307. (Auch) für die Zahlungsunfähigkeit als Verfahrenseröffnungsgrund HK/*Kirchhof*, § 17 Rn. 19, 24: Auf die Vorhersehbarkeit für den Schuldner oder Dritte komme es nur im Rahmen eventueller subjektiver Tatbestandsmerkmale (§ 64 GmbHG oder § 130 I Nr. 1 InsO) an. In der Sache ebenso wohl schon *Hölzle*, ZIP 2006, 103f., der für den Beweis des Vorliegens der Zahlungsunfähigkeit im Anfechtungsrechtsstreit einen auf den fraglichen Zeitpunkt bezogenen Liquiditätsstatus genügen läßt, und allemal *ders.*, ZIP 2007, 616: Die Annahme einer Zahlungsstockung scheide „denknotwendig" aus, wenn in einem zwischenzeitlich eröffneten Insolvenzverfahren zum fraglichen Zeitpunkt bereits fällig gewesene Forderungen angemeldet worden seien. Anders aber, ausdrücklich für eine *ex-ante*-Perspektive mit Blick auf § 64 GmbHG namentlich *Knolle/Tetzlaff*, ZInsO 2005, 901: Da Zahlungsunfähigkeit eine Insolvenzantragspflicht begründe, müsse ihr Vorliegen *ex ante* beurteilt werden können.

[45] *Hölzle*, ZIP 2007, 616, meint, der BGH leite aus der Tatsache, daß im später eröffneten Insolvenzverfahren auch zum fraglichen Zeitpunkt bereits fällige Forderungen angemeldet worden seien, nur eine widerlegliche Vermutung ab, daß der Schuldner seinerzeit bereits zahlungsunfähig gewesen sei. Auch *Hölzle* aber meint, daß die Annahme einer bloßen Zahlungsstockung ausscheide, wenn im später eröffneten Insolvenzverfahren Forderungen angemeldet und zur Tabelle festgestellt werden, die bereits im fraglichen Zeitpunkt fällig gewesen waren. Wenn es sich deswegen aber erübrigen soll, den Tatbestand der Zahlungsunfähigkeit „zum Zwecke der Abgrenzung von einer bloßen Zahlungsstockung ... prognostisch auszufüllen", eine Prog-

Es ist oben (§ 9 I 3) bereits allgemein festgestellt worden, daß der von den Urhebern der besonderen Insolvenzanfechtung angestrebte Verkehrsschutz nur möglich ist, wenn auch die objektiv die Anfechtbarkeit auslösende Krisentatsache *ex ante*, also zum anfechtungsrelevanten Zeitpunkt, erkennbar ist. Für die Auslegung des Tatbestandsmerkmals „Zahlungsunfähigkeit" bedeutet dies, daß sich auch sein Vorliegen allein nach Umständen beurteilen muß, die zu diesem Zeitpunkt gegeben und erkennbar sind. Daher ist auch für die Frage, ob eine Zahlungsstockung oder eine dauerhafte Liquiditätslücke vorliegt, nicht auf die tatsächliche spätere Liquiditätsentwicklung, sondern auf die zum anfechtungsrelevanten Zeitpunkt vorliegenden Umstände und eine auf diese gestützte Liquiditätsprognose abzustellen. Dies ergibt sich nicht etwa lediglich aus einer teleologischen Auslegung, sondern ist sogar normlogisch zwingend, weil sich die subjektive Tatbestandsvoraussetzung einer Anfechtung nach § 130 I Nr. 1 InsO auf die Zahlungsunfähigkeit bezieht:[46] Der Anfechtungsgegner muß die Zahlungsunfähigkeit zur Zeit der anzufechtenden Deckung gekannt haben. Von einer künftigen Entwicklung als solcher aber kann in der Gegenwart niemand (sichere) Kenntnis haben. Der subjektive Tatbestand des § 130 I Nr. 1 InsO setzt also voraus, daß das Krisenmerkmal der Zahlungsunfähigkeit allein aus gegenwärtigen, potentiell äußerlich erkennbaren Umständen abzuleiten ist; künftige Entwicklungen können daher nicht als solche eine Rolle spielen, sondern nur als Prognose, die auf gegenwärtige Umständen zu folgern ist.[47] Bemerkenswerterweise entspricht dies offenbar auch der Ansicht des IX. Senats des BGH, der in unmittelbarem Anschluß an seine oben zitierten Ausführungen für die nach § 130 I Nr. 1 InsO erforderliche Kenntnis des Anfechtungsgegners von der Zahlungsunfähigkeit darauf abstellt, ob dieser „bei natürlicher Betrachtung" den zutreffenden Schluß gezogen habe, daß der Schuldner wesentliche Teile seiner Verbindlichkeiten nicht *wird* tilgen können.[48] Da das Wort „Zahlungsunfähigkeit" im Rahmen des subjektiven Tatbestandes nicht anders ausgelegt werden kann als im Rahmen des objektiven, auf den sich der subjektive Tatbestand bezieht, muß es für die Frage der Zahlungsfähigkeit auf eine aus der *ex-ante*-Perspektive zu beurteilende Prognose über die im anfechtungsrelevanten Zeitpunkt zukünftige Liquiditätsentwicklung des Schuldners ankommen.[49]

---

nose für das Vorliegen der Zahlungsunfähigkeit also keinerlei Rolle spielt, kann die Vermutung, daß Zahlungsunfähigkeit vorliegt, auch nicht durch den Beweis von Tatsachen widerlegt werden, die seinerzeit eine günstige Prognose rechtfertigten – darauf aber zielt offenbar das von *Hölzle* bemühte Beispiel des nachträglichen Scheiterns zunächst aussichtsreicher Sanierungsbemühungen.

[46] Für § 131 I Nr. 2 InsO gilt in der Sache nichts anderes, denn nach der gesetzgeberischen Konzeption soll die Kenntnis des Anfechtungsgegners von der Krise des Schuldners, die sich auch hier in dessen Zahlungsunfähigkeit manifestiert, wegen der Inkongruenz der Deckung und ihrer zeitlichen Nähe zur Verfahrenseröffnung unwiderleglich vermutet werden, materiell also gleichwohl Anfechtungsvoraussetzung sein; vgl. oben § 7 I.

[47] Vgl. hierzu noch eingehend unten § 11 II 1.

[48] BGH WM 2006, 2312, 2314.

[49] So im Ergebnis wohl auch der IDW-Prüfungsstandard EPS 800, WPg Suppl. 2/2009, Rn. 46f.

Hier zeigt sich also im Konkreten, daß Verkehrsschutzerwägungen nicht erst für den subjektiven Tatbestand relevant werden, sondern schon für die Auslegung der objektiven Tatbestandsmerkmale zu beachten sind. Aus dem objektiven Tatbestand folgen im Umkehrschluß die Voraussetzungen, unter denen der Anfechtungsgegner die Deckungen auch in dem Fall behalten kann, daß ein Insolvenzverfahren über das Vermögen des Schuldners eröffnet wird. Soll sein redliches Vertrauen in die Bestandskraft des Erwerbs und in diesem Sinne die Rechtssicherheit geschützt werden, muß er schon zu einem Zeitpunkt, in dem der Erwerb erfolgt, erkennen können, ob diese tatsächlichen Voraussetzungen vorliegen. Vertrauensschutz kann nicht objektiv an Umstände geknüpft werden, die im relevanten Zeitpunkt noch nicht erkennbar waren.

Die für die zeitpunktbezogene Ermittlung der Zahlungsunfähigkeit zu berücksichtigende künftige Entwicklung des Vermögens des Schuldners ist also nicht mit der später tatsächlich eingetretenen gleichzusetzen, sondern es ist darauf abzustellen, welche Vermögensentwicklung im anfechtungsrelevanten Zeitpunkt aufgrund objektiver Umstände zu erwarten war.[50]

4. Wesentlichkeit

Nach dem herrschenden Konzept der Zahlungsunfähigkeit ist für diese nicht jede Liquiditätslücke relevant, sondern nur eine wesentliche. Dieses Wesentlichkeitserfordernis spielt zunächst bei der Abgrenzung der Zahlungsunfähigkeit von der Zahlungsstockung eine Rolle; hier entscheidet das Ausmaß der binnen dreier Wochen verbleibenden Liquiditätslücke über die Beweislast, nämlich darüber, ob im Zweifel von Zahlungsunfähigkeit oder von bloßer Zahlungsstockung auszugehen ist. Diese Verwendung des vom BGH insoweit mit 10% der fälligen Forderungen angesetzten Kriteriums der quantitativen „Wesentlichkeit“ als Beweislastmaßstab ist in der Sache durchaus gerechtfertigt: Es liegt auf der Hand, daß von der Schließung einer Liquiditätslücke um so weniger bzw. mehr auszugehen ist, je größer bzw. kleiner sie ist.[51] Einer solchen sachgerechten Beweislastregel stehen auch die unter § 2 III entwickelten Wertungen nicht entgegen, die im Gegenteil sachgerechte Kriterien für eine Beurteilung der Frage einfordern, ob der Schuldner künftig in der Lage sein wird, genügend haftendes Vermögen zur Befriedigung aller Gläubiger zu erwirtschaften. Zwar ist die vom BGH gewählte 10%-Schwelle letztlich willkürlich und auch das Argument des BGH nicht zwingend, als Alternative blieben nur 5%, die aber dem „rigorosen ‚Null-Toleranz-Prinzip'“ zu sehr angenähert seien.[52] Die An-

---

[50] Auf Grundlage der abweichenden herrschenden Meinung stellt sich die Folgefrage, ob Zahlungsunfähigkeit *ex post* auch dann angenommen werden kann, wenn der Anteil der nach dem anfechtungsrelevanten Zeitpunkt tatsächlich unbedient gebliebenen an allen fällig gewordenen Forderungen weniger als 10% betrug; vgl. dazu vor dem Hintergrund divergierender Rechtsprechung der Instanzgerichte *Krüger/Wigand*, ZInsO 2011, 318ff.; *Keller*, EWiR 2011, 85f.

[51] BGHZ 163, 134, 143, unter Berufung auf *Burger/Schellberg*, BB 1995, 263.

[52] BGHZ 163, 134, 145. Kritisch schon *Neumaier*, NJW 2005, 3042; *Stahlschmidt*, ZInsO 2005, 1089.

gabe einer Richtzahl ist jedoch gerade dann unverzichtbar, wenn der Praxis eine handhabbare Beweislastregel an die Hand gegeben werden soll, und es sind keine Erwägungen ersichtlich, die einen anderen Schwellenwert als 10% nahelegen würden.

Von der Anwendung des Wesentlichkeitskriteriums als Beweislastregel ist die Frage zu trennen, ob Zahlungsunfähigkeit materiell voraussetzt, daß die längerfristige Liquiditätslücke wesentlich ist. Davon geht der IX. Senat des BGH offenbar aus, denn trotz einer niedrigeren Liquiditätskennzahl als 0,9 soll nicht von Zahlungsunfähigkeit auszugehen sein, wenn „ausnahmsweise mit an Sicherheit grenzender Wahrscheinlichkeit zu erwarten ist, daß die Liquiditätslücke demnächst vollständig *oder fast vollständig* beseitigt werden wird und den Gläubigern ein Zuwarten nach den besonderen Umständen des Einzelfalles zuzumuten ist."[53] Schon die gesicherte Aussicht auf eine nur fast vollständige Beseitigung der Liquiditätslücke führt unter diesen Voraussetzungen also zur Annahme einer bloßen Zahlungsstockung. Daß der BGH geneigt ist, Zahlungsunfähigkeit bei einer unwesentlichen Liquiditätslücke selbst dann abzulehnen, wenn diese in absehbarer Zeit nicht zu beseitigen ist,[54] folgt auch aus der Begründung des zitierten Grundsatzurteils vom 24. 5. 2005, in der etwa festgestellt wird, es überwögen die Gründe, einen Schuldner, der seine Verbindlichkeiten „bis auf einen geringfügigen Rest" bedienen kann, nicht als zahlungsunfähig anzusehen,[55] und es verbiete sich auch im Interesse des Schuldners, „einen Insolvenzgrund bereits bei sehr kleinen Liquiditätslücken anzunehmen".[56] Nähere Angaben dazu, in welchem Umfang eine Liquiditätslücke auch dauerhaft tolerabel sein soll, macht der BGH nicht.

Die Annahme, daß Zahlungsunfähigkeit nicht vorliegt, wenn die dauerhafte Liquiditätslücke unwesentlich ist, ist jedenfalls für die Zwecke der besonderen Insolvenzanfechtung abzulehnen. Der BGH argumentiert, „der Gesetzgeber" habe ganz geringfügige Liquiditätslücken für die Annahme einer Zahlungsunfähigkeit nicht ausreichen lassen wollen, und es gebe „keine hinreichenden Anhaltspunkte dafür, daß er die zu tolerierende Lücke nicht auch quantitativ, sondern lediglich zeitlich – im Sinne einer bloßen Zahlungsstockung – verstanden hat".[57] Eine solche subjektiv-historische Argumentation begegnet methodischen Bedenken, denn Zweifel an der Auslegung der Gesetzesbegründung gehen zulasten desjenigen, dessen Ansicht sie stützen soll. Und solche Zweifel bleiben, auch wenn die fraglichen Ausführungen in der Begründung des Regierungsentwurfs denjenigen über die Abgrenzung zwischen Zahlungsunfähigkeit und Zahlungsstockung nachfolgen und apodiktisch davon die Rede ist, daß „selbstverständlich ... ganz geringfügige Liquiditätslücken außer Betracht bleiben müssen".[58] Weiter argumentiert der

---

[53] BGHZ 163, 134f., Hervorhebung von mir. Ebenso BGH WM 2006, 2314.

[54] Entsprechend wohl auch HK/*Kirchhof*, § 17 Rn. 20f.; vgl. auch *Hölzle*, ZIP 2007, 614. Anders indes *Frystatzki*, NZI 2010, 392: Der BGH praktiziere insoweit das „Null-Toleranz-Prinzip".

[55] BGHZ 163, 134, 142.

[56] BGHZ 163, 134, 143. Vgl. hierzu *Frystatzki*, NZI 2010, 391.

[57] BGHZ 163, 134, 142.

[58] Begr. RegE, BT-Drucks. 12/2443, S. 114.

BGH, daß die Eröffnung des Insolvenzverfahrens den Gläubigern keinen Vorteil brächte, wenn der Schuldner in absehbarer Zeit seine Zahlungsfähigkeit wiedererlange; daß die Eröffnung eines Insolvenzverfahrens „bereits bei sehr kleinen Liquiditätslücken" einen Eingriff in durch Art. 12, 14 GG geschützte Positionen bedeute, der unter dem Gesichtspunkt der Verhältnismäßigkeit bedenklich sei; daß die Pflicht, selbst bei prozentual geringfügiger Liquiditätslücke Insolvenz anzumelden, in Wirtschaftszweigen, die starken saisonalen Zyklen unterliegen, zu erheblichen Problemen führen würde. All diese Bedenken gegen eine verfrühte Auslösung des Insolvenzverfahrens sind für die begriffliche Konkretisierung der Zahlungsunfähigkeit als Merkmal der besonderen Insolvenzanfechtung, die überhaupt erst nach Eröffnung des Insolvenzverfahrens relevant wird, ohne Belang.

Dafür, Zahlungsunfähigkeit für die Zwecke der besonderen Insolvenzanfechtung schon bei kleinsten dauerhaften Liquiditätslücken anzunehmen, läßt sich zwar nicht das von Wilhelm Uhlenbruck beharrlich wiederholte Argument vortragen, daß erst recht nicht zur Befriedigung größerer Forderungen in der Lage sei, wer schon geringe Forderungen nicht mehr ausgleichen könne.[59] Denn der Schuldner kann sich gerade dadurch zur Begleichung einer geringfügigen Forderung außer Stande gesetzt haben, daß er eine größere Forderung beglichen hat.[60] Für eine solche restriktive, anfechtungsfreundliche Deutung sprechen jedoch die unter § 2 III herausgearbeiteten Wertungen. Für die Frage, ob aufgrund der Liquiditätslücke potentiell heteronome Belastungen der ungesicherten Gläubiger oder effizienzschädliche Fehlallokationen der Haftungsmasse relevant werden, kommt es nur darauf an, daß die Liquiditätslücke dauerhaft, also nicht mehr zu beseitigen ist. Die „Wesentlichkeit" der Liquiditätslücke ist nur für das Ausmaß von heteronomer Belastung und Fehlallokation relevant. Zwar sollen die unter § 2 III dargestellten Erwägungen – wie dort schon hervorgehoben wurde – nur eine in sich schlüssige Rechtfertigung dafür liefern, daß das positive Recht in der Krise des Schuldners vom Prioritätsgrundsatz abgeht und mittels der besonderen Insolvenzanfechtung dem Gleichbehandlungsgrundsatz zur Geltung verhilft; bindende Vorgaben an den Gesetzgeber folgen aus den dargestellten Erwägungen nicht ohne weiteres. Solche ergeben sich – schon wegen des Gestaltungsspielraums – auch nicht aus den in §§ 3–5 angestellten verfassungsrechtlichen Erörterungen. Der Gesetzgeber – oder im Rahmen der Auslegung der Normanwender – ist also zwar nicht schon von Verfassungs wegen gehalten, eine die besondere Insolvenzanfechtung auslösende Krise schon bei kleinsten dauerhaften Liquiditätslücken anzunehmen, um eigentumsgrundrechtlich relevante Positionen der ungesicherten Insolvenzgläubiger zu schützen (vgl. namentlich § 5 IV 1). Wenn aber die geltenden Anfechtungsvorschriften die Möglichkeit geben, durch Auslegung des Merkmals der Zahlungsunfähigkeit schon kleinsten heteronomen Belastungen oder Fehlallokationen entgegenzuwirken, legt der Schutz der dahinterstehenden Interessen nahe, diese Möglichkeiten zu nutzen und nur dann anders zu entscheiden, wenn

---

[59] Uhlenbruck[12]/*Uhlenbruck*, § 17 Rn. 10; Gottwald/*Uhlenbruck*, § 6 Rn. 13; *Pape/Uhlenbruck*, Insolvenzrecht[2], Rn. 300.

[60] Gegen *Uhlenbruck* auch bereits BGHZ 163, 134, 143.

schutzwürdige Interessen des Schuldners oder des Anfechtungsgegners es geböten, für die Frage des Eintritts der anfechtungsrelevanten Krise kleinste dauerhafte Liquiditätslücken zu ignorieren. Solche Interessen mögen, wie der BGH angenommen hat, bei der Frage bestehen, ob wegen Zahlungsunfähigkeit ein Insolvenzverfahren zu eröffnen ist. In der Situation, in der über die Voraussetzungen der besonderen Insolvenzanfechtung zu entscheiden ist, wenn nämlich die Eröffnung des Insolvenzverfahrens und – wegen des Erfordernisses der Gläubigerbenachteiligung – der jedenfalls teilweise Ausfall der ungesicherten Insolvenzgläubiger feststeht, sind solche Interessen nicht mehr relevant. Zahlungsunfähigkeit ist für die Zwecke der besonderen Insolvenzanfechtung schon dann anzunehmen, wenn die dauerhaft verbleibende Liquiditätslücke minimal ist.

Diese Abgrenzung vom herrschenden Zahlungsunfähigkeitskonzept wird allerdings kaum praktisch relevant werden. Denn wie unter 3. dargelegt, ist die für die Zahlungsunfähigkeit erforderliche Zeitraumilliquidität jedenfalls für die Zwecke der besonderen Insolvenzanfechtung nach dem zum anfechtungsrelevanten Zeitpunkt bestehenden Erkenntnishorizont zu beurteilen, also nicht auf die diesem Zeitpunkt nachfolgende, tatsächliche, sondern die aus damaliger Sicht zu erwartende Liquiditätsentwicklung abzustellen. *Ex ante* wird sich freilich kaum jemals sagen lassen, daß der Schuldner die Liquiditätslücke zwar nicht vollständig, aber „fast vollständig" wird schließen können; wegen der einer Prognose naturgemäß anhaftenden Ungenauigkeit werden sich die Zahlungsströme kaum jemals so genau vorhersagen lassen, daß ein Unterschied zwischen vollständiger Liquidität und „ganz geringfügigen" Liquiditätslücken gemacht werden könnte. Es ist also eher von theoretisch-dogmatischem Interesse, wenn hier festgestellt wird, daß die Prognose eine vollständige und nicht nur eine weitestgehende Schließung der zum anfechtungsrelevanten Zeitpunkt bereits aufgetretenen Liquiditätslücke ergeben haben muß, um Zahlungsunfähigkeit im Sinne der Anfechtungstatbestände auszuschließen.

5. Fälligkeit und „ernsthaftes Einfordern"

Vor Inkrafttreten der InsO herrschte die Ansicht vor, daß in die für die Frage der Zahlungsfähigkeit des Schuldners maßgebliche Liquiditätsbilanz nur solche gegen den Schuldner gerichteten Forderungen aufzunehmen waren, die von ihren Gläubiger „ernsthaft eingefordert" wurden. Dabei sollte ein „ernsthaftes Einfordern" nicht unbedingt eine Mahnung, geschweige denn eine gerichtliche Geltendmachung der Forderung voraussetzen.[61] Funktion dieses Merkmals sollte vielmehr sein, nicht nur im Rechtssinne gestundete und daher auch schon im Sinne des § 271 BGB nicht fällige, sondern auch solche Forderungen von der Liquiditätsbilanz auszunehmen, die in einem rein tatsächlichen Sinne – also ohne rechtlichen Bindungswillen oder erkennbare Erklärung – durch bloßes „Stillhalten" des Gläubigers gestundet waren.[62]

---

[61] Vgl. etwa Jaeger/*Henckel*, Konkursordnung[9], § 30 Rn. 23.

[62] So etwa noch BGH WM 2001, 689, 690; BGH NJW 1998, 607 (jeweils zu § 10 I Nr. 4 GesO); BGH WM 2001, 1225, 1226 und BGH WM 2003, 524, 525 (jeweils zu § 30 Nr. 1

In der Definition der Zahlungsunfähigkeit nach § 17 II 1 InsO ist freilich nur von „fälligen Zahlungspflichten" die Rede. In den Gesetzgebungsmaterialien wird zwar festgestellt, daß die Definition der Zahlungsunfähigkeit zugrunde gelegt werde, die sich in Rechtsprechung und Literatur durchgesetzt habe; näher erörtert werden sodann jedoch nur die Merkmale der Wesentlichkeit und der Dauer der Liquiditätslücke.[63] Im Schrifttum wurde daraus überwiegend der Schluß gezogen, daß die in § 17 II 1 InsO genannte Fälligkeit im Sinne des § 271 I BGB zu verstehen sei, es also auf ein ernsthaftes Einfordern der Verbindlichkeit nicht mehr ankomme.[64]

Der IX. Senat des BGH hat sich allerdings dafür entschieden, an der überkommenen Auffassung festzuhalten: Auch im Sinne des § 17 II 1 InsO seien nur solche Verbindlichkeiten als fällig anzusehen, deren Erfüllung von ihren Gläubigern „ernsthaft eingefordert" werde.[65] Dafür solle in der Regel jedoch schon die Übersendung einer Rechnung durch den Gläubiger,[66] eine vom Schuldner selbst abgegebene Zahlungsankündigung[67] und sogar der bloße Eintritt eines zuvor verabredeten Zahlungstermins[68] ausreichen können.[69]

Der Wortlaut des § 17 II 1 InsO spricht gegen die Ansicht des BGH, denn mit „Fälligkeit" ist im Zweifel die in § 271 I BGB allgemein umschriebene gemeint. Die Gesetzgebungsgeschichte des § 17 II 2 InsO liefert keinen Aufschluß darüber, ob mit der Aufnahme des Merkmals der Fälligkeit eine Abkehr vom Erfordernis des „ernsthaften Einforderns" verbunden sein sollte. Immerhin aber wollten die Entwurfsverfasser auf der für die KO und die GesO herrschenden Definition der Zahlungsunfähigkeit aufbauen, und sie haben deren Änderung offenbar nur im Hinblick auf die gesondert erörterten Merkmale der Wesentlichkeit und der Dau-

---

KO). *Kilger/K. Schmidt*, § 102 Anm. 2a; Jaeger/*Henckel*, Konkursordnung[9], § 30 Rn. 23. Kritisch aber schon *Kuhn/Uhlenbruck*, § 102 Rn. 2c.

[63] BT-Drucks. 12/2443, S. 114.

[64] Uhlenbruck[12]/*Uhlenbruck*, § 17 Rn. 8; Jaeger/*Müller*, § 17 Rn. 9; *Burger/Schellenberg*, BB 1995, 263; Kübler/Prütting/Bork/*Pape*, § 17 Rn. 6; *Harz*, ZInsO 2001, 194; *Knolle/Tetzlaff*, ZInsO 2005, 899; *Hölzle*, ZIP 2006, 103; *Servatius*, Gläubigereinfluss, 221; *Temme*, Eröffnungsgründe, 23ff.; *Bork*, KTS 2005, 4f. Vgl. auch BGH (IV. Strafsenat) NJW 2001, 1874, 1875. Für eine Fortgeltung des Erfordernisses eines „ernstlichen Einforderns" für § 17 InsO dagegen schon *Kirchhof*, Kölner Schrift[2], S. 285ff. Rn. 9 (zur Zahlungseinstellung); *Henckel*, Kölner Schrift[2], S. 813ff. Rn. 24.

[65] Grundlegend BGH WM 2007, 1796, 1797ff. Entsprechend etwa BGH ZIP 2008, 420, 422; BGH ZIP 2008, 706, 708; BGH NJW 2009, 2600, 2602. Dem folgen nun etwa HmbK/*Schröder*, § 17 Rn. 8; *Staufenbiel/Hoffmann*, ZInsO 2008, 788f.; tendenziell zustimmend *Tetzlaff*, ZInsO 2007, 1336f. Kritisch FK/*Schmerbach*, § 17 Rn. 12. Anders etwa noch BKInsO/*Goetsch*, § 17 Rn. 9f.

[66] BGH NJW 2009, 2600, 2602; BGH WM 2007, 1796, 1798. Vgl. auch *Erdmann*, NZI 2007, 697f.

[67] BGH NJW 2009, 2600, 2602; kritisch *Paulus*, NJW 2009, 2604.

[68] BGH NJW 2009, 2600, 2602.

[69] Nach *Gehrlein*, WM 32/2009 (Sonderbeilage), 27, soll es nach alledem darauf ankommen, ob der Gläubiger die Forderung „tatsächlich – also auch ohne rechtlichen Bindungswillen oder erkennbare Erklärung – gestundet" hat.

erhaftigkeit der Liquiditätslücke beabsichtigt. Es spricht manches dafür, daß man das Merkmal der Fälligkeit unbedacht aus der im zweiten Absatz des Leitsatzes 1.2.5 des Ersten Berichts der Kommission für Insolvenzrecht enthaltenen Definition der Zahlungsunfähigkeit übernahm. Dort aber hatte das Merkmal der Fälligkeit die spezifische Funktion, die gegenwärtige von der bevorstehenden Zahlungsunfähigkeit, dem Vorläufer der drohenden Zahlungsunfähigkeit nach § 18 InsO, abzugrenzen.[70] Mit ihm war also keine Aussage darüber verbunden, ob es künftig noch auf ein „ernsthaftes Einfordern“ der Forderung ankommen sollte.

Entscheidend ist letztlich, ob sachliche Gründe dafür sprechen, bei Ermittlung der Zahlungsunfähigkeit nur ernsthaft eingeforderte Verbindlichkeiten zu berücksichtigen. Der IX. Senat des BGH, der in seinem Grundsatzurteil über die Zahlungsunfähigkeit als Verfahrenseröffnungsgrund zu entscheiden hatte, wiederholt hier lediglich das *thema probandi*, daß „von der Fälligkeit einer Forderung nach § 271 Abs. 1 BGB ... nicht schematisch auf die Zahlungsunfähigkeit im Sinne des § 17 InsO geschlossen werden“ dürfe, sondern „im Einzelfall zu prüfen [sei], ob eine nach § 271 Abs. 1 BGB fällige Forderung, die der Schuldner nicht erfüllt, den Schluss auf eine Zahlungsunfähigkeit zulässt“.[71] Der BGH will sich vom „Zweck der Vorschrift des § 17 InsO“ leiten lassen, „den richtigen Zeitpunkt für die Eröffnung des Insolvenzverfahrens zu finden“, und meint ohne weitere Begründung, danach dürfe die Forderung eines Gläubigers, der in eine spätere und nachrangige Befriedigung eingewilligt habe, nicht berücksichtigt werden.[72] Aus dieser schmalen Argumentation läßt sich für die Auslegung der Zahlungsunfähigkeit als Voraussetzung der besonderen Insolvenzanfechtung schon deshalb nichts ableiten, weil sie ausdrücklich auf die Frage des richtigen Verfahrenseröffnungszeitpunkts abhebt, die für die besondere Insolvenzanfechtung keine Rolle spielt.

Eine spezifisch auf die Zahlungsunfähigkeit als – seinerzeit mittelbare[73] – Voraussetzung der besonderen Konkursanfechtung zielende Begründung dafür, für diese nur ernsthaft eingeforderte Verbindlichkeiten zu berücksichtigen, gibt jedoch Wolfram Henckel: Dies soll deshalb berechtigt sein, „weil Gläubiger den Gleichbehandlungsgrundsatz ... für sich nicht in Anspruch nehmen sollen, wenn keiner von ihnen den Schuldner, der seine fälligen Verbindlichkeiten nicht erfüllen kann, zur Zahlung drängt und damit versucht, sich aus einer ausweglosen Lage des Schuldners Sondervorteile zu verschaffen“.[74] Auch diese Begründung überzeugt nicht. Offenbar fußt sie auf der Annahme, daß das Merkmal des ernstlichen Einforderns Zahlungsunfähigkeit nur dann verhindere, wenn es in Bezug auf keine einzige Verbindlichkeit erfüllt ist, wenn also tatsächlich keiner der Gläubiger seine Forderung ernstlich geltend macht. Diese Annahme ist falsch. Vielmehr sind

---

[70] In der etwas verwirrenden Terminologie des Ersten Berichts der Kommission für Insolvenzrecht wird die gegenwärtige Zahlungsunfähigkeit als „zeitpunktbezogen“, die bevorstehende Zahlungsunfähigkeit als „zeitraumbezogen“ bezeichnet, S. 109f.

[71] BGH WM 2007, 1796, 1798.

[72] BGH WM 2007, 1796, 1798.

[73] Vgl. sogleich eingangs 6.

[74] Jaeger/*Henckel*, Konkursordnung[9], § 30 Rn. 23. Entsprechend noch *ders.*, FS Gerhardt, 364.

umgekehrt Fälle denkbar, in denen die Nichtberücksichtigung nicht ernsthaft eingeforderter Verbindlichkeiten dazu führt, daß keine Zahlungsunfähigkeit anzunehmen ist, weil nur ein einziger Gläubiger „stillgehalten" hat, während alle anderen ihre Forderungen nachdrücklich geltend machten. Man stelle sich etwa vor, daß der Schuldner über liquides oder in den nächsten drei Wochen liquidierbares Vermögen von € 91.000 verfügt und sich elf Gläubigern gegenübersieht, denen fällige oder in den nächsten drei Wochen fällig werdende Forderungen von je € 10.000 zustehen. Machen nur zehn von ihnen ihre Forderungen geltend, wären bei Ermittlung der Zahlungsfähigkeit nach Ansicht des BGH auch nur ihre Forderungen in Höhe von insgesamt € 100.000 zu berücksichtigen. Die Liquiditätskennzahl läge bei 0,91; es wäre im Zweifel von Zahlungsfähigkeit auszugehen, und zwar nur deshalb, weil der elfte Gläubiger stillhält. Denn bezieht man auch seine Forderung mit ein, läge die Liquiditätskennzahl bei 0,83, es wäre also Zahlungsunfähigkeit zu vermuten. Entsprechendes gilt, wenn es um die Widerlegung der Zahlungsunfähigkeitsvermutung geht, denn auch dann kann die Forderung eines einzigen Gläubigers darüber entscheiden, ob die liquiden Mittel des Schuldners ausreichen, um die festgestellte Liquiditätslücke – nach der unter 4. abgelehnten herrschenden Ansicht: fast – vollständig zu schließen. Dieses Beispiel widerlegt die Annahme, mit der Henckels Sachargument steht und fällt, daß sich nämlich das Merkmal des Einforderns nur auswirkt, wenn keiner der Gläubiger es erfüllt.[75] Es veranschaulicht zugleich, welche Rechtsanwendungsprobleme dieses Erfordernis mit sich bringt. Denn da es für die Ermittlung der Zahlungsunfähigkeit auf eine Prognose, also auch darauf ankommt, welche Forderungen im Dreiwochenzeitraum fällig werden, müßte *ex ante* auch die Frage beantwortet werden, ob der jeweilige Gläubiger seine Forderung im relevanten Zeitraum geltend machen wird, damit diese für die Liquiditätsentwicklung zu berücksichtigen ist. Das wird in aller Regel unmöglich sein.[76]

Am geschilderten Beispiel wird auch deutlich, wie sich Henckels Argument gegen seine These wendet: Das tatsächliche „Stillhalten" eines einzelnen Gläubigers könnte dazu führen, daß mangels Zahlungsunfähigkeit auch alle anderen Gläubiger „den Gleichbehandlungsgrundsatz ... für sich nicht in Anspruch nehmen" können; es könnte zulasten aller anderen die sonst gegebene Anfechtbarkeit nach §§ 130f. InsO ausschließen. Hält man dies nicht für angemessen, fragt sich, ob

---

[75] Aus diesem Grund trifft auch die Behauptung *Henckels* nicht zu, daß das Merkmal des ernstlichen Einforderns schon deshalb keine Bewandtnis für das Merkmal der Zahlungsunfähigkeit als Eröffnungsgrund habe, weil ja wenigstens die Forderung, auf die sich der Insolvenzantrag stützt, ernsthaft gemacht sei: Jaeger/*Henckel*, Konkursordnung[9], § 30 Rn. 23; HK/*Kirchhof*, § 17 Rn. 14; Jaeger/*Henckel*, § 130 Rn. 113 (das Merkmal diene im Zusammenhang mit der Verfahrenseröffnung nur dazu, Eigenanträge des Schuldners abzuwehren, mit denen er das Handtuch werfen wollte, obwohl alle Gläubiger es als vorteilhafter ansahen, ihn weiterwirtschaften zu lassen). Wäre für die nach Ansicht des BGH zunächst ausschlaggebende Liquiditätskennzahl allein die Forderung zu berücksichtigen, auf welche sich der Insolvenzantrag stützt, dürfte diese in aller Regel Zahlungsfähigkeit indizieren, vgl. beispielhaft etwa den vom BGH in WM 2007, 1796ff. entschiedenen Fall.

[76] Kritisch insoweit auch schon *Bork*, ZIP 2008, 1047; *Pape*, WM 2008, 1955.

man nicht sogar Stundungen im Rechtssinne, die eine Fälligkeit im Sinne des § 271 I BGB ausschließen, für irrelevant halten müßte. Denn auch solche Stundungsabreden beruhen letztlich auf dem Verhalten eines einzelnen Gläubigers, und ihre Berücksichtigung gäbe diesem die Macht, über das Eingreifen der §§ 130 I 1 Nr. 1, 131 I Nr. 2 InsO und damit des Gleichbehandlungsgrundsatzes mit Wirkung für alle anderen Gläubiger zu entscheiden.

Auch in dieser Frage vermag ein Blick auf die unter § 2 III erarbeiteten Wertungen Klarheit zu verschaffen. Wie dargelegt, führt (erst) die Vermögensunzulänglichkeit des Schuldners dazu, daß die privatautonome Verteilung der Haftungsmasse potentiell heteronome Belastungen und effizienzschädliche Fehlallokationen mit sich bringt, welchen die besondere Insolvenzanfechtung wehren soll. Eine die besondere Insolvenzanfechtung auslösende Vermögensunzulänglichkeit liegt vor, wenn es dem Schuldner nicht mehr gelingen wird, Vermögensabflüsse durch neu erwirtschaftetes Vermögen zu kompensieren, das für die Erfüllung aller Forderungen ausreicht. Für die Frage, wann eine die besondere Insolvenzanfechtung auslösende Vermögensunzulänglichkeit gegeben ist, kann also nur ein solches Verhalten der Gläubiger relevant sein, das sich auf diese Prognose auswirkt. Das ist nur der Fall, wenn es dazu führt, daß die jeweilige Forderung mit einer für die Prognose hinreichenden Sicherheit nicht zu denjenigen zu zählen ist, für deren Deckung das Schuldnervermögen zu einem bestimmten Zeitpunkt ausreichen muß.[77]

---

[77] Entgegen dem ersten Anschein kommt § 41 I InsO hierbei keine Relevanz zu. Zwar gelten danach mit Eröffnung des Insolvenzverfahrens auch nicht fällige Forderungen als fällig, so daß es für die Frage, ob das Vermögen des Schuldners ausreichen wird, alle gegen ihn gerichteten Forderungen zu erfüllen, auch darauf ankommt, ob zu diesem Zeitpunkt ein Insolvenzverfahren eröffnet ist. Gläubigerverhalten scheint sich in diesem Falle nur dann auf die Berücksichtigungsfähigkeit der Forderung für die anzustellende Prognose auszuwirken, wenn es nicht nur die Fälligkeit zu diesem Zeitpunkt aufhebt, sondern den Befriedigungsrang der Forderung nach § 39 II InsO zurückstuft, so daß die Forderung nach allen anderen zu berücksichtigen wäre. Diese Erwägungen sind allerdings zirkulär. Denn das Gläubigerverhalten wirkt sich schon auf die Frage aus, ob es überhaupt zur Anwendung des § 41 I InsO im fraglichen Zeitraum kommt, ob nämlich ein Eröffnungsgrund vorliegt; schließlich geht es gerade um die Frage, ob die entsprechenden Forderungen bei Ermittlung der Zahlungsunfähigkeit im Sinne des § 17 InsO zu berücksichtigen sind. Und für die Überschuldung nach § 19 InsO ist die Fälligkeit der gegen den Schuldner gerichteten Forderung zwar nicht für ihre Berücksichtigung im Überschuldungsstatus (*Haas*, Kölner Schrift, Kap. 40 Rn. 40; Gottwald/*Uhlenbruck*, § 6 Rn. 59; K. Schmidt/Uhlenbruck/*ders.*, Rn. 5.123; *Harz*, ZInsO 2001, 201; Nickert/Lamberti/*Nock/Kühne*, Überschuldungs- und Zahlungsunfähigkeitsprüfung, Rn. 870) wohl aber für die Fortbestehensprognose relevant, die letztlich eine Zahlungsfähigkeitsprognose darstellt (*Greil/Herden*, ZInsO 2011, 112f. *Dahl/Schmitz*, NZG 2009, 567; *Hirte/Knof/Mock*, ZInsO 2008, 1222; *Otto*, MDR 2008, 1370; *Drukarczyk/Schüler*, Kölner Schrift, Kap. 2 Rn. 118; *Groß/Amen*, WPg 2002, 225; *Temme*, Eröffnungsgründe, 118ff.; *Bork*, ZIP 2000, 1710; Nickert/Lamberti/*Nickert*, Überschuldungs- und Zahlungsunfähigkeitsprüfung, Rn. 303; Jaeger/*Müller*, § 17 Rn. 36 mit zahlreichen weiteren Nachweisen; darüber hinaus auf Ertragsfähigkeit abstellend *Harz*, ZInsO 2001, 199; *Dahl*, NZI 2008, 720; *Hüttemann*, FS K. Schmidt, 765; tendenziell auch HK/*Kirchhof*, § 19 Rn. 12; zu alledem nun ausführlich *Sikora*, ZInsO 2010, 1761ff.).

Eine solche hinreichende prognostische Sicherheit vermag das bloß tatsächliche Stillhalten eines Gläubigers nicht zu liefern, weil völlig offen ist, wann der Gläubiger versuchen wird, auf das haftende Vermögen des Schuldners zuzugreifen, wann es also auch zur Deckung dieser Forderung ausreichen muß.[78] Jedenfalls im Rahmen eines Anfechtungsrechtsstreits sind bei der Frage der Zahlungsunfähigkeit daher alle im Sinne des § 271 I BGB fälligen oder im relevanten Zeitraum fällig werdenden Forderungen zu berücksichtigen, ohne daß es darauf ankäme, ob ihre Gläubiger sie, in welcher Weise auch immer, geltend machen.

Zugleich wird der entscheidende Unterschied zwischen faktischem Stillhalten und rechtsverbindlicher Stundung offenkundig. Von einer bindenden Stundungsabrede zwischen Gläubiger und Schuldner kann nur die Rede sein, wenn sich der Gläubiger nicht einseitig von ihr lösen kann.[79] Es läßt sich also im vorhinein mit hinreichender Sicherheit sagen, zu welchem Zeitpunkt das Vermögen des Schuldners auch zur Befriedigung dieser Forderung ausreichen muß. Das gilt auch dann, wenn sich die Stundungsfrist nicht aus der Abrede ergibt, also auf unbestimmte Zeit gestundet wurde. In diesem Fall soll der Gläubiger nach herrschender Ansicht berechtigt sein, entsprechend §§ 316, 315 BGB einen neuen Leistungstermin zu bestimmen;[80] wiederum steht *ex ante* fest, wann das Vermögen des Schuldners einem Haftungszugriff aufgrund dieser Forderung offensteht. Im Rechtssinne gestundete Forderungen sind also für die Frage der Zahlungsunfähigkeit nur zu berücksichtigen, wenn sie im relevanten Zeitraum fällig werden, sei es bereits im für die Ermittlung der Liquiditätskennzahl entscheidenden Dreiwochenzeitraum, sei es im daran anschließenden Zeitraum für die Frage, die aus der Liquiditätskennzahl folgende Vermutung für oder gegen die Zahlungsunfähigkeit widerlegt ist.

Da es für die Berücksichtigung der Forderung nach dem Gesagten entscheidend darauf ankommt, ob für einen bestimmten Zeitraum mit hinreichender Sicherheit ausgeschlossen ist, daß aufgrund der Forderung auf das haftende Vermögen des Schuldners zugegriffen wird, sind Forderungen auch insoweit irrelevant, als sie einem *pactum de non petendo* unterfallen, welches für gewisse Dauer die zwangsweise Durchsetzbarkeit ausschließt.[81] Schließt es auch die Aufrechnung aus, bietet ein solches *pactum* hinreichende prognostische Sicherheit, selbst wenn es, was Auslegungsfrage ist,[82] die Fälligkeit der Forderung im Rechtssinne nicht berührt. Nur insoweit ist für Zahlungsunfähigkeit im Sinne der §§ 130f. InsO vom Wortlaut des § 17 II 1 InsO abzugehen und eine im Sinne des § 271 I BGB fällige Forderung außer Betracht zu lassen.

---

78 Kritisch zur Rechtsprechung des BGH insoweit auch *Schulz*, ZIP 2009, 2283.

79 So zum *pactum de non petendo* nachdrücklich BGH NJW-RR 1989, 1048, 1049.

80 BGH NJW-RR 1991, 822; MünchKommBGB/*Krüger*, § 271 Rn. 23; Bamberger/Roth/*Unberath*, § 271 Rn. 13.

81 Vgl. nur BGH NJW-RR 1989, 1048, 1049; Bamberger/Roth/*Unberath*, § 271 Rn. 12; MünchKommBGB/*Krüger*, § 271 Rn. 18. Zur Wirkung des *pactum de non petendo* und seiner schwierigen Abgrenzung von der Stundung näher *Wagner*, Prozeßverträge, 413ff.

82 MünchKommBGB/*Krüger*, § 271 Rn. 18, vgl. aber auch Rn. 21.

6. Vermutungswirkung der Zahlungseinstellung

Die Frage, wann die bislang erörterten Voraussetzungen des § 17 II 1 InsO im einzelnen vorliegen, wird in Schrifttum und Praxis nur für den Fall aufgeworfen, daß keine Zahlungseinstellung nach § 17 II 2 InsO vorliegt; denn in diesem Fall wird die Zahlungsunfähigkeit des Schuldners vermutet. Diese Vermutung gilt auch, wenn es um Zahlungsunfähigkeit als Voraussetzung für die besondere Insolvenzanfechtung geht.[83] Für diese hat die Zahlungseinstellung freilich eine ganz andere Bedeutung, als ihr noch für eine Anfechtung nach § 30 KO oder § 10 I Nr. 4 GesO[84] zukam. In diesen Vorschriften bildete nämlich sie, nicht etwa die Zahlungsunfähigkeit, alternativ zum Verfahrenseröffnungsantrag das die Anfechtbarkeit auslösende objektive Tatbestandsmerkmal. Nach seinerzeit ganz herrschender Ansicht sollte eine Zahlungseinstellung in diesem Sinne voraussetzen, daß objektiv Zahlungsunfähigkeit gegeben war.[85] Dieses Verhältnis zwischen Zahlungseinstellung und Zahlungsunfähigkeit kehrt § 17 II 2 InsO in gewisser Weise um: Für die Zwecke der besonderen Insolvenzanfechtung kommt es nicht etwa primär auf eine Zahlungseinstellung an, die ihrerseits Zahlungsunfähigkeit voraussetzt, sondern entscheidend ist, ob der Schuldner zum fraglichen Zeitpunkt zahlungsunfähig war, was bei Zahlungseinstellung – widerleglich – zu vermuten ist. Für die besondere Insolvenzanfechtung ist die Zahlungseinstellung nicht mehr notwendige, vor allem aber auch nicht hinreichende Bedingung; dieser Bedeutungswechsel wird nicht immer hinreichend berücksichtigt.[86]

---

[83] BGH ZIP 2010, 682, 686; BGH WM 2006, 2312, 2313; BGH WM 2003, 400, 402; BGHZ 149, 178, 184; OLG Köln ZIP 2005, 222, 224. HK/*Kreft*, § 130 Rn. 15; Jaeger/*Henckel*, § 130 Rn. 110; *Kirchhof*, Kölner Schrift, Kap. 3 Rn. 1. Zur Geltung für die subjektive Tatbestandsvoraussetzung des § 130 I 1 Nr. 1 InsO unten § 11 II 1 a.

[84] § 10 I GesO lautete: „Der Verwalter kann Rechtshandlungen des Schuldners anfechten, wenn [1.–3. …] 4. sie nach der Zahlungseinstellung oder dem Antrag auf Eröffnung der Gesamtvollstreckung gegenüber Personen vorgenommen wurden, denen zur Zeit der Handlung die Zahlungsunfähigkeit oder der Antrag auf Eröffnung der Gesamtvollstreckung bekannt war oder den Umständen nach bekannt sein mußte."

[85] Vgl. – zu § 10 I Nr. 4 GesO und § 30 KO – noch BGH ZIP 2008, 706, 707. Weiter, jeweils m. w. N., etwa Jaeger/*Henckel*, Konkursordnung[9], § 30 Rn. 12; Kilger/*K. Schmidt*, § 30 Anm. 5; Kuhn/*Uhlenbruck*, § 30 Rn. 2. Zu § 23 KO 1879 bereits *Kohler*, Lehrbuch, 236. Vgl. auch die von § 17 II 2 InsO abweichende Formulierung des § 102 II KO.

[86] So meint *Henckel*, Insolvenzrecht im Umbruch, 243, das Verständnis der Zahlungseinstellung als Indiz der Zahlungsunfähigkeit entspreche der Auslegung des § 30 KO, wonach Zahlungseinstellung nur bei Zahlungsunfähigkeit des Schuldners anzunehmen gewesen sei. Da die Vermutung des § 17 II 2 InsO widerleglich ist, ist es schlechthin falsch, an dem für die KO geltenden Satz „Zahlungseinstellung ohne Zahlungsunfähigkeit gibt es nicht" festzuhalten; so aber auch noch FK/*Schmerbach*, § 17 Rn. 39 und offenbar auch OLG Frankfurt ZInsO 2010, 1328, 1329. Falsch ist auch der Satz geworden, Zahlungseinstellung sei die stärkste Form der Zahlungsunfähigkeit, so aber noch *Stahlschmidt*, JR 2002, 89. – MünchKommInsO/*Eilenberger*, § 17 Rn. 28, zitiert für die Aussage, daß die Vermutung aus § 17 II 2 InsO widerlegt werden könne, eine Aussage des BGH über die Beseitigung der Zahlungsunfähigkeit. In BGH NJW 2002, 515, 517, setzt der IX. Senat selbst den Beweis der Zahlungseinstellung mit dem Beweis der Zahlungsunfähigkeit gleich, wenn er ausführt: „Die allgemeine Aufnahme der

Zahlungseinstellung wird gemeinhin definiert als „dasjenige äußere Verhalten des Schuldners, in dem sich typischerweise eine Zahlungsunfähigkeit ausdrückt. Es muss sich also mindestens für die beteiligten Verkehrskreise der berechtigte Eindruck aufdrängen, dass der Schuldner nicht in der Lage ist, seine fälligen Verbindlichkeiten zu erfüllen."[87] Ein entsprechendes Verhalten des Schuldners kann insbesondere in der eigenen Erklärung des Schuldners liegen, eine fällige Verbindlichkeit nicht begleichen zu können, auch wenn sie mit einer Stundungsbitte versehen ist.[88] Namentlich liegt Zahlungseinstellung vor, wenn der Schuldner einen „erheblichen Teil" seiner Verbindlichkeiten tatsächlich nicht zahlt. Auch dann, wenn der Schuldner noch „beträchtliche Zahlungen" leistet, liegt Zahlungseinstellung vor, wenn diese „im Verhältnis zu den fälligen Gesamtschulden nicht den wesentlichen Teil ausmachen".[89] Diese Wesentlichkeitsschwelle hat der BGH für die Frage der Zahlungseinstellung noch nicht genauer quantifiziert;[90] in Anlehnung an die Rechtsprechung zur Zahlungsunfähigkeit wird sie im Schrifttum mit etwa 10% angegeben.[91]

Eine einmal eingetretene Zahlungseinstellung kann nur dadurch wieder beseitigt werden, daß der Schuldner seine Zahlungen allgemein wiederaufnimmt.[92] Das be-

---

Zahlungen hat grundsätzlich derjenige zu beweisen, der sich auf den nachträglichen Wegfall einer zuvor eingetretenen *Zahlungseinstellung* beruft. Denn wenn der anfechtende Insolvenzverwalter für einen bestimmten Zeitpunkt den ihm obliegenden Beweis der *Zahlungsunfähigkeit* des Schuldners geführt hat, ist es Sache des Anfechtungsgegners, seine Behauptung zu beweisen, dass diese Voraussetzung zwischenzeitlich wieder entfallen ist... [Hervorhebungen von mir]". – Richtig schon *Temme*, Eröffnungsgründe, 38f.; *Steffek*, KTS 2009, 324f., mit Überblick über ausländische Rechtsordnungen, welche die Zahlungseinstellung zum eigenständigen Eröffnungsgrund erheben.

[87] BGH ZIP 2008, 420, 422; BGH WM 2006, 2312, 2313; BGHZ 149, 178, 184f. Entsprechend etwa BGH WM 2003, 400, 402; BGHZ 149, 178, 184f.; BGH WM 2001, 689, 690, BGH NZI 2002, 34 und BGH NJW 2002, 512, 513 (jeweils zu § 10 I Nr. 4 GesO); BGH WM 2001, 1225, 1226, BGH WM 2003, 524, 525 (jeweils zu § 30 Nr. 1 KO); OLG Celle ZInsO 2009, 386, 387; OLG Köln ZIP 2005, 222, 224; HK/*Kirchhof*, § 17 Rn. 26; *ders.*, Kölner Schrift, Kap. 3 Rn. 2, 17ff., 20; MünchKommInsO/*Eilenberger*, § 17 Rn. 33; Gottwald/*Huber*, § 47 Rn. 8; HmbK/*Schröder*, § 17 Rn. 27; *Bork*, KTS 2005, 2; *Gundlach/Frenzel*, NZI 2007, 38; Nickert/Lamberti/*Kriegel*, Überschuldungs- und Zahlungsunfähigkeitsprüfung, Rz. 53ff.

[88] BGH ZIP 2008, 420, 422; BGH WM 2006, 2312, 2313; HK/*Kirchhof*, § 17 Rn. 31; *Hölzle*, ZIP 2007, 617f.; *Gundlach/Frenzel*, NZI 2007, 38. Vgl. weiter die zahlreichen „Indizien" für eine Zahlungseinstellung bei *Krüger/Wigand*, ZInsO 2011, 315.

[89] BGH WM 2006, 2312, 2313; BGH WM 2003, 524, 526; Gottwald/*Huber*, § 47 Rn. 8. Vgl. auch BGH WM 2001, 689, 691 und NZI 2002, 34 (jeweils zu § 10 I Nr. 4 GesO); BGH WM 2001, 1225, 1226 und BGH WM 2003, 1776, 1778 (zu § 30 Nr. 1 KO).

[90] Vgl. immerhin BGH WM 2003, 524, 526f. (zu § 30 KO): 60% und 71% „bewegen sich in einem Bereich, der einen wesentlichen Teil der Gesamtverbindlichkeiten" ausmacht.

[91] So *Hölzle*, ZIP 2007, 618.

[92] BGH ZIP 2010, 682, 686; BGH ZIP 2008, 420, 422; BGH WM 2006, 2312, 2314; BGHZ 149, 178, 188. Ferner BGH NJW 2002, 512, 513 (zu § 10 I Nr. 4 GesO); BGH WM 2003, 524, 527 (zu § 30 KO). HK/*Kirchhof*, § 17 Rn. 44; *ders.*, Kölner Schrift, Kap. 3 Rn. 37; MünchKommInsO/*Eilenberger*, § 17 Rn. 34; HmbK/*Schröder*, § 17 Rn. 30; Gottwald/*Huber*, § 47 Rn. 8; K. Schmidt/Uhlenbruck/*Uhlenbruck*, Rn. 5.39; *Gundlach/Frenzel*, NZI 2007, 38; Nickert/Lamberti/*Kriegel*, Überschuldungs- und Zahlungsunfähigkeitsprüfung, Rz. 60; *Gehrlein*, WM 32/2009 (Sonderbeilage), 27.

deutet freilich nur, daß die aus der Zahlungseinstellung folgende Vermutung, der Schuldner sei zahlungsunfähig, bis zur allgemeinen Zahlungswiederaufnahme fortgilt, nicht aber, daß diese Vermutung auch nur durch den Beweis der allgemeinen Zahlungswiederaufnahme zu widerlegen sei.[93] Denn mit den Voraussetzungen der aus § 17 II 2 InsO folgenden Vermutung ist noch nicht das Vorliegen der Zahlungsunfähigkeit selbst bewiesen.[94] Die Situation, in der der Anfechtungsgegner nur die aus § 17 II 2 InsO folgende Vermutung zu widerlegen hat, ist also scharf von derjenigen zu unterscheiden, in der er die allgemeine Wiederaufnahme der Zahlungen durch den Schuldner beweisen muß. Wenn der Insolvenzverwalter beweisen kann, daß der Schuldner zu einem bestimmten Zeitpunkt zahlungsunfähig gewesen war, bevor die angefochtene Deckung erfolgte, kann sich der Anfechtungsgegner nur mit dem Beweis verteidigen, daß die Zahlungsunfähigkeit in der Zwischenzeit wieder entfallen ist, wofür es ebenfalls einer allgemeinen Wiederaufnahme der Zahlungen durch den Schuldner bedarf.[95] Hat der Insolvenzverwalter aber nicht eine einmal eingetretene Zahlungsunfähigkeit selbst, sondern nur bewiesen, daß der Schuldner vor der fraglichen Deckung seine Zahlungen eingestellt hatte, hat der Anfechtungsgegner die Wahl: Er kann entweder die Voraussetzungen der Vermutung angreifen, also den Beweis antreten, daß der Schuldner seine Zahlungen allgemein wiederaufgenommen hatte, bevor die fragliche Deckung erfolgte; er kann sich aber auch darauf beschränken, die aus § 17 II 2 InsO folgende Vermutung zu widerlegen. In diesem Fall muß er nicht die allgemeine Wiederaufnahme der Zahlungen durch den Schuldner, sondern nur Tatsachen beweisen, aus denen sich ergibt, daß trotz bis zur Eröffnung des Insolvenzverfahrens fortdauernder Zahlungseinstellung keine Zahlungsunfähigkeit im Rechtssinne vorlag: namentlich, daß zum fraglichen Zeitpunkt konkrete, nachweisbare Umstände die Prognose rechtfertigten, der Schuldner werde seine Liquiditätslücke in absehbarer Zeit schließen können, so daß nur eine Zahlungsstockung vorlag.[96]

---

[93] So aber offenbar *Gundlach/Frenzel*, NZI 2007, 38.

[94] Anders offenbar *Hölzle*, ZIP 2007, 617, der meint, aus dem – von ihm übrigens nicht nachgewiesenen – „Präjudizienbestand" sei seit jeher abzuleiten gewesen, daß es sich bei § 17 II 2 InsO „in der Sache" um einen eigenen Tatbestand der Zahlungsunfähigkeit handele. Von zwei „Tatbeständen der Zahlungsunfähigkeit nach § 17 Abs. 2 InsO" spricht auch *Koza*, DZWIR 2007, 322. Daß dies jedenfalls nicht der Ansicht des IX. Senats des BGH entspricht, folgt schon daraus, daß dieser in BGH WM 2006, 2312, 2313 bei Schilderung der Voraussetzungen einer Zahlungseinstellung nach § 17 II 2 InsO auf die für § 17 II 1 InsO entwickelte Dreiwochenfrist verweist. Von einer „klaren Trennung zwischen § 17 Abs. 2 Satz 1 und Satz 2 InsO" (so *Hölzle*, ZIP 2007, 617) kann also keine Rede sein. Sollte *Hölzle* sich für seinen Präjudizienbestand auf Urteile berufen wollen, die noch zu § 30 KO oder § 10 I Nr. 4 GesO ergingen, geht dies schon wegen der eingangs 6. geschilderten Veränderung in der Funktion des Merkmals der Zahlungseinstellung fehl.

[95] BGH NJW 2002, 512, 514; BGHZ 149, 178, 188. – Zur notwendigen Identität der im anfechtungsrelevanten Zeitpunkt bestehenden und zur Verfahrenseröffnung führenden Krise vgl. oben § 9 II.

[96] Ohne weitere Begründung nimmt *Kirchhof* (in HK, § 17 Rn. 45, und in Kölner Schrift, Kap. 3 Rn. 36) an, eine Widerlegung der aus der Zahlungseinstellung folgenden Vermutung komme

7. Zusammenfassung: Anfechtungsrechtlicher Begriff der Zahlungsunfähigkeit

Nach alledem gilt: Auch für die Zwecke der §§ 130f. InsO kann grundsätzlich dem herrschenden Zahlungsunfähigkeitskonzept gefolgt werden. Nach diesem ist von Zahlungsunfähigkeit auszugehen, wenn der Quotient zwischen dem Aktivvermögen, das binnen dreier Wochen zu liquidieren ist, und den im selben Zeitraum fällig werdenden Forderungen den Wert von 0,9 unterschreitet; im umgekehrten Fall ist dagegen grundsätzlich Zahlungsfähigkeit anzunehmen; beide Vermutungen können durch tatsachenbasierende Prognosen über eine künftige Schließung der Liquiditätslücke widerlegt werden (oben 1.). Entgegen der Ansicht des IX. Senats des BGH ist für diese Zeitraumliquidität auch im Anfechtungsstreit eine Prognose entscheidend, also nicht auf die dem Prozeßgericht bekannte tatsächliche, sondern die im anfechtungsrelevanten Zeitpunkt *ex ante* zu erwartende Liquiditätsentwicklung abzustellen (oben 3.).

Für die Zwecke der §§ 130f. InsO liegt Zahlungsunfähigkeit auch dann vor, wenn die nach dieser Prognose voraussichtlich dauerhaft verbleibende Liquiditätslücke unwesentlich ist (oben 4.). Ferner sind – auch bei Ermittlung der Liquiditätskennzahl – alle Forderungen zu berücksichtigen, die im relevanten Zeitraum im Sinne des § 271 I BGB fällig sind oder werden, ohne daß es darauf ankäme, ob ihr Gläubiger sie in irgendeiner Weise geltend macht. Nur solche Forderungen können außer Betracht gelassen werden, die aufgrund eines verbindlichen *pactum de non petendo* selbst durch Aufrechnung nicht durchgesetzt werden können (oben 5.).[97]

IV. Stellung eines Insolvenzantrags (§ 130 I 1 Nr. 2, § 131 I Nr. 1 Alt. 2 InsO)

Als weitere Krisentatsache hebt die Kommission für Insolvenzrecht die Stellung eines Antrags auf Eröffnung eines Insolvenzverfahrens hervor. Hiervon machen § 130 I 1 Nr. 2 und § 131 I Nr. 1 Alt. 2 InsO die Anfechtbarkeit abhängig. „Nach dem Eröffnungsantrag" bedeutet dabei, daß der Antrag auf Eröffnung des Insolvenzverfahrens im anfechtungsrelevanten Zeitpunkt (§ 8) gestellt, also beim Insolvenzgericht eingegangen sein muß.[98]

---

praktisch nur in Betracht, wenn der Schuldner sich über seine Zahlungsunfähigkeit irrte, sie vortäuschte oder ihm allein der Zahlungswille fehlte.

[97] Für die Zwecke der besonderen Insolvenzanfechtung ist der Begriff der Zahlungsfähigkeit damit etwas weiter als der für die Zwecke der Verfahrenseröffnung herrschende. Gegen eine solche – geringfügige – Abweichung bestehen keine durchgreifenden Bedenken, vgl. auch *Henckel*, FS Gerhardt, 363. Insbesondere ist es entgegen Uhlenbruck/*Hirte*, § 130 Rn. 33, und *Paulus*, ZInsO 1999, 248, nicht „widersprüchlich" oder „verwirrend", wenn ein Eröffnungsantrag mangels Zahlungsunfähigkeit abgelehnt und eine zur selben Zeit erfolgte Deckung später unter Berufung auf Zahlungsunfähigkeit angefochten wird, weil die Funktion den Begriff prägt und diese in den jeweiligen Zusammenhängen unterschiedlich ist.

[98] MünchKommInsO/*Kirchhof*, § 130 Rn. 25; Jaeger/*Henckel*, § 130 Rn. 109.

1. Irrelevanz des Eröffnungsgrundes

Nach herrschender Ansicht kommt es für die Zwecke der §§ 130 I 1 Nr. 2, 131 I Nr. 1 Alt. 2 InsO nicht darauf an, auf welchen Eröffnungsgrund sich der jeweilige Antrag stützt.[99] Die Stellung eines Eröffnungsantrags löst die Anfechtbarkeit danach auch dann aus, wenn der Schuldner niemals zahlungsunfähig war, sofern die Zahlungsunfähigkeit nur droht (§ 18 InsO) oder der Schuldner überschuldet ist (§ 19 InsO).[100] Theoretisch kann die Anfechtbarkeit nach § 130 I 1 Nr. 2 InsO also in einem wesentlich früheren Krisenstadium eingreifen als diejenige nach § 130 I 1 Nr. 1 InsO,[101] denn der dort vorausgesetzten Zahlungsunfähigkeit gehen drohende Zahlungsunfähigkeit und Überschuldung jedenfalls in aller Regel[102] voraus.[103]

Dies war der Kommission für Insolvenzrecht, auf deren Leitsätzen die heutigen Regelungen der besonderen Insolvenzanfechtung fußen, durchaus bewußt. Sie wollte auch solchen Eröffnungsanträgen anfechtungsrechtliche Relevanz beilegen, die sich nicht auf Zahlungsunfähigkeit des Schuldners stützen: „Jede der beiden Krisentatsachen ‚Zahlungsunfähigkeit innerhalb des Dreimonatszeitraums' und ‚Eröffnungsantrag' hat für die Anfechtbarkeit eine selbständige Bedeutung. Deshalb ist eine nach dem Eröffnungsantrag vorgenommene Rechtshandlung auch dann anfechtbar, wenn Zahlungsunfähigkeit erst später eingetreten ist oder überhaupt nicht vorgelegen hat und das Verfahren allein wegen Überschuldung eröffnet worden ist."[104]

Wortlaut und Genese der hier in Rede stehenden Anfechtungstatbestände legen also den Schluß nahe, daß die herrschende Ansicht zutrifft und es nicht darauf ankommt, auf welchen Eröffnungsgrund der fragliche Insolvenzantrag gestützt wurde. Aus zwei Gründen steht Walter Gerhardt einem solchen Befund kritisch gegenüber. Zum einen setzten sich die Gesetzesverfasser dem Vorwurf der Unstimmigkeit aus, wenn sie einerseits feststellten, daß Zahlungsunfähigkeit im Sinne der besonderen Insolvenzanfechtung nur die bereits eingetretene, nicht schon die drohende sei, andererseits aber einen auf drohende Zahlungsunfähigkeit ge-

---

[99] Uhlenbruck/*Hirte*, § 130 Rn. 39; *Zeuner*, Anfechtung, Rn. 101 (in Widerspruch zu Rn. 98, 112); Gottwald/*Huber*, § 47 Rn. 26; HK/*Kreft*, § 130 Rn. 22; *Bräutigam/Tanz*, ZIP 1998, 719f.; HmbK/*Rogge*, § 130 Rn. 14. Kritisch *Gerhardt*, FS Brandner, 617; dazu sogleich im Text. Dagegen nehmen *Obermüller/Hess*, InsO, Rn. 328, und *Pape/Uhlenbruck*, Insolvenzrecht², Rn. 697, ohne weitere Begründung pauschal an, die Anfechtung nach § 130 InsO setze stets voraus, daß der Schuldner zum anfechtungsrelevanten Zeitpunkt zahlungsunfähig war.

[100] Zur Frage, ob der Antrag begründet sein muß, noch unten 2.

[101] Dies betonen etwa auch *Breutigam/Tanz*, ZIP 1998, 719; *Zeuner*, Anfechtung, Rn. 101.

[102] Vgl. etwa *K. Schmidt*, DB 2008, 2467; Gottwald/*Uhlenbruck*, § 6 Rn. 34.

[103] Praktisch wirkt sich dies kaum aus. Auf drohende Zahlungsunfähigkeit nach § 18 InsO gestützte Eröffnungsbeschlüsse sind in der Praxis überaus selten, vgl. *Angele*, Wirtschaft und Statistik 2007, 306 mit Tabelle 5 (2005: 223 von 36.843 Unternehmensinsolvenzen; 2006: 141/30.357; 2007: 209/29.160); vgl. dazu auch *K. Schmidt*, in: Lutter, Kapital, 191f., und *Uhlenbruck*, FS Drukarczyk, 441ff. In über zwei Dritteln der Fälle wird die Verfahrenseröffnung mit Zahlungsunfähigkeit, in ca. einem Viertel zugleich mit Zahlungsunfähigkeit und Überschuldung begründet, *Angele*, ebd.

[104] Erster Bericht der Kommission für Insolvenzrecht, S. 403.

stützten Antrag des Schuldners für die Anfechtbarkeit genügen ließen. Zum anderen sei „für den Fall einer nur drohenden Zahlungsunfähigkeit die Vorverlegung der *par condicio creditorum* auf den Zeitpunkt der den materiellen Konkurs indizierenden Antragstellung nicht mehr gerechtfertigt".[105]

a) Sachliche Rechtfertigung

Hier soll zunächst der letztgenannte Einwand Gerhardts erörtert werden, ergänzt um die Frage, ob auch das Abstellen auf einen Insolvenzantrag, der auf Überschuldung beruht, sachlich zu rechtfertigen ist. Dies ist auf Grundlage der in § 2 III herausgearbeiteten Wertungen zu entscheiden. Dabei sei hier zunächst unterstellt, daß § 130 I 1 Nr. 2 und § 131 I Nr. 1 Alt. 2 InsO einen Insolvenzantrag voraussetzen, der schon im anfechtungsrelevanten Zeitpunkt begründet war (dazu näher unten 2.), daß danach also die Anfechtbarkeit frühestens dann eingreift, wenn der Schuldner zum fraglichen Zeitpunkt tatsächlich überschuldet ist oder ihm Zahlungsunfähigkeit droht.

aa) Sachliche Rechtfertigung bei Insolvenzantrag wegen Überschuldung

Schon ein Blick über die Grenze belegt, daß es durchaus nicht fernliegt, die besondere Insolvenzanfechtung an die Überschuldung des Schuldners zu koppeln, entspricht dies doch wegen § 67 II öIO (zuvor: § 67 II öKO)[106] der österreichischen Praxis zu §§ 30, 31 öIO (zuvor: §§ 30, 31 öKO).[107]

Dagegen, die besondere Insolvenzanfechtung an die Überschuldung anzuknüpfen, könnten im Hinblick auf die Signalfunktion der Krisentatsache zunächst Bedenken erhoben werden.[108] Während die Zahlungsunfähigkeit mit der Zahlungseinstellung erkennbare Symptome zeitigen kann und somit als Anknüpfungspunkt für subjektive Tatbestandsvoraussetzungen nicht völlig untauglich ist,[109] ist dies bei der Überschuldung, die sich allein aus einer Analyse der Unternehmensdaten des Schuldners ergeben kann, nicht der Fall. Als äußerlich erkennbarer Anknüpfungspunkt dient in diesen Fällen jedoch die Antragstellung, von der das Eingreifen der besonderen Insolvenzanfechtung auch objektiv abhängig gemacht wird.

---

[105] *Gerhardt*, FS Brandner, 617. Das letztgenannte Bedenken teilt HK/*Kreft*, § 130 Rn. 22.

[106] „Die auf die Zahlungsunfähigkeit sich beziehenden Vorschriften der Konkursordnung gelten ... sinngemäß auch für die Überschuldung."

[107] Vgl. öst. OGH WBl 1987, 74f.; *Bruski*, Voraussetzungen, 54ff., 153ff.; *König*, Anfechtung, Rn. 10/24 m.w.N. Abweichend *Hoyer*, ÖJZ 1982, 381f.; *Koziol*, öRdW 1984, 364ff. Für eine Anknüpfung der besonderen Konkursanfechtung deutschen Rechts an die Überschuldung *de lege ferenda v. Campe*, Insolvenzanfechtung, 64f., sowie bereits *Jaeger*, KO[5], § 30 Anm. 12, und, sogar *de lege lata*, allerdings nur für den Nachlaßkonkurs, *Hellmann*, Lehrbuch, 381.

[108] Vgl. oben § 9 I 3.

[109] Vgl. schon *Hahn*, Materialien IV, 118f., und auch *Gerhardt*, FS Brandner, 617f. Aus diesem Grunde kritisch gegen die in Österreich herrschende Meinung (oben § 9 bei Fn. 107) *Hoyer*, ÖJZ 1982, 382, und *Honsell*, WBl 1987, 172. Vgl. aber zu den Schwierigkeiten, dem Anfechtungsgegner die Kenntnis von einer Zahlungseinstellung des Schuldners nachzuweisen, unten § 11 II 1.

Komplizierter liegt es im Hinblick auf die Auslösungsfunktion der Krisentatsache.[110] Ob es sachlich gerechtfertigt ist, die besondere Insolvenzanfechtung bei Überschuldung des Schuldners eingreifen zu lassen, hängt maßgeblich von deren Definition ab. Diese wiederum ist, wie in anderem Zusammenhang bereits ausgeführt,[111] Gegenstand bis heute anhaltender rechtspolitischer Diskussion. Die in Leitsatz 1.2.6 des Ersten Berichts der Kommission für Insolvenzrecht enthaltene Definition hatte noch dem Zweistufenmodell mit den von Karsten Schmidt entwickelten Modifikationen entsprochen, wonach Überschuldung grundsätzlich nur dann gegeben ist, wenn das mit Liquidationswerten angesetzte Schuldnervermögen die Verbindlichkeiten nicht mehr deckt (rechnerische Überschuldung) und die Ertragsfähigkeit für absehbare Zeit weder gewährleistet erscheint noch in absehbarer Zeit wiederhergestellt werden kann (Prognose zur Ertragsfähigkeit). Dieser Überschuldungsbegriff wurde im Gesetzgebungsverfahren aus ebenfalls in anderem Zusammenhang bereits dargestellten Gründen verworfen.[112] § 19 II InsO enthielt die negative Fortführungsprognose zunächst nicht mehr als selbständiges Element, dessen Fehlen Überschuldung ausschließt; die Fortführungsprognose war vielmehr nur für die Frage relevant, ob das Vermögen des Schuldners mit Fortführungs- oder mit Liquidationswerten anzusetzen ist. Auch bei günstiger Fortführungsprognose konnte daher Überschuldung vorliegen, wenn nämlich auch das mit Fortführungswerten angesetzte Schuldnervermögen die Verbindlichkeiten nicht deckt.[113] Genau dieser Fall veranlaßte den Gesetzgeber in der Finanzmarktkrise zu einer erneuten Korrektur. Mit Art. 5 FMStG wollte er zum modifizierten zweistufigen Überschuldungsbegriff der vor Inkrafttreten der InsO herrschenden Meinung zurückkehren.[114] Im

[110] Vgl. oben § 9 I 2.

[111] Vgl. oben § 5 II 1 c.

[112] Vgl. oben § 5 II 1 c.

[113] *Schlosser*, Insolvenzrecht im Umbruch, 13f., nennt als Beispiel „Tochter- und Enkelgesellschaften von großen oder kleinen Konzernen", die „kaum Eigenkapitalausstattung" haben, „aber eine ausnehmend günstige Fortführungsprognose". Bestehen jedoch Beherrschungsverträge, ergeben sich aus diesen zu aktivierende Ansprüche gegen die Konzernspitze, aufgrund derer eine Überschuldung so lange ausscheidet, wie diese Ansprüche werthaltig sind.

[114] Der Wortlaut des damit neugefaßten § 19 II 1 InsO drückt diese Absicht nur unvollkommen aus. Denn nach ihm wird die Frage nach der Fortführungsprognose nur relevant, wenn rechnerische Überschuldung vorliegt, während nach zuletzt überwiegender Ansicht zum Überschuldungsbegriff der KO zunächst eine Fortführungsprognose zu stellen war, deren positiver Ausfall die Frage nach einer rechnerischen Überschuldung obsolet machte, vgl. etwa BGHZ 119, 213f.; weiter namentlich Hachenburg/*Ulmer*, § 63 Rn. 31; *Penzlin*, NZG 2000, 465, 467; vgl. auch *K. Schmidt*, JZ 1982, 170 Fn. 80 und deutlich nun DB 2008, 2468f.; anders wohl noch *ders.*, AG 1978, 338, und ZIP 1980, 235f. Für den modifizierten zweistufigen Überschuldungsbegriff dieser Prägung stand damit auch fest, daß das Vermögen des Schuldners wegen der zuvor angestellten und negativ ausgefallenen Fortführungsprognose für die Ermittlung der rechnerischen Überschuldung mit Liquidationswerten anzusetzen war (Hachenburg/*Ulmer*, § 63 Rn. 33; *Penzlin*, NZG 2000, 467; zu den verschiedenen Methoden, das Schuldnervermögen zu messen, etwa *Drukarczyk*, Unternehmen und Insolvenz, 76ff.; *ders./Schüler*, Kölner Schrift, Kap. 2 Rn. 75ff.; *Büttner*, ZInsO 2009, 842f.; vgl. aber auch BGH NZG 2010, 1393, 1394: Im Haftungsprozeß nach § 64 II GmbHG habe der Insolvenzverwalter nur die rechnerische Überschuldung nach Liquidationswerten darzulegen und der Ge-

Gesetzgebungsverfahren wurde jedoch nochmals die Ansicht bekräftigt: „Das Überschuldungsprinzip hat [mit § 19 II InsO a.F.] eine Einschränkung erfahren, um den Interessen der Schadensminimierung, der Gläubigergleichbehandlung und der Möglichkeit der Sanierung eines in der Insolvenz befindlichen Unternehmens gerecht zu werden. Die derzeitige besondere Situation auf den Finanzmärkten rechtfertigt nur eine vorübergehende Rückkehr zu dem alten und im Allgemeinen unerwünschten Rechtszustand."[115] Aus diesem Grunde sollte nach Art. 7 II, 6 III FMStG am 1. Januar 2011 wieder die ursprüngliche Fassung des § 19 II 1 InsO in Kraft treten; weil die Wirtschaftskrise andauerte und man befürchtete, das Wiederinkrafttreten des ursprünglichen Überschuldungsbegriffs des § 19 II 1 InsO könne unerwünschte Vorwirkungen äußern,[116] wurde der Geltungszeitraum der Neufassung des § 19 II 1 InsO mit dem „Gesetz zur Erleichterung der Sanierung von Unternehmen"[117] bis zum 1. Januar 2014 verlängert.

Der gegenwärtig geltende Überschuldungsbegriff, nach welchem rechnerische Überschuldung und negative Fortführungsprognose kumulative, selbständige Voraussetzungen der Überschuldung sind, beschreibt nach den unter § 2 III entwickelten Wertungskriterien geradezu das Idealbild einer die besondere Insolvenzanfechtung auslösenden Krise. Denn Überschuldung liegt danach genau und nur dann vor, wenn der Schuldner nicht mehr über Vermögen verfügt, das zur Befriedigung aller Forderungen ausreicht, und wegen einer negativen Fortführungsprognose auch nicht mehr damit zu rechnen ist, daß er künftig noch freies haftendes Vermögen erwirtschaftet, das den Vermögensabfluß kompensiert, dessen Anfechtbarkeit in Frage steht. Der Eintritt der Überschuldung markiert also genau den Zeitpunkt, ab dem sich eine privatautonome Masseverteilung negativ auf ungesicherte Gläubiger auswirkt und somit potentiell effizienzschädliche externe Effekte zeitigt und heteronome Belastungen mit sich bringt, deren Verminderung das Recht der besonderen Insolvenzanfechtung dient.

---

schäftsführer die Voraussetzungen einer dennoch positiven Fortführungsprognose darzulegen und zu beweisen). Der Wortlaut des neugefaßten § 19 II 1 InsO läßt die Frage, wie das Aktivvermögen des Schuldners anzusetzen ist, im Gegensatz zur vorherigen Fassung nun offen. Diese Frage spielt eine erhebliche Rolle, weil der Gesetzgeber – dem Wortlaut nach nur für den Fall einer rechnerischen Überschuldung – die Darlegungs- und Beweislast für eine positive Fortführungsprognose demjenigen auferlegt hat, der das Vorliegen einer Überschuldung leugnet; vgl. zu ihr etwa *Böcker/Poertzgen*, GmbHR 2008, 1291; *Lauscher/Wirtz*, JURA 2009, 888f. (Bestimmung der rechnerischen Überschuldung immer nach Liquidationswerten).

115 Stellungnahme des Rechtsausschusses, BT-Drucks. 16/10651, S. 10.

116 Begründung des Gesetzesentwurfs, BT-Drucks. 16/13927, S. 4: Der wieder in Kraft tretende strengere ursprüngliche Überschuldungsbegriff müsse bereits jetzt für mehrjährige Prognosen zugrunde gelegt werden, die Investoren vorzulegen seien. Vor unerwünschten Vorwirkungen warnte bereits die „Depesche an das Bundesjustizministerium" von *K. Schmidt*, ZIP 2009, 1552; vgl. auch schon *Dahl/Schmitz*, NZG 2009, 568. *d'Avoine*, FS Runkel, 263ff., plädiert vor diesem Hintergrund weitergehend für eine „Übergangsfassung" des § 19 II InsO für die Zeit nach dem 1. Januar 2014. Kritisch dagegen aus volkswirtschaftlichen Erwägungen *Körnert/Wagner*, ZInsO 2009, 2134f.

117 Vom 24. September 2009, BGBl. I 2009, 3151.

Weniger genau trifft der frühere und 2014 wiederkehrende Überschuldungsbegriff den richtigen Auslösungszeitpunkt. Das zeigt sich naturgemäß an dem Fall, in dem der Unterschied zur zwischenzeitlichen Neufassung relevant wird, daß nämlich der Schuldner trotz günstiger Fortführungsprognose, also bei Ansatz seines Vermögens zu Fortführungswerten, rechnerisch überschuldet ist. Während nach gegenwärtiger Rechtslage Überschuldung schon wegen der positiven Fortführungsprognose ausgeschlossen ist, liegt nach der ursprünglichen und künftigen Fassung des § 19 InsO auch in diesem Fall Überschuldung vor, obwohl der Schuldner noch nicht vom Markt ausgeschlossen ist. In dieser Situation ist nach den unter § 2 III entwickelten Kriterien der Übergang vom Prioritäts- zum Gleichbehandlungsgrundsatz noch nicht ohne weiteres gerechtfertigt. Denn solange der Schuldner noch über liquides oder liquidierbares Kapital verfügt,[118] kann er dieses trotz Überschuldung im Sinne des § 19 II InsO a.F. theoretisch weiter dazu einsetzen, neues, auch ungesicherten Gläubigern haftendes Vermögen zu erwirtschaften und die Überschuldung zu überwinden. In diesem Fall läßt sich auch nicht sagen, der Schuldner werde jedenfalls durch die Antragstellung vom Markt ausgeschlossen, die mithin als eine Art „self-fulfilling prophecy" selbst die Prognose begründe, daß der Schuldner die – von § 19 InsO a.F. vorausgesetzte – rechnerische Überschuldung (in diesem Fall: bei Ansatz des Schuldnervermögens zu Fortführungswerten!) nicht mehr überwinden könne. Denn in dem hier allein interessierenden Ausnahmefall, daß die Fortführungsprognose positiv ausfällt, das Unternehmen des Schuldners also trotz rechnerischer Überschuldung aus eigener Kraft überlebensfähig ist, wird es im Zweifel auch im Insolvenzverfahren fortgeführt werden.[119] In diesem Fall greift die durch einen auf § 19 II InsO a.F. gestützten Insolvenzantrag ausgelöste besondere Insolvenzanfechtung also nach den unter § 2 III Gesagten entwickelten Maßstäben zu früh ein.

Nach alledem ist es sachlich gerechtfertigt, die besondere Insolvenzanfechtung durch einen auf Überschuldung beruhenden Insolvenzantrag auszulösen, wenn dem der Überschuldungsbegriff des § 19 II InsO in der gegenwärtigen Fassung zugrundegelegt wird. Gilt ab 2014 wieder der Überschuldungsbegriff des § 19 II InsO a.F., ist § 130 I 1 Nr. 2 InsO dahingehend teleologisch zu reduzieren, daß ein auf Überschuldung in diesem Sinne gestützter Insolvenzantrag die besondere Insolvenzanfechtung nicht auslöst, wenn die Fortführungsprognose im anfechtungsrelevanten Zeitpunkt (§ 8) positiv war.

bb) Sachliche Rechtfertigung bei Insolvenzantrag wegen drohender Zahlungsunfähigkeit

Zu untersuchen bleibt, ob es auch sachlich gerechtfertigt ist, den Anwendungsbereich der besonderen Insolvenzanfechtung schon mit der Stellung eines lediglich auf drohende Zahlungsunfähigkeit im Sinne des § 18 InsO gestützten Insolvenzan-

---

[118] Zur Fortführungs- als Zahlungsfähigkeitsprognose vgl. bereits oben § 9 Fn. 77.

[119] Zur Rechtfertigung der besonderen Insolvenzanfechtung in dem Ausnahmefall, daß eine Sanierung gelingt, vgl. § 5 II 4; wo allerdings vorausgesetzt wird, daß dem Schuldner eine Sanierung aus eigener Kraft nicht gelungen wäre.

trags zu eröffnen. Es fragt sich, ob die die besondere Insolvenzanfechtung in diesem Fall zu früh eingreift und Vermögensverschiebungen erfaßt, die sie nach dem unter § 2 III Gesagten nicht erfassen soll. Unter dem Aspekt der Signalwirkung (§ 9 I 3) ist problematisch, ob die Krisentatsache „Insolvenzantrag aufgrund drohender Zahlungsunfähigkeit" dem Rechtsverkehr die Ablösung des Prioritätsgrundsatzes durch den Gleichbehandlungsgrundsatz zu einem zu frühen Zeitpunkt anzeigt. Unter der schon eingangs betonten Prämisse, daß nur solche Insolvenzanträge in Betracht kommen, bei deren Stellung der Insolvenzgrund bereits vorliegt, ist für die Beantwortung dieser Frage entscheidend, ab welchem Zeitpunkt genau Zahlungsunfähigkeit droht.

Nach der Legaldefinition des § 18 II InsO droht der Schuldner zahlungsunfähig zu werden, wenn er voraussichtlich nicht in der Lage sein wird, die bestehenden Zahlungspflichten im Zeitpunkt der Fälligkeit zu erfüllen. Trotz dieses scheinbar eindeutigen Wortlauts ist unklar, welche Bedeutung künftig entstehenden Verbindlichkeiten für die anzustellende Liquiditätsprognose zukommt. Im Schrifttum wird verbreitet betont, entgegen dem Wortlaut des § 18 II InsO seien auch solche Verbindlichkeiten zu berücksichtigen, die im Entscheidungszeitpunkt noch nicht bestehen, sondern erst im Prognosezeitraum entstehen und fällig werden.[120] Diese Aussage ist mehrdeutig. Mit ihr kann gemeint sein, daß Zahlungsunfähigkeit auch dann droht, wenn der Schuldner voraussichtlich zwar die im Entscheidungszeitpunkt bestehenden, nicht aber auch die erst künftig entstehenden Verbindlichkeiten bei Fälligkeit bedienen kann. Es kann aber auch gemeint sein, daß es für die drohende Zahlungsunfähigkeit zwar nur darauf ankommt, ob der Schuldner die bereits bestehenden Verbindlichkeiten bei Fälligkeit wird erfüllen können, zwischenzeitlich entstehende und fällig werdende Verbindlichkeiten aber bei der Prognose zu berücksichtigen sind, ob der Schuldner zu diesem Zeitpunkt über die entsprechende Liquidität verfügt.

Diese Unklarheit ist wohl nicht zuletzt den Gesetzgebungsmaterialien geschuldet, die in diesem Punkt gleichfalls vage sind. Zwar wird in der Begründung des dritten Absatzes des Leitsatzes 1.2.5 des Ersten Berichts der Kommission für Insolvenzrecht, auf den § 18 II InsO zurückgeht, mehrfach betont, daß es für die bevorstehende Zahlungsunfähigkeit nur auf solche Verbindlichkeiten ankomme, die zur Zeit der Verfahrenseröffnung bereits begründet waren. Jedoch heißt es dort weiter: „Bei der Prognose, ob der Schuldner die bestehenden Ansprüche seiner Gläubiger im Zeitpunkt ihrer Fälligkeit erfüllen kann, sind sowohl die voraussichtlichen Einnahmen als auch die zukünftig erst entstehenden Zahlungsverpflichtungen des Schuldners mit zu berücksichtigen".[121] Es ist durchaus denkbar, daß sich

---

[120] So Gottwald/*Uhlenbruck*, § 6 Rn. 18; MünchKommInsO/*Drukarczyk*, § 18 Rn. 42f.; Jaeger/*Müller*, § 18 Rn. 8ff.; FK/*Schmerbach*, § 18 Rn. 10ff.; Kübler/Prütting/Bork/*Pape*, § 18 Rn. 6ff.; K. Schmidt/Uhlenbruck/*Uhlenbruck*, Rn. 5.47; *Thole*, Gläubigerschutz, 76. Jedenfalls stark einschränkend HK/*Kirchhof*, § 18 Rn. 6 (künftig entstehende Zahlungspflichten genügen grundsätzlich nicht). Gegen eine Berücksichtigung künftig entstehender Verbindlichkeiten *Burger/Schellberg*, BB 1995, 264.

[121] Erster Bericht der Kommission für Insolvenzrecht, S. 110.

dieser Satz nur auf die Frage bezieht, ob nach Tilgung der zwischenzeitlich entstehenden und fällig werdenden Verbindlichkeiten genügend liquides Vermögen vorhanden sein werde, die bereits bestehenden, aber später fällig werdenden Verbindlichkeiten zu tilgen. Doch weckt der folgende Satz an einer solchen Auslegung wiederum Zweifel: „Zahlungsunfähigkeit kann demnach auch anzunehmen sein, wenn die zu erwartenden Einnahmen allenfalls die bereits begründeten, nicht aber die absehbaren, erst entstehenden Gläubigeransprüche abdecken würden." In der Begründung des Regierungsentwurfs[122] wird in gleicher Weise zwar nur darauf abgehoben, ob der Schuldner in der Lage sein wird, die im Entscheidungszeitpunkt bereits bestehenden Verbindlichkeiten bei Fälligkeit zu erfüllen, aber ebenfalls betont, im Rahmen der erforderlichen Prognose seien auch die erst künftig entstehenden Verbindlichkeiten zu berücksichtigen.

Die Feststellung, ob dem Schuldner Zahlungsunfähigkeit droht, ist nur aufgrund eines Liquiditätsplans möglich. Dieser wiederum muß seiner Natur nach alle im Planungszeitraum fällig werdenden Verbindlichkeiten berücksichtigen, mögen diese bei Erstellung der Prognose auch noch nicht im Rechtssinne bestehen, sondern erst absehbar sein. Denn für die Frage, ob zu einem bestimmten Zeitpunkt hinreichendes liquides Kapital zur Tilgung bestimmter Verbindlichkeiten vorhanden sein wird, müssen neben den zwischenzeitlichen Zuflüssen auch die Abflüsse liquiden Kapitals berücksichtigt werden.[123] Wenigstens insoweit sind auch die Materialien eindeutig. Einer solchen – sachlich zwingend gebotenen – Berücksichtigung künftiger Verbindlichkeiten steht der Wortlaut des § 18 II InsO ohnehin nicht entgegen: Danach ist zwar allein die Fähigkeit des Schuldners entscheidend, die im Entscheidungszeitpunkt schon bestehenden Verbindlichkeiten zu erfüllen, doch beurteilt sich diese Fähigkeit nach den zu prognostizierenden Kapitalflüssen, für die auch erst künftig entstehende, aber vor den bestehenden fällig werdende Verbindlichkeiten maßgeblich sein können. Nach Wortlaut, Sinn und Zweck des § 18 InsO kommt es für die drohende Zahlungsunfähigkeit also zwar nur darauf an, ob der Schuldner die im Entscheidungszeitpunkt dem Grunde nach schon bestehenden Verbindlichkeiten im Zeitpunkt ihrer Fälligkeit wird erfüllen können. Die Liquiditätsprognose hat sich also genau bis zu dem Zeitpunkt zu erstrecken, zu dem die letzte im Entscheidungszeitpunkt bereits bestehende Verbindlichkeit fällig wird.[124] Verbind-

---

[122] BT-Drucks. 12/2443, S. 114f.

[123] So auch dezidiert MünchKommInsO/*Drukarczyk*, § 18 Rn. 42; Uhlenbruck/*Uhlenbruck*, § 18 Rn. 7; Jaeger/*Müller*, § 18 Rn. 10.

[124] So etwa auch OLG Hamm ZInsO 2010, 1004, 1006; Gottwald/*Uhlenbruck*, § 6 Rn. 19; MünchKommInsO/*Drukarczyk*, § 18 Rn. 44; FK/*Schmerbach*, § 18 Rn. 12; *Groß/Amen*, WPg 2002, 232; *Burger/Schellberg*, BB 1995, 264. Nach herrschender Meinung soll der Prognosezeitraum unabhängig hiervon seine natürlichen Grenzen finden, jenseits derer eine seriöse Liquiditätsplanung nicht mehr möglich sei. Als maximaler Prognosezeitraum werden meist zwei Jahre genannt: Kübler/Prütting/Bork/*Pape*, § 18 Rn. 6; HK/*Kirchhof*, § 18 Rn. 8; Uhlenbruck/*Uhlenbruck*, § 18 Rn. 12; Gottwald/*ders.*, § 6 Rn. 19; K. Schmidt/Uhlenbruck/*Uhlenbruck*, Rn. 5.108; Jaeger/*Müller*, § 18 Rn. 7; *Harz*, ZInsO 2001, 197; *Groß/Amen*, WPg 2002, 232. Für eine kürzere Frist (einige Monate) Nerlich/Römermann/*Mönning*, § 18 Rn. 34 und *Stahlschmidt*, JR 2002, 91 (ein Jahr); für eine längere FK/*Schmerbach*,

lichkeiten, die erst im Prognosezeitraum entstehen, haben jedoch für den Liquiditätsplan Bedeutung, wenn sie im Prognosezeitraum auch bereits fällig werden, weil sie sich dann auf die Liquiditätsentwicklung auswirken.[125]

Zahlungsunfähigkeit droht nach alledem nur dann, wenn die Erfüllung bereits bestehender Verbindlichkeiten erheblich gefährdet, nämlich weniger wahrscheinlich ist als ihre Nichterfüllung.[126] Wenn dies der Fall ist, ist es nach dem unter § 2 III Gesagten ein Eingreifen der besonderen Insolvenzanfechtung auch dann geboten, wenn selbst das mit Liquidationswerten angesetzte Schuldnervermögen die Verbindlichkeiten (noch) deckt. Denn es ist dennoch überwiegend wahrscheinlich, daß der mit der Deckung verbundene Vermögensabfluß nicht mehr kompensiert werden, die Haftungsmasse zur Befriedigung auch nur der gegenwärtigen Gläubiger nicht ausreichen wird. Schon zu diesem Zeitpunkt also geht mit einer privatautonomen Verteilung der Haftungsmasse zwangsläufig eine Belastung ungesicherter Gläubiger einher, die potentiell heteronom ist und sich als externer Effekt darstellen kann, welcher der Allokationseffizienz abträglich und daher mittels der besonderen Insolvenzanfechtung zu unterbinden ist.

Auch ein auf nur drohende Zahlungsunfähigkeit gestützter Insolvenzantrag markiert das Eingreifen der besonderen Insolvenzanfechtung also zu einem angemessenen Zeitpunkt.

b) Widersprüchlichkeit der gesetzlichen Konzeption?

Trifft es zu, daß ein Eingreifen der besonderen Insolvenzanfechtung auch bereits mit Eintritt von Überschuldung oder drohender Zahlungsunfähigkeit sachlich gerechtfertigt ist, so fragt sich, warum der Gesetzgeber nicht den Eintritt dieser Eröffnungsgründe, sondern allein den Eintritt der Zahlungsunfähigkeit zur Krisentatsache erhoben hat, welche wie die Stellung eines Eröffnungsantrags selbständige Krisentatsache ist. In diesen Zusammenhang ist auch der bereits genannte weitere Einwand Gerhardts zu stellen, daß sich die Gesetzesverfasser dem Vorwurf der Unstimmigkeit aussetzten, wenn sie einerseits feststellten, daß Zahlungsunfähigkeit im Sinne der besonderen Insolvenzanfechtung nur die bereits eingetretene, nicht schon die drohende sei, andererseits aber einen auf drohende Zahlungsunfähigkeit gestützten Antrag des Schuldners für die Anfechtbarkeit genügen ließen.

In der Tat ist im Ersten Bericht der Kommission für Insolvenzrecht, auf dem die heutigen Anfechtungsregeln fußen, zu lesen, daß Zahlungsunfähigkeit im Sinne der besonderen Insolvenzanfechtung nur diejenige im Sinne des heutigen § 17

---

§ 18 Rn. 13 (drei Jahre), und offenbar auch OLG Hamm ZInsO 2010, 1004, 1006 („mehrjährig").

[125] Entsprechend schon *Temme*, Eröffnungsgründe, 61 ff. Ferner wohl auch HK/*Kirchhof*, § 18 Rn. 6; Jaeger/*Müller*, § 18 Rn. 8 ff.; FK/*Schmerbach*, § 18 Rn. 11, 17; *Breutigam/Tanz*, ZIP 1998, 718. Unklar jedoch Gottwald/*Uhlenbruck*, § 6 Rn. 18.

[126] Zum erforderlichen Wahrscheinlichkeitsgrad eingehend *Temme*, Eröffnungsgründe, 65 ff.; MünchKommInsO/*Drukarczyk*, § 18 Rn. 32 ff.; zur Fortführungsprognose im Rahmen des § 19 II InsO *ders./Schüler*, WPg 2003, 56 ff., gegen *Groß/Amen*, WPg 2002, 225, 233 ff.

InsO sein könne: „Bei einer Identität des Anfechtungsgrundes mit der zeitraumbezogenen Zahlungsunfähigkeit [scil.: im Sinne des heutigen § 18 InsO] und der Überschuldung würde die besondere Insolvenzanfechtung zeitlich zu weit erstreckt, weil diese beiden Eröffnungsgründe wesentlich früher als die zeitpunktbezogene Zahlungsunfähigkeit [scil.: im Sinne des heutigen § 17 InsO] eintreten können; eine solche Ausdehnung wäre mit der Sicherheit des Rechtsverkehrs nicht vereinbar."[127]

Diese Ausführungen werfen zwar durchaus einige Fragen auf;[128] jedoch mußten sie der Kommission für Insolvenzrecht nicht als offener Widerspruch zu der kurz zuvor gemachten Feststellung erscheinen, daß auch ein auf Überschuldung gestützter Insolvenzantrag die besondere Insolvenzanfechtung auslöst. Denn während der Zeitraum zwischen Eintritt der zur Verfahrenseröffnung führenden Krise und der Verfahrenseröffnung lang sein kann, ist der zwischen Antragstellung und Verfahrenseröffnung liegende Zeitraum jedenfalls überschaubar. Geht es also nur darum, eine übermäßige Ausdehnung des zeitlichen Anwendungsbereichs der besonderen Insolvenzanfechtung zu vermeiden, ist es durchaus nicht widersprüchlich, als Krisentatsache mit selbständiger Bedeutung für die Anfechtbarkeit zwar nicht die drohende Zahlungsunfähigkeit des Schuldners allein, wohl aber einen auf drohende Zahlungsunfähigkeit gestützten Insolvenzantrag genügen zu lassen.[129]

Die Argumentation mit der Sicherheit des Rechtsverkehrs deutet den wesentlichen sachlichen Grund, aus dem sich die Zahlungsunfähigkeit als anfechtungsrelevante Krisentatsache besser eignet als Überschuldung oder drohende Zahlungsunfähigkeit, nur an: Soll die besondere Insolvenzanfechtung zum Schutz des redlichen Verkehrs grundsätzlich vom Vorliegen subjektiver Tatbestandsvoraussetzungen in der Person des Anfechtungsgegners abhängig sein,[130] muß das die Anfechtbarkeit objektiv auslösende Tatbestandsmerkmal äußerlich hervortreten können. Während dies beim Eintritt der Überschuldung oder der drohenden Zahlungsunfähigkeit gemeinhin nicht der Fall ist, läßt sich der Zahlungsunfähigkeit mit der Zahlungseinstellung ein typisches äußeres Symptom zuordnen. Wie bereits ausgeführt, ist die Zahlungsunfähigkeit von allen Eröffnungsgründen der geeignetste Bezugspunkt für subjektive Tatbestandsmerkmale.[131]

---

[127] Erster Bericht der Kommission für Insolvenzrecht, S. 404.

[128] So droht eine unangemessen weite Vorverlegung des anfechtungsrelevanten Zeitraums schon deshalb nicht, weil bereits die Leitsätze 5.2.1 und 5.2.2 des Ersten Berichts eine absolute Begrenzung des anfechtungsrelevanten Zeitraums auf die letzten drei Monate vor Antragstellung vorsehen, vgl. auch bereits *Eichberger*, Konkursanfechtung, 76. Und die Sicherheit des Verkehrs, womit wohl das redliche Vertrauen in den Bestand von Erwerbsgeschäften gemeint ist, hängt nicht von der Länge des anfechtungsrelevanten Zeitraums ab, sondern steht überhaupt nur auf dem Spiel, wenn man die Anfechtbarkeit von äußerlich nicht erkennbaren Voraussetzungen abhängig macht und auf das Vorliegen subjektiver Tatbestandsvoraussetzungen in der Person des Anfechtungsgegners verzichtet.

[129] Vgl. auch bereits *Breutigam/Tanz*, ZIP 1998, 719.

[130] Vgl. bereits oben § 9 I 3.

[131] Allerdings keineswegs ideal, vgl. noch unten § 11 II 1.

Solche Erwägungen finden sich allerdings weder im Ersten Bericht der Kommission für Insolvenzrecht noch in der Begründung des Regierungsentwurfs; dort wird die Frage, warum von allen Eröffnungsgründen gerade die Zahlungsunfähigkeit die besondere Insolvenzanfechtung auslösen sollte, nicht erörtert. In der Sache übernahm man schlicht die entsprechende Entscheidung der Verfasser der KO 1879. Deren Materialien gewinnen also Bedeutung für die Frage, ob es einen inneren Widerspruch in der Konzeption des Gesetzes bedeutet, drohende Zahlungsunfähigkeit und Überschuldung zwar nicht als solche, wohl aber einen auf sie gestützten Eröffnungsantrag als die besondere Insolvenzanfechtung auslösende Krisentatsache genügen zu lassen. In den Materialien zur KO 1879 nimmt die Erörterung der Frage, „mit welchem Moment die allgemeine Verfügungsbeschränkung des Schuldners [scil.: im Sinne der besonderen Konkursanfechtung] eintreten soll", in der Tat relativ breiten Raum ein. Der Befriedigungsanspruch der Gläubiger, dessen Schutz die besondere Konkursanfechtung nach der Vorstellung der Verfasser der KO 1879 diente,[132] sollte begründet werden „durch die thatsächlichen Voraussetzungen, welche das Gesetz für die Eröffnung des Konkursverfahrens aufstellt"; die Gläubiger erlangen diesen Anspruch, „weil der Schuldner seine Zahlungen eingestellt hat, zahlungsunfähig ist, oder weil der Nachlaß sich als unzureichend erweist".[133] Das Eingreifen der besonderen Konkursanfechtung ist grundsätzlich also schon mit Eintritt des Eröffnungsgrundes gerechtfertigt, ohne daß es darauf ankäme, welcher dies ist.[134] Dies ist logisch nur konsequent, hängt doch auch die Geltung des Gleichbehandlungsgrundsatzes im Verfahren nicht davon ab, aus welchem Grund es eröffnet wurde. Nur aus den soeben genannten Gründen des Verkehrsschutzes entschieden sich die Verfasser der KO 1879 dafür, die besondere Konkursanfechtung nach § 23 KO 1879 allein von den äußerlich erkennbaren Tatsachen der Zahlungseinstellung oder der Stellung eines Eröffnungsantrages abhängig zu machen.[135]

Die gesetzliche Konzeption des Anfechtungsrechts ist in diesem Punkt also weder widersprüchlich, noch folgt aus ihr, daß ein Eingreifen der besonderen Insolvenzanfechtung erst ab Eintritt der materiellen Insolvenz im Wortsinne, also der Zahlungsunfähigkeit des Schuldners, sachlich gerechtfertigt ist.

c) Ergebnis

Mit der herrschenden Ansicht ist davon auszugehen, daß für die Zwecke der besonderen Insolvenzanfechtung irrelevant ist, ob sich der Eröffnungsantrag auf Zahlungsunfähigkeit, Überschuldung – jedenfalls nach dem gegenwärtigen Begriff des § 19 II InsO n.F. – oder gar bloß drohende Zahlungsunfähigkeit stützt.

---

[132] Vgl. dazu eingehend oben § 1 VI, § 2 II 1.

[133] *Hahn*, Materialien IV, 115.

[134] Deutlich in diesem Sinne *Hahn*, Materialien IV, 129: Die *par condicio creditorum* entstehe nicht erst mit der zufällig später oder früher nachfolgenden Konkurseröffnung, sondern werde schon „durch die sie bewirkenden Rechtsverhältnisse" begründet.

[135] *Hahn*, Materialien IV, 118f.

2. Vorliegen eines Eröffnungsgrundes im anfechtungsrelevanten Zeitpunkt

a) Relevanz des Problems

§§ 130 I 1 Nr. 2, 131 I Nr. 1 Alt. 2 InsO machen die Anfechtbarkeit von der Stellung eines Eröffnungsantrags abhängig, ohne daß aus ihrem Wortlaut deutlich würde, ob und gegebenenfalls zu welchem Zeitpunkt dieser Antrag zulässig und begründet sein muß. Zwar greift die besondere Insolvenzanfechtung überhaupt nur ein, wenn ein Insolvenzverfahren tatsächlich eröffnet wurde. Dies bedeutet allerdings keineswegs, daß auch „der Antrag auf Eröffnung des Insolvenzverfahrens", auf den die genannten Normen abstellen, zwangsläufig zulässig und begründet gewesen sein muß. So kann die Eröffnung zu Unrecht erfolgt sein. Ferner mag im anfechtungsrelevanten Zeitpunkt bereits ein Eröffnungsantrag gestellt worden sein, das Insolvenzgericht das Verfahren jedoch auf einen später gestellten Antrag hin eröffnet haben. Schließlich ist auch ohne weiteres der Fall denkbar, daß der (einzige) Eröffnungsantrag zwar im Zeitpunkt seiner Stellung unbegründet war, weil kein Eröffnungsgrund vorlag, der Eröffnungsgrund jedoch im Laufe des Antragsverfahrens und nach dem anfechtungsrelevanten Zeitpunkt eintrat; denn allein die Stellung eines Insolvenzantrags kann dazu führen, daß der wirtschaftliche Ruf des Schuldners beschädigt wird, sich seine Kreditwürdigkeit verringert und folglich Liquiditätsprobleme eintreten.

In all diesen Fällen wird die Frage relevant, ob §§ 130 I 1 Nr. 2, 131 I Nr. 1 Alt. 2 InsO voraussetzen, daß der Eröffnungsgrund bereits im anfechtungsrelevanten Zeitpunkt vorlag. Verneint man dies, fragt sich weiter, ob der Eröffnungsgrund wenigstens zum Zeitpunkt des Eröffnungsbeschlusses vorgelegen haben muß oder ob es genügt, daß der fragliche Eröffnungsantrag – und sei es zu Unrecht – *de facto* Erfolg hatte.

Die letztgenannte Frage wird im Schrifttum kaum erörtert,[136] obwohl es – im Anschluß an die herrschende Meinung zur besonderen Konkursanfechtung[137] – mehrheitlich den Standpunkt einnimmt, daß ein Eröffnungsantrag auch dann zur Anfechtbarkeit nach §§ 130 I 1 Nr. 2, 131 I Nr. 1 Alt. 2 InsO führen kann, wenn im anfechtungsrelevanten Zeitpunkt noch kein Eröffnungsgrund vorlag.[138] Diese

[136] Die einzige ersichtliche Ausnahme bildet Kübler/Prütting/Bork/*Schoppmeyer*, § 130 Rn. 100, der meint, es sei unerheblich, ob der Eröffnungsantrag jemals begründet war. Begründetheit jedenfalls zum Zeitpunkt des Eröffnungsbeschlusses verlangt – allerdings ohne nähere Erörterung – Hmbk/*Rogge*, § 130 Rn. 14 Er zitiert hierfür HK/*Kreft*, § 130 Rn. 31, der freilich nur darauf abhebt, daß der Antrag zur Eröffnung des Insolvenzverfahrens führte.

[137] Vgl. zu § 23 KO 1879 bereits RGZ 36, 73 f., und zu § 30 KO etwa Jaeger/*Henckel*, Konkursordnung[9], § 30 Rn. 47; *Kuhn/Uhlenbruck*, § 30 Rn. 17.

[138] Kübler/Prütting/Bork/*Schoppmeyer*, § 130 Rn. 100; Hmbk/*Rogge*, § 130 Rn. 14. Ferner, allerdings im Zusammenhang mit der erforderlichen Kenntnis des Anfechtungsgegners vom Eröffnungsantrag, HK/*Kreft*, § 130 Rn. 31; MünchKommInsO/*Kirchhof*, § 130 Rn. 54. Nicht ganz klar Uhlenbruck/*Hirte*, § 130 Rn. 39 (irrelevant, ob der Eröffnungsgrund tatsächlich im Antragszeitpunkt vorliegt). – Es bedeutet einen bemerkenswerten Selbstwiderspruch, wenn manche Vertreter dieser Ansicht zugleich annehmen, § 139 II InsO regele auch die Frage, welcher von mehreren Eröffnungsanträgen für die Anfechtung nach §§ 130 I 1 Nr. 2, 131 I

These wird in erster Linie damit begründet, daß der Eröffnungsantrag nach der Konzeption des Gesetzgebers eine selbständige, der Zahlungsunfähigkeit gleichwertige Krisentatsache sei.[139] Weiter wird argumentiert, der Eröffnungsantrag sei ein derart starkes Indiz für eine tatsächlich bestehende Insolvenz, daß im Interesse der Rechtssicherheit die Anfechtung auch allein mit ihm begründet werden könne.[140]

b) Rechtssicherheit

Was zunächst das Argument der Rechtssicherheit angeht, so überzeugt es jedenfalls dann nicht, wenn damit die Sicherheit des Rechtsverkehrs gemeint sein soll. Diese ist gefährdet, wenn dem Verkehr eine Verlustgefahr droht, die er nicht erkennen kann; die Verkehrssicherheit gebietet, daß dem Verkehr eine Tatsache, die er nicht erkennen konnte, nicht zu seinem Nachteil entgegengehalten wird. Hier aber liegt es umgekehrt. Der Verkehr kann sich schon aufgrund der äußerlich erkennbaren Tatsache, daß die Eröffnung eines Insolvenzverfahrens beantragt wurde, auf die Gefahr einstellen, das vom Schuldner Erworbene unter Umständen zurückgewähren zu müssen; daß ihm in dieser Situation aber auch die Möglichkeit genommen wird, sich damit zu verteidigen, daß zum anfechtungsrelevanten Zeitpunkt noch kein Eröffnungsgrund vorgelegen habe, dient seiner Sicherheit keineswegs.

c) Gesetzgebungsgeschichte

Zu untersuchen ist weiter, ob die herrschende Meinung in der Gesetzgebungsgeschichte eine Stütze findet. Anliegen der Verfasser der KO 1879 war es, die Verfügungsbefugnisse des Schuldners zum Schutz der Gläubiger nicht erst mit der Verfahrenseröffnung zu beschränken, da diese zu einem mehr oder weniger zufälligen Zeitpunkt erfolgen könne, sondern – eben mittels der besonderen Konkursanfechtung – schon bei Eintritt des Verfahrenseröffnungsgrundes. Dieser nämlich bringt nach ihrer Ansicht bereits den Befriedigungsanspruch der Gläubiger hervor, der wiederum die besondere Konkursanfechtung legitimieren soll.[141] Zahlungsein-

---

Nr. 1 Alt. 2 InsO relevant sei (vgl. die Nachweise unten in Fn. 163, dazu noch unten 3.). Denn nach § 139 II 1 InsO kommen nur zulässige und begründete Eröffnungsanträge in Betracht.

[139] Kübler/Prütting/Bork/*Schoppmeyer*, § 130 Rn. 100; Uhlenbruck/*Hirte*, § 130 Rn. 39. Ebenso zu § 30 KO Jaeger/*Henckel*, Konkursordnung[9], § 30 Rn. 47.

[140] Kübler/Prütting/Bork/*Schoppmeyer*, § 130 Rn. 100. Mit gleicher Tendenz zu § 23 KO 1879 bereits RGZ 36, 73, 74: Es könne nicht in der Absicht des Gesetzes gelegen haben, die Frage nach dem Zeitpunkt des Eintritts der Zahlungsunfähigkeit zur entscheidenden Frage zu machen, die es doch durch Abstellen auf den Eröffnungsantrag gerade habe vermeiden wollen. HK/*Kreft*, § 130 Rn. 22, verweist auf die Rechtssicherheit als Begründung dafür, daß „auch ein nur wegen drohender Zahlungsunfähigkeit gestellter Antrag (§ 18) die Anfechtbarkeit auslösen kann, obwohl hier durch die Antragstellung eine materielle Insolvenz des Schuldners nicht indiziert wird"; vgl. zu diesem Konzessivsatz § 9 IV 1 a bb.

[141] Vgl. hierzu § 1 VI und § 2 II 1.

stellung und Eröffnungsantrag sind für die Verfasser der KO 1879 nur Symptome; sie wurden nur deshalb als objektive Tatbestandsvoraussetzungen der besonderen Konkursanfechtung gewählt, weil diese zum Schutz des redlichen Verkehrs äußerlich erkennbar sein sollten.[142] Dieser Konzeption entspräche es, den Eröffnungsantrag nur dann für anfechtungsrechtlich relevant zu halten, wenn er tatsächlich Symptom für den Eintritt eines Eröffnungsgrundes ist, dieser also wirklich gegeben ist.[143]

Ob die Urheber der InsO dieser Konzeption insoweit gefolgt sind, ist durchaus nicht eindeutig. Sie klingt zwar noch deutlich im Ersten Bericht der Kommission für Insolvenzrecht an, wenn dort als Zweck der besonderen Insolvenzanfechtung genannt wird, „dem Prinzip der gleichmäßigen Befriedigung aller Insolvenzgläubiger grundsätzlich schon ... Geltung zu verschaffen, sobald die Zahlungsunfähigkeit eingetreten ist".[144] Dem Eröffnungsantrag soll allerdings nicht die Rolle eines bloßen Symptoms zukommen, auf das abgestellt wird, weil der Eintritt der Zahlungsunfähigkeit als eigentlich die Anfechtbarkeit auslösender Umstand äußerlich nicht erkennbar ist. Vielmehr soll der Eröffnungsantrag nunmehr Krisentatsache mit selbständiger Bedeutung sein und „eine nach dem Eröffnungsantrag vorgenommene Rechtshandlung ... folglich auch dann anfechtbar [sein], wenn Zahlungsunfähigkeit erst später eingetreten ist oder überhaupt nicht vorgelegen hat und das Verfahren allein wegen Überschuldung eröffnet worden ist".[145]

Man mag diese Ausführungen für eine subjektiv-historische Auslegung heranziehen, obwohl sie in die Begründung des Regierungsentwurfs nicht übernommen wurden.[146] Sie sind in der hier interessierenden Frage jedoch nicht eindeutig. „Mit aller wünschenswerten Klarheit"[147] geht aus ihnen lediglich hervor, daß es auf das Vorliegen der Zahlungsunfähigkeit nicht ankommt;[148] unklar bleibt aber, ob im anfechtungsrelevanten Zeitpunkt nicht ein anderer Eröffnungsgrund vorgelegen haben muß, namentlich Überschuldung, auf welche auch für den Fall verwiesen wird, daß Zahlungsunfähigkeit überhaupt nicht eingetreten ist. Zwar liegt nicht fern, daß mit dem Nebensatz: „wenn Zahlungsunfähigkeit später eingetreten ist" auf den Fall angespielt sein soll, daß das Insolvenzverfahren wegen später, also nach dem anfechtungsrelevanten Zeitpunkt eingetretener Zahlungsunfähigkeit eröffnet wurde. Das schließt freilich nicht aus, daß schon im anfechtungsrelevanten Zeitpunkt ein anderer Eröffnungsgrund vorgelegen haben muß, auf den das Insol-

---

142 Vgl. soeben § 9 IV 1 b.

143 Entsprechend sollte die Zahlungseinstellung nach ganz herrschender Ansicht zur KO die Anfechtbarkeit nur auslösen, wenn ihr auch tatsächlich die Zahlungsunfähigkeit des Schuldners zugrunde lag, vgl. oben § 9 Fn. 85. Daß es einen Widerspruch hierzu bedeutet, dem Eröffnungsantrag unabhängig von der Zahlungsunfähigkeit des Schuldners anfechtungsrechtliche Relevanz beizumessen (vgl. soeben Fn. 137), hat man offenbar nicht erkannt.

144 Erster Bericht der Kommission für Insolvenzrecht, S. 403.

145 Erster Bericht der Kommission für Insolvenzrecht, S. 403.

146 HK/*Kreft*, § 130 Rn. 22, hält dies schon deshalb für zulässig, weil jeder Hinweis dafür fehle, daß man der Auffassung der Insolvenzrechtskommission nicht habe folgen wollen.

147 HK/*Kreft*, § 130 Rn. 22.

148 Nur hierfür beruft sich auch HK/*Kreft*, § 130 Rn. 22 auf die zitierte Begründung.

venzgericht seinen Eröffnungsbeschluß nicht stützte. Der von den Vertretern der herrschenden Ansicht zitierte Satz aus dem Ersten Bericht der Kommission für Insolvenzrecht ist also kein Beleg für ihre These, daß ein Eröffnungsantrag die besondere Insolvenzanfechtung ohne Rücksicht auf das Vorliegen eines Eröffnungsgrundes auslösen kann. Es ist zudem der textliche Zusammenhang des eben zitierten Satzes zu beachten, dem der folgende vorangeht: „Neben der Gläubigerbenachteiligung setzt die besondere Insolvenzanfechtung grundsätzlich voraus, daß der Schuldner im Zeitpunkt der Vornahme der anfechtbaren Rechtshandlung zahlungsunfähig war ... oder daß zur Zeit der Rechtshandlung ein – zulässiger und begründeter – Antrag auf Eröffnung des Insolvenzverfahrens gestellt war."[149] Diese Formulierung spricht eher, wenngleich ebenfalls nicht zwingend, dafür, daß der fragliche Antrag schon „zur Zeit der Rechtshandlung" zulässig und begründet gewesen sein muß.

Die Materialien sind in der vorliegenden Frage nach alledem nicht eindeutig. Aus der Gesetzgebungsgeschichte läßt sich folglich kein entscheidendes Argument für oder gegen die herrschende Meinung ableiten.

d) Zugrundeliegende Wertung

Bemerkenswerterweise klingt auch bei manchen Vertretern der herrschenden Meinung an, daß ein Eingreifen der besonderen Insolvenzanfechtung sachlich nicht gerechtfertigt ist, solange (noch) kein Eröffnungsgrund vorliegt.[150] Der Schluß, daß ein Eröffnungsantrag nur dann anfechtungsrechtlich relevant ist, wenn auch ein Eröffnungsgrund vorliegt, wird daraus jedoch nicht gezogen.

Daß dieser Schluß aber zwingend ist, wird wiederum mit Blick auf die unter § 2 III erarbeiteten Wertungsgrundlagen deutlich. Dabei ist zu bedenken, daß die Frage, ob die Stellung eines Eröffnungsantrags unabhängig davon die Anfechtbarkeit nach §§ 130 I 1 Nr. 2, 131 I Nr. 1 Alt. 2 InsO auslöst, ob ein Eröffnungsgrund vorliegt, nur dann relevant wird, wenn im anfechtungsrelevanten Zeitpunkt nicht einmal die Voraussetzungen des § 18 InsO vorliegen. Es kommt auf diese Frage also nur dann an, wenn es im anfechtungsrelevanten Zeitpunkt noch überwiegend wahrscheinlich war, daß der Schuldner alle bestehenden Zahlungspflichten im Zeitpunkt ihrer Fälligkeit wird erfüllen können. In einer solchen Situation aber droht den anderen Gläubigern aus der privatautonomen Verteilung der Haftungsmasse gerade noch kein Nachteil; potentielle Fehlallokationen und potentiell heteronome Belastungen der ungesicherten Gläubiger, welche die besondere Insolvenzanfechtung korrigie-

---

[149] Erster Bericht der Kommission für Insolvenzrecht, S. 403.

[150] Vgl. etwa Kübler/Prütting/Bork/*Schoppmeyer*, § 130 Rn. 100: Die besondere Insolvenzanfechtung beruhe zwar darauf, daß die Wirkungen des Insolvenzverfahrens auf den Zeitpunkt der materiellen Insolvenz vorverlagert werden sollen; für diese sei der Eröffnungsantrag aber ein so starkes Indiz, daß die Anfechtbarkeit allein mit ihm begründet werden könne. Noch weitergehend HK/*Kreft*, § 130 Rn. 22, der Bedenken dagegen äußert, daß auch der auf (tatsächlich!) drohende Zahlungsunfähigkeit gestützte Eigenantrag die Anfechtbarkeit auslösen kann, „obwohl hier durch die Antragstellung eine materielle Insolvenz des Schuldners nicht indiziert wird".

ren soll, drohen daher noch nicht. Nach dem unter § 2 III Gesagten ist ein Eingreifen der besonderen Insolvenzanfechtung in dieser Situation mithin nicht geboten.

Die Bedenken dagegen, die besondere Insolvenzanfechtung auch in einem Fall zuzulassen, in dem Zahlungsunfähigkeit nicht einmal droht, nur weil bereits die Eröffnung eines Insolvenzverfahrens beantragt wurde, gehen freilich noch tiefer. Denn hier verlangen auch verfassungsrechtliche Erwägungen Beachtung. Wie dargelegt, ist der mit der besonderen Insolvenzanfechtung verbundene Eingriff in durch Art. 14 GG geschützte Positionen des Anfechtungsgegners verfassungsrechtlich nur zu legitimieren, wenn und soweit er dem Schutz kollidierender, ihrerseits grundrechtlichen Schutzbereichen unterfallender Rechtspositionen der anderen Gläubiger dient.[151] Im Umkehrschluß bedeutet dies, daß der mit der besonderen Insolvenzanfechtung verbundene Eingriff in Positionen des Anfechtungsgegners mangels Erforderlichkeit unverhältnismäßig und daher verfassungswidrig ist, solange die zu schützenden Rechtspositionen der anderen Gläubiger nicht gefährdet sind. Und eine solche Gefährdung fehlt jedenfalls in aller Regel,[152] solange dem Schuldner die Zahlungsunfähigkeit nicht einmal im Sinne des § 18 InsO droht.

§§ 130 I 1 Nr. 2, 131 I Nr. 1 Alt. 2 InsO sind demnach verfassungskonform dahin auszulegen oder, wenn man dies angesichts des offenen Wortlauts für nötig hält, teleologisch dahingehend zu reduzieren, daß sie nur dann eingreifen, wenn im anfechtungsrelevanten Zeitpunkt bereits ein Eröffnungsgrund im Sinne der §§ 17–19 InsO vorlag.

e) Identität zwischen im Antrag geltend gemachtem und tatsächlich vorliegendem Eröffnungsgrund

Diese Feststellung wirft ihrerseits die Frage auf, ob nur derjenige Eröffnungsgrund für §§ 130 I 1 Nr. 2, 131 I Nr. 1 Alt. 2 InsO beachtlich ist, auf den der Eröffnungsantrag oder gar der Eröffnungsbeschluß gestützt wurden. Dabei erscheint es besonders problematisch, wenn ein Gläubiger – sei es wegen Überschuldung, sei es wegen Zahlungsunfähigkeit – die Eröffnung eines Insolvenzverfahrens beantragte, die Zahlungsunfähigkeit im anfechtungsrelevanten Zeitpunkt jedoch lediglich im Sinne des § 18 InsO drohte. Läßt man dies für das Eingreifen der §§ 130 I 1 Nr. 2, 131 I Nr. 1 Alt. 2 InsO objektiv genügen, erhielte damit einerseits ein Eröffnungsantrag anfechtungsrechtliche Relevanz, der – jedenfalls zum anfechtungsrelevanten Zeitpunkt – nicht begründet war, denn drohende Zahlungsunfähigkeit berechtigt gemäß § 18 I InsO nur den Schuldner zur Antragstellung; und andererseits löste schon drohende Zahlungsunfähigkeit die besondere Insolvenzanfechtung aus, die ohne den – unbegründeten – Eröffnungsantrag unbeachtlich geblieben wäre.

Dennoch bestehen auch in einem solchen Fall keine durchgreifenden Bedenken dagegen, die Anfechtung zuzulassen. Denn sachlich ist das Eingreifen der besonderen Insolvenzanfechtung bereits dann gerechtfertigt, wenn die Zahlungsunfä-

---

[151] Oben § 5 II 3, IV 1.

[152] Vgl. noch unten § 9 V 2.

higkeit erst droht;[153] auf die Stellung eines Insolvenzantrags wird nur aus Verkehrsschutzgründen abgestellt, weil dieser – anders als der Eintritt der drohenden Zahlungsunfähigkeit (oder der Überschuldung) – äußerlich erkennbar ist. Vor diesem Hintergrund genügt es, wenn eine die besondere Insolvenzanfechtung legitimierende Krise tatsächlich vorliegt und diese sich aufgrund eines Insolvenzantrags manifestiert, ohne daß es darauf ankäme, ob der vorgebliche Eröffnungsgrund mit dem tatsächlich vorliegenden identisch ist.[154]

f) Ergebnis

Nach alledem vermag die Stellung eines Eröffnungsantrags die Anfechtung nach §§ 130 I 1 Nr. 2, 131 I Nr. 1 Alt. 2 InsO nur dann auszulösen, wenn im anfechtungsrelevanten Zeitpunkt bereits ein Eröffnungsgrund vorlag. Dieser muß jedoch nicht mit demjenigen identisch sein, auf den sich der Eröffnungsantrag oder der spätere Eröffnungsbeschluß stützen. Die weiteren Fragen, ob der Antrag zur Zeit des Eröffnungsbeschlusses zulässig und begründet gewesen sein muß und ob das Prozeßgericht insoweit an die Feststellungen des Insolvenzgerichts gebunden ist, erübrigen sich damit.

3. Relevanter Antrag bei Antragsmehrheit

Wurden mehrere Anträge auf Eröffnung eines Insolvenzverfahrens gestellt, fragt sich, welcher von ihnen als „der Eröffnungsantrag“ im Sinne der §§ 130 I 1 Nr. 2, 131 I Nr. 1 Alt. 2 InsO anzusehen ist. Besonders problematisch erscheint dabei der Fall, daß im anfechtungsrelevanten Zeitpunkt zwar bereits ein Eröffnungsantrag gestellt war, das Insolvenzverfahren jedoch aufgrund eines anderen Antrags eröffnet wurde, der erst nach dem anfechtungsrelevanten Zeitpunkt gestellt wurde. Dabei mag der früher gestellte Antrag erfolglos geblieben sein, weil das Insolvenzgericht ihn für unzulässig oder unbegründet erachtete oder die Eröffnung zunächst mangels einer die Verfahrenskosten deckenden Masse gemäß § 26 InsO abwies. Denkbar ist aber auch der Fall, daß das Insolvenzgericht über den früher gestellten Antrag nicht entschieden hat, weil der Antragsteller ihn zurückgenommen oder für erledigt erklärt hat oder weil der später gestellte Antrag früher entscheidungsreif war.

a) Meinungsstand

Für die besondere Konkursanfechtung nach § 30 KO war nach ganz herrschender Ansicht grundsätzlich nur derjenige Eröffnungsantrag relevant, der zur Eröffnung des Konkursverfahrens führte.[155] Diese Ansicht hat der BGH für §§ 130 I 1 Nr. 2,

---

[153] § 9 IV 1 a bb.

[154] Allerdings muß die durch den Eröffnungsantrag in Erscheinung getretene Krise des Schuldners mit derjenigen identisch sein, aufgrund derer letztlich das Insolvenzverfahren eröffnet wird, dazu schon oben § 9 II.

[155] RGZ 88, 237; OLG Hamm WM 2001, 1631, 1632; Jaeger/*Henckel*, Konkursordnung^9, § 30 Rn. 47; Kuhn/*Uhlenbruck*, § 30 Rn. 17; *Kilger/K. Schmidt*, § 30 Anm. 7a; *Hellmann*, Lehr-

131 I Nr. 1 Alt. 2 InsO im Grundsatz übernommen.[156] Daß nur derjenige Eröffnungsantrag die Anfechtbarkeit auslöst, der zur Eröffnung des Insolvenzverfahrens führt, folgert der BGH namentlich aus der Verwendung des bestimmten Artikels „dem“ in § 130 I 1 Nr. 2 und § 131 I Nr. 1 Alt. 2 InsO,[157] ferner daraus, daß der Gesetzgeber an der entsprechenden Praxis zu § 30 KO, § 10 I Nr. 4 GesO offenbar nichts habe ändern wollen.[158] Als einzige Ausnahme von diesem Grundsatz erwägt der BGH, auch solche Anträge für relevant zu halten, die lediglich mangels Masse abgewiesen wurden oder deshalb nicht erfolgreich waren, weil das Verfahren bereits aufgrund eines zwar später gestellten, aber früher beschiedenen Antrags eröffnet wurde.[159] Er stützt dies auf die § 139 II InsO zugrundeliegende „Amtliche Begründung“,[160] wonach es für die Fristberechnung nur darauf ankomme, „daß der Antrag zur Verfahrenseröffnung geführt hätte, wenn er nicht mangels Masse ... rechtskräftig abgewiesen oder das Verfahren nicht aufgrund eines späteren Antrags eröffnet worden wäre“. Wenn der BGH ausführt, daß es gerechtfertigt erscheine, „diese Bestimmung des maßgeblichen Antrags auch im Rahmen der §§ 130 bis 133, 135 und 136 InsO anzuwenden“,[161] wird nicht deutlich, ob damit die „Amtliche Begründung“ inhaltlich in bezug genommen wird oder an eine unmittelbare Anwendung des § 139 II InsO gedacht ist.

Im Schrifttum wird von manchen betont, daß grundsätzlich nur derjenige Eröffnungsantrag anfechtungsrelevant ist, der zur Eröffnung des Insolvenzverfahrens führte;[162] andere heben nachdrücklich hervor, daß der gemäß § 139 InsO maßgebliche Eröffnungsantrag gemeint sei.[163]

b) Mittelbare Bedeutung des § 139 InsO nach dem Wortlaut der §§ 130 I 1 Nr. 2, 131 I Nr. 1 Alt. 2 InsO

Das Wortlautargument, die Verwendung des bestimmten Artikels bedeute, daß nur der zur Eröffnung führende Antrag im Rahmen der §§ 130f. InsO beachtlich sei,

---

buch, 310; *Seuffert*, Konkursprozeßrecht, 210. Entsprechend zu § 10 I Nr. 4 Alt. 2 GesO BGH NJW 2000, 211, 212 mit weiteren Nachweisen.

156 BGHZ 149, 178ff.

157 So zu § 10 I Nr. 4 Alt. 2 GesO auch bereits BGH NJW 2000, 211, 212.

158 BGHZ 149, 178, 180.

159 BGHZ 149, 178, 181.

160 Nämlich die Begründung zu § 156 RegE-InsO, BT-Drucks. 12/2443, S. 163.

161 BGHZ 149, 178, 181.

162 *Zeuner*, Anfechtung, Rn. 100; Graf-Schlicker/*Huber*, § 130 Rn. 16; Gottwald/*Huber*, § 46 Rn. 45; *ders.*, LM GesO Nr. 54. Vgl. auch OLG Köln ZInsO 2004, 99.

163 HK/*Kreft*, § 130 Rn. 23; Kübler/Prütting/Bork/*Schoppmeyer*, § 130 Rn. 101; MünchKomm-InsO/*Kirchhof*, § 130 Rn. 52, 25; *ders.*, ZInsO 2004, 1173; Nerlich/Römermann/*Nerlich*, § 130 Rn. 27; Braun/*de Bra*, § 130 Rn. 22; BKInsO/*Breutigam/Syren*, § 130 Rn. 16; FK/*Dauernheim*, § 130 Rn. 47 (allerdings nur in Bezug auf die erforderliche Kenntnis des Anfechtungsgegners). Vgl. auch LG Itzehoe ZInsO 2003, 809, 810. Wohl auch Uhlenbruck/*Hirte*, § 130 Rn. 40 („vgl. im Übrigen § 139 Abs. 2“). Vgl. auch OLG Dresden ZInsO 2001, 175, 177f. Jaeger/*Henckel*, § 130 Rn. 109, behandelt den Eröffnungsantrag nicht als die Anfechtbarkeit bedingende Tatbestandsvoraussetzung, sondern überhaupt nur als „Zeitschranke“.

ist wenig überzeugend. Der BGH hat es aus der Rechtsprechung zu § 30 KO übernommen, hält es aber wohl selbst nicht für verbindlich, denn er zieht zur weiteren Argumentation § 139 II InsO heran. Diese Norm belegt zwar in der Tat, daß „der Eröffnungsantrag" im Sinne der §§ 130f. InsO nicht nur derjenige sein kann, der letztlich zur Eröffnung des Insolvenzverfahrens führte, denn dann könnte § 139 II 2 InsO nicht auch einen abgewiesenen Eröffnungsantrag für relevant erklären. Im übrigen jedoch gibt § 139 II InsO keine unmittelbare Antwort auf die Frage, auf welchen von mehreren Eröffnungsanträgen es für die Anfechtung nach §§ 130 I 1 Nr. 2, 131 I Nr. 1 Alt. 2 InsO ankommt.[164] § 139 InsO behandelt nach seiner amtlichen Überschrift insgesamt nur die „Berechnung der Fristen vor dem Eröffnungsantrag". Auch ihrem Inhalt nach ist die Regelung des § 139 I InsO auf die Berechnung einer Frist gemünzt, die dem Insolvenzantrag vorausgeht. Das kam in der Fassung des § 156 I 1 InsO-RegE noch zum Ausdruck, der lautete: „Die in ... bestimmten Fristen vor dem Antrag auf Eröffnung des Insolvenzverfahrens beginnen mit dem Anfang ...". Die Worte „vor dem Antrag auf Eröffnung des Insolvenzverfahrens" fielen einer redaktionellen Glättung durch den Rechtsausschuß zum Opfer, der damit keine inhaltliche Veränderung verbinden wollte.[165] Entsprechend ist in den Materialien auch in bezug auf die nun in § 139 II InsO enthaltene Regelung ausdrücklich von einer „Zurückrechnung" der Frist die Rede.[166] § 139 InsO regelt mithin nur, auf welchen Eröffnungsantrag für die Bestimmung eines diesem vorangehenden anfechtungsrelevanten Zeitraums abzustellen ist. Die Frage, welcher von mehreren Eröffnungsanträgen als „der Eröffnungsantrag" im Sinne der §§ 130 I 1 Nr. 2, 131 I Nr. 1 Alt. 2 InsO anzusehen ist, regelt diese Norm dagegen nicht.

§ 139 II InsO könnte für das vorliegende Problem jedoch mittelbare Bedeutung zukommen. Wurden mehrere Eröffnungsanträge gestellt, bestimmt diese Norm, welcher von ihnen im Sinne der §§ 130 I 1 Nr. 1, 131 I Nr. 1 Alt. 1 InsO „der Antrag auf Eröffnung des Insolvenzverfahrens" ist, von dem ausgehend sich der vor dem Antrag liegende anfechtungsrelevante Zeitraum berechnet. Gerhart Kreft argumentiert nun: Wenn in § 130 I 1 Nr. 2 InsO von „dem Eröffnungsantrag" und in § 131 I Nr. 1 Alt. 2 InsO gar von „diesem Antrag" die Rede ist, dann sei damit eben der für §§ 130 I 1 Nr. 1, 131 I Nr. 1 Alt. 1 InsO maßgebliche Antrag gemeint, für den wiederum § 139 II InsO gelte.[167]

Diese zutreffende sprachliche Beobachtung läßt sich noch um eine sprachlogische Überlegung ergänzen. Nimmt man an, daß für die Anfechtung nach §§ 130 I 1 Nr. 2, 131 I Nr. 1 Alt. 2 InsO ein Eröffnungsantrag genügen kann, der nach

---

[164] So auch bereits *Zeuner*, Anfechtung, Rn. 103. Vgl. auch HK/*Kreft*, § 130 Rn. 23.

[165] Begr. Rechtsausschuß, BT-Drucks. 12/7302, S. 174.

[166] Zu Leitsatz 5.10 des Ersten Berichts der Kommission für Insolvenzrecht vgl. dort, S. 425; zu § 156 RegE-InsO, BT-Drucks. 12/2443, S. 163. Warum Kübler/Prütting/Bork/*Schoppmeyer*, § 130 Rn. 101, die Begründung zu § 156 RegE-InsO als Beleg für seine Ansicht anführt, daß die Norm auch für die Bestimmung des die Anfechtung nach §§ 130 I 1 Nr. 2, 131 I Nr. 1 Alt. 2 InsO bedingenden Eröffnungsantrags maßgeblich sei, ist nicht erkennbar.

[167] So HK/*Kreft*, § 130 Rn. 23.

§ 139 II InsO – oder einer entsprechenden Schlußfolgerung aus dieser Norm – für die Berechnung der Monatsfristen nach §§ 130f. InsO unbeachtlich ist, wird der Fall denkbar, daß die Anfechtung „nach Eröffnungsantrag" einen Zeitraum erfaßt, der länger zurückliegt als der für eine Anfechtung nach den übrigen Tatbeständen der besonderen Insolvenzanfechtung relevante Zeitraum „vor dem Eröffnungsantrag". Man stelle sich etwa vor, daß ein am 2. 1. 2009 gestellter Eröffnungsantrag für erledigt erklärt und das Insolvenzverfahren letztlich aufgrund eines am 2. 1. 2010 gestellten Antrags eröffnet wurde. Läßt man den am 2. 1. 2009 gestellten Antrag für die Zwecke der §§ 130 I 1 Nr. 2, 131 I Nr. 1 Alt. 2 InsO genügen, nicht aber für die Berechnung der Monatsfristen der übrigen Tatbestände, sondern stellt für diese auf den erfolgreichen Antrag vom 2. 1. 2010 ab,[168] so griffe die Anfechtung von „nach dem Eröffnungsantrag" erfolgten Handlungen früher ein als die Anfechtung von „vor dem Eröffnungsantrag" erfolgten Handlungen. „Nach dem Eröffnungsantrag" läge für die Zwecke der §§ 130, 131 InsO dann der gesamte Zeitraum seit dem 2. 1. 2009, „vor dem Eröffnungsantrag" aber nur der Zeitraum zwischen dem 2. 10. 2009 und dem 2. 1. 2010. „Nach dem Eröffnungsantrag" wäre also teilweise „vor dem Eröffnungsantrag" – was gegen jede Sprachlogik verstieße. Nach dem Wortlaut der §§ 130, 131 InsO muß also „der Eröffnungsantrag", den die Anfechtung nach §§ 130 I 1 Nr. 2, 131 I Nr. 1 Alt. 2 InsO voraussetzt, mit „dem Eröffnungsantrag" identisch sein, von dem ab die Monatsfristen der übrigen Anfechtungstatbestände zurückgerechnet werden. Da die Frage, auf welchen von mehreren Eröffnungsanträgen es für die Fristberechnung ankommt, jedenfalls teilweise von § 139 InsO geregelt wird, käme dieser Norm danach auch Bedeutung für die Frage zu, welcher Eröffnungsantrag die Anfechtung nach §§ 130 I 1 Nr. 2, 131 I Nr. 1 Alt. 2 InsO auslöst.

c) Unterschiedliche Funktionen des Eröffnungsantrags

Es fragt sich jedoch, ob die Verfasser der einschlägigen Normen diese sprachliche Wechselwirkung bedacht haben. Die Materialien enthalten keinen Hinweis darauf, daß die Verfasser der §§ 130f. InsO[169] mit deren sprachlicher Fassung tatsächlich die Aussage treffen wollten, daß § 139 II InsO auch für die Bestimmung des für §§ 130 I 1 Nr. 2, 131 I Nr. 1 Alt. 2 InsO erheblichen Eröffnungsantrags Bedeutung zukomme. Bei Abfassung dieser Tatbestände insgesamt wurde offenkundig nur der Fall berücksichtigt, daß lediglich ein Eröffnungsantrag gestellt wurde, der entsprechend durchgängig mit bestimmtem Artikel bezeichnet wird.

Die insoweit vielleicht zufällige sprachliche Fassung verdeckt völlig, daß dem Eröffnungsantrag für die Zwecke der §§ 130 I 1 Nr. 2, 131 I Nr. 1 Alt. 2 InsO eine gänzlich andere Funktion zukommt als für die anderen Tatbestände der besonderen Insolvenzanfechtung. In deren Rahmen bildet der Eröffnungsantrag den Anfangs-

---

[168] Für erledigt erklärte Eröffnungsanträge sollen nach herrschender Meinung in der Tat für die Berechnung der Monatsfristen der §§ 130f. InsO irrelevant sein, vgl. dazu ausführlich § 10 II 2.

[169] § 131 I Nr. 1 InsO entspricht insoweit Leitsatz 5.2.2 Absatz 1 Nr. 1 des Ersten Berichts der Kommission für Insolvenzrecht.

punkt einer rückwärts gerichteten Fristberechnung, dient also der zeitlichen Eingrenzung der besonderen Insolvenzanfechtung, die man aus Gründen der Verkehrssicherheit für erforderlich hielt.[170] Im Rahmen der §§ 130 I 1 Nr. 2, 131 I Nr. 1 Alt. 2 InsO aber grenzt der Eröffnungsantrag die Anfechtung nicht ein, sondern löst sie aus. Wie bereits ausgeführt, sollte die Verfügungsbefugnis des Schuldners nach der Konzeption der Verfasser der KO 1879 schon ab dem Zeitpunkt beschränkt werden, zu dem der Eröffnungsgrund eintrat. Nur aus Verkehrsschutzgründen stellten die Tatbestände der besonderen Konkursanfechtung, welche diese Verfügungsbeschränkung durchsetzen sollten, nicht auf den Eintritt des Eröffnungsgrundes selbst ab, sondern auf zwei seiner typischen, äußerlich erkennbaren Symptome, nämlich die Zahlungseinstellung und die Stellung eines Eröffnungsantrags.[171] Diese Grundkonzeption wurde für die besondere Insolvenzanfechtung beibehalten, mit dem Unterschied, daß man als Krisentatsache neben dem Eröffnungsantrag statt der Zahlungseinstellung auf die Zahlungsunfähigkeit abstellte, die jedoch gemäß § 17 II 2 InsO bei Zahlungseinstellung (widerleglich) vermutet wird.

Die Frage, welchen Zeitraum die besondere Insolvenzanfechtung erfassen soll, steht in keinem zwingenden logischen Zusammenhang mit der Frage, welche Anforderungen an ein Tatbestandsmerkmal zu stellen sind, das die Anfechtbarkeit auslöst. Da das Merkmal „Eröffnungsantrag“ jeweils unterschiedliche Funktionen erfüllt, kann auch die Frage, welcher von mehreren Eröffnungsanträgen jeweils relevant ist, je nach den der betroffenen Funktion zugrundeliegenden Sacherwägungen unterschiedlich zu beantworten sein. Entgegen dem insoweit offenbar unbedacht gewählten Wortlaut der §§ 130f. InsO kann daher der Eröffnungsantrag als Anfechtungsvoraussetzung im Rahmen der §§ 130 I 1 Nr. 2, 131 I Nr. 1 Alt. 2 InsO nicht ohne weiteres mit dem Eröffnungsantrag gleichgesetzt werden, von dem ab sich die Monatsfristen der übrigen Tatbestände der besonderen Insolvenzanfechtung berechnen, obwohl dies fast durchgängig geschieht.[172]

d) Funktion des Eröffnungsantrags als Krisentatsache

Die Frage, auf welchen von mehreren Anträgen es für §§ 130 I 1 Nr. 2, 131 I Nr. 1 Alt. 2 InsO ankommt, beantwortet sich also danach, welcher dieser Anträge als

---

[170] Dazu noch näher unten § 10 I.

[171] Vgl. oben § 9 IV 2 c.

[172] So zitiert der BGH seine in der einen Frage ergangene eigene Rechtsprechung als Beleg für seine Ansicht in der anderen: vgl. einerseits BGH NZI 2009, 377, 378 (im dortigen Leitsatz ist von Anfechtungsfristen die Rede, obwohl es um eine Anfechtung nach § 131 I Nr. 1 Alt. 2 InsO ging), BGH NJW 2006, 1348, und BGHZ 149, 178, 180; andererseits BGH NZI 2008, 184, 185. MünchKommInsO/*Kirchhof*, § 130 Rn. 52, verweist in der Frage, welcher Antrag für die Anfechtbarkeit nach § 130 I 1 Nr. 2 InsO relevant ist, auf seine Kommentierung zur Ermittlung des für § 130 I Nr. 1 InsO relevanten Zeitraums; überhaupt nur als Zeitschranke erörtert den Eröffnungsantrag Jaeger/*Henckel*, § 130 Rn. 109. Vgl. auch die – vom Verfasser offenbar unbemerkt – ständig zwischen beiden Fragen wechselnde Darstellung bei *Smid*, InVo 2002, 41 ff., und *Biebinger*, ZInsO 2008, 1188 ff.; weiter etwa auch LG Itzehoe ZInsO 2004, 809, 810; OLG Dresden ZInsO, 175, 177. – Zur geringen gedanklichen Klarheit der Gesetzesverfasser in dieser Frage unten § 10 I 2 b.

frühester die Anforderungen erfüllt, die an einen Eröffnungsantrag als Krisentatsache zu stellen sind. Hierfür sind zwei Aspekte maßgeblich: Da die besondere Insolvenzanfechtung dem Gleichbehandlungsgrundsatz schon mit Eintritt der zur Verfahrenseröffnung führenden Krise zur Geltung verhelfen soll,[173] kommt nur ein Eröffnungsantrag in Betracht, der eine bereits zu diesem Zeitpunkt tatsächlich vorliegende und letztlich auch zur Eröffnung des Insolvenzverfahrens führende Krise anzeigt. In der Auslösung der besonderen Insolvenzanfechtung zu diesem Zeitpunkt und der Publizierung der wirtschaftlichen Verhältnisse des Schuldners, die nach Maßgabe des unter § 2 III Gesagten ihrerseits das Eingreifen der besonderen Insolvenzanfechtung sachlich rechtfertigen, erschöpft sich die Funktion des Eröffnungsantrags als äußerlich erkennbaren Krisensymptoms oder – in der Sprache des Ersten Berichts der Kommission für Insolvenzrecht – als Krisentatsache.

Beide Funktionen erfüllt der Eröffnungsantrag grundsätzlich unabhängig davon, ob er später oder sogar vor dem anfechtungsrelevanten Zeitpunkt vom Antragsteller für erledigt erklärt oder zurückgenommen wurde oder aus anderen Gründen nicht zur Verfahrenseröffnung führte – sofern nur im anfechtungsrelevanten Zeitpunkt ein Eröffnungsgrund vorlag und diese wirtschaftliche Krise letztlich zur Eröffnung des Insolvenzverfahrens führte. Für die Anfechtung nach §§ 130 I 1 Nr. 2, 131 I Nr. 1 Alt. 2 InsO ist daher grundsätzlich ausreichend, wenn vor dem anfechtungsrelevanten Zeitpunkt ein Eröffnungsantrag gestellt worden war, auf dessen weiteres Schicksal es dagegen nicht ankommt.[174]

e) Sachgerechtigkeit der Ergebnisse

Diese Ansicht führt zu sachgerechteren Ergebnissen als die herrschende. Das zeigt sich auch und insbesondere an einem Sachverhalt, der die Gerichte in diesem Zusammenhang bislang zumeist beschäftigt hat. Ein Gläubiger[175] beantragt die Eröffnung eines Insolvenzverfahrens, um den Schuldner doch noch zu einer „freiwilligen" Zahlung und dabei womöglich auch zur Inanspruchnahme von Vermögen

---

[173] Vgl. oben § 7 I, § 9 I 1 und die Nachweise in § 2 Fn. 2.

[174] Zum Sonderfall, daß der vor dem anfechtungsrelevanten Zeitpunkt gestellte Eröffnungsantrag vom Insolvenzgericht als unbegründet abgewiesen wurde, sogleich (unter f). Zur Frage, ob eine teleologische Reduktion des zeitlichen Anwendungsbereichs der §§ 130 I 1 Nr. 2, 131 I Nr. 1 Alt. 2 InsO geboten ist, unten § 10 III.

[175] In den Fällen, die durch Gerichtsentscheidungen publik wurden, handelt es sich hierbei meist um Sozialversicherungsträger; so etwa in BGH NJW 2000, 211 ff. (noch zur GesO); BGH NJW 2004, 1444 ff.; BGH NJW 2006, 1348 ff.; OLG Frankfurt NZI 2002, 491 ff. (nach *Gundlach/Schmidt*, DZWIR 2003, 126, ein „klassischer Fall"); OLG Dresden ZInsO 2001, 910 ff.; OLG Dresden ZInsO 2001, 175 ff.; OLG Celle InVo 2002, 54 ff.; LG Magdeburg ZInsO 2002, 591 f. Vgl. auch LG Duisburg NZI 2004, 150 f.; LG Kiel ZInsO 2002, 1042 f.; AG Hamburg NZI 2003, 104, NJW-RR 2002, 1278 f., und ZIP 2001, 257; AG Potsdam NJW-RR 2003, 333 ff. Zum Problemkomplex aus insolvenzrichterlicher Sicht ausführlich und mit Fallbeispielen aus den Akten des Hamburger Insolvenzgerichts *Frind/Schmidt*, ZInsO 2001, 1133 ff. und ZInsO 2002, 8 ff., sowie – mit „empirischem Befund am Beispiel des AG Duisburg" – *Schmahl*, NZS 2003, 239 ff.; aus dem Blickwinkel der Sozialversicherungsträger *Brückl/Kersten*, NZI 2004, 422 ff.

zu bewegen, auf das der Gläubiger im Rahmen der Einzelzwangsvollstreckung – sofern er diese zuvor überhaupt betrieben hatte – keinen Zugriff hatte. Der Schuldner wendet tatsächlich noch seine letzten liquidierbaren Mittel auf, um die Eröffnung des Insolvenzverfahrens abzuwenden; der antragstellende Gläubiger nimmt daraufhin seinen Eröffnungsantrag zurück oder erklärt ihn für erledigt.[176]

Der Gläubiger, der den von einem Eröffnungsantrag ausgehenden Druck nutzte, um sich zum Nachteil der anderen Gläubiger in der Krise des Schuldners vollständige Befriedigung zu verschaffen, hat auf Grundlage der herrschenden Meinung gute Aussichten, diesen Sondervorteil behalten zu dürfen. Denn nach dieser sollen Eröffnungsanträge, die trotz fortbestehenden Eröffnungsgrundes nur deshalb nicht erfolgreich waren, weil der Gläubiger seinen Antrag für erledigt erklärt oder zurückgenommen hat, die Anfechtbarkeit nach §§ 130 I 1 Nr. 2, 131 I Nr. 1 Alt. 2 InsO nicht auslösen können[177] – jedenfalls dann, wenn der Antrag gerade deshalb

---

[176] Zu den prozessualen Folgen einer Erledigungserklärung des Gläubigers im Insolvenzeröffnungsverfahren BGH WM 2008, 2176f.; BGHZ 149, 178, 181f.; OLG Celle NZI 2001, 150f.; OLG Köln NZI 2001, 318, 319. Für eine Einschränkung der Dispositionsbefugnis des Antragstellers im Falle eines Mißbrauchs („Druckanträge zur Erlangung anfechtbarer Teilzahlungen") LG Duisburg NZI 2009, 911, 912; AG Hamburg NZI 2003, 104 (vgl. auch schon *Frind/Schmidt*, ZInsO 2002, 9); dazu – relativierend – *Gerke*, ZInsO 2003, 873ff. – Nach herrschender Ansicht sind mißbräuchlich, da vorrangig zur Zahlungserzwingung gestellte Eröffnungsanträge mangels Rechtsschutzbedürfnisses unzulässig, vgl. BGH NZI 2008, 121, 122; AG Hamburg ZIP 2001, 257 und NJW-RR 2002, 1278; AG Potsdam NJW-RR 2003, 333, 334; HK/*Kirchhof*, § 14 Rn. 27; MünchKommInsO/*Schmahl*, § 14 Rn. 53; *ders.*, NZS 2003, 245f. Diese Ansicht ist problematisch, denn hat der Antragsteller Erfolg und bewegt er den Schuldner noch zu einer Zahlung, führt die Abweisung seines Eröffnungsantrags nach der hier abgelehnten herrschenden Meinung dazu, daß der Antrag für eine Anfechtung nach §§ 130 I 1 Nr. 2, 131 I Nr. 1 Alt. 2 InsO irrelevant wird. Was als Sanktion rechtsmißbräuchlichen Verhaltens gedacht ist, spielte dem Antragsteller – von einer ihm ungünstigen Kostenentscheidung im Antragsverfahren abgesehen – nur in die Hände! Kaum Abhilfe schafft es, daß § 14 I InsO durch das Haushaltsbegleitgesetz 2011 (BGBl. I 2010, 1885, 1893) um den Satz ergänzt wurde, daß der Antrag nicht allein dadurch unzulässig werde, daß der Schuldner nach Antragstellung die Forderung erfüllt (vgl. dazu BT-Drucks. 16/886, S. 5, 11, 17, 19 und noch unten § 10 II 2 e), denn noch immer liegt es in der Hand des antragstellenden Gläubigers, der sein Ziel erreicht hat, den Antrag, freilich gegebenenfalls mit negativer Kostenfolge, für erledigt zu erklären oder zurückzunehmen.

[177] So (vgl. jedoch soeben Fn. 172) BGHZ 149, 178, 181; BGH NJW 2006, 1348; OLG Dresden ZInsO 2001, 175, 177; OLG Frankfurt/M. NZI 2002, 491, 492; Kübler/Prütting/Bork/*Schoppmeyer*, § 130 Rn. 102; *Zeuner*, Anfechtung, Rn. 100; grundsätzlich auch *Wagner*, EWiR 2001, 386, der aber dafür plädiert, dem Gläubiger im Rahmen des § 130 I 1 Nr. 2 InsO nach Treu und Glauben die Berufung auf die Rücknahme des Antrags zu versagen, wenn für diese kein anderes Motiv erkennbar ist, als eine Rechtshandlung der Anfechtung zu entziehen – dann nämlich, wenn der Gläubiger in engem zeitlichen Zusammenhang einen weiteren Eröffnungsantrag stellt oder bereits einen weiteren Eröffnungsantrag gestellt hatte und an ihm festhält. Wie hier dagegen, nämlich ebenfalls der Ansicht, daß ein zurückgenommener oder für erledigt erklärter Eröffnungsantrag die Anfechtung auslösen kann, bereits OLG Celle InVo 2002, 54, 55, und LG Lüneburg InVo 2002, 59f. (beide unter unzutreffender Berufung auf § 139 II InsO); *Hess/Binz/Wienberg*, GesO, § 10 Rn. 111a (zu § 10 I Nr. 4 Alt. 2 GesO); wohl auch *Zeuner*, Anfechtungsrecht, Rn. 293 (wenn auch in Zusammenhang mit § 139 II

zurückgenommen oder für erledigt erklärt wurde, weil der Schuldner den antragstellenden Gläubiger befriedigte.[178] Die Zahlung ist in diesem Fall nur unter den weiteren Voraussetzungen der anderen Anfechtungstatbestände des § 131 I InsO anfechtbar, wenn man sie denn wegen des vom Eröffnungsantrag ausgehenden Zahlungsdrucks für inkongruent hält,[179] andernfalls gemäß § 130 I 1 Nr. 1 InsO nur dann, wenn der Schuldner zum anfechtungsrelevanten Zeitpunkt bereits zahlungsunfähig war und der Gläubiger dies – nachweislich – wußte. Und mißt man dem zurückgenommenen oder für erledigt erklärten Antrag auch für die Berechnung des anfechtungsrelevanten Zeitraums keine Bedeutung zu,[180] griffe die besondere Insolvenzanfechtung für diese Zahlung insgesamt nicht ein, wenn der Antrag, auf den hin das Verfahren schließlich eröffnet wurde, erst drei Monate nach dem anfechtungsrelevanten Zeitpunkt oder noch später gestellt wurde.

Im Ergebnis sind mittels Insolvenzantrags eingetriebene Zahlungen auf Grundlage der herrschenden Ansicht daher nicht selten der besonderen Insolvenzanfechtung entzogen und nur unter den weitergehenden Voraussetzungen des § 133 InsO anfechtbar.[181] Nach hier vertretener Ansicht dagegen ist die Zahlung nach § 130 I 1 Nr. 2 InsO allemal anfechtbar, sofern im anfechtungsrelevanten Zeitpunkt bereits ein Eröffnungsgrund vorlag und die sich in diesem manifestierende Krise[182] schließlich – wenn auch aufgrund eines erst später gestellten Antrags, ohne Rücksicht auf die bis dahin verstrichene Zeit! – zur Eröffnung des Insolvenzverfahrens führte. Nach hier vertretener Ansicht kann der Gläubiger also über den Anwendungsbereich der besonderen Insolvenzanfechtung nicht zulasten der anderen Gläubiger disponieren, indem er den Antrag zurücknimmt oder für erledigt erklärt; die besondere Insolvenzanfechtung greift unabhängig von solchen Machinationen ein, sobald dies sachlich gerechtfertigt ist.

f) Relevanz eines als unbegründet abgewiesenen Eröffnungsantrags

Eröffnungsanträge werden in der Praxis nur sehr selten als unbegründet abgewiesen.[183] Ist dies in einem konkreten Fall dennoch geschehen, fragt sich, ob auch

---

InsO, dem *Zeuner* selbst für die Anfechtung nach §§ 130 I 1 Nr. 2, 131 I Nr. 1 Alt. 2 InsO keine Bedeutung beimißt, vgl. soeben Fn. 164). Vgl. auch die in BGHZ 149, 178, 182, wiedergegebene Revisionsbegründung, und *Smid*, InVo 2002, 44f.

[178] Wurde der Antrag dagegen nur wegen prozessualer Überholung für erledigt erklärt, weil nämlich andernorts zwischenzeitlich ein Insolvenzverfahren eröffnet worden war, soll dieser Antrag die Anfechtbarkeit nach § 131 I Nr. 1 Alt. 2 InsO auslösen können, BGH NZI 2009, 377, 378; im Ergebnis zustimmend *Wazlawik*, NZI 2009, 368f. (Erheblichkeit eines nach Verfahrenseröffnung für erledigt erklärten Antrags).

[179] Vgl. hierzu (ablehnend) noch § 12 III 4.

[180] Dazu näher unten § 10 II 2 e.

[181] Vgl. *Frind/Schmidt*, ZInsO 2002, 12f., und namentlich BGH NJW 2006, 1348ff. (dort auch zusammenfassend zur abgesenkten Beweislast bei Inkongruenz).

[182] Zum Erfordernis der Identität der Krise oben § 9 II.

[183] Vgl. den Bericht von *Schmahl*, NZS 2003, 241, aus der Praxis des AG Duisburg („...kamen so gut wie nicht vor"). In den einschlägigen Statistiken des Statistischen Bundesamtes (vgl. zuletzt Statistisches Jahrbuch 2010, 501, Tabelle 19.4.1) sind nur Angaben über Abweisungen mangels Masse enthalten.

dem als unbegründet abgewiesenen Eröffnungsantrag für die Tatbestände der §§ 130 I 1 Nr. 2, 131 I Nr. 1 Alt. 2 InsO anfechtungsrechtliche Relevanz zukommt.

aa) Die Abweisung erfolgte vor dem anfechtungsrelevanten Zeitpunkt

Dabei sei zunächst der Fall erörtert, daß das Insolvenzgericht den fraglichen Eröffnungsantrag im anfechtungsrelevanten Zeitpunkt bereits als unbegründet abgewiesen hatte. Nach hier vertretener Ansicht kommt eine Anfechtung überhaupt nur in Betracht, wenn im anfechtungsrelevanten Zeitpunkt ein Eröffnungsgrund vorlag und die diesem zugrundeliegende wirtschaftliche Krise letztlich – aufgrund eines später gestellten Antrags – zur Eröffnung eines Insolvenzverfahrens führte. Das ist jedoch auch in diesem Fall durchaus denkbar: Ein Eröffnungsgrund mag schon im Zeitpunkt des gerichtlichen Abweisungsbeschlusses vorgelegen haben, der folglich zu Unrecht ergangen wäre, oder er mag zwischenzeitlich eingetreten sein.

Die besseren Gründe sprechen dafür, daß die insolvenzgerichtliche Abweisung als unbegründet dem Eröffnungsantrag seine anfechtungsrechtliche Relevanz im Rahmen der §§ 130 I 1 Nr. 2, 131 I Nr. 1 Alt. 2 InsO nimmt. Der Grund hierfür liegt freilich nicht darin, daß das Prozeßgericht an die Feststellung des Insolvenzgerichts, daß kein Eröffnungsgrund gegeben ist, gebunden wäre, und zwar schon deshalb nicht, weil sich diese Feststellung des Insolvenzgerichts nur auf den Zeitpunkt des Beschlusses bezieht, das Prozeßgericht nach hier vertretener Ansicht dagegen über das Vorliegen eines Eröffnungsgrundes im nachfolgenden anfechtungsrelevanten Zeitpunkt zu entscheiden hat. Ausschlaggebend ist vielmehr die Publikationswirkung des insolvenzgerichtlichen Abweisungsbeschlusses. Der Eröffnungsantrag wurde deshalb als Krisentatsache zur objektiven Anfechtungsvoraussetzung nach §§ 130 I 1 Nr. 2, 131 I Nr. 1 Alt. 2 InsO erhoben, weil er die Krise des Schuldners publik macht, die zur Eröffnung des Insolvenzverfahrens führt und ein diesem vorgreifliches Inkrafttreten des Gleichbehandlungsgrundsatzes legitimiert. Der auf das Nichtvorliegen eines Eröffnungsgrundes gestützte Abweisungsbeschluß des Insolvenzgerichts zeigt dem Rechtsverkehr jedoch mit mindestens ebenso großer Publizitätswirkung, daß keine Krise vorliegt. Er neutralisiert die Signalfunktion des Eröffnungsantrags als Krisentatsache. Da ein zwischenzeitlich als mangels Eröffnungsgrundes unbegründet abgewiesener Eröffnungsantrag eine wesentliche Funktion folglich nicht erfüllt, kann ihm auch für die Anfechtbarkeit nach §§ 130 I 1 Nr. 2, 131 I Nr. 1 Alt. 2 InsO keine Bedeutung beigelegt werden.

bb) Die Abweisung erfolgte nach dem anfechtungsrelevanten Zeitpunkt

Diese Erwägungen gelten allerdings nicht, wenn das Insolvenzgericht den Antrag erst nach dem anfechtungsrelevanten Zeitpunkt als mangels Vorliegens eines Eröffnungsgrundes unbegründet abgewiesen hat. Denn für die Frage, ob der Eröffnungsantrag die Krise des Schuldners äußerlich erkennbar macht und daher als Krisentatsache taugt, kommt es auf die Umstände im anfechtungsrelevanten Zeitpunkt an; diese aber verändert die spätere Abweisung nicht.

Problematisch ist die Anfechtbarkeit nach §§ 130 I 1 Nr. 2, 131 I Nr. 1 Alt. 2 InsO in diesem Fall jedoch deshalb, weil sie nach hier vertretener Ansicht voraussetzt, daß bereits im anfechtungsrelevanten Zeitpunkt ein Eröffnungsgrund vorlag und die diesem zugrundeliegende Krise bis zur späteren Eröffnung des Insolvenzverfahrens andauerte. Die spätere Entscheidung des Insolvenzgerichts, daß der Antrag mangels Eröffnungsgrundes als unbegründet abzuweisen sei, muß also falsch gewesen sein. Während dies noch durchaus vorstellbar ist, könnten Zweifel daran bestehen, ob das sich das mit dem Anfechtungsstreit befaßte Prozeßgericht zu den Feststellungen des Insolvenzgerichts in Widerspruch setzen und annehmen darf, daß schon im anfechtungsrelevanten Zeitpunkt und ab diesem bis zur schließlich erfolgten Verfahrenseröffnung ein Eröffnungsgrund vorlag. Dies ist zu bejahen. Namentlich aus der Rechtskraft der Ablehnungsentscheidung des Insolvenzgerichts läßt sich eine Bindung des Prozeßgerichts nicht ableiten. Da der Anfechtungsgegner am Antragsverfahren nicht beteiligt gewesen sein muß, folgt dies schon aus den subjektiven Grenzen der Rechtskraft: Auch wenn man dem Eröffnungsbeschluß des Insolvenzgerichts eine Verbindlichkeit *erga omnes* beilegen will, weil eine Wirkung nur *inter partes* „mit der Natur des auf Gesamtvollstreckung gerichteten Verfahrens nicht vereinbar" sei,[184] so gilt diese Erwägung jedenfalls nicht ohne weiteres für einen Beschluß, mit dem die Eröffnung eines Insolvenzverfahrens abgelehnt wird.[185] Inhaltlich könnte sich die materielle Rechtskraft eines die Eröffnung eines Insolvenzverfahrens ablehnenden Beschlusses allenfalls auf die Nichteröffnung selbst beziehen, nicht aber auf die dieser Entscheidung vorgelagerte Feststellung des Insolvenzgerichts, daß kein Eröffnungsgrund vorlag.[186]

Trotz alledem kann die Anfechtung nach §§ 130 I 1 Nr. 1, 131 I Nr. 1 Alt. 2 InsO nicht auf einen Eröffnungsantrag gestützt werden, der nach dem anfechtungsrelevanten Zeitpunkt als unbegründet abgewiesen wurde. Zwar zeigte der Eröffnungsantrag dem Anfechtungsgegner noch im anfechtungsrelevanten Zeitpunkt an, daß

---

[184] Jaeger/*Schilken*, § 27 Rn. 47. In der Sache ebenso Jaeger/*Gerhardt*, § 6 Rn. 53; RGZ 129, 390, 391 f.; BGHZ 113, 216, 218; BAG DZWIR 2003, 322, 323; MünchKommInsO/*Schmahl*, § 34 Rn. 111; HmbK/*Schröder*, § 27 Rn. 33. Diese Bindung läßt sich eher als Tatbestandswirkung denn als Folge materieller Rechtskraftwirkung begreifen, MünchKommInsO/*Ganter*, § 4 Rn. 80b und wohl auch BGHZ 113, 216, 218.

[185] Vgl. auch Jaeger/*Gerhardt*, § 6 Rn. 55.

[186] Selbst die von der herrschenden Meinung (soeben Fn. 184) angenommene Bindungswirkung des Eröffnungsbeschlusses soll sich nur auf die Verfahrenseröffnung selbst beziehen, das Prozeßgericht jedoch nicht daran hindern, das Vorliegen eines Eröffnungsgrundes zu verneinen: MünchKommInsO/*Schmahl*, § 34 Rn. 112; MünchKommInsO/*Ganter*, § 4 Rn. 80c; vgl. auch OLG Schleswig ZInsO 2006, 1224, 1227. Jaeger/*Gerhardt*, § 6 Rn. 54, erwägt zwar, daß der Eröffnungsbeschluß auch im Hinblick auf die Frage, ob ein Eröffnungsgrund vorlag, Bindungswirkung entfaltet, dies jedoch nur für einen späteren Prozeß zwischen Insolvenzschuldner und antragstellendem Gläubiger. Ungenau Jaeger/*Henckel*, § 139 Rn. 5 mit Fn. 6, der in bezug auf § 139 I InsO für die Aussage „Ob dieser Antrag zulässig und begründet war, sollte im Anfechtungsprozess nicht mehr überprüfbar sein" Rechtsprechung und Literatur zitiert, derzufolge die Eröffnung des Insolvenzverfahrens als solche hinzunehmen ist; vgl. auch *dens.*, a.a.O., Rn. 6 a.E.: Im Anfechtungsprozeß dürfe nicht mehr geprüft werden, ob der Antrag bei Eröffnung begründet war.

sich der Schuldner in einer zur Eröffnung eines Insolvenzverfahrens führenden Krise befand, so daß der Gläubiger nicht darauf vertrauen durfte, die Deckung endgültig behalten zu dürfen, und daher taugt auch ein solcher Eröffnungsantrag theoretisch als Krisentatsache. Diese Warnwirkung für den Rechtsverkehr ist freilich erheblich schwächer als die entgegengesetzte, vertrauensstiftende Wirkung der späteren Entscheidung des Insolvenzgerichts, daß der Eröffnungsantrag unbegründet sei. Wer die Anfechtung nach §§ 130 I 1 Nr. 1, 131 I Nr. 1 Alt. 2 InsO damit rechtfertigt, daß der Rechtsverkehr aufgrund des Eröffnungsantrags nicht darauf vertrauen könne, das Erlangte behalten zu dürfen,[187] muß also konsequenterweise umgekehrt davon ausgehen, daß dieses Vertrauen jedenfalls dann wieder schutzwürdig ist, wenn das Insolvenzgericht den Antrag als unbegründet abgewiesen und damit den Eintritt einer zur Verfahrenseröffnung führenden Krise verneint hat. Der Schutz des hierdurch entstehenden Vertrauens des Anfechtungsgegners in den Bestand der Deckung und in diesem Sinne die Sicherheit des Rechtsverkehrs verbieten es, einem als unbegründet abgewiesenen Eröffnungsantrag für §§ 130 I 1 Nr. 1, 131 I Nr. 1 Alt. 2 InsO anfechtungsrechtliche Relevanz beizulegen.

4. Zusammenfassung: Anfechtungsrechtlich relevanter Insolvenzantrag

Die Stellung eines Eröffnungsantrags löst die Anfechtbarkeit nach §§ 130 I 1 Nr. 2, 131 I Nr. 1 Alt. 2 InsO nur dann aus, wenn im anfechtungsrelevanten Zeitpunkt auch ein Eröffnungsgrund vorliegt; welcher dies ist und ob er mit demjenigen identisch ist, auf den der Eröffnungsantrag oder der Eröffnungsbeschluß gestützt werden, ist dagegen irrelevant.

Dies gilt auch, wenn mehrere Eröffnungsanträge gestellt wurden. Führte ein später gestellter Eröffnungsantrag zur Verfahrenseröffnung, kann die Anfechtung nach §§ 130 I 1 Nr. 2, 131 I Nr. 1 Alt. 2 InsO gleichwohl auf einen früher gestellten Antrag gestützt werden, wenn im anfechtungsrelevanten Zeitpunkt tatsächlich ein Eröffnungsgrund vorlag und das Insolvenzverfahren später aufgrund derselben Krise eröffnet wurde.[188] Anders ist nur dann zu entscheiden, wenn das Insolvenzgericht diesen Antrag als unbegründet abgewiesen hatte.

V. Absehbarer Kriseneintritt (§ 131 I Nr. 3 InsO)

§ 131 I Nr. 3 InsO macht die Anfechtbarkeit nicht vom Vorliegen einer objektiven Krisentatsache abhängig: Es kommt nicht darauf an, ob im anfechtungsrelevanten Zeitpunkt bereits die Zahlungsunfähigkeit des Schuldners eingetreten oder ein Eröffnungsantrag gestellt worden war. Ausschlaggebend ist – neben der zeitlichen Beschränkung der Anfechtbarkeit auf den Dreimonatszeitraum vor Antragstellung

---

[187] Vgl. Erster Bericht der Kommission für Insolvenzrecht, S. 405, 406; entsprechend Begr. RegE-InsO, BT- Drucks. 12/2443, S. 158.

[188] Zu dem letztgenannten Erfordernis vgl. oben § 9 II.

– allein, daß dem Anfechtungsgegner zur Zeit der Handlung bekannt war, daß diese die Insolvenzgläubiger benachteiligte.

1. Legitimität einer Anfechtung aufgrund absehbaren Kriseneintritts

Wie an anderer Stelle bereits dargelegt,[189] bedeutet dies jedoch nicht, daß die Anfechtung nach § 131 I Nr. 3 InsO vom objektiven Eintritt einer Krise des Schuldners völlig unabhängig wäre. Indem die Norm verlangt, daß dem Gläubiger zur Zeit der anzufechtenden Handlung bekannt war, daß sie die Insolvenzgläubiger benachteiligte, setzt sie zugleich voraus, daß im anfechtungsrelevanten Zeitpunkt der Eintritt der Krise bereits objektiv absehbar war: Bereits zu diesem Zeitpunkt mußte erkennbar sein, daß das Vermögen des Schuldners nicht ausreichen würde, um alle gegen ihn gerichteten Forderungen voll zu bedienen, denn nur in diesem Fall konnte die fragliche Vermögensschmälerung die anderen Gläubiger überhaupt benachteiligen. Damit ist zugleich festgestellt, daß auch der in § 131 I Nr. 3 InsO geregelte Tatbestand der besonderen Insolvenzanfechtung diese nicht zu früh auslöst. Indem er auf eine zu erwartende Gläubigerbenachteiligung abstellt, erfaßt er genau diejenigen Handlungen, welche die besondere Insolvenzanfechtung nach dem unter § 2 III Gesagten erfassen soll: diejenigen, aus denen eine Belastung der anderen Insolvenzgläubiger folgt, die potentiell heteronom ist und einen effizienzschädlichen externen Effekt der privatautonomen Masseverteilung darstellen kann und daher tendenziell zu unterbinden ist. Aufgrund dieser sachlichen Legimitation ergeben sich auch aus den dargestellten[190] verfassungsrechtlichen Vorgaben an das Recht der besonderen Insolvenzanfechtung keine Bedenken gegen den Tatbestand des § 131 I Nr. 3 InsO.

2. Nähere Bestimmung der von § 131 I Nr. 3 InsO vorausgesetzten objektiven Vermögenslage des Schuldners

Die wirtschaftliche Situation, in der sich der Schuldner zum anfechtungsrelevanten Zeitpunkt befunden haben muß, ist mit keiner der in §§ 17–19 InsO beschriebenen Vermögenslagen deckungsgleich.[191] Daß § 131 I Nr. 3 InsO nicht erst dann anwendbar sein kann, wenn der Schuldner bereits objektiv im Sinne des § 17 InsO zahlungsunfähig ist, folgt schon daraus, daß der Norm in diesem Fall neben § 131 I Nr. 2 InsO kein eigenständiger Anwendungsbereich verbliebe.

Daß dem Schuldner im anfechtungsrelevanten Zeitpunkt im Sinne des § 18 InsO die Zahlungsunfähigkeit objektiv drohte, ist weder hinreichende[192] noch notwendi-

---

[189] Vgl. zum Folgenden bereits § 7 II 2.

[190] § 5.

[191] Insoweit erweist sich die allgemeine Behauptung, die besondere Insolvenzanfechtung solle die Wirkungen der Verfahrenseröffnung auf den Zeitpunkt zurückbeziehen, zu dem der Eröffnungsgrund eintrat (vgl. die Nachweise oben in Fn. 3), als ungenau.

[192] Anders *Hölzle*, ZIP 2006, 106, und MünchKommInsO/*Kirchhof*, § 131 Rn. 54 mit Fn. 297: Kenntnis einer drohenden Zahlungsunfähigkeit gemäß § 18 InsO reiche stets aus, da sie sogar

ge Voraussetzung einer Anfechtung nach § 131 I Nr. 3 InsO. Nicht hinreichend ist drohende Zahlungsunfähigkeit im Hinblick auf den von ihr vorausgesetzten Grad der Wahrscheinlichkeit, mit der eine Erfüllung der Zahlungspflichten durch den Schuldner nicht mehr zu erwarten ist. Denn für § 18 InsO genügt, daß die Erfüllung weniger wahrscheinlich ist als die Nichterfüllung.[193] Dagegen greift § 131 I Nr. 3 InsO nur ein, wenn schon im anfechtungsrelevanten Zeitpunkt objektiv mit Sicherheit zu erwarten ist, daß der Schuldner nicht mehr alle gegen ihn gerichteten Forderungen wird bedienen können, denn nur dann kann davon die Rede sein, daß der Gläubiger die benachteiligende Wirkung der anzufechtenden Handlung „kennt": Bekannt sein können nur Tatsachen.[194] Umgekehrt sind die Voraussetzungen des § 18 InsO insoweit zu eng, als § 131 I Nr. 3 InsO anders als dieser nicht voraussetzt, daß die Forderungen, deren Ausfall droht, auf Zahlungen gerichtet und im fraglichen Zeitpunkt bereits begründet gewesen sein müssen.[195]

Die Überschuldung kommt der von § 131 I Nr. 3 InsO vorausgesetzten objektiven Vermögenslage des Schuldners am nächsten, wenn dieser ein Unternehmen betreibt. Dies gilt allerdings nur nach der gegenwärtigen, bis 2014 geltenden Fassung des § 19 II InsO. Denn wie diese setzt auch § 131 I Nr. 3 InsO – allerdings mit abweichender Beweislastverteilung[196] – eine negative Fortführungsprognose voraus: Wird das Unternehmen des Schuldners fortgeführt, ist er also für die absehbare Zukunft zahlungsfähig,[197] kann die anzufechtende Handlung die Gläubiger nicht benachteiligen. Auch hier ist allerdings der Wahrscheinlichkeitsmaßstab ein anderer: Für die Zwecke des § 131 I Nr. 3 InsO muß als sicher erscheinen, daß der Schuldner ein von ihm betriebenes Unternehmen nicht wird fortführen können. Dagegen verlangt § 131 I Nr. 3 InsO nicht, daß der Schuldner schon gegenwärtig rechnerisch überschuldet sein muß. Da es auf den absehbaren zukünftigen Ausfall anderer Gläubiger ankommt, genügt es, wenn rechnerische Überschuldung zu dem Zeitpunkt vorliegt, ab dem kein haftendes Vermögen mehr erwirtschaftet werden und der bis dahin nur drohende Ausfall der anderen Gläubiger nicht mehr

---

den strengen Anforderungen des § 133 I 2 InsO genüge. Gegen diesen Größenschluß bereits Kübler/Prütting/Bork/*Schoppmeyer*, § 131 Rn. 154, mit zutreffendem Hinweis darauf, daß § 133 I 2 InsO neben der Kenntnis von der drohenden Zahlungsunfähigkeit Kenntnis von der gläubigerbenachteiligenden Wirkung der fraglichen Handlung voraussetzt, weshalb die objektiven Bezugspunkte der Kenntnis nicht identisch sein können. Unklar Graf-Schlicker/*Huber*, § 131 Rn. 12: Es genüge ein auf drohende Zahlungsunfähigkeit gestützter Eigenantrag des Schuldners.

193 Vgl. die Nachweise in Fn. 126.

194 Vgl. schon oben § 7 II 2.

195 Vgl. zum letztgenannten Erfordernis der drohenden Zahlungsunfähigkeit oben § 9 IV 1 a bb.

196 Im Anfechtungsrechtsstreit muß der Insolvenzverwalter als Anspruchsteller die Voraussetzungen des § 131 I Nr. 3 InsO und damit nach hier vertretener Ansicht auch beweisen, daß schon im anfechtungsrelevanten Zeitpunkt mit einer Fortführung des schuldnerischen Unternehmens mit Sicherheit nicht zu rechnen war. Im Rahmen des § 19 InsO muß dagegen derjenige die Voraussetzungen einer positiven Fortführungsprognose beweisen, der sich trotz rechnerischer Überschuldung darauf beruft, Überschuldung liege nicht vor, vgl. schon Fn. 114.

197 Zur Fortführungs- als Zahlungsfähigkeitsprognose oben Fn. 77.

abgewendet werden kann. Maßgeblich ist demnach der Zeitpunkt der zu erwartenden Betriebseinstellung.

§ 131 I Nr. 3 InsO setzt mithin eine objektive wirtschaftliche Lage des Schuldners voraus, in der mit Sicherheit zu erwarten ist, daß das vom Schuldner betriebene Unternehmen nicht wird fortgeführt werden können und daß die im Zeitpunkt der Betriebseinstellung noch vorhandene Haftungsmasse nicht ausreicht, um alle gegen den Schuldner gerichteten Forderungen voll zu bedienen.

Damit stellt § 131 I Nr. 3 InsO von allen Tatbeständen der besonderen Insolvenzanfechtung – mit der möglichen Ausnahme des § 131 I Nr. 1 Alt. 1 InsO (sogleich § 9 VI) – die geringsten Anforderungen an die objektiv vorliegende Krise des Schuldners. Kongruente Deckungen sind unter solchen Voraussetzungen noch nicht anfechtbar.[198] Der sachliche Unterschied zwischen der von § 131 I Nr. 3 InsO objektiv vorausgesetzten Vermögenslage und drohender Zahlungsunfähigkeit, deren Vorliegen für eine Anfechtung nach § 130 I 1 Nr. 2 InsO bereits ausreicht, ist freilich marginal. Die Voraussetzungen des § 18 InsO sind im Vergleich zu denen der von § 131 I Nr. 3 InsO vorausgesetzten Krise nur insoweit strenger, als drohende Zahlungsunfähigkeit anders als diese voraussetzt, daß die Forderungen, deren Ausfall droht, auf Zahlungen gerichtet und im fraglichen Zeitpunkt bereits begründet gewesen sein müssen.[199] Danach kann eine inkongruente Deckung zwar gemäß § 131 I Nr. 3 InsO anfechtbar sein, wenn sie gewährt wurde, als sich der Schuldner in einer Vermögenskrise befand, die für eine Anfechtung nach § 130 I 1 InsO noch nicht ausgereicht hätte. Sofern dies jedoch überhaupt praktisch relevant werden sollte, wird die insoweit zu konstatierende objektive Vorverlegung der Anfechtbarkeit allemal dadurch kompensiert, daß § 131 I Nr. 3 InsO einen subjektiven Tatbestand voraussetzt, der gegenüber denjenigen des § 130 I 1 InsO – wenn auch wiederum nur marginal[200] – qualifiziert ist, nämlich gerade auf die Benachteiligung der anderen Gläubiger zielt. Die Frage, ob sich die minimale objektive Vorverlegung der Anfechtbarkeit nach § 131 I Nr. 3 InsO gegenüber derjenigen nach § 130 I 1 InsO sachlich damit rechtfertigen läßt, daß die Deckung inkongruent ist,[201] stellt sich also nicht.

---

198 Dazu, daß im Rahmen des § 130 I 1 Nr. 2 InsO nur ein begründeter Eröffnungsantrag relevant ist, oben § 9 IV 2.

199 § 9 IV 1 a bb.

200 Zu den Anforderungen § 11 II 3.

201 Nach dem unter § 12 I 2 b Ausgeführten wäre dies zu verneinen, denn die Inkongruenz rechtfertigt allenfalls die Vermutung, daß der Anfechtungsgegner die Krise des Schuldners gekannt habe, aber keine darüber hinausgehende Erleichterung der Anfechtung inkongruenter im Vergleich zur Anfechtung kongruenter Deckungen. Zur aus der Inkongruenz der Deckung abgeleiteten Vermutung, der Schuldner habe sich einen Monat vor Antragstellung bereits objektiv in der Krise befunden, sogleich VI.

VI. Unwiderlegliche Vermutung des Kriseneintritts (§ 131 I Nr. 1 Alt. 1 InsO)

Als einziger Tatbestand der besonderen Insolvenzanfechtung setzt § 131 I Nr. 1 Alt. 1 InsO nicht voraus, daß im anfechtungsrelevanten Zeitpunkt bereits objektiv eine zur Eröffnung eines Insolvenzverfahrens führende Krise des Schuldners vorlag oder – wie im Fall des § 131 I Nr. 3 InsO – wenigstens mit Sicherheit bevorstand. Wie schon ausgeführt,[202] stützt sich die Anfechtbarkeit objektiv allein auf die unwiderlegliche Vermutung des Krisenteintritts und diese Vermutung wiederum auf die Inkongruenz der fraglichen Deckung und ihren engen zeitlichen Zusammenhang zum Eröffnungsantrag.

1. Verfassungswidrigkeit

Selbst wenn man annimmt, eine solche Vermutung sei in der Sache gerechtfertigt, fragt sich, ob eine unwiderlegliche Vermutung ein Tatbestandsmerkmal ersetzen kann, das diejenige Voraussetzung enthält, welche die mit der Norm verbundene Sanktion letztlich legitimiert.[203] Denn so liegt es hier: Die besondere Insolvenzanfechtung stützt sich insgesamt auf die Erwägung, daß schon der Eintritt der materiellen Krise einen Übergang vom Prioritäts- zum Gleichbehandlungsgrundsatz erfordert, und dennoch setzt der Tatbestand des § 131 I Nr. 1 InsO nicht voraus, daß sich der Schuldner bereits im anfechtungsrelevanten Zeitpunkt in einer zur Eröffnung eines Insolvenzverfahrens führenden Krise befand.

Als besonders problematisch erweist sich naturgemäß der Fall, in dem die von den Gesetzesverfassern zugrunde gelegte unwiderlegliche Vermutung, daß sich der Schuldner objektiv in einer Krise befand, nicht zutrifft. Ein solcher Fall liegt trotz Inkongruenz der Deckung und deren zeitlicher Nähe zur Stellung des Eröffnungsantrags nicht völlig fern. Denn es kommt nicht nur in Betracht, daß der Eröffnungsgrund – bei Eigenantrag des Schuldners womöglich nur drohende Zahlungsunfähigkeit nach § 18 InsO[204] – in dem Zeitraum eintrat, der zwischen dem anfechtungsrelevanten Zeitpunkt und der Antragstellung liegt und der im Fall des

---

[202] Vgl. § 7 I, II 1 und den Ersten Bericht der Kommission für Insolvenzrecht, S. 407, sowie, inhaltlich identisch, die Begründung des RegE-InsO, BT-Drucks. 12/2443, S. 158.

[203] Dieses Problem findet seine Entsprechung in der mit dem MoMiG (§ 5 Fn. 9) verbundenen Neufassung oder – richtiger – Ablösung des Eigenkapitalersatzrechts durch § 135 InsO. Für die Rückforderung vom Schuldner noch bedienter Darlehen seiner Gesellschafter kommt es nicht mehr darauf an, ob das Darlehen in der Krise gewährt oder „stehengelassen" wurde, obwohl gerade dies die besondere Finanzierungsfolgenverantwortung der Gesellschafter begründete, mit der man die Rückforderung der Gesellschafterdarlehen bislang legitimierte, vgl. dazu und zu den Folgen des Verzichts auf das Merkmal der Krise etwa *Huber*, FS Priester, 259 ff.; *Altmeppen*, NJW 2008, 3601 ff.; *Klinck/Gärtner*, NZI 2008, 458 f., jeweils mit weiteren Nachweisen, sowie *K. Schmidt*, ZIP 39/2010 (Sonderbeilage), 17 ff.

[204] Kritisch für diesen Fall („nicht zu rechtfertigen") schon *Henckel*, Kölner Schrift², S. 813 ff. Rn. 37 a.E.

§ 131 I Nr. 1 Alt. 1 InsO nur einen Monat betragen kann, sondern auch derjenige, daß der Eröffnungsgrund erst zwischen Antragstellung und Eröffnungsbeschluß eintrat. Womöglich hat erst die rufschädigende Wirkung des Antrags die zuvor nur angespannte wirtschaftliche Lage des Schuldners aussichtslos werden lassen. Der Anfechtungsgegner, der in einer solchen Situation im Monat vor der Antragstellung eine Deckung erhalten hat, kann sich gegen eine Anfechtung nach § 131 I Nr. 1 Alt. 1 InsO nicht einmal dadurch verteidigen, daß er beweist (!), daß sich der Schuldner im anfechtungsrelevanten Zeitpunkt noch nicht in einer Krise befand.

Es ist bereits mehrfach hervorgehoben worden, daß sich die besondere Insolvenzanfechtung nach dem unter § 2 III Gesagten nur rechtfertigen läßt, wenn schon im anfechtungsrelevanten Zeitpunkt mit Sicherheit absehbar ist, daß der Schuldner nicht mehr alle gegen ihn gerichteten Forderungen wird vollständig erfüllen können. In den gerade geschilderten Fällen aber greift § 131 I Nr. 1 Alt. 1 InsO auch dann durch, wenn diese Voraussetzungen nicht vorliegen, die Anfechtbarkeit also sachlich nicht gerechtfertigt ist.[205]

Dies ist kein vernachlässigenswerter Schönheitsfehler, sondern führt zu dem Befund, daß die Norm verfassungswidrig ist. Denn wie ausgeführt,[206] läßt sich der mit der Anfechtung verbundene Eingriff in das durch Art. 14 GG geschützte Eigentum des Anfechtungsgegners nur rechtfertigen, wenn er dem Schutz anderer Gläubiger vor Beeinträchtigungen dient. Dies aber ist bei der Anfechtung einer Deckung, bei deren Vornahme ein Ausfall der anderen Gläubiger noch nicht zu erwarten war, nicht der Fall. Der in der Anfechtung nach § 131 I Nr. 1 Alt. 1 InsO liegende Eingriff verletzt das Grundrecht des Anfechtungsgegners in dieser Situation nicht nur deshalb, weil er mangels legitimen Zwecks unverhältnismäßig ist, sondern auch deshalb, weil mit dem Eingriff zugleich gegen den Gleichheitssatz verstoßen wird:[207] Mangels Krise des Schuldners besteht kein sachlicher Grund dafür, gerade dem Anfechtungsgegner das noch vom Schuldner Erhaltene wieder zu entziehen.

Auch die Erwägungen, die der Fassung des § 131 I Nr. 1 Alt. 1 InsO in Wahrheit zugrunde liegen dürften, führen nicht zur verfassungsrechtlichen Legitimität. Die Gesetzesverfasser verfolgten offenbar auch hier das in den Materialien mehrfach betonte Ziel, das Anfechtungsrecht zu verschärfen,[208] dem Insolvenzverwalter die Prozeßführung zu erleichtern und damit das Kostenrisiko für die Masse zu verringern.[209] Zudem mag man es auch als Vorteil einer unwiderleglichen Vermutung der Krise gesehen haben, daß hierdurch die Prozeßgerichte von der Last

---

205 Mit ähnlicher Tendenz, allerdings in anderem Zusammenhang Jaeger/*Henckel*, § 139 Rn. 13: Hänge die Anfechtung wie im Fall des § 131 I Nr. 1 Alt. 1 InsO allein davon ab, ob die Handlung vor dem Eröffnungsantrag vorgenommen worden war, könne hierfür nur ein Eröffnungsantrag genügen, der von Anfang an begründet war oder es innerhalb eines Monats nach der angefochtenen Rechtshandlung wurde. Vgl. hierzu noch § 10 II 1 b.

206 § 5 II.

207 Vgl. dazu § 5 III.

208 Erster Bericht der Kommission für Insolvenzrecht, S. 399 f.; Begr. RegE-InsO, BT-Drucks. 12/2443, S. 156.

209 So der Vorsitzende der Arbeitsgruppe Anfechtungs- und Verfahrensrecht der Kommission für Insolvenzrecht *Gerhardt*, ZIP 1985, 582.

befreit werden, das Vorliegen einer Krise zu prüfen. Weder die Entlastung der Gerichte noch die Erleichterung der Anfechtung können freilich um ihrer selbst willen den Eingriff in das durch Art. 14 GG geschützte Eigentum des Anfechtungsgegners rechtfertigen; vielmehr setzt umgekehrt die Legitimität einer Erleichterung der Anfechtung – und in diesem Zuge einer Entlastung der Gerichte – voraus, daß die Anfechtung selbst verfassungsrechtlich legitim ist.

Der Eingriff läßt sich auch nicht durch den gedanklichen Kunstgriff legitimieren, die Krise werde unwiderleglich vermutet. „Ein Tatbestandsmerkmal, auf das es nicht ankommt, zu ‚vermuten', hat keinen Sinn".[210] Ein gedachtes Tatbestandsmerkmal, dessen Vorhandensein oder Fehlen für die Anwendbarkeit des Tatbestandes keine Rolle spielt, kann nicht Ausdruck von Wertungen sein, welche die im Tatbestand enthaltene Sanktion verfassungsrechtlich rechtfertigen. Auf die Überzeugungskraft der von den Gesetzesverfassern angestellten Vermutung kommt es dabei nicht an. Ist ein Eingriff nur unter bestimmten Voraussetzungen verfassungsrechtlich zu rechtfertigen, so kann der Gesetzgeber diese Voraussetzungen nicht durch seine bloße Vorstellungskraft ersetzen.[211]

2. Folgerung

Ist § 131 I Nr. 1 Alt. 1 InsO bei wortlautgetreuer Anwendung mithin verfassungswidrig, bleibt zu erörtern, ob sich die Norm auf einen verfassungskonformen Anwendungsbereich reduzieren läßt. Das ist zu bejahen. An die Stelle der von den Gesetzesverfassern unterstellten unwiderleglichen Vermutung der Krise kann eine widerlegbare gesetzt werden. Um dem Willen „des Gesetzgebers" so weit wie möglich zu folgen, wird man an die für § 131 I Nr. 1 InsO erforderliche objektive Krise nur diejenigen Anforderungen stellen dürfen, denen sie schlechthin genügen muß, um die besondere Insolvenzanfechtung sachlich zu rechtfertigen: Es muß im anfechtungsrelevanten Zeitpunkt wenigstens überwiegend wahrscheinlich gewesen sein, daß das haftende Vermögen nicht ausreichen wird, um alle absehbaren Forderungen vollständig zu bedienen.[212] Damit bleiben die Anforderungen an eine die Anfechtbarkeit nach § 131 I Nr. 1 Alt. 1 InsO auslösende Krise zwar hinter den Mindestanforderungen zurück, die nach §§ 130 I 1 Nr. 2, 18 InsO an eine die Kongruenzanfechtung auslösende Krise gestellt werden; doch ist diese Abweichung so minimal,[213] daß man sie auch im Hinblick auf den Gleichheitssatz hinnehmen kann.

---

[210] So zum Merkmal der Krise für § 135 InsO bereits treffend *Huber*, FS Priester, 274; vgl. zu § 131 I Nr. 1 InsO auch *Zeuner*, Anfechtung, Rn. 121: Was nicht vorausgesetzt wird, muß und kann nicht vermutet werden.

[211] Anders *Altmeppen*, NJW 2008, 3602 f.: Die unwiderlegliche Vermutung der Krise im letzten Jahr vor Verfahrenseröffnung vermöge den mit der Anfechtung nach § 135 InsO verbundenen Eingriff in das Eigentumsgrundrecht des Gesellschafters zu rechtfertigen.

[212] Ob § 88 InsO konsequenterweise entsprechend zu reduzieren ist, bedarf hier keiner Entscheidung.

[213] Vgl. entsprechend zu § 131 I Nr. 3 InsO soeben § 9 V 2.

Nach verfassungskonformer Reduktion ist § 131 I Nr. 1 Alt. 1 InsO daher so anzuwenden, als würde der Tatbestand lauten: „Anfechtbar ist eine Rechtshandlung …, wenn die Handlung im letzten Monat vor dem Antrag auf Eröffnung des Insolvenzverfahrens vorgenommen worden ist, es sei denn, daß zu diesem Zeitpunkt zu erwarten war, daß der Schuldner auch künftig in der Lage sein wird, alle gegen ihn gerichteten Forderungen zu erfüllen“.

§ 10 Anfechtungsrelevanter Zeitraum

Wie bereits betont, können der Stellung eines Eröffnungsantrags im Rahmen der besonderen Insolvenzanfechtung zwei ganz unterschiedliche Funktionen zukommen. Für die Anfechtungstatbestände der §§ 130 I 1 Nr. 2, 131 I Nr. 1 Alt. 2 InsO ist die Stellung eines Eröffnungsantrags Krisentatsache, also dasjenige objektive Tatbestandsmerkmal, das den Bezug zum Eintritt des Schuldners in die zur Verfahrenseröffnung führende Krise herstellt, welcher seinerseits die besondere Insolvenzanfechtung sachlich rechtfertigt. Im Hinblick auf diese Funktion wurde der Eröffnungsantrag bereits eingehend erörtert.[1] Der Anwendungsbereich der §§ 130 I 1 Nr. 2, 131 I Nr. 1 Alt. 2 InsO beschränkt sich schon deshalb auf die Zeit zwischen der Stellung des Eröffnungsantrags und – vorbehaltlich § 147 InsO – der Eröffnung des Insolvenzverfahrens, weil diese Tatbestände die Stellung eines Eröffnungsantrags als Krisentatsache voraussetzen. Eine rein zeitliche, vom Eintritt der Krisentatsache unabhängige Begrenzung sehen diese Anfechtungstatbestände nicht vor.

Für die übrigen Tatbestände der besonderen Insolvenzanfechtung, also §§ 130 I 1 Nr. 1, 131 I Nr. 1 Alt. 1, Nr. 2 und 3 InsO, hat der Eröffnungsantrag keine anfechtungsauslösende Funktion. Diese kommt vielmehr, jedenfalls grundsätzlich,[2] dem Eintritt der Zahlungsunfähigkeit des Schuldners zu. Der Eröffnungsantrag markiert hier den Endpunkt des von ihm aus in die Vergangenheit zurückreichenden anfechtungsrelevanten Zeitraums von drei Monaten, für § 131 I Nr. 1 Alt. 1 InsO von einem Monat.

I. Funktion und Legitimität einer vom Eintritt der Krise unabhängigen, rein zeitlichen Begrenzung

Es fragt sich, ob diese allgemeine, von anderen Umständen völlig unabhängige zeitliche Begrenzung der besonderen Insolvenzanfechtung auf höchstens drei Monate vor Antragstellung vor dem Gleichheitssatz bestehen kann; dessen Verletzung würde zur Verfassungswidrigkeit des mit der Anfechtung verbundenen Eingriffs in das Grundrecht des Anfechtungsgegners aus Art. 14 GG führen (§ 5 III). Immerhin kann danach für die Anfechtbarkeit einer Sicherung oder Befriedigung allein entscheidend sein, ob sie einen Tag früher – außerhalb des Dreimonatszeit-

---

[1] Oben § 9 IV.

[2] Vgl. im einzelnen oben § 9 III, V, VI.

raums – oder später vorgenommen wurde, auch wenn sich der Schuldner längst in einer schließlich zur Eröffnung des Insolvenzverfahrens führenden Krise befand.

1. Verfassungsrechtliche Vorgaben

Zunächst ist zu erörtern, ob sich aus dem Gleichheitssatz schon grundsätzliche Einwände gegen Stichtagsregelungen ergeben, welche die Anwendbarkeit einer Norm allein von zeitlichen Umständen abhängig machen. Das BVerfG hatte sich mit solchen Regelungen bereits mehrfach auseinanderzusetzen; allerdings handelte es sich dabei um Übergangsvorschriften, die den zeitlichen Anwendungsbereich gesetzlicher Neuregelungen betrafen. Dabei ging das Gericht davon aus, daß auch „die Abgrenzung der zeitlichen Herrschaft des alten und des neuen Rechts und damit die Bestimmung des Personenkreises, der durch die Reform begünstigt oder benachteiligt wird, mit dem allgemeinen Gleichheitssatz vereinbar" sein müsse.[3] Da aber der Grundsatz der Rechtssicherheit klare, schematische Entscheidungen über die zeitliche Abgrenzung zwischen altem und neuem Recht verlange, seien Abweichungen vom Ideal der Rechtsgleichheit unvermeidlich; daher seien mit Stichtagsregelungen zwangsläufig verbundene Härten hinzunehmen, und die verfassungsrichterliche Überprüfung müsse sich darauf beschränken, ob der Gesetzgeber „die für die zeitliche Anknüpfung in Betracht kommenden Faktoren hinreichend gewürdigt hat und sich die gefundene Lösung im Hinblick auf den gegebenen Sachverhalt und das System der Gesamtregelung durch sachliche Gründe rechtfertigen läßt oder als willkürlich erscheint".[4]

Mit dieser Argumentation nimmt das BVerfG die Frage, ob die zeitliche Beschränkung des Anwendungsbereichs einer Norm nicht schon als solche gleichheitssatzwidrig ist, von der Prüfung aus; es setzt voraus, daß eine solche Beschränkung unvermeidlich sei. Das ist schon in den vom BVerfG entschiedenen Fällen fraglich, wäre es doch auch denkbar, daß die gesetzliche Neuregelung alle Altfälle erfaßt. Ob den Ausgangsüberlegungen des BVerfG in den von ihm entschiedenen Fallkonstellationen zu folgen ist, kann hier indes dahinstehen. Jedenfalls in den vorliegenden Fällen kann nicht davon die Rede sein, die Beschränkung der besonderen Insolvenzanfechtung auf einen bestimmten Zeitraum vor Verfahrenseröffnung sei als unvermeidlich hinzunehmen, und nähere verfassungsrechtliche Vorgaben könnten sich daher nur auf die inhaltliche Ausgestaltung der Frist selbst beziehen. Schon die Beschränkung der besonderen Insolvenzanfechtung auf einen bestimmten Zeitraum, unabhängig davon, ob die Krise des Schuldners schon früher eingetreten war, muß daher schon als solche auf sachliche Gründe zurückzuführen sein, um dem Gleichheitssatz zu genügen (sogleich 2.). Sodann wird zu untersuchen sein, ob sich die nähere gesetzliche Bestimmung des anfechtungsrelevanten Zeitraums in §§ 130, 131 InsO auf sachgerechte Erwägungen zurückführen läßt (unten 3.).

---

[3] BVerfGE 44, 1, 18.

[4] BVerfGE 44, 1, 21. Entsprechend BVerfGE 101, 239, 270; 87, 1, 43; 75, 78, 106.

2. Sachgerechtigkeit einer absoluten zeitlichen Beschränkung

a) Genese

Es folgt zwar nicht aus der Natur der Sache, daß die Anfechtung, die sich auf den Eintritt der zur Verfahrenseröffnung führenden Krise stützt, auf einen bestimmten Zeitraum zu begrenzen ist. Diese Begrenzung ist jedoch schon in der historischen Genese der besonderen Insolvenzanfechtung selbst angelegt. Denn wie gezeigt[5] entwickelte sich die von einer Gläubigerschädigungsabsicht des Schuldners unabhängige besondere Konkursanfechtung aus den Grundsätzen der *actio Pauliana*, indem man für diese immer weiterreichende Beweiserleichterungen hinsichtlich der erforderlichen subjektiven Tatbestände annahm, und dies um so eher, je schneller der fraglichen Verfügung des Schuldners dessen völliger wirtschaftlicher Zusammenbruch folgte.

Auch in der ersten Kodifikation einer als solche deutlich erkennbaren besonderen Konkursanfechtung, in der preußischen Konkursordnung von 1855,[6] war deren Anwendungsbereich rein zeitlich und unabhängig vom Eintritt der Krise begrenzt. Nach § 122 pr. KO hatte das Konkursgericht im Eröffnungsbeschluß den Tag des Eintritts der Zahlungseinstellung auch und gerade mit Blick darauf festzusetzen, daß neben dem Eröffnungsantrag eines Gläubigers und der Vermögensunzulänglichkeitsanzeige des Schuldners eben dessen Zahlungseinstellung die Anfechtbarkeit einer danach erfolgten Rechtshandlung gemäß §§ 100, 101 pr. KO bedingte. Gemäß § 122 IV pr. KO aber durfte der Tag der Zahlungseinstellung nicht auf einen früheren Zeitpunkt als sechs Monate vor der Konkurseröffnung festgesetzt werden. Damit konnten wegen Zahlungseinstellung des Schuldners nach §§ 100, 101 pr. KO nur solche Handlungen angefochten werden, die innerhalb der letzten sechs Monate und – nach § 101 pr. KO – zehn Tage vor der Konkurseröffnung vorgenommen worden waren.

Die besondere Konkursanfechtung der pr. KO stellte zwar in der Sache nicht mehr eine Form der *actio Pauliana* dar, sondern hatte sich von ihr weitgehend verselbständigt. Dennoch findet sich in den Materialien und auch im Schrifttum zur pr. KO die These wieder, §§ 100, 101 pr. KO gründeten auf dem Gedanken, daß eine willkürliche Bevorzugung des einen Gläubigers vor den anderen gerade aufgrund der zeitlichen Nähe zur Konkurseröffnung zu vermuten sei. Obwohl §§ 100f. pr. KO die für die *actio Pauliana* prägenden Merkmale des Benachteiligungsvorsatzes des Schuldners und einer entsprechenden Kenntnis des Anfechtungsgegners nicht mehr voraussetzen, läßt sich also sagen, daß der Grund für die zeitliche Begrenzung auf einen bestimmten Zeitraum auch nach der pr. KO noch darin liegt, daß es nur in einem bestimmen zeitlichen Bezug zur Krise zu rechtfertigen ist, an den Nachweis der subjektiven Tatbestandsvoraussetzungen der *actio Pauliana* geringere Anforderungen zu stellen oder ihr Vorliegen gar unwiderleglich zu vermuten. Dieser enge zeitliche Bezug wird jedoch schon durch die Tatbe-

[5] Vgl. dazu oben § 1 II, III.

[6] Hierzu und zum folgenden § 1 IV.

standsvoraussetzungen der §§ 100, 101 pr. KO selbst sichergestellt: Sie setzen voraus, daß die anzufechtende Rechtshandlung des Schuldners nach Offenbarwerden der zur Verfahrenseröffnung führenden Krise oder frühestens zehn Tage zuvor vorgenommen wurde. Eine darüber hinausgehende, rein zeitliche Einschränkung ihres Anwendungsbereichs mußte also anders zu erklären sein.

b) Anliegen der Gesetzesverfasser: Schutz der Rechtssicherheit

Die Verfasser der KO übernahmen mit § 26 KO 1879 = § 33 KO 1900 aus der pr. KO die zeitliche Begrenzung der besonderen Konkursanfechtung:[7] „Rechtshandlungen, welche früher als sechs Monate vor Eröffnung des Verfahrens vorgenommen sind, können aus dem Grunde einer Kenntnis der Zahlungseinstellung nicht angefochten werden". Der Fall, daß schon länger als sechs Monate vor der Konkurseröffnung eine wirkliche Zahlungseinstellung vorgelegen habe, sei zwar durchaus denkbar; auch in diesem Fall entstehe der Konkursanspruch der Gläubiger, auf welche die Verfasser die besondere Konkursanfechtung zurückführten.[8] Es würde aber „eine Unsicherheit und eine Lähmung des Verkehrs entstehen, wäre es zulässig, unbeschränkt in die fernste Vergangenheit zurückzugreifen".

Diese Sorge um die Rechtssicherheit bewegte auch die Kommission für Insolvenzrecht dazu, die besondere Insolvenzanfechtung zeitlich zu begrenzen.[9] Die Aufnahme der zuvor in einer gesonderten Norm enthaltenen Zeitgrenze in die einzelnen Tatbestände führte jedoch gerade im Hinblick auf die besondere Insolvenzanfechtung zu einiger Verwirrung. Man erkannte nicht mehr deutlich, daß dem Eröffnungsantrag als Fixpunkt für die Bestimmung des anfechtungsrelevanten Zeitpunkts – der insoweit den der Verfahrenseröffnung ersetzt, auf den zuvor § 33 KO abgestellt hatte – eine andere Bedeutung zukommt als in seiner Funktion als anfechtungsauslösende Krisentatsache, wie er schon in § 30 KO enthalten gewesen war. Darauf sind letztlich auch die bereits in § 9 IV 3b näher dargelegten Auslegungsschwierigkeiten zurückzuführen. Die sich aus der Abspaltung der Konkurs- von der Absichtsanfechtung ergebende Unterscheidung zwischen dem Kriseneintritt als anfechtungsauslösendem Moment und Zeitablauf als anfechtungsbeschränkendem Element (vgl. soeben a) droht wieder zu verschwimmen.

Das zeigt sich deutlich in der schon im Ersten Bericht der Kommission für Insolvenzrecht getroffenen, noch in der Begründung des RegE-InsO enthaltenen Feststellung, der Zeitraum vor Eröffnung des Insolvenzverfahrens, innerhalb dessen vorgenommene Rechtshandlungen der Anfechtung unterliegen, sei gegenüber dem Recht der KO erweitert worden.[10] Dies trifft nicht zu.[11] Man hatte wohl die

---

[7] Vgl. zum folgenden *Hahn*, Materialien IV, 144f.

[8] Vgl. dazu § 1 VI und § 2 II 1.

[9] Vgl. die Vorbemerkung 5.2 der Begründung der Kommission für Insolvenzrecht, Erster Bericht der Kommission für Insolvenzrecht, S. 404; *Gerhardt* (Vorsitzender der zuständigen Arbeitsgruppe), ZIP 1985, 585. Übernommen in die Begründung des RegE-InsO, BT-Drucks. 12/2443, S. 157f.

[10] Erster Bericht der Kommission für Insolvenzrecht, S. 401, 407; übernommen in die Begründung des RegE-InsO, BT-Drucks. 12/2443, S. 156, 158. Vgl. auch den Vorsitzenden der Ar-

Zehn-Tages-Frist des § 30 Nr. 2 Alt. 2 KO vor Augen,[12] die aber nicht mit einer absoluten zeitlichen Begrenzung des anfechtungsrelevanten Zeitraums in Zusammenhang zu bringen war, sondern damit, daß nur in diesem knappen Zeitrahmen die materiell vorausgesetzte Begünstigungsabsicht des Schuldners (widerleglich) zu vermuten sein sollte. Will man die anfechtungsrelevanten Zeiträume vergleichen, ist den geltenden Dreimonatsfristen der §§ 130, 131 InsO vielmehr die ab Verfahrenseröffnung bemessene Sechsmonatsfrist des § 33 KO gegenüberzustellen, und im Vergleich zu dieser sind jene nur dann länger, wenn auch das Eröffnungsverfahren länger als drei Monate dauert.[13] Das aber geschieht in der Praxis schon deshalb nur selten, weil nach §§ 183ff. SGB III nur für die letzten drei Monate vor Verfahrenseröffnung Insolvenzgeld gezahlt wird, eine Zahlung der Löhne und Gehälter bei Fortführung des vom Schuldner betriebenen Unternehmens daher nur für diesen Zeitraum gesichert ist. Praktisch ist es daher in aller Regel bei dem Zeitraum von insgesamt sechs Monaten vor Verfahrenseröffnung geblieben. Allenfalls kann insoweit also von einer Lockerung der objektiven Anfechtungsvoraussetzungen die Rede sein.[14]

Die Gesetzesverfasser selbst haben also die eigenständige Bedeutung der rein zeitlichen Beschränkung der besonderen Insolvenzanfechtung nicht klar erkannt; ihrer – ohnehin äußerst knappen – Begründung für diese ist daher mit Skepsis zu begegnen.

---

beitsgruppe Anfechtungs- und Verfahrensrecht der Kommission für Insolvenzrecht *Gerhardt*, ZIP 1985, 585.

[11] So aber auch Kübler/Prütting/Bork/*Schoppmeyer*, § 130 Rn. 151 und § 131 Rn. 2, *Paulus*, ZInsO 1999, 247, und besonders nachdrücklich *Paulus/Schröder*, WM 1999, 253, 257. Gar von einer „deutlichen Vorverlagerung" des Anwendungsbereichs der Inkongruenzanfechtung spricht im Hinblick auf Zwangsvollstreckungsakte auch der BGH, vgl. DZWIR 2009, 34; NJW 2004, 1444; NJW 2002, 2568, 2569.

[12] Daß hier Fragen des anfechtungsauslösenden Krisenmerkmals mit solchen des anfechtungsrelevanten Zeitraums vermengt werden, folgt auch aus dem Satz „Dadurch werden die Nachteile vermieden, die sich aus den verschiedenen Anknüpfungspunkten [der KO] – Konkurseröffnung (§ 31 Nr. 2, §§ 32, 32a Satz 2, § 33 KO, § 342 HGB), Zahlungseinstellung (§ 30 Nr. 2 KO) und Eröffnungsantrag (§ 30 Nr. 1 und 2 KO) – ergeben". Im Rahmen des § 30 Nr. 1 KO hatte der Eröffnungsantrag allemal nicht die Funktion, den anfechtungsrelevanten Zeitraum zu begrenzen, sondern war ausschließlich objektive Anfechtungsvoraussetzung. Der Begründung folgt aber etwa *v. Wiedersperg*, Anfechtung, 147.

[13] So auch schon *Henckel*, Kölner Schrift², S. 813ff., Rn. 26, 36; *Huth*, Kreditsicherungsrecht, 67; *v. Campe*, Insolvenzanfechtung, 74; *v. Wiedersperg*, Anfechtung, 148.

[14] Immerhin läßt sich wohl tatsächlich sagen, daß der „Verdachtszeitraum" der Tatbestände der § 131 I Nr. 2, 3 InsO gegenüber demjenigen des § 30 Nr. 2 KO verlängert wurde, wie die Gesetzesverfasser meinen (Erster Bericht der Kommission für Insolvenzrecht, S. 407; wortgleich Begr. RegE-InsO, BT-Drucks. 12/2443, S. 158), allerdings auch dies nicht wegen der in diesen Tatbeständen enthaltenen Fristen. Denn zwar setzt § 131 I Nr. 2 InsO wie § 30 Nr. 2 KO voraus, daß der Schuldner im anfechtungsrelevanten Zeitpunkt zahlungsunfähig war (vgl. zur Auslegung des Begriffs „Zahlungseinstellung" nach der KO § 9 Fn. 85), doch wird der Eintritt der Zahlungsunfähigkeit, den § 131 I Nr. 2 InsO genügen läßt, einer daher rührenden Zahlungseinstellung, die für § 30 Nr. 2 KO erforderlich war, meist mehr als zehn Tage vorausgehen.

c) Überzeugungskraft der aus den Materialien folgenden Rechtfertigung

Dennoch wurde die Behauptung, daß die Rechtssicherheit eine rein zeitliche, vom Eintritt der Krise unabhängige Begrenzung der besonderen Insolvenzanfechtung verlange, in der Literatur seit jeher mehrheitlich unkritisch hingenommen.[15] Nur vereinzelt wurde der zeitlichen Begrenzung der besonderen Insolvenzanfechtung jeder überzeugende Gerechtigkeitswert abgesprochen und für ihre Abschaffung plädiert.[16] Ein näherer Blick zeigt, daß die Zweifel berechtigt sind, die zeitliche Begrenzung der besonderen Insolvenzanfechtung aber gleichwohl mit Verkehrsschutzerwägungen sachlich gerechtfertigt werden kann.

Die Anfechtung trifft nach näherer Maßgabe des § 145 InsO grundsätzlich nur denjenigen, der unmittelbar vom Schuldner erworben hat. Wenn hier mit „Rechtssicherheit" argumentiert wird, kann also – obwohl die in den Motiven zur KO ausgedrückte Angst vor „Unsicherheit und Lähmung des Verkehrs" anderes suggeriert – nur der Schutz des Insolvenzgläubigers in seinem Vertrauen gemeint sein, die erlangte Deckung behalten zu dürfen.[17] Zwar erlauben, wie bereits ausgeführt, auch die unter § 2 III herausgearbeiteten Wertungsgrundlagen eine Berücksichtigung des Vertrauensschutzes als begrenzenden Aspekt, und diese ist als solche auch verfassungsrechtlich unbedenklich;[18] dies freilich nur, wenn das geschützte Vertrauen auch – aus ihrerseits sachlichen Gründen – schützenswert ist. Ob aber in den Situationen, in denen die Zeitgrenze für die besondere Insolvenzanfechtung relevant wird, überhaupt von einem schützenswerten Vertrauen des Anfechtungsgegners die Rede sein kann, ist durchaus fraglich.

Dem Schutz des redlichen Vertrauens, das vom Schuldner Erworbene behalten zu dürfen, ist bereits dadurch gedient, daß die besondere Insolvenzanfechtung grundsätzlich voraussetzt, daß vor dem anfechtungsrelevanten Zeitpunkt eine objektive Krisentatsache aufgetreten ist, die dem Rechtsverkehr die drohende Eröffnung eines Insolvenzverfahrens und die Vorwirkung des Gleichbehandlungsgrundsatzes anzeigt.[19] Ein darüber hinausgehender Verkehrsschutz erscheint zunächst nicht nur überflüssig, sondern sogar sachwidrig. Denn ihm kommt nur dann eigenständige Relevanz zu, wenn nicht schon der durch das objektive Krisenmerkmal und hierauf bezogene subjektive Tatbestandsmerkmale (§ 11) oder das diese teils ersetzende Erfordernis der Inkongruenz (§ 12) vermittelte Vertrauens-

---

[15] Vgl. etwa HK/*Kreft*, § 130 Rn. 20; *Eichberger*, Konkursanfechtung, 72; *v. Campe*, Insolvenzanfechtung, 72, 75; *Schoppmeyer*, NZI 2005, 190. Zu § 33 KO etwa Jaeger/*Henckel*, Konkursordnung[9], § 33 Rn. 1; *Petersen/Kleinfeller*, § 33 Anm. 1. – Wenig aufschlußreich der Vorsitzende der Arbeitsgruppe für Anfechtungs- und Verfahrensrecht der Kommission für Insolvenzrecht *Gerhardt*, ZIP 1985, 584: Den Zeitraum „über drei Monate vor der Antragstellung hinaus ‚vorzuverlegen' und damit auszudehnen, erschien weder sinnvoll noch von der Praxis der Konkursabwicklung her geboten".

[16] So namentlich *Marotzke*, ZZP 105 (1992), 455.

[17] So auch *v. Campe*, Insolvenzanfechtung, 72: Es solle unzweifelhaft feststehen, nach welchem Zeitraum ein Geschäft als anfechtungsrechtlich endgültig und bestandskräftig anzusehen ist.

[18] Oben § 8 I 3.

[19] Vgl. oben § 9 I 3.

schutz greift, dann also, wenn der Anfechtungsgegner die Deckung zu einem Zeitpunkt erlangt hat, als sich bereits äußere Symptome der zur Eröffnung des Insolvenzverfahrens führenden wirtschaftlichen Krise gezeigt hatten. Ausweislich der Materialien soll das Vertrauen des Verkehrs in die Bestandskraft der Verfügungen des Schuldners aber gerade nicht mehr zu schützen sein, wenn diese zu einem Zeitpunkt erfolgten, als die zur Eröffnung eines Insolvenzverfahrens führende wirtschaftliche Krise des Schuldners bereits äußerlich erkennbar geworden war.[20] Auf diesem Gedanken baut die besondere Insolvenzanfechtung überhaupt auf.

Dieser latente Widerspruch wurde von den Gesetzesverfassern offenbar gesehen. Sie beschränkten sich aber auf die Feststellung, daß dies – also ein Ausschluß der besonderen Insolvenzanfechtung wegen Zeitablaufs trotz früher einsetzender Krise – nur selten relevant werde und eine Anfechtung nach den anderen Tatbeständen, namentlich der Vorsatzanfechtung, auch in diesen Fällen möglich bleibe.[21] Die Frage nach der Schutzwürdigkeit desjenigen, der nach dem erkennbaren Eintritt der Krise des Schuldners eine Deckung erhalten hat, ist damit nicht beantwortet.

Die Antwort ergibt sich jedoch, wenn man die Situationen genauer in den Blick nimmt, in denen das vorliegende Problem relevant werden kann. Wie schon ausgeführt, wird die Frage nach einer Begrenzung des Anfechtungszeitraums, die nicht schon aus den objektiven Anfechtungsvoraussetzungen im übrigen folgt, nur bedeutsam, wenn nicht die Stellung des Eröffnungsantrags die die Anfechtbarkeit auslösende Krisentatsache ist. § 130 I Nr. 2 und § 131 I Nr. 1 Alt. 2 InsO scheiden aus der vorliegenden Betrachtung daher zunächst aus;[22] ebenso aber auch § 131 I Nr. 1 Alt. 1 InsO. Denn die zeitliche Begrenzung dieses Tatbestandes auf den letzten Monat vor Antragstellung beruht nicht auf Vertrauensschutzerwägungen. Der enge zeitliche Bezug zur späteren Stellung eines Eröffnungsantrags ersetzt vielmehr das materielle Erfordernis, daß der Schuldner sich bereits im anfechtungsrelevanten Zeitpunkt in einer zur Verfahrenseröffnung führenden Krise befand, denn hierauf soll es nach dem Wortlaut der Norm und dem erklärten Willen ihrer Verfasser nicht ankommen, vielmehr soll die Krise wegen des engen zeitlichen Zusammenhangs zum späteren Eröffnungsantrags unwiderleglich zu vermuten sein.[23]

Die vorliegende Frage danach, ob das Vertrauen des Anfechtungsgegners in die Bestandskraft der erhaltenen Deckung zu schützen ist, obwohl bei deren Erhalt die zur Verfahrenseröffnung führende Krise des Schuldners schon nach außen hervor-

---

[20] Zum heutigen § 130 I 1 Nr. 1 InsO vgl. den Ersten Bericht der Kommission für Insolvenzrecht, S. 405, und Begr. RegE-InsO, BT-Drucks. 12/2443, S. 158: „Dieses Vertrauen [des Gläubigers, die ihm geschuldete Leistung behalten zu dürfen,] verdient jedoch keinen Schutz, wenn er wußte, daß die Krise eingetreten war". Zur Inkongruenzanfechtung vgl. den Ersten Bericht der Kommission für Insolvenzrecht, S. 406: „Ein Gläubiger, der eine ihm nicht zustehende Leistung erhält, muß Verdacht schöpfen, daß die Krise eingetreten ist oder unmittelbar bevorsteht".

[21] Erster Bericht der Kommission für Insolvenzrecht, S. 404. Knapper, nämlich nur noch auf die Vorsatzanfechtung verweisend, Begr. RegE-InsO, BT-Drucks. 12/2443, S. 158.

[22] Vgl. aber noch unten III.

[23] Vgl. aber zur erforderlichen Reduktion oben § 9 VI.

getreten war, stellt sich also nur für § 130 I 1 Nr. 1, § 131 I Nr. 2 und Nr. 3 InsO. Liegen deren objektive und – soweit vorhanden – subjektive Tatbestandsvoraussetzungen vor, ist allerdings ausgeschlossen, daß der Anfechtungsgegner bei Erhalt der fraglichen Deckung schutzwürdiges Vertrauen ausbilden konnte, das Erhaltene auch behalten zu dürfen. Dies bedeutet jedoch nicht, daß solches Vertrauen nicht mit Zeitablauf entstehen könnte. In den von den hier interessierenden Anfechtungstatbeständen erfaßten Situationen ist der Schuldner im anfechtungsrelevanten Zeitpunkt zahlungsunfähig gewesen, und der Anfechtungsgegner wußte dies (§ 130 I 1 Nr. 1 InsO) oder mußte aufgrund der Inkongruenz der erhaltenen Deckung damit rechnen (§ 131 I Nr. 2 InsO) oder aber es war, wie der Gläubiger wußte, mit Sicherheit mit der Eröffnung eines Insolvenzverfahrens und dem zumindest teilweisen Ausfall der Insolvenzgläubiger zu rechnen (§ 131 I Nr. 3 InsO[24]). Beantragt in der Folge niemand die Eröffnung eines Insolvenzverfahrens, wird es mit Zeitablauf immer wahrscheinlicher, daß der Krisentatsache von vornherein keine wirkliche Krise zugrunde gelegen oder der Schuldner sie zwischenzeitlich überwunden hat. Andernfalls nämlich wäre damit zu rechnen gewesen, daß ein erfolglos vollstreckender Gläubiger oder – zur Vermeidung strafrechtlicher Sanktionen – der Schuldner selbst die Eröffnung eines Insolvenzverfahrens beantragt hätte. Ist aber – weil innerhalb bestimmter Zeit kein Eröffnungsantrag gestellt wurde – davon auszugehen, daß der Schuldner die zutage getretene Krise überwunden hat oder diese entgegen dem Anschein gar niemals vorlag, darf der Anfechtungsgegner auch wieder darauf vertrauen, die Deckung behalten zu dürfen.

Das schützenswerte Vertrauen gewinnt mithin nicht etwa mit zunehmendem zeitlichem Abstand zwischen Erhalt der Deckung und Eröffnung des Insolvenzverfahrens größeres Gewicht,[25] sondern es entsteht überhaupt erst, wenn nach Erhalt der Deckung ein nicht unerheblicher Zeitraum verstrichen ist, ohne daß die Eröffnung des Insolvenzverfahrens über das Vermögen des Schuldners beantragt wird. Daher läßt sich auch nicht einwenden, daß es für die Bestimmung des anfechtungsrelevanten Zeitraums darauf ankommen müßte, ob und wann der Anfechtungsgegner von dem Eröffnungsantrag, der die Ausbildung seines redlichen Vertrauens ausschließt, Kenntnis erlangt. Weil im anfechtungsrelevanten Zeitpunkt die Voraussetzungen eines der in §§ 130, 131 InsO enthaltenen Tatbestände erfüllt gewesen sein müssen, ist der Anfechtungsgegner in seinem Vertrauen auf den Bestand des unter diesen Umständen erfolgten Erwerbs nicht etwa solange redlich, bis er von dem Eröffnungsantrag Kenntnis erlangt, sondern er ist im Gegenteil unredlich, bis er aufgrund der Tatsache, daß in einem bestimmten nachfolgenden Zeitraum kein Eröffnungsantrag gestellt wurde, davon ausgehen darf, der Schuldner habe sich seinerzeit gar nicht in einer Krise befunden oder diese jedenfalls zwischenzeitlich überwunden. Unter dem Aspekt des Verkehrsschutzes, dem der Gesetzgeber die zeitliche Beschränkung der besonderen Insolvenzanfechtung unterstellt, hätte er den damit verbundenen Ausschluß der Anfechtbarkeit also auch davon abhängig machen können,

---

[24] Zu den impliziten objektiven Tatbestandsvoraussetzungen des § 131 I Nr. 3 InsO näher oben § 9 V.

[25] So aber *Schoppmeyer*, NZI 2005, 190.

daß der jeweilige Anfechtungsgegner wußte, daß in einem bestimmten Zeitraum nach seinem Erwerb kein Antrag auf Eröffnung des Insolvenzverfahrens gestellt wurde. Dann aber ist es mit den angestellten Verkehrsschutzerwägungen erst recht vereinbar, für alle Anfechtungsgegner einheitlich und objektiv auf den Eingang eines die Fortdauer der Krise des Schuldners anzeigenden Eröffnungsantrags abzustellen. Daher bedeutet es auch keinen konzeptionellen Widerspruch, daß der Gesetzgeber für die Auslösung der besonderen Insolvenzanfechtung im Dienste des Verkehrsschutzes die Kenntnis des Anfechtungsgegners von der Krisentatsache oder eine diese ersetzende Inkongruenz des Erwerbs verlangt, während er die ebenfalls dem Verkehrsschutz dienende zeitliche Begrenzung der besonderen Insolvenzanfechtung dagegen nicht vom Vorliegen subjektiver Tatbestandsmerkmale in der Person des Anfechtungsgegners abhängig macht. Bei der näheren Bestimmung des anfechtungsrelevanten Zeitraums (unten II.) wird zu berücksichtigen sein, daß das Niveau des durch die zeitliche Beschränkung der besonderen Insolvenzanfechtung gewährten Verkehrsschutzes ohne Wertungsfriktion hinter demjenigen des durch subjektive Tatbestandsvoraussetzungen oder Inkongruenzerfordernis gewährten Verkehrsschutzes zurückbleiben kann.

Die rein zeitliche, von Einsetzen und Fortdauer der Krise des Schuldners unabhängige Beschränkung der besonderen Insolvenzanfechtung läßt sich mithin mit der Erwägung sachlich rechtfertigen, daß durch das Ausbleiben eines Eröffnungsantrags redliches Vertrauen entstehen kann, es werde nicht mehr zur Eröffnung eines Insolvenzverfahrens und dem damit verbundenen Eingreifen der besonderen Insolvenzanfechtung kommen, weil der Schuldner sich im anfechtungsrelevanten Zeitpunkt nicht in einer Krise befunden oder diese überwunden habe. Diese Beschränkung ist folglich auch gleichheitssatzkonform.

3. Grundsätzliche Sachgerechtigkeit des Dreimonatszeitraums

Zu untersuchen bleibt, ob grundsätzlich Bedenken gegen die sachliche Rechtfertigung der Fristlänge und die Anknüpfung ihres Laufs an die Stellung des Eröffnungsantrags bestehen.

a) Länge

Was zunächst die Länge des anfechtungsrelevanten Zeitraums betrifft, so halten ihn manche für zu kurz.[26] Durchgreifende Bedenken gegen die Sachgerechtigkeit der Dreimonatsfrist bestehen indes nicht. Entscheidend ist nach dem soeben unter 2. Ausgeführten, ob es für die Ausbildung schützenswerten Vertrauens des Anfechtungsgegners im Regelfall genügt, wenn binnen dreier Monate nach dem an-

---

[26] *v. Campe*, Insolvenzanfechtung, 75; vgl. auch schon *Häsemeyer*, ZIP 1994, 419. Für Erweiterung auf sechs Monate ab Antragstellung etwa *Hanisch*, ZZP 90 (1977), 11; *Wiringer-Seiler*, Anfechtungsrecht, 173 ff.; *Rausch*, Gläubigerschutz, 244 ff. Für angemessen hält den Dreimonatszeitraum dagegen *Eichberger*, Konkursanfechtung, 72; tendenziell („jedenfalls gut tragbar") auch *v. Wiedersperg*, Anfechtung, 148, 154.

fechtungsrelevanten Zeitpunkt, zu dem die anfechtungsauslösende Krisentatsache jedenfalls vorlag, kein Antrag auf Eröffnung eines Insolvenzverfahrens gestellt wurde, ob der Anfechtungsgegner also davon ausgehen darf, daß eine Krise in Wahrheit nicht vorgelegen oder der Schuldner sie überwunden hat, wenn binnen dreier Monate kein Antrag auf Eröffnung eines Insolvenzverfahrens gestellt worden ist. Dies läßt sich durchaus bejahen. Insbesondere liegt nicht fern, daß innerhalb dieses Zeitraums andere Gläubiger den Schuldner in Anspruch nehmen; der Dreimonatszeitraum, wenngleich knapp bemessen, dürfte auch dafür ausreichen, daß diese sich über die Vermögensverhaltnisse des Schuldners informieren und, wenn danach keine Aussicht auf vollständige Befriedigung besteht, selbst die Eröffnung eines Insolvenzverfahrens beantragen.

b) Fristbeginn

Auch daß für den Fristlauf gerade die Stellung des Eröffnungsantrags entscheidend ist, läßt sich auf sachgerechte Erwägungen stützen. Insofern kann auf das in den Gesetzgebungsmaterialien genannte Argument verwiesen werden, ein Abstellen auf die Verfahrenseröffnung berge die Gefahr in sich, daß der anfechtungsrelevante Zeitraum zu kurz wird, wenn sich das Antragsverfahren in die Länge zieht.[27] Es ist zudem konsequent, schon dem Eröffnungsantrag, der als Krisentatsache auch die besondere Insolvenzanfechtung selbst auslöst, und nicht erst der Verfahrenseröffnung die Wirkung beizumessen, die Ausbildung schutzwürdigen Vertrauens in die Bestandskraft der erhaltenen Deckung zu verhindern. Und indem man den zeitlichen Anwendungsbereich der besonderen Insolvenzanfechtung an die Antragstellung koppelt, erlangen gerade diejenigen unmittelbareren Einfluß auf die Anwendbarkeit dieser Tatbestände, deren Schutz diese dienen: die antragsberechtigten Insolvenzgläubiger.[28] Aufgrund dieser Erwägung ist es auch sachgerechter, die Stellung des Eröffnungsantrags über den Fristbeginn entscheiden zu lassen, als etwa auf die Zahlungseinstellung abzustellen: Abgesehen davon, daß der Zeitpunkt der Zahlungseinstellung kaum genau zu ermitteln ist,[29] hängt er auch in nicht unerheblichem Maße von der Willkür des Schuldners ab, und gerade diesem Einfluß auf den zeitlichen Anwendungsbereich der besonderen Insolvenzanfechtung einzuräumen, scheint wenig wünschenswert.

II. Bestimmung des anfechtungsrelevanten Zeitraums

Die in § 139 I InsO geregelte Fristberechnung selbst birgt, soweit ersichtlich, keine erörterungsbedürftigen Probleme. Als durchaus schwierig können sich dagegen die

---

[27] Erster Bericht der Kommission für Insolvenzrecht, S. 401; Begr. RegE-InsO, BT-Drucks. 12/2443, S. 156.

[28] Erster Bericht der Kommission für Insolvenzrecht, S. 401; Begr. RegE-InsO, BT-Drucks. 12/2443, S. 156. Vgl. auch *Schoppmeyer*, NZI 2005, 190.

[29] Hierauf abstellend Erster Bericht der Kommission für Insolvenzrecht, S. 401; Begr. RegE-InsO, BT-Drucks. 12/2443, S. 156.

Fragen erweisen, ob der Eingang des Eröffnungsantrags auch dann für die Fristberechnung entscheidend ist, wenn der Antrag erst im Laufe des Antragsverfahrens zulässig oder begründet wurde (sogleich 1.), und auf welchen Eröffnungsantrag es für die Berechnung des anfechtungsrelevanten Zeitraums ankommt, wenn mehrere gestellt wurden (unten 2.).

1. Zulässigkeit und Begründetheit des (einzigen) Eröffnungsantrags

Wurde nur ein Eröffnungsantrag gestellt und auf diesen hin das Verfahren eröffnet, kann es für die Fristberechnung nach § 139 I InsO nur auf ihn ankommen. Fraglich ist aber, ob die Frist auch dann vom Eingang dieses Antrags beim Insolvenzgericht an zurückzurechnen ist, wenn die Voraussetzungen für seine Zulässigkeit oder Begründetheit erst nach diesem Zeitpunkt eintraten oder bis zum Ergehen des Eröffnungsbeschlusses nicht vorlagen.

a) Eintritt der Zulässigkeitsvoraussetzungen im Antragsverfahren

Nach wohl einhelliger Auffassung ist der Eingang des Eröffnungsantrags beim Insolvenzgericht für die Fristberechnung nach § 139 I InsO auch dann maßgeblich, wenn der Antrag beim örtlich unzuständigen Insolvenzgericht gestellt wurde: Führe der Antrag infolge Verweisung zur Eröffnung des Verfahrens, sei auf seinen Eingang beim unzuständigen Gericht abzustellen.[30] Man geht davon aus, der Eingang des Antrags beim Insolvenzgericht sei allgemein entscheidend, auch wenn er zunächst nicht alle Zulässigkeitsvoraussetzungen erfüllte, diese Mängel bis zum Eröffnungsbeschluß aber geheilt wurden.[31] Das müßte folgerichtig in dem Fall, daß der Eröffnungsantrag nicht vom Schuldner gestellt wurde, auch für die gemäß § 14 I InsO erforderliche Glaubhaftmachung gelten, daß dem Antragsteller eine Forderung gegen den Schuldner zusteht.[32] Denn die Forderung des Antragstellers „bildet die … wesentliche Grundlage seiner Antragsbefugnis“;[33] ihre Glaubhaftmachung ist also – wie schon der Wortlaut des § 14 I InsO deutlich macht – eine Zulässigkeits-, nicht etwa das tatsächliche Bestehen der Forderung eine Begrün-

---

[30] LG Bonn NZI 2006, 110f.; HK/*Kreft*, § 139 Rn. 6; HmbK/*Rogge*, § 139 Rn. 4; MünchKommInsO/*Kirchhof*, § 139 Rn. 5 mit Rn. 9; Uhlenbruck/*Hirte*, § 139 Rn. 4; FK/*Dauernheim*, § 139 Rn. 3; Graf-Schlicker/*Huber*, § 139 Rn. 2; Kübler/Prütting/*Paulus*, § 139 Rn. 3; Kübler/Prütting/Bork/*Ehricke*, § 139 Rn. 4; Leonhardt/Smid/Zeuner/*Zeuner*, § 139 Rn. 8; *ders.*, Anfechtung, Rn. 290; *Gehrlein*, WM 32/2009 (Sonderbeilage), 57. – Für die Rückschlagsperre nach § 28 VglO ebenso RGZ 131, 197, 201f.; LG Freiburg KTS 1964, 189, 190; *Kilger/K. Schmidt*, § 28 VglO Anm. 4a; *Weber*, KTS 1965, 132 (sogar für den Fall fehlender internationaler Zuständigkeit, a.a.O., 133), mit weiteren Nachweisen.

[31] LG Bonn NZI 2006, 110f.; LG Itzehoe ZInsO 2003, 809, 810; MünchKommInsO/*Kirchhof*, § 139 Rn. 5 mit Rn. 9; Leonhardt/Smid/Zeuner/*Zeuner*, § 139 Rn. 8; *ders.*, Anfechtung, Rn. 290. – Ebenso für die Rückschlagsperre nach § 28 VglO bereits *Weber*, KTS 1965, 132f.

[32] So denn auch *Zeuner*, Anfechtung, Rn. 290.

[33] Begr. des Regierungsentwurfs eines Gesetzes zum Pfändungsschutz der Altersvorsorge und zur Anpassung des Rechts der Insolvenzanfechtung, BT-Drucks. 16/886, S. 11.

detheitsvoraussetzung.[34] Aus § 139 II 1 InsO läßt sich in dieser Frage nichts ableiten. Die Norm betrifft ausweislich ihres eindeutigen Wortlauts überhaupt nur den Fall, daß mehrere Eröffnungsanträge gestellt wurden. Ihre Aussage, daß nur zulässige und begründete Eröffnungsanträge berücksichtigungsfähig sind, läßt sich nicht ohne weiteres auf die Situation übertragen, daß nur ein Eröffnungsantrag gestellt wurde;[35] denn in diesem Fall sind anders als im unmittelbar von der Norm erfaßten Fall keine anderen Eröffnungsanträge vorhanden, auf die alternativ für die Fristberechnung abgestellt werden könnte. Ohnehin sagt § 139 II 1 InsO gerade nichts darüber aus, in welchem Zeitpunkt der Eröffnungsantrag zulässig und begründet sein muß.

Wurde nur ein Eröffnungsantrag gestellt, muß sich die Bestimmung des anfechtungsrelevanten Zeitraums nach seinem Eingang beim Insolvenzgericht richten. Als Alternative käme nur in Betracht, den Eintritt der Zulässigkeitsvoraussetzungen für maßgeblich zu erklären, also etwa auf den Zeitpunkt abzustellen, in dem der Antragsteller die anfangs fehlende Glaubhaftmachung seiner Forderung nachgeholt hat. Dies wäre mit dem Wortlaut des § 139 I 1 InsO kaum vereinbar. Zudem würde der Fristlauf damit von einem Ereignis abhängig gemacht, dessen Eintrittszeitpunkt sich nicht immer leicht bestimmen ließe.[36] Dies allein überzeugt jedoch jedenfalls für die Fälle nicht, in denen das die Zulässigkeit herstellende Ereignis aktenkundig ist: so etwa im Falle der nachträglichen Glaubhaftmachung der Forderung des Antragstellers oder der Verweisung eines beim unzuständigen Insolvenzgericht gestellten Eröffnungsantrags.

Schlagend für die Maßgeblichkeit bereits des Eingangs des Eröffnungsantrags auch beim unzuständigen Insolvenzgericht sowie eines erst im Laufe des Antragsverfahrens zulässig werdenden Antrags sprechen letztlich zwei Gründe: einerseits die Gefahr, daß sich der anfechtungsrelevante Zeitraum andernfalls stark verkürzen könnte; andererseits die Tatsache, daß schon die bloße Stellung eines Eröffnungsantrags – ohne Rücksicht auf seine Zulässigkeit – verhindert, daß der Anfechtungsgegner schutzwürdiges Vertrauen aufbauen kann, die Deckung behalten zu dürfen.

Käme es für die Bestimmung des anfechtungsrelevanten Zeitraums darauf an, wann der Antrag zulässig wurde, wäre ein kürzerer Zeitraum anfechtungsrelevant

---

[34] So aber augenscheinlich *Smid*, InVo 2002, 42, 44. Wie hier dagegen etwa BGH NZI 2008, 391 (Eröffnungsvoraussetzungen sind Bestehen eines Eröffnungsgrundes und Vorhandensein einer verfahrenskostendeckenden Masse; die Forderung des Gläubigers ist eine Frage dessen rechtlichen Interesses an der Verfahrenseröffnung). Vgl. weiter OLG Dresden ZInsO 2001, 910, 912, und ZInsO 2001, 175, 177, sowie auch die Formulierung des § 14 I 2 InsO: „...Der Antrag [wird] nicht allein dadurch unzulässig [!], dass die Forderung erfüllt wird". – Anders liegt es naturgemäß dann, wenn das Vorliegen eines Eröffnungsgrundes davon abhängt, ob die Forderung des antragstellenden Gläubigers wirklich besteht, BGH ZInsO 2007, 1275, und BGH NZI 2007, 408, 409 mit Nachweis der st. Rspr.

[35] So aber offenbar HmbK/*Rogge*, § 139 Rn. 5.

[36] Das Argument, daß die Maßgeblichkeit der Antragstellung Beweisschwierigkeiten hinsichtlich der Bestimmung des relevanten Zeitraums wehren soll, betont im Hinblick auf § 28 VglO schon *Weber*, KTS 1965, 135.

als wenn ein anderer Gläubiger einen sogleich zulässigen Eröffnungsantrag gestellt hätte. Dies aber werden die anderen Gläubiger – schon aus Kostengründen – regelmäßig unterlassen, wenn sie davon Kenntnis erhalten, daß die Eröffnung des Insolvenzverfahrens bereits beantragt wurde; ob dieser Antrag zulässig ist, können sie schließlich in aller Regel nicht erkennen. Im Ergebnis führte die Stellung eines zunächst unzulässigen Eröffnungsantrags zur Verkürzung des anfechtungsrelevanten Zeitraums.

Dies ist auch mit Blick auf die Interessen des Anfechtungsgegners und den Zweck der zeitlichen Begrenzung der besonderen Insolvenzanfechtung nicht sachgerecht. Diese Begrenzung soll, wie ausgeführt (§ 10 I 2), das Vertrauen in die Wirksamkeit der Verfügungen des Schuldners schützen. Hat ein Gläubiger unter Umständen, die im übrigen einen Tatbestand der besonderen Insolvenzanfechtung erfüllen, eine Deckung erhalten, kann sein schutzwürdiges Vertrauen, diese behalten zu dürfen, nur dadurch entstehen, daß innerhalb eines bestimmten Zeitraums kein Antrag auf Eröffnung des Insolvenzverfahrens gestellt wird. Wird ein solcher Antrag jedoch gestellt, muß der Gläubiger annehmen, daß die – wie vom einschlägigen Anfechtungstatbestand vorausgesetzt – im anfechtungsrelevanten Zeitpunkt hervorgetretene Krisentatsache eine wirkliche Krise des Schuldners angezeigt hat, welche dieser auch nicht überwunden hat; er muß folglich damit rechnen, daß der Gleichbehandlungsgrundsatz auch die von ihm erhaltene Deckung erfaßt, er sie also nicht behalten kann. Daß der Eröffnungsantrag die Ausbildung schutzwürdigen Vertrauens in diesem Sinne verhindert, hängt nicht davon ab, ob er zulässig ist. Denn daß die Krise besteht und fortdauert, daß nämlich der Antragsteller vom Vorliegen eines Eröffnungsgrundes ausgeht und im Zweifel bereits erfolgte Versuche der Einzelzwangsvollstreckung erfolglos blieben, zeigt auch ein Eröffnungsantrag an, der nicht alle Zulässigkeitsvoraussetzungen erfüllt.[37] Deren Vorliegen ist für den Gläubiger, der in der Krise noch eine Deckung erhalten hat, ohnehin so wenig erkennbar wie für alle anderen Gläubiger.

Auch wenn der Eröffnungsantrag erst im Laufe des Antragsverfahrens zulässig wird, berechnet sich der anfechtungsrelevante Zeitraum nach Maßgabe des § 139 I InsO von seinem Eingang beim Insolvenzgericht an.

b) Eintritt der Eröffnungsvoraussetzungen im Antragsverfahren

Für die Fristberechnung nach § 139 I InsO ist nach herrschender Ansicht auch dann auf den Antragseingang beim Insolvenzgericht abzustellen, wenn der Antrag zu diesem Zeitpunkt noch nicht begründet ist,[38] namentlich also der Eröffnungsgrund erst im Laufe des Antragsverfahrens eintritt.

---

[37] Ähnlich schon das Argument des RG in RGZ 131, 197, 201 f.: Allein die im Vergleichsantrag liegende Kundgabe des Schuldners, daß er sich zahlungsunfähig fühle, sei der Grund, warum die binnen dreißig Tagen vor dieser Erklärung vorgenommenen Vollstreckungsakte nach § 28 VglO unwirksam werden, wenn später das Konkursverfahren eröffnet wird; ohne Rücksicht auf die Zuständigkeit des Gerichts genüge daher, daß der Antrag „mit noch bestehender Wirkung ernstlich vor Gericht erklärt wurde".

[38] LG Itzehoe ZInsO 2003, 809, 810; MünchKommInsO/*Kirchhof*, § 139 Rn. 5 mit 9.

Dafür, auch in diesem Fall auf den Eintragseingang beim Insolvenzgericht und nicht darauf abzustellen, wann der Eröffnungsgrund eingetreten ist, spricht wiederum, daß jener Zeitpunkt im Vergleich zu diesem wesentlich leichter und genauer zu ermitteln ist, was die Rechtsanwendung erheblich erleichtert. Maßgeblich ist auch hier eine Bewertung der beteiligten Interessen. Das Argument, daß eine Verkürzung des anfechtungsrelevanten Zeitraums allein dadurch droht, daß die übereilte Antragstellung andere davon abhält, ihrerseits einen Eröffnungsantrag zu stellen, der für § 139 I InsO allemal maßgeblich wäre, greift auch hier, wenn auch erheblich schwächer als in der soeben erörterten Situation, daß der Eröffnungsantrag zunächst unzulässig war. Denn fehlt es an einem Eröffnungsgrund, kann zwar auch kein anderer Gläubiger einen begründeten Eröffnungsantrag stellen. Denkbar ist aber immerhin, daß die Stellung eines zunächst mangels Eröffnungsgrundes unbegründeten Fremdantrags den Schuldner davon abhält, einen auf – nach § 18 InsO nur bei seinem Antrag relevante – drohende Zahlungsunfähigkeit gestützten Antrag zu stellen.

Entscheidend ist jedoch auch hier das fehlende Schutzbedürfnis des Anfechtungsgegners, dem die zeitliche Begrenzung der besonderen Insolvenzanfechtung schließlich allein dient. Auch die (zunächst) fehlende Begründetheit eines Eröffnungsantrags ändert nichts daran, daß dieser dem Gläubiger anzeigt, daß mit der Eröffnung eines Insolvenzverfahrens zu rechnen ist, und damit letztlich verhindert, daß der Gläubiger schutzwürdiges Vertrauen darin aufbauen kann, die Deckung behalten zu dürfen.

Schließlich ergibt sich daraus, daß der Eingang des Eröffnungsantrags für die Bestimmung des anfechtungsrelevanten Zeitraums auch dann maßgeblich ist, wenn der Eröffnungsgrund erst später eintritt, keine übermäßige Erweiterung der besonderen Insolvenzanfechtung. Dadurch erstreckt sich deren potentielle Anwendbarkeit zwar auf einen Zeitraum, in dem die zur Verfahrenseröffnung führende Krise noch nicht vorgelegen hat. War dies auch im anfechtungsrelevanten Zeitpunkt (§ 8) noch nicht der Fall, scheitert die besondere Insolvenzanfechtung freilich schon an den übrigen objektiven Tatbestandsvoraussetzungen der §§ 130, 131 InsO. Das gilt allemal für §§ 130 I 1 Nr. 1, 131 I Nr. 2 InsO, die schon ihrem Wortlaut nach voraussetzen, daß der Schuldner im anfechtungsrelevanten Zeitpunkt zahlungsunfähig war, aber auch für §§ 130 I 1 Nr. 2, 131 I Nr. 1 Alt. 2 InsO,[39] weil der hier vorausgesetzte Eröffnungsantrag die Anfechtung nach richtiger Ansicht nur auslöst, wenn im anfechtungsrelevanten Zeitpunkt ein Eröffnungsgrund vorliegt.[40] § 131 I Nr. 3 InsO wiederum setzt bei genauerer Betrachtung voraus, daß im anfechtungsrelevanten Zeitpunkt die Eröffnung eines Insolvenzverfahrens und ein zumindest teilweiser Ausfall der In-

---

[39] Da diese Tatbestände die Anfechtung ihrem Wortlaut nach nicht rein zeitlich beschränken, die Stellung eines Eröffnungsantrags hier vielmehr nur anfechtungsauslösende und Signalwirkung hat (§ 9 I 3), wird das vorliegend erörterte Problem für sie nur relevant, wenn man mit der hier vertretenen Ansicht für eine teleologische Reduktion und zeitliche Begrenzung des Anwendungsbereichs auch dieser Tatbestände plädiert, dazu unten § 10 III.

[40] Eingehend § 9 IV 2.

solvenzgläubiger schon im anfechtungsrelevanten Zeitpunkt mit Sicherheit zu erwarten war.[41]

§ 131 I Nr. 1 Alt. 1 InsO allerdings erweist sich, wie schon Wolfram Henckel betont hat, in diesem Zusammenhang als besonders problematisch. Denn dem Wortlaut dieser Vorschrift nach, bei dem es nach herrschender Ansicht auch sein Bewenden haben soll, ist die Anfechtbarkeit einer Deckungshandlung allein von ihrer Inkongruenz sowie davon abhängig, daß sie innerhalb eines Monats vor Stellung des Eröffnungsantrags erfolgte. Läßt man nun auch hier genügen, daß der Eröffnungsgrund erst im Laufe des Verfahrens, unter Umständen also erst Monate nach der Stellung des fraglichen Antrags eintrat, droht in der Tat die Anfechtbarkeit einer Deckungshandlung, die Monate vor Eintritt des Eröffnungsgrundes und außerhalb jeder Krise des Schuldners, „in unverdächtiger Zeit" erfolgte.[42] Dies ist indes ein Problem der Auslegung des § 131 I Nr. 1 Alt. 1 InsO, nicht des § 139 InsO; denn problematisch ist die Ausdehnung des anfechtungsrelevanten Zeitraums nur, wenn und weil die Anfechtbarkeit nicht voraussetzt, daß der Schuldner sich schon im anfechtungsrelevanten Zeitpunkt in einer zur Verfahrenseröffnung führenden Krise befand. Folglich ist die Lösung in einer teleologischen Reduktion des Anfechtungstatbestandes zu suchen, wie sie hier vertreten wird (§ 9 VI). Das aufgezeigte Problem belegt also die Sachgerechtigkeit dieser hier vertretenen These. Es spricht jedoch nicht dagegen, für die Berechnung des anfechtungsrelevanten auch dann auf den Antragseingang beim Insolvenzgericht abzustellen, wenn der Eröffnungsgrund erst später eintrat. Der entsprechenden herrschenden Ansicht ist also zu folgen.

c) Eröffnung trotz Unzulässigkeit oder Unbegründetheit im Beschlußzeitpunkt

Wurde das Verfahren eröffnet, obwohl der – einzige – Eröffnungsantrag unzulässig oder unbegründet war, stellt sich die Frage, ob es dennoch für die Fristberechnung auf dessen Eingang beim Insolvenzgericht ankommt. Dies wird bejaht,[43] und zwar auch für den Fall, daß ein unzuständiges Insolvenzgericht das Verfahren eröffnet hat.[44]

Teilweise wird diese Frage mit einer Bindung des Prozeßgerichts an die Eröffnungsentscheidung des Insolvenzgerichts in Verbindung gebracht;[45] dies jedoch

---

41 Vgl. § 9 V.

42 Jaeger/*Henckel*, § 139 Rn. 13, der dafür plädiert, für die Zwecke des § 131 I Nr. 1 Alt. 1 InsO nur auf solche Eröffnungsanträge abzustellen, die schon bei ihrer Stellung begründet waren oder es jedenfalls binnen eines Monats nach dem anfechtungsrelevanten Zeitpunkt (!) geworden sind.

43 MünchKommInsO/Kirchhof, § 139 Rn. 8, 10; FK/*Dauernheim*, § 139 Rn. 3, *Gehrlein*, WM 32/2009 (Sonderbeilage), 57.

44 Uhlenbruck/*Hirte*, § 139 Rn. 4.

45 Vgl. etwa Jaeger/*Henckel*, § 139 Rn. 3 (bedenklicher noch Rn. 6 a. E.: daß der zur Verfahrenseröffnung führende Eröffnungsantrag zum Beschlußzeitpunkt begründet war, könne im Anfechtungsprozeß nicht mehr in Frage gestellt werden!, ebenso *Gehrlein*, WM 32/2009 [Sonderbeilage], 57); MünchKommInsO/*Kirchhof*, § 139 Rn. 10; wohl auch HK/*Kreft*, § 139 Rn. 9.

zu Unrecht. Denn die Tatsache der Verfahrenseröffnung, auf welche sich eine solche Bindungswirkung nur bezieht,[46] stellt das Prozeßgericht nicht dadurch in Frage, daß es im Rahmen der Fristberechnung nach § 139 InsO prüft, ob der zur Verfahrenseröffnung führende Antrag zulässig und begründet war.

Wurde kein anderer Eröffnungsantrag gestellt, bleiben für die Fristberechnung jedoch keine zweckmäßigen Alternativen.[47] Stellte man etwa auf den Zeitpunkt der Verfahrenseröffnung ab, dürfte sich der für die besondere Insolvenzanfechtung maßgebliche Zeitraum regelmäßig bis zu Irrelevanz und oft gar auf Null verkürzen – ein Ergebnis, das angesichts der schützenswerten Interessen der anderen Insolvenzgläubiger nur hingenommen werden könnte, wenn der Schutz berechtigter Interessen des Anfechtungsgegners dies zwingend geböte. Daß dies nicht der Fall ist, folgt schon aus dem soeben unter § 10 II 1 a und b Gesagten: Der Eröffnungsantrag verhindert die Ausbildung schutzwürdigen Vertrauens, die erlangte Deckung behalten zu können, ohne Rücksicht darauf, ob er zulässig und begründet ist. Schon weil der Gläubiger dies nicht sicher beurteilen kann, muß er nämlich gleichwohl mit der Eröffnung eines Insolvenzverfahrens und einer damit verbundenen Vorverlegung des Gleichbehandlungsgrundsatzes auf den Zeitpunkt rechnen, in dem die Krisentatsache auftrat, welche die Anfechtung erst auslöst. Eine übermäßige Ausdehnung der besonderen Insolvenzanfechtung droht hierdurch ebenfalls nicht, weil diese allgemein voraussetzt, daß sich der Schuldner im anfechtungsrelevanten Zeitraum objektiv in einer (berechtigterweise!) zur Verfahrenseröffnung führenden Krise befand (oben § 9 IV 2).

d) Fazit

Wurde nur ein Eröffnungsantrag gestellt und das Insolvenzverfahren daraufhin eröffnet, kommt es für die Berechnung des anfechtungsrelevanten Zeitraums auf den Antragseingang beim Insolvenzgericht an, unabhängig davon, ob dieses zuständig, der Antrag im übrigen zulässig oder begründet ist.

2. Relevanter Antrag bei Antragsmehrheit (§ 139 II InsO)

Die Frage, welcher Eröffnungsantrag für die Fristbestimmung maßgeblich ist, wenn mehrere Eröffnungsanträge gestellt wurden, ist in § 139 II InsO geregelt.

---

[46] Vgl. schon oben § 9 Fn. 186. – Nur auf die Tatsache der Verfahrenseröffnung beziehen sich auch die von Jaeger/*Henckel*, § 139 Rn. 3 in Fn. 6 zum Beleg seiner Ansicht zitierten Urteile des BGH.

[47] Entsprechend befürchtet MünchKommInsO/*Kirchhof*, § 139 Rn. 10, es könne in dem eröffneten Verfahren „mangels Berechnungsgrundlage" womöglich keine Insolvenzanfechtung geben, wenn man nicht ohne Rücksicht auf dessen Zulässigkeit und Begründetheit auf den Antrag abstelle, der zur Verfahrenseröffnung geführt habe. Mit gleicher Tendenz wohl auch Jaeger/*Henckel*, § 139 Rn. 3: Für die Anfechtungsprozesse, die der Insolvenzverwalter kraft hinzunehmender Verfahrenseröffnung führen dürfe, müsse der für den anfechtungsrelevanten Zeitraum maßgebliche Eröffnungsantrag feststellbar sein.

a) Entstehung des § 139 II InsO

§ 139 II InsO geht auf Leitsatz 5.10 des Ersten Berichts der Kommission für Insolvenzrecht zurück, der noch wie folgt formuliert war: „Sind mehrere Eröffnungsanträge gestellt worden, so ist der Zeitraum nach dem ersten zulässigen und begründeten Antrag zu berechnen, auch wenn dieser mangels kostendeckender Masse (Leitsatz 1.2.9 [entspricht § 26 InsO]) abgewiesen oder das Verfahren aufgrund eines späteren Antrags eröffnet worden ist. Dies gilt nicht, wenn der frühere Antrag aus einem anderen Grund als dem des Leitsatzes 1.2.9 abgewiesen worden ist“.[48]

Seine heutige Fassung erhielt § 139 II InsO im wesentlichen im Diskussionsentwurf.[49] Die im Ersten Bericht enthaltene Begründung der Norm wurde freilich für alle Entwürfe ohne inhaltliche Abweichung übernommen.[50]

Danach soll der erste zulässige und begründete Eröffnungsantrag für die Fristberechnung maßgeblich sein, ohne daß erforderlich wäre, daß das Verfahren auch aufgrund dieses Antrags eröffnet wird. Es komme nur darauf an, „daß der Antrag zur Eröffnung des Verfahrens geführt hätte, wenn er nicht mangels Masse ... abgewiesen oder das Verfahren nicht aufgrund eines späteren Antrags eröffnet worden wäre.“ Der zweite Satz der Norm hebe nur hervor, daß aus anderen Gründen als mangelnder Masse rechtskräftig abgewiesene Anträge nicht zu berücksichtigen seien, auch wenn die Abweisung zu Unrecht erfolgt sei.

Man dachte bei Abfassung der Norm an zwei Fälle: denjenigen, daß das Insolvenzverfahren unverzüglich aufgrund eines späteren Antrags eröffnet wurde, weil dieser Antrag im Gegensatz zu dem früher gestellten sofort entscheidungsreif war, und denjenigen, daß ein früher gestellter Antrag allein mangels kostendeckender Masse abgewiesen, das Verfahren aufgrund eines später gestellten Antrags und nach Kostenvorschuß aber doch noch eröffnet wurde. In diesen Fällen biete die Anknüpfung an den ersten zulässigen und begründeten Antrag den Vorteil, daß die Anfechtbarkeit gerade im Hinblick auf Deckungshandlungen des Schuldners zeitlich vorverlegt werde.[51]

Diese Begrenzung der Perspektive führte zu einer ganzen Reihe von Auslegungsproblemen, die im folgenden erörtert werden.

b) Erfordernis der Zulässigkeit und Begründetheit

aa) Eröffnung aufgrund des zuerst gestellten Antrags

Hat das Insolvenzgericht das Verfahren auf denjenigen Antrag hin eröffnet, der als erster bei ihm eingegangen war, soll das über den Anfechtungsstreit entscheidende

[48] Erster Bericht der Kommission für Insolvenzrecht, S. 77, 424.

[49] Vgl. § 146 II DiskE-InsO; nur der letzte Halbsatz des zweiten Satzes wurde noch redaktionell geglättet. Die heutige Fassung des § 139 II InsO hatte bereits § 146 II des Referentenentwurfs = § 156 RegE-InsO.

[50] Die Begründung des § 156 RegE-InsO, BT-Drucks. 12/2443, S. 163, stimmt nahezu wörtlich mit derjenigen der Kommission für Insolvenzrecht überein, vgl. deren Erster Bericht, S. 425.

[51] Erster Bericht der Kommission für Insolvenzrecht, S. 425; RegE-InsO, BT-Drucks. 12/2443, S. 163.

Prozeßgericht diesen Antrag nach herrschender Ansicht für die Fristberechnung nach § 139 I InsO ungeprüft zugrunde zu legen haben, also ohne Rücksicht auf die Frage, ob der Antrag tatsächlich zulässig und begründet war.[52]

Diese Ansicht läßt sich wiederum nicht mit einer Bindung des Prozeßgerichts an den Eröffnungsbeschluß des Insolvenzgerichts begründen, weil diese sich nur auf die Verfahrenseröffnung selbst bezieht, die das Prozeßgericht als wirksam hinzunehmen hat.[53] Wie schon dargelegt,[54] spricht die der zeitlichen Begrenzung der besonderen Insolvenzanfechtung zugrundeliegende Interessenbewertung dafür, dem Eingang des Eröffnungsantrag beim Insolvenzgericht unabhängig davon Bedeutung beizumessen, ob dieser zulässig und begründet ist. Fraglich ist allerdings, ob dies in dem Fall, daß mehrere Anträge gestellt wurden, mit § 139 II 1 InsO vereinbar ist.

Der Wortlaut dieser Norm ist in der vorliegenden Frage nicht eindeutig. Danach ist der erste zulässige und begründete Antrag maßgeblich, „auch wenn" das Verfahren aufgrund eines späteren Antrags eröffnet worden ist. Das „auch" läßt sich als Gebot verstehen, alle Anträge den gleichen Voraussetzungen zu unterwerfen. Dann müßte nicht nur der früher gestellte, aber nicht zur Verfahrenseröffnung führende Antrag zulässig und begründet gewesen sein, damit sich der anfechtungsrelevante Zeitraum nach ihm bestimmt, sondern auch der spätere, zur Verfahrenseröffnung führende. Mindestens ebenso nahe liegt es aber, die Wendung „auch wenn" konzessiv im Sinne eines „obwohl" zu verstehen. Dann wäre das Erfordernis der Zulässigkeit und Begründetheit nicht zwingend auf den erfolgreichen Antrag, sondern womöglich nur auf die Frage zu beziehen, ob „der erste", also derjenige Antrag maßgeblich ist, der früher als der erfolgreiche gestellt wurde.

Daß dieses Verständnis das richtige ist, folgt aus den soeben dargestellten Überlegungen der Normverfasser. § 139 II 1 InsO soll nicht etwa allgemein sicherstellen, daß nur zulässige und begründete Eröffnungsanträge für die Bestimmung des anfechtungsrelevanten Zeitraums in Betracht gezogen werden, sondern ausschließlich eine Verlängerung des anfechtungsrelevanten Zeitraums für den Fall ermöglichen, daß vor dem erfolgreichen ein anderer Eröffnungsantrag gestellt worden war. Man hatte die Fälle vor Augen, daß ein später gestellter Antrag wegen sofortiger Entscheidungsreife früher beschieden oder der frühere Antrag mangels Masse abgewiesen und das Verfahren auf einen späteren Antrag hin eröffnet wird, weil ein Kostenvorschuß geleistet wurde. In diesen Fällen biete „... die Anknüpfung an den ersten zulässigen Antrag ... den Vorteil, daß die Anfechtbarkeit zeitlich vorverlegt wird".[55] Eine Auslegung, die zu einer Verkürzung des anfechtungsrelevanten Zeitraums führen könnte – daß nämlich ein später gestellter Antrag entscheidend ist, weil der erfolgreiche in Wahrheit unzulässig oder unbegründet war – läßt sich mit diesem klar geäußerten Willen der Gesetzesverfasser nicht ver-

---

[52] HK/*Kreft*, § 139 Rn. 9; MünchKommInsO/*Kirchhof*, § 139 Rn. 8.
[53] Vgl. soeben Fn. 46.
[54] § 10 II 1 c.
[55] Erster Bericht der Kommission für Insolvenzrecht, S. 425; Begr. RegE-InsO, BT-Drucks. 12/2443, S. 163.

einbaren. § 139 II 1 InsO ist demnach nur anwendbar, wenn nicht auf denjenigen Antrag abgestellt werden soll, der zur Verfahrenseröffnung führte, sondern auf einen früher gestellten, und steht der Berücksichtigung des erfolgreichen Antrags daher auch dann nicht entgegen, wenn er unzulässig oder unbegründet war.

bb) Eröffnung aufgrund eines später gestellten Antrags

Die Frage nach der Zulässigkeit und Begründetheit stellt sich demnach also nur, wenn das Verfahren nicht aufgrund des zuerst gestellten Antrags eröffnet wurde und erwogen wird, ob sich der anfechtungsrelevante Zeitraum nach einem früher gestellten Antrag richtet. Insoweit ist der Wortlaut des § 139 II 1 InsO eindeutig: Dies ist nur möglich, wenn der fragliche frühere Antrag zulässig und begründet war. Offen läßt § 139 II 1 InsO lediglich, ob der Eröffnungsantrag schon zulässig und begründet gewesen sein muß, als er bei Gericht einging, damit dieser Zeitpunkt für die Fristberechnung entscheidend ist. Nach herrschender Ansicht ist hinreichend, aber auch erforderlich, daß der fragliche Eröffnungsantrag im Zeitpunkt der Eröffnung zulässig und begründet war.[56]

Daß es keineswegs sachgerecht ist, die Relevanz eines Eröffnungsantrags für die Bestimmung des anfechtungsrelevanten Zeitraums von seiner Zulässigkeit oder Begründetheit abhängig zu machen, wurde bereits ausgeführt. Darüber, warum die Gesetzesverfasser dennoch meinten, es könne nur auf einen zulässigen und begründeten Antrag abgestellt werden, läßt sich mangels Begründung nur spekulieren. Man erwog wohl nur, daß der Anfechtungsgegner aus der in gewisser Weise zufälligen Tatsache, daß der früher gestellte Antrag nicht zur Verfahrenseröffnung führte, keine Vorteile ziehen sollte.[57] So dürften auch die Bemerkung, daß es „allein" darauf ankomme, daß der fragliche Antrag zur Verfahrenseröffnung geführt hätte,[58] und die sich wiederum wohl hierauf gründende Aufnahme des Erfordernisses der Zulässigkeit und Begründetheit in den Normtext zu erklären sein. Die herrschende Ansicht, die auf Zulässigkeit und Begründetheit des fraglichen Antrags im Zeitpunkt des Eröffnungsbeschlusses abstellt, ist hierzu nur konsequent.

Das Begründetheitserfordernis selbst wurde von den Gesetzesverfassern als selbstverständlich vorausgesetzt. Man erörterte nicht, warum der Anfechtungsgegner davor zu schützen sein sollte, daß sich der zeitliche Anwendungsbereich der Anfechtungstatbestände dadurch weiter ausdehnt; auch Schrifttum und Praxis haben sich diese Frage bislang nicht gestellt. Dies verwundert schon deshalb, weil Zulässigkeit und Begründetheit des Eröffnungsantrags nach ganz herrschender Ansicht völlig unerheblich dafür sein sollen, ob dieser für die Bestimmung des anfechtungsrelevanten Zeitraums heranzuziehen ist, wenn nur ein Eröffnungsantrag

---

[56] Jaeger/*Henckel*, § 139 Rn. 13; MünchKommInsO/*Kirchhof*, § 139 Rn. 9; HK/*Kreft*, § 139 Rn. 10; HmbK/*Rogge*, § 139 Rn. 11; *Wazlawik*, NZI 2009, 369. Ebenso wohl BGH NZI 2009, 377 (obschon zu § 131 I Nr. 1 Alt. 2 InsO, der entgegen dem Leitsatz des Urteils keine Anfechtungsfrist kennt, vgl. § 10 III).

[57] Darauf abhebend Jaeger/*Henckel*, § 139 Rn. 11.

[58] Erster Bericht der Kommission für Insolvenzrecht, S. 425; Begr. RegE-InsO, BT-Drucks. 12/2443, S. 163.

gestellt wurde (vgl. oben § 10 II 1). Sprächen sachliche Gründe dagegen, einen unzulässigen oder unbegründeten Antrag insoweit zu berücksichtigen, müßten sie auch hier zu berücksichtigen sein.

Mit § 139 II 1 InsO ist auch keine Regel für die InsO übernommen worden, die schon nach der KO gegolten hätte. Denn für diese stellte sich das vorliegende Problem nicht: Die zeitliche Begrenzung des Anwendungsbereichs der Anfechtungstatbestände wurde, entgegen der Ansicht der Verfasser der InsO, durchgängig von dem Zeitpunkt der Verfahrenseröffnung, nicht dem der Antragstellung abhängig gemacht (vgl. §§ 31, 32, 32a und 33 KO).[59] Einigermaßen vergleichbar mit der heutigen Regelung der besonderen Insolvenzanfechtung sind unter dem hier interessierenden Aspekt einzig § 28 und § 104 VglO, die für den Fall eines Vergleichsverfahrens und eines Anschlußkonkurses die Unwirksamkeit von Zwangsvollstreckungsakten anordneten, die später als am dreißigsten Tage vor Stellung des Vergleichsantrags erfolgten. Da gemäß § 2 I 2 VglO nur der Schuldner einen solchen Antrag stellen konnte, wurde das vorliegende Problem für diese Normen nie relevant. Schließlich ist zwar nicht ausgeschlossen, daß man auch hier Begrenzungs- und Auslösungsfunktion des Eröffnungsantrags vermengte; dies hätte die Gesetzesverfasser jedoch im umgekehrten Sinne beeinflussen müssen: Daß auch ein unbegründeter Eröffnungsantrag die Anfechtung nach § 30 KO auslöst, war weitgehend anerkannt.[60]

Da es mit dem Sinn der zeitlichen Begrenzung der Anfechtbarkeit wie gezeigt nicht zu vereinbaren ist, die Frage, ob der Eröffnungsantrag für die Bestimmung des anfechtungsrelevanten Zeitraums maßgeblich ist, von seiner Zulässigkeit und Begründetheit abhängig zu machen, ist eine entsprechende teleologische Extension[61] des § 139 II 1 InsO geboten. Diese geht zwar recht weit, läßt aber immerhin folgenden sinnvollen und funktionsfähigen Normtext zurück: „Sind mehrere Eröffnungsanträge gestellt worden, so ist der erste Antrag maßgeblich, auch wenn das Verfahren aufgrund eines späteren Antrags eröffnet worden ist". Da die Gesetzesverfasser das Erfordernis der Zulässigkeit und Begründetheit nicht erörtert haben, ist die vorgeschlagene Reduktion auch im Hinblick auf einen entgegenstehenden Willen „des Gesetzgebers" nicht unzulässig.

Daß auch die Ergebnisse sachgerechter sind als bei wortlautgetreuer Anwendung des § 139 II 1 InsO, zeigt sich etwa in folgendem Fall: Am 2. 1. 2009 geht beim Insolvenzgericht der Antrag eines Gläubigers auf Eröffnung eines Insolvenzverfahrens ein, dem die für die Glaubhaftmachung der gegen den Schuldner gerichteten Forderung erforderlichen Unterlagen fehlen, der im übrigen aber zulässig und auch begründet ist. Am 2. 3. 2009 stellt der Schuldner einen Antrag auf Eröffnung des Insolvenzverfahrens, auf den hin am 3. 3. 2009 das Insolvenzver-

[59] Vgl. oben § 10 I 2 b a.E.

[60] Vgl. § 9 Fn. 137.

[61] Zur teleologischen Extension vgl. *Larenz*, Methodenlehre, 397ff. Die Anordnung des § 139 II 1 InsO, daß nur zulässige und begründete Anträge in Betracht kommen sollen, läßt sich auch als selbständiger, einschränkender Rechtssatz (dazu *Larenz*, a.a.O., 259f.) verstehen; dann läge eine teleologische Reduktion (auf Null) vor, was in der Sache freilich nichts ändert.

fahren eröffnet wird. Am 4. 3. 2009 gehen beim Insolvenzgericht die Unterlagen ein, mit denen der Gläubiger die Forderung gegen den Schuldner glaubhaft macht. Wäre kein weiterer Antrag gestellt worden, wäre derjenige des Gläubigers erfolgreich gewesen, und der anfechtungsrelevante Zeitraum wäre nach diesem Antrag zu berechnen gewesen. Die Stellung eines weiteren Eröffnungsantrags führt – entgegen dem erklärten Ziel der Gesetzesverfasser – zu einer Verkürzung des anfechtungsrelevanten Zeitraums, weil § 139 II 1 InsO unbedachterweise Zulässigkeit und Begründetheit des früheren Antrags voraussetzt, damit dieser für den anfechtungsrelevanten Zeitraum maßgeblich wird. Aufgrund dieses sachlich nicht gerechtfertigten Erfordernisses kann § 139 II 1 InsO mithin zu Ergebnissen führen, die seinem erklärten Zweck diametral zuwiderlaufen. Eine dieses Problem behebende teleologische Extension ist geboten.

Entgegen dem klaren Wortlaut des § 139 II 1 InsO richtet sich der anfechtungsrelevante Zeitraum daher auch dann nach dem Eingang des zuerst gestellten Eröffnungsantrags, wenn dieser niemals zulässig oder begründet war.

c) Relevanz mangels Masse (rechtskräftig) abgewiesener Anträge

Gemäß § 139 II 2 InsO wird ein mangels Masse rechtskräftig abgewiesener Antrag nur berücksichtigt, wenn die Abweisung gemäß § 26 InsO erfolgte, weil eine die Verfahrenskosten deckende Masse nicht vorhanden war. Nach bislang allgemeiner Ansicht soll freilich auch ein mangels die Verfahrenskosten deckender Masse abgewiesener Antrag nur dann relevant sein, wenn er zulässig und begründet war.[62]

Diese Einschränkung wird selten relevant, denn das Insolvenzgericht wird einen Antrag in aller Regel nur dann mangels Masse abweisen, wenn es ihn für zulässig und begründet gehalten hat.[63] Das über den Anfechtungsstreit befindende Prozeßgericht ist an entsprechende Feststellungen des Insolvenzgerichts allerdings keineswegs gebunden,[64] sondern hätte, wenn diese Ansicht zuträfe, selbst zu prüfen, ob der mangels Masse abgewiesene Antrag zulässig und begründet war,[65] wobei als relevanter Zeitpunkt konsequenterweise derjenige seiner Abweisung mangels Masse anzusetzen sein dürfte. Nach hier vertretener, soeben begründeter Ansicht kommt es auch hier auf Zulässigkeit und Begründetheit des Antrags nicht an.

---

[62] HmbK/*Rogge*, § 139 Rn. 12; HK/*Kreft*, § 139 Rn. 11; Uhlenbruck/*Hirte*, § 139 Rn. 13; MünchKommInsO/*Kirchhof*, § 139 Rn. 12.

[63] Vgl. etwa OLG Schleswig ZInsO 2006, 1224, 1227; HK/*Kirchhof*, § 26 Rn. 16; Jaeger/*Schilken*, § 26 Rn. 36; FK/*Schmerbach*, § 26 Rn. 9; Uhlenbruck/*Uhlenbruck*, § 26 Rn. 33; HmbK/*Schröder*, § 26 Rn. 56. – Zur Frage, ob eine Abweisung mangels Masse auch dann erfolgen kann, wenn das Insolvenzgericht trotz Ausschöpfung aller Erkenntnismöglichkeiten nicht ermitteln kann, ob ein Eröffnungsgrund vorliegt, vgl. HmbK/*Schröder*, § 26 Rn. 7, mit ausführlichem Nachweis des Streitstands.

[64] Vgl. schon oben § 9 Fn. 186 und nun auch HK/*Kreft*, § 139 Rn. 11 (anders noch die Vorauflage: Ob das Prozeßgericht die Zulässigkeit des Antrags prüfen dürfe und müsse, werde von der Begründung des Abweisungsbeschlusses und den Umständen des Einzelfalls (?) abhängen).

[65] Ebenso auch schon OLG Schleswig ZInsO 2006, 1224, 1227; HmbK/*Rogge*, § 139 Rn. 12; Uhlenbruck/*Hirte*, § 139 Rn. 13; MünchKommInsO/*Kirchhof*, § 139 Rn. 12.

Daß es sachgerecht ist, auch einen mangels Masse abgewiesenen Eröffnungsantrag über die zeitliche Reichweite der besonderen Insolvenzanfechtung entscheiden zu lassen, liegt nach dem unter § 10 I 2 Gesagten auf der Hand: Da der Anfechtungsgegner davon ausgehen muß, der nur mangels die Verfahrenskosten deckender Masse abgewiesene Eröffnungsantrag sei begründet gewesen, und eine Verfahrenseröffnung durchaus noch erfolgen kann, wenn ein Kostenvorschuß gezahlt wird, kann er kein Vertrauen mehr darauf aufbauen, die erlangte Deckung behalten zu dürfen.

Im vorliegenden Zusammenhang wird oftmals betont, daß ein mangels Masse abgewiesener Antrag für die Fristberechnung unbeachtlich sei, wenn der Schuldner die Krise zwischenzeitlich überwunden hatte, der Eröffnungsgrund, auf den sich der abgewiesene Antrag gestützt hatte, also zwischenzeitlich weggefallen sei.[66] Freilich setzt die Anfechtbarkeit nach §§ 130, 131 InsO allgemein voraus, daß es sich bei der in der jeweiligen Krisentatsache, namentlich der Zahlungsunfähigkeit (§§ 130 I 1 Nr. 1, 131 I Nr. 2 InsO) und der Stellung des Eröffnungsantrags (§§ 130 I 1 Nr. 2, 131 I Nr. 1 Alt. 2 InsO) äußernden Krise um diejenige handeln muß, die letztlich auch zur Verfahrenseröffnung führt (vgl. § 9 II). Für die besondere Insolvenzanfechtung ist diese Frage daher – anders als für die anderen Anfechtungstatbestände – nicht erheblich.

d) Relevanz aus sonstigen Gründen (rechtskräftig) abgewiesener Anträge

Ein Antrag, der aus anderen Gründen als mangelnder Masse rechtskräftig abgewiesen wurde, kommt gemäß § 139 II 2 InsO für die Bestimmung des anfechtungsrelevanten Zeitraums nicht in Frage.

Dies ist sachgerecht, wenn eine Abweisung als unbegründet erfolgte. Denn in diesem Fall kann sich das Vertrauen, der Schuldner habe sich im anfechtungsrelevanten Zeitpunkt nicht in einer Krise befunden oder diese jedenfalls zwischenzeitlich überwunden, zwar nicht darauf gründen, daß in einem nicht unerheblichen Zeitraum niemand die Eröffnung eines Insolvenzverfahrens beantragt hat, denn dies ist geschehen. Vertrauensbasis, und zwar eine wesentlich verläßlichere, ist in diesem Fall allerdings der Abweisungsbeschluß, aus dem folgt, daß jedenfalls zu diesem Zeitpunkt keine Krise des Schuldners (mehr) vorlag.

Weniger eindeutig ist die Lage jedoch, wenn der Antrag als unzulässig abgewiesen wird. Auch in diesem Fall ist der Anfechtungsgegner durch die Antragstellung gewarnt, daß die im anfechtungsrelevanten Zeitpunkt gegebene Krise damals wirklich vorlag und bislang nicht überwunden wurde. Wird nun der Antrag nur als unzulässig abgewiesen, kann der Anfechtungsgegner daraus nicht schließen, der Antrag sei zu Unrecht gestellt worden, weil die Krise jedenfalls überwunden sei. Dies gilt namentlich in dem praktisch besonders relevanten Fall, daß der Schuldner die For-

---

[66] BGH NZI 2009, 377; BGH WM 2008, 169, 170; OLG Celle InVo 2002, 54, 55; MünchKommInsO/*Kirchhof*, § 139 Rn. 12; HK/*Kreft*, § 139 Rn. 12; *Henckel*, Kölner Schrift², S. 813 ff. Rn. 75; Jaeger/*ders.*, § 139 Rn. 6; Uhlenbruck/*Hirte*, § 139 Rn. 12; BKInsO/*Breutigam*, § 139 Rn. 3; Graf-Schlicker/*Huber*, § 139 Rn. 9; *Zeuner*, Anfechtung, Rn. 292; *Biebinger*, ZInsO 2008, 1190.

derung des Antragstellers tilgte, um dem Insolvenzverfahren (vorerst) zu entgehen. Hielte der Gläubiger dennoch an seinem Antrag fest – etwa ein Sozialversicherungsträger im Hinblick auf absehbare künftige Beitragsforderungen –, würde dieser nach geltender Rechtslage wegen § 14 I InsO als unzulässig abgewiesen werden müssen. Nicht selten ist der Schuldner in diesen Fällen freilich tatsächlich bereits zahlungsunfähig, weshalb später auch ein Insolvenzverfahren eröffnet wird.[67] Berücksichtigt man nun den als unzulässig abgewiesenen Eröffnungsantrag nicht, droht eine erhebliche Verkürzung des anfechtungsrelevanten Zeitraums – wiederum ohne daß diejenigen, die zuvor unter den übrigen Voraussetzungen der §§ 130, 131 InsO eine Deckung erhalten hatten, schutzwürdiges Vertrauen aufgebaut hätten, welches die zeitliche Begrenzung der besonderen Insolvenzanfechtung jedoch überhaupt rechtfertigen soll.

Die Bundesregierung hat dieses Problem durchaus erkannt. Art. 2 Nr. 1 des Entwurfs eines Gesetzes zum Pfändungsschutz der Altersvorsorge und zur Anpassung des Rechts der Insolvenzanfechtung hatte die Anfügung eines zweiten Satzes an § 14 I InsO vorgesehen: „Der Antrag wird nicht allein dadurch unzulässig, dass der Schuldner nach Antragstellung die Forderung erfüllt".[68] Diese Regelung hätte das Problem an der Wurzel beseitigt und die Eröffnung eines Insolvenzverfahrens zu einem sachgerechten Zeitpunkt ermöglicht.[69] Selbstverständliche Folge wäre gewesen, daß der Antrag, der den Schuldner zur Zahlung bewegte, nicht nur gemäß § 130 I 1 Nr. 2 InsO deren Anfechtung ermöglicht hätte, sondern allemal zur Bestimmung des anfechtungsrelevanten Zeitraums nach § 139 InsO maßgeblich gewesen wäre. Der Bundesrat wandte gegen diese Vorschrift insbesondere ein, sie steigere die Gefahr eines Mißbrauchs des Insolvenzantrags „als Druckmittel gegen den Schuldner und damit als Fortsetzung der Einzelzwangsvollstreckung mit anderen Mitteln".[70] Das ist nachgerade unverständlich. Im Gegenteil wäre der Insolvenzantrag als Druckmittel untauglich geworden, denn der Schuldner hätte die Eröffnung eines Insolvenzverfahrens gerade nicht mehr durch Zahlung an den Antragsteller abwenden können; er hätte für diese also keinen Grund mehr gehabt und – bei Insolvenzreife – eher einen Eigenantrag gestellt, um strafrechtlichen Sanktionen zu entgehen. Die Bundesregierung hielt an § 14 I 2 InsO daher zu Recht fest. Die Norm wurde allerdings vom Rechtsausschuß aus dem Gesetz gestrichen.[71] Eine Begründung fehlt; über die Hintergründe läßt sich nur spekulieren.

Will man sachwidrige, von den der zeitlichen Begrenzung der besonderen Insolvenzanfechtung zugrundeliegenden Wertungen nicht getragene Ergebnisse vermeiden, bleibt wiederum nur das Mittel teleologischer Normkorrektur,[72] nach der

---

[67] Vgl. die Rechtsprechungsnachweise in § 9 Fn. 175.

[68] BT-Drucks. 16/886, S. 5.

[69] Dies war erklärtes Ziel des Entwurfs, Begr. RegE, BT-Drucks. 16/886, S. 11.

[70] BT-Drucks. 16/886, S. 17.

[71] Beschlußempfehlung und Bericht in BT-Drucks. 16/3844, S. 5, 12.

[72] Deren Bezeichnung als Reduktion liegt hier näher als eine Bezeichnung als Extension, weil § 139 II 2 InsO als einschränkender Rechtssatz formuliert und die Einschränkung einzuschränken ist; vgl. oben Fn. 61.

§ 139 II 2 InsO so anzuwenden ist, als lautete er: „Ein Antrag wird nicht berücksichtigt, wenn er rechtskräftig als unbegründet abgewiesen wurde.“[73]

e) Relevanz zurückgenommener oder für erledigt erklärter Anträge

Von den sich im Zusammenhang mit der Bestimmung des anfechtungsrelevanten Zeitraums stellenden Fragen haben sich Praxis und Schrifttum bislang am intensivsten mit derjenigen auseinandergesetzt, ob die jeweils anfechtungsrelevanten Zeiträume auch von zurückgenommenen oder für erledigt erklärten Eröffnungsanträgen an berechnet werden können, wenn das Verfahren später aufgrund eines anderen Antrags eröffnet wird. Nach mittlerweile ganz herrschender Ansicht ist dies zu verneinen: Ein Antrag, der nicht weiter verfolgt werde, sei für die Fristberechnung ohne Belang.[74]

Dies verwundert, spricht doch der Wortlaut des § 139 II 1 InsO eher für eine Berücksichtigungsfähigkeit zurückgenommener oder für erledigt erklärter An-

---

[73] Vgl., wenn auch in etwas anderem Zusammenhang, auch *Henckel*, Kölner Schrift^2, S. 813ff. Rn. 75: „Wenn der Insolvenzgrund vorlag, sollte man die Rückrechnung vom Antrag nicht deshalb ausschließen, weil vielleicht Zweifel an der Prozeßfähigkeit des Antragstellers bestanden haben können“. – Für eine Berücksichtigung wegen Erlöschens der Forderung des Schuldners „unbegründet“ (vgl. Fn. 34) gewordener Eröffnungsanträge bei Berechnung der Fristen nach §§ 130ff. InsO bereits *Smid*, InVo 2002, 44f.

[74] BGH NJW 2006, 1348; OLG Köln ZInsO 2004, 99; OLG Frankfurt/M. NZI 2002, 491, 492; OLG Dresden ZInsO 2001, 910, 911f., und ZInsO, 175, 177f. (das § 139 II InsO auch für die Frage maßgeblich hält, ob der fragliche Eröffnungsantrag § 130 I 1 Nr. 2 InsO genügt); LG Traunstein ZInsO 2001, 913; HK/*Kreft*, § 139 Rn. 12; Kübler/Prütting/Bork/*Ehricke*, § 139 Rn. 10; Jaeger/*Henckel*, § 139 Rn. 14; MünchKommInsO/*Kirchhof*, § 139 Rn. 9a; Nerlich/Römermann/*Nerlich*, § 139 Rn. 6; FK/*Dauernheim*, § 139 Rn. 4; Kübler/Prütting/Bork/*Ehricke*, § 139 Rn. 10; Graf-Schlicker/*Huber*, § 139 Rn. 9; *Gundlach/Schmidt*, DZWIR 2003, 127; *Fischer*, FS Kirchhof, 75; *Gehrlein*, WM 32/2009 (Sonderbeilage), 58; *Wegener*, NJW 2010, 3608. Anders, für eine Berechnung des anfechtungsrelevanten Zeitraums nach dem frühesten zulässigen und begründeten Eröffnungsantrag, auch wenn dieser zurückgenommen oder für erledigt erklärt wurde, LG Magdeburg ZInsO 2002, 591, 592; *Flöther/Bräuer*, DZWIR 2003, 115; *dies.*, DZWIR 2006, 202; *Zeuner*, Anfechtung, Rn. 293 (zurückhaltender nun Leonhardt/Smid/Zeuner/*ders.*, § 139 Rn. 15); tendenziell auch Uhlenbruck/*Hirte*, § 139 Rn. 12. Für den Fall, daß der zur Verfahrenseröffnung führende Eröffnungsantrag bei Rücknahme oder Erklärung des früheren Eröffnungsantrags für erledigt bereits gestellt war oder höchstens sechs Monate später gestellt wurde, auch *Biebinger*, ZInsO 2008, 1191ff., 1195f. Braun/*Riggert*, § 139 Rn. 12, will zurückgenommene Anträge berücksichtigen, nicht aber für erledigt erklärte. – Nicht die Berechnung des anfechtungsrelevanten Zeitraums, sondern diejenige, ob auch ein für erledigt erklärter Eröffnungsantrag dem Tatbestand des § 130 I 1 Nr. 2 InsO genügt, betraf die – von *Flöther/Bräuer*, DZWIR 2003, 114ff., und auch vom BGH selbst (vgl. das eingangs dieser Fn. zitierte Urteil) gleichwohl in diesen Zusammenhang gestellte – Entscheidung in BGHZ 149, 178ff. Aus den gleichen Gründen gehört auch die Entscheidung des OLG Celle InVo 2002, 54ff., nicht hierher. Entgegen Uhlenbruck/*Hirte*, § 139 Rn. 12 und Gottwald/*Huber*, § 46 Rn. 45 gehört in diesem Zusammenhang schließlich ebensowenig BGH NZI 2009, 377f., denn dort ging es (ausweislich des Sachverhalts) um eine Anfechtung nach § 131 I Nr. 1 Alt. 2 InsO, also ebenfalls um den Insolvenzantrag in seiner Funktion als Krisentatsache, entgegen dem Leitsatz des Urteils aber nicht um eine „Anfechtungsfrist“, die § 131 I Nr. 1 Alt. 2 InsO überhaupt nicht vorsieht.

träge.[75] Denn davon, daß der fragliche Antrag zur Zeit des Eröffnungsbeschlusses noch anhängig gewesen sein muß, ist dort keine Rede. Daß im Gegenteil auch solche Anträge relevant sein können, die bei Eröffnung des Insolvenzverfahrens nicht mehr anhängig waren, folgt aus § 139 II 2 InsO, wonach sogar ein mangels Masse rechtskräftig abgewiesener Antrag maßgeblich sein kann.[76] Daraus, daß nach dem Wortlaut des § 139 II 2 InsO aus anderen Gründen abgewiesene Anträge nicht in Betracht zu ziehen sein sollen, läßt sich für die vorliegende Frage nichts schließen, denn zurückgenommene oder für erledigt erklärte Anträge wurden gerade nicht abgewiesen.[77]

Manche Vertreter der herrschenden Ansicht stützen diese auf die in den Materialien enthaltene Aussage, daß es „nur" darauf ankomme, daß der fragliche Antrag zu Verfahrenseröffnung geführt hätte, wenn er nicht mangels Masse abgewiesen oder das Verfahren nicht aufgrund eines später gestellten Antrags eröffnet worden wäre.[78] Daraus wird der Umkehrschluß gezogen, daß ein Antrag, der nicht (mehr) zur Eröffnung des Verfahrens hätte führen können, nicht zu berücksichtigen sei.[79] Die fehlende Überzeugungskraft des in den Materialien enthaltenen Satzes und insbesondere die fehlende Belastbarkeit des daraus gezogenen Umkehrschlusses sind bereits eingehend erörtert worden.

Erheblicher ist der folgende Einwand: Wird die Forderung des Gläubigers vollständig erfüllt, wird sein Antrag gemäß § 14 I InsO unzulässig, wenn kein Fall des § 14 I 2 InsO vorliegt. Der Gläubiger wird den Eröffnungsantrag dann schon aus Kostengründen für erledigt erklären, um einer Abweisung zuvorzukommen. Ein rechtskräftig als unzulässig abgewiesener Eröffnungsantrag wäre aber nach § 139 II 1 InsO bei der Fristberechnung nicht zu berücksichtigen. Man könnte nun argumentieren, daß es auf die einer Abweisung vorgreifende Erledigungserklärung nicht ankommen könne, sondern der Antrag wie ein als unzulässig abgewiesener zu behandeln sei.[80] Diese Argumentation verfinge freilich nur, wenn als unzulässig abgewiesene Eröffnungsanträge, dem Wortlaut des § 139 II 2 InsO entsprechend, tatsächlich außer Betracht zu lassen wären. Wie ausgeführt (§ 10 II 2 d), ist die Norm jedoch gerade insoweit teleologisch zu reduzieren.

Die besseren Gründe sprechen für eine Berücksichtigung auch solcher Anträge, die für erledigt erklärt oder zurückgenommen wurden. Der Anfechtungsgegner ist auch in solchen Fällen schon durch die bloße Antragstellung gewarnt, daß sich der

---

75 So wohl auch *Eckert*, Zeitpunkt, 23.

76 So noch bis zur 2. Aufl. HmbK/*Rogge*, § 139 Rn. 13.

77 Wie hier OLG Dresden ZInsO 2001, 910, 912; *Zeuner*, Anfechtung, Rn. 293; anders aber offenbar *Gundlach/Schmidt*, DZWIR 2003, 127. Einen Umkehrschluß (mit gleichwohl fragwürdiger Berechtigung) aus § 139 II 2 InsO bemüht MünchKommInsO/*Kirchhof*, § 139 Rn. 9 a, wohl nur für die Aussage, daß es für die Nichtberücksichtigung eines für erledigt erklärten oder zurückgenommenen Antrags nicht darauf ankomme, ob (weiterhin) ein Eröffnungsgrund vorliege.

78 Erster Bericht der Kommission für Insolvenzrecht, S. 425; Begr. RegE-InsO, BT-Drucks. 12/2443, S. 163.

79 HK/*Kreft*, § 139 Rn. 12; Braun/*Riggert*, § 139 Rn. 12; Gottwald/*Huber*, § 46 Rn. 43. Ähnlich OLG Frankfurt/M. NZI 2002, 491, 492.

80 Vgl. OLG Dresden ZInsO 2001, 910, 912, und ZInsO 2001, 175, 177f.

Schuldner im anfechtungsrelevanten Zeitpunkt tatsächlich in der Krise befand, welche die in diesem Zeitpunkt vorliegende Krisentatsache angezeigt hatte, und daß er diese Krise nicht überwunden hat. Aus der bloßen Zurücknahme oder Erledigungserklärung kann der Anfechtungsgegner nicht folgern, daß sich die wirtschaftliche Lage des Schuldners allgemein und durchgreifend gebessert hat.[81] Schutzwürdiges Vertrauen, die in der Krise erlangte Deckung behalten zu dürfen, kann er nicht mehr ausbilden; eine rein zeitliche Begrenzung der besonderen Insolvenzanfechtung ist nicht angezeigt.

Dafür, auch für erledigt erklärte oder zurückgenommene Eröffnungsanträge für die Bestimmung des anfechtungsrelevanten Zeitraums zu berücksichtigen, spricht zudem, daß andere Gläubiger womöglich nur deshalb nicht früher selbst die Eröffnung des Insolvenzverfahrens beantragt haben, weil sie darauf vertrauten, daß das durch den später zurückgenommenen oder für erledigt erklärten Antrag in Gang gesetzte Verfahren fortläuft und in eine Eröffnung des Insolvenzverfahrens mündet.[82] Holen sie dies nun nach Zurücknahme oder Erledigungserklärung nach und wird das Verfahren auf ihren Antrag hin eröffnet, würde sich der anfechtungsrelevante Zeitraum nach herrschender Ansicht nur nach diesem bemessen, also nur deshalb verkürzen, weil zuvor ein anderer Antrag gestellt worden war, der die anderen Gläubiger von früherer Antragstellung abgehalten hatte: ein Ergebnis, daß dem Zweck des § 139 II InsO zuwiderliefe.

Für die Bestimmung des anfechtungsrelevanten Zeitraums sind mithin auch solche Eröffnungsanträge zu berücksichtigen, die zurückgenommen oder für erledigt erklärt wurden.

f) Neueröffnung auf erneuten Antrag nach Aufhebung oder Einstellung des Verfahrens

Nicht von § 139 InsO geregelt ist die Frage, nach welchem Antrag sich der anfechtungsrelevante Zeitraum bestimmt, wenn ein Insolvenzverfahren eröffnet worden, jedoch gemäß § 207 InsO mangels einer die Verfahrenskosten deckender Masse oder gemäß § 211 InsO wegen Masseunzulänglichkeit (§ 208 InsO) eingestellt worden war und nun auf erneuten Eröffnungsantrag ein neues Insolvenzverfahren über das Vermögen desselben Schuldners eröffnet wird. Die Interessenlage ist in diesem Fall nicht anders als in demjenigen, daß der frühere Eröffnungsantrag gar nicht erst zur Verfahrenseröffnung führte, sondern mangels Masse abgewiesen wurde: Der anfechtungsrelevante Zeitraum bestimmt sich also nach dem Eröffnungsantrag, der zur Eröffnung des eingestellten früheren Verfahrens führte.[83]

---

[81] So auch bereits HmbK/*Rogge*², § 139 Rn. 13. Für einen „Rest an Indizwirkung für die bestehende Insolvenz" auch OLG Dresden ZInsO 2001, 910, 912.

[82] Vgl. bereits AG Hamburg NZI 2003, 104; *Gerke*, ZInsO 2003, 877 f.

[83] Anders, nämlich generell ausschließend, daß ein Eröffnungsantrag maßgeblich sein könnte, der nicht zum gegenwärtigen Verfahren geführt hat, Jaeger/*Henckel*, § 139 Rn. 5; HmbK/*Rogge*, § 139 Rn. 5; MünchKommInsO/*Kirchhof*, § 139 Rn. 5. BGH NJW 1990, 1240, 1241, worauf sich *Kirchhof* beruft, gehört nicht hierher, denn dort ging es um den Eröffnungsantrag in seiner anfechtungsauslösenden Funktion im Sinne der §§ 107 VglO, 30 KO.

Wurde das auf einen früheren Antrag eröffnete Insolvenzverfahren dagegen nach § 212 InsO wegen (vermeintlichen) Wegfalls des Eröffnungsgrundes eingestellt und später auf erneuten Antrag ein weiteres Insolvenzverfahren eröffnet, weil der Eröffnungsgrund doch nicht weggefallen war, entspricht dies dem Fall, daß der ursprüngliche Eröffnungsantrag als unbegründet abgewiesen wurde: Schutzwürdiges Vertrauen des Anfechtungsgegners kann sich jedenfalls auf den Einstellungsbeschluß stützen; der frühere Eröffnungsantrag bleibt in diesem Fall außer Betracht.[84]

g) Zusammenfassung

Nach gebotener teleologischer Normkorrektur ist § 139 II InsO so anzuwenden, als lautete er: „Sind mehrere Eröffnungsanträge gestellt worden, so ist der erste Antrag maßgeblich, auch wenn das Verfahren auf Grund eines späteren Eröffnungsantrags eröffnet worden ist. Ein Antrag wird nicht berücksichtigt, wenn er rechtskräftig als unbegründet abgewiesen wurde.“ Danach können insbesondere auch für erledigt erklärte oder zurückgenommene Eröffnungsanträge für die Bestimmung des anfechtungsrelevanten Zeitraums maßgeblich sein.

III. Zeitliche Begrenzung auch des §§ 130 I 1 Nr. 2, 131 I Nr. 1 Alt. 2 InsO anfechtungsrelevanten Zeitraums?

1. Problem

Diejenigen Anfechtungstatbestände, in denen die Stellung eines Eröffnungsantrags objektive Anfechtungsvoraussetzung ist, also §§ 130 I 1 Nr. 2, 131 I Nr. 1 Alt. 2 InsO, enthalten darüber hinaus kein Merkmal, das ihre Anwendung auf einen bestimmten Zeitraum beschränkte. Auch in den Materialien ist nur von einer zeitlichen Begrenzung der *vor* dem Eröffnungsantrag vorgenommenen Rechtshandlungen die Rede.[85]

Zwar ist mit dem Erfordernis der Stellung eines Eröffnungsantrags zugleich auch der zeitliche Anwendungsbereich dieser Anfechtungstatbestände beschränkt: der anfechtungsrelevante Zeitpunkt (§ 8) muß zwischen dem der Antragstellung und – wegen § 129 InsO („vor der Eröffnung des Insolvenzverfahrens“) und vorbehaltlich § 147 InsO – demjenigen der Verfahrenseröffnung liegen. Dies bedeutet jedoch nicht, daß sich die Frage einer darüber hinausgehenden Beschränkung des für eine Anfechtung nach §§ 130 I 1 Nr. 2, 131 I Nr. 1 Alt. 2 InsO relevanten Zeitraums nicht stellte. Dabei ist insbesondere an Fälle zu denken, in denen mehrere Eröffnungsanträge gestellt wurden. In solchen Fällen kann zwischen der Stellung des die Anfechtbarkeit nach §§ 130 I 1 Nr. 2, 131 I Nr. 1 Alt. 2 InsO auslösenden Eröffnungs-

---

[84] Ebenso im Ergebnis, aber mit abweichender Begründung (vgl. soeben Fn. 83) Jaeger/*Henckel*, § 139 Rn. 5; HmbK/*Rogge*, § 139 Rn. 5; MünchKommInsO/*Kirchhof*, § 139 Rn. 5.

[85] Erster Bericht der Kommission für Insolvenzrecht, S. 404; Begr. RegE-InsO, BT-Drucks. 12/2443, S. 157f.

antrags und der Verfahrenseröffnung ein langer Zeitraum liegen. Dies gilt nicht nur, wenn man der hier vertretenen Ansicht folgt, wonach grundsätzlich jeder Eröffnungsantrag die Anfechtbarkeit nach diesen Normen auslöst, sofern sich in ihm nur diejenige Krise manifestierte, die letztlich zur Eröffnung des Insolvenzverfahrens führte, und er nicht als unbegründet abgewiesen wurde.[86] Auch auf Grundlage der herrschenden Meinung, die auch in dieser Frage § 139 II InsO heranziehen will und nach der folglich jedenfalls mangels Masse abgewiesene Anträge für die Anfechtung nach §§ 130 I 1 Nr. 2, 131 I Nr. 1 Alt. 2 InsO relevant sein können,[87] kann der anfechtungsrelevante Zeitraum und auch derjenige zwischen Erhalt der Deckung und Verfahrenseröffnung sehr lang sein. Das zeigt sich etwa in folgendem vom BGH[88] entschiedenen Fall: Ein Gläubiger hatte am 14. 4. 2000 die Eröffnung des Insolvenzverfahrens über das Vermögen eines einzelkaufmännisch betriebenen Bauunternehmens beantragt; der Antrag wurde am 28. 6. 2000 mangels einer die Verfahrenskosten deckenden Masse abgewiesen. Im Oktober 2000 stellte der Schuldner seine unternehmerische Tätigkeit ein. Erst „zu einem nicht näher festgestellten Zeitpunkt im Jahr 2003" beantragte der Schuldner selbst die Eröffnung des Insolvenzverfahrens, die am 26. 9. 2003 auch erfolgte. Der Insolvenzverwalter machte nun Anfechtungsansprüche gegen eine Bank geltend, die ein Konto des Schuldners geführt hatte. Dieses hatte sich bei einem Dispositionskreditrahmen von 10.000 DM im April, Mai und „nochmals am 6. 7. 2000" mit mehr als 11.000 DM im Soll befunden, bei Auflösung am 16. 8. 2000 dagegen im Haben. Unter Berufung auf „zur KO entwickelte Grundsätze"[89] entschied der BGH, daß bereits der am 14. 4. 2000 gestellte, mangels Masse abgewiesene Eröffnungsantrag die Anfechtung nach § 131 I Nr. 1 InsO[90] auslöse, ohne daß dem der erhebliche Zeitraum zwischen Antragstellung und Verfahrenseröffnung entgegenstehe.[91] Der – konsequenterweise auch für § 130 I 1 Nr. 2 InsO – anfechtungsrelevante Zeitraum betrug in diesem Fall mithin über 41 Monate![92]

Aus dem Wortlaut der §§ 130 I 1 Nr. 2, 131 I Nr. 1 Alt. 2 InsO ergibt sich nicht, daß die Anfechtbarkeit in solchen oder ähnlichen Fällen aufgrund bloßen Zeitablaufs ausscheiden könnte. Es fragt sich freilich, ob diejenigen Erwägungen, die eine

---

86 Ausführlich oben § 9 IV 3.

87 Vgl. oben § 9 IV 3 a.

88 BGH NZI 2008, 184ff.; Vorinstanz: OLG Schleswig ZInsO 2006, 1224ff. Vgl. auch den Sachverhalt, der LG Itzehoe ZInsO 2003, 809f., zugrunde liegt: Nach Gläubigerantrag vom 24. 11. 2000, der weder zurückgenommen noch für erledigt erklärt noch abgewiesen wurde, wird das Insolvenzverfahren auf Eigenantrag des Schuldners vom 2. 4. 2001 am 7. 3. 2002 eröffnet.

89 Zitiert wird BGH NJW 1985, 200, 201 (zu § 30 Nr. 2 KO); vgl. auch schon RGZ 88, 237f.

90 Welche Alternative das Gericht hier als erfüllt ansieht, macht es nicht deutlich. – Zum Merkmal der Inkongruenz unten § 12; zur Rückführung von Kontokorrentkrediten in der Krise unten § 14.

91 BGH NZI 2008, 184, 185 (offenlassend, „ob sich in Ausnahmelagen zeitliche Schranken ergeben können"); ebenso auch schon OLG Schleswig ZInsO 2006, 1224, 1227. Auch das LG Itzehoe erklärte im soeben in Fn. 88 geschilderten Fall den früheren, nicht beschiedenen Gläubigerantrag für im Rahmen des § 130 I 1 Nr. 2 InsO maßgeblich.

92 Vgl. etwa auch BGH NZI 2008, 363ff. (etwa 47 Monate).

rein zeitliche Einschränkung nach den anderen Tatbeständen der besonderen Insolvenzanfechtung gebieten, nicht auch hier zu berücksichtigen sind. Aus diesen mag folgen, daß eine entsprechende teleologische Reduktion der §§ 130 I 1 Nr. 2, 131 I Nr. 1 Alt. 2 InsO sachgerecht oder gar verfassungsrechtlich geboten ist, damit der mit der Anfechtung verbundene Eingriff in das durch Art. 14 GG geschützte Eigentum des Anfechtungsgegners vor dem Gleichheitssatz[93] Bestand haben kann.

2. Gebotenheit einer zeitlichen Beschränkung

Oben wurde festgestellt, daß die zeitliche Begrenzung der besonderen Insolvenzanfechtung auf einen bestimmten Zeitraum das Vertrauen des Gläubigers schützen soll, das vom Schuldner Erhaltene behalten zu dürfen. Das schutzwürdige Vertrauen kann allerdings nicht schon bei Erhalt einer Deckung entstehen, wenn zum anfechtungsrelevanten Zeitpunkt die objektiven und subjektiven Tatbestandsvoraussetzungen der §§ 130, 131 InsO bestanden haben. Vielmehr läßt es sich nur daraus ableiten, daß in einem nicht unerheblichen Zeitraum nach Eintritt der Krisentatsache kein Eröffnungsantrag gestellt wird, denn dann kann der Gläubiger davon ausgehen, die von der Krisentatsache angezeigte Krise des Schuldners habe in Wahrheit gar nicht vorgelegen oder er habe sie zwischenzeitlich überwunden.

Aus diesen Überlegungen folgt zugleich, warum es grundsätzlich sachgerecht ist, in den Fällen der §§ 130 I 1 Nr. 2, 131 I Nr. 1 Alt. 2 InsO keinen zusätzlichen Vertrauensschutz durch Begrenzung des anfechtungsrelevanten Zeitraums zu gewähren. Denn in diesen Fällen setzt die Anfechtbarkeit objektiv voraus, daß im anfechtungsrelevanten Zeitpunkt bereits die Eröffnung des Insolvenzverfahrens beantragt war, also gerade das Ereignis eingetreten ist, auf dessen Ausbleiben sich das durch die zeitliche Begrenzung der Anfechtung geschützte Vertrauen gründet: Nach Stellung eines Eröffnungsantrags kann der Verkehr grundsätzlich nicht mehr darauf vertrauen, eine Krise liege in Wahrheit nicht vor und das Insolvenzverfahren werde nicht eingeleitet werden. Denn bei der Antragstellung handelt es sich um den Beginn des Insolvenz(eröffnungs)verfahrens. Dies gilt auch dann, wenn sich das Antragsverfahren über einen längeren Zeitraum hinzieht, und insbesondere dann, wenn er – wie im oben geschilderten, dem BGH vorgelegten Fall – mangels einer die Verfahrenskosten deckenden Masse zurückgewiesen wurde. Denn dies wird in der Regel nur geschehen, wenn das Insolvenzgericht den Antrag im übrigen für begründet hält und namentlich das Vorliegen eines Eröffnungsgrundes bejaht.[94] In diesem Fall hat der Eröffnungsantrag nach den Feststellungen des Gerichts also eine wirkliche Krise des Schuldners angezeigt, und es kann – eventuell nach Zahlung eines Kostenvorschusses nach § 26 I 2 InsO – auch noch zur Verfahrenseröffnung kommen. Daß ein erneuter Eröffnungsantrag ausbleibt, kann in

---

[93] Vgl. näher oben § 5 III.

[94] Vgl. oben Fn. 63.

diesem Fall keineswegs als Anzeichen dafür gewertet werden, der Schuldner habe seine wirtschaftliche Krise überwunden; denn andere Gläubiger mögen von der Stellung eines Eröffnungsantrags allein deshalb Abstand nehmen, weil sie den Kostenvorschuß scheuen.

Unproblematisch ist auch der Fall, daß der Eröffnungsantrag als unbegründet abgewiesen wird, denn dann stellt sich die Frage nach einer Begrenzung des für §§ 130 I 1 Nr. 2, 131 I Nr. 1 Alt. 2 InsO relevanten Zeitraums auch nach hier vertretener Ansicht nicht, weil ein solcher Antrag nach dem oben unter § 9 IV 3 f aa Gesagten die Anfechtung gar nicht erst auslöst.

Als problematisch erweisen sich jedoch die Fälle, in denen über den Eröffnungsantrag in der Sache nicht entschieden wird, sei es, weil er als – etwa mangels Glaubhaftmachung einer Forderung, § 14 I InsO – unzulässig abgewiesen wurde, sei es, weil er zurückgenommen oder für erledigt erklärt wurde. Nach dem oben in § 9 IV 3 Ausgeführten lösen auch solche Anträge die Anfechtung nach §§ 130 I 1 Nr. 2, 131 I Nr. 1 Alt. 2 InsO aus, wenn die sich in ihnen zeigende wirtschaftliche Krise aufgrund eines später gestellten Antrags letztlich doch zur Verfahrenseröffnung führte. Da in diesen Fällen das Antragsverfahren nicht fortgeführt wurde, kann der Verkehr nicht erkennen, ob der Eröffnungsantrag als Krisentatsache eine tatsächliche Krise des Schuldners angezeigt hat. War er zunächst durch diese Krisentatsache gewarnt, so verblaßt diese Warnung mit Zeitablauf, nicht anders als in den Fällen, in denen die Zahlungsunfähigkeit des Schuldners Krisentatsache ist. Wird nun in einem solchen Fall die Eröffnung eines Insolvenzverfahrens nicht erneut beantragt, kann der Anfechtungsgegner nach einer gewissen Zeit davon ausgehen, der Schuldner habe sich schon bei Stellung des der Deckung vorausgehenden Eröffnungsantrags nicht in einer Krise befunden oder diese später überwunden. In diesen Fällen kommt es für die Schutzwürdigkeit des durch Zeitablauf entstehenden Vertrauens, die erlangte Deckung behalten zu dürfen, nicht darauf an, daß mit einem Eröffnungsantrag eine andere Krisentatsache die Anfechtbarkeit objektiv ausgelöst hat als bei den übrigen Tatbeständen der besonderen Insolvenzanfechtung, die eine selbständige zeitliche Begrenzung enthalten. Da der allein in der Krisentatsache liegende Unterschied für die Bildung eines schutzwürdigen Vertrauens durch Zeitablauf in diesen Fällen nicht relevant wird, läßt sich die in der fehlenden zeitlichen Begrenzung liegende Schlechterstellung desjenigen, der unter den Voraussetzungen des § 130 I 1 Nr. 2 InsO eine Deckung erhielt, gegenüber demjenigen, dem unter den Voraussetzungen des § 130 I 1 Nr. 1 InsO eine Deckung gewährt wurde, nicht rechtfertigen. Gewährt man diesem Vertrauensschutz, muß man ihn auch jenem gewähren.

In den Fällen, in denen das auf den anfechtungsauslösenden Eröffnungsantrag folgende Verfahren ohne Sachentscheidung endete, muß die Anfechtbarkeit nach §§ 130 I 1 Nr. 2, 131 I Nr. 1 Alt. 2 InsO mithin teleologisch reduziert und auf einen Zeitraum begrenzt werden, der dem der übrigen Anfechtungstatbestände entspricht.

3. Folgerung

Abschließend fragt sich, wie eine solche teleologische Reduktion erfolgen kann, wie also in den Fällen, in denen über den anfechtungsauslösenden Eröffnungsantrag nicht in der Sache entschieden wurde, der anfechtungsrelevante Zeitraum für §§ 130 I 1 Nr. 2, 131 I Nr. 1 Alt. 2 InsO zu bestimmen ist.

Das Ereignis, daß die Ausbildung schutzwürdigen Vertrauens unterbindet, ist auch hier der nach dem unter II. Gesagten maßgebliche weitere Eröffnungsantrag, von dem ab der anfechtungsrelevante Zeitraum in der Zeit zurückgehend zu berechnen ist. Es sind auch keine Gründe ersichtlich, aus denen die Ausbildung schützenswerten Vertrauens hier im Regelfall länger oder kürzer dauern sollte als in den Fällen der §§ 130 I 1 Nr. 1, 131 I Nr. 2, 3 InsO, so daß hier ebenfalls drei Monate anzusetzen sind. Jedoch ist das Ereignis, von dem ab mindestens drei Monate vergangen sein müssen, damit sich schutzwürdiges Vertrauen ausgebildet haben kann, ein anderes. Denn dies kann erst ab der Beendigung des Antragsverfahrens geschehen; solange dieses läuft, muß der Anfechtungsgegner noch damit rechnen, daß es zur Eröffnung eines Insolvenzverfahrens kommt, der Schuldner sich also tatsächlich in einer entsprechenden wirtschaftlichen Krise befand. Im Ergebnis gilt also: Endet das Antragsverfahren ohne Sachentscheidung, weil der Antrag als unzulässig zurückgewiesen oder weil er zurückgenommen oder für erledigt erklärt wurde, sind die nach Stellung dieses Antrags erfolgten Deckungshandlungen nur anfechtbar, wenn binnen dreier Monate nach Beendigung des Antragsverfahrens erneut ein – nach Maßgabe des unter II. Gesagten fristrelevanter – Eröffnungsantrag gestellt wird.[95]

Dies beschränkt im Ergebnis die Abweichung der hier vertretenen von der herrschenden Ansicht. Nach dieser löst ein zurückgenommener, für erledigt erklärter oder als unzulässig zurückgewiesener Eröffnungsantrag die Anfechtung nach §§ 130 I 1 Nr. 2, 131 I Nr. 1 Alt. 2 InsO gar nicht erst aus; nach hier vertretener Ansicht ist er zwar taugliche Krisentatsache,[96] doch ist eine auf ihn gestützte Anfechtung nach §§ 130 I 1 Nr. 2, 131 I Nr. 1 Alt. 2 InsO ausgeschlossen, wenn nicht binnen dreier Monate nach Beendigung des Antragsverfahrens ein nach dem unter II. Gesagten fristrelevanter Eröffnungsantrag gestellt wird. Der verbleibende Unterschied zur herrschenden Meinung ist gleichwohl erheblich und weist die hier vertretene Ansicht als sachgerechter aus; denn nutzt ein Gläubiger die von der Stellung eines Insolvenzantrags ausgehende Druckwirkung, um in der Krise noch eine Zahlung zu erlangen, kann er sich deren Anfechtung nach § 130 I 1 Nr. 2 oder § 131 I Nr. 1 Alt. 2 InsO[97] nicht allein dadurch entziehen, daß er den Antrag sodann zurücknimmt oder für erledigt erklärt. Vielmehr bleiben den anderen Gläubigern nach der Beendigung des ursprünglichen Antragsverfahrens nach hier

---

[95] Die von *Freudenberg*, EWiR 2008, 630, geäußerte Behauptung, eine zusätzliche zeitliche Begrenzung sei im „Sinne der Rechtssicherheit kaum justiziabel“, trifft nicht zu, denn die nach dem Gesagten maßgeblichen Zeitpunkte sind ohne weiteres zu ermitteln.

[96] Ausführlich oben § 9 IV 3.

[97] Zur Inkongruenz sogenannter „Druckzahlungen“ unten § 12 III 4.

vertretener Ansicht drei Monate Zeit, die Anfechtbarkeit dieser Zahlung dadurch sicherzustellen, daß sie ihrerseits die Eröffnung eines Insolvenzverfahrens beantragen.[98]

---

[98] Die Folgen zeigen sich etwa in dem BGH NJW 2008, 2190ff., zugrundeliegenden Fall, vgl. die Schilderung des Sachverhalts unten § 11 nach Fn. 70. Der BGH hat hier gar nicht erst erwogen, ob die nach Stellung und Rücknahme des Eröffnungsantrags des Schuldners geleistete Teilzahlung gemäß § 130 I Nr. 2 InsO anfechtbar sein könnte. Nach hier vertretener Ansicht war schon dieser Antrag taugliche Krisentatsache, obwohl er bereits zurückgenommen worden war (§ 9 IV 3); für die Bestimmung des anfechtungsrelevanten Zeitraums, der nach dem eben Gesagten auch im Rahmen des § 130 I Nr. 2 InsO zu begrenzen sein kann, kommt es darauf an, ob binnen dreier Monate nach Beendigung des auf den anfechtungsauslösenden Antrag eingeleiteten Verfahrens (hier am 12. 11. 1998) ein fristrelevanter Antrag gestellt wurde. Im vorliegenden Fall kam der maßgebliche zweite Antrag der Schuldnerin vom 14. 4. 1999 zu spät; eine Anfechtung nach § 130 I Nr. 2 InsO ist hier also im Ergebnis in der Tat ausgeschlossen.

§ 11 Subjektiver Tatbestand

Die Gewährung oder Ermöglichung einer kongruenten Deckung ist gemäß § 130 I 1 Nr. 1 und 2, II InsO nur anfechtbar, wenn der Anfechtungsgegner die Krisentatsache, deren Vorliegen die Anfechtbarkeit auslöst (§ 9), entweder als solche oder wenigstens Umstände kennt, die zwingend auf das Vorliegen der Krisentatsache schließen lassen. Von den Tatbeständen der Inkongruenzanfechtung dagegen enthält nur § 131 I Nr. 3 InsO subjektive Voraussetzungen. Im Folgenden soll untersucht werden, welche Funktion diesen Tatbestandsmerkmalen zukommt und welche Voraussetzungen sie im einzelnen aufstellen.

I. Grundlagen

1. Funktion und Legitimität der subjektiven Tatbestandsvoraussetzungen

Seit ab Ende der 1950er Jahre einer Reform des Konkursrechts vermehrt das Wort geredet wurde, richtete sich die Kritik namentlich dagegen, daß § 30 KO die besondere Konkursanfechtung von subjektiven Voraussetzungen in der Person des Anfechtungsgegners abhängig machte. Man hielt die subjektiven Tatbestandsvoraussetzungen des § 30 KO für „historische Restbestände", die – jedenfalls teilweise – zu beseitigen seien: „Denn der auch unserer Konkursanfechtung zugrunde liegende Gedanke, daß die Verlustgemeinschaft nicht an den mehr oder minder zufälligen Moment der Eröffnung des Konkurses anzuknüpfen sei, sondern daß in der Krisenzeit erworbene Vorzugspositionen der par conditio[1] creditorum zu weichen haben, trägt wohl seine Rechtfertigung in sich selbst und bedarf nicht der zusätzlichen Rechtfertigung durch das Vorliegen einer zu mißbilligenden subjektiven Einstellung des Erwerbers dieser Position".[2]

---

[1] Vgl. § 2 Fn. 117.

[2] *Weber*, KTS 1959, 85. Vgl. auch *dens.*, 100 Jahre KO, 349, und in Anschluß an ihn *Siedschlag*, Reform des Insolvenzrechts, 127, *Hanisch*, ZZP 90 (1977), 21 f. („historischer Ballast"); *Drobnig*, Verh. 51. DJT I, F 85 f. *Kilger*, Verh. 51. DJT II, O 44, plädiert gar für „die Einführung einer Rückschlagsperre von einem Jahr vor Einleitung des Insolvenzverfahrens für die Besicherung bisher ungesicherter Verbindlichkeiten"; weniger konkret *ders.*, ZRP 1976, 194. Vgl. auch schon *Böhle-Stamschräder*, KTS 1959, 68, und *Schumann*, DJ 1935, 1211. Aus anderen Gründen für eine Abschaffung der subjektiven Tatbestandsvoraussetzungen der besonderen Insolvenzanfechtung *Nowack*, KTS 1992, 173 f.: Der Vertrauensschutz des einzelnen Gläubigers

Mit der Behauptung, bei den subjektiven Voraussetzungen der besonderen Konkurs- oder heute Insolvenzanfechtung handele es sich um „historische Restbestände", wird offenbar auf die Ursprünge der besonderen Insolvenzanfechtung in der römisch-rechtlichen *actio Pauliana* angespielt, die in der Tat grundsätzlich darauf gerichtet war, die Teilnahme des Anfechtungsgegners an einer gezielten Gläubigerschädigung durch den Schuldner zu sanktionieren.[3] Es wird suggeriert, bei den subjektiven Tatbestandsvoraussetzungen der besonderen Insolvenzanfechtung handele es sich um eine Reminiszenz an diesen Teilnahmevorsatz.[4] Das trifft jedoch nicht zu, wie ein Blick auf die Entstehungsgeschichte und die heutige Konzeption der besonderen Insolvenzanfechtung zeigt.

Wie dargelegt, war eine von der Absichtsanfechtung deutlich emanzipierte besondere Konkursanfechtung bereits in der pr. KO enthalten. Welche Bedeutung deren Schöpfer den subjektiven, auf die Person des Anfechtungsgegners zielenden Tatbestandsmerkmalen der §§ 100, 101 pr. KO beilegten, wird jedoch deshalb noch nicht ganz deutlich, weil man sich noch nicht gänzlich bewußtmachte, daß der Geltungsgrund dieser besonderen Konkursanfechtung schon aufgrund ihrer tatbestandlichen Fassung nicht mehr in der Teilnahme an einem „Betrug" des Schuldners liegen konnte.[5] Auch in den Motiven zur KO 1879 wird die eigentliche Funktion der subjektiven Tatbestandsmerkmale einer besonderen Konkursanfechtung durch die dort zugrunde gelegte Lehre vom „Konkursanspruch der Gläubiger" verdeckt, auf dessen angebliche Verletzung man die besondere Konkursanfechtung stützte: Man nahm an, dieser Anspruch habe nur „obligatorische Kraft", und daher könne ihn ein Dritter nur verletzen, wenn er ihn kenne.[6] Dennoch geht schon aus den Motiven zur KO 1879 klar hervor, daß die besondere Konkursanfechtung nicht die Teilnahme des Anfechtungsgegners an einer vom Schuldner begangenen Gläubigerschädigung sanktionieren, sondern dem Gleichbehandlungsgrundsatz schon vor Verfahrenseröffnung Geltung verschaffen soll.[7] Daher sei „der rechtlichen Konsequenz nach" die Verfügungsbefugnis des Schuldners schon mit Eintritt des Eröffnungsgrundes zu beschränken.[8] Dem damaligen französischen Recht, das dem Schuldner die Verfügungsbefugnis konsequent mit der Zahlungseinstellung entzog, folgte man nicht, weil man es als „hart und für Rechtssicherheit des Verkehrs in hohem Grade bedenklich" begriff, wenn Dritte, die „in bestem Glauben" danach noch etwas vom Schuldner erhalten hätten, dies zurückgewähren müßten, „selbst wenn

---

müsse im Dienste eines effizienten Insolvenzverfahrens zugunsten des Gleichbehandlungsgrundsatzes zurücktreten.

[3] Vgl. oben § 1 I.

[4] So besonders deutlich *Bruski*, Voraussetzungen, 23f.

[5] Vgl. oben § 1 IV.

[6] *Hahn*, Materialien IV, 116, 128; dazu oben § 1 VI, § 2 II 1. Auch die Erwägung, der Anfechtungsgegner mache sich zum Teilnehmer an einer vom Schuldner begangenen Verletzung des „Konkursanspruchs" der anderen Gläubiger, wenn er diese kenne (*Hahn*, Materialien IV, 128), zeugt davon, daß die Schöpfer der KO die besondere Konkursanfechtung stellenweise noch ganz in die Nähe der Absichtsanfechtung rückten.

[7] Deutlich in diesem Sinne *Hahn*, Materialien, 133.

[8] *Hahn*, Materialien IV, 118, 115.

Monate darüber vergangen sind".[9] Blendet man die wenig überzeugende Lehre vom Konkursanspruch aus, bleibt als rechtliche Funktion der subjektiven Tatbestandsvoraussetzungen der besonderen Konkursanfechtung also der Schutz des Verkehrs in seinem redlichen Vertrauen, das vom Schuldner Erlangte behalten zu dürfen. Und mit diesem wird auch in den Materialien zur InsO begründet, warum für die Kongruenzanfechtung an subjektiven Voraussetzungen in der Person des Anfechtungsgegners festzuhalten sei.[10]

Dies ist nur konsequent:[11] Die besondere Insolvenzanfechtung soll die Wirkung des Gleichbehandlungsgrundsatzes auf den Eintritt der zur Verfahrenseröffnung führenden Krise vorverlegen, insoweit also den mit Verfahrenseröffnung eintretenden Verlust der Befugnis des Schuldners vorwegnehmen, über Massegegenstände zu verfügen; Verfügungsbeschränkungen aber, die nicht öffentlich bekannt gemacht wurden, entfalten einem redlichen Erwerber gegenüber grundsätzlich keine Wirkung; und wenn die Verfügungsbeschränkung im vorliegenden Fall durch den Eintritt der zur Verfahrenseröffnung führenden Krise ausgelöst wird, muß diese auch Bezugspunkt der Redlichkeit sein.

Die subjektiven Tatbestandsmerkmale können mithin nicht im Sinne eines Teilnahmevorsatzes des Gläubigers an einer vom Schuldner ausgehenden Schädigung der anderen Gläubiger und damit als Tatbestandselemente verstanden werden, welches die Anfechtbarkeit erst auslöst.[12] Da ihnen diese Funktion nicht mehr zukommt, geht die eingangs wiedergegebene Kritik fehl, es handele sich um obsolet gewordenen historischen Ballast, weil die Vorverlegung der *par condicio creditorum* ihre Rechtfertigung in sich selbst trage.[13] Wenn in diesem Zusammenhang von Unredlichkeit des Anfechtungsgegners die Rede ist, ist damit nicht ein sich gegen dessen Verhalten richtender moralischer Vorwurf gemeint. Auf solchen Vorstellungen vom Begriff der Redlichkeit fußt freilich auch noch ein Anwurf von Claus-Wilhelm Canaris: Es sei nicht verständlich, inwiefern jemand unredlich handeln solle, „der von seinem – in seiner Verfügungsmacht noch völlig freien – Schuldner eine Leistung eintreibt, die ihm genau jetzt, genau hier und genau in dieser Weise zusteht".[14] Dem ist

---

[9] *Hahn*, Materialien IV, 116.

[10] Erster Bericht der Kommission für Insolvenzrecht, S. 405; Begr. RegE-InsO, BT-Drucks. 12/2443, S. 158.

[11] Vgl. hierzu bereits § 8 I 3 a.

[12] So aber, auf Grundlage der Lehre vom „Konkursanspruch", teils noch die Motive zur KO 1879, *Hahn*, Materialien IV, 128. Vgl. auch noch *Gerhardt*, 100 Jahre KO, 130f.: Die Unwirksamkeit einer vor Konkurseröffnung erfolgten Verfügung bedürfe einer besonderen Rechtfertigung, die nur in ihrer Unentgeltlichkeit oder „im subjektiven Bereich des jeweiligen Gläubigers" liegen könne. *Gerhardt* folgend Gottwald/*Huber*, § 47 Rn. 27.

[13] Vgl. oben bei Fn. 2. Ablehnend mit anderer Begründung *Eichberger*, Konkursanfechtung, 100f., und in enger Anlehnung an diesen *v. Wiedersperg*, 117f.: Die *par condicio creditorum* sei kein sich selbst tragender Grundsatz, sondern beruhe auf dem grundrechtlichen Gleichheitssatz, der Differenzierungen wie diejenige nach der Schutzwürdigkeit des Erwerbers geradezu verlange.

[14] *Canaris*, 100 Jahre KO, 77f.; zustimmend Uhlenbruck/*Hirte*, § 130 Rn. 50, wie schon *Kuhn/Uhlenbruck*, § 30 Rn. 27. Ablehnend zur „Unredlichkeitstheorie" dagegen auch *Thole*, Gläubigerschutz, 295ff.

entgegenzuhalten, daß der Schuldner in seiner Verfügungsmacht eben nicht mehr völlig frei war, sobald er in eine zur Verfahrenseröffnung führende Krise geriet. Das Urteil der Redlichkeit bezieht sich auf eine innere Einstellung:[15] Redlichkeit des Anfechtungsgegners meint hier lediglich dessen Unkenntnis von der mit dem Kriseneintritt einhergehenden Beschränkung der Privatautonomie, die er sich nach den unter § 2 III herausgearbeiteten Wertungen entgegenhalten lassen muß.

Die subjektiven Tatbestandsvoraussetzungen lösen die Anfechtbarkeit nicht aus, sondern schränken umgekehrt den durch §§ 130, 131 InsO zu verwirklichenden Grundsatz ein, daß der Schuldner schon mit Eintritt der zur Verfahrenseröffnung führenden Krise nicht mehr wirksam über Gegenstände einer späteren Insolvenzmasse verfügen kann; diese Einschränkung dient dem Schutz des Rechtsverkehrs.[16] Daß solche Verkehrsschutzerwägungen sich in die unter § 2 III erarbeiteten Wertungsgrundlagen einfügen und auch verfassungsrechtlich unbedenklich und daher für den Anwender der *lex lata* allemal verbindlich sind, wurde bereits ausgeführt.[17]

Nochmals betont sei hier, daß die Aufnahme subjektiver Voraussetzungen in die Vorschriften über die besondere Insolvenzanfechtung keineswegs zwingend ist. Die Wertungen, die nach dem unter § 2 III Ausgeführten das Eingreifen der besonderen Insolvenzanfechtung rechtfertigen, sind von der inneren Einstellung des Anfechtungsgegners unabhängig. Und der Schutz des Verkehrs in seinem redlichen Vertrauen, das vom Schuldner Erworbene endgültig behalten zu dürfen, ließe sich auch dadurch gewährleisten, daß man in den Fällen, in denen man dieses Vertrauen für schutzwürdig hält, die Rechtsfolgen der Anfechtung auf eine Herausgabe der im Vermögen des Anfechtungsgegners noch vorhandenen Bereicherung beschränkt. Hierauf hat schon Ludwig Häsemeyer hingewiesen.[18] Solche Überlegungen mögen bei einer künftigen, neuerlichen Reform der besonderen Insolvenzanfechtung zu berücksichtigen sein; auf die Auslegung des gesetzten Rechts haben sie jedoch keinen Einfluß.

---

[15] Vgl. zu den historischen Hintergründen etwa *Wieling*, Sachrecht I, § 10 III 1.

[16] So bereits deutlich *Häsemeyer*, Insolvenzrecht, Rn. 21.47; *Bork*, FS Schäfer, 602f.; *Guski*, Sittenwidrigkeit, 163; Kübler/Prütting/Bork/*Schoppmeyer*, § 130 Rn. 104; *ders.*, ZIP 2009, 603; Jaeger/*Henckel*, § 130 Rn. 8; MünchKommInsO/*Kirchhof*, § 130 Rn. 31. Entsprechend zu § 30 KO *Pfefferle*, Rückschlagsperre, 58ff., und *de lege ferenda* 115f.; *ders.*, ZIP 1984, 148 (*lege lata*), 152 (*lege ferenda*); *Henckel*, ZIP 1982, 393f.; *Rausch*, Gläubigerschutz, 242f.; *Canaris*, 100 Jahre KO, 78f.; nun auch *Thole*, Gläubigerschutz, 303, 366f.

[17] § 8 I 3 a.

[18] *Häsemeyer*, KTS 1982, 560f.: „Es gilt nicht, die Redlichkeit des befriedigten Konkursgläubigers zu schützen – schließlich sind die nicht befriedigten Konkursgläubiger nicht weniger redlich. Auch Vertrauensschutz kann dem befriedigten Gläubiger nicht gewährt werden; gegenüber dem Vertrauen auf die Befriedigung der Forderung, das die nicht befriedigten Gläubiger teilen, bringt der Vollzug der Erfüllung zusätzlich nur noch ein Umsetzungsrisiko im Vermögen des befriedigten Gläubigers." Dieses könne genügend dadurch berücksichtigt werden, daß die Rückgewährhaftung entsprechend §§ 818 III, IV, 819 BGB auf eine noch vorhandene Wertsteigerung im Vermögen des Anfechtungsgegners beschränkt werde. Hierauf verweisend noch *ders.*, Insolvenzrecht, Rn. 21.47 mit Fn. 229.

2. Subjektive Tatbestandsmerkmale und Inkongruenz im System der besonderen Insolvenzanfechtung

Nicht alle Tatbestände der besonderen Insolvenzanfechtung enthalten subjektive, auf die Person des Anfechtungsgegners zielende Merkmale. Diese kennzeichnen zunächst die Kongruenzanfechtung nach § 130 I 1 InsO. Daß dagegen die Inkongruenzanfechtung nach § 131 I InsO irgendwelche Kenntnisse des Anfechtungsgegners grundsätzlich nicht voraussetzt, beruht auf der Erwägung, daß der Gläubiger, der eine ihm nicht zustehende Leistung erhält, weniger schutzwürdig sei und die Inkongruenz den Erwerb besonders verdächtig mache, weshalb die Kenntnis des Anfechtungsgegners von der Krise unwiderleglich vermutet werden könne. Die Stichhaltigkeit dieser Erwägungen wird noch zu erörtern sein (§ 12 I).

Eine Sonderstellung nimmt der in § 131 I Nr. 3 InsO geregelte Anfechtungstatbestand ein, der sowohl die Inkongruenz der Deckung voraussetzt als auch ein subjektives Tatbestandsmerkmal beinhaltet. Nach Ansicht der Gesetzesverfasser soll es sich hierbei um einen Sonderfall der in § 133 InsO normierten Vorsatzanfechtung handeln.[19] Danach würde es sich bei der von § 131 I Nr. 3 InsO vorausgesetzten Kenntnis davon, daß die erhaltene Deckung die anderen Gläubiger benachteiligt, um eine Art abgeschwächten Vorsatz bezüglich der Teilnahme an einer vom Schuldner betriebenen Gläubigerschädigung handeln, wie ihn auch § 133 I 1 InsO voraussetzt. Der Ansicht der Gesetzesverfasser ist jedoch nicht zu folgen, § 131 I Nr. 3 InsO ist auch im materiellen Sinne zu den Tatbeständen der besonderen Insolvenzanfechtung zu zählen.[20] Der Anfechtungsgegner kennt die gläubigerbenachteiligende Wirkung der Deckung, wenn ihm bekannt ist, daß sie die noch vorhandene Masse schmälert – diese Wirkung entfaltet wohl jede wirtschaftlich sinnvolle Deckung –, der Schuldner sich im anfechtungsrelevanten Zeitpunkt in einer zur Eröffnung eines Insolvenzverfahrens führenden Krise befindet und andere Gläubiger in diesem Verfahren jedenfalls teilweise mit ihren Forderungen ausfallen werden. Damit bezieht sich die Kenntnis des Anfechtungsgegners im Rahmen des § 131 I Nr. 3 InsO letztlich auf das Vorliegen der Krise selbst. Dieser Bezugspunkt ist mit dem der subjektiven Tatbestandsmerkmale der § 130 I 1 Nr. 1 und 2 InsO, den Krisentatsachen, für die vorliegenden Zwecke identisch. Aus denselben Gründen, die für eine Zuordnung auch des § 131 I Nr. 3 InsO zur besonderen Insolvenzanfechtung im materiellen Sinne sprechen, ist der subjektiven Voraussetzung dieses Anfechtungstatbestands dieselbe Funktion beizulegen wie denen der Tatbestände des § 130 I 1 InsO: An ein anfechtungsauslösendes Moment im Sinne einer Teilnahme an verwerflichem Schuldnerverhalten kann schon deshalb nicht gedacht sein, weil § 131 I Nr. 3 InsO eine Handlung oder sonst irgendein Verhalten des Schuldners überhaupt nicht voraussetzt.[21]

---

[19] Begr. RegE-InsO, BT-Drucks. 12/2443, S. 159, und ebenso bereits der Erste Bericht der Kommission für Insolvenzrecht, S. 407.

[20] Vgl. hierzu und zum folgenden § 7 II 2.

[21] Anders Kübler/Prütting/Bork/*Schoppmeyer*, § 131 Rn. 150 (Vorwurf an den Gläubiger, der Anfechtbarkeit rechtfertigt).

Daß dem subjektiven Tatbestandsmerkmal auch im Rahmen des § 131 I Nr. 3 InsO mithin einschränkende, verkehrsschützende Funktion zukommt, obwohl eine inkongruente Deckung *per se* verdächtig sein soll, läßt sich damit erklären, daß § 131 I Nr. 3 InsO neben Nr. 2 überhaupt nur eine Bedeutung hat, wenn der Schuldner im anfechtungsrelevanten Zeitpunkt noch zahlungsfähig war. Ein Gläubiger muß nicht allein aufgrund der Inkongruenz der von ihm erhaltenen Deckung ohne weiteres davon ausgehen, der Schuldner befinde sich bereits in einer zur Eröffnung eines Insolvenzverfahrens führenden Krise, wenn der Schuldner seine Verbindlichkeiten jedenfalls im wesentlichen noch bedient – und die § 131 I Nr. 1 InsO unterlegte, unwiderlegliche Vermutung, daß eine Krise bereits vorgelegen habe, ist allemal nicht gerechtfertigt, wenn erst über einen Monat später Insolvenzantrag gestellt wird. Daß auch in der im objektiven Tatbestand des § 131 I Nr. 3 InsO umschriebenen Situation Verkehrsschutz gewährt wird, erscheint daher durchaus nicht inkonsequent.[22]

II. Die einzelnen Bezugspunkte der subjektiven Tatbestandsvoraussetzungen

Unter § 9 I 3 wurde bereits ausgeführt, daß den jeweiligen objektiven, krisenbezogenen Tatbestandsvoraussetzungen der besonderen Insolvenzanfechtung neben einer Auslösungs- auch die Signalfunktion zukommt, dem Rechtsverkehr den Zeitpunkt anzuzeigen, ab dem im Falle der späteren Eröffnung eines Insolvenzverfahrens der Gleichbehandlungsgrundsatz mit der Folge eingreift, daß aus dem Vermögen des Schuldners erlangte Deckungen zurückzugewähren sind. In § 9 wurde für die entsprechenden Merkmale der einzelnen Anfechtungstatbestände auch bereits erörtert, ob sie diese Signalwirkung zu dem nach dem unter § 2 III Gesagten richtigen Zeitpunkt entfalten. Hier bleibt auszuführen, welche Anforderungen an das Vorliegen der einzelnen subjektiven Tatbestandsmerkmale und ihren Nachweis zu stellen sind.

1. Zahlungsunfähigkeit, § 130 I 1 Nr. 1 und 2 InsO

a) Kenntnis von der Zahlungsunfähigkeit

§ 130 I 1 Nr. 1 InsO verlangt und § 130 I 1 Nr. 2 InsO läßt genügen, daß dem Anfechtungsgegner im anfechtungsrelevanten Zeitpunkt die Zahlungsunfähigkeit des Schuldners bekannt war. Daß hierfür nicht ausreicht, wenn der Anfechtungsgegner die Zahlungsunfähigkeit nur für möglich hielt oder billigend in Kauf nahm, ist eindeutig und auch allgemeine Ansicht.[23] Daher ist nicht einmal dann ohne

---

22 Vgl. bereits Jaeger/*Henckel*, § 131 Rn. 75.

23 BGH NJW 2008, 2190, 2191; MünchKommInsO/*Kirchhof*, § 130 Rn. 33; Kübler/Prütting/Bork/*Schoppmeyer*, § 130 Rn. 110; Jaeger/*Henckel*, § 130 Rn. 117; HmbK/*Rogge*, § 130 Rn. 16;

weiteres davon auszugehen, daß der Anfechtungsgegner die Zahlungsunfähigkeit des Schuldners kennt, wenn er selbst die Eröffnung eines Insolvenzverfahrens beantragt und dies mit der Zahlungsunfähigkeit des Schuldners begründet hat. Denn gemäß § 14 I InsO genügt hierfür, daß er die Zahlungsunfähigkeit glaubhaft gemacht hat, was wiederum schon dann der Fall ist, wenn die Zahlungsunfähigkeit für wahrscheinlicher zu halten ist als die Zahlungsfähigkeit.[24] Auch ein solches „Für-Wahrscheinlich-Halten" steht der Kenntnis nicht gleich.[25]

Bei der Zahlungsunfähigkeit handelt es sich allerdings um einen Rechtsbegriff, der – wie unter § 9 III im einzelnen ausgeführt – erheblich komplexer ist, als die knappe Legaldefinition des § 19 II 1 InsO vermuten läßt. Da bloße Zahlungsstockungen und unerhebliche Liquiditätslücken außer Betracht bleiben sollen, kommt es nach dem herrschenden Konzept der Zahlungsunfähigkeit[26] auch auf das Verhältnis zwischen den insgesamt bestehenden und den noch bedienten Verbindlichkeiten und dabei auf die Liquiditätsentwicklung jedenfalls in den auf den Beurteilungszeitpunkt folgenden drei Wochen an. Gerade im Hinblick auf die Signalwirkung des Krisenmerkmals, die im vorliegenden Zusammenhang zum Tragen kommt, wurde bereits dargelegt, daß es entgegen der Ansicht des BGH auch im Anfechtungsprozeß nicht auf die später tatsächlich eingetretene Liquiditätsentwicklung als solche ankommt, sondern auf die zum anfechtungsrelevanten Zeitpunkt vorliegenden Umstände und eine auf diese gestützte Liquiditätsprognose.[27] Im Rahmen dieser Liquiditätsprognose sind die in den nächsten drei Wochen fällig werdenden Verbindlichkeiten des Schuldners zu den zu erwartenden Zuflüssen liquider Mittel – gegebenenfalls auch aus der Veräußerung oder Beleihung von Anlagevermögen – ins Verhältnis zu setzen. Der Anfechtungsgegner kennt die Zahlungsunfä-

---

Uhlenbruck/*Hirte*, § 130 Rn. 51; HK/*Kreft*, § 130 Rn. 24; *Bork/Gehrlein*, Insolvenzanfechtung, Rn. 319; BKInsO/*Breutigam*/Syren, § 130 Rn. 22; FK/*Dauernheim*, § 130 Rn. 35; Gottwald/*Huber*, § 47 Rn. 28; Hess/*Hess*, § 130 Rn. 53; *Kocher*, ZVI 2009, 434; *Sander*, ZInsO 2009, 704; *Kuder* ZIP 2008, 291; *Gehrlein*, WM 32/2009 (Sonderbeilage), 28; *Zeuner*, Anfechtung, Rn. 112; *Paulus*, WM 2000, 2227. Entsprechend zur Kenntnis der Zahlungseinstellung, soweit diese für eine Anfechtung nach § 30 KO erforderlich war, *Kilger/K. Schmidt*, § 30 Anm. 9; Jaeger/*Henckel*, Konkursordnung[9], § 30 Rn. 50; *Kuhn/Uhlenbruck*, § 30 Rn. 28. Anders wohl nur MünchKommInsO/*Eilenberger*, § 17 Rn. 33, der meint, bereits leichte Fahrlässigkeit schade, und dazu Rechtsprechung des BGH zum insoweit von § 130 I 1 InsO abweichenden § 10 I Nr. 4 GesO zitiert.

[24] Zum Beweismaß des § 294 ZPO vgl. etwa Stein/Jonas/*Leipold*, § 294 Rn. 7; MünchKomm-ZPO/*Prütting*, § 294 Rn. 24; Musielak/*Huber*, § 294 Rn. 3. Eingehend Scherer, Glaubhaftmachung, 75 ff., 85.

[25] So auch *Brückl/Kersten*, NZI 2004, 426. – Auf einem anderen Blatt steht, ob in einem solchen Fall die Voraussetzungen des § 130 II InsO gegeben sind (vgl. unten b). Dies hängt davon ab, ob die Umstände, mit denen der Antragsteller die Zahlungsunfähigkeit glaubhaft machte, den Schluß auf die Zahlungsunfähigkeit nicht nur überwiegend wahrscheinlich, sondern im Sinne dieser Norm „zwingend" erscheinen lassen. Dies nahm der BGH im in BGHZ 149, 178, 186 f., zu entscheidenden Fall offenbar an.

[26] Hierzu im einzelnen oben § 9 III.

[27] § 9 III 3.

higkeit des Schuldners mithin nur unter zwei Voraussetzungen: Zum einen müssen ihm Informationen über den Gesamtbestand der gegen den Schuldner gerichteten, in den nächsten drei Wochen fällig werdenden Verbindlichkeiten und über die in dieser Zeit vorhandenen Geldmittel vorliegen; zum anderen muß er aus diesen Informationen den für sicher gehaltenen Schluß ziehen, daß der Schuldner wesentliche Teile seiner in den nächsten drei Wochen fällig werdenden Verbindlichkeiten nicht wird tilgen können.[28]

Schon über die Informationen, die danach für eine positive Kenntnis der Zahlungsunfähigkeit des Schuldners erforderlich sind, wird der Anfechtungsgegner in aller Regel allenfalls dann verfügen, wenn es sich um eine dem Schuldner im Sinne des § 138 InsO nahestehende Person, den Buchhalter oder Sanierungsberater des Schuldners oder etwa um seine Hausbank handelt, die auf einer entsprechenden detaillierten Information über die Vermögensverhältnisse des Schuldners bestanden hat.[29] In allen anderen Fällen scheint es als sinnloses Unterfangen, dem Anfechtungsgegner die Kenntnis von der Zahlungsunfähigkeit des Schuldners nachweisen zu wollen.

Es fragt sich, ob diese Beweisnöte daher rühren, daß die Verfasser der InsO das für die Insolvenzanfechtung maßgebliche Krisenmerkmal verändert haben. Nach § 30 KO war es noch auf eine Zahlungseinstellung des Schuldners und die Kenntnis des Anfechtungsgegners von ihr angekommen. Die Verfasser der KO 1879 hatten diesen Anknüpfungspunkt demjenigen der Zahlungsunfähigkeit mit Bedacht vorgezogen: Die Anfechtbarkeit würde „ein frommer Wunsch bleiben“, wenn der im Anfechtungsprozeß entscheidende Richter für ihre Bejahung davon überzeugt sein müßte, daß der Anfechtungsgegner sich über die Zahlungsunfähigkeit des Schuldners das richtige Urteil gebildet habe. Zudem sei der Zeitpunkt, in dem der Schuldner zahlungsunfähig wurde, kaum genau zu ermitteln. Daher müsse die Anfechtbarkeit „an eine spätere, äußerlich wahrnehmbare Thatsachen (sic!) knüpfen, welche zweifellos zu erkennen giebt, daß der Anspruch der Konkursgläubiger[30] begründet sei“ – also die sich durch eine wahrnehmbare Handlung vollziehende Zahlungseinstellung.[31] Die Verfasser der InsO meinten jedoch, der Wortlaut des § 30

---

[28] Entsprechend BGH NZI 2007, 36, 38; OLG Celle ZInsO 2009, 386, 387; Kübler/Prütting/Bork/*Schoppmeyer*, § 130 Rn. 110; MünchKommInsO/*Kirchhof*, § 130 Rn. 33; HK/*Kreft*, § 130 Rn. 25; HmbK/*Rogge*, § 130 Rn. 17; *Paulus*, WM 2000, 2227f. Für die Kenntnis der Wesentlichkeit des Zahlungsausfalls nun stark einschränkend BGH WM 2009, 2229, 2231: Von einem Gläubiger, der eine Leistung von einem erkanntermaßen zahlungsschwachen Schuldner annimmt und von dessen Schulden bei Dritten keine genauen Vorstellungen hat, sei anhand der Art seiner eigenen Forderung und des äußeren Erscheinungsbildes des Schuldnerverhaltens zu beurteilen, ob die gegen den Schuldner bestehende offene Forderung verhältnismäßig hoch sei. Mit einem solchen Beweiswürdigungsgrundsatz wird letztlich das materielle Erfordernis einer Kenntnis von der Zahlungsunfähigkeit durch fahrlässige Unkenntnis ersetzt.

[29] Hierauf verweist MünchKommInsO/*Kirchhof*, § 130 Rn. 35 (allerdings im Rahmen des § 130 II InsO, dazu unten b bb.

[30] Gemeint ist wiederum der „Konkursanspruch“, vgl. hierzu § 1 VI, § 2 II 1.

[31] *Hahn*, Materialien IV, 119.

KO sei zu eng, weil die Zahlungseinstellung nicht die einzige Äußerung der Zahlungsunfähigkeit sei,[32] und ersetzten daher jene durch diese.

Eine gewisse Bedeutung kommt der Zahlungseinstellung im Sinne des § 17 II 2 InsO freilich auch im Rahmen der besonderen Insolvenzanfechtung zu, allerdings nicht in dem Sinne, daß die Kenntnis des Anfechtungsgegners von einer Zahlungseinstellung des Schuldners einer Kenntnis von dessen Zahlungsunfähigkeit ohne weiteres gleichzustellen wäre. Denn gemäß § 17 II 2 InsO begründet die Zahlungseinstellung nur die widerlegliche Vermutung, daß der Schuldner zahlungsunfähig ist; nach der InsO kann eine Zahlungseinstellung also – anders als nach seinerzeit herrschender Ansicht nach der KO[33] – auch dann vorliegen, wenn der Schuldner nicht zahlungsunfähig ist.[34] Den Tatbeständen der § 130 I 1 Nr. 1 und 2 InsO ist also nicht schon dann genügt, wenn der Anfechtungsgegner weiß, daß der Schuldner die Zahlungen eingestellt hat.[35] Fraglich ist aber, ob die Vermutung des § 17 II 2 InsO nicht auch im vorliegenden Zusammenhang Anwendung finden muß. Ihrem Wortlaut nach ist sie zwar auf das objektive Vorliegen der Zahlungsunfähigkeit als eines Eröffnungsgrundes gemünzt. Ihr Zweck ist es jedoch, allgemein die Darlegung und Feststellung der Zahlungsunfähigkeit zu erleichtern.[36] Bedenkt man zudem, daß die Ersetzung des Krisenmerkmals der Zahlungseinstellung durch dasjenige der Zahlungsunfähigkeit dem anfechtenden Insolvenzverwalter den Nachweis der Anfechtungsvoraussetzungen keineswegs erschweren, sondern ausschließlich erleichtern sollte,[37] liegt auf der Hand, daß die Vermutung des § 17 II 2 InsO nicht nur auf die Zahlungsunfähigkeit als objektive, sondern analog auch auf die korrespondierenden subjektiven Tatbestandsvoraussetzungen des § 130 I 1 Nr. 1 und 2 InsO anzuwenden ist: Hat der Anfechtungsgegner (nachweislich) gewußt, daß der Schuldner die Zahlungen eingestellt hatte, wird vermutet, daß er die Zahlungsunfähigkeit des Schuldners gekannt hat.[38]

Praktische Relevanz kommt dieser Klarstellung kaum zu. Denn weder eine Gleichsetzung der Zahlungseinstellung mit der Zahlungsunfähigkeit noch die analoge Anwendung des § 17 II 2 InsO auf die subjektiven Tatbestandsmerkmale des § 130 I 1 Nr. 1 und 2 InsO bringen dem anfechtenden Insolvenzverwalter durch-

---

32 Erster Bericht der Kommission für Insolvenzrecht, S. 404; entsprechend noch Begr. RegE-InsO, BT-Drucks. 12/2443, S. 157.

33 Vgl. die Nachweise in § 9 Fn. 85.

34 Vgl. dazu bereits § 9 III 6.

35 So aber BFH NZI 2006, 53; HK/*Kreft*, § 130 Rn. 25.

36 Erster Bericht der Kommission für Insolvenzrecht, S. 110.

37 Besonders deutlich in diesem Sinne noch der Erste Bericht der Kommission für Insolvenzrecht, S. 404: Durch Anknüpfung an die Zahlungsunfähigkeit würden die Schwierigkeiten vermieden, die bei der Feststellung und dem Nachweis der Zahlungseinstellung auftreten können. Diese Erwägung ist schon in der Begründung des Diskussionsentwurfs nicht mehr enthalten, vgl. dort S. B117.

38 So im Ergebnis auch BGH NJW 2009, 1202, 1203; Jaeger/*Henckel*, § 130 Rn. 118; MünchKommInsO/*Kirchhof*, § 130 Rn. 31; Gottwald/*Huber*, § 47 Rn. 29; *Kocher*, ZVI 2009, 434. Zu weitgehend *Gehrlein*, WM 32/2009 (Sonderbeilage), 28: Kenntnis der Zahlungseinstellung begründe zugleich Kenntnis von der Zahlungsunfähigkeit.

greifende Beweiserleichterungen. Die Definition der Zahlungseinstellung spiegelt diejenige der Zahlungsunfähigkeit wider: Zahlungseinstellung ist „dasjenige äußere Verhalten des Schuldners, in dem sich typischerweise eine Zahlungsunfähigkeit ausdrückt".[39] Weil auch die Zahlungseinstellung von einer bloßen Zahlungsstockung abzugrenzen sein soll,[40] werden damit gerade auch die Merkmale der Dauerhaftigkeit und Wesentlichkeit der Liquiditätslücke in den Begriff der Zahlungseinstellung hineingetragen,[41] welche den Nachweis einer entsprechenden Kenntnis erschweren. Die Anforderungen an den Nachweis einer Kenntnis des Anfechtungsgegners von der Zahlungseinstellung des Schuldners in diesem Sinne bleiben daher kaum hinter denjenigen zurück, die an den Nachweis einer Kenntnis der Zahlungsunfähigkeit zu stellen sind. Namentlich muß der Anfechtungsgegner über den Bestand an fälligen Verbindlichkeiten des Schuldners und über Umstände informiert sein, die sichere Schlüsse auf seine künftige Liquiditätsentwicklung zulassen, um zu wissen, daß die ihm möglicherweise bekannt gewordenen Zahlungsschwierigkeiten des Schuldners keine bloßen Zahlungsstockungen darstellen, sondern der Schuldner seine Zahlungen tatsächlich eingestellt hat.[42] Auch insoweit steht einer Kenntnis nicht gleich, daß der Anfechtungsgegner befürchtet oder billigend in Kauf genommen hat, die Liquiditätsengpässe mögen keine Zahlungsstockung, sondern eine wirkliche Zahlungseinstellung bedeuten.[43]

b) Kenntnis von zwingend auf die Zahlungsunfähigkeit hindeutenden Umständen (§ 130 II InsO)

Diese Beweisnöte des anfechtenden Insolvenzverwalters, die schon von der besonderen Konkursanfechtung bekannt waren, soll § 130 II InsO lindern, dem die Regelung des § 131 II 1 InsO für § 131 I Nr. 3 InsO entspricht. Danach steht der Kenntnis der Zahlungsunfähigkeit (oder des Eröffnungsantrags oder der Gläubigerbenachteiligung) die Kenntnis von Tatsachen gleich, die zwingend auf die Zahlungsunfähigkeit (oder den Eröffnungsantrag oder die Gläubigerbenachteiligung) schließen lassen.

---

[39] Vgl. die Nachweise in § 9 III 6 Fn. 87.

[40] Vgl. nur *Kirchhof*, Kölner Schrift, Kap. 3 Rn. 14f., 20.

[41] So für § 17 II 2 InsO ausdrücklich HK/*Kirchhof*, § 17 Rn. 26; *ders.*, Kölner Schrift, Kap. 3 Rn. 14f., 20; FK/*Schmerbach*, § 17 Rn. 40; FK/*Dauernheim*, § 130 Rn. 40–41; *Bork*, KTS 2005, 2. Offenbar auch BGH WM 2006, 2312, 2313 (wegen des Hinweises auf die Drei-Wochen-Frist). Vgl. auch BGH WM 2003, 400, 402; WM 2001, 689, 690 (jeweils zu § 10 I Nr. 4 GesO); BGH WM 2001, 1225, 1226; WM 2003, 524, 525 (jeweils zu § 30 Nr. 1 KO). Im Ergebnis ebenso Gottwald/*Huber*, § 47 Rn. 8, der meint, Zahlungseinstellung setze Zahlungsunfähigkeit voraus. Anders auf Grundlage eines abweichenden Begriffs von der Zahlungsunfähigkeit noch Kübler/Prütting/Bork/*Pape*, § 17 Rn. 18.

[42] Daß die Rechtsprechung hier seit jeher hilft, indem sie für den Nachweis bestimmte Indizien genügen läßt, ändert an den Anforderungen an den materiellen subjektiven Tatbestand zunächst nichts, vgl. hierzu noch unten b bb.

[43] Entsprechend zur KO schon RGZ 95, 152, 153f.; *Kilger/K. Schmidt*, § 30 Anm. 9; Kuhn/*Uhlenbruck*, § 30 Rn. 28; Jaeger/*Henckel*, Konkursordnung[9], § 30 Rn. 50.

aa) Entstehungsgeschichte

Die Kommission für Insolvenzrecht hatte noch einen anderen Weg beschreiten wollen. Sie hatte in ihrem Ersten Bericht vorgeschlagen, auch für die Kongruenzanfechtung die grob fahrlässige Unkenntnis des Anfechtungsgegners von der Zahlungsunfähigkeit genügen zu lassen (Leitsatz 5.2.1). Dies sei in Anlehnung an § 932 II BGB aufgrund der zeitlichen Nähe des Erwerbs zur Verfahrenseröffnung gerechtfertigt. Schutzwürdige Belange des Anfechtungsgegners würden dadurch nicht verletzt, zumal ihm nicht zugemutet werde, Nachforschungen über die wirtschaftliche Leistungsfähigkeit seines Schuldners anzustellen, sondern ihm nur verwehrt sei, sich bei Empfang der Leistung über Tatsachen hinwegzusetzen, die den Verdacht nahelegen, daß die Krise eingetreten sei.[44] Dem folgten der Diskussions-, Referenten- und Regierungsentwurf, die aber wegen des „erhöhten Rechtsschutzbedürfnisses auf diesem Rechtsgebiet" eine Ausnahme für den Erwerb von Rechten an einem Grundstück machten: Hier sollte „in Anlehnung an § 892 BGB" Anfechtungsvoraussetzung sein, daß der Anfechtungsgegner die Zahlungsunfähigkeit des Schuldners kannte.[45]

Die heutige Fassung des § 130 I 1 InsO und die Einfügung des heutigen § 130 II InsO geht auf den Rechtsausschuß zurück, der dies knapp wie folgt begründete: „Die Anfechtbarkeit von Geschäften, bei denen der Schuldner nichts anderes als die geschuldete Leistung erhält, darf im Interesse der Rechtssicherheit nicht zu weit ausgedehnt werden. Der unscharfe Begriff der ‚groben Fahrlässigkeit' sollte vermieden werden. ... Die Regelung des neuen Absatzes 2, die der Voraussetzung der positiven Kenntnis stark angenähert ist, kann uneingeschränkt auf Grundstücksgeschäfte Anwendung finden".[46]

bb) Rechtsblindheit oder Verschließen vor Tatsachen?

Nach ganz herrschender Meinung setzt § 130 II InsO in seiner Anwendung auf § 130 I 1 Nr. 1 und 2 InsO voraus, daß der Anfechtungsgegner die tatsächlichen Umstände kennt, aus denen die Zahlungsunfähigkeit folgt; sie entbinde nur von dem Erfordernis, daß der Anfechtungsgegner den Schluß vom Vorliegen dieser Umstände auf die Folge „Zahlungsunfähigkeit" selbst gezogen habe.[47] Das ist jedenfalls mißverständlich und insoweit unzutreffend, als tatsächlich davon ausgegangen wird, § 130 II InsO solle dem Anfechtungsgegner nur die Berufung auf

---

[44] Erster Bericht der Kommission für Insolvenzrecht, S. 405.

[45] Begr. DiskE-InsO, S. B 117f.; Begr. RefE-InsO, S. 146f.; Begr. RegE-InsO, BT-Drucks. 12/2443, S. 158. Vgl. auch § 10 I Nr. 4 GesO.

[46] Begr. Rechtsausschuß, BT-Drucks. 12/7302, S. 173.

[47] BGH NJW 2009, 1202, 1203; BGHZ 149, 178, 185; BGH WM 2003, 400, 402; BGH NJW 1998, 607, 608 (noch zu § 10 I Nr. 4 GesO, aber unter ausdrücklicher Bezugnahme auf § 130 II InsO); MünchKommInsO/*Kirchhof*, § 130 Rn. 34f.; HK/*Kreft*, § 130 Rn. 29; Gottwald/*Huber*, § 47 Rn. 30; HmbK/*Rogge*, § 130 Rn. 18; *Zeuner*, Anfechtung, Rn. 118 a.E.; *Bork/Gehrlein*, Insolvenzanfechtung, Rn. 331; *Brückl/Kersten*, NZI 2004, 426. Wohl ebenso Kübler/Prütting/Bork/*Schoppmeyer*, § 130 Rn. 117, vgl. aber auch Rn. 118.

seine „Rechtsblindheit“,[48] also darauf verwehren, er habe aus den ihm bekannten Tatsachen die falschen rechtlichen Schlüsse gezogen.

Daß dies nicht der Sinn des § 130 II InsO sein kann, folgt schon daraus, daß bereits die subjektiven Tatbestände als solche, deren Nachweis § 130 II InsO erleichtern soll, keine rechtlichen Vorstellungen des Anfechtungsgegners voraussetzen. Das liegt auf der Hand für die Kenntnis vom Eröffnungsantrag, die § 130 I 1 Nr. 2 InsO ebenfalls genügen läßt, und auch für die gläubigerbenachteiligende Wirkung der Deckung, die der Anfechtungsgegner nach § 131 I Nr. 3 InsO kennen muß; denn hier handelt es sich um rein tatsächliche Vorgänge oder Wirkungen, deren Vorliegen unabhängig von einer rechtlichen Bewertung beurteilt werden kann.

Gleiches gilt jedoch auch für die nach § 130 I 1 Nr. 1 InsO erforderliche Kenntnis des Anfechtungsgegners von der Zahlungsunfähigkeit des Schuldners. Denn zwar handelt es sich hier um einen Rechtsbegriff; dessen Tatbestand enthält jedoch nur rein tatsächliche Merkmale und keine solchen, die eine rechtliche Bewertung verlangen.[49] Daher kommt es auch für die Frage der Zahlungsunfähigkeit nicht auf eine korrekte rechtliche Bewertung – auch nicht auf eine laienhafte Parallelwertung – des Anfechtungsgegners an.[50] Für eine Kenntnis des Anfechtungsgegners von der Zahlungsunfähigkeit des Schuldners im Sinne des § 130 I 1 Nr. 1 und 2 InsO ist notwendig, aber auch hinreichend, daß er sich über das Vorliegen ihrer *tatsächlichen* Voraussetzungen im klaren war. Daher liegt zwar dann keine positive Kenntnis von der Zahlungsunfähigkeit vor, wenn die tatsächlichen Umstände unterschiedliche Beurteilungen zuließen – was bei der hier anzustellenden Liquiditätsprognose naheliegt! – und der Anfechtungsgegner aus diesen Umständen den – nach Ansicht des im späteren Anfechtungsprozeß entscheidenden Gerichts falschen – Schluß gezogen hatte, der Schuldner werde seine Verbindlichkeiten bei Fälligkeit bedienen können oder es handele sich bei den ihm bekannten Zahlungsschwierigkeiten des Schuldners um vorübergehende Zahlungsstockungen.[51] Hat der Anfechtungsgegner aus den ihm bekannten Umständen aber den – tatsächlichen, nicht rechtlichen! – Schluß gezogen, daß der Schuldner mangels Li-

---

[48] *Gerhardt*, FS Brandner, 615 f.; *Häsemeyer*, Insolvenzrecht, Rn. 21.50; *Kocher*, ZVI 2009, 434; *Paulus*, WM 2000, 2228; *Biehl*, Insider, Rn. 238 f. Vgl. auch die Antwort der Bundesregierung auf eine Kleine Anfrage von Abgeordneten der Bundestagsfraktion „DIE LINKE“, BT-Drucks. 16/6488, S. 4. Entsprechend (nach § 130 II InsO solle ein Rechtsirrtum des Anfechtungsgegners unbeachtlich sein) Jaeger/*Henckel*, § 130 Rn. 121 a. E.; *ders.*, Kölner Schrift^2, S. 813 ff. Rn. 29. Kritisch bereits Kübler/Prütting/Bork/*Schoppmeyer*, § 130 Rn. 115.

[49] Entgegen *Henckel* (Jaeger/*ders.*, § 130 Rn. 121; Kölner Schrift^2, S. 813 ff. Rn. 29; auch schon Jaeger/*ders.*, Konkursordnung^9, § 30 Rn. 50) und diesem insoweit folgend HK/*Kreft*, § 130 Rn. 28 f., können daher keine Parallelen zu §§ 892, 819 oder 990 BGB gezogen werden. Denn während sich die von diesen Normen vorausgesetzte Kenntnis auf Tatbestandsmerkmale bezieht, die ihrerseits eine rechtliche Beurteilung voraussetzen (Eigentum, rechtlicher Grund der Bereicherung, Recht zum Besitz), bezieht sie sich hier auf die rein tatsächlichen Tatbestandsvoraussetzungen des § 17 InsO. Wie hier bereits *Sander*, ZInsO 2009, 706.

[50] Anders aber – beiläufig, mit Blick auf § 133 I 2 InsO – offenbar auch BGH NZI 2009, 768, 769.

[51] Genau hierauf bezieht sich das in diesem Zusammenhang oft und nicht immer richtig zitierte (vgl. sogleich Fn. 52) Urteil in RGZ 23, 112, 115; vgl. auch BGH NJW 1995, 2103, 2105.

quidität nicht nur vorübergehend außer Stande sein wird, seine wesentlichen Zahlungspflichten zu erfüllen, dann kennt er dessen Zahlungsunfähigkeit,[52] ohne daß es darauf ankäme, welche rechtlichen Vorstellungen er sich machte. Es käme daher nie zu einer Anwendung des § 130 II InsO auf die Zahlungsunfähigkeit, wenn diese Norm tatsächlich voraussetzen würde, daß der Anfechtungsgegner weiß, daß „der Schuldner von seinen als fällig eingeforderten Geldschulden einen nicht unwesentlichen Teil (regelmäßig 10%) derzeit nicht erfüllen kann und keine konkrete Aussicht hat, hierfür ausreichende und verwendbare Geldmittel in den nächsten drei Wochen zu erlangen".[53] Denn wenn der Anfechtungsgegner dies weiß, kennt er die Zahlungsunfähigkeit des Schuldners, und einer Anwendung des § 130 II InsO bedarf es nicht mehr.

Im Rahmen der Anfechtung nach § 130 I 1 Nr. 1 InsO muß § 130 II InsO mithin eine andere Bedeutung haben. Die Norm kompensiert jedenfalls die Beweisnachteile, die dem Insolvenzverwalter gerade aus dem prognostischen Element der Zahlungsunfähigkeit erwachsen: Sie nimmt dem Anfechtungsgegner die Möglichkeit, sich in einer Situation, in der die im anfechtungsrelevanten Zeitpunkt vorliegenden Umstände zwingend eine negative Liquiditätsprognose geboten, mit der Behauptung zu verteidigen, er habe die ihm bekannten Umstände anders beurteilt und eine positive Liquiditätsprognose aufgestellt, namentlich die ihm bekannten Zahlungsschwierigkeiten für bloße vorübergehende Zahlungsstockungen gehalten. Das entspricht im Ergebnis der herrschenden Meinung.[54] Folgt man dieser jedoch auch in der Annahme, daß § 130 II InsO voraussetzt, daß der Anfechtungsgegner die Umstände, aus denen die Zahlungsunfähigkeit des Schuldners zu folgern ist, kannte,[55] müßte sich hierin die Funktion des § 130 II InsO erschöpfen, soweit es um eine Anfechtbarkeit nach § 130 I 1 Nr. 1 InsO geht.

---

[52] So auch MünchKommInsO/*Kirchhof*, § 130 Rn. 33; *Paulus*, WM 2000, 2227 f. Widersprüchlich *Kilger/K. Schmidt*, § 30 Anm. 9: Es müsse die Zahlungseinstellung selbst bekannt sein, wofür die Kenntnis der Tatsachen, aus denen sie sich ergebe, nicht genüge, wohl aber, daß die Fakten bekannt seien, welche nach der Verkehrserfahrung die Zahlungseinstellung begründen. Deutlich dagegen *Kuhn/Uhlenbruck*, § 30 Rn. 28: Nur soweit die dem Anfechtungsgegner bekannten Tatsachen, aus denen die Zahlungseinstellung zu folgern ist, einer unterschiedlichen Beurteilung zugänglich sind, steht ihre Kenntnis derjenigen der Zahlungseinstellung nicht gleich; ebenso schon RGZ 23, 112, 115.

[53] So aber MünchKommInsO/*Kirchhof*, § 130 Rn. 35, und diesem folgend OLG Celle ZInsO 2009, 386, 387; OLG Frankfurt/M. ZIP 2003, 1055, 1056; AG Gera ZIP 2007, 2231, 2232; ArbG Koblenz, ZInsO 2009, 487, 488. Kritisch bereits *Sander*, ZInsO 2009, 706 mit Fn. 34.

[54] Vgl. namentlich OLG Hamm NZI 2002, 161 f.; Jaeger/*Henckel*, § 130 Rn. 119, 121; HmbK/*Rogge*, § 130 Rn. 18. Zweifelhaft ist die zu § 133 I 2 InsO ergangene Rechtsprechung des BGH (vgl. etwa BGH NJW 2003, 3560, 3562 und noch WM 2010, 1756), wonach der Anfechtungsgegner die (drohende) Zahlungsunfähigkeit des Schuldners schon dann kennen soll, wenn er die Umstände kennt, aus denen diese folgt – dann wäre § 130 II InsO überflüssig! Ebenso indes etwa OLG Saarbrücken ZInsO 2010, 92, 98 und *Gehrlein*, WM 32/2009 (Sonderbeilage), 28 (zu § 130 InsO), sowie – mit weiteren Nachweisen – MünchKommInsO/*Kirchhof*, § 133 Rn. 24b, der dies auf eine analoge Anwendung des § 130 II InsO stützt.

[55] Vgl. die soeben in Fn. 47 angeführten Nachweise, aber auch noch unten Fn. 65.

cc) Relevanz von Indizien neben oder im Rahmen des § 130 II InsO?

Dem Insolvenzverwalter ist indes wenig geholfen, wenn er auch für eine Anwendung des § 130 II InsO beweisen muß, daß dem Anfechtungsgegner alle für die Erstellung einer Liquiditätsprognose erforderlichen Informationen über Bestand und Entwicklung der Verbindlichkeiten und der kurzfristig verwertbaren Aktiva vorlagen, denn gerade dies wird ihm regelmäßig nicht gelingen. Die Vertreter der herrschenden Ansicht wollen dadurch helfen, daß sie für den Nachweis der von ihr verlangten Kenntnisse genügen lassen, wenn der Anfechtungsgegner „Indiztatsachen“[56] wie die folgenden kannte:[57] daß der Schuldner – etwa im Rahmen von Vergleichs- oder Sanierungsverhandlungen – selbst erklärt hatte, er könne wesentliche fällige Verbindlichkeiten nicht bedienen;[58] daß der Schuldner seine monatlich fällig werdenden Verbindlichkeiten bereits seit mehreren Monaten nicht erfüllt und ein erheblicher Rückstand aufgelaufen ist[59] oder nach Titulierung nur ein Teilbetrag auf eine vor Monaten entstandene Schuld bezahlt wird;[60] daß der Schuldner über einen Zeitraum von mehreren Monaten seiner strafbewehrten Pflicht nicht nachkommt, Sozialversicherungsbeiträge abzuführen;[61] daß Forderungen in beträchtlicher Höhe tituliert wurden und

---

[56] So MünchKommInsO/*Kirchhof*, § 130 Rn. 35. Gottwald/*Huber*, § 47 Rn. 25, spricht von „Beweisanzeichen“; ebenso meist die nachfolgend zitierte Rechtsprechung. Zur Bedeutung dieses Wortes nun klarstellend BGH NZI 2009, 768, 769: „Beweisanzeichen“ sei nicht im Sinne einer echten Vermutung, sondern nur eines Erfahrungssatzes zu verstehen, der im Rahmen der Gesamtwürdigung nach § 286 ZPO Bedeutung erlange.

[57] Vgl. die Übersichten bei MünchKommInsO/*Kirchhof*, § 130 Rn. 37ff.; Jaeger/*Henckel*, § 130 Rn. 122; Kübler/Prütting/Bork/*Schoppmeyer*, § 130 Rn. 118; FK/*Dauernheim*, § 130 Rn. 43f.; *Hölzle*, ZIP 2006, 105f.

[58] BGH NJW 2008, 2190; KG NZI 2007, 247; OLG Dresden InVo 2002, 366f. Anders liegt dies bei einer mit „kurzfristigen Liquiditätsengpässen“ begründeten Stundungsbitte des Schuldners, MünchKommInsO/*Kirchhof*, § 130 Rn. 39.

[59] BGH WM 2009, 2229, 2230 (wenn dem Anfechtungsgegner den Umständen nach bewußt ist, daß es noch andere Gläubiger mit ungedeckten Forderungen gibt); BFH NZI 2006, 53f.; BGH NJW-RR 2002, 261, 261; OLG Rostock ZInsO 2006, 1109, 1111. – Recht zurückhaltend ist der BGH hier bei der Anfechtung von Arbeitslohn vgl. einerseits BGH NJW 2009, 1202, 1204f., und andererseits BGH NZI 2009, 892, 893f. Diese Zurückhaltung begründet der BGH vornehmlich damit, daß Arbeitnehmer im Gegensatz zu „institutionellen Gläubigern“ keinen hinreichenden Gesamtüberblick über die Vermögenssituation ihres Arbeitgebers hätten. Entscheidend ist freilich nicht, was der Anfechtungsgegner aufgrund seiner „institutionellen“ Stellung vielleicht wissen könnte, sondern was er tatsächlich weiß, so daß man auch bezüglich der Indizwirkung eines Zahlungsrückstandes nicht nach potentiellen Informationsmöglichkeiten differenzieren kann; kritisch in diesem Sinne bereits *Klinck*, AP 2009 § 130 InsO Nr. 1, dort insbes. 5.; explizit zustimmend aber namentlich *Bork*, EWiR 2009, 276. Zum Problemkomplex der Insolvenzanfechtung von Lohnzahlungen weiter *Bork*, ZIP 2007, 2337ff.; *Huber*, NJW 2009, 1928ff.; *Kocher*, ZIP 2009, 433ff.; *Pieper*, ZInsO 2009, 1429ff.; *Sander*, ZInsO 2009, 702ff.; *Ries/Doebert*, ZInsO 2009, 2367ff.

[60] BGH WM 2003, 400, 402; WM 2004, 669, 670.

[61] BGHZ 149, 178, 185ff. Einschränkend OLG Dresden ZIP 2001, 621, 623: Verzug mit der Zahlung von Sozialversicherungsbeiträgen reiche für sich genommen nicht aus.

mehrere Pfändungsversuche in die Konten des Schuldners erfolglos geblieben sind.[62]

Die Vertreter der herrschenden Meinung senken die materiellrechtlichen Anforderungen an das subjektive Tatbestandsmerkmal des § 130 I 1 Nr. 1 InsO also zwar kaum ab, weil sie § 130 II InsO nur auf die anzustellende Liquiditätsprognose, nicht aber auf die ihr zugrunde zu legenden Tatsachen anwenden; sie kompensieren dies jedoch, indem sie an den Nachweis der danach erforderlichen Kenntnisse vergleichsweise geringe Anforderungen stellen und Indizien großzügig Beweiswert beilegen. Wäre der herrschenden Meinung in ihrer restriktiven Auslegung des § 130 II InsO zu folgen, müßte man erwägen, ob dies nicht eine glatte Umgehung dieser Norm darstellte.[63] Hier verlangt freilich der Zweck des § 130 II InsO Beachtung, der trotz seiner kurzfristigen Einfügung aus der Gesetzgebungsgeschichte (vgl. oben aa) hinreichend deutlich wird: Die Norm sollte dem Insolvenzverwalter die Anfechtung gegenüber der Rechtslage nach der KO tendenziell erleichtern.[64] Damit ist kaum die Annahme vereinbar, daß mit § 130 II InsO der schon für die KO herrschenden Praxis, die nach § 30 KO erforderlichen Kenntnisse relativ großzügig aus Indizien zu schließen, ein Riegel vorgeschoben werden sollte.

Will man den anfechtenden Insolvenzverwalter dementsprechend jedenfalls nicht schlechter stellen, als der Konkursverwalter stand, bietet es sich an, dies durch eine entsprechend großzügige Auslegung des § 130 II InsO zu gewährleisten, der nach der gesetzlichen Konzeption offenkundig *sedis materiae* sein soll. Es liegt daher näher, „Indiztatsachen" wie die eben genannten nicht erst im Rahmen der Beweisführung und -würdigung zu berücksichtigen, sondern sie § 130 II InsO zu subsumieren.[65] Das ist möglich, wenn man diese Norm entgegen der herrschenden Meinung so versteht, daß sie auch ein Verschließen vor einer Kenntnisnahme der bei der Liquiditätsprognose zugrundezulegenden Tatsachen für irrelevant erklärt, wenn auf diese zwingend aus anderen, dem Anfechtungsgegner bekannten Umständen zu schließen war. § 130 II InsO ist dann nicht nur anwend-

---

[62] KG ZInsO 2004, 394, 395f.

[63] Aus diesem Grund allgemein kritisch zu „tatsächlichen Vermutungen" *Prütting*, Gegenwartsprobleme, 50ff.

[64] BGH NJW 2008, 2190, 2191; Jaeger/*Henckel*, § 130 Rn. 121; *ders.*, Kölner Schrift², S. 813ff. Rn. 29; Kübler/Prütting/Bork/*Schoppmeyer*, § 130 Rn. 116; HK/*Kreft*, § 130 Rn. 29.

[65] Unklar bleibt, ob diejenigen, welche die Rechtsprechung zu den „Indiztatsachen" im Rahmen der Erörterung des § 130 II InsO wiedergeben (so die soeben in Fn. 57 Genannten), damit meinen, bei diesen handele es sich um „Umstände" im Sinne des § 130 II InsO, oder ob sie diesen „Indiztatsachen" nur Bedeutung für den Nachweis der Kenntnis des Anfechtungsgegners von diesen Umständen beimessen. Symptomatisch für die hier herrschenden Unklarheiten MünchKommInsO/*Kirchhof*, § 130 Rn. 35: Die Kenntnis von den Indiztatsachen reiche „ersatzweise" „für eine Anfechtung" aus. Nicht deutlich insoweit auch BGHZ 149, 178, 185; BGH WM 2003, 400, 402; wie hier aber offenbar BGH ZInsO 2010, 1324, 1325: Die Nichtabführung von Sozialversicherungsbeiträgen deute „gem. § 130 Abs. 2 InsO" auf die Zahlungsunfähigkeit hin. Allemal wie hier bereits HK/*Kreft*, § 130 Rn. 29; anderer Ansicht wohl *Huber*, LM GesO Nr. 55 (eine tatsächliche Vermutung für die Kenntnis dürfe mit der „unwiderleglichen Rechtsvermutung" des § 130 II InsO nicht verwechselt werden).

bar, wenn der Anfechtungsgegner die gegenwärtigen Vermögensverhältnisse des Schuldners selbst recht genau kennt, sondern schon dann, wenn er Umstände kennt, aus denen zwingend auf diese Vermögensverhältnisse zu schließen ist. Dafür wird man die eben genannten „Indiztatsachen“ genügen lassen können, wenn man an das in § 130 II InsO enthaltene Merkmal „zwingend“ dieselben großzügigen Maßstäbe anlegt, die offenbar für die Annahme der genannten Indizwirkung gelten. Dafür wiederum genügt es, wenn man einen Schluß für in diesem Sinne „zwingend“ hält, dem sich ein redlich und vernünftig Denkender angesichts der ihm bekannten Tatsachen nicht verschließen konnte.[66] In diesem Sinne läßt beispielsweise der Umstand, daß mehrere Pfändungsversuche wegen erheblicher Forderungen erfolglos blieben, zwingend den Schluß zu, daß der Schuldner nicht mehr über hinreichende liquide Mittel verfügt, seine wesentlichen Verbindlichkeiten zu bedienen.

Der sachliche Unterschied zwischen dieser und der herrschenden Ansicht liegt darin, daß dem Anfechtungsgegner auf Grundlage der herrschenden Meinung konsequenterweise die Möglichkeit bleiben müßte, das Gegenteil zu beweisen, daß er nämlich trotz Kenntnis von den „Indiztatsachen“ keine Kenntnis von der Zahlungsunfähigkeit des Schuldners hatte. Nach hier vertretener Ansicht wäre ihm dieser Weg versperrt, weil die Kenntnis der von der herrschenden Meinung akzeptierten „Indiztatsachen“ schon materiell den subjektiven Tatbestand des § 130 I 1 Nr. 1, II InsO erfüllt.[67] Dieser Unterschied wird freilich praktisch bedeutungslos bleiben, denn der dem Anfechtungsgegner nach der herrschenden Meinung offenstehende Entlastungsbeweis einer negativen subjektiven Tatsache dürfte ihm ohnehin kaum jemals gelingen.

c) Zeitpunkt der Kenntnis

Der Anfechtungsgegner muß von der Zahlungsunfähigkeit oder den Umständen, die zwingend auf sie schließen lassen, „zur Zeit der Handlung“ Kenntnis haben. Welcher Zeitpunkt damit nach § 140 InsO ausschlaggebend ist, wurde bereits unter § 8 eingehend ausgeführt. Daß den Voraussetzungen des § 130 I 1 Nr. 1 und 2

---

[66] So Jaeger/*Henckel*, § 130 Rn. 121; Kübler/Prütting/Bork/*Schoppmeyer*, § 130 Rn. 116; HK/*Kreft*, § 130 Rn. 29; FK/*Dauernheim*, § 130 Rn. 35; *v. Wiedersperg*, Anfechtung, 124. Entsprechend nahm der BGH zu § 30 KO an, die Kenntnis des Anfechtungsgegners von der Zahlungseinstellung sei zu vermuten, wenn er Tatsachen kennt, an die jedermann mit seiner Verkehrserfahrung verständigerweise die Erwartung knüpft, daß der Schuldner wesentliche Zahlungen so gut wie sicher nicht wird erbringen können, BGH WM 2003, 524, 527; NJW 1995, 2103, 2105. Grobe Fahrlässigkeit lassen dagegen etwa *Ganter*, DNotZ 1995, 523, Kübler/Prütting/*Paulus*, § 130 Rn. 33, und *Pilgram*, Ökonomische Analyse, 150, genügen, was mit der Gesetzgebungsgeschichte (oben aa) nicht vereinbar ist; vgl. schon *v. Wiedersperg*, Anfechtung, 120. Noch wesentlich weitergehend und daher ebenso abzulehnen *Paulus*, WM 2000, 2228 f., der aus der Informierungspflicht aus § 18 KWG pauschal darauf schließen will, die Voraussetzungen des § 130 II InsO lägen bezüglich einer entsprechend engagierten Bank stets vor.

[67] Vgl. HK/*Kreft*, § 130 Rn. 29. § 130 II InsO ist keine Beweislastregel: Jaeger/*Henckel*, § 130 Rn. 120.

InsO nicht genügt ist, wenn der Anfechtungsgegner erst nach dem anfechtungsrelevanten Zeitpunkt Kenntnis von der Zahlungsunfähigkeit des Schuldners erlangt hat, folgt schon aus dem insoweit eindeutigen Wortlaut der Norm, aber auch aus der Funktion des subjektiven Tatbestandsmerkmals: Das zu schützende redliche Vertrauen des Anfechtungsgegners in den Bestand seines Erwerbs ist bereits entstanden. Zu erörtern bleibt, wie der umgekehrte Fall zu behandeln ist, daß der Anfechtungsgegner vor dem anfechtungsrelevanten Zeitpunkt von der Zahlungsunfähigkeit des Schuldners Kenntnis hatte und sich nun darauf beruft, er sei davon ausgegangen, daß der Schuldner seine Zahlungsfähigkeit bis zum anfechtungsrelevanten Zeitpunkt wiedererlangt habe.

Zu § 30 KO hatte die Ansicht geherrscht, daß die irrige Annahme des Anfechtungsgegners, die ihm bekannt gewordene Zahlungseinstellung des Schuldners sei beendet und der Schuldner habe seine Zahlungen wiederaufgenommen, der Anfechtbarkeit nicht entgegenstehe: Habe der Gläubiger von der Zahlungseinstellung des Schuldners einmal Kenntnis erlangt, wirke dies bis zur Verfahrenseröffnung fort.[68] Nachdem der BGH die Frage, ob diese Ansicht für die InsO zu übernehmen und auf die von § 130 I 1 Nr. 1 InsO vorausgesetzte Kenntnis des Anfechtungsgegners von der Zahlungsunfähigkeit des Schuldners zu übertragen sei, mehrfach offengelassen hatte,[69] hat er sie nun auf Grundlage folgenden Sachverhalts entschieden:[70] Am 11. 9. 1998 hatte die Schuldnerin die Eröffnung eines Gesamtvollstreckungsverfahrens beantragt und dies ihren Gläubigern mitgeteilt, verbunden mit der Bitte, im Rahmen eines Sanierungsversuchs auf 80% ihrer Forderungen zu verzichten. Am 12. 11. 1998 nahm die Schuldnerin ihren Antrag zurück. Mit Überweisung vom 25. 1. 1999 erhielt der spätere Anfechtungsgegner die im Rahmen der Sanierungsverhandlungen versprochene Teilzahlung, über deren Anfechtbarkeit zu entscheiden war. Ein erneuter Insolvenzantrag der Schuldnerin vom 14. 4. 1999 wurde mangels Masse abgewiesen; das Verfahren wurde erst am 1. 10. 2003 auf Antrag eines Gläubigers vom 6. 5. 2002 eröffnet.

Das Berufungsgericht und diesem folgend der BGH gingen davon aus, daß der Anfechtungsgegner aufgrund des Schreibens der Schuldnerin vom 11. 9. 1998 Kenntnis von dessen Zahlungsunfähigkeit erlangt hatte; nach hier vertretener Ansicht handelte es sich hierbei um einen § 130 II InsO zu subsumierenden Umstand. Das Berufungsgericht hatte angenommen, daß der Anfechtungsgegner am 25. 1. 1999, dem anfechtungsrelevanten Zeitpunkt, jedoch nicht mehr zwingend von einer Zahlungsunfähigkeit des Schuldners habe ausgehen müssen und eine Anfechtung daher ausscheide. Der BGH hatte nun zunächst zu erörtern, ob ein nachträglicher Wegfalle der Kenntnis des Anfechtungsgegners von der Zahlungsunfähigkeit des Schuldners für die Anfechtbarkeit nach § 130 I 1 Nr. 1 InsO materiellrechtlich relevant ist. Dies bejaht das Gericht: § 130 I 1 Nr. 1 InsO setze voraus, daß der Anfechtungsgegner die Zahlungsunfähigkeit des Schuldners gerade zur Zeit der

---

[68] So schon RG JW 1916, 1118 Nr. 8 mit zustimmender Anmerkung von *Jaeger*. Vgl. etwa auch noch Kuhn/*Uhlenbruck*, § 30 Rn. 28; Jaeger/*Henckel*, Konkursordnung[9], § 30 Rn. 32 a.E.

[69] BGHZ 149, 178, 189; BGH NJW 2002, 512, 514.

[70] BGH NJW 2008, 2190ff.

Handlung kenne. Wenn aber nachträgliche Kenntnis nicht schade, müsse Gleiches für frühere Kenntnis gelten, wenn der Gläubiger im Zeitpunkt der Rechtshandlung nicht „bösgläubig“ gewesen sei. Ein daher materiellrechtlich beachtlicher, den Tatbestand des § 130 I 1 Nr. 1 InsO ausschließender Fortfall der Kenntnis setze nicht voraus, daß der Anfechtungsgegner im Zeitpunkt der Rechtshandlung überzeugt gewesen sei, die Zahlungsunfähigkeit sei behoben; vielmehr genüge, daß er von dieser Möglichkeit ausgegangen sei.[71]

Dem ist in der Sache zu folgen.[72] Ausschlaggebend ist jedoch eine Erwägung, die in der vom BGH bemühten Parallele zum Fall nachträglicher Kenntniserlangung nur anklingt. Die subjektiven Tatbestandsvoraussetzungen des § 130 I 1 Nr. 1 InsO müssen deshalb genau im anfechtungsrelevanten Zeitpunkt vorliegen, weil sie dem Schutz redlichen Vertrauens in den Bestand des Erwerbs dienen und für dessen Ausbildung der Zeitpunkt des Erwerbs maßgeblich ist.

Der BGH führt jedoch weiter aus, daß die Auffassung des Anfechtungsgegners, der Schuldner sei nunmehr nicht mehr zahlungsunfähig, an eine ihm nachträglich bekannt gewordene Änderung der Tatsachengrundlage anknüpfen müsse, um Beachtung finden zu können.[73] „Haben zunächst Umstände vorgelegen, die zwingend auf die Zahlungsunfähigkeit schließen ließen, weshalb deren Kenntnis der Kenntnis der Zahlungsunfähigkeit gleichstand (§ 130 II InsO), ist der Wegfall der Kenntnis von der Zahlungsunfähigkeit in zwei Schritten zu prüfen. Als Erstes dürfen diese Umstände nicht mehr gegeben sein; anderenfalls kommt ein Wegfall der Kenntnis der Zahlungsunfähigkeit von vornherein nicht in Betracht. Der Fortfall der die unwiderlegliche Vermutung nach § 130 II InsO begründenden Umstände allein bewirkt nicht zwingend den Verlust der Kenntnis. Vielmehr hat der Tatrichter dann auf Grund aller von den Parteien vorgetragenen Umstände des Einzelfalls zu würdigen, ob eine Kenntnis der Zahlungsunfähigkeit bei Vornahme der Rechtshandlung nicht mehr bestanden hat.“

Hier werden in verwirrender Weise Fragen der materiellrechtlichen Anforderungen an den subjektiven Tatbestand des § 130 I 1 Nr. 1 InsO mit Fragen der Beweislast und Beweiswürdigung vermengt. Die „unwiderlegliche Vermutung“ nach § 130 II InsO greift nicht schon dann ein, wenn die dort genannten Umstände objektiv vorliegen, sondern nur dann, wenn der Anfechtungsgegner sie nachweislich kennt. Daher kommt ein Wegfall der Kenntnis von der Zahlungsunfähigkeit entgegen der Ansicht des BGH durchaus auch dann in Betracht, wenn diese Umstände objektiv weiterhin vorliegen: dann nämlich, wenn der Anfechtungsgegner auch nur für möglich hält, sie seien entfallen. Der Anfechtungsgegner hat schon

---

[71] BGH NJW 2008, 2190, 2191.

[72] So wohl auch FK/*Dauernheim*, § 130 Rn. 45. Nicht ganz eindeutig MünchKommInsO/*Kirchhof*, § 130 Rn. 31: Habe der Anfechtungsgegner die Zahlungsunfähigkeit einmal erkannt, helfe es ihm nicht, wenn er „ohne wesentliche neue Tatsachen“ irrtümlich annehme, sie sei nachträglich wieder behoben worden.

[73] Vgl. nun auch BGH ZIP 2010, 682, 687. Dem folgt Kübler/Prütting/Bork/*Schoppmeyer*, § 130 Rn. 108; entsprechend auch *Fischer*, FS Kirchhof, 76. Ebenso ist wohl auch schon die soeben in Fn. 72 referierte Ansicht von *Kirchhof* zu verstehen.

dann keine Kenntnis von der Zahlungsunfähigkeit des Schuldners mehr, wenn er irrtümlich annimmt, die Umstände, auf denen sie beruht, hätten sich geändert; ob dies wirklich der Fall ist, spielt für das Vorliegen des rein subjektiven materiellen Tatbestands der Kenntnis keine Rolle.[74]

Allerdings erscheint es durchaus nicht sachgerecht, wenn sich der dem Insolvenzverwalter gelungene Nachweis, daß dem Anfechtungsgegner die Zahlungsunfähigkeit des Schuldners oder die in § 130 II InsO genannten Umstände zu einem bestimmten, vor dem für die Anfechtbarkeit relevanten liegenden Zeitpunkt bekannt waren, durch die bloße Behauptung des Anfechtungsgegners entkräften ließe, er sei eben im anfechtungsrelevanten Zeitpunkt davon ausgegangen, daß die Umstände sich zwischenzeitlich geändert hätten. Solchen Schutzbehauptungen läßt sich jedoch wehren, ohne die materiellrechtlichen Voraussetzungen des § 130 I 1 Nr. 1, II InsO anzutasten. Hatte der Anfechtungsgegner vor dem anfechtungsrelevanten Zeitpunkt nachweislich Kenntnis von der Zahlungsunfähigkeit des Schuldners erlangt, ist mit dem BGH davon auszugehen, daß er die Darlegungs- und Beweislast dafür trägt, daß diese Kenntnis zwischenzeitlich wieder entfallen sei[75] – denn daß im Zweifel das Gegenteil zu vermuten ist, liegt auf der Hand. Hierfür muß er jedoch nicht einen Sachverhalt darlegen und beweisen, „der bei zutreffender rechtlicher Sicht (§ 130 Abs. 2 InsO) einen Wegfall des Eröffnungsgrundes [gemeint ist wohl nur die Zahlungsunfähigkeit] ergäbe“;[76] wiederum deswegen, weil es um den subjektiven Tatbestand seiner Kenntnis, nicht um den objektiven der Zahlungsunfähigkeit geht und auch § 130 II InsO die Kenntnis des Anfechtungsgegners von den dort genannten Umständen voraussetzt. Hinreichend und erforderlich ist der Beweis, daß der Anfechtungsgegner einen Fortfall der Zahlungsunfähigkeit des Schuldners, also die allgemeine Wiederaufnahme der Zahlungen,[77] wenigstens für möglich hielt. Freilich wird der Richter zu einer entsprechenden Überzeugung nur gelangen können, wenn der Anfechtungsgegner Tatsachen vorträgt und im Bestreitensfall auch beweist, die eine solche Annahme objektiv rechtfertigen.

d) Zusammenfassung

Der Anfechtungsgegner hat nur dann im Sinne des § 130 I 1 Nr. 1 und 2 InsO Kenntnis von der Zahlungsunfähigkeit des Schuldners, wenn er zum einen über Bestand und kurzfristige Entwicklung der Verbindlichkeiten und der liquiden Mittel des Schuldners informiert ist und auf dieser Grundlage zum anderen prognostiziert, der

---

[74] Anders aber nunmehr dezidiert BGH ZIP 2010, 682, 687; *Gehrlein*, WM 32/2009 (Sonderbeilage), 28.

[75] BGH NJW 2008, 2190, 2192; zustimmend *Hinkel*, BB 2008, 1310. Ebenso bereits BGH NZI 2008, 231, 233, und zur Darlegungslast auch schon BGHZ 149, 178, 189. Nicht hierher gehört BGH WM 2006, 190, 194, obwohl der BGH in den beiden erstgenannten Urteilen auf diese Entscheidung verweist; denn dort ging es nicht um die Voraussetzungen des Fortfalls einer Kenntnis von der Zahlungsunfähigkeit, sondern deren objektive Behebung.

[76] BGHZ 149, 178, 189.

[77] Vgl. § 9 III 6 bei und in Fn. 95.

Schuldner werde einen nicht unwesentlichen Teil der in den nächsten drei Wochen fällig werdenden Verbindlichkeiten nicht bedienen können. § 130 II InsO entbindet allemal von dem Erfordernis, daß der Anfechtungsgegner die letztgenannte Prognose gestellt haben muß, wenn diese aufgrund der dem Anfechtungsgegner bekannten Tatsachen zwingend war. Nach richtiger Ansicht genügen den Anforderungen des § 130 II InsO jedoch auch diejenigen Umstände, welche die bisherige Praxis als „Indiztatsachen" für den Nachweis der Kenntnis des Anfechtungsgegners von der Zahlungsunfähigkeit genügen läßt. Die nach alledem erforderliche Kenntnis des Anfechtungsgegners muß genau im anfechtungsrelevanten Zeitpunkt (§ 8) vorliegen. War dem Anfechtungsgegner zuvor die Zahlungsunfähigkeit nachweislich bekannt gewesen, obliegt ihm die Darlegungs- und Beweislast dafür, daß die Kenntnis bis zum anfechtungsrelevanten Zeitpunkt wieder entfallen ist.

2. Eröffnungsantrag, § 130 I 1 Nr. 2 InsO

War im anfechtungsrelevanten Zeitpunkt bereits ein die Anfechtbarkeit auslösender Eröffnungsantrag[78] gestellt worden, läßt § 130 I 1 Nr. 2 InsO genügen, wenn der Anfechtungsgegner diesen kannte. Auch insoweit ist positive Kenntnis des Anfechtungsgegners entweder von dem Antrag selbst oder gemäß § 130 II InsO wenigstens von den Umständen erforderlich, die zwingend auf die Stellung des Eröffnungsantrags schließen lassen.

Wie ausgeführt,[79] löst ein Eröffnungsantrag die Anfechtbarkeit nur aus, wenn er begründet ist, wenn im anfechtungsrelevanten Zeitpunkt also ein Eröffnungsgrund vorliegt. Diese einschränkende Auslegung des Merkmals „Eröffnungsantrag" ist im Hinblick auf seine Auslösefunktion geboten, da die besondere Insolvenzanfechtung nach dem unter § 2 III Gesagten nicht eingreifen muß, vor allem aber nach den in § 5 II herausgearbeiteten verfassungsrechtlichen Maßstäben nicht eingreifen darf, solange der Schuldner sich nicht in einer Krise befindet, welche ausschließt, daß der mit der Deckung verbundene Abfluß an Haftungsmasse durch Erwirtschaftung neuen Vermögens kompensiert werden kann. Diese Einschränkung ist jedoch nicht in der Weise auf den subjektiven Tatbestand zu übertragen, daß der Anfechtungsgegner nicht nur die Tatsache der Antragstellung kennen, sondern auch wissen müßte, daß der Antrag begründet ist. Denn hier geht es um Verkehrsschutzerwägungen: Der Anfechtungsgegner muß schon aufgrund der bloßen Tatsache, daß Insolvenzantrag gestellt wurde, mit der Eröffnung eines Insolvenzverfahrens und einem damit verbundenen Eingreifen der besonderen Insolvenzanfechtung rechnen. Auf den Bestand seines Erwerbs kann er daher unabhängig davon nicht vertrauen, ob er weiß, daß der Eröffnungsantrag auch begründet war.[80] Wurden mehrere Eröffnungsanträ-

---

[78] Vgl. § 9 IV.

[79] § 9 IV 2.

[80] Ebenso MünchKommInsO/*Kirchhof*, § 130 Rn. 54; Kübler/Prütting/Bork/*Schoppmeyer*, § 130 Rn. 123; FK/*Dauernheim*, § 130 Rn. 47; Graf-Schlicker/*Huber*, § 130 Rn. 19; auch schon *Cosack*, Anfechtungsrecht, 178. Vgl. zu entsprechenden Erwägungen für die Bestimmung des anfechtungsrelevanten Zeitraums oben § 10 II.

ge gestellt, kommt es aus den gleichen Gründen nur darauf an, daß der Anfechtungsgegner einen von ihnen kannte; dabei muß es sich nicht gerade um denjenigen gehandelt haben, aufgrund dessen später das Insolvenzverfahren eröffnet wurde. Einer analogen Anwendung des § 139 II 1 InsO bedarf es hierzu nicht. Nicht ausreichend ist hingegen die Kenntnis von einem Eröffnungsantrag, der im anfechtungsrelevanten Zeitpunkt bereits als unbegründet abgewiesen war oder später als unbegründet abgewiesen wurde. Dies folgt allerdings wiederum nicht aus dem Rechtsgedanken des § 139 II 2 InsO,[81] sondern daraus, daß die Abweisung dem Eröffnungsantrag jegliche Signalfunktion nimmt.[82]

Gemäß § 130 II InsO genügt es, wenn der Anfechtungsgegner zwar nicht den Eröffnungsantrag als solchen, wohl aber nachweislich Umstände kannte, die den zwingenden Schluß auf die Stellung eines Eröffnungsantrags zuließen. Ein solcher Umstand liegt freilich nicht schon ohne weiteres darin, daß der Schuldner dem Anfechtungsgegner die Stellung eines Eröffnungsantrags angekündigt hatte,[83] denn daß der Schuldner seinen Entschluß auch umsetzt, ist keineswegs zwingend. Den Anfechtungsgegner trifft auch in diesem Fall keine Obliegenheit, sich vor der Rechtshandlung über die Antragstellung zu vergewissern[84] – solche Informierungsobliegenheiten sollten den Anfechtungsgegner ausweislich der Materialien nicht einmal nach den früheren Entwürfen treffen, nach denen noch grob fahrlässige Unkenntnis von der Krisentatsache für die Anfechtbarkeit ausreichte.[85] Ein Umstand, der zwingend den Schluß auf die Stellung eines Eröffnungsantrags zuläßt und dessen Kenntnis daher gemäß § 130 II InsO genügt, ist dagegen, daß das Insolvenzgericht einen vorläufigen Insolvenzverwalter bestellt oder sonstige Sicherungsmaßnahmen im Sinne des § 21 InsO angeordnet, namentlich dem Schuldner gemäß § 21 II Nr. 2 InsO ein allgemeines Verfügungsverbot auferlegt hat.[86] Daß der Anfechtungsgegner von der Anordnung einer Sicherungsmaßnahme Kenntnis hatte, folgt indes wiederum nicht schon daraus, daß diese gemäß §§ 23, 9 InsO öffentlich bekanntgemacht wurde.[87]

---

[81] So aber HK/*Kreft*, § 130 Rn. 32; FK/*Dauernheim*, § 130 Rn. 47; MünchKommInsO/*Kirchhof*, § 130 Rn. 54f. Mit abweichender Begründung Kübler/Prütting/Bork/*Schoppmeyer*, § 130 Rn. 124: Zur Beseitigung der Schutzwürdigkeit könne nur die Kenntnis einer Krisentatsache ausreichen, welcher der Gesetzgeber auch anfechtungsrechtliche Relevanz beilege. Das ist, wie eben ausgeführt, keineswegs zwingend.

[82] § 9 IV 3f.

[83] So auch MünchKommInsO/*Kirchhof*, § 130 Rn. 56; Kübler/Prütting/Bork/*Schoppmeyer*, § 130 Rn. 126; *Paulus*, WM 2000, 2227.

[84] So aber im Ergebnis HK/*Kreft*, § 130 Rn. 33; *Foerste*, Insolvenzrecht, Rn. 307.

[85] Vgl. den Ersten Bericht der Kommission für Insolvenzrecht, S. 405, und noch Begr. RegE-InsO, BT-Drucks. 12/2443, S. 158. Hierauf verweist schon Kübler/Prütting/Bork/*Schoppmeyer*, § 130 Rn. 126.

[86] MünchKommInsO/*Kirchhof*, § 130 Rn. 56; FK/*Dauernheim*, § 130 Rn. 47; HK/*Kreft*, § 130 Rn. 33; Kübler/Prütting/Bork/*Schoppmeyer*, § 130 Rn. 125.

[87] So aber LG Itzehoe ZInsO 2003, 809; HmbK/*Rogge*, § 130 Rn. 26; *Hölzle*, ZIP 2006, 106. Wie hier dagegen BGH NZI 2011, 18, 19f.; OLG Schleswig DZWIR 2002, 514; Jaeger/*Henckel*, § 130 Rn. 122; MünchKommInsO/*Kirchhof*, § 130 Rn. 56.

3. Gläubigerbenachteiligung, § 131 I Nr. 3 InsO

§ 131 I Nr. 3 InsO verlangt, daß dem Anfechtungsgegner zur Zeit der Handlung bekannt war, daß sie die anderen Insolvenzgläubiger benachteiligte. Die danach erforderliche Kenntnis beschränkt sich letztlich auf eine mit Sicherheit zu erwartende Krise des Schuldners, aufgrund derer andere Gläubiger auszufallen drohen, weil die masseschmälernde Wirkung der Deckung auf der Hand liegt.[88] Gemäß § 131 II 1 InsO steht der Kenntnis von der gläubigerbenachteiligenden Wirkung der anzufechtenden Rechtshandlung wiederum die Kenntnis von Umständen gleich, die zwingend auf die Benachteiligung schließen lassen.

Zur Absichtsanfechtung nach § 31 KO hatte sich die Ansicht durchgesetzt, daß die Inkongruenz einer Deckung[89] als „starkes Beweisanzeichen" nicht nur für das Bewußtsein und den Willen des Schuldners, andere Gläubiger zu beachteiligen, zu werten sei,[90] sondern auch für eine entsprechende Kenntnis des Anfechtungsgegners von diesem Willen.[91] Hieran ist nach herrschender Ansicht auch für die Vorsatzanfechtung nach § 133 I 1 InsO festzuhalten.[92] Sieht man § 131 I Nr. 3 InsO mit der – unzutreffenden – herrschenden Ansicht als Sonderfall der Vorsatzanfechtung an, liegt es nahe, die genannten Grundsätze auf diese Norm zu übertragen. Zwar verlangt sie keinen Benachteiligungsvorsatz des Schuldners und schon gar keine entsprechende Kenntnis des Anfechtungsgegners, sondern lediglich dessen Kenntnis von einer objektiven gläubigerbenachteiligenden Wirkung der Deckung. Man könnte jedoch meinen, daß die Inkongruenz erst recht für eine solche, hinter derjenigen von einem Gläubigerbenachteiligungsvorsatz des Schuldners zurückbleibende Kenntnis des Anfechtungsgegners ein „starkes Beweisanzeichen" sei.

Von manchen wird dieser Schluß kategorisch abgelehnt: Mit Beweiserleichterungen dürfe bei § 131 I Nr. 3 InsO nicht gearbeitet werden, nachdem das Gesetz

---

[88] Vgl. § 7 II 2; § 11 I 2.

[89] Vgl. zu dieser ausführlich § 12.

[90] Vgl. etwa, jeweils mit weiteren Nachweisen, BGH NJW 1999, 3046, 3047; NJW 1998, 2592, 2598; NJW-RR 1993, 238, 240; NJW 1993, 3267, 3268; NJW 1990, 2687, 2688; NJW 1984, 1893, 1899. Jaeger/*Henckel*, Konkursordnung[9], § 31 Rn. 13; Kuhn/*Uhlenbruck*, § 31 Rn. 9a; Kilger/*K. Schmidt*, § 31 Anm. 4.

[91] Vgl. etwa jeweils mit weiteren Nachweisen, BGH NJW 1999, 3046, 3047; 1998, 2592, 2598; NJW 1993, 3267, 3268. Jaeger/*Henckel*, Konkursordnung[9], § 31 Rn. 18 a.E.; Kuhn/*Uhlenbruck*, § 31 Rn. 14 a.E.; Kilger/*K. Schmidt*, § 31 Anm. 4.

[92] BGH ZIP 2010, 1434, 1435; BGH ZIP 2010, 841, 843; BGH NZI 2009, 372, 373; BGH NZI 2008, 233 (234f.); BGH NJW 2007, 2320, 2323; NJW 2006, 1348, 1350; NJW 2005, 1348, 1350; NJW 2004, 1385, 1387; OLG Hamm ZInsO 2010, 1004, 1007. Kübler/Prütting/Bork/*Bork*, § 133 Rn. 27ff.; MünchKommInsO/*Kirchhof*, § 133 Rn. 30; HmbK/*Rogge*, § 133 Rn. 33; HK/*Kreft*, § 133 Rn. 19, 21; FK/*Dauernheim*, § 133 Rn. 13; *Fischer*, FS Kirchhof, 83f.; *Fischer*, FS Kirchhof, 74; *Huber*, FS Kirchhof, 251ff.; *ders.*, ZInsO 2003, 1026ff.; *Bork*, ZIP 2004, 1688; *Flöther/Bräuer*, ZInsO 2005, 1246; *Sander*, ZIP 2003, 615; *Gehrlein*, WM 33/2009 (Sonderbeilage), 42f. Kritisch *Henckel*, Kölner Schrift[2], S. 813ff. Rn. 50ff.; Jaeger/*ders.*, § 133 Rn. 35ff.; *Jacoby*, KTS 2009, 16. Einschränkend *Thole*, Gläubigerschutz, 498ff.; *Schoppmeyer*, ZIP 2009, 600ff., 606f.

den Tatbestand schon so gefaßt habe, daß er weiter greife, als die Rechtsprechung zur Konkursordnung mit ihren Beweiserleichterungen habe greifen können.[93] Der BGH hat anders entschieden: Zwar könne nicht schon aus der Inkongruenz der Deckung geschlossen werden, daß dem Anfechtungsgegner deren gläubigerbenachteiligende Wirkung bekannt gewesen sei, wie schon der Umkehrschluß aus § 131 II 2 InsO belege. Jedoch könne der Inkongruenz die Bedeutung eines Beweisanzeichens für die Kenntnis des Gläubigers von der gläubigerbenachteiligenden Wirkung beizumessen sein, wenn er – was vom Insolvenzverwalter zu beweisen sei – bei Vornahme der Handlung gewußt habe, daß sich der Schuldner in einer „finanziell beengten Lage" befand. Würde man die Indizwirkung der Inkongruenz vernachlässigen, führte dies dazu, daß eine innerhalb der letzten drei Monate vor Antragstellung gewährte Deckung nach § 133 InsO leichter anfechtbar wäre als nach § 131 InsO; ein derartiger Wille könne dem Gesetzgeber nicht unterstellt werden.[94]

Diese Ausführungen des BGH vermögen nicht zu überzeugen. Ihre Bedeutung hängt entscheidend davon ab, was mit einer „finanziell beengten Lage" des Schuldners gemeint ist, von welcher der Anfechtungsgegner nach Ansicht des BGH nachweislich Kenntnis gehabt haben muß, damit die angebliche Indizwirkung der Inkongruenz greift. Die Ausführungen des BGH bleiben insoweit unklar. Sollte mit einer „finanziell beengten Lage" des Schuldners gemeint sein, daß mit Sicherheit zu erwarten ist, daß seine Gläubiger jedenfalls zum Teil ausfallen werden, hätte eine Indizwirkung der Inkongruenz keine Bedeutung; denn kennt der Anfechtungsgegner diese Lage, weiß er auch, daß der mit der Deckung einhergehende Vermögensabfluß die anderen Gläubiger benachteiligt. Auf eine aus der Inkongruenz folgende Indizwirkung käme es daher nur an, wenn an die „finanziell beengte Lage" des Schuldners weniger strenge Anforderungen zu stellen wären. Sollte dies der Ansicht des BGH entsprechen, ist ihr allemal nicht zu folgen.

Auf Grundlage einer solchen Ansicht müßte der Insolvenzverwalter für die Anfechtbarkeit nach § 131 I Nr. 3 InsO zunächst nur vortragen und beweisen, daß die vom Anfechtungsgegner im anfechtungsrelevanten Zeitraum erhaltene Deckung inkongruent war und der Anfechtungsgegner im anfechtungsrelevanten Zeitpunkt zwar nicht wußte, daß die Gläubiger des Schuldners ausfallen würden, aber doch eine irgendwie „beengte finanzielle Lage" des Schuldners kannte. Es obläge dann

---

93 *Henckel*, Kölner Schrift², S. 813ff. Rn. 41 a.E.; *Paulus/Schröder*, WM 1999, 255.

94 BGH NJW 2004, 1385, 1388; NJW-RR 2004, 1563, 1565; NJW-RR 2006, 1718, 1719. Ebenso OLG Köln ZIP 2007, 391; HK/*Kreft*, § 131 Rn. 26; MünchKommInsO/*Kirchhof*, § 131 Rn. 63; Kübler/Prütting/Bork/*Schoppmeyer*, § 131 Rn. 159; Graf-Schlicker/*Huber*, § 131 Rn. 16; Gottwald/*ders.*, § 47 Rn. 63; *Zeuner*, Anfechtung, Rn. 145; *Thole*, Gläubigerschutz, 369. Vgl. auch schon *Gerhardt*, ZIP 1985, 586: Der erforderliche Beweis der Kenntnis einer mit der Rechtshandlung verbundenen objektiven Gläubigerbenachteiligung werde stark erleichtert sein, weil beides wegen der Inkongruenz naheliege. – Vgl. dazu, daß die Indizwirkung der Inkongruenz auch im Rahmen des § 133 InsO eine „finanziell beengte Lage" des Schuldners voraussetzen soll, etwa BGH NZI 2008, 556, 557; NJW-RR 2006, 1136, 1138; NJW 2004, 1385, 1388. Kübler/Prütting/Bork/*Bork*, § 133 Rn. 31; HmbK/*Rogge*, § 133 Rn. 33. Weitergehend MünchKommInsO/*Kirchhof*, § 133 Rn. 29 (Schuldner dürfe nicht zweifelsfrei liquide gewesen sein).

dem Anfechtungsgegner, den Beweiswert des in der Inkongruenz der Deckung liegenden Indizes für seine Kenntnis von der gläubigerbenachteiligenden Wirkung der Deckung zu entkräften. Reduzierte man die Darlegungs- und Beweislast des Insolvenzverwalters in dieser Weise, würde zwar nicht § 131 II 2 InsO obsolet, denn eine wirkliche Beweislastumkehr läge darin nicht. Überflüssig würde aber § 131 II 1 InsO. Dabei ist hier davon auszugehen, daß an eine „finanziell beengte Lage" des Schuldners auch geringere Anforderungen zu stellen sind als an einen Umstand im Sinne des § 131 II 1 InsO; andernfalls käme einer Indizwirkung der Inkongruenz neben dieser Norm ohnehin keine Bedeutung zu. Gelingt dem Insolvenzverwalter nun der Nachweis, daß der Anfechtungsgegner eine „finanziell beengte Lage" des Schuldners kannte, und kann der Anfechtungsgegner die aus der Inkongruenz der Deckung folgende Indizwirkung nicht entkräften, wäre nach diesem Verständnis der subjektive Tatbestand des § 131 I Nr. 3 InsO bewiesen, und auf § 131 II 1 InsO käme es nicht mehr an. Diese Norm könnte also nur noch relevant werden, wenn es dem Anfechtungsgegner gelingt, die Indizwirkung zu entkräften. Kann der Anfechtungsgegner aber die hierfür erforderlichen Umstände nachweisen, ist es kaum vorstellbar, daß sodann umgekehrt dem Insolvenzverwalter der Nachweis gelingt, daß der Anfechtungsgegner Umstände kannte, die zwingend auf die gläubigerbenachteiligende Wirkung der Deckung schließen ließen, namentlich also Umstände, aus denen zwingend zu schließen war, daß dem Schuldner nicht mehr hinreichendes haftendes Vermögen zur Verfügung stehen würde, um alle gegen ihn gerichteten Forderungen zu bedienen. Kurz gesagt: In den Fällen, in denen § 131 II 1 InsO neben einer Indizwirkung der Inkongruenz noch relevant werden könnte, ist kaum denkbar, daß dem Insolvenzverwalter die für eine Anwendung der Norm erforderliche Beweisführung gelänge.

Anders als § 130 II InsO hätte § 131 II 1 InsO also neben den hergebrachten Beweisführungserleichterungen keine Bedeutung mehr, wenn man die Kenntnis des Anfechtungsgegners von einer hinter den Voraussetzungen des § 131 II 1 InsO zurückbleibenden „finanziell beengten Lage" des Schuldners in Verbindung mit der Inkongruenz der Deckung als Indiz für seine Kenntnis von der gläubigerbenachteiligenden Wirkung der Deckung ansähe. Und anders als für die Beibehaltung der für die KO anerkannten Beweisführungserleichterungen neben § 130 II InsO[95] läßt sich hier nicht damit argumentieren, daß diese Norm den Insolvenzverwalter lediglich besserstellen solle, als der Konkursverwalter stand. Denn die KO hatte einen dem § 131 I Nr. 3 InsO entsprechenden Anfechtungstatbestand nicht gekannt; schon seine bloße Existenz bedeutet daher eine Besserstellung gegenüber der KO. Es ist davon auszugehen, daß die in § 131 II 1 InsO vorgesehene Erleichterung der Anfechtbarkeit abschließend und neben ihr kein Raum mehr für eine Indizwirkung der Inkongruenz ist. Wenn es danach tatsächlich einfacher sein sollte, die Voraussetzungen des § 133 InsO zu beweisen als diejenigen des § 131 I Nr. 3 InsO, wie der BGH meint, dann sollte dies eher daran zweifeln lassen, ob der Inkongruenz im Rahmen des § 133 I 1 InsO die propagierte Indizwirkung zukommen kann.[96]

---

[95] Vgl. oben § 11 II 1 b cc.

[96] Kritisch und relativierend namentlich Jaeger/*Henckel*, § 133 Rn. 35 ff.; *ders.*, FS Gerhardt, 371 ff.

Für die subjektiven Tatbestandsvoraussetzungen der § 131 I Nr. 3, II 1 InsO trägt der Insolvenzverwalter mithin die volle Darlegungs- und Beweislast. Namentlich muß er darlegen und beweisen, daß der Anfechtungsgegner eine finanzielle Lage des Schuldners kannte, die zwingend den Schluß zuließ, daß jedenfalls aufgrund der mit der Deckung verbundenen Minderung des haftenden Vermögens des Schuldners andere Gläubiger ausfallen würden; die Kenntnis einer weniger „beengten finanziellen Lage" genügt nicht.

III. Zurechnungsfragen

Trotz der Formulierung der §§ 130 I 1 Nr. 1 und 2, 131 I Nr. 3 InsO müssen die subjektiven Voraussetzungen dieser Tatbestände nicht zwingend in der Person des Anfechtungsgegners erfüllt sein; auch die Kenntnis eines Dritten kann ihm schaden. Hier finden die allgemeinen Regeln über Wissenszurechnung Anwendung. Diese sind nicht etwa deshalb zu modifizieren, weil es „bei der Kenntnis der materiellen Insolvenz um einen bestimmten (Dauer-)Zustand" gehe, „nicht um eine auf ein konkretes Geschäft bezogene Kenntnis".[97] Das Gegenteil folgt schon eindeutig aus dem Wortlaut der §§ 130 I 1 Nr. 1 und 2, 131 I Nr. 3 InsO, die Kenntnis gerade „zur Zeit der Handlung" verlangen. Erwirbt der Anfechtungsgegner die Deckung durch einen Vertreter, muß er sich dessen Kenntnis von der Zahlungseinstellung, der Stellung eines Eröffnungsantrag oder der gläubigerbenachteiligenden Wirkung der Deckung daher nach § 166 I BGB zurechnen lassen. Und soweit darüber hinaus die im einzelnen umstrittenen Grundsätze der „Wissensvertretung" tragen, gelten sie auch hier.[98]

Fraglich und streitig ist, wie im umgekehrten Fall zu entscheiden ist, daß zwar der Anfechtungsgegner die nach §§ 130 I 1 Nr. 1 und 2, 131 I Nr. 3 InsO erforderlichen Kenntnisse hatte, nicht jedoch sein Vertreter, der beim Erwerb der fraglichen Deckung tätig war. Nach herrschender Meinung ist hier § 166 II BGB heranzuziehen;[99] andere dagegen meinen, der Gläubiger, der über die relevanten Kenntnisse verfügte, könne sich nicht auf die Unkenntnis seines Vertreters berufen.[100] Dies wird damit begründet, daß die subjektiven Tatbestandsvoraussetzungen einen Gläubiger hinsichtlich der ihm gewährten Deckungen vom Gleichbehandlungsgrundsatz ausnähmen, weil und soweit er keine Möglichkeit habe, in einer der materiellen Insolvenz adäquaten Weise zu handeln.[101] Dies rückt die besondere Insolvenzanfechtung wiederum in die Nähe einer Sanktion der Teilnahme

---

97 So aber Kübler/Prütting/Bork/*Schoppmeyer*, § 130 Rn. 127.

98 Vgl. dazu im vorliegenden Zusammenhang Jaeger/*Henckel*, § 130 Rn. 128 ff.; Kübler/Prütting/Bork/*Schoppmeyer*, § 130 Rn. 134 ff.; MünchKommInsO/*Kirchhof*, § 130 Rn. 46 ff.; HmbK/*Rogge*, § 130 Rn. 28 ff.

99 MünchKommInsO/*Kirchhof*, § 130 Rn. 45; HK/*Kreft*, § 130 Rn. 26; FK/*Dauernheim*, § 130 Rn. 51; Uhlenbruck/*Hirte*, § 130 Rn. 56.

100 Kübler/Prütting/Bork/*Schoppmeyer*, § 130 Rn. 129.

101 Kübler/Prütting/Bork/*Schoppmeyer*, § 130 Rn. 129.

des Gläubigers an einer verwerflichen Handlung des Schuldners, wohin sie nicht gehört.[102] Alleinige Funktion der subjektiven Tatbestandsmerkmale der besonderen Insolvenzanfechtung ist es, den redlichen Verkehr in seinem Vertrauen auf den Erwerb zu schützen. Insoweit ist nicht anders zu entscheiden als etwa in dem Fall, daß der Vertreter eine bewegliche Sache von einem Nichtberechtigten erworben hat. Daß hier der Vertretene unter den Voraussetzungen der § 166 I, II BGB auch dann erwerben kann, wenn er selbst die Nichtberechtigung des Veräußerers kannte und nur der Vertreter gutgläubig war, mag man für kritikwürdig halten; verbindlich sind die Vorgaben des § 166 BGB gleichwohl, und zwar auch für den Fall der besonderen Insolvenzanfechtung. Weil sich die Kenntnis des Anfechtungsgegners nicht auf einen bestimmten Gegenstand oder ein bestimmtes Geschäft, sondern darauf bezieht, daß sich der Schuldner – allgemein formuliert – in einer kritischen Vermögenslage befindet, liegen die Voraussetzungen des § 166 II 1 InsO schon dann vor, wenn der Vertretene den Vertreter angewiesen hat, irgendein Geschäft mit dem Schuldner zu tätigen.[103] Für eine solche „Weisung" genügt es, wenn Geschäfte mit dem Schuldner zum Aufgabenkreis des Vertreters gehören und der Vertretene sie nicht unterbindet.[104] Zu beachten ist indes auch hier, daß eine einmal vorhandene Kenntnis des Anfechtungsgegners von der Zahlungsunfähigkeit des Schuldners wieder entfallen kann.[105]

IV. Beweislastumkehr zu Ungunsten nahestehender Personen (§ 138 InsO)

§§ 130 III, 131 II 2 InsO sehen für alle hier behandelten subjektiven Tatbestandsvoraussetzungen eine Beweislastumkehr vor, wenn es sich bei dem Anfechtungsgegner um eine dem Schuldner nahestehende Person im Sinne des § 138 InsO handelt. Daß von den in dieser Norm genannten Personen vermutet wird, sie hätten im anfechtungsrelevanten Zeitpunkt die Zahlungsunfähigkeit des Schuldners, den Eröffnungsantrag oder die gläubigerbenachteiligende Wirkung der fraglichen Rechtshandlung gekannt, wird damit begründet, daß sie sich für gewöhnlich besonders gut über die wirtschaftlichen Verhältnisse des Schuldners informieren können.[106] Diese Erwägung ist auch für die von § 131 I Nr. 3 InsO vorausgesetzte

---

[102] Oben § 11 I.

[103] Jaeger/*Henckel*, § 130 Rn. 146; FK/*Dauernheim*, § 130 Rn. 51.

[104] Jaeger/*Henckel*, § 130 Rn. 146; im Ergebnis auch Kübler/Prütting/Bork/*Schoppmeyer*, § 130 Rn. 130. Vgl. allgemein MünchKommBGB/*Schramm*, § 166 Rn. 58; Staudinger/*Schilken*, § 166 Rn. 34.

[105] Vgl. oben § 11 II 1 c. Anders im vorliegenden Zusammenhang offenbar Jaeger/*Henckel*, § 130 Rn. 146; Kübler/Prütting/Bork/*Schoppmeyer*, § 130 Rn. 130.

[106] Erster Bericht der Kommission für Insolvenzrecht, S. 414 f.; Begr. RegE-InsO, BT-Drucks. 12/2443, S. 161 f. – Teilweise wird zusätzlich darauf verwiesen, dem Schuldner nahestehende Personen seien auch eher bereit, mit diesem zum Nachteil der anderen Gläubiger zusammenzuwirken, vgl. BGH DtZ 1995, 285, 288; HK/*Kreft*, § 138 Rn. 4; MünchKommInsO/*Kirchhof*, § 138 Rn. 2; HmbK/*Rogge*, § 138 Rn. 1; Gottwald/*Huber*, § 47 Rn. 37; ablehnend *Ro-*

Kenntnis von der gläubigerbenachteiligenden Wirkung nachvollziehbar, wenn man bedenkt, daß diese sich letztlich in der Kenntnis erschöpft, daß der Schuldner nicht alle Gläubiger wird befriedigen können.

Will die in diesem Sinne dem Schuldner nahestehende Person der Anfechtung entgehen, muß sie allemal beweisen, daß sie die Zahlungsunfähigkeit, den Eröffnungsantrag bzw. die gläubigerbenachteiligende Wirkung der Rechtshandlung nicht als solche kannte. Es fragt sich jedoch, ob dies genügt. Denn bezieht man die Beweislastumkehr mit der herrschenden Ansicht[107] auch auf § 130 II und § 131 II 1 InsO, müßte die dem Schuldner nahestehende Person darüber hinaus beweisen, daß sie auch keine Umstände kannte, die zwingend auf die Zahlungsunfähigkeit, den Eröffnungsantrag oder die Gläubigerbenachteiligung schließen ließen. Der Wortlaut der §§ 130 III, 131 II 2 InsO spricht gegen diese herrschende Meinung, denn nach diesem erstreckt sich die Beweislastumkehr nur auf die Kenntnis von der Zahlungsunfähigkeit, von dem Eröffnungsantrag oder von der Gläubigerbenachteiligung selbst. Die Gesetzesmaterialien sind in dieser Frage nicht eindeutig: Leitsatz 5.2.6 des Ersten Berichts der Kommission für Insolvenzrecht hatte die Beweislastumkehr auch auf die seinerzeit für eine Anfechtbarkeit genügende grob fahrlässige Unkenntnis von der Krisentatsache bezogen. Schon der Diskussionsentwurf hatte sie dagegen ohne Begründung auf die jeweilige Kenntnis beschränkt, ebenso noch der Referenten- und der Regierungsentwurf. Der Rechtsausschuß, auf dessen Vorschlag die subjektiven Tatbestandsvoraussetzungen der besonderen Insolvenzanfechtung auf Kenntnis reduziert und im Gegenzug §§ 130 II, 131 II 1 InsO eingeführt wurden, äußerte sich nicht dazu, ob sich die Beweislastumkehr zulasten nahestehender Personen auch auf diese Normen beziehen soll.[108]

Diese Genese der §§ 130 II, 131 II 1 InsO spricht tendenziell gegen die herrschende Meinung.[109] Denn diese Normen sollen kompensieren, daß der subjektive Tatbestand der besonderen Insolvenzanfechtung auf die Kenntnis des Anfechtungsgegners verengt wurde; sie treten also gewissermaßen an die Stelle der zuvor ausreichenden grob fahrlässigen Unkenntnis, und auf diese sollte sich die Beweislastumkehr zulasten dem Schuldner nahestehender Personen seit dem Diskussionsentwurf gerade nicht mehr beziehen. Zwingende Schlüsse läßt dies freilich nicht zu, denn offenbar haben die Verfasser des Diskussionsentwurfs und der folgenden Entwürfe die Beweislastumkehr deshalb nicht auf eine grobfahrlässige Unkenntnis von der Krisentatsache erstreckt, weil ihnen dies zu weit gegangen

---

pohl, Insider, 33f. Das mag für § 133 II InsO eine Rolle spielen, nicht aber für §§ 130, 131 InsO, für die es auf ein solches Zusammenwirken nicht ankommt.

[107] HK/*Kreft*, § 130 Rn. 37, § 131 Rn. 22; MünchKommInsO/*Kirchhof*, § 130 Rn. 67, § 131 Rn. 64; Kübler/Prütting/Bork/*Schoppmeyer*, § 130 Rn. 162, § 131 Rn. 160; Jaeger/*Henckel*, § 130 Rn. 154, § 131 Rn. 80, § 138 Rn. 2; HmbK/*Rogge*, § 130 Rn. 60, *Biehl*, Insider, Rn. 240f.; *Pape/Uhlenbruck*, Insolvenzrecht², Rn. 699. Anders Nerlich/Römermann/*Nerlich*, § 130 Rn. 80, *v. Wiedersperg*, Anfechtung, 128, und *v. Campe*, Insolvenzanfechtung, 142, die dies aber selbst für sachlich nicht gerechtfertigt halten. Anders wohl auch Uhlenbruck/*Hirte*, § 130 Rn. 67. Unklar FK/*Dauernheim*, § 130 Rn. 58.

[108] Begr. Rechtsausschuß, BT-Drucks. 12/7302, S. 173.

[109] Eine Bestätigung der herrschenden Meinung sieht in ihr jedoch HK/*Kreft*, § 130 Rn. 35.

wäre. Wie sie sich zu einer Erstreckung der Beweislastumkehr auf die in §§ 130 II, 131 II 1 InsO genannten Umstände verhalten hätten, kann hieraus schon deshalb nicht geschlossen werden, weil diese Regelungen höhere Anforderungen an den subjektiven Tatbestand in der Person des Anfechtungsgegners stellen sollen als grobe Fahrlässigkeit;[110] sie sollen „den Voraussetzungen der positiven Kenntnis stark angenähert“ sein,[111] für die alle Entwürfe eine Beweislastumkehr befürwortet hatten.

Schlagend für die herrschende Meinung spricht letztlich eine sachlogische Erwägung: Wenn zu vermuten ist, daß eine dem Schuldner nahestehende Person aufgrund ihrer besonderen Informationsmöglichkeiten von dessen Zahlungsunfähigkeit, der Stellung eines Insolvenzantrags oder der Vermögenslage weiß, aufgrund derer jede Vermögensschmälerung zwangsläufig die Gläubiger benachteiligt, dann ist erst recht zu vermuten, daß diese Person auch Umstände kennt, die zwingend auf eine solche Lage des Schuldner schließen lassen.[112] Aufgrund dieses Erst-recht-Schlusses ist der herrschenden Meinung zu folgen: Die dem Schuldner nahestehende Person muß sich auch hinsichtlich einer Kenntnis der in §§ 130 II, 131 II InsO genannten Umstände entlasten.

---

110 Anders aber namentlich Kübler/Prütting/*Paulus,* § 130 Rn. 33.

111 Begr. Rechtsausschuß, BT-Drucks. 12/2773, S. 173.

112 Vgl. auch schon *v. Campe*, Insolvenzanfechtung, 142; HmbK/*Rogge*, § 130 Rn. 60.

§ 12 Inkongruenz

Hat eine Rechtshandlung einem Insolvenzgläubiger eine Sicherung oder Befriedigung gewährt oder ermöglicht, „die er nicht oder nicht in der Art oder nicht zu der Zeit zu beanspruchen hatte“, ist sie nach § 131 InsO unter gegenüber § 130 InsO erleichterten Voraussetzungen anfechtbar. Der in diesem Sinne verstandenen Inkongruenz zwischen Anspruch und Deckung kommt daher entscheidende Bedeutung für deren Anfechtbarkeit zu.

I. Grundlagen

1. Entstehungsgeschichte

Sieht man §§ 100, 101 pr. KO als erste Vorläufer der heutigen besonderen Insolvenzanfechtung an,[1] dann entsprach § 101 pr. KO funktionell dem heutigen § 131 InsO. § 100 pr. KO machte die Anfechtbarkeit einer Rechtshandlung des Schuldners davon abhängig, daß dem Anfechtungsgegner bekannt gewesen war, daß der Schuldner seine Zahlungen eingestellt, dem Gericht die Unzulänglichkeit seines Vermögens angezeigt oder ein Gläubiger die Konkurseröffnung beantragt hatte. Nach § 101 pr. KO sollte diese Kenntnis für die Anfechtbarkeit bestimmter, frühestens zehn Tage vor der Zahlungseinstellung, der Anzeige der Vermögensunzulänglichkeit oder des Antrags auf Konkurseröffnung erfolgter Rechtshandlungen des Schuldners entbehrlich sein: der zuvor nicht ausbedungenen Bestellung eines Pfandes oder einer Hypothek für eine schon bestehende Schuld, der Zahlung einer noch nicht fälligen Schuld und der unbaren Zahlung einer fälligen Schuld, die bar zu zahlen gewesen wäre. Der Beweis einer „Vereinigung der Kontrahenten zur Bevortheilung der Gläubiger“ sei hier nicht nötig, weil eine Veräußerung des Schuldners wie die von § 101 pr. KO erfaßten „das Gepräge einer unlauteren Absicht an sich trägt, in dem schon ihr Inhalt deutlich darauf hinweist, daß sie mit Rücksicht auf den bedenklich gewordenen Vermögenszustand des Gemeinschuldners und den bevorstehenden Konkurs vorgenommen worden ist, um dem anderen Theil einen Vortheil zu sichern, welcher mit dem Interesse der Gläubigerschaft und dem Grundsatze der gleichmäßigen Befriedigung aller Gläubiger unvereinbar

[1] Vgl. dazu eingehend § 1 IV.

ist".[2] Die Ungewöhnlichkeit der § 101 KO unterfallenden Rechtshandlungen sollte also den Verdacht wecken, daß nicht nur dem Schuldner, sondern auch dem Gläubiger der bevorstehende Konkurs des Schuldners und ferner dessen Absicht bekannt war, ihn vor den anderen Gläubigern zu bevorzugen. Hier zeigt sich wiederum, daß der Schritt zu einer von der Absichtsanfechtung völlig verselbständigten besonderen Konkursanfechtung noch nicht vollendet war.[3] Die Anfechtbarkeit unterliegt erleichterten Voraussetzungen, weil der Gläubiger weniger schutzwürdig ist; dies jedoch nicht deshalb, weil er etwas erhalten hat, worauf er zuvor keinen Anspruch gehabt hatte, sondern weil die Art des gewährten Vorteils darauf schließen lassen soll, daß sich der Schuldner bereits in einer zur Konkurseröffnung führenden Krise befand, in der kein Gläubiger mehr vor den anderen bevorzugt werden sollte, und der Anfechtungsgegner gerade in Bezug hierauf „nicht mehr vollständig in bona fide"[4] war. Damit hat vor allem die Inkongruenzanfechtung Elemente der Gratifikationslehre[5] aufgenommen, nach der schon aus der bevorzugten Befriedigung eines Gläubigers auf die *fraus* des Schuldners zu schließen war.

Die Schöpfer der KO 1879 sahen die Dinge differenzierter.[6] § 23 Nr. 2 KO 1879 unterschied wie später § 30 Nr. 2 KO[7] zwischen Rechtshandlungen, die vorgenommen wurden, nachdem der Schuldner seine Zahlungen eingestellt hatte oder ein Antrag auf Eröffnung des Konkursverfahrens gestellt worden war, und solchen, die in den letzten zehn Tagen davor vorgenommen worden waren. Im erstgenannten Fall stelle jede Befriedigung eines Gläubigers eine Verletzung der *par condicio creditorum* dar, die schon als solche einen Anfechtungsgrund bilde. Der Grund für die Anfechtbarkeit der vor Zahlungseinstellung und Eröffnungsantrag vorgenommenen Rechtshandlungen dagegen liege in der Absicht des Schuldners, den Anfechtungsgegner gegenüber den anderen Gläubigern zu begünstigen.[8] Entsprechend ist die aus allgemeinen Erwägungen[9] für erforderlich gehaltene Kenntnis des Anfechtungsgegners allein auf eine Begünstigungsabsicht des Schuldners zu beziehen, wenn es um die Anfechtbarkeit einer vor der Zahlungseinstellung oder der Stellung des Konkursantrags vorgenommenen Handlung geht. Bezüglich einer Anfechtung der danach vorgenommenen Handlungen konkurriert der Anfechtungsgrund der Begünstigungsabsicht des Schuldners mit dem der Verletzung des „Konkursanspruchs" der anderen Gläubiger; daher genügt sowohl die Kennt-

---

2 Motive zur pr. KO, zitiert nach *Goltdammer*, KO, 261. Entsprechend der Kommissionsbericht der Zweiten Kammer, *Goltdammer*, KO, 262.

3 Eine *fraus* im Sinne der *actio Pauliana* stellt diese Bevorzugungsabsicht gleichwohl nicht ohne weiteres dar, vgl. oben § 1 IV bei und in Fn. 75. Dagegen geht etwa das Reichs-Oberhandelsgericht (ROHGE 10 [1874], 248, 250), davon aus, in den Fällen des § 101 pr. KO werde der Beweis einer Absicht im Sinne des § 103 Nr. 1 KO, welcher § 31 KO entsprach, als geliefert erachtet. Vgl. auch sogleich Fn. 12.

4 Kommissionsbericht der Zweiten Kammer, zitiert nach *Goltdammer*, KO, 262.

5 Vgl. oben § 1 V.

6 Vgl. schon oben § 1 VI a.E.

7 Vgl. den Normtext oben § 7 II 3 vor Fn. 29.

8 *Hahn*, Materialien IV, 133f.

9 Vgl. zu diesen oben § 11 I.

nis von der Zahlungseinstellung oder der Stellung des Konkursantrags als auch die von einer Begünstigungsabsicht des Schuldners.[10] Die Beweislast für seine Unkenntnis sollte in allen Fällen beim Anfechtungsgegner liegen: „Wenn der Gläubiger eine Befriedigung erlangt, auf welche er keinen rechtlichen Anspruch zu erheben hatte, so wird man zu der Vermuthung gedrängt, daß der Gläubiger die Lage des Schuldners, die stattgehabte Zahlungseinstellung oder die Einbringung des Konkursantrages gekannt, oder daß er gewußt habe, daß der Schuldner ihn vor Thores Schluß habe begünstigen wollen; wenigstens wird man von ihm verlangen dürfen, daß er sich nach den bestehenden Verhältnissen erkundige."[11] Aus der Abweichung zwischen geschuldeter und erhaltener Deckung soll nach den Vorstellungen der Schöpfer der KO also auf das Vorliegen ganz unterschiedlicher Tatbestandsvoraussetzungen zu schließen sein: einerseits auf eine prekäre Vermögenslage des Schuldners und eine entsprechende Kenntnis des Anfechtungsgegners, andererseits darauf, daß der Schuldner die Absicht hatte, den Anfechtungsgegner vor den anderen Konkursgläubigern zu begünstigen – wobei mit Begünstigungsabsicht die in § 24 Nr. 1 KO 1879 = § 31 Nr. 1 KO 1900 geforderte Benachteiligungsabsicht gemeint war[12] – und der Anfechtungsgegner dies wußte. Bezüglich der von ihr erfaßten subjektiven Tatbestandsmerkmale sollte diese Vermutung jedoch widerleglich sein: „Das so gewonnene Resultat wird dem praktischen Bedürfnis mehr genügen, als jede gesetzliche Fiktion".[13]

Die Kommission für Insolvenzrecht ließ sich gerade bei der Inkongruenzanfechtung von dem Anliegen leiten, die Anfechtungsvoraussetzungen zu erleichtern und damit das Anfechtungsrecht zu verschärfen:[14] „Ein Gläubiger, der eine ihm nicht zustehende Leistung erhält, muß Verdacht schöpfen, daß die Krise eingetreten ist oder unmittelbar bevorsteht. ... Wegen der besonderen Verdächtigkeit inkongruenten Erwerbs ist es gerechtfertigt, auf subjektive Voraussetzungen in der Person des Anfechtungsgegners zu verzichten und den Verdachtszeitraum des § 30 Nr. 2 KO auf einen Monat zu verlängern. Absatz 1 Nr. 1 [scil.: des heutigen § 131 InsO] bestimmt daher, daß die innerhalb des letzten Monats vor dem Eröffnungsantrag gewährten inkongruenten Deckungen ohne Rücksicht auf subjektive Voraussetzungen und den tatsächlichen Eintritt der Zahlungsunfähigkeit anfechtbar sind; Kenntnis und grob fahrlässige Unkenntnis[15] von der Krise sowie die Krise selbst[16] werden insoweit unwiderleglich vermutet." Für den zweiten und dritten

---

[10] Vgl. hierzu und zum Mißverständnis *Henckels* bereits oben § 1 VI a.E. mit Fn. 121.

[11] *Hahn*, Materialien IV, 134.

[12] *Hahn*, Materialien IV, 134: „Darum erfordert der Entwurf für die Anfechtung dieser begünstigenden Rechtsgeschäfte nicht den Nachweis der Kenntniß des Gläubigers, sei es von dem Eintritt des Konkursanspruchs (§ 23 Nr. 1), sei es von dem *dolus* des Schuldners (§ 24 Nr. 1)". Abweichend jedoch schon *Jaeger*, KO[1], § 30 Anm. 52; *Seuffert*, Konkursprozeßrecht, 211f.; *Hellmann*, Lehrbuch, 318; *Wengler*, Konkursordnung, 205; vgl. auch noch mit weiteren Nachweisen Jaeger/*Henckel*, Konkursordnung[9], § 30 Rn. 193.

[13] *Hahn*, Materialien IV, 134. Zustimmend *Eccius*, ZfdG 8 (1875), 50.

[14] Erster Bericht der Kommission für Insolvenzrecht, S. 407.

[15] Vgl. § 11 II 1 b aa.

[16] Vgl. dazu § 9 VI.

Monat vor Antragstellung sei wegen des größeren zeitlichen Abstands zum Eröffnungsantrag zwar nicht das objektive Vorliegen der Krise, „wegen der besonderen Verdächtigkeit inkongruenten Erwerbs“ aber die Kenntnis des Anfechtungsgegners von der Zahlungsunfähigkeit des Schuldners unwiderleglich zu vermuten.[17] Diese Ausführungen wurden weitgehend in die Begründung des Regierungsentwurfs übernommen.[18] Auch im Schrifttum sind sie verbreitet auf unkritische Zustimmung gestoßen,[19] die sie freilich nicht ohne weiteres verdienen.

2. Funktion des Inkongruenzmerkmals im allgemeinen

Zweifelhaft ist schon, ob den Gesetzesverfassern in ihren grundsätzlichen Erwägungen über Funktion und Wirkung der Inkongruenz zu folgen ist.

a) Inkongruenz als Indiz für das Vorliegen einer Krise

Es wurde soeben gezeigt, daß die Schöpfer der pr. KO aus der Inkongruenz noch ausschließlich auf eine Begünstigungsabsicht des Schuldners und die Mitwisserschaft des Gläubigers geschlossen hatten, während für diejenigen der KO die Inkongruenz der Deckung neben diesem Verdacht auch denjenigen erregen sollte, der Gläubiger habe die durch Eröffnungsantrag oder Zahlungseinstellung bereits offenbar gewordene Krise des Schuldners erkannt. Für die Verfasser der InsO steht nun – trotz § 131 I Nr. 3 InsO – dieser letzte Aspekt ganz im Vordergrund: „Ein Gläubiger, der eine ihm nicht zustehende Leistung erhält, muß Verdacht schöpfen, daß die Krise eingetreten ist oder unmittelbar bevorsteht“.[20]

Diese weitgehend geteilte[21] These trifft nur zu, wenn die allgemeine Lebenserfahrung tatsächlich dafür spricht, daß der Schuldner seinen Gläubigern gerade dann etwas zuwendet, worauf sie keinen Anspruch haben, wenn er insolvent geworden ist oder zu werden droht.[22] Man sollte allerdings meinen, daß das Gegenteil der Fall ist: Wenn der Schuldner schon nicht mehr über ausreichendes Vermögen verfügt, um die Verbindlichkeiten wie geschuldet zu erfüllen, wird er erst recht keine Sondervorteile gewähren können. Schon hier zeigt sich, daß es die Perspektive unnötig verkürzt, wenn man sich mit der Kommission für Insolvenzrecht auf die Warte eines redlichen Gläubigers beschränkt, dem der Schuldner aus eigenem Antrieb eine inkongruente Deckung anbietet. Denn von der Warte des

---

[17] Zur folgenden, sich auf den heutigen § 131 I Nr. 3 InsO beziehenden Begründung vgl. bereits § 7 II 2.

[18] BT-Drucks. 12/2443, S. 158 f.

[19] Vgl. etwa Kübler/Prütting/Bork/*Schoppmeyer*, § 131 Rn. 6; Nerlich/Römermann/*Nerlich*, § 131 Rn. 1, 5; HK/*Kreft*, § 131 Rn. 3 f.; Mohrbutter/Ringstmeier/*Glatt*, § 9 Rn. 114; *v. Campe*, Insolvenzanfechtung, 98 f.; *Thole*, Gläubigerschutz, 361; *Eichberger*, Konkursanfechtung, 147 ff. In der Sache insoweit auch *Zeuner*, Anfechtung, Rn. 120 f. Vgl. auch schon *Henckel*, ZIP 1982, 396.

[20] Erster Bericht der Kommission für Insolvenzrecht, S. 406.

[21] Vgl. die soeben in Fn. 19 aufgeführten Nachweise.

[22] So tatsächlich Kübler/Prütting/Bork/*Schoppmeyer*, § 131 Rn. 6.

über den Anfechtungsstreit entscheidenden Richters aus kann sich der Verdacht, der Anfechtungsgegner habe die Krise gekannt, noch aus einer anderen Erwägung auf die Inkongruenz der Deckung stützen: Diese kann nahelegen, daß der begünstigte Gläubiger den Schuldner zu einer über das Abgesprochene hinausgehenden Deckung gedrängt hat, weil er dessen Krise kannte oder voraussah. Nur insoweit, gewissermaßen spiegelbildlich, ist für die Inkongruenz noch der historische Aspekt der Vermutung eines Begünstigungsvorsatzes des Schuldners relevant,[23] den auch die Verfasser der InsO, wie § 131 I Nr. 3 InsO zeigt, nicht gänzlich fallengelassen haben.

Führt man sich nun einige Beispiele für Deckungen, die ein Insolvenzgläubiger überhaupt nicht, nicht in der Art oder nicht zu der Zeit zu beanspruchen hat, vor Augen, zeigt sich, daß durchaus beide Perspektiven eine Rolle spielen. Was allerdings die allgemeine Überzeugungskraft der These angeht, wegen der Inkongruenz sei die Kenntnis des Anfechtungsgegners von der Krise zu vermuten, ergibt sich ein gemischtes Bild.

aa) Die Verdächtigkeit einzelner inkongruenter Deckungen

Als Beispiel für eine Deckung, die der Gläubiger im Sinne des § 131 InsO „nicht" zu beanspruchen hatte, drängt sich die nachträgliche, zuvor nicht ausbedungene Besicherung einer Forderung des Gläubigers auf.[24] Zwar muß ein Gläubiger, dem der Schuldner aus freien Stücken die nachträgliche Besicherung einer Forderung anbietet, nicht davon ausgehen, der Schuldner befinde sich in einer wirtschaftlichen Krise. Aber aus Sicht des über den Anfechtungsstreit entscheidenden Richters ist es durchaus gerechtfertigt, zu vermuten, daß die Sicherheit auf Betreiben des Gläubigers bestellt wurde, der eine Krise des Schuldners wenigstens befürchtete, und daß der Schuldner sich darauf einließ, weil er sich in einer wirtschaftlichen Situation befand, die ihm keine Alternative ließ.[25] Ein weiteres Beispiel für die vom Insolvenzgläubiger nicht zu beanspruchende Deckung des Schuldners soll in der Leistung auf eine Forderung liegen, der eine dauernde Einrede entgegen-

---

[23] Weitergehend Jaeger/*Henckel*, § 131 Rn. 52: Soweit § 131 InsO Rechtshandlungen des Schuldners erfasse, liege sein Zweck darin, Handlungen zu diskriminieren, die den Verdacht begründen, daß der Schuldner ungerechtfertigte Prioritäten setzen wolle. *Henckel* übernimmt insoweit fast wörtlich seine Kommentierung zu § 30 Nr. 2 KO (Jaeger/*Henckel*, Konkursordnung[9], § 30 Rn. 235). Wie schon mehrfach betont (vgl. etwa § 1 VI a. E.), hatte es sich bei § 30 Nr. 2 KO jedoch insoweit, als sie Anfechtbarkeit darauf gestützt wurde, daß der Anfechtungsgegner seine Unkenntnis von einer Begünstigungsabsicht des Schuldners nicht beweisen konnte, um einen Sonderfall der Ansichtsanfechtung nach § 31 Nr. 1 KO gehandelt, was sich jedenfalls von § 131 I Nr. 1, 2 InsO nicht mehr sagen läßt.

[24] Vgl. etwa BGH ZIP 2010, 841, 843; Jaeger/*Henckel*, § 131 Rn. 29; Kübler/Prütting/Bork/*Schoppmeyer*, § 131 Rn. 88; Nerlich/Römermann/*Nerlich*, § 131 Rn. 35; Uhlenbruck/*Hirte*, § 131 Rn. 15; HmbK/*Rogge*, § 131 Rn. 20; MünchKommInsO/*Kirchhof*, § 131 Rn. 19; HK/*Kreft*, § 131 Rn. 12; FK/*Dauernheim*, § 131 Rn. 16; ebenso schon *Cosack*, Anfechtungsrecht, 201.

[25] So auch *Rausch*, Gläubigerschutz, 297; ähnlich *Pfefferle*, Rückschlagsperre, 123, und *ders.*, ZIP 1984, 154.

steht.[26] Aus einer solchen Zahlung wird der Gläubiger entweder auf eine besondere Kulanz des Schuldners oder darauf schließen können, daß der Schuldner die Einrede übersehen hat, kaum aber darauf, daß dieser sich in einer tiefgreifenden Krise befand.[27] Auch das über den Anfechtungsstreit entscheidende Gericht wird allein daraus, daß der Schuldner auf eine einredebehaftete Forderung leistete, nicht seine Überzeugung stützen können, der Schuldner sei insolvent gewesen und der Gläubiger habe dies erkannt.

Bei einer Deckung, die der Gläubiger „nicht in der Art" zu beanspruchen hatte, ist etwa an eine Leistung erfüllungshalber oder an Erfüllungs Statt zu denken.[28] Es liegt nicht fern, daß der Schuldner das *aliud* nur anbietet, weil er den eigentlich geschuldeten Gegenstand aufgrund wirtschaftlich beengter Verhältnisse nicht beschaffen kann, und daß sich vor allem der Gläubiger hierauf nur einläßt, weil er absieht, daß er wegen der prekären wirtschaftlichen Lage des Schuldners sonst gänzlich auszufallen droht.[29] Haben Schuldner und Anfechtungsgegner im voraus vereinbart, daß der Schuldner Sicherheiten stellen soll, aber keine hinreichend genauen Absprachen über den Sicherungsgegenstand getroffen, soll der Anfechtungsgegner eine ihm in Erfüllung dieser Vereinbarung bestellte Sicherheit „nicht in der Art" zu beanspruchen haben; diese Deckung soll also inkongruent sein.[30] Es kann allerdings keine Rede davon sein, daß diese Sicherheitenbestellung wegen der nicht hinreichend genauen Abrede derart „verdächtig" wäre, daß der Anfechtungsgegner ohne weiteres davon ausgehen mußte, der Schuldner befinde sich in einer wirtschaftlichen Krise.

Mit einer Deckung, die der Gläubiger „nicht zu der Zeit" zu beanspruchen hatte, ist die Leistung vor Fälligkeit gemeint.[31] In einer vorzeitigen Leistung kommt für den Gläubiger in aller Regel zum Ausdruck, daß der Schuldner besonders leis-

---

[26] Kübler/Prütting/Bork/*Schoppmeyer*, § 131 Rn. 49; HK/*Kreft*, § 131 Rn. 8; Uhlenbruck/*Hirte*, § 131 Rn. 4; HmbK/*Rogge*, § 131 Rn. 4; MünchKommInsO/*Kirchhof*, § 131 Rn. 13; BKInsO/*Breutigam*/Syren, § 131 Rn. 18; FK/*Dauernheim*, § 131 Rn. 6; *v. Campe*, Insolvenzanfechtung, 101; Kuhn/*Uhlenbruck*, § 30 Rn. 46. Anders für den Fall, daß die Leistung kondiziert werden kann, Jaeger/*Henckel*, § 131 Rn. 8.

[27] Kritisch insoweit auch *Häsemeyer*, Insolvenzrecht, Rn. 21.57.

[28] OLG Köln ZInsO 2006, 657; Jaeger/*Henckel*, § 131 Rn. 9; Kübler/Prütting/Bork/*Schoppmeyer*, § 131 Rn. 55; HK/*Kreft*, § 131 Rn. 9; Uhlenbruck/*Hirte*, § 131 Rn. 7; HmbK/*Rogge*, § 131 Rn. 8; MünchKommInsO/*Kirchhof*, § 131 Rn. 32; FK/*Dauernheim*, § 131 Rn. 10; Nerlich/Römermann/*Nerlich*, § 131 Rn. 18; *v. Campe*, Insolvenzanfechtung, 102f.

[29] So etwa auch BGH NJW 2004, 1385, 1387. Dort wird auf MünchKommInsO/*Kirchhof*, § 133 Rn. 29f., verwiesen, wo es aber um die Indizwirkung der Inkongruenz für die Gläubigerbenachteiligungsabsicht geht. Einschränkend *Pfefferle*, Rückschlagsperre, 124, und *ders.*, ZIP 1984, 154.

[30] Vgl. noch unten § 12 II 4 c aa, dort aber auch Fn. 120.

[31] BGH NJW-RR 2005, 1575; Jaeger/*Henckel*, § 131 Rn. 23; Kübler/Prütting/Bork/*Schoppmeyer*, § 131 Rn. 62; Uhlenbruck/*Hirte*, § 131 Rn. 13; Nerlich/Römermann/*Nerlich*, § 131 Rn. 31; HK/*Kreft*, § 131 Rn. 10; MünchKommInsO/*Kirchhof*, § 131 Rn. 40; HmbK/*Rogge*, § 131 Rn. 18; *v. Campe*, Insolvenzanfechtung, 102; *Mauer*, Anfechtungsprozeß, Rn. 145; *Muthorst*, KTS 2006, 65. Vgl. auch schon *Cosack*, Anfechtungsrecht, 195. Anders für den Fall, daß der Schuldner vor Fälligkeit zahlt, um einen Skotoabzug zu erhalten, BGH ZIP 2010, 1188.

tungswillig und -fähig ist; sie deutet keineswegs auf eine Krise des Schuldners hin.[32] Daß gerade der Gläubiger auf eine vorzeitige Leistung gedrängt hatte, weil er erkannt hatte, daß dem Schuldner eine Krise und ihm selbst der Forderungsausfall droht, liegt hier – anders als im Falle nachträglicher Besicherungen von Altforderungen – nicht derart nahe, daß man dies als Regelfall unterstellen könnte.[33] Zwar hatte schon § 101 pr. KO gerade auf den Fall der Zahlung einer noch nicht fälligen Schuld abgehoben; hieraus sollte aber nicht auf eine Krise des Schuldners, sondern dessen Absicht zu schließen sein, den Gläubiger vor den anderen zu bevorzugen.[34] Es ist schon fraglich, ob dies sachgerecht war, wäre doch gegen eine außerhalb der Krise erfolgte „Bevorzugung" durch Tilgung einer Schuld vor Fälligkeit nichts einzuwenden gewesen. Jedenfalls können solche Erwägungen für § 131 I Nr. 1 und 2 InsO, für die es auch nach den Vorstellungen der Gesetzesverfasser allein auf das Vorliegen einer zur Verfahrenseröffnung führenden Krise ankommt und die mit einem Bevorzugungs- oder Benachteiligungsvorsatz des Schuldners nichts zu tun haben, nicht mehr überzeugen.

Diese Beispiele machen deutlich: Der Satz, der Verzicht auf den Schutz gutgläubiger Empfänger sei bei inkongruenten Deckungen berechtigt, *weil* die Deckung in einer Art und Weise erfolge, die in jedermann den Verdacht wachrufen müsse, daß der Schuldner sich in schlechter Vermögenslage befinde,[35] trifft nicht zu. Mit ihm werden Ursache und Wirkung vertauscht. Richtig ist allenfalls der Satz, daß der Verzicht auf den Schutz gutgläubiger Empfänger bei inkongruenten Deckungen berechtigt ist, *wenn* die Deckung in einer Art und Weise erfolgt, die in jedermann den Verdacht wachrufen muß, daß der Schuldner sich in schlechter Vermögenslage befinde.[36] Daß die denkbaren Abweichungen von Deckung und Anspruch so vielgestaltig sind, daß sie keinen verläßlichen Schluß auf die Krise des Schuldners zulassen, haben offenbar auch die Gesetzesverfasser erkannt. Sie

---

[32] Kritisch auch schon *Rausch*, Gläubigerschutz, 300; vgl. auch *Obermüller*, WM 1994, 1833: Ein zahlungsunfähiges Unternehmen werde seine Kredite in der Regel nicht mehr und schon gar nicht vorzeitig zurückführen.

[33] Ebenso im Ergebnis *Muthorst*, KTS 2006, 67.

[34] Vgl. auch *Pfefferle*, Rückschlagsperre, 125, und ZIP 1984, 154: In solchen Fällen spreche zwar vieles für ein fraudulöses Zusammenarbeiten von Schuldner und Anfechtungsgegner, auf dieses komme es hier jedoch nicht an. *Pfefferle* schlägt vor, der geringeren – eigentlich: fehlenden – Verdächtigkeit solcher Deckungen dadurch Rechnung zu tragen, daß in diesen Fällen der anfechtungsrelevante Zeitraum verkürzt wird. Wenn aber die Deckung nicht verdächtig ist, ist die Erleichterung ihrer Anfechtbarkeit überhaupt nicht und nicht etwa nur für einen kürzeren Zeitraum gerechtfertigt.

[35] Kübler/Prütting/Bork/*Schoppmeyer*, § 131 Rn. 6; Nerlich/Römermann/*Nerlich*, § 131 Rn. 5.

[36] Vgl. schon *Cosack*, Anfechtungsrecht, 198. Aufschlußreich ist die von *Pfefferle*, Rückschlagsperre, 122ff., und ZIP 1984, 153ff., entworfene „Typologie der Deckungen". – Dieser Erkenntnis ist wohl auch geschuldet, daß die Inkongruenz zwar ein „Beweisanzeichen" für den Benachteiligungsvorsatz des Schuldners im Sinne des § 133 InsO darstellen, dessen Wert sich aber nach Art und Umfang der Inkongruenz im konkreten Einzelfall richten soll, vgl. dazu etwa BGH NZI 2005, 329, 330; NJW-RR 1993, 238, 241; MünchKommInsO/*Kirchhof*, § 133 Rn. 29a; Kübler/Prütting/Bork/*Bork*, § 133 Rn. 31; insgesamt einschränkend Jaeger/*Henckel*, § 133 Rn. 39.

hätten sonst in § 131 I Nr. 3 InsO keine subjektive Tatbestandsvoraussetzung eingefügt, die sich letztlich in der Kenntnis des Anfechtungsgegners von der Krise des Schuldners erschöpft,[37] weil sie eine solche für überflüssig hätten halten müssen.[38]

Daß die Inkongruenz manchmal unmittelbar auf die Krise des Schuldners hindeutet, manchmal darauf, daß der Gläubiger in Kenntnis der Krise auf die Deckung drängte, in vielen Fällen aber weder auf das eine noch auf das andere, kurz: daß eine Deckung nicht schon wegen ihrer Inkongruenz in irgendeiner Weise „verdächtig" sein muß, war für die besondere Konkursanfechtung nach § 30 Nr. 2 KO noch weniger problematisch, weil dem Anfechtungsgegner die Möglichkeit offenstand, die aus der Inkongruenz folgende Vermutung, er habe das Vorliegen einer Krisentatsache oder den Begünstigungsvorsatz des Schuldners gekannt, widerlegen konnte. Hierbei konnte Berücksichtigung finden, daß eine auf die Inkongruenz gestützte Unredlichkeitsvermutung keineswegs in allen Fällen überzeugend ist.[39] Für die besondere Insolvenzanfechtung liegt es nun anders, denn die aus der Inkongruenz der Deckung abgeleitete Vermutung, daß der Anfechtungsgegner die Zahlungsunfähigkeit des Schuldners gekannt habe, ist unwiderleglich.[40]

bb) Ungleichbehandlung gegenüber Empfängern kongruenter Deckungen

Es steht dem Gesetzgeber zwar frei, bei den Wertungen, die er einzelnen Normen zugrundelegt, von mehr oder minder stark pauschalierten Erfahrungswerten auszugehen; ihm bleibt letztlich sogar nichts anderes übrig, will er sich nicht in Einzelfallregelungen verlieren. Bei solchen Pauschalierungen sind ihm freilich Grenzen gesetzt. Daß der Gesetzgeber eine Tatbestandsvoraussetzung, von deren Vorliegen die verfassungsrechtliche Rechtfertigung des mit der Norm verbundenen Eingriffs in Grundrechte abhängig ist, nicht durch eine unwiderlegliche Vermutung ersetzen kann, wurde bereits ausgeführt.[41] Dies ist hier indes nicht der Fall, denn soweit die Inkongruenz die subjektiven Tatbestandsmerkmale der Kongruenzanfechtung ersetzen soll, geht es um Verkehrsschutzerwägungen und damit

---

[37] § 7 II 2; § 11 II 3.

[38] Mit dieser Tendenz in der Tat *Gerhardt*, ZIP 1985, 586: Angesichts der Inkongruenz dürfte der Nachweis einer der subjektiven Tatbestandsvoraussetzungen des heutigen § 131 I Nr. 3 InsO stark erleichtert sein. Zum Beweiswert der Inkongruenz für die Kenntnis des Anfechtungsgegners von der Benachteiligung vgl. eingehend oben § 11 II 3.

[39] Freilich stellte die Praxis an einen solchen Entlastungsbeweis hohe und an diejenigen einer Begünstigungsabsicht des Schuldners allemal im Rahmen des § 30 Nr. 2 KO sehr niedrige Anforderungen, vgl. dazu hier nur *Henckel*, ZIP 1982, 395, Jaeger/*Henckel*, Konkursordnung[9], § 30 Anm. 192ff., und zuletzt BGH NJW 1995, 1090ff., sowie kritisch hierzu *Niesert*, BB 1996, 805ff.

[40] Eigenartigerweise spricht der Vorsitzende der zuständigen Arbeitsgruppe der Kommission für Insolvenzrecht *Gerhardt*, ZIP 1985, 584, davon, man habe die Inkongruenzanfechtung nur im unmittelbaren zeitlichen Vorfeld der Verfahrenseröffnung gänzlich objektiviert und „in einem davor liegenden Zeitraum dem Anfechtungsgegner den Entlastungsbeweis" aufgebürdet.

[41] § 9 VI 1 zur objektiven Krise im Rahmen des § 131 I Nr. 1 Alt. 1 InsO.

nicht um solche Umstände, die den mit der Anfechtbarkeit verbundenen Eingriff in das Eigentumsgrundrecht des Anfechtungsgegners rechtfertigen.

Bei der näheren Ausgestaltung dieses Eingriffs hat der Gesetzgeber allerdings Art. 3 GG zu beachten.[42] Insoweit ergeben sich erhebliche Zweifel im Hinblick auf die Ungleichbehandlung kongruenter und inkongruenter Deckungen. Auch unter diesem Aspekt war die besondere Konkursanfechtung weitaus weniger problematisch, weil die Inkongruenz nur zu einer Beweislastumkehr hinsichtlich der materiellrechtlich auch für die Inkongruenzanfechtung geforderten subjektiven Tatbestandsmerkmale führte. Nach den ursprünglichen Entwürfen zur InsO war die Ungleichbehandlung kongruenter und inkongruenter Deckungen ebenfalls noch erheblich geringer gewesen, denn zwar enthielten diese Entwürfe allesamt für die Inkongruenzanfechtung schon den Verzicht auf subjektive Tatbestandsvoraussetzungen; sie hatten insoweit jedoch zugleich eine erhebliche Verschärfung der Kongruenzanfechtung vorgesehen, weil für deren Tatbestände die grob fahrlässige Unkenntnis des Anfechtungsgegners von der jeweiligen Krisentatsache genügen sollte.[43] Die Maßstäbe fielen erst dann weit auseinander, als die subjektiven Tatbestandsvoraussetzungen der Kongruenzanfechtung auf Vorschlag des Rechtsausschusses verschärft und in ihre heutige Gestalt gebracht wurden, während man die Tatbestandsvoraussetzungen der Inkongruenzanfechtung insoweit unverändert ließ. Es hätte sich vielleicht noch vertreten lassen, daß derjenige, der eine inkongruente Deckung erhält, in Bezug auf die Krise des Schuldners wenigstens grob fahrlässig sei – mag auch schon dies zweifelhaft sein.[44] Es läßt sich jedoch keineswegs behaupten, daß jede nach dem Wortlaut des § 131 I InsO von dieser Norm erfaßte Abweichung von Deckung und Anspruch zumindest einem Umstand gleichzustellen ist, der im Sinne des § 130 II InsO zwingend auf eine Krise des Schuldners schließen läßt.

Für die Frage, ob eine gleichheitssatzwidrige Ungleichbehandlung des Empfängers einer inkongruenten Deckung im Vergleich zu demjenigen einer kongruenten Deckung im Eingriff in das Eigentumsgrundrecht vorliegt, ist für sich genommen nicht der Teilaspekt entscheidend, ob die Inkongruenz einen Indizwert hat, der den Anforderungen des § 130 II InsO genügen würde. Ausschlaggebend ist vielmehr, ob die Inkongruenzanfechtung im Ergebnis unter geringeren Voraussetzungen durchgreift als die Kongruenzanfechtung, denn nur dann liegt letztlich eine Ungleichbehandlung vor. Dies ist der Fall: Den Maßstäben, welche nach herrschender und insoweit auch hier vertretener Ansicht an die Überzeugung des Richters

---

[42] § 5 III.

[43] Vgl. § 11 II 1 b aa.

[44] Nach den Vorstellungen der Entwurfsverfasser sollte dem Empfänger einer kongruenten Deckung nicht zugemutet werden, Nachforschungen über die wirtschaftliche Leistungsfähigkeit anzustellen; es sollte ihm lediglich verwehrt sein, sich über Tatsachen hinwegzusetzen, die den Verdacht nahelegen, daß die Krise eingetreten ist, vgl. den Ersten Bericht der Kommission für Insolvenzrecht, S. 405, und ebenso noch Begr. RegE-InsO, BT-Drucks. 12/2443, S. 158. Unter dem Aspekt des Verkehrsschutzes wären Kongruenz- und Inkongruenzanfechtung nur dann wertungskohärent, wenn anzunehmen wäre, daß die Inkongruenz stets eine solche Tatsache darstellt.

vom Vorliegen der subjektiven Tatbestände des § 130 I 1, II InsO anzulegen sind,[45] würden bloße Abweichungen zwischen Anspruch und Deckung wie die eben geschilderten durchaus nicht immer genügen.

Auch wenn man die von der Inkongruenz ausgehende „besondere Verdächtigkeit" berücksichtigt, wird das Vertrauen des Anfechtungsgegners in den Bestand der Deckung bei der Inkongruenzanfechtung insgesamt also in erheblich geringerem Umfang berücksichtigt als bei der Kongruenzanfechtung. Empfänger inkongruenter Deckungen werden gegenüber Empfängern kongruenter Deckungen wesentlich benachteiligt. Nichts deutet darauf hin, daß dies im Gesetzgebungsverfahren bedacht wurde. Die dargestellte Ungleichbehandlung im Eingriff in das Eigentumsgrundrecht des Gläubigers, der eine inkongruente Deckung erhalten hat, kann vor dem Gleichheitssatz nur bestehen, wenn es einen sachlichen Grund dafür gibt, inkongruente Deckungen in weiterem Umfang der Anfechtung zu unterwerfen als kongruente Deckungen. Das ist im Folgenden zu untersuchen.

b) Geringere Schutzwürdigkeit aufgrund der Inkongruenz

In der Begründung des Regierungsentwurfs findet sich die apodiktische Feststellung, daß ein Gläubiger, der eine ihm nicht zustehende Leistung erhalte, weniger schutzwürdig erscheine als ein Gläubiger, dem eine kongruente Deckung gewährt werde.[46] Im Ersten Bericht der Kommission für Insolvenzrecht hatte dieser Satz noch gelautet: Ein Gläubiger, der eine ihm nicht zustehende Leistung erhält, müsse Verdacht schöpfen, daß die Krise eingetreten sei oder unmittelbar bevorstehe.[47] Ob die Änderung des Wortlautes darauf zurückzuführen ist, daß die Verfasser des Regierungsentwurfs den Empfänger einer inkongruenten Deckung noch aus anderen Gründen als der angeblichen Verdächtigkeit für weniger schutzwürdig hielten, ist eine müßige Frage, weil sie diese Gründe jedenfalls nicht offenlegen.[48]

aa) Begünstigung und Verletzung der par condicio creditorum

Daß inkongruente Deckungen unter geringeren Voraussetzungen anfechtbar sein sollen als kongruente Deckungen, wird oftmals damit begründet, daß der Gläubiger, der eine inkongruente Deckung erhalte, gegenüber den anderen Gläubigern in besonderer Weise begünstigt werde.[49] Hierbei handelt es sich um Reminiszenzen

---

[45] Dazu § 11 II 1 b cc.

[46] Begr. RegE-InsO, BT-Drucks. 12/2443, S. 158.

[47] Erster Bericht der Kommission für Insolvenzrecht, S. 406. Wie der RegE schon die Begründung zum DiskE-InsO, S. B119.

[48] Ohne Begründung bleibt die Feststellung, der Empfänger einer ihm nicht zustehenden Deckung sei, auch von der besonderen „Verdächtigkeit" des Erwerbs abgesehen, weniger schutzwürdig, auch bei FK/*Dauernheim*, § 131 Rn. 1; MünchKommInsO/*Kirchhof*, § 131 Rn. 1; Hess/*Hess*, § 131 Rn. 1; Nerlich/Römermann/*Nerlich*, § 131 Rn. 7; *Eichberger*, Konkursanfechtung, 148.

[49] BGH NJW 1993, 3267, 3269; Kübler/Prütting/Bork/*Schoppmeyer*, § 131 Rn. 6; *ders.*, ZIP 2009, 606; *v. Campe*, Insolvenzanfechtung, 98; Jaeger/*Henckel*, § 131 Rn. 52 (vgl. oben Fn. 23); BKInsO/*Breutigam*/Syren, § 131 Rn. 5; wohl auch *Undritz*, EWiR 2002, 1100; womöglich auch *Berger*, ZZP 121 (2008), 416, und *Guski*, Sittenwidrigkeit, 145. Vgl. auch *Häsemeyer*, Insol-

an den historischen Ursprung der besonderen Insolvenz- in der Absichtsanfechtung, die auch in den Motiven zur KO noch deutlich werden.[50] Der Aspekt der Bevorzugung des Gläubigers spielt für die von der Vorsatzanfechtung verselbständigte besondere Insolvenzanfechtung jedoch nur insofern eine Rolle, als diese den Gleichbehandlungsgrundsatz ab Eintritt der zur Verfahrenseröffnung führenden Krise durchsetzen soll: Der Gläubiger soll grundsätzlich nur insoweit Deckung erhalten, als auch andere Gläubiger noch befriedigt werden können. Freilich gilt dies für kongruente Deckungen nicht weniger als für inkongruente. Daß die Gewährung einer Deckung zu einer Zeit, in welcher der jedenfalls teilweise Ausfall aller anderen Gläubiger bereits feststeht, eine gegen die *par condicio creditorum* verstoßende und daher anfechtbare Begünstigung darstellt, hängt nicht von ihrer Kongruenz ab.

Unter diesem Aspekt ist eine erleichterte Anfechtung inkongruenter Deckungen also nur zu rechtfertigen, wenn in ihnen typischerweise eine weiterreichende Bevorzugung und damit auch eine weitergehende Verletzung des Gleichbehandlungsgrundsatzes liegt als in der Gewährung kongruenter Deckungen. Das ist bei einer Deckung, welcher der Insolvenzgläubiger der Art nach nicht beanspruchen konnte, nicht der Fall: Gerade in der Krise des Schuldners kann nicht als normprägender Regelfall unterstellt werden, daß das von ihm geleistete aliud höherwertig ist als der geschuldete Gegenstand. Dem Schuldner verbleiben zudem die liquiden Mittel, die für eine kongruente Deckung erforderlich gewesen wären. Tendenziell belastet eine insoweit inkongruente Deckung den Schuldner daher sogar in geringerem Umfang als eine kongruente.

Ist die Deckung wegen Vorzeitigkeit inkongruent, entsteht dem bevorzugten Gläubiger insoweit ein Zinsvorteil, dem Schuldner ein entsprechender Zinsnachteil. Dieser fällt im Vergleich zur Deckung selbst jedoch typischerweise nicht erheblich ins Gewicht; er vermag nicht zu rechtfertigen, warum die gesamte vorzeitig gewährte Deckung leichter anzufechten sein sollte als eine später gewährte kongruente Deckung.

Ein vor dem Hintergrund des Gleichbehandlungsgrundsatzes erheblicher sachlicher Unterschied zu einer kongruenten Deckung kommt nur für den Fall ernsthaft in Betracht, daß der Insolvenzgläubiger die Deckung überhaupt nicht zu beanspruchen hatte. Denn in diesen Fall erhält der Insolvenzgläubiger *per definitionem* nicht nur – wie im Fall der kongruenten Deckung – den Vermögensvorteil, der ihm zusteht, sondern einen darüber hinausgehenden. Bei näherem Hinsehen ist dies jedoch nur in dem Fall relevant, daß der Schuldner auf eine endgültig nicht durchsetzbare oder in Wahrheit nicht bestehende Forderung leistet: In diesen Fall steht dem Insolvenzgläubiger überhaupt kein Vermögensvorteil mehr zu.

---

venzanfechtung, Rn. 21.55: Der Gläubiger verfolge „ersichtlich“ den Zweck, anderen Gläubigern zuvorzukommen. Ebenso, wohl noch unter dem Eindruck der preußischen Rechtslage, vor allem die ältere Literatur, vgl. etwa *Petersen/Kleinfeller*, § 30 Anm. 23; *Kohler*, Lehrbuch, 238 („potenziertes antisoziales Verhalten“). *Cosack*, Anfechtungsrecht, 193, bezeichnet die Inkongruenzanfechtung als „Anfechtung der Gratifikationen“.

[50] Vgl. oben § 12 I 1.

Zweifelhaft ist dagegen, ob die Verletzung des Gleichbehandlungsgrundsatzes auch dann in relevantem Umfang über die mit der Gewährung einer kongruenten Deckung verbundene hinausgeht, wenn der Schuldner dem Insolvenzgläubiger für seine Forderung eine Sicherheit bestellt, die dieser zuvor nicht zu beanspruchen hatte. Denn der Insolvenzgläubiger kann auch aufgrund der Sicherheit nicht weitergehend auf das Vermögen des Schuldners zugreifen, als ihm dies auch seine Forderung erlaubt. Insoweit erhält er im Ergebnis nicht mehr, als er durch kongruente Erfüllung seiner Forderung erhielte. Die anderen Gläubiger werden dadurch, daß der Gläubiger statt kongruenter Leistung eine Sicherung erhält, auch nicht schlechter gestellt: Zwar wird ein Gegenstand aus dem Vermögen des Schuldners gebunden; dies wäre jedoch auch bei sofortiger Leistung der Fall gewesen; insofern liegt es nicht anders als bei der *aliud*-Leistung. Die Besicherung statt sofortiger Leistung ist für den Schuldner und damit auch für seine anderen Gläubiger sogar vorteilhaft, denn auf diese Weise bleiben ihm liquide Mittel, die im Fall sofortiger Leistung abgeflossen wären. War die Forderung im Zeitpunkt der Besicherung noch nicht fällig, wäre bei diesem Vergleich wiederum nur der Zinsvorteil zu berücksichtigen, der allein eine erleichterte Anfechtung der gesamten Deckung nicht zu rechtfertigen vermag.

Erhält der Insolvenzgläubiger einer Deckung, der er nicht, nicht in der Art oder nicht zu der Zeit zu beanspruchen hatte, liegt darin nur ausnahmsweise eine im Vergleich zur kongruenten Deckung tiefergreifende Verletzung des Gleichbehandlungsgrundsatzes, nämlich nur in dem Fall, daß auf eine endgültig undurchsetzbare Forderung geleistet wird. Der im Vergleich zur kongruenten Deckung erweiterte Abfluß haftenden Vermögens wird in aller Regel auch nicht mehr durch den Zufluß neuen haftenden Vermögens ausgeglichen,[51] worin nach dem unter § 2 III Gesagten die Legitimation der besonderen Insolvenzanfechtung liegt. Der Aspekt der Gläubigergleichbehandlung rechtfertigt also nur die erleichterte Anfechtung einer in diesem Sinne inkongruenten Deckung.

bb) Beschleunigung des Insolvenzeintritts

Ludwig Häsemeyer hat weitere Gründe dafür angeboten, warum die erleichterte Anfechtbarkeit inkongruenter Deckungen gerechtfertigt sei. Auf Grundlage seines Modells der Ausgleichshaftung[52] führt er aus, daß atypische Tilgungen zu weiteren, in dem Abwicklungsplan für das Schuldverhältnis nicht angelegten Umsetzungen im Vermögen des Schuldners führten und damit den Gläubigereinfluß verstärken,[53] in dem nach der Ansicht Häsemeyers der Grund für eine wechselseitige Ausgleichshaftung der Gläubiger mit ihren Forderungen liegt. In engem Zusammenhang damit steht seine These, atypische, den vereinbarten oder gesetzlichen

---

[51] Vgl. entsprechend zu *preferences* und *transactions at an undervalue* bereits *Mokal*, OJLS 22 (2002), 727. Zum Bargeschäftsprivileg und seiner Anwendbarkeit auf inkongruente Deckungen noch unten § 13.

[52] Vgl. oben § 2 II 4.

[53] *Häsemeyer*, KTS 1982, 564.

Leistungspflichten nicht mehr entsprechende Vermögensumsetzungen würden den Eintritt der endgültigen Insolvenz beschleunigen.[54]

Die Gründe, aus denen Häsemeyers Theorie von der Ausgleichshaftung der Gläubiger nicht zu überzeugen vermag, wurden bereits dargelegt.[55] Daß eine Deckung den Eintritt der Insolvenz gerade deshalb beschleunigt, weil sie „atypisch" ist – und nur dies würde eine Schlechterstellung inkongruenter gegenüber kongruenten Deckungen rechtfertigen – läßt sich nur behaupten, wenn mit ihr ein weitergehender Verlust an Vermögenswerten verbunden ist als mit einer kongruenten Deckung. Dies ist, wie schon ausgeführt, typischerweise nur der Fall, wenn auf eine undurchsetzbare Forderung geleistet wurde. Auch die von Häsemeyer vorgetragene Begründung legitimiert daher eine im Vergleich zu kongruenten Deckungen leichtere Anfechtbarkeit nur dann für in diesem Sinne inkongruente Deckungen.

cc) „Wertungsmäßige" Nähe zur Schenkung

Wolfram Henckel schließlich will inkongruente Deckungen „wertungsmäßig" in die Nähe einer Schenkung rücken,[56] die in der Tat wegen des Grundsatzes, daß unentgeltlicher Erwerb weniger schutzwürdig ist als entgeltlicher (vgl. nur §§ 816 I 2, 822 BGB), gemäß § 134 InsO in weiterem Umfang der Anfechtung unterliegt. Die Analogie zwischen inkongruentem und unentgeltlichem Erwerb überzeugt jedoch nur teilweise. Schon die Verfasser der KO 1879 hatten festgestellt, daß in den vorliegenden Fällen keine Schenkung vorliege, weil der Schuldner auch bei inkongruenter Befriedigung auf seine Schuld leiste, was „in der Tilgung dessen, was er schuldet, sein Entgelt" finde, und weil der Gläubiger auch aufgrund einer inkongruenten Sicherung letztlich nur das erhalte, was er bereits zu fordern hatte, „wenn auch sicherer".[57] Hiergegen läßt sich nicht pauschal argumentieren, daß der Anfechtungsgegner kein Vermögensopfer dafür auf sich genommen habe, daß ihm etwas zukomme, worauf er keinen fälligen Gegenanspruch hatte.[58] Denn wie der Vergleich zur Schenkung insgesamt setzt dieses Argument voraus, daß gerade in der Inkongruenz eine nicht gänzlich unbedeutende Besserstellung des Insolvenzgläubigers liegt. Es wurde bereits ausgeführt, daß dies – jedenfalls typischerweise – nur der Fall ist, wenn die Forderung des Insolvenzgläubigers, für welche er die Deckung erhielt, endgültig nicht durchsetzbar war.[59] Nur für diese Art der Inkongruenz kann also auch die Wertungsparallele zur Schenkung überzeugen.

---

54 *Häsemeyer*, Insolvenzrecht, Rn. 21.55. Insoweit folgt ihm Kübler/Prütting/Bork/*Schoppmeyer*, § 131 Rn. 6.

55 § 2 II 4.

56 *Henckel*, ZIP 1982, 396. Ihm folgen Kübler/Prütting/Bork/*Schoppmeyer*, § 131 Rn. 8; MünchKommInsO/*Kirchhof*, § 131 Rn. 1; Kuhn/*Uhlenbruck*, § 30 Rn. 45; Uhlenbruck/*Hirte*, § 131 Rn. 1; *Muthorst*, KTS 2006, 66.

57 *Hahn*, Materialien IV, 132.

58 *Henckel*, ZIP 1982, 396.

59 Vgl. zur Leistung vor Fälligkeit tendenziell auch schon *Muthorst*, KTS 2006, 67.

c) Fazit

Die für eine insgesamt erleichterte Anfechtung inkongruenter Deckungen sprechenden sachlichen Gründe überzeugen nur für den Fall, daß der Insolvenzgläubiger die fragliche Deckung für eine endgültig undurchsetzbare Forderung erhalten hat. In allen anderen Fällen aber läßt sich nicht behaupten, daß mit einer Deckung, welche der Insolvenzgläubiger „nicht oder nicht in der Art oder nicht zu der Zeit" zu beanspruchen hatte, regelmäßig eine Verletzung des Gleichbehandlungsgrundsatzes verbunden wäre, der die auch mit einer kongruenten Deckung verbundene nennenswert überschreitet; inkongruente Deckungen beschleunigen ferner weder ohne weiteres den Eintritt der Insolvenz noch stehen sie „wertungsmäßig" einer Schenkung nahe.

Da keine sachlichen Gründe ersichtlich sind, aus denen in dieser Weise inkongruente Deckungen einer im Vergleich zu kongruenten Deckungen erweiterten Anfechtung unterliegen sollten, ist es im Hinblick auf den Gleichheitssatz verfassungsrechtlich geboten, die Inkongruenzmerkmale „nicht in der Art oder nicht zu der Zeit zu beanspruchen" eng auszulegen und so einen Gleichklang mit der Kongruenzanfechtung herzustellen. Der für die KO herrschenden Ansicht, daß an die Inkongruenz im Interesse der anderen Gläubiger tendenziell niedrige Anforderungen zu stellen seien,[60] ist für § 131 InsO mithin im allgemeinen nicht zu folgen.[61]

Für die gebotene Gleichbehandlung im Eingriff in das Eigentumsgrundrecht der Anfechtungsgegner ist entscheidend, daß mit der Inkongruenz- und der Kongruenzanfechtung vergleichbare Ergebnisse erzielt werden. Daher kommt es maßgeblich auf die Perspektive des über den Anfechtungsrechtsstreit entscheidenden Gerichts an: Nur wenn die Abweichung der Deckung in Art oder Zeit einen Umstand darstellt, aufgrund dessen sich das Gericht – gegebenenfalls unter Zugrundelegung der Maßstäbe des § 130 II InsO – die Überzeugung bilden konnte, daß der Anfechtungsgegner im anfechtungsrelevanten Zeitpunkt die Krise des Schuldners kannte und sein Vertrauen in den Bestand der Deckung daher nicht schutzwürdig war, liegt eine Inkongruenz im Sinne des § 131 I InsO vor. Daher genügt nicht nur, wenn die Abweichung einen Umstand darstellt, der aus Sicht des Anfechtungsgegners zwingend den Schluß zuläßt, daß der Schuldner sich in einer Krise befand. Hinreichend ist vielmehr, wenn die Inkongruenz für das Gericht in einer

---

[60] Vgl. etwa BGHZ 33, 389, 393; *Baur/Stürner*, Insolvenzrecht, Rn. 19.34.

[61] Anders aber BGH NJW-RR 2003, 842, 844; OLG Karlsruhe ZInsO 2004, 1367; MünchKomm-InsO/*Kirchhof*, § 131 Rn. 11; Gottwald/*Huber*, § 47 Rn. 20, 41; *Fischer*, FS Kirchhof, 78; *v. Campe*, Insolvenzanfechtung, 100; *v. Wiedersperg*, Anfechtung, 155; auch Kübler/Prütting/Bork/*Schoppmeyer*, § 131 Rn. 39, der freilich zugleich feststellt, daß die rigide Konsequenz der Inkongruenz nicht gerechtfertigt sei, wenn die Abweichungen vom Pflichtenplan als nicht verdächtig einzuordnen sind. Da *Schoppmeyer* in allen unter § 12 I 2 a genannten Beispielsfällen Inkongruenz bejaht, ist dies als bloßes Lippenbekenntnis zu werten. Gleiches gilt für *Henckel*, der in seiner Kommentierung des § 131 (Jaeger/*Henckel*, § 131 Rn. 8 ff.) zwar immer wieder betont, die Inkongruenz müsse die Deckung verdächtig machen und typisches Zeichen eines Vermögensverfalls des Schuldners sein (so etwa Rn. 41), jedoch weitgehend die Ergebnisse der herrschenden Meinung übernimmt.

den bei § 130 InsO angelegten Maßstäben vergleichbaren Weise zwingend den Schluß nahelegt, der Gläubiger habe die Krise des Schuldners gekannt. Der Unterschied zeigt sich etwa in den Fällen der nachträglichen Besicherung einer Altforderung: Aus ihr muß zwar ein Gläubiger, der keine weiteren Kenntnisse hat, nicht auf die Krise schließen; jedoch kann das Gericht auf die Tatsache der nachträglichen Besicherung seine Überzeugung gründen, der Gläubiger habe auf sie gedrungen, weil er die wirtschaftlich prekäre Lage des Schuldners erkannt hatte.

Legt man die hier vertretenen, strengen Maßstäbe an die von § 131 InsO geforderte Inkongruenz an, kommt denjenigen Tatbestände, deren objektive Voraussetzungen mit denen der Kongruenzanfechtung identisch sind, neben dieser im Ergebnis nur noch eine eingeschränkte Relevanz zu. Dies gilt wegen § 130 I 1 Nr. 1 InsO für § 131 I Nr. 2 InsO und wegen § 130 I 1 Nr. 2 InsO für § 131 I Nr. 1 Alt. 2. Denn nach diesen Maßstäben liegt Inkongruenz nur bei einer solchen Abweichung der erbrachten von der geschuldeten Leistung vor, auf welche der Richter seine Überzeugung gründen kann, der Anfechtungsgegner habe die Krise des Schuldners erkannt. Ist dies der Fall und war der Schuldner objektiv zahlungsunfähig, was § 130 I 1 Nr. 1 InsO und § 131 I Nr. 2 InsO gleichermaßen voraussetzen, würde also auch eine Anfechtung nach § 130 I 1 Nr. 1 InsO durchgreifen. Entsprechendes gilt für nach Stellung des maßgeblichen Eröffnungsantrags (§ 9 IV) erfolgte Deckungen für § 130 I 1 Nr. 2 und § 131 I Nr. 1 Alt. 2 InsO. Dies ist die zwingende Konsequenz daraus, daß es sachlich nicht gerechtfertigt ist, den Empfänger einer Deckung im Vergleich zu anderen, die auf ihre Forderung noch eine Deckung erhalten hatten, allein deshalb einem im Ergebnis strengeren Anfechtungsregime zu unterwerfen, weil die Deckung inkongruent ist. Daher müssen § 130 I 1 Nr. 1 und § 131 I Nr. 2 InsO einerseits sowie § 130 I 1 Nr. 2 und § 131 I Nr. 1 Alt. 2 InsO andererseits, deren objektive Tatbestandsvoraussetzungen jeweils identisch sind, insoweit zu gleichen Ergebnissen führen.

Die Inkongruenzanfechtung als solche ist deswegen jedoch schon im Hinblick auf § 131 I Nr. 1 Alt. 1 und Nr. 3 InsO nicht bedeutungslos, die andere objektive Voraussetzungen enthalten als die Tatbestände der Kongruenzanfechtung.[62] Und selbst § 131 I Nr. 1 Alt. 2 und Nr. 2 InsO sind auch nach hier vertretener Ansicht neben § 130 I 1 Nr. 1 und Nr. 2 InsO nicht irrelevant. Sie unterwerfen solche Deckungen einem im Vergleich zu § 130 I 1 Nr. 1 und Nr. 2 InsO auch im Ergebnis schärferen Anfechtungsregime, für die es nach dem Gesagten sachlich gerechtfertigt ist, an die Inkongruenz weniger strenge Maßstäbe anzulegen: Deckungen also, die der Anfechtungsgegner für einen endgültig undurchsetzbaren Anspruch erhalten hat. Vor allem aber lassen sich, der offensichtlichen Absicht des Gesetzgebers folgend, Fallgruppen bilden, in denen es durchaus sachgerecht ist, aufgrund der Abweichung der Deckung vom Anspruch die Kenntnis des Anfechtungsgegners von der Krise zu vermuten. Weil die materiellen Anfechtungsvoraussetzungen in diesen Fällen im Ergebnis denen der Kongruenzanfechtung entsprechen, also keine strukturelle Ungleichbehandlung von Empfängern inkongruenter Deckungen gegenüber solchen kongruenter Deckung stattfindet, kann auch nach hier vertretender

---

[62] Vgl. hierzu § 9 V, VI.

Ansicht eine Anfechtung gemäß § 131 I Nr. 1 Alt. 2 oder Nr. 2 InsO erfolgen. Insoweit lassen sich diese Tatbestände als Konkretisierung des § 130 II InsO[63] verstehen. Daß eine aus der Inkongruenz abgeleitete Vermutung dem Insolvenzverwalter die Anfechtung erleichtert, nämlich den konkreten Nachweis der Kenntnis des Anfechtungsgegners vom Vorliegen der Krisentatsachen nach § 130 I 1 Nr. 1 und Nr. 2, II InsO erspart, ist auch nach hier vertretender Ansicht unbedenklich, wenn und soweit diese Vermutung sachlich gerechtfertigt ist. Unter welchen Voraussetzungen dies im einzelnen der Fall ist, wird noch näher darzulegen sein.[64]

3. Funktion der Inkongruenz für die einzelnen Tatbestände des § 131 InsO

Schon die These, auf der die Regelung der Inkongruenzanfechtung insgesamt aufbaut, daß nämlich die Inkongruenz den Erwerb ohne weiteres besonders „verdächtig" mache, ist nicht überzeugend. Entsprechend genau sind die Erwägungen zu überprüfen, von denen man sich bei der Ausgestaltung der einzelnen Tatbestände des § 131 I InsO leiten ließ.

a) § 131 I Nr. 1 InsO

Die Kommission für Insolvenzrecht wollte mit dem heutigen § 131 I Nr. 1 InsO „wegen der besonderen Verdächtigkeit inkongruenten Erwerbs ... den Verdachtszeitraum des § 30 Nr. 2 KO auf einen Monat ... verlängern."[65] Bei dem „Verdachtszeitraum des § 30 Nr. 2 KO" dachte man offenbar an die Zehn-Tages-Frist des § 30 Nr. 2 Alt. 2 KO. Wie dargestellt,[66] sollte in dieser Frist freilich nicht das Vorliegen einer Krise und die Kenntnis des Anfechtungsgegners hiervon zu vermuten sein, sondern (unwiderleglich) die Benachteiligungsabsicht des Schuldners, auf welche die Anfechtbarkeit sich in diesem Fall nach dem Willen der Schöpfer der KO nur stützen sollte, sowie (widerleglich) die Kenntnis des Gläubigers von einer solchen Absicht. Der „Verdacht" der sich aus der Inkongruenz für die Zwecke des heutigen § 131 I Nr. 1 InsO ergeben soll, ist jedoch ein anderer: Er bezieht sich auf die Krise des Schuldners und die Kenntnis des Anfechtungsgegners von ihr. Daß § 131 I Nr. 1 InsO gegenüber § 30 Nr. 2 Alt. 2 KO den „Verdachtszeitraum" nicht nur verlängert, sondern den Bezugspunkt des Verdachts verändert, hat die Kommission für Insolvenzrecht offenbar nicht bedacht. Schon die Begründung des Diskussionsentwurfs enthält die Bezugnahme auf § 30 Nr. 2 Alt. 2 KO nicht mehr,[67] was die Zweifel an der Stichhaltigkeit der im übrigen aus dem Ersten Bericht übernommenen Erwägungen allerdings nicht ausräumt.

---

[63] Vgl. dazu, daß die Inkongruenz für die nach § 131 I Nr. 3 InsO erforderliche Kenntnis des Anfechtungsgegners von der benachteiligenden Wirkung der Deckung neben § 131 II 1 InsO keinen Einfluß auf die Darlegungs- und Beweislast des Insolvenzverwalters haben kann, oben § 11 II 3.

[64] Vgl. unten II, III, aber auch schon oben I 2 a aa.

[65] Erster Bericht der Kommission für Insolvenzrecht, S. 407.

[66] Vgl. § 1 VI, § 12 I 1.

[67] Begr. DiskE-InsO, S. B120.

Daß es aus verfassungsrechtlichen Gründen inakzeptabel ist, den objektiven Eintritt der Krise allein aus der Inkongruenz der Deckung und der zeitlichen Nähe zur Antragstellung zu folgern, wurde schon ausgeführt.[68] Der Verzicht auf subjektive Tatbestandsmerkmale ist demgegenüber schon deshalb wesentlich weniger problematisch, weil diese sich, anders als das objektive Krisenmerkmal, nicht auf die Wertungen beziehen, welche den mit der Insolvenzanfechtung verbundenen Eingriff in das Eigentumsgrundrecht des Anfechtungsgegners erst rechtfertigen.[69] Insoweit ist – namentlich vor dem Hintergrund des Gleichheitssatzes – allerdings zu prüfen, ob die gesetzliche Regelung wertungskohärent ist. Dies wurde im Hinblick auf einen Vergleich mit der Kongruenzanfechtung bereits erörtert. Hier ist jedoch die Frage zu beantworten, ob die § 131 I Nr. 1 InsO zugrundegelegten Wertungen in bezug auf die anderen beiden Tatbestände der Inkongruenzanfechtung stimmig sind. Insoweit kommt nur ein Widerspruch zu § 131 I Nr. 3 InsO in Betracht, da diese Norm im Gegensatz zu Nr. 1 eine subjektive Tatbestandsvoraussetzung enthält. Es fragt sich also, welcher sachliche Grund diesen tatbestandlichen Unterschied rechtfertigt.

Ein solcher sachlicher Grund läßt sich in der unterschiedlichen zeitlichen Nähe zum Eröffnungsantrag finden. Zwar ist diese nicht *ex ante* erkennbar, so daß man nicht etwa schon deshalb behaupten kann, der Anfechtungsgegner habe bereits im anfechtungsrelevanten Zeitpunkt die Krise kennen müssen, weil spätestens einen Monat danach die Eröffnung eines Insolvenzverfahrens beantragt wurde. Allerdings liegt die Vermutung nicht fern, daß spätestens einen Monat vor Verfahrenseröffnung auch äußerlich erkennbar wurde, daß sich der Schuldner in einer Krise befand. Dies ist in den von § 131 I Nr. 3 InsO erfaßten Fällen schon deshalb grundsätzlich anders, weil dieser Tatbestand neben § 131 I Nr. 2 InsO überhaupt nur dann Bedeutung hat, wenn der Schuldner im anfechtungsrelevanten Zeitpunkt noch zahlungsfähig war. Wenn der Schuldner seine Verbindlichkeiten im wesentlichen noch bedient, zeigt sich eine eventuell vorhandene Krise noch nicht. Jedenfalls dann, wenn man der hier vertretenen einschränkenden Auslegung der Inkongruenzmerkmale folgt, ist es also gerechtfertigt, in den Fällen des § 131 I Nr. 1 InsO die Kenntnis des Anfechtungsgegners von der Krise zu vermuten, in den Fällen des § 131 I Nr. 3 InsO dagegen nicht.

b) § 131 I Nr. 2 InsO

Die Erwägungen zur Bedeutung der Inkongruenz für den heutigen § 131 I Nr. 2 InsO scheinen einen Widerspruch zu enthalten: Die Entwurfsverfasser stellen fest, daß es wegen des größeren zeitlichen Abstands zum Eröffnungsantrag nicht gerechtfertigt sei, bei inkongruenten Deckungen, die innerhalb des zweiten oder dritten Monats vor dem Eröffnungsantrag erfolgt sind, unwiderleglich zu vermuten, daß die Krise des Schuldners bereits eingetreten sei. Offenbar hielt man nicht einmal eine widerlegliche Vermutung der Krise für gerechtfertigt, denn § 131 I Nr. 2

---

[68] § 9 VI.

[69] Vgl. § 8 I 3, § 11 I 1.

InsO erhebt die Zahlungsunfähigkeit des Schuldners zu einer vom Insolvenzverwalter zu beweisenden Tatbestandsvoraussetzung. Wenn aber aus der Inkongruenz der Deckung nicht einmal eine widerlegliche Vermutung dafür abzuleiten ist, daß sich der Schuldner objektiv in einer Krise befand, scheint es um so überraschender, daß „wegen der besonderen Verdächtigkeit inkongruenten Erwerbs" unwiderleglich zu vermuten sein soll, der Anfechtungsgegner habe eine solche Krise gekannt. Die für § 131 I Nr. 2 InsO aus der Inkongruenz der Deckung abgeleitete unwiderlegliche Vermutung, daß der Anfechtungsgegner die Zahlungsunfähigkeit des Schuldners kannte, kann zudem für § 131 I Nr. 3 InsO nicht gelten. Denn eine solche Vermutung nähme dem subjektiven Tatbestandsmerkmal des § 131 I Nr. 3 InsO, das sich im wesentlichen in der Kenntnis des Anfechtungsgegners von der Krise erschöpft,[70] jede Bedeutung.

Erst auf den zweiten Blick erschließt sich, daß diesen Differenzierungen gleichwohl gefolgt werden kann. Denn § 131 I Nr. 2 InsO greift nur ein, wenn der Schuldner im anfechtungsrelevanten Zeitpunkt nachweislich zahlungsunfähig war, daher wird auch nur in diesem Fall die unwiderlegliche Vermutung relevant, daß der Anfechtungsgegner die Zahlungsunfähigkeit des Schuldners kannte. So löst sich jedenfalls der Widerspruch auf, daß zwar nicht die Krise selbst, wohl aber die diesbezügliche Kenntnis des Anfechtungsgegners zu vermuten sein soll: Sie ist eben nur dann zu vermuten, wenn Zahlungsunfähigkeit wirklich vorlag. Zwar kann ein Außenstehender kaum erkennen, ob der Schuldner im Sinne des § 17 InsO zahlungsunfähig ist oder seine Zahlungen eingestellt hat.[71] Bediente der Schuldner seine Forderungen im wesentlichen nicht mehr und erhält der Anfechtungsgegner in dieser Zeit eine – nach den hier vertretenen, strengeren Maßstäben – inkongruente Deckung, liegt jedoch die Vermutung nahe, er habe wenn auch nicht die Zahlungsunfähigkeit im rechtlichen Sinne, so doch wenigstens die zur späteren Verfahrenseröffnung führende Krise des Schuldners erkannt. Daß es hierzu nicht inkonsequent ist, für die von § 131 I Nr. 3 InsO erfaßten Fälle, in denen der Schuldner gerade noch nicht zahlungsunfähig war, aus Verkehrsschutzgründen subjektive Tatbestandsvoraussetzungen aufzustellen, wurde schon ausgeführt.[72]

c) § 131 I Nr. 3 InsO

Was schließlich zur Überzeugungskraft der in den Materialien über Funktion und systematische Einordnung des heutigen § 131 I Nr. 3 InsO angestellten Erwägungen zu sagen ist, den die Gesetzesverfassern als Sonderfall der Absichtsanfechtung ansahen, wurde bereits an anderer Stelle dargelegt.[73]

---

[70] Vgl. hierzu § 11 II 3.
[71] Vgl. § 11 II 1.
[72] § 11 I 2.
[73] § 7 II 2. Vgl. ferner § 9 V und § 11 I 2 a.E., II 3.

II. Die Voraussetzungen der Inkongruenz im einzelnen

Es wurde gezeigt, daß es sachlich grundsätzlich nicht gerechtfertigt ist, inkongruente Deckungen einer im Vergleich zur Kongruenzanfechtung insgesamt erweiterten Anfechtung zu unterwerfen. Die Inkongruenzmerkmale sind daher, entgegen der herrschenden Meinung,[74] eng und in dem Sinne auszulegen, daß nur solche Abweichungen der Deckung vom Anspruch genügen, die in ähnlicher Weise wie die von § 130 II InsO vorausgesetzten Umstände[75] zwingend den Schluß zulassen, der Gläubiger habe die Krise des Schuldners erkannt. Auf dieser Grundlage werden im Folgenden die Maßstäbe gewürdigt, die Rechtsprechung und Schrifttum an die Inkongruenzmerkmale im einzelnen anlegen. Die Frage der Inkongruenz einer im Wege der Zwangsvollstreckung oder durch Drohung mit ihr erlangten Deckung wird wegen ihrer seit jeher herausragenden praktischen Bedeutung gesondert erörtert (unten III).

1. Erheblichkeit und Verdächtigkeit der Abweichung

Nach herrschender Ansicht soll die Kongruenz zwischen Anspruch und Deckung im Interesse der Gleichbehandlung aller Insolvenzgläubiger zwar nach strengen Maßstäben zu beurteilen sein.[76] Im selben Atemzug wird jedoch meist betont, die Abweichung von Deckung und Anspruch sei unbeachtlich, sofern sie nur geringfügig oder verkehrsüblich sei.[77] Diese Feststellung bezieht sich auf Fälle, in denen der Anfechtungsgegner die Deckung „nicht in der Art“ oder „nicht zu der Zeit“ zu beanspruchen hatte. So soll die entsprechende Deckung etwa nicht der Inkongruenzanfechtung unterliegen, wenn der Schuldner eine Geldschuld nicht bar, sondern mit eigenem Scheck,[78] durch Überweisung oder im Lastschriftverfahren durch Einzug von seinem Konto[79] beglichen hat. Keine Inkongruenz soll ferner anzunehmen sein,

---

[74] Vgl. die soeben in Fn. 61 angeführten Nachweise.

[75] Hierzu § 11 II 1 b.

[76] Vgl. die soeben in Fn. 61 angeführten Nachweise.

[77] BGH NJW-RR 2005, 1575; BGH NJW-RR 2003, 842, 844; OLG Saarbrücken MDR 2009, 52, 53; OLG Karlsruhe ZInsO 2004, 1367; MünchKommInsO/*Kirchhof*, § 131 Rn. 11; HK/*Kreft*, § 130 Rn. 11, § 131 Rn. 10, 17; Jaeger/*Henckel*, § 131 Rn. 13, 28; HmbK/*Rogge*, § 131 Rn. 3; FK/*Dauernheim*, § 131 Rn. 10; Kübler/Prütting/Bork/*Schoppmeyer*, § 131 Rn. 39ff.; Uhlenbruck/*Hirte*, § 131 Rn. 12, 27; *Gehrlein*, WM 32/2009 (Sonderbeilage), 31.

[78] BGH NJW 2009, 2600, 2601 (Gegensatz zur Hingabe eines Kundenschecks); BGH WM 2006, 2312, 2313; BGH NJW 2006, 1800, 1803; BGH NJW-RR 2003, 842, 844; OLG Karlsruhe ZInsO 2004, 1367; MünchKommInsO/*Kirchhof*, § 131 Rn. 35; Kübler/Prütting/Bork/*Schoppmeyer*, § 131 Rn. 61; Jaeger/*Henckel*, § 131 Rn. 15; HmbK/*Rogge*, § 131 Rn. 3; FK/*Dauernheim*, § 131 Rn. 13; HK/*Kreft*, § 131 Rn. 9; Uhlenbruck/*Hirte*, § 131 Rn. 9; *Bork*, Zahlungsverkehr, Rn. 416; *Jacoby*, LMK 2009, 290943.

[79] BGH NJW 2008, 3348, 3353; BGH NJW-RR 2003, 842, 844; OLG Karlsruhe ZInsO 2004, 1367; MünchKommInsO/*Kirchhof*, § 131 Rn. 11, 35; Jaeger/*Henckel*, § 131 Rn. 15, 20; Kübler/Prütting/Bork/*Schoppmeyer*, § 131 Rn. 61; HmbK/*Rogge*, § 131 Rn. 3; FK/*Dauernheim*, § 131 Rn. 13; Uhlenbruck/*Hirte*, § 131 Rn. 9; *Nobbe*, KTS 2007, 416.

wenn dem Anfechtungsgegner die Sache, an der ihm ein Pfandrecht bestellt werden sollte, zur Sicherheit übereignet[80] oder wenn ihm statt einer Sicherungshypothek eine Grundschuld bestellt wird.[81] Grundsätzlich unerheblich soll es auch sein, wenn die Leistung an einem anderen als dem vereinbarten oder sich aus § 269 BGB ergebenden Leistungsort erfolgt.[82] Was zeitliche Abweichungen betrifft, so soll die Deckung etwa nicht schon dann § 131 InsO unterfallen, wenn der Schuldner den Überweisungsauftrag (frühestens) fünf Bankgeschäftstage vor Fälligkeit erteilt hat[83] oder dann, wenn er vor Fälligkeit gezahlt hat, um einen Skontoabzug zu erhalten.[84]

Festzustellen und durchaus zu begrüßen ist zunächst, daß die Vertreter der herrschenden Ansicht den Wortlaut des § 131 I InsO einschränkend auslegen, indem sie berücksichtigen, ob die Abweichung geringfügig oder verkehrsüblich ist; denn nach dem Wortlaut unterfällt eine Deckung bei jeder Abweichung vom Anspruch dem Tatbestand des § 131 InsO.[85] Mit dieser einschränkenden Auslegung bekennen sich auch die Vertreter der herrschenden Meinung zu der Einsicht, daß nicht jede Abweichung vom zugrundeliegenden Anspruch eine Deckung „verdächtig" macht, sondern man umgekehrt eine Deckung nur dann der erleichterten Anfechtung nach § 131 I InsO unterwerfen kann, wenn sie aufgrund der Abweichung „verdächtig" ist.[86]

---

[80] HK/*Kreft*, § 131 Rn. 17; Kübler/Prütting/Bork/*Schoppmeyer*, § 131 Rn. 115. Ebenso (vgl. aber noch unten 2) Jaeger/*Henckel*, § 131 Rn. 47; MünchKomm/*Kirchhof*, § 131 Rn. 37; FK/*Dauernheim*, § 131 Rn. 22. Ebenso zu Verpfändung und Sicherungsabtretung von Forderungen RG JW 1909, 734, 735.

[81] HK/*Kreft*, § 131 Rn. 19; Uhlenbruck/*Hirte*, § 131 Rn. 12, 27; Kübler/Prütting/Bork/*Schoppmeyer*, § 131 Rn. 115. Ebenso (vgl. aber noch unten 2) Jaeger/*Henckel*, § 131 Rn. 47; MünchKomm/*Kirchhof*, § 131 Rn. 37; FK/*Dauernheim*, § 131 Rn. 22.

[82] Kübler/Prütting/Bork/*Schoppmeyer*, § 131 Rn. 61; Jaeger/*Henckel*, § 131 Rn. 13; Uhlenbruck/*Hirte*, § 131 Rn. 12. Vgl. auch schon *Cosack*, Anfechtungsrecht, 198.

[83] BGH NJW-RR 2005, 1575, HK/*Kreft*, § 131 Rn. 10. – Das hierfür vorgebrachte Argument, der Zahlungspflichtige könne sonst die Säumigkeit nicht vermeiden, ohne die Gefahr der Anfechtbarkeit zu begründen (ebenso HK/*Kreft*, § 131 Rn. 10), ist fragwürdig, denn der Zahlungspflichtige hat kein schützenswertes Interesse daran, eine „Gefahr der Anfechtbarkeit" zu vermeiden; so auch schon *Muthorst*, KTS 2006, 66.

[84] BGH ZIP 2010, 1188.

[85] Vgl. entsprechend zu § 23 KO 1879 schon *Cosack*, Anfechtungsrecht, 199.

[86] So ausdrücklich BGH ZIP 2010, 1188; BGH NJW-RR 2005, 1575; HK/*Kreft*, § 131 Rn. 10. Dezidiert anders aber BGHZ 174, 297, 307. – Diese Erwägung tritt besonders deutlich in dem Fall hervor, daß dem Schuldner eine Ersetzungsbefugnis zukommt: Macht er davon Gebrauch, soll diese Leistung, obwohl der Gläubiger nicht gerade den geleisteten Gegenstand zu beanspruchen hatte, nicht inkongruent sein, weil der Vorgang unverdächtig sei, vgl. BGH NJW-RR 2006, 414, 415; Jaeger/*Henckel*, § 131 Rn. 17; MünchKommInsO/*Kirchhof*, § 131 Rn. 12; Kübler/Prütting/Bork/*Schoppmeyer*, § 131 Rn. 43. Ebenso mit anderer, nicht überzeugender Begründung RGZ 71, 89, 91, und noch BGH NJW 1978, 758, 759: Die strenge Behandlung des Gläubigers nach § 30 Nr. 2 KO sei nicht am Platze, weil er die Leistung annehmen müsse. Auf einem Vorwurf gründet die besondere Insolvenzanfechtung nicht, und auch eine Leistung, die der Gläubiger annehmen „muß", kann auf eine Krise des Schuldners hindeuten.

Diese einschränkende Auslegung des § 131 InsO ist jedoch auf nicht einmal halbem Wege stehengeblieben; es werden nicht die richtigen Maßstäbe angelegt. Wie ausgeführt, müssen diese mit denjenigen vergleichbar sein, die an die richterliche Überzeugung vom Vorliegen der subjektiven Tatbestände des § 130 I 1, II InsO angelegt werden: Die Abweichung muß ihrer Natur und ihrem Ausmaß nach einer Tatsache entsprechen, auf welche der Richter auch bei Anwendung des § 130 I 1, II InsO seine Überzeugung stützen könnte, daß dem Anfechtungsgegner die Krise des Schuldners bekannt war.[87] Dafür genügt es nicht schon, daß die Deckung nicht verkehrsüblich war.

Typischerweise verdächtig und daher inkongruent sind vor diesem Hintergrund – wie schon ausgeführt – die nachträgliche Besicherung einer Altforderung[88] und grundsätzlich auch die erfüllungshalber oder an Erfüllungs Statt erfolgende Hingabe eines anderen als des geschuldeten Gegenstandes.[89] Solche Deckungen sind also auch nach hier vertretener Ansicht in aller Regel nach § 131 InsO anfechtbar. Ob dagegen etwa die Hingabe eines eigenen Wechsels auf eine bar zu zahlende Geldschuld den geschilderten Anforderungen genügt, mit der herrschenden Ansicht also der Anfechtbarkeit nach § 131 InsO zu unterwerfen ist,[90] ist jedenfalls zweifelhaft. Denn zwar kann die Hingabe eines Wechsels jedenfalls dann, wenn ausdrücklich Barzahlung vereinbart war, als Hinweis auf Liquiditätsengpässe gewertet werden; mit gleicher Berechtigung läßt sich jedoch sagen, daß der Anfechtungsgegner mit der Annahme des Wechsels seinem Vertrauen Ausdruck verliehen habe, daß der Schuldner bis zur Erfüllung zahlungsfähig bleiben werde, also nicht absah, daß der Schuldner auf ein Insolvenzverfahren zusteuert. Und entgegen der herrschenden Ansicht[91] wird man etwa nicht davon ausgehen können, daß der Insolvenzgläubiger stets eine inkongruente Deckung erhält, wenn statt des Schuldners auf dessen Weisung ein Dritter an den Gläubiger zahlt. Denn eine solche Anweisung erfolgt nicht typischerweise gerade dann, wenn sich der Schuldner in einer Krise befindet, und ist insbesondere unverdächtig, wenn der Schuldner von dem angewiesenen Drittschuldner verlangen konnte, daß dieser ihn von den Ansprüchen des Gläubigers freistelle,[92] die Anweisung also objektiv eine reine

---

[87] Vgl. schon *Cosack*, Anfechtungsrecht, 198f., der fordert, daß die Differenz zwischen Erfüllung und Schuld so erheblich gewesen sein müsse, „daß sie in Durchschnittsfällen die Aufmerksamkeit des Empfängers zu erregen im Stande war".

[88] Vgl. oben vor Fn. 25.

[89] Vgl. oben vor Fn. 29.

[90] MünchKommInsO/*Kirchhof*, § 131 Rn. 35; Jaeger/*Henckel*, § 131 Rn. 15; Kübler/Prütting/Bork/*Schoppmeyer*, § 131 Rn. 57; HmbK/*Rogge*, § 131 Rn. 9. Tendenziell auch Uhlenbruck/*Hirte*, § 131 Rn. 9.

[91] BGH v. 20. 1. 2011 – IX ZR 58/10, Tz. 17; BGH NZI 2007, 456; BGH NZI 2005, 389, 390; BGH NJW-RR 2003, 842, 844; OLG Karlsruhe ZInsO 2004, 1367f.; MünchKommInsO/*Kirchhof*, § 131 Rn. 35; HK/*Kreft*, § 131 Rn. 9; Jaeger/*Henckel*, § 131 Rn. 15; HmbK/*Rogge*, § 131 Rn. 8; Kübler/Prütting/Bork/*Schoppmeyer*, § 131 Rn. 59; *Gehrlein*, WM 32/2009 (Sonderbeilage), 32.

[92] So lag es in den von BGH NJW-RR 2003, 842, 844, und OLG Karlsruhe ZInsO 2004, 1367f., entschiedenen Fällen.

Abkürzungsfunktion hat. Genauso liegt es, wenn der Schuldner dem Insolvenzgläubiger an Zahlungs Statt seinen gegen einen Drittschuldner gerichteten Freistellungsanspruch abtritt.

2. Maßgeblichkeit einer Schlechterstellung der Gläubiger

Hans-Peter Kirchhof will die Frage, ob eine Deckung der erleichterten Anfechtung nach § 131 InsO unterfällt, davon abhängig machen, ob die Gläubiger aufgrund der Abweichung der Deckung vom Anspruch benachteiligt werden: Wegen „des Normzwecks" müsse der Maßstab dafür, ob eine Abweichung wegen Geringfügigkeit unschädlich sei, die Gleichwertigkeit im Hinblick auf die Gläubigerbefriedigung sein.[93] Aus dieser Erwägung verneint er etwa die Inkongruenz der Bestellung einer Grundschuld anstelle der versprochenen Hypothek[94] oder einer später als vereinbart erfolgten Leistung.[95] Zugleich betont Kirchhof jedoch, daß unerheblich sei, ob die ersatzweise gestellte Sicherheit gegenüber der versprochenen eine solche geringerer Art darstellt, weil die Vermutung naheliege, daß der Schuldner andere Sicherheiten nicht mehr habe anbieten können.[96] Darin liegt ein gewisser Widerspruch; denn insoweit soll es offenbar nicht darauf ankommen, ob die Gläubiger gerade durch die Abweichung benachteiligt werden.

Der „Normzweck", auf den Kirchhof sich beruft, ist offenbar der des Anfechtungsrechts insgesamt, eine Gläubigerbenachteiligung zu revidieren. Hier geht es jedoch um die Auslegung speziell der Tatbestandsmerkmale der Inkongruenz, und deren *ratio* liegt anerkanntermaßen darin, eine Erleichterung der Anfechtung auf Fälle zu begrenzen, in denen der Anfechtungsgegner wegen seiner zu vermutenden Kenntnis von der Krise des Schuldners weniger schutzwürdig ist. Mit diesem hier allein einschlägigen „Normzweck" hat die Gläubigerbenachteiligung als solche nichts zu tun. Für die Einordnung einer Deckung als kongruent oder inkongruent kommt es auf sie nicht an.

Daß die Deckung in den Fällen, in denen Kirchhof darauf abstellen will, daß die Abweichung die Gläubiger nicht benachteiligt, nicht § 131 InsO unterfällt, läßt sich zwanglos anders begründen. So ist die Bestellung einer Grundschuld anstelle einer Hypothek im Hinblick auf eine Krise des Schuldners gänzlich unverdächtig. Anders mag dies im Fall einer verspäteten Leistung liegen, doch greift in diesem Fall § 131 InsO schon seinem Wortlaut nach nicht ein: Daß der Gläubiger die Leistung „nicht zu der Zeit" zu beanspruchen hatte, läßt sich nur von einer Leis-

---

[93] MünchKommInsO/*Kirchhof*, § 131 Rn. 31; OLG Saarbrücken MDR 2009, 52, 53. Mit gleicher Tendenz, aber umgekehrt formuliert Jaeger/*Henckel*, § 131 Rn. 47: Für die Kongruenz genüge eine Gleichwertigkeit im Hinblick auf die Gläubigerbenachteiligung.

[94] MünchKommInsO/*Kirchhof*, § 131 Rn. 37; ebenso Jaeger/*Henckel*, § 131 Rn. 47. Allemal unzutreffend die Begründung von FK/*Dauernheim*, § 131 Rn. 22: Die Anfechtung scheide mangels Gläubigerbenachteiligung aus.

[95] MünchKommInsO/*Kirchhof*, § 131 Rn. 40 a. Im Ergebnis ebenso, aber ohne Begründung, BGH DStZ 1995, 285, 290. Anders Jaeger/*Henckel*, § 142 Rn. 8 a. E.

[96] So MünchKommInsO/*Kirchhof*, § 131 Rn. 28; Jaeger/*Henckel*, § 131 Rn. 47 a. E.

tung vor Fälligkeit, nicht aber von einer verspätet erbrachten Leistung sagen, die der Gläubiger zum späteren Zeitpunkt allemal zu beanspruchen hatte.

3. Bezugspunkt der Inkongruenz

Schon nach dem eindeutigen Wortlaut des § 131 InsO bezieht sich die erforderliche Abweichung der Deckung vom Anspruch nicht auf die Handlung, sondern den Erfolg: Der Insolvenzgläubiger darf die Sicherung oder Befriedigung als solche „nicht oder nicht in der Art oder nicht zu der Zeit" zu beanspruchen gehabt haben.[97] Dies sei hier deshalb betont, weil § 131 InsO wie auch § 130 InsO nicht nur solche Rechtshandlungen der Anfechtbarkeit unterwirft, welche eine Deckung gewähren, sondern auch solche, die sie erst ermöglichen. Für deren Anfechtbarkeit kommt es also nicht etwa darauf an, ob und inwieweit der Anfechtungsgegner zu beanspruchen hatte, daß der Schuldner (oder ein Dritter) die fragliche Ermöglichungshandlung vornimmt,[98] sondern nur darauf, ob und inwieweit er die dadurch ermöglichte Deckung zu beanspruchen hatte.[99]

4. Maßgeblicher Zeitpunkt

Obwohl der Wortlaut des § 131 InsO insoweit nicht eindeutig ist, soll für die Beurteilung der Inkongruenz der nach § 140 InsO anfechtungsrelevante Zeitpunkt entscheidend sein.[100] Dem ist zu folgen: Das Merkmal der Inkongruenz soll über die Schutzwürdigkeit des Vertrauens des Erwerbers in den Bestand der Deckung entscheiden; insoweit ist wie für die übrigen Anfechtungsvoraussetzungen auf den Zeitpunkt abzustellen, in dem der Insolvenzgläubiger eine im übrigen insolvenzfeste Rechtsposition erhielt.[101] Ist eine Deckung in diesem Zeitpunkt inkongruent, kann diese Inkongruenz durch nachträgliche Ereignisse nicht wieder entfallen. Denn wenn sich die Deckung aufgrund ihrer Inkongruenz im anfechtungsrelevanten Zeitpunkt als verdächtig erwiesen hat, vermögen nachträglich eintretende Umstände hieran nichts mehr zu ändern. Das gilt insbesondere, wenn die Deckung wegen zeitlicher Abweichungen inkongruent ist – was freilich kaum denkbar ist, wenn man die hier vertretenen Maßstäbe anlegt –, wenn der Schuldner also vor

---

[97] Deutlich in diesem Sinne auch bereits *Foerste*, FS Musielak, 147.

[98] So aber ohne Begründung und weiteren Nachweis Kübler/Prütting/Bork/*Schoppmeyer*, § 131 Rn. 31; *Bork*, Zahlungsverkehr, Rn. 215 (Anspruch auf die Rechtshandlung). Im Grundsatz richtig *Tinnefeld*, Verrechnungsmöglichkeit, 186, und *Peschke*, Insolvenz, 180ff., der aber für die Inkongruenz wegen abweichender Deckungsart doch wieder darauf abstellen will, ob ein Anspruch auf die fragliche Rechtshandlung bestand. Vgl. auch noch unten § 12 II 5 c cc und § 14 II 2.

[99] OLG München ZInsO 2009, 2151, 2152.

[100] Jaeger/*Henckel*, § 131 Rn. 3; MünchKommInsO/*Kirchhof*, § 131 Rn. 10; Kübler/Prütting/Bork/*Schoppmeyer*, § 131 Rn. 35; HmbK/*Rogge*, § 131 Rn. 3; Nerlich/Römermann/*Nerlich*, § 131 Rn. 14; *Kirchhof*, ZInsO 2004, 467.

[101] Vgl. eingehend § 8 I.

Fälligkeit geleistet hat: Die Leistung wird nicht dadurch kongruent, daß später die Fälligkeit eintritt.[102] Auch Abreden, die nach dem anfechtungsrelevanten Zeitpunkt getroffen wurden, sind für die Frage der Inkongruenz irrelevant.[103]

5. Bestehen und Bestimmtheit des die Kongruenz herstellenden Anspruchs

a) Im anfechtungsrelevanten Zeitraum getroffene Kongruenzabrede

Es fragt sich jedoch, ob Kongruenz auch durch eine Abrede hergestellt werden kann, die zwar vor dem konkret anfechtungsrelevanten Zeitpunkt (§ 8), aber erst im allgemein anfechtungsrelevanten Zeitraum (§ 10) und insbesondere dann getroffen wurde, als die Voraussetzungen für eine Anfechtung nach § 131 InsO bereits vorlagen. Nach wohl allgemeiner Ansicht ist dies zu verneinen.[104] Hierfür wird argumentiert, daß dies eine Umgehung des § 131 InsO heraufbeschwören würde, nach dessen Zweck eine in der kritischen Zeit geschaffene Kongruenz unbeachtlich bleiben müsse.[105]

Den Vertretern der herrschenden Ansicht ist zuzugeben, daß es nicht in der Hand des Schuldners und des Gläubigers liegen kann, eine Deckung der Anfechtbarkeit nach § 131 InsO dadurch zu entziehen, daß sie eine Abrede treffen, welche die Kongruenz einer zuvor nicht, in anderer Art oder zu anderer Zeit zu gewährenden Deckung herstellen soll. Ein solches Verhalten setzt die Beteiligten in besonderem Maße dem Verdacht aus, sie hätten mit der baldigen Eröffnung eines Insolvenzverfahrens über das Vermögen des Schuldners gerechnet. Jedoch läßt sich nicht pauschal behaupten, daß alle bereits in der Krise des Schuldners getroffenen Abreden, welche die Kongruenz einer Deckung herstellen, eine Umgehung des § 131 InsO bedeuten. Hier sind die den §§ 132, 142 InsO zugrundeliegenden Wertungen zu beachten. Danach soll der Austausch gleichwertiger Leistungen auch in der dem Anfechtungsgegner bekannten Krise des Schuldners anfechtungsfrei blei-

---

[102] BGH NJW-RR 2005, 1575; Kübler/Prütting/Bork/*Schoppmeyer*, § 131 Rn. 38; *v. Olshausen*, KTS 2001, 51. Ebenso auch schon *Cosack*, Anfechtungsrecht, 197. Anders aber Jaeger/*Henckel*, § 131 Rn. 5, 27: In diesem Fall sei der Insolvenzgläubiger gegenüber Gläubigern, denen in kritischer Zeit nach Fälligkeit geleistet wurde, nicht bevorzugt, und jene Deckung benachteilige die übrigen Gläubiger auch nicht mehr als diese; ebenso wohl MünchKommInsO/*Kirchhof*, § 131 Rn. 41. Auf eine Bevorzugung des Schuldners oder eine Benachteiligung der Masse kommt es für die Frage der Inkongruenz freilich nicht an, vgl. oben 2.

[103] Kübler/Prütting/Bork/*Schoppmeyer*, § 131 Rn. 38; Jaeger/*Henckel*, § 131 Rn. 4. Anders wohl MünchKommInsO/*Kirchhof*, § 131 Rn. 10, der nicht danach differenziert, ob die Ansprache vor oder nach dem anfechtungsrelevanten Zeitpunkt getroffen wurde.

[104] BGH NJW-RR 2006, 414, 415; Kübler/Prütting/Bork/*Schoppmeyer*, § 131 Rn. 37; Kübler/Prütting/*Paulus*, § 131 Rn. 5; Jaeger/*Henckel*, § 131 Rn. 4, 29; MünchKommInsO/*Kirchhof*, § 131 Rn. 10; FK/*Dauernheim*, § 131 Rn. 4; Uhlenbruck/*Hirte*, § 131 Rn. 15; *Eckardt*, ZIP 1999, 1418; *Wischemeyer*, Insolvenzanfechtung, 31; *v. Campe*, Insolvenzanfechtung, 100; *v. Wiedersperg*, Anfechtung, 156; *Gehrlein*, WM 32/2009 (Sonderbeilage), 31. Vgl. auch schon *Silbermann*, Konkurspauliana, 52, *Cosack*, Anfechtungsrecht, 201, und *Hahn*, Materialien IV, 137.

[105] Jaeger/*Henckel*, § 131 Rn. 4.

ben.[106] Wenn die von den Parteien getroffene Abrede also auf einen von § 142 InsO privilegierten unmittelbaren Austausch gleichwertiger Leistungen zielt, ist sie anfechtungsrechtlich durchaus beachtlich, eine in Vollzug dieser Abrede gewährte Deckung also kongruent und damit allemal[107] gemäß § 142 InsO der besonderen Insolvenzanfechtung entzogen.[108]

b) Anfechtbarkeit des Kausalgeschäfts

Nach ganz herrschender Meinung soll eine Abrede, die im anfechtungsrelevanten Zeitpunkt (§ 8) zwar bestand, aber im Sinne der §§ 130ff. InsO oder der §§ 119ff. BGB anfechtbar war, nicht die Kongruenz der Deckung begründen könnten.[109]

Diese Ansicht ist mit dem Wortlaut des § 131 InsO nur deshalb vereinbar, weil aus diesem nicht mit letzter Deutlichkeit folgt, wann die Inkongruenz vorgelegen haben muß. Allerdings stellen die Vertreter der herrschenden Ansicht insoweit zu Recht auf den anfechtungsrelevanten Zeitpunkt ab.[110] Dies geböte eigentlich eine andere Entscheidung der vorliegenden Frage. Denn §§ 130ff. InsO sind erst ab der Eröffnung des Insolvenzverfahrens anwendbar; erst ab diesem Zeitpunkt greift auch die Einrede der Anfechtbarkeit nach § 146 II InsO. Die Anfechtbarkeit in diesem Sinne ändert also nichts daran, daß dem Insolvenzgläubiger im anfechtungsrelevanten Zeitpunkt ein durchsetzbarer Anspruch auf die Deckung zustand.[111] Gleiches gilt für die Anfechtbarkeit nach §§ 119ff. BGB, trotz der von § 142 BGB angeordneten Rückwirkung.

Entscheidend ist die *ratio* des Tatbestandsmerkmals der Inkongruenz. Es ist zwar einigermaßen fernliegend, daß ein Gläubiger, dessen Forderung trotz Anfechtbar-

---

106 Vgl. bereits oben § 7 II 3 und noch eingehend unten § 13.

107 Zur Anwendbarkeit des Bargeschäftsprivilegs auf inkongruente Deckungen unten § 13 III.

108 So wohl auch Jaeger/*Henckel*, § 131 Rn. 4 a.E., 29; für die Stellung einer Sicherheit auch Uhlenbruck/*Hirte*, § 131 Rn. 15. Abweichend aber offenbar *Eckardt*, ZIP 1999, 1418 Fn. 8 a.E. – Anders liegt es, wenn der Schuldner in diesen Fällen eine andere als die zuvor verabredete Leistung erbringt; hier läßt sich nicht etwa eine konkludente und wiederum nach dem Gedanken des § 142 InsO zu privilegierende „Bargeschäfts-Änderungsabrede" unterstellen, vgl. etwa BGH NZI 2005, 456, 457, und NJW 1993, 3267f., sowie Kübler/Prütting/Bork/*Schoppmeyer*, § 131 Rn. 36. Dies bedeutet jedoch nur, daß die nachträgliche Abrede keine Kongruenz herstellen kann, schließt aber nicht ohne weiteres aus, daß der Leistungsaustausch unter das Bargeschäftsprivileg fällt, vgl. hierzu noch unten § 13 III 5.

109 BGH NJW 2006, 1800, 1803; Jaeger/*Henckel*, § 131 Rn. 8; Kübler/Prütting/Bork/*Schoppmeyer*, § 131 Rn. 51; Kübler/Prütting/*Paulus*, § 131 Rn. 7; MünchKommInsO/*Kirchhof*, § 131 Rn. 14a; HmbK/*Rogge*, § 131 Rn. 4; FK/*Dauernheim*, § 131 Rn. 6; Uhlenbruck/*Hirte*, § 131 Rn. 4; HK/*Kreft*, § 131 Rn. 8. Entsprechend BGH NJW 2009, 2600, 2601 (führt eine ihrerseits anfechtbare Kündigung des Schuldners zur Fälligkeit einer Forderung, ist ihre Erfüllung inkongruent); dem zustimmend *Jacoby*, LMK 2009, 290943. – Abweichend *Häsemeyer*, Insolvenzrecht, Rn. 21.57: Es stehe nur eine Schenkungsanfechtung in Frage. Vgl. zu der Frage, ob derjenige, der die vom Schuldner erhaltene Befriedigung überhaupt nicht zu beanspruchen hatte, insoweit überhaupt Gläubiger im Sinne des § 30 KO sei, *Flatau*, JW 1912, 660ff.

110 Vgl. oben 3. und dort die Nachweise in Fn. 100.

111 Sind im AnfG enthaltene Tatbestände erfüllt, wäre an die Einrede nach § 9 AnfG zu denken, die jedoch ebenfalls von weiteren Voraussetzungen abhängt.

keit erfüllt wird, daraus den Schluß zog, der Schuldner befinde sich in einer Krise; ebensowenig ist ohne weiteres zu vermuten, daß der Schuldner diese Verpflichtung nur erfüllte, weil der Gläubiger angesichts der von ihm vorhergesehenen Krise des Schuldners in besonderem Maße darauf drängte.[112] Die Anfechtbarkeit in beiderlei Sinne bedeutet jedoch, daß der Insolvenzgläubiger auf einen im Ergebnis endgültig undurchsetzbaren Anspruch eine Deckung erhalten hat. Wie dargelegt, ist es in einem solchen Fall sachlich gerechtfertigt, inkongruente Deckung einer auch im Ergebnis weitergehenden Anfechtung zu unterwerfen als kongruente Deckungen.[113] Darauf, daß von der Inkongruenz eine besondere Verdächtigkeit der Deckung ausginge, kommt es daher auch nach hier vertretener Ansicht nicht an. Im Ergebnis ist der herrschenden Ansicht daher zu folgen.

c) Bestimmtheit

aa) Allgemeines

Insbesondere für die Kongruenz gewährter Sicherheiten wird allenthalben gefordert, der zugrundeliegende Anspruch müsse hinreichend bestimmt, also auf die Bestellung gerade der ermöglichten oder gewährten Sicherheit gerichtet sein. Dieses Erfordernis soll die gesicherte Forderung,[114] das Sicherungsrecht,[115] und auch den Sicherungsgegenstand[116] betreffen: Der Insolvenzgläubiger müsse einen Anspruch gerade auf die gewährte Sicherheit gehabt haben, den er auch im Klagewege hätte durchsetzen können.[117]

---

[112] Gegen eine Verdächtigkeit der Leistungen auch *Häsemeyer*, Insolvenzrecht, Rn. 21.57.

[113] Oben § 12 I 2 b.

[114] BGH NJW-RR 1993, 238, 240; Kübler/Prütting/Bork/*Schoppmeyer*, § 131 Rn. 81, 89, 103.

[115] Kübler/Prütting/Bork/*Schoppmeyer*, § 131 Rn. 81. Vgl. aber oben bei Fn. 80 f.

[116] BGH NJW 2002, 1722 f.; BGH NJW 1999, 645, 646; BGHZ 33, 389, 393 ff.; OLG Karlsruhe NZI 2006, 103, 104; OLG München NZI 2006, 530 f.; Jaeger/*Henckel*, § 131 Rn. 32 (vgl. aber auch Rn. 37); HK/*Kreft*, § 131 Rn. 13; MünchKommInsO/*Kirchhof*, § 131 Rn. 20; Kübler/Prütting/Bork/*Schoppmeyer*, § 131 Rn. 89; Kübler/Prütting/Bork/*Bork*, Anh. I § 147 Rn. 21; HmbK/*Rogge*, § 131 Rn. 22; FK/*Dauernheim*, § 131 Rn. 17; *Mitlehner*, ZIP 2007, 1927; *Obermüller*, NZI 2010, 205. Einschränkend aber nur zur Vorausabtretung BGHZ 174, 297, 302 ff., dazu noch unten bb.

[117] BGH NJW-RR 1993, 238, 240; MünchKommInsO/*Kirchhof*, § 131 Rn. 20; Kübler/Prütting/Bork/*Schoppmeyer*, § 131 Rn. 89, 92; Kübler/Prütting/*Paulus*, § 131 Rn. 9; Uhlenbruck/*Hirte*, § 131 Rn. 15. – Dabei ist die hier geforderte Bestimmtheit des auf die Stellung der Sicherheit gerichteten Anspruchs vom sachenrechtlichen Bestimmtheitsgrundsatz zu unterscheiden, der sich nur auf die Verfügung bezieht. Nur letzteren behandelt BGH NZI 2008, 551, 553 f., worauf Kübler/Prütting/Bork/*Schoppmeyer*, § 131 Rn. 91, im vorliegenden Zusammenhang also zu Unrecht verweist. Oftmals wird betont, der schuldrechtliche Anspruch müsse, um Kongruenz herzustellen, nicht denselben Bestimmtheitsanforderungen genügen, die an eine dingliche Einigung zu stellen sind; so BGH NJW 1998, 1561, 1562; MünchKommInsO/*Kirchhof*, § 131 Rn. 20; *ders.*, ZInsO 2004, 467; FK/*Dauernheim*, § 131 Rn. 17; *Jacoby*, ZIP 2008, 389. Anders aber *Piekenbrock*, NZI 2006, 687: Es sei widersprüchlich, einer Abrede, die dem sachenrechtlichen Bestimmtheitsgrundsatz genüge, mangels hinreichender Bestimmtheit eine die Kongruenz herstellende Wirkung abzusprechen.

Diese These stützt sich offenkundig auf den Wortlaut des § 131 InsO, jedoch mit zweifelhafter Berechtigung. Denn ihrem Wortlaut nach setzt diese Norm voraus, daß der Insolvenzgläubiger die Deckung nicht in der gewährten Art zu beanspruchen hatte, daß Anspruch und Deckung insoweit also voneinander abweichen. Dies ist jedoch nicht der Fall, wenn der Anspruch durch Deckungen verschiedener Arten erfüllt werden kann und in einer dieser Arten gewährt wird.

Soweit die herrschende Ansicht darüber hinaus überhaupt begründet wird, bleibt es bei dem Hinweis, daß Absprachen, die es dem Ermessen der Beteiligten oder dem Zufall überließen, welche konkrete Sicherheit erfaßt werde, nicht geeignet seien, die Besserstellung einzelner Gläubiger unter Durchbrechung des Gleichbehandlungsgrundsatzes zu rechtfertigen.[118] Dieser Hinweis bedürfte seinerseits der Begründung, trifft aber ohnehin die Sache nicht. Denn eine „Durchbrechung des Gleichbehandlungsgrundsatzes" liegt auch in der Gewährung kongruenter Deckungen, die ebenfalls anfechtbar sind. Abreden, welche die Kongruenz einer Deckung begründen, rechtfertigen also nicht um ihrer selbst willen die Besserstellung des bevorzugten Gläubigers, und zwar ohne Rücksicht darauf, wie konkret sie gefaßt sind.[119] Diese Besserstellung ist vielmehr durch Verkehrsschutzerwägungen gerechtfertigt; nur in deren Rahmen kommt der Kongruenz Bedeutung zu. Zu fragen ist also, ob die „Verdächtigkeit" einer Deckung davon abhängt, wie konkret der auf sie gerichtete Anspruch ist.

Hat der Insolvenzgläubiger Anspruch darauf, daß der Schuldner ihm für seine Forderung irgendeine Sicherheit bestellt, ist jedoch nicht festgelegt, welchen Gegenstand diese Sicherheit betreffen soll oder welche rechtliche Konstruktion der Sicherheit zugrunde liegen soll, dann hatte der Insolvenzgläubiger die konkrete Sicherheit, die ihm aufgrund dieser Abrede gewährt wird, nicht überhaupt „nicht",[120] sondern nur „nicht in der Art" zu beanspruchen. An die Inkongruenz sind also, wie ausgeführt, strenge Maßstäbe anzulegen: Daß dem Insolvenzgläubiger eine Sicher-

---

[118] BGH NJW-RR 2008, 1731, 1732; BGH NJW 2007, 2324, 2325; BGH NZI 2005, 622 f.; BGH NJW 2002, 1722, 1723; LG Berlin WM 2007, 396, 397; HK/*Kreft*, § 131 Rn. 13. Entsprechend *Jacoby*, ZIP 2008, 389: § 131 InsO ziehe die Grenzen der Gläubigergleichbehandlung; eine Privilegierung verdiene nicht derjenige, der sich „alles" versprechen lasse, sondern nur derjenige, für den individualisierbare Gegenstände reserviert werden. Ähnlich *Kirchhof*, ZInsO 2004, 466, 467: Zwingende Anfechtungsvorschriften sollen nicht im voraus durch rein pauschale, allumfassende, den anderen Gläubigern unbekannte Vertragsklauseln abgeschwächt werden. Vgl. aber auch *Häsemeyer*, Insolvenzrecht, Rn. 21.59: Ein unbestimmter Besicherungsanspruch kaschiere nur die planwidrige Abwicklung des Schuldverhältnisses. Auch diese Behauptung läßt sich in ihrer Pauschalität nicht halten.

[119] Unzutreffend daher *Kirchhof*, ZInsO 2004, 467: Der Sicherungsanspruch solle in der Insolvenz einen Vorrang gegenüber anderen Insolvenzgläubigern einräumen.

[120] So aber ausdrücklich *Wischemeyer*, Insolvenzanfechtung, 31, ferner, jeweils ohne Begründung, offenbar: Kübler/Prütting/Bork/*Schoppmeyer*, § 131 Rn. 89 mit der Überschrift vor Rn. 88; MünchKommInsO/*Kirchhof*, § 131 Rn. 20 mit der Überschrift in Rn. 13 (vgl. aber auch Rn. 39 mit der Überschrift in Rn. 36); Jaeger/*Henckel*, § 131 Rn. 33 mit der Überschrift in Rn. 29; HK/*Kreft*, § 131 Rn. 13 mit der Überschrift in Rn. 12; HmbK/*Rogge*, § 131 Rn. 22 mit der Überschrift vor Rn. 20; FK/*Dauernheim*, § 131 Rn. 17 mit der Überschrift vor Rn. 16. Wie hier aber BGHZ 33, 389, 393.

heit gewährt wurde, die er nicht gerade in dieser Art zu beanspruchen hatte, müßte typischerweise den Schluß zulassen, ihm sei eine Krise des Schuldners bekannt gewesen. Das läßt sich nicht behaupten. Weder liegt in diesen Fällen ohne weiteres nahe, daß der Schuldner gerade aufgrund einer wirtschaftlichen Krise nur die gewährte Sicherheit leisten konnte, noch, daß der Gläubiger sich auf die Stellung gerade dieser Sicherheit nur deshalb einließ, weil er die Krise des Schuldners kannte, noch, daß der Gläubiger in Kenntnis der Krise auf die Stellung gerade dieser Sicherheit gedrungen hätte. Der Fall, daß der Insolvenzgläubiger einen nicht weiter konkretisierten Anspruch auf die Stellung einer Sicherheit hat, liegt insoweit nicht anders als derjenige einer Gattungsschuld, bei der dem Schuldner von vornherein die Entscheidung obliegt, welche konkreten Gegenstände aus der Gattung er leistet,[121] oder auch der Fall, daß dem Schuldner eine Ersetzungsbefugnis eingeräumt wurde und er in Ausübung dieser Befugnis eine andere als die ursprünglich geschuldete Sache leistet. Die Vertreter der herrschenden Ansicht halten dies für unverdächtig und die Leistung daher für kongruent;[122] sie müßten im vorliegenden Fall ebenso entscheiden.

Entgegen der herrschenden Ansicht ist § 131 InsO mithin schon dann nicht anwendbar, wenn die fragliche Deckung ihrer Art nach einem zuvor bestehenden Anspruch des Insolvenzgläubigers unterfällt; dieser Anspruch muß hierfür nicht so konkret gewesen sein, daß der Insolvenzgläubiger auf Gewährung gerade der erhaltenen Deckung hätte klagen können.

bb) Wechselnder Bestand an Sicherungsobjekten

Daß an die Kongruenz nach herrschender Ansicht insoweit erheblich strengere Anforderungen zu stellen sind, wird namentlich dann relevant, wenn der Schuldner dem Insolvenzgläubiger die Stellung einer Globalsicherheit mit wechselndem Bestand schuldete. Praktisch besonders bedeutsam sind dabei einerseits die Pfandrechte der Banken an in ihrem Besitz befindlichen Sachen und gegen sie gerichteten Forderungen des Kunden aufgrund Nr. 14 I AGB-Banken (Nr. 21 I AGB-Sparkassen), andererseits revolvierende Globalzessionen.

Nr. 14 I AGB-Banken (Nr. 21 I AGB-Sparkassen) enthält seinem Wortlaut nach nur die auf die Pfandrechtsbestellung gerichtete dingliche Einigung, begründet aber keine entsprechende Verpflichtung des Kunden, das Pfandrecht zu bestellen. Die so entstehenden Pfandrechte können also nur kongruent sein, wenn man annimmt, es sei eine entsprechende, konkludente Verpflichtung zu unterstel-

---

[121] Nur für die Frage der Kongruenz einer im Zuge einer Globalzession erhaltenen Deckung bemüht diese Parallele auch BGHZ 174, 297, 306, im Anschluß an *Piekenbrock*, WM 2007, 145, der diesen Gedanken jedoch gerade für Sicherheiten einschränken will: Aus der Pflicht des Schuldners, eine Sicherheit seiner Wahl zu bestellen, könne nicht deren Kongruenz folgen, weil „es ansonsten entgegen § 131 Abs. 1 InsO fast keine inkongruenten Sicherheiten mehr gäbe". Das ist schon deshalb nicht zwingend, weil nicht jeder Gläubiger auf einem umfassenden Sicherungsanspruch besteht und schon gar nicht jeder Schuldner einen solchen gewährt.

[122] Vgl. die oben in Fn. 86 angeführten Nachweise.

len.[123] Der BGH läßt diese Frage offen und hält solche Pfandrechte ohne Rücksicht hierauf für inkongruent: Der Anspruch würde ohnehin erst durch die Entstehung des Pfandgegenstands auf diesen konkretisiert, was zur Herstellung der Kongruenz nicht genüge.[124] Dem folgt die Mehrheit des Schrifttums.[125]

Entsprechend sollte nach einer zwischenzeitlich stark vertretenen Ansicht die im Zuge einer revolvierenden Globalzession erhaltene Deckung des Insolvenzgläubigers inkongruent sein.[126] Auch dies wurde damit begründet, daß der Zessionar bis zur Entstehung der jeweils im voraus abgetretenen, künftigen Forderung keinen hinreichend konkreten Anspruch auf Abtretung gerade dieser Forderung habe. Der BGH hat jedoch anders entschieden:[127] Nach Inhalt und Sinn der einer Globalzession zugrundeliegenden Sicherungsabrede sei die Begründung künftiger Forderungen – anders als in den Fällen der Nr. 13–15 AGB-Banken – dem freien Belieben des Schuldners entzogen; vielmehr gingen die Vertragspartner davon aus, der Sicherungsgeber werde ständig neue Ansprüche gegen Kunden erwerben. Ein solcher Sicherungsvertrag sei nur sinnvoll, wenn der durch den Einzug bestehender Forderungen eintretende Wertverlust der Sicherheit durch Einbeziehung

---

123 So *Eckardt*, ZIP 1999, 1419; *Wischemeyer*, Insolvenzanfechtung, 33. Anders Kübler/Prütting/Bork/*Schoppmeyer*, § 131 Rn. 100; Kübler/Prütting/Bork/*Bork*, Anh. I § 147 Rn. 22; *ders.*, FS Kirchhof, 71; *Jacoby*, ZIP 2008, 387; *Feuerborn*, ZIP 2002, 293. Nur auf den allgemeinen Besicherungsanspruch aus Nr. 13 AGB-Banken heben ab LG Berlin WM 2007, 396, 397; Jaeger/*Henckel*, § 131 Rn. 34.

124 BGH NJW-RR 2008, 1731, 1732; BGHZ 174, 297, 301 f.; BGH NJW 2007, 2324, 2325 (dort auch zur Sicherungsabtretung nach Nr. 15 II AGB-Banken); BGH NZI 2005, 622 f.; BGH NJW 2002, 1722 f.

125 Jaeger/*Henckel*, § 131 Rn. 34; Kübler/Prütting/Bork/*Schoppmeyer*, § 131 Rn. 100; Kübler/Prütting/Bork/*Bork*, Anh. I § 147 Rn. 22; MünchKommInso/*Kirchhof*, § 131 Rn. 39 a; HmbK/*Rogge*, § 131 Rn. 22; HK/*Kreft*, § 131 Rn. 13; *Häsemeyer*, Insolvenzrecht, Rn. 21.58; *Gehrlein*, WM 32/2009 (Sonderbeilage), 36; *ders.*, ZInsO 2010, 1858. Anders aber *Eckardt*, ZIP 1999, 1419 ff.; *Huth*, Kreditsicherungsrecht, 65; *Wischemeyer*, Insolvenzanfechtung, 33 ff., 37; *Tinnefeld*, Verrechnungsmöglichkeit, 248 ff.; *Persch*, Insolvenzanfechtung, 118. Ebenso mit anderer Begründung *Peschke*, Insolvenz, 213: Die Bank habe keinen Anspruch auf die Entstehung des verpfändeten Anspruchs gehabt.

126 OLG Karlsruhe NZI 2006, 103, 104 (wohl auch noch OLG Karlsruhe NZI 2008, 247, 248); OLG Dresden WM 2006, 2095, 2096; OLG München NZI 2006, 530 f.; MünchKommInsO/*Kirchhof*, § 131 Rn. 39 c; *ders.*, WuB VI A. § 131 InsO 1.06; *ders.*, ZInsO 2004, 468; HK/*Kreft*, § 131 Rn. 13; Hess/*Hess*, § 131 Rn. 137; *Mitlehner*, ZIP 2007, 1928; *Runkel/Kuhlemann*, ZInsO 2007, 1095. Zu den Folgen dieser Ansicht für die Funktionsfähigkeit der Globalzession als Sicherungsmittel etwa *Brandt/Günther*, BKR 2006, 233 f. – Anders, für Kongruenz bereits OLG Nürnberg ZIP 2007, 2129, 2130 f.; LG Berlin WM 2007, 396, 397; LG Bielefeld ZIP 2007, 1764, 1765 f.; *Nobbe*, KTS 2007, 419; *Furche*, WM 2007, 1311 f.; *Blum*, ZInsO 2007, 529; *Leithaus/Riewe*, NZI 2006, 532; *Brandt/Günther*, BKR 2006, 235; *Lange/Reimann*, BKR 2006, 231; *Piekenbrock*, NZI 2006, 686 f.; *ders.*, WM 2007, 145 f.; *Schmalenbach/Sester*, WM 2007, 1168 f.; *Zeller/Edelmann*, BB 2007, 1462; *Beiner/Luppe*, NZI 2005, 20; *Patzwall*, Globalzession, 59 ff. Anders auch Jaeger/*Henckel*, § 131 Rn. 37, der hier geringere Anforderungen an die Bestimmtheit des Anspruchs stellen will. *Jacobi*, ZIP 2006, 2357 f., will danach differenzieren, ob der Sicherungsnehmer bereits eine Kontensperrung veranlaßt hatte.

127 BGHZ 174, 297, 302 ff.; NZI 2008, 236; NZI 2008, 551, 553; ZIP 2008, 1435, 1436; BGH ZInsO 2008, 375, 377; BGH ZIP 2008, 1435, 1436.

künftiger Forderungen ausgeglichen werde. Werde bei Abschluß des Globalabtretungsvertrags das dingliche Geschäft vollzogen und gleichzeitig die „schuldrechtliche Seite in dem vertragsrechtlich möglichen Maße konkretisiert", sei kein einleuchtender Grund erkennbar, die Kongruenz der Sicherheit nur deshalb zu verneinen, weil die zukünftig entstehenden Sicherheiten nicht sogleich identifizierbar gewesen seien. Zudem sei die im Rahmen einer Globalzession erhaltene Deckung in keiner Weise verdächtig. Dies sei zwar keine Anwendungsvoraussetzung des § 131 InsO; daß dieses für inkongruente Deckungen typische Merkmal vorliegend fehle, spreche jedoch in hohem Maße dagegen, zukünftige Forderungen hier als inkongruente Sicherungen anzusehen.

Diese Entscheidung des BGH ist ganz überwiegend auf Zustimmung gestoßen,[128] im Ergebnis zu Recht. Der Anspruch des Insolvenzgläubigers ist in diesen Fällen zwar nicht auf die Beschaffung der jeweiligen Sicherungsgegenstände gerichtet, sondern nur auf die Bestellung der Sicherheit an den Gegenständen, die in sein Vermögen gelangen oder jedenfalls – je nachdem, ob man bei der Vorauszession Durchgangserwerb des Zedenten oder Direkterwerb des Zessionars annehmen will[129] – ohne die Verfügung zugunsten des Insolvenzgläubigers gelangen würde.[130] Die Deckung, um deren Kongruenz oder Inkongruenz es geht, liegt aber gerade in der Bestellung der Sicherheit. Entscheidend ist also nur, ob der Insolvenzgläubiger diese zu beanspruchen hatte, was aufgrund der jeweiligen Sicherungsabrede der Fall ist.

Inkonsequent ist es freilich, daß der BGH an seiner Rechtsprechung festhalten will, Pfandrechte nach Nr. 14 AGB-Banken stellten inkongruente Deckungen dar. Für sie gilt nichts anderes als für die im Rahmen einer revolvierenden Globalzession erfolgte Abtretung künftiger Forderung. So kann es nach dem oben über den Bezugspunkt des die Kongruenz herstellenden Anspruchs Gesagten keinen Unterschied machen, ob die Begründung von Forderungen im freien Belieben des Schuldners steht, wie laut BGH in den Fällen der Nr. 13–15 AGB-Banken, oder diesem entzogen ist, wovon der BGH für die Fälle der Globalzession ausgeht.[131] Der BGH will beide Fälle ferner offenkundig nach dem Ausmaß der Unbestimmtheit des jeweiligen Sicherungsanspruchs abgrenzen,[132] doch überzeugt auch dies nicht: Nr. 14 AGB-Banken bezeichnet die dem Pfandrecht unterliegenden Gegenstände nicht weniger genau als eine Abrede, derzufolge sämtliche bestehenden und künfti-

---

[128] OLG Köln ZIP 2010, 1137, 1140f.; OLG Köln NZI 2008, 373, 376; Kübler/Prütting/Bork/*Schoppmeyer*, § 131 Rn. 97; *Cranshaw*, DZWIR 2008, 226; *Jacobi*, BKR 2008, 195; *Edelmann/Glemser*, BB 2008, 353; *Eßbauer*, ZInsO 2008, 598ff.; *Kammel/Staps*, NZI 2008, 145; *Kuder*, ZIP 2008, 290; *Schneider/Güther*, DB 2008, 281ff.; *Psaroudakis*, ZInsO 2009, 1040ff.; *Gehrlein*, WM 32/2009 (Sonderbeilage), 36f.; *ders.*, ZInsO 2010, 1858 Distanziert Kübler/Prütting/Bork/*Bork*, Anh. I § 147 Rn. 26. Ablehnend *Jacoby*, ZIP 2008, 388ff.

[129] Vgl. oben § 8 Fn. 47 f.

[130] Dagegen meint *Jacoby*, ZIP 2008, 388, daß überhaupt kein Sicherungsanspruch bestehe, weil der Zessionar nicht die Begründung von Forderungen verlangen könne.

[131] So aber offenbar auch *Blum*, ZInsO 2007, 529.

[132] BGHZ 174, 297, 301f. Vgl. auch schon OLG Nürnberg ZIP 2007, 2129, 2132; Jaeger/*Henckel*, § 131 Rn. 37; *Zeller/Edelmann*, BB 2007, 1462; *Leithaus*, NZI 2007, 547.

gen Forderungen aus Warenlieferungen und Leistungen gegen Dritte sicherungshalber abzutreten seien.[133] Alle vom BGH für die Kongruenz der mit der Globalzession erhaltenen Deckung vorgebrachten Argumente lassen sich ohne weiteres für die Kongruenz des Pfandrechts aufgrund der AGB-Banken anführen: In beiden Fällen sind die vom Insolvenzgläubiger erhaltenen Sicherheiten von einem nach Sinn und Zweck des § 131 InsO hinreichend konkreten Anspruch abgedeckt;[134] in beiden Fällen hat die Sicherung nur einen wirtschaftlichen Sinn, wenn sie als Kompensation für die absprachegemäß aus dem von ihr erfaßten Bereich herausfallenden Gegenstände künftige neue erfaßt; ihre Gewährung erscheint unter keinem Gesichtspunkt gerade deshalb als verdächtig, weil der Anspruch nicht speziell auf die konkret entstandenen Sicherheiten gerichtet war.[135] Solche und entsprechende, auf einen veränderlichen, aber im voraus bestimmbaren Bestand von Gegenständen bezogene Deckungen sind mithin kongruent.[136]

cc) „Werthaltigmachen" von Sicherheiten

Es wurde bereits ausgeführt, daß nach herrschender Ansicht nicht nur die Abtretung einer Forderung anfechtbar sein soll, sondern auch deren „Werthaltigmachen", also die Erbringung der Gegenleistung, zu welcher der Schuldner gegenüber dem Drittschuldner verpflichtet ist und welche die gegen diesen gerichtete Forderung erst durchsetzbar macht.[137] Hierbei handelt es sich um eine Rechtshandlung, welche dem Insolvenzgläubiger die Sicherung „ermöglicht". Für die Frage der Kongruenz ist, wie schon ausgeführt,[138] gleichwohl nicht entscheidend, ob der Insolvenzgläubiger einen Anspruch auf die Vornahme der Ermöglichungshandlung hatte,[139] sondern ob er die Deckung als solche beanspruchen konnte. Es kommt also nicht darauf an, ob das „Werthaltigmachen" kongruent ist, sondern darauf, ob die werthaltig gemachte Sicherung kongruent ist. Im Ergebnis ist der herrschenden An-

---

[133] So die BGHZ 174, 297 ff. zugrundeliegende Abrede. Wie hier schon *Jacobi*, ZIP 2006, 2353 f.

[134] Jedenfalls dann, wenn man der entsprechenden Ansicht zu Nr. 14 AGB-Banken folgt, vgl. Fn. 123.

[135] *Jacobi*, BKR 2008, 195 f. Anders aber *Jacoby*, ZIP 2008, 389: Die Globalzession sei „insolvenzrechtlich verdächtig", weil die Abtretung aller Forderungen aus dem Geschäftsbetrieb eine erhebliche und absehbare Einschränkung der Gläubigergleichbehandlung bedeute. Jedoch bezieht sich die „Verdächtigkeit" nicht hierauf, sondern auf die Krise des Schuldners, und nur in dieser greift der Gleichbehandlungsgrundsatz überhaupt ein.

[136] Also etwa auch die Deckung, die der Insolvenzgläubiger aufgrund eines mit dem Schuldner abgeschlossenen Raumsicherungsvertrages erhält, vgl. ebenso etwa Kübler/Prütting/Bork/*Schoppmeyer*, § 131 Rn. 98; Derleder/Knops/Bamberger/*Vallender*, § 35 Rn. 32; *Knees/Fischer*, ZInsO 2008, 118; *Kuder*, ZIP 2008, 293 f.; *Schneider/Güther*, DB 2008, 285; *Jacobi*, BKR 2008, 194 Fn. 13. Anders noch *Kirchhof*, ZInsO 2004, 468; im Grundsatz auch *Mitlehner*, ZIP 2007, 1928.

[137] Vgl. § 8 II 2 c.

[138] Vgl. oben 3.

[139] So aber MünchKommInsO/*Kirchhof*, § 131 Rn. 22 a. E.; *ders.*, FS Uhlenbruck, 277; *Stapper/Jacobi*, BB 2007, 2020 (die jedoch für eine teleologische Reduktion des § 131 InsO eintreten); *Beiner/Luppe*, NZI 2005, 22 f.; *Mitlehner*, ZIP 2007, 1929. Offenbar auch OLG Dresden WM 2006, 2095. Unklar BGHZ 174, 297, 310.

sicht, wonach das „Werthaltigmachen“ kongruent ist, wenn die Sicherheit selbst kongruent ist,[140] daher zu folgen.

d) Kongruenz gesetzlicher Sicherungsrechte

Kraft Gesetzes entstehende Sicherungsrechte scheint man durchweg für inkongruent halten zu müssen, hat doch der Insolvenzgläubiger keinen gesonderten Anspruch auf ihre Bestellung. Nach herrschender Ansicht sind sie dennoch kongruent.[141] Dieser Ansicht ist zu folgen. Gesetzliche Sicherungsrechte tragen ihren Rechtsgrund in sich. Daß sie ohne weiteres entstehen, ohne daß es einer Handlung des Schuldners und eines darauf gerichteten Anspruchs bedürfte, soll den Sicherungsnehmer nur besserstellen. Selbstredend ist die in ihnen liegende Deckung nicht deshalb in irgendeiner Weise verdächtig, weil das Gesetz neben der Sicherheit selbst keinen auf ihre Bestellung gerichteten Anspruch vorgesehen hat.

III. Insbesondere: Inkongruenz von Vollstreckungserwerb und „Druckzahlungen“

In dem Versuch der Gläubiger, noch in der Krise des Schuldners, im unmittelbaren Vorfeld der Verfahrenseröffnung durch Einzelzwangsvollstreckung Befriedigung zu erlangen, offenbart sich der Verteilungskampf zwischen ihnen wohl am deutlichsten. Da die besondere Insolvenzanfechtung die Geltungsbereiche des Prioritäts- und des Gleichbehandlungsgrundsatzes voneinander abgrenzen soll, muß sie sich gerade hier bewähren. Es verwundert daher nicht, daß die Frage der Anfechtbarkeit von Vollstreckungsakten Rechtsprechung und Schrifttum seit jeher in besonderem Maße beschäftigt.[142] Für sie ist nicht zuletzt entscheidend, ob die im Wege der Zwangsvollstreckung oder durch Drohung mit dieser erlangte Deckung kongruent ist.

---

[140] BGH ZIP 2008, 1435, 1436; BGH NZI 2008, 236, 237; BGH NZI 2008, 551, 554; BGHZ 174, 297, 310; OLG Köln NZI 2008, 373, 376; Kübler/Prütting/Bork/*Schoppmeyer*, § 131 Rn. 105; *Edelmann/Glemser*, BB 2008, 353; *Eßbauer*, ZInsO 2008, 601; *Heinze*, DZWIR 2008, 188f.; *Kammel/Staps*, NZI 2008, 145; *Schneider/Güther*, DB 2008, 283; *Piekenbrock*, WM 2007, 150; *Psaroudakis*, ZInsO 2009, 1047f. Ablehnend *Voß*, Vorausabtretung, 151.

[141] BGHZ 150, 330ff. (zum Frachtführerpfandrecht nach § 441 I HGB, auch für inkonnexe Forderungen); Jaeger/*Henckel*, § 131 Rn. 41; Kübler/Prütting/Bork/*Schoppmeyer*, § 131 Rn. 110f.; HK/*Kreft*, § 131 Rn. 13; Uhlenbruck/*Hirte*, § 130 Rn. 20, § 131 Rn. 24; MünchKommInsO/*Kirchhof*, § 131 Rn. 24. Ablehnend Kübler/Prütting/Bork/*Bork*, Anh. I § 147 Rn. 27.

[142] Vgl. *Jacoby*, KTS 2005, 373 („Klassiker“), und *Marotzke*, ZZP 105 (1992), 451. – Schon wegen § 88 InsO verblüfft die pauschale Feststellung von *Stamm*, Prinzipien und Grundstrukturen, 185, nach der Insolvenzordnung würden die vor Eröffnung des Insolvenzverfahrens in der Einzelvollstreckung erlangten Vorrechte nicht eingeschränkt werden.

1. Entwicklung der Rechtslage bis zum Inkrafttreten der InsO

Nach der pr. KO war die Anfechtung eines im Wege der Zwangsvollstreckung erfolgten Rechtserwerbs noch nicht möglich gewesen, da alle Anfechtungsnormen einschließlich §§ 100, 101 pr. KO nur Rechtshandlungen des Schuldners zum tauglichen Anfechtungsgegenstand erklärten.[143] Es entsprach dem erklärten Willen der Schöpfer der KO 1879, dies zu ändern.[144] Nach dem Wortlaut des Entwurfs hatte zwar auch § 23 KO 1879 nur Rechtshandlungen des Schuldners der Anfechtung unterworfen. Im Zuge der Beratungen der Reichstagskommission wurde § 23 KO 1879 jedoch in die § 30 KO 1900 entsprechende Fassung gebracht,[145] um noch deutlicher zu machen, daß entgegen dem früheren preußischen Recht auch solche Deckungen anfechtbar sein sollten, die nicht auf eine Rechtshandlung des Schuldners zurückgingen.[146] Dabei stellte auch § 28 KO 1879 klar, daß die Anfechtung nicht dadurch ausgeschlossen werde, daß „die anzufechtende Rechtshandlung ... durch Zwangsvollstreckung oder durch Vollziehung eines Arrests erwirkt worden ist".

Schnell bildete sich die herrschende Meinung heraus, daß die im Wege der Zwangsvollstreckung wegen einer Geldforderung erlangten Pfandrechte inkongruente Deckungen seien, weil der Insolvenzgläubiger nicht schon zuvor einen gerade auf sie gerichteten Anspruch gehabt habe.[147] Sei der mit dem Pfändungspfandrecht belastete Gegenstand zwischenzeitlich verwertet und der Erlös an den Gläubiger ausgekehrt worden, müsse dieser ihn der Masse herausgeben; er solle sich der Anfechtbarkeit des Pfandrechts nicht durch „beschleunigten Exekutionsvollzug" entziehen können.[148] Diese Ansicht herrschte für die KO, solange diese galt.[149]

---

[143] Vgl. PrOTE 38 (1858), 427, 431 f.; *Beisert*, GruchotBeitr 10 (1866), 41 ff.

[144] Vgl. *Hahn*, Materialien IV, 129 f. (= Motive des Entwurfs einer Gemeinschuldordnung, 153 f.), 136. Offenbar war im Zuge der Ausarbeitung des Entwurfs einer Gemeinschuldordnung vorgeschlagen worden, im Wege der Vollstreckung erlangte Deckungen von der Anfechtbarkeit auszunehmen; dieser Vorschlag konnte sich jedoch nicht durchsetzen, vgl. hierzu *Bornhorst*, Das bayerische Insolvenzrecht, 87. Kritisch zu § 28 KO 1879 *v. Kraewel*, ZfdG 8 (1875), 141.

[145] Vgl. den Normtext oben § 7 II 3 vor Fn. 29.

[146] *Hahn*, Materialien IV, 534.

[147] RGZ 2, 374, 376 ff.; RGZ 10, 33, 35 ff.; RGZ 32, 65 ff.; RGZ 55, 321, 322 f.; *Cosack*, Anfechtungsrecht, 203 f.; *Kohler*, Lehrbuch, 249 ff.; *Hellmann*, Lehrbuch, 312 ff.; *Seuffert*, Konkursprozeßrecht, 209; *v. Wilmowski*, KO[4], § 23 Anm. 9 II a; *Jaeger*, KO[1], § 30 Anm. 48 ff. Anders aber etwa noch *Stein*, Voraussetzungen, 6 f.; *Siber*, Rechtszwang, 157 ff. Anders für Pfändung von Geld wegen einer auf Zahlung gerichteten Forderung RG JW 1882, 164, 165; RG JW 1884, 49, und noch Kilger/*K. Schmidt*, § 30 Anm. 20: Der Gläubiger erlange nur, was er zu fordern habe. Hiergegen aber Jaeger/*Henckel*, Konkursordnung[9], § 30 Anm. 233; Kuhn/*Uhlenbruck*, § 30 Rn. 52 c.

[148] RGZ 17, 29 f.; RGZ 23, 112, 113 f.; RGZ 40, 89, 91 f.; *Jaeger*, KO[1], § 30 Anm. 50. Anders noch RGZ 7, 36, 37.

[149] Vgl. noch BGH NJW 1995, 1090 ff.; BGH NJW 1985, 200; Jaeger/*Henckel*, Konkursordnung[9], § 30 Anm. 232 ff.; Kuhn/*Uhlenbruck*, § 30 Rn. 52 b; Kilger/*K. Schmidt*, § 30 Anm. 20. Anders aber namentlich *Baur/Stürner*, Insolvenzrecht, Rn. 19.37 f. Eingehend zum seinerzeitigen Meinungsstand *Pfefferle*, Rückschlagsperre, 12 ff. Vgl. auch *Jacoby*, KTS 2005, 374 ff.

Für bestimmte Fälle begrenzte der Gesetzgeber die Möglichkeit der Gläubiger, sich in der bereits eingetretenen Krise des Schuldners durch Einzelzwangsvollstreckung wirksam Sicherung oder Befriedigung zu verschaffen, noch weiter. Mit Inkrafttreten der VglO wurde als neuartiges Rechtsinstrument die Rückschlagsperre eingeführt: Nach § 28 VglO sollten Gläubiger, die innerhalb von dreißig Tagen vor Stellung des Antrags auf Eröffnung eines Vergleichsverfahrens durch eine Zwangsvollstreckungsmaßnahme eine Sicherung oder Befriedigung erlangt haben, Vergleichsgläubiger bleiben, also kein Recht auf abgesonderte Befriedigung nach § 27 VglO geltend machen können. Dies galt gemäß § 104 VglO auch im Anschlußkonkurs, einem nach Scheitern des Vergleichsverfahrens eröffneten Konkursverfahren. Kam es dagegen zu einer gerichtlichen Vergleichsbestätigung, wurden gemäß § 87 VglO die von § 28 VglO erfaßten Sicherungen unwirksam und war das zur Befriedigung Erhaltene zurückzugewähren.

Diesem Vorbild folgend, wurde in der Diskussion um eine Reform des Konkursrechts verschiedentlich gefordert, (nicht nur) im Wege der Zwangsvollstreckung erlangte Deckungen allgemein einem verschärften Anfechtungsregime zu unterwerfen oder für *ipso iure* unwirksam zu erklären.[150] Die Kommission für Insolvenzrecht, die ebenfalls von der Inkongruenz einer durch Zwangsvollstreckung wegen eines Zahlungsanspruchs erhaltenen Deckung ausging, hielt die Einführung einer allgemeinen Rückschlagsperre neben dem heutigen § 131 I Nr. 1 InsO für überflüssig. Für den Fall einer vor Verfahrenseröffnung „steckengebliebenen" Zwangsvollstreckung, bei der es also nur zu einer Pfändung, jedoch noch nicht zu einer Verwertung gekommen war, sah Leitsatz 5.2.2 des Ersten Berichts eine Regelung vor, nach welcher das Insolvenzgericht auf Antrag des Insolvenzverwalters die Aufhebung der Zwangsvollstreckung anzuordnen hatte, wenn der Insolvenzgläubiger die Sicherung spätestens einen Monat vor Stellung des Eröffnungsantrags erhalten hatte.[151] Schon der Diskussionsentwurf ersetzte diese Regelung jedoch durch die im heutigen § 88 InsO geregelte Rückschlagsperre, die das Recht der Insolvenzanfechtung, und zwar ausdrücklich speziell die Inkongruenzanfechtung, ergänzen sollte.[152]

2. Meinungsstand

Der BGH hat die für die KO herrschende Ansicht, daß im Wege der Zwangsvollstreckung erlangte Deckungen inkongruent seien, für die InsO übernommen. Bereits in einem noch zur KO ergangenen Urteil hatte er zur Begründung allerdings nicht mehr darauf abgestellt, daß der Insolvenzgläubiger das im Wege der Zwangs-

---

[150] Vgl. hierzu schon § 11 I 1 und insbesondere *Henckel*, ZIP 1982, 395 f.; *Gerhardt*, 100 Jahre KO, 129 ff.; *Pfefferle*, Rückschlagsperre, 97 ff.; *dens.*, ZIP 1984, 149, 151; *Nowack*, KTS 1992, 168 ff.

[151] Erster Bericht der Kommission für Insolvenzrecht, S. 408 f. Entsprechend *Gerhardt*, ZIP 1985, 586.

[152] Begr. DiskE-InsO, S. B70; Begr. RefE-InsO, S. 88; Begr. RegE-InsO, BT-Drucks. 12/2443, S. 137.

vollstreckung erlangte Pfandrecht zuvor nicht zu beanspruchen gehabt hatte. Vielmehr begründet er seine Ansicht nun damit, daß der Einsatz staatlicher Zwangsmittel zur Umgehung der *par condicio creditorum* den Vollstreckungserwerb inkongruent mache;[153] die Befugnis des Gläubigers, sich wegen seiner Forderung mit Hilfe hoheitlicher Zwangsmittel Sicherung oder Befriedigung zu verschaffen, trete hinter dem Schutz der Gläubigergesamtheit zurück.[154]

Diese Begründung ist im Schrifttum auf Zustimmung gestoßen.[155] Der BGH greift mit ihr ein zuvor namentlich von Wolfram Henckel vorgebrachtes Argument auf.[156] Henckel hatte die Begründung, der Gläubiger einer Geldschuld könne nicht die Bestellung eines Pfändungspfandrechts beanspruchen und dieses sei daher inkongruent, als zirkulär und bloße Konstruktion verworfen. Entscheidend sei, „daß mit dem Prioritätsprinzip, das unsere Einzelzwangsvollstreckung beherrscht, angemessene und gerechte Ergebnisse nur erzielt werden können, solange man davon ausgehen darf, daß der Schuldner seine übrigen Gläubiger alsbald wird befriedigen können. Im Stadium der Insolvenz dagegen wird das Prioritätsprinzip ungerecht, und es muß durch den Gleichbehandlungsgrundsatz abgelöst werden".[157]

Andere Autoren geben abweichende Begründungen dafür an, warum jedenfalls die im Wege der Vollstreckung wegen eines Zahlungsanspruchs erlangte Deckung inkongruent sein soll.[158] So will Florian Jacoby danach differenzieren, ob sich die Vollstreckung als Beugung des Schuldnerwillens darstelle, wie namentlich in den Fällen der §§ 883, 888, 890, 894 ZPO, aber auch des § 815 ZPO, oder aber als Haftungsverwirklichung, was bei der Vollstreckung wegen Zahlungsansprüchen in

---

[153] BGHZ 136, 309, 313; BGHZ 162, 143, 149. – Zur These, der Geltungsbereich des Gleichbehandlungsgrundsatzes sei durch §§ 130, 131 InsO im Vergleich zur KO „deutlich nach vorne verlagert worden", vgl. oben § 10 I 2 b a. E.

[154] BGH WM 2002, 1193, 1194; BGH NJW 2004, 1385; BGHZ 155, 75, 80; BGHZ 157, 350, 353; BGHZ 162, 143, 148f.; BGHZ 167, 11, 14f.; BGH NZI 2007, 161, 162; BGH NZI 2007, 452, 453; BGH NZI 2008, 563. Im Ergebnis auch BAG NZI 2011, 117, 119.

[155] Ihr folgen etwa MünchKommInsO/*Kirchhof*, § 131 Rn. 26; *ders.*, ZInsO 2004, 1169; HmbK/*Rogge*, § 131 Rn. 11; HK/*Kreft*, § 131 Rn. 17; Uhlenbruck/*Hirte*, § 131 Rn. 20; Kübler/Prütting/Bork/*Schoppmeyer*, § 131 Rn. 121 ff.; *ders.* NZI 2005, 191 f.; Nerlich/Römermann/*Nerlich*, § 131 Rn. 43; Mohrbutter/Ringstmeier/*Glatt*, § 9 Rn. 128; *Gerhardt*, Insolvenzrecht 1998, 229; *Brückl/Kersten*, NZI 2004, 425; *Flöther/Bräuer*, DZWIR 2003, 254f.; *Bork*, ZIP 2004, 1689; *Fischer*, FS Kirchhof, 78 f.; *Rebmann*, Anfechtung, 66f.; insoweit jedenfalls tendenziell auch *Münzberg*, JZ 1998, 309 („vertretbar"). Zustimmend auch OLG Stuttgart DZWIR 2003, 249, 252. Jeweils aus verfassungsrechtlichen Bedenken ablehnend aber AG Hagen ZIP 2004, 935, 936; AG Kerpen ZInsO 2006, 219ff. (aufgehoben durch LG Köln ZInsO 2006, 839; vgl. nun nochmals LG Köln, ZInsO 2010, 2238, 2240ff.).

[156] *Henckel*, ZIP 1982, 395f.; Jaeger/*ders.*, Konkursordnung^9, § 30 Rn. 232ff.; entsprechend nun Jaeger/*ders.*, § 131 Rn. 50f.; *ders.*, FS Gerhardt, 375ff. Vgl. jedoch auch schon *Kohler*, Lehrbuch, 249ff., und *Hüper*, Zwangsvollstreckung, 76ff.

[157] *Henckel*, ZIP 1982, 395f. Entsprechend Jaeger/*Henckel*, Konkursordnung^9, § 30 Rn. 234f.; Jaeger/*ders.*, § 131 Rn. 50; *ders.*, FS Gerhardt, 375ff. Entsprechend der Erste Bericht der Kommission für Insolvenzrecht, S. 408.

[158] Zu *Häsemeyer*, Insolvenzrecht, Rn. 21.55, 21.60, und *dems.*, KTS 1982, 565f., vgl. schon oben § 12 I 2 b bb.

die übrigen Vermögensgegenstände des Schuldners der Fall sei.[159] Diese Unterscheidung lege schon der Wortlaut des § 131 InsO nahe, weil der Gläubiger nur dann, wenn es mit Willensbeugung getan sei, genau das erhalte, was er zu beanspruchen habe. Auch lasse sich so systematischer Gleichklang mit § 88 InsO herstellen, und zudem sei nur die Haftungsverwirklichung, nicht die bloße Willensbeugung in einer den Wertungen des § 131 InsO entsprechenden Weise verdächtig.

Nur wenige plädieren dafür, eine Deckung nicht schon deshalb als inkongruent einzuordnen, weil sie im Wege der Zwangsvollstreckung erlangt wurde.[160] Hierfür wird vor allem darauf verwiesen, man dürfe den Gläubiger, der sich bei der Durchsetzung seines Anspruchs staatlichen Zwangs habe bedienen müssen, anfechtungsrechtlich nicht schlechter behandeln als denjenigen, der über höchst effektive private Druckmittel verfüge oder vom Schuldner willkürlich begünstigt werde.[161]

Gegen die herrschende Ansicht regte sich jedoch auch Widerstand von Seiten des Gesetzgebers. Man erwog, § 131 I InsO um folgenden Satz 2 zu ergänzen: „Eine Rechtshandlung wird nicht allein dadurch zu einer solchen nach Satz 1, dass der Gläubiger die Sicherung oder Befriedigung durch Zwangsvollstreckung erlangt".[162] Dadurch wollte die Bundesregierung das Anfechtungsrecht, „wie es in der Rechtsprechung des Bundesgerichtshofs seinen Niederschlag gefunden hat", „vorsichtig zurückschneiden" und „behutsam anpassen" – in der Sache ging es ihr dabei erklärtermaßen um einen Schutz der Sozialversicherungsträger vor insolvenzbedingten Beitragsausfällen.[163] Das Schrifttum reagierte auf diesen Entwurf überwiegend schroff ablehnend.[164] Wohl unter dem Eindruck dieser Kritik wurde das Gesetzgebungsvorhaben später erheblich schlanker, namentlich ohne die ursprünglich vorgesehene Änderung des § 131 InsO umgesetzt.[165]

---

[159] *Jacoby*, KTS 2005, 384ff.

[160] *Marotzke*, DZWIR 2007, 266f.; *Förste*, FS Musielak, 141ff. (vgl. dazu unten bei und in Fn. 185); *Becker*, Insolvenzrecht, Rn. 618 (ohne Würdigung der neueren Argumentation des BGH mit der Begründung, jeder Gläubiger sei berechtigt, seinen Anspruch notfalls im Wege der Zwangsvollstreckung durchzusetzen); Kübler/Prütting/*Paulus*, § 130 Rn. 23, und *ders./Allgayer*, ZInsO 2001, 241ff.; *Jauernig/Berger*, Zwangsvollstreckungs- und Insolvenzrecht, § 52 Rn. 32.

[161] So namentlich Kübler/Prütting/*Paulus*, § 130 Rn. 23; *Marotzke*, DZWIR 2007, 266; vgl. auch AG Kerpen ZInsO 2006, 219, 220.

[162] Art. 2 Nr. 3 des Entwurfs eines „Gesetzes zum Pfändungsschutz der Altersvorsorge und zur Anpassung des Rechts der Insolvenzanfechtung", BT-Drucks. 16/886, S. 5.

[163] Begr. RegE, BT-Drucks. 16/886, S. 8f., 12.

[164] *Förster*, ZInsO 2005, 785; *Frind*, ZInsO 2005, 793; *Huber*, ZInsO 2005, 786ff.; *ders.*, JuS 2006, 1083; *Uhlenbruck*, ZInsO 2005, 509; *Vallendar*, NZI 2005, 600; *Bauer*, Ungleichbehandlung, 124f.; *Zeuner*, Anfechtung, Rn. 144. Ablehnend auch die Stellungnahmen des Gravenbrucher Kreises (ZIP 2005, 801) und des DAV (ZInsO 2005, 799f.). Gar für verfassungswidrig hält den ehemals geplanten § 131 I 2 InsO *Jacobi*, KTS 2006, 251f. Dem Gesetzentwurf dagegen zustimmend *Berger*, ZZP 121 (2008), 417; tendenziell auch *Marotzke*, ZInsO 2006, 9 mit Fn. 14 und eigenem Gesetzesvorschlag, a. a. O., 10f.; *ders.*, DZWIR 2007, 267.

[165] Aus ihm wurde das „Gesetz zum Pfändungsschutz der Altersvorsorge", BGBl. I 2007, 368ff.

3. Stellungnahme

Es ist zu begrüßen, daß sich die Rechtsprechung von der tradierten, recht begrifflichen Argumentation gelöst und sich einer stärker wertungsorientierten angeschlossen hat. Diese überzeugt jedoch nicht. Denn die Behauptung, daß sich der Gläubiger in einer Situation, in welcher der Gleichbehandlungsgrundsatz durchgreifen muß,[166] nicht mehr der Mittel der vom Prioritätsgrundsatz regierten Einzelzwangsvollstreckung bedienen dürfe, führt in der vorliegenden Frage nicht weiter. Wie auch der BGH nicht verkennt,[167] bedeutet jede nach Eintritt der materiellen Insolvenz gewährte Deckung eine Durchbrechung des Gleichbehandlungsgrundsatzes. Anders als schon die Argumentation Henckels suggeriert, liegt in der Einzelzwangsvollstreckung nicht gerade deshalb ein weitergehender Verstoß gegen den Gleichbehandlungsgrundsatz als in freiwillig geleisteten Deckungen, weil die Zwangsvollstreckung „vom Prioritätsgrundsatz regiert" wird; denn dieser gilt allgemein für das Sachenrecht, welches alle und mithin auch freiwillige Verfügungen „regiert".[168]

Das entscheidende Moment ist für den BGH, „daß der Gläubiger seine Rechtsposition mit Hilfe von staatlichen Zwangsmitteln durchgesetzt hat".[169] Dahinter steht wohl der Gedanke, daß der Gläubiger eine auf diese Weise erhaltene Deckung in dem Zeitraum, für den §§ 130, 131 InsO die Geltung des Gleichbehandlungsgrundsatzes durchsetzen sollen, „nicht in der Art" zu beanspruchen hatte.[170] Daraus, daß das Gesetz für den Fall der Insolvenz ein Gesamtvollstreckungsverfahren vorsieht, läßt sich zwar mit dem BGH durchaus folgern, daß in der Krise grundsätzlich keine Einzelzwangsvollstreckung mehr stattfinden soll und die im Zuge einer solchen erlangte Deckung anfechtbar ist. Auch dies gilt jedoch ebenso für Deckungen, die der Schuldner dem Gläubiger freiwillig gewährt hat. Mit dem Hinweis auf das Eingreifen des Gleichbehandlungsgrundsatzes wird nur begründet, warum die im Wege der Zwangsvollstreckung erlangte Deckung – wie jede andere auch – überhaupt grundsätzlich anfechtbar ist.[171]

---

166 Zur These des BGH, der Geltungsbereich des Gleichbehandlungsgrundsatzes sei mit §§ 130–132 InsO gegenüber der KO vorverlegt worden (so etwa BGH DZWIR 2009, 34; NJW 2002, 2568, 2569) vgl. § 10 I 2 b a.E.

167 Das erkennt ausdrücklich auch der BGH an, BGHZ 136, 309, 313.

168 Ebenso schon *Jacoby*, KTS 2005, 381 f.; knapp auch *Thole*, DZWIR 2006, 193. Für eine Gleichbehandlung der privatautonomen Leistung des Schuldners mit dem Vollstreckungserwerb auch *Berger*, ZZP 121 (2008), 417, 420, in Anschluß an *Grothe*, KTS 2001, 218; ebenso aber etwa auch schon *Marotzke*, ZZP 105 (1992), 454 f.; *Nowak*, KTS 1992, 170; *Wolf*, Insolvenzrecht im Umbruch, 116.

169 BGHZ 136, 309, 313. Vgl. zu solchen Überlegungen schon unten § 2 II 3.

170 Deutlicher wird dies bei *Fischer*, FS Kirchhof, 78 f., 81. Ausdrücklich in diesem Sinne *Flöther/Bräuer*, ZInsO 2005, 1245: Dem Insolvenzgläubiger, der im Wege der Zwangsvollstreckung eine Deckung erhalte, stehe materiell-rechtlich niemals ein Anspruch auf „eben jene die Sicherung oder Befriedigung gewährende Rechtshandlung zu." Bezugspunkt der Inkongruenz ist jedoch nicht die gewährende oder ermöglichende Rechtshandlung, sondern die Deckung selbst, vgl. oben § 12 II 3. Kritisch wie hier schon *Jacoby*, KTS 2005, 383.

171 In diese Richtung weist bereits die Kritik bei *Flöther/Bräuer*, ZInsO 2005, 1246, und *Buchner*, Insolvenzanfechtung, 66 ff. Anders offenbar *Foerste*, FS Musielak, 158: Die Zuordnung

Die verstärkend vorgebrachte These schließlich, aus den Vorschriften der besonderen Insolvenzanfechtung folge eine Pflicht der Gläubiger zur wechselseitigen Rücksichtnahme,[172] überzeugt schon deshalb nicht, weil für den Gläubiger *ex ante* nicht absehbar ist, wann die Eröffnung eines Insolvenzverfahrens beantragt werden wird, ab welchem Zeitpunkt §§ 130, 131 InsO also überhaupt eingreifen.[173] Eine Pflicht, über deren Vorliegen immer erst *ex post* Klarheit herrscht, kann niemand befolgen. Ohnehin könnte sie wiederum nur begründen, daß die Gläubiger keine Deckung mehr annehmen dürfen, wenn diese zulasten der anderen geht; sie haben sich dann aber Zwangsvollstreckungen nicht in stärkerem Maße zu enthalten als der Entgegennahme einer freiwilligen Leistung des Schuldners. Ein überzeugender Grund dafür, daß Vollstreckungserwerb inkongruent ist, läßt sich der Argumentation des BGH mithin nicht entnehmen.[174]

Solange § 30 KO galt, ließ sich noch ein weiteres Argument dafür anführen, im Wege der Zwangsvollstreckung erworbene Deckungen als inkongruent einzustufen. Die besondere Konkursanfechtung erfaßte mit § 30 Nr. 2 Alt. 2 KO nur für inkongruente Deckungen den Zeitraum vor Antragstellung. Erlangt ein Gläubiger Kenntnis davon, daß ein anderer gegen den Schuldner die Zwangsvollstreckung betrieb, konnte er dessen damit verbundene Besserstellung daher nur dann durch sofortige Antragstellung effektiv beseitigen, indem er sie der besonderen Konkursanfechtung unterwarf, wenn man Vollstreckungsakte als inkongruent einordnete.[175] Dieses Argument greift für die besondere Insolvenzanfechtung jedoch nicht mehr, denn wegen § 130 I 1 Nr. 2 InsO erfaßt diese den Zeitraum vor Antragstellung nun unabhängig davon, ob man die fragliche Deckung für kongruent oder inkongruent halten will.[176]

---

zu Kongruenz- oder Inkongruenzanfechtung bestimme die Grenze zwischen Einzel- und Gesamtvollstreckung, „zwischen Reihenfolgeprinzip und Gläubigergleichbehandlung". Das ist indes Aufgabe der besonderen Insolvenzanfechtung insgesamt, nicht nur der Inkongruenzanfechtung.

[172] BGHZ 162, 143, 149. Vgl. zu solchen Thesen bereits oben § 2 II 3.

[173] Dies macht die These des BGH insofern um so fragwürdiger, als den Gläubiger außerhalb des für §§ 130, 131 InsO anfechtungsrelevanten Zeitraums, also früher als drei Monate vor Antragstellung, selbst die Kenntnis der Krise des Schuldners nicht dazu anhalten soll, auf die Belange der anderen Gläubiger Rücksicht zu nehmen; vgl. BGHZ 155, 75, 82; BGHZ 162, 143, 149f.; BGH WM 2002, 1193, 1194; OLG Stuttgart DZWIR 2003, 249, 252. Vgl. hierzu schon oben § 2 I bei Fn. 15. Kritisch, allerdings mit gegensätzlichen Folgerungen für die Inkongruenz von Vollstreckungsakten, auch *Flöther/Bräuer*, ZInsO 2005, 1245f.; *dies.*, DZWIR 2003, 254; *Brinkmann/Luttmann*, ZInsO 2007, 567f.; *Jacoby*, KTS 2005, 383; *Thole*, DZWIR 2006, 194; *Huber*, ZInsO 2003, 1030f.; *Sander*, ZIP 2003, 616. Zustimmend dagegen etwa *Kirchhof*, ZInsO 2004, 1174; *Kreft*, DStR 2005, 1233; im Ergebnis auch *Bork*, ZIP 2004, 1689f.

[174] Ablehnend auch *Berger*, ZZP 121 (2008), 417.

[175] So schon *Jaeger*, KO[5], § 30 Rn. 56; *Henckel*, FS Gerhardt, 376f.; Jaeger/*ders.*, Konkursordnung[9], § 30 Rn. 232.

[176] Daher hat *Henckel* die entsprechende Passage seiner Kommentierung des § 30 KO (Jaeger/*Henckel*, Konkursordnung[9], § 30 Rn. 232 a.E.) zu Unrecht in die Kommentierung des § 131 InsO (Jaeger/*Henckel*, § 131 Rn. 50 a.E.) übernommen.

Mit Recht wird die Inkongruenz von im Wege der Zwangsvollstreckung erlangten Deckungen auch nicht mehr damit begründet, der Insolvenzgläubiger habe keinen Anspruch gerade auf das Pfändungspfandrecht gehabt.[177] Dieses rein begriffliche Argument trifft die dem Inkongruenzmerkmal zugrundeliegenden Wertungen allenfalls zufällig. Das zeigt sich auch in den Ergebnissen, zu denen es die herrschende Ansicht geführt hat: Nach welcher Wertung etwa sollte es einen Unterschied machen, ob der Gerichtsvollzieher wegen eines Zahlungsanspruchs eine Sache pfändet oder dem Schuldner gemäß § 815 ZPO bei ihm vorgefundenes Bargeld an sich nimmt?[178]

Aus § 16 II AnfG scheint man umgekehrt folgern zu müssen, daß im Wege der Zwangsvollstreckung erlangte Deckungen kongruent seien.[179] Denn diese Norm verweist für den Fall, daß der außerhalb des Insolvenzverfahrens erfolgreich anfechtende Gläubiger bereits vor der Eröffnung des Insolvenzverfahrens auf Grund seines Anfechtungsanspruchs (gegen einen dritten Anfechtungsgegner und von diesem) Sicherung oder Befriedigung erlangt hat, auf eine Anfechtung allein entsprechend § 130 InsO. Man mag über die Sachgerechtigkeit dieser Norm streiten.[180] Ihr eine allgemeingültige Aussage über die Einordnung von Vollstreckungserwerb als kongruent oder inkongruent zu entnehmen, überzeugt schon deshalb nicht, weil sie einen sehr speziellen Fall betrifft. Es liegt nahe, daß hier der Gläubiger privilegiert werden soll, der sich unter Mühen und Aufwendungen aus einem anderen als dem Vermögen des Schuldners Deckung verschafft hat.[181]

---

[177] So aber wohl noch *Buchner*, Insolvenzanfechtung, 69 ff.

[178] Insoweit zutreffend BGHZ 136, 309, 311. Bis zu dieser Entscheidung war nach herrschender Ansicht davon auszugehen, daß die Ansichnahme von Geld im Gegensatz zur Sach- oder Forderungspfändung eine kongruente Deckung bewirken solle, oben Fn. 147 a.E. Vgl. hierzu auch *Foerste*, FS Musielak, 147, *Hüper*, Zwangsvollstreckung, 87 ff., und den Ersten Bericht der Kommission für Insolvenzrecht, S. 408. – Nach der von *Jacoby*, KTS 2005, 384 ff. vorgeschlagenen Differenzierung soll der entscheidende Unterschied darin liegen, daß die Vollstreckung im Fall des § 815 ZPO nicht durch Haftungsverwirklichung, sondern Willensbeugung geschehe (a. a. O., 385, 390). Das erscheint nicht überzeugend. Vielmehr dient die Willensbeugung in den Fällen des § 815 ZPO wie in allen anderen Fällen der Vollstreckung wegen Geldforderungen der Haftungsverwirklichung, ohne daß es darauf ankäme, ob das Vollstreckungsorgan – doch auch meist gegen, jedenfalls ohne den Willen des Schuldners – einen Gegenstand aus seinem Vermögen pfändet oder an sich nimmt. Die Vollstreckung nach §§ 883, 888, 890, 894 ZPO dagegen beschränkt sich schon deshalb auf die Willensbeugung, weil für die danach vollstreckten Ansprüche nicht das ganze Vermögen des Schuldners haftet. Daß dies in der Tat Einfluß auf die Einordnung der durch Zwangsvollstreckung erlangten Deckung als kongruent oder inkongruent Einfluß hat, wird sogleich im Text ausgeführt.

[179] So noch *Paulus/Allgayer*, ZInsO 2001, 242; *Foerste*, FS Musielak, 163 f., und diesem folgend *Marotzke*, DZWIR 2007, 266.

[180] Für eine „Uminterpretation“ jetzt Jaeger/*Henckel*, § 131 Rn. 73: Die Norm ermögliche auch eine Anfechtung nach § 131 InsO.

[181] So zutreffend etwa Kübler/Prütting/Bork/*Schoppmeyer*, § 131 Rn. 130; MünchKommInsO/*Kirchhof*, § 131 Rn. 30 (gegen diesen aber *Foerste*, FS Musielak, 164); *Buchner*, Insolvenzanfechtung, 60; *Rebmann*, Anfechtung, 49 f. Vgl. auch schon *Hüper*, Zwangsvollstreckung, 56 ff., *Pfefferle*, Rückschlagsperre, 65 ff., und *Hellmann*, Lehrbuch, 314. Zu klareren Äußerungen der

Die Frage, ob im Wege der Zwangsvollstreckung erlangte Deckungen kongruent oder inkongruent sind, ist auch hier nach dem Sinn der Inkongruenzmerkmale danach zu beantworten, ob und inwiefern sich der Erwerb der Deckung wegen der Abweichung vom Üblichen als verdächtig darstellt,[182] inwiefern der Insolvenzgläubiger wegen dieser Abweichung nämlich annehmen muß, der Schuldner habe sich in einer Krise befunden. Dabei wird der Gläubiger grundsätzlich davon ausgehen müssen, daß es der Schuldner schon wegen der damit regelmäßig verbundenen wirtschaftlichen Nachteile und schädigenden Rufwirkungen nicht zu einer Vollstreckung in sein Vermögen kommen lassen wird, wenn er über hinreichende liquide Mittel verfügt, die Vollstreckung abzuwenden und den titulierten Anspruch zu erfüllen.

Im Ergebnis ist der herrschenden Ansicht daher grundsätzlich zu folgen: Im Wege der Zwangsvollstreckung erlangte Deckungen sind inkongruent, weil die Tatsache, daß der Schuldner es zu deren Durchführung (!) kommen ließ, typischerweise zwingend den Schluß zuläßt, er verfüge nicht mehr über hinreichende liquide Mittel, diese abzuwenden.[183] Bei dieser zweckorientierten Einordnung der Deckung unter das Anfechtungsregime des § 131 InsO ist bei dem insoweit zu engen Wortlaut der Norm nicht stehenzubleiben;[184] dem in den Materialien deutlich ausgedrückten Willen der Gesetzesverfasser entsprechend,[185] greift die Norm un-

---

Ansicht der Gesetzesverfasser über die Einordnung im Wege der Zwangsvollstreckung erlangter Deckungen sogleich in Fn. 185.

182 So bereits *Flöther/Bräuer*, ZInsO 2005, 1246; *v. Wiedersperg*, Anfechtung, 171; vgl. auch LG Köln, ZInsO 2010, 2238, 2242, und kritisch dazu *Rau*, ZInsO 2010, 2245f. Ablehnend *Jacoby*, KTS 2005, 384, der die Unschärfe dieses Kriteriums bemängelt. Diese Kritik dürfte die nachfolgend vorgeschlagene, typisierende Betrachtungsweise nicht treffen, zumal sie in ihren Ergebnissen weitgehend (vgl. aber soeben Fn. 178) der von *Jacoby*, KTS 2005, 384ff., vorgeschlagenen Differenzierung danach, ob die Vollstreckung der Haftungsverwirklichung oder der Willensbeugung des Schuldners dient, entspricht.

183 Für diesen Schluß etwa auch Jaeger/*Henckel*, § 131 Rn. 53; *v. Campe*, Insolvenzanfechtung, 111; vgl. auch schon den Ersten Bericht der Kommission für Insolvenzrecht, S. 408. Dagegen will *Jacoby*, KTS 2005, 389, den Verdacht, dessen Bezugspunkt er allerdings nicht verdeutlicht, auf die Art der Deckung gründen. – Anders, nämlich für Unverdächtigkeit im vorliegenden Sinne mit dem Hinweis, der Schuldner könne ganz unterschiedliche Motive gehabt haben, eine freiwillige Leistung zu verweigern, *Marotzke*, DZWIR 2007, 266, der sich zu Unrecht auf BAG ZIP 1998, 33, 35, beruft, wo es um die Frage ging, ob eine zur Abwendung begonnener oder angedrohter Zwangsvollstreckung erfolgte Leistung des Schuldners inkongruent ist.

184 Von teleologischer Extension sprechen in diesem Zusammenhang *Foerste*, FS Musielak, 149, und *Eckardt*, EWiR 2006, 216; für eine Analogie *Jacobi*, KTS 2006, 251ff.

185 Ausführlich noch der Erste Bericht der Kommission für Insolvenzrecht, S. 408f. Die Begründungen der späteren Entwürfe verweisen im Rahmen der Erwägungen zur Rückschlagsperre für die Anfechtung von Vollstreckungshandlungen auf den heutigen § 131 InsO: Begr. DiskE-InsO, S. B70; Begr. RefE-InsO, S. 89; Begr. RegE-InsO, BT-Drucks. 12/2443, S. 137. Daß die Schöpfer der KO 1879 anderer Ansicht waren, wie *Förste*, FS Musielak, 152ff., meint (vgl. aber auch *Buchner*, Insolvenzanfechtung, 47ff.), ändert an der insoweit deutlich geäußerten und auch in § 88 InsO zum Ausdruck kommenden Auffassung der Verfasser des jetzt geltenden Rechts nichts, ohne daß es darauf ankäme, ob sich in diesem Willen nur eine

abhängig davon ein, ob der Insolvenzgläubiger letztlich das erhält, was er zu beanspruchen hatte.

Der Verdacht, der Schuldner, der es zur Vollstreckung kommen läßt, befinde sich in einer wirtschaftlichen Krise, muß sich dem Gläubiger jedoch nur dann typischerweise aufdrängen, wenn die geschuldete Leistung den Einsatz liquiden Vermögens erfordert. Denn nur dann legt der Umstand, daß der Schuldner trotz drohender Vollstreckung nicht freiwillig leistet, den Verdacht nahe, daß er über solches nicht mehr verfügt. „Unverdächtig" in diesem Sinne ist es daher, wenn der Gläubiger wegen eines auf einen im Gewahrsam des Schuldners befindlichen Gegenstand gerichteten Herausgabeanspruchs[186] oder eines Anspruchs auf eine Handlung, die der Schuldner ohne weitere Vermögensaufwendungen selbst vornehmen kann, auf die Zwangsvollstreckung zurückgreifen muß. Die freiwillige Erfüllung solcher Ansprüche verweigert der Schuldner – jedenfalls typischerweise – aus anderen Gründen als mangelndem Vermögen.[187]

Wenn mit der herrschenden und der insoweit auch hier vertretenen Ansicht im Wege der Zwangsvollstreckung – allemal wegen Zahlungsansprüchen – erlangte Deckungen der Inkongruenzanfechtung unterworfen werden, wird damit zwar „das Reihenfolgeprinzip [der Einzelvollstreckung] in einer wichtigen Phase lädiert".[188] Die Einzelzwangsvollstreckung wird damit als Instrument der Rechtsdurchsetzung nicht unerheblich und wegen der erleichterten Anfechtungsvoraussetzungen weitergehend entwertet, als dies bei einer Einordnung als kongruente Deckungen der Fall wäre. Hiergegen läßt sich freilich nicht einwenden, daß dies mit der gesetzgeberischen Entscheidung in Konflikt träte, mit dem Prioritätsprinzip des Einzelzwangsvollstreckungsrechts die Wachsamkeit des Gläubigers „im Wettkampf um die zügigste Vollstreckung" zu belohnen.[189] Denn in den von der besonderen Insolvenzanfechtung erfaßten Situationen geht es nicht mehr allein um die zügigste Vollstreckung, sondern um die Befriedigung überhaupt. Reicht das Vermögen des Schuldners nicht mehr aus, um alle Gläubiger zu befriedigen, geht also die Befriedigung des einen zu Lasten der anderen Gläubiger, muß das Prioritätsprinzip nach dem unter § 2 III Gesagten zurückweichen, und zwar für gewillkürte wie für durch Vollstreckung erzwungene Masseverteilungen.

„Hinnahme" der bisher herrschenden Ansicht äußert. Wie hier schon *Kirchhof*, ZInsO 2004, 1169; Kübler/Prütting/Bork/*Schoppmeyer*, § 131 Rn. 121.

186 Nach *Gerhardt*, FS Kreft, 271, 276, soll es in der Konsequenz der neueren Rechtsprechung des BGH liegen, daß auch die im Rahmen einer Herausgabevollstreckung erhaltene Deckung inkongruent sei, was angesichts der Ausführungen in BGHZ 136, 309, 311, in der Tat naheliegt. Wie hier dagegen Jaeger/*Henckel*, § 131 Rn. 64. Für Inkongruenz auch in diesem Fall aber Kübler/Prütting/Bork/*Schoppmeyer*, § 131 Rn. 125, MünchKommInsO/*Kirchhof*, § 131 Rn. 125, und *Häsemeyer*, Insolvenzrecht, Rn. 21.60; für Kongruenz dagegen FK/*Dauernheim*, § 131 Rn. 26.

187 Im Ergebnis wie hier schon der Erste Bericht der Kommission für Insolvenzrecht, S. 408f.

188 *Foerste*, FS Musielak, 159. Dagegen sieht *Frind*, ZInsO 2005, 793, hierin keine „Entwertung des Instruments ‚Zwangsvollstreckung'".

189 So aber *Foerste*, FS Musielak, 159.

4. Inkongruenz von „Druckzahlungen"

Nach herrschender Ansicht sind nicht nur solche Deckungen inkongruent, die der Insolvenzgläubiger im Wege der Zwangsvollstreckung erhalten hat, sondern auch solche, die er durch eine freiwillige Leistung des Schuldners erhielt, mit welcher dieser den Beginn einer drohenden[190] oder die Fortführung einer bereits begonnenen Zwangsvollstreckung abwenden wollte.[191] Ebenso sollen Zahlungen inkongruent sein, mit denen der Schuldner die Erledigung eines vom Gläubiger gestellten Insolvenzantrags herbeiführen oder die Stellung eines erst angedrohten Insolvenzantrags verhindern wollte.[192]

Man begründet dies damit, daß der Gläubiger, der mit der Vollstreckung drohe, sich damit letztlich ebenso „das Instrumentarium der Prioritätsgewinnung zunutze macht, das in der Insolvenzsituation untauglich sein soll".[193] Wer den Insol-

---

190 Die Tatsache, daß die vom Schuldner befriedigte Forderung tituliert und der Titel dem Schuldner zugestellt worden war, soll hierfür noch nicht genügen (BGH NZI 2007, 161, 162), wohl aber der bevorstehende Ablauf einer letzten Zahlungsfrist des im Besitz eines vollstreckbaren Titels befindlichen Gläubigers (BGH NJW-RR 2003, 1201, 1202) und – auch ohne Setzung einer Zahlungsfrist – die Ankündigung von Vollstreckungsmaßnahmen (BGH ZIP 2011, 385, 386f.). Vgl. näher *Kirchhof*, ZInsO 2004, 1170.

191 BGH WM 2002, 1193, 1194; BGH NJW-RR 2003, 1201, 1202; BGH NJW 2005, 1348f.; BGH NZI 2007, 161, 162; BGH ZIP 2010, 191, 192; BGH ZInsO 2010, 1324, 1325; andeutungsweise auch schon BGHZ 136, 309, 311; OLG Hamburg ZInsO 2005, 657, 658; OLG Stuttgart ZInsO 2005, 942, 944; OLG Koblenz ZInsO 2005, 324, 327; *Fischer*, FS Kirchhof, 80; MünchKommInsO/*Kirchhof*, § 131 Rn. 26c; *ders.*, ZInsO 2004, 1170; HmbK/*Rogge*, § 131 Rn. 14; FK/*Dauernheim*, § 131 Rn. 27; Kübler/Prütting/Bork/*Schoppmeyer*, § 131 Rn. 127ff.; *Kreft*, DStR 2005, 1233. Ebenso schon der Erste Bericht der Kommission für Insolvenzrecht, S. 408; vgl. auch etwa schon *Jaeger*, KO[1], § 30 Anm. 49 a.E.; Jaeger/*Henckel*, Konkursordnung[9], § 30 Rn. 248f.; Kuhn/*Uhlenbruck*, § 30 Rn. 52c; LG Bonn ZIP 1997, 83. Anders etwa noch BAG ZIP 1998, 33, 35; BGH KTS 1969, 244; OLG Celle ZIP 1981, 467; Kilger/*K. Schmidt*, § 30 Anm. 20. Zu den sich aus der herrschenden Ansicht ergebenden Konsequenzen für das taktisch gebotene Vorgehen des Gläubigers *Huber*, ZInsO 2005, 628ff.; *ders.*, ZIP 2007, 507ff. – Der von der Stellung eines Antrags auf Eröffnung des Insolvenzverfahrens ausgehende Druck soll auch dann zur Inkongruenz daraufhin geleisteter Zahlungen führen können, wenn diese außerhalb des von §§ 130, 131 InsO erfaßten Dreimonatszeitraum erfolgten, sofern diese Druckwirkung nicht vom „Pfändungsdruck" „überlagert" werde, vgl. BGH ZIP 2009, 1434, 1435.

192 BGH NJW 2004, 1385f.; OLG Karlsruhe NZI 2008, 739, 741; *Flöther/Bräuer*, ZInsO 2005, 1245; *Fischer*, FS Kirchhof, 80f.; MünchKommInsO/*Kirchhof*, § 131 Rn. 26d; *ders.*, ZInsO 2004, 1170f.; HmbK/*Rogge*, § 131 Rn. 14; FK/*Dauernheim*, § 131 Rn. 28; *Kreft*, DStR 2005, 1234; wohl auch Kübler/Prütting/Bork/*Schoppmeyer*, § 131 Rn. 132. Ebenso schon OLG Schleswig ZInsO 2004, 100, 101; OLG Frankfurt/M. NZI 2002, 491, 492; anders noch LG Kiel ZInsO 2001, 1043, 1044. – In diesem Fall soll die Leistung auch dann inkongruent sein, wenn sie außerhalb des für §§ 130, 131 InsO anfechtungsrelevanten Zeitraums erfolgte, was für die Anfechtung nach § 133 I InsO Bedeutung hat (vgl. § 11 bei Fn. 92); vgl. BGH NJW 2004, 1385, 1386; *Fischer*, FS Kirchhof, 81: Im Gegensatz zur Einzelzwangsvollstreckung sei der Insolvenzantrag zu keinem Zeitpunkt ein von der Rechtsordnung anerkanntes Mittel zur Durchsetzung persönlicher Ansprüche gegen den Schuldner. Kritisch *Bork*, ZIP 2004, 1690f.

193 *Henckel*, FS Gerhardt, 370. Entsprechend *Kreft*, DStR 2005, 1233.

venzantrag als Mittel zur Durchsetzung der eigenen Forderung einsetze, sei entsprechend zu behandeln: Er erhalte durch ihn eine Leistung, „die er nach Sinn und Zweck der gesetzlichen Regelung auf diesem Wege gerade nicht bekommen sollte".[194] Die Durchsetzung von Forderungen mittels eines Insolvenzantrags sei in besonderem Maße geeignet, die Masse zu verringern und damit wesentliche Zielsetzungen des neuen Rechts zu behindern und die Gläubiger zu benachteiligen.[195]

Diese Ansicht ist abzulehnen.[196] Daß der Vorrang des Gesamtvollstreckungsverfahrens vor dem der Einzelvollstreckung nichts über die Kongruenz der in deren Zuge erhaltenen Deckung aussagt, wurde bereits ausgeführt. Entsprechend wenig überzeugend ist das Argument, dieser Vorrang dürfe durch das „Abzwingen" von Leistungen unter Vollstreckungsdruck nicht umgangen werden oder der Gläubiger dürfe sich dieses Instrumentariums auch nicht dafür zunutze machen, den Schuldner zu Leistungen zu bewegen. Ein Gläubiger, der seinem Schuldner mit der Stellung eines Insolvenzantrags droht, muß deswegen nicht davon überzeugt sein, daß sich der Schuldner in der Krise befinde, sondern kann hiermit nur eine – besonders effektive und im Vergleich zu Vollstreckungsversuchen für ihn nicht kostenträchtigere – Drohkulisse aufbauen wollen. Daß die hier in Rede stehenden Leistungen des Schuldners in dem für die Inkongruenz entscheidenden Sinne „verdächtig" sind, wäre überhaupt nur dann zu erwägen, wenn anzunehmen wäre, daß es der Schuldner typischerweise nur deshalb zur zuvor angedrohten Stellung eines Insolvenzantrags oder dem Beginn der Vollstreckung oder gar nur zu einer Drohung hiermit kommen lassen wird, weil er nicht über hinreichend liquides Vermögen verfügt. Schon dies ist zweifelhaft. Jedenfalls aber belegt ein Schuldner, der zur Abwendung der Vollstreckung oder eines Insolvenzverfahrens zahlt, aus Sicht des Gläubigers damit seine Leistungsfähigkeit.

Die Umstände, welche die Leistung des Schuldners in diesen Fällen begleiten, machen sie also nicht derart verdächtig, daß sie für *per se* inkongruent gehalten werden könnten. Entgegen der herrschenden Ansicht sind Deckungen nicht schon deshalb inkongruent, weil sie unter dem Druck einer angedrohten oder begonne-

---

[194] *Fischer*, FS Kirchhof, 80; entsprechend BGH NJW 2004, 1385, 1386.

[195] BGH NJW 2004, 1385, 1386; OLG Karlsruhe NZI 2008, 739, 741; *Fischer*, FS Kirchhof, 80.

[196] Ablehnend etwa auch Nerlich/Römermann/*Nerlich*, § 131 Rn. 45; *Jacoby*, KTS 2005, 390, 399; *Becker*, Insolvenzrecht, Rn. 618; *Rebmann*, Anfechtung, 135ff.; *Buchner*, Insolvenzanfechtung, 89ff., 98ff.; für den Fall der Stellung eines Insolvenzantrags auch *Brückl/Kersten*, NZI 2004, 425. *Gerhardt*, FS Kreft, 275ff., hält nur nach Beginn der Zwangsvollstreckung erfolgte Leistungen, namentlich Zahlungen an den Gerichtsvollzieher, für inkongruent; so wohl auch *Thole*, DZWIR 2006, 193, und tendenziell auch *Eckardt*, EWiR 2003, 832; *ders.*, EWiR 2006, 216. Jaeger/*Henckel*, § 131 Rn. 61, und ihm folgend *Münzberg*, JZ 1998, 310, wollen danach unterscheiden, ob die jeweiligen Begleitumstände den Verdacht der Gläubigerbenachteiligung nahelegen. Um die Sanktionierung eines entsprechenden Vorsatzes des Schuldners geht es bei §§ 130, 131 InsO freilich nicht; Bezugspunkt des Verdachts muß die Krise sein, deren Vorliegen die besondere Insolvenzanfechtung legitimiert und auf die sich auch ihre subjektiven Tatbestandsvoraussetzungen beziehen.

nen Vollstreckung oder eines angedrohten oder gestellten Insolvenzantrags geleistet wurden.[197]

IV. Fazit

Legt man an die von § 131 I InsO geforderte Abweichung von Anspruch und Deckung die hier vertretenen, wertenden und im Vergleich zur herrschenden Ansicht strengeren Maßstäbe an, gelangt man auch in Fällen, deren Lösung auf Grundlage der herrschenden Ansicht zweifelhaft ist, zu klaren Ergebnissen. Gegenüber dieser reduziert die hier vertretene Ansicht im Ergebnis die Anfechtbarkeit, was zulasten der anderen Insolvenzgläubiger geht. Es bleibt dem Gesetzgeber unbenommen, deren Interessen höher zu bewerten und sie besser zu schützen; dabei müßte er aber konsequent bleiben, also auch die Anforderungen an die Kongruenzanfechtung absenken.

[197] Gerade solche Deckungen, die der Anfechtungsgegner dadurch erhielt, daß er die von der Stellung eines Insolvenzantrags ausgehenden Druckwirkung ausnutzte, betreffen die hier vertretenen, anfechtungserweiternden Abweichungen von der herrschenden Meinung, was die Relevanz eines für erledigt erklärten Antrags für die Anfechtbarkeit nach § 130 I 1 Nr. 2 InsO (§ 9 IV 3) und die Bestimmung des hierfür anfechtungsrelevanten Zeitraums (§ 10 II 2 e, aber auch III) angeht.

§ 13 Bargeschäftsprivileg

Gemäß § 142 InsO ist eine Leistung des Schuldners, für die unmittelbar eine gleichwertige Gegenleistung in sein Vermögen gelangt, nur anfechtbar, wenn die Voraussetzungen des § 133 I InsO gegeben sind. Die systematische Stellung des § 142 InsO verdeckt, daß dieses sogenannte Bargeschäftsprivileg vor allem für die besondere Insolvenzanfechtung nach §§ 130, 131 InsO[1] eine Rolle spielt:[2] Die Anfechtbarkeit nach § 133 InsO schließt § 142 ausdrücklich nicht aus,[3] und die Voraussetzungen dieser Norm können nicht zugleich mit denen der Unentgeltlichkeitsanfechtung nach § 134 InsO vorliegen; ob § 142 die Anfechtbarkeit nach § 135 InsO ausschließen kann, ist zweifelhaft und umstritten.[4]

I. Grundlagen

1. Entstehung des § 142 InsO

Daß der Schuldner vom Geschäftsverkehr ausgeschlossen zu werden droht, wenn man alle in der Krise mit einer Person, die diese kannte, vorgenommenen Geschäfte

---

[1] Zur praktischen Relevanz des § 132 InsO vgl. § 7 Fn. 33.

[2] Das betont etwa auch *v. Campe*, Insolvenzanfechtung, 47. Für eine Einordnung des § 142 InsO zwischen § 132 und § 133 InsO daher *Henckel*, Insolvenzrecht im Umbruch, 251; HK/*Kreft*, § 142 Rn. 1; *Paulus*, BB 2001, 428; vgl. auch noch sogleich I 1 a. E.

[3] Bei § 133 II InsO, den § 142 InsO nicht nennt, handelt es sich entgegen dem Wortlaut nicht um einen selbständigen Anfechtungstatbestand, sondern um eine Beweislastregel für die Anfechtbarkeit nach § 133 I InsO: vgl. etwa Kübler/Prütting/Bork/*Bork*, § 133 Rn. 57; Jaeger/*Henckel*, § 133 Rn. 55. Nach richtiger Ansicht sind vom Bargeschäftsprivileg also auch unter § 133 II InsO fallende Rechtshandlungen ausgenommen, *Henckel*, Kölner Schrift[2], S. 813 ff. Rn. 47; Nerlich/Römermann/*Nerlich*, § 142 Rn. 14; Kübler/Prütting/Bork/*Ehricke*, § 142 Rn. 21; Uhlenbruck/*Hirte*, § 142 Rn. 17; *Lwowski/Wunderlich*, FS Kirchhof, 317; *dies.*, WM 2004, 1515; anders aber MünchKommInsO/*Kirchhof*, § 142 Rn. 22; Gottwald/*Huber*, § 46 Rn. 80. Der Streit ist müßig, da Bargeschäfte im Sinne des § 142 InsO die Gläubiger (in aller Regel, vgl. unten § 13 II 1) nicht unmittelbar benachteiligen, die Voraussetzungen der §§ 142, 133 II InsO also ohnehin nicht zugleich vorliegen werden; vgl. ebenso MünchKommInsO/*Kirchhof*, § 142 Rn. 22.

[4] Vgl. hierzu näher *Klinck/Gärtner*, NZI 2008, 460 f. Für eine Anwendung des Bargeschäftsprivilegs auf § 135 InsO *Marotzke*, ZInsO 2008, 1286 mit weiteren Nachweisen in Fn. 59; gegen eine solche Anwendung *Henkel*, ZInsO, 1577 ff., und mit der unzutreffenden Begründung, § 135 InsO sei gegenüber § 142 InsO spezieller, *Spliedt*, ZIP 2009, 151.

der Anfechtung unterwürfe, und so die Überwindung einer einmal eingetretenen Krise kaum mehr möglich wäre, war schon bei der Ausarbeitung der KO 1879 keine neue Erkenntnis mehr.[5] Sie tritt etwa in der Begründung zu § 23 Nr. 1 Alt. 1 KO 1879 = § 30 Nr. 1 Alt. 1 KO 1900[6] hervor, dem Vorläufer des heutigen § 132 InsO.[7] Im Gegensatz zur Nr. 1 Alt. 2 KO erfaßte dieser Anfechtungstatbestand nicht „eine Sicherung oder Befriedigung",[8] sondern „von dem Gemeinschuldner eingegangene, die Gläubiger benachteiligende Rechtsgeschäfte". Der Einschub „die Gläubiger benachteiligende" war in § 28 des Entwurfs einer deutschen Gemeinschuldordnung, mit dem § 23 Nr. 1 KO 1879 im übrigen identisch war,[9] noch nicht enthalten gewesen. In den Motiven zum Entwurf der Konkursordnung wurde diese Einfügung wie folgt begründet:[10] Ein Rechtsgeschäft, das weder Betrug noch Freigebigkeit enthalte, verletze den „Konkursanspruch" der Gläubiger[11] nur dann, „wenn es zugleich an sich den Stand der Masse beeinträchtigt." Wer die Lage des Schuldners für sich ausbeute, begehe eine Unredlichkeit gegen die Gläubiger; dies gelte jedoch nicht für denjenigen, der ein völlig angemessenes Entgelt gebe. Er könne nicht dafür verantwortlich gemacht werden, wenn sich das Geschäft aufgrund weiterer Umstände nachteilig auf die Masse auswirkt. „Würde jedes, selbst für die Gläubiger vortheilhafte Geschäft die Gefahr der Anfechtung laufen, so würde es dem redlichsten und gewandtesten Schuldner unmöglich gemacht werden, eine Zahlungseinstellung wieder zu beseitigen". Daher sei der Nachweis zu verlangen, daß das Rechtsgeschäft zur Zeit der Vornahme für die Gläubiger nachteilig war, also „den Werth des Vermögens verringert hat".

Dieser Gedanke wird in den Ausführungen zur Inkongruenzanfechtung wieder aufgegriffen:[12] Für die Anfechtbarkeit der Bestellung einer Sicherheit sei von entscheidender Bedeutung, „ob die Entstehung der Forderung mit ihrer Sicherstellung gleichzeitig erfolgt oder ihr vorhergegangen ist. ... Daß zwischen nachträglicher und gleichzeitiger Pfandbestellung ein wesentlicher Unterschied besteht, wird nicht verkannt werden dürfen. Nur erstere ist eine Begünstigung des einen Gläubigers vor den anderen; wird [in einer Situation, in der die objektiven Anfechtungsvoraussetzungen des § 30 Nr. 2 KO vorliegen] Geld auf Realkredit gesucht und gefunden, so ist dies an sich ebensowenig verdächtig und zum Nachtheil der bisherigen Gläubiger, wie eine totale Veräußerung von Sachen des Schuldners; es

---

5 Vgl. etwa schon *Consbruch*, Anfechtung, 9, in seiner Kritik an den Anfechtungsvorschriften der AGO (zu diesen oben § 1 IV).

6 Vgl. den Normtext in § 7 II 3 vor Fn. 29.

7 Vgl. hierzu schon § 7 II 3.

8 Insoweit war § 23 Nr. 1 Alt. 2 KO 1879 dem Wortlaut der Nr. 2 erst durch die Reichstagskommission angepaßt worden, *Hahn*, Materialien IV, 534. Zuvor war dort von „an einen Konkursgläubiger vorgenommenen Leistungen" die Rede gewesen.

9 Vgl. hierzu § 1 VI a. A.

10 *Hahn*, Materialien IV, 127. Die Ausführungen von „Hinzuzufügen ist nur ..." bis „... durch die Art des Entgelts" waren in der im übrigen identischen Begründung des Entwurfs der Gemeinschuldordnung (vgl. dort, 151) naturgemäß noch nicht enthalten gewesen.

11 Hierzu näher § 2 II 1.

12 *Hahn*, Materialien IV, 136 f.

kann daher nicht mehr und nicht minder anfechtbar sein als diese". Dem Einwurf, daß die Inkongruenzanfechtung leicht zu umgehen sei, wenn man ihr die zugleich mit der Forderungsbegründung erfolgende Bestellung einer Sicherheit nicht unterwerfe, indem man nämlich die zu besichernde Altforderung noviere, sei zu entgegnen, daß dann eben die Novation der Inkongruenzanfechtung unterfalle. „Der Entwurf spricht daher von der Sicherstellung eines ‚Konkursgläubigers', setzt also voraus, daß schon vor ihr die Konkursforderung existirte".

Mit diesen Erwägungen sollte die gleichzeitig mit der Forderungsbegründung erfolgte Stellung einer Sicherheit also jedenfalls der Inkongruenzanfechtung entzogen und nur wie eine „totale" Veräußerung des Sicherungsgegenstands anfechtbar sein. Nicht ganz deutlich wird allerdings, welcher Alternative des § 23 ihres Entwurfs die Schöpfer der KO 1879 eine solche „Veräußerung" und damit auch eine Handlung zuordnen wollten, mit der für eine Forderung sogleich bei deren Begründung eine Sicherheit bestellt wird. Daß hier in bezug auf die Inkongruenzanfechtung mit der fehlenden „Verdächtigkeit" des Geschäfts argumentiert wird, scheint nahezulegen, daß man die Kongruenzanfechtung nach § 23 Nr. 1 Alt. 2 KO 1879 im Auge hatte. Die Schöpfer der KO 1879 meinten aber, ihrer Auffassung im Wortlaut des § 23 Nr. 2 KO 1879 Ausdruck verliehen zu haben: Nur einem „Konkursgläubiger" gewährte Sicherungen oder Befriedigungen seien anfechtbar. Von einem „Konkursgläubiger" ist jedoch auch in der Deckungsanfechtung nach § 23 Nr. 1 Alt. 2 KO 1879 die Rede. Einzig § 23 Nr. 1 Alt. 1 KO behandelt Geschäfte mit einem Dritten, der vor Vornahme des Geschäfts noch nicht Gläubiger war. Allein der ersten Alternative des § 23 Nr. 1 Alt. 1 KO also wollten die Schöpfer der KO die „Veräußerung" – offenbar verstanden als wirtschaftlicher Gesamtvorgang, bestehend aus Verpflichtungs- und Verfügungsgeschäft – und mithin auch die zugleich mit der Forderungsbegründung vorgenommene Sicherung unterwerfen.

So wurden diese Erwägungen auch in Praxis und Schrifttum verstanden: Es etablierte sich nicht lange nach Inkrafttreten der KO die Rechtsprechung, daß die zugleich mit der Forderungsbegründung erfolgte Stellung einer Sicherheit nicht nur der Inkongruenz-, sondern auch der Kongruenzanfechtung entzogen sei, weil auch § 23 Nr. 1 Alt. 2 KO 1879 = § 30 Nr. 1 Alt. 2 KO 1900 voraussetze, daß „schon vor der anzufechtenden Sicherstellung die Forderung des Gläubigers existierte".[13] Dieser Gedanke wurde alsbald auch auf Erfüllungshandlungen ausgedehnt.[14] Zunächst sollte dies nur für wirkliche Handgeschäfte gelten, die sich in einem sofortigen und unmittelbaren Leistungsaustausch erschöpften.[15] Mit der Zeit wurde man im Hinblick auf den zeitlichen Zusammenhang jedoch großzügi-

---

[13] RGZ 29, 77, 78. Ebenso RG LZ 1910, 476, 477; RGZ 100, 62, 64; RGZ 136, 152, 158. OLG Stettin LZ 1909, 84f.; *Jaeger*, KO[1], § 30 Anm. 37; *Petersen/Kleinfeller*, § 30 Anm. 20; *Grützmann*, Anfechtungsrecht, 171. – In RGZ 9, 44, 50, war es noch um Inkongruenzanfechtung nach § 23 Nr. 2 KO 1879 gegangen.

[14] Vgl. etwa RGZ 100, 62, 64; RGZ 136, 152, 158; *Jaeger*, KO[1], § 30 Anm. 37.

[15] Vgl. etwa RG LZ 1915, 767 mit kritischer Anmerkung von *Jaeger*: Der Vorschuß auf das Honorar für eine am selben Tag begonnene Erstellung eines Vermögensstatus sei anfechtbar, weil der Empfänger bei Zahlung aufgrund des ein oder zwei Tage früher angenommenen Auftrags schon Gläubiger gewesen sei.

ger[16] und ließ schließlich genügen, wenn zwischen Begründung und Deckung des Anspruchs ein Zeitraum von zwei Wochen bis zu „etwas mehr als einem Monat" lag.[17] Die Rechtsprechung ging dabei – ohne erkennen zu lassen, daß man sich der darin liegenden Änderung bewußt war – dazu über, statt auf den zeitlichen Zusammenhang zwischen Begründung und Deckung des Anspruchs auf denjenigen zwischen der Leistung des Schuldners, um deren Anfechtbarkeit es geht, und der vom Anfechtungsgegner geschuldeten Gegenleistung abzustellen.[18]

Da man Leistungen des Schuldners, für welche dieser in einem gewissen zeitlichen Zusammenhang vom Anfechtungsgegner eine Gegenleistung erhalten hatte, der Anfechtung nach § 30 Nr. 1 Alt. 2, Nr. 2 KO entzog, konnte – auch insoweit den Vorstellungen der Schöpfer der KO 1879 entsprechend – eine besondere Konkursanfechtung nur nach § 30 Nr. 1 Alt. 1 KO durchgreifen. Dieser Anfechtungstatbestand – so schloß man aus seinem Wortlaut („von dem Gemeinschuldner eingegangenen Rechtsgeschäfte") – sollte sich nur auf Verträge und dabei vor allem auf Verpflichtungsverträge beziehen.[19] Den eingangs wiedergegebenen Ausführungen in den Motiven zur KO und dem Wortlaut „durch deren Eingehung" folgend, ging man davon aus, daß § 30 Nr. 1 Alt. 1 KO nicht wie die anderen Tatbestände des § 30 KO schon dann anwendbar sei, wenn die anzufechtende Rechtshandlung die anderen Gläubiger nur mittelbar, aufgrund weiterer Umstände benachteilige, sondern nur dann, wenn die benachteiligende Wirkung unmittelbar aus dem Geschäft selbst folge: Verträge, die einen als solchen für die Masse wirtschaftlich neutralen oder

---

16 RGZ 136, 152, 159 („... mag sein, daß ... ein Rechtsgeschäft den Charakter eines Bargeschäfts nicht verliert, wenn zwischen Vertragsschluß und Zahlung nur eine kurze Zeitspanne liegt ..."); ebenso schon *Jaeger,* KO[5], § 30 Anm. 37. Vgl. auch *dens.*, JW 1915, 1254f.; *Otto*, Anfechtung, 83; *Menzel*, Anfechtungsrecht, 186.

17 Vgl. etwa BGHZ 28, 344, 347; BGH WM 1955, 404, 407. Für einen Zeitraum von ca. zwei Wochen in Anschluß an BGH NJW 1980, 1961, 1962, etwa Kuhn/*Uhlenbruck*, § 30 Rn. 23; Kilger/*K. Schmidt*, § 30 Anm. 8; restriktiver Jaeger/*Henckel*, Konkursordnung[9], § 30 Rn. 111f.

18 BGH NJW 1977, 718; BGH NJW 1980, 1961 (Lieferung des Anfechtungsgegners und Scheckbegebung durch den Schuldner); BGH NJW 1992, 1960; BGH NJW-RR 1993, 235, 237. So namentlich auch Jaeger/*Henckel*, Konkursordnung[9], § 30 Rn. 110, der zu Unrecht auf BGHZ 28, 344, 347, verweist: Dort wird auf den zeitlichen Abstand zwischen anspruchsbegründendem Auftrag und der den Vergütungsanspruch sichernden Abtretung abgestellt. Auch RGZ 100, 62, 64, und RGZ 136, 152, 158, belegen *Henckels* Ansicht nicht: Im früheren Urteil wird zwar als Bargeschäft ein Austausch von Leistung und Gegenleistung Zug um Zug bezeichnet, doch soll dies offenbar nur das Handgeschäft charakterisieren, bei dem auch Begründung und Erfüllung des Anspruchs zusammenfallen, falls man nicht sogar annimmt, der schuldrechtliche Aspekt eines Handgeschäfts erschöpfe sich in einer Rechtsgrundabrede (so etwa *Flume*, Allgemeiner Teil II, § 12 II 4b; vgl. zum Anpassungsvertrag *Hau*, Vertragsanpassung, 43ff.); im späteren Urteil wird ausdrücklich auf die Begründung der befriedigten Forderung abgestellt. Wie *Henckel* und der BGH aber etwa Kuhn/*Uhlenbruck*, § 30 Rn. 23; Kilger/*K. Schmidt*, § 30 Anm. 8. Vgl. nun jedoch BGHZ 167, 190, 200f., und dazu unten § 13 I 3c.

19 Vgl. nur Kuhn/*Uhlenbruck*, § 30 Rn. 18, und Jaeger/*Henckel*, Konkursordnung[9], § 30 Rn. 103, jeweils mit weiteren Nachweisen.

gar vorteilhaften Leistungsaustausch vorsahen, sollten daher nach § 30 Nr. 1 Alt. 1 KO nicht anfechtbar sein.[20]

Insgesamt war also eine Deckung, für welche der Anfechtungsgegner im genannten Sinne „unmittelbar" eine Gegenleistung an den Schuldner erbracht hatte, nicht nach § 30 Nr. 1 Alt. 2 oder Nr. 2 KO[21] und nach § 30 Nr. 1 Alt. 1 KO nur dann anfechtbar, wenn der zugrundeliegende Verpflichtungsvertrag wegen Unausgewogenheit der versprochenen Leistungen die anderen Gläubiger unmittelbar benachteiligt.[22] Dies wurde gemeinhin ohne Rückbindung an die einzelnen Tatbestände des § 30 KO so zusammengefaßt, daß solche Geschäfte als „Bargeschäfte" einer Anfechtung entzogen seien, durch welche unmittelbar gleichwertige Leistungen ausgetauscht werden.[23] Man begründete dies nun nicht mehr mit dem Wortlautargument, daß derjenige, der sofort mit Forderungsbegründung eine Deckung erhalte, nicht Konkursgläubiger geworden sei, sondern damit, daß beim Austausch gleichwertiger Leistungen keine Gläubigerbenachteiligung, vielmehr eine bloße „Vermögensumschichtung" vorliege.[24]

Die Erste Kommission für Insolvenzrecht wollte dieses „Bargeschäftsprivileg" nicht nur erhalten, sondern in einer gesonderten Norm kodifizieren. Leitsatz 5.2.4 des Ersten Berichts lautete: „Ist für eine Sicherung oder Befriedigung eines Insolvenzgläubigers unmittelbar eine Gegenleistung in das Vermögen des Schuldners gelangt, so ist die sichernde oder befriedigende Rechtshandlung nicht nach den Leitsätzen 5.2.1 [scil: der dem heutigen § 130 InsO entspricht] und 5.2.2 [scil.: dem heutigen § 131 InsO] anfechtbar". Für die Kommission war „der entscheidende Grund für die Ausnahmeregelung ... der wirtschaftliche Gesichtspunkt, daß ein Schuldner, der sich in der Krise befindet, praktisch vom Geschäftsverkehr ausgeschlossen würde, wenn selbst die von ihm abgeschlossenen wertäquivalenten Bargeschäfte der Deckungsanfechtung unterlägen."[25] Mit dem Wort „unmittelbar" sollte die Bardeckung von Kreditgeschäften abzugrenzen sein; „zwischen dem Leistungsaustausch" müsse ein zeitlicher Zusammenhang bestehen.[26]

---

[20] RGZ 29, 77, 79; RG JW 1894, 546; RGZ 90, 69, 73; RGZ 116, 134, 136 (zu § 3 AnfG). Ebenso noch, jeweils mit umfangreichem Nachweis auch der jüngeren Rechtsprechung, Jaeger/*Henckel*, Konkursordnung[9], § 30 Rn. 104; Kuhn/*Uhlenbruck*, § 30 Rn. 21 b.

[21] Die Ansicht, daß das Bargeschäftsprivileg auch eine Inkongruenzanfechtung ausschließe, gab der BGH mit BGH NJW 1993, 3267, 3269, auf, anders noch BGH NJW 1992, 1960; dazu näher unten § 13 III.

[22] Zu der Frage, ob in diesen Fällen mit der „Einheitstheorie" auch die Verfügung des Schuldners gemäß § 30 Nr. 1 Alt. 1 KO oder nur das Verpflichtungsgeschäft anfechtbar sein soll, mit der Folge, daß der vom Schuldner geleistete Gegenstand zu kondizieren ist, vgl. etwa Jaeger/*Henckel*, Konkursordnung[9], § 30 Rn. 110.

[23] So etwa BGH NJW-RR 1993, 235, 237; BGH NJW 1993, 3267, 3268; Kuhn/*Uhlenbruck*, § 30 Rn. 23 a; *Bruski*, Konkursanfechtung, 39.

[24] BGH NJW 1977, 718; BGH NJW 1978, 758, 759; BGH NJW 1980, 1961; BGH NJW-RR 1993, 235, 237; BGH NJW 1993, 3267. – Das Wort „Vermögensumschichtung" stammt von *K. Schmidt*, WM 1983, 493.

[25] Erster Bericht der Kommission für Insolvenzrecht, S. 410.

[26] Erster Bericht der Kommission für Insolvenzrecht, S. 410f.

Schon die Verfasser des Diskussionsentwurfs tauschten die Überschrift „Bardeckung" durch „Bargeschäft" aus, nahmen die Norm aus dem engen Zusammenhang zur Deckungsanfechtung heraus und gaben ihr ihre heutige systematische Stellung sowie ihren heutigen Wortlaut.[27] Die Erwägungen der Ersten Kommission für Insolvenzrecht ergänzte man dahingehend, daß die in der Leistung des Schuldners liegende Benachteiligung der Gläubiger außer Betracht bleibe, da sie durch die Gegenleistung wieder ausgeglichen werde, und eine Anfechtung in diesen Fällen daher nur nach § 133 InsO möglich sei, der auch eine mittelbare Benachteiligung der Insolvenzgläubiger genügen lasse. Das Bargeschäftsprivileg komme nur zur Anwendung, wenn Leistung und Gegenleistung durch Parteivereinbarung miteinander verknüpft seien, was durch die Worte „für die" zum Ausdruck gebracht werde.[28] Die Begründung des Diskussionsentwurfs wurde unverändert in diejenige des Regierungsentwurfs übernommen.[29]

2. Funktion und Legitimität des Bargeschäftsprivilegs

Die einzelnen Merkmale des heute in § 142 InsO normierten Bargeschäftsprivilegs spiegeln – so scheint es jedenfalls – die wechselnden Erwägungen wider, mit denen es im Verlauf seiner Entstehungsgeschichte begründet wurde. Bevor erörtert wird, ob sich hieraus ein sinnvolles Ganzes ergeben hat (unten 3.), seien diese Erwägungen zunächst auf ihrer Überzeugungskraft überprüft.

a) Fehlende Gläubigereigenschaft

Das Wortlautargument, daß derjenige, der mit dem Schuldner ein Handgeschäft vollziehe, nicht dessen Gläubiger geworden sei, ist durch die Neufassung der besonderen Konkursanfechtung in §§ 130, 131 InsO zwar nicht unvertretbar geworden, denn auch nach diesen Normen ist nur eine Handlung anfechtbar, durch die „einem Insolvenzgläubiger" eine Sicherung oder Befriedigung gewährt oder ermöglicht wurde.[30] Daß der Anfechtungsgegner für eine Anwendung dieser Anfechtungstatbestände im anfechtungsrelevanten Zeitpunkt bereits Gläubiger gewesen sein muß, qualifiziert diese Anfechtungstatbestände als besondere Insolvenzanfechtung im materiellen Sinne und grenzt sie damit namentlich von § 132 InsO ab.[31] Das Bargeschäft in seiner heutigen Form ist mit dieser Erwägung jedoch nicht zu erklären. Nach ihr wäre allenfalls die Anfechtung einer Deckung ausgeschlossen, die im Zuge

[27] Begr. DiskE-InsO, S. 76.
[28] Begr. DiskE-InsO, S. B144f.
[29] Begr. RegE-InsO, BT-Drucks. 12/2443, S. 167.
[30] Daraus schließt *König*, Insolvenzrecht im Umbruch, 259, eine gesonderte Regelung des Bargeschäftsprivilegs sei überflüssig; auch für §§ 30, 31 öKO (nun öIO) vertritt *König* die Auffassung, daß diese Zug-um-Zug-Geschäfte nicht erfaßten, weil und soweit sie sich nur gegen die Sicherstellung und Befriedigung „eines Gläubigers" richteten, Anfechtung, Rn. 10/3ff., 11/32. Zum geltenden deutschen Recht wird so noch argumentiert von *Gerhardt*, FS Brandner, 611; *Jensen*, Grundfragen, 260f., 273.
[31] Vgl. MünchKommInsO/*Kirchhof*, § 130 Rn. 16, 21, und eingehend oben § 7 II 3.

eines wirklichen Handgeschäfts, also eines sofort vollzogenen Austauschs von Leistungen, gewährt wurde; nimmt man es genau, dürfte selbst die „sofort“ bei Forderungsbegründung erfolgende Bestellung einer Sicherheit nicht mehr hierunter fallen, wenn der Sicherungsnehmer die Forderung auch nur eine logische Sekunde vor der Sicherheit erworben hatte.[32] Schon in dieser Hinsicht ist das Bargeschäftsprivileg, wie es nun in § 142 InsO kodifiziert ist, deutlich weiter, und nicht von ungefähr hat auch die Rechtsprechung dieses Wortlautargument aufgegeben, als sie im Hinblick auf die von ihr geforderten zeitlichen Zusammenhänge großzügiger wurde. Vor allem aber vermag der Wortlaut der §§ 130, 131 InsO ebensowenig wie derjenige des § 142 InsO eine wertende Begründung zu ersetzen.

b) Fehlende Kreditgewährung

Eng mit dem Wortlautargument, daß der Anfechtungsgegner im Falle eines Bargeschäfts nicht Gläubiger geworden sei, ist das Argument verbunden, Bargeschäfte seien deshalb gegenüber „normalen“ Deckungsgeschäften anfechtungsrechtlich zu privilegieren, weil der Anfechtungsgegner dem Schuldner keinen Kredit gewährt habe. Diese Erwägung scheint auch in den Materialien zu § 142 InsO auf: Der Zeitraum zwischen der Leistung des Anfechtungsgegners und der Gegenleistung des Schuldners dürfe nicht so lang werden, „daß das Rechtsgeschäft unter Berücksichtigung der üblichen Zahlungsbräuche den Charakter eines Kreditgeschäfts annimmt“.[33] Auch in der Literatur wird betont, ein Bargeschäft liege bei „insolvenzbedrohter Kreditgewährung“ nicht vor.[34] Warum aber eine Privilegierung ausscheiden soll, wenn das Geschäft „Kreditcharakter“ angenommen hat, wird meist nicht näher ausgeführt; zudem wird nicht deutlich, ob der Aspekt der Kreditierung nur in dem negativen Sinne eine Rolle spielt, daß er das Bargeschäftsprivileg ausschließt, oder ob auch umgekehrt positiv das Bargeschäftsprivileg damit zu begründen sein soll, daß die ihm unterfallenden Geschäfte kein Kreditelement enthalten.[35]

In diesem Sinne eindeutig ist allerdings die Stellungnahme von Helmut Koziol: Wer die im Zug-um-Zug-Prinzip liegende Sicherungsmöglichkeit wahrgenommen habe, sei mit den gesicherten Gläubigern gleichzustellen, und der Gleichbehandlungsgrundsatz gelte nur zwischen den ungesicherten Gläubigern.[36] Damit ist das

---

[32] So auch pointiert („ohne Zweifel“) Kübler/Prütting/Bork/*Schoppmeyer*, § 130 Rn. 59.

[33] So schon Begr. DiskE-InsO, S. B145, und noch Begr. RegE-InsO, BT-Drucks. 12/2443, S. 167.

[34] Jaeger/*Henckel*, § 131 Rn. 3. Entsprechend Jaeger/*Henckel*, Konkursordnung⁹, § 30 Rn. 111; *ders.*, Insolvenzrecht im Umbruch, 251; *Kayser*, FS Fischer, 271; BKInsO/*Haas*, § 142 Rn. 5; *Lwowski/Wunderlich*, FS Kirchhof, 307; *dies.*, WM 2004, 1514; MünchKommInsO/*Kirchhof*, § 142 Rn. 1; *Paulus*, FS Fischer, 453. Vgl. auch BGH WM 2003, 524, 528. Kübler/Prütting/Bork/*Schoppmeyer*, § 130 Rn. 60, hält die Deckungsanfechtung nach „dem besonderen Zweck des § 132 InsO“ für ausgeschlossen, wenn der Anfechtungsgegner keinen Kredit gewährt habe, dazu noch unten Fn. 56.

[35] Vgl. aber BGHZ 167, 190, 200: „Daß im Falle einer Kreditgewährung ein Bargeschäft nicht in betracht kommt, rechtfertigt jedoch nicht den Umkehrschluß, ein Bargeschäft liege immer dann vor, wenn kein Kredit gewährt werde“.

[36] *Koziol*, Grundlagen, 87; diesem folgt *Jensen*, Grundfragen, 260f., 273. Ebenso offenbar *Bräuer*, Bargeschäfte, 69.

Bargeschäftsprivileg allerdings nicht überzeugend zu rechtfertigen.[37] Untersucht man die knappe Argumentation Koziols genauer, erweist sie sich als zirkulär. Der Gleichbehandlungsgrundsatz erfaßt gesicherte Gläubiger nur dann nicht, wenn ihre Sicherheit insolvenz- und insbesondere anfechtungsfest ist. Gerade dies aber steht hier in Frage. Das Zurückbehaltungsrecht selbst ist keine insolvenzfeste Sicherheit. Zwar überdauert es die Verfahrenseröffnung in dem Sinne, daß der Insolvenzverwalter die Erfüllung eines schwebenden Vertrags nur um den Preis verlangen kann, daß die Gegenforderung des anderen Teils nach Maßgabe der §§ 55 I Nr. 2, 105 InsO zur Masseverbindlichkeit aufgewertet wird. Gegenstand dieser „Sicherheit" ist jedoch die eigene Leistung des Anfechtungsgegners; mit gutem Recht weist § 51 InsO das einfache Zurückbehaltungsrecht gemäß § 320 BGB nicht als Absonderungsrecht aus, schon weil es wenig Sinn hätte, dem Gläubiger das Recht zuzusprechen, sich wegen seines Anspruchs auf die Gegenleistung aus der eigenen Leistung zu befriedigen. Aber selbst wenn man den Anfechtungsgegner insoweit einem zur abgesonderten Befriedigung Berechtigten gleichstellen wollte, ergäbe sich daraus nicht, daß die besondere Insolvenzanfechtung ausgeschlossen wäre. §§ 130, 131 InsO erfassen auch die einem Absonderungsberechtigten gewährte Deckung, wenn dieser zugleich Insolvenzgläubiger war; eine Anfechtung scheidet in diesen Fällen allenfalls aufgrund fehlender Gläubigerbenachteiligung aus, wenn der Anfechtungsgegner nur das erhielt, was er aufgrund seines Rechts auf abgesonderte Befriedigung im Verfahren ohnehin erhalten hätte.[38] Hier liegt es jedoch anders: Nach Verfahrenseröffnung hätte der Anfechtungsgegner die Leistung des Schuldners nicht aufgrund seines Zurückbehaltungsrechts erzwingen können, sondern sie grundsätzlich nur erhalten, wenn der Insolvenzverwalter gemäß § 103 InsO Erfüllung des entsprechenden Vertrages gewählt hätte. Ob hier wie in den Fällen der einem Absonderungsberechtigten gewährten Deckung eine objektive Gläubigerbenachteiligung ausscheidet, etwa weil die Masse nach erfolgtem Austausch gleichwertiger Leistungen nicht schlechter steht als zuvor, steht auf einem anderen Blatt und wird noch zu erörtern sein (unten d).

Indem der Anfechtungsgegner eine Vorleistung verweigerte, ist er nur dem Risiko entgangen, daß sein in der eigenen Leistung liegendes wirtschaftliches Opfer deshalb weitgehend vergeblich bleibt, weil der Schuldner insolvent wird, *bevor* er die Gegenleistung erbringt. Für den Anfechtungsgegner besteht aber auch ein Risiko, wenn der Schuldner insolvent wird, *nachdem* die Leistungen – und sei es Zug um Zug – ausgetauscht wurden, nämlich dann, wenn die in der Leistung des Schuldners liegende Deckung anfechtbar ist. Hier ist daran zu erinnern, daß das Bargeschäftsprivileg überhaupt nur in solchen Fällen relevant wird, in denen die vom Anfechtungsgegner erhaltene Deckung ohne das Bargeschäftsprivileg an-

---

[37] Ablehnend auch *Raschke*, Bargeschäftstatbestand, 66.

[38] BGH NZI 2007, 394, 395f.; BGH NZG 2007, 464, 465; BGH NJW 2006, 1134, 1135f.; BGHZ 162, 143, 156; BGH NJW 2004, 1444; Kübler/Prütting/Bork/*Schoppmeyer*, § 130 Rn. 56f.; MünchKommInsO/*Kirchhof*, § 130 Rn. 18; HmbK/*Rogge*, § 130 Rn. 4; HK/*Kreft*, § 129 Rn. 60, § 130 Rn. 10; FK/*Dauernheim*, § 130 Rn. 8; *Cierniak*, DB 2006, 2000; insoweit auch Jaeger/*Henckel*, § 130 Rn. 26.

fechtbar wäre, sich dieses den Leistungsaustausch überdauernde Insolvenzrisiko also verwirklicht. Macht der Insolvenzverwalter die Anfechtbarkeit der Deckung erfolgreich geltend, erweist sich, daß es dem Anfechtungsgegner letztlich keine Sicherheit bringt, wenn er auf einem Leistungsaustausch Zug um Zug bestand: Muß der Anfechtungsgegner die Leistung des Schuldners nach § 143 InsO zurückgewähren, hat er nach herrschender Meinung keinen Anspruch auf Rückgewähr der von ihm erbrachten Gegenleistung; vielmehr lebt gemäß § 144 I InsO nur sein Anspruch auf die zurückgewährte Leistung wieder auf, und zwar als quotal zu befriedigende Insolvenzforderung.[39]

Daß der Anfechtungsgegner auf einem Leistungsaustausch Zug um Zug bestanden hat, entzieht die Deckung also nur dann dem Gleichbehandlungsgrundsatz, wenn das Bargeschäftsprivileg auf sie anwendbar ist und eine Anfechtung ausschließt. Wer das Bargeschäftsprivileg damit begründen will, der Anfechtungsgegner habe in den von ihm erfaßten Fällen keinen ungesicherten Kredit gegeben, das Risiko einer Insolvenz des Schuldners vermieden und sei daher wie die gesicherten Gläubiger dem Gleichbehandlungsgrundsatz nicht unterworfen, vertauscht mithin Ursache und Wirkung.

c) Gleichklang mit §§ 103 ff. InsO

Auf die soeben angesprochenen Regelungen, welche das Schicksal eines bei Verfahrenseröffnung beiderseitig noch nicht erfüllten Vertrags betreffen, verweist im vorliegenden Zusammenhang bereits ein von Konrad Cosack vorgetragener, bislang kaum gewürdigter Begründungsansatz: Daß der Gläubiger, der die von ihm geschuldete Leistung zurückhalte, bis er die Gegenleistung des Schuldners erlange, nicht als Konkursgläubiger gelte, lasse sich nur aus den Normen über die Behandlung bei Verfahrenseröffnung noch nicht vollständig erfüllter Verträge ableiten.[40] Cosack wollte damit freilich nur den Gedanken verdeutlichen, daß es für einen Geschäftspartner des Schuldners, dem Gerüchte über dessen desolate wirtschaftliche Lage zu Ohren gekommen sind, ohne das Bargeschäftsprivileg trotz drohender Verzugszinsen günstiger wäre, durch gegebenenfalls auch unberechtig-

---

[39] Nach herrschender Ansicht gilt § 144 II InsO nur bei Anfechtung des Verpflichtungsgeschäfts: Jaeger/*Henckel*, § 144 Rn. 4 ff.; MünchKommInsO/*Kirchhof*, § 144 Rn. 13; HmbK/*Rogge*, § 144 Rn. 17; Uhlenbruck/*Hirte*, § 144 Rn. 9; HK/*Kreft*, § 144 Rn. 4; FK/*Dauernheim*, § 144 Rn. 1; Nerlich/Römermann/*Nerlich*, § 144 Rn. 8; *Zeuner*, Anfechtung, Rn. 342; *Eckardt*, ZInsO 2004, 890 f. Die Geltendmachung der Einrede des nicht erfüllten Vertrags aus § 320 BGB kann also das Insolvenzrisiko nur mindern, nicht aber ausschließen; einen „optimalen Insolvenzschutz" bietet der Zug-um-Zug-Leistungsaustausch entgegen *Paulus*, FS Fischer, 453, also nicht. Wer meint, daß die Norm damit in ihrer Funktion zu stark eingeschränkt werde, wird die von Kübler/Prütting/Bork/*Jacoby*, § 144 Rn. 21 ff., im Anschluß an *Marotzke*, Gegenseitige Verträge, Rn. 7.125, vertretene Ansicht für vorzugswürdig halten, nach der es eine für die Anwendbarkeit des § 144 II InsO notwendige, aber auch hinreichende Voraussetzung ist, daß der Leistungsaustausch zwischen Anfechtungsgegner und Schuldner unmittelbar erfolgte, die Norm unter dieser Voraussetzung also entgegen der herrschenden Meinung auch auf die Deckungsanfechtung anwendbar ist.

[40] *Cosack*, Anfechtungsrecht, 172 f.

te Zurückhaltung seiner Leistung das Anfechtungsrisiko zu umgehen, um in den Genuß des „Privilegs des noch nicht erfüllten Geschäfts zu kommen". Denn wählt der Insolvenzverwalter nach Verfahrenseröffnung die Erfüllung des fraglichen Vertrags, wird die Forderung des Gläubigers auf die Gegenleistung – gegebenenfalls teilweise, § 105 InsO[41] – gemäß § 55 I Nr. 2 InsO zur vollständig zu erfüllenden Masseverbindlichkeit aufgewertet. Cosacks Hinweis ist also nur ein Teilaspekt der Erwägung, das Bargeschäftsprivileg solle dem Schuldner ein Weiterwirtschaften trotz Krise ermöglichen (dazu unten e).

Es fragt sich jedoch, ob sich aus diesem Gedanken eine selbständige Rechtfertigung für das Bargeschäftsprivileg entwickeln, ob sich nämlich sagen läßt, das Bargeschäftsprivileg solle sicherstellen, daß noch vor Verfahrenseröffnung erfüllte Verträge wie nach Verfahrenseröffnung erfüllte behandelt werden. Es beruhte dann auf der Wertung, daß der „zufällige" Zeitpunkt der Verfahrenseröffnung keinen Einfluß auf die Insolvenzfestigkeit der Abwicklung schwebender Verträge haben soll. Eine solche Wertung liegt §§ 103ff. InsO jedoch gerade nicht zugrunde, im Gegenteil: Diese Normen sollen dem Insolvenzverwalter grundsätzlich dadurch eine Sanierung des Unternehmens des Schuldners erleichtern, daß sie die Erfüllung schwebender Geschäfte von seiner Entscheidung abhängig machen und Ansprüche des anderen Teils auf Schadensersatz wegen Nichterfüllung (§ 103 II 1 InsO) oder wegen bereits erbrachter Teilleistungen (§ 105 InsO) zu bloß quotal zu erfüllenden Insolvenzforderungen erklären. Indem Anfechtungsgegner und Schuldner das schwebende Geschäft noch vor Verfahrenseröffnung abwickeln, entziehen sie es diesem tendenziell massefreundlichen Regime. Das Bargeschäftsprivileg bewirkt nun, daß sie hierbei nicht einmal die Sanktion der besonderen Insolvenzanfechtung fürchten müssen. Damit widerspricht das Bargeschäftsprivileg den in §§ 103ff. InsO zum Ausdruck gekommenen Wertungen also eher, als daß es sich mit ihnen begründen ließe.

d) Fehlende Gläubigerbenachteiligung oder bloße Vermögensumschichtung

Nach wie vor weit verbreitet ist die Ansicht, das Bargeschäftsprivileg sei deshalb gerechtfertigt, weil ein unmittelbarer Austausch gleichwertiger Leistungen die Gläubiger nicht benachteilige.[42] Auch in den Gesetzgebungsmaterialien zu § 142 InsO heißt es: „Die Benachteiligung der Gläubiger, die in der Leistung des Schuldners liegt, bleibt außer Betracht, da sie durch die Gegenleistung wieder ausgegli-

---

41 Zur Kritikwürdigkeit dieser Vorschrift vgl. hier nur HK/*Marotzke*, § 105 Rn. 3ff.

42 BGH NJW-RR 1993, 235, 237; vgl. auch BGH NZI 2009, 512, 513 (zum AnfG: keine Gläubigerbenachteiligung, wenn der Schuldner unmittelbar eine gleichwertige Gegenleistung erhält). *Hess/Binz/Wienberg*, GesO, § 10 Rn. 111f; Nerlich/Römermann/*Nerlich*, § 142 Rn. 2; K. Schmidt/Uhlenbruck/*Wittig*, Rn. 1.193; *Obermüller/Kuder*, FS Fischer, 388; *Kayser*, ZIP 2007, 49; *Lwowski/Wunderlich*, WM 2004, 1511; Gottwald/*Huber*, § 46 Rn. 75f.; Graf-Schlicker/*ders.*, § 142 Rn. 2; *Lwowski*, FS Uhlenbruck, 311; *Mauer*, Anfechtungsprozess, Rn. 121; *Tinnefeld*, Verrechnungsmöglichkeit, 297ff., 303. In der Tendenz auch *Thole*, Gläubigerschutz, 374; *Schoppmeyer*, ZIP 2009, 609. Unklar *Meyer*, DZWIR 2003, 7: Der spezielle Bargeschäftseinwand schließe eine tatbestandsmäßige mittelbare Gläubigerbenachteiligung aus.

chen wird. Eine Anfechtung ist in diesen Fällen nur möglich, wenn die Voraussetzungen der Absichtsanfechtung [des heutigen § 133 I InsO] vorliegen, da diese auch mittelbare Benachteiligungen der Insolvenzgläubiger erfaßt".[43]

Daß dies nicht überzeugen kann, liegt geradezu auf der Hand. Auch §§ 130, 131 InsO, für die das Bargeschäftsprivileg vor allem und letztlich wohl allein relevant wird, setzen keine unmittelbare, sondern nur eine mittelbare Gläubigerbenachteiligung voraus.[44] Daß diese auch dann vorliegen kann, wenn im Sinne des § 142 InsO unmittelbar gleichwertige Leistungen ausgetauscht werden, folgt schon aus normlogischen Erwägungen: Der Regelung des § 142 InsO hätte es überhaupt nicht bedurft, wenn es in den von ihr erfaßten Fällen bereits an einer für jede Anfechtbarkeit erforderlichen mittelbaren Gläubigerbenachteiligung gefehlt hätte;[45] auch könnte § 133 I InsO, dessen Anwendbarkeit § 142 InsO jedoch ausdrücklich unberührt läßt, unter den in § 142 InsO genannten Voraussetzungen nicht eingreifen, wenn bei deren Vorliegen auch eine nur mittelbare Gläubigerbenachteiligung nicht denkbar wäre.[46] Eine mittelbare Gläubigerbenachteiligung liegt schon dann vor, wenn sich die Befriedigungsmöglichkeiten der Gläubiger ohne die anzufechtende Handlung besser gestaltet hätten.[47] Dies kann durchaus auch dann der Fall sein, wenn der mit der Leistung des Schuldners verbundene Abfluß haftenden Vermögens durch die unmittelbare gleichwertige Gegenleistung des Anfechtungsgegners zunächst wieder ausgeglichen wurde: namentlich, wenn sich der vom Anfechtungsgegner geleistete Gegenstand leichter beiseiteschaffen läßt als der vom Schuldner geleistete und sich tatsächlich nicht mehr (in vollem Umfang) in der Masse befindet,[48] oder ganz allgemein dann, wenn sich der vom Schuldner geleistete Gegenstand schneller oder mit größerem Erlös hätte verwerten lassen als derjenige, den der Anfechtungsgegner leistete.[49] Man könnte also allenfalls sagen, daß man in den Fällen des Bargeschäftsprivilegs eine anfechtungsrelevante Gläu-

---

[43] Vgl. schon Begr. DiskE-InsO, S. B144, und noch Begr. RegE-InsO, BT-Drucks. 12/2443, S. 167.

[44] Dies ist allgemeine Meinung (vgl. nur Jaeger/*Henckel*, § 129 Rn. 118; MünchKommInsO/*Kirchhof*, § 129 Rn. 121) und ergibt sich schon aus einem Gegenschluß zu §§ 132, 133 II InsO. – Die Existenz eines Grundsatzes, daß eine Anfechtung ausscheide, wenn die Insolvenzgläubiger nicht unmittelbar benachteiligt werden, behauptet dagegen BAG NZA 2009, 105, 109.

[45] *Kayser*, FS Fischer, 270; *Eckardt*, ZIP 1999, 1422; *Raschke*, Bargeschäftstatbestand, 59; *Wischemeyer*, Insolvenzanfechtung, 62; *Bräuer*, Bargeschäfte, 25.

[46] HK/*Kreft*, § 129 Rn. 49; *Raschke*, Bargeschäftstatbestand, 60; *Bräuer*, Bargeschäfte, 25. Vgl. auch schon *Eckardt*, ZIP 1999, 1421. – Entsprechend wird auch in BGH NJW 1998, 2592, 2597, davon ausgegangen, daß auch ein Bargeschäft mit Gläubigerbenachteiligungsabsicht vorgenommen werden kann.

[47] BGH ZIP 2010, 841, 843; Jaeger/*Henckel*, § 129 Rn. 77; Kübler/Prütting/Bork/*Ehricke*, § 129 Rn. 64; Nerlich/Römermann/*Nerlich*, § 130 Rn. 61; Gottwald/*Huber*, § 46 Rn. 51; Graf-Schlicker/*ders.*, § 129 Rn. 17; HK/*Kreft*, § 129 Rn. 37; HmbK/*Rogge*, § 129 Rn. 37; FK/*Dauernheim*, § 129 Rn. 37; *Gehrlein*, WM 32/2009 (Sonderbeilage), 15; *Schoppmeyer*, ZIP 2009, 601; *Thole*, Gläubigerschutz, 325.

[48] *Marotzke/Kick*, JR 1995, 107 Fn. 6; *Eckardt*, ZIP 1999, 1422.

[49] Richtig formuliert der BGH nun, daß im Falle eines Bargeschäfts eine Gläubigerbenachteiligung ausgeschlossen sein *könne*, vgl. so BGH NJW 2006, 1348, 1349.

bigerbenachteiligung ausnahmsweise schon aufgrund der vom Anfechtungsgegner erbrachten Gegenleistung verneint,[50] womit das Bargeschäftsprivileg aber nur umschrieben, nicht begründet wäre.

Karsten Schmidt hat in diesem Zusammenhang das Wort von der „bloßen Vermögensumschichtung" geprägt, damit aber ebenfalls nur dem – wie eben ausgeführt: unzutreffenden – Gedanken Ausdruck geben wollen, daß der bloße Austausch gleichwertiger Vermögensgegenstände die Gläubiger nicht benachteiligt, weil er das Vermögen des Schuldners *per saldo* nicht schmälert.[51] Wenn also der Aspekt der angeblich fehlenden Gläubigerbenachteiligung das Bargeschäftsprivileg nicht zu rechtfertigen vermag, muß dies auch für die Erwägung gelten, daß ein Bargeschäft nicht zu einer die Masse belastenden Vermögensverschiebung, sondern bloß zu einer masseneutralen „Vermögensumschichtung" führe.[52]

e) Ermöglichung eines Weiterwirtschaftens trotz Krise

Für die Erste Kommission war das entscheidende Argument dasjenige, daß bereits in den Motiven zur KO 1879 für § 23 Nr. 1 Alt. 1 = § 30 Nr. 1 Alt. 1 KO 1900 angeführt wurde und das etwa schon Ernst Jaeger besonders betont hatte:[53] Drohte allen Vertragspartnern eines in die Krise Geratenen die Anfechtbarkeit, würde dieser gänzlich vom Wirtschaftsverkehr ausgeschlossen, was nicht nur für diesen gefährlich sei, sondern auch eine vielleicht noch mögliche Sanierung vereitele. Dem wird verbreitet gefolgt.[54] In diesen Zusammenhang gehört auch die Erwägung, daß

---

[50] So Kübler/Prütting/Bork/*Ehricke*, § 142 Rn. 1.

[51] *K. Schmidt*, WM 1983, 493. Von bloßer Vermögensumschichtung, welche die Gläubiger nicht benachteilige, ist etwa auch die Rede in BGH NJW 1993, 3267; BGH WM 2003, 524, 528; BGH NJW-RR 2005, 1575, 1576. Vgl. weiter etwa Gottwald/*Huber*, § 46 Rn. 75f.; *Zwanziger*, BB 2007, 43.

[52] Anders aber *Raschke*, Bargeschäftstatbestand, der das Argument fehlender Gläubigerbenachteiligung zutreffend verwirft (58ff.), von demjenigen der bloßen „Vermögensumschichtung" aber meint, es leuchte „ohne weiteres in den Fällen ein, in denen die Gegenleistung ihrer Beschaffenheit nach geeignet ist, dereinst Bestandteil der Teilungsmasse zu werden" (67). Im Ergebnis wie *Raschke*, in der Begründung jedoch weitaus weniger klar *Bräuer*, Bargeschäfte, 43ff. mit 86ff., der den Aspekt der bloßen Vermögensumschichtung zwar nicht für überzeugend (27ff.), aber gleichwohl für den entscheidenden hält (43ff.), wobei er auf die Doppelstellung des Anfechtungsgegners als Gläubiger und Schuldner und den Ausnahmecharakter des § 142 InsO verweist, ohne deutlich zu machen, inwiefern dies die Überzeugungskraft des Arguments der „Vermögensumschichtung" steigern soll.

[53] *Jaeger*, KO^5, § 30 Anm. 37; *ders.*, JW 1915, 1253; *ders.*, LZ 1914, 1609.

[54] BGH NJW 2010, 3578, 3580; BGH NJW 2002, 1722, 1724; BGH WM 2003, 524, 528; BGHZ 167, 190, 199; vgl. auch schon BGH NJW 1993, 3267. OLG München WM 2002, 621, 624; OLG Hamm WM 2001, 2246, 2248; Jaeger/*Henckel*, § 132 Rn. 10; MünchKommInsO/*Kirchhof*, § 142 Rn. 1; Kübler/Prütting/Bork/*Ehricke*, § 142 Rn. 1; Uhlenbruck/*Hirte*, § 142 Rn. 1; BKInsO/*Haas*, § 142 Rn. 4; FK/*Dauernheim*, § 142 Rn. 1; HK/*Kreft*, § 142 Rn. 2; Nerlich/Römermann/*Nerlich*, § 142 Rn. 2; Hess/*Hess*, § 142 Rn. 2; *Lwowski/Wunderlich*, FS Kirchhof, 301f.; *dies.*, WM 2004, 1511; *Kocher*, ZVI 2009, 434; *Meyer*, DZWIR 2003, 10; *Zeuner*, Insolvenzanfechtung, Rn. 50; Mohrbutter/Ringstmeier/*Glatt*, § 9 Rn. 55; *Persch*, Insolvenzanfechtung, 78; *Kohn-Löffelmann*, Insolvenzanfechtung, 147f.; *Wischemeyer*, Insolvenzanfechtung,

das Erfordernis der unmittelbaren Gläubigerbenachteiligung in § 132 InsO (oder zuvor § 30 Nr. 1 Alt. 1 KO) sinnlos wäre, wenn die in Erfüllung dieser Verträge erbrachten Leistungen des Schuldners schon bei mittelbar gläubigerbenachteiligender Wirkung nach §§ 130, 131 InsO (oder früher § 30 Nr. 1 Alt. 2, Nr. 2 KO) anfechtbar wären.[55] Dieses „Argument“ ist nur ein Teilaspekt der soeben wiedergegebenen Erwägung, die besondere Insolvenzanfechtung solle den in die Krise geratenen Schuldner nicht vom Wirtschaftsleben ausschließen, die ihrerseits erst das in § 132 InsO übernommene Erfordernis der unmittelbaren Gläubigerbenachteiligung begründet.[56]

Die Überzeugungskraft dieses Begründungsansatzes wird gerade durch einen gegen ihn vorgebrachten Einwand belegt. Es wird argumentiert: Eines der Hauptanliegen der Insolvenzrechtsreform sei es gewesen, eine möglichst frühzeitige Verfahrenseröffnung zu fördern, damit die Möglichkeiten des Insolvenzverfahrens für eine Sanierung des Unternehmens des Schuldners aus dem Verfahren heraus nutzbar gemacht werden können;[57] dann könne es aber nicht zugleich in der Absicht der Gesetzesverfasser liegen, dem Schuldner in der Krise eine weitere Teilnahme am Wirtschaftsleben zu ermöglichen, anstatt ihn zur Stellung eines Insolvenzantrags zu bewegen.[58] Dieser Einwand greift zu kurz. Zwar kommt das Bargeschäftsprivileg nur zur Anwendung, wenn sich der Schuldner bereits im anfechtungsrelevanten Zeitpunkt tatsächlich in einer objektiven Krise befand, wie sie die in §§ 130, 131

60f.; *v. Campe*, Insolvenzanfechtung, 48; *Eichberger*, Konkursanfechtung, 38; *v. Wiedersperg*, Anfechtung, 136; *Kirchhof*, ZInsO 2005, 343; *ders.*, FS Gerhardt, 453; *Joeres*, Insolvenzrecht 2000, 119; *Wessels*, ZIP 2004, 1245; *Hefermehl*, WuB VI B. § 30 Nr. 1 KO 1.03. Ebenso schon zu § 30 KO Jaeger/*Henckel*, Konkursordnung[9], § 30 Rn. 8, 110; *Kuhn/Uhlenbruck*, § 30 Rn. 23; *Kilger/K. Schmidt*, § 30 Anm. 14; *Bruski*, Voraussetzungen, 51; *Marotzke/Kick*, JR 1995, 107; *Rafiqpoor/Wilmes*, NZI 2009, 94; *Gehrlein*, WM 32/2009 (Sonderbeilage), 62. Ablehnend *Tinnefeld*, Verrechnungsmöglichkeit, 307, weil diese Erwägung das Gleichwertigkeitserfordernis nicht erkläre; dazu unten § 13 II 1.

55 So etwa BGH NJW 1993, 3267; BGH WM 2003, 524, 528; Jaeger/*Henckel*, § 142 Rn. 2, 12. Vgl. auch schon *Cosack*, Anfechtungsrecht, 172f.; *Grützmann*, Anfechtungsrecht, 170f.

56 Daher ist es jedenfalls schief, wenn es als Zweck des § 132 InsO (einer Anfechtungsvorschrift!) bezeichnet wird, dem Schuldner eine weitere Teilnahme am Geschäftsleben trotz materieller Insolvenz zu ermöglichen; so aber Jaeger/*Henckel*, § 142 Rn. 2, und vor allem Kübler/Prütting/Bork/*Schoppmeyer*, § 132 Rn. 6, der auch die Konkurrenz zwischen §§ 130, 131 und § 132 InsO entsprechend lösen will, a.a.O., § 130 Rn. 60: Nach dem „besonderen Zweck“ des § 132 InsO soll eine Anfechtung nach §§ 130, 131 InsO ausgeschlossen sein, wenn der Gläubiger dem Schuldner keinen Kredit gewährt hat. Der Anfechtungsausschluß folgt jedoch nicht aus § 132 InsO, sondern allein aus § 142 InsO. – Es ist auch nicht richtig, daß für das Bargeschäftsprivileg der Rechtsgedanke des § 132 I InsO entscheidend sei, wonach in der Krise abgeschlossene Verträge nicht anfechtbar sind, wenn sie die Gläubiger nicht unmittelbar benachteiligen; so aber Kübler/Prütting/Bork/*Ehricke*, § 142 Rn. 1. Der entscheidende Rechtsgedanke liegt darin, daß es dem Schuldner ermöglicht werden soll, trotz Krise weiterzuwirtschaften, und dieser Gedanke rechtfertigt das Bargeschäftsprivileg und das in § 132 I InsO enthaltene Erfordernis einer unmittelbaren Gläubigerbenachteiligung gleichermaßen.

57 Vgl. den Ersten Bericht der Kommission für Insolvenzrecht, S. 110f.; Begr. RegE-InsO, BT-Drucks. 12/2443, S. 84ff.

58 Vgl. *Raschke*, Bargeschäftstatbestand, 63, und wohl auch *Bräuer*, Bargeschäfte, 36.

InsO enthaltenen Anfechtungstatbestände voraussetzen; Bedeutung und Funktion des Bargeschäftsprivilegs reichen aber weit über solche Fälle hinaus. Gäbe es kein Bargeschäftsprivileg, würde ein Gläubiger, dem Gerüchte über die schlechte wirtschaftliche Verfassung des späteren Insolvenzschuldners zu Ohren gekommen sind, von Geschäften mit diesem womöglich Abstand nehmen, ohne genauer zu prüfen, ob diesem die Zahlungsunfähigkeit zumindest im Sinne des § 18 InsO droht. Abgesehen davon, daß er die Vermögenslage des Schuldners ohnehin kaum derart genau beurteilen kann, wird er schon das abstrakte Risiko scheuen, sich mit einem späteren Insolvenzverwalter darüber streiten zu müssen, ob er aus den ihm bekannten Umständen im Sinne des § 130 II InsO auf die Krise des Schuldners hätte schließen müssen und die von diesem erhaltene Leistung daher anfechtbar ist.[59] Das Bargeschäftsprivileg schafft insofern *ex ante* klare Verhältnisse und äußert seine gewissermaßen umgekehrte Präventivfunktion damit schon dann, wenn ein Eröffnungsgrund im Sinne der §§ 17–19 InsO objektiv noch nicht vorliegt, sondern noch Hoffnung besteht, daß der Schuldner seine zwar prekäre, aber noch nicht aussichtslose Lage aus eigener Kraft überwinden werde. Es verhindert, daß das Anfechtungsrisiko jede wirtschaftlich prekäre Lage des Schuldners zu einer aussichtlosen werden läßt, und steht somit nicht im Widerspruch zu dem Anliegen der Gesetzesverfasser, Sanierungschancen zu fördern, sondern ist im Gegenteil ein weiterer Ausdruck dieses Anliegens. Die Sanierungschancen wahrt das Bargeschäftsprivileg gerade auch dann, wenn frühzeitig die Eröffnung eines Insolvenzverfahrens beantragt wurde: Ohne das Bargeschäftsprivileg wäre eine Fortführung des Unternehmens des Schuldners im Eröffnungsverfahren – und damit seine Sanierung im eröffneten Verfahren – kaum möglich, weil potentielle Geschäftspartner davon auszugehen hätten, daß sie nach Verfahrenseröffnung alle im Gegenzug für ihre Leistungen noch vom Schuldner erlangten Deckungen nach § 130 I Nr. 2 InsO zurückgewähren müßten. Als Alternative bliebe nur, einen „starken" vorläufigen Insolvenzverwalter im Sinne des § 22 I InsO zu bestellen, doch würden dann gemäß § 55 II InsO unterschiedslos alle im Eröffnungsverfahren begründeten Forderungen zu Masseverbindlichkeiten aufgewertet, was die Masse erheblich stärker belastet und dem Sanierungszweck damit weitaus weniger gerecht wird als die differenzierende Regelung des § 142 InsO.

Das Bargeschäftsprivileg findet seine sachgerechte Begründung also darin, daß es dem Schuldner eine weitere Teilnahme am Wirtschaftsverkehr gerade mit Blick auf eine potentielle Sanierung ermöglichen soll. Fraglich ist allerdings, ob die mit ihm statuierte Ausnahme bestimmter Deckungen von der besonderen Insolvenzan-

---

[59] Vgl. schon *Hahn*, Materialien IV, 127, und *Jaeger*, LZ 1914, 1609. Entsprechend BGH NJW 2002, 1722, 1724f.; *Kirchhof*, FS Gerhardt, 453f.; *ders.*, ZInsO 2005, 343 (dort aber nur auf die Sanierung nach eingetretener Zahlungsunfähigkeit abhebend); *Lwowski/Wunderlich*, WM 2004, 1511f.; *Kayser*, ZIP 2007, 49. Mit gegenläufiger Tendenz, gegen die Anwendung des Bargeschäftsprivilegs auf den Wechsel der Forderung im Rahmen einer revolvierenden Globalzession argumentierend BGHZ 174, 297, 313, vgl. dazu noch unten § 13 IV 3. – Vgl. zur Bedeutung des Bargeschäftsprivilegs für die Sanierung auch *Paulus*, BB 2001, 426ff., dem § 142 InsO nicht weit genug geht.

fechtung auch mit den unter § 2 III erarbeiteten Wertungen vereinbar ist. Dies ist der Fall. Zwar erfaßt das Bargeschäftsprivileg in allen Fällen, in denen es die Anfechtbarkeit nach §§ 130, 131 InsO ausschließt, naturgemäß gerade solche Deckungen, welche die anderen Insolvenzgläubiger potentiell heteronom belasten, die also einen externen Effekt darstellen, den die besondere Insolvenzanfechtung möglichst unterbinden soll. Wie schon ausgeführt, erzwingen jedoch auch die unter § 2 III angestellten Überlegungen nicht, daß die besondere Insolvenzanfechtung jede privatautonome Masseverteilung erfaßt, die durch weiteres Wirtschaften nicht mehr ausgeglichen werden kann;[60] dieser Grundsatz kann aufgrund weiterer, von ihm unabhängiger Erwägungen einzuschränken sein. Ohnehin aber fügt sich das Bargeschäftsprivileg in das entworfene Wertungskonzept bruchlos ein: *Ex post* wirkt es sich zwar immer negativ auf die Befriedigungsaussichten der ungesicherten Gläubiger aus, wenn es zur Anwendung kommt; *ex ante* aber, in der Krise des Schuldners, wirkt es sich positiv aus, indem es durch eine Reduktion des Anfechtungsrisikos bestehende Sanierungschancen erhält. Aus gesamtwirtschaftlicher Sicht, die jedenfalls für eine ökonomische Analyse[61] entscheidend ist, kommt es damit letztlich gerade ungesicherten Gläubigern zugute, die im Falle einer Sanierung des Schuldners voll befriedigt werden und damit besser stehen, als sie stünden, wenn sich mangels Bargeschäftsprivilegs wegen des erweiterten Umfangs potentieller Anfechtungsansprüche zwar die Quoten (leicht) erhöhen, zugleich aber auch die Zahl der Insolvenzen vermehren.

Gegen das Bargeschäftsprivileg bestehen auch keine verfassungsrechtlichen Bedenken. Was die Einhaltung des Gleichheitssatzes beim mit der besonderen Insolvenzanfechtung verbundenen Eingriff in das Eigentumsgrundrecht des Anfechtungsgegners betrifft, so stellt die Erwägung, daß Sanierungschancen nicht durch ein überhöhtes Anfechtungsrisiko vereitelt werden sollen, einen sachlichen Grund dafür dar, in manchen Fällen die Anfechtung auszuschließen. Auch die Grundrechte der Insolvenzgläubiger[62] werden hierdurch nicht verletzt. Der Gesetzgeber hat den Einschätzungsspielraum, der ihm beim Ausgleich kollidierender grundrechtlich geschützter Interessen zusteht, nicht überschritten, zumal das Bargeschäftsprivileg, wie bereits betont, letztlich den Interessen der ungesicherten Gläubiger dient, die zudem bei der sogleich darzustellenden tatbestandlichen Begrenzung des Bargeschäftsprivilegs Berücksichtigung finden.

II. Die Voraussetzungen des § 142 InsO

Daß sich das Bargeschäftsprivileg überzeugend damit begründen läßt, daß dem Schuldner auch nach Kriseneinritt die weitere Teilnahme am Wirtschaftsleben möglich bleiben soll, bedeutet nicht, daß sich auf diese Erwägung auch die einzelnen Tatbestandsvoraussetzungen des § 142 InsO zurückführen lassen müßten.

---

60 Vgl. § 8 I 3.

61 Vgl. hierzu oben § 2 III 3 a bb und b aa.

62 § 5 IV 1.

Hier können die eben dargestellten Aspekte relevant werden, die zwar nicht das Bargeschäftsprivileg, womöglich aber seine Einschränkung zu rechtfertigen vermögen. Ob dies der Fall ist, wird sich im folgenden erweisen.

1. Gleichwertigkeit der Leistungen

Die Leistung des Schuldners ist gemäß § 142 InsO nur dann der Anfechtung entzogen, wenn die vom Anfechtungsgegner erbrachte Gegenleistung gleichwertig ist. Leitsatz 5.2.4 des Ersten Berichts der Kommission für Insolvenzrecht hatte das Erfordernis der Gleichwertigkeit noch nicht enthalten. Nach den Vorstellungen der Kommission sollte die Deckungsanfechtung offenkundig ohne Rücksicht hierauf ausgeschlossen sein, im Falle der fehlenden Gleichwertigkeit aber die Anfechtung nach dem heutigen § 132 InsO eingreifen, weil die Gläubiger durch das Geschäft in diesem Fall unmittelbar benachteiligt werden.[63] Seiner heutigen Fassung nach, die § 142 InsO mit dem Diskussionsentwurf erhielt, liegt in solchen Fällen kein Bargeschäft vor, greift also die Deckungsanfechtung durch.[64] Da die Gesetzgebungsmaterialien keine Begründung für die Aufnahme der Voraussetzung der Gleichwertigkeit in den Bargeschäftstatbestand enthalten, läßt sich hierüber nur spekulieren.

Erklärtermaßen soll § 142 InsO nichts an der vor Inkrafttreten der InsO geltenden Rechtslage ändern, die Lehre vom Bargeschäft also so kodifizieren, wie sie zuvor geherrscht hatte. Zudem soll „die Frage der Gleichwertigkeit" ausweislich der Gesetzgebungsmaterialien deshalb nach objektiven Maßstäben zu bestimmen sein, „weil die Benachteiligung ein objektives Erfordernis ist".[65] Es liegt daher nahe, daß das Merkmal der Gleichwertigkeit nur nochmals unterstreichen sollte, was für die Kommission für Insolvenzrecht schon aus der Beschränkung des Bargeschäftsprivilegs auf die Deckungsanfechtung und der Kodifizierung des heutigen § 132 InsO folgte: Daß nämlich im Ergebnis nur solche Geschäfte der besonderen Insolvenzanfechtung zu entziehen sind, in denen nicht *per se*, „unmittelbar" eine Benachteiligung der Gläubiger angelegt ist.

Der Aspekt der fehlenden Gläubigerbenachteiligung kann das Bargeschäftsprivileg zwar nicht begründen, weil eine für §§ 130, 131 InsO genügende mittelbare Benachteiligung eben auch unter den Voraussetzungen des § 142 InsO gegeben sein kann. Dieser Aspekt könnte aber durchaus eine Beschränkung des Bargeschäftsprivilegs legitimieren: Es erscheint als sachgerechter Ausgleich der Interessen von Anfechtungsgegner, Schuldner und Insolvenzgläubigern, wenn die weitere Teilnahme des Schuldners am Wirtschaftsverkehr nur insoweit ermöglicht wird,

---

[63] So deutlich der Vorsitzende der zuständigen Arbeitsgruppe der Kommission *Gerhardt*, FS Brandner, 611; vgl. hierzu *Eckardt*, ZInsO 2004, 893.

[64] *Eckardt*, ZInsO 2004, 894. Nicht ganz eindeutig insoweit Kübler/Prütting/Bork/*Schoppmeyer*, § 130 Rn. 60, der dann, wenn der Anfechtungsgegner dem Schuldner entgegen dem „besonderen Zweck des § 132 InsO" Kredit gewährte, auch die Deckung nur der Anfechtung nach § 132 InsO unterwerfen will.

[65] Begr. RegE-InsO, BT-Drucks. 12/2443, S. 167.

als in den getätigten Geschäften nicht von vornherein eine Benachteiligung der anderen Gläubiger angelegt ist.

Demjenigen, der das Erfordernis der Gleichwertigkeit auf diese Weise erklären will, werden allerdings daraus Probleme entstehen, daß – entgegen einer verbreiteten Ansicht[66] und der augenscheinlichen Überzeugung auch der Verfasser des Diskussionsentwurfs – auch ein auf den Austausch gleichwertiger Leistungen gerichtetes Geschäft die anderen Gläubiger unmittelbar benachteiligen kann. Denn ob die Gläubiger benachteiligt werden, richtet sich danach, wie sich das Geschäft auf ihre Befriedigungsaussichten auswirkt.[67] Wäre der vom Schuldner geleistete Gegenstand in die Masse gefallen, scheidet dagegen von vornherein aus, daß die – objektiv gleichwertige – Leistung des Gläubigers diese mehrt, werden die Befriedigungsaussichten der Gläubiger ohne weiteres verkürzt; das Geschäft benachteiligt die anderen Gläubiger unmittelbar. Schwierigkeiten bereiten insoweit schon manche Fälle, in denen der Anfechtungsgegner eine ihrem objektiven Wert entsprechend vergütete Dienstleistung erbracht hat. Hier läßt sich aber immerhin argumentieren, daß die angemessene Vergütung etwa einer sach- und fachgerechten Sanierungsberatung die Befriedigungsaussichten der Gläubiger, die sich bei erfolgreicher Sanierung besser gestaltet hätten, nicht von vornherein verschlechtert;[68] gleiches kann allgemein etwa für anwaltliche Dienstleistungen gelten, jedenfalls solche, die sich auf das Unternehmen des Schuldners beziehen.[69] Trotz Gleichwertigkeit von Leistung und Gegenleistung werden die Gläubiger aber jedenfalls etwa dann unmittelbar benachteiligt, wenn der Schuldner zu einem angemessenen Preis einen unpfändbaren Gegenstand kauft: Anders als das von ihm geleistete Geld fällt dieser gemäß § 36 I 1 InsO nicht in die Masse.[70]

---

[66] So etwa MünchKommInsO/*Kirchhof*, § 129 Rn. 119, § 132 Rn. 5, § 142 Rn. 9; HmbK/*Rogge*, § 129 Rn. 73; offenbar auch Jaeger/*Henckel*, § 142 Rn. 19; Mohrbutter/Ringstmeier/*Glatt*, § 9 Rn. 58.

[67] Vgl. die Nachweise in Fn. 47.

[68] Solche Geschäfte sollen nach ganz herrschender Meinung unter das Bargeschäftsprivileg fallen können: BGH NJW 2008, 659, 661; BGH NJW 2002, 3252; Jaeger/*Henckel*, § 142 Rn. 35; MünchKommInsO/*Kirchhof*, § 129 Rn. 163ff.; *ders.*, ZInsO 2005, 343f.; HmbK/*Rogge*, § 132 Rn. 11, § 142 Rn. 22; Kübler/Prütting/Bork/*Schoppmeyer*, § 132 Rn. 34 (keine unmittelbare Benachteiligung); Kübler/Prütting/Bork/*Ehricke*, § 142 Rn. 8; Kübler/Prütting/*Paulus*, § 142 Rn. 10; FK/*Dauernheim*, § 142 Rn. 3; *Zeuner*, Insolvenzanfechtung, Rn. 54; *Meyer*, DZWIR 2003, 10; *Biernat*, ZVI 2004, 276f. Vgl. schon BGH NJW 1959, 147; RGZ 162, 292, 295f.; aber auch noch KG LZ 1913, 746f. Anders *Raschke*, Bargeschäftstatbestand, 68ff., 84ff., 89, 94; für eine analoge Anwendung des § 142 InsO in diesen Fällen *Bräuer*, Bargeschäfte, 91f., 136ff., 145.

[69] Dafür, daß auch die aufgrund solcher Verträge gewährten Deckungen dem Bargeschäftsprivileg unterfallen können, etwa BGH NJW 2008, 659, 661; BGHZ 167, 190, 199f.; MünchKommInsO/*Kirchhof*, § 142 Rn. 14; Kübler/Prütting/Bork/*Ehricke*, § 142 Rn. 3; Kübler/Prütting/Bork/*Schoppmeyer*, § 132 Rn. 33 (keine unmittelbare Benachteiligung); Uhlenbruck/*Hirte*, § 142 Rn. 8; HmbK/*Rogge*, § 142 Rn. 21a; FK/*Dauernheim*, § 142 Rn. 3; *Zeuner*, Insolvenzanfechtung, Rn. 54; *Kirchhof*, ZInsO 2005, 343f.; *Meyer*, DZWIR 2003, 8f.

[70] BGHZ 130, 314, 318 (zu einem dinglichen Wohnrecht); Jaeger/*Henckel*, § 129 Rn. 80, 95. – Wie dieses Beispiel zeigt, trifft die These, daß sich die fehlende Verwertbarkeit einer Leistung

Tatsächlich wollen manche § 142 InsO in diesem Sinne einschränkend interpretieren und nur solche Leistungen des Anfechtungsgegners als in diesem Sinne gleichwertig ansehen, durch welche das haftende Vermögen des Schuldners vermehrt wird.[71] Das ist nur konsequent, wenn man mit der herrschenden Ansicht annimmt, daß das Erfordernis der Gleichwertigkeit der Leistungen dazu dient, das Bargeschäftsprivileg auf solche Geschäfte zu beschränken, welche die anderen Gläubiger nicht unmittelbar benachteiligen. Dennoch wollen auch Vertreter der herrschenden Ansicht anders entscheiden, nämlich dem Wortlaut des § 142 InsO folgen und nur auf die objektive Gleichwertigkeit der Leistung des Gläubigers abstellen, nicht darauf, ob diese auch ebenso wie der vom Schuldner geleistete Gegenstand verwertet werden kann.[72]

Dies führt zu sachgerechteren Ergebnissen, denn nur ein so verstandenes Bargeschäftsprivileg ermöglicht es dem Schuldner, die für die Deckung seines persönlichen Lebensbedarfs notwendigen Geschäfte zu tätigen, deren Gegenstände in aller Regel nach § 811 ZPO unpfändbar sind.[73] Sinnvoll erklären läßt sich dies jedoch nur, wenn man die tatbestandliche Beschränkung des Bargeschäftsprivilegs auf den Austausch gleichwertiger Leistungen anders begründet. Abzustellen ist auch insoweit auf den Zweck des Bargeschäftsprivilegs insgesamt: Es soll dem Schuldner ein Weiterwirtschaften in der Krise gerade zu deren Überwindung erlauben. Daraus läßt sich die Einschränkung folgern, daß Geschäfte, welche die Sanierungsaussichten wegen des im Leistungsaustausch angelegten Nachteils eher verschlechtern, nicht zu privilegieren sind, sondern nur solche, welche die Sanierung fördern, für den Schuldner also vorteilhaft sind, aber eben auch solche, welche die Möglichkeit einer Sanierung erhalten, für den Schuldner also wirtschaftlich neutral sind oder – wie etwa der Kauf von Lebensmitteln, Verträge über eine ärztliche Behandlung, aber auch über eine Strafverteidigung – wenigstens verhindern, daß der Schuldner aus anderen als wirtschaftlichen Gründen nicht mehr weiterwirtschaften kann. Auch solche Geschäfte sind jedoch nur privilegierungswürdig, wenn sie die Sanierungschancen nicht zugleich dadurch überflüssigerweise vermindern, daß das ausbedungene Entgelt unangemessen hoch, eben mit der erbrachten Leistung nicht gleichwertig ist.

---

ohnehin in ihrem objektiven Wert niederschlage (so *Lwowski/Wunderlich*, WM 2004, 1513), nicht zu.

[71] So *Raschke*, Bargeschäftstatbestand, 68 ff., 84 ff.; *Bräuer*, Bargeschäfte, 89 ff., die auf Grundlage ihrer Ansicht, das Bargeschäftsprivileg sei nur unter dem Aspekt der „bloßen Vermögensumschichtung" zu rechtfertigen, eine „befriedigungstaugliche" (*Raschke*) oder „massenützige" (*Bräuer*) Gegenleistung verlangen.

[72] MünchKommInsO/*Kirchhof*, § 142 Rn. 4 a, 9; Kübler/Prütting/Bork/*Ehricke*, § 142 Rn. 3; Kübler/Prütting/*Paulus*, § 142 Rn. 11; Uhlenbruck/*Hirte*, § 142 Rn. 12; BKInsO/*Haas*, § 142 Rn. 13; FK/*Dauernheim*, § 142 Rn. 2; *Meyer*, DZWIR 2003, 10; *Lwowski/Wunderlich*, WM 2004, 1513; *dies.*, FS Kirchhof, 306.

[73] Namentlich *Jaeger*, LZ 1914, 1609, aber auch die Schöpfer der KO (*Hahn*, Materialien IV, 127) sahen in der Vermeidung persönlicher Not einen Hauptgrund für die anfechtungsrechtliche Privilegierung von Austauschgeschäften.

2. Abredegemäßer Austausch

Nach der Absicht der Gesetzesverfasser soll das Bargeschäftsprivileg nur zur Anwendung kommen, „wenn Leistung und Gegenleistung durch Parteivereinbarung miteinander verknüpft sind. Das wird durch die Worte ‚für die' zum Ausdruck gebracht".[74] Ein Grund dafür, daß nur ein durch Parteivereinbarung verknüpfter Leistungsaustausch privilegierungswürdig sein soll, wird in den Materialien nicht angegeben; Schrifttum und Rechtsprechung akzeptieren diese Voraussetzung zumeist als selbstverständlich.[75] Schon Christoph Paulus hat jedoch zu Recht darauf hingewiesen, daß sich diese Einschränkung jedenfalls unter dem Aspekt der fehlenden Gläubigerbenachteiligung nicht sinnvoll erklären lasse, denn hierfür kommt es allein darauf an, daß gleichwertige Leistungen ausgetauscht wurden; ob dem Leistungsaustausch eine Abrede zugrunde lag oder nicht, ist für eine damit verbundene Gläubigerbenachteiligung irrelevant.[76] Paulus meint, dieses Erfordernis sei für das geltende Recht aber dennoch beizubehalten, „um unzulässiger Selbsthilfe oder Druckausübung, d.h. also Mißbräuchen vorzubeugen".[77] Eine Deckung, die sich der Anfechtungsgegner im Wege der Selbsthilfe verschafft hat, fällt jedoch schon mangels „Leistung" des Schuldners nicht unter das Bargeschäftsprivileg; umgekehrt kann auch eine unter Druckausübung erzwungene Leistung des Schuldners aufgrund der Parteiabrede „für die" Gegenleistung des Anfechtungsgegners erbracht worden sein.

Die Suche nach einer überzeugenden sachlichen Begründung für diese tatbestandliche Einschränkung des Bargeschäftsprivilegs verspricht nur dann Erfolg, wenn über seine Bedeutung vollständige Klarheit geschaffen wurde. Eine Parteivereinbarung wird gerade nicht bei einem im strengen Sinne „unmittelbaren" Leistungsaustausch im Rahmen eines Handgeschäfts relevant, sondern nur, wenn wenigstens eine der beiden Leistungen der Leistungsabrede wenigstens teilweise nach nicht völlig unerheblicher zeitlicher Zäsur nachfolgt. Seinem Wortlaut nach verlangt § 142 InsO dabei nicht, daß sich Schuldner und Anfechtungsgegner genau an den zuvor entworfenen Leistungsplan gehalten haben,[78] sondern nur, daß die jeweils erbrachte Leistung gerade im Hinblick („für die") auf das Erhaltene und in diesem Sinne als „Gegenleistung" erbracht wird. Das legt nahe, daß sich die Funktion der in der Gesetzesbegründung geforderten Parteiabrede – neben dem Gleichwertigkeits- und dem Unmittelbarkeitserfordernis – darin erschöpft, si-

---

[74] So schon die Begr. DiskE-InsO, S. B144f., und noch die Begr. RegE-InsO, BT-Drucks. 12/2443, S. 167. Das „für" in Leitsatz 5.2.4 des Ersten Berichts der Kommission für Insolvenzrecht (vgl. oben vor Fn. 25) blieb noch ohne eine solche Begründung, vgl. dort S. 410f.

[75] Mehr oder minder ausführlich begründet wird in diesem Zusammenhang allerdings, daß inkongruente Deckungen nicht unter das Bargeschäftsprivileg fallen sollen, dazu eingehend unten § 13 III.

[76] Kübler/Prütting/*Paulus*, § 142 Rn. 3.

[77] Kübler/Prütting/*Paulus*, § 142 Rn. 3. Ebenso *Bräuer*, Bargeschäfte, 50.

[78] Zur gegenteiligen herrschenden Meinung, nach der es schon „begrifflich ausgeschlossen" sein soll, das inkongruente Deckungen unter das Bargeschäftsprivileg fallen, vgl. eingehend unten § 13 III 2.

cherzustellen, daß die „für die" Leistung des Schuldners, deren Anfechtbarkeit in Rede steht, erbrachte „Gegenleistung" des Gläubigers als solche identifizierbar sein muß.[79] Insoweit erweist sich auch Paulus' Annahme, das Erfordernis der Verknüpfung von Leistung und Gegenleistung sei aus § 30 Nr. 1 Alt. 1 KO übernommen worden,[80] als naheliegend: Diese Norm markierte die Grenze des Bargeschäftsprivilegs, indem sie auch den unmittelbaren Leistungsaustausch der Anfechtung unterwarf, wenn die vom Schuldner geschuldete Leistung mehr wert war als die vom Anfechtungsgegner geschuldete; nur in diesem Fall lag in dem Geschäft eine von weiteren Umständen unabhängige, also unmittelbare Benachteiligung, die sich schon in dem Verpflichtungsgeschäft äußerte,[81] das folglich Anfechtungsgegenstand war.[82] Dies macht wahrscheinlich, daß genau dieser Gedanke, daß sich die unmittelbare Benachteiligung – als Grenze des Bargeschäftsprivilegs – nur aus der schon im Verpflichtungsgeschäft angelegten Wertrelation der auszutauschenden Leistungen ergeben konnte,[83] die Gesetzesverfasser dazu veranlaßte, in der Begründung zu betonen, daß Leistung und Gegenleistung durch eine Parteivereinbarung verknüpft sein müßten. Auch dies spricht für die hier vertretene These, daß dieses Erfordernis nur den von § 142 InsO vorausgesetzten Wertvergleich zwischen Leistung und Gegenleistung ermöglichen soll.

Die Sachgerechtigkeit dieses Erfordernisses liegt danach auf der Hand: Insoweit wird das Gleichwertigkeitserfordernis ergänzt, denn ein Wertvergleich zwischen Leistung und Gegenleistung läßt sich nur anstellen, wenn klar ist, welche Leistungen insoweit miteinander zu vergleichen sind. Daß der vom Schuldner gewährten Leistung, um deren Anfechtbarkeit es geht, eindeutig eine Gegenleistung des Gläubigers zuzuordnen sein muß, gewährleistet zugleich, daß die Beteiligten unter dem Deckmantel des Bargeschäftsprivilegs keine gezielten Begünstigungen vornehmen können, indem sie das Wertverhältnis der „ausgetauschten" Leistungen dadurch verschleiern, daß sie die jeweiligen Austauschverhältnisse möglichst vage halten oder auf eine entsprechende Abrede überhaupt verzichten.

3. Unmittelbarkeit des Leistungsaustauschs

§ 142 InsO verlangt, daß der Leistungsaustausch unmittelbar erfolgen muß. Danach ist nicht der zeitliche Abstand relevant, der zwischen Begründung oder Eintritt der Fälligkeit des Anspruchs und seiner Erfüllung liegt,[84] sondern allein

---

[79] So auch Jaeger/*Henckel*, § 142 Rn. 8; *Marotzke/Kick*, JR 1995, 108.

[80] Kübler/Prütting/*Paulus*, § 142 Rn. 3.

[81] Zum Zusammenhang zwischen Verpflichtungsgeschäft und Erfüllungsgeschäften vor diesem Hintergrund instruktiv BGH WM 1955, 404, 406.

[82] Vgl. oben bei und in Fn. 19.

[83] Vgl. hierzu Jaeger/*Henckel*, § 132 Rn. 12, andererseits nun aber auch BGH NZI 2007, 718, wonach auch in einer Forderungsabtretung eine unmittelbare Benachteiligung liegen können soll.

[84] Ungenau daher etwa Gottwald/*Huber*, § 46 Rn. 81 (es genüge, „wenn zwischen Vertragsschluss und Leistung bzw. Leistung und Gegenleistung eine kurze Zeitspanne liegt"); HK/*Kreft*, § 142

derjenige zwischen den jeweiligen Leistungen. Nach der erklärten Absicht der Gesetzesverfasser soll einer Anwendung des Bargeschäftsprivilegs allerdings – wie schon nach der zur KO herrschenden Meinung[85] – nicht entgegenstehen, daß zwischen den jeweiligen Leistungen „eine gewisse Zeitspanne" liege.[86] Nach dem in diesem Sinne verstandenen Wortlaut des § 142 InsO scheidet eine Anwendung des Bargeschäftsprivilegs also sowohl dann aus, wenn der Anfechtungsgegner allzusehr in Vorlage getreten ist, als auch dann, wenn der Schuldner zuerst geleistet hat und bis zur Gegenleistung des Anfechtungsgegners ein allzu langer Zeitraum verstreicht.

a) Ausschluß des Insolvenzrisikos

Bei der Voraussetzung der Unmittelbarkeit scheint es sich auf den ersten Blick um ein Relikt aus der Frühzeit des Bargeschäftsprivilegs zu handeln, als dieses noch auf die Erwägung gestützt wurde, wer etwas durch ein Bargeschäft erhalten habe, sei wegen des sofortigen Leistungsvollzugs gar nicht Insolvenzgläubiger geworden.[87] Dies kann für § 142 InsO jedoch schon deshalb nicht richtig sein, weil der zeitliche Zusammenhang zwischen Forderungsbegründung und Deckung irrelevant ist, es einer Anwendung des Bargeschäftsprivilegs also nicht entgegensteht, wenn der Anfechtungsgegner schon (lange) Gläubiger war, sofern er nur seinerseits nicht schon oder erst kurz zuvor geleistet hat.

Einen Hinweis darauf, welche Funktion der Voraussetzung der Unmittelbarkeit im heutigen Bargeschäftstatbestand zukommen soll, gibt die Begründung der Gesetzesverfasser, nach welcher die zwischen den Leistungen liegende Zeitspanne nicht so lang werden dürfe, „daß das Rechtsgeschäft unter Berücksichtigung der üblichen Zahlungsbräuche den Charakter eines Kreditgeschäfts annimmt".[88] Dem folgend, wird in Rechtsprechung und Schrifttum der Sinn des Unmittelbarkeitserfordernisses darin gesehen, das Bargeschäft vom nicht privilegierungswürdigen Kreditgeschäft abzugrenzen.[89]

Rn. 6 („Entscheidend ist, daß der Schuldner in unmittelbarem Zusammenhang mit dem Abschluss des Rechtsgeschäfts leistet"); *Obermüller*, WM 1994, 1879 („zeitlicher Zusammenhang zwischen Kreditvertrag und Sicherheitenbestellung"), ebenso *ders.*, Insolvenzrecht, Rn. 6.71 a (trotz Rn. 6.70: „Auf den Zeitpunkt des Vertragsabschlusses kommt es nicht an").

[85] Vgl. oben vor Fn. 18.

[86] Begr. RegE-InsO, BT-Drucks. 12/2443, S. 167. Ebenso schon der Erste Bericht der Kommission für Insolvenzrecht, S. 411.

[87] Vgl. oben § 13 I 1.

[88] Begr. RegE-InsO, BT-Drucks. 12/2443, S. 167. Entsprechend schon der Erste Bericht der Kommission für Insolvenzrecht, S. 411.

[89] BGH WM 2008, 1327, 1329; BGH NJW 2002, 3326, 3330; BGH NJW 2002, 3252; Jaeger/*Henckel*, § 142 Rn. 3, 15; FK/*Dauernheim*, § 142 Rn. 5; Uhlenbruck/*Hirte*, § 142 Rn. 13; Kübler/Prütting/Bork/*Ehricke*, § 142 Rn. 13; HK/*Kreft*, § 142 Rn. 2, 6; HmbK/*Rogge*, § 142 Rn. 5; Hess/*Hess*, § 142 Rn. 9; MünchKommInsO/*Kirchhof*, § 142 Rn. 15 f.; *ders.*, ZInsO 2005, 343; *Wessels*, ZIP 2004, 1245; *Kocher*, ZVI 2009, 434; Gottwald/*Huber*, § 46 Rn. 81; *Lwowski/Wunderlich*, FS Kirchhof, 307; *dies.*, WM 2004, 1514; *Raschke*, Bargeschäftstatbestand, 75; *Bräuer*, Bargeschäfte, 61 f. – Dagegen stellt der BGH in WM 2003, 524, 528, ohne nähere Erklä-

Es ist schon fraglich, ob dieser Deutungsansatz mit dem Wortlaut des § 142 InsO vereinbar ist. Üblicherweise würde man annehmen, der Gläubiger gewähre seinem Schuldner Kredit, wenn er ihm die Leistung stundet. Darauf scheint man hier aber nicht abstellen zu können, da es nach dem Wortlaut des § 142 InsO nicht auf den zeitlichen Abstand zwischen (ursprünglicher) Fälligkeit und jeweiliger Leistung ankommt, die Norm also auch dann anwendbar zu sein scheint, wenn der Anfechtungsgegner dem Schuldner oder umgekehrt der Schuldner dem Anfechtungsgegner die Leistung gestundet hat, sofern nur die Leistungen in einem einigermaßen engen zeitlichem Zusammenhang ausgetauscht werden. Nach dem Wortlaut der Norm ist entscheidend, daß weder der Anfechtungsgegner noch der Schuldner einen nennenswerten Zeitraum vorgeleistet haben. Wenn die Gesetzesverfasser hier von einem „Kreditgeschäft" sprachen, aber dennoch den zeitlichen Zusammenhang zwischen den Leistungen für maßgeblich erklärten, ist dies nur wie folgt zu erklären: Offenbar hatte man die Erfüllung synallagmatisch verbundener Hauptleistungspflichten im Auge. Sie sind in Ermangelung abweichender Vereinbarungen gemäß § 320 I 1 BGB Zug um Zug zu erbringen. Leistet ein Vertragspartner vor, obwohl er dies wegen seines Leistungsverweigerungsrechts aus § 320 I 1 BGB nicht müßte, läßt sich also sagen, daß er dem anderen insoweit „Kredit" gewähre. Relevanz hätte dies aber nur in dem Sinne, daß er das Risiko übernimmt, daß der Ausgleich des mit der Vorleistung erbrachten wirtschaftlichen Opfers durch die Gegenleistung an der zwischenzeitlich eingetretenen Insolvenz des anderen Teils scheitert. Aufgrund der Vorleistung wird der Leistungsaustausch also nur insofern zu einem Kreditgeschäft, als der Vorleistende das Risiko übernimmt, den im Gegenstand seiner Leistung verkörperten Wert wegen zwischenzeitlicher Insolvenz des anderen Teils ersatzlos zu verlieren.

Wortlaut und Begründung des § 142 InsO lassen sich mit dieser Erwägung nur einigermaßen vereinbaren, denn nach der Begründung soll nicht schon jede Vorleistung das Bargeschäftsprivileg ausschließen, wie dies der Wortlaut „unmittelbar" nahelegte, sondern auch unschädlich sein, wenn zwischen den Leistungen eine „gewisse Zeitspanne" liegt. Zudem konnte der Anfechtungsgegner das Insolvenzrisiko, wie schon gezeigt,[90] wegen der Anfechtbarkeit der vom Schuldner erhaltenen Deckung, welche die Anwendung des Bargeschäftsprivilegs ja voraussetzt, selbst dadurch nicht ausschließen, daß er auf einem wirklichen Zug-um-Zug-Austausch bestand. Die „Unmittelbarkeit" des Leistungsaustauschs nimmt diesem also nicht jedes Kreditelement – verstanden im Sinne der Übernahme des Insolvenzrisikos –; sie beschränkt dieses nur darauf, daß der Schuldner nach Leistungserbringung insolvent wird. Schließlich fragt sich, warum die in der Vorleistung liegende Steigerung des Risikos, aus einer Insolvenz des Geschäftspartners wirtschaftliche Nachteile zu erleiden, dem Geschäft seine Privilegierungswürdigkeit entziehen sollte. Daß eine Verzögerung der Leistung des Schuldners *per se* gläubigerschädi-

---

rungen darauf ab, daß nicht mehr von einer bloßen „Vermögensumschichtung" die Rede sein könne, wenn der Anfechtungsgegner dem Schuldner dessen Leistung stunde.

[90] Vgl. oben § 13 II 2 b.

gend wäre,[91] ist nicht erkennbar: Im Gegenteil bringt es dem Schuldner und damit auch seinen Gläubigern tendenziell einen wirtschaftlichen Vorteil, wenn er seine Leistung erst längere Zeit nach Erhalt der Leistung des Anfechtungsgegners erbringen muß. Hier wäre allenfalls an eine Art Finanzierungsfolgenverantwortung zu denken, wie sie zur Begründung des früheren Eigenkapitalersatzrechts herangezogen wurde;[92] nicht ohne Grund wurde eine solche Verantwortung aber allenfalls den Gesellschaftern zugeschrieben, die ihrer GmbH Fremdkapital zuwandten. Daß es nicht überzeugen kann, allen Gläubigern eine wechselseitige Verantwortung für das durch ihre Kredite ermöglichte Umsatzrisiko anzulasten, wurde im Hinblick auf die entsprechenden Thesen Ludwig Häsemeyers schon ausgeführt.[93]

b) Unmittelbarkeit als zweckimmanente Begrenzung

Mit der Erwägung, daß das Bargeschäft vom Kreditgeschäft abzugrenzen sei, wird allerdings ein berechtigtes Anliegen der Gesetzesverfasser angedeutet. Das Bargeschäftsprivileg dient nur dazu, dem Schuldner die weitere Teilnahme am Wirtschaftsleben zu ermöglichen, und zwar nicht zuletzt, um die Chance einer Sanierung zu erhalten. Für diesen Zweck müssen privilegierungswürdige Neugeschäfte von Tilgungsleistungen auf Altforderungen abgegrenzt werden, denn das Bargeschäftsprivileg dient nicht dazu, zu ermöglichen, daß unter seinem Deckmantel einzelne spätere Insolvenzgläubiger begünstigt werden.

Die notwendige Abgrenzung zwischen zu privilegierenden Neu- und nicht zu privilegierenden Altgläubigern kann nur über eine zeitbezogene Tatbestandsvoraussetzung erfolgen.[94] Dabei erscheint es nicht sachgerecht, darauf abzustellen, ob die Forderung des Anfechtungsgegners vor oder nach Eintritt der Krise entstand oder ob der Anfechtungsgegner seinerseits noch kurz vor oder schon nach Eintritt der Krise geleistet hatte:[95] Würde der zwischenzeitliche Kriseneintritt das Barge-

---

[91] So aber ohne weitere Begründung BGH NJW 2002, 3252, 3253, und diesem folgend *Meyer*, DZWIR 2003, 8; ferner etwa *Bräuer*, Bargeschäfte, 61 und passim; Kübler/Prütting/Bork/*Ehricke*, § 142 Rn. 13; distanziert Kübler/Prütting/*Paulus*, § 142 Rn. 5.

[92] Vgl. oben § 2 Fn. 130.

[93] Oben § 2 II 3.

[94] Eine solche Abgrenzung wäre also nicht mehr möglich, wenn man dem von *Canaris*, 100 Jahre KO, 83, geäußerten Vorschlag folgte und im Falle der nachträglichen Besicherung eines Darlehens nicht auf deren Zusammenhang zur Kreditgewährung, sondern nur darauf abstellte, ob die Sicherungsvereinbarung zugleich mit der Kreditvergabe getroffen wurde. Verallgemeinerte man diesen Gedanken, wäre wohl jede Deckung, die aufgrund eines Austauschvertrags gewährt wurde, der Anfechtbarkeit entzogen. Zwar werden, wie *Canaris* zu Recht feststellt, die Interessen der anderen Gläubiger nicht durch das Hinausschieben der Sicherheitsbestellung berührt, wohl aber dadurch, daß es an einem validen Grund dafür fehlt, daß der Schuldner gerade diese Vereinbarung nach dem Hinausschieben doch noch anfechtungsfest erfüllen können sollte. *Canaris* folgen jedoch *Obermüller*, Insolvenzrecht, Rn. 6.75; *K. Schmidt*, WM 1983, 494; *Westermann*, KTS 1982, 168.

[95] Jedenfalls für letzteres aber *Häsemeyer*, JuS 1986, 855; vgl. nun auch *dens.*, Insolvenzrecht, Rn. 21.40 mit Fn. 198. Hiergegen etwa schon LG Bad Kreuznach NZI 2006, 45f.; Jaeger/*Henckel*, § 142 Rn. 3f. (vgl. aber auch Rn. 31: Der Anfechtungsgegner könne nur für seine in der Krise erbrachte Leistung Vergütung verlangen); HK/*Kreft*, § 142 Rn. 3; MünchKomm-

schäftsprivileg ausschließen, müßte ein gut beratener Gläubiger, der den Schuldner für insolvenzbedroht hält, die eigentlich geschuldete (kurzfristige) Vorleistung zurückhalten oder gar mit der Leistungsabrede abwarten, bis er sich ganz sicher ist, daß die Krise des Schuldners eingetreten ist. Dies liefe dem Zweck des Bargeschäftsprivilegs zuwider, zu verhindern, daß das Anfechtungsrisiko den Schuldner von der weiteren Teilnahme am Wirtschaftsverkehr ausschließt. Würde es für eine Anwendung des Bargeschäftsprivilegs umgekehrt genügen, daß der Austausch der gleichwertigen Leistungen erst nach Kriseneintritt erfolgte oder verabredet wurde, könnte dies aus den gleichen Gründen zu einer Lähmung der Geschäftstätigkeit des Schuldners am Vorabend der Krise führen und dem Zweck des Bargeschäftsprivilegs, Sanierungsmöglichkeiten zu erhalten, zuwiderlaufen. Eine Tatbestandsvoraussetzung, nach der die Deckung in einer bestimmten zeitlichen Beziehung zum Kriseneintritt stehen muß, wäre also nicht zweckdienlich.

Es blieben danach nur die Alternativen, auf den zeitlichen Bezug zur Anspruchsbegründung oder zur Erbringung der Gegenleistung abzustellen. Richtigerweise haben sich die Gesetzesverfasser für letzteres entschieden: Weil das Bargeschäftsprivileg seine Funktion nur erfüllen kann, wenn es den potentiellen Geschäftspartnern *ex ante* nicht nur Klarheit über ihr Anfechtungsrisiko, sondern auch Einfluß auf dieses verschafft, erweist es sich als sachgerecht, auf den zeitlichen Zusammenhang des Leistungsaustauschs abzustellen, denn nur auf diesen hat der Gläubiger, der seine Leistung zurückhalten kann und dies im allgemeinen wegen § 320 BGB auch darf, tatsächlich unmittelbaren Einfluß.

Auf Grundlage dieser Erwägungen scheint es, als müsse man den Wortlaut des § 142 InsO ernst nehmen und dürfte das Bargeschäftsprivileg nicht mehr anwenden, wenn der Gläubiger seinen Einfluß auf den zeitlichen Zusammenhang zwischen Leistung und Gegenleistung durch eine Vorleistung aus der Hand gegeben hat, auch wenn der Schuldner sein Vertrauen nicht enttäuscht und tatsächlich kurze Zeit später seinerseits leistet. Der Gesetzesbegründung ist jedoch jedenfalls insoweit zu folgen, als „unmittelbar" nicht in jedem Fall einen wirklichen Zug-um-Zug-Austausch verlangen kann: Dieser ist nicht möglich, wenn die geschuldete Leistung sich über einen längeren Zeitraum erstreckt, wie etwa bei Gebrauchsüberlassungs-, aber auch Dienst- oder Werkverträgen. Bei diesen muß immer eine Seite in gewissem Umfang vorleisten. Darin liegt jedoch keine sachliche Rechtfertigung, einen aufgrund solcher Verträge erfolgten Leistungsaustausch von vornherein dem Bargeschäftsprivileg zu entziehen, im Gegenteil wird der Schuldner auch in der Krise darauf angewiesen sein, auch solche Verträge noch abschließen und erfüllen zu können, um vom Wirtschaftsverkehr nicht ausgeschlossen zu werden.

Daß privilegierungswürdige Bargeschäfte von der nicht privilegierungswürdigen Tilgung von Altforderungen abgegrenzt werden müssen und dies am sachgerechtes-

---

InsO/*Kirchhof*, § 142 Rn. 15; FK/*Dauernheim*, § 142 Rn. 5; *Bräuer*, Bargeschäfte, 66ff. Vgl. auch bereits BGH WM 1955, 404, 406. – Vgl. zur Rechtsprechung des BGH, wonach sich das Bargeschäftsprivileg im Rahmen der Anfechtung der Rückführung eines Kontokorrentkredits nur auf im anfechtungsrelevanten Zeitraum erfolgte Buchungen erstrecken kann, unten § 14 III 5b.

ten dadurch geschieht, daß man einen „unmittelbaren" Leistungsaustausch verlangt, erklärt freilich nur, warum die vom Anfechtungsgegner erhaltene Deckung nicht mehr dem Bargeschäftsprivileg unterfällt, wenn dieser vorgeleistet hat. Eine Anwendung des § 142 InsO ist jedoch auch dann ausgeschlossen, wenn der Leistungsaustausch wegen einer Vorleistung des Schuldners nicht mehr unmittelbar ist. Natürlich läßt sich dies nicht damit begründen, daß der Anfechtungsgegner Kredit gewährt hätte.[96] Das Bargeschäftsprivileg ist in diesem Fall auch nicht etwa deshalb ausgeschlossen, weil der Schuldner nicht „wie geplant" mit der geschuldeten Leistung arbeiten konnte,[97] denn es ist für § 142 InsO irrelevant, ob die Vorleistung des Schuldners von vornherein vereinbart war oder seine Leistung erst dadurch zur Vorleistung wurde, daß der Anfechtungsgegner abredewidrig später leistete. Daß auch eine Vorleistung des Schuldners dazu führen kann, daß § 142 InsO nicht greift, läßt sich wiederum nur mit dem allgemeinen Zweck des Bargeschäftsprivilegs erklären: Es soll eben nur bestimmte Geschäfte des Schuldners in dessen Krise ermöglichen, nämlich solche, die die Sanierung fördern oder wenigstens Sanierungsaussichten erhalten, nicht aber solche, die sie tendenziell mindern. Mit einer Vorleistung des Schuldners erhöht sich das Risiko, den wirtschaftlichen Gegenwert seiner Leistung ersatzlos zu verlieren, weil der andere Teil insolvent wird; der Schuldner soll in der Krise keine unnötigen Insolvenzrisiken übernehmen und die Befriedigungsaussichten der anderen Gläubiger weiter schmälern.[98] Hiergegen läßt sich nicht einwenden, daß das Bargeschäftsprivileg ohnehin nur greift, wenn der Schuldner die Gegenleistung des Anfechtungsgegners letztlich erhalten hat, das Risiko einer vor Leistungserbringung eintretenden Insolvenz sich also gerade nicht verwirklicht hat. Auch insoweit wirkt die tatbestandliche Fassung des § 142 InsO präventiv: Indem er nur demjenigen Anfechtungsfreiheit garantiert, der den Schuldner nicht zu einer (zeitlich erheblichen) Vorleistung drängt, bewegt er potentielle Geschäftspartner dazu, hierauf von vornherein zu verzichten, und erweist sich auch insoweit als sanierungsfreundlich.

c) Folgerungen

Es wurde schon ausgeführt, daß mit dem Wort „unmittelbar" kein Zug-um-Zug-Austausch verlangt sein kann, wenn jedenfalls eine der Leistungen über einen längeren Zeitraum hinweg zu erbringen ist, wenn der Anfechtungsgegner also etwa die Überlassung eines Gegenstands oder eine Dienst- oder Werkleistung schuldet, die

---

[96] Kritisch schon *Henckel*, Insolvenzrecht im Umbruch, 251 (mit Gesetzesvorschlag), der nun (Jaeger/*Henckel*, § 142 Rn. 18) dafür plädiert, für das Bargeschäftsprivileg auf einen zeitlichen Zusammenhang von Leistung und Gegenleistung zu verzichten, wenn der Schuldner vorgeleistet hat. Für einen großzügigen Maßstab der Unmittelbarkeit in diesem Fall *Gerhardt*, FS Brandner, 611. Vgl. hierzu noch sogleich c.

[97] So aber Uhlenbruck/*Hirte*, § 142 Rn. 15, der sich hierfür zu Unrecht auf HK/*Kreft*, § 142 Rn. 6, beruft: Damit, daß der Schuldner nicht früher mit der Leistung des Gläubigers arbeiten konnte, will *Kreft* nur die für eine Anfechtung erforderliche Gläubigerbenachteiligung begründen.

[98] Der BGH verweist nur pauschal darauf, daß eine Vorleistung des Schuldners masseschädlicher sei als eine Vorleistung des Gläubigers und das Bargeschäftsprivileg in jenem Fall erst recht nicht greifen dürfe, BGHZ 167, 190, 202 f.; dem folgt *Bräuer*, Bargeschäfte, 69.

längere Zeit in Anspruch nimmt. Das Bargeschäftsprivileg scheidet daher nicht schon deshalb aus, weil die in einem bestimmten Zeitabschnitt erbrachte Leistung nicht jeweils unmittelbar, sondern erst an dessen Ende vom Schuldner vergütet wurde. Umgekehrt würde es aber auch die von seinem Sinn und Zweck gesetzten Grenzen des Bargeschäftsprivilegs sprengen, wenn ihm etwa die Honorierung einer über Jahre erbrachten Beratungsleistung oder die Vergütung für die Errichtung eines Bauwerks schon deshalb unterfiele, weil sie nach deren Abschluß in der Krise fällig wurde und erfolgte. Auch insoweit ist das Bargeschäftsprivileg durch einen zeitlichen Bezug von Leistung und Gegenleistung von der Tilgung bloßer Altforderungen abzugrenzen. Daß es hierfür nicht darauf ankommen kann, ob der Anfechtungsgegner die vergütete Leistung vor oder nach Eintritt der Krise erbracht hat,[99] wurde schon festgestellt. Um die Leistung des Schuldners zur Gegenleistung des Anfechtungsgegners in einen zeitlichen Bezug zu setzen, müssen Zeitabschnitte gebildet werden; die vom Schuldner geleistete Deckung muß dann unmittelbar auf das Ende des Zeitabschnitts folgen, um dem Bargeschäftsprivileg zu unterfallen.[100] Es bleibt allerdings die Frage, wie diese Zeitabschnitte zu bemessen sind. „In Ermangelung anderer Anhaltspunkte“ greift der BGH hier auf die Verzugsfrist des § 286 III BGB zurück.[101] Über diese Begründung mag man streiten, sie harmoniert jedoch mit dem in der Gesetzesbegründung enthaltenen Hinweis, es seien die „üblichen Zahlungsbräuche“ zu berücksichtigen.[102] Das Ergebnis erscheint allemal angemessen.[103]

Es fragt sich, ob eine solche ausdehnende Auslegung des Wortes „unmittelbar“ auch in Fällen angebracht ist, in denen keine der Leistungen einen längeren Zeitraum in Anspruch nimmt, in denen also ein wirklich unmittelbarer Leistungsaustausch stattfinden kann. Nach herrschender, wohl gar allgemeiner Ansicht soll es auch hier nicht schaden, wenn zwischen den jeweiligen Leistungen eine gewisse Zeitspanne liegt.[104] Dem ist nicht zu folgen. Wie dargelegt, ist das Erfordernis der Unmittelbarkeit des Leistungsaustauschs dadurch sinnvoll zu erklären, daß die Geschäftspartner des Schuldners nach dem Zweck des Bargeschäftprivilegs ihr In-

---

[99] Jaeger/*Henckel*, § 142 Rn. 31, will das Bargeschäftsprivileg nur insoweit anwenden, als sich die Deckung auf nach Kriseneintritt erbrachte Leistungen des Anfechtungsgegners bezieht.

[100] Vgl. BGH NJW 2008, 3348, 3353; BGH NJW 2008, 659, 661; BGHZ 167, 190, 201; HmbK/*Rogge*, § 142 Rn. 3.

[101] BGH NJW 2008, 659, 661; BGHZ 167, 190, 201. In der Sache ebenso *Gehrlein*, WM 32/2009 (Sonderbeilage), 64.

[102] Begr. RegE-InsO, BT-Drucks. 12/2443, S. 167.

[103] Dem BGH folgen etwa KG ZInsO 2008, 330, 331; HK/*Kreft*, § 142 Rn. 5; MünchKomm-InsO/*Kirchhof*, § 142 Rn. 17; *Bork/Gehrlein*, Insolvenzanfechtung, Rn. 482.

[104] BGH WM 2008, 1327; Jaeger/*Henckel*, § 142 Rn. 15; MünchKommInsO/*Kirchhof*, § 142 Rn. 17f.; Kübler/Prütting/Bork/*Ehricke*, § 142 Rn. 15; Uhlenbruck/*Hirte*, § 142 Rn. 14; HK/*Kreft*, § 142 Rn. 5; HmbK/*Rogge*, § 142 Rn. 5; Hess/*Hess*, § 142 Rn. 8; *Lwowski/Wunderlich*, FS Kirchhof, 308; *dies.*, WM 2004, 1514; *Bräuer*, Bargeschäfte, 63. Noch zur KO BGH NJW 1980, 1961f.: Es genüge, wenn zwischen Lieferung der verkauften Sache durch den Anfechtungsgegner und Scheckbegebung durch den Schuldner insgesamt nicht mehr als zwei Wochen liegen.

solvenzrisiko steuern können müssen. Leistet der Anfechtungsgegner vor, gibt er damit diese Einflußmöglichkeit aus der Hand und räumt dem Schuldner die Macht ein, mit dem Zeitpunkt seiner Leistung darüber zu bestimmen, ob die von ihm zu leistende Deckung insolvenz-, nämlich anfechtungsfest sein wird oder nicht. Es besteht dann kein Grund mehr, den Anfechtungsgegner vor den ebenso vertrauensvollen anderen Gläubigern zu privilegieren. Sofern ein wirklich unmittelbarer Leistungsaustausch möglich ist, ist § 142 InsO daher beim Wort zu nehmen und nur anzuwenden, wenn der Anfechtungsgegner die fragliche Deckung Zug um Zug gegen die von ihm zu erbringende Gegenleistung erhalten hat.[105]

Hat der Schuldner vorgeleistet, wollen manche einen großzügigeren Maßstab an die von § 142 InsO geforderte Unmittelbarkeit anlegen[106] oder gar ganz auf dieses Erfordernis verzichten.[107] Das erklärt sich daraus, daß sie das Unmittelbarkeitserfordernis des § 142 InsO auf die Erwägung zurückführen, der Anfechtungsgegner habe dem Schuldner bei unmittelbarem Leistungsaustausch keinen Kredit gewährt, was auf den Fall der Vorleistung des Schuldners nicht paßt.[108] Folgt man dagegen dem hier vertretenen Ansatz, besteht kein Grund dafür, die Anforderungen an die Unmittelbarkeit des Leistungsaustauschs davon abhängig zu machen, ob der Anfechtungsgegner oder der Schuldner vorgeleistet hat. Denn auch dieser gibt mit der Vorleistung die Kontrolle über das Risiko, daß der andere Teil vor Erbringung der Gegenleistung insolvent wird, aus der Hand. Solche Risiken aber soll der Schuldner in der eigenen Krise, in der jeder Verlust die Befriedigungsaussichten seiner Gläubiger unmittelbar verschlechtert, nicht eingehen. Ihnen wird am effektivsten dadurch gewehrt, daß an die Unmittelbarkeit des Leistungsaustauschs auch bei Vorleistungen des Schuldners ein strenger Maßstab angelegt wird; denn dadurch wird es zu einem Anliegen des potentiellen Anfechtungsgegners, der von dem Bargeschäftsprivileg profitieren will, dem Schuldner keine Vorleistung abzuringen und damit das Risiko aufzudrängen, daß er selbst insolvent wird.

Sofern es sich hierbei „um eine Form der Kreditgewährung“ und nicht nur um eine geringfügige Verzögerung des Leistungsaustauschs handelt, schließt der BGH

---

[105] Bei der Bestimmung der hierfür relevanten Leistungszeitpunkte ist hingegen keine übertriebene Strenge geboten; der Zeitpunkt der Leistung des Schuldners bestimmt sich nicht notwendigerweise nach § 140 InsO, da dieser Norm andere Erwägungen zugrunde liegen (vgl. § 8 I) als dem Unmittelbarkeitserfordernis des § 142 InsO. Daher kann dem BGH etwa darin gefolgt werden, daß bei Zahlungen durch Lastschrifteinzug unabhängig von der sogenannten Genehmigungstheorie nicht auf die Genehmigung des Einzugs, sondern „den Einzug“ selbst abzustellen ist, womit offenbar die Belastung des Kontos des Schuldners gemeint ist: BGH WM 2008, 1327, 1328; NJW 2008, 3348, 3353; anders aber noch Jaeger/*Henckel*, § 142 Rn. 16, der auf die Genehmigung abstellen will.

[106] Dafür *Gerhardt*, FS Brandner, 611.

[107] Dafür Jaeger/*Henckel*, § 142 Rn. 18.

[108] Dennoch sprechen sich die Vertreter der herrschenden Meinung, die diese Ansicht teilen, dafür aus, daß ein unmittelbarer Zusammenhang zwischen Leistung des Schuldners und Gegenleistung des Anfechtungsgegners auch dann erforderlich sei, wenn der Schuldner vorgeleistet habe, so etwa BGH NZI 2007, 456, 457; BGHZ 167, 190, 202; MünchKommInsO/*Kirchhof*, § 142 Rn. 15; HmbK/*Rogge*, § 142 Rn. 6; Uhlenbruck/*Hirte*, § 142 Rn. 15; BKInsO/*Haas*, § 142 Rn. 21; *Bräuer*, Bargeschäfte, 69. Zweifelnd HK/*Kreft*, § 142 Rn. 6.

ein Bargeschäft ohne Rücksicht auf das zeitliche Verhältnis von Leistung und Gegenleistung aus, wenn der Anfechtungsgegner dem Schuldner die Leistung gestundet hatte.[109] Das Schrifttum folgt dem,[110] jedoch zu Unrecht. Es bleibt unklar, ob, warum und unter welchen Umständen ein nur „geringfügiger“ Zahlungsaufschub keine Stundung und damit keine Kreditgewährung darstellen soll oder ob gemeint ist, daß eine bloß „geringfügige“ Kreditgewährung das Bargeschäftsprivileg nicht ausschließt. Schon diese Unklarheit verdeutlicht, daß mit dem Aspekt der Kreditgewährung nicht das Richtige getroffen ist. Allein maßgeblich ist vielmehr, ob die Stundung dazu führt, daß der von § 142 InsO geforderte Unmittelbarkeitszusammenhang zwischen Leistung und Gegenleistung zerreißt. Das folgt nicht nur aus dem eindeutigen Wortlaut des § 142 InsO, sondern auch aus dem Zweck des Tatbestandsmerkmals „unmittelbar“, der mit einer angeblich fehlenden Kreditgewährung nichts zu tun hat. Entscheidend ist vielmehr, daß der Anfechtungsgegner bei einem unmittelbaren Leistungsaustausch weder dem Schuldner in unnötigem Maße seinerseits ein Insolvenzrisiko aufgebürdet noch die Kontrolle über das Vorliegen des zeitlichen Zusammenhangs aufgegeben hat, der zur Abgrenzung der Bargeschäfte von der Tilgung von Altverbindlichkeiten erforderlich ist. Ist der Leistungsaustausch trotz oder wegen der Stundung unmittelbar, unterfällt er danach dem Bargeschäftsprivileg, andernfalls nicht.

Nach Wortlaut und Zweck kommt es auch auf sonstige Parteiabreden nicht an, namentlich weder auf Vorleistungs- noch auf andere Abreden über die Fälligkeit. Dies gilt insbesondere bei Dauerschuldverhältnissen: Soweit der Zeitabschnitt, nach dessen Ablauf die vom Schuldner zu gewährende Vergütung fällig wird, zu lang bemessen ist, fällt sie nach dem eingangs Gesagten aus dem Bargeschäftsprivileg auch dann heraus, wenn sie „unmittelbar“ bei Fälligkeit geleistet wird;[111] umgekehrt entfällt das Bargeschäftsprivileg nicht schon dann, wenn der Schuldner

---

[109] BGH WM 2003, 524, 528.

[110] Jaeger/*Henckel*, § 142 Rn. 15; MünchKommInsO/*Kirchhof*, § 142 Rn. 15; HK/*Kreft*, § 142 Rn. 6; Kübler/Prütting/Bork/*Ehricke*, § 142 Rn. 13; Uhlenbruck/*Hirte*, § 142 Rn. 13; HmbK/*Rogge*, § 142 Rn. 7; FK/*Dauernheim*, § 142 Rn. 5.

[111] Vgl. BGH NJW 2008, 659, 661. Ebenso (noch zur KO) offenbar auch BGH NJW 2002, 3252, 3253. Im dieser Entscheidung zugrundeliegenden Fall war vereinbart worden, daß der Anfechtungsgegner für seine am 1. 10. 1996 in Auftrag gegebene und offenbar auch alsbald begonnene Beratungstätigkeit am 30. 7. 1997 bezahlt werden sollte. Zwar führt der BGH aus, der zeitliche Zusammenhang sei „bereits deshalb nicht mehr gegeben, weil die Zahlung, obwohl sie am 30. 7. 1997 fällig war, erst am 22. 9. 1997 erfolgt ist“; das Gericht hebt jedoch im selben Atemzug hervor, daß der „Zusammenhang zwischen den durch den Geschäftsbesorgungsvertrag begründeten Leistungspflichten in einer Weise gelockert [sei], welche die schließlich erfolgte Zahlung nicht mehr als ‚unmittelbare Gegenleistung' im Sinne eines Bargeschäfts erscheinen lässt“. Daher kann man auch aus diesem Urteil nicht ableiten, für die Unmittelbarkeit komme es auf den zeitlichen Zusammenhang zwischen Fälligkeit und Leistung an, so aber FK/*Dauernheim*, § 142 Rn. 7; HK/*Kreft*, § 142 Rn. 5 mit Fn. 37; MünchKommInsO/*Kirchhof*, § 142 Rn. 19 mit Fn. 122; *Biernat*, ZVI 2004, 278f. mit Fn. 13; *Hefermehl*, WuB VI B. § 30 Nr. 1 KO 1.03. Richtig *Kocher*, ZVI 2009, 434 mit Fn. 13, die aber in ihren nachfolgenden Ausführungen den Beginn der zu vergütenden Tätigkeit offenbar mit der Fälligkeit der Vergütung gleichsetzt.

erst lange nach Fälligkeit leistet, sofern trotzdem (oder gerade deswegen) ein im dargestellten Sinne unmittelbarer zeitlicher Zusammenhang zur Gegenleistung des Anfechtungsgegners besteht.

III. Anwendung des Bargeschäftsprivilegs auf inkongruente Deckungen

1. Meinungsstand

Für die KO hatte der BGH jahrzehntelang in ständiger und insoweit unwidersprochener Rechtsprechung entschieden, daß das Bargeschäftsprivileg auch die Inkongruenzanfechtung nach § 30 Nr. 2 KO ausschließe.[112] Mit einem Urteil aus dem Jahr 1993 wich er von dieser Rechtsprechung ab:[113] In erkennbarem Vorgriff auf § 142 InsO, der als Regierungsentwurf bereits vorlag, definierte der BGH die Bardeckung als eine Leistung des Schuldners, für die unmittelbar eine gleichwertige Gegenleistung in sein Vermögen gelange. Durch die Worte „für die“ werde ausgedrückt, daß eine Bardeckung nur vorliege, wenn Leistung und Gegenleistung durch Parteiabrede miteinander verbunden seien. Eine Leistung, die nicht der Parteivereinbarung entspreche, stelle keine Bardeckung dar, weil weder rechtlich noch wirtschaftlich ein Anlaß bestehe, Umsatzgeschäfte des Schuldners in der Krise zu begünstigen, soweit sie anders abgewickelt würden als vereinbart. Auch der Gesichtspunkt der Vermögensumschichtung betreffe nicht eine von der ursprünglich vereinbarten abweichende Art der Erfüllung oder Sicherung. Erhalte der Gläubiger etwas anderes als vereinbart, stelle dies auch dann eine gegen den Zweck des § 30 KO verstoßende Begünstigung dar, wenn der Gläubiger eine Gegenleistung von gleichem Wert erbracht habe. Daher sei eine der Art nach inkongruente Deckungshandlung „in aller Regel“ keine Bardeckung. In einem späteren Urteil und seither in ständiger Rechtsprechung formuliert das Gericht pointierter: „Eine anfechtungsbegünstigte Bardeckung scheidet … im Falle einer inkongruenten Deckung von vornherein aus“.[114] Dieser Rechtsprechung des BGH wird ganz überwiegend gefolgt.[115]

---

[112] Vgl. etwa noch BGH NJW-RR 1993, 235, 237 („der Konkursanfechtung nach § 30 KO entzogenes Bargeschäft“); BGH NJW 1992, 1960 („'Bargeschäft', das einer Anfechtung nach § 30 I [sic] Halbs. 2, Nr. 2 KO entgegenstünde“); BGH NJW 1978, 758, 759.

[113] BGH NJW 1993, 3267, 3268 f.

[114] BGH NJW 1999, 645, 646. Vgl. seither etwa BGH NJW 2002, 1722, 1724; BGH NZI 2004, 491; BGH NJW-RR 2005, 1575, 1576; BGHZ 167, 190, 199; BGH NJW 2007, 2324, 2325; BGH NZI 2007, 456, 457; BGH WM 2008, 169, 171; BGH NZI 2008, 247, 248; BGH NZI 2008, 184, 185; BGH NJW 2009, 2307, 2308; BGH ZIP 2010, 682, 685.

[115] OLG Köln ZIP 2005, 222, 224; OLG Koblenz ZInsO 2005, 324, 328; OLG Celle NZI 2005, 334, 335; MünchKommInsO/*Kirchhof*, § 142 Rn. 7; FK/*Dauernheim*, § 142 Rn. 1; HK/*Kreft*, § 142 Rn. 9; HmbK/*Rogge*, § 142 Rn. 4; Uhlenbruck/*Hirte*, § 142 Rn. 4; Nerlich/Römermann/*Nerlich*, § 142 Rn. 10; Braun/*Riggert*, § 142 Rn. 12 a; Hess/*Hess*, § 142 Rn. 4; BKInsO/*Breu-*

2. Wortlautargument

Daß § 142 InsO Bargeschäfte nach seinem eindeutigen Wortlaut nur für anfechtbar erklärt, „wenn die Voraussetzungen des § 133 Abs. 1 gegeben sind", also auch eine Anfechtung nach § 131 InsO ausschließt, ist kein Einwand gegen die herrschende Meinung.[116] Denn deren Vertretern zufolge soll mit den in § 142 InsO enthaltenen Worten „für die" zum Ausdruck kommen, daß nur solche Deckungen dem Tatbestand des Bargeschäftsprivilegs unterfallen, die der zuvor getroffenen Parteiabrede entsprechen. Oftmals ist gar davon die Rede, das Bargeschäftsprivileg sei bei inkongruenten Deckungen „begrifflich ausgeschlossen".[117] Träfe dies zu, wäre es konsequent, daß nur die Anfechtung nach § 133 I InsO ausgeschlossen wird, denn nach dieser Ansicht kann bei inkongruenten Deckungen schon der Tatbestand des Bargeschäftsprivilegs nicht erfüllt sein.

Es wurde bereits festgestellt, daß mit den Worten „für die" und – deutlicher noch – „Gegenleistung" zwar betont wird, daß zwischen Anfechtungsgegner und Schuldner ein Leistungsaustausch stattfinden muß; um die ebenfalls erforderliche Gleichwertigkeit von Leistung und Gegenleistung bestimmen zu können, muß zudem eindeutig sein, welche Gegenleistung der erhaltenen Deckung zuzuordnen ist. Hierauf bezieht sich auch die in den Materialen enthaltene und bereits in der Grundsatzentscheidung des BGH aufgegriffene Feststellung der Gesetzesverfasser, daß die Vorschrift nur zur Anwendung komme, wenn Leistung und Gegenleistung miteinander verknüpft seien.[118] Daß sich die Parteien und insbesondere der Schuldner aber auch in dem Sinne an diese Abrede halten müßten, daß genau der versprochene

---

tigam/Syren, § 131 Rn. 34; *Joeres*, Insolvenzrecht 2000, 120; Gottwald/*Huber*, § 46 Rn. 78; *Kayser*, ZIP 2007, 49f.; *Mauer*, Anfechtungsprozess, Rn. 121; Mohrbutter/Ringstmeier/*Glatt*, § 9 Rn. 62; *Bork/Gehrlein*, Insolvenzanfechtung, Rn. 455ff.; *Raschke*, Bargeschäftstatbestand, 73; *Bräuer*, Bargeschäfte, 55ff.; *Thole*, Gläubigerschutz, 374f.; *Gehrlein*, WM 32/2009 (Sonderbeilage), 31. Das OLG Hamm WM 2001, 2246, 2249, will das Bargeschäftsprivileg auch auf inkongruente Deckungen anwenden, wenn die Inkongruenz geringfügig und „unverdächtig" ist; zustimmend *Zeuner*, DZWIR 2002, 73; ebenso Kübler/Prütting/Bork/*Schoppmeyer*, § 131 Rn. 12. Jaeger/*Henckel*, § 142 Rn. 9f., will danach unterscheiden, ob die Deckung „außerhalb des normalen Geschäftsbetriebs" liegt. Für eine Anwendung des Bargeschäftsprivilegs auch auf inkongruente Deckungen OLG Koblenz ZIP 2010, 1615; OLG München WM 2002, 621, 624; Kübler/Prütting/*Paulus*, § 142 Rn. 1f.; *Lwowski/Wunderlich*, FS Kirchhof, 303ff.; *Bork*, FS Kirchhof, 67; Bork/*Jacoby*, Kap. 16 Rn. 49; *Marotzke/Kick*, JR 1995, 108; *Eckardt*, ZIP 1999, 1424 (der davon ausgeht, daß das Bargeschäftsprivileg andernfalls letztlich abgeschafft wäre); *Persch*, Insolvenzanfechtung, 87f.; *Tinnefeld*, Verrechnungsmöglichkeit, 272ff.; *Peschke*, Insolvenz, 247ff.; *Wischemeyer*, Rückführung, 66f.; ohne Begründung auch K. Schmidt/Uhlenbruck/*Wittig*, Rn. 1.193.

[116] So aber Jaeger/*Henckel*, § 142 Rn. 8; Kübler/Prütting/*Paulus*, § 142 Rn. 2; wohl auch *ders.*, FS Fischer, 454. Vgl. hiergegen schon *Riggert*, FS Braun, 157.

[117] So Nerlich/Römermann/*Nerlich*, § 142 Rn. 10; MünchKommInsO/*Kirchhof*, § 142 Rn. 7; Kübler/Prütting/Bork/*Ehricke*, § 142 Rn. 12; Mohrbutter/Ringstmeier/*Glatt*, § 9 Rn. 62; *Biernat*, ZVI 2004, 278; *Kayser*, FS Fischer, 272; *ders.*, ZIP 2007, 50. Ähnlich *Riggert*, FS Braun, 157, und *Kirchhof*, ZInsO 2005, 345 (inkongruente Deckungen wichen „definitionsgemäß" von der zugrundeliegenden Vereinbarung ab).

[118] Begr. RegE-InsO, BT-Drucks. 12/2443, S. 167.

Gegenstand genau zur versprochenen Zeit zu leisten wäre, folgt aus Wortlaut und Erwägungen nicht: Verfügt der Schuldner, der etwas gekauft hat, nicht mehr über hinreichende liquide Mittel, um den Kaufpreis, wie versprochen, bar zu zahlen und bietet er daher erfüllungshalber die Übereignung seines gleichwertigen Pkw an, besteht kein Zweifel, daß der an die Stelle des Bargelds tretende Pkw wie dieser „Gegenleistung" „für die" Lieferung der gekauften Ware ist. Daß es sich bei dieser Gegenleistung nicht um die ursprünglich vereinbarte handelt, ändert nichts daran, daß die Parteiabrede gleichwohl Leistung und erfüllungshalber getätigte Gegenleistung miteinander verknüpft.[119] Der Wortlaut spricht nicht für die herrschende Meinung.

3. Entstehungsgeschichte

Gegen die herrschende Ansicht sprechen die Gesetzgebungsmaterialien. Leitsatz 5.2.4 des Ersten Berichts der Kommission für Insolvenzrecht hatte die Inkongruenzanfechtung noch ausdrücklich ausgeschlossen.[120] Die jeweiligen Begründungen der späteren Entwürfe heben hervor, daß das Bargeschäftsprivileg dem „Grundsatz des geltenden Konkursrechts" entsprechen solle, „daß Bargeschäfte nicht der Anfechtung kongruenter und inkongruenter Deckung ... unterliegen".[121] Daß der Gesetzgeber die Rechtsprechungsänderung berücksichtigt hätte, wenn ihm dies möglich gewesen wäre,[122] ist reine Spekulation, die zudem von falschen Prämissen ausgeht: Denn daß es „dem Gesetzgeber" durchaus möglich gewesen wäre, das Gesetz der 1993 erfolgten Rechtsprechungsänderung anzupassen, wenn dies gewollt gewesen wäre,[123] belegen schon die zahlreichen Änderungen durch den Rechtsausschuß, der Beschlußempfehlung und Bericht erst am 19. 4. 1994, also mehr als ein halbes Jahr nach Veröffentlichung des entsprechenden Urteils des BGH vorgelegt hat. Aus dem diesbezüglichen Schweigen „des Gesetzgebers" läßt sich zwar auch nicht sicher schließen, daß er die Rechtsprechungsänderung ablehnte, daß er § 142 InsO, der den unter der KO herrschenden Rechtszustand abbilden sollte, also auch dann seine heutige Fassung gegeben hätte, wenn bei Abfassung des Regierungsentwurfs schon eine entsprechende ständige Rechtsprechung etabliert gewesen wäre.[124] Dennoch spricht die Entstehungsgeschichte des

---

[119] So auch bereits Jaeger/*Henckel*, § 142 Rn. 8; *Paulus*, FS Fischer, 454.

[120] Erster Bericht der Kommission für Insolvenzrecht, S. 75, 410; vgl. auch den Vorsitzenden der zuständigen Arbeitsgruppe *Gerhardt*, ZIP 1985, 586.

[121] Begr. RegE-InsO, BT-Drucks. 12/2443, S. 167. Ebenso schon Begr. DiskE-InsO, S. B144; Begr. RefE-InsO, S. 173.

[122] So Uhlenbruck[12]/*Hirte*, § 142 Rn. 4.

[123] *Tinnefeld*, Verrechnungsmöglichkeit, 275 f. Anders aber *Persch*, Insolvenzanfechtung, 88; *Bräuer*, Bargeschäfte, 51; *Zeuner*, Anfechtung, Rn. 51.

[124] Dagegen sieht *Tinnefeld*, Verrechnungsmöglichkeit, 273 f., darin, daß § 142 InsO einen „Grundsatz des geltenden Konkursrechts" umsetzen soll, wegen BGH NJW 1978, 758, 759, eine bewußte Entscheidung des Gesetzgebers für eine Anwendbarkeit des Bargeschäftsprivilegs auf inkongruente Deckungen.

§ 142 InsO insgesamt eher für die Gegenansicht, derzufolge das Bargeschäftsprivileg auch auf inkongruente Deckungen anwendbar ist.

4. Wertungsargumente

Da die herrschende Ansicht im Wortlaut des § 142 InsO keine Stütze findet, setzt sie, methodisch gesehen, eine teleologische Reduktion[125] voraus. Über den eindeutig geäußerten, entgegenstehenden Willen der Gesetzesverfasser aber könnte man sich auf diese Weise nur hinwegsetzen, wenn nachweisbar wäre, daß dieser Wille unbeachtlich ist, weil er etwa auf falschen Annahmen beruht, in sich widersprüchlich ist oder die Gesetzesverfasser nicht erkannt haben, daß von ihnen selbst höher gewichtete Anliegen eine entsprechende Reduktion des Tatbestandes gebieten. Das ist indes nicht der Fall.

So läßt sich etwa nicht sagen, der BGH habe die Erwägung der Gesetzesverfasser, daß Leistung und Gegenleistung durch Parteivereinbarung miteinander verknüpft sein müßten, mit dem Ausschluß inkongruenter Deckungen vom Bargeschäftsprivileg nur konsequent „zu Ende gedacht".[126] Denn über den sachgerechten Zweck, durch Zuordnung von Leistung und Gegenleistung einen Gleichwertigkeitsvergleich zu ermöglichen, geht der Ausschluß inkongruenter Deckungen weit hinaus.

Ohne Begründung geht der BGH davon aus, daß weder rechtlich noch wirtschaftlich ein Anlaß bestehe, Umsatzgeschäfte des Schuldners in der Krise zu begünstigen, soweit sie anders abgewickelt würden als vereinbart. Dieser Versuch, die Argumentationslast abzuwälzen, kann nicht überzeugen. Wirtschaftlicher und rechtlicher „Anlaß" des Bargeschäftsprivilegs ist es, dem Schuldner ein Weiterwirtschaften trotz (befürchteten) Eintritts der Krise zu ermöglichen; akzeptiert der Anfechtungsgegner einen (höchstens gleichwertigen!) anderen Leistungsgegenstand als den ursprünglich versprochenen, fördert dies den Zweck des Bargeschäftsprivilegs sogar noch.[127] Daß ein Gläubiger nicht schon durch die Inkongruenz der von ihm erhaltenen Deckung einseitig begünstigt wird, wie der BGH meint, wurde an anderer Stelle bereits ausgeführt.[128] Im dortigen Zusammenhang wurde auch ausführlich begründet, daß der Empfänger einer Deckung nicht allein wegen deren Inkongruenz weniger schutzwürdig ist als der Empfänger einer kongruenten Deckung, wie der BGH hier suggeriert.

Die anfechtungsrechtliche Bedeutung der Inkongruenz liegt darin, daß die Abweichung der Deckung vom zugrundeliegenden Anspruch beim Empfänger den Verdacht erregen soll, daß sich der Schuldner bereits in einer Krise befinde, und auf entsprechende subjektive Tatbestandsvoraussetzungen daher verzichtet werden

---

[125] HK/*Kreft*, § 142 Rn. 9 a.E., spricht (neben berichtigender Auslegung) von teleologischer Extension (ebenso Gottwald/*Huber*, § 46 Rn. 78), doch will er mit der herrschenden Meinung den Anwendungsbereich des Bargeschäftsprivilegs nicht vergrößern, sondern verkleinern.

[126] So aber HK/*Kreft*, § 142 Rn. 9.

[127] Dagegen geht Mohrbutter/Ringstmeier/*Glatt*, § 9 Rn. 62, ohne weiteres davon aus, daß die Abweichung von der ursprünglichen Abrede dem Schuldner stets zum Nachteil gereiche.

[128] § 12 I 2 b aa.

kann.[129] Dieser Aspekt ist für die Frage, ob eine Deckung als Bargeschäft zu privilegieren ist, auch auf Grundlage der herrschenden Ansicht bedeutungslos.[130] Denn nach dieser soll das Bargeschäft schließlich auch, letztlich sogar nur dann Anwendung finden können, wenn der Tatbestand des § 130 InsO erfüllt ist, der Anfechtungsgegner im anfechtungsrelevanten Zeitpunkt also sogar wußte, daß der Schuldner bereits zahlungsunfähig oder ein Insolvenzantrag gestellt worden war. Wenn diese Kenntnis einer Anwendung des Bargeschäftsprivilegs nicht entgegensteht, kann für die aus der Inkongruenz gefolgerte bloße „Verdächtigkeit" nichts anderes gelten. Wer meint, Inkongruenz deute auf einen Begünstigungs- und damit korrespondierenden Gläubigerschädigungsvorsatz des Schuldners und die entsprechende Kenntnis des Anfechtungsgegners hin,[131] mag dies bei der Prüfung des § 133 InsO berücksichtigen, dessen Anwendung § 142 InsO von vornherein nicht ausschließt; ein Grund dafür, unter den Voraussetzungen des § 142 InsO auch eine Anfechtung nach § 131 InsO zuzulassen, ergibt sich hieraus indes nicht.[132]

Gegen die herrschende Ansicht, inkongruente Deckungen *a priori* vom Bargeschäftsprivileg auszunehmen, spricht schließlich die gerade die vorliegenden Fälle betreffende Regelung der Unsicherheitseinrede. § 321 BGB erlaubt demjenigen, der aus einem gegenseitigen Vertrag zur Vorleistung verpflichtet ist, die ihm obliegende Leistung zu verweigern, wenn er erkennt, daß sein Anspruch auf die Gegenleistung durch mangelnde Leistungsfähigkeit des anderen Teils, namentlich also dessen drohende oder eingetretene Zahlungsunfähigkeit,[133] gefährdet wird. Dieses Leistungsverweigerungsrecht entfällt nicht nur dann, wenn die Gegenleistung bewirkt, sondern gemäß § 321 I 2 Alt. 2 BGB auch dann, wenn Sicherheit für sie geleistet wird.[134] Einen entsprechenden Anspruch räumt § 321 BGB dem Vorleistungspflichtigen allerdings nicht ein; er kann dem anderen Teil gemäß § 321 II BGB nur eine Frist setzen, innerhalb derer dieser nach seiner Wahl die Gegenleistung erbringen oder eine Sicherheit stellen muß, und nach fruchtlosem Ablauf dieser Frist zurücktreten. Bei einer nach § 321 I 2 Alt. 2 BGB gestellten Sicherheit handelt sich daher immer, und zwar auch nach der hier vertretenen, tendenziell

---

[129] Vgl. hierzu eingehend § 12.

[130] Das Gegenteil suggeriert HK/*Kreft*, § 142 Rn. 9: Es sei nur folgerichtig, inkongruente Deckungen wegen ihrer besonderen Verdächtigkeit und der gegenüber kongruenten Deckungen „allgemeinen" Verschärfung ihrer Anfechtbarkeit vom Bargeschäftsprivileg auszunehmen.

[131] Vgl. § 11 Fn. 92.

[132] Vgl. schon *Marotzke/Kick*, JR 1995, 108.

[133] Vgl. hier nur MünchKommBGB/*Emmerich*, § 321 Rn. 13; Staudinger/*Otto*, § 321 Rn. 13 ff.; *Didier*, NJW 2004, 814.

[134] In ähnlicher Weise erlaubte § 648 a I BGB a. F. dem vorleistungspflichtigen Werkunternehmer in bestimmten Fällen, dem Besteller eine Frist zur Leistung von Sicherheiten zu setzen und nach deren fruchtlosem Ablauf die Leistung zu verweigern. Mit der Neufassung des § 648 a I BGB durch das zum 1. 1. 2009 in Kraft getretene Forderungssicherungsgesetz (BGBl. I 2008, 2022 ff.) wird dem Unternehmer ein Anspruch auf Bestellung einer Sicherheit eingeräumt (vgl. Begr. RegE, BT-Drucks. 16/511, S. 17; Bericht des Rechtsausschusses, BT-Drucks. 16/9787, S. 19).

strengeren Ansicht, um eine inkongruente Deckung.[135] Der Vorleistungspflichtige wird damit in eine regelrechte Falle getrieben, denn sind die Voraussetzungen des § 321 I 1 BGB gegeben, wird in aller Regel zugleich der Tatbestand des § 131 I Nr. 3 InsO erfüllt sein. Wie die spätere Anfechtung erweist, hat die Stellung der Sicherheit, die zur Erfüllung der Vorleistungspflicht zwingt, das Insolvenzrisiko eben nicht ausgeschlossen. Dem Zweck des § 321 I 2 Alt. 2 BGB, den Vorleistungspflichtigen mit der Sicherheit so zu stellen, als habe er statt dieser die – wegen des Bargeschäftsprivilegs anfechtungsfeste – Gegenleistung erhalten, entspricht dies offenkundig nicht. § 321 I 2 Alt. 2 BGB kann seine Funktion daher nur erfüllen, wenn inkongruente Deckungen nicht von vornherein vom Bargeschäftsprivileg ausgeschlossen sind.[136]

5. Fazit

Sofern die inkongruente Deckung erkennbar für eine bestimmbare Gegenleistung des Anfechtungsgegners geleistet wurde und diese im Wert nicht übersteigt, unterfällt sie dem Privileg des § 142 InsO und ist nur unter den Voraussetzungen des § 133 InsO anfechtbar. Auch eine nach begonnenem Leistungsaustausch erfolgte Änderung der Leistungsabrede hindert eine Anwendung des Bargeschäftsprivilegs entgegen der herrschenden Meinung[137] nicht stets, sondern nur dann, wenn die danach vom Gläubiger zu erbringende Leistung weniger wert ist als die vom Schuldner zu erbringende.

---

[135] Zum insoweit vergleichbaren § 648 a BGB a. F. (vgl. soeben Fn. 134) etwa BGH NZI 2007, 456, 457; BGH NJW-RR 2005, 840, 842; MünchKommInsO/*Kirchhof*, § 131 Rn. 23; Kübler/Prütting/Bork/*Schoppmeyer*, § 131 Rn. 109; HK/*Kreft*, § 131 Rn. 13; HmbK/*Rogge*, § 131 Rn. 23; Graf-Schlicker/*Huber*, § 131 Rn. 7. Anders unter unbegründeter Gleichsetzung von § 648 und § 648 a BGB Jaeger/*Henckel*, § 131 Rn. 39. Anders zu § 648 a I BGB n. F. nun auch *Huber*, JuS 2009, 26: Da die Norm nunmehr einen Anspruch auf die Stellung einer Sicherheit einräume, sei diese kongruent. Das ist nur richtig, wenn man entgegen der herrschenden und mit der hier vertretenen Ansicht keine weiteren Anforderungen an die Bestimmtheit des die Kongruenz herstellenden Anspruchs stellt (dazu oben § 12 II 5 c); aufgrund solcher Anforderungen denn auch abweichend *Gehrlein*, WM 32/2009 (Sonderbeilage), 35, allerdings unter Berufung auf zu § 648 a BGB a. F. ergangene Rechtsprechung.

[136] Entsprechendes gilt für § 648 a BGB, was den BGH freilich nicht daran hindert, eine Anwendung des Bargeschäftsprivilegs auf nach dieser Norm bestellte Sicherheiten abzulehnen, BGH NZI 2007, 456, 457 (noch zu § 648 a BGB a. F., vgl. Fn. 134). Anders hat der BGH im Ergebnis zum Frachtführerpfandrecht nach §§ 441 ff. HGB entschieden, weil er es – gerade weil es andernfalls weitgehend funktionslos würde – nicht nur im Hinblick auf konnexe, sondern auch auf inkonnexe Forderungen für eine kongruente Sicherung hält: BGHZ 150, 326, 330 ff.

[137] BGH NZI 2007, 456, 457; BGH NJW 1993, 3267, 3269; Jaeger/*Henckel*, § 142 Rn. 6; MünchKommInsO/*Kirchhof*, § 142 Rn. 8; Kübler/Prütting/Bork/*Ehricke*, § 142 Rn. 9; HK/*Kreft*, § 142 Rn. 4; HmbK/*Rogge*, § 142 Rn. 4. Anders *Riggert*, FS Braun, 156 f.

IV. Anwendung des Bargeschäftsprivilegs auf Kreditsicherheiten

1. Bestellung einer Sicherheit

Daß auch die Stellung einer Kreditsicherheit ein „Bargeschäft" im Sinne des § 142 InsO darstellen kann, ist allgemein anerkannt,[138] obwohl der Wortlaut des § 142 InsO dagegen spricht. Das zeigt sich beim Darlehen am deutlichsten: Die Bestellung einer Sicherheit ist nicht die „Gegenleistung" „für die" Darlehensgewährung. Die Vertreter der herrschenden Meinung, die aus diesem Wortlaut mit weitaus geringerem Recht ableiten wollen, daß inkongruente Deckungen den Tatbestand des § 142 InsO nicht erfüllen könnten, halten dies im vorliegenden Zusammenhang interessanterweise für unproblematisch.

In der Tat dürfte es den Vorstellungen der Gesetzesverfasser entsprechen, § 142 InsO auch auf die Stellung von Kreditsicherheiten anzuwenden. Sie wollten mit § 142 InsO die Grundsätze kodifizieren, die sich schon unter der KO zum Bargeschäftsprivileg ausgebildet hatten, und nach diesen unterfiel dem Bargeschäftsprivileg seit jeher auch die Stellung von Kreditsicherheiten.[139] Dies ist auch in der Sache berechtigt, entspricht es doch dem Zweck des Bargeschäftsprivilegs, dem Schuldner auch in der Krise eine weitere Teilnahme am Wirtschaftsverkehr zu ermöglichen. Gerade in der Krise wird es dem späteren Insolvenzschuldner oftmals an liquiden Mitteln fehlen. Wenn ihm das Bargeschäftsprivileg nicht ermöglichte, sich durch die Bestellung von Sicherungsrechten an Vermögensgegenständen, deren Veräußerung nicht leicht möglich oder untunlich wäre, Liquidität zu verschaffen und diese für das Weiterwirtschaften zu nutzen, erfüllte es seinen Zweck nur ganz unvollkommen.

Um den Tatbestandsvoraussetzungen des § 142 InsO zu genügen, muß die Sicherheit – im Zweifel durch eine Sicherungsvereinbarung – einer bestimmten

---

[138] Jaeger/*Henckel*, § 131 Rn. 29, § 142 Rn. 13, 17, 19; MünchKommInsO/*Kirchhof*, § 142 Rn. 5 a, 13 c, 13 f; Kübler/Prütting/Bork/*Bork*, Anh. I § 147 Rn. 33; HmbK/*Rogge*, § 142 Rn. 16; FK/*Dauernheim*, § 142 Rn. 4; Nerlich/Römermann/*Nerlich*, § 142 Rn. 7; BKInsO/*Haas*, § 142 Rn. 10; HK/*Kreft*, § 142 Rn. 3; *Obermüller*, WM 1994, 1870; *ders.*, Insolvenzrecht, Rn. 5.136, 6.68; Mohrbutter/Ringstmeier/*Glatt*, § 9 Rn. 57; *Bork*, ZBB 2001, 276; *Wallner/Neuenhahn*, NZI 2006, 558; *Kuder*, ZInsO 2006, 1067; *Piekenbrock*, WM 2007, 144; *Schmalenbach/Sester*, WM 2007, 1167; *Molitor*, ZInsO 2006, 24 f.; *Leiner*, ZInsO 2006, 463; *Gehrlein*, WM 32/2009 (Sonderbeilage), 62; Derleder/Knops/Bamberger/*Jacoby*, § 24 Rn. 39; *Huth*, Kreditsicherungsrecht, 54; *Persch*, Insolvenzanfechtung, 77; *Thole*, Gläubigerschutz, 376; mit eingehenderer Begründung auch *Guski*, Sittenwidrigkeit, 174 ff. Noch zur KO etwa BGH WM 1955, 404, 406 f.; BGH NJW 1977, 718; BGH NJW 1998, 2592, 2597; *Canaris*, 100 Jahre KO, 82. Kritisch *Eckardt*, ZIP 1999, 1424. Schon die – mittelbare – Gläubigerbenachteiligung verneinen zu Unrecht *Beiner/Luppe*, NZI 2005, 18; *Himmelsbach/Achsnik*, NZI 2006, 104; ebenso auch *Obermüller/Kuder*, FS Fischer, 388, die aber zugleich ein Bargeschäft annehmen.

[139] Vgl. hier nur BGH WM 1955, 404, 406; BGH NJW 1977, 718; BGH NJW 1998, 2592, 2597; Jaeger/*Henckel*, Konkursordnung[9], § 30 Rn. 110; Kilger/*K. Schmidt*, § 30 Anm. 8. Schon den Schöpfern der KO 1879 war es ein besonderes Anliegen, gerade die sofortige Besicherung einer noch im anfechtungsrelevanten Zeitraum begründeten Forderung von der besonderen Konkursanfechtung auszunehmen, vgl. oben § 13 I 1.

Kreditgewährung als „Gegenleistung" zuzuordnen und dem gewährten Kredit gleichwertig sein, wobei ein angemessener Aufschlag, der Verwertungsrisiken und etwa auch die Kostenpauschalen nach §§ 170, 171 InsO berücksichtigt, unschädlich ist.[140]

Hatte der Schuldner dem Anfechtungsgegner eine zunächst nicht voll valutierende Sicherheit bestellt, kommt § 142 InsO auch insoweit zur Anwendung, als mit weiteren Kreditgewährungen die Rechte des Anfechtungsgegners aus der Sicherungsvereinbarung anwachsen: Ein solches „Auffüllen" der Sicherheit in der Krise ist der Anfechtung mithin gemäß § 142 InsO entzogen.[141] Anders liegt es dagegen, wenn der Anfechtungsgegner von dritten Insolvenzgläubigern deren Forderungen gegen den Schuldner erwirbt, die von der Sicherheit ebenfalls erfaßt werden:[142] Hier fehlt es an einer in das Vermögen des Schuldners gelangenden Gegenleistung des Anfechtungsgegners.

Das bloße „Stehenlassen" eines bereits gewährten, unbesicherten oder nicht hinreichend besicherten Kredits genügt als „Gegenleistung" des Anfechtungsgegners für eine nachträgliche Besicherung nicht:[143] Die nachträgliche Besicherung fördert in diesem Fall nicht die weitere Teilnahme des Schuldners am Wirtschaftsverkehr, sondern führt nur zur Begünstigung eines Insolvenzgläubigers vor den anderen, die das Bargeschäftsprivileg nach seinem Zweck nicht abdeckt. Anders kann es liegen, wenn eine Forderung fällig wird und der Anfechtungsgegner sie dem Schuldner daraufhin gegen Bestellung einer Sicherheit stundet. Denn hätte der Schuldner den Betrag an den Anfechtungsgegner gezahlt, dieser ihn aber sofort als Darlehen an den Schuldner zurückgezahlt, hätte das Bargeschäftsprivileg eine hierbei bestellte Sicherheit ohne weiteres erfaßt. Es wäre bloße Förmelei, für eine Anwendung des Bargeschäftsprivilegs auf einem solchen Hin-und-her-Zahlen zu bestehen. Dieses Argument verfängt freilich nur, wenn der Schuldner die Forderung tatsächlich hätte zurückzahlen können. Fehlten ihm hierfür bereits die liquiden oder kurzfristig liquidierbaren Mittel, hat sich das Insolvenzrisiko schon verwirklicht. In diesem Fall stellte die nachträgliche Besicherung der Forderung – genauso wie diejenige eines Altkredits – eine bloße Begünstigung eines Insolvenzgläubigers dar, die dem Bargeschäftsprivileg nach dessen Zweck nicht unterfällt.[144]

---

140 Angemessen soll ein „üblicher Risikozuschlag von etwa 50% auf den Nennwert" sein: MünchKommInsO/*Kirchhof*, § 142 Rn. 13c; HmbK/*Rogge*, § 142 Rn. 16; *Wallner/Neuenhahn*, NZI 2006, 558 mit Fn. 63. Ohne konkrete Wertangabe Kübler/Prütting/Bork/*Bork*, Anh. I § 147 Rn. 35; FK/*Dauernheim*, § 142 Rn. 4.

141 *Obermüller/Kuder*, FS Fischer, 389.

142 Zur Anfechtbarkeit und zum anfechtungsrelevanten Zeitpunkt in solchen Fällen § 8 II 2d.

143 So aber LG Chemnitz WM 2007, 398; *Molitor*, ZInsO 2006, 25; *Zeller/Edelmann*, BB 2007, 1463. Wie hier dagegen BGHZ 174, 297, 311; MünchKommInsO/*Kirchhof*, § 142 Rn. 13c; BKInsO/*Haas*, § 142 Rn. 12; Derleder/Knops/Bamberger/*Jacoby*, § 24 Rn. 39; *Schneider/Güther*, DB 2008, 283; *Mitlehner*, ZIP 2007, 1930; *Eßbauer*, ZInsO 2008, 602; *Gehrlein*, ZInsO 2010, 1862.

144 Ebenso differenzieren – allerdings ohne nähere Begründung – BGH NZI 1999, 645, 646; Kübler/Prütting/Bork/*Bork*, Anh. I § 147 Rn. 34. Vgl. auch *Stapper/Jacobi*, BB 2007, 2022.

Ob auch kraft Gesetzes entstehende Sicherungsrechte nach § 142 InsO anfechtungsrechtlich privilegiert sein können, ist zweifelhaft. Nicht nur fehlt es in diesen Fällen an einer Parteiabrede, die aber nach der Gesetzesbegründung erforderlich sein soll;[145] es ist auch unklar, ob überhaupt von einer „Leistung" des Schuldners die Rede sein kann und worin die „Gegenleistung" liegt, die der Anfechtungsgegner gerade für die erhaltene Sicherheit erbracht hat. Manche gehen daher davon aus, kraft Gesetzes entstehende Pfandrechte könnten den Tatbestand des § 142 InsO niemals erfüllen.[146] Richtigerweise ist zu differenzieren. Unschädlich ist allemal, daß es in diesen Fällen an einer Parteivereinbarung fehlt, was sowohl aus Sinn und Zweck des § 142 InsO als auch aus dem der jeweiligen Norm folgt, kraft derer das Sicherungsrecht entsteht. Indem das Gesetz ein Pfandrecht einräumt, antizipiert es nur eine für interessengerecht gehaltene Parteivereinbarung; der Sicherungsnehmer soll so stehen, als hätten die Parteien das Sicherungsrecht rechtsgeschäftlich bestellt, keinesfalls schlechter.[147] Und § 142 InsO verlangt eine Verknüpfung von Leistung und Gegenleistung nur, um einen Gleichwertigkeitsvergleich zu ermöglichen;[148] hierfür genügt es, wenn Leistung und Gegenleistung als solche identifizierbar sind, wofür es nicht notwendigerweise einer Parteiabrede bedarf. Will man die Beteiligten, die das Bargeschäftsprivileg nutzen wollen, nicht zu einer sinnlosen rechtsgeschäftlichen „Bekräftigung" des ohnehin kraft Gesetzes entstehenden Sicherungsrechts zwingen, muß man sie von vornherein so behandeln, als wäre das Sicherungsrecht dem Anfechtungsgegner durch Rechtsgeschäft mit dem Schuldner eingeräumt worden. Dies entspricht auch dem Zweck des § 142 InsO, denn womöglich erhält der Anfechtungsgegner den geschäftlichen Kontakt mit dem bereits in die Krise geratenen Schuldner nur im Hinblick auf seine gesetzlichen Sicherungsrechte aufrecht. Daher gilt auch hier: Wird durch das gesetzliche Pfandrecht eine neu begründete Forderung besichert, handelt es sich um ein Bargeschäft, das auch dann unanfechtbar ist, wenn die Voraussetzungen der §§ 130, 131 InsO gegeben sind; werden aber bereits bestehende Forderungen nachträglich abgesichert, greift § 142 InsO nicht, und das gesetzliche Sicherungsrecht ist unter den Voraussetzungen der §§ 130, 131 InsO anfechtbar. Daher unterfällt die Deckung durch ein Unternehmerpfandrecht nach § 647 BGB in aller Regel dem Bargeschäftsprivileg,

---

– Ablehnend MünchKommInsO/*Kirchhof*, § 142 Rn. 13c: Auch wenn eine werthaltige Forderung „stehengelassen" werde, werde dem haftenden Vermögen damit kein neuer Vermögenswert zugeführt. Damit verträgt es sich nicht, daß *Kirchhof* im Rahmen seiner Kommentierung der Unentgeltlichkeitsanfechtung nach § 134 InsO feststellt, das „Stehenlassen" einer gekündigten oder kundbaren Forderung sei ein ausgleichender Gegenwert für eine sodann erfolgende Besicherung, wenn die Forderung durchsetzbar gewesen wäre (MünchKommInsO/*Kirchhof*, § 134 Rn. 28; weitere Nachweise für die entsprechende, für § 134 InsO herrschende Meinung bei BGH NZI 2006, 524, 525, wo diese Frage offengelassen wurde).

145 Vgl. § 13 II 2.

146 So MünchKommInsO/*Kirchhof*, § 142 Rn. 5b; *Raschke*, Bargeschäftstatbestand, 74, 95.

147 Vgl. hierzu vor dem Hintergrund des gutgläubigen Erwerbs gesetzlicher Pfandrechte, welcher nach unzutreffender herrschender Ansicht abzulehnen ist, *Wieling*, Sachenrecht I, § 15 VIII 1b.

148 § 13 II 2.

diejenige durch ein Vermieterpfandrecht nach § 562 BGB dagegen nur, soweit dieses unmittelbar mit der gesicherten Forderung entstanden ist, die haftende Sache bei Entstehung der Forderung also schon in die Mieträume eingebracht war. Soweit die Sache aber für bei ihrer Einbringung bereits bestehende Forderungen haftet, liegt kein Bargeschäft vor. Entsprechend wird das Frachtführerpfandrecht nach § 441 I 1 HGB durch § 142 InsO nur bezüglich der Forderungen aus dem konkreten Frachtvertrag privilegiert, nicht auch wegen der Altforderungen, die es nach § 441 I 1 Alt. 2 HGB ebenfalls erfaßt.

An die nach § 142 InsO erforderliche Unmittelbarkeit sind bei der Bestellung von Kreditsicherheiten die gleichen – nach hier vertretener Ansicht: strengen – Anforderungen zu stellen wie im Fall eines Austauschgeschäfts. Denn hier wie dort hat es der Anfechtungsgegner in der Hand, wirkliche Unmittelbarkeit herzustellen und die Kreditgewährung, etwa die Auszahlung eines Darlehens, solange zu verweigern, bis ihm das Sicherungsrecht eingeräumt wird. Leistet er im Vertrauen auf die Leistungsfähigkeit und Vertragstreue des Schuldners vor, besteht kein Grund, ihn im Vergleich zu den anderen Gläubigern zu privilegieren. Für die Wahrung des Unmittelbarkeitszusammenhangs kommt es allerdings nicht unbedingt darauf an, wann der Anfechtungsgegner das Sicherungsrecht als Vollrecht erworben hat; es genügt, wenn er in unmittelbarem Zusammenhang mit der Kreditgewährung eine – etwa wegen § 878 BGB, § 91 II InsO – insolvenzfeste Anwartschaft auf das Sicherungsrecht erlangt hat.

2. Ablösung einer Sicherheit

Unter das Bargeschäftsprivileg kann nach herrschender Ansicht auch die Rückzahlung eines Darlehens durch den Schuldner fallen, wenn dem Anfechtungsgegner eine entsprechend werthaltige Sicherheit bestellt worden war und er diese daraufhin freigibt.[149] Sofern solche Zahlungen überhaupt die Gläubiger benachteiligen – etwa weil die Sicherheit ihrerseits anfechtbar war –,[150] es auf die Frage der Anwendung des § 142 InsO also überhaupt ankommt, ist dieser Ansicht zu folgen: Durch die Freigabe erhält der Schuldner eine – bei entsprechender Werthaltigkeit des Sicherungsgegenstands – mindestens gleichwertige Gegenleistung, die er etwa zur anderweitigen Kreditsicherung verwenden kann. Nach hier vertretener Ansicht kommt es für die Anwendbarkeit des § 142 InsO in diesen Fällen auch nicht darauf an, ob das Darlehen vor Fälligkeit zurückgezahlt wurde, die mit der Tilgung gewährte Deckung also – nach herrschender Ansicht[151] – inkongruent ist.

Mit dieser Erwägung ist allerdings nicht jede Bedienung eines gesicherten Darlehens als Bargeschäft einzustufen. Denn zwar mindern sich mit der Tilgung kraft Akzessorietät oder aufgrund der Sicherungsvereinbarung die Rechte des Anfechtungsgegners. Dadurch gelangt aber solange keine „Gegenleistung" in das Vermö-

---

149 BAG NZA 2009, 105, 109; HK/*Kreft*, § 142 Rn. 3; MünchKommInsO/*Kirchhof*, § 142 Rn. 13 c.

150 Vgl. oben bei und in Fn. 38.

151 Vgl. aber § 12 II 1.

gen des Schuldners, wie dieser den Sicherungsgegenstand nicht zur Sicherung eines anderen Kredits verwenden kann; erst dies würde dessen weitere Teilnahme am Wirtschaftsverkehr in nach § 142 InsO zu privilegierender Weise fördern. Die Anfechtbarkeit solcher Tilgungsleistungen scheitert in aller Regel allerdings schon daran, daß sie wegen der ohnehin bestehenden Sicherheit die Gläubiger nicht benachteiligen.[152]

3. Auswechslung von Sicherungsgegenständen

a) Verlängerter Eigentumsvorbehalt

Fraglich ist, ob ein Bargeschäft auch dann gegeben sein kann, wenn eine dem Anfechtungsgegner bestellte Sicherheit durch eine andere ausgetauscht wird. Dies kann etwa aufgrund eines verlängerten Eigentumsvorbehalts geschehen, wenn also der Schuldner die vom Anfechtungsgegner unter Eigentumsvorbehalt erworbene, diesem mangels vollständiger Kaufpreiszahlung noch gehörende Sache mit Einwilligung des Anfechtungsgegners an einen Dritten veräußert und die dem Anfechtungsgegner im voraus abgetretene Kaufpreisforderung gegen den Dritten an die Stelle der Sachsicherheit tritt. Sofern die im voraus abgetretene Kaufpreisforderung dieselben Forderungen sichert, die zuvor der Eigentumsvorbehalt absicherte, und auch in ihrem (Sicherungs-)Wert[153] dem der veräußerten Sache entspricht, benachteiligt die Vorausabtretung die anderen Gläubiger nicht,[154] so daß eine Anfechtung von vornherein ausscheidet und sich die Frage nach einer Anwendung des § 142 InsO gar nicht stellt. Denn die Befriedigungsaussichten der anderen Gläubiger werden dadurch, daß ein Sicherungsgegenstand gegen Stellung einer anderen, gleichwertigen Sicherheit freigegeben wird, ebensowenig berührt wie durch die Tilgung eines anfechtungsfest besicherten Kredits. Sofern die veräußerte Sache dagegen weniger wert war als die Kaufpreisforderung, wäre der Tatbestand des § 142 InsO ohnehin nicht erfüllt.

b) Revolvierende Globalzession

Man könnte meinen, aus den gleichen Gründen scheide mangels Gläubigerbenachteiligung auch die Anfechtung einer revolvierenden Globalzession insoweit aus, als

---

[152] Vgl. oben bei und in Fn. 38.

[153] Vgl. zu dessen Bestimmung BGH NZI 2005, 389, 390f.

[154] BGH NJW-RR 2000, 1154, 1156; NJW 1975, 1226, 1227; vgl. auch BGH NZI 2005, 389, 390 (Freigabe des mit einem Pfandrecht nach § 441 I 1 HGB belasteten Transportguts gegen Sicherungsabtretung einer Forderung); BGH NJW-RR 1985, 536, 538f. (Veräußerung einer zur Sicherheit übereigneten Sache unter Vorausabtretung des Kaufpreisanspruchs an den Sicherungseigentümer); allgemein BGH NJW 2010, 444, 445. Kübler/Prütting/Bork/*Bork*, Anh. I § 147 Rn. 12; HK/*Kreft*, § 129 Rn. 59; HmbK/*Rogge*, § 129 Rn. 96; MünchKommInsO/*Kirchhof*, § 129 Rn. 108d, 155, § 142 Rn. 13d; *Mitlehner*, ZIP 2007, 1929; *Molitor*, ZInsO 2006, 24. Für ein Bargeschäft in diesem Fall *Obermüller*, Insolvenzrecht, Rn. 6.79a, unter unzutreffendem Hinweis auf BGH NZI 2001, 357f.

im anfechtungsrelevanten Zeitraum neu entstandene Forderungen[155] an die Stelle derjenigen Forderungen treten, die der Schuldner aufgrund der entsprechenden Abrede mit dem Sicherungsnehmer eingezogen hat.[156] Dies trifft jedoch nicht zu: Ein Sicherheitentausch benachteiligt die Gläubiger nur dann nicht, wenn die eine Sicherheit gegen Stellung einer konkreten anderen Sicherheit freigegeben wird. Denn war die Sicherheit, an deren Stelle die andere Sicherheit treten soll, ohnehin bereits freigegeben worden, war das Vermögen des Schuldners schon entsprechend entlastet; in der Stellung der anderen Sicherheit liegt dann eine selbständige Belastung des Vermögens des Schuldners, welche die Befriedungsaussichten seiner Gläubiger verschlechtert. Das gilt auch im Falle der revolvierenden Globalzession: Zieht der Schuldner eine zedierte Forderung ein, vermehrt sich sein allen Gläubigern haftendes Vermögen dadurch, ohne daß diese Mehrung *uno actu* durch die Stellung einer anderen Sicherheit ausgeglichen würde; die eingezogene Forderung wird nicht etwa automatisch oder Zug um Zug durch eine neu begründete ersetzt. Umgekehrt bedeutet dies: Fällt eine neu begründete Forderung unter die Globalzession, verschlechtert dies die Befriedigungsaussichten der Gläubiger, ohne daß dies ohne weiteres durch die bloße Möglichkeit ausgeglichen würde, daß der Schuldner eine inzwischen werthaltig gewordene Forderung einzieht.

Da die Anfechtung der revolvierenden Globalzession nicht schon mangels Gläubigerbenachteiligung ausscheidet,[157] stellt sich die Frage, ob insoweit das Bargeschäftsprivileg greift: Es ist zu erwägen, ob die gleichwertige Gegenleistung des Anfechtungsgegners dafür, daß die Abtretung die im anfechtungsrelevanten Zeitraum entstehenden Forderungen erfaßt und sich seine Sicherheit auf diese Weise vergrößert, darin liegt, daß der Anfechtungsgegner es dem Schuldner erlaubt, der Globalzession unterfallende Forderungen einzuziehen.[158] Der BGH hat dies abgelehnt:[159] Es fehle an einer rechtsgeschäftlichen Verknüpfung von Leistung und Gegenleistung, da der Erwerb neuer Forderungen unabhängig davon erfolge, was mit den dem Schuldner zur Einziehung überlassenen Forderungen geschehen sei. Zudem wäre, so der BGH, der insoweit beweisbelastete Sicherungsnehmer in den meisten Fällen nicht einmal ansatzweise in der Lage, die Tatsachen vorzutragen, die zur Beurteilung des Wertverhältnisses zwischen untergegangenen und neu entstan-

---

155 Zum für die Frage der Anfechtbarkeit der Globalzession relevanten Zeitpunkt § 8 II 1 c.

156 So *Leithaus*, NZI 2007, 548; *Zeller/Edelmann*, BB 2007, 1463; *Brandt/Günther*, BKR 2006, 237.

157 So ausdrücklich Kübler/Prütting/Bork/*Bork*, Anh. I § 147 Rn. 14; *Beiner/Luppe*, NZI 2005, 19; *Mitlehner*, ZIP 2007, 1929f.; im Ergebnis auch die in Fn. 159 Genannten.

158 So *Blum*, ZInsO 2007, 530; *Kuder*, ZInsO 2006, 1069; *Furche*, WM 2007, 1314 („bargeschäftlich privilegierter Tausch"); *Leiner*, ZInsO 2006, 463. Vgl. auch *Piekenbrock*, WM 2007, 144; *Obermüller*, Insolvenzrecht, Rn. 6.102f ff., 6.102s. Mit anderer Begründung („fortdauernde Darlehensgewährung" als gleichwertige Gegenleistung) *Zeller/Edelmann*, BB 2007, 1463.

159 BGHZ 174, 297, 312f.; BGH NZI 2008, 551, 553. Zustimmend Kübler/Prütting/Bork/*Bork*, Anh. I § 147 Rn. 33; BKInsO/*Haas*, § 142 Rn. 15; HK/*Kreft*, § 142 Rn. 3; *Schneider/Güther*, DB 2008, 283; *Eßbauer*, ZInsO 2008, 602; *Psaroudakis*, ZInsO 2009, 1042 ff. Ebenso für den Fall, daß die eingezogenen Forderungen auf einem beim Sicherungsnehmer geführten Konto verbucht werden, schon *Mitlehner*, ZIP 2007, 1930.

denen Forderungen notwendig seien. Der BGH meint, die beteiligten Interessen zu einem angemessenen Ausgleich gebracht zu haben, indem er die im Wege einer Globalzession erhaltenen Deckungen einerseits für kongruent, also lediglich nach § 130 InsO anfechtbar erklärt, andererseits aber vom Bargeschäftsprivileg ausnimmt. Der Sicherungsnehmer erhalte damit ein anfechtungsfestes Absonderungsrecht an allen Forderungen, die werthaltig geworden seien,[160] bevor der Sicherungsnehmer von der Krise des Schuldners erfahren habe. „Würden dagegen solche Rechte auch noch an später entstandenen Forderungen begründet, könnte dies für den Sicherungsnehmer einen Anreiz bilden, den Kreditvertrag mit dem insolventen Schuldner noch eine Zeitlang bis zu dem von seinem persönlichen Befriedigungsinteresse her gesehen günstigsten Zeitpunkt fortzusetzen. Dies stände in Widerspruch zum erklärten Ziel der InsO, die Beteiligten zu veranlassen, das Insolvenzverfahren frühzeitig einzuleiten, um eventuelle Sanierungsaussichten zu wahren und eine möglichst effektive Befriedigung der Gläubiger i.S. von § 1 S. 1 InsO zu bewirken. Deren berechtigte Interessen wären in nicht hinnehmbarer Weise beeinträchtigt, wenn eine Globalzession dem Sicherungsnehmer die Möglichkeit gäbe, das Kreditverhältnis mit einem erkanntermaßen insolventen Schuldner zum Nachteil der Masse fortzusetzen.“[161]

Diese Argumentation vermag in wesentlichen Teilen nicht zu überzeugen. Es trifft nicht zu, daß eine Anwendung des Bargeschäftsprivilegs es dem Sicherungsnehmer ermöglichen würde, das Kreditverhältnis zum Nachteil der Masse bis zu einem für ihn besonders günstigen Zeitpunkt – gemeint ist offenbar: wenn besonders viele offene Forderungen von der Globalzession erfaßt werden – fortzuführen. Denn weil Leistung und Gegenleistung gleichwertig sein müssen, damit der Tatbestand des § 142 InsO erfüllt ist, erlangte der Sicherungsnehmer durch eine Anwendung des Bargeschäftsprivilegs aufgrund der Globalzession nur insoweit ein anfechtungsfestes Recht auf abgesonderte Befriedigung aus den im anfechtungsrelevanten Zeitraum entstehenden und werthaltig werdenden Forderungen, als der Schuldner im selben Zeitraum auch Forderungen eingezogen hat, die aus der Globalzession also herausfielen. Der Sicherungsnehmer steht durch eine Anwendung des Bargeschäftsprivilegs also nicht besser oder schlechter, als er stünde, hätte er in dem Moment, als er von der Krise des Schuldners erfuhr und damit die Anfechtungsvoraussetzungen des § 130 InsO eintraten, die Einziehungsbefugnis widerrufen und die Globalzession offengelegt. Genau hierzu zwingt ihn nun die Rechtsprechung des BGH. Die in diesem Zeitpunkt bestehenden und werthaltigen Forderungen sind damit anfechtungsfest dem Zugriff des Schuldners entzogen. Im Umfang der Globalzession kann der Schuldner die laufenden Kosten zunächst nicht mehr aus Zahlungseingängen bestreiten. Damit wird er in aller Regel vom Wirtschaftsverkehr ausgeschlossen – ein Ergebnis, das § 142 InsO gerade vermeiden soll. Die sofortige Beantragung und Eröffnung eines Insolvenzverfahrens ändert hieran nichts; die Annahme des BGH, daß die Chancen für eine Sanierung des

---

[160] Vgl. § 8 II 2 c.

[161] BGHZ 174, 297, 313. Laut *Jacobi*, BKR 2008, 195, handelt es sich hierbei um einen „rechts- und wirtschaftspolitisch gelungenen Kompromiss“.

Unternehmens des Schuldners hierdurch stiegen, trifft also nicht zu.[162] Die Befriedigungsaussichten der anderen Gläubiger, die der BGH schützen will, werden durch eine Nichtanwendung des Bargeschäftsprivilegs daher eher gemindert als erhöht, ohne daß dies den Bestand der allgemein haftenden Masse erhöhte.

Die Interessenlage spricht mithin für eine Anwendung des Bargeschäftsprivilegs. Dem BGH ist allerdings insoweit Recht zu geben, als sich die Erlaubnis, eine bestimmte Forderung einzuziehen, tatsächlich nicht als konkrete Gegenleistung dem Erwerb einer bestimmten im anfechtungsrelevanten Zeitraum entstandenen Forderung gegenüberstellen läßt. Damit ergeben sich auch Schwierigkeiten für den von § 142 InsO vorausgesetzten Gleichwertigkeitsvergleich. Unüberwindlich sind diese freilich nicht. Will man dem Zweck dieser Norm entsprechen und das Bargeschäftsprivileg auch auf den mit der revolvierenden Globalzession verbundenen Austausch haftender Forderungen anwenden, läßt sich dies nur dadurch erreichen, daß man für diese Zwecke ausnahmsweise von der anfechtungsrechtlichen Einzelbetrachtung abgeht, für die Frage der Gleichwertigkeit also auf den Gesamtwert der im anfechtungsrelevanten Zeitraum vom Schuldner eingezogenen Forderungen abstellt und diesem den Gesamtwert der in diesem Zeitraum entstandenen und werthaltig gewordenen Forderungen gegenüberstellt, an denen der Sicherungsnehmer ein Absonderungsrecht erlangt hat.[163] Hierzu wird zwar nicht unbedingt der Sicherungsnehmer erschöpfend vortragen können, der in der Tat die Darlegungs- und Beweislast hinsichtlich der Voraussetzungen des § 142 InsO trägt,[164] wohl aber in aller Regel der anfechtende Insolvenzverwalter, der über die Geschäftsunterlagen des Schuldners verfügt und nach Eröffnung des Insolvenzverfahrens für den Einzug der sicherungszedierten Forderungen zuständig ist. Ihn trifft daher insoweit eine Aufklärungspflicht, als er den Vortrag des Anfechtungsgegners, die Voraussetzungen des Bargeschäftsprivilegs seien gegeben, nicht schlicht mit Nichtwissen bestreiten kann.[165] An das Erfordernis der Unmittelbarkeit schließlich sind wegen des Dauercharakters des Leistungsaustauschs keine allzu strengen Anforderungen zu stellen: Es ist im Zweifel gewahrt, wenn bei Fortführung des Geschäftsbetriebs des Schuldners fortlaufend Forderungen eingezogen und neue begründet werden.

Die besseren Gründe sprechen also dafür, das Bargeschäftsprivileg entgegen der herrschenden Meinung auch insoweit auf die revolvierende Globalzession anzuwenden, als der Forderungsbestand durch Einzug und Neubegründung wechselt. Diese Grundsätze lassen sich auf andere Globalsicherheiten mit wechselndem Bestand übertragen.

---

[162] Vgl. schon oben § 13 I 2 e.

[163] So, allerdings ohne weitere Erörterung, *Blum*, ZInsO 2007, 530; *Kuder*, ZInsO 2006, 1070. Auf den Gedanken eines „Sicherheiten-Kontokorrents" will *Molitor*, ZInsO 2006, 25, abstellen; ablehnend HK/*Kreft*, § 142 Rn. 3; MünchKommInsO/*Kirchhof*, § 142 Rn. 13e.

[164] Vgl. neben BGHZ 174, 297, 313, nur BGH NJW 2003, 360, 362; Jaeger/*Henckel*, § 142 Rn. 46; MünchKommInsO/*Kirchhof*, § 142 Rn. 25; HmbK/*Rogge*, § 142 Rn. 23; HK/*Kreft*, § 142 Rn. 11; Mohrbutter/Ringstmeier/*Glatt*, § 9 Rn. 65.

[165] Zur ausnahmsweisen Aufklärungspflicht der nicht beweisbelasteten Partei vgl. etwa BGH NJW 1999, 2887, 2888; *Rosenberg/Schwab/Gottwald*, Zivilprozeßrecht, § 108 Rn. 14; *Musielak*, FG BGH III, 194ff. mit weiteren Nachweisen aus der ständigen Rechtsprechung des BGH.

Daß der Sicherungsnehmer den Forderungseinzug durch den Schuldner erlaubt, ist allerdings nur dann eine objektiv gleichwertige Gegenleistung dafür, daß neu begründete Forderung der Zession unterfallen, wenn der in der eingezogenen Forderung verkörperte Wert damit auch aus dem Sicherungszugriff des Zessionars ausscheidet. Denn nur dann wird das haftende Vermögen des Schuldners – wie § 142 InsO es seiner Funktion nach voraussetzt – per Saldo nicht vermindert. Daher liegt kein Bargeschäft vor, wenn die in der Forderungsinhaberschaft liegende Sicherheit des Zessionars durch den Forderungseinzug nur gegen eine andere Sicherheit ausgetauscht wird. Das ist etwa der Fall, wenn die Zahlung auf eine einer Bank zur Sicherheit abgetretene Forderung auf das bei derselben Bank geführte Kontokorrentkonto eingeht und der aus der Gutschrift folgende Anspruch des Schuldners in das Kontokorrent eingestellt wird. Hierauf wird an anderer Stelle noch näher einzugehen sein.[166] Auf diese Weise vom Schuldner „eingezogene" Forderungen sind bei Bestimmung der Reichweite des Bargeschäftsprivilegs daher nicht zu berücksichtigen.

[166] § 14 III 5 a.

§ 14 Aufrechnungen

Wer wirksam die Aufrechnung erklärt, bringt damit gemäß § 389 BGB nicht nur die gegen ihn gerichtete Forderung zum Erlöschen, sondern erhält damit in gleicher Höhe auch Befriedigung für seine eigene Forderung,[1] nach anfechtungsrechtlicher Terminologie also eine Deckung. Die Frage, inwieweit diese der Anfechtbarkeit nach §§ 130, 131 InsO unterliegt, bedarf schon wegen des nicht leicht zu durchschauenden Verhältnisses dieser Normen zum Insolvenzaufrechnungsrecht einer eingehenderen Betrachtung; sie ist zudem, vor allem im Hinblick auf die Fortführung von Kontokorrentkonten in der Krise (unten III), von erheblicher praktischer Relevanz.

I. Das Verhältnis zwischen Insolvenzaufrechnungs- und -anfechtungsrecht

1. Die Regelung der Insolvenzaufrechnung im Überblick

Unter bestimmten Voraussetzungen erlauben §§ 94ff. InsO es einem Insolvenzgläubiger, der seinerseits Schuldner des Insolvenzschuldners ist, noch nach Eröffnung des Insolvenzverfahrens wirksam die Aufrechnung zu erklären. Diese Möglichkeit, die wechselseitigen Forderungen durch Aufrechnung zum Erlöschen zu bringen, stellt den aufrechnungsberechtigten Insolvenzgläubiger im Vergleich zu den anderen erheblich besser: Statt seinerseits in voller Höhe leisten zu müssen und auf seine Forderung nur die Insolvenzquote zu erhalten, wird er frei, soweit die Forderungen sich decken; er kann also den Wert seiner Insolvenzforderung in Höhe der Hauptforderung des Schuldners vollständig und nicht nur quotal realisieren.[2]

---

[1] Zum Nebeneinander der verschiedenen Funktionen der Aufrechnung vgl. etwa Staudinger/*Gursky*, Vorbemerkungen zu §§ 387ff. Rn. 6ff.; *v. Wilmowsky*, NZG 1998, 481f.

[2] Diese Privilegierung halten manche für kritikwürdig: *Jauernig/Berger*, Zwangsvollstreckungs- und Insolvenzrecht, § 50 Rn. 4; vgl. auch *Paulus*, ZIP 1997, 569ff. Andere verweisen auf die Sicherungswirkung der Aufrechnung (vgl. hierzu Staudinger/*Gursky*, § 387 Rn. 6f.) und nehmen an, der Aufrechnungsberechtigte sei kraft Aufrechnungslage zur abgesonderten Befriedigung aus der gegen ihn gerichteten Forderung des Schuldners berechtigt: Staudinger/*Gursky*, Vorbemerkungen zu §§ 387ff. Rn. 19; Gottwald/*Gottwald*, § 45 Rn. 3; *Dampf*, KTS 1998, 145;

Gemäß § 94 InsO bleibt eine Aufrechnung möglich, wenn die Aufrechnungslage schon vor Verfahrenseröffnung entstanden war. Die Aufrechnung ist in diesem Fall nur dann unzulässig und damit für die Zwecke des Insolvenzverfahrens unwirksam,[3] wenn der Insolvenzgläubiger an die Masse zu leisten hat, während seine eigene Forderung aus dem insolvenzbeschlagsfreien Vermögen des Schuldners zu erfüllen ist (§ 96 I Nr. 4 InsO) oder der Insolvenzgläubiger „die Möglichkeit der Aufrechnung" durch eine anfechtbare Handlung erlangt hat (§ 96 I Nr. 3 InsO). Aus §§ 95 I, 96 I Nr. 1–2 InsO folgt, daß der Insolvenzgläubiger grundsätzlich selbst dann wirksam aufrechnen kann, wenn die Aufrechnungslage erst nach Verfahrenseröffnung eintrat, es sei denn, daß sie erst entstand, nachdem die gegen den Insolvenzgläubiger gerichtete Forderung durchsetzbar geworden war (§ 95 I 3 InsO), daß der Gläubiger erst nach Verfahrenseröffnung etwas zur Masse schuldig geworden ist (§ 96 I Nr. 1 InsO) oder die Forderung nach Eröffnung des Verfahrens von einem anderen Gläubiger erworben hat (§ 96 I Nr. 2 InsO).

2. Unwirksamkeit nach § 96 I Nr. 3 InsO und Anfechtung der Aufrechnungserklärung

Für die Frage der Anfechtbarkeit einer in der Krise des Schuldners erlangten Deckung ist § 96 I Nr. 3 InsO von besonderem Interesse. Die Norm erklärt eine Aufrechnung für unzulässig, wenn ein Insolvenzgläubiger die Möglichkeit der Aufrechnung durch eine anfechtbare Rechtshandlung erlangt hat. Es fragt sich, wie sich die „Unzulässigkeit" zur Anfechtbarkeit einer vor Verfahrenseröffnung erklärten Aufrechnung nach §§ 130, 131 InsO verhält.

a) Anwendbarkeit des § 96 I Nr. 3 InsO auf vor Verfahrenseröffnung erklärte Aufrechnungen

Um dies zu beantworten, ist zunächst zu klären, ob § 96 I Nr. 3 InsO sich überhaupt auch auf vor Verfahrenseröffnung erklärte Aufrechnungen auswirkt. Nach mittlerweile ganz herrschender Ansicht ist § 96 I Nr. 3 InsO auch dann anwendbar, wenn die Aufrechnungserklärung bereits vor Verfahrenseröffnung abgegeben worden war: Hatte der Insolvenzgläubiger die Aufrechnungsmöglichkeit durch eine anfechtbare Rechtshandlung erlangt, soll eine zuvor wirksam gewordene Aufrechnungserklärung mit der Verfahrenseröffnung *ex tunc* ihre Wirkung verlie-

---

v. Olshausen, KTS 2001, 46f.; *Eckardt*, ZIP 1995, 257; *Bauer*, Ungleichbehandlung, 95; *Müller*, Aufrechnung, 69f.; vgl. auch schon *Hahn*, Materialien IV, 216f.; ähnlich *Dieckmann*, Insolvenzrecht im Umbruch, 211; kritisch *Göpfert*, Aufrechnungslagen, 38f.; *Windel*, KTS 2000, 221ff. Wieder andere verweisen darauf, daß schon die Aufrechnungsbefugnis der Erfüllung gleichstehe und der Aufrechnungsberechtigte daher so zu behandeln sei, als seien die wechselseitigen Forderungen schon bei Entstehung der Aufrechnungslage erloschen: *Häsemeyer*, Kölner Schrift, Kap. 15 Rn. 4, 13; *ders.*, JuS 1986, 853; *ders.*, Insolvenzrecht, Rn. 19.02; vgl. auch Jaeger/*Windel*, § 96 Rn. 60.

[3] Vgl. zu dieser Auslegung des Wortes „unzulässig" nur BGH NZI 2007, 582; Jaeger/*Windel*, § 96 Rn. 49; *Bork*, FS Ishikawa, 33.

ren.[4] Diese Ansicht entspricht derjenigen der Verfasser des Regierungsentwurfs.[5] Der Erste Bericht der Kommission für Insolvenzrecht hatte in Leitsatz 3.6.4 dagegen für den Fall, daß „die Aufrechnungslage vor der Eröffnung des Insolvenzverfahrens in anfechtbarer Weise herbeigeführt worden ist", nur die „im Insolvenzverfahren" erklärte Aufrechnung für unzulässig erklärt und in Leitsatz 5.9 angeordnet, daß eine „vor der Eröffnung des Insolvenzverfahrens abgegebene Aufrechnungserklärung anfechtbar [ist], wenn die Aufrechnungslage in anfechtbarer Weise herbeigeführt worden ist".[6]

Der herrschenden, von den Verfassern des § 96 I Nr. 3 InsO in seiner heutigen Fassung geteilten Ansicht ist zu folgen. Allerdings spricht die systematische Stellung des § 96 I Nr. 3 InsO eher gegen sie:[7] Man mag zwar sagen, auch die Unwirksamkeit einer vor Verfahrenseröffnung erklärten Aufrechnung sei eine „Wirkung der Eröffnung des Insolvenzverfahrens" – so die amtliche Überschrift des dritten Teil der InsO, in den § 96 InsO fällt –, nämlich eine Rückwirkung, wie sie auch § 88 InsO entfaltet. Jedoch macht der Wortlaut des § 88 InsO die Rückwirkung deutlich („*wird* ... mit der Eröffnung des Verfahrens unwirksam"),[8] während derjenige des § 96 I InsO („*ist* unzulässig") eher gegen eine Rückwirkung spricht.[9]

---

[4] BGH NZI 2010, 17; BGH NJW 2007, 2640, 2641; BGH NZI 2007, 582; BGH NZI 2007, 31 f.; BGH NZI 2005, 499, 500; BGH NZI 2004, 620; BGH NZI 2004, 82; OLG Dresden WM 2006, 2095; OLG Düsseldorf NZI 2006, 39f.; Jaeger/*Windel*, § 96 Rn. 49; Jaeger/*Henckel*, § 130 Rn. 81; MünchKommInsO/*Brandes*, § 96 Rn. 37 (vgl. aber auch Rn. 38 a.E.); HmbK/*Jacoby*, § 96 Rn. 9; Bork/*ders.*, Kap. 16 Rn. 6; *ders.*, KTS 2007, 230f.; HK/*Kreft*, § 129 Rn. 17; HK/*Kayser*, § 96 Rn. 5; *ders.*, WM 2008, 1534; HK/*Kreft*, § 129 Rn. 17; FK/Dauernheim, § 130 Rn. 26; Gottwald/*Gottwald*, § 45 Rn. 99; *Bork*, FS Ishikawa, 34ff.; *ders.*, Zahlungsverkehr, Rn. 208; *ders.*, FS Kirchhof, 61; *ders.*, ZBB 2001, 274; *Fischer*, WM 2008, 1; *Drilling*, KTS 2008, 206; *Henkel*, NZI 2007, 86f.; *Stapper/Jacobi*, BB 2007, 2018; *Heublein*, ZIP 2000, 163; *Mankowski*, JZ 1996, 398; *Häsemeyer*, Kölner Schrift, Kap. 15 Rn. 60; *Wischemeyer*, Insolvenzanfechtung, 10; *Peschke*, Insolvenz, 185; *Peitsch*, Insolvenzaufrechnung, 137; *Persch*, Insolvenzanfechtung, 41; *Tinnefeld*, Verrechnungsmöglichkeit, 154f.; *Kohn-Löffelmann*, Insolvenzanfechtung, 108; *Hüttner*, Aufrechnung, 85; *Kinski*, Aufrechnung, 114; *Gehrlein*, WM 32/2009 (Sonderbeilage), 12. Zögerlich FK/*Bernsau*, § 96 Rn. 19 („kann ... letzten Endes hingenommen werden ..."). Ablehnend *Gerhardt*, KTS 2004, 199ff. (vgl. aber noch *dens.*, FS Zeuner, 366); *Ries*, ZInsO 2004, 1234ff.; *ders.*, ZinsO 2005, 852; *Zenker*, NZI 2006, 16ff., 19; offenbar auch Kübler/Prütting/*Paulus*, § 130 Rn. 14 (die Aufrechnungserklärung sei anfechtbar, wenn eine nach Verfahrenseröffnung erklärte Aufrechnung nach §§ 95, 96 InsO unwirksam wäre).

[5] Begr. RegE-InsO, BT-Drucks. 12/2443, S. 141: „Ist die Aufrechnung schon vor der Eröffnung des Insolvenzverfahrens erklärt worden, so wird diese Erklärung mit der Verfahrenseröffnung rückwirkend unwirksam".

[6] Erster Bericht der Kommission für Insolvenzrecht, S. 338f., 424. Vgl. auch *Gerhardt*, ZIP 1985, 589.

[7] Eingehend *Gerhardt*, KTS 2004, 199ff.

[8] Entsprechendes gilt für den nachträglich in § 96 InsO eingefügten zweiten Absatz, der ausdrücklich darauf abhebt, daß die Verrechnung „spätestens" am Tage der Insolvenzeröffnung erfolgt; zum zweifelhaften Argumentationswert dieser Norm im vorliegenden Zusammenhang vgl. BGH NZI 2007, 31, 32, gegen *Zenker*, NZI 2006, 16.

[9] *Bork*, FS Ishikawa, 35.

Hinzu kommt, daß § 96 I Nr. 1 und Nr. 2 InsO schon von ihrem Tatbestand her nur eine nach Verfahrenseröffnung erklärte Aufrechnung erfassen können, weil sie Fälle regeln, in denen die Aufrechnungslage erst nach Verfahrenseröffnung entstanden ist. Diese Erwägungen berechtigen allerdings nicht dazu, dem eindeutig geäußerten Willen der Gesetzesverfasser schon unter Hinweis auf einen angeblich entgegenstehenden Wortlaut des § 96 I Nr. 3 InsO die Gefolgschaft zu verweigern. Denn mit der Annahme, daß eine vor Eröffnung des Insolvenzverfahrens erklärte Aufrechnung in dem Sinne „unzulässig ist", daß sie mit Verfahrenseröffnung unwirksam wird, ist die Wortlautgrenze zwar womöglich erreicht, aber noch nicht überschritten.[10]

b) Unmittelbare Anwendbarkeit der §§ 129ff. InsO neben § 96 I Nr. 3 InsO

Ob es auch in der Sache berechtigt ist, § 96 I Nr. 3 InsO auf vor Verfahrenseröffnung erklärte Aufrechnungen anzuwenden, hängt davon ab, ob die Alternative, solche Aufrechnungen unmittelbar den §§ 129ff. InsO zu unterwerfen, zu anderen, sachgerechteren Ergebnissen führte.

aa) Unterschied in den Rechtsfolgen?

Auf den ersten Blick scheinen sich die Rechtsfolgen des § 96 I Nr. 3 InsO von denen der Anfechtbarkeit tatsächlich zu unterscheiden: Während die Unzulässigkeit der Aufrechnung nach § 96 I Nr. 3 InsO letztlich bedeutet, daß der Insolvenzverwalter die Forderung des Schuldners, gegen die aufgerechnet wurde, weiterhin geltend machen kann,[11] führte die Anfechtbarkeit zu einem Anspruch aus § 143 I 1 InsO. Jedoch bewirkt dieser „Anspruch" im Falle der anfechtbaren Aufhebung einer Forderung letztlich ebenfalls nur, daß die Forderung wiederauflebt.[12] Ein Unterschied könnte sich allenfalls unter dem Aspekt der Verjährung ergeben, denn während der Anspruch aus § 143 I 1 InsO gemäß § 146 I InsO in regelmäßiger Frist, also nach §§ 195, 199 I BGB frühestens in drei Jahren ab Ende des Jahres verjährt, in dem das Insolvenzverfahren eröffnet wurde,[13] müßte man im Fall des § 96 I Nr. 3 InsO konsequenterweise davon ausgehen, daß die schon begonnene

---

[10] Im Ergebnis ebenso BGH NZI 2007, 31, 32, im Anschluß an *Bork*, FS Ishikawa, 37, und Bork/*Jacoby*, Kap. 16 Rn. 7, die darauf hinweisen, daß die Verfasser der dem Ersten Bericht der Kommission für Insolvenzrecht folgenden Entwürfe auf eine Aufnahme der Worte „im Insolvenzverfahren" in den Tatbestand der Vorläufer des heutigen § 96 InsO verzichteten.

[11] BGH NZI 2007, 582; BGH NZI 2007, 31, 32f.; BGH NZI 2005, 553, 554; BGH NZI 2004, 82; OLG Düsseldorf NZI 2006, 39, 40; MünchKommInsO/*Kirchhof*, § 143 Rn. 52; HK/*Kayser*, § 96 Rn. 39; Kübler/Prütting/Bork/*Lüke*, § 96 Rn. 54; HmbK/*Jacoby*, § 96 Rn. 24; Bork/*ders.*, Kap. 16 Rn. 37; *ders.*, KTS 2007, 231; *Fischer*, WM 2008, 3; *Rafiqpoor/Wilmes*, NZI 2009, 91f.; *Heublein*, ZIP 2000, 164.

[12] Vgl. etwa Kübler/Prütting/Bork/*Jacoby*, § 143 Rn. 43; MünchKommInsO/*Kirchhof*, § 143 Rn. 51; in der Sache ebenso Jaeger/*Henckel*, § 143 Rn. 42 (die Anfechtbarkeit der Aufhebung bewirke, daß der Insolvenzverwalter die Forderung wieder geltend machen kann).

[13] Vgl. zum Verjährungsbeginn nur Jaeger/*Henckel*, § 146 Rn. 11; MünchKommInsO/*Kirchhof*, § 146 Rn. 8; Kübler/Prütting/Bork/*Jacoby*, § 146 Rn. 3.

Verjährung der für die Zwecke des Verfahrens als fortbestehend geltenden, ursprünglichen Forderung des Schuldners fortläuft. Man könnte daher meinen, daß es für den Insolvenzverwalter einen erheblichen Nachteil bedeutete, wenn vor Verfahrenseröffnung erklärte Aufrechnungen nur gemäß § 96 I Nr. 3 InsO unwirksam, nicht aber anfechtbar wären.[14]

Der BGH hat nunmehr allerdings entschieden, daß in dem Fall, daß eine vor Verfahrenseröffnung erklärte Aufrechnung gemäß § 96 I Nr. 3 InsO unwirksam ist, § 146 I InsO analog anzuwenden sei, mit der Folge, daß die aufgerechnete Forderung in der sich danach berechnenden Frist verjährt:[15] Liefe die ursprüngliche Verjährung der aufgerechneten Forderung weiter, könnte dem Insolvenzverwalter, so der BGH, kaum Zeit bleiben, um eine fast abgelaufene Verjährung zu hemmen; ihm müsse jedoch Zeit verschafft werden, die mit der Anfechtbarkeit oftmals verbundenen, schwierigen rechtlichen und tatsächlichen Fragen zu prüfen; zudem sei die Forderung des Schuldners wegen der Aufrechnung vielfach nicht mehr aus der Buchführung erkennbar.[16] Auf Grundlage dieser Ansicht machte es also von den Rechtsfolgen her keinen Unterschied, ob man auf vor Verfahrenseröffnung erklärte Aufrechnungen § 96 I Nr. 3 InsO oder unmittelbar §§ 129ff. InsO anwendet.

An dieser Entscheidung des BGH ist jedoch zutreffende Kritik geübt worden:[17] Darauf, wie schwierig die mit einem Anspruch verbundenen Tatsachen oder Rechtsfragen sind, kann es für die Verjährung auch in der Insolvenz nicht ankommen; andernfalls müßte man auch die Verjährungsfristen für andere gegen Drittschuldner gerichtete Forderungen je nach Schwierigkeit ihrer Prüfung oder Zustand der Buchführung des Schuldners verlängern. Durch die – hier in § 96 I Nr. 3 InsO inkorporierte – Anfechtung sollen der Masse nur diejenigen Rechte eingeräumt werden, die ohne die anfechtbare Handlung bestünden; einen Vorteil, den die Masse sonst nicht gehabt hätte – hier: die Verlängerung einer Anfechtungsfrist – soll und kann die Anfechtung ihr nicht verschaffen. Ohnehin liegt in

---

[14] So *Ries*, ZInsO 2004, 1231ff., und *Zenker*, NZI 2006, 18f., die § 96 I Nr. 3 InsO daher auf vor Verfahrenseröffnung erklärte Aufrechnungen nicht anwenden wollen. Nunmehr plädiert *Ries*, ZInsO 2005, 851f., offenbar für ein Wahlrecht des Insolvenzverwalters, anzufechten oder sich auf § 96 I Nr. 3 InsO zu berufen; ebenso BKInsO/*Blersch/v. Olshausen*, § 96 Rn. 13.

[15] BGH NZI 2007, 31, 32f., im Anschluß an *Kreft*, WuB VI A. § 96 InsO 3.05; BGH NZI 2007, 582; BGH NJW-RR 2008, 1731, 1732. Vgl. auch schon *Zenker*, NZI 2006, 20. Anders noch die Vorinstanz OLG Düsseldorf NZI 2006, 39, 40f.; Jaeger/*Henckel*, § 96 Rn. 99; *Heublein*, ZIP 2000, 164. Dem BGH zustimmend OLG Karlsruhe ZIP 2008, 1343, 1345; MünchKomm-InsO/*Brandes*, § 96 Rn. 47; HK/*Kayser*, § 96 Rn. 40; *ders.*, WM 2008, 1535; HK/*Kreft*, § 129 Rn. 17; Graf-Schlicker/*Hofmann*, § 96 Rn. 19; *Henkel*, NZI 2007, 88f.; *Fischer*, WM 2008, 7; *Grub*, DZWIR 2007, 83; *Huber*, NZI 2007, 33; *Kreft*, FS Fischer, 301ff.; im Ergebnis auch *Zenker*, ZInsO 2007, 142ff.

[16] Hierauf verweist bereits nachdrücklich *Ries*, ZInsO 2004, 1236, und ZInsO 2005, 851; vgl. auch schon *Zenker*, NZI 2006, 18f.

[17] Kübler/Prütting/Bork/*Jacoby*, § 146 Rn. 18ff. Vgl. nun auch *Drilling*, KTS 2008, 207ff.; *Peters*, KTS 2008, 295ff. (der sowohl die Verjährungsfrist der durch Aufrechnung erloschenen Forderung als auch diejenige des § 146 InsO anwenden will, so daß die früher ablaufende Frist entscheidet).

der Aufrechnung in aller Regel ein Anerkenntnis der Forderung nach § 212 I Nr. 1 BGB,[18] mit dem die Verjährung neu beginnt, und deren Lauf ist allemal analog § 206 BGB bis zur Eröffnung des Insolvenzverfahrens gehemmt, weil die durch Aufrechnung zunächst erloschene Forderung bis zu diesem Zeitpunkt nicht geltend gemacht werden konnte.[19] Dem Insolvenzverwalter bleibt in aller Regel also auch dann genügend Zeit, die vermeintlich durch Aufrechnung erloschene Forderung des Schuldners geltend zu machen, wenn man § 146 InsO hier nicht analog anwendet.

Auch wenn man eine analoge Anwendung des § 146 InsO auf die Fälle des § 96 I Nr. 3 InsO ablehnt, bedeutet dies nicht, daß die Rechtsfolgen des § 96 I Nr. 3 InsO sich insoweit von denen einer Anfechtung der Aufrechnungserklärung unterschieden. Denn § 146 InsO regelt nicht, wann eine durch anfechtbare Handlung erloschene Forderung verjährt, sondern nur, wie lange wegen der Anfechtbarkeit geltend gemacht werden kann, die Forderung sei nicht erloschen.[20] Aus der bereits genannten Erwägung, daß die Anfechtung der Masse keine Vorteile verschaffen soll und kann, würde auch eine Anfechtung der Aufrechnung nur dazu führen, daß der Anfechtungsgegner sich die Forderung so entgegenhalten lassen muß, wie sie war, also im jeweiligen Stadium der ursprünglichen Verjährung[21] – die wiederum wegen der Aufrechnung nach § 212 I Nr. 1 BGB neu zu laufen begonnen hätte und analog § 206 BGB gehemmt wäre. Das ist für den Fall der Anfechtung eines Forderungserlasses anerkannt[22] und muß auch hier gelten. Ohne Rücksicht darauf, welcher Ansicht man folgen will, spielt es im Hinblick auf die Rechtsfolgen mithin keine Rolle, ob man auf vor Verfahrenseröffnung erklärte Aufrechnungen § 96 I Nr. 3 InsO oder unmittelbar §§ 129ff. InsO anwendet.

bb) Unterschied in den Voraussetzungen?

Kommt der Frage, ob die Anfechtbarkeit der Aufrechnung (nur) im Rahmen des § 96 I Nr. 3 InsO geltend gemacht werden kann, bezüglich der jeweiligen Rechtsfolgen auch keine Bedeutung zu, könnte diese jedoch daraus folgen, daß man für die Voraussetzungen einer isolierten Anfechtbarkeit der Aufrechnungserklärung nicht wie im Rahmen des § 96 I Nr. 3 InsO auf die Herstellung der Aufrechnungslage, sondern auf die Abgabe der Aufrechnungserklärung abstellte. Dann nämlich wäre eine nach Maßgabe des § 96 I Nr. 3 InsO zulässige Aufrechnung anfechtbar,

---

[18] Ebenso im vorliegenden Zusammenhang *Jacoby*, KTS 2007, 232f.; *Drilling*, KTS 2008, 208; *Peters*, KTS 2008, 304; *Zenker*, NZI 2006, 18. Vgl. allgemein etwa BGH NJW 1989, 2469, 2470; Staudinger/*Peters/Jacoby*, § 212 Rn. 27 mit weiteren Nachweisen. Einschränkend MünchKommBGB/*Grothe*, § 212 Rn. 16.

[19] So – allerdings offenbar für eine direkte Anwendung des § 206 BGB – auch schon OLG Düsseldorf NZI 2006, 39, 40; Bork/*Jacoby*, Kap. 16 Rn. 45; *ders.*, KTS 2007, 232f. Anders *Drilling*, KTS 2008, 208: Daß die Verjährung der Forderung erst ab Verfahrenseröffnung weiterlaufe, ergebe sich schon aus Sinn und Zweck des § 96 I Nr. 3 InsO.

[20] Richtig OLG Düsseldorf NZI 2006, 39, 40.

[21] Anders offenbar *Ries*, ZInsO 2004, 1233, und ZInsO 2005, 849f., der gar eine Novation annimmt.

[22] Vgl. MünchKommInsO/*Kirchhof*, § 143 Rn. 47; HmbK/*Rogge*, § 143 Rn. 40.

wenn die Anfechtungsvoraussetzungen zwischen Herstellung der Aufrechnungslage und Wirksamwerden der Aufrechnungserklärung eintraten. Während die große Mehrheit davon ausgeht, daß neben § 96 I Nr. 3 InsO kein Raum bleibe,[23] wird dies tatsächlich vereinzelt vertreten,[24] jedoch zu Unrecht.

Zur KO hatte sich der BGH zwar auf den Standpunkt verlegt, daß auch eine im übrigen insolvenzrechtlich zulässige Aufrechnung anfechtbar sein könne.[25] Dies war allerdings darauf zurückzuführen, daß § 55 Nr. 3 KO, in gewisser Weise der Vorläufer des § 96 I Nr. 3 InsO, die Aufrechnung nur für den Fall für unzulässig erklärte, daß der Aufrechnende bereits Schuldner des Gemeinschuldners war und sodann eine Forderung gegen den Schuldner erwarb. Im umgekehrten Fall, daß die Aufrechnungslage durch Erwerb einer Forderung des Schuldners entstand, hinderte § 55 KO die Aufrechnung nicht, so daß insoweit auf das Anfechtungsrecht zurückgegriffen werden mußte. Es war erklärtes Ziel der Gesetzesverfasser, diese Lücke mit der offeneren Formulierung des § 96 I Nr. 3 InsO zu schließen.[26] In seiner Rechtsprechung zur KO hatte der BGH in diesen Fällen als anfechtbare Rechtshandlung den „mit der Herstellung der Aufrechnungslage beginnende[n] und mit der Aufrechnungserklärung endende[n] Gesamtvorgang" angesehen.[27] Dies hatte seinen besonderen Grund unter anderem darin, daß nach Verfahrenseröffnung erklärte Aufrechnungen von den Anfechtungsvorschriften, die sich nur

---

23 Vgl. etwa BGH NJW-RR 2008, 1731; BGH ZIP 2008, 1435; BGH ZInsO 2008, 375, 376; BGH NZI 2007, 582; OLG Düsseldorf NZI 2006, 39; OLG Düsseldorf NZI 2006, 39, 40; OLG Rostock ZIP 2003, 1903, 1906; MünchKommInsO/*Kirchhof*, § 129 Rn. 15, 148; FK/*Dauernheim*, § 130 Rn. 26; HmbK/*Rogge*, § 129 Rn. 85; HK/*Kreft*, § 129 Rn. 17; HK/*Kayser*, § 96 Rn. 33; Nerlich/Römermann/*Nerlich*, § 130 Rn. 40, 85, § 131 Rn. 25; Gottwald/*Huber*, § 46 Rn. 13; *Bork*, FS Kirchhof, 59ff., 63; *ders.*, FS Ishikawa, 38; *Henkel*, NZI 2007, 89f.; *Fischer*, WM 2008, 4; *v. Olshausen*, KTS 2001, 45; *Kohn-Löffelmann*, Insolvenzanfechtung, 108f.; *Wischemeyer*, Rückführung, 7ff.; *Hüttner*, Aufrechnung, 89; *Persch*, Insolvenzanfechtung, 40ff. Andere plädieren zwar für eine Anwendbarkeit der §§ 129ff. InsO neben § 96 I Nr. 3 InsO, wollen für die Frage der Anfechtbarkeit aber auf die Herstellung der Aufrechnungslage, nicht die Abgabe der Aufrechnungserklärung abstellen, so Kübler/Prütting/*Paulus*, § 130 Rn. 14; wohl auch *Gerhard*, FS Brandner, 612; *Zenker*, NZI 2006, 20; *Fischer*, ZIP 2004, 1683f. Nicht eindeutig *Joeres*, Insolvenzrecht 2000, 113. – Von der Anfechtbarkeit einer Verrechnung mit der Folge eines Rückgewähranspruchs aus § 143 InsO geht BGH NJW 2005, 622, 623, aus, ohne daß das Konkurrenzverhältnis zu § 96 I Nr. 3 InsO angesprochen würde; ebenso OLG Nürnberg ZIP 2007, 2129, 2130; LG Rostock ZInsO 2006, 446f. Deutlich dagegen, wiederum ohne Auseinandersetzung mit der abweichenden früheren Rechtsprechung, nun BGH NJW-RR 2008, 1731; BGH ZIP 2008, 1435; BGH NZI 2007, 582: Eine Anfechtung der Verrechnung finde neben § 96 I Nr. 3 InsO nicht statt.

24 So offenbar – ohne Begründung – Nerlich/Römermann/*Wittkowski*, § 96 Rn. 24; *Becker*, DZWIR 2005, 223f.

25 Vgl. etwa BGH NJW 1972, 633, 634; BGH NJW 1983, 1120, 1121; BGH NJW 1995, 1966, 1968; BGH NJW 2001, 367, 369.

26 Begr. RegE-InsO, BT-Drucks. 12/2443, S. 141.

27 Vgl. etwa BGH NJW 1983, 1120, 1121; BGH NJW 1995, 1966, 1968; BGH NJW 2001, 367, 369. Kritisch zu dieser Ansicht Jaeger/*Henckel*, Konkursordnung[9], § 30 Rn. 269; *Honsdorf*, Aufrechnung, 62ff.; *Müller*, Aufrechnung, 64ff.; tendenziell ablehnend auch Kuhn/*Uhlenbruck*, § 30 Rn. 15b. Vgl. zur Rechtslage nach der KO ferner etwa *Canaris*, 100 Jahre KO, S. 73ff.

auf vor Verfahrenseröffnung vorgenommene Handlungen beziehen, nicht erfaßt worden wären, hätte man auf die Aufrechnungserklärung abgestellt. Ohnehin hob der BGH stets hervor, daß eine Aufrechnung nur dann anfechtbar sei, wenn ihre Voraussetzungen in anfechtbarer Weise hergestellt worden waren:[28] Für die Anfechtungsvoraussetzungen also kam es schon nach der zur KO herrschenden Ansicht auf die Herstellung der Aufrechnungslage, nicht auf die Abgabe der Aufrechnungserklärung an.

Diese Ansicht ist für die InsO beizubehalten: Ausweislich §§ 94ff. InsO erlangt der Insolvenzgläubiger mit Entstehen der Aufrechnungslage eine – von der möglichen Anfechtbarkeit abgesehen – insolvenzfeste Aussicht, wegen seiner Forderung in Höhe der gegen ihn gerichteten Forderung voll befriedigt zu werden. Nach den allgemeinen Grundsätzen über die Bestimmung des anfechtungsrelevanten Zeitpunkts[29] muß es für die Frage, ob die mit der Aufrechnung erlangte Befriedigung anfechtbar ist, also darauf ankommen, ob die Anfechtungsvoraussetzungen bereits vorlagen, als die Aufrechnungslage entstand. Daß eine vor Verfahrenseröffnung erfolgte Aufrechnung allenfalls dann nach §§ 129ff. InsO anfechtbar sein könnte, wenn die Voraussetzungen des § 96 I Nr. 3 InsO vorliegen, ergibt sich schließlich auch aus folgender Überlegung: Hat der Insolvenzgläubiger die Aufrechnungsmöglichkeit vor Verfahrenseröffnung in unanfechtbarer Weise erlangt, könnte er nach Verfahrenseröffnung aufrechnen, ohne daß dies anfechtbar wäre, da §§ 129ff. InsO grundsätzlich nur auf vor Verfahrenseröffnung vorgenommene Handlungen Anwendung finden und § 147 InsO für nach Verfahrenseröffnungen erklärte Aufrechnungen keine Ausnahme vorsieht. Macht der Insolvenzgläubiger vor Verfahrenseröffnung von einem Recht Gebrauch, das ihm auch nach Verfahrenseröffnung noch zustünde, hat dies keinen Einfluß auf die durch dieses Recht ohnehin geminderten Befriedigungsaussichten der Gläubiger, benachteiligt diese also nicht. Auch wenn die übrigen Anfechtungsvoraussetzungen zwischen Entstehung der Aufrechnungslage und Erklärung der Aufrechnung eintreten, fehlt es für deren isolierte Anfechtbarkeit also ohnehin am allgemeinen Erfordernis der Gläubigerbenachteiligung.[30] Da vor Verfahrenseröffnung unanfechtbar entstandene Aufrechnungslagen im Verfahren geschützt sind, ist unter diesen Voraussetzungen auch die Anfechtung einer vor Verfahrenseröffnung erfolgten Aufrechnung ausgeschlossen.

---

[28] BGH NJW 1995, 1966, 1968; BGH NJW 1984, 1557, 1558; BGH NJW 1983, 887, 888; BGH NJW 1972, 633, 634; ebenso etwa Jaeger/*Henckel*, Konkursordnung[9], § 30 Rn. 269; *ders.*, FS G. Lüke, 239; Kuhn/*Uhlenbruck*, § 30 Rn. 42g.

[29] Vgl. ausführlich oben § 8 I.

[30] So MünchKommInsO/*Kirchhof*, § 129 Rn. 15, 148; *Wischemeyer*, Insolvenzanfechtung, 8f.; *Becker*, DZWIR 2005, 224; wohl auch HmbK/*Rogge*, § 129 Rn. 85. – Unter Geltung der KO konnte der BGH die Anfechtbarkeit einer noch nach Verfahrenseröffnung erklärten Aufrechnung nur begründen, indem er, wie eben dargestellt, auf den vor Verfahrenseröffnung begonnenen „Gesamtvorgang“ und für die Gläubigerbenachteiligung auf die Begründung der Aufrechnungslage abstellte.

c) Vom Schuldner erklärte Aufrechnung

Es fragt sich, ob § 96 I Nr. 3 InsO auch dann anwendbar ist, wenn der Schuldner die Aufrechnung erklärt hat, oder ob wenigstens insoweit §§ 129ff. InsO unmittelbar anwendbar sind.[31] Aus dem Wortlaut des § 96 I Nr. 3 InsO, wonach es nur darauf ankommt, ob der Insolvenzgläubiger die Möglichkeit der Aufrechnung durch eine anfechtbare Handlung erlangt hat, ist nicht zwingend zu schließen, daß die Norm nur den Fall erfaßt, daß der Insolvenzgläubiger und nicht der Schuldner von dieser Möglichkeit Gebrauch gemacht hat.[32] Daß § 96 I Nr. 3 InsO zunächst nur eine vom Insolvenzgläubiger erklärte Aufrechnung im Blick hat, erklärt sich schon aus seinem systematischen Zusammenhang mit Normen, die allein nach Verfahrenseröffnung abgegebene Aufrechnungserklärungen regeln; der Schuldner kann nach Verfahrenseröffnung schon wegen § 80 I InsO nicht mehr wirksam mit einer massezugehörigen Forderung aufrechnen.

Richtigerweise ist danach zu differenzieren, ob auch der andere Teil hätte aufrechnen können.[33] Ist dies der Fall, macht es für die soeben angestellten Überlegungen über das Verhältnis der §§ 129ff. InsO zu § 96 I Nr. 3 InsO keinen Unterschied, ob der Schuldner dem anderen Teil mit der Aufrechnungserklärung zuvorkommt. Anders liegt es aber, wenn nur der Schuldner aufrechnen konnte, etwa weil die Forderung des anderen Teils zwar erfüllbar, aber noch nicht fällig war oder der Wirksamkeit einer von diesem erklärten Aufrechnung §§ 393, 394 BGB entgegenstanden. In diesem Fall ist § 96 I Nr. 3 InsO schon seinem Wortlaut nach nicht anwendbar, weil „der Insolvenzgläubiger" eben noch keine „Möglichkeit der Aufrechnung" erlangt hatte, auf deren Anfechtbarkeit abgestellt werden könnte. Insoweit finden §§ 129 InsO auf die Aufrechnungserklärung des Schuldners unmittelbare Anwendung. Auch dann sind jedoch die Wertungen der §§ 94ff. InsO zu berücksichtigen: Durch die Aufrechnung des Schuldners werden die anderen Gläubiger nur benachteiligt, wenn der andere Teil im eröffneten Verfahren nicht ohnehin seinerseits hätte aufrechnen können. Wäre also ohne die Aufrechnungserklärung des Schuldners auch zugunsten des anderen Teils noch vor Verfahrenseröffnung eine nach Maßgabe der §§ 94, 95 InsO insolvenzfeste Aufrechnungslage entstanden, ist die Aufrechnungserklärung des Schuldners nur anfechtbar, wenn auch die Herstellung der Aufrechnungslage zugunsten des anderen Teils anfechtbar gewesen wäre.[34]

---

[31] Ausdrücklich gegen eine Anwendung des § 96 I Nr. 3 InsO auf vom Schuldner erklärte Aufrechnungen HK/*Kreft*, § 129 Rn. 17; *v. Olshausen*, KTS 2001, 48; *Häsemeyer*, Insolvenzrecht, Rn. 19.01a, 19.15 mit Fn. 72; *Zenker*, NZI 2006, 19.

[32] Anders aber *v. Olshausen*, KTS 2001, 48.

[33] So auch MünchKommInsO/*Brandes*, § 96 Rn. 37 a.E.; MünchKommInsO/*Kirchhof*, § 129 Rn. 15. Für eine analoge Anwendung des § 96 I Nr. 3 InsO auf vom Schuldner erklärte Aufrechnungen ohne die nachfolgend dargestellte Differenzierung Jaeger/*Windel*, § 96 Rn. 50.

[34] So auch bereits *v. Olshausen*, KTS 2001, 51ff., 55.

3. Zusammenfassung: Anfechtungsrechtliche Behandlung der Aufrechnung

Vor Verfahrenseröffnung erklärte Aufrechnungen sind nicht nach §§ 129ff. InsO anfechtbar, sondern allenfalls nach § 96 I Nr. 3 InsO unzulässig und damit unwirksam. Dafür ist nicht entscheidend, ob die Aufrechnungserklärung selbst anfechtbar ist, sondern nur, ob die Rechtshandlung anfechtbar ist, durch die der Aufrechnende die Aufrechnungslage erlangt hat. Für Aufrechnungserklärungen des Schuldners gilt dies nur, wenn auch der andere Teil hätte aufrechnen können.

II. Für § 96 I Nr. 3 InsO maßgebliche Rechtshandlungen und ihre Anfechtbarkeit nach §§ 130, 131 InsO

1. Anfechtbare Rechtshandlung

Wenn § 96 I Nr. 3 InsO auf die Anfechtbarkeit der Rechtshandlung abhebt, durch welche der Anfechtungsgegner „die Möglichkeit der Aufrechnung" erlangt hat, ist damit diejenige Rechtshandlung gemeint, durch welche die Aufrechnungslage hergestellt wurde.[35]

a) Herstellen der Aufrechnungslage als Ermöglichen oder Gewähren einer Deckung

Da die besondere Insolvenzanfechtung Gegenstand dieser Untersuchung ist, fragt sich hier, inwieweit schon die bloße Herstellung der Aufrechnungslage eine nach §§ 130, 131 InsO anfechtbare Deckung darstellen kann. Mit der Herstellung der Aufrechnungslage wird dem Insolvenzgläubiger zwar noch keine Befriedigung gewährt, wohl aber eine – wegen §§ 94ff. InsO abgesehen von der Anfechtbarkeit insolvenzfeste – Sicherheit, wegen der Gegenforderung befriedigt zu werden,[36]

---

[35] Vgl. etwa BGH NZI 2004, 82; *Bork*, FS Ishikawa, 38; Bork/*Jacoby*, Kap. 16 Rn. 11; HK/*Kreft*, § 129 Rn. 17; *Gerhardt*, FS Brandner, 612; *v. Olshausen*, ZIP 2003, 893; *Rafiqpoor/Wilmes*, NZI 2009, 92; *Jauernig/Berger*, Zwangsvollstreckungs- und Insolvenzrecht, § 50 Rn. 14; *Wischemeyer*, Insolvenzanfechtung, 8.

[36] Vgl. etwa bereits BGH NZI 2006, 345, 346; BGH NJW 2001, 1940, 1941; OLG Karlsruhe ZIP 2008, 1343, 1344; MünchKommInsO/*Kirchhof*, § 129 Rn. 148, § 130 Rn. 9; Kübler/Prütting/Bork/*Schoppmeyer*, § 130 Rn. 24; Kübler/Prütting/*Paulus*, § 130 Rn. 14; *Klinck/Gärtner*, NZI 2008, 459; *Dampf*, KTS 1998, 157; *Obermüller*, ZInsO 2009, 689; *Peschke*, Insolvenz, 175, 180; *Kinski*, Aufrechnung, 123f. – Nach *Peschke*, Insolvenz, 175, soll schon die „Kernaufrechnungslage" nach § 95 I InsO eine Sicherheit darstellen, doch ist die Befriedigungsaussicht des Insolvenzgläubigers in diesen Fällen noch nicht sicher, da gemäß § 95 I 3 InsO eine Aufrechnung ausgeschlossen ist, wenn die Hauptforderung des Schuldners vor der Gegenforderung des Insolvenzgläubigers durchsetzbar wird. Mit HmbK/*Jacoby*, § 96 Rn. 11, und Jaeger/*Windel*, § 96 Rn. 57, ist *Peschke*, Insolvenz, 177ff., jedoch insoweit zu folgen, als es für die Zwecke des § 96 I Nr. 3 InsO auf die vor Verfahrenseröffnung entstandene „Kernaufrechnungslage" ankommen muß, wenn die Gegenforderung des Insolvenzgläubigers erst nach Verfahrenseröff-

nämlich durch Aufrechnung. Die Handlung, die eine Aufrechnungslage herstellt und von deren Anfechtbarkeit gemäß § 96 I Nr. 3 InsO die Wirksamkeit der Aufrechnung abhängt, kann nach §§ 130, 131 InsO also zum einen unter dem Aspekt anfechtbar sein, daß sie die Befriedigung des Insolvenzgläubigers ermöglicht, zum anderen unter dem Aspekt, daß sie diesem wegen seiner Gegenforderung eine Sicherheit gewährt.

b) Forderungserwerb und Herstellung der Gegenseitigkeit

Als Rechtshandlung, welche dem Insolvenzgläubiger die Aufrechnung ermöglicht, kommt allemal eine Handlung in Frage, durch welche die aufzurechnenden Forderungen begründet werden. Sofern der Insolvenzgläubiger die in der Aufrechnungslage liegende Sicherung erhält oder ihm die Befriedigung durch Aufrechnung ermöglicht wird, indem er Gläubiger oder Schuldner des Insolvenzschuldners wird, kann für die Zwecke des § 96 I Nr. 3 InsO daher auch der Abschluß eines Verpflichtungsgeschäfts nach §§ 130, 131 InsO anfechtbar sein. Die Anfechtbarkeit führt in diesem Rahmen jedoch nur zur Unwirksamkeit der Aufrechnung, in der sich die nach §§ 130, 131 InsO zu beseitigende gläubigerbenachteiligende Wirkung erschöpft, nicht auch zum Verlust der Insolvenzforderung, die der Insolvenzgläubiger folglich zur Tabelle anmelden kann, ohne daß ihm die Einrede der Anfechtbarkeit entgegengehalten werden könnte.[37]

Seinem Wortlaut nach verlangt § 96 I Nr. 3 InsO, daß derjenige, dem die Aufrechnung durch anfechtbare Handlung ermöglicht wurde, zu diesem Zeitpunkt[38] bereits Insolvenzgläubiger war, und auch §§ 130, 131 InsO greifen ihrem Wortlaut nach nur ein, wenn derjenige, dem Sicherung oder Befriedigung gewährt oder ermöglicht wurden, zum fraglichen Zeitpunkt bereits Gläubiger war. Das ist unproblematisch, wenn die Aufrechnungslage entstand, indem der Gläubiger des Insolvenzschuldners auch zu dessen Schuldner wurde. Im umgekehrten Fall aber, daß die Forderung des späteren Insolvenzschuldners zuerst und die Aufrechnungslage dadurch entstanden war, daß der andere Teil eine Forderung gegen ihn erwarb, war der andere Teil zum fraglichen Zeitpunkt noch nicht Insolvenzgläubiger, so daß dem jeweiligen Wortlaut nach weder § 96 I Nr. 3 InsO greift noch einer der Tatbestände der §§ 130, 131 InsO erfüllt sein kann. Die Gesetzesverfasser wollten mit

---

nung fällig wird und die dann erklärte Aufrechnung wegen § 95 I 1 InsO wirksam ist; denn andernfalls liefe § 96 I Nr. 3 InsO in diesen Fällen leer, weil die Anfechtungsvorschriften nur vor Verfahrenseröffnung vorgenommene Rechtshandlungen erfassen und § 147 InsO für diesen Fall keine Ausnahme vorsieht.

[37] BGH NZI 2006, 345, 347; BGH NZI 2004, 620, 621; *Bork*, FS Ishikawa, 33. Abweichend zur KO noch BGH NJW 1999, 359: Der die Aufrechnungslage herstellende Vertrag könne nur insgesamt angefochten werden; hiergegen schon Jaeger/*Henckel*, Konkursordnung[9], § 30 Rn. 284ff.; aufgegeben mit BGH NJW 2001, 1940, 1941. Allemal unzutreffend OLG München ZIP 2008, 1832, 1833, das die Anfechtung nach §§ 129ff. InsO mit der Folge des § 142 BGB versehen will.

[38] Anders *v. Olshausen*, ZIP 2003, 893, der meint, § 96 I Nr. 3 InsO stelle nur darauf ab, daß der Aufrechnende im Zeitpunkt der Aufrechnung Gläubiger gewesen sei.

dem heutigen § 96 I Nr. 3 InsO jedoch gerade auch den früher in § 55 Nr. 3 KO geregelten Fall erfassen, daß ein Schuldner des Insolvenzschuldners in anfechtbarer Weise eine Forderung gegen diesen erwirbt.[39] Wendete man auf diese Fälle die Deckungsanfechtung nach §§ 130, 131 InsO nicht an, liefe § 96 I Nr. 3 InsO in diesem Fall weitgehend leer. Das widerspräche der Absicht der Gesetzesverfasser. Es entbehrte zudem jeden sachlichen Grundes, aufgrund der insoweit offenbar unbedachten Wortwahl den Fall, daß der Aufrechnende zuerst nur Schuldner des späteren Insolvenzschuldners war und sodann gegen eine Forderung gegen diesen erwarb, anders als den umgekehrten Fall zu behandeln und von vornherein der Anfechtung nach §§ 130, 131 InsO zu entziehen. Mit der ganz herrschenden Meinung kommt es daher im Rahmen der §§ 96 I Nr. 3, 130, 131 InsO nicht darauf an, ob der Aufrechnende zuerst Schuldner des späteren Insolvenzschuldners war und sodann eine gegen diesen gerichtete Forderung erwarb oder ob er umgekehrt zunächst Gläubiger war und der Schuldner sodann eine Forderung gegen ihn erwarb.[40]

c) Bewirken der Fälligkeit der Gegenforderung oder der Erfüllbarkeit der Hauptforderung

Eine Aufrechnungslage nach § 387 BGB ist nicht schon dann gegeben, wenn die aufzurechnenden gegenseitigen Forderungen bestehen, sondern erst dann, wenn die Hauptforderung erfüllbar und die Gegenforderung fällig ist. Obwohl im Rahmen des § 96 I Nr. 3 InsO zumeist nur auf die Begründung der aufzurechnenden Forderungen abgestellt wird,[41] kommt als Rechtshandlung, durch die der Insolvenzgläubiger „die Möglichkeit der Aufrechnung“ erlangt hat, also auch eine solche in Betracht, durch welche die Gegenforderung fällig wurde. Zu denken ist hier etwa an die Kündigung eines dem Schuldner gewährten Darlehens, durch welche dieses zur Rückzahlung fällig wird.[42]

---

[39] Begr. RegE-InsO, BT-Drucks. 12/2443, S. 141.

[40] BGH NJW 2004, 3118, 3119; Jaeger/*Windel*, § 96 Rn. 48; MünchKommInsO/*Brandes*, § 96 Rn. 28; Bork/*Jacoby*, Kap. 16 Rn. 5; HmbK/*ders.*, § 96 Rn. 9; FK/Dauernheim, § 130 Rn. 25; Nerlich/Römermann/*Wittkowski*, § 96 Rn. 18; Nerlich/Römermann/*Nerlich*, § 129 Rn. 57; Kübler/Prütting/*Lüke*, § 96 Rn. 43; BKInsO/*Blersch/v. Olshausen*, § 96 Rn. 11; *Gehrlein*, ZInsO 2010, 1858; *Fischer*, WM 2008, 3; *ders.*, ZIP 2004, 1682; *Becker*, DZWIR 2005, 224; *Paulus*, ZIP 1997, 576; *Gerhardt*, FS Brandner, 613; *v. Olshausen*, ZIP 2003, 893; *Häsemeyer*, Insolvenzrecht, Rn. 19.16; *Bork*, Einführung, Rn. 266; *ders.*, Zahlungsverkehr, Rn. 127; *ders.*, FS Ishikawa, 43f.; *Hüttner*, Aufrechnung, 85; *Peitsch*, Insolvenzaufrechnung, 146; *Kohn-Löffelmann*, Insolvenzanfechtung, 109f.; *v. Campe*, Insolvenzanfechtung, 107; zweifelnd noch *Diekmann*, Insolvenzrecht im Umbruch, 219f. Anders offenbar *Obermüller*, ZInsO 2009, 691; *ders.*, ZInsO 2010, 12 mit Fn. 34.

[41] Darauf verweist schon kritisch Bork/*Jacoby*, Kap. 16 Rn. 12. Daß die Gesetzesverfasser nur die anfechtbare Begründung oder den anfechtbaren Erwerb von Haupt- oder Gegenforderung von § 96 I Nr. 3 InsO erfaßt sehen wollten, wie *Peitsch*, Insolvenzaufrechnung, 140, meint, ist reine Spekulation, mit der sich der klare Wortlaut dieser Norm nicht beiseitewischen läßt. Gegen *Peitsch* bereits *Kinski*, Aufrechnung, 115f.; vgl. aber auch *Dieckmann*, Insolvenzrecht im Umbruch, 221.

[42] *Obermüller*, ZInsO 2009, 691.

Solche Rechtshandlungen sind allerdings nicht ausnahmslos anfechtbar: Hätten sie auch nach Verfahrenseröffnung wirksam und mit der Folge vorgenommen werden können, daß eine Aufrechnungslage entsteht und die Aufrechnung wirksam erklärt werden kann, fehlt es insoweit an einer selbständigen Beeinträchtigung der Befriedigungsaussichten der übrigen Gläubiger, die in einem solchen Fall schon durch die Begründung der gegenseitigen Forderungen verkürzt waren. Die Handlung, welche die Fälligkeit herstellt, äußert also keine gläubigerbenachteiligende Wirkung, die für die Anfechtbarkeit stets erforderlich ist,[43] wenn sie auch nach Verfahrenseröffnung wirksam hätte vorgenommen werden können und eine Aufrechnung ermöglicht hätte. Ob dies der Fall ist, richtet sich nach § 95 I InsO. Gemäß dieser Norm kann der Insolvenzgläubiger unter anderem auch dann wirksam aufrechnen, wenn seine Forderung erst nach Verfahrenseröffnung fällig wurde. Wegen § 80 InsO kann die Fälligkeit in diesem Fall jedoch nicht mehr durch eine Handlung des Schuldners herbeigeführt werden; auch greift § 95 I 1 InsO wegen § 95 I 3 InsO nicht ein, wenn die Hauptforderung des späteren Insolvenzschuldners bereits durchsetzbar (geworden) war. Daraus ergibt sich: Rechtshandlungen, welche die Fälligkeit der Gegenforderung herbeiführen, können demnach im Rahmen des § 96 I Nr. 3 InsO nach §§ 130, 131 InsO (nur) anfechtbar sein, wenn die Hauptforderung bereits durchsetzbar war, als sie vorgenommen wurden, oder wenn es sich um solche des späteren Insolvenzschuldners handelt.

Die Aufrechnungslage kann auch durch eine Handlung entstehen, durch welche die Hauptforderung erfüllbar wird. Praktische Bedeutung dürfte dem jedoch nicht zukommen, da an die Erfüllbarkeit der Hauptforderung nach herrschender Meinung geringe Anforderungen zu stellen sind, die über die bloße Existenz der Forderung kaum hinausgehen.[44] Daher gehören namentlich solche Handlungen nicht hierher, welche die Hauptforderung „werthaltig" machen, denn der Insolvenzgläubiger konnte gegen die Forderung des Schuldners bereits aufrechnen, als diese noch nicht „werthaltig" war.[45] Dieser Aspekt könnte allenfalls für die Frage des anfechtungsrelevanten Zeitpunkts der Anfechtung der die fragliche Forderung begründenden Handlung relevant sein.[46]

2. Kongruenz oder Inkongruenz

Ob die Aufrechnungslage eine nur nach § 130 InsO anfechtbare kongruente Deckung darstellt oder als inkongruente Deckung auch nach § 131 InsO anfechtbar

---

[43] Vgl. auch bereits Bork/*Jacoby*, Kap. 16 Rn. 13f.; *Windel*, KTS 2007, 374; *Kinski*, Aufrechnung, 116ff.

[44] Vgl. hier nur Staudinger/*Gursky*, § 387 Rn. 116ff. Zu denken ist etwa an das Geltendmachen eines verhaltenen Anspruchs.

[45] Anders Bork/*Jacoby*, Kap. 16 Rn. 16, mit der Erwägung, der Insolvenzgläubiger werde aus wirtschaftlichen Gründen erst aufrechnen, wenn die Hauptforderung werthaltig sei. Allemal unzutreffend *Fischer*, ZIP 2004, 1683, und WM 2008, 6: Die Aufrechnungslage entstehe in diesem Fall erst, wenn der Schuldner seine Forderung dadurch werthaltig gemacht habe, daß er die geschuldeten Leistungen erbrachte.

[46] Unten § 14 II 3c.

ist, soll sich nach herrschender Meinung danach entscheiden, ob der Insolvenzgläubiger einen Anspruch auf den Abschluß der Vereinbarung hatte, welche die Aufrechnungslage entstehen ließ.[47]

Das ist jedenfalls ungenau. Nach dem Wortlaut des § 131 I InsO ist eine Deckung inkongruent, die der Insolvenzgläubiger nicht, nicht in der Art oder nicht zu der Zeit zu beanspruchen hatte. „Deckung" ist hier zum einen die Befriedigung, welche die Aufrechnungslage ermöglicht, zum anderen die mit der Aufrechnungslage gewährte Sicherheit, wegen der Forderung befriedigt zu werden. Entgegen der herrschenden Meinung kommt es nach dem klaren Wortlaut des § 131 InsO also in keinem Fall darauf an, ob der Insolvenzgläubiger einen Anspruch auf Vornahme der Handlungen hatte, welche die Aufrechnungslage herstellten, sondern darauf, ob er die Sicherheit, die ihm mit Herstellung der Aufrechnungslage gewährt wurde, oder die (spätere!) Befriedigung, welche ihm die Herstellung der Aufrechnungslage ermöglichte, zu beanspruchen hatte.[48]

Hier sei zunächst gefragt, unter welchen Voraussetzungen die Herstellung der Aufrechnungslage unter dem Aspekt kongruent ist, daß sie eine Befriedigung ermöglicht. Die in der späteren Aufrechnung liegende Befriedigung als solche, die mit Herstellung der Aufrechnungslage ermöglicht wurde, hatte der Insolvenzgläubiger wegen seiner Gegenforderung stets zu beanspruchen. Auch ermöglicht die Herstellung der Aufrechnungslage dem Insolvenzgläubiger keine frühere, also in der Zeit abweichende Befriedigung, denn gemäß § 387 BGB kann er erst aufrechnen, sobald seine Forderung fällig ist. Zu erwägen ist also nur, ob die Herstellung der Aufrechnungslage ihm eine Befriedigung ermöglicht hat, die er der Art nach nicht zu beanspruchen hatte. Die Frage danach, ob ein Gläubiger die Befriedigung gerade durch Aufrechnung zu beanspruchen hat, ist allerdings sinn-

---

[47] BGH ZIP 2010, 682, 684; BGH ZInsO 2009, 1294; BGH NJW 2007, 2640, 2643; BGH NZI 2006, 345, 346; BGH NJW 2004, 3118, 3119; BGH NZI 2004, 82; BGH NJW 2001, 1940, 1942 (noch zur KO); OLG Rostock ZIP 2003, 1903, 1904; MünchKommInsO/*Kirchhof*, § 131 Rn. 43 a (der aber meint, unter den Voraussetzungen des § 387 BGB bestehe ein Anspruch auf die Aufrechnungslage!); Kübler/Prütting/Bork/*Schoppmeyer*, § 131 Rn. 136; Uhlenbruck/*Sinz*, § 96 Rn. 47; FK/Dauernheim, § 130 Rn. 26; BKInsO/*Blersch/v. Olshausen*, § 96 Rn. 11; HK/*Kayser*, § 96 Rn. 37; *ders.*, WM 2008, 1534; Gottwald/*Gottwald*, § 45 Rn. 100; *Fischer*, ZIP 2004, 1683; *ders.* WM 2008, 5; *Obermüller*, ZInsO 2009, 692; *Gehrlein*, WM 32/2009 (Sonderbeilage), 12; *Hüttner*, Aufrechnung, 202. Ähnlich für den Fall, daß die Aufrechnungslage dadurch entstand, daß ein Insolvenzgläubiger eine Forderung gegen den Schuldner erwarb, *Bork*, FS Ishikawa, 42f., und diesem folgend HmbK/*Jacoby*, § 96 Rn. 20ff. („Anspruch auf die Aufrechnungsmöglichkeit oder auf die diese Aufrechnungsmöglichkeit herbeiführende Rechtshandlung"); Bork/*ders.*, Kap. 16 Rn. 31; *ders.*, KTS 2007, 230; *Kinski*, Aufrechnung, 124f.; *Thole*, Gläubigerschutz, 381f. Auf einen „Anspruch auf die Aufrechnungslage" stellt MünchKommInsO/*Brandes*, § 96 Rn. 31, ab, auf einen „Anspruch auf die Begründung gegenseitiger Forderungen" dagegen HK/*Kreft*, § 129 Rn. 17, ebenso Jaeger/*Henckel*, § 130 Rn. 18.

[48] Vgl. zum Bezugspunkt der Inkongruenz schon § 12 II 3. Nach *Peschke*, Insolvenz, 181, ist eine Ermöglichungshandlung gar nur kongruent, wenn der Insolvenzgläubiger im anfechtungsrelevanten Zeitpunkt nicht nur einen fälligen Anspruch auf die Vornahme der Ermöglichungshandlung, sondern auch auf die ermöglichte Deckung hatte.

los,[49] denn die Aufrechnungsbefugnis ergibt sich schon aus dem Gesetz. In diesem Sinne hat grundsätzlich jeder Gläubiger „Anspruch" darauf, sich durch Aufrechnung zu befriedigen. Entgegen einer verbreiteten Ansicht gilt dies nicht nur dann, wenn der spätere Insolvenzgläubiger zunächst nur Schuldner des späteren Insolvenzschuldners gewesen war und sodann eine Forderung gegen diesen erworben hatte, für die folglich von vornherein die Möglichkeit der Aufrechnung bestand,[50] sondern auch dann, wenn die gegen den Insolvenzgläubiger gerichtete Forderung erst später entstand.[51] Es sei hier nochmals betont, daß es auch nach dem Wortlaut des § 131 InsO nicht darauf ankommt, ob der Aufrechnende einen Anspruch auf Herstellung der Aufrechnungslage als diejenige Handlung hatte, die ihm die Befriedigung (durch Aufrechnung) ermöglichte, sondern darauf, ob er diese selbst in dem Zeitpunkt zu beanspruchen hatte, als sie erfolgte. Dafür, daß der kraft Gesetzes aufrechnungsbefugte Insolvenzgläubiger die Befriedigung gerade auch durch Aufrechnung bei ihrer Vornahme „zu beanspruchen" hatte, kann es mithin nicht darauf ankommen, in welcher Reihenfolge die Forderungen entstanden sind. Die Befriedigung durch Aufrechnung ist stets kongruent, unter diesem Aspekt kommt im Rahmen des § 96 I Nr. 3 InsO eine Anwendung des § 131 InsO also schon nach dessen Wortlaut nicht in Betracht.

Anders scheint es allerdings unter dem Aspekt der Gewährung einer Sicherheit zu liegen. Dem Wortlaut des § 131 InsO nach kommt es hier darauf an, ob der Insolvenzgläubiger beanspruchen konnte, durch Herstellung einer Aufrechnungslage wegen seiner eigenen Forderung insolvenzfest abgesichert zu werden. Anders als die Aufrechnungsbefugnis bei bestehender Aufrechnungslage ergibt sich ein solcher Anspruch nicht aus dem Gesetz; er kann allenfalls durch eine entsprechende Abrede begründet werden.[52] Fehlt es an einer solchen Abrede, läge dem Wortlaut des § 131 InsO nach insoweit stets Inkongruenz vor, wobei es auch hier nicht darauf ankommen kann, in welcher Reihenfolge die Forderungen entstanden sind. Denn einen Anspruch auf die Aufrechnungslage hat der Insolvenzgläubiger nicht schon deswegen, weil sie schon bei Erwerb seiner Forderung bestand. Im Ergebnis scheint der herrschenden Meinung daher zu folgen zu sein. Nach der hier vertretenen Reduktion des § 131 InsO liegt Inkongruenz jedoch nur vor, wenn die jeweilige Abweichung von Deckung und Anspruch typischerweise den Verdacht nahelegt, daß sich der Schuldner bereits in einer wirtschaftlichen Krise befunden habe.[53] Dies

---

[49] Kritisch namentlich bereits Jaeger/*Windel*, § 96 Rn. 60. Vgl. aber auch OLG Rostock ZIP 2003, 1903, 1904.

[50] So aber *Bork*, FS Ishikawa, 42f.; Bork/*Jacoby*, Kap. 16 Rn. 31; HmbK/*Jacoby*, § 96 Rn. 22; MünchKommInsO/*Brandes*, § 96 Rn. 31; *Kinski*, Aufrechnung, 126f., der insoweit mit der fehlenden Übernahme eines Insolvenzrisikos argumentiert.

[51] Vgl. nun auch BGH ZIP 2010, 682, 684: Die Aufrechnungslage sei dem Grunde nach kongruent hergestellt, wenn die gegen den späteren Insolvenzschuldner gerichtete Forderung zuerst entstanden und dessen Forderung durch pflichtgemäßes Verhalten der Gegenseite begründet worden sei.

[52] Zur Frage, inwiefern ein solcher Anspruch aus einer Kontokorrentvereinbarung folgt, vgl. unten § 14 III 4.

[53] Vgl. eingehend § 12 I.

kann von der Herstellung einer Aufrechnungslage nicht behauptet werden: Wechselseitige Forderungen werden nicht gerade dann begründet, wenn ein Vertragsteil in eine Krise gerät, sondern entstehen regelmäßig ohne weiteres infolge einer fortgesetzten geschäftlichen Beziehungen. Da die Herstellung einer Aufrechnungslage in aller Regel gänzlich unverdächtig ist, ist § 131 InsO mithin auch unter dem Aspekt der Sicherheitsgewährung nicht anwendbar.

Daß eine Deckungsanfechtung im Rahmen des § 96 I Nr. 3 InsO nach hier vertretener Ansicht somit grundsätzlich nur nach § 130 InsO erfolgen kann, entspricht im Ergebnis einer weitverbreiteten Ansicht,[54] die sich in gewissem Umfang auf die Gesetzgebungsgeschichte stützen kann. § 96 I Nr. 3 InsO sollte die Regelung des § 55 Nr. 3 KO ablösen und erweitern.[55] Diese Norm hatte die Unwirksamkeit einer nach Verfahrenseröffnung erklärten Aufrechnung für den Fall vorgesehen, daß derjenige, der dem Gemeinschuldner etwas schuldig war, eine Forderung gegen diesen erworben hatte, „falls ihm zur Zeit des Erwerbs bekannt war, daß der Gemeinschuldner seine Handlungen eingestellt hatte, oder daß die Eröffnung des Verfahrens beantragt war". Damit war die Aufrechnung nur unzulässig, wenn beim Forderungserwerb die Voraussetzungen der Kongruenzanfechtung nach § 30 Nr. 1 Alt. 2 KO vorgelegen hatten. Die Kommission für Insolvenzrecht hatte die Nachfolgeregelung des § 55 Nr. 3 KO insoweit zwar bereits ähnlich offen formuliert wie es heute § 96 I Nr. 3 InsO ist: „Eine Aufrechnung im Insolvenzverfahren ist unzulässig, wenn die Aufrechnungslage vor der Eröffnung des Insolvenzverfahrens in anfechtbarer Weise herbeigeführt worden ist".[56] Sie wollte jedoch erklärtermaßen die Anfechtungsmöglichkeiten nicht erweitern: „Der bisher in § 55 Nr. 3 KO geregelte Fall soll dabei im Grundsatz ebenso behandelt werden wie bisher".[57] Es liegt also nahe, daß man hier nach wie vor die Maßstäbe der Kongruenzanfechtung für einschlägig hielt und auch mit der offeneren Formulierung „in anfechtbarer Weise herbeigeführt" nicht hiervon abgehen wollte. Nichts spricht dafür, daß die Verfasser der späteren Entwürfe insoweit anderer Ansicht waren, denn der Unterschied zur von der Kommission für Insolvenzrecht vorgeschlagenen Regelung liegt letztlich allein darin, daß sie den Anwendungsbereich dieser Norm auf vor Verfahrenseröffnung erklärte Aufrechnungen ausdehnten. Auch die Gesetzgebungsgeschichte spricht also für die hier vertretene Meinung, daß im Rahmen des § 96 I Nr. 3 InsO eine Inkongruenzanfechtung nicht in Betracht kommt.

---

[54] Mit verschiedenen Differenzierungen gehen von grundsätzlicher Kongruenz der Aufrechnungslage aus: Jaeger/*Windel*, § 96 Rn. 60ff.; *ders.*, KTS 2007, 375f.; MünchKommInsO/*Brandes*, § 96 Rn. 30; *Häsemeyer*, Kölner Schrift, Kap. 15 Rn. 56, 58; *ders.*, Insolvenzrecht, Rn. 19.15 mit Fn. 64 (Inkongruenz liege vor, wenn der Insolvenzgläubiger die Aufrechnungslage durch Rechtsgeschäfte mit Dritten oder unter Hinwegsetzung über Abreden mit dem Schuldner herstelle); Kübler/Prütting/Bork/*Lüke*, § 96 Rn. 47; Kübler/Prütting/*Paulus*, § 130 Rn. 14; *ders.*, ZIP 1997, 576; *v. Olshausen*, KTS 2001, 54; *Becker*, DZWIR 2005, 223f.; *Landfermann*, Kölner Schrift^2, S. 159ff. Rn. 74. MünchKommInsO/*Kirchhof*, § 131 Rn. 17, will darauf abstellen, ob die Forderungen dem Grunde nach im für § 131 InsO anfechtungsrelevanten Zeitraum entstanden sind.

[55] Begr. RegE-InsO, BT-Drucks. 12/2443, S. 141.

[56] Leitsatz 3.6.4 des Ersten Berichts der Kommission für Insolvenzrecht, dort S. 67.

[57] Erster Bericht der Kommission für Insolvenzrecht, S. 339.

3. Anfechtungsrelevanter Zeitpunkt

a) Grundsatz

Für die Frage, in welchem Zeitpunkt die Anfechtungsvoraussetzungen vorgelegen haben müssen, soll nach Ansicht vor allem des BGH grundsätzlich auf die „Herstellung der Gegenseitigkeit" der aufzurechnenden Forderungen abzustellen sein,[58] womit offenkundig der Zeitpunkt gemeint ist, in dem die letzte der aufzurechnenden Forderungen entsteht.[59] Damit hat man, wie auch sonst,[60] als anfechtbare Rechtshandlungen offenbar nur diejenigen im Blick, durch welche die jeweiligen Forderungen begründet wurden. Wie schon ausgeführt, kann die „Möglichkeit der Aufrechnung" jedoch auch auf andere Weise entstehen. Nach dem § 140 I InsO zugrunde liegenden Prinzip[61] kommt es letztlich darauf an, wann eine – von der Anfechtbarkeit abgesehen – insolvenzfeste Aussicht des Insolvenzgläubigers entstanden ist, sich durch Aufrechnung zu befriedigen. Wegen § 94 InsO ist danach grundsätzlich der Zeitpunkt der Entstehung der Aufrechnungslage entscheidend.[62]

b) Bedingte oder befristete Forderungen

Ist eine der Forderungen oder sind gar beide aufschiebend bedingt, tritt die Aufrechnungslage frühestens mit Eintritt der Bedingungen ein. Nach herrschender Ansicht soll die Bedingtheit der Forderung(en) wegen § 140 III InsO jedoch außer Betracht bleiben, und es soll auch in diesem Fall darauf ankommen, ob die Anfechtungsvoraussetzungen in dem Zeitpunkt vorlagen, in dem die letzte der beiden Forderungen begründet wurde.[63] Gleiches soll im Fall einer aufschiebenden Befristung gelten.[64]

---

58 BGH NJW-RR 2008, 1731, 1732; BGH ZIP 2008, 1435; BGH ZInsO 2008, 375, BGHZ 174, 297, 299f.; BGH NZI 2008, 551, 553; BGH NJW 2007, 2640, 2641; BGH NZI 2005, 164, 165. Ebenso Kübler/Prütting/Bork/*Schoppmeyer*, § 130 Rn. 24; BKInsO/*Haas*, § 140 Rn. 40; HK/*Kayser*, § 96 Rn. 35; *ders.*, WM 2008, 1534; *Rafiqpoor/Wilmes*, NZI 2009, 92; *Gehrlein*, ZInsO 2010, 1858.

59 So denn auch deutlich BGH NZI 2005, 164, 165; *Persch*, Insolvenzanfechtung, 49f. Anders aber Kübler/Prütting/Bork/*Schoppmeyer*, § 131 Rn. 135.

60 Vgl. bereits oben § 14 II 1.

61 Oben § 8 I.

62 So auch MünchKommInsO/*Kirchhof*, § 131 Rn. 16; *v. Olshausen*, KTS 2001, 54; *Gerhardt*, FS Brandner, 613; *Fischer*, ZIP 2004, 1683; *Gehrlein*, WM 32/2009 (Sonderbeilage), 12.

63 BGH NJW 2007, 2640, 2641f.; BGH NJW 2004, 3118, 3120; Kübler/Prütting/Bork/*Schoppmeyer*, § 130 Rn. 25; HK/*Kreft*, § 129 Rn. 17, § 140 Rn. 14; BKInsO/*Haas*, § 140 Rn. 77; HK/*Kayser*, § 96 Rn. 36; *ders.*, WM 2008, 1534; Gottwald/*Gottwald*, § 45 Rn. 100; Bork/*Jacoby*, Kap. 16 Rn. 15; HmbK/*ders.*, § 96 Rn. 13; *Fischer*, WM 2008, 5; *ders.*, ZIP 2004, 1683; *Gehrlein*, WM 32/2009 (Sonderbeilage), 12. Ablehnend namentlich *v. Olshausen*, KTS 2009, 487 ff.; *ders.*, ZIP 2010, 2075 ff.; vgl. dazu schon oben, § 8 IV 1 Fn. 127.

64 BGH ZIP 2010, 682, 683. Kübler/Prütting/Bork/*Schoppmeyer*, § 130 Rn. 25; HmbK/*Jacoby*, § 96 Rn. 13; HK/*Kreft*, § 129 Rn. 17, § 140 Rn. 14; BKInsO/*Haas*, § 140 Rn. 77; Gottwald/*Gottwald*, § 45 Rn. 100. Ebenso noch BGH NZI 2005, 164, 165; aufgegeben nun aber in BGH NJW 2010, 444, 445 (wo es freilich um die Pfändung einer Mietforderung ging).

Es fragt sich allerdings, ob dies mit den Wertungen in Einklang steht, die der Regelung des § 140 InsO zugrunde liegen. Nach den ausdrücklich erklärten und, wie gezeigt, auch sachlich berechtigten Vorstellungen der Gesetzesverfasser soll auch in § 140 III InsO der Gedanke Ausdruck finden, daß es für das Vorliegen der Anfechtungsvoraussetzungen auf den Zeitpunkt ankommt, in dem der Anfechtungsgegner eine – von der möglichen Anfechtbarkeit abgesehen – insolvenzfeste Rechtsposition erlangt hat.[65] Da es hier letztlich um die Wirksamkeit der Aufrechnung geht, ist der anfechtungsrelevante Zeitpunkt nach diesem Prinzip also danach zu bestimmen, ab welchem Zeitpunkt der Anfechtungsgegner eine insolvenzfeste Aufrechnungsmöglichkeit erlangt hat. Hängt die Entstehung der Aufrechnungslage vom Eintritt einer Bedingung ab, entscheidet hierüber § 95 I InsO:[66] Wegen § 95 I 3 InsO ist eine Aufrechnung nur möglich, wenn die Forderung des Insolvenzgläubigers spätestens zugleich mit der Hauptforderung des Schuldners durchsetzbar wird. Es ist also zu differenzieren: Ist nur die Hauptforderung bedingt, hat der Insolvenzgläubiger in der Tat bereits mit der Entstehung der gegenseitigen Forderungen eine insolvenzfeste Aussicht, sich durch Aufrechnung befriedigen zu können, denn träte die Bedingung erst im Laufe des Insolvenzverfahrens ein, stünde § 95 I 3 InsO einer Aufrechnung nicht entgegen. § 140 III InsO ist in diesem Fall ohne weiteres anwendbar. Ist umgekehrt nur die Gegenforderung des Insolvenzgläubigers bedingt, hat der Insolvenzgläubiger mit deren Entstehung wegen § 95 I 3 InsO keine insolvenzfeste Aufrechnungsaussicht erlangt. § 140 III InsO ist in diesem Fall nach dem ihm zugrunde liegenden Prinzip nicht anzuwenden, vielmehr ist gemäß § 140 I InsO auf den Zeitpunkt abzustellen, in dem die Bedingung und mit ihr die Aufrechnungslage eintraten. Sind schließlich beide Forderungen bedingt, erlangt der Insolvenzgläubiger nur und erst dann eine insolvenzfeste Aufrechnungsmöglichkeit, wenn feststeht, daß die Bedingung der Hauptforderung frühestens zugleich mit derjenigen der Gegenforderung eintreten wird. Anfechtungsrelevant ist dann folglich dieser Zeitpunkt; auch insoweit ist § 140 III InsO nicht anzuwenden.[67]

c) Relevanz des „Werthaltigmachens“ der Hauptforderung

Schon in seiner Rechtsprechung zu KO und GesO hatte der BGH für die Frage, wann eine Aufrechnungslage im Sinne der entsprechenden Anfechtungs- und Aufrechnungsvorschriften entstanden sei, darauf abgestellt, wann der Schuldner die aus einem gegenseitigen Vertrag mit dem Insolvenzgläubiger stammende Hauptforderung werthaltig machte, indem er die daraus geschuldete Gegenleistung erbrachte.[68] Diese Rechtsprechung hat der BGH jüngst auf die InsO übertragen:

---

[65] § 8 I, IV.

[66] Vgl. auch bereits Jaeger/*Windel* § 96 Rn 57; *Peschke*, Insolvenz, 175 ff.; *v. Olshausen*, KTS 2009, 508 ff. Auf eine Wertungsparallele zu § 95 I InsO berufen sich auch BGH NJW 2004, 3118, 3120, und diesem folgend *Fischer*, ZIP 2004, 1683, ohne jedoch § 95 I 3 InsO zu erwähnen.

[67] Zu dem Fall, daß die Gegenforderung erst nach Verfahrenseröffnung fällig wird und nach § 95 I 1 InsO aufgerechnet werden kann, vgl. oben Fn. 36 a. E.

[68] BGH NZI 2002, 35, 36 (zur GesO); BGH NJW 2001, 3704, 3706 (zur KO).

Auch der für die Herstellung der Aufrechnungslage im Sinne des § 96 I Nr. 3 InsO anfechtungsrelevante Zeitpunkt soll derjenige des „Werthaltigmachens" der Hauptforderung sein können.[69] Dem ist im Ergebnis zu folgen.

Die unmittelbare rechtliche Bedeutung dieses „Werthaltigmachens" der Hauptforderung erschöpft sich darin, daß die Einrede aus § 320 BGB entfällt. Eine Aufrechnungslage nach § 387 BGB aber besteht auch dann, wenn die Hauptforderung einredebehaftet ist, was bereits daraus folgt, daß es dem Aufrechnenden freisteht, sich auf die Einrede zu berufen.[70] Für die Frage des anfechtungsrelevanten Zeitpunkts kommt es indes entscheidend darauf an, ob die Aussicht des Insolvenzgläubigers, sich durch Aufrechnung zu befriedigen, deswegen noch nicht insolvenzfest war, weil der Schuldner die ihm obliegende Leistung noch nicht erbracht hatte. § 95 I 1 InsO steht der Insolvenzfestigkeit der Aufrechnungsbefugnis in dieser Situation nicht entgegen: Es ist allgemein anerkannt, daß die fehlende Fälligkeit der Forderung des Schuldners den Insolvenzgläubiger – entgegen dem insoweit verunglückten Wortlaut des § 95 I 1 InsO – auch nach Eröffnung des Insolvenzverfahrens nicht hindert, mit seiner Forderung aufzurechnen.[71]

In den vorliegenden Fällen, in denen weder der Schuldner noch der Insolvenzgläubiger geleistet haben, unterliegt ein gegenseitiger Vertrag bei Verfahrenseröffnung jedoch grundsätzlich der Erfüllungswahl des Insolvenzverwalters nach § 103 InsO; für die Frage der Insolvenzfestigkeit der Aufrechnungslage sind daher auch deren mögliche Folgen zu berücksichtigen. Nach herrschender Ansicht sollen die Ansprüche des Schuldners aus dem Vertrag originär der Masse zustehen, wenn der Insolvenzverwalter Erfüllung wählt.[72] Diese Ansicht wurde gerade mit Blick darauf entwickelt, daß es dem Insolvenzgläubiger, der aus dem entsprechenden Vertrag die Vergütung schuldet, nicht möglich sein soll, gegen diesen Anspruch mit seiner Insolvenzforderung aufzurechnen: Der wirtschaftliche Vorteil aus einem solchen Vertrag soll effektiv in die Masse fließen, sonst wäre das Erfüllungswahlrecht des Insolvenzverwalters entwertet. Zu diesem Zweck werden die Ansprüche auf Vergütung der nach der Erfüllungswahl aus der Masse erbrachten Gegenleistung auch aufrechnungsrechtlich wie neu entstandene Ansprüche behandelt; wer der Masse Vergütung für eine nach Verfahrenseröffnung erbrachte Leistung aus einem Vertrag schuldet, dessen Erfüllung der Insolvenzverwalter nach § 103 InsO wählte, kann gegen diese Ansprüche daher gemäß § 96 I Nr. 1 InsO nicht aufrechnen.[73] Folgt man dieser für die Praxis allemal maßgeblichen Mei-

---

[69] BGH ZIP 2010, 682, 684; OLG München ZInsO 2009, 2151, 2152; HmbK/*Jacoby*, § 96 Rn. 11; Bork/*ders.*, Kap. 16 Rn. 16f.; *Fischer*, WM 2008, 6; *ders.*, ZIP 2004, 1683; *Gehrlein*, WM 32/2009 (Sonderbeilage), 12; *Voß*, Vorausabtretung, 159f. Wohl auch OLG Dresden WM 2006, 2095, 2096.

[70] Statt aller Staudinger/*Gursky*, § 387 Rn. 114.

[71] Vgl. etwa Jaeger/*Henckel*, § 95 Rn. 7; HmbK/*Jacoby*, § 95 Rn. 21; Kübler/Prütting/Bork/*Lüke*, § 95 Rn. 8; FK/*Bernsau*, § 95 Rn. 4.

[72] Vgl. schon § 8 Fn. 58.

[73] Noch zur GesO BGH NZI 2002, 35, 36. Zur KO BGH NJW 2001, 367, 368f.; BGH NJW 2001, 3704f.; BGH NJW 2002, 1050, 1053; BGH NJW 1992, 507, 508. MünchKommInsO/*Brandes*, § 96 Rn. 12; MünchKommInsO/*Kreft*, § 103 Rn. 41; *ders.*, FS Fischer, 298; HmbK/*Jacoby*, § 95

nung,[74] so ist die Aussicht, sich durch Aufrechnung gegen eine Forderung aus einem gegenseitigen Vertrag zu befriedigen, der bei Verfahrenseröffnung der Erfüllungswahl des Insolvenzverwalters unterläge, nur insolvenzfest, soweit der Gläubiger dieser Forderung und spätere Insolvenzschuldner die ihm obliegende Leistung bereits erbracht hat. Im Hinblick auf die § 140 I InsO zugrundeliegenden Wertungen ist es daher nur konsequent, den anfechtungsrelevanten Zeitpunkt des Entstehens der Aufrechnungslage in diesen Fällen mit dem so verstandenen „Werthaltigmachen" der Hauptforderung des Schuldners anzusetzen.

4. Anwendung des Bargeschäftsprivilegs

Daß eine vor Verfahrenseröffnung abgegebene Aufrechnungserklärung nicht selbständig angefochten werden kann, ihre Wirksamkeit vielmehr gemäß § 96 I Nr. 3 InsO davon abhängt, ob die Aufrechnungslage in anfechtbarer Weise hergestellt wurde, wirkt sich in erheblichem Maße auf die Anwendbarkeit des Bargeschäftsprivilegs aus. Denn da es im Rahmen des § 96 I Nr. 3 InsO stets nur um die Anfechtbarkeit der Herstellung der Aufrechnungslage geht, kommt auch nur diese, nicht die Aufrechnung selbst[75] als nach § 142 InsO zu privilegierende Deckung in Betracht. Daraus ergibt sich, wie sogleich gezeigt werden wird, daß Aufrechnungen durch das Bargeschäftsprivileg in erheblich geringerem Umfang begünstigt werden als andere Erfüllungsarten. Es fragt sich, ob die Gesetzesverfasser dies beabsichtigten oder ob es sich um eine zufällige, aus teleologischen Erwägungen zu korrigierende Folge der Fassung des § 96 I Nr. 3 InsO handelt.

a) Grundsätze

Daß § 142 InsO grundsätzlich auch auf Handlungen Anwendung findet, die für potentielle Insolvenzforderungen eine Sicherheit gewähren, wurde bereits ausgeführt.[76] Unschädlich ist ferner, daß die Aufrechnungsbefugnis bei bestehender Aufrechnungslage aus dem Gesetz folgt, und zwar selbst dann, wenn man annehmen wollte, daß kraft Gesetzes entstehende Sicherungsrechte § 142 InsO niemals unterfallen können.[77] Denn kraft Gesetzes besteht nur die Aufrechnungsbefugnis selbst; sie folgt jedoch aus der Aufrechnungslage, die in der Regel durch Rechtsgeschäfte hergestellt wird, und nur um deren Anfechtbarkeit geht es hier. Abgesehen von der möglichen Ausnahme des Vollzugs einer Kontokorrentvereinbarung, auf die noch

---

Rn. 32; HK/*Kayser*, § 95 Rn. 31; FK/*Bernsau*, § 96 Rn. 5; BKInsO/*Blersch/v.* Olshausen, § 96 Rn. 5; Graf-Schlicker/*Hofmann*, § 96 Rn. 4. Dem Ergebnis zustimmend auch *Henckel*, FS G. Lüke, 256 f.; *Adam*, Erfüllungsverlangen, 39 ff.; *ders.*, WM 1998, 804 f.

[74] Kritisch aber etwa Kübler/Prütting/Bork/*Lüke*, § 96 Rn. 23 ff. Ablehnend etwa Jaeger/*Windel*, § 96 Rn. 20 ff.; Hess/*Hess*, § 96 Rn. 30; *Bork*, FS Zeuner, 297 ff., 311; *ders.*, JZ 1996, 51; *Häsemeyer*, Kölner Schrift, Kap. 15 Rn. 101 ff.; *ders.*, JR 1992, 424; *Gerhardt*, GS Knobbe-Keuk, 177 f.; *Peitsch*, Insolvenzaufrechnung, 160 ff.

[75] So aber offenbar BGH ZIP 2010, 682, 685.

[76] § 13 IV 1.

[77] Vgl. dazu aber § 13 IV 1 bei Fn. 146.

näher einzugehen sein wird,[78] sind allerdings kaum Fälle denkbar, in denen sich gerade die Herstellung der Aufrechnungslage als „Leistung des Schuldners" darstellt, „für die unmittelbar eine gleichwertige Gegenleistung in sein Vermögen gelangt".

Zwar läßt sich die Herstellung der Aufrechnungslage durchaus als Leistung des Schuldners begreifen, sofern dieser an der Begründung der Haupt- und der Gegenforderung oder einer anderen die Aufrechnungslage herstellenden Rechtshandlung[79] beteiligt ist.[80] Es wird allerdings in aller Regel an einer gerade „für die" Herstellung der Aufrechnungslage erbrachten, in das Vermögen des Schuldners gelangenden Gegenleistung fehlen. Für diese kann man nicht darauf abstellen, daß die Aufrechnungslage in aller Regel auch für den Schuldner entsteht und damit zugleich dessen Forderung gegen den späteren Insolvenzgläubiger sichert: Genügte dies, unterfiele die Herstellung einer Aufrechnungslage stets dem Bargeschäftsprivileg und wäre jedenfalls der Deckungsanfechtung grundsätzlich entzogen; für § 96 I Nr. 3 InsO bliebe kaum ein relevanter Anwendungsbereich.[81] Aufrechnungen wären *per se* anfechtungsrechtlich privilegiert. Das entspricht offensichtlich nicht dem Sinn des § 96 I Nr. 3 InsO, aber auch nicht dem des § 142 InsO. Die Erwägung, auf die § 142 InsO sich stützt, daß der Schuldner nämlich nicht durch Anfechtungsrisiken vom Wirtschaftsverkehr ausgeschlossen werden soll, sprechen sogar grundsätzlich dagegen, auch Aufrechnungen aufgrund von in der Krise entstandenen Aufrechnungslagen zu privilegieren.[82] Denn damit würden sich die Sanierungsaussichten in der Regel verschlechtern: Die Aufrechnungsbefugnis des Insolvenzgläubigers bindet die Hauptforderung des Schuldners; so weit sie reicht, kann der Schuldner aus seiner derartig gebundenen Forderung keine neue Liquidität ziehen, die er gerade in der Krise dringend benötigt. Im Hinblick auf die mit § 142 InsO verfolgten Zwecke besteht daher kein Grund, die Herstellung von Aufrechnungslagen besonders zu fördern. Es ist daher eine Gegenleistung des Insolvenzgläubigers zu verlangen, die über die Herstellung einer Aufrechnungslage auch zugunsten des Schuldners hinausgeht.

Auch in den Fällen, in denen die Gegenforderung des Insolvenzgläubigers aus einem gegenseitigen Vertrag folgt, kann als „Gegenleistung" für die mit der Aufrechnungslage gewährte Sicherheit nicht die Leistung angesehen werden, die der Insolvenzgläubiger aufgrund dieses Vertrages an den Schuldner erbringt: Die Leistung des Gläubigers findet ihre „Gegenleistung" schon in dem, was der Schuldner aufgrund der mit diesem Vertrag entstandenen Forderung des Gläubigers schuldet. Daß diese Forderung aufgrund der Aufrechnungslage besonders ge-

---

[78] § 14 III 5b.

[79] Vgl. oben § 14 II 1.

[80] Anders ohne Begründung *Rafiqpoor/Wilmes*, NZI 2009, 92.

[81] Anders liegt dies freilich, wenn man die Herstellung der Aufrechnungslage entgegen der hier vertretenen Ansicht (vgl. soeben § 14 II 2) als grundsätzlich inkongruente Deckung ansieht und das Bargeschäftsprivileg, ebenfalls entgegen der hier vertretenen Ansicht (§ 13 III), auf inkongruente Deckungen nicht anwendet.

[82] Vgl. aber noch unten § 14 II 4b.

sichert ist, stellt einen Mehrwert dar, der nicht schon von der vom Insolvenzgläubiger erbrachten Leistung gedeckt ist.

Eine Gegenleistung des Insolvenzgläubigers, welche dieser gerade für die ihm mit der Aufrechnungslage gewährte Sicherheit erbringt, kann daher letztlich allenfalls darin liegen, daß er dem Schuldner mit Blick auf diese Sicherheit Kredit gewährt. Nach dem allgemein zur Anwendung des Bargeschäftsprivilegs auf die Gewährung von Sicherheiten Gesagten[83] scheidet eine Anwendung des § 142 InsO auch unter diesem Aspekt von vornherein in den Fällen aus, in denen die Gegenforderung des Insolvenzgläubigers vor der Hauptforderung des Schuldners entstanden war und er diese bereits unbesichert „stehengelassen" hatte: Die nachträgliche Besicherung eines ohnehin schon bestehenden Kredits unterfällt dem Bargeschäftsprivileg grundsätzlich nicht. Eine Anwendung des § 142 InsO kommt hier also nur in Betracht, wenn die Gegenforderung des Insolvenzgläubigers in dem von dieser Norm geforderten engen zeitlichen Zusammenhang mit der Entstehung der Hauptforderung durchsetzbar wird und der Insolvenzgläubiger gerade wegen der Aufrechenbarkeit zunächst darauf verzichtet, seine Forderung durchzusetzen.

Auch dann kann von einer in das Vermögen des Schuldners gelangenden Gegenleistung, wie sie § 142 InsO verlangt, nur in Ausnahmefällen die Rede sein. Denn durch den Verzicht darauf, die Forderung geltend zu machen, gewährt der Insolvenzgläubiger dem Schuldner nur dann Kredit, wenn er ihm Liquidität beläßt, die er abziehen könnte, indem er die Forderung geltend macht. Daran fehlt es, wenn auch die Forderung des Schuldners durchsetzbar ist, also auch dieser aufrechnen könnte. Denn in diesem Fall besteht die Aufrechnungslage nur fort, wenn mit dem Verzicht des Insolvenzgläubigers, seine Gegenforderung geltend zu machen, ein entsprechender Verzicht des Schuldners auf die Geltendmachung der Hauptforderung korrespondiert. Dadurch, daß die Parteien nicht aufrechnen, gewähren sie einander nicht etwa gegenseitig Kredit; vielmehr ist die in den wechselseitigen Forderungen verkörperte Liquidität ohnehin durch die beidseitige Aufrechnungsbefugnis gebunden.

Durch Verzicht auf die Geltendmachung seiner Forderung gewährt der Insolvenzgläubiger dem Schuldner also allenfalls dann Kredit, wenn er vom Schuldner Zahlung verlangen und dieser sich nicht mit einer Aufrechnung verteidigen könnte, weil seine Forderung noch nicht durchsetzbar ist. Auch in einem solchen Verzicht liegt jedoch nur dann eine in das Vermögen des Schuldners gelangende Gegenleistung, wie § 142 InsO sie verlangt, wenn der Zeitraum, für den der Insolvenzgläubiger darauf verzichtet, die Forderung geltend zu machen, für diesen bindend bestimmt ist. Denn nur in diesem Fall liegt in dem Verzicht eine in das Vermögen des Schuldners gelangende Gegenleistung des Insolvenzgläubigers, welche eine weitere Teilnahme des Schuldners am Wirtschaftsverkehr fördert. Im Regelfall, in dem die Aufrechnungslage zufällig aus einer fortgesetzten Geschäftsbeziehung zwischen Insolvenzgläubiger und Schuldner entsteht, fehlt es hieran.

Zusammenfassend gilt also: Der Tatbestand des § 142 InsO ist in bezug auf die Herstellung einer Aufrechnungslage nur erfüllt, wenn die Gegenforderung

---

[83] § 13 IV 1 bei Fn. 143.

des Insolvenzgläubigers nicht bereits bestand und unbesichert war und er nun im Hinblick auf die durch die Aufrechnungslage gewährte Sicherheit für einen von vornherein bestimmten Zeitraum darauf verzichtet, seine Forderung geltend zu machen, während der Schuldner seinerseits nicht aufrechnen kann. Diese Voraussetzungen werden regelmäßig nicht gegeben sein; § 142 InsO greift in den von § 96 I Nr. 3 InsO erfaßten Fällen mithin in aller Regel nicht.[84]

b) Ausnahme: Aufrechnung als Leistung des Schuldners im Rahmen eines Bargeschäfts

Daß in der Krise ermöglichte Aufrechnungen damit in aller Regel nicht nach § 142 InsO privilegiert sind, steht, wie ausgeführt, grundsätzlich im Einklang mit den Erwägungen, welche diese Norm stützen. Dennoch darf nicht außer Acht gelassen werden, daß es hier letztlich um die Wirksamkeit der Aufrechnung als solcher geht. Es fragt sich daher, ob § 142 InsO nach den dieser Norm zugrundeliegenden Wertungen Anwendung finden muß, wenn die Aufrechnung selbst – wäre sie selbständig anfechtbar – eine dem § 142 InsO unterfallende Deckung darstellen würde. Man denke etwa an den Fall, daß der potentielle spätere Insolvenzgläubiger I und der spätere Insolvenzschuldner S einander Waren verkaufen, jedoch den Kaufpreis jeweils nicht sofort zahlen. Im Schrifttum wird nun behauptet, daß es einen Wertungswiderspruch bedeute, wenn in diesem Fall zwar eine Zahlung des S an I, der seinerseits an S zahlt, dem Bargeschäftsprivileg unterfallen könnte, nicht aber eine Aufrechnung, welche die überflüssige Hin-und-her-Zahlung nur abkürzen solle.[85] Wählten I und S statt dieser Hin-und-her-Zahlung die Aufrechnung, bedeute dies für Insolvenzverwalter und Masse einen Glücksfall, der diese zu Unrecht begünstige.

Ein Blick auf die drei denkbaren Fallkonstellationen zeigt, daß in Wahrheit nur in einer von ihnen ein Wertungswiderspruch besteht. Haben I und S die Waren im strengen Sinne unmittelbar ausgetauscht, liegt in Wahrheit ein Tausch vor, der dem Bargeschäftsprivileg ohne weiteres unterfallen kann; bei der „Aufrechnung" der „Kaufpreise" handelt es sich dann um eine bloße Rechenoperation, die eine Vergleichbarkeit der jeweiligen Werte sicherstellen soll und der keine weitere rechtliche Bedeutung zukommt. Das Problem besteht also nur, wenn zwischen den beiden Kaufverträgen eine gewisse zeitliche Zäsur entsteht.

Hatte zunächst I dem S etwas verkauft und nicht auf sofortiger Kaufpreiszahlung durch S bestanden, ist für eine Anwendung des Bargeschäftsprivilegs nach hier vertretener, im Vergleich zur herrschenden etwas strengerer Meinung ohnehin kein Raum mehr.[86] Kauft I später etwas von S und hätte S bei dieser Gelegenheit die aus dem früheren Kaufvertrag stammende Kaufpreisforderung des I durch Zahlung be-

---

[84] Zum gleichen praktischen Ergebnis dürften die Erwägungen in BGH ZIP 2010, 682, 686 führen: Die Aufrechnung eines bereits bestehenden Anspruchs gegen einen neu entstandenen Anspruch des Schuldners könne kein Bargeschäft darstellen, weil dieses voraussetze, daß die Leistung des anderen Teils in das Aktivvermögen des Schuldners gelangt sei.

[85] *Rafiqpoor/Wilmes*, NZI 2009, 91 ff.

[86] § 13 II 3 c.

glichen, wäre diese wie eine mögliche Aufrechnung dem Bargeschäftsprivileg entzogen. Das entspricht auch dessen Zweck: Denn in diesem Fall würde die Leistung des S aus dem späteren Kaufvertrag nicht durch eine Gegenleistung kompensiert werden, die ihm ihrerseits ein weiteres Wirtschaften in der Krise ermöglicht. Vielmehr diente das zweite „Bargeschäft" in diesem Fall nur der Deckung einer Altforderung des I. Hatte I es versäumt, sogleich bei Erbringung seiner Leistung aus dem ersten Kaufvertrag für eine Deckung dieser Forderung und damit dafür zu sorgen, daß diese nach § 142 InsO anfechtungsrechtlich privilegiert wird, kann er dies nun durch Abschluß eines weiteren Geschäfts nicht mehr nachholen. Es hat durchaus auch seinen Sinn, daß I den Kaufpreis bei diesem zweiten Geschäft zahlen muß und nicht aufrechnen darf, um in bezug auf die im Rahmen dieses Geschäfts erlangte Deckung – die Lieferung der Waren durch S – in den Genuß des Bargeschäftsprivilegs zu kommen: Nur durch die Zahlung wird S neue Liquidität zugeführt, die ein Weiterwirtschaften ermöglicht, das § 142 InsO fördern soll.

Anders liegt die Sache allerdings im umgekehrten Fall, daß zunächst S dem I etwas verkauft, dieser den Kaufpreis aber noch nicht bezahlt hat und später seinerseits dem S etwas verkauft. Liefert I nun nur gegen unmittelbare Erfüllung seines Zahlungsanspruchs aus diesem zweiten Kaufvertrag, fragt sich in der Tat, warum nur eine Zahlung des Kaufpreises nach § 142 InsO zu privilegieren sein soll, nicht aber eine Aufrechnung mit der Forderung des S gegen I aus dem ersten Kaufvertrag; denn in bezug auf die Herstellung der Aufrechnungslage durch das zweite Geschäft liegt nach dem eben dargestellten allgemeinen Grundsätzen kein Bargeschäft vor, so daß § 142 InsO im Rahmen des § 96 I Nr. 3 InsO bei wortlautgetreuer Gesetzesanwendung nicht eingriffe, eine Aufrechnung des S[87] oder des I also unwirksam wäre. Nach der § 142 InsO zugrundeliegenden Interessenbewertung ist die Aufrechnung im Vergleich zur Zahlung in diesem Fall sogar privilegierungswürdiger: Denn mit der Zahlung ist anders als mit der Aufrechnung ein – jedenfalls vorübergehender, erst mit späterer Zahlung des Insolvenzgläubigers auf die gegen ihn gerichtete Kaufpreisforderung wieder ausgeglichener – Verlust an Liquidität verbunden, der das Weiterwirtschaften in der Krise tendenziell erschwert. Angesichts der eindeutig für eine analoge Anwendung des § 142 InsO in diesen Fällen sprechenden Interessenlage bleibt nur zu prüfen, ob eine planwidrige Regelungslücke besteht. Auch diese ist zu bejahen. Nichts deutet darauf hin, daß die Gesetzesverfasser mit der Fassung des § 96 I Nr. 3 InsO eine durch Aufrechnung erlangte Deckung von vornherein vom Bargeschäftsprivileg ausnehmen wollten.[88] Analog § 142 InsO müssen daher solche Aufrechnungen Bestand haben, mit denen die Verbindlichkeit *des Schuldners* aus einem mit dem Insolvenzgläubiger geschlossenen Bargeschäft getilgt wird.[89]

---

[87] Zur Anwendbarkeit des § 96 I Nr. 3 InsO auf vor Verfahrenseröffnung vom Schuldner erklärte Aufrechnungen oben § 14 I 2 c.

[88] Ähnlich *Rafiqpoor/Wilmes*, NZI 2009, 94.

[89] Für eine allgemeine „den § 96 I InsO ausschließende, entsprechende Anwendung des § 142 InsO" dagegen *Rafiqpoor/Wilmes*, NZI 2009, 94.

III. Anfechtungsrechtliche Konsequenzen der Fortführung eines Kontokorrents in der Krise

Hatte der spätere Insolvenzschuldner in einer Kontokorrentbeziehung gestanden, stellt sich die Frage, inwieweit die im Rahmen dieses Kontokorrents noch in der Krise erfolgten „Verrechnungen" mit der Eröffnung des Insolvenzverfahrens nach § 96 I Nr. 3 InsO unwirksam werden. Da ein solches Kontokorrentverhältnis auch dann vorliegt, wenn eine Bank für ihren Kunden ein Girokonto führt, und nahezu jeder Insolvenzschuldner über ein solches Konto verfügte, über das noch in der Krise der Zahlungsverkehr abgewickelt wurde, ist diese Frage von erheblicher praktischer Relevanz. Es verwundert daher nicht, daß sich nicht nur das Schrifttum, sondern auch die Rechtsprechung mit diesem Problem ausgiebig beschäftigt hat.

1. Rechtliche Einordnung der einzelnen Vorgänge

Um die anfechtungsrechtliche Bedeutung vor Verfahrenseröffnung erfolgter Kontokorrentverrechnungen würdigen zu können, gilt es zunächst, sich Klarheit über die allgemeine rechtliche Bedeutung der damit verbundenen Abreden und Vorgänge zu verschaffen.

Eine Kontokorrentabrede im Sinne des § 355 HGB enthält zum einen die Vereinbarung, daß künftige Forderungen lediglich zur Verrechnung zu stellen sind mit der Folge, daß sie nicht mehr selbständig geltend gemacht oder abgetreten werden können; zum anderen enthält sie einen „Verrechnungsvertrag", wonach sich die Verrechnung der wechselseitigen Forderungen am Ende einer Rechnungsperiode automatisch vollzieht.[90] Bei dieser „Verrechnung" handelt es sich um nichts anderes als eine von beiden Parteien bindend im voraus erklärte Aufrechnung.[91] Wird das Insolvenzverfahren eröffnet, verliert die Kontokorrentabrede ihre Wirksamkeit;[92]

---

[90] BGH NJW 1989, 2120, 2121; BGH NJW 1979, 1658f. Schimansky/Bunte/Lwowski/*Schimansky*, § 47 Rn. 68ff.; Staub/*Canaris*, § 355 Rn. 14; MünchKommHGB/*Hadding/Häuser*, ZahlungsV Rn. A 218; MünchKommHGB/*Langenbucher*, § 355 Rn. 21f.; Derleder/Knops/Bamberger/*Kandelhard*, § 38 Rn. 8; *Peschke*, Insolvenz, 8f.; *Persch*, Insolvenzanfechtung, 32ff.

[91] Vgl. BGH NJW 1985, 1706, 1708; *Bork*, FS Kirchhof, 59, 61; *Berger*, Aufrechnungsvertrag, 14, 173; *K. Schmidt*, Handelsrecht, § 21 IV 1; *Persch*, Insolvenzanfechtung, 34; *Wischemeyer*, Insolvenzanfechtung, 5. Vgl. auch Staub/*Canaris*, § 355 Rn. 126, und *Obermüller*, ZInsO 2009, 690, der eine Verrechnung annimmt, wenn die Forderungen, etwa aufgrund einer Kontokorrentbindung, nicht selbständig geltend gemacht werden können. – Ob es sich bei dem „Saldo", der sich nach Verrechnung ergibt, um einen Teil der in das Kontokorrent eingestellten Forderungen handelt oder ob durch Novation eine neue Forderung des Ausgleichsberechtigten entsteht, ist umstritten, vgl. dazu etwa Staub/*Canaris*, § 355 Rn. 175ff. Die Frage nach der Natur der „kausalen Saldoforderung" ist für die vorliegenden Zwecke indes nicht von Interesse.

[92] BGH NJW 2009, 2677, 2678; BGH NJW 1979, 1658f.; BGH NJW 1978, 538, 539; *Bork*, Zahlungsverkehr, Rn. 61; Schimansky/Bunte/Lwowski/*Schimansky*, § 47 Rn. 103; Derleder/

dabei kommt es zu einer letzten automatischen „Verrechnung" der zwischenzeitlich entstandenen wechselseitigen Forderungen.[93]

Wird ein Bankkonto im Kontokorrent geführt, treten weitere Abreden zwischen Bank und Kunde hinzu. Aufgrund eines entsprechenden Zahlungsdienste- oder Zahlungsdiensterahmenvertrags (§ 675f I, II BGB) ist die Bank berechtigt und verpflichtet, für den Kunden bestimmte Geldeingänge entgegenzunehmen und gutzuschreiben und umgekehrt Überweisungsaufträge des Kunden zulasten seines Kontos auszuführen. Oftmals wird dem Kunden dabei ein Darlehen in Form eines Kontokorrentkredits gewährt. Dadurch wird die Pflicht suspendiert, Sollsalden zurückzuführen, die sich in der laufenden Kontokorrentperiode aus einem rein rechnerischen Vergleich der jeweiligen Forderungen oder zu deren Ende aus der Verrechnung ergeben; der Kunde kann den Kredit nach Tilgung jeweils erneut in Anspruch nehmen, bis er gekündigt wird.[94]

Aus diesen Rechtsverhältnissen zwischen Bank und Kunde ergeben sich auch die Ansprüche, die in das Kontokorrent gestellt werden. Gehen bei der Bank an den Kunden gerichtete Zahlungen ein, welche die Bank aufgrund des Zahlungsdienstevertrags dessen Konto gutzuschreiben hat, erlangt dieser einen gegen die Bank gerichteten Anspruch auf Auszahlung des vereinnahmten Betrags.[95] Ansprüche der Bank gegen den Kunden entstehen namentlich aus der Ausführung von Überweisungsaufträgen[96] und der Einlösung von Lastschrif-

---

Knops/Bamberger/*Kandelhard*, § 38 Rn. 66; MünchKommInsO/*Ott/Vuia*, § 116 Rn. 39; Staub/*Canaris*, § 355 Rn. 242 ff.; HK/*Marotzke*, § 116 Rn. 5; Bork/*Jacoby*, Kap. 16 Rn. 42; MünchKommHGB/*Hadding/Häuser*, ZahlungsV Rn. A 234; MünchKommHGB/*Langenbucher*, § 355 Rn. 118 f.; *K. Schmidt*, Handelsrecht, § 21 VI 3; *Dampf*, KTS 1998, 151; *Steinhoff*, ZIP 2000, 1142; *Ganter*, NZI 2010, 835; *Gehrlein*, ZInsO 2010, 1857; *Bork*, Zahlungsverkehr, Rn. 61; *Persch*, Insolvenzanfechtung, 38.

93 Staub/*Canaris*, § 355 Rn. 245; *Bork*, Zahlungsverkehr, Rn. 62; MünchKommInsO/*Ott/Vuia*, § 116 Rn. 39; Derleder/Knops/Bamberger/*Kandelhard*, § 38 Rn. 66; *K. Schmidt*, Handelsrecht, § 21 VI 3; *Persch*, Insolvenzanfechtung, 38; *Peschke*, Insolvenz, 15 ff., 42.

94 *Dampf*, KTS 1998, 146; *Bork*, Zahlungsverkehr, Rn. 13 f.; *Tinnefeld*, Verrechnungsmöglichkeit, 43 f.; *Persch*, Insolvenzanfechtung, 37 f.

95 Der BGH (vgl. etwa BGH NJW-RR 2008, 1731; BGH NZI 2008, 551, 552; BGHZ 174, 297, 300; ebenso *Joeres*, Insolvenzrecht 2000, 111) folgert diesen Anspruch unmittelbar aus § 667 BGB, während andere annehmen, der Kunde habe aus § 667 BGB zunächst einen Anspruch *auf* Gutschrift, so etwa Schimansky/Bunte/Lwowski/*Schimansky*, § 47 Rn. 10; Schwintowski/Schäfer/*Schwintowski*, § 7 Rn. 37. Der Zahlungsanspruch folgt dann *aus* der Gutschrift, die ein Schuldanerkenntnis oder ein Schuldversprechen der Bank gegenüber dem Kunden darstellen soll, BGH NJW 2002, 1722, 1723; BGH NJW 1989, 300, 301; BGH NJW 1988, 1320 f.; OLG Koblenz ZIP 2010, 1615; Derleder/Knops/Bamberger/*Meder*, § 44 Rn. 29; Schimansky/Bunte/Lwowski/*Schimansky*, § 47 Rn. 52; Schwintowski/Schäfer/*Schwintowski*, § 7 Rn. 34; *Bork*, FS Fischer, 38; *Steinhoff*, ZIP 2000, 1141; *Heublein*, ZIP 2000, 162. Einer Belastungsbuchung dagegen soll nur deklaratorische Bedeutung zukommen, BGH NJW 2002, 1722, 1723; BGH NJW 1989, 2120, 2121; BGH NJW 1989, 300, 301; OLG Koblenz ZIP 2010, 1615; Schimansky/Bunte/Lwowski/*Schimansky*, § 47 Rn. 51.

96 Vgl. zur Zahlungspflicht des Kunden aus dem Überweisungsvertrag nach altem Recht etwa Schwintowski/Schäfer/*Schwintowski*, § 7 Rn. 132; Schimansky/Bunte/Lwowski/*Schimansky*, § 49 Rn. 119; Derleder/Knops/Bamberger/*Oechsler*, § 43 Rn. 9 f.; entsprechend zum neuen

ten[97] oder Schecks[98] oder aus dem eventuell gewährten Kontokorrentkredit. Denkbar ist auch, daß die Bank ihre Forderung auf die in der jeweiligen Abrechnungsperiode fällig werdende Tilgungsrate eines dem Kunden gewährten weiteren Darlehens in das Kontokorrent einstellt.

2. Beispielsfall und Grundhaltung des BGH

Um sich die nachfolgend zu erörternden Probleme zu vergegenwärtigen, denke man etwa an folgenden Fall: Der spätere Insolvenzschuldner S unterhielt bei der Bank B ein Girokonto mit einer Kreditlinie von € 100.000. Die wechselseitigen Ansprüche aus der Kontoführung sollten jeweils zum Quartalsende[99] miteinander verrechnet werden. Am 1. 4. wird S zahlungsunfähig. B erfährt hiervon am 15. 5. und beantragt die Eröffnung des Insolvenzverfahrens über das Vermögen des S, hält Konto und Kreditlinie jedoch weiterhin offen. Am 1. 7. wird das Insolvenzverfahren eröffnet. S hatte zum Ende des Monats März die Kreditlinie von € 100.000 voll ausgeschöpft, das Konto befand sich laut Rechnungsabschluß vom 1. 4. also genau mit diesem Betrag im Soll. Zwischen dem 1. 4. und dem 14. 5. gingen Zahlungen in Höhe von insgesamt € 100.000 auf dem Konto ein; S veranlaßte Auszahlungen in Höhe von insgesamt € 75.000. Ebenso verhält es sich in der Zeit zwischen dem 15. 5. und dem 1. 7., so daß das Konto des S nach Rechnungsabschluß vom 1. 7. nur noch mit € 50.000 im Soll steht. Es fragt sich nun, ob die Verrechnung der Ansprüche der kontoführenden Bank mit ihren Ansprüchen, die sich aus den von B veranlaßten Auszahlungen ergeben, gegen die Ansprüche des S gegen B, die aus den Zahlungseingängen folgen, gemäß § 96 I Nr. 3 InsO unwirksam sind. Ist dies der Fall, bestehen die sich aus den Zahlungseingängen ergebenden Ansprüche des S in Höhe von insgesamt € 200.000 fort. Der Insolvenzverwalter könnte B insoweit in Anspruch nehmen; B ihrerseits könnte ihre Gegenansprüche in Höhe von insgesamt € 250.000 nur zur Tabelle anmelden.

Der BGH faßt seine Rechtsprechung zu solchen Fällen wie folgt zusammen:[100] „Nach der gefestigten Rechtsprechung des Senats kann im ungekündigten Kontokorrentverhältnis unter näher bestimmten Voraussetzungen die Herstellung der Aufrechnungslage als kongruente Erfüllung der Kontokorrentabrede zu werten

---

Recht *Obermüller*, ZInsO 2010, 9; Abweichend *Bork*, Zahlungsverkehr, Rn. 110: Die Bank erfülle mit der Überweisung einen aus dem Kontoguthaben oder dem Kontokorrentkredit folgenden Auszahlungsanspruch des Schuldners und stelle diese Leistung in das Kontokorrent ein.

[97] Dazu (zum alten Recht) etwa Schimansky/Bunte/Lwowski/*van Gelder*, § 58 Rn. 31; Derleder/Knops/Bamberger/*Schwintowski*, § 46 Rn. 4f.; zur SEPA-Lastschrift neuen Rechts *Obermüller/Kuder*, ZIP 2010, 349ff.

[98] Im Innenverhältnis zwischen Scheckaussteller und bezogener Bank besteht ein Geschäftsbesorgungsvertrag, aus dem entsprechende Aufwendungsersatzansprüche folgen, vgl. nur Schimansky/Bunte/Lwowski/*Nobbe*, § 60 Rn. 29 und nun §§ 675f I, 675c I BGB.

[99] Vgl. Nr. 7 I AGB-Banken (Rechnungsabschluß im Zweifel zum Ende jedes Kalenderquartals), aber auch Nr. 7 II AGB Sparkassen (Rechnungsabschluß nach jeweiligem Preisaushang).

[100] BGH WM 2008, 169, 171.

sein ... Dies eröffnet auf den entsprechenden Einwand des Anfechtungsgegners hin den Weg zum Bargeschäft, welches tatbestandlich nur bei kongruenten Rechtshandlungen in Betracht kommt ... Der Bargeschäftseinwand gemäß § 142 InsO greift durch, soweit die Bank dem Schuldner aufgrund der Kontokorrentabrede allgemein gestattet, den durch die Gutschriften eröffneten Liquiditätsspielraum wieder in Anspruch zu nehmen, und der Schuldner den ihm schuldrechtlich versprochenen Kredit abruft ... Dient die erneute Inanspruchnahme des Kredits der fremdnützigen Erfüllung von Vertragspflichten gegenüber sachlich betroffenen Auftraggebern ..., ist die Deckungsanfechtung einzelner Gutschriften mit dem Ziel, den Gegenwert nach § 143 Abs. 1 InsO zur Insolvenzmasse zu ziehen, ausgeschlossen. Anfechtbar ist dann nur die Rückführung des ausgereichten Dispositionskredits, zu der es kommt, wenn die Summe der in das Kontokorrent eingestellten Einzahlungen die der fremdnützigen Auszahlungen übersteigt. ... Die Frage der Inkongruenz der Rückführung eines Darlehens kann für den Zeitraum der Anfechtbarkeit nur einheitlich beantwortet werden ... Für eine Anfechtung nach § 131 Abs. 1 Nr. 1 InsO kommt es deshalb auf den Betrag an, um den die verrechneten Einzahlungen in diesem Zeitraum die Auszahlungen überstiegen. Allein in diesem Umfang hat die Bank den Schuldner letztlich nicht wieder über die Eingänge verfügen lassen."

Für den Beispielsfall ergäbe sich aus diesen Grundsätzen: Da der B die Zahlungsunfähigkeit des S erst am 15. 5. bekannt und erst an diesem Tag die Eröffnung des Insolvenzverfahrens beantragt wurde, liegen die Voraussetzungen einer Kongruenzanfechtung nach § 130 I 1 Nr. 1 und Nr. 2 InsO erst ab diesem Zeitpunkt vor; für den davor liegenden Zeitraum greift nur § 131 I Nr. 2 InsO. Die Verrechnung der zwischen dem 1. 4. und dem 15. 5. entstandenen und in das Kontokorrent eingestellten Forderungen ist nach Maßgabe des § 131 InsO nur insoweit unwirksam, als Inkongruenz vorliegt, was sich – für diesen Anfechtungszeitraum einheitlich – danach bestimmen soll, ob die jeweils entstandenen Forderungen des Kunden gegen die Bank diejenigen der Bank gegen den Kunden insgesamt überstiegen. In bezug auf diesen Zeitraum ist die Verrechnung also in Höhe dieses Betrages, hier € 25.000, unwirksam. Für die Verrechnung der zwischen dem 15. 5. und dem 1. 7. entstandenen Forderungen greifen dagegen zwar auch § 130 I 1 Nr. 1 und Nr. 2 InsO, so daß es auf die Kongruenz nicht ankommt, die Verrechnung also auch insoweit unwirksam sein könnte, als die in diesem Zeitraum entstandenen Forderungen der Bank die des Kunden nicht überstiegen. Hier soll aber das Bargeschäftsprivileg gemäß § 142 InsO die Anfechtbarkeit insoweit ausschließen, als die Bank den Kunden über die Zahlungseingänge wieder verfügen ließ, indem sie Zahlungsausgänge zuließ, also wiederum insoweit, als Zahlungsaus- und -eingänge einander die Waage hielten, so daß die Verrechnung auch in diesem Zeitraum nur in Höhe von € 25.000 unwirksam ist. Schon hier wird deutlich, daß im wesentlichen die gleichen Kriterien über das Kongruenzurteil und die Anwendung des Bargeschäftsprivilegs entscheiden sollen, mit Einordnung der Verrechnungslage als kongruent die Frage der Wirksamkeit der Verrechnung also letztlich entschieden ist.

Diese Rechtsprechung wird erklärtermaßen von der Erwägung getragen, daß die Unwirksamkeit von in der Krise vorgenommenen Kontokorrentverrechnungen beschränkt werden muß, da die Bank – wie auch der geschilderte Beispielsfall zeigt – sonst schon bei dem Verdacht, der Schuldner befinde sich in einer Krise, die Konten schließen müßte, was eine Sanierung wenn nicht unmöglich machte, so doch erheblich erschwerte.[101] Ob die hierbei erzielten Ergebnisse überzeugen können und ob die vom BGH angebotene Begründung trägt und in sich schlüssig ist, soll im Folgenden erörtert werden.

3. Herstellung der Verrechnungslage als (allein) anfechtbare Rechtshandlung

In Rechtsprechung und Schrifttum ist immer wieder von einer Anfechtbarkeit der „Verrechnungen" zu lesen.[102] Besonders verwirrend ist es, daß in diesem Zusammenhang oftmals das bloße Einstellen der jeweiligen Forderungen in das Kontokorrent, ihre Buchung, als „Verrechnung" bezeichnet wird.[103] Wie dargelegt, erfolgt eine Verrechnung im Rechtssinne erst am Ende der jeweiligen Abrechnungsperiode oder mit der außerordentlichen Beendigung des Kontokorrentverhältnisses durch die Eröffnung des Insolvenzverfahrens. Die Lehre vom Staffelkontokorrent, nach der die Forderungen sich nicht erst am Tage des periodischen Rechnungsabschlusses, sondern schon dann wechselseitig tilgen sollen, wenn sie einander verrechnungsfähig gegenüberstehen, kann jedenfalls auf Girokonten nicht angewendet werden, da nach Nr. 7 AGB-Banken und Nr. 7 AGB-Sparkassen eine Verrechnung erst am Ende der Abrechnungsperiode stattfinden soll. Daher beruhen auch die auf

---

[101] BGH NJW 2002, 1722, 1724f.; OLG Hamm WM 2001, 2248; LG Rostock ZInsO 2006, 446, 447; Jaeger/*Henckel*, § 142 Rn. 22; Kübler/Prütting/Bork/*Lüke*, § 96 Rn. 51; *Dampf*, KTS 1998, 163f.; *Zuleger*, ZInsO 2002, 52. Anders jedoch *Häsemeyer*, Insolvenzrecht, 19.16, unter Hinweis auf die „Tendenz des neuen Insolvenzrechts, die Eröffnung des Insolvenzverfahrens in der Krise zu beschleunigen", und namentlich Jaeger/*Windel*, § 96 Rn. 89ff., 92.

[102] Vgl. etwa BGH NJW 2002, 1722, 1723; BGH NZI 2004, 492, 493; BGH NJW 2005, 622, 623; BGH NJW 2009, 2307 („anfechtbar und deshalb ... unzulässig"); BGH ZIP 2010, 2460; OLG Frankfurt ZInsO 2009, 773; OLG München ZIP 2008, 1832; OLG München WM 2002, 621, 623; OLG Schleswig ZInsO 2006, 1224, 1226; OLG Köln ZIP 2005, 222, 223; LG Rostock ZInsO 2006, 446f.; HmbK/*Jacoby*, § 96 Rn. 21; Kübler/Prütting/Bork/*Schoppmeyer*, § 130 Rn. 24ff., § 131 Rn. 73ff.; *Streit/Jordan*, DZWIR 2004, 442; K. Schmidt/Uhlenbruck/*Wittig*, Rn. 1.197; *Joeres*, Insolvenzrecht 2000, 113; *Kirchhof*, ZInsO 2003, 149; *Ganter*, NZI 2010, 835; *de Bra*, NZI 1999, 249ff.; *K. Schmidt*, JuS 2002, 818f. Vgl. auch die oben nach Fn. 100 zitierte Passage aus BGH WM 2008, 169, 171: „... Deckungsanfechtung einzelner Gutschriften mit dem Ziel, den Gegenwert nach § 143 Abs. 1 InsO zur Insolvenzmasse zu ziehen". Nicht hierher gehört dagegen BGH NJW 2003, 360f.: Das Urteil erging noch zur KO, die keine § 96 I Nr. 3 InsO entsprechende, auf vor Verfahrenseröffnung erklärte Aufrechnungen anwendbare Vorschrift kannte. Entsprechendes gilt für BGH NZI 2004, 491 (zur GesO).

[103] Vgl. etwa BGH NJW 1998, 1318, 1320 („durch die Gutschrift erfolgte Verrechnung"); BGH NJW 1999, 3264, 3265 (Buchung von Zahlungseingängen auf einem debitorisch geführten Konto sollen vom Verrechnungsverbot erfaßt werden können, auch wenn eine Verrechnung erst am jeweiligen Monatsende erfolgt). Genauer differenzierend dagegen BGH NJW 2002, 1722, 1723f.: Die Annahme und Verbuchung von Zahlungseingängen ermögliche die spätere Kredittilgung durch Saldierung.

Kontoauszügen ausgewiesenen Tagessalden nicht auf einer kontokorrentrechtlichen Verrechnung;[104] vielmehr bleiben die wechselseitigen Forderungen bis zum Ende der Abrechnungsperiode bestehen, auch wenn die Kontoauszüge nur Salden ausweisen.

Freilich kann es hier auch nicht um die Anfechtbarkeit der tatsächlich stattfindenden Verrechnung am Ende der Kontokorrentperiode gehen. Denn nach ganz herrschender Meinung findet § 96 I Nr. 3 InsO auch auf Kontokorrentverrechnungen Anwendung.[105] Dies überzeugt, handelt es sich doch, wie eben ausgeführt, letztlich auch hierbei um eine – obschon beidseitig bindend und im voraus erklärte – Aufrechnung. Mithin ist die Verrechnung der einzelnen Forderungen, die spätestens mit Beendigung des Kontokorrents bei Verfahrenseröffnung erfolgt, gemäß § 96 I Nr. 3 InsO unwirksam, wenn der andere Teil – hier also meist die kontoführende Bank – die Möglichkeit der Verrechnung durch eine anfechtbare Handlung erlangt hat. Eine Anfechtung der Verrechnung kommt daneben von vornherein nicht in Betracht.[106]

4. Kongruenz der Herstellung der Verrechnungslage

Die Frage, ob eine Deckung kongruent oder inkongruent ist, muß sich immer auf eine konkrete Deckung beziehen, und als solche kommt im Rahmen des § 96 I Nr. 3 InsO nur die Herstellung der Verrechnungslage in Betracht.[107] Das wird in der Rechtsprechung des BGH kaum deutlich. Das Gericht stellt hier auf die Ermöglichung der späteren Befriedigung durch Verrechnung ab,[108] so wohl auch

---

[104] BGH NJW 2005, 3213, 3214; Schimansky/Bunte/Lwowski/*Schimansky*, § 47 Rn. 47; Schwintowski/Schäfer/*Schwintowski*, § 7 Rn. 70f.; *Becker*, Insolvenzrecht, Rn. 604; *Dampf*, KTS 1998, 149 Fn. 14; *Heublein*, ZIP 2000, 162.

[105] BGH NJW-RR 2008, 1731; BGH NZI 2008, 551, 553; BGH ZIP 2008, 1435; BGH ZInsO 2008, 375, 376; BGHZ 174, 297, 299; BGH WM 2008, 169, 170; BGH NZI 2007, 582; BGH NZI 2005, 553; OLG Dresden WM 2006, 2095; Jaeger/*Windel*, § 94 Rn. 13, § 96 Rn. 50, 71; Jaeger/*Henckel*, § 130 Rn. 86; MünchKommInsO/*Kirchhof*, § 129 Rn. 148; MünchKommInsO/*Brandes*, § 96 Rn. 32; HK/*Kreft*, § 129 Rn. 17; Bork/*Jacoby*, Kap. 16 Rn. 9, 42; HmbK/*ders.*, § 96 Rn. 9; FK/Dauernheim, § 130 Rn. 29; *Bork*, Zahlungsverkehr, Rn. 127; *ders.*, FS Kirchhof, 61, 63; *ders.*, FS Fischer, 38; *ders.*, ZBB 2001, 274; *Häsemeyer*, Insolvenzrecht, Rn. 19.29 mit Fn. 113; *Steinhoff*, ZIP 2000, 1143; *Stiller*, ZInsO 2002, 652; *Knees/Fischer*, ZInsO 2008, 116; *Heublein*, ZIP 2000, 163; *Fischer*, WM 2008, 1; *Obermüller*, ZInsO 2009, 690; *Dampf*, KTS 1998, 154f.; *Fischer*, ZInsO 2003, 104; *Foerste*, Insolvenzrecht, Rn. 315; *Kohn-Löffelmann*, Insolvenzanfechtung, 116; *Tinnefeld*, Verrechnungsmöglichkeit, 155ff., 160, 226f.; *Gehrlein*, WM 32/2009 (Sonderbeilage), 12; *ders.*, ZInsO 2010, 1858. Anders *Nobbe*, KTS 2007, 414 (ohne Begründung), und *Peschke*, Insolvenz, 185f. mit 151ff.; offenlassend *Stapper/Jacobi*, BB 2007, 2018f.

[106] Vgl. § 14 I 2.

[107] Allemal unzutreffend daher BGH NZI 2004, 491, 492: Werde der Sollsaldo trotz eingehender Zahlungen laufend weiter ausgedehnt, habe das Kreditinstitut durch die eingehenden Gutschriften keine Leistungen erhalten. Die „Leistung“, um deren Anfechtbarkeit es geht, liegt in der Herstellung einer Verrechnungslage durch weitere Zahlungseingänge; für deren Vorliegen ist die Entwicklung des Sollsaldos irrelevant.

[108] BGH NJW 2002, 1722, 1724.

dann, wenn von der Kongruenz oder Inkongruenz der Rückführung eines „Negativsaldos", also eines Kontokorrentkredits die Rede ist.[109] Die Anfechtbarkeit der Herstellung der Verrechnungslage nach §§ 130, 131 InsO kommt jedoch – wie gezeigt – auch unter dem Aspekt in Betracht, daß die Einstellung einer bestimmten Forderung in das Kontokorrent dem anderen Teil die Sicherheit gewährt, sich wegen seiner Forderungen durch spätere Verrechnung befriedigen zu können.[110]

Nach hier vertretener Ansicht ist die Herstellung einer Aufrechnungslage – entsprechend auch die einer Verrechnungslage – sowohl im Hinblick auf die ermöglichte Befriedigung als auch im Hinblick auf die gewährte Sicherung stets kongruent.[111] Nach den dargestellten allgemeinen Grundsätzen gilt dies unabhängig davon, ob sich das Konto des späteren Insolvenzschuldners (rechnerisch) im Soll befindet, ob er einen Kontokorrentkredit in Anspruch nimmt und dieser überzogen oder gekündigt ist.

Der BGH tut sich mit der Antwort auf die Frage, ob die hier in Rede stehende Deckung kongruent ist, erheblich schwerer. Wie Hans-Ulrich Joeres, Richter des XI. Senats des BGH, eingestanden hat, ist die Begründung des Gerichts insoweit ergebnisorientiert, als man es „als unbillig empfunden [habe], dem Kreditinstitut, das die Auszahlungen veranlaßt habe, die Einzahlung zu nehmen. Es sei der Gedanke des Bargeschäftsprivilegs herangezogen worden, um flexible Lösungen zu finden".[112] Da der BGH aber davon ausgeht, daß nur kongruente Deckungen dem Bargeschäftsprivileg unterfallen können,[113] konnte er dessen „flexible Lösungen" für die vorliegenden Fälle nur nutzbar machen, soweit er die Herstellung der Verrechnungslage als kongruente Deckung einordnete. Dem wiederum steht seine Grundannahme im Weg, daß an die Kongruenz einer Deckung tendenziell strenge Anforderungen zu stellen seien.[114]

Dieses Begründungsdilemma wird durch die Ausführungen des BGH eher verdeckt als aufgelöst. Sie bleiben schon in bezug darauf vage, welche Deckung hier überhaupt auf ihre Kongruenz geprüft wird. In zur InsO ergangenen Urteilen[115] ist von einer „Erfüllung der Kreditforderung durch Verrechnung" die Rede;[116] daß die Herstellung der Verrechnungslage auch unter dem Aspekt anfechtbar sein könnte,

---

[109] So BGH WM 2008, 169, 171; BGH NZI 2004, 491f.

[110] Vgl. allgemein oben § 14 II 1; speziell zur Verrechnungslage im Bankkontokorrent *Tinnefeld*, Verrechnungsmöglichkeit,181 ff.

[111] § 14 II 2. Im Ergebnis wie hier Jaeger/*Windel*, § 96 Rn. 82; *Leithaus*, NZI 2002, 189.

[112] So die Wiedergabe von *Mester* in ihrem Bericht über die Diskussion über das Urteil BGH NJW 1999, 3264ff., auf dem RWS-Forum 2000 in Berlin in Bork/Kübler, Insolvenzrecht 2000, 121.

[113] § 13 III 1.

[114] Vgl. § 12 II pr.

[115] In der Konsequenz seiner Grundhaltung zur Anfechtbarkeit vor Verfahrenseröffnung erklärter Aufrechnungen (vgl. oben bei und in Fn. 28) hätte es gelegen, wenn der BGH auch in seinen zur KO ergangenen Urteilen auf die Kongruenz der Herstellung der Verrechnungslage abgestellt hätte. Statt dessen hob der BGH aber teils darauf ab, ob ein Anspruch auf die „Verrechnung" der Gutschrift bestand; vgl. BGH NJW 1998, 1318, 1320; BGH NJW 1999, 3780, 3781.

[116] BGH NJW 2002, 1722, 1723. Entsprechend BGH NZI 2004, 492, 493; BGH NJW 2009, 2307.

daß eine Sicherung gewährt wird, bleibt dabei unberücksichtigt. Die Kongruenz soll sich nach dem BGH aus der Giroabrede ergeben, aus welcher das Recht der Bank folge, „bei einem debitorischen Girokonto den Sollsaldo zu verringern“.[117] Ohne weitere Begründung geht der BGH davon aus, daß die Frage, ob der Empfänger die Deckung gerade in der Art, in der er sie erhielt, zu beanspruchen hatte, für die Kongruenz der von der Bank erhaltenen Deckung bedeutungslos sei, „solange und soweit die Annahme der Leistung nicht einer Deckung wegen eigener Forderungen des Empfängers dient, sondern seiner vorwiegend fremdnützigen Erfüllung von Vertragspflichten gegenüber sachlich betroffenen Auftraggebern“.[118] Das überzeugt schon deshalb nicht, weil die Bank aufgrund des Zahlungseingangs durchaus eine Deckung für ihre eigenen Forderungen erhält, nämlich die Sicherheit, die sich aus dem Zahlungseingang ergebenden Forderungen des Kunden mit ihren eigenen verrechnen zu können. Warum es für die Kongruenz dieser Deckung von Bedeutung sein sollte, woraus sich die gedeckten Forderungen der Bank gegen den Kunden ergeben, ist nicht erkennbar.

Die vom BGH ständig wiederholte Formel, daß eine Bank „vertragsgemäß, also kongruent“ handele, soweit sie sich ihrerseits an die Giroabrede hält und Überweisungsaufträge des Kunden ausführt,[119] verschleiert die Begründungsprobleme mithin nur. Der Bezugspunkt der Kongruenzprüfung, den die Formulierung des § 131 InsO vorgibt, ist damit vollends aus dem Blick geraten: Kongruenz liegt vor, wenn Deckung und Anspruch übereinstimmen; Handlungen des Insolvenzgläubigers können in diesem Sinne weder kongruent noch inkongruent sein.

Nach den strengen Maßstäben, welche nach herrschender Ansicht an die Übereinstimmung von Anspruch und Deckung im Sinne der Kongruenz anzulegen sein

---

[117] BGH NJW 2002, 1722, 1723; entsprechend BGH NJW 2009, 2307. Kritisch *Bork*, FS Kirchhof, 67: Dieses Recht folge nicht aus dem Girovertrag, sondern allenfalls aus der Kontokorrentabrede. In BGH WM 2008, 169, 171, wird die „Herstellung der Aufrechnungslage als kongruente Erfüllung der Kontokorrentabrede“ bezeichnet. Nach BGH NZI 2008, 175, 176, liegt die für § 142 InsO erforderliche vertragliche Grundlage für den Leistungsaustausch „in dem Girovertrag oder der Kontokorrentabrede“. Nach BGH NZI 2010, 344, soll die Kongruenz schließlich auch daraus folgen können, daß die Bank zwar keinen fälligen Rückführungsanspruch habe, jedoch eine Rückführung gegen Rückübertragung von Sicherheiten vereinbart worden sei.

[118] BGH NJW 2002, 1722, 1723; BGH NZI 2004, 491, 492. In BGH NZI 2004, 491, 492, ging das Gericht gar davon aus, daß die Bank durch „die saldierten Gutschriften“ überhaupt keine Leistung des Kunden erhalte, sofern sich der Sollsaldo trotz dieser Gutschriften weiter ausdehne.

[119] BGH NJW 2009, 2307; BGH NZI 2004, 492, 493; BGH NZI 2004, 491; BGH NJW 2002, 1722, 1723. Ebenso OLG Koblenz ZIP 2010, 1615, 1616; OLG Köln ZIP 2005, 222, 224; MünchKommInsO/*Kirchhof*, § 131 Rn. 44 a; MünchKommInsO/*Brandes*, § 96 Rn. 35; HmbK/*Jacoby*, § 96 Rn. 21; HK/*Kayser*, § 96 Rn. 43; *ders.*, WM 2008, 1534; *ders.*, FS Fischer, 277; Hess/*Hess*, § 130 Rn. 155; *Kirchhof*, ZInsO 2003, 152; *ders.*, FS Gerhardt, 453; *Fischer*, ZInsO 2003, 104; *Stapper/Jacobi*, BB 2007, 2022; *Ganter*, NZI 2010, 836; *Gehrlein*, ZInsO 2010, 1860; *Häuser*, Zweiter Leipziger Insolvenzrechtstag, 19; *Gehrlein*, WM 32/2009 (Sonderbeilage), 34. Ablehnend dagegen schon Jaeger/*Henckel*, § 142 Rn. 11; *Tinnefeld*, Verrechnungsmöglichkeit, 204ff.; *Bork*, FS Kirchhof, 67f.; *Rigol/Homann*, ZIP 2003, 15f.

sollen,[120] dürfte die Herstellung der Verrechnungslage jedenfalls unter dem Aspekt der Gewährung einer Sicherheit nicht als kongruent einzuordnen sein. Der allgemeine Nachbesicherungsanspruch der Banken nach Nr. 13 AGB-Banken (Nr. 22 AGB-Sparkassen) ist nach herrschender Meinung zu unbestimmt, um eine daraufhin gewährte Sicherheit als kongruent erscheinen zu lassen.[121] Weder aus der Kontokorrentabrede noch aus dem Girovertrag folgt ein Anspruch auf Herstellung einer Verrechnungslage, also darauf, Forderungen in das Kontokorrent einzustellen,[122] wie er nach herrschender Ansicht im allgemeinen zu verlangen sein soll.[123] Die Kündigung des Kontokorrentkredits oder die Überschreitung des Kreditlimits schließlich dürften schon deshalb keinen Einfluß auf das Kongruenzurteil haben, da die Deckung, um deren Anfechtbarkeit es hier geht, nicht in der Rückführung eines Kontokorrentkredits durch Verrechnung liegt, sondern in der Herstellung der Verrechnungslage. Diese kann der andere Teil nicht schon deshalb verlangen, weil er einen Anspruch auf Rückführung des Debetsaldos hat.[124] Jedenfalls unter dem Aspekt der Sicherheitsgewährung ist ein solcher Anspruch ohne Belang.

---

[120] Vgl. § 12 II pr.

[121] Vgl. hierzu § 12 II 5c.

[122] Anders offenbar *Joeres*, Insolvenzrecht 2000, 114, demzufolge die Verrechnungslage nur in Ausnahmefällen nicht zu beanspruchen sein soll, etwa wenn die kontoführende Bank Dritte gezielt dazu verleite, auf das Konto des Schuldners zu zahlen.

[123] Vgl. allgemein § 12 II 5 c aa und in bezug auf die Aufrechnungslage § 14 II 2. Aus diesen Gründen im vorliegenden Zusammenhang für Inkongruenz der Verrechnungslage OLG Karlsruhe ZIP 2008, 1343, 1344 f.

[124] Wie hier schon *Bork*, Zahlungsverkehr, Rn. 216, 317; *ders.*, ZBB 2001, 274; *ders.*, FS Kirchhof, 62 (vgl. nun aber *dens.*, FS Fischer, 40); Bork/*Jacoby*, Kap. 16 Rn. 48. Anders OLG Karlsruhe ZIP 2008, 1343, 1344; OLG Köln ZIP 2005, 222, 223, OLG München WM 2002, 621, 623 f., und OLG Hamm WM 2001, 2246, 2248, welche die fragliche Deckung allerdings auch zu Unrecht in der „Rückführung des Kredits“ (durch Gutschrift?!) sehen; entsprechend Jaeger/*Henckel*, § 131 Rn. 19 ff.; MünchKommInsO/*Kirchhof*, § 131 Rn. 44, 44 a; *ders.*, ZInsO 2003, 150 ff.; MünchKommInsO/*Brandes*, § 96 Rn. 33; HK/*Kayser*, § 96 Rn. 46; Kübler/Prütting/Bork/*Lüke*, § 96 Rn. 50; Graf-Schlicker/*Huber*, § 130 Rn. 8, § 131 Rn. 7; FK/*Dauernheim*, § 130 Rn. 29; Nerlich/Römermann/*Nerlich*, § 130 Rn. 54; *Joeres*, Insolvenzrecht 2000, 115 f.; *Nobbe*, KTS 2007, 416 f.; *Stapper/Jacobi*, BB 2007, 2022; *Steinhoff*, ZIP 2000, 1144; *Fischer*, ZInsO 2003, 104; *de Bra*, NZI 1999, 250; *Stiller*, ZInsO 2002, 654; *Heublein*, ZIP 2000, 166; *Lwowski*, FS Uhlenbruck, 310 ff.; *Bruckhoff*, NJW 2002, 3305; *Dampf*, KTS 1998, 158 f.; *Obermüller*, Insolvenzrecht, Rn. 3.111 ff., 3.272 ff., 3.516 ff.; *Tinnefeld*, Verrechnungsmöglichkeit, 189 ff., 220; *Persch*, Insolvenzanfechtung, 73 f., 94 ff., 101. – Der BGH betont bislang nur die Kehrseite dieses Aspekts, daß nämlich die Verrechnung in jedem Falle inkongruent sei, soweit der Saldo des nicht überzogenen Kontokorrentkredits zurückgeführt werde, weil vor dessen Kündigung kein fälliger Anspruch auf eine Rückführung bestehe: BGH NJW 2002, 1722, 1723; BGH NJW 2003, 360, 361. Abweichend OLG Nürnberg ZIP 2007, 2129, 2130 f.; OLG Rostock WM 2007, 980, 981. Kritisch *Heublein*, ZIP 2001, 166 (dies führe zu einer „anfechtungsrechtlich verkehrten Welt“, da Inkongruenz gerade dann vorliege, wenn der Kunde vertragsgemäß handele, sich nämlich an das Kreditlimit halte); vgl. auch *Dampf*, KTS 1998, 171 ff., der eine teleologische Reduktion des § 131 InsO auf solche Fälle vorschlägt, „in denen die Verrechnung eingehender Zahlungen mit dem Debetsaldo als Ausstieg der Bank aus der Gläubigergemeinschaft zu werten ist“.

Würden die allgemeinen Vorgaben der herrschenden Ansicht, namentlich derjenigen des BGH, hier konsequent zur Anwendung gebracht werden, müßte dies dazu führen, daß die Herstellung der Verrechnungslage in allen Fällen als inkongruent einzuordnen ist.[125] Die für das gegenteilige – sachgerechte! – Ergebnis angebotenen Begründungswege können von den Prämissen der herrschenden Meinung aus nicht überzeugen, was wiederum dagegen spricht, daß diese – hier ohnehin abgelehnten – Prämissen zutreffen.

5. Begrenzungen der Anfechtbarkeit

a) Fehlende Gläubigerbenachteiligung wegen unmittelbaren Sicherheitentauschs

Die Herstellung der Verrechnungslage ist nicht anfechtbar, wenn sie die anderen Gläubiger nicht benachteiligt; in solchen Fällen ist eine Kontokorrentverrechnung also von vornherein insolvenzfest. Das ist etwa dann der Fall, wenn die mit der Herstellung der Verrechnungslage gewährte Sicherheit unmittelbar an die Stelle einer bereits zuvor bestehenden, anfechtungsfesten Sicherheit tritt: Durch diesen Sicherheitentausch würden die bereits aufgrund der früheren Sicherheit geminderten Befriedigungsaussichten der anderen Gläubiger nicht verschlechtert.[126]

Im Falle des Bankkontokorrents ist im vorliegenden Zusammenhang zunächst an das Pfandrecht der Bank zu denken, das nach Nr. 14 AGB-Banken (Nr. 21 AGB-Sparkassen) an gegen die Bank gerichteten Forderungen des Kunden und daher auch an solchen Forderungen entsteht, die sich aus der Gutschrift von Zahlungen auf das Konto des Kunden ergeben.[127] Dieses Pfandrecht ist nach hier vertretener Ansicht zwar ebenso kongruent wie die Herstellung der Verrechnungslage;[128] anfechtungsrelevanter Zeitpunkt ist jedoch derjenige, in dem der verpfändete Anspruch des Kunden gegen die Bank entsteht.[129] Die Bank erlangt ihr Pfandrecht nach Nr. 14 AGB-Banken also genau in dem Zeitpunkt, in dem auch die Verrechnungslage eintritt; das Pfandrecht ist also wie deren Herstellung anfechtbar. Es kann der Bank hier daher keinen anfechtungsrechtlichen Vorteil bringen.[130]

Anders verhält es sich jedoch, wenn auf dem Konto des Kunden die Zahlung auf eine Forderung eingeht, die der Bank zuvor, etwa im Wege einer revolvierenden Globalzession, wirksam abgetreten worden war. War die Forderung schon vor Zahlungseingang werthaltig geworden, wovon – da die Zahlung schließlich erfolgt

---

125 So denn auch konsequenterweise *Peschke*, Insolvenz, 187ff., 197, 201.

126 Vgl. zum Sicherheitentausch § 13 IV 3.

127 Vgl. etwa BGH ZIP 2008, 1435, 1436; BGH ZInsO 2008, 375, 376; BGHZ 174, 297, 299f.; BGH NZI 2008, 551, 553; BGH NZI 2004, 492, 493; BGH NJW 2003, 360, 361; Bork/*Jacoby*, Kap. 16 Rn. 43; *Nobbe*, KTS 2007, 415; *Persch*, Insolvenzanfechtung, 114f. Nach *Feuerborn*, ZIP 2002, 292f., soll das Pfandrecht dagegen nicht entstehen, wenn Zahlungen auf einem debitorischen Konto eingehen.

128 § 12 II 5cbb.

129 § 8 II 1b.

130 Entsprechend, allerdings jeweils von Inkongruenz ausgehend, *Peschke*, Insolvenz, 213ff.

ist – in aller Regel auszugehen ist, richtet sich die Anfechtbarkeit der Zession nach einem anderen, früheren Zeitpunkt als dem der Herstellung der Aufrechnungslage.[131] Daher kann diese Sicherheit auch dann anfechtungsfest sein, wenn es die Herstellung der Verrechnungslage wegen des zwischenzeitlichen Eintritts der Voraussetzungen des § 130 I 1 InsO nicht mehr wäre. War die Abtretung noch nicht offengelegt, erlischt die Forderung und mit ihr das Sicherungsrecht der Bank aus der Zession zwar, wenn die Zahlung auf dem Konto eingeht. An ihre Stelle tritt dann aber unmittelbar die Verrechnungslage im Hinblick auf die aus der Gutschrift folgende Forderung des Kunden gegen die Bank, die in das Kontokorrent eingestellt wird. Es findet also ein unmittelbarer Sicherheitentausch statt. Die Verrechnung von Forderungen der Bank mit solchen Forderungen des Kunden, die aus dem Eingang einer Zahlung auf eine der Bank zuvor anfechtungsfest abgetretene Forderung entstehen, bleiben mangels Gläubigerbenachteiligung in ihrer Wirksamkeit von § 96 I Nr. 3 InsO unberührt.[132]

Eine doppelte Privilegierung der Bank ergibt sich daraus auch dann nicht, wenn man mit der hier vertretenen Ansicht davon ausgeht, daß das Bargeschäftsprivileg grundsätzlich auch auf Globalzessionen anwendbar ist, mit der Folge, daß diese auch insoweit anfechtungsfest ist, als der Zession unterfallende Forderungen erst in der Krise werthaltig werden, sofern der Schuldner im gleichen Umfang von seiner Befugnis Gebrauch macht, Forderungen einzuziehen.[133] Zur Veranschaulichung des Problems sei auf den oben geschilderten Beispielsfall zurückgegriffen und unterstellt, die auf dem Konto des S eingehenden Zahlungseingänge stammten allesamt aus Forderungen, die er B im Wege einer revolvierenden Globalzession abgetreten hatte. Nähme man nun an, die Verrechnungen seien in vollem Umfang insolvenzfest, weil die Herstellung der Verrechnungslage wegen der Globalzession einen die Gläubiger nicht benachteiligenden Sicherheitentausch darstellt, und hielte man zugleich die Globalzession insoweit für gemäß § 142 InsO anfechtungsfest, als sie im Gegenzug zu den über das Konto der B eingezogenen Forderungen auch in der Krise neu entstandene erfaßt, würde dies in der Tat zu einer erheblichen Besserstel-

---

[131] Zum anfechtungsrelevanten Zeitpunkt in diesen Fällen § 8 II 1c, 2c.

[132] Vgl. – bezogen auf den Übergang von Sicherungszession zu AGB-Pfandrecht – BGH ZIP 2008, 1435, 1436; BGH ZInsO 2008, 375, 376; BGHZ 174, 297, 299f.; BGH NZI 2008, 551, 553; BGH NZI 2004, 492, 493; BGH NJW 2003, 360, 361; OLG Dresden WM 2006, 2095f. Weiter HmbK/*Jacoby*, § 96 Rn. 17f.; Bork/*ders.*, Kap. 16 Rn. 44; FK/*Dauernheim*, § 130 Rn. 29; *Gehrlein*, ZInsO 2010, 1858; *Nobbe*, KTS 2007, 415; *Heublein*, ZIP 2000, 169; *Knees/Fischer*, ZInsO 2008, 116f.; *Steinhoff*, ZIP 2000, 1148; *Bork*, Zahlungsverkehr, Rn. 222, 313; *Kirchhof*, ZInsO 2003, 153; *Stapper/Jacobi*, BB 2007, 2021; *Obermüller*, Insolvenzrecht, Rn. 3.99, 3.266f., 3.510f.; *Tinnefeld*, Verrechnungsmöglichkeit, 253ff.; *Persch*, Insolvenzanfechtung, 126ff.; *Peschke*, Insolvenz, 216ff. – Ablehnend neben Jaeger/*Windel*, § 96 Rn. 98, auch Jaeger/*Henckel*, § 130 Rn. 88, der unter Hinweis auf *Kuder*, ZInsO 2006, 1066, nur auf den Anspruch des Kunden *auf* die Gutschrift abstellt, der in der Tat mit der Gutschrift durch Erfüllung erlischt. Anderer Ansicht ferner *Wischemeyer*, Insolvenzanfechtung, 44ff., der auch in diesen Fällen isoliert auf die benachteiligende Wirkung der Herstellung der Verrechnungslage abstellen will.

[133] § 13 IV 3b.

lung der B führen: Denn durch den Forderungseinzug über das bei ihr geführte Konto verliert sie ihre im Wert der Forderung liegende Sicherheit nicht, während sie aufgrund der Globalzession weiter neue Sicherheiten anfechtungsfest hinzugewönne. Zu einer solchen Besserstellung kommt es indes nicht, wenn man § 142 InsO auf die Globalzession in der Weise anwendet, wie dies hier vorgeschlagen wurde, also nur insoweit, als der Sicherungszessionar – hier also B – aufgrund des Einzugs durch den Schuldner auf den wirtschaftlichen Sicherungswert der Forderung keinen Zugriff mehr hat. Bei einem Sicherheitentausch, wie er hier vorliegt, bleibt der Zugriff aber bestehen. Der Einzug von Forderungen über das beim Sicherungszessionar geführte Konto des Sicherungszedenten stellt von vornherein keine Gegenleistung des Sicherungszessionars im Sinne des § 142 InsO dafür dar, daß in der Krise neu entstehende Forderungen der Globalzession unterfallen. In diesem Umfang ist die Globalzession anfechtungsrechtlich also nicht zu privilegieren.[134] Werden Forderungen, die der kontoführenden Bank im Wege der revolvierenden Globalzession abgetreten wurden, über bei dieser Bank geführte Konten in einer Zeit eingezogen, als die Voraussetzungen des § 130 I 1 InsO in bezug auf die Bank erfüllt waren, mindert sich der anfechtungsfeste Bestand an Forderungen, die der Bank zur Sicherheit abgetretenen wurden, also genau in dem Umfang, wie sie aufgrund der in das Kontokorrent eingestellten Zahlungseingänge auf diese Forderungen anfechtungsfest eine neue Sicherheit erhält. Die Bank steht mithin auch in diesem Fall insgesamt genau so, als hätte sie alle Konten gesperrt und den seinerzeit werthaltigen Bestand globalzedierter Forderungen zur Tilgung ausstehender Forderungen gegen den späteren Insolvenzschuldner verwendet, als sie von dessen Krise erfuhr. Die Anwendung des § 142 InsO auf die Globalzession führt auch in Kombination mit der Fortführung eines Kontokorrents nicht zu einer die Interessen der anderen Gläubiger verletzenden Besserstellung der Bank, sondern fördert nur den Zweck, den Schuldner in der Krise nicht völlig vom Wirtschaftsverkehr auszuschließen.

b) Anwendbarkeit des Bargeschäftsprivilegs

Bestehen solche Sicherheiten nicht, können in der Krise vorgenommene Verrechnungen mit Verfahrenseröffnung gemäß § 96 I Nr. 3 InsO unwirksam werden, nach hier vertretener Auffassung allerdings nur unter den Voraussetzungen des § 130 InsO, nach der herrschenden gegebenenfalls auch unter den erleichterten Voraussetzungen des § 131 InsO. Bliebe es bei diesem Ergebnis, müßte eine Bank, die ihr Risiko möglichst gering halten will, das von ihr geführte Kontokorrentkonto nach beiden Auffassungen sofort schließen, wenn sie davon erfährt, daß ihr Kunde in eine wirtschaftliche Krise geraten ist. Dieser wäre damit weitgehend vom Wirtschaftsverkehr ausgeschlossen; selbst eine Unternehmensfortführung im Insolvenzeröffnungsverfahren wäre erheblich erschwert. Es fragt sich, ob dieses ganz überwiegend – und zu Recht – als wenig sachgerecht empfundene[135] Ergebnis durch eine Anwendung des Bargeschäftsprivilegs vermieden werden kann.

---

[134] Vgl. auch bereits *Mitlehner*, ZIP 2007, 1930.

[135] Vgl. oben Fn. 101 und weiter etwa *Heublein*, ZIP 2000, 170; *Steinhoff*, ZIP 2000, 1148f.; *Peschke*, Insolvenz, 223f.; *Tinnefeld*, Verrechnungsmöglichkeit, 266f.

aa) Meinungsstand

Wie schon angedeutet, will der BGH das Bargeschäftsprivileg in den vorliegenden Fällen zur Anwendung kommen lassen. Zunächst stellte das Gericht knapp fest, die von der Bank vorgenommenen „Verrechnungen", womit offenbar die Buchungen der Zahlungseingänge gemeint waren,[136] stellten eine einheitliche Bardeckung gegenüber den von ihr ausgeführten Verfügungen des Schuldners dar, wenn das Konto sich im Soll befinde.[137] Später führte das Gericht näher aus: Die in das Vermögen des Schuldners gelangende Gegenleistung der Bank für die in das Kontokorrent eingestellten Gutschriften, die eine spätere Befriedigung durch Verrechnung ermöglichten, liege darin, daß die Bank dem Kunden, dessen Konto sich im Soll befindet, weiteren Kredit gewähre, indem sie Zahlungsaufträge des Kunden weiterhin ausführe.[138] Für die Annahme eines Bargeschäfts soll die Reihenfolge der Buchungen irrelevant sein; der erforderliche Unmittelbarkeitszusammenhang sei jedenfalls dann gewahrt, wenn zwischen den einzelnen Buchungen nicht mehr als zwei Wochen liegen.[139] Ob die dem Kunden eingeräumte Kreditlinie ohne die Gutschriften überschritten worden wäre, sei unerheblich.[140] Im Ergebnis ist die Verrechnung nach dieser Rechtsprechung aufgrund einer Anwendung des § 142 InsO insoweit insolvenzfest, als ab dem Zeitpunkt, ab dem die Anfechtungsvoraussetzungen vorlagen, Zahlungseingänge und Zahlungsausgänge einander die Waage hielten. „Eigennützige" Verrechnungen der Bank, also solche von Forderungen des Kunden aus Zahlungseingängen mit Forderungen der Bank, die nicht aus der Ausführung von Auszahlungsaufträgen stammen, sollen dem Bargeschäftsprivileg nicht unterfallen.[141]

Während ein Teil des Schrifttums dem BGH jedenfalls im Ergebnis folgt,[142] wollen andere ein Bargeschäft nur insoweit annehmen, als der Bankkunde ohne

---

[136] Vgl. oben bei und in Fn. 103.

[137] BGH NJW 1999, 3264, 3266; BGH WM 2001, 689, 691.

[138] BGH NJW 2002, 1722, 1724; BGH NZI 2008, 175, 176. Dafür soll es genügen, wenn nur noch nach Vorabsprache einzelne Überweisungen ausgeführt werden, BGH NJW 2003, 360, 362.

[139] BGH NJW 1999, 3264, 3266; BGH WM 2001, 689, 691; BGH NJW 2002, 1722, 1724; BGH NZI 2004, 491; BGH NZI 2008, 175, 176.

[140] BGH NJW 2002, 1722, 1724; BGH NZI 2003, 319.

[141] BGH NZI 2008, 175, 176; BGH NZI 2004, 492, 493; OLG Dresden WM 2006, 2095 (dort schon für Inkongruenz).

[142] Jaeger/*Henckel*, § 142 Rn. 27; MünchKommInsO/*Brandes*, § 96 Rn. 36; MünchKomm-InsO/*Kirchhof*, § 142 Rn. 13a, 13b; *ders.*, ZInsO 2003, 154f.; HK/*Kayser*, § 96 Rn. 43ff.; *ders.*, WM 2008, 1534; *ders.*, FS Fischer, 275ff.; HK/*Kreft*, § 142 Rn. 10; HmbK/*Rogge*, § 142 Rn. 15; Kübler/Prütting/Bork/*Lüke*, § 96 Rn. 53; FK/*Dauernheim*, § 130 Rn. 29; Graf-Schlicker/*Huber*, § 142 Rn. 8; *Bräuer*, Bargeschäfte, 116ff.; *Obermüller*, Insolvenzrecht, Rn. 3.104; *ders.*, ZInsO 2009, 692; *Bruckhoff*, NJW 2002, 3305f.; *Leithaus*, NZI 2002, 189; *Nobbe*, KTS 2007, 421; *Fischer*, ZInsO 2003, 105; *Stapper/Jacobi*, BB 2007, 2024; *Zuleger*, ZInsO 2002, 52f.; *Häuser*, Zweiter Leipziger Insolvenzrechtstag, 22ff.; im Grundsatz auch *Bitter/Rauch*, WuB VI A. § 142 InsO 1.08. Ganz ähnlich im Ergebnis auch *Tinnefeld*, Verrechnungsmöglichkeit, 317ff., 365ff., 377ff.; *Persch*, Insolvenzanfechtung, 144ff., 154, die allerdings auf das Erfordernis eines zeitlichen Zusammenhangs zwischen Zahlungsein- und Zahlungsaus-

die Verrechnung seine Kreditlinie überschritten hätte, da die Bank die Verfügungen des Kunden, soweit sie von der Kreditlinie gedeckt sind, schon als Kreditgeberin und ohne Rücksicht auf die Zahlungseingänge zulassen müsse.[143]

bb) Anwendung der hier entwickelten Grundsätze

Ein näherer Blick auf die Wirkungen der Kontokorrentabrede zeigt, daß § 142 InsO hier durchaus unmittelbar einschlägig sein kann und der diesbezüglichen Rechtsprechung des BGH im Ergebnis zu folgen ist.

Wie schon herausgearbeitet wurde,[144] ist für eine Anwendung des Bargeschäftsprivilegs im Rahmen des § 96 I Nr. 3 InsO grundsätzlich entscheidend, ob der spätere Insolvenzgläubiger gerade im Hinblick auf die Sicherung, die er mit der Aufrechnungslage erhält, eine gleichwertige Gegenleistung erbracht hat, die letztlich nur darin liegen kann, daß er dem Schuldner Kredit gewährte; davon kann, wie ebenfalls bereits ausgeführt, letztlich nur die Rede sein, wenn der Insolvenzgläubiger seine jeweilige Gegenforderung für einen von vornherein verbindlich bestimmten Zeitraum nicht geltend macht, ohne daß der Schuldner seinerseits aufrechnen könnte. Diese Voraussetzungen liegen nur selten vor, sind aber gerade in den vorliegenden Fällen der Kontokorrentverrechnung gegeben.

Durch die bindende Abrede, daß die wechselseitigen Forderungen am Ende der vereinbarten Abrechnungsperiode durch Verrechnung getilgt werden, erhalten die Parteien eine Sicherheit für den Ausgleich ihrer einzelnen Forderungen, soweit diesen Gegenforderungen gegenüberstehen.[145] Die weitere in der Kontokorrentabrede enthaltene Vereinbarung, daß die jeweilige in das Kontokorrent eingestellte Forderung nicht selbständig, sondern nur ein sich aus der Verrechnung eventuell ergebender Positivsaldo geltend gemacht werden kann, bedeutet für beide Parteien im Hinblick auf die Forderungen der Gegenseite einen Zahlungsaufschub.[146] Die „Leistung" des Schuldners im Sinne des § 142 InsO liegt in den vor-

---

gängen verzichten will. Anders bezüglich des Umfangs der bargeschäftlichen Privilegierung *Rigol/Homann*, ZIP 2003, 17 (Differenz zwischen höchstem Schuldensaldo und dem Saldo am Tag der Antragstellung, der als „Stichtag" begriffen wird). – Dagegen gehen *Dampf*, KTS 1998, 166f., und in Anschluß an ihn Jaeger/*Windel*, § 96 Rn. 84ff., 88, davon aus, daß § 142 InsO hier nur Anwendung finde, wenn die Bank in der Krise neuen Kredit gewähre und dies davon abhängig mache, daß laufend Außenstände des Kunden bei ihr eingehen.

143 *Heublein*, ZIP 2000, 171f.; *Steinhoff*, ZIP 2000, 1150; *Bork*, FS Kirchhof, 68ff.; *ders.*, Zahlungsverkehr, Rn. 227; *ders.*, ZBB 2001, 276; Bork/*Jacoby*, Kap. 16 Rn. 49; *Peschke*, Insolvenz, 234ff., 242 (allerdings unter weitergehenden Einschränkungen); *Wischemeyer*, Insolvenzanfechtung, 84ff., 92; wohl auch *Spliedt*, ZInsO 2002, 209ff., 212. Vgl. auch schon *Dampf*, KTS 1998, 166.

144 § 14 II 4 a.

145 Derleder/Knops/Bamberger/*Kandelhard*, § 38 Rn. 7; Staub/*Canaris*, § 355 Rn. 6; *ders.*, Handelsrecht, § 25 Rn. 5; MünchKommHGB/*Langenbucher*, § 355 Rn. 5; *K. Schmidt*, Handelsrecht, § 21 I 2b; Jaeger/*Windel*, § 96 Rn. 74; *Dampf*, KTS 1998, 157; *Wischemeyer*, Insolvenzanfechtung, 5; *Eckert*, Zeitpunkt, 55.

146 Derleder/Knops/Bamberger/*Kandelhard*, § 38 Rn. 7; MünchKommHGB/*Langenbucher*, § 355 Rn. 6. Der BGH (NJW 1989, 2120, 2121; NJW 1979, 1658f.) spricht insoweit von einer Stun-

liegenden Fällen also darin, daß er dem Insolvenzgläubiger für dessen im Laufe der jeweiligen Abrechnungsperiode entstehende Forderungen die Sicherheit gewährt, am Ende durch Verrechnungen dieser Forderungen mit denen des Schuldners Befriedigung zu erlangen. Gerade im Hinblick auf diese Sicherheit macht der Insolvenzgläubiger seine Forderungen für einen von vornherein verbindlich festgelegten Zeitraum nicht geltend, gewährt dem Schuldner insoweit[147] also Kredit, worin seine Gegenleistung liegt. Leistung und Gegenleistung sind hier notwendigerweise gleichwertig, da sie nur insoweit vorliegen, als der jeweilige Forderungsbestand gleich hoch ist.

Dieser „Leistungsaustausch" bezieht sich nur auf das Kontokorrent selbst, ist also – wie schon die Frage der Kongruenz der Verrechnungslage – namentlich unabhängig davon, ob dem späteren Insolvenzschuldner ein Kontokorrentkredit gewährt wurde und ob er diesen ausnutzt oder gar überzieht. Insbesondere scheidet ein Bargeschäft des eben skizzierten Inhalts nicht deshalb aus, weil es an einer Gegenleistung der Bank fehlte, die aufgrund eines nicht voll ausgeschöpften Kontokorrentkredits ohnehin zur Kreditgewährung verpflichtet ist.[148] Denn der Kontokorrentkredit bezieht sich nur auf den Forderungsüberschuß der Bank, dessen sofortige Rückführung sie trotz Kontokorrentabrede andernfalls verlangen könnte,[149] also nur auf die rechnerischen Sollsalden zulasten des Kunden. Die Pflicht der Bank, ihre Forderung stehenzulassen, folgt aus dem Kontokorrentkreditvertrag also gerade nur insoweit, als die Forderungen des Kunden die Gegenforderungen der Bank *nicht* abdecken; sie beginnt also erst dort, wo ihre schon aus der Kontokorrentabrede folgende Pflicht, ihre Forderungen nicht geltend zu machen, aufhört. Deren Erfüllung ist nicht erst aufgrund des Kreditvertrags geschuldet; sie ist auch in diesem Fall eine bargeschäftstaugliche Gegenleistung für die mit der Verrechungslage gewährte Sicherheit.

Da in bezug auf die Kontokorrentabrede Kredit und Sicherheit nur gewährt werden, soweit wechselseitige Forderungen entstehen, ist der von § 142 InsO geforderte Unmittelbarkeitszusammenhang nur gewahrt, wenn die jeweiligen Forderungsbestände etwa gleichzeitig anwachsen. Sind mithin etwa zunächst nur Forderungen des Insolvenzgläubigers und erst nach einer erheblichen zeitlichen Zäsur[150] solche des

---

dung; vgl. auch MünchKommHGB/*Hadding/Häuser*, ZahlungsV Rn. A 212 („wie bei einer Stundung gehemmt"). Kritisch in Bezug auf die Annahme einer Stundung aber Schimansky/Bunte/Lwowski/*Schimansky*, § 47 Rn. 70. Staub/*Canaris*, § 355 Rn. 7, *ders.*, Handelsrecht, § 25 Rn. 6, und *K. Schmidt*, Handelsrecht, § 21 I 2c, betonen zwar, das Kontokorrent beinhalte grundsätzlich keine Kreditgewährung; damit ist aber offenbar nur gemeint, daß die Forderungen nicht im Rechtssinne gestundet sind und keine Pflicht besteht, eine dauerhafte Überziehung des Kontokorrentkontos zu dulden.

[147] Vgl. Fn. 146.

[148] So aber die in Fn. 143 Genannten.

[149] Vgl. Staub/*Canaris*, § 355 Rn. 7; *ders.*, Handelsrecht, § 25 Rn. 6; *Dampf*, KTS 1998, 149.

[150] Da ein unmittelbarer Austausch von Leistungen hier nicht möglich ist, kann nach dem unter § 13 II 3c Gesagten der großzügigere Maßstab der herrschenden Meinung angelegt werden, wonach allemal genügt, wenn zwischen der jeweiligen Forderungsentstehung durch Zahlungsein- und Zahlungsausgänge ein zeitlicher Zusammenhang von zwei Wochen liegt.

Schuldners entstanden oder liegt es umgekehrt, kommt eine Anwendung des Bargeschäftsprivilegs auf die Verrechnung dieser Forderungen nicht in Betracht.

Wie schon allgemein festgestellt, kommt als Gegenleistung, durch welche die Deckung anfechtungsrechtlich privilegiert wird, nur die Gewährung *neuen* Kredits in Frage.[151] Der andere Teil kann sich im Wege eines Bargeschäfts keine Deckung für bereits zuvor entstandene Forderungen verschaffen. Das bedeutet, daß sich die bargeschäftliche Privilegierung der Aufrechnungslage nur auf solche Gegenforderungen des Insolvenzgläubigers beziehen kann, die in der jeweiligen Abrechnungsperiode neu entstehen; denn nur das Stehenlassen dieser Forderungen bedeutet einen neuen Kredit, der eine bargeschäftstaugliche Gegenleistung für die in der Einstellung der ebenfalls neu entstehenden Forderungen des Schuldners in das Kontokorrent darstellt. Ein Bargeschäft liegt daher nicht vor, soweit der Insolvenzgläubiger schon vor Beginn der Kontokorrentperiode bestehende Forderungen in das Kontokorrent einstellt; die Herstellung einer Verrechnungslage mit solchen Forderungen ist mithin nicht anfechtungsrechtlich privilegiert, eine spätere Verrechnung mit ihnen ist – wenn die Voraussetzungen des § 130 I 1 InsO bei Entstehung der Verrechnungslage gegeben waren – gemäß § 96 I Nr. 3 InsO unwirksam.

Im Ergebnis besteht also Übereinstimmung mit der Rechtsprechung des BGH, daß die Rückführung eines bereits bestehenden Debetsaldos dem Bargeschäftsprivileg ebensowenig unterfällt wie die Tilgung bereits bestehender Darlehensforderungen der kontoführenden Bank, welche diese in das Kontokorrent einstellt, um sie mit Gegenansprüchen des Schuldners zu verrechnen. Dem BGH ist schließlich auch bei der Bestimmung des für die Anwendung des § 142 InsO einschlägigen Zeitraums zu folgen. Die Norm kommt nur zur Anwendung, soweit das Unwirksamkeitsverdikt des § 96 I Nr. 3 InsO überhaupt droht, also die Voraussetzungen des § 130 InsO bei Herstellung der Verrechnungslage bereits vorlagen. Auch für die Zwecke des § 142 InsO sind mithin nur solche Forderungen einander gegenüberzustellen, die nach diesem Zeitpunkt entstanden sind und in das Kontokorrent eingestellt wurden. Daß die Abrechnungsperiode nach der Kontokorrentabrede womöglich früher begann, spielt keine Rolle, da eine Verrechnung der vor Eintritt der Anfechtungsvoraussetzungen entstandenen Forderungen ohnehin insolvenzfest ist.

6. Fazit

Die Wirksamkeit von Kontokorrentverrechnungen in der Krise bestimmt sich nach §§ 96 I Nr. 3, 130 InsO. Die Verrechnung wechselseitiger Ansprüche, die im anfechtungsrelevanten Zeitraum entstanden und in das Kontokorrent eingestellt wurden, ist gemäß § 142 InsO der Unwirksamkeitssanktion der §§ 96 I Nr. 3, 130 InsO entzogen. Der Wirksamkeit einer Verrechnung mit älteren Forderungen stehen §§ 96 I Nr. 3, 130 InsO nicht entgegen, wenn diese Forderungen anfechtungsfest besichert waren: In diesem Fall wurde lediglich die frühere Sicherheit gegen die in

---

[151] § 13 IV 1.

der Verrechnungsaussicht liegende ausgetauscht, so daß die Herstellung der Verrechnungslage die Gläubiger nicht benachteiligt.

Wendet man diese Grundsätze auf die Fälle der Fortführung von Bankkonten in der Krise an, über die der BGH bislang zu entscheiden hatte, werden die Ergebnisse weitgehend identisch sein. Die ergebnisorientierte Sonderrechtsprechung des BGH läßt jedoch eine dogmatisch stringente Rückbindung an die vom BGH selbst vertretenen allgemeinen Grundsätze über die Voraussetzungen der Kongruenz und des Bargeschäftsprivilegs vermissen. Es ist daher durchaus offen und zweifelhaft, ob sich diese Rechtsprechung auf andere Kontokorrentverhältnisse übertragen läßt. Das hier vertretene Lösungskonzept dagegen hat den Vorzug, daß es sich unmittelbar auf die im Rahmen dieser Untersuchung entwickelten allgemeinen Grundsätze zurückführen und damit auch ohne weiteres für die Beurteilung anderer Kontokorrentverhältnisse fruchtbar machen läßt.

Zusammenfassung in Thesen

§ 1 Die besondere Insolvenzanfechtung geht auf das klassisch-römische Anfechtungsrecht zurück. Nach diesem war die Anfechtung noch eine Sanktion der Teilnahme des Gläubigers an einer verwerflichen Handlung des Schuldners gewesen (S. 3ff.). Sowohl im deutschen (S. 9ff.) als auch im romanischen Rechtskreis (S. 13ff.) entwickelten sich immer weiterreichende Beweiserleichterungen für die danach in der Person des Schuldners und des Gläubigers erforderlichen subjektiven Tatbestandsvoraussetzungen, bis sich als normlegitimierender Aspekt schließlich der Gedanke, der Schuldner müsse grundsätzlich schon mit Eintritt der materiellen Krise und unabhängig von der Eröffnung eines Konkursverfahrens die Verfügungsmacht über sein haftendes Vermögen verlieren, von dem Gedanken der Sanktion einer verwerflichen Absicht verselbständigt hatte. Über das französische und preußische Recht (S. 16ff.) fand diese Anschauung Aufnahme in die Konkursordnung für das Deutsche Reich (S. 24ff.), mit deren besonderer Konkursanfechtung die heutige besondere Insolvenzanfechtung strukturell weitgehend identisch ist (S. 27ff.).

§ 2 Zwischen der Tatsache, daß die Rechtsordnung gerade für den Fall der Insolvenz des Schuldners Kreditsicherheiten bereithält, und der die besondere Insolvenzanfechtung angeblich rechtfertigenden Ansicht, daß die Bevorzugung eines Gläubigers nicht mehr zulässig sei, wenn diese aufgrund der wirtschaftlichen Krise des Schuldners notwendig zulasten der anderen Gläubiger gehe, besteht ein gewisser Widerspruch (S. 33ff.). Er läßt sich nicht schlüssig auflösen, wenn man die besondere Insolvenzanfechtung dogmatisch als Sanktion der Verletzung eines mit der Krise des Schuldners entstehenden Befriedigungsanspruchs oder eines Befriedigungsrechts der Gläubiger zu erklären versucht (S. 45ff., 48ff.). Auch die Ableitung aus einem Gemeinschaftsverhältnis der Gläubiger untereinander (S. 53ff.) oder einer wechselseitigen Ausgleichshaftung (S. 58ff.) überzeugt nicht. Schlüssig ist letztlich nur die Deutung der besonderen Insolvenzanfechtung als gesetzliches Korrektiv eines Funktionsversagens der privatautonomen Rechtsgestaltung in den Fällen der Verteilung einer unzureichenden Haftungsmasse (S. 63ff.). Das Funktionsversagen ergibt sich daraus, daß der mit der Masseverteilung an einen Gläubiger notwendigerweise verbundene Ausfall der anderen Gläubiger eine potentiell heteronome Belastung (S. 65ff.) und damit aus Sicht der ökonomischen Analyse des Rechts einen externen Effekt darstellt, der zur ineffizienten, der allgemeinen Wohlfahrt abträglichen Allokation von Vermögenswerten führt (S. 76ff.) und daher tendenziell zu unterbinden ist. Auf dieser Grundlage läßt sich die besondere Insolvenzanfechtung auch mit dem allgemeinen Kreditsicherungsrecht in Einklang bringen, da im Regelfall davon auszugehen ist, daß auch die mit der Bestellung einer Sicherheit verbundene Masseschmälerung durch eine Bewirtschaftung des im Gegenzug erhaltenen Kapitals seitens des Schuldners ausgeglichen, die damit einhergehende potentielle Belastung der anderen Gläubiger also neutralisiert wird (S. 83ff.).

§§ 3–6 Der Gesetzgeber ist auch bei der Regelung von Interessenkonflikten zwischen Privaten und mithin auch bei der Regelung der besonderen Insolvenzanfechtung an die Grundrechte gebunden (S. 91ff.). Diese stellt sich nicht als Enteignung, sondern als Inhalts- und Schrankenbestimmung dar (S. 115ff.). Der mit der besonderen Insolvenzanfechtung verbundene Eingriff in das Grundrecht des Anfechtungsgegners aus Art. 14 GG läßt sich unter dem Aspekt der Verhältnismäßigkeit nur als Mittel zum Schutz kollidierender Interessen der anderen Gläubiger und der damit verbundenen Förderung der allgemeinen Wohlfahrt rechtfertigen (S. 128ff.). Soweit die Insolvenzanfechtung auch dann durchgreift, wenn das durch sie zur Masse Gezogene nicht auch nur teilweise den Gläubigern zugute kommt, verletzt sie das Grundrecht des Anfechtungsgegners aus Art. 14 GG und ist mithin verfassungswidrig (S. 138ff.).

§ 7 Der besonderen Insolvenzanfechtung in einem materiellen Sinne, nämlich als Rechtsinstitut, das den Gleichbehandlungsgrundsatz schon mit Eintritt der materiellen Krise des Schuldners zur Geltung bringen soll, sind nur die in §§ 130, 131 InsO enthaltenen Tatbestände zuzurechnen (S. 155ff.), nicht dagegen die in § 132 InsO enthaltenen (S. 160ff.).

§ 8 Die Voraussetzungen der §§ 130, 131 InsO müssen grundsätzlich in dem Zeitpunkt vorliegen, in dem der Anfechtungsgegner eine Rechtsposition erlangt, die, abgesehen von der Anfechtbarkeit, insolvenzfest wäre (S. 165ff.). Das gilt auch für den Fall, daß die Ermöglichung einer Sicherung oder Befriedigung angefochten wird (S. 182ff.).

§ 9 Die Krisentatsache als die sich auf den Eintritt der Krise des Schuldners beziehende objektive Vorraussetzung der Tatbestände der §§ 130, 131 InsO hat die Funktion, dem Rechtsverkehr *ex ante* anzuzeigen, daß nicht mehr der Prioritäts-, sondern bereits der Gleichbehandlungsgrundsatz gilt (S. 203ff.). Die durch die „Krisentatsache" angezeigte Krise löst die besondere Insolvenzanfechtung nur aus, wenn sie mit derjenigen identisch ist, aufgrund derer letztlich das Insolvenzverfahren eröffnet wird (S. 208ff.).

Für die Zahlungsunfähigkeit als anfechtungsauslösende „Krisentatsache" kann im wesentlichen das im Grundsatzurteil des BGH v. 24. 5. 2005 niedergelegte, herrschende Konzept der Zahlungsunfähigkeit übernommen werden: Nach diesem ist von Zahlungsunfähigkeit auszugehen, wenn der Quotient zwischen dem Aktivvermögen, das binnen dreier Wochen zu liquidieren ist, und den im selben Zeitraum fällig werdenden Forderungen den Wert von 0,9 unterschreitet; im umgekehrten Fall ist dagegen grundsätzlich Zahlungsfähigkeit anzunehmen (S. 211ff.). Beide Vermutungen können durch auf Tatsachen basierende Prognosen über eine künftige Schließung der Liquiditätslücke widerlegt werden. Entgegen der Ansicht des IX. Senats des BGH ist für diese Zeitraumliquidität auch im Anfechtungsstreit eine Prognose entscheidend, also nicht auf die dem Prozeßgericht bekannte tatsächliche, sondern die im anfechtungsrelevanten Zeitpunkt *ex ante* zu erwartende Liquiditätsentwicklung abzustellen (S. 215ff.). Für die Zwecke der §§ 130f. InsO liegt Zahlungsunfähigkeit auch dann vor, wenn die nach dieser Prognose voraussichtlich dauerhaft verbleibende Liquiditätslücke unwesentlich ist (S. 219ff.). Ferner sind – auch bei Ermittlung der Liquiditätskennzahl – alle Forderungen zu berücksichtigen, die im relevanten Zeitraum im Sinne des § 271 I BGB fällig sind oder werden, ohne daß es darauf ankäme, ob ihr Gläubiger sie in irgendeiner Weise geltend macht (S. 222ff.). Nur solche Forderungen können außer Betracht gelassen werden, die aufgrund eines verbindlichen *pactum de non petendo* selbst durch Aufrechnung nicht durchgesetzt werden können.

Ein Eröffnungsantrag als selbständige Krisentatsache löst die besondere Insolvenzanfechtung nur aus, wenn er im anfechtungsrelevanten Zeitpunkt begründet ist (S. 242ff.); dabei genügt, wenn dem Schuldner die Zahlungsunfähigkeit nur im Sinne des § 18 InsO droht oder er (bei negativer Fortführungsprognose) überschuldet ist (S. 232ff.). Dies und die Fortdauer der Krise bis zur Verfahrenseröffnung sind zugleich hinreichende Voraussetzungen für die anfechtungsrechtliche Relevanz des Eröffnungsantrags, so daß es nicht darauf ankommt, ob das Verfahren auf einen anderen Antrag hin eröffnet und der anfechtungsrelevante Antrag gar zurückgenommen oder für erledigt erklärt wird (S. 247ff.). Unbeachtlich sind einzig solche begründeten Eröffnungsanträge, die das Insolvenzgericht als unbegründet abgewiesen hat (S. 254ff.).

Die Anfechtung nach § 131 I Nr. 3 InsO setzt objektiv voraus, daß die wirtschaftliche Lage des Schuldners den Eintritt einer Krise mit Sicherheit erwarten läßt (S. 257ff.).

§ 131 I Nr. 1 Alt. 1 InsO ist verfassungskonform zu reduzieren: Eine Anfechtung scheidet aus, wenn der Anfechtungsgegner beweist, daß im anfechtungsrelevanten Zeitpunkt zu erwarten war, daß der Schuldner in der Lage sein werde, alle gegen ihn gerichteten Forderungen zu bedienen (S. 261ff.).

§ 10 § 139 II InsO ist so anzuwenden, als lautete er: „Sind mehrere Eröffnungsanträge gestellt worden, so ist der erste Antrag maßgeblich, auch wenn das Verfahren auf Grund eines späteren Eröffnungsantrags eröffnet worden ist. Ein Antrag wird nicht berücksichtigt, wenn er rechtskräftig als unbegründet abgewiesen wurde" (S. 280ff.). Danach können insbesondere auch für erledigt erklärte oder zurückgenommene Eröffnungsanträge für die Bestimmung des anfechtungsrelevanten Zeitraums maßgeblich sein.

Auch der für eine Anfechtung nach §§ 130 I 1 Nr. 2, 131 I Nr. 1 Alt. 2 InsO relevante Zeitraum ist in manchen Fällen zu beschränken (S. 291 ff.): Danach scheidet eine Anfechtung aus, wenn das auf den anfechtungsauslösenden Eröffnungsantrag folgende Antragsverfahren ohne Sachentscheidung endete und zwischen diesem Zeitpunkt und der Stellung des nach § 139 II InsO maßgeblichen Eröffnungsantrags mindestens drei Monate vergangen sind.

§ 11 In den subjektiven Tatbestandsmerkmalen der besonderen Insolvenzanfechtung findet nicht etwa der Gedanke Ausdruck, daß eine Teilnahme des Anfechtungsgegners an einer vom Schuldner betriebenen Gläubigerschädigung zu sanktionieren sei. Vielmehr beschränken diese Merkmale zum Schutz des redlichen Verkehrs den Grundsatz, daß der Schuldner schon mit Eintritt der zur Verfahrenseröffnung führenden Krise nicht mehr über Gegenstände der künftigen Masse verfügen kann (S. 297 ff.).

Der Anfechtungsgegner hat nur dann im Sinne des § 130 I 1 Nr. 1 InsO Kenntnis von der Zahlungsunfähigkeit des Schuldners, wenn er zum einen über Bestand und kurzfristige Entwicklung der Verbindlichkeiten sowie der liquiden Mittel des Schuldners informiert ist und auf dieser Grundlage zum anderen prognostiziert, der Schuldner werde einen nicht unwesentlichen Teil der in den nächsten drei Wochen fällig werdenden Verbindlichkeiten nicht bedienen können (S. 302 ff.). § 130 II InsO entbindet allemal von dem Erfordernis, daß der Anfechtungsgegner die letztgenannte Prognose gestellt haben muß, wenn diese aufgrund der dem Anfechtungsgegner bekannten Tatsachen zwingend war. Nach richtiger Ansicht genügen jedoch auch diejenigen Umstände den Anforderungen des § 130 II InsO, welche die bisherige Praxis als „Indiztatsachen" für den Nachweis der Kenntnis des Anfechtungsgegners von der Zahlungsunfähigkeit ausreichen ließ (S. 306 ff.). Die nach alledem erforderliche Kenntnis des Anfechtungsgegners muß genau im anfechtungsrelevanten Zeitpunkt (§ 8) vorliegen. War dem Anfechtungsgegner zuvor die Zahlungsunfähigkeit bekannt gewesen, obliegt ihm die Darlegungs- und Beweislast dafür, daß seine Kenntnis bis zum anfechtungsrelevanten Zeitpunkt wieder entfallen ist (S. 312 ff.).

Für die nach § 130 I 1 Nr. 2 InsO genügende Kenntnis vom Eröffnungsantrag ist es nach der Funktion der subjektiven Tatbestandsvoraussetzungen ohne Belang, ob der Anfechtungsgegner den Eröffnungsantrag für zulässig und begründet gehalten hat (S. 316 ff.). Wurden mehrere Eröffnungsanträge gestellt, genügt es, wenn der Anfechtungsgegner im anfechtungsrelevanten Zeitpunkt einen von ihnen kannte, ohne daß es auf das weitere Schicksal dieses Antrags ankäme; einzig die Kenntnis von einem bereits im anfechtungsrelevanten Zeitpunkt oder später als unbegründet abgewiesenen Eröffnungsantrag schadet nicht.

§ 12 Inkongruente Deckungen sind gemäß § 131 InsO unter im Vergleich zu § 130 InsO erleichterten Voraussetzungen anfechtbar. Nach der allgemein geteilten Ansicht der Gesetzesverfasser ist dies deshalb gerechtfertigt, weil die Abweichung der gewährten oder ermöglichten Deckung vom zugrundeliegenden Anspruch beim Anfechtungsgegner den Verdacht erregen müsse, der Schuldner habe sich bereits in der zur Eröffnung des Insolvenzverfahrens führenden Krise befunden (S. 328ff.). Damit wird jedoch der Schutz des redlichen Vertrauens des Empfängers in den Bestand der inkongruenten Deckung gegenüber demjenigen des Empfängers einer kongruenten Deckung auch im Ergebnis erheblich verkürzt, denn die Inkongruenz weist nicht allgemein in einem Maße auf die Krise des Schuldners hin, welches den Anforderungen genügen würde, die § 130 II InsO an den Nachweis der subjektiven Tatbestandsmerkmale der Kongruenzanfechtung stellt (S. 328ff.). Die mithin zu konstatierende Ungleichbehandlung des Empfängers einer inkongruenten Deckung im Vergleich zum Empfänger einer kongruenten Deckung wird den aus Art. 14, 3 GG folgenden Anforderungen an die verfassungsrechtliche Rechtfertigung des in der Inkongruenzanfechtung liegenden Eingriffs in das Eigentumsgrundrecht des Anfechtungsgegners nur gerecht, wenn sich ein sachlicher Grund dafür anführen läßt, den Empfänger einer inkongruenten Deckung insgesamt schlechter zu stellen als den Empfänger einer kongruenten Deckung (S. 332ff.). Das ist nur der Fall, wenn der Gläubiger eine Deckung für einen dauerhaft nicht durchsetzbaren Anspruch erhalten hat; nur insoweit liegt stets eine im Vergleich zur kongruenten Deckung tiefergehende Verletzung der *par condicio creditorum* vor. Im übrigen sind an die Inkongruenz strenge Maßstäbe anzulegen, um den insoweit verfassungsrechtlich gebotenen Entscheidungsgleichklang mit § 130 InsO herzustellen (S. 338ff.). Daraus folgt etwa, daß aufgrund einer pauschalen Sicherungsabrede gewährte Deckungen wie Pfandrechte nach Nr. 14 AGB-Banken oder Forderungen aus einer revolvierenden Sicherungsglobalzession kongruent sind (S. 350ff.). Im Wege der Vollstreckung wegen Zahlungsansprüchen erhaltene Deckungen sind dagegen auch nach diesen Maßstäben inkongruent (S. 356ff.), nicht dagegen ohne weiteres solche, die der Schuldner zur Abwendung der Zwangsvollstreckung oder eines Insolvenzverfahrens gewährte (S. 366ff.).

§ 13 Das nunmehr in § 142 InsO kodifizierte Bargeschäftsprivileg dient dem Zweck, dem Schuldner im Vorfeld und nach Eintritt der Krise eine weitere Teilnahme am Wirtschaftsverkehr zu ermöglichen, namentlich mit dem Ziel, die Krise aus eigener Kraft zu überwinden (S. 374ff.). Letztlich lassen sich alle tatbestandlichen Einschränkungen des § 142 InsO auf diesen Zweck zurückführen (S. 383ff.).

Das Bargeschäftsprivileg scheidet nicht schon deshalb aus, weil die vom Anfechtungsgegner erhaltene Deckung inkongruent ist (S. 397ff.). Es findet auch auf die Stellung von Kreditsicherheiten Anwendung (S. 403ff.). Wurde dem Anfechtungsgegner eine revolvierende Globalsicherheit bestellt, ist auch der Erwerb im anfechtungsrelevanten Zeitraum neu entstehender Sicherungsrechte nach § 142 InsO privilegiert, soweit damit der Abfluß an Sicherungsrechten durch dem Schuldner erlaubte Verfügungen oder Einziehungen ausgeglichen wird und die eingezogene Forderung auch ihrem wirtschaftlichem Wert nach nicht mehr dem Zugriff des Sicherungsnehmers unterliegt (S. 407ff.).

§ 14 Hat ein Insolvenzgläubiger vor Verfahrenseröffnung die Aufrechnung erklärt, ist diese Erklärung nach § 96 I Nr. 3 InsO unwirksam, wenn der Insolvenzgläubiger die Möglichkeit der Aufrechnung durch eine anfechtbare Handlung erlangt hat; für eine Anfechtung der Aufrechnungserklärung nach §§ 129ff. InsO bleibt daneben kein Raum (S. 413ff.). Für Aufrechnungserklärungen des Schuldners gilt dasselbe, wenn auch der Insolvenzgläubiger aufrechnen konnte oder diese Möglichkeit noch vor Verfahrenseröffnung erlangt hätte. Andernfalls können sie nach §§ 129ff. InsO anfechtbar sein (S. 421 ff.).

Eine Rechtshandlung, durch die der Insolvenzgläubiger im Sinne des § 96 I Nr. 3 InsO die Möglichkeit der Aufrechnung erlangt, unterliegt der Deckungsanfechtung sowohl unter dem Aspekt, daß sie eine Befriedigung ermöglicht, als auch unter dem, daß sie eine Sicherheit gewährt (S. 422ff.). Unter keinem dieser Aspekte ist die Deckung inkongruent, so daß § 131 InsO im Rahmen des § 96 I Nr. 3 InsO nicht zur Anwendung kommen kann (S. 425ff.).

Anfechtungsrelevant ist der Zeitpunkt, in welchem der Insolvenzgläubiger eine nach Maßgabe der §§ 94, 95 InsO insolvenzfeste Aussicht erlangt, sich durch Aufrechnung befriedigen zu können. Grundsätzlich ist daher auf den Zeitpunkt abzustellen, in dem die Aufrechnungslage entsteht (S. 429f.). § 140 III InsO findet wegen § 95 I 3 InsO nur Anwendung, wenn allein die Hauptforderung des Insolvenzschuldners bedingt ist (S. 429ff.).

Die Voraussetzungen des Bargeschäftsprivilegs können in bezug auf die Herstellung einer Aufrechnungslage kaum erfüllt sein, so daß eine vor Verfahrenseröffnung durch Aufrechnung erlangte Deckung in aller Regel nicht nach § 142 InsO privilegiert ist (S. 432ff.). § 142 InsO ist jedoch analog anzuwenden, wenn eine den Schuldner treffende Zahlungspflicht unter den in § 142 InsO genannten Voraussetzungen durch Aufrechnung erfüllt wird (S. 435ff.).

Wendet man diese Grundsätze auf in der Krise erfolgte Kontokorrentbuchungen an, ergibt sich folgendes: Die Wirksamkeit von Kontokorrentverrechnungen in der Krise bestimmt sich nach §§ 96 I Nr. 3, 130 InsO (S. 441 ff.). Soweit die wechselseitigen Ansprüche, im anfechtungsrelevanten Zeitraum entstanden und in das Kontokorrent eingestellt wurden, ist ihre Verrechnung gemäß § 142 InsO der Unwirksamkeitssanktion der §§ 96 I Nr. 3, 130 InsO entzogen (S. 448ff.). Der Wirksamkeit einer Verrechnung mit älteren Forderungen stehen §§ 96 I Nr. 3, 130 InsO nur dann nicht entgegen, wenn diese Forderungen anfechtungsfest besichert waren: In diesem Fall wurde lediglich die frühere Sicherheit gegen die in der Verrechnungsaussicht liegende ausgetauscht, so daß die Herstellung der Verrechnungslage die Gläubiger nicht benachteiligt (S. 446ff.).

Verzeichnis des zitierten Schrifttums*

Adam, Roman F., Die Aufrechnung gegen das Erfüllungsverlangen des Konkursverwalters, Gießen 1994

—, Die Aufrechnung im Rahmen der Insolvenzordnung – Zur neuen Rechtslage und alten Problemen, WM 1998, 801–807

Adams, Michael, Ökonomische Analyse der Sicherungsrechte, Königstein 1980

Ahrendt, Christian/Struck, Christian, Kein Anfechtungsrecht des Verwalters bei Masseunzulänglichkeit?, ZInsO 2000, 264–266

Ahrens, Martin, Der mittellose Geldschuldner – Unmöglichkeit zur Leistung und Verzug des Zahlungsverpflichteten, Berlin 1994

AK-GG = Kommentar zum Grundgesetz für die Bundesrepublik Deutschland, Reihe Alternativkommentare, Band 1: Art. 1–37, 3. Aufl., Neuwied/Frankfurt 2001

Alleweldt, Ralf, Bundesverfassungsgericht und Fachgerichtsbarkeit, Tübingen 2006

Altmeppen, Holger, Probleme der Konkursverschleppung, ZIP 1997, 1173–1185

—, Abschied vom „Durchgriff" im Kapitalgesellschaftsrecht, NJW 2007, 2657–2669

—, Zur vorsätzlichen Gläubigerschädigung, Existenzvernichtung und materiellen Unterkapitalisierung in der GmbH, ZIP 2008, 1201–1207

—, Das neue Recht der Gesellschafterdarlehen in der Praxis, NJW 2008, 3601–3607

Andres, Dirk/Leithaus, Rolf, Insolvenzordnung, 2006

Angele, Jürgen, Insolvenzen 2007, in: Statistisches Bundesamt, Wirtschaft und Statistik 2008, 302–311

Ankum, Johann Albert, De geschiedenis der „actio Pauliana", Zwolle 1962

—, „Interdictum fraudatorium" et „restitutio in integrum ob fraudem", in: Guarino/Labruna (Hrsg.), Synteleia Arangio-Ruiz, Bd. 2, Neapel 1964, 779–785

Arndts Ritter von Arnesberg, Ludwig, Lehrbuch der Pandekten, 8. Aufl., Stuttgart 1874

Armbrüster, Christian, Anfechtbarkeit oder Nichtigkeit von Rechtshandlungen mit Gläubigerbenachteiligungsvorsatz – Zugleich ein Beitrag zum Verhältnis zwischen Generalklausel und Spezialregelung, in: Heldrich/Prölss/Koller et al. (Hrsg.), Festschrift für Claus-Wilhelm Canaris zum 70. Geburtstag, München 2007, 23–42

Armour, John, Transactions at an Undervalue, in: Armour/Bennett (Hrsg.), Vulnerable Transactions in Corporate Insolvency, Oxford/Portland 2003, 37–93

Assmann, Dorothea, Die Vormerkung (§ 883 BGB), Tübingen 1998

d'Avoine, Marc, Finanzmarktstabilisierungsgesetz und Verhältnismäßigkeitsgrundsatz – befristete Anpassung des Überschuldungsbegriffes § 19 Abs. 2 InsO, in: Weber/Schmidt (Hrsg.), Festschrift für Hans Peter Runkel, Köln 2009, 263–283

Badura, Peter, Staatsrecht – Systematische Erläuterung des Grundgesetzes, 4. Aufl., München 2010

Bamberger, Heinz Georg/Roth, Herbert (Hrsg.), Kommentar zum Bürgerlichen Gesetzbuch, Bd. 1: §§ 1–610, CISG, 2. Aufl., München 2007

Baron, Julius, Pandekten, 8. Aufl., Leipzig 1893

* Monographien werden abgekürzt mit einem Stichwort aus dem Titel zitiert.

Bauer, Joachim, Ungleichbehandlung der Gläubiger im geltenden Insolvenzrecht, Berlin 2007
—, Ungleichbehandlung der Gläubiger im geltenden Insolvenzrecht, DZWIR 2007, 188–192
Baumgart, Richard, Die Entwicklung der Schuldhaft im italienischen Recht des Mittelalters, Berlin 1914
Baur, Fritz/Stürner, Rolf, Zwangsvollstreckungs-, Konkurs- und Vergleichsrecht, Bd. II: Insolvenzrecht, 12. Aufl., Heidelberg 1990
Baur, Jürgen F., Der Mißbrauch im deutschen Kartellrecht, Tübingen 1972
Bayer, Hieronymus von, Theorie des Concurs-Processes nach gemeinem Rechte, 4. Aufl., München 1850
Bebchuk, Lucian Arye/Fried, Jesse M., The Uneasy Case for the Priority of Secured Claims in Bankruptcy, The Yale Law Journal (YLJ) 105 (1996), 857–934
—/Fried, Jesse M., The Uneasy Case for the Priority of Secured Claims in Bankruptcy: Further Thoughts and a Reply to Critics, Cornell Law Review 82 (1997), 1279–1348
Becker, Christoph, Maßvolle Kreditsicherung, Köln et al. 1999
—, Begünstigen und Zurückdrängen der Aufrechnung unter laufendem Insolvenzverfahren, DZWIR 2005, 222–229
—, Insolvenzrecht, 3. Aufl., München 2010
Becker, Michael, Vertragsfreiheit, Vertragsgerechtigkeit und Inhaltskontrolle, WM 1999, 709–718
Behmer, Rüdiger, Der außergerichtliche Sanierungsvergleich – Rechtsnatur und Stellung der Beteiligten, o. O. [Diss. Würzburg] 1973
Behr, Volker, Wertverfolgung – Rechtsvergleichende Überlegungen zur Abgrenzung kollidierender Gläubigerinteressen, Frankfurt/Main 1986
Behrens, Peter, Die ökonomischen Grundlagen des Rechts – Politische Ökonomie als rationale Jurisprudenz, Tübingen 1986
Beiner, Torsten/Luppe, Ulrich, Insolvenzanfechtung bei Forderungserwerb aus Sicherungsglobalzession, NZI 2005, 15–23
Beisert, R., Über anfechtbare Veräußerungen, Rechthandlungen und Rechtsgeschäfte zahlungsfähiger Schuldner, GruchotBeitr 10 (1866), 1–59
Bennett, Howard, Registration of Company Charges, in: Armour/Bennett (Hrsg.), Vulnerable Transactions in Corporate Insolvency, Oxford/Portland 2003, 217–280
Berg, Wilfried, Entwicklung und Grundstrukturen der Eigentumsgarantie, JuS 2005, 961–966
Berger, Christian, Der Zeitpunkt des anfechtungsrechtlichen Wirksamwerdens eines Pfandrechts zur Sicherung künftiger Forderungen nach § 140 InsO, NZI 2007, 566–571
—, Haftungsrechtliche Verteilungsprinzipien an der Schnittstelle von Einzelzwangsvollstreckung und Insolvenz, ZZP 2008, 407–426
Berger, Klaus-Peter, Der Aufrechnungsvertrag, Tübingen 1996
Berges, A[ugust] M[aria], Die rechtlichen Grundlagen der Gläubigergleichbehandlung im Konkurs, KTS 1957, 49–58
—, Zur Einschränkung der Konkursvorrechte, KTS 1959, 53–54
—, Anmerkung zu BFH-Urteil v. 29. Juni 1965 – VI 13/64 S –, KTS 1965, 252–256
—, Vergleich und Konkurs in der Evolution der Marktwirtschaft, in: Uhlenbruck/Klasmeyer/Kübler (Hrsg.), Einhundert Jahre Konkursordnung 1877–1977, Köln et al. 1977, 363–399
Berz, Hans Peter, Der paulianische Rückerstattungsanspruch, Zürich 1960
Bethge, Herbert, Zur Problematik von Grundrechtskollisionen, München 1977
—, Aktuelle Probleme der Grundrechtsdogmatik, Der Staat 24 (1985), 351–382
Biebinger, Gerd, Maßgeblichkeit eines zurückgenommenen/für erledigt erklärten Insolvenzantrags gem. § 1392 Abs. 2 InsO, ZInsO 2008, 1188–1196
Biedenkopf, Kurt, Vertragliche Wettbewerbsbeschränkung und Wirtschaftsverfassung, Heidelberg 1958
Biehl, Kristof, Insider im Insolvenzverfahren, Herne/Berlin 2000
Biernat, Peter, Anfechtung bei Rechtsberatung vor Insolvenzantrag, ZVI 2004, 276–279
Bitter, Georg, Konzernrechtliche Durchgriffshaftung bei Personengesellschaften, Köln et al. 2000

—/Rauch, Carsten, Anmerkung zu BGH v. 11. 10. 2005 – IX ZR 195/04, WuB VI A. § 142 1.08
—, ZInsO-Editorial – Neuer Überschuldungsbegriff in § 19 Abs. 2 InsO: Führt die Finanzmarktkrise zu besseren Einsichten des Gesetzgebers?, ZInsO 2008, 1097
—/Röder, Sebastian, Insolvenz und Sanierung in Zeiten der Finanz- und Wirtschaftskrise – Ergebnisse einer Befragung von Unternehmensinsolvenzverwaltern, ZInsO 2009, 1283–1292
—, Sanierung in der Insolvenz – Der Beitrag von Treue- und Aufopferungspflichten zum Sanierungserfolg, ZGR 2010, 147–200
BK = Dolzer/Vogel/Graßhof (Hrsg.), Bonner Kommentar zum Grundgesetz, Loseblatt, o.O. (Stand 12/10)
BKInsO = Blersch/Goetsch/Haas (Hrsg.), Berliner Kommentar zum Insolvenzrecht, Loseblatt, Berlin (Stand12/10)
Bleckmann, Albert, Neue Aspekte der Drittwirkung der Grundrechte, DVBl. 1988, 938–946
Blomeyer, Arwed, Fortschritte der modernen Schuldrechtsdogmatik, AcP 154 (1955), 527–544
Blum, Stefan, Zur (Un-)Anfechtbarkeit der Globalzession, ZInsO 2007, 528–531
Böckenförde, Ernst-Wolfgang, Grundrechte als Grundsatznormen, Der Staat 31 (1990), 1–31
Böcker, Philipp/Poertzgen, Christoph, Finanzmarkt-Rettungspaket ändert Überschuldungsbegriff (§ 19 InsO), GmbHR 2008, 1289–1296
Böhle-Stamschräder, A[lois], Reformbedürftigkeit des Konkursrechts, KTS 1959, 66–73
Böhmer, Werner, Grundfragen der verfassungsrechtlichen Gewährleistung des Eigentums in der Rechtsprechung des Bundesverfassungsgerichts, NJW 1988, 2561–2574
Bork, Reinhard, Zur Dogmatik des § 17 KO, in: Bettermann/Löwisch/Otto/Schmidt (Hrsg.), Festschrift für Albrecht Zeuner zum siebzigsten Geburtstag, Tübingen 1994, 298–315
—, Anmerkung zu BGH v. 4. 5. 1995 – IX ZR 256/93, JZ 1996, 51–53
—, Wie erstellt man eine Fortführungsprognose?, ZIP 2000, 1709–1713
—, Zur Rolle der Banken in der vorläufigen Insolvenz, ZBB 2001, 271–278
—, Aufrechnung und Insolvenzanfechtung, in: Lüke/Mikami/Prütting (Hrsg.), Festschrift für Akira Ishikawa zum 70. Geburtstag am 27. November 2001, Berlin/New York 2001, 31–45
—, Zahlungsverkehr in der Insolvenz, Köln 2002
—, Kontokorrentverrechnung und Bargeschäft, in: Gerhardt/Haarmeyer/Kreft, Insolvenzrecht im Wandel der Zeit – Festschrift für Hans-Peter Kirchhof zum 65. Geburtstag, [Recklinghausen] 2003, 57–72
—, Die Renaissance des § 133 InsO, ZIP 2004, 1684–1693
—, Grundfragen der Zahlungsunfähigkeit (§ 17 InsO), KTS 2005, 1–13
—, Einführung in das Insolvenzrecht, 5. Aufl., [Tübingen] 2009
— (Hrsg.), Handbuch des Insolvenzanfechtungsrechts, Köln 2006
—, Allgemeiner Teil des Bürgerlichen Gesetzbuchs, 3. Aufl., Tübingen 2011
—, Die Insolvenzanfechtung von Lohnzahlungen, ZIP 2007, 2337–2340
—, Ökonomische Analyse des Insolvenzanfechtungsrechts, in: Eger/Bigus/Ott/Wangenheim (Hrsg.), Internationalisierung des Rechts und seine ökonomische Analyse – Festschrift für Hans-Bernd Schäfer zum 65. Geburtstag, Wiesbaden 2008, 593–603
—, Die anfechtbare Kontokorrentverrechnung, in: Ganter/Gottwald/Lwowski (Hrsg.), Haftung und Insolvenz – Festschrift für Gero Fischer zum 65. Geburtstag, München 2008, 37–51
—, Grundtendenzen des Insolvenzanfechtungsrechts, ZIP 2008, 1041–1049
—, Zahlungsunfähigkeit, Zahlungsstockung und Passiva II, ZIP 2008, 1749–1753
—, Anmerkung zu BGH v. 19. 2. 2009 – IX ZR 62/08, EWiR 2009, 275–276
—/Gehrlein, Markus, Aktuelle Probleme der Insolvenzanfechtung, 11. Aufl., Köln 2009
Bornhorst, Ralf, Das bayerische Insolvenzrecht im 19. Jahrhundert und der Einfluß Bayerns auf das Entstehen der Reichskonkursordnung von 1877, Diss. Würzburg 2002 (abrufbar unter http://www.opus-bayern.de/uni-wuerzburg/volltexte/2002/205/pdf/bornhorstneu.pdf)
Bra, Peter de, Die Anfechtbarkeit der Verrechnung von Zahlungseingängen auf debitorischen Girokonten in dem letzten Monat vor dem Antrag auf Eröffnung des Insolvenzverfahrens, NZI 1999, 249–254

Bräuer, Gregor, Ausschluss der Insolvenzanfechtung bei Bargeschäften nach Maßgabe des § 142 InsO, Berlin 2006
Brandner, Hans Erich/Ulmer, Peter, EG-Richtlinie über mißbräuchliche Klauseln in Verbraucherverträgen, BB 1991, 701–708
Brandt, Sven/Günther, Antje, Kongruenz von Kreditsicherheiten – gleichzeitig eine Besprechung von OLG Karlsruhe, BKR 2006, 161, BKR 2006, 232–237
Braun, Eberhard (Hrsg.), Insolvenzordnung, 4. Aufl., München 2010
Braun, Johann, Rechtsphilosophie im 20. Jahrhundert – Die Rückkehr der Gerechtigkeit, München 2001
—, Einführung in die Rechtsphilosophie, Tübingen 2006
Brehm, Wolfgang, Der Bereicherungsanspruch im Insolvenzverfahren – Gedanken zum Gleichbehandlungsgrundsatz, in: Simotta (Hrsg.), Der Zivilprozess zu Beginn des 21. Jahrhunderts – Festschrift für Walter Jelinek zum 60. Geburtstag, Wien 2002, 15–29
Breutigam, Axel/Tanz, Matthias, Einzelprobleme des neuen Insolvenzanfechtungsrechts, ZIP 1998, 717–725
Bridge, Michael G., Collectivity, Management of Estates and the Pari Passu Rule in Winding-up, in: Armour/Bennett (Hrsg.), Vulnerable Transactions in Corporate Insolvency, Oxford/Portland 2003, 1–36
Brinkmann, Gerhard/Luttmann, Maik, Anfechtbarkeit von Zwangsvollstreckungsmaßnahmen trotz fehlender Schuldnerhandlung analog § 133 Abs. 1 InsO?, ZInsO 2007, 565–569
Brinkmann, Moritz, The Position of Secured Creditors in Insolvency, in: Eidenmüller/Kieninger (Hrsg.), The Future of Secured Credit in Europe, [Berlin] 2008, 248–272
Brinz, Alois von, Lehrbuch der Pandekten, Bd. II, 1. Aufl., Erlangen 1860, und Bd. II/1, 2. Aufl., Erlangen 1879
—, Der Begriff der obligatio, GrünhutsZ 1 (1874), 11–40
—, Obligation und Haftung, AcP 70 (1886), 371–408
Brox, Hans, Fragen der rechtsgeschäftlichen Privatautonomie, JZ 1966, 761–767
Burckhoff, Holger-René, zur Anfechtung von Kontokorrentverrechnungen in der Insolvenz, NJW 2002, 3304–3306
Brückl, Daniel/Kersten, Markus, Vom Dilemma der Sozialversicherungsträger bei Zahlungsschwierigkeiten von Arbeitgebern, NZI 2004, 422–430
Bruns, Patrick, Anmerkung zu BGH v. 12. 10. 2006 – IX ZR 228/03, WuB VI A. § 130 InsO 1.07
Bruski, Johannes, Die Voraussetzungen der besonderen Konkursanfechtung, Bonn 1990
Buchner, Amelie, Insolvenzanfechtung bei Sicherung und Befriedigung durch Zwangsvollstreckung oder bei Druckzahlung, Berlin 2008
Buckley, F. H., The Bankruptcy Priority Puzzle, Virginia Law Review 72 (1986), 1393–1470
Bülow, Oskar, Gemeines deutsches Zivilprozeßrecht – Vorlesungsnachschrift von L. Fechler aus dem Wintersemester 1868/69, hrsgg. von Johann Braun, Tübingen 2003
Büttner, Holger, Der neue Überschuldungsbegriff und die Änderung des Insolvenzstrafrechts, ZInsO 2009, 841–857
Bull, Hans Peter, Vom Eigentums- zum Vermögensschutz – ein Irrweg – Zur Bewertung der Einheitswert-Beschlüsse des Bundesverfassungsgerichts, NJW 1996, 281–283
Bundesministerium der Justiz, Diskussionsentwurf Gesetz zur Reform des Insolvenzrechts – Entwurf einer Insolvenzordnung (EInsO) und anderer Reformvorschriften mit Begründung und Anhang, Köln 1988
—, Referentenentwurf Gesetz zur Reform des Insolvenzrechts, Köln 1989
Burgard, Ulrich/Gundlach, Ulf, Wege zur Bewältigung des Problems der Masselosigkeit – Zur Einführung einer Insolvenzkosten-Pflichtversicherung, ZIP 2006, 1568–1573
Burger, Anton/Schellberg, Bernhard, Die Auslösetatbestände im neuen Insolvenzrecht, BB 1995, 261–266
Busch, Dörte, Der Insolvenzverwalter und die Überwindung der Massearmut, [Köln] 2005

Bydlinski, Franz, Der Gleichheitsgrundsatz im österreichischen Privatrecht, in: Vorstand des Österreichischen Juristentags: Verhandlungen des ersten Österreichischen Juristentags, Band I/1, Wien o. J. [1961]
—, Privatautonomie und objektive Grundlagen des verpflichtenden Rechtsgeschäftes, Wien/New York 1967
—, Kriterien und Sinn der Unterscheidung von Privatrecht und öffentlichem Recht, AcP 194 (1994), 319–351
—, System und Prinzipien des Privatrechts, Wien/New York 1996
Caemmerer, Ernst von, Bereicherung und unerlaubte Handlung, in: Dölle/Rheinstein/Zweigert (Hrsg.), Festschrift für Ernst Rabel, Band I: Rechtsvergleichung und Internationales Privatrecht, Tübingen 1954, 333–401
Calliess, Christian, Die grundrechtliche Schutzpflicht im mehrpoligen Verfassungsverhältnis, JZ 2006, 321–330
—, Schlußwort auf die Erwiderungen von Schwabe und Eckardt, JZ 2007, 140–142
Campe, Moritz von, Insolvenzanfechtung in Deutschland und Frankreich, Köln et al. 1996
Canaris, Claus-Wilhelm, Aktuelle insolvenzrechtliche Probleme des Zahlungsverkehrs und des Effektenwesens, in: Uhlenbruck/Klasmeyer/Kübler (Hrsg.), Einhundert Jahre Konkursordnung 1877–1977, Köln et al. 1977, 73–109
—, Grundrechte im Privatrecht, AcP 184 (1984), 201–246
—, Erwiderung [auf Schwabe, Grundrechte und Privatrecht, AcP 185 (1985), 1–8], AcP 185 (1985), 9–12
—, Zur Problematik von Privatrecht und verfassungsrechtlichem Übermaßverbot, JZ 1988, 494–499
—, Grundrechtswirkungen und Verhältnismäßigkeitsprinzip in der richterlichen Anwendung und Fortbildung des Privatrechts, JuS 1989, 161–172
—, Der Schutz obligatorischer Forderungen nach § 823 I BGB, in: Deutsch/Klingmüller/Kullmann (Hrsg.), Festschrift für Erich Steffen, Berlin/New York 1995, 85–99
—, Grundrechte im Privatrecht, Berlin/New York 1999
—, Handelsrecht, 24. Aufl., München 2006
Canstein, [Raban] von, Construction der Concursrechtsverhältnisse, GrünhutsZ 9 (1882), 461–491
Chlosta, Joachim, Der Wesensgehalt der Eigentumsgewährleistung, Berlin 1975
Cierniak, Jürgen, Die aktuelle Rechtsprechung des BGH zur Unternehmensinsolvenz, DB 2006, 1996–2002
Christiansen, Julian, Bedingungen und Befristungen im Recht der Insolvenzanfechtung, KTS 2003, 353–384
—, Die Abtretung aufschiebend bedingter Forderungen – insolvenzfest?, KTS 2003, 549–562
—, Die „Entstehungsgeschichte“ von Mietzinsforderungen, ZInsO 2010, 653–667
Classen, Claus-Dieter, Die Drittwirkung der Grundrechte in der Rechtsprechung des Bundesverfassungsgerichts, AöR 122 (1997), 65–10
Coester-Waltjen, Dagmar, Die Inhaltskontrolle von Verträgen außerhalb des AGBG, AcP 190 (1990), 1–33
Coing, Helmut, Eine neue Entscheidung zur Haftung der Banken wegen Gläubigergefährdung, WM 1980, 1026–1030
Consbruch, W., Über die Befugniß der Konkurs-Gläubiger zur Anfechtung der vor der Konkurs-Eröffnung vorgefallenen Rechtshandlungen des Gemeinschuldners, Berlin 1857
Cornils, Matthias, Die Ausgestaltung der Grundrechte, Tübingen 2005
Cosack, Konrad, Das Anfechtungsrecht der Gläubiger eines zahlungsunfähigen Schuldners innerhalb und außerhalb des Konkurses nach deutschem Reichsrecht, Stuttgart 1884
—/Mitteis, Heinrich, Lehrbuch des Bürgerlichen Rechts, Bd. I, 8. Aufl., München 1927
Costa, Concetto, Die Reform des italienischen Insolvenzrechts, ZInsO 2006, 1071–1078
Costede, Jürgen/Kaehler, Michael, Haftungszuweisung und Haftungszugriff Dritten gegenüber, ZZP 84 (1981), 395–418

Cranshaw, Friedrich L., Die Anfechtung der Globalzession – offene Fragen nach der aktuellen Rechtsprechung des Bundesgerichtshofs, DZWIR 2008, 221–231
—, Weitere Entwicklungen in der aktuellen Rechtsprechung des BGH zur Globalzession, DZWIR 2008, 397–404
Cremer, Wolfram, Freiheitsgrundrechte – Funktionen und Strukturen, Tübingen 2003
Dabelow, Christoph Christian, Ausführliche Entwickelung der Lehre vom Concurse der Gläubiger, Halle 1801
Dahl, Michael, Die Änderung des Überschuldungsbegriffs durch Art. 5 des Finanzmarktstabilisierungsgesetzes (FMStG), NZI 2008, 719–721
—/Schmitz, Jan, Probleme von Überschuldung und Zahlungsunfähigkeit nach FMStG und MoMiG, NZG 2009, 567–570
Dampf, Peter, Die Rückführung von Kontokorrentkrediten in der Unternehmenskrise und ihre Behandlung nach der KO und InsO, KTS 1998, 145–173
Demharter, Johann, Grundbuchordnung, 27. Aufl., München 2010
Depenheuer, Otto, Der Mieter als Eigentümer? – Anmerkungen zum Beschluß des BVerfG vom 26. 5. 1993, NJW 1993, 2561–2564
Deren-Yıldırım, Nevhis, Gedanken über die Verteilungsprinzipien im Zwangsvollstreckungsrecht, in: Schilken/Becker-Eberhard/Gerhardt, Festschrift für Hans Friedhelm Gaul zum 70. Geburtstag, Bielefeld 1997
Derleder, Peter/Knops, Kai-Oliver/Bamberger, Heinz Georg (Hrsg.), Handbuch zum deutschen und europäischen Bankrecht, 2. Aufl., Berlin et al. 2009
Dernburg, Heinrich, Das Pfandrecht nach den Grundsätzen des heutigen römischen Rechts, Bd. II, Leipzig 1860
—, Lehrbuch des Preußischen Privatrechts, Bd. II, Hall 1878
—, Pandekten, Bd. II, 8. Aufl., Berlin 1912
Deutsch, Markus, Planungsschadensrecht (§§ 39 ff. BauGB) und Eigentumsgrundrecht (Art. 14 GG), DVBl. 1995, 546–553
Didier, Tino, Unsicherheitseinrede und Pfandrecht zur Sicherung von Frachtforderungen, NJW 2004, 813–815
Dieckmann, Zur Aufrechnung, in: Leipold (Hrsg.), Insolvenzrecht im Umbruch, Köln et al. 1991, 211–237
Diederichsen, Uwe, Die Rangverhältnisse zwischen den Grundrechten und dem Privatrecht, in: Starck (Hrsg.), Rangordnung der Gesetze – 7. Symposion der Kommission „Die Funktion des Gesetzes in Geschichte und Gegenwart“ am 22. und 23. April 1994, Göttingen 1995, 39–97
—, Die Selbstbehauptung des Privatrechts gegenüber dem Grundgesetz, JURA 1997, 57–64
—, Das Bundesverfassungsgericht als oberstes Zivilgericht – ein Lehrstück der juristischen Methodenlehre, AcP 198 (1998), 171–270
Dietlein, Johannes, Die Lehre von den grundrechtlichen Schutzpflichten, 2. Aufl., Berlin 2005
Dinstühler, Klaus-Jürgen, Die Abwicklung massearmer Insolvenzverfahren nach der Insolvenzordnung, ZIP 1998, 1697–1707
Dobmeier, Rudolf, Die Behandlung der Vorausabtretungen von Mietzinsen und pfändbaren Arbeitsentgeltansprüchen in der Insolvenz des Zedenten, NZI 2006, 144–149
Doehring, Karl, Das Staatsrecht der Bundesrepublik Deutschland, 3. Aufl., Frankfurt/M. 1984
Dorndorf, Eberhard, Kreditsicherungsrecht und Wirtschaftsordnung – Zur materiell- und konkursrechtlichen Dogmatik der Mobiliarsicherungsrechte, Heidelberg 1986
—/Frank, Jürgen, Reform des Rechts der Mobiliarsicherheiten – unter besonderer Berücksichtigung der ökonomischen Analyse der Sicherungsrechte, ZIP 1985, 65–84
Dreier, Horst (Hrsg.), Grundgesetz – Kommentar, Bd. I: Artikel 1–19; 2. Aufl., Tübingen 2004
Drilling, Carmen, Anmerkung zu BGH v. 12. 7. 2007 – IX ZR 120/04, KTS 2008, 205–210
Drobnig, Ulrich, Empfehlen sich gesetzliche Maßnahmen zur Reform der Mobiliarsicherheiten? – Gutachten F für den 51. Deutschen Juristentag, München 1976

—, Secured Credit in International Insolvency Proceedings, Texas International Law Journal 33 (1998), 53–70
Drukarczyk, Jochen, Kreditverträge, Mobiliarsicherheiten und Vorschläge zu ihrer Reform im Konkursrecht, KTS 1983, 183–204
—, Unternehmen und Insolvenz, Wiesbaden 1987
—/Schüler, Andreas, Die Eröffnungsgründe der InsO: Zahlungsunfähigkeit, drohende Zahlungsunfähigkeit und Überschuldung, in: Arbeitskreis für Insolvenzwesen Köln e. V. (Hrsg.), Kölner Schrift zur Insolvenzordnung, 3. Aufl., Münster 2009, Kapitel 2
—/Schüler, Andreas, Insolvenztatbestände, prognostische Elemente und ihre gesetzeskonforme Handhabung, WPg 2003, 56–67
Dubischar, Roland, Doppelverkauf und „ius ad rem", JuS 1970, 6–12
Dürig, Günter, Der Grundrechtssatz von der Menschenwürde, AöR 81 (1956), 117–157
—, Grundrechte und Zivilrechtsprechung, in: Maunz (Hrsg.), Vom Bonner Grundgesetz zur gesamtdeutschen Verfassung – Festschrift zum 75. Geburtstag von Hans Nawiasky, München 1956, 157–190
Duttle, Josef, Ökonomische Analyse dinglicher Sicherheiten – Die Reform der Mobiliarsicherheiten und Probleme ihrer Behandlung in insolvenzrechtlichen Verfahren, Krefeld 1986
Dworkin, Ronald, Sovereign Virtue – The Theory and Practice of Equality, Cambridge (Mass.)/ London, 2000
Eccius, [Max], Der Entwurf einer deutschen Gemeinschuldordnung, ZfdG 8 (1875), 22–122
Eckardt, Diederich, Die Anfechtungsklage wegen Gläubigerbenachteiligung, Bielefeld, 1994
—, Zur Aufrechnungsbefugnis des Konkursverwalters, ZIP 1995, 257–268
—, Kreditsicherung versus Insolvenzanfechtung, ZIP 1999, 1417–1426
—, Die Ausübung von Mobiliarsicherheiten in der Unternehmenskrise, ZIP 1999, 1734–1744
—, Anmerkung zu BGH v. 15. 5. 2003 - IX ZR 194/02, EWiR 2003, 831–832
—, Haftungsrechtliche Restitution des Erlangten oder Ersatz des Interesses? – Zum Umfang der Anfechtungsansprüche unter Berücksichtigung von § 143 Abs. 1 Satz 2 InsO, in: Schilken/ Kreft/Wagner/Eckardt, Festschrift für Walter Gerhardt, Köln 2004, 145–190
—, Aspekte einer „Vorteilsanrechnung" im Anfechtungsrecht, ZInsO 2004, 888–896
—, Anfechtung und Aussonderung – Zur Haftungspriorität des Insolvenzanfechtungsanspruchs im Verhältnis zu den Eigengläubigern des Anfechtungsgegners, KTS 2005, 15–51
—, Anmerkung zu AG Kerpen v. 8. 11. 2005 – 22 C 158/05, EWiR 2006, 215–216
—, Die Feststellung und Befriedigung des Insolvenzgläubigerrechts, in: Arbeitskreis für Insolvenzwesen Köln e. V. (Hrsg.), Kölner Schrift zur Insolvenzordnung, 3. Aufl., Münster 2009, Kapitel 17
Eckardt, Felix, Die Multipolarität der Freiheit, JZ 2007, 137–140
Eckert, Rainer, Probleme der Bestimmung des für die Insolvenzanfechtung maßgeblichen Zeitpunktes nach § 140 InsO, Frankfurt/M. et al. 2003
—/Happe, Eike Edo, Totgesagte leben länger – Die (vorübergehende) Rückkehr des zweistufigen Überschuldungsbegriffs, ZInsO 2008, 1098–1101
Edelmann, Hervé/Glemser, Christine, Anmerkung zu BGH v. 29. 11. 2007 - IX ZR 30/07, BB 2008, 352–353
Eger, Thomas, Bankruptcy Regulations and the New German Insolvency Law from an Economic Point of View, EJLE 11 (2001), 29–46
Ehricke, Ulrich, Zur Begründbarkeit einer Durchgriffshaftung in der GmbH, insbesondere aus methodischer Sicht, AcP 199 (1999), 257–304
—, Zur Entstehung des Anspruchs auf Mietzahlung in der Insolvenz des Vermieters, ZInsO 2008, 1058–1065
—, Secured Creditors in Insolvency Proceedings, in: Eidenmüller/Kieninger (Hrsg.), The Future of Secured Credit in Europe, [Berlin] 2008, 273–283
Eichberger, Christian, Die besondere Konkursanfechtung, Regensburg 1990

Eidenmüller, Horst, Die Banken im Gefangenendilemma: Kooperationspflichten und Akkordstörungsverbot im Sanierungsrecht, ZHR 160 (1996), 343–373
—, Effizienz als Rechtsprinzip – Möglichkeiten und Grenzen der ökonomischen Analyse des Rechts, 3. Auflage, Tübingen 1998
—, Unternehmenssanierung zwischen Markt und Gesetz, Köln 1999
Ellger, Reinhard, Bereicherung durch Eingriff – Das Konzept des Zuweisungsgehalts im Spannungsfeld von Ausschließlichkeitsrecht und Wettbewerbsfreiheit, Tübingen 2002
Emmerich, Volker, Der Mieter als Eigentümer von Gerichts wegen – Das Bundesverfassungsgericht, das Mietrecht und das Eigentum, in: Heinze/Schmitt (Hrsg.) Festschrift für Wolfgang Gitter, Wiesbaden 1995, 241–251
Endemann, W[ilhelm], Das deutsche Konkursverfahren, Leipzig 1889
Enders, Christoph, Die Privatisierung des Öffentlichen durch die grundrechtliche Schutzpflicht und seine Rekonstruktion aus der Lehre von den Staatszwecken, Der Staat 35 (1996), 351–387
Endres, Alfred, Die pareto-optimale Internalisierung externer Effekte, Frankfurt a.M./Bern, 1976
Engel, Christoph, Eigentumsschutz für Unternehmen, AöR 118 (1993), 169–236
Engert, Andreas, Die ökonomische Begründung der Grundsätze ordnungsgemäßer Unternehmensfinanzierung, ZGR 2004, 813–841
Erichsen, Hans-Uwe, Grundrechtliche Schutzpflichten in der Rechtsprechung des Bundesverfassungsgerichts, JURA 1997, 85–89
Erdmann, Sven, Die fälligen Zahlungspflichten i. S. des § 17 II 1 InsO, NZI 2007, 695–698
Eßbauer, Susanne, Die Insolvenzfestigkeit der Globalzession, ZInsO 2008, 598–603
Esser, Josef, Grundsatz und Norm in der richterlichen Fortbildung des Privatrechts, 3. (unveränderte) Aufl., Tübingen 1974
—/Schmidt, Eike, Schuldrecht, Band I: Allgemeiner Teil, Teilband 1: Entstehung, Inhalt und Beendigung von Schuldverhältnissen, 8. Aufl., Heidelberg 1995
Fastrich, Lorenz, Richterliche Inhaltskontrolle im Privatrecht, München 1992
Fezer, Karl-Heinz, Aspekte einer Rechtskritik an der economic analysis of law und am property rights approach, JZ 1986, 817–824
—, Nochmals: Kritik an der ökonomischen Analyse des Rechts, JZ 1988, 223–228
Feuerborn, Sabine, Insolvenzanfechtung bei AGB-Pfandrecht und Sicherungszession, ZIP 2002, 290–295
Finch, Vanessa, Security, Insolvency, and Risk: Who Pays the Price?, MLR 62 (1999), 633–670
Finkenauer, Thomas, Codex iuris – Basiswissen und lateinische Rechtsbegriffe – und in den Papierkorb damit!, JZ 1990, 482
—, Eigentum und Zeitablauf – das dominium sine re im Grundstücksrecht, Berlin 2000
Fischer, Gero, Bewirken Leistungen, die zur Erledigung eines Insolvenzantrags führen, eine kongruente Deckung?, in: Gerhardt/Haarmeyer/Kreft, Insolvenzrecht im Wandel der Zeit – Festschrift für Hans-Peter Kirchhof zum 65. Geburtstag, [Recklinghausen] 2003, 73–84
—, Der maßgebliche Zeitpunkt der anfechtbaren Rechtshandlung, ZIP 2004, 1679–1684
—, Krisenbewältigung durch Insolvenzrecht, ZGR 2006, 403–418
—, Gläubigerbenachteiligungsvorsatz bei kongruenter Deckung, NZI 2008, 588–594
—, Aufrechnung und Verrechnung in der Insolvenz, WM 2008, 1–7
Fischer, Michael, Die Verlagerung des Gläubigerschutzes vom Gesellschafts- in das Insolvenzrecht nach „Inspire Art", ZIP 2004, 1477–1486
Fischer, Nikolaj, Zivilverfahrens- und Verfassungsrecht, Berlin 2002
—, Vollstreckungszugriff als Grundrechtseingriff, Frankfurt/Main 2006
Fischer, Thomas, Verbraucherinsolvenz – Was passiert mit dem Girokonto?, ZInsO 2003, 101–106
Fitting, Hermann, Das Reichs-Konkursrecht und Konkursverfahren, 3. Aufl., Berlin 1904
FK = Wimmer, Klaus (Hrsg.), Frankfurter Kommentar zur Insolvenzordnung, 6. Aufl., Neuwied 2011

Flatau, Ernst, Die inkongruente Deckung, JW 1912, 660–663
Flessner, Axel, Grundfragen des künftigen Sanierungsrechts, ZIP 1981, 113–119
Flöther, Lucas F./Bräuer, Gregor, Anmerkung zu OLG Stuttgart v. 13. 11. 2002 - 3 U 19/02, DZWIR 2003, 253–255
—, Die Kondiktion der inkongruenten Deckung – Sprengung der subjektiven und zeitlichen Grenzen des § 131 InsO?, ZInsO 2005, 1244–1249
—, Anmerkung zu BGH v. 8. 12. 2005 – IX ZR 182/01, DZWIR 2006, 201–204
—, Die Abtretung künftiger Lohnforderungen in der Insolvenz des Arbeitnehmers – Wirksamkeit und Anfechtbarkeit der (Voraus-)Verfügung im Lichte des § 114 I InsO – Normanwendung zu Lasten der par condicio creditorum?, NZI 2006, 136–144
Flume, Werner, Rechtsgeschäft und Privatautonomie, in: v. Caemmerer/Friesenhahn/Lange (Hrsg.), Hundert Jahre deutsches Rechtsleben – Festschrift zum hundertjährigen Bestehen des Deutschen Juristentages 1860–1960, Karlsruhe 1960, 135–238
—, Allgemeiner Teil des Bürgerlichen Rechts, Bd. II: Das Rechtsgeschäft, 4. Aufl., Berlin et al. 1992
Foerste, Ulrich, Zwangsvollstreckung und Insolvenzanfechtung – Ein Prüfstein subjektiver Auslegung, in: Heinrich (Hrsg.), Festschrift für Hans-Joachim Musielak zum 70. Geburtstag, München 2004, 141–167
—, Insolvenzrecht, 4. Aufl., München 2008
Förster, Andreas C., System einer Insolvenzauslösung bei der GmbH – Liquiditätsorientierter Vorschlag für eine Reform der Haftungsverfassung bei der GmbH und für eine Grenze wirksamer Kreditbesicherung zur Vermeidung massearmer Insolvenzen, Berlin 2000
Förster, Franz/Eccius, M[ax] E[rnst], Preußisches Privatrecht, Bd. 1, 7. Aufl., Berlin 1896
Förster, Karsten, Klartext: Bananenrepublik!, ZInsO 2005, 785
Francke, W., Verkürzte Gläubiger und spätere Besitzer der Verkürzungs halber veräußerten Sachen, AcP 62 (1879), 468–495
Franke, Über die Zulässigkeit der *actio Pauliana* bei Zahlungen, Pfandbestellung, Hingabe an Zahlungs Statt, AcP 16 (1833), 125–142
Freudenberg, Nils, Anmerkung zu BGH v. 15. 11. 2007 – IX ZR 212/06, EWiR 2008, 629–630
Frind, Frank, Kleine Reform-, große Fehlwirkung?, ZInsO 2005, 790–794
—/Schmidt, Andreas, Sozialversicherungsträger – Nassauer des Insolvenzverfahrens? Teil I: ZInsO 2001, 1133–1138, Teil II: ZInsO 2005, 8–15
Fritsch, Michael/Wein, Thomas/Ewers, Hans-Jürgen, Marktversagen und Wirtschaftspolitik, 7. Aufl., München 2007
Frystatzki, Christian, Ungeklärte Probleme bei der Ermittlung der Zahlungsunfähigkeit und der neue IDW PS 800, NZI 2010, 389–395
Fuchs-Wissemann, Hans, Priorität und Recht, DRiZ 1982, 373–383
Füßmann, Helga, Die Auswirkungen des reformierten Insolvenzanfechtungsrechts auf das Prinzip der Gläubigergleichbehandlung, Aachen 2001
Furche, Steffen, Die Globalabtretung in der Insolvenz, WM 2007, 1305–1315
Ganter, Hans Gerhard, Die Anwendung des § 878 BGB bei der Gläubigeranfechtung innerhalb und außerhalb des Konkurses, DNotZ 1995, 517–529
—, Anfechtungsrisiken der Bank im Verkehr mit ihrem von der Insolvenz bedrohten Kunden, NZI 2010, 835–838
Gassert-Schumacher, Privilegien in der Insolvenz, Frankfurt/Main et al. 2002
Gaugler, H[ans] V[iktor], Die paulianische Anfechtung unter besonderer Berücksichtigung der Lebensversicherung, Basel 1944
Gaul, Friedhelm, Rechtsverwirklichung durch Zwangsvollstreckung aus rechtsgrundsätzlicher und rechtsdogmatischer Sicht, ZZP 112 (1999), 135–184
Gehrlein, Markus, Aktuelle Rechtsprechung zur Insolvenzanfechtung in systematischer Darstellung, WM 2009, Sonderbeilage zu Heft 32 und Heft 33
—, Insolvenzanfechtung von an und durch Banken bewirkten Zahlungen, ZInsO 2010, 1857–1866

—, Erwerb von Rechten zu Lasten der Insolvenzmasse im Eröffnungsstadium, ZIP 2011, 5–16
Gerhardt, Walter, Die systematische Einordnung der Gläubigeranfechtung, Göttingen 1969
—, Insolvenzverfahren und Einzelzwangsvollstreckung, in: Uhlenbruck/Klasmeyer/Kübler (Hrsg.), Einhundert Jahre Konkursordnung 1877–1977, Köln et al. 1977, 111–137
—, Zur Reform des Insolvenzrechts: das Anfechtungsrecht im Konkurs, ZIP 1985, 582–592
—, Die Anfechtung im Konkurs, ZZP 99 (1986), 407–418
—, Zahlungseingänge auf ein debitorisches Konto in der Krise und während des Konkurs- bzw. Vergleichseröffnungsverfahrens, in: Bettermann/Löwisch/Otto/Schmidt (Hrsg.), Festschrift für Albrecht Zeuner zum siebzigsten Geburtstag, Tübingen 1994, 353–367
—, Gereimtes und Ungereimtes im Anfechtungsrecht der neuen Insolvenzordnung – Eine kritische Betrachtung, in: Pfeiffer/Kummer/Scheuch (Hrsg.), Festschrift für Erich Brandner zum 70. Geburtstag, Köln 1996, 605–619
—, Vorausabtretung und Konkurseröffnung, in: Flume/Jakobs/Picker/Wilhelm/Schön (Hrsg.), Gedächtnisschrift für Brigitte Knobbe-Keuk, Köln 1997, 169–186
—, Probleme der Mobiliar- und Immobiliarvollstreckung nach der InsO, in: Henckel/Kreft (Hrsg.), Insolvenzrecht 1998, Köln 1999, 217–232
—, Inkongruenz von Leistungen zur Abwendung eines angedrohten Insolvenzantrages – Ein langer abwechslungsreicher Weg zu einem problematischen Ergebnis?, in: Haarmeyer/Hirte/Kirchhof/Graf von Westphalen (Hrsg.), Verschuldung, Haftung, Vollstreckung, Insolvenz – Festschrift für Gerhart Kreft zum 65. Geburtstag, Recklinghausen 2004
—, Zur Insolvenzanfechtung eines Vergleichs i. S. des § 779 BGB, KTS 2004, 195–203
—, Zum maßgeblichen Zeitpunkt bei mehraktigem Rechtserwerb – Eine Vision vom Gleichklang in §§ 91 Abs. 2, 140 Abs. 2, 147 und 88 InsO, in: Piepenburg (Hrsg.), Festschrift für Günter Greiner zum 70. Geburtstag am 19. März 2005, Köln/Berlin/München 2005, 31–40
—, Von der Insolvenzrechtsreformkommission bis zum geltenden Insolvenzrecht, in: Stürner/Matsumoto/Lüke/Deguchi (Hrsg.), Festschrift für Dieter Leipold zum 70. Geburtstag, Tübingen 2009, 377–390
Gerke, Lars, Uneingeschränkte Dispositionsmaxime beim Gläubigerantrag trotz vorläufiger Verwaltung?, ZInsO 2003, 873–880
Gernhuber, Joachim, Das Schuldverhältnis – Begründung und Änderung, Pflichten und Strukturen, Drittwirkungen, Tübingen 1989
Gierke, Otto, Deutsches Privatrecht, Zweiter Band: Sachenrecht, Leipzig 1905
Göpfert, Burkard Jörg, Anfechtbare Aufrechnungslagen im deutsch-amerikanischen Rechtsverkehr, München 1996
Goltdammer, Theodor, Kommentar und vollständige Materialien zur Konkurs-Ordnung vom 8. Mai 1855, 2. Aufl., Berlin 1858
Gottwald, Peter, Die Interessengemeinschaft der Gläubiger eines insolventen Schuldners, in: Habscheid/Hoffmann-Nowotny/Linder/Meier-Hayoz (Hrsg.), Freiheit und Zwang – Festschrift zum 60. Geburtstag von Professor Dr. iur. Dr. phil Hans Giger, Bern 1989, 195–211
— (Hrsg.), Insolvenzrechts-Handbuch, 4. Aufl., München 2010
Graf-Schlicker, Marie-Luise (Hrsg.), Kommentar zur Insolvenzordnung, 2. Aufl., Köln 2010
Greil, Stefan/Herden, Eva, Die Überschuldung als Grund für die Eröffnung des Insolvenzverfahrens, ZInsO 2010, 833–841
—, Drohende Zahlungsunfähigkeit und Fortbestehensprognose, ZInsO 2011, 109–116
Grevesmühl, Götz, Die Gläubigeranfechtung nach klassischem römischen Recht, Göttingen 2003
Griesbeck, Michael, Taugt die Globalzession noch als Sicherheit beim Konsortialkredit?, ZIP 2008, 1813–1816
Gröschler, Peter, Actiones in factum – Eine Untersuchung zur Klageneuschöpfung im nichtvertraglichen Bereich, Berlin 2002
Groß, Paul J./Amen, Matthias, Die Fortbestehensprognose – Rechtliche Anforderungen und ihre betriebswirtschaftlichen Grundlagen, WPg 2002, 225–240

Grothe, Helmut, Die vollstreckungsrechtliche „Rückschlagsperre" des § 88 InsO, KTS 2001, 205–239
Grub, Philipp, Anmerkung zu BGH v. 28. 9. 2006 – IX ZR 136/05, DZWIR 2007, 83
Grützmann, Paul, Das Anfechtungsrecht der benachtheiligten Konkursgläubiger, Leipzig 1882
Grunsky, Wolfgang, Grundzüge des Zwangsvollstreckungs- und Insolvenzrechts, 5. Aufl., Tübingen 1996
Guarneri Citati, Andrea, En matière d'affranchissemens frauduleux, Mélanges Cornil, Bd. I, Paris 1926
Gude, Hardy, Eigenkapital als Schutz gegen die Insolvenzanfälligkeit deutscher Unternehmen, KSI 2008, 124–126
Gundlach, Ulf/Frenzel, Volkhard, Anmerkung zu BGH v. 12. 10. 2006 – IX ZR 228/03, NZI 2007, 38–39
Gundlach, Ulf/Frenzel, Volkhard/Schmidt, Nikolaus, Die Gewährung von Prozesskostenhilfe an den Insolvenzverwalter, NJW 2003, 2412–2417
Gundlach, Ulf/Frenzel, Volkhard/Schmidt, Nikolaus, Die Insolvenzanfechtung nach Anzeige einer nicht kostendeckenden Masse durch den Insolvenzverwalter, NZI 2004, 184–187
Gundlach, Ulf/Schmidt, Nikolaus, Anmerkung zu OLG Frankfurt/M. v. 23. 5. 2002 – 16 U 182/01, DZWIR 2003, 126–127
Guski, Roman, Sittenwidrigkeit und Gläubigerbenachteiligung, Berlin 2007
Haager, Günter, Von der Konstitutionalisierung des Zivilrechts zur Zivilisierung der Konstitutionalisierung, JuS 2006, 769–775
Haarmeyer, Hans/Wutzke, Wolfgang/Förster, Karsten, Insolvenzrechtliche Vergütung (InsVV), 4. Aufl., München 2007
—, Der Eintritt der materiellen Insolvenz und seine zentrale Bedeutung für das Insolvenzverfahren, ZInsO 2009, 1273–1283
—, Der nicht vollzogene Paradigmenwechsel – Ein Beitrag zur Qualität in der Insolvenzabwicklung, in: Arbeitskreis für Insolvenzwesen Köln e. V., Kölner Schrift zur Insolvenzordnung, 3. Aufl., Münster 2009, Kapitel 9
Haas, Ulrich, Anmerkung zu AG Köln v. 9. 6. 1999 – 73 IN 16/99, DStR 2000, 1705–1706
—, „Flankierende Maßnahmen" für eine Reform des Gläubigerschutzes in der GmbH, GmbHR 2006, 505–513
—, Der Entwurf des „MoMiG" und weitergehende Vorschläge zur Bekämpfung des Mißbrauchs der GmbH, GmbHR 2006, 729–737
—, Gutachten „Reform des gesellschaftsrechtlichen Gläubigerschutzes", in: Verhandlungen des sechsundsechzigsten Deutschen Juristentages 2006, München 2006, E 1-155
—, Bilanzierungsprobleme bei der Erstellung eines Überschuldungsstatus nach § 19 Abs. 2 InsO, in: Arbeitskreis für Insolvenzwesen Köln e.V., Kölner Schrift zur Insolvenzordnung, 3. Aufl., Münster 2009, Kapitel 40
—,/Müller, Henning, Der Insolvenzanfechtungsanspruch in der Insolvenz des Anfechtungsgegners, ZIP 2003, 49–59
Habersack, Mathias, Vertragsfreiheit und Drittinteressen, Berlin 1992
—, Anmerkung zu BGH v. 6. 7. 2006 – IX ZR 121/05, BKR 2007, 77–79
Habscheid, Walther J., Zur rechtlichen Problematik des außergerichtlichen Sanierungsvergleichs, in: Baltzer/Baumgärtel/Peters/Pieper (Hrsg.), Gedächtnisschrift für Rudolf Bruns, München 1980, 253–264
Hachenburg, Max, Gesetz betreffend die Gesellschaften mit beschränkter Haftung, Bd. III: §§ 53–85, 7. Aufl., Berlin/New York 1984
Häsemeyer, Ludwig, Die Gleichbehandlung der Konkursgläubiger, KTS 1982, 507–575
—, Die Gleichbehandlung der Konkursgläubiger in einem reformierten Insolvenzverfahren, in: Justizministerium Baden-Württemberg (Hrsg.), Neuordnung des Konkurs- und Vergleichsrechts, Stuttgart 1984, 78–91

—, Vertragsabwicklung, Aufrechnung und Anfechtung im Konkurs – BGHZ 89, 189, JuS 1986, 851–856
—, Anmerkung zu BGH v. 21. 11. 1991 – IX ZR 290/90, JR 1992, 423–425
—, Aktuelle Tendenzen in der Rechtsprechung zur Konkurs- und Einzelanfechtung, ZIP 1994, 418–424
—, Das Verfahren bei Masseunzulänglichkeit – eine verselbständigte Variante des Insolvenzverfahrens?, in: Schilken/Kreft/Wagner/Eckardt (Hrsg.), Festschrift für Walter Gerhardt, Köln 2004, 341–359
—, Insolvenzrecht, 4. Aufl., Köln/München 2007
—, Die Aufrechnung nach der InsO, in: Arbeitskreis für Insolvenzwesen Köln e. V. (Hrsg.), Kölner Schrift zur Insolvenzordnung, 3. Aufl., Münster 2009, Kapitel 15
Häuser, Franz, Bankkonten in der Insolvenz, in: Berger/Bähr et al. (Hrsg.), Zweiter Leipziger Insolvenzrechtstag, Berlin 2001, 7–36
Hager, Johannes, Verkehrsschutz durch redlichen Erwerb, München 1990
—, Grundrechte im Privatrecht, JZ 1994, 373–383
Hahn, Carl, Die gesammten Materialien zu den Reichs-Justizgesetzen, Vierter Band: Materialien zur Konkursordnung, Berlin 1881
Hain, Karl-Eberhard, Der Gesetzgeber in der Klemme zwischen Übermaß- und Untermaßverbot?, DVBl. 1994, 982–984
Hammen, Horst, Die Forderung – ein „sonstiges Recht“ nach § 823 Abs. 1 BGB?, AcP 199 (1999), 591–614
Hanisch, Hans, Zur Reformbedürftigkeit des Konkurs- und Vergleichsrechts, ZZP 90 (1977), 1–38
Harz, Michael, Kriterien der Zahlungsunfähigkeit und der Überschuldung unter Berücksichtigung der Änderungen nach dem neuen Insolvenzrecht, ZInsO 2001, 193–202
—/Baumgartner, Uwe/Conrad, Günther, Kriterien der Zahlungsunfähigkeit und der Überschuldung, ZInsO 2005, 1304–1311
Haslbeck, Christian, Zentrale versus dezentrale Internalisierung externer Effekte bei unvollständiger Information, Frankfurt a. M. et al. 1995
Hau, Wolfgang, Vertragsanpassung und Anpassungsvertrag, Tübingen 2003
Heck, Philipp, Das Recht der Großen Haverei, Berlin 1889
—, Grundriß des Schuldrechts, Tübingen 1929
Hecker, Andreas/Glozbach, Pierre, Offene Fragen zur Anwendung des gegenwärtigen Überschuldungsbegriffs, BB 2009, 1544–1548
Hedemann, Justus Wilhelm, Reichsgericht und Wirtschaftsrecht, Jena 1929
Hefermehl, Hendrik, Anmerkung zu BGH v. 18. 6. 2002 – IX ZR 480/00, WuB VI B. § 30 Nr. 1 KO 1.03
Heinze, Harald, Die Wertauffüllung einer globalzedierten Forderung in der Rechtsprechung des BGH, DZWIR 2008, 185–189
Hellmann, Friedrich, Die rechtliche Natur der Gläubigeranfechtung, SeuffertBl 14 (1905), 401–426
—, Das Konkursrecht der Reichsstadt Augsburg, Breslau 1905
—, Lehrbuch des deutschen Konkursrechts, Berlin 1907
—, Zur Geschichte des Konkursrechts der Reichsstadt Ulm, Heidelberg 1909
Hellwig, Konrad, Anfechtungsrecht und Anfechtungsanspruch nach der neuen Konkursordnung, ZZP 26 (1899), 474–491
—, Anspruch und Klagrecht, ND der Ausgabe Leipzig 1924, Aalen 1967
Henckel, Wolfram, Wert und Unwert juristischer Konstruktion im Konkursrecht, in: Bökelmann/Henckel/Jahr (Hrsg.), Festschrift für Friedrich Weber, Berlin/New York 1975, 237–252
—, Wandlungen im Konkursrecht – Notwendigkeit und Grundlagen einer Reform, in: Immenga (Hrsg.), Rechtswissenschaft und Rechtsentwicklung – Ringvorlesung der Professoren der Juristischen Fakultät der Georg-August-Universität Göttingen, Göttingen 1980, 183–195

—, Die Gläubigeranfechtung – ein taugliches Mittel zur Beseitigung von Verkürzungen der Konkursmasse?, ZIP 1982, 391–399
—, Insolvenzanfechtung, in: Leipold (Hrsg.), Insolvenzrecht im Umbruch, Köln et al. 1991, 239–254
—, Aufrechnung in der Insolvenz, in: Prütting/Rüssmann (Hrsg.), Verfahrensrecht am Ausgang des 20. Jahrhunderts – Festschrift für Gerhard Lüke, München 1997, 237–263
—, Konstruktion, Funktion, Interessen – zur modifizierten Erlöschenstheorie durch den Bundesgerichtshof, in: Gerhardt/Haarmeyer/Kreft (Hrsg.), Insolvenzrecht im Wandel der Zeit – Festschrift für Hans-Peter Kirchhof zum 65. Geburtstag, [Recklinghausen] 2003, 191–207
—, Zur Auslegung anfechtungsrechtlicher Normen, in: Schilken/Kreft/Wagner/Eckardt (Hrsg.), Festschrift für Walter Gerhardt, Köln 2004, 361–378
—, Insolvenzanfechtung, in: Arbeitskreis für Insolvenz- und Schiedsgerichtswesen (Hrsg.), Kölner Schrift zur Insolvenzordnung, 2. Aufl., Herne/Berlin 2000, 813–857
Hendler, Reinhard, Zur bundesverfassungsgerichtlichen Konzeption der grundgesetzlichen Eigentumsgarantie, DVBl. 1983, 873–883
Henkel, Andreas, Die Verjährung der Hauptforderung des Insolvenzschuldners bei Unzulässigkeit der Aufrechnung nach § 96 I Nr. 3 InsO, NZI 2007, 84–91
—, Das Bargeschäftsprivileg gilt nicht im Rahmen von § 135 Abs. 1 InsO, ZInsO 2009, 1577–1580
Henssler, Martin, Treuhandgeschäft – Dogmatik und Wirklichkeit, AcP 196 (1996), 37–87
Hermes, Georg, Grundrechtsschutz durch Privatrecht auf neuer Grundlage? – Das BVerfG zu Schutzpflicht und mittelbarer Drittwirkung der Berufsfreiheit, NJW 1990, 1764–1768
Herzog, Roman, Der Verfassungsauftrag zum Schutze des ungeborenen Lebens, JR 1969, 441–445
—, Grundrechte aus der Hand des Gesetzgebers, in: Fürst/Herzog/Umbach (Hrsg.), Festschrift für Wolfgang Zeidler, Band 2, Berlin/New York 1987, 1415–1428
—/Scholz, Rupert/Herdegen, Matthias/Klein, Hans H., Grundgesetz – Kommentar (begründet von Theodor Maunz und Günter Dürig), Loseblatt, München (Stand: 10/10)
Hess, Harald/Binz, Fritz/Wienberg, Rüdiger, Gesamtvollstreckungsordnung, 3. Aufl., Neuwied 1997
Hess, Harald (Hrsg.), Insolvenzrecht – Großkommentar in drei Bänden, Heidelberg 2007
Hesse, Konrad, Verfassungsrecht und Privatrecht, Heidelberg 1988
Heublein, Gerrit, Gutschriften in der Krise – insolvenzfester Glücksfall oder anfechtbare Scheindeckung?, ZIP 2000, 161–173
Himmelsbach, Rainer/Thonfeld, Henning, Gegen die Verschärfung des Begriffs der Zahlungsunfähigkeit nach § 17 II InsO, NZI 2001, 11–15
—/Achsnick, Jan, Anmerkung zu OLG Karlsruhe v. 8. 4. 2005 – 14 U 200/03, NZI 2003, 103–106
Hinkel, Lars, Anmerkung zu BGH v. 27. 3. 2008 – IX ZR 98/07, BB 2008, 1309–1310
Hirte, Heribert, Die organisierte „Bestattung“ von Kapitalgesellschaften: Gesetzgeberischer Handlungsbedarf im Gesellschafts- und Insolvenzrecht, ZInsO 2003, 833–844
—, Referat „Reform des gesellschaftsrechtlichen Gläubigerschutzes“, Verhandlungen des sechsundsechzigsten Deutschen Juristentages 2006, München 2006, P. 1–44
—/Knof, Béla/Mock, Sebastian, Überschuldung und Finanzmarktstabilisierungsgesetz, ZInsO 2008, 1217–1224
HmbK = Schmidt (Hrsg.), Hamburger Kommentar zum Insolvenzrecht, 3. Aufl., Münster 2009
HK = Kreft (Hrsg.), Heidelberger Kommentar zu Insolvenzordnung, 5. Aufl., Heidelberg 2008
HKK = Schmoeckel/Rückert/Zimmermann (Hrsg.), Historisch-kritischer Kommentar zum BGB, Bd. I: Allgemeiner Teil, §§ 1–240, Tübingen 2003
Höffner, Dietmar, Überschuldung: Ein Tatbestandsmerkmal im Schnittpunkt von Bilanz-, Insolvenz- und Strafrecht, Teil I: BB 1999, 198–205; Teil II: BB 1999, 252–254
Höfling, Wolfram, Vertragsfreiheit – Eine grundrechtsdogmatische Studie, Heidelberg 1991

Hölzle, Gerrit, Zahlungsunfähigkeit – Nachweis und Kenntnis im Anfechtungsprozess, ZIP 2006, 101–107
—, Nochmals: Zahlungsunfähigkeit – Nachweis und Kenntnis im Anfechtungsprozess, ZIP 2007, 613–619
Honsdorf, Wolfgang, Zur Aufrechnung im Konkurs, Diss. Freiburg 1982
Honsell, Heinrich, Sicherungszession und Konkursanfechtung, WBl 1987, 169–173
Hoyer, Hans, Zu den Anfechtungstatbeständen des § 31 Abs 1 Z 2 KO, ÖJZ 1982, 376–387
Hromadka, Wolfgang, Sicherungsübereignung und Publizität, JuS 1980, 89–94
Huber, Michael, Anmerkung zu BGH v. 14. 10. 1999 – IX ZR 142/98, LM 4/2000, GesO Nr. 54
—, Vorsatzanfechtung bei inkongruenter Deckung und Leistung zur Abwendung drohender Vollstreckung, ZInsO 2003, 1025–1031
—, Inkongruente Deckung und Vorsatzanfechtung, in: Gerhardt/Haarmeyer/Kreft (Hrsg.), Insolvenzrecht im Wandel der Zeit – Festschrift für Hans-Peter Kirchhof zum 65. Geburtstag, [Recklinghausen] 2003, 247–258
—, Anfechtungsrisiko und Gläubigertaktik in der Forderungsvollstreckung, ZInsO 2005, 628–632
—, Referentenentwurf: „Anpassung des Rechts der Insolvenzanfechtung“ – oder: Das Feigenblatt zur Anpassung des IX. Zivilsenats an die Wünsche der Sozialversicherungsträger und Finanzbehörden, ZInsO 2005, 786–789
—, Befriedigung von Geldforderungen durch Zwangsvollstreckung oder Druckzahlung und Anfechtungsrisiko in der Insolvenz des Schuldners – Wie die Rechtsprechung des IX. Zivilsenats des BGH durch berichtigende Worte des Gesetzgebers Makulatur werden soll, JuS 2006, 1078–1083
—, Anmerkung zu BGH v. 28. 9. 2006 – IX ZR 136/05, NZI 2007, 33–34
—, Schon fehlgeschlagener Versuch eines Gesetzes zur Anpassung des Rechts der Insolvenzanfechtung? – oder: Wie die Rechtsprechung durch berichtigende Worte des Gesetzgebers Makulatur werden soll(te), ZIP 2007, 501–509
—, Forderungssicherungsgesetz – Neues aus der zivilrechtlichen Reformküche des Gesetzgebers, JuS 2009, 23–28
—, Insolvenzanfechtung rückständiger Lohnzahlungen an Arbeitnehmer, NJW 2009, 1928–1932
Huber, Ulrich, Finanzierungsfolgenverantwortung de lege lata und de lege ferenda, in: Hommelhoff/Rawert/Schmidt (Hrsg.), Festschrift für Hans-Joachim Priester zum 70. Geburtstag, Köln 2007, 259–283
Hüper, Otto, Zwangsvollstreckung als inkongruente Deckung, Diss. Göttingen 1983
Huhn, Christoph/Bayer, Heiko, Bedingung auf den Insolvenzfall – Möglichkeit der Kreditsicherung oder Anfechtungsgefahr?, ZIP 2003, 1965–1871
Hueck, Götz, Der Grundsatz der gleichmäßigen Behandlung im Privatrecht, München/Berlin 1958
Hüttemann, Rainer, Überschuldung, Überschuldungsstatus und Unternehmensbewertung, in: Bitter/Lutter/Priester/Schön/Ulmer (Hrsg.), Festschrift für Karsten Schmidt zum 70. Geburtstag, Köln 2009, 761–778
Hüttner, Normann, Aufrechnung des Finanzamts mit Steueransprüchen in der Insolvenz, Hamburg 2008
Hullmann, A., Konkursordnung für das Deutsche Reich, Nördlingen 1879
Huth, Vera, Kreditsicherungsrecht im Lichte der neuen Insolvenzordnung, Frankfurt/M. et al., 2000
Ibler, Martin, Die Eigentumsdogmatik und die Inhalt- und Schrankenbestimmungen i. S. v. Art. 14 Abs. 1 S. 2 GG Im Mietrecht, AcP 197 (1997), 565–588
Impallomeni, Giambattista, Studi sui mezzi di revoca degli atti fraudolenti nel diritto romano classico, Padova 1958
—, Scritti di diritto romano e tradizione romanistica, Mailand 1996
Ipsen, Hans Peter, Gleichheit, in: Neumann/Nipperdey/Scheuner (Hrsg.), Die Grundrechte – Handbuch der Theorie und Praxis der Grundrechte, Berlin 1954

Isensee, Josef, Das Grundrecht auf Sicherheit – Zu den Schutzpflichten des freiheitlichen Verfassungsstaates, Berlin/New York 1983
—, Grundrecht auf Ehre, in: Ziemske/Langheid/Wilms/Haverkate (Hrsg.), Staatsphilosophie und Rechtspolitik – Festschrift für Martin Kriele zum 65. Geburtstag, München 1997, 5–48
Jacobi, Christoph Alexander, Die teleologische Reduktion des § 88 InsO und die Verfassungswidrigkeit der Einfügung des Satzes 2 zu § 131 Abs. 1 InsO, KTS 2006, 239–258
—, Der latente Widerspruch zwischen kongruenter Globalzession und inkongruentem AGB-Pfandrecht, ZIP 2006, 2351–2358
—, Wirtschaftliche Gerechtigkeit und Globalzession: Der IX. Zivilsenat als Mediator, BKR 2008, 194–196
Jacobi, Leonard, Die fehlerhaften Rechtsgeschäfte, AcP 86 (1896), 51–154
Jacoby, Florian, Die Anfechtbarkeit von Deckungen durch Zwangsvollstreckung und auf Grund von Zwangsvollstreckungsdruck, KTS 2005, 371–401
—, Anmerkung zu BGH v. 28. 9. 2006 – IX ZR 136/05, KTS 2007, 229–233
—, Globalzession gerettet – Handlungsbedarf bleibt, ZIP 2008, 385–391
—, Zur Bedeutung des § 133 InsO im System der Insolvenzanfechtungsgründe, KTS 2009, 3–25
—, Anmerkung zu BGH v. 14. 5. 2009 – IX ZR 63/08, LMK 2009, 290943
—, Zur Bedeutung des § 133 InsO im System der Anfechtungsgründe, KTS 2009, 3–25
—, Anmerkung zu BGH v. 10. 12. 2009 – IX ZR 1/09, EWiR 2010, 123–124
—, Anmerkung zu BGH v. 17. 9. 2009 – IX ZR 106/08, LMK 2010, 299366
Jaeger, Ernst, Kommentar zur Konkursordnung, [1. Aufl.], Berlin 1902
—, Vergütung mißglückter Vergleichsversuche, LZ 1914, 1610
—, Wie sichert der Anwalt seine Ausgleichsvergütung?, JW 1915, 1253–1255
—, Kommentar zur Konkursordnung, Bd. 1: §§ 1–70, 5. Aufl., Berlin 1916
—, Lehrbuch des Deutschen Konkursrechts, 8. Aufl. (des Grundrisses zur Vorlesung über Konkursrecht), Berlin/Leipzig 1932
—, Kommentar zur Konkursordnung, Bd. 1: §§ 1–70, 8. Aufl., Berlin 1958
—, Kommentar zur Konkursordnung, Bd. 1: §§ 1–42, 9. Aufl., Berlin 1997
— = Henckel, Wolfram/Gerhardt, Walter (Hrsg.), Großkommentar Insolvenzordnung, Bd. I: §§ 1–55, Berlin 2004; Bd. II: §§ 56–102, Berlin 2007; Bd. IV: §§ 129–147, Berlin 2008; Bd. V: §§ 148–216, Berlin 2010
Jarass, Hans D., Inhalts- und Schrankenbestimmung oder Enteignung? – Grundfragen der Struktur der Eigentumsgarantie, NJW 2000, 2841–2845
—/Pieroth, Bodo, Grundgesetz für die Bundesrepublik Deutschland – Kommentar, 10. Aufl., München 2009
Jauernig, Othmar, Zwangsvollstreckungs- und Konkursrecht, 20. Aufl., München 1996
—, Versuch, einige Dunkelheiten der Insolvenzordnung aufzuhellen, in: Prütting/Vallender (Hrsg.), Insolvenzrecht in Wissenschaft und Praxis – Festschrift für Wilhelm Uhlenbruck zum 70. Geburtstag, Köln 2000, 3–17
—/Berger, Christian, Zwangsvollstreckungs- und Insolvenzrecht, 23. Aufl., München 2010
Jensen, Thore, Grundfragen des Rechts der Gläubiger- und Insolvenzanfechtung, Hamburg 2008
Jhering, Rudolf, Die Reflexwirkung oder die Rückwirkung rechtlicher Thatsachen auf dritte Personen, JherJahrB 10 (1871), 245–354
Joeres, Hans-Ulrich, Zahlungsverkehr in Krise und Insolvenz, in: Bork/Kübler (Hrsg.), Insolvenzrecht 2000, Köln 2001, 99–120
Johnston, David, On a singular book of Cervidius Scaevola, Berlin 1987
Jungmann, Carsten, Grundpfandgläubiger und Unternehmensinsolvenz, Köln/Berlin/München 2004
Kamlah, Klaus, Die Anfechtung in der Insolvenz von Unternehmen, Frankfurt a. M. et al. 1994
Kamm, Janine/Köchling, Marcel, Zur Abgrenzung von Zahlungsstockung und Zahlungsunfähigkeit, ZInsO 2006, 732–736

Kammel, Volker/Staps, Christian, Die Deckungsanfechtung von Globalzessionen, NZI 2008, 143–146
Kaser, Max/Knütel, Rolf, Römisches Privatrecht, 19. Aufl., München 2008
Kaser, Max/Hackl, Karl, Das römische Zivilprozeßrecht, 2. Aufl., München 1996
Kayser, Godehard, Insolvenzrechtliche Bargeschäfte (§ 142 InsO) bei der Erfüllung gesetzlicher Ansprüche?, ZIP 2007, 49–55
—, Wirksame und unwirksame Aufrechnungen und Verrechnungen in der Insolvenz (§§ 94 bis 96 InsO), Teil I: WM 2008, 1477–1485; Teil II: WM 2008, 1525–1537
—, Der Rechtsgedanke des Bargeschäftsprivilegs – Ein Beitrag zu den Grenzen des Anwendungsbereichs des § 142 InsO, in: Ganter/Gottwald/Lwowski (Hrsg.), Festschrift für Gero Fischer zum 65. Geburtstag, München 2008, 267–284
Keller, Christoph, Anmerkung zu OLG Frankfurt/Main v. 7. 7. 2010 – 4 U 21/10, EWiR 2011, 85–86
Kerameus, Konstantinos D., Enforcement Proceedings, in: Mauro Ceppelletti (Hrsg.), International Encyclopedia of Comparative Law, Bd. XVI: Civil Procedure, Chapter X, Tübingen und Dordrecht/Boston/Lancaster, 2002
Kesseler, Christian, Einseitige Eintragungsanträge des späteren Insolvenzschuldners im Grundbuchverfahren – Verfahrensfestigkeit, Rücknahmerecht des Insolvenzverwalters oder Unwirksamkeit?, ZfIR 2006, 117–124
Kieninger, Eva-Maria, Nationale, europäische und weltweite Reformen des Mobiliarsicherungsrechts, WM 2005, 2305–2310 (Teil I) und 2353–2359 (Teil II)
Kilger, Joachim, Der Konkurs des Konkurses, KTS 1975, 142–166 (gekürzte Fassung in DB 1975, 1445–1449)
—, Die Reformbedürftigkeit des Konkurs- und Vergleichsrechts, ZRP 1976, 190–194
—, Probleme der Sequestration im Konkurseröffnungsverfahren, in: Uhlenbruck/Klasmeyer/Kübler (Hrsg.), Einhundert Jahre Konkursordnung 1877–1977, Köln et al. 1977, 189–217
—, Die Insolvenzrechtsreform – eine Herausforderung für die Anwaltschaft, AnwBl 1987, 424–429
—/Schmidt, Karsten, Konkursordnung, 17. Aufl., München 1997
Kinski, Enno, Aufrechnung durch das Finanzamt in der Insolvenz des Steuerpflichtigen, Köln 2006
Kirchgässner, Gebhard, Führt der homo oeconomicus das Recht in die Irre?, JZ 1991, 104–111
Kirchhof, Hans-Peter, Die Anfechtung „ermöglichender" Deckungshandlungen nach §§ 130, 131 InsO, in: Prütting/Vallender (Hrsg.), Insolvenzrecht in Wissenschaft und Praxis – Festschrift für Wilhelm Uhlenbruck zum 70. Geburtstag, Köln 2000, 269–278
—, Aktuelle Rechtsprechung des BGH zur Abwicklung von Bankkrediten in der Kundeninsolvenz, ZInsO 2003, 149–158
—, Die Ziele des Insolvenzverfahrens in der Rechtsprechung des Bundesgerichtshofs, in: Schilken/Kreft/Wagner/Eckardt (Hrsg.), Festschrift für Walter Gerhardt, Köln 2004, 443–456
—, Anfechtbarkeit von Sachsicherheiten insbesondere der Banken in der Insolvenz des Kunden, ZInsO 2004, 465–470
—, Anfechtungen von Leistungen unter Vollstreckungsdruck, ZInsO 2004, 1168–1176
—, Anfechtbarkeit der Vergütung vorinsolvenzrechtlicher Berater und Vertreter des Schuldners im folgenden Insolvenzverfahren, ZInsO 2005, 340–347
—, Anmerkung zu OLG Karlsruhe v. 8. 4. 2005 – 14 U 200/03, WuB VI A. § 131 InsO 1.06
—, Die Zahlungseinstellung nach § 17 Abs. 2 Satz 2 InsO, in: Arbeitskreis für Insolvenzwesen Köln e. V. (Hrsg.), Kölner Schrift zur Insolvenzordnung, 3. Aufl., Münster 2009, 85–97
Kirchner, Christian, Effizienz als Rechtsprinzip?, in: Ott/Schäfer (Hrsg.), Effiziente Verhaltenssteuerung und Kooperation im Zivilrecht – Beiträge zum V. Travemünder Symposium zur ökonomischen Analyse des Rechts (27.–30. März 1996), Tübingen 1997, 44–48
Kliege, Helmut, Rechtsprobleme der Allgemeinen Geschäftsbedingungen in wirtschaftswissenschaftlicher Analyse unter Berücksichtigung der Freizeichnungsklauseln, Göttingen 1966

Klinck, Fabian, Zum Nachweis der Gläubigerbenachteiligungsabsicht bei fraudatorischen Sklavenfreilassungen –Im Zweifel gegen die Freiheit!, in: Finkenauer (Hrsg.), Sklaverei und Freilassung im römischen Recht – Symposium anläßlich des 70. Geburtstags von Hans Josef Wieling, Berlin/New York et al., 2006, 83–108

—, Der Anspruch des Käufers auf Ersatz mangelbedingt nutzloser Aufwendungen, JURA 2006, 481–487

—, Refinanziertes Mobilienleasing in der Insolvenz des Leasinggebers – § 108 Abs. 1 Satz 2 InsO auf dem Prüfstand, KTS 2007, 37–63

—/Gärtner, Matthias, Versetzt das MoMiG dem Cash-Pooling den Todesstoß?, NZI 2008, 457–461

—, Anmerkung zu BGH v. 12. 6. 2008 – IX ZB 220/07, KTS 2009, 219–228

—, Anmerkung zu BGH v. 19. 2. 2009 – IX ZR 62/08, AP 2009 § 130 InsO Nr. 1

Knees, Klaus-Nils/Fischer, Paul, Zur Unzulässigkeit von Kontokorrentverrechnungen bei vorhandener Globalzession, ZInsO 2008, 116–118

Knolle, Eike/Tetzlaff, Christian, Zahlungsunfähigkeit und Zahlungsstockung, ZInsO 2005, 897–902

Knütel, Rolf, Verteilungsgerechtigkeit, in: Haarmeyer/Hirte/Kirchhof/Graf von Westphalen (Hrsg.), Festschrift für Gerhart Kreft, [Recklinghausen] 2004, 3–18

—, Verteilungsgerechtigkeit, in: Rainer (Hrsg.), Visa c potestas legum – Liber amicorum Zoltán Végh, Frankfurt/Main et al. 2010, 49–64

Koch, Hans-Joachim, Bundesverfassungsgericht und Fachgerichte – Eine Funktionsbestimmung auf begründungstheoretischer Basis, in: Erbguth/Müller/Neumann (Hrsg.), Rechtstheorie und Rechtsdogmatik im Austausch – Gedächtnisschrift für Bernd Jeand'Heur, Berlin 1999, 135–170

—, Der Atomausstieg und der verfassungsrechtliche Schutz des Eigentums, NJW 2000, 1529–1535

Koch, Thorsten, Der Grundrechtsschutz des Drittbetroffenen, Tübingen 2000

Kocher, Eva, Die Insolvenzanfechtung von Entgeltzahlungen an Arbeitnehmer/innen, ZVI 2009, 433–438

Koebel, F., Die Anfechtung von Rechtshandlungen eines Schuldners im Konkursverfahren und außerhalb desselben, München 1880

Köhler, Helmut, Die „Beteiligung an fremden Vertragsbruch" – eine unerlaubte Handlung?, in: Heldrich/Prölss/Koller et al. (Hrsg.), Festschrift für Claus-Wilhelm Canaris zum 70. Geburtstag, München 2007, 591–603

König, Bernhard, Benachteiligung und Begünstigung als Anfechtungsvoraussetzungen, JBl 1981, 138–144

—, Bemerkungen zu den anfechtungsrechtlichen Normen aus österreichischer Sicht, in: Leipold (Hrsg.), Insolvenzrecht im Umbruch, Köln et al. 1991, 255–260

—, Die Anfechtung nach der Konkursordnung, 4. Aufl., Wien 2009

Körnert, Jan/Wagner, Kristin, Verlängerte Befristung der Überschuldungsdefinition der InsO nach dem FMStG durch das Gesetz zur Erleichterung der Sanierung von Unternehmen – eine kritische Stellungnahme, ZInsO 2009, 2131–2135

Kohler, Josef, Natur der Paulianischen Klage, in: Gesammelte Abhandlungen aus dem gemeinen und französischen Civilrecht, Mannheim 1883

—, Lehrbuch des Konkursrechts, Stuttgart 1891

—, Konkursrechtliche Studien, AcP 81 (1893), 329–426

Kohn-Löffelmann, Cordelia, Insolvenzanfechtung in Europa – Vergleich der Anfechtungsvorschriften von Deutschland, der Schweiz und Frankreich, Hamburg 2008

Koller, Ingo, Sittenwidrigkeit der Gläubigergefährdung und Gläubigerbenachteiligung, JZ 1985, 1013–1024

Kopp, Ferdinand O., Fiskalgeltung und Drittwirkung der Grund- und Freiheitsrechte im Bereich des Privatrechts, in: Walter Wilburg zum 70. Geburtstag – Festschrift, Graz 1975, 141–161

Koss, Rüdiger Christian, Zur Wirkung der Insolvenzanfechtung nach der Insolvenzrechtsreform, Berlin 2001

Koza, Axel, Die Zahlungsunfähigkeit im Lichte der jüngsten anfechtungsrechtlichen Judikatur, DZWIR 2007, 322–324

Koziol, Helmut, Die Beeinträchtigung fremder Forderungsrechte, Wien/New York 1967

—, Der Begriff des „nachteiligen Rechtsgeschäfts" in § 31 Abs 1 Z 2 KO, JBl 1982, 57–68

—, Überschuldung als Anfechtungsvoraussetzung?, öRdW 1984, 364–366

—, Grundlagen und Streitfragen der Gläubigeranfechtung, Wien/New York 1991

—, Zur Abschwächung des Gleichbehandlungsgrundsatzes im Konkursverfahren, in: Klingenberg/Rainer/Stiegler (Hrsg.), Festschrift für Gunter Wesener zum 60. Geburtstag am 3. Juni 1992, o.O. 1992, 267–277

Kramer, Ernst A., Die „Krise" des liberalen Vertragsdenkens, München/Salzburg 1974

Krasser, Rudolf, Der Schutz vertraglicher Rechte gegen Eingriffe Dritter, Köln/Berlin/Bonn/München 1971

Kräwel, von, Der Entwurf einer deutschen Gemeinschuldordnung, ZfdG 8 (1875), 123–171

Krause, Peter, Die Rechtsprechung des Bundesverfassungsgerichts zum Privatrecht – Teil 1, JZ 1984, 656–663; Teil 2, JZ 1984, 711–719; Teil 3, JZ 1984, 828–835

Kreft, Gerhart, Neue Entwicklungen im Anfechtungsrecht, Teil I: DStR 2005, 1192–1197; Teil II: DStR 2005, 1232–1235

—, Anmerkung zu BGH v. 2. 6. 2005 – IX ZB 235/04, WuB VI A. § 96 InsO 3.05

—, Insolvenzrechtliche Unwirksamkeit – Gedanken zu §§ 88, 96 Abs. 1 Nr. 3, 103 Abs. 1 InsO, in: Ganter/Gottwald/Lwowski (Hrsg.), Haftung und Insolvenz – Festschrift für Gero Fischer zum 65. Geburtstag, München 2008, 297–309

Krüger, Thomas/Wigand, Martin, Die Zahlungsunfähigkeit im Anfechtungs- und Haftungsprozess, ZInsO 2011, 314–320

Kuder, Karen, Das Ende der Globalzession? – Anfechtbarkeit von Globalzession und Verrechnungen von Zahlungseingängen bei offener Kreditlinie, ZInsO 2006, 1065–1071

—, Insolvenzfestigkeit revolvierender Kreditsicherheiten, ZIP 2008, 289–295

Kübler, Bruno M./Prütting, Hanns, Kommentar zur Insolvenzordnung, Loseblatt, Köln (Stand: 33. Lieferung, August 2008)

Kübler, Bruno M./Prütting, Hanns/Bork, Reinhard, Kommentar zur Insolvenzordnung, Loseblatt, Köln (Stand: 42. Lieferung, November 2010)

Kuhn, Georg/Uhlenbruck, Wilhelm, Konkursordnung, 11. Aufl., München 1994

Kupisch, Berthold, In integrum restitutio und vindicatio utilis bei Eigentumsübertragungen im römischen Recht, Berlin/New York 1974

Laband, Paul, Die vermögensrechtlichen Klagen, Königsberg 1869

Landfermann, Hans-Georg, Allgemeine Wirkungen der Insolvenzeröffnung, in: Arbeitskreis für Insolvenz- und Schiedsgerichtswesen (Hrsg.), Kölner Schrift zur Insolvenzordnung, 2. Aufl., Herne/Berlin 2000, 159–192

Lange, Martin/Reimann, Christoph, Müssen Kreditinstitute von der Globalzession Abschied nehmen?, BKR 2006, 230–232

Langner, Thomas, Die Problematik der Geltung der Grundrechte zwischen Privaten, Frankfurt/Main et al. 1998

Larenz, Karl, Lehrbuch des Schuldrechts, Bd. I: Allgemeiner Teil, 14. Aufl., München 1987

—, Allgemeiner Teil des deutschen Bürgerlichen Rechts, 7. Aufl., München 1989

—, Methodenlehre der Rechtswissenschaft, 6. Aufl., Berlin et al. 1991

—/Wolf, Manfred, Allgemeiner Teil des deutschen Bürgerlichen Rechts, 9. Aufl., München 2004

—/Canaris, Claus-Wilhelm, Lehrbuch des Schuldrechts, Bd. II: Besonderer Teil, Zweiter Halbband, 13. Aufl., München 1994

Laspeyres, Über Anfechtung von Zahlungen mit der actio Pauliana, AcP 21 (1838), 35–100

Lauscher, Florian/Wirtz, Glade Michel, Die Reform des insolvenzrechtlichen Überschuldungstatbestands, JURA 2009, 886–894

Lege, Joachim, Wohin mit den Schwellentheorien?, JZ 1994, 431–440
Leiner, Miriam, Die Sicherungszession in der Krise, ZInsO 2006, 460–463
Leisner, Walter, Grundrechte und Privatrecht, München 1960
—, Eigentumswende?, DVBl. 1983, 61–67
—, Eigentum, in: Isensee/Kirchhof (Hrsg.), Handbuch des Staatsrechts, Band VI: Freiheitsrechte, Heidelberg 1989, § 149
—, Steuer- und Eigentumswende – die Einheitswert-Beschlüsse des Bundesverfassungsgerichts, NJW 1995, 2591–2596
—, Unterscheidung zwischen privatem und öffentlichen Recht, JZ 2006, 869–875
Leithaus, Rolf, Zur Insolvenzanfechtung von Kontokorrentverrechnungen, NZI 2002, 188–190
—/Riewe, Anne Deike, Anmerkung zu OLG München v 8. 6. 2006 – 19 U 5587/05, NZI 2006, 531–532
—, Globalzession auf dem Prüfstand, NZI 2007, 545–549
Lenel, Otto, Edictum Perpetuum, 3. Aufl., Leipzig 1927
—, Die Anfechtung von Rechtshandlungen des Schuldners im klassischen römischen Recht, in: Festschrift zu August Sigmund Schultzes siebenzigstem Geburtstag, Leipzig 1903, 1–23
Lenhard, Alfred, Natur und Wirkung der Gläubigeranfechtung, ZZP 38 (1909), 165–219
Leonhardt, Peter/Smid, Stefan/Zeuner, Mark (Hrsg.), Insolvenzordnung, 3. Aufl., Stuttgart 2010
Lepa, Brita, Insolvenzordnung und Verfassungsrecht, Berlin 2002
Lepsius, Oliver, Besitz und Sachherrschaft im öffentlichen Recht, Tübingen 2002
Lerche, Peter, Grundrechtlicher Schutzbereich, Grundrechtsprägung und Grundrechtseingriff, in: Isensee/Kirchhof (Hrsg.), Handbuch des Staatsrechts, Band V: Allgemeiner Grundrechtslehren, Heidelberg 1992, § 121
—, Grundrechtswirkungen im Privatrecht, Einheit der Rechtsordnung und materielle Verfassung, in: Böttcher/Hueck/Jähnke (Hrsg.), Festschrift für Walter Odersky zum 65. Geburtstag am 17. Juli 1996, Berlin/New York 1996, 215–232
—, Die Verfassung als Quelle von Optimierungsgeboten, in: Burmeister (Hrsg.), Verfassungsstaatlichkeit – Festschrift für Klaus Stern zum 65. Geburtstag, München 1997, 197–209
Leuschner, Lars, Verkehrsinteresse und Verfassungsrecht, Berlin 2005
—, Die Bedeutung von Allgemeinwohlinteressen bei der verfassungsrechtlichen Rechtfertigung privatrechtlicher Regelungen am Beispiel der §§ 932 ff. BGB, AcP 205 (2005), 205–245
Linsmayer, J[osef], Grund und Umfang der Haftung wegen Benachteiligung der Gläubiger, München 1900
Lippmann, Die rechtliche Natur des Anfechtungsrecht, JherJahrB 36 (1896), 145–248
Loewenberg, [Karl Friedrich], Beiträge zur Kenntniß der Motive der Preußischen Gesetzgebung, Bd. I, Berlin 1843
Löwisch, Manfred, Der Deliktsschutz relativer Rechte, Berlin 1970
LoPucki, Lynn, The Unsecured Creditor's Bargain, Virginia LR 80 (1994), 1887–1921
Lücke, Jörg, Die Drittwirkung der Grundrechte an Hand des Art. 19 Abs. 3 GG, JZ 1999, 377–384
Luhmann, Niklas, Legitimation durch Verfahren, Neuwied/Berlin 1969
Lwowski, Hans-Jürgen, Die Anfechtung von Kreditrückzahlungen und Zahlungseingängen auf debitorischen Konten im Insolvenzverfahren, in: Prütting/Vallendar (Hrsg.), Insolvenzrecht in Wissenschaft und Praxis – Festschrift für Wilhelm Uhlenbruck zum 70. Geburtstag, Köln 2000, 299–314
—/Wunderlich, Nils-Christian, Neues zum Bargeschäft, in: Gerhardt/Haarmeyer/Kreft, Insolvenzrecht im Wandel der Zeit – Festschrift für Hans-Peter Kirchhof zum 65. Geburtstag, [Recklinghausen] 2003, 301–319
—, Aktuelle Probleme des insolvenzrechtlichen Bargeschäfts, WM 2004, 1511–1518
MacCormack, Gerard, Secured Credit under English and American Law, Cambridge 2004
Mandry, Gustav, Der civilrechtliche Inhalt der Reichsgeseze, [1. Aufl.], Tübingen 1878
Mandry, Gustav/Geib, Otto, Der civilrechtliche Inhalt der Reichsgesetze, 4. Aufl., Freiburg et. al. 1898

Mangoldt, Hermann von/Klein, Friedrich/Starck, Christian (Hrsg.), Kommentar zum Grundgesetz, 6. Aufl., München 2010

Mankowski, Peter, Aufrechnung während der Sequestrationsphase, insbesondere unter der GesO, JZ 1996, 392–398

Manthe, Ulrich, Beiträge zur Entwicklung des antiken Gerechtigkeitsbegriffs I: Die Mathematisierung durch Pythagoras und Aristoteles, SZ 113 (1996), 1–31

Marotzke, Wolfgang, Der Einfluß des Konkurses auf vor Verfahrenseröffnung getätigte Vorauszessionen, KTS 1979, 40–52

—, Die logische Sekunde – ein Nullum mit Dauerwirkung?, AcP 191 (1991), 177–200

, Die Anfechtbarkeit von Vollstreckungsmaßnahmen wegen Benachteiligung konkurrierender Gläubiger – Vorschläge für ein neues Anfechtungsgesetz und eine künftige Insolvenzordnung, ZZP 105 (1992), 451–456

—/Kick, Sabine, Anmerkung zu BGH v. 30. 9. 1993 – IX ZR 227/92, JR 1995, 106–108

—, Gegenseitige Verträge im neuen Insolvenzrecht, 3. Aufl., Köln 2001

—, Die Anfechtbarkeit von Vollstreckungsmaßnahmen wegen Benachteiligung konkurrierender Gläubiger, ZInsO 2006, 7–11

—, Ketzerisches aus der ersten Instanz, ZInsO 2006, 190–192

—, Freiwillige Forderungserfüllung, Zwangsvollstreckung und Vollstreckungsdruck im Fokus des Insolvenzanfechtungsrechts, DZWIR 2007, 265–282

Martens, Klaus-Peter, Rechtsgeschäfte und Drittinteressen, AcP 177 (1977), 113–188

Martini, Mario, Der Markt als Instrument hoheitlicher Verteilungslenkung – Möglichkeiten und Grenzen einer staatlichen Verwaltung des Mangels, Tübingen 2008

Maurer, Hartmut, Allgemeines Verwaltungsrecht, 17. Aufl., München 2009

Mayer-Maly, Theo, Der liberale Gedanke und das Recht, in: Imboden/Koja/Marcic/Ringhofer/Walter (Hrsg.), Festschrift für Adolf J. Merkl zum 80. Geburtstag, München/Salzburg 1970, 247–254

—, Privatautonomie und Wirtschaftsverfassung, in: Wirtschaft und Verfassung in Österreich – Dr. Franz Korinek zum 65. Geburtstag, Wien/Freiburg/Basel 1972, 151–157

McCoid II, John C., Bankruptcy, Preferences, and Efficiency: An Expression of Doubt, Virginia Law Review (VLR) 67 (1981), 249–273

Medicus, Dieter, Der Grundsatz der Verhältnismäßigkeit im Privatrecht, AcP 192 (1992), 35–70

—, Die Forderung als „sonstiges Recht“ nach § 823 Abs. 1 BGB?, in: Deutsch/Klingmüller/Kullmann (Hrsg.), Festschrift für Erich Steffen, Berlin/New York 1995, 333–345

—, Allgemeiner Teil des BGB, 9. Aufl., Heidelberg 2006

Meibom, Viktor von, Das deutsche Pfandrecht, Marburg 1867

Meier, Anke, Die Geschichte des deutschen Konkursrechts, insbesondere die Entstehung der Reichskonkursordnung von 1877, Frankfurt/M. et al. 2003

Meier, Isaak, Die dogmatische Situation des Vollstreckungsrechts aus Sicht des schweizerischen Rechts, ZZP 121 (2008), 427–474

Meischeider, E[mil], Die preußische Gesetzgebung über das Anfechtungsrecht der Gläubiger nach den Gesichtspunkten des römischen Rechts, Berlin 1864

Menzel, Adolf, Das Anfechtungsrecht der Gläubiger nach österreichischem Rechte, Wien 1886

Merten, Detlef/Papier, Jürgen, Handbuch der Grundrechte in Deutschland und Europa, Band II: Grundrechte in Deutschland: Allgemeine Lehren, Heidelberg 2006

Mestmäcker, Ernst-Joachim, Über die normative Kraft privatrechtlicher Verträge, JZ 1964, 441–446

Meyer, Henning, Zur Anfechtbarkeit von Beraterhonoraren und der Reichweite der Barausnahme des § 142 InsO bei Geschäftsbesorgungen, DZWIR 2003, 6–10

Meyer, Peter/Rein, Christian, Das Ende der Gleichbehandlung im Insolvenzrecht? – Anmerkungen zur Umsetzung der Finanzsicherheitenrichtlinie, NZI 2004, 367–370

Mitlehner, Stephan, Anfechtungsanspruch bei antizipierter Sicherungsübertragung, ZIP 2007, 1925–1931

—, Anmerkung zu BGH v. 29. 11. 2007 – IX ZR 30/07, ZIP 2008, 189–190
Möller, Cosima, Die Rechtsstellung des Mieters in Rom und Karlsruhe, AcP 197 (1997), 537–564
Mohrbutter, Harro/Ringstmeier, Andreas (Hrsg.), Handbuch der Insolvenzverwaltung, 8. Aufl., Köln et al. 2008
Mokal, Rizwaan Jameel, Priority as Pathology: The *pari passu* Myth, CLJ 60 (2001), 581–621
—, The Search for Someone to Save: A Defensive Case for the Priority of Secured Credit, OJLS 22 (2002), 687–728
Molitor, Michael W., Anfechtbarkeit von Banksicherheiten in der Insolvenz des Kreditnehmers, ZInsO 2006, 23–26
Mülbert, Peter O., Neuordnung des Kapitalrechts, WM 2006, 1977–1985
Müller, Franz, Probleme der Aufrechnung mit Konkurs- und Masseforderungen, Göttingen 1981
Müller, Hans-Friedrich, Der Verband in der Insolvenz, Köln et al. 2002
Münch, Ingo von, Staatsrecht, Bd. II, 5. Aufl., Stuttgart 2002
—/Kunig, Philip, Grundgesetz-Kommentar, Band 1: Präambel bis Art. 19, 5. Aufl., München 2000
MünchKommBGB = Säcker/Rixecker (Hrsg.), Münchener Kommentar zum Bürgerlichen Gesetzbuch, 5. Aufl., München 2006 ff.
MünchKommHGB = Schmidt (Hrsg.), Münchener Kommentar zum Handelsgesetzbuch, Bd. 5: §§ 343–372, 2. Aufl., München 2009
MünchKommInsO = Kirchhof/Lwowski/Stürner (Hrsg.), Münchener Kommentar zur Insolvenzordnung, 2. Aufl., München 2007 f.
MünchKommZPO = Rauscher/Wax/Wenzel (Hrsg.), Münchener Kommentar zur Zivilprozessordnung 3. Aufl., München 2007 ff.
Münzberg, Wolfgang, Anmerkung zu BGH v. 9. 9. 1997 – IX ZR 14/97, JZ 1998, 308–310
Münzel, Karl, Eigentumsvorbehalt und Sicherungseigentum, MDR 1951, 129–134
Murswiek, Dieter, Zur Bedeutung der grundrechtlichen Schutzpflichten für den Umweltschutz, WiVerw 1986, 179–204
Musielak, Hans Joachim, Hilfen bei Beweisschwierigkeiten im Zivilprozeß, in: Canaris/Heldrich/Hopt/Roxin/Schmidt/Widmaier (Hrsg.), 50 Jahre Bundesgerichtshof – Festgabe aus der Wissenschaft, Bd. III: Zivilprozeß, Insolvenz, Öffentliches Recht, München 2000, 193–225
— (Hrsg.), Kommentar zur Zivilprozessordnung, 7. Aufl., München 2009
Muthorst, Olaf, Anmerkung zu BGH v. 9. 6. 2005 – IX ZR 152/03, KTS 2006, 65–68
Nerlich, Jörg/Römermann, Volker, Insolvenzordnung (Stand: 09/10)
Neuenhahn, Stefan, Anmerkung zu BGH v. 14. 12. 2006 – IX ZR 102/03, NZI 2007, 160–161
Neumaier, Markus, Wann wird eine Zahlungsstockung zur Zahlungsunfähigkeit?, NJW 2005, 3041–3043
Nierhaus, Michael, Grundrechte aus der Hand des Gesetzgebers? – Ein Beitrag zur Dogmatik des Art. 1 Abs. 3 GG, AöR 116 (1991), 72–111
Nickert, Cornelius/Lamberti, Udo H., Überschuldungs- und Zahlungsunfähigkeitsprüfung, Münster 2008
Niesert, Burkhard, BGH führt für Konkursanfechtung den Begriff der „objektiven Kenntnis“ ein, BB 1996, 805–808
—, Die Zahlungsunfähigkeit gem. § 17 InsO – Plädoyer für eine Neuorientierung, ZInsO 2001, 735–739
Nipperdey, Hans Carl, Gleicher Lohn der Frau für gleiche Leistung, RdA 1950, 212–128
Nobbe, Gerd, Zahlungsverkehr und Insolvenz, KTS 2007, 397–421
Nörr, Knut Wolfgang/Scheyhing, Robert/Pöggeler, Wolfgang, Sukzessionen – Forderungszession, Vertragsübernahme, Schuldübernahme, 2. Aufl., Tübingen 1999
Nowack, Regine, Rückschlagsperre und Anfechtbarkeit von Vollstreckungsakten – ein Beitrag zur Reform des Insolvenzrechts, KTS 1992, 161–177

Nunner-Krautgasser, Bettina, Schuld, Vermögenshaftung und Insolvenz – Wechselwirkungen zwischen materiellem und formellem Recht und ihr Einfluss auf den Inhalt und die Durchsetzung von Rechten, Wien 2007

—, Die Haftungsklagen – Reine Vermögensklagen und „Duldung" der Exekution, ÖJZ 2007, 713–723

Obermüller, Manfred, Auswirkungen der Insolvenzrechtsreform auf Kreditgeschäft und Kreditsicherheiten, Teil I: WM 1994, 1829–1837; Teil II: WM 1994, 1869–1875

—/Hess, Harald, InsO – eine systematische Darstellung des neuen Insolvenzrechts, 4. Aufl., Heidelberg 2003

—, Insolvenzrecht in der Bankpraxis, 7. Aufl., Köln 2007

—/Kuder, Karen, Gegenwärtige Sicherheiten für künftige Forderungen, in: Ganter/Gottwald/Lwowski (Hrsg.), Haftung und Insolvenz – Festschrift für Gero Fischer zum 65. Geburtstag, München 2008, 385–401

—, Aufrechnungsmöglichkeiten als Kreditsicherheit, ZInsO 2009, 689–696

—, Die Kreditklemme und der Niedergang der Kreditsicherheiten, NZI 2010, 201–207

—, Überweisungsverkehr bei Insolvenz, ZInsO 2010, 8–20

—/Kuder, Karen, SEPA-Lastschriften in der Insolvenz nach dem neuen Recht der Zahlungsdienste, ZIP 2010, 349–358

Oechsler, Jürgen, Gerechtigkeit im modernen Austauschvertrag – Die theoretischen Grundlagen der Vertragsgerechtigkeit und ihr praktischer Einfluß auf Auslegung, Ergänzung und Inhaltskontrolle des Vertrages, Tübingen 1997

Oepen, Klaus/Rettmann, Stephanie, Das Schicksal von Grundstücksübereignungen in einem Konkurs- bzw. Insolvenzverfahren über das Vermögen des Veräußerers, KTS 1995, 609–631

Oertel, Robert, Entwicklung und Bedeutung des Grundsatzes anteiliger Gläubigerbefriedigung im älteren deutschen Rechte, Leipzig 1901

Oeter, Stefan, „Drittwirkung" der Grundrechte und Autonomie des Privatrechts, AöR 119 (1994), 529–563

Oldiges, Martin, Neue Aspekte der Grundrechtsgeltung im Privatrecht, in: Wendt/Höfling/Karpen/Oldiges (Hrsg.), Staat – Wirtschaft – Steuern – Festschrift für Karl Heinrich Friauf zum 65. Geburtstag, Heidelberg 1996

Olshausen, Eberhard von, Die Insolvenzanfechtung einer Aufrechnungserklärung nach der InsO, KTS 2001, 45–66

—, Eine Lanze für den Gesetzgeber – oder: was ist von der Formulierung des § 96 Abs. 1 Nr. 3 zu halten?, ZIP 2003, 893

—, Die erstaunliche Karriere des § 140 Abs. 3 InsO in der Rechtsprechung des Bundesgerichtshofs, KTS 2009, 481–511

—, Die verfehlte und überflüssige Anwendung des § 140 Abs. 3 InsO auf aufschiebend bedingte oder befristete Forderungen in der Rechtsprechung des BGH, ZIP 2010, 2073–2077

D'Ors, Xavier, El interdicto fraudatorio en el Derecho Romano clásico, Rom/Madrid 1974

Osborne, Martin J., An Introduction to Game Theory, New York 2004

Ossenbühl, Fritz, Verfassungsgerichtsbarkeit und Fachgerichtsbarkeit, in: Schröder/Löwer/Di Fabio/von Danwitz (Hrsg.), Freiheit – Verantwortung – Kompetenz, Köln et al. 1994, 201–212

—, Abwägung im Verfassungsrecht, DVBl. 1995, 904–912

Osterloh, Lerke, Eigentumsschutz, Sozialbindung und Enteignung bei der Nutzung von Boden und Umwelt, DVBl. 1991, 906–914

Ott, Claus/Schäfer, Hans-Bernd, Die ökonomische Analyse des Rechts – Irrweg oder Chance wissenschaftlicher Rechtserkenntnis?, JZ 1988, 213–223

Otte, Gerhard, Schadensersatz nach § 823 I BGB wegen Verletzung der „Forderungszuständigkeit"?, JZ 1969, 253–258

Otto, Mark-Oliver, Änderung des insolvenzrechtlichen Überschuldungsbegriffs durch das Finanzmarktstablisierungsgesetz, MDR 2008, 1369–1372

Otto, Victor, Die Anfechtung von Rechtshandlungen, welche ein Schuldner, zu dessen Leipzig 1882

Pape, Gerhard, Die Insolvenzordnung ist in Kraft getreten . . ., NJW 1999, 29–32

—, Zulässigkeit der Insolvenzanfechtung nach Anzeige der Masseinsuffizienz, ZIP 2001, 901–905

—/Uhlenbruck, Wilhelm, Insolvenzrecht, 2002

—, Gesetzwidrigkeit der Verweisung des Insolvenzverfahrens bei gewerbsmäßiger Firmenbestattung, ZIP 2006, 877–883

—, Zahlungsunfähigkeit in der Gerichtspraxis, WM 2008, 1949–1957

—/Uhlenbruck, Wilhem/Voigt-Salus, Joachim, Insolvenzrecht, 2. Aufl., München 2010

Patzwall, Hendrick, Das Ende der Globalzession als Sicherheit im Insolvenzverfahren? – Eine Betrachtung der Entscheidung des OLG Karlsruhe vom 08.04.2005, Saarbrücken 2008

Paulus, Christoph G., Zum Verhältnis von Aufrechnung und Insolvenzanfechtung, ZIP 1997, 569–577

—, Der Anfechtungsprozeß, ZInsO 1999, 242–249

—/Schröder, Wolfgang, Über die Verschärfungen des Rechts der Insolvenzanfechtung, WM 1999, 253–257

—, Der subjektive Tatbestand in der Insolvenzanfechtung, WM 2000, 2225–2230

—, Verbindungslinien zwischen Insolvenzrecht und Privatautonomie, in: Prütting/Vallender (Hrsg.), Insolvenzrecht in Wissenschaft und Praxis – Festschrift für Wilhelm Uhlenbruck zum 70. Geburtstag, Köln 2000, 33–48

—, Ein Spannungsfeld in der Praxis: Sanierung und Insolvenzanfechtung, BB 2001, 425–429

—/Allgayer, Peter, Erwerb durch Zwangsvollstreckung als inkongruente Deckung?, ZInsO 2001, 241–243

—/Zenker, Wolfgang, Grenzen der Privatautonomie, JuS 2001, 1–9

—, Das Recht der Insolvenzanfechtung und Gläubigerschutz, in: Lutter (Hrsg.), Das Kapital der Aktiengesellschaft in Europa, Berlin 2006, 434–450

—, Zur Auslegung anfechtungsrechtlicher Vorschriften, in: Ganter/Gottwald/Lwowski (Hrsg.), Haftung und Insolvenz – Festschrift für Gero Fischer zum 65. Geburtstag, München 2008, 445–458

—, Anmerkung zu BGH v. 14. 5. 2009 – IX ZR 63/08, NJW 2009, 2603–2604

Pawlowski, Hans-Martin, Rechtsgeschäftliche Folgen nichtiger Willenserklärungen, Göttingen 1966

Peitsch, Philipp Chr., Die Insolvenzaufrechnung, Diss. Hamburg 2001 (abrufbar unter http://deposit.ddb.de/cgi-bin/dokserv?idn=964085127)

Penzlin, Dietmar, Kritische Anmerkungen zum Insolvenzeröffnungsgrund der Zahlungsunfähigkeit (§ 17 InsO), NZG 1999, 1203–1208

—, Kritische Anmerkungen zu den Insolvenzeröffnungsgründen der drohenden Zahlungsunfähigkeit und der Überschuldung (§§ 18 und 19 InsO), NZG 2000, 464

Persch, Caroline, Die Insolvenzanfechtung von Kontokorrentverrechnungen, Baden-Baden 2008

Peschke, Norbert, Die Insolvenz des Girokontoinhabers, Köln/Berlin/München 2005

Pestalozza, Christian, Die echte Verfassungsbeschwerde, Berlin 2006

Peters, Frank, Der Entzug des Eigentums an beweglichen Sachen durch gutgläubigen Erwerb, Tübingen 1991

—, Verjährungsfragen bei der anfechtbaren Schmälerung der Masse um Forderungen, KTS 2008, 295–306

Petersen, Julius, Rezension von Seuffert, Zur Geschichte und Dogmatik des deutschen Konkursrechts, GruchotBeitr 4 (1890), 777–791

—/Kleinfeller, Georg, Konkursordnung für das Deutsche Reich, 3. Aufl., Lahr 1892; 4. Aufl., Lahr 1900

Pfefferle, Roland, Konkursanfechtung und Rückschlagsperre – Überlegungen zum geltenden Recht und zu dessen Reform anhand der derzeitigen Ungleichbehandlung der Geld- und Naturalansprüche, Diss. Heidelberg 1982

—, Zur Reform der Konkursanfechtung und der Rückschlagsperre, ZIP 1984, 147–156
Picker, Eduard, Der deliktische Schutz der Forderung als Beispiel für das Zusammenspiel von Rechtszuweisung und Rechtsschutz, in: Heldrich/Prölss/Koller, Festschrift für Claus-Wilhelm Canaris zum 70. Geburtstag, München 2007, 1001–1035
Piekenbrock, Andreas, Die Globalzession im Visier der Deckungsanfechtung, NZI 2006, 685–687
—, Zum Wert der Globalzession in der Insolvenz, WM 2007, 141–151
Pieper, Nicole, Lohn- und Gehaltszahlungen in der Insolvenz des Arbeitgebers, ZInsO 2009, 1425–1437
Pieroth, Bodo/Schlink, Bernhard, Grundrechte – Staatsrecht II, 25. Aufl., Heidelberg 2009
Pietzcker, Jost, Drittwirkung – Schutzpflicht – Eingriff, in: Maurer (Hrsg.), Das akzeptierte Grundgesetz – Festschrift für Günter Dürig zum 70. Geburtstag, München 1990, 345–363
Pilgram, Thomas, Ökonomische Analyse der bundesdeutschen Insolvenzordnung, Frankfurt a. M. et al. 1999
Planck's Kommentar zum Bürgerlichen Gesetzbuch, Band II, 2. Hälfte: Recht der Schuldverhältnisse (Besonderer Teil), 4. Aufl., Berlin/Leipzig 1928
Planitz, Hans, Studien zur Geschichte des deutschen Arrestprozesses, ZRG (Germ. Abt.) 34 (1913), 49–140
[Preußisches Justizministerium], Entwurf einer Deutschen Gemeinschuldordnung, Berlin 1873
Proske, Stefan, Die Kautionsversicherung in der Insolvenz des Unternehmers, ZIP 2006, 1035–1041
Prütting, Hanns, Gegenwartsprobleme der Beweislast – Eine Untersuchung moderner Beweislasttheorien und ihrer Anwendung insbesondere im Arbeitsrecht, München 1983
—, Allgemeine Verfahrensgrundsätze der Insolvenzordnung, in: Arbeitskreis für Insolvenzwesen Köln e. V. (Hrsg.), Kölner Schrift zur Insolvenzordnung, 3. Aufl., Münster 2009, Kapitel 1
Psaroudakis, Georgios, Globalzession und Insolvenzanfechtung, ZInsO 2009, 1039–1048
Puchta, Wolfgang Heinrich, Über den Concursprozeß, besonders mit Rücksicht auf die Mittel seiner Abwendung und Abkürzung, Erlangen 1827
Raabe, Marius, Grundrechte und Erkenntnis, Baden-Baden 1998
Raape, Leo, Aneignungsüberlassung – Zugleich ein Beitrag zum Begriff des sonstigen Rechts (§ 823), JherJahrB 74 (1924), 179–259
Rafiqpoor, Parwäz/Wilmes, Kristof, Wechselseitige Erfüllung als insolvenzanfechtungsrechtliche Alternative zur Aufrechnung, NZI 2009, 91–94
Raiser, Ludwig, Das Recht der Allgemeinen Geschäftsbedingungen, unveränderter Neudruck der Ausgabe von 1935, Bad Homburg 1961
—, Vertragsfunktion und Vertragsfreiheit, in: v. Caemmerer/Friesenhahn/Lange, Hundert Jahre deutsches Rechtsleben – Festschrift zum hundertjährigen Bestehen des Deutschen Juristentages 1860–1960, Karlsruhe 1960, 101–134
—, Rechtsschutz und Institutionenschutz im Privatrecht, in: Summum ius summa iniuria – Individualgerechtigkeit und der Schutz allgemeiner Werte im Rechtsleben, Tübingen 1963, 145–167
—, Mißbrauch im Wirtschaftsrecht, JZ 1972, 732–734
Ramm, Thilo, Drittwirkung und Übermaßverbot, JZ 1988, 489–493
Ramsauer, Ulrich, Die faktischen Beeinträchtigungen des Eigentums, Berlin 1980
Rasch, Gustav, Die neue Konkursordnung, Berlin 1855
Raschke, Thorsten, Funktion und Abgrenzung des Bargeschäftstatbestandes in § 142 InsO, Diss. Hamburg 1999 (abrufbar unter http://www.sub.uni-hamburg.de/opus/volltexte/1999/83/pdf/dissertation.pdf)
Rau, Joachim, Anmerkung zu LG Köln v. 21. 7. 2010 –13 S 89/10, ZInsO 2010, 2244–2247
Raue, Frank, Die Zwangsvollstreckung als Nagelprobe für den modernen Enteignungsbegriff, Berlin 2005
Rausch, Werner, Gläubigerschutz im Insolvenzverfahren – Eine ökonomische Analyse einschlägiger rechtlicher Regelungen, Bergisch Gladbach/Köln 1985

Rawls, John, A Theory of Justice, Cambridge (U.S.A.) 1971
—, Political Liberlism, New York 1996
Rebe, Bernd, Privatrecht und Wirtschaftsordnung, Bielefeld 1978
Rebmann, Thilo, Die Anfechtung von Zwangsvollstreckungsmaßnahmen nach § 131 InsO und die Vollstreckungssperren (v.a. § 88 InsO), Tübingen 2003
Riehl, Das System des Deutschen Gläubigeranfechtungsrechts, GruchotBeitr 53 (1909), 161–229, 497–555
Ries, Stephan, § 96 Abs. 1 Nr. 3 InsO – ein trojanisches Pferd?, ZInsO 2004, 1231–1236
—, Insolvenz(anfechtungs)recht auf dem Rückzug?, ZInsO 2005, 848–852
—/Doebert, Insolvenzrechtliche Anfechtung der verspäteten Zahlung rückständigen Arbeitslohns – Ab wann schadet zuviel Wissen?, ZinsO 2009, 2367–2371
Riggert, Rainer, Zur dogmatischen Entwicklung des insolvenzrechtlichen Bargeschäfts, in: Kind/Kießner/Frank (Hrsg.), Unternehmenskrisen – der Jurist als Notarzt, Festschrift für Eberhard Braun zum 60. Geburtstag, München 2007, 139–158
Rigol, Ruth/Homann, Stefan, Die Anfechtbarkeit von Gutschriften auf einem debitorischen Konto, ZIP 2003, 15–17
Röhricht, Volker, Insolvenzrechtliche Aspekte im Gesellschaftsrecht, ZIP 2005, 505–516
Roller, Gerhard, Enteignung, ausgleichspflichtige Inhaltsbestimmung und salvatorische Klauseln – Eine Bestandsaufnahme im Lichte der neuen Judikatur des BVerfG, NJW 2001, 1003–1009
Ropohl, Florian, Gesellschaftsrechtliche Insider nach § 138 Abs. 2 InsO, Frankfurt/M. et al. 2002
Rosenberg, Leo/Gaul, Friedhelm/Schilken, Eberhard, Zwangsvollstreckungsrecht, 11. Aufl., München 1997
Roth, Andreas, Zur Problematik des Vertrags zulasten Dritter, in: Häuser/Hammen/Hennrichs/Steinbeck/Siebel/Welter (Hrsg.), Festschrift für Walther Hadding zum 70. Geburtstag am 8. Mai 2004, 253–270
Rozek, Jochen, Die Unterscheidung von Eigentumsbindung und Enteignung – Eine Bestandsaufnahme zur dogmatischen Struktur des Art. 14 GG nach 15 Jahren „Naßauskiesung", 1998
Rümelin, Gustav, Obligation und Haftung, AcP 68 (1885), 151–216
Rüthers, Bernd, Institutionelles Rechtsdenken im Wandel der Verfassungsepochen, Berlin 1970
—, Ein Grundrecht auf Wohnung durch die Hintertür?, NJW 1993, 2587–2589
Ruffert, Vorrang der Verfassung und Eigenständigkeit des Privatrechts, Tübingen 2001
Runkel, Hans Peter/Kuhlemann, Karsten, Kritische Anmerkungen zur bisherigen Diskussion über die Frage der Insolvenzfestigkeit der Globalzession, ZInsO 2007, 1094–1097
Rupp, Hans Heinrich, Vom Wandel der Grundrechte, AöR 101 (1976), 161–201
Sander, Volker, Die Beweiswirkung von Zahlungen zur Abwendung der Einzelzwangsvollstreckung im subjektiven Tatbestand der Insolvenzanfechtung nach § 133 Abs. 1 InsO, ZIP 2003, 613–616
—, Die Kenntnis des Arbeitnehmers von der Zahlungsunfähigkeit seines Arbeitgebers bei rückständigen Lohn- und Gehaltzahlungen, ZInsO 2009, 702–708
Schäfer, Hans-Bernd, Allokationseffizienz als Grundprinzip des Zivilrechts, in: Ott/Schäfer (Hrsg.), Allokationseffizienz in der Rechtsordnung, Berlin et al. 1989, 1–24
—/Ott, Claus, Lehrbuch der ökonomischen Analyse des Zivilrechts, 4. Aufl., Berlin 2005
Scherer, Inge, Das Beweismaß bei der Glaubhaftmachung, Köln et al. 1996
—, Insolvenzanfechtung bei eintragungspflichteigen Rechtsgeschäften, ZIP 2002, 341–346
Schildbach, Thomas, Sicherheiten versus par conditio creditorum – Eine betriebswirtschaftliche Analyse im Zusammenhang mit der Insolvenzrechtsreform, BB 1983, 2129–2136
Schilken, Eberhard, Gläubigerkonkurrenz als Arrestgrund?, in: Stürner/Matsumoto/Lüke/Deguchi (Hrsg.), Festschrift für Dieter Leipold zum 70. Geburtstag, Tübingen 2009, 159–173
Schimansky, Herbert/Bunte, Hermann-Josef/Lwowski, Hans-Jürgen, Bankrechts-Handbuch, Bd. I, 3. Aufl., München 2007
Schlie, Holger, Die Anfechtung von Unterlassungen nach der Insolvenzordnung und dem Anfechtungsgesetz, Hamburg 2009

Schlieper, Ulrich, Externe Effekte, in: Albers/Born/Dürr et al. (Hrsg.), Handwörterbuch der Wirtschaftswissenschaft, Bd. 2, Stuttgart et al. 1980

Schlosser, Peter, Vollstreckungsrechtliches Prioritätsprinzip und verfassungsrechtlicher Gleichheitssatz, ZZP 97 (1984), 121–138

—, Zivilprozeßrecht II – Zwangsvollstreckungs- und Insolvenzrecht, München 1984

—, Die Eröffnung des Insolvenzverfahrens, in: Leipold (Hrsg.), Insolvenzrecht im Umbruch, Köln et al. 1991, 9–20

Schmahl, Hermannjosef, Zur Ausübung des Insolvenzantragsrechts der gesetzlichen Krankenkassen – Tatsachen und Anmerkungen aus der Sicht eines Insolvenzrichters, NZS 2003, 239–248

Schmalenbach, Dirk/Sester, Peter, Insolvenzfestigkeit der Globalzession bei Kreditlinien und strukturierten Finanzierungen, WM 2007, 1164–1170

Schmalzbauer, Wolfgang, Die Drittwirkung verpflichtender Verträge, Diss. Regensburg 1982

Schmid, Jean-Daniel, Rechtsökonomische Überlegungen zur Überschuldungsanfechtung im Konkurs, KTS 2010, 307–326

Schmidt, Karsten, Konkursgründe und präventiver Gläubigerschutz – Ein Beitrag zur Diskussion um den Konkursgrund der Überschuldung, AG 1978, 334–340

—, Vom Konkursrecht der Gesellschaften zum Konkursrecht der Unternehmen, ZIP 1980, 233–316

—, Sinnwandel und Funktion des Überschuldungstatbestandes – rechtspolitische Perspektiven der Verfahrenseröffnung im Insolvenzrecht, JZ 1982, 165–174

—, Das Insolvenzrisiko der Banken zwischen ökonomischer Vernunft und Rechtssicherheit, WM 1983, 490–495

—, Institutionen eines künftigen Insolvenzrechts der Unternehmen, ZIP 1985, 713–724

—, Das Insolvenzrecht und seine Reform zwischen Prozeßrecht und Unternehmensrecht, KTS 1988, 1–20

—, Wege zum Insolvenzrecht der Unternehmen, Köln 1990

—, Die Masselose Insolvenz als Problem der Rechtspolitik, in: Seicht (Hrsg.), Gläubigerschutz, Betriebswirtschaftslehre und Recht – Festgabe für Otmar Koren zum 75. Geburtstag, Wien 1993, 299–307

—, Insolvenzordnung und Gesellschaftsrecht, ZGR 1998, 633–652

—, Handelsrecht, 5. Aufl., Köln et al. 1999

—, Gesellschaftsrecht, 4. Aufl., Köln et al. 2002

—, Anmerkung zu BGH v. 7. 3.2002 – IX ZR 223/01, JuS 2002, 818–819

—, Insolvenzgründe und Haftung für Insolvenzverschleppung – Notwendige Ergänzung des Kapitalschutzes, in: Lutter (Hrsg.), Das Kapital der Aktiengesellschaft in Europa, Berlin 2006, 188–206

—, Überschuldung und Insolvenzantragspflicht nach dem Finanzmarktstabilisierungsgesetz, DB 2008, 2467– 2471

—, Gesetzlicher Handlungsbedarf im Insolvenzverschleppungsrecht – eine Depesche an das Bundesjustizministerium, ZIP 2009, 1551–1554

—/Uhlenbruck, Wilhelm, Die GmbH in Krise, Sanierung und Insolvenz, 4. Aufl., Köln 2009

—, Gesellschafterdarlehen im GmbH-und Insolvenzrecht nach der MoMiG-Reform – eine alternative Sicht, Beilage ZIP 39/2010, 15–25

Schmidt, Reinhard H., Ökonomische Analyse des Insolvenzrechts, Wiesbaden 1980

—, Asymmetrische Information und Gläubigerverfügungsrechte in der Insolvenz, ZfB 1984, 717–742

Schmidt, Richard, Prioritätsprinzip oder Ausgleichsprinzip im künftigen deutschen Vollstreckungsrecht, in: Kölner Rechtswissenschaftliche Fakultät (Hrsg.), Festschrift für Heinrich Lehmann zum sechzigsten Geburtstag 20. Juli 1936, Berlin 1937, 319–342

Schmidt-Aßmann, Öffentlich-rechtlicher Grundeigentumsschutz und Richterschutz, in: Richterliche Rechtsfortbildung – Festschrift der Juristischen Fakultät zur 600–Jahr-Feier der Ruprecht-Karls-Universität Heidelberg, 1986, 108–135

Schmidt-Bleibtreu, Bruno/Hofmann, Hans/Hopfauf, Axel, Kommentar zum Grundgesetz, 12. Aufl., Köln/München 2011
Schmidt-Preuß, Matthias, Die Gewährleistung des Privateigentums durch Art. 14 GG im Lichte aktueller Probleme, AG 1996, 1–11
—, Atomausstieg und Eigentum, NJW 2000, 1524–1529
—, Kollidierende Privatinteressen im Verwaltungsrecht, 2. Aufl., Berlin 2005
Schmidt-Rimpler, Walter, Grundfragen einer Erneuerung des Vertragsrechts, AcP 147 (1941), 130–197
Schneider, Johan/Güther, Robert, Die insolvenzrechtliche Anfechtbarkeit von revolvierenden (Global-)Sicherheiten, DB 2008, 279–286
Schoch, Friedrich, Die Eigentumsgarantie des Art. 14 GG, JURA 1989, 113–121
Scholtz, Tibor, § 878 BGB in der Verkäuferinsolvenz, ZIP 1999, 1693–1701
Schoppmeyer, Heinrich, Besondere und allgemeine Insolvenzanfechtung am Beispiel der Anfechtung von Zwangsvollstreckungen, NZI 2005, 185–194
—, § 133 Abs. 1 InsO versus §§ 130, 131 InsO: Ist die Deckungsanfechtung nur ein Unterfall der Vorsatzanfechtung?, ZIP 2009, 600–609
Schorr, Walter, Zwangsvollstreckung und Konkurs im Recht der freien Reichsstadt Nürnberg, Nürnberg 1961
Schröter, von, Über Wesen und Umfang der in integrum restitutio, ZCP 6 (1833), 91–175
Schulte, Hans, Eigentum und öffentliches Interesse, Berlin 1970
—, Zur Dogmatik des Art. 14 GG, Heidelberg/Karlsruhe 1979
Schultze, Alfred, Über Gläubigeranfechtung und Verfügungsbeschränkungen des Schuldners nach deutschem Stadtrecht des Mittelalters, ZRG (Germ. Abt.) 41 (1920), 210–280
Schulz, Dietmar, Zahlungsunfähigkeit und ernsthaftes Einfordern, ZIP 2009, 2281–2284
Schulz, Fritz, Die fraudatorische Freilassung im klassischen und justinianischen römischen Recht, SZ 48 (1928), 197–284
—, System der Rechte auf den Eingriffserwerb, AcP 105 (1909), 1–488
Schulz, Wolf, Die masselose Liquidation der GmbH – Zum Zweck von Konkurs und Liquidation am Beispiel der GmbH, Heidelberg 1986
Schulze-Osterloh, Lerke, Das Prinzip der Eigentumsopferentschädigung im Zivilrecht und im öffentlichen Recht, Berlin 1980
Schumacher, Franziska, Rechtsgeschäfte zu Lasten der Sozialhilfe im Familien- und Erbrecht – Ein Vergleich von Unterhaltsverzicht und Behindertentestament, Andernach 2000
Schumann, Ekkehard, Verfassungs- und Menschenrechtsbeschwerde gegen richterliche Entscheidungen, Berlin 1963
Schumann, Paul, Gedanken über eine Reform der Konkursordnung, DJ 1935, 1210–1217
Schuppert, Gunnar Folke, Funktionell-rechtliche Grenzen der Verfassungsinterpretation, Königstein/Taunus 1980
Schwabe, Jürgen, Die sogenannte Drittwirkung der Grundrechte, 1971
—, Bundesverfassungsgericht und „Drittwirkung" der Grundrechte, AöR 100 (1975), 442–470
—, Die Enteignung in der neueren Rechtsprechung des BVerfG, JZ 1983, 273–279
—, Grundrechte und Privatrecht, AcP 185 (1985), 1–8
—, Entschädigung für Naturschutzmaßnahmen – BGH-Urt. V. 18. 2. 93 – III ZR 20/92 – BGHZ 121, 328, JURA 1994, 529–534
—, Über Grundpflichtmythen, Abstraktionitis und Überproduktion in der Grundrechtsdogmatik, JZ 2007, 135–137
Schweppe, A[lbrecht], Das System des Concurses der Gläubiger nach dem gemeinen in Deutschland geltenden Rechte, 3. Aufl., Göttingen 1829
Schwintowski, Hans-Peter/Schäfer, Frank, Bankrecht, 2. Aufl., Köln et al. 2004
Seibert, Ulrich, Die rechtsmissbräuchliche Verwendung der GmbH in der Krise – Stellungnahmen zu einer Umfrage des Bundesministeriums der Justiz, in: Crezelius/Hirte/Vieweg (Hrsg.), Festschrift für Volker Röhricht zum 65. Geburtstag, Köln 2005, 585–601

—, GmbH-Reform: Der Referentenentwurf eines Gesetzes zur Modernisierung des GmbH-Rechts und zur Bekämpfung von Mißbräuchen – MoMiG, ZIP 2006, 1157–1168
Seiler, Christian, Der praktische Fall – Öffentliches Recht: Die Sorgen der Landwirte, JuS 2002, 679–685
Sendler, Horst, Unmittelbare Drittwirkung der Grundrechte durch die Hintertür?, NJW 1994, 709–710
Serick, Rolf, Die Profilierung der Mobiliarsicherheiten von heute im Konkursrecht von gestern, in: Uhlenbruck/Klasmeyer/Kübler (Hrsg.), Einhundert Jahre Konkursordnung 1877–1977, Köln et al. 1977, 271–292
—, Rechtsform und Realität juristischer Personen – Ein rechtsvergleichender Beitrag zur Frage des Durchgriffs auf die Personen oder Gegenstände hinter der juristischen Person, Berlin/Tübingen 1955
—, Eigentumsvorbehalt und Sicherungsübertragung, Band VI, Heidelberg 1986
Servatius, Wolfgang, Gläubigereinfluss durch Covenants – Hybride Finanzierungselemente im Spannunsfeld von Fremd- und Eigenfinanzierung, Tübingen 2008
Seuffert, Johann Adam, Praktisches Pandektenrecht, Band III, 4. Aufl. (nach dem Tode des Verfassers besorgt von E. A. Seuffert), Würzburg 1872
Seuffert, Lothar, Zur Geschichte und Dogmatik des Deutschen Konkursrechts, Erste Abteilung: Die Rechtsverhältnisse der Aktivmasse, Nördlingen 1888
—, Deutsches Konkursprozeßrecht, Leipzig 1899
Seuffert, Walter, Verfassungsrechtliche Fragen zu den Reformvorschlägen der Kommission für Insolvenzrecht, ZIP 1986, 1157–1165
Siber, Heinrich, Der Rechtszwang im Schuldverhältniß nach deutschem Reichsrecht, Leipzig 1903
Siedschlag, Wolfgang, Ansatzpunkte zu einer Reform des Insolvenzrechts, Diss. Freiburg 1971
Siegwart, Alfred, Die zweckwidrige Verwendung von Rechtsinstituten, Freiburg/Schweiz 1936
Siemer, John Philipp, Das Coase-Theorem – Inhalt, Aussagewert und Bedeutung für die ökonomische Analyse des Rechts, Münster/Hamburg 1999
Sikora, Karl, Die Fortbestehensprognose im Rahmen der Überschuldungsprüfung, ZInsO 2010, 1761–1775
Silbermann, Emil, Die Konkurspauliana, München 1902
Smid, Stefan, Gleichbehandlung der Gläubiger und Wiederherstellung eines funktionsfähigen Insolvenzrechts als Aufgaben der Insolvenzrechtsreform, BB 1992, 501–513
—, Zur zeitlichen Reichweite der Insolvenzanfechtung nach § 139 InsO, InVo 2002, 41–45
Soergel, Bürgerliches Gesetzbuch, 13. Aufl., Stuttgart 1999 ff.
Sohmen, Egon, Allokationstheorie und Wirtschaftspolitik, Tübingen 1976
Solazzi, Siro, La revoca degli atti fraudolenti nel diritto romano, 2. Aufl., Neapel 1934
Sonnenschein, Jürgen, Die Rechtsprechung des Bundesverfassungsgerichts zum Mietrecht, NJW 1993, 161–173
Spann, Michael, Der Haftungszugriff auf den Schuldner zwischen Personal- und Vermögensvollstreckung, Münster 2004
Spliedt, Jürgen D., Anfechtungsresistente Bardeckung trotz offener Kreditlinie?, ZInsO 2002, 208–212
—, MoMiG in der Instanz – ein Sanierungsversuch, ZIP 2009, 149–161
Städtler, Hans Jörg, Grundpfandrechte in der Insolvenz, Tübingen 1998
Stahlschmidt, Michael, Die Begriffe Zahlungsunfähigkeit, drohende Zahlungsunfähigkeit und Überschuldung und die Methoden ihrer Feststellung, JR 2002, 89–94
—, Die Zahlungsunfähigkeit nach § 17 InsO, ZInsO 2006, 1086–1090
Stamm, Jürgen, Die Prinzipien und Grundstrukturen des Zwangsvollstreckungsrechts, Tübingen 2006
—, Anmerkung zu BGH v. 26. 6. 2008 – IX ZR 144/05, KTS 2009, 108–115
Stammler, Rudolf, Das Recht der Schuldverhältnisse in seinen allgemeinen Lehren, Berlin 1897

Stapper, Florian/Jacobi, Christoph Alexander, Die Insolvenzanfechtung der Verrechnung im Kontokorrent, BB 2007, 2017–2024
Starck, Christian, Die Grundrechte des Grundgesetzes, JuS 1981, 237–246
—, Der verfassungsrechtliche Schutz des ungeborenen menschlichen Lebens, JZ 1993, 816–822
Staub = Canaris, Claus-Wilhelm/Schilling, Wolfgang/Ulmer, Peter (Hsrg.), Handelsgesetzbuch – Großkommentar, Bd. 4: §§ 343–382; 4. Aufl., Berlin 2004
Staudinger = J. von Staudingers Kommentar zum Bürgerlichen Gesetzbuch mit Einführungsgesetz und Nebengesetzen, Neubearbeitung, Berlin 2001 ff.
Staufenbiel, Peter/Hoffmann, Volker, Die Ermittlung des Eintritts der Zahlungsunfähigkeit, Teil 1: ZInsO 2008, 785–790; Teil 2: ZInsO 2008, 838–843; Teil 3: 891–896
Stein, Friedrich, Über die Voraussetzungen des Rechtsschutzes, insbesondere bei der Verurteilungsklage, Halle 1903
—/Jonas, Martin, Kommentar zur Zivilprozeßordnung, 22. Aufl., Tübingen 2002 ff.
Steffek, Felix, Das englische Recht der Insolvenzanfechtung – ein funktionaler Vergleich unter besonderer Berücksichtigung kapitalgesellschaftsrechtlicher Aspekte, KTS 2007, 451–483
—, Präventionsdefizite im Insolvenzanfechtungsrecht – Zugleich ein Plädoyer für die Einführung einer Geschäftsleiter-Disqualifizierung nach englischem Vorbild, ZRP 2007, 228–230
—, Insolvenzgründe in Europa – Rechtsvergleich, Regelungsstrukturen und Perspektiven der Rechtsangleichung, KTS 2009, 317–353
Steinhoff, Judith, Die insolvenzrechtlichen Probleme im Überweisungsverkehr, ZIP 2000, 1141–1150
Stern, Klaus, Zur Grundlegung einer Lehre des öffentlich-rechtlichen Vertrags, VerwArch 49 (1958), 106–157
—, Das Staatsrecht der Bundesrepublik Deutschland, Bd. I: Grundbegriffe und Grundlagen des Staatsrechts, Strukturprinzipien und Verfassung, 2. Aufl., München 1984; Bd. III/1: Allgemeine Lehren der Grundrechte, München 1988
—/Becker, Florian (Hrsg.), Grundrechte-Kommentar, [Köln] 2010
—, Die Schutzpflichtenfunktion der Grundrechte: Eine juristische Entdeckung, DÖV 2010, 241–249
Stiller, Jörn U., Die (un-)zulässige Verrechnung von Zahlungseingängen im Kontokorrentkonto vom dritten Monat vor dem Eröffnungsantrag bis zur Eröffnung, ZInsO 2002, 651–660
Stobbe, Michael, Die Durchsetzung gesellschaftsrechtlicher Ansprüche der GmbH in Insolvenz und masseloser Liquidation, Köln 2001
Stobbe, Otto, Zur Geschichte des älteren deutschen Konkursprozesses, 1888
Stoffels, Markus, AGB-Recht, 2. Aufl., München 2009
Streit, Georg/Jordan, Stefan, Anfechtbarkeit von Kontokorrentverrechnungen und Sicherungs-Globalzession in der Insolvenz des Kontoinhabers, DZWIR 2004, 441–448
Struckmann, H., Über die Anfechtbarkeit der *datio in solutum* mittelst der *actio Pauliana*, JherJahrB 12 (1873), 277–312
Struve, Georg Adam, Syntagma iuris civilis, Bd. II, [Jena 1663]
Stryk, Samuel, De cautelis contractuum, Berlin, 1741
Stubenrauch, Moritz von, Commentar zum österreichischen allgemeinen Gesetzbuche, 6. Aufl., Wien 1894
Stürner, Rolf, Aktuelle Probleme des Konkursrechts, ZZP 94 (1981), 263–310
—, Prinzipien der Einzelzwangsvollstreckung, ZZP 99 (1986), 291–332
—, Einfachheit und Funktionsfähigkeit des einheitlichen Insolvenzverfahrens, in: Kübler (Hrsg.), Neuordnung des Insolvenzrechts, Köln 1989
Szczekalla, Peter, Die sogenannten grundrechtlichen Schutzpflichten im deutschen und europäischen Recht – Inhalt und Reichweite einer „gemeineuropäischen Grundrechtsfunktion“, Berlin 2002
Talamanca, Mario, Azione revocatoria, Diritto romano, in: Enciclopedia del Diritto, Bd. IV: Atto-Bana, o. O. [Mailand] 1959

Temme, Ulrich, Die Eröffnungsgründe der Insolvenzordnung, Münster 1997

Tetzlaff, Christian, Neues zum Eröffnungsgrund der Zahlungsunfähigkeit, ZInsO 2007, 1334–1337

Thieme, Jürgen, Zur Entstehung der Konkursordnung, in: Uhlenbruck/Klasmeyer/Kübler (Hrsg.), Einhundert Jahre Konkursordnung 1877–1977, Köln et al. 1977, 35–69

Thole, Christoph, Die Anfechtbarkeit von Vollstreckungsmaßnahmen und sog. Druckzahlungen – de lege lata und de lege ferenda, DZWIR 2006, 191–196

—, Die tatbestandlichen Wertungen der Gläubigeranfechtung, ZZP 121 (2008), 67–93

—, Gläubigerschutz durch Insolvenzrecht, Tübingen 2010

—, Gläubigerbenachteiligung und Gläubigerbegünstigung unter § 826 BGB – zur Dritthaftung von Kreditgebern wegen sittenwidrigen Verhaltens, WM 2010, 685–692

Tinnefeld, Christian, Die Auf- und Verrechnungsmöglichkeit von Kreditinstituten zwischen Krise und Insolvenzverfahren bei debitorischer Kontoführung, Hamburg 2006

Trude, Peter, Der Begriff der Gerechtigkeit in der aristotelischen Rechts- und Staatsphilosophie, Berlin 1955

Tuhr, Andreas von, Verfügung über künftige Forderungen, DJZ 1904, Sp. 426–431

—, Der Allgemeine Teil des Deutschen Bürgerlichen Rechts, Bd. II/1: Die rechtserheblichen Tatsachen, insbesondere das Rechtsgeschäft, München/Leipzig 1914

Uhlenbruck, Wilhelm, Zur fehlenden Akzeptanz des Insolvenzauslösers „drohende Zahlungsunfähigkeit", in: Richter/Schüler/Schwetzler (Hrsg.), Kapitalgeberansprüche, Marktwertorientierung und Unternehmenswert – Festschrift für Prof. Dr. Dr. h.c. Jochen Drukarczyk zum 65. Geburtstag, München [2003], 441–473

—, Wiedereinführung der Vorrechte durch die Hintertür?, ZInsO 2005, 505–516

— (Hrsg.), Insolvenzordnung, 12. Aufl., München 2003

— = Uhlenbruck, Wilhelm/Hirte, Heribert/Vallender, Heinz, Insolvenzordnung, 13. Aufl., München 2010

Ulmer, Peter, Konkursantragspflicht bei Überschuldung der GmbH und Haftungsrisiken bei Konkursverschleppung, KTS 1981, 469–492

—/Brandner, Hans Erich/Hensen, Horst-Diether (Hrsg.), AGB-Recht, 11. Aufl., Köln 2011

—/Habersack, Mathias/Winter, Martin (Hrsg.), Großkommentar GmbHG, Bd. III: §§ 53–87, Tübingen 2008

Undritz, Sven-Holger, Anmerkung zu LG Dresden v. 14. 6. 2001 – 14 O 0853/01, EWiR 2002, 1099–1100

Vallendar, Heinz, Par conditio creditorum ade?, NZI 2005, 599–602

Vangerow, Karl Adolph von, Lehrbuch der Pandekten, Bd. III, 6. Aufl., Marburg 1856

Venjakob, Frank, Der Eintragungsantrag des Veräußerers und § 878 BGB, Rpfleger 1991, 284–286

Vodrazka, Karl, Die Feststellung der Überschuldung, in: Seicht (Hrsg.), Gläubigerschutz, Betriebswirtschaftslehre und Recht – Festgabe für Otmar Koren zum 75. Geburtstag, Wien 1993, 309–323

Vogel, Olrik A., Ist die Absicherung des Kautionsversicherers insolvenzfest?, ZIP 2007, 2198–2201

Völderndorff, Otto Freiherr von, Konkursordnung für das Deutsche Reich, Erlangen 1879[1] und 1885[2]

Voigtel, Der Entwurf einer deutschen Gemeinschuldordnung, GruchotBeitr. 18 (1874), 641–682

Vollmershausen, Christiane E., Vom Konkursprozess zum Marktbereinigungsverfahren: Das deutsche Konkursverfahren vom Jahr 1700 bis heute – Eine exemplarische Untersuchung, Münster et al. 2007

Voß, Matthias, Die Vorausabtretung in der Insolvenz – Zum Werthaltigmachen von Forderungen, Frankfurt/Main et al., 2010

Wacke, Andreas, Die Nachteile des Grundbuchzwangs in der Liegenschaftsvollstreckung und bei der Gläubigeranfechtung, ZZP 82 (1969), 377–412

—, Zur Geschichte und Dogmatik der Gläubigeranfechtung, ZZP 83 (1970), 418–435

—, Wer zuerst kommt, mahlt zuerst – Prior tempore potior iure, JA 1981, 94–98
—, Zur Pfändung bei nichtehelichen Partnerschaften und zum Prioritätsprinzip, ZZP 105 (1992), 436–442
Wackerbarth, Ulrich, Unternehmer, Verbraucher und die Rechtfertigung der Inhaltskontrolle vorformulierter Verträge, AcP 200 (2000), 45–90
Wagner, Gerhard, Prozeßverträge, Tübingen 1998
—, Anmerkung zu OLG Hamm, Urt. v. 7. 9. 2000 – 27 U 17/00, EWiR 2001, 385–386
—, Deliktshaftung und Insolvenzrecht, in: Schilken/Kreft/Wagner/Eckardt (Hrsg.), Festschrift für Walter Gerhardt, Köln 2004, 1043–1075
Wahl, Rainer/Masing, Johannes, Schutz durch Eingriff, JZ 1990, 553–563
Wallner, Christoph/Neuenhahn, Stefan, Der Sanierungskredit – Ein Überblick, NZI 2006, 553–561
Walsmann, Hans, Der Einfluß der Konkurseröffnung über das Vermögen des Schuldners auf die Einrede des Gläubigeranfechtungsrechts, JherJahrB 49 (1905), 297–332
Wazlawik, Thomas, Anfechtungsfrist bei mehreren Insolvenzanträgen, NZI 2009, 368–370
—, Anmerkung zu BGH v. 19. 5. 2009 – IX ZR 129/06, NZI 2009, 514–515
Weber, Friedrich, Fragen der Gestaltung des Konkursverfahrens in rechtspolitischer und rechtsvergleichender Sicht, KTS 1959, 80–88
—, Zur Zulässigkeit eines Vergleichsverfahrens über das deutsche Vermögen eines ausländischen Schuldners, KTS 1965, 95–140
—, Ziele und Wege der Insolvenzrechtsreform, in: Uhlenbruck/Klasmeyer/Kübler (Hrsg.), Einhundert Jahre Konkursordnung 1877–1977, Köln et al. 1977, 321–360
Weber, Max, Die Geschichte der Handelsgesellschaften im Mittelalter, Stuttgart 1889 (ND Amsterdam 1970)
Wegener, Burghard, Die Grundsätze der insolvenzrechtlichen Deckungs- und Vorsatzanfechtung am Beispiel der Insolvenz der Göttinger Gruppe, NJW 2010, 3507–3611
Weiland, Stefan, Par condicio creditorum – Der insolvenzrechtliche Gleichbehandlungsgrundsatz und seine Durchbrechungen zugunsten öffentlich-rechtlicher Gläubiger, Frankfurt/Main et al., 2010
Welbers, Hartwig, Vollstreckungsrechtliches Prioritätsprinzip und verfassungsrechtlicher Gleichheitssatz, Diss. Düsseldorf 1991
Wendt, Rudolf, Eigentum und Gesetzgebung, Hamburg 1985
Wentzel, A[ugust], und Klose, C., Die Preußische Konkursordnung vom 8. und 9. Mai 1855, Berlin 1855
Wengler, F[riedrich] A[lbert], Die Konkursordnung für das Deutsche Reich, Leipzig 1879
Wernsmann, Rainer, Die Steuer als Eigentumsbeeinträchtigung?, NJW 2006, 1169–1174
Wesener, Gunter, Zur Entwicklung des Konkursrechts in den altösterreichischen Ländern, vornehmlich im 16. und 17.Jahrhundert, in: Ebert (Hrsg.), Festschrift Hermann Baltl, Innsbruck 1978, 535–556
Wessels, Peter, Unternehmenskauf im Vorfeld der Verkäuferinsolvenz, ZIP 1237–1247
Westpfahl, Lars, Vorinsolvenzliches Sanierungsverfahren, ZGR 2010, 385–439
Wiedersperg, Axel Freiherr von, Die besondere Anfechtung in der Insolvenz, Frankfurt/Main et al. 2001
Wieling, Hans, Ius ad rem durch einstweilige Verfügung?, JZ 1982, 839–842
—, Schlußwort zu „Das Verfügungsverbot lebt" von Jürgen Kohler, JZ 1983, 592–593
—, Sachenrecht, Bd. 1: Sachen, Besitz und Rechte an beweglichen Sachen, 2. Aufl., Heidelberg 2006
—, Sachenrecht, 5. Aufl., Berlin 2007
Wilburg, Walter, Gläubigerordnung und Wertverfolgung, JBl. 1949, 29–33
Wilhelm, Jan, Anmerkung zu BGH v. 16. 7. 2007 - II ZR 3/04, EWiR 2007, 557–558
—, Kapitalgesellschaftsrecht, 3. Aufl., Berlin 2009
Wilmowski, Gustav Karl Adolf von, Deutsche Reichs-Konkursordnung, 4. Aufl., Berlin 1889

Wilmowsky, Peter von, Aufrechnung in der Insolvenz, NZG 1998, 481–489
Windel, Peter A., Über Privatrecht mit Verfassungsrang und Grundrechtswirkungen auf der Ebene einfachen Privatrechts, Der Staat 37 (1998), 385–410
—, Die Aufrechnungslage als objektiv-vermögensrechtlicher Tatbestand, KTS 2000, 215–238
—, Der insolvenzrechtliche Gleichbehandlungsgrundsatz und seine Auswirkungen auf die Abwicklung schwebender Austauschverträge, JURA 2002, 230–235
—, Rezension von Kinski, Aufrechnung durch das Finanzamt in der Insolvenz des Steuerpflichtigen, KTS 2007, 372–376
—, Der Grundsatz der Selbstverantwortung und das Insolvenzrecht, in: Riesenhuber (Hrsg.), Das Prinzip der Selbstverantwortung – Grundlagen und Bedeutung im heutigen Privatrecht, Tübingen 2011, 449–486
Windscheid, Bernhard/Kipp, Theodor, Lehrbuch des Pandektenrechts, Bd. II, 9. Aufl., Frankfurt/Main 1906
Wiórek, Piotr Marcin, Das Prinzip der Gläubigergleichbehandlung im Europäischen Insolvenzrecht, Baden-Baden 2005
Wiringer-Seiler, Ulrike, Das Anfechtungsrecht im Konkurs – Ein geeignetes Mittel zur Beseitigung der Masseauszehrung durch besitzlose Mobiliarsicherheiten?, München 1988
Wischemeyer, Markus, Die Insolvenzanfechtung der Rückführung debitorischer Konten durch Einstellung von Gutschriften in der Krise, Aachen, 2002
Wolf, Christian, Übertriebener Verkehrsschutz – Zur subjektiven und objektiven Theorie im Rahmen von § 1365 BGB, JZ 1997, 1087–1094
Wolf, Manfred, Rechtsgeschäftliche Entscheidungsfreiheit und vertraglicher Interessenausgleich, Tübingen 1970
—, Allgemeine Wirkungen der Insolvenzeröffnung, in: Leipold (Hrsg.), Insolvenzrecht im Umbruch, Köln et al. 1991, 113–125
Würdinger, [Hans], Theorie der schlichten Interessengemeinschaften, Stuttgart 1934
Wüst, Günther, Die Interessengemeinschaft – Ein Ordnungsprinzip des Privatrechts, Frankfurt a. M./Berlin 1958
—, Ausgleichspflichten auf der Grundlage gemeinsamer Interessen, JZ 1961, 78–81
—, Vom ungebundenen Individualgläubiger zum rücksichtsvollen Mitgläubiger, in: Festschrift zum 60. Geburtstag von Walter Wilburg, Graz 1965, 257–272
Zachariae von Lingenthal, Carl Salomo, Handbuch des Französischen Civilrechts, Bd. 2, 6. Aufl., Heidelberg 1875
Zeller, Ulrich/Edelmann, Hervé, Insolvenzfestigkeit der Globalzession? BB 2007, 1461–1463
Zenker, Wolfgang, Der Zeitpunkt der Vornahme einer Sicherheitenbestellung an künftigen Gegenständen und für künftige Forderungen, ZVI 2006, 327–329
—, Zur Frage der Rückwirkung des § 96 I Nr. 3 InsO, NZI 2006, 16–20
—, Rückwirkung der Insolvenz auf anfechtbare Aufrechnungen, ZInsO 2007, 142–145
Zeuner, Mark, Die Anfechtung in der Insolvenz, 2. Aufl., München 2007
Zöllner, Wolfgang, Regelungsspielräume im Schuldvertragsrecht, AcP 196 (1996), 1–36
Zuck, Rüdiger, Bundesverfassungsgericht und Fachgerichtsbarkeit, JZ 2007, 1036–1042
Zuleger, Ralf, Verrechnung von Zahlungseingängen bei offener Kreditlinie, ZInsO 2002, 49–53
Zwanziger, Bertram, Insolvenzanfechtung und Arbeitsentgelt, BB 2007, 42–45

Stichwortverzeichnis

FSC
www.fsc.org
MIX
Papier | Fördert
gute Waldnutzung
FSC® C083411

Kolibri 360 GmbH
Ferdinand-Jühlke-Straße 7
99095 Erfurt, Deutschland
produktsicherheit@kolibri360.de